Économie internationale

9e édition

Paul Krugman, université de Princeton
Maurice Obstfeld, université de Californie, Berkeley
Marc Melitz, université de Harvard
Gunther Capelle-Blancard, université Paris 1 Panthéon-Sorbonne
Matthieu Crozet, université Paris 1 Panthéon-Sorbonne

PEARSON
Education

Le présent ouvrage est la traduction-adaptation de *International Economics : Theory and Policy*, 9th edition, de Paul Krugman, Maurice Obstfeld et Marc Melitz, publié par Pearson Education Inc. sous la marque Addison-Wesley.

Publié par Pearson Education France
47 bis, rue des Vinaigriers
75010 Paris
Tél. : 01 72 74 90 00

Mise en pages : TyPAO

ISBN : 978-2-7440-7530-8

Titre original : *International Economics*, 9th edition

ISBN original : 978-0-1321-4665-4

Table des matières

Table des encadrés

Préface

Les questions que soulève, aujourd'hui, l'évolution de l'économie mondiale sont à peu de choses près les mêmes que celles qui préoccupaient les économistes il y a plus de deux siècles. Quels sont les mérites respectifs du libre-échange et du protectionnisme ? Pourquoi certains pays accumulent-ils des déficits ou des surplus commerciaux et comment ces déséquilibres se résorbent-ils ? Quelles sont les causes sous-jacentes aux crises de change et aux crises bancaires et comment y remédier ? Comment l'État peut-il lutter contre le chômage et l'inflation et quelles sont les contraintes à la politique économique pour un pays ouvert sur le reste du monde ? Depuis deux siècles, les économistes ont largement progressé dans leur analyse des relations économiques internationales, mais les questions précédentes restent d'actualité. Peut-être même plus que jamais.

En ce début de XXIe siècle, nous sommes de plein pied dans la mondialisation. Le commerce international de biens et services n'a cessé de croître depuis plus de cinquante ans en lien avec la baisse des coûts de transport, la levée des barrières commerciales, la fragmentation du processus de production et le développement des échanges culturels. Les transactions financières ont crû à un rythme encore plus impressionnant que les échanges commerciaux, facilitant la diversification des portefeuilles, mais conduisant aussi à une fragilité accrue. Les nouveaux moyens de communication, en particulier Internet, ont révolutionné la façon dont les individus échangent des informations. La crise mondiale qui a débuté en 2007 et dont les effets se font encore sentir, l'essor fulgurant de la Chine sur la scène internationale, la construction européenne illustrent parfaitement ce nouvel environnement. La mondialisation influe sur la vie de chacun, en tout lieu ; et cela ne fait que commencer.

Ce manuel s'inspire de notre expérience d'enseignants en économie internationale auprès d'étudiants de premier et de deuxième cycles en économie et en gestion. Nous sommes toujours confrontés à deux défis majeurs. Il s'agit d'abord de transmettre aux étudiants les avancées intellectuelles particulièrement stimulantes qui marquent cette discipline. Il faut ensuite montrer comment les développements théoriques de l'économie internationale s'inspirent toujours de la nécessité de comprendre les évolutions majeures du monde et d'analyser les questions concrètes de politique économique internationale.

La plupart des manuels n'apportent pas de réponse satisfaisante à ces deux défis. Trop souvent, les manuels d'économie internationale placent les étudiants devant un ensemble déroutant d'hypothèses et de modèles théoriques très spécifiques, dont il est difficile de tirer quelques principes essentiels. De surcroît, dans la mesure où un grand nombre de ces modèles très pointus sont passés de mode, ils ne permettent pas aux étudiants de disposer des clés nécessaires pour en évaluer la pertinence et en comprendre les implications concrètes. Beaucoup de manuels laissent ainsi se creuser un gouffre entre le contenu quelque peu désuet des enseignements et les questions bien plus stimulantes qui animent la recherche récente et les débats publics.

Cet ouvrage vise donc à proposer un cadre d'analyse, moderne et compréhensible, capable d'apporter un éclairage précis sur les événements contemporains et de faire partager aux étudiants le dynamisme de la recherche en économie internationale. En étudiant à la fois les aspects réels et monétaires du sujet, notre approche a consisté à échafauder, pas à pas, un cadre d'analyse simple et cohérent qui permet de présenter à la fois les grands principes traditionnels et les développements les plus récents. Afin d'aider les étudiants à saisir la logique profonde des mécanismes, nous illustrons systématiquement les développements théoriques par des données statistiques ou des questions concrètes de politique économique.

1 La place de l'ouvrage dans les cursus d'économie

Les étudiants assimilent bien mieux les principes de l'économie internationale lorsqu'ils sont présentés comme une méthode d'analyse intimement liée aux événements marquants de l'économie mondiale plutôt qu'un ensemble de théorèmes abstraits tirés de modèles tout aussi abstraits. Dès lors, notre objectif est de mettre l'accent sur les concepts essentiels et les applications réelles plutôt que sur le formalisme théorique. La lecture de ce manuel n'exige donc pas de disposer de connaissances poussées en économie. L'ouvrage est accessible aux étudiants qui ont suivi un cours d'introduction à l'économie, mais il apporte aussi bon nombre d'informations supplémentaires à ceux qui ont un cursus plus complet en macroéconomie et en microéconomie. Les annexes des différents chapitres proposent aussi des développements sur des points spécifiques, utiles aux étudiants les plus avancés.

Nous avons adopté le découpage traditionnel en deux thèmes : le premier portant sur le commerce international, l'autre, sur les questions monétaires. Le plus souvent, ces deux thèmes sont traités de façon distincte (même lorsqu'ils sont présentés dans un même ouvrage), alors qu'un certain nombre de notions et de méthodes sont communes. Par exemple, le principe des gains à l'échange est indispensable pour comprendre les effets du libre-échange de biens et de services, mais aussi celui des actifs financiers. De même, pour appréhender le processus qui conduit un pays à échanger une consommation présente contre une consommation future, il est nécessaire de faire appel au principe des avantages comparatifs (qui est présenté dans la première partie du livre), mais les conséquences de ces échanges permettent d'éclairer les problèmes macroéconomiques des pays en développement comme des pays industrialisés. Nous avons donc veillé à mettre systématiquement en évidence les connexions entre les questions commerciales et monétaires.

Dans le même temps, nous avons fait en sorte que les deux thèmes qui scindent le manuel puissent être lus de façon indépendante. Ainsi, un cours semestriel de commerce international pourra s'appuyer intégralement sur les chapitres 2 à 12, alors que les chapitres 13 à 22 fournissent un support complet à un cours semestriel d'économie monétaire internationale. Mais en se référant au même ouvrage, les étudiants pourront mettre en relation ces deux enseignements sans se demander pourquoi les principes présentés en cours de commerce ne sont pas repris dans l'autre cours d'économie internationale.

2 Caractéristiques spécifiques à l'économie internationale : théories et politiques économiques

Ce livre couvre les principaux développements récents en économie internationale sans pour autant faire l'impasse sur les points qui ont marqué l'histoire de la pensée et fondé le cœur de la discipline. Nous avons réalisé cette synthèse en mettant l'accent sur la façon dont les bouleversements de l'économie mondiale ont conduit à reconsidérer progressivement les approches traditionnelles, jusqu'à faire émerger les théories les plus récentes. La part de l'ouvrage consacrée au commerce international (chapitres 2 à 12), tout comme celle portant sur les questions monétaires (chapitres 13 à 22), est divisée en plusieurs ensembles de chapitres qui alternent les présentations théoriques et les applications aux questions concrètes, récentes ou plus anciennes.

Le chapitre 1 décrit en détail l'approche mise en œuvre dans cet ouvrage pour traiter des principaux thèmes de l'économie internationale. Dans ce chapitre, nous passons rapidement en revue quelques apports originaux, développés dans le reste de l'ouvrage, et qui bien souvent ne sont pas traités de façon systématique par d'autres auteurs.

2.1 L'approche des taux de change par les marchés d'actifs

Dans le cadre de notre analyse des taux de change, nous mettons en particulier l'accent sur le rôle des taux d'intérêt et des anticipations. Le principal ingrédient de notre modèle macroéconomique est la parité des taux d'intérêt (à laquelle on ajoute éventuellement la prime de risque). Ce modèle nous permet notamment d'analyser les phénomènes de surréaction des taux de change, le comportement des taux de change réels, les crises de balance de paiements en changes fixes et les effets des interventions des banques centrales sur le marché des changes.

2.2 Les rendements croissants et les structures de marché

Avant même de discuter du rôle des avantages comparatifs dans le développement du commerce international et des gains à l'échange qui lui sont associés, nous présentons quelques résultats de la recherche théorique et empirique récente issus de l'application au commerce des modèles de gravité. Nous nous approchons encore de la frontière de la recherche aux chapitres 7 et 8, en expliquant comment les rendements croissants et la différenciation des produits déterminent les flux de commerce et l'évolution du bien-être. Les modèles explorés dans ces chapitres permettent de rendre compte de certains aspects de la réalité, tels que le commerce intra-branche et les bouleversements des flux de commerce liés aux rendements d'échelle dynamiques. Ces modèles montrent par ailleurs que les avantages comparatifs ne sont pas l'unique explication à l'émergence d'un commerce international mutuellement bénéfique.

2.3 Les entreprises face à la mondialisation

Le chapitre 8 présente les développements très récents des théories du commerce international, que l'on doit notamment à Marc Melitz. Ces modèles décrivent le comportement des firmes dans l'économie mondiale. La mondialisation n'a pas les mêmes conséquences pour toutes les entreprises : les plus performantes vont pouvoir profiter des opportunités offertes par les marchés d'exportation, mais les moins efficaces subiront la pression de la concurrence internationale et peuvent être acculées à la faillite. En conséquence, l'ouverture commerciale permet de réorienter la production vers les entreprises les plus efficaces, au sein de chaque secteur industriel, ce qui revient à accroître la productivité moyenne des économies. Par ailleurs, les entreprises les plus efficaces sont aussi susceptibles d'adopter une stratégie d'*offshoring* en localisant une partie de leur production à l'étranger, soit en faisant appel à un sous-traitant, soit en créant une filiale à l'étranger.

2.4 Les politiques commerciales et les théories du protectionnisme

Dès le chapitre 4, nous mettons en avant l'idée selon laquelle les effets du commerce sur la distribution au sein de chaque pays constituent un enjeu politique essentiel qui est à l'origine des politiques publiques protectionnistes. Cela permet de comprendre pourquoi l'approche traditionnelle des politiques commerciales, qui met l'accent sur la maximisation du bien-être, ne gouverne généralement pas les choix publics en matière de politique commerciale. Le chapitre 12 est ainsi consacré à l'analyse des politiques commerciales qui visent avant tout à apporter un soutien aux secteurs cruciaux de l'économie nationale. Ce chapitre comporte aussi une analyse théorique de ces politiques commerciales, fondée sur la théorie des jeux.

2.5 La coordination internationale des politiques macroéconomiques

Notre discussion des problèmes monétaires internationaux (chapitres 19, 20 et 22) insiste sur le fait que chaque régime de change pose des problèmes différents en termes de coordination des politiques macroéconomiques. Les dévaluations compétitives de l'entre-deux-guerres montrent à quel point des politiques économiques strictement orientées vers des objectifs nationaux, au détriment des autres pays, peuvent être dommageables pour tous. De même, l'expérience des changes flottants nous enseigne combien les économies sont interdépendantes et nous rappelle la nécessité d'une véritable coopération internationale.

2.6 Le marché international des capitaux et les problèmes des pays en développement

Le chapitre 21 présente le marché international des capitaux, en particulier les avantages de la diversification internationale de portefeuilles et les problèmes de supervision prudentielle. Le chapitre 22 traite des perspectives de croissance à long terme et des politiques de stabilisation des pays en développement ou nouvellement industrialisés. Ce chapitre analyse également les crises financières qui ont émaillé ces dernières années et offre une perspective historique des interactions économiques entre les pays du nord et ceux du sud. Il porte aussi sur le rôle joué par les organismes internationaux, tels que le Fonds monétaire international. Enfin, ce chapitre examine la politique de taux de change de la Chine, ainsi que les théories récentes qui tentent d'expliquer la persistance de la pauvreté dans les pays du tiers-monde.

3 Outils pédagogiques

Ce manuel fait appel à un ensemble d'outils pédagogiques qui permettent de faciliter la lecture et la maîtrise des connaissances.

Les encadrés. Les analyses théoriques sont souvent accompagnées d'encadrés qui présentent des études de cas ou des développements, illustratifs et utiles, mais de moindre importance. À travers des exemples historiques ou récents, ces encadrés ont pour but de prolonger l'analyse et de montrer à quel point les théories sont en prise avec les problèmes économiques contemporains.

Les figures. Plus de 200 figures sont réparties sur l'ensemble de l'ouvrage. Chacune est accompagnée d'une légende, qui reprend et complète la discussion menée dans le corps du texte, et qui permet d'avoir un aperçu rapide des principaux points étudiés.

Les objectifs pédagogiques. Une liste de concepts essentiels ouvre chacun des chapitres. Ils définissent des objectifs pédagogiques qui doivent aider les étudiants à s'assurer qu'ils maîtrisent effectivement les points importants du cours.

Les résumés. Chaque chapitre finit par un résumé. Ils reprennent les points essentiels développés dans le corps du texte.

Les activités. Chaque chapitre est suivi d'un certain nombre d'activités visant à tester et à consolider les connaissances acquises. Ce sont aussi bien de simples exercices de calcul que des questions plus générales qui peuvent faire l'objet de discussions en cours. Souvent, elles proposent aux étudiants d'appliquer leurs connaissances à des données concrètes ou à des débats réels de politique économique.

Les références. Un grand nombre de références sont distillées en notes de bas de page tout au long de l'ouvrage. Elles doivent permettre aux étudiants d'approfondir leurs connaissances. Elles renvoient aussi bien à des articles de recherche fondateurs qu'à des développements récents ou encore à des manuels spécialisés offrant un complément utile aux enseignements que nous proposons.

4 Remerciements

Cet ouvrage doit beaucoup à l'équipe éditoriale et aux nombreuses remarques et commentaires de nos collègues. Nos premiers remerciements vont à Noel Seibert, l'éditrice en charge du projet. Ses indications et ses encouragements (sans parler du travail considérable qu'elle a fourni) ont constitué un apport essentiel. Melissa Pellerano, notre chef de projet éditorial, a coordonné avec enthousiasme le manuscrit de cette nouvelle version avant son départ en production. Nous remercions également Carla Thompson, chef de projet, ainsi qu'Alison Eusden, coordinatrice des ressources complémentaires, et Karen Misler, éditrice de réalisation. Les efforts d'Angela Norris de Integra-Chicago furent essentiels et déterminants. De même, Karin Kipp, et Emily Friel d'Integra-Chicago nous ont apporté un soutien inestimable. Nous souhaitons aussi remercier l'équipe media de Pearson : Denise Clinton, Noel Lotz, et Melissa Honig. Enfin, nous remercions les autres éditeurs pour leur excellent travail sur les huit éditions précédentes.

Nous sommes aussi redevables à John Mondragon et Rodrigo Wagner, qui ont apporté un soin particulier à la mise à jour des données et à la relecture des épreuves, ainsi qu'à Camille Fernandez dont l'aide fut de premier ordre. Pour leurs suggestions constructives et leur soutien moral, nous remercions Jennifer Cobb et Galina Hale.

Nous remercions aussi les nombreux relecteurs pour leurs recommandations et remarques :

Jaleel Ahmad, *Concordia University* Lian An, *University of North Florida* Anthony Paul Andrews, *Governors State University* Myrvin Anthony, *University of Strathclyde, U.K.* Michael Arghyrou, *Cardiff University* Richard Ault, *Auburn University* Tibor Besedes, *Georgia Tech* George H. Borts, *Brown University* Robert F. Brooker, *Gannon University* Francisco Carrada-Bravo, *W.P. Carey School of Business, ASU* Debajyoti Chakrabarty, *University of Sydney* Adhip Chaudhuri, *Georgetown University* Jay Pil Choi, *Michigan State University* Jaiho Chung, *National University of Singapore* Jonathan Conning, *Hunter College and The Graduate Center, The City University of New York* Brian Copeland, *University of British Columbia* Barbara Craig, *Oberlin College* Susan Dadres, *University of North Texas* Ronald B. Davies, *University College Dublin* Ann Davis, *Marist College* Gopal C. Dorai, *William Paterson University* Robert Driskill, *Vanderbilt University* Gerald Epstein, *University of Massachusetts at Amherst* JoAnne Feeney, *State University of New York at Albany* Robert Foster, *American Graduate School of International Management* Patrice Franko, *Colby College* Diana Fuguitt, *Eckerd College* Byron Gangnes, *University of Hawaii at Manoa* Ranjeeta Ghiara, *California State University, San Marcos* Neil Gilfedder, *Stanford University* Patrick Gormely, *Kansas State University* Thomas Grennes, *North Carolina State University* Bodil Olai Hansen, *Copenhagen Business School* Michael Hoffman, *U.S. Government Accountability Office* Henk Jager, *University of Amsterdam* Arvind Jaggi, *Franklin & Marshall College* Mark Jelavich, *Northwest Missouri State University* Philip R. Jones, *University of Bath and University of Bristol, U.K.* Hugh Kelley, *Indiana University* Michael Kevane, *Santa Clara University* Maureen Kilkenny, *University of Nevada* Hyeongwoo Kim, *Auburn University* Stephen A. King, *San Diego State University, Imperial Valley* Faik Koray, *Louisiana State University* Corinne Krupp, *Duke University* Bun Song Lee, *University of Nebraska, Omaha* Daniel Lee, *Shippensburg University* Francis A. Lees, *St. Johns University* Jamus Jerome Lim, *World Bank Group* Rodney Ludema, *Georgetown University* Stephen V. Marks, *Pomona College* Michael L. McPherson, *University of North Texas* Marcel Mérette, *University of Ottawa* Shannon Mitchell, *Virginia Commonwealth University* Kaz Miyagiwa, *Emory University* Shannon Mudd, *Ursinus College* Marc-Andreas Muendler, *University of California, San Diego* Ton M. Mulder, *Erasmus University, Rotterdam* Robert G. Murphy, *Boston College,* E. Wayne Nafziger, *Kansas State University* Steen Nielsen, *University of Aarhus* Dmitri Nizovtsev, *Washburn University* Terutomo Ozawa, *Colorado State University* Arvind Panagariya, *Columbia University* Nina Pavcnik, *Dartmouth College* Iordanis Petsas, *University of Scranton* Thitima Puttitanun, *San Diego State University* Peter Rangazas, *Indiana University-Purdue University Indianapolis* Michael Ryan, *Western Michigan University* Donald Schilling, *University of Missouri, Columbia* Patricia Higino Schneider, *Mount*

Holyoke College Ronald M. Schramm, *Columbia University* Craig Schulman, *Texas A&M University,* Yochanan Shachmurove, *University of Pennsylvania* Margaret Simpson, *The College of William and Mary* Enrico Spolaore, *Tufts University* Robert Staiger, *Stanford University* Jeffrey Steagall, *University of North Florida* Robert M. Stern, *University of Michigan* Abdulhamid Sukar, *Cameron University* Rebecca Taylor, *University of Portsmouth, U.K.* Scott Taylor, *University of British Columbia* Aileen Thompson, *Carleton University* Sarah Tinkler, *Portland State University* Arja H. Turunen-Red, *University of New Orleans* Dick vander Wal, *Free University of Amsterdam* Gerald Willmann, *University of Kiel* Rossitza Wooster, *California State University, Sacramento* Bruce Wydick, *University of San Francisco* Jiawen Yang, *The George Washington University* Kevin H. Zhang, *Illinois State University.*

Bien que nous n'ayons pas pu intégrer l'ensemble de leurs suggestions, leurs observations nous ont permis d'apporter des corrections extrêmement utiles à l'ouvrage. Nous les remercions vivement. Il va de soi que nous restons pleinement responsables des imperfections.

Paul Krugman, Maurice Obstfeld
et Marc Melitz (octobre 2010)

5 Quelques mots sur l'édition francophone

Lorsque l'équipe de Pearson Education France, nous a proposé de nous charger de la 7e édition de *International Economics*, deux arguments essentiels nous ont rapidement conduits à accepter : la qualité de l'ouvrage original et la liberté qui nous a été donnée de mener une adaptation profonde du manuel, sur le mode des expériences particulièrement réussies des ouvrages déjà publiés dans la collection. Tout en conservant les atouts qui font la force de ce manuel de référence, il s'agissait de mettre en avant des exemples et des illustrations pour apporter des éclairages sur les débats spécifiques au monde francophone et européen.

5.1 Une adaptation dans une perspective européenne

Dans la mesure où le manuel de Paul Krugman et Maurice Obstfeld, rejoints dans cette nouvelle édition par Marc Melitz, présente un regard plutôt centré sur les États-Unis, une traduction exacte n'aurait pas permis de proposer aux lecteurs francophones ce qui fait la force de l'édition américaine : le lien entre les développements académiques et les débats d'actualité. Bien plus qu'une traduction, une adaptation complète du manuel était donc nécessaire pour recentrer l'ouvrage. Nous avons donc veillé à réintroduire des références explicites au monde francophone : la France, la Belgique et la Suisse, bien sûr, mais aussi les pays du Maghreb et d'Afrique subsaharienne qui sont quasiment absents de l'ouvrage original. C'est ainsi, par exemple, que la version francophone inclut des encadrés originaux sur les politiques commerciales menées par l'Île Maurice ou sur la « zone franc ».

Pour autant, il nous est apparu d'emblée que la perspective majeure dans laquelle il fallait placer ce manuel ne pouvait être qu'européenne. Au-delà de la volonté de satisfaire la curiosité du public visé, ce recentrage sur une perspective européenne se justifie pleinement pour deux raisons.

Tout d'abord, il est bien évidemment impossible de montrer aux étudiants francophones comment les développements récents de la recherche académique permettent de comprendre les problèmes contemporains d'économie internationale sans multiplier les références aux questions européennes. C'est un choix qui s'impose non seulement par l'intensité des relations commerciales et financières entretenues par l'UE, mais aussi parce que les avancées de l'intégration européenne ont marqué profondément l'économie internationale de la dernière décennie. En influant à la fois sur les questions monétaires (avec la mise en place de la monnaie unique) et commerciales (avec l'élargissement de l'Union aux pays d'Europe centrale et orientale), la construction européenne adhère d'ailleurs très exactement à l'ambition de ce manuel qui vise à présenter conjointement ces deux champs de l'économie internationale.

Par ailleurs, la construction européenne est un événement unique dans l'histoire économique moderne. L'UE est une « expérience naturelle » qui constitue un cadre d'analyse idéal des avantages et des difficultés de l'ouverture aux échanges financiers et commerciaux entre les nations. La mise en place du Marché unique puis de l'euro vient d'ailleurs pousser l'intégration économique si loin qu'elle donne une nouvelle dimension à l'économie internationale. L'intégration européenne vient effacer très largement la pertinence des frontières nationales et fait alors ressortir l'idée selon laquelle l'économie internationale n'est, par bien des côtés, qu'une façon de comprendre les enjeux économiques des relations dans l'espace géographique. Ce rapprochement entre l'économie internationale et l'économie géographique (que l'on retrouve dans les analyses du commerce et des spécialisations comme dans les réflexions autour des zones monétaires optimales) est un élément essentiel des recherches académiques très récentes. Orienter ce manuel d'économie internationale sur les questions européennes permet ainsi d'ouvrir davantage les discussions sur les débats académiques actuels.

Cette volonté de placer l'édition francophone dans une perspective européenne se retrouve tout au long de l'ouvrage. Les exemples et les données statistiques disséminées dans l'ensemble du livre ont bien sûr été adaptés. Mais il nous a fallu aussi introduire un certain nombre d'apports plus spécifiques, qui n'apparaissent pas dans l'édition originale : des éclairages sur le commerce intra-européen (chapitres 2 et 7), sur la question du dumping social entre les pays de l'Union (chapitre 3), sur la balance commerciale de la zone euro (chapitre 13), sur les politiques régionales communautaires (chapitre 20), etc.

Le choix de l'Europe comme fil conducteur nous a aussi amenés à faire certains choix de traduction. C'est ainsi, par exemple, que nous avons parfois décidé d'adopter le terme « domestique » comme traduction de l'anglais « home ». Cette traduction, étymologiquement moins correcte que le terme « national », s'est en effet imposée naturellement à nous : lorsque les modèles théoriques font référence à deux économies (notés « home » et « foreign » dans l'ouvrage original), il nous a semblé impossible d'adopter la traduction « national » et « étranger », tout en conservant l'Union européenne (constituée de plusieurs nations) comme référence principale.

Notons enfin qu'il existe un décalage d'environ un an entre les versions américaine et francophone, ce qui nous laisse la possibilité d'actualiser certains développements.

6 Remerciements

Cette édition francophone doit beaucoup à l'équipe de Pearson Education France. Leurs conseils et leurs relectures attentives nous ont été très utiles. Nous tenons évidemment à remercier tous ceux qui ont traduit les premières versions de chaque chapitre : Nicolas Berman, Antoine Berthou, Vincent Bouvatier, Anne-Célia Disdier, Gautier Duflos, Jérôme Héricourt, Pamina Koenig, Delphine Lemoine, Caroline Monjon, Céline Poilly, Julien Vauday et Vincent Vicard. Enfin, la qualité du travail d'adaptation doit aussi grandement aux remarques et aux commentaires des relecteurs des différents chapitres : Christian Bordes (université Paris 1 Panthéon-Sorbonne), Michel-Henry Bouchet (CERAM Sophia Antipolis), Nicolas Couderc (université Paris 1 Panthéon-Sorbonne), Jezabel Couppey-Soubeyran (université Paris 1 Panthéon-Sorbonne), Gérard Duchêne (université Paris XII Val-de-Marne), Jean-Charles Jacquemin (Facultés universitaires Notre-Dame de la Paix, Namur), Dominique Lacoue-Labarthe (université Montesquieu-Bordeaux IV), Johanna Melka (Ixis-Cib), Patrick Messerlin (Institut d'études politiques Paris), Stéphanie Monjon (ADEME), Hélène Raymond (université Paris X Nanterre) et Vincent Vicard (université Paris 1 Panthéon-Sorbonne). Nous restons évidemment les seuls responsables des insuffisances et des erreurs qui pourraient subsister.

Gunther Capelle-Blancard
et Matthieu Crozet (décembre 2011)

Les auteurs

Paul Krugman est professeur à l'université de Princeton depuis 2000. Il a obtenu son doctorat au MIT en 1977, puis a enseigné à l'université de Yale, au MIT, à Berkeley, à la London School of Economics et à l'université de Stanford. Il est l'auteur de plus de 200 articles de recherche (*American Economic Review, Journal of Economic Perspectives, Quarterly Journal of Economics…*). Il est l'un des fondateurs des « nouvelles théories du commerce international » et a grandement contribué au renouveau de la théorie des crises de change. Ces travaux lui ont valu en 1991 la prestigieuse médaille John Bates Clark, un prix remis tous les deux ans par l'Association américaine d'économie au meilleur économiste de moins de quarante ans. Il est chercheur associé au *National Bureau of Economic Research* et au *Centre for Economic Policy Research*. Il a par ailleurs travaillé à la Maison-Blanche de 1982 à 1983, où il faisait partie du *Council of Economic Advisers*, le comité des conseillers économiques. Paul Krugman est non seulement un économiste influent dans le milieu académique, mais il s'est aussi fait connaître du grand public en tant qu'éditorialiste pour les magazines *Fortune, Foreign Policy, The Economist* et surtout *The New York Times*. Il a également écrit vingt ouvrages, dont certains à destination des non-spécialistes (*La mondialisation n'est pas coupable : vertus et limites du libre-échange…*). Enfin, bien sûr, il a reçu en 2008, le Prix Nobel de sciences économiques.

Maurice Obstfeld est professeur à l'université de Californie à Berkeley depuis 1989 où il dirige le *Centre for International and Development Economics Research*. Après une thèse de doctorat au MIT, soutenue en 1979, il a enseigné à l'université de Columbia et à l'université de Pennsylvanie. Il est, par ailleurs, conseiller à la Banque du Japon et a travaillé pour le FMI. Ses thèmes de recherche portent sur la macroéconomie ouverte, les problèmes monétaires et les crises de change. Il a écrit près d'une centaine d'articles dans les revues académiques les plus prestigieuses (*American Economic Review, Econometrica, Journal of Monetary Economics, Journal of Political Economy, Quarterly Journal of Economics…*) et sept ouvrages. Il est chercheur associé au *National Bureau of Economic Research* et au *Centre for Economic Policy Research*. Il occupe également des fonctions éditoriales dans de nombreuses revues académiques internationales.

Marc Melitz est professeur à l'université de Harvard. Il a aussi enseigné à Princeton. Il a soutenu sa thèse de doctorat à l'université du Michigan en 2000. Ses recherches, publiées dans les plus prestigieuses revues académiques (*American Economic Review, Econometrica, Journal of the European Economic Association, Review of Economic Studies, The Quarterly Journal of Economics…*), ont donné un nouvel élan aux théories du commerce international et à la macroéconomie ouverte. Elles font de lui l'un des économistes les plus cités de sa génération. Il est chercheur associé au *National Bureau of Economic Research* et au *Centre for Economic Policy Research.*

Gunther Capelle-Blancard et **Matthieu Crozet** sont tous les deux professeurs à l'université Paris 1 Panthéon-Sorbonne et chercheurs au CEPII. Ils enseignent dans de nombreux établissements d'enseignement supérieur en France et à l'étranger. Leurs travaux de recherche portent, respectivement, sur l'organisation des marchés de capitaux, l'analyse comparée des systèmes financiers et la finance internationale, ainsi que sur le commerce international, l'économie géographique et les firmes multinationales. Ils publient régulièrement dans des revues françaises (*Annales d'économie et de statistiques*, *Revue économique*...) et internationales (*European Journal of Finance*, *Journal of International Economics*, *Journal of Comparative Economics*, *Journal of Economic Geography*, *Review of Economic Studies*...).

Chapitre 1

Introduction

Objectifs pédagogiques :

- Identifier et différencier les enjeux et les problèmes en économie ouverte et en économie fermée.
- Saisir l'importance des sept principaux thèmes en économie internationale.
- Savoir distinguer les aspects commerciaux et monétaires des débats sur la mondialisation.

L'analyse des relations économiques internationales est souvent présentée comme le point de départ de la science économique moderne. Les historiens de la pensée économique décrivent l'essai du philosophe écossais David Hume, *Of the Balance of Trade*, comme le premier exposé d'un véritable modèle économique. Sa publication date de 1758, soit environ 20 ans avant celle de *La Richesse des Nations*, d'Adam Smith. Par la suite, les débats portant sur la politique commerciale britannique, qui ont animé le début du XIXe siècle, ont largement contribué à transformer l'analyse économique : d'abord essentiellement discursive, l'économie est progressivement devenue une discipline orientée vers la modélisation et l'analyse empirique.

Bien que riche d'une histoire ancienne, l'étude des mécanismes et des enjeux de l'économie internationale revêt de nos jours une importance toute particulière. Depuis la moitié du XIXe siècle jusqu'au début de la Première Guerre mondiale, l'industrialisation de l'Occident a été marquée par une très large ouverture internationale. Mais l'essor du commerce, des flux monétaires et des investissements transfrontaliers lie aujourd'hui les nations plus étroitement que jamais. De ces interactions multiples résulte une économie mondiale secouée régulièrement par de fortes turbulences : dans chaque pays, les décideurs politiques comme les dirigeants du secteur privé doivent composer avec les inflexions et les soubresauts qui affectent les économies lointaines.

Un coup d'œil rapide sur quelques statistiques du commerce international permet de se rendre compte de l'importance grandissante des relations économiques transfrontalières. La figure 1.1 indique l'évolution du poids des échanges commerciaux dans le PIB, pour les États-Unis, la Chine et la zone euro (Allemagne,

Autriche, Belgique, Chypre, Espagne, Estonie, Finlande, France, Grèce, Irlande, Italie, Luxembourg, Malte, Pays-Bas, Portugal, Slovénie, Slovaquie)[1]. De 1967 à 2009, le poids du commerce international dans l'économie européenne a presque doublé, si bien que le commerce total (c'est-à-dire les importations plus les exportations) représente aujourd'hui plus de 30 % du PIB de la zone euro (et plus de 60 % si on prend en compte le commerce intrazone, entre les pays de la zone euro). De leur côté, les États-Unis présentent un degré d'ouverture commerciale plus faible, mais la progression des échanges extérieurs n'en est pas moins étonnante : le poids des importations et des exportations dans le PIB a triplé au cours de la période. Le cas de la Chine est encore plus saisissant. D'une situation de quasi-fermeture aux échanges internationaux, ce pays est devenu en l'espace de quelques décennies l'une des toutes premières puissances commerciales du monde.

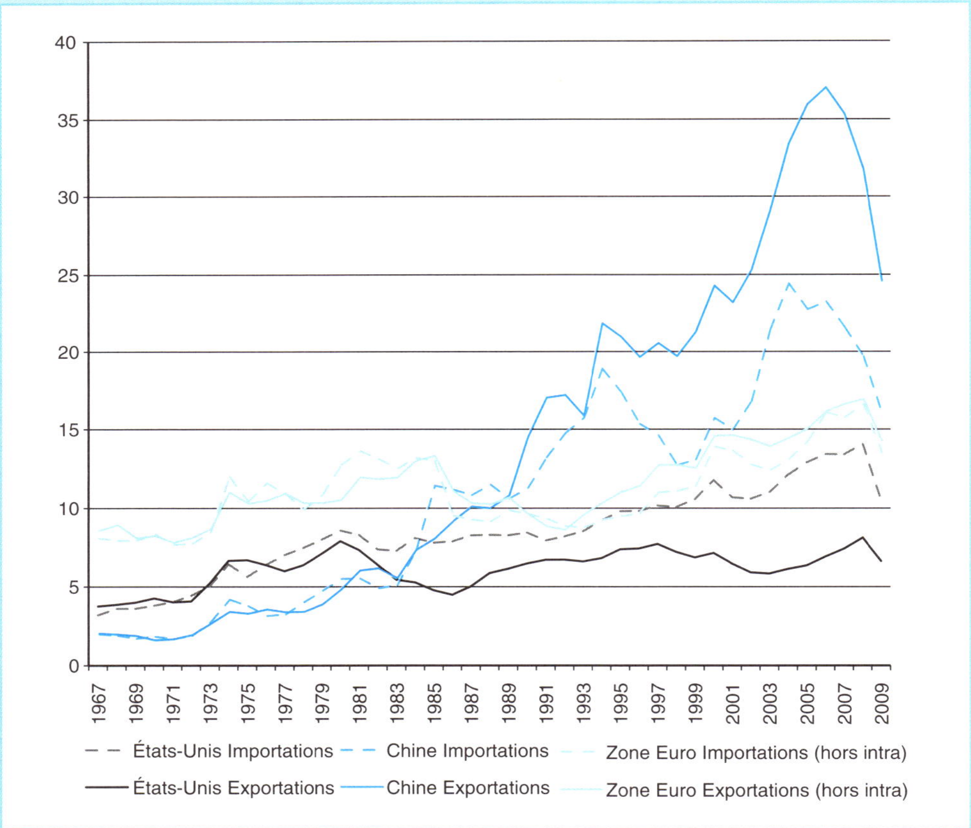

Figure 1.1 – Importations et exportations (en pourcentage du PIB), 1967-2009.

Source : d'après les données CEPII – CHELEM.

1. Ces données n'incluent pas les flux de commerce entre les pays de la zone euro.

Un autre fait saillant ressort de la figure 1.1 : depuis le début des années 1990, la Chine enregistre davantage d'exportations que d'importations, alors que, de leur côté, les États-Unis importent davantage qu'ils n'exportent. Que fait la Chine des revenus tirés de ces excédents commerciaux, et comment les États-Unis payent-ils ces importations, non couvertes par les exportations ? L'examen des flux de capitaux est à même de fournir une réponse. Les États-Unis attirent d'importants investissements étrangers, alors que la Chine place massivement son épargne à l'étranger. L'écart persistant entre les importations et les exportations est donc révélateur d'un autre aspect de la mondialisation : l'interdépendance des marchés financiers. Cette figure illustre enfin le brutal déclin des échanges commerciaux en 2009 et rappelle les liens étroits entre la santé de l'économie mondiale et la vigueur du commerce international.

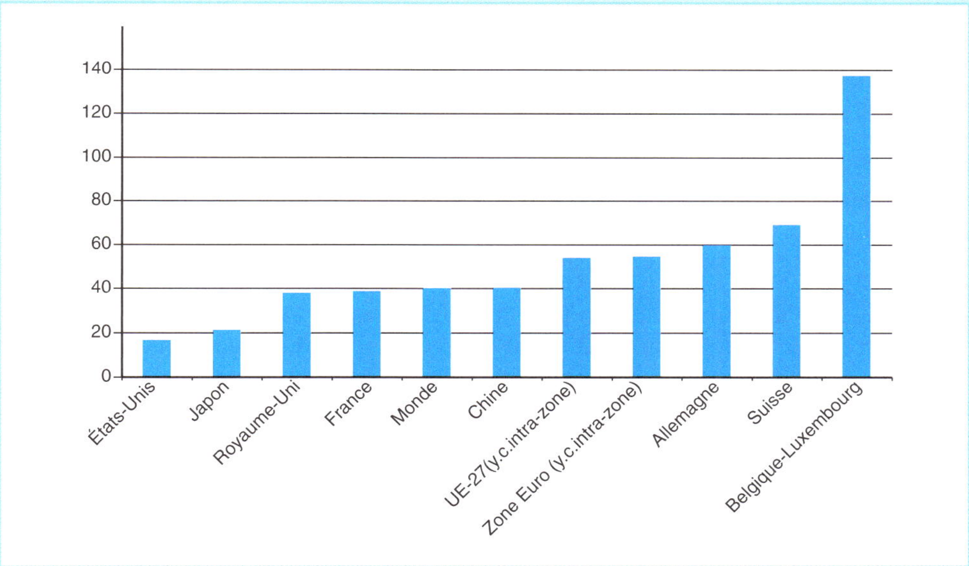

Figure 1.2 – Taux d'ouverture (importations plus exportations en pourcentage du PIB) en 2009.
Le poids du commerce dans l'économie varie beaucoup d'un pays à l'autre. En règle générale, il est bien plus important pour les petits pays que pour les grands, qui disposent d'une plus grande diversité de ressources.

Source : d'après les données CEPII – CHELEM.

Cet ouvrage présente les principes essentiels de l'économie internationale, illustrés par des exemples concrets. Il propose ainsi les outils nécessaires à la compréhension de nombreux débats contemporains. Une partie importante du livre est consacrée à l'exposé d'idées anciennes, mais qui conservent encore aujourd'hui toute leur pertinence : la théorie du commerce international de Ricardo, qui date pourtant du XIXe siècle, et l'analyse monétaire internationale que Hume proposa plus tôt encore restent utiles pour comprendre l'économie moderne. Bien sûr, ces dernières années, l'économie mondiale a dû faire face à de nouveaux défis : la crise de la dette depuis 2010, la crise des crédits hypothécaires américains, qui a profondément ébranlé le système financier mondial en 2008, la série des crises financières des pays émergents, qui a marqué les années 1980 et 1990, l'essor étonnamment rapide de l'économie chinoise, ou encore la montée des mouvements altermondialistes qui imposent aux gouvernements de s'interroger plus avant sur les conséquences de l'ouverture internationale. Ces évolutions appellent aussi à repenser l'analyse économique ; nous avons donc veillé ici à réunir les idées importantes qui ont été développées dans les travaux de recherche récents.

1 Qu'est-ce que l'économie internationale ?

L'économie internationale utilise généralement les mêmes méthodes d'analyse que les autres branches de l'économie : les motivations et les comportements des individus sont, en effet, souvent les mêmes qu'ils opèrent sur le marché intérieur ou le marché mondial. En économie ouverte, la décision est dans certains cas presque triviale : les entrepreneurs lillois ont sans doute plus de facilité à trouver des fournisseurs belges que de faire venir des produits de Brest ou de Bayonne. De même, le choix, pour une famille allemande, d'aller voir un film français, allemand ou américain dépend bien plus de ses goûts et de la qualité du spectacle que de la volonté de participer à la mondialisation. Pour l'essentiel, la dimension internationale ne modifie pas les décisions économiques mais, dès lors que les échanges engagent plusieurs pays, il faut prendre en considération certains déterminants spécifiques, comme l'évolution des taux de change ou la politique commerciale.

La spécificité de l'économie internationale réside donc dans l'étude des interactions économiques entre les États souverains. On peut dégager sept thèmes importants : (1) les gains à l'échange, (2) les structures du commerce international, (3) le protectionnisme, (4) la balance des paiements, (5) la détermination des taux de change, (6) la coordination internationale des politiques économiques et (7) le marché mondial des capitaux.

1.1 Les gains à l'échange

Tout le monde s'accorde pour reconnaître qu'une certaine dose de commerce international est bénéfique. Par exemple, personne ne pense sérieusement qu'il serait plus avantageux pour la Norvège de faire pousser ses propres oranges, plutôt que de les importer. Pour autant, l'idée selon laquelle un pays peut tirer profit de l'importation de catégories de biens qu'il serait capable de produire engendre bien souvent un certain scepticisme. Compte tenu de la situation sur le marché du travail, ne serait-il pas préférable que chaque Français achète des produits français chaque fois que cela est possible ? Cette idée peut être séduisante, mais se révèle fallacieuse. L'une des conclusions essentielles de toutes les théories des échanges internationaux est qu'il existe des gains au commerce – c'est-à-dire que l'échange de biens et services entre deux pays est le plus souvent bénéfique aux deux parties.

Les conditions à réunir pour que ces gains prennent forme sont beaucoup moins contraignantes que beaucoup ne l'imaginent. Par exemple, de nombreuses personnes redoutent l'ouverture au commerce avec des pays trop différents en termes de productivité ou de salaires. D'un côté, dans les pays en développement, les hommes d'affaires et les responsables politiques s'inquiètent souvent de ne pas disposer d'une technologie suffisante pour supporter la concurrence exercée par les entreprises, très efficaces, des pays développés. À l'inverse, les chefs d'entreprise, les salariés et les responsables politiques des pays industrialisés redoutent la pression concurrentielle des pays à bas salaire. Pourtant, le premier modèle de commerce international présenté dans cet ouvrage (voir chapitre 3) montre que deux pays peuvent tirer un bénéfice mutuel des échanges commerciaux, même si l'un d'entre eux est capable de produire *tous* les biens de façon plus efficace et que les firmes de l'autre pays profitent de salaires relativement faibles. Nous verrons également que le commerce est bénéfique car il permet aux pays d'exporter des biens dont la production nécessite beaucoup de ressources localement abondantes, et d'importer des biens utilisant de manière intensive des ressources relativement rares chez eux (voir chapitre 5). Le commerce international permet également aux pays de se spécialiser dans des produits plus ciblés et de gagner ainsi en efficacité, en tirant parti des économies d'échelle.

Les avantages des relations économiques internationales ne se limitent pas au commerce de biens. Les migrations (voir chapitre 4) et les opérations de prêts et d'emprunts internationaux (voir chapitre 6) sont également des formes d'échanges mutuellement profitables. Enfin, les échanges internationaux d'actifs risqués, comme les actions ou les obligations, peuvent être bénéfiques car ils permettent aux pays de diversifier leurs placements et de réduire ainsi la variabilité de leur revenu (voir chapitre 21). Ces flux internationaux immatériels engendrent des gains tout aussi réels que ceux qui résultent de la vente sur les marchés parisiens de fruits frais importés en hiver d'Afrique du Sud.

Si les pays gagnent généralement à l'échange, il est possible que ces gains ne soient pas équitablement répartis, et même que l'ouverture ait des effets négatifs sur certains groupes d'individus à l'intérieur des pays. En d'autres termes, les échanges internationaux influent fortement sur la distribution des revenus :

- Le commerce international peut ainsi nuire aux détenteurs des ressources « spécifiques » aux secteurs concurrents des importations, et qui ne peuvent donc pas trouver d'emplois alternatifs dans d'autres domaines de l'économie.
- Le commerce peut également affecter la répartition des richesses entre les groupes sociaux, comme les travailleurs ou les détenteurs de capital.

Ces réflexions théoriques font l'objet de discussions dans les salles de cours et les amphithéâtres ; elles animent aussi les débats politiques. En France, comme dans la plupart des pays développés, la situation des travailleurs non qualifiés s'est progressivement dégradée depuis le milieu des années 1970. Malgré la croissance continue des économies dont ils dépendent, ces travailleurs ont vu leur salaire réel se réduire, ou leur accès au marché du travail se restreindre. Un certain nombre d'observateurs ont fait état du rôle du commerce international dans ces évolutions, et plus particulièrement de l'influence des importations de biens manufacturés en provenance des pays à bas salaires. Les chapitres 4 à 6 tenteront de présenter des éléments de réflexion théorique et des preuves empiriques à même d'alimenter ce débat.

1.2 La structure des échanges

Il est impossible pour les économistes de discuter des impacts du commerce international ou de recommander des changements de politique sans s'appuyer sur un corpus théorique solide, capable de décrire avec précision la structure du commerce international effectivement observée dans les faits.

L'Union européenne commerce avec la quasi-totalité des pays du monde (voir figure 1.3). Certains aspects de ces échanges commerciaux sont faciles à comprendre. Le climat et les ressources naturelles suffisent à expliquer pourquoi le Brésil exporte généralement du café et l'Arabie Saoudite du pétrole. La plupart des déterminants du commerce mondial sont cependant plus subtils. En effet, plus de la moitié du commerce des pays de l'UE-27 se fait au sein même de l'Union. Pourquoi l'Allemagne exporte-t-elle des biens électroménagers et la France, des avions ? Plusieurs modèles théoriques proposent des explications à ce type de spécialisation commerciale. Les théories fondées sur les avantages comparatifs (voir chapitres 3 et 5) mettent l'accent sur les différences de productivité selon les pays ou de dotations nationales en facteurs de production (comme le capital ou le travail).

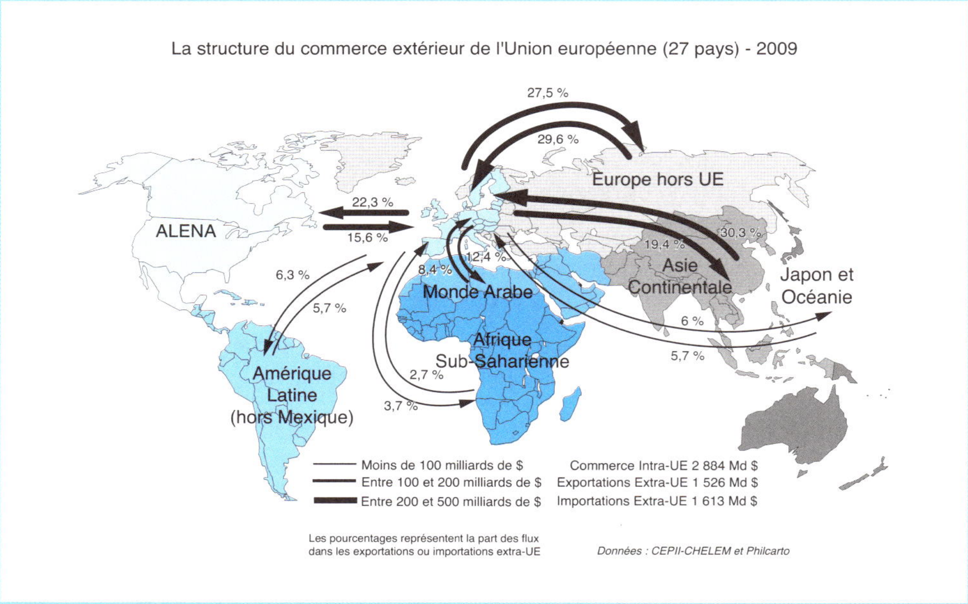

Figure 1.3 – La structure du commerce des pays de l'Union européenne en 2009.

Les pays de l'Union européenne commercent avec presque tous les pays du monde et, sur chaque zone géographique, les flux d'importation et d'exportation sont à peu près équilibrés. Mais surtout, plus de 64 % du commerce des pays de l'UE-27 se fait au sein même de l'Union.

Source : d'après les données CEPII – CHELEM et Philcarto.

Les différentes tentatives de validation empirique montrent toutefois que ces théories, si elles restent pertinentes, ne suffisent pas à rendre compte de l'ensemble des flux effectivement observés. Des théories plus récentes, qui font appel à la concurrence imparfaite, ont permis de compléter le corpus et de fournir ainsi des explications du commerce entre pays qui ne présentent pas d'avantages comparatifs très marqués (voir chapitres 7 et 8).

1.3 Protectionnisme ou libre-échange ?

La mise en évidence de gains mutuels au commerce est l'un des résultats théoriques les plus importants de l'économie internationale. C'est un résultat ancien… au moins aussi ancien que l'éternel débat politique sur le degré optimal d'ouverture commerciale. Depuis l'émergence, au XVIe siècle, des États-nations, les gouvernements sont préoccupés par les effets de la concurrence internationale sur la prospérité des activités locales ; ils ont tenté de protéger certains secteurs en limitant les importations, ou de les soutenir en instaurant des subventions à l'exportation. L'un des objectifs les plus concrets de l'économie internationale a été d'analyser les effets de ces politiques protectionnistes ; de fait, ces analyses ont conduit le plus souvent à souligner les conséquences négatives de la protection et les avantages du libre-échange.

Après la Seconde Guerre mondiale, les économies industrialisées ont fait des efforts importants pour supprimer les barrières au commerce. Ces politiques reposent sur l'intuition selon laquelle le libre-échange est une force pour la prospérité économique des nations, mais aussi pour la promotion de la paix[2]. Les années 1990 ont ainsi été marquées par une progression profonde de l'intégration commerciale avec la ratification, en 1994, de l'accord multilatéral de l'*Uruguay Round* et la création de l'Organisation mondiale du commerce (OMC). L'ouverture des économies a aussi été portée par divers accords régionaux : la mise en place, le 1er janvier 1993, du Marché unique européen, qui a ouvert la voie à l'euro ; l'élargissement, en 1995, de l'Union européenne de 12 à 15 pays, puis progressivement à 27 depuis 2007 ; l'instauration, en 1994, de l'Accord de libre-échange nord-américain entre les États-Unis, le Mexique et le Canada. Il faut aussi souligner l'expérience des pays d'Europe centrale et orientale, qui ont connu à cette période une transition rapide vers le libre-échange.

Mais, depuis les manifestations massives organisées lors de la conférence de l'OMC de Seattle en 1999, le mouvement altermondialiste a gagné de nombreux adhérents. Réunissant un très grand nombre d'organisations hostiles à la mondialisation, ce mouvement international a surpris par son ampleur. Il a conduit les avocats du libre-échange à mieux présenter leur point de vue, et les institutions en charge des négociations commerciales à ajuster quelque peu leurs positions (notamment en considérant avec plus de justesse les questions environnementales et la situation des pays en développement).

L'importance des politiques commerciales est à la mesure des efforts réalisés par les États lors des négociations internationales et de la défiance profonde qu'inspire le libre-échange. Une large part – environ le quart – de ce manuel est par conséquent consacrée à l'analyse de

2. Les analyses empiriques montrent que cette intuition n'est pas fausse… mais pas totalement vraie non plus (voir Philippe Martin, Thierry Mayer et Mathias Thoenig, « Make Trade not War ? », *Review of Economic Studies*, 75(3): 865-900, 2008).

ces choix politiques. Progressivement, les économistes ont développé un cadre analytique robuste pour évaluer les effets de ces politiques publiques. Ce cadre théorique non seulement aide à prédire les effets des politiques commerciales, mais il permet aussi une analyse coûts-bénéfices du protectionnisme et conduit à définir des critères profitables à l'économie (voir chapitres 9 et 10).

La théorie économique contribue à donner un sens aux politiques commerciales, notamment en identifiant les perdants et les gagnants des politiques de libéralisation ou de protection commerciale. Mais il faut reconnaître que les gouvernements ne respectent pas nécessairement les orientations préconisées par l'analyse économique. Les conflits d'intérêts *à l'intérieur* des pays pèsent généralement plus lourd que les conflits internationaux sur les décisions publiques. Le commerce a le plus souvent des effets considérables sur la distribution du revenu à l'intérieur des pays (voir chapitres 4 et 5), et certains groupes d'intérêt ont une grande influence sur la conduite des politiques commerciales (voir chapitres 10 à 12).

1.4 La balance des paiements

En 1998, les balances commerciales chinoise et sud-coréenne étaient largement excédentaires. Dans le cas chinois, ce surplus résultait d'un développement de la politique d'ouverture et des capacités d'exportation – provoquant d'ailleurs de nombreuses plaintes de la part des pays partenaires, dont les États-Unis et l'Union européenne, qui accusèrent la Chine de ne pas se plier aux règles du commerce international. L'exemple chinois laisse entendre que le fait d'entretenir un important excédent commercial serait une bonne chose. Ce n'est cependant pas l'avis des Sud-Coréens : dans leur cas, l'excédent résulte de la crise financière qui a lourdement affecté le pays et qu'ils auraient sans aucun doute préféré éviter.

Cette comparaison souligne que l'analyse de la structure des échanges extérieurs d'une économie, enregistrés dans sa *balance des paiements*, nécessite un cadre théorique cohérent. Les conclusions à tirer de l'observation d'un déséquilibre d'une partie de la balance des paiements dépendent du contexte et ont trait à la nature des mouvements internationaux de capitaux (voir chapitre 8), aux liens existants entre les transactions internationales et la comptabilité du revenu national (voir chapitre 13), ou encore à la discussion autour des différents aspects de la politique monétaire internationale (voir chapitres 17 à 22).

1.5 Les taux de change

Lors de son introduction, le 1er janvier 1999, l'euro valait 1,18 dollar. En octobre 2002, il était descendu en dessous de 0,83 dollar. Il s'est ensuite apprécié vigoureusement pour atteindre 1,60 dollar en juillet 2008 avant de retomber à 1,25 dollar fin 2008 pour de nouveau remonter à 1,45 dollar à la fin de l'été 2011. La question des taux de change est l'un des éléments qui fait la spécificité de l'économie internationale, qu'il s'agisse de comprendre les causes et les conséquences des variations de la valeur d'une monnaie par rapport à une autre ou bien d'expliquer le fait que plusieurs pays puissent décider, comme l'ont fait les 17 pays de la zone euro, de partager la même monnaie.

La question de la détermination du taux de change a pris progressivement une part grandissante dans les analyses de l'économie internationale. De nos jours, la valeur des monnaies les plus importantes connaît des fluctuations continues, et le rôle des variations de change est au centre d'un grand nombre de problèmes économiques (les chapitres 14 à 17 présentent les théories modernes des taux de change flottants). Cependant, durant la plus grande partie du XXe siècle, les taux de change étaient simplement déterminés par les pouvoirs publiques et non définis sur un marché ouvert : jusqu'aux années 1970, les systèmes de changes fixes ont en effet prévalu, centrés d'abord sur un étalon-or, puis, après la Seconde Guerre mondiale, sur le dollar américain. Le chapitre 18 analyse le fonctionnement de ce type de système, et le chapitre 19 compare les systèmes de changes fixes et de changes flottants. Enfin, le chapitre 20 s'intéresse aux unions monétaires et présente en détail le cas de la zone euro.

1.6 La coordination des politiques économiques

Chaque pays qui participe à l'économie mondiale est libre de choisir ses objectifs et ses instruments de politique économique. Mais, bien évidemment, dans un monde ouvert aux échanges des biens et des capitaux, les choix de chacun peuvent avoir des conséquences importantes sur les autres économies. Par exemple, lorsqu'en 1990 la banque centrale allemande (la Bundesbank) a décidé d'augmenter ses taux d'intérêt, avec l'objectif de réduire les pressions inflationnistes résultant de la réunification, cette décision a contribué à précipiter les pays d'Europe de l'Ouest dans la récession. Dès lors, il est bien clair qu'en suivant leurs objectifs propres, les États peuvent engendrer des conflits d'intérêts sur la scène internationale. Et même dans le cas où les différents pays s'accordent sur les objectifs à atteindre, il faut que leurs interventions soient suffisamment coordonnées pour qu'aucun ne soit pénalisé. L'un des problèmes fondamentaux de la régulation de l'économie mondiale est de parvenir à créer un degré d'harmonie suffisant sur les questions relatives au commerce et aux politiques monétaires, en l'absence d'un gouvernement mondial qui pourrait dicter la conduite à suivre.

Depuis près de 70 ans, les politiques commerciales sont régies par un traité international : le GATT (*General Agreement on Tariffs and Trade*). Depuis 1995, cet accord est administré par l'OMC, qui a pour mission d'organiser les négociations commerciales, mais qui dispose aussi du pouvoir de faire respecter ces accords en dénonçant et condamnant les pratiques protectionnistes irrégulières. Au chapitre 9, nous présentons le fonctionnement de cette institution et tentons de nous interroger sur son avenir.

Comparée à la régulation du commerce international encadrée par l'OMC, la coordination des politiques macroéconomiques est un domaine autrement plus incertain. Même si les pays font de plus en plus d'efforts pour accorder leurs politiques macroéconomiques, la théorie économique n'a formulé de manière précise les conditions indispensables à cette coordination que depuis quelques années (voir chapitre 19).

1.7 Le marché international des capitaux

Au cours des années 1970, les banques des pays industrialisés ont beaucoup prêté aux entreprises et aux États des pays en développement (particulièrement en Amérique latine). En 1982, le Mexique, avant d'être suivi par d'autres pays, s'est trouvé dans l'incapacité d'assurer le remboursement de ses emprunts. La « crise de la dette » qui en a résulté a duré près d'une dizaine d'années. De nouveau, à partir du début des années 1990, les « économies émergentes » d'Amérique latine et du Sud-Est asiatique ont attiré les investisseurs étrangers. Ces afflux d'investissements ont une fois de plus rapidement posé problème : le Mexique a connu une nouvelle crise financière à la fin de l'année 1994, de même que la plupart des pays asiatiques à partir de l'été 1997, et l'Argentine en 2002. Et les crises n'ont pas épargné les pays développés. On pense aussi évidemment à la crise financière qui a débuté en 2007 aux États-Unis, qui s'est rapidement propagée au monde entier et dont on n'est pas encore sorti aujourd'hui. Pourquoi de telles crises à répétition ? Quels sont les facteurs de contagion ?

Le développement du commerce international, depuis les années 1960, s'est accompagné d'une libéralisation financière et d'un essor des marchés internationaux de capitaux. Quel bilan tirer de la mutation financière ?

Les opérations sur ces marchés internationaux présentent des risques importants, liés notamment aux fluctuations des taux de change : si, par exemple, la valeur de l'euro chute par rapport au dollar, les investisseurs américains qui détiennent des obligations en euros subiront une perte. Les investisseurs doivent aussi faire face aux risques de défaut sur les dettes souveraines. En effet, un État qui connaît des difficultés économiques importantes peut être dans l'incapacité de rembourser ses dettes ; en l'absence d'instance chargée de régler les faillites des États, il n'existe pas de réel moyen pour les créditeurs de recouvrer les sommes prêtées.

L'importance croissante des marchés internationaux de capitaux et les problèmes qu'ils engendrent requièrent aujourd'hui une attention plus grande que jamais. Ce livre consacre deux chapitres à ces questions, le premier portant sur le fonctionnement du marché international des capitaux (voir chapitre 21), le second sur les pays en développement (voir chapitre 22).

2 L'économie internationale : commerce et monnaie

La recherche en économie internationale investit deux champs distincts : l'analyse du commerce international et l'étude des relations monétaires internationales. Le premier s'intéresse aux transactions *réelles* qui ont lieu sur les marchés internationaux, c'est-à-dire aux transactions qui impliquent un mouvement physique de biens ou, dans le cas d'échanges de services, un engagement concret de ressources économiques. Le second analyse les aspects *monétaires* de l'économie internationale, c'est-à-dire les transactions financières. Les conflits entre les États-Unis et l'Union européenne portant sur les subventions accordées aux producteurs aéronautiques ou sur les aides à l'agriculture sont des exemples de problèmes traités spécifiquement par les analyses du commerce international. La question de la valeur de l'euro, ou celle de savoir si cette monnaie doit flotter librement ou être contrôlée strictement par les autorités monétaires, relève de la finance internationale.

Il est bien sûr difficile de séparer strictement les questions réelles et monétaires : les flux de commerce internationaux engendrent des transactions monétaires et, à l'inverse, les chocs financiers peuvent avoir d'importantes conséquences sur les spécialisations industrielles et la structure des échanges de biens et services. Il est cependant nécessaire, pour bien comprendre les mécanismes en jeu et les implications des politiques publiques, de distinguer ces deux domaines. La première moitié de ce livre est donc consacrée à la présentation des analyses du commerce international : la première partie (chapitres 2 à 8) développe les théories du commerce, tandis que la deuxième (chapitres 9 à 12) applique ces théories à l'analyse des politiques commerciales. La seconde moitié du livre couvre les différents aspects de la finance internationale : la troisième partie (chapitres 13 à 18) s'intéresse aux théories monétaires et la quatrième partie (chapitres 19 à 22) les applique aux problèmes de politique monétaire internationale.

Chapitre 2

Un aperçu du commerce mondial

Objectifs pédagogiques :

- Étudier l'influence de la taille des économies, de la distance géographique et des frontières sur le commerce bilatéral : le modèle de gravité.
- Présenter l'évolution du commerce mondial et mettre en évidence une première vague de mondialisation au XIXe siècle.
- Comparer les deux vagues de mondialisation (des XIXe et XXe siècles), et notamment l'évolution de la nature des biens échangés sur les marchés mondiaux.

En 2009, la valeur ajoutée (c'est-à-dire le PIB) créée par l'économie mondiale a dépassé les 58 000 milliards de dollars à prix courants, soit près de 42 000 milliards d'euros. De son côté, la valeur totale du commerce mondial de biens et services a atteint près de 15 000 milliards de dollars, soit presque 11 000 milliards d'euros. Près de 26 % de la richesse créée dans le monde est donc vendue hors des frontières nationales. Et encore, l'année 2009 a été marquée par une très forte crise économique qui s'est traduite par un coup de frein subit des échanges internationaux : en 2008, le poids du commerce mondial dans le PIB dépassait les 31 % (voir encadré 2.1).

Dans les chapitres qui suivent, nous analyserons pourquoi les pays vendent une si grande partie de ce qu'ils produisent à l'étranger et consacrent une aussi large part de leurs revenus à la consommation de biens importés. Nous examinerons aussi les gains et les coûts du commerce international, ainsi que les motivations et les conséquences des politiques publiques visant soit à restreindre, soit à favoriser les échanges internationaux. Mais avant cela, il n'est pas inutile de décrire brièvement les caractéristiques essentielles des échanges internationaux de biens et services. En effet, la structure du commerce mondial a radicalement changé au cours des dernières décennies.

Qui commerce avec qui ? Nous aborderons cette question en nous appuyant sur le *modèle de gravité*. Il s'agit d'une relation empirique qui permet d'évaluer la valeur du commerce entre deux pays donnés, en tenant compte des barrières aux échanges. Ces dernières, même dans notre économie mondialisée, limitent encore aujourd'hui le développement du commerce international.

Encadré 2.1

2009 : l'effondrement du commerce mondial

La crise financière de 2008-2009 a porté un coup sévère à l'économie mondiale. Entre 2008 et 2009, le PIB mondial a enregistré une baisse de plus 5 % en dollars courants. C'est bien sûr énorme, mais la contraction du commerce international de biens et services a été plus spectaculaire encore : il a diminué d'environ 20 %.

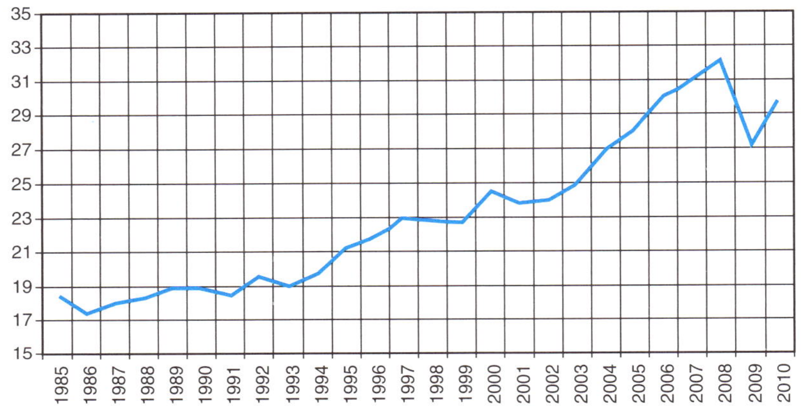

Figure 2.1 – L'évolution de la part des exportations mondiales de biens et services dans le PIB mondial, 1985-2010.

Source : FMI.

Cet effondrement du commerce international n'a pas atteint l'ampleur de celui enregistré lors de la grande dépression du début des années 1930, mais c'est, de très loin, la plus importante chute depuis la fin de la Seconde Guerre mondiale. Cette baisse soudaine a frappé simultanément tous les pays exportateurs et la quasi-totalité des produits échangés.

Il est bien sûr logique de s'attendre à voir les échanges mondiaux se contracter en période de récession. Mais une telle surréaction du commerce à la chute du PIB en a surpris plus d'un et a entraîné des débats passionnés entre les économistes*. Dans un premier temps, beaucoup y ont vu le signe que les pays ont recouru de façon massive aux protections commerciales, dans l'espoir d'arrêter à leurs frontières la propagation de la crise internationale. Ce type de comportement a été une des causes premières de la réduction du commerce international dans les années 1930 et, on le sait aujourd'hui, a sensiblement accéléré le plongeon des économies. Toutefois, cela ne fut pas le cas lors de la crise récente. On a bien sûr vu, ici ou là, un certain nombre de pays prendre quelques mesures exemplaires ou profiter de la situation pour satisfaire aux demandes de protection de quelques lobbies. Néanmoins, l'élévation des barrières commerciales a été limitée et n'a touché qu'une fraction minime du commerce international.

---

* Une bonne synthèse de ces débats nous est donnée par l'ouvrage collectif dirigé par Richard Baldwin, *The Great Trade Collapse: Causes, Consequences and Prospects*, VoxEU.org books, 2011.

Encadré 2.1 (suite)

La deuxième explication à la surréaction du commerce tient à la nature même de la crise. La mise en péril de plusieurs grandes banques a asséché soudainement les sources de financement des entreprises. Or, pour exporter, les entreprises ont souvent besoin d'emprunter : pour supporter les délais de paiement et s'assurer contre les risques financiers liés aux transactions internationales (c'est ce que les Anglo-Saxons appellent le « trade finance »), mais aussi pour s'acquitter des dépenses nécessaires à leur entrée sur les marchés étrangers (cela peut concerner la recherche d'un client, la mise sur pied d'une chaîne logistique, l'adaptation du produit aux normes en vigueur dans le pays de destination, la traduction des notices…). Cet effet a certainement joué un rôle non négligeable. La raréfaction des crédits a notamment affecté les petites et moyennes entreprises qui, financièrement plus fragiles, ont davantage peiné à se maintenir sur les marchés d'exportation.

La troisième explication tient au comportement des consommateurs. En temps de crise, les ménages comme les entreprises tendent à délaisser les produits haut de gamme pour consommer à moindre coût. En moyenne, cette réorientation de la demande revient à faire chuter la valeur du commerce mondial. Plus encore, les entreprises comme les ménages ont tendance à remettre à plus tard leurs dépenses d'investissement. Ce type de comportement explique pourquoi la crise a été violemment ressentie dans les secteurs produisant des biens d'équipement. Or ces derniers pèsent lourd dans le commerce international, notamment pour les pays développés : les biens d'équipement représentent environ 20 % de la valeur des exportations mondiales et près du quart des exportations françaises.

Comment le commerce mondial s'est-il transformé ? Nous verrons que quelques évolutions saillantes ont marqué les récentes décennies : une très nette croissance de la part de la production mondiale vendue sur les marchés internationaux, un glissement du centre de gravité de l'économie mondiale vers l'Asie et une transformation profonde de la nature des produits échangés sur les marchés mondiaux.

1 Qui commerce avec qui ?

La figure 2.2 indique la valeur totale des échanges de biens (importations et exportations) de la France et de l'UE-27 avec quelques-uns de leurs principaux partenaires commerciaux.

Pour l'essentiel, la France commerce avec les autres pays européens : en 2009, les 26 pays qui, avec la France, constituent aujourd'hui l'Union européenne ont reçu plus de 61 % des exportations françaises, et produit environ 65 % des biens importés par les résidents français. La zone euro, à elle seule, représente plus de la moitié des échanges extérieurs français. Ces chiffres semblent particulièrement élevés, mais on retrouve cependant des niveaux comparables pour les autres pays européens : les 27 pays de l'Union européenne réalisent en moyenne plus de 65 % de leurs échanges commerciaux avec d'autres pays de l'Union. Par rapport à ces échanges entre voisins, le commerce de longue distance semble relativement réduit. En 2009, les trois plus grandes puissances économiques non européennes (c'est-à-dire les États-Unis, le Japon et la Chine) représentaient près de 42 % du PIB mondial ;

mais les échanges commerciaux avec ces pays dépassaient à peine 11 % du commerce total des 27 pays de l'Union européenne (on obtient un chiffre comparable pour la France).

Pour bien comprendre les raisons d'une telle concentration géographique des flux de commerce, nous devons mener notre réflexion un peu plus loin et étudier les principaux déterminants de la structure des échanges mondiaux.

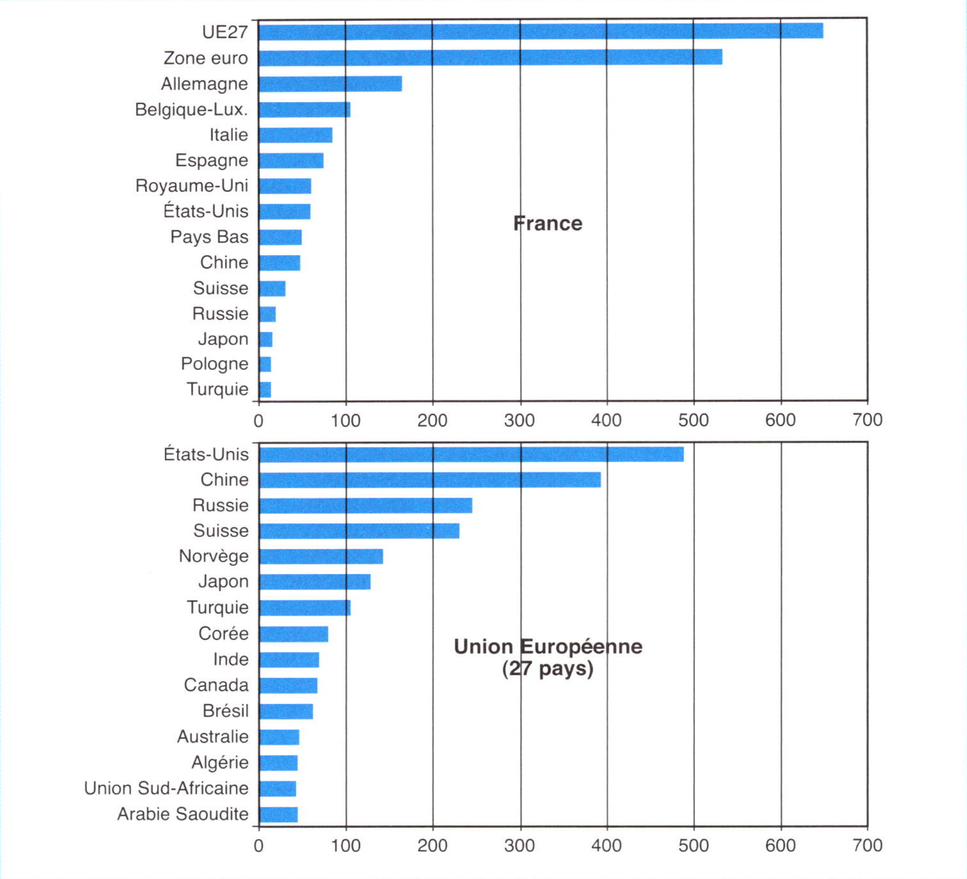

Figure 2.2 – Le commerce de la France et de l'Union européenne avec leurs principaux partenaires, en 2009.

Le commerce international de la France, mesuré par la somme de ses importations et de ses exportations, se fait essentiellement au sein de l'Union européenne qui, de son côté, commerce essentiellement avec d'autres économies européennes et quelques grands pays.

Source : d'après les données CEPII - CHELEM.

1.1 Taille et distance : le modèle de gravité

Les cinq principaux partenaires commerciaux de la France sont tous des pays européens : l'Allemagne, la Belgique, l'Italie, l'Espagne et le Royaume-Uni. Pourquoi ces pays plutôt que d'autres ? La réponse est assez intuitive : premièrement, ils sont tous géographiquement proches de la France, et par ailleurs, pour la majorité, ils représentent des économies de grande taille. En effet, à part la Belgique, tous ces pays affichent des produits intérieurs bruts qui comptent parmi les douze plus élevés du monde. Il semble donc bien exister une relation empirique forte entre la *taille économique* d'un pays et le volume de ses importations et de ses exportations. En outre, le Japon et la Chine, en dépit de la très grande taille de leurs économies, commercent à peu près autant avec les pays de l'Union européenne que la Suisse. En règle générale, il apparaît donc clairement que la *distance géographique* influe aussi sur le commerce : les échanges commerciaux sont relativement plus intenses entre pays proches.

Les figures 2.3a et 2.3b illustrent le premier des deux points considérés en indiquant la correspondance entre la taille des différentes économies européennes et leur niveau de commerce avec la France. L'axe horizontal représente le PIB de chaque pays, exprimé en pourcentage du PIB total de l'Union européenne ; l'axe vertical précise la part de chaque pays dans le commerce de la France avec l'ensemble de l'Union européenne. Les douze nouveaux pays membres, qui ont fait leur entrée dans l'Union à la suite des élargissements de mai 2004 et janvier 2007[1], sont des économies de taille relativement modeste. Pour plus de clarté, nous avons donc reporté les données les concernant sur une figure distincte (voir figure 2.3b).

Comme nous pouvons le voir, quel que soit le groupe de pays, toutes les observations sont rassemblées le long de la diagonale à 45 degrés. En clair, cela signifie que le poids des pays européens dans le commerce total de la France avec l'Union européenne est à peu près proportionnel au poids de ces pays dans le PIB européen. L'Allemagne, par exemple, représente 20 % du PIB de l'UE-27, mais c'est aussi le premier partenaire commercial de la France, avec plus de 24 % du commerce total. À l'opposé, l'économie tchèque, qui est beaucoup plus petite, ne représente que 1,2 % du PIB de l'Union et ne pèse que pour 1,4 % des échanges extérieurs de la France.

En étudiant plus en détail le commerce mondial, les économistes ont montré que l'équation (2.1) pouvait prédire assez précisément le volume des échanges de biens entre deux pays, i et j, donnés :

$$T_{ij} = A \times Y_i \times Y_j / D_{ij} \qquad (2.1),$$

où A est une constante, T_{ij} est la valeur du commerce entre le pays i et le pays j, Y_i est le PIB du pays i, Y_j le PIB du pays j, et D_{ij} la distance géographique entre les deux économies. La valeur du commerce entre deux pays est donc proportionnelle, toutes choses étant égales par ailleurs, au produit des PIB des deux économies partenaires, et diminue avec la distance qui les sépare.

1. Pologne, République tchèque, Hongrie, Estonie, Slovénie, Chypre, Lettonie, Lituanie, Malte, Slovaquie, Bulgarie et Roumanie.

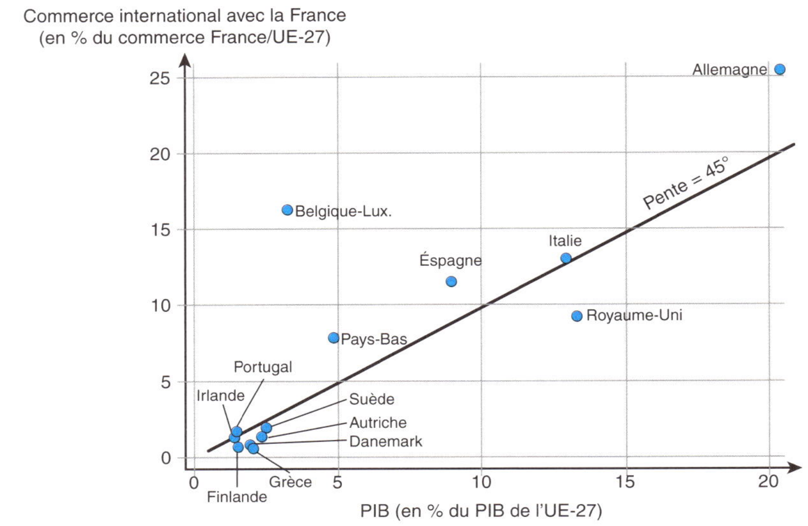

Figure 2.3a – Le commerce de la France avec les pays de l'UE-15 (2009).

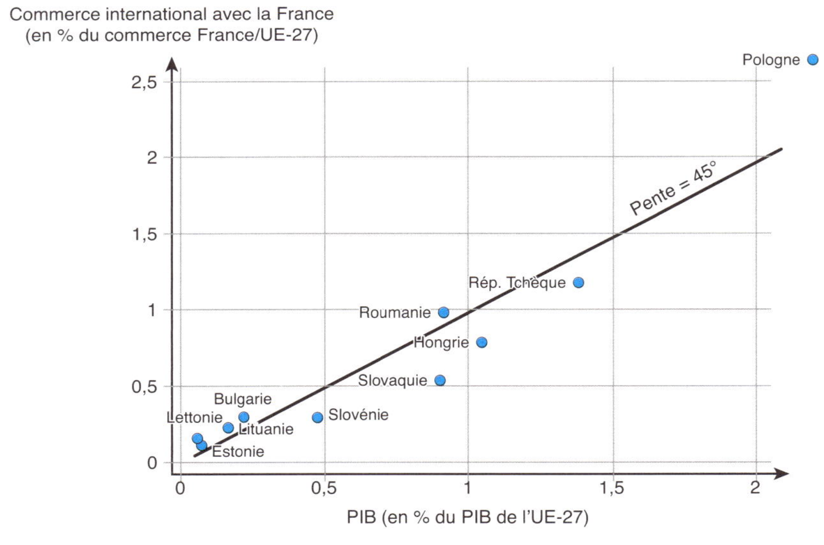

Figure 2.3b –Le commerce de la France avec 10 pays de l'élargissement (2009).

La taille des pays européens est quasiment proportionnelle à l'importance de leur commerce total (importations plus exportations) avec la France.

Source : d'après les données CEPII - CHELEM.

Par analogie avec la loi énoncée par Newton[2], l'équation (2.1) est connue sous le nom de *modèle de gravité*. Cette équation est cependant très restrictive. Le plus souvent, les études économétriques considèrent une forme plus générale de ce modèle :

$$T_{ij} = A \times Y^{a}{}_{i} \times Y^{b}{}_{j} / D^{c}{}_{ij} \tag{2.2}$$

L'analyse économétrique permet d'estimer la valeur des coefficients a, b et c. Dans la majorité des cas, ces trois coefficients sont positifs. Le plus souvent ils sont proches de 1, si bien que l'équation (2.1) est une bonne approximation de la structure réelle du commerce entre deux pays.

1.2 Le commerce international : une question de taille

Le modèle de gravité est un outil d'analyse très largement utilisé dans les études du commerce international. C'est en effet une relation extrêmement performante : en dépit de sa simplicité, elle explique très bien la structure réelle des flux de commerce. Comment expliquer cela ?

Que le PIB du pays importateur influe positivement sur le flux de commerce entre deux pays n'a rien d'étonnant : par définition, la demande exprimée par un grand pays est importante et, à moins de suivre une politique protectionniste stricte, la valeur de ses importations est forcément élevée. Par ailleurs, une grande économie produit une large variété de biens, et a donc tendance à attirer une grande part des dépenses mondiales. Il est alors bien naturel que le PIB du pays exportateur agisse positivement sur le commerce bilatéral.

Si la structure de la demande de tous les consommateurs du monde était partout identique, alors les flux de commerce bilatéraux seraient effectivement très exactement proportionnels au produit des deux PIB. Par exemple, en 2009, le PIB de l'UE-27 représentait un peu moins de 28 % du PIB mondial. Logiquement, chaque pays du monde devrait alors consacrer près de 30 % de sa dépense à l'achat de produits européens. Mais, de toute évidence, les consommateurs affectent en réalité toujours une plus grande part de leurs revenus en biens produits dans leur propre pays[3]. Et puis, plus généralement, leur consommation n'est tout simplement pas uniformément répartie sur l'ensemble des pays. Pour expliquer correctement la structure des échanges mondiaux, il faut alors considérer les facteurs qui limitent le commerce international. En effet, la principale utilisation concrète que l'on fait du modèle de gravité est d'identifier et de quantifier les « anomalies » commerciales, c'est-à-dire les couples de pays qui entretiennent des relations commerciales particulièrement intenses et ceux qui, au contraire, commercent très peu.

---

2. La loi universelle de la gravitation, utilisée pour la première fois en 1687 par le physicien anglais Isaac Newton, s'énonce ainsi : deux corps de masse *M1* et *M2* s'attirent mutuellement avec une force proportionnelle à chacune des masses et inversement proportionnelle au carré de la distance qui les sépare.
3. Nous analyserons au chapitre 5 une conséquence de ces préférences des consommateurs pour les produits nationaux.

1.3 Distances, frontières et barrières aux échanges

Si les figures 2.3a et 2.3b indiquent que les échanges commerciaux de la France augmentent de façon presque proportionnelle avec le PIB du pays partenaire, cette relation n'est pourtant pas parfaite. Les pays situés au-dessus de la diagonale (c'est-à-dire la Belgique, l'Espagne, les Pays-Bas, l'Italie et l'Allemagne) partagent tous une frontière terrestre avec la France ou en sont très proches. La proximité géographique et la faiblesse des coûts de transport expliquent alors sans doute le fait qu'ils commercent beaucoup avec elle. De même, la proximité culturelle et linguistique entre la France et la Belgique justifie vraisemblablement que le point correspondant à ce pays soit situé aussi loin de la bissectrice.

La figure 2.4 permet d'aller un peu plus loin. Même si son apparence est bien différente, elle est presque identique à la figure 2.3. Elle représente toujours le commerce international de la France avec plusieurs pays en fonction de leur PIB (en pourcentage du PIB de l'Union européenne). On y retrouve tous les pays de l'Union, mais quelques points correspondant à d'autres économies ont été ajoutés : la Suisse, le Mexique, le Canada, l'Afrique du Nord, la Chine, le Japon, les États-Unis… On le voit, le point correspondant à la Suisse est très proche de la diagonale et même, comme pour tous les pays frontaliers de la France, situé un peu au-dessus de celle-ci. En revanche, le commerce des pays plus lointains, par rapport à la taille économique de ces pays, est nettement plus faible.

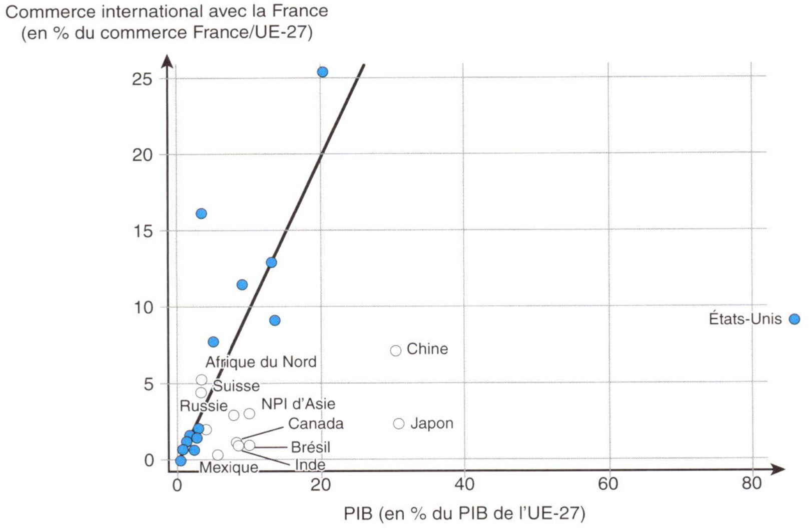

Figure 2.4 – La taille économique et le commerce avec la France en 2009.

La France commerce davantage avec ses voisins qu'avec les économies non européennes de taille équivalente.

Source : d'après les données CEPII – CHELEM.

Le Japon a un PIB qui vaut 30 % du PIB de l'Union, mais la valeur de ses échanges commerciaux avec la France ne dépasse pas 2,5 % des échanges de la France avec le reste de l'Union. De même, malgré un PIB presque comparable à celui de l'Union européenne, les États-Unis commercent moins avec la France que ne le font d'autres pays, pourtant bien plus petits, comme le Royaume-Uni ou l'Espagne.

L'éloignement géographique décourage les Français de développer des échanges commerciaux avec les nations lointaines. La France n'a bien évidement rien d'un cas particulier : les estimations de modèles de gravité montrent systématiquement une très nette influence négative de la distance sur le commerce international. Toutes ces estimations sont différentes, mais de façon générale, elles indiquent qu'une augmentation de 1 % de la distance entre deux pays est associée à une diminution de l'ordre de 0,7 à 1 % du commerce bilatéral. Pour l'essentiel, cette baisse reflète l'effet des coûts de transport. Mais d'autres facteurs, nettement moins tangibles, jouent aussi un rôle important. Deux pays commercent bien davantage lorsque leurs populations ont des contacts fréquents, lorsqu'ils partagent une langue commune ou une proximité culturelle qui rapproche les modes de consommation et la façon de traiter les affaires commerciales. Bien sûr, cette proximité tend le plus souvent à diminuer avec l'accroissement de la distance géographique. Une histoire commune (notamment d'anciens liens coloniaux) et d'importants flux migratoires peuvent néanmoins faciliter les échanges bilatéraux de biens et services entre pays lointains.

Outre le fait d'être des voisins, les pays européens participent à un accord de libre-échange particulièrement poussé. La participation à l'Union européenne assure en effet qu'aucun bien échangé entre ces pays ne puisse être l'objet de droits de douane ou d'autre barrière au commerce international[4]. Nous analyserons les effets des barrières au commerce au chapitre 9 et le rôle des accords commerciaux au chapitre 10. Pour l'instant, notons simplement qu'une des manières d'utiliser le modèle de gravité est d'évaluer l'impact de ces accords sur les flux de biens et services : si l'accord commercial a une efficacité réelle, il devrait augmenter de manière significative les échanges entre les différents signataires, par rapport aux flux que l'on pourrait prédire entre ces pays, étant donné leurs PIB et la distance qui les sépare.

Ces accords commerciaux abolissent généralement toutes les barrières formelles au commerce entre les pays, mais ils effacent rarement l'ensemble des entraves aux échanges. Des recherches académiques récentes ont montré que, même dans les pays largement ouverts au libre-échange, les flux de biens et services entre deux régions d'un *même pays* sont nettement plus importants qu'entre deux régions situées à même distance mais dans *deux pays différents*. On parle alors *d'effet frontière*. Par exemple, des chercheurs ont étudié le commerce entre les provinces canadiennes et les États américains[5]. Les États-Unis et le Canada participent à un accord de libre-échange[6]. La plupart des Canadiens parlent anglais et les habitants des deux pays peuvent circuler avec un minimum de formalités de part et d'autre de la frontière. Ils partagent en outre une culture relativement similaire. En dépit de

4. De son côté, la Suisse (mais aussi l'Islande, le Liechtenstein et la Norvège) participe également a un accord de libre-échange avec les pays de l'Union européenne : l'*Association européenne de libre-échange* (AELE).

5. Voir notamment John McCallum, « National Borders Matters : Canada-US Regional Trade Patterns », *American Economic Review*, vol. 85, n° 3, 1995, p. 615-623.

6. Dès 1988, ces deux pays ont signé un accord de libre-échange, étendu au Mexique en 1994 pour devenir l'*Accord de libre-échange nord-américain* (ALENA).

ces caractéristiques particulièrement favorables au commerce, ces études montrent, à l'aide d'un modèle de gravité, qu'à distance égale, il existe beaucoup plus de commerce entre deux provinces canadiennes qu'entre des provinces canadiennes et des États américains[7]. La traversée de la frontière entre le Canada et les États-Unis (pourtant l'une des plus ouvertes du monde) réduit le commerce d'un montant comparable à celui que l'on observerait si les deux pays étaient distants de 2 000 à 3 000 km.

En appliquant une méthode similaire, des études empiriques ont mis en évidence des effets frontières tout aussi importants entre les pays européens. Keith Head et Thierry Mayer[8] ont ainsi décortiqué les échanges commerciaux, de 1976 à 1995, entre les douze pays qui formaient l'Union européenne jusqu'à l'élargissement de 1995. Leurs mesures des effets frontières sont reportées à la figure 2.5. Au milieu des années 1970, les flux internes à chaque pays européen étaient en moyenne trente fois plus importants que les flux transnationaux.

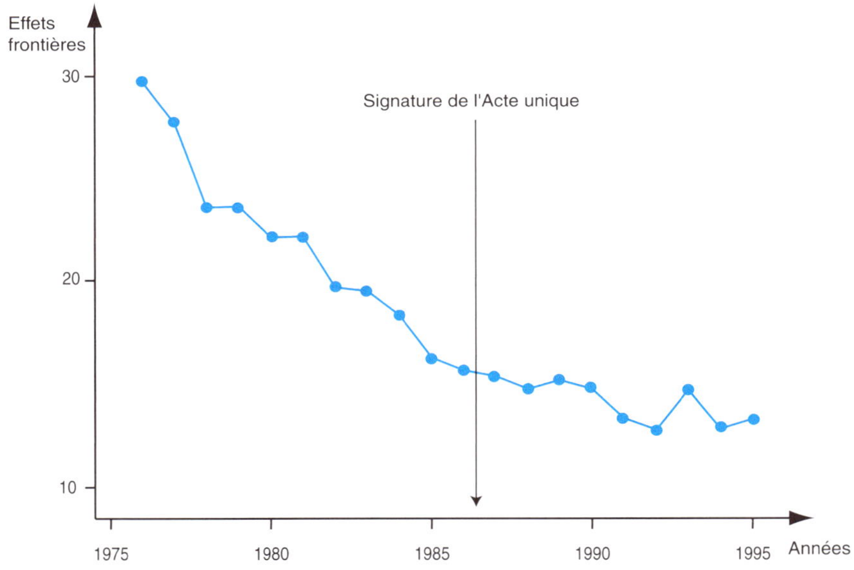

Figure 2.5 – Les effets frontières de l'Union européenne (UE-12).

Même à la fin des années 1990, chaque pays européen commerçait encore environ quinze fois plus « avec lui-même » qu'avec un autre pays de l'Union.

Source : d'après Head et Mayer, 2000.

7. Par exemple, la Colombie-Britannique est à peu près aussi éloignée de Québec que de l'État américain de New York, mais le commerce entre les deux provinces canadiennes, en proportion de leur PIB, est environ quatorze fois plus important qu'entre la Colombie-Britannique et l'État de New York.

8. Keith Head et Thierry Mayer, « Non-Europe : The Magnitude and Causes of Market Fragmentation in Europe », *Weltwirtschaftliches Archiv*, 136(2), 2000, p. 285-314. Voir aussi Keith Head et Thierry Mayer, « Effet frontière, intégration économique et forteresse Europe », Économie et prévision, 152-153, 2002, p. 71-92.

Les effets frontières ont cependant diminué régulièrement jusqu'aux années 1990. Malgré ce long processus d'ouverture commerciale, l'intégration des marchés européens reste toutefois inachevée : dans les années 1990, chaque pays commerçait encore quinze fois plus « avec lui-même » qu'avec n'importe lequel de ses partenaires européens.

2 L'évolution de la structure du commerce mondial

Le commerce mondial est en constante évolution ; sa structure (c'est-à-dire les principaux partenaires et la nature des biens échangés) est très différente aujourd'hui de ce qu'elle était il y a une ou deux générations. Pour autant, la mondialisation n'est pas un phénomène totalement nouveau : on observe encore certaines similitudes entre l'économie mondiale d'aujourd'hui et celle de la fin du XIXe siècle.

2.1 Le monde est-il devenu plus petit ?

Beaucoup de débats relatifs à l'évolution du commerce mondial laissent entendre que les techniques de transport modernes, plus encore, les nouveaux moyens de communication ont fortement réduit l'impact de la distance géographique sur les relations économiques. Le monde serait en quelque sorte devenu plus petit[9]. Il y a certainement une part de vérité dans cette assertion : Internet permet de communiquer instantanément et presque gratuitement d'un continent à l'autre ; l'essor du transport aérien donne à chacun la possibilité d'atteindre rapidement chaque partie du globe…

Même si les modèles de gravité confirment toujours que la distance continue d'exercer une influence forte sur le commerce international, il est vrai que le progrès technologique a facilité les échanges sur longue distance. L'histoire nous montre cependant que les choix politiques en faveur du libre-échange peuvent l'emporter sur les effets de la technologie. En effet, la mondialisation de l'économie n'est pas une invention de la seconde moitié du XXe siècle. En réalité, il y a eu deux vagues de mondialisation ; la première s'appuyait non pas sur Internet et les lignes aériennes internationales, mais sur les chemins de fer, les bateaux à vapeur et la télégraphie. En 1919, l'économiste anglais John Maynard Keynes a décrit les conséquences de cette rapide croissance des échanges internationaux :

> *« Quel épisode extraordinaire dans le progrès économique de l'homme qu'a été cette époque, qui a pris fin en août 1914 ! … Un habitant de Londres pouvait commander par téléphone, tout en buvant son thé matinal au lit, de nombreux produits du monde entier, en diverses quantités, en s'attendant à une livraison rapide au pas de sa porte. »*

Keynes, notons-le bien, signale que cette période a pris fin en 1914. En réalité, les deux guerres mondiales, mais aussi la grande dépression des années 1930 et un renouveau soudain des politiques protectionnistes, ont contribué conjointement à l'affaiblissement du commerce mondial entre 1914 et les années 1950. La figure 2.6 indique, pour quelques pays développés, le commerce total (importations plus exportations) en pourcentage du

9. Frances Cairncross, *The Death of Distance*, Londres, Orion, 1997.

PIB entre 1870 et 1995[10]. Même si le commerce international n'a pas pris son essor en tous lieux simultanément, tous ces pays ont connu un recul majeur durant la première partie du XXe siècle. Aujourd'hui, le commerce en pourcentage du PIB dépasse clairement le niveau qu'il atteignait avant le début de la Première Guerre mondiale, mais il n'a, dans la plupart des cas, retrouvé ce niveau que très tardivement, dans les années 1970 à 1980.

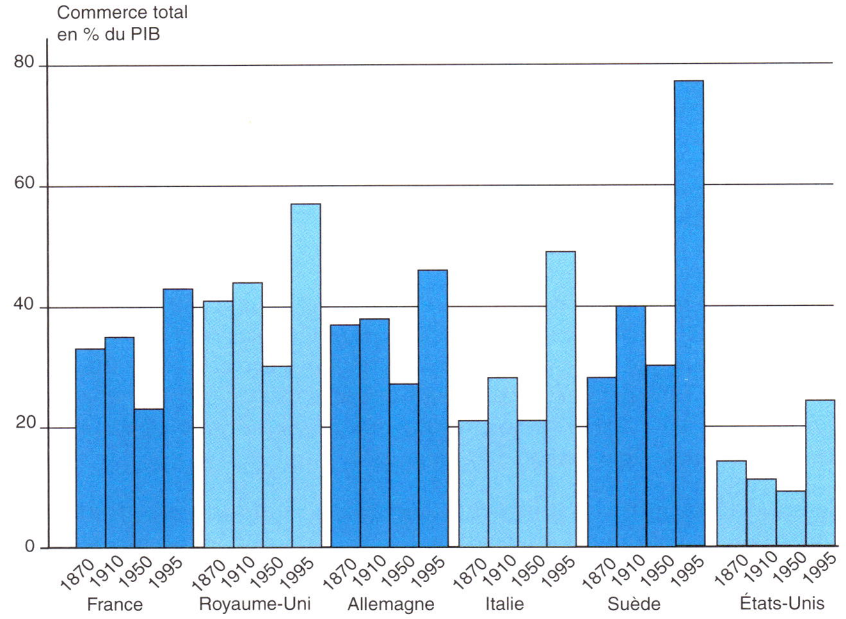

Figure 2.6 – Essor, déclin… et nouvel essor du commerce international depuis 1870.

Source : d'après Baldwin et Martin, 1999.

2.2 Qu'échangeons-nous ?

Quels types de biens sont échangés sur les marchés mondiaux ? La figure 2.7 présente la répartition par catégorie des exportations mondiales en 2010. Les produits manufacturés se taillent la part du lion. Les échanges de produits d'extraction restent cependant relativement importants, mais il faut rappeler que l'essentiel de ces échanges correspond à des exportations de pétrole et d'autres carburants. Quant au commerce international de

10. Ces chiffres sont compilés par Richard Baldwin et Philippe Martin dans « Two Waves of Globalisation : Superficial Similarities, Fundamental Differences », *NBER working paper*, 6904, 1999. Dans son histoire des faits économiques, Paul Bairoch consacre aussi de longs passages à l'évolution des flux de commerce : Paul Bairoch, *Victoires et déboires : histoire économique et sociale du monde du XVIe siècle à nos jours*, Gallimard, 1997.

produits agricoles, même s'il est crucial pour l'approvisionnement de nombreux pays, il ne représente aujourd'hui qu'une part très modeste du commerce mondial.

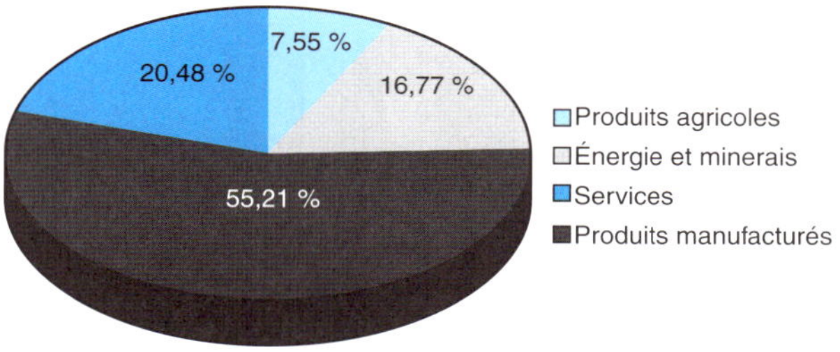

Figure 2.7 – La composition du commerce mondial, 2010. L'essentiel du commerce mondial concerne les échanges de biens manufacturés, mais les transactions de minéraux et de pétrole restent importantes.

Source : Organisation mondiale du commerce.

Enfin, les exportations de services de toutes sortes jouent d'ores et déjà un rôle important, et leur part dans le commerce total devrait croître encore dans les années à venir. Il s'agit pour l'essentiel de services de transport internationaux (aériens et maritimes notamment), d'assurances pour les marchandises exportées et de prestations auprès des touristes étrangers. Mais depuis peu, les moyens de télécommunication modernes ont rendu possible l'essor de nouveaux types d'échanges internationaux de services, qui ont attiré l'attention des médias. L'exemple le plus connu est celui des centres d'appels téléphoniques : si un client d'un pays développé appelle un numéro vert ou une hotline afin d'obtenir une information ou une assistance technique, il y a de fortes chances pour que son interlocuteur se trouve dans un pays lointain (par exemple, en Inde pour les services anglophones ; au Maroc, en Tunisie, au Sénégal ou encore à l'Île Maurice pour des opérateurs francophones). Pour l'instant, ces nouvelles formes de commerce ne représentent qu'une part relativement réduite des échanges totaux, mais il est très probable que leur volume augmente dans les années à venir.

La situation actuelle, où les échanges de biens manufacturés dominent le commerce mondial, est relativement nouvelle. Dans le passé, les produits primaires – c'est-à-dire les produits agricoles et miniers – jouaient un rôle beaucoup plus important. La figure 2.8 indique la part des biens manufacturés dans les exportations et les importations de plusieurs pays développés, en 1913 et en 2009. Au début du XXe siècle, ces pays exportaient en majorité des biens manufacturés et importaient principalement des produits primaires. Aujourd'hui, les biens manufacturés occupent clairement une part dominante à la fois des exportations et des importations.

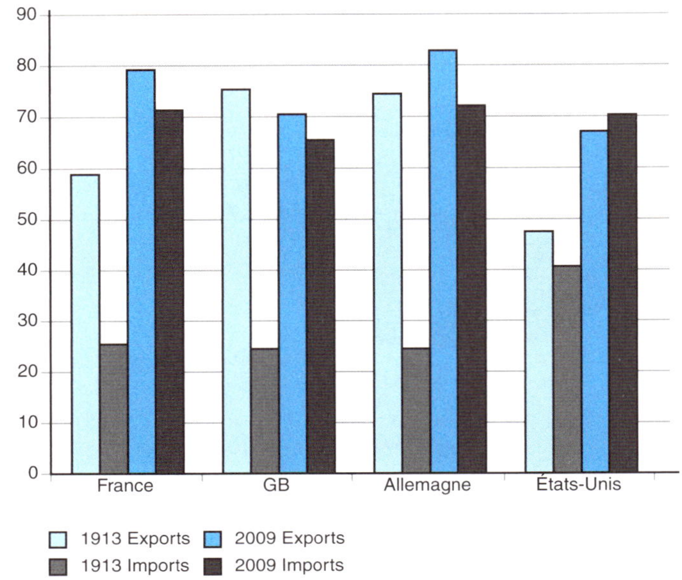

Figure 2.8 – Les biens manufacturés en pourcentage du commerce de marchandises.

Source : d'après Baldwin et Martin, 1999 et CEPII-CHELEM.

La structure du commerce des pays en développement a aussi beaucoup changé au cours des dernières années. La figure 2.9 indique les parts des produits primaires (agricoles et miniers) et des produits manufacturés dans les exportations des pays en développement depuis 1960. Dans les années 1960 et 1970, ces pays étaient avant tout exportateurs de produits primaires, mais, en l'espace d'une vingtaine d'année, la structure de leur commerce s'est inversée : les produits manufacturés constituent aujourd'hui l'essentiel de leurs exportations. Ainsi, ce type de produits représente aujourd'hui plus de 90 % des exportations de la Chine, la plus grande économie en développement et première puissance exportatrice.

2.3 Les échanges de services

La production de services occupe une part prépondérante dans le PIB mondial, et plus encore dans celui des pays développés. Pourtant, les échanges de services ne représentent environ qu'un cinquième du commerce mondial. Cela s'explique avant tout par le fait que la plupart d'entre eux sont difficilement échangeables. C'est une évidence : il est impossible de délocaliser à l'étranger le travail des caissières de supermarché, et les infirmières qui prodiguent des soins doivent être aux côtés de leurs patients. Toutefois, ce n'est pas le cas de tous les services. On a déjà évoqué plus haut les centres d'appels téléphoniques, mais les technologies modernes de télécommunication permettent de multiplier les exemples : si les caissières ou les infirmières doivent rester à proximité du client, la comptabilité du supermarché peut être établie par un cabinet implanté dans un autre pays, et les hôpitaux peuvent faire appel à des radiologues étrangers pour interpréter les clichés qu'on leur envoie par e-mail. On parle souvent d'outsourcing (ou d'offshoring) de services pour évoquer ces cas où on fait appel à des prestataires étrangers.

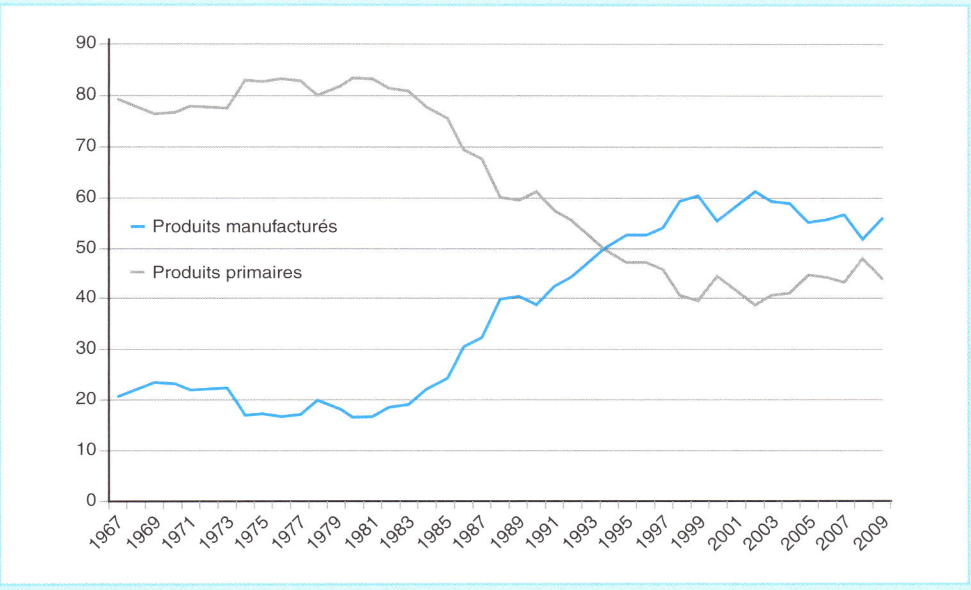

Figure 2.9 – L'évolution de la composition des exportations des pays en développement.
Durant les quarante dernières années, la part des produits manufacturés dans les exportations des pays en développement a nettement augmenté.

Source : CEPII-CHELEM.

Il est difficile de mesurer avec précision l'ampleur des échanges internationaux de services, mais les données reportées dans les balances de paiements en donnent un bon aperçu. La figure 2.10 montre que la part des services dans le commerce mondial n'a guère augmenté depuis les années 1970. Mais cette stagnation masque un changement profond dans la nature des relations internationales. Dans les années 1970, près de la moitié des échanges transfrontaliers de services était imputable au secteur des transports et était donc étroitement associée au commerce de marchandises. Avec la baisse progressive des coûts de transport, ce type d'échange a perdu de son importance au profit des « autres services », qui incluent notamment les services culturels, commerciaux, informatiques, financiers et juridiques, ainsi que les services associés aux activités de recherche et développement.

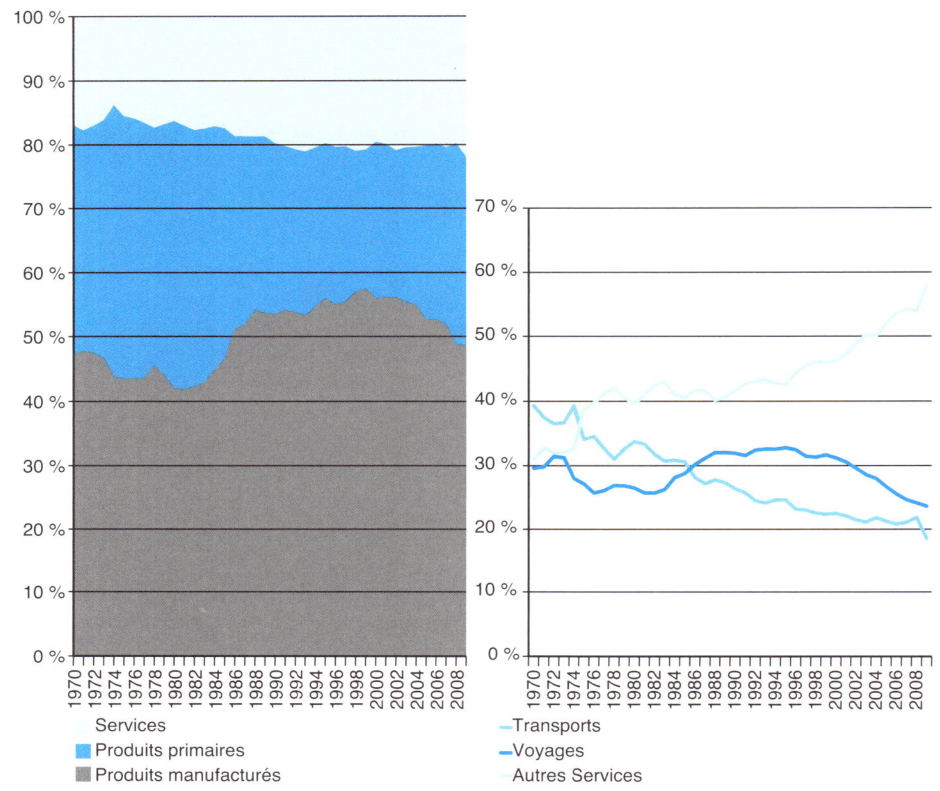

Figure 2.10 – Évolution des échanges de services dans l'économie mondiale (1970-2009).

Source : CHELEM. Pour une analyse plus détaillée, voir I. Bensidoun et D. Ünal-Kesenci (2007), « Mondialisation des services : de la mesure à l'analyse », *Document de travail du CEPII*, 2007-14.

Le monde moderne échange donc de plus en plus de services complexes, à forte valeur ajoutée, et qui, en plus d'être destinés au consommateur final, sont aussi nécessaires à la production industrielle. La progression de ce type de commerce est assurément un élément essentiel de la mondialisation du XXIe siècle. C'est d'ailleurs un enjeu central des négociations qui ont cours, aussi bien au sein de l'Union européenne que de l'Organisation mondiale du commerce. L'essor du marché mondial des services est aussi un élément essentiel des stratégies mises en place par les entreprises multinationales, qui cherchent à utiliser au mieux les conditions de production et de demande des différents pays du monde (le chapitre 7 présente une analyse plus rigoureuse des questions relatives aux firmes multinationales).

2.4 Les anciennes règles s'appliquent-elles encore ?

Comme nous le verrons au chapitre suivant, les analyses théoriques des déterminants du commerce mondial sont assez anciennes : le chapitre 3 présente en effet un modèle développé au début du XIXe siècle par David Ricardo. La science économique moderne faisait alors ses premiers pas, et il est légitime de se demander si les principes établis à cette époque conservent aujourd'hui leur pertinence. En dépit des bouleversements qui ont affecté le commerce mondial, la réponse est clairement oui.

Il est vrai que le commerce mondial est aujourd'hui plus difficile à décrire à l'aide de principes théoriques simples. Il y a un siècle, les exportations de chaque pays étaient bien plus largement déterminées par le climat et les ressources naturelles. Les pays d'Afrique, d'Amérique latine ou d'Asie exportaient des produits tropicaux comme le café ou le coton. Les pays fortement dotés en terres cultivables, comme les États-Unis ou l'Australie, exportaient aussi des produits agricoles vers les pays européens, à la densité de population relativement élevée. Les conflits commerciaux entre les nations étaient alors faciles à expliquer. Les désaccords politiques traditionnels entre les partisans du libre-échange et ceux du protectionnisme impliquaient la constitution de groupes bien définis : dans l'Angleterre de David Ricardo, par exemple, les propriétaires terriens réclamaient des protections contre les importations de produits agricoles à bas prix, alors que les industriels, qui exportaient la majorité de leur production, souhaitaient l'ouverture des frontières.

Les déterminants du commerce moderne sont plus subtils. Le capital humain et les ressources créées et accumulées par les hommes (c'est-à-dire le capital industriel) jouent un rôle plus important que les ressources naturelles. En outre, on l'a vu, la plupart des pays importent et exportent simultanément des biens manufacturés. Dans les pays développés, les débats politiques autour de la mondialisation portent le plus souvent sur le sort des travailleurs peu qualifiés qui, dans beaucoup de secteurs d'activité, sont plus vulnérables face aux importations en provenance des pays à bas salaires. Mais, comme nous le verrons dans les derniers chapitres, les principes fondamentaux du commerce international restent les mêmes. Les modèles économiques développés longtemps avant l'invention d'Internet ou le développement des lignes aériennes sont toujours une clé essentielle pour décrypter les enjeux de la mondialisation au XXIe siècle.

Résumé

Le modèle de gravité relie le commerce entre deux pays à la taille de leurs économies. Son utilisation permet de révéler l'effet négatif, toujours très important, de la distance géographique et des frontières internationales sur les échanges de biens et services.

Depuis les années 1980, le commerce international, rapporté à la taille de l'économie mondiale, atteint des niveaux records, grâce notamment aux diminutions des coûts de transport et de communication. Toutefois, le commerce n'a pas augmenté de manière linéaire : l'économie planétaire était déjà très intégrée dans les décennies précédant la Première Guerre mondiale, mais les conflits armés, la grande crise des années 1930 et le retour du protectionnisme ont mis fin à cette première mondialisation.

Si, dans le passé, les produits primaires constituaient l'essentiel des échanges internationaux, ils ont aujourd'hui cédé le pas aux biens manufacturés, qui dominent très largement le commerce mondial. Ces dernières années, on observe une croissance rapide du commerce de services complexes.

Activités

1. Le Canada et l'Australie sont (principalement) des pays anglophones avec des tailles de population comparables (le Canada est cependant plus peuplé de 60 %). Toutefois, le commerce du Canada est deux fois plus important, en proportion du PIB, que le commerce de l'Australie. Comment expliquez-vous cela ?

2. Le Mexique et le Brésil ont des structures de commerce très différentes. Le premier commerce principalement avec les États-Unis, alors que le second commerce à parts égales avec les États-Unis et l'Union européenne. Enfin, le poids du commerce international dans le PIB mexicain est beaucoup plus élevé. Expliquez ces différences en vous appuyant sur le modèle de gravité.

3. L'équation (2.1) stipule que le commerce entre deux pays est proportionnel au produit de leurs PIB. Cela veut-il dire que si le PIB de tous les pays du monde doublait, le commerce mondial quadruplerait ?

4. Durant les dernières décennies, le poids des économies de l'Asie de l'Est dans le PIB mondial a nettement augmenté. De manière similaire, les échanges commerciaux entre les pays de cette région ont augmenté en pourcentage du commerce mondial, et ces pays commercent de plus en plus entre eux. Expliquez ces évolutions en vous appuyant sur le modèle de gravité.

5. Il y a un siècle, une grande partie des importations françaises provenait de régions éloignées : l'Amérique, l'Asie ou l'Afrique. Aujourd'hui, l'essentiel des importations françaises vient de ses voisins européens. Comment expliquez-vous ce fait, et quel rapport entretient-il avec l'évolution de la nature des biens échangés au niveau mondial ?

Chapitre 3

La productivité du travail et les avantages comparatifs : le modèle ricardien

Objectifs pédagogiques :

- Définir le principe des avantages comparatifs et décrire le fonctionnement du modèle de Ricardo.
- Mettre en évidence la nature des gains à l'échange international.
- Analyser comment le principe des avantages comparatifs permet de montrer que certaines idées reçues sur les conséquences de la mondialisation, et notamment sur le commerce avec les pays à bas salaires, sont infondées.

Deux arguments essentiels permettent d'expliquer pourquoi les pays participent au commerce international. Le premier tient au fait que les économies nationales ont des capacités différentes : tout comme les individus, les pays peuvent tirer parti de leurs spécificités en se spécialisant dans les tâches pour lesquelles ils sont relativement plus efficaces. Le second est lié aux économies d'échelle : en s'ouvrant au commerce, les pays peuvent se cantonner dans la production d'un nombre limité de biens, les produire à plus grande échelle et in fine améliorer leur productivité. En pratique, le commerce mondial résulte de la conjugaison de ces deux raisons. Il est toutefois plus simple de les examiner séparément, afin de mieux comprendre les causes et les effets du libre-échange. Les chapitres 3 à 6 présentent plusieurs outils théoriques, fondés sur les avantages comparatifs. Le rôle des économies d'échelle est, quant à lui, abordé au chapitre 7.

Le principe des avantages comparatifs n'est pas très compliqué. Paul Samuelson[1] a cependant souligné qu'il était loin d'être trivial et pouvait paraître quelque peu contre-intuitif, comme l'attestent « les milliers d'hommes éminents qui n'ont jamais été capables de le comprendre eux-mêmes ou de l'accepter après qu'on le leur a eu expliqué[2] ». Ce chapitre expose donc un modèle très simple, qui permet de présenter les fondements théoriques de l'avantage comparatif et ses principales implications.

1. Lauréat du Prix Nobel d'économie en 1970. Ses travaux ont largement contribué au développement des modèles du commerce international (voir chapitres 4 et 5).
2. Paul Samuelson, *L'Avenir des relations économiques internationales*, Calmann-Lévy, 1971.

1 Le principe des avantages comparatifs

En 2005, quelques jours avant le référendum français sur la constitution européenne, le président Jacques Chirac est intervenu pour affirmer que les importations de textile chinois « risquent de mettre à mort l'activité d'un nombre important de travailleurs [européens] », et réclamer ainsi un renforcement des protections commerciales. Il est vrai que depuis le 1er janvier 2005 et la fin des *accords multifibres* qui limitaient les échanges internationaux dans ce secteur, les importations en provenance de Chine ont subitement augmenté (voir chapitre 10). Cette hausse de la concurrence constitue une menace pour toutes les entreprises textiles des pays développés[3]. Mais faut-il vraiment redouter l'afflux de textile chinois sur le marché européen ?

La production de vêtements, même de faible qualité, nécessite un atelier et du personnel. Il faut également recourir aux services de designers, de logisticiens, de comptables et de commerciaux. Ces travailleurs, tout comme le capital investi dans le secteur textile, pourraient être mobilisés dans la fabrication d'autres produits. En effet, toute production se fait implicitement aux dépens d'une autre et résulte inévitablement d'un arbitrage. Celui-ci peut se traduire par un **coût d'opportunité** : par exemple, le coût d'opportunité des chemises en termes d'automobiles correspond au nombre de voitures qui pourraient être fabriquées avec les ressources utilisées dans la production d'une quantité donnée de chemises.

Supposons que l'Union européenne produise 10 millions de chemises bas de gamme et que les ressources employées pour cette activité pourraient permettre de fabriquer 10 000 voitures. Dès lors, le coût d'opportunité de ces chemises en termes d'automobiles est de 10 000. Elles pourraient être cousues et façonnées dans les pays asiatiques, où ce coût est plus faible qu'en Europe. En effet, ces pays ont un meilleur accès aux matières premières (la Chine, l'Inde et le Pakistan comptent parmi les principaux producteurs mondiaux de coton) et les travailleurs sont relativement moins efficaces que leurs collègues européens pour la fabrication de biens sophistiqués comme les automobiles. Supposons que l'arbitrage en Chine soit de l'ordre de 10 millions de chemises contre seulement 3 000 voitures. Cette différence de coûts d'opportunité rend alors possible une réorganisation mutuellement bénéfique de la production mondiale. Imaginons que l'Union européenne abandonne la fabrication de chemises bas de gamme et consacre les ressources ainsi libérées à la production automobile (voir tableau 3.1). La spécialisation de l'UE dans l'automobile, et de la Chine dans le prêt-à-porter, permet d'augmenter la production mondiale : pour la même quantité de chemises, l'économie mondiale peut maintenant produire 7 000 voitures supplémentaires. Cette hausse doit permettre *a priori* d'élever le niveau de vie dans chacun des pays.

Tableau 3.1 : Les effets d'une spécialisation de l'UE dans le secteur automobile

	Millions de chemises	Milliers de voitures
Union européenne	–10	+10
Chine	+10	–3
Total	0	+7

3. En fait, l'accroissement des importations de textile chinois s'est fait largement au détriment de celles en provenance d'autres pays en développement. Bien plus encore que les producteurs français, italiens ou américains (plutôt spécialisés dans le textile haut de gamme), les producteurs du Maghreb, d'Afrique subsaharienne et d'Amérique latine subissent frontalement la concurrence chinoise.

Les différences de coûts d'opportunité sont au cœur du principe des avantages comparatifs. On dit qu'**un pays possède un avantage comparatif dans la production d'un bien si le coût d'opportunité de la production de ce bien y est inférieur à celui observé dans les autres pays**. Dans notre exemple, la Chine possède un avantage comparatif dans la production de chemises, et l'UE dans celle d'automobiles. On voit apparaître alors un résultat essentiel de l'économie internationale : *le commerce entre deux pays peut être mutuellement bénéfique si chacun d'eux exporte les biens pour lesquels il détient un avantage comparatif.*

Cet exemple a le mérite d'être simple, mais il n'a pas de valeur générale. En pratique, il n'existe pas d'autorité centrale qui décide de la spécialisation de chaque économie, et personne ne redistribue les chemises et les voitures entre les différents consommateurs. Il faut donc comprendre comment les mécanismes de marché permettent à chaque pays de se spécialiser dans les secteurs où ils bénéficient d'un avantage comparatif, et comment le commerce international s'organise pour faire émerger un gain mutuel. Nous présentons ici un modèle, dont les principes essentiels ont été exposés au XIXe siècle par David Ricardo[4]. Ce modèle ricardien est très simple, puisque le commerce international ne résulte que des différences en termes de productivité du travail.

2 Économie à un facteur

Afin d'introduire le rôle de l'avantage comparatif comme déterminant du commerce international, imaginons qu'un pays (nous l'appellerons pays domestique par opposition au pays étranger) ne produise que deux biens : le vin et le fromage. Supposons qu'il ne dispose que d'un seul facteur de production, le travail, qu'il possède en quantité L. Dès lors, les technologies dans chacun des secteurs sont entièrement définies par les productivités de la main-d'œuvre. Celles-ci sont déterminées par les **quantités unitaires de travail**, c'est-à-dire le nombre d'heures requises pour produire chaque unité de bien : a_{LV} pour un litre de vin et a_{LF} pour un kilo de fromage. Notons que ces quantités unitaires de travail représentent l'inverse de la productivité dans chaque secteur : plus la productivité est faible, plus le nombre d'heures de travail pour produire une unité de bien sera élevé.

2.1 Les possibilités de production

L'offre de travail, qui constitue l'unique ressource de cette économie, n'est pas infinie. Il existe donc des limites à ce qui peut être produit, et il faut faire des choix : pour accroître la production d'un bien, l'économie doit restreindre celle d'un autre bien. Ces arbitrages sont représentés graphiquement par la frontière des possibilités de production (voir figure 3.1). Elle représente l'ensemble des paniers de biens que le pays peut produire en utilisant l'ensemble de ses ressources.

Lorsqu'il n'existe qu'un seul facteur de production (comme dans notre modèle), cette frontière est une droite. Supposons que l'économie produise initialement une quantité Q_V de vin, et Q_F de fromage. La quantité de travail utilisée dans le secteur viticole est alors $a_{LV}Q_V$, et $a_{LF}Q_F$, celle employée dans l'industrie du fromage. Quelles que soient Q_V et Q_F, l'emploi

4. David Ricardo, *The Principles of Political Economy and Taxation*, 1817.

dans ces deux secteurs ne peut pas dépasser la quantité de travail disponible dans l'économie (L). La frontière des possibilités de production est donc définie par :

$$a_{LV}Q_V + a_{LF}Q_F \leq L \tag{3.1}$$

On voit que le coût d'opportunité d'un kilo de fromage en termes de vin est constant. En effet, pour produire un kilo de fromage supplémentaire, il faut employer a_{LF} unités de travail de plus dans ce secteur. Or, chacune de ces unités pourrait être utilisée pour produire $1/a_{LV}$ litres de vin. Dès lors, le coût d'opportunité du fromage en termes de vin est égal à a_{LF}/a_{LV}, quelles que soient les quantités produites de chaque bien. Ce coût est égal, en valeur absolue, à la pente de la frontière des possibilités de production (voir figure 3.1).

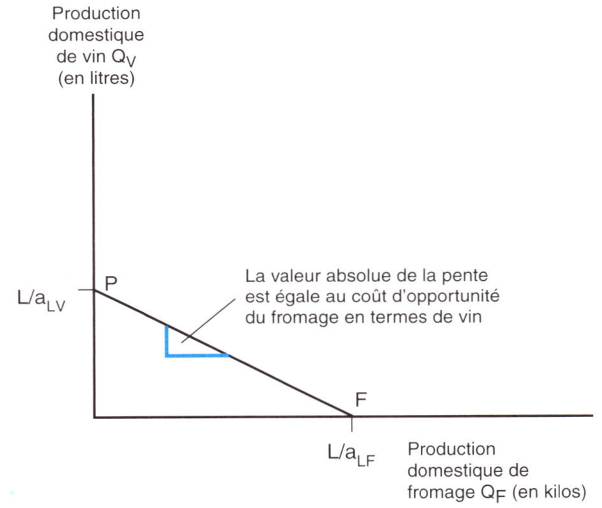

Figure 3.1 – La frontière des possibilités de production du pays domestique.
La droite FP indique, pour chaque niveau de production de fromage, la quantité de vin qui peut être produite.

2.2 Les prix relatifs et l'offre de biens

L'économie peut donc produire n'importe quel panier de biens correspondant à un point de la droite représentée à la figure 3.1. À l'équilibre, lequel de ces points choisira-t-elle ? Pour le savoir, il faut connaître le prix relatif de ces deux biens, c'est-à-dire le prix de l'un exprimé en fonction du prix de l'autre. En effet, dans ce modèle très simple, les quantités produites de chaque bien dépendent uniquement des décisions des travailleurs, qui doivent choisir de s'employer dans l'un ou l'autre des secteurs. Or ces décisions dépendent entièrement du prix des biens.

Prenons un exemple numérique pour mieux comprendre. Imaginons que le prix du kilo de fromage soit de 12 euros alors que le litre de vin vaut 21 euros. Supposons aussi qu'il faille une heure de travail pour produire un kilo de fromage et deux heures pour faire un litre de vin (ainsi, $a_{LF} = 1$ et $a_{LV} = 2$). Dans cet exemple, un travailleur qui s'appliquerait à fabriquer du fromage gagnerait 12 euros de l'heure. Dans le même temps, les travailleurs du secteur viticole ne gagneraient que 21/2 = 10,5 euros de l'heure. Ils ont donc intérêt à abandonner leurs vignes pour se lancer dans la production de fromage. À l'inverse, si le prix du kilo de fromage n'est que de 10 euros, il est relativement peu rentable de produire du fromage et l'économie se spécialise dans la production de vin.

De façon plus formelle, notons P_F et P_V, les prix respectifs du fromage et du vin. En concurrence parfaite, la totalité des recettes tirées de la vente des produits sert à rémunérer les facteurs de production. Le salaire horaire sera alors égal à la valeur de ce qu'un travailleur peut produire en une heure, c'est-à-dire P_F/a_{LF} dans l'industrie du fromage, et P_V/a_{LV} dans le secteur viticole. Si les travailleurs ne subissent pas de contraintes leur interdisant de changer d'activité, ils chercheront toujours à être employés dans les secteurs qui offrent les salaires les plus élevés. Si l'industrie du fromage verse des salaires plus attractifs, c'est-à-dire si $P_F/P_V > a_{LF}/a_{LV}$, alors personne ne voudra travailler dans le secteur viticole. L'économie se spécialisera donc dans la production de fromage. À l'inverse, si $P_F/P_V < a_{LF}/a_{LV}$, alors elle ne produira que du vin. Elle produira simultanément ces deux biens uniquement si P_F/P_V est égal à a_{LF}/a_{LV}, c'est-à-dire si le prix relatif du fromage est égal à son coût d'opportunité. Il existe ainsi une relation fondamentale entre le prix des biens et les productions relatives : *l'économie se spécialise dans la production de fromage si le prix relatif de ce bien est supérieur à son coût d'opportunité ; inversement, elle se spécialise dans la production de vin si le prix relatif du fromage est inférieur à son coût d'opportunité.*

En l'absence de commerce international, tout ce qui est consommé dans un pays doit être produit sur place. L'économie doit donc produire ces deux biens, ce qui impose que le prix relatif du fromage soit égal à son coût d'opportunité. La définition des prix est alors régie par un principe simple : *en autarcie, le prix relatif des biens est égal au ratio des quantités de travail unitaires nécessaires à leur production* ($P_F/P_V = a_{LF}/a_{LV}$).

3 Le commerce international dans un monde à un facteur

Supposons maintenant que l'économie mondiale soit composée de deux pays : l'un domestique et l'autre étranger. Pour le reste, les hypothèses sont les mêmes que précédemment : chaque pays dispose d'un seul facteur de production, le travail, et peut produire deux biens, du vin et du fromage. On note d'un astérisque les variables relatives à l'économie étrangère. Ainsi, les quantités de travail disponibles dans le pays domestique et à l'étranger sont respectivement L et L^* et les quantités unitaires de travail dans chaque secteur sont respectivement a_{LV} et a_{LF}, et a^*_{LV} et a^*_{LF}. Celles-ci peuvent *a priori* prendre n'importe quelle valeur, mais supposons pour l'instant que le pays domestique soit relativement plus productif dans la fabrication du fromage que dans celle du vin :

$$a_{LF}/a_{LV} < a^*_{LF}/a^*_{LV} \qquad (3.2)$$

ou bien, de façon équivalente :

$$a_{LF}/a^*_{LF} < a_{LV}/a^*_{LV} \qquad (3.3)$$

En d'autres termes, nous supposons que le coût d'opportunité du fromage est plus élevé à l'étranger : le pays domestique possède alors un avantage comparatif dans la production de fromage, et l'étranger dans celle de vin.

Il faut noter ici un point important. L'intuition première peut laisser penser qu'il suffit de comparer les productivités des deux pays dans chaque secteur pour déterminer leur spécialisation. Mais la définition des avantages comparatifs implique simultanément les quatre quantités unitaires de travail. Si l'un des deux pays peut produire un bien en utilisant moins de travail que son voisin (c'est-à-dire si $a_{LF} < a^*_{LF}$, par exemple), les travailleurs seront alors plus productifs que ceux du pays étranger dans ce secteur. Cette situation correspond à un **avantage absolu**. Nous verrons plus loin dans ce chapitre qu'il est impossible de déterminer la structure des échanges à partir des seuls avantages absolus. La confusion entre avantage comparatif et absolu constitue l'une des sources d'erreurs les plus fréquentes dans les débats sur les déterminants et les conséquences du commerce international.

Tout comme nous avons défini la frontière des possibilités de production du pays domestique (voir figure 3.1), nous pouvons tracer celle de l'économie étrangère : il s'agit de la droite F^*P^* (voir figure 3.2). Comme la pente de la frontière des possibilités de production est égale au coût d'opportunité du fromage en termes de vin, F^*P^* est plus pentue que FP.

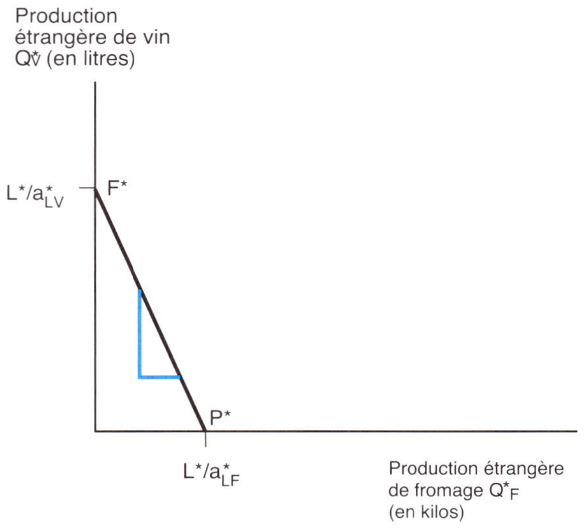

Figure 3.2 – Frontière des possibilités de production du pays étranger.

Le rapport des quantités unitaires de travail dans la production de fromage et de vin est plus élevé dans le pays étranger que dans l'économie domestique. La frontière des possibilités de production du pays étranger est alors plus pentue.

En l'absence de commerce international, les prix relatifs du fromage et du vin seront déterminés par les quantités relatives de travail unitaires dans chaque pays. Le prix relatif d'autarcie du fromage est donc respectivement a_{LF}/a_{LV} et a^*_{LF}/a^*_{LV}. En revanche, en présence de commerce international, les prix ne sont plus définis uniquement par des déterminants internes à chaque pays. Si le prix relatif du fromage est plus élevé à l'étranger que dans le pays domestique, les producteurs domestiques gagneront à exporter leur fromage et à importer du vin. En effet, sur leur propre marché, ils échangent un kilo de fromage contre a_{LF}/a_{LV} litres de vin. À l'étranger, ils peuvent obtenir a^*_{LF}/a^*_{LV} litres de vin en échange d'un kilo de fromage. Si $a_{LF}/a_{LV} < a^*_{LF}/a^*_{LV}$, il est effectivement profitable pour le pays domestique d'exporter du fromage et d'importer du vin. Ces échanges se poursuivent tant qu'il existe une différence de prix d'un marché à l'autre, c'est-à-dire jusqu'à ce que le pays domestique exporte suffisamment de fromage et l'étranger suffisamment de vin pour permettre une égalisation du prix relatif. Mais à quel niveau s'établit ce prix relatif mondial ?

3.1 La détermination du prix relatif de libre-échange

Les prix des biens échangés sur le marché mondial sont déterminés par l'offre et la demande. Dans la mesure où les exportations de fromage du pays domestique sont indissociables de ses importations de vin, il faut tenir compte des interactions entre les marchés. Une approche possible consiste à se concentrer, non pas sur les quantités de fromage et de vin offertes et demandées, mais sur l'offre et la demande relatives, c'est-à-dire sur le nombre de kilos de fromage divisé par le nombre de litres de vin offerts ou demandés.

La figure 3.3 indique, en fonction du prix du fromage par rapport à celui du vin, l'offre et la demande mondiales de fromage relatives à celles de vin. *DR* correspond à la **courbe de demande relative** et *OR* à la **courbe d'offre relative.** L'équilibre mondial est atteint lorsque l'offre et la demande relatives s'égalisent. L'intersection de *DR* et de *OR* définit donc le prix relatif d'équilibre.

La forme de la courbe *OR* peut sembler étrange. Il est cependant essentiel de bien la comprendre. Nous avons vu précédemment que le pays domestique doit se spécialiser dans la production de vin si $P_F/P_V < a_{LF}/a_{LV}$, tout comme le pays étranger si $P_F/P_V < a^*_{LF}/a^*_{LV}$. Notre hypothèse étant que $a_{LF}/a_{LV} < a^*_{LF}/a^*_{LV}$ [voir équation (3.2)], les deux pays voudront produire uniquement du vin dès lors que le prix relatif du fromage sera inférieur à a_{LF}/a_{LV}. Dans ce cas, la production mondiale de fromage sera nulle. À l'inverse, si $P_F/P_V > a^*_{LF}/a^*_{LV}$, aucun d'eux ne souhaitera produire du vin. Par ailleurs, si le prix relatif du fromage, P_F/P_V, est égal à a_{LF}/a_{LV}, nous savons que les travailleurs domestiques accepteront de travailler dans l'un ou l'autre des deux secteurs. Ce pays sera donc en mesure de produire n'importe quelle quantité relative des deux biens, ce qui correspond effectivement à la partie plate (de gauche) sur la courbe *OR*. On obtient évidemment un résultat symétrique si $P_F/P_V = a^*_{LF}/a^*_{LV}$: dans ce cas, le pays domestique ne produit que du fromage et le pays étranger peut fabriquer n'importe quelle quantité relative des deux biens, ce qui correspond à la partie horizontale de droite de la courbe OR. Maintenant, si P_F/P_V est strictement compris entre a_{LF}/a_{LV} et a^*_{LF}/a^*_{LV}, tous les travailleurs domestiques souhaiteront s'engager dans l'industrie du fromage, alors que le pays étranger se spécialisera dans la production viticole. Dans ce cas, la production mondiale de fromage sera de L/a_{LF} kilos et celle de vin atteindra L^*/a^*_{LV}. Pour tout prix relatif du fromage compris entre a_{LF}/a_{LV} et a^*_{LF}/a^*_{LV}, l'offre relative de fromage sera :

$$(L/a_{LF})/(L^*/a^*_{LV}) \tag{3.4}$$

La courbe de demande relative *DR* est plus simple. Sa pente décroissante traduit simplement un effet de substitution : plus le prix relatif du fromage est élevé, moins les consommateurs demandent ce bien et plus ils reportent leur consommation sur le vin.

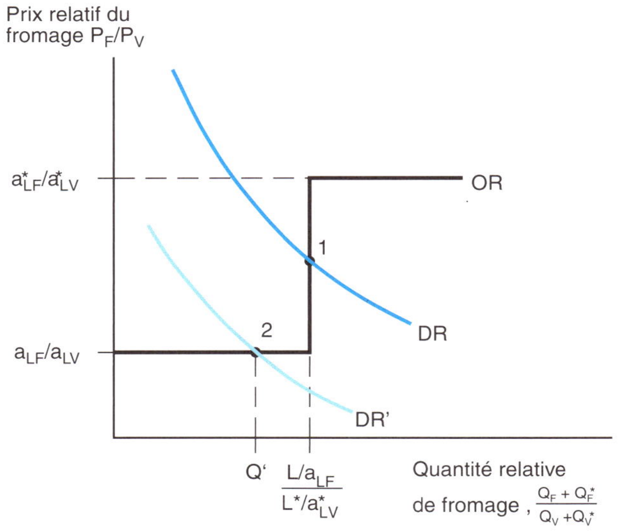

Figure 3.3 – Offres et demandes relatives mondiales.

Les demandes relatives de fromage (*DR* et *DR'*) représentent les quantités relatives de fromage et de vin demandées sur le marché mondial. Elles sont une fonction décroissante du prix relatif du fromage. À l'inverse, lorsque que le prix relatif du fromage augmente, l'offre relative de fromage (*OR*) s'accroît.

À la figure 3.3, la demande relative *DR* coupe la courbe *OR* au point 1. Le prix relatif du fromage est alors compris entre les deux prix relatifs d'autarcie. Dans ce cas, chaque pays se spécialise dans la production du bien pour lequel il détient un avantage comparatif : le pays domestique ne produit que du fromage et l'étranger uniquement du vin.

Le point 1 n'est cependant pas le seul équilibre possible. Imaginons que la courbe de demande relative soit maintenant *DR'*. Dans ce cas, l'intersection entre l'offre et la demande relatives se situe sur l'une des parties horizontales de la droite *OR*. Au point 2, le prix relatif d'équilibre sur le marché mondial est a_{LF}/a_{LV}. Dans ces conditions, les travailleurs domestiques peuvent travailler dans l'un ou l'autre secteur. Au point 2, le pays domestique produit simultanément les deux biens, alors que l'étranger demeure spécialisé dans la production viticole. Même si l'économie domestique reste diversifiée, elle continue d'exporter du fromage, et l'étranger exporte toujours du vin, conformément au principe des avantages comparatifs.

3.2 Les gains à l'échange

Les pays qui disposent de productivités relatives différentes sont amenés à se spécialiser et à commercer. Mais quel intérêt ont-ils à bouleverser ainsi leur économie ?

Une façon de mettre en évidence l'existence de **gains à l'échange**, dont profitent les deux pays, consiste à se représenter la spécialisation et le commerce comme une « production implicite ». En effet, le pays domestique peut choisir de produire lui-même le vin qu'il désire consommer ou bien produire du fromage et l'échanger contre du vin sur le marché mondial. Dans le premier cas, il devra sacrifier une heure de travail pour produire $1/a_{LV}$ litres de vin. Dans le second cas, cette même heure de travail servira à produire $1/a_{LF}$ kilos de fromage, qu'il pourra ensuite échanger contre $(1/a_{LF})(P_F/P_V)$ litres de vin. Tant que $P_F/P_V > a_{LF}/a_{LV}$, cette seconde solution sera avantageuse puisque :

$$(1/a_{LF})(P_F/P_V)>1/\ a_{LV} \qquad (3.5)$$

Une autre méthode consiste à examiner l'impact du commerce sur les possibilités de consommation dans chaque pays. En autarcie, ces dernières sont identiques aux possibilités de production : il s'agit des droites FP et F*P* (voir figure 3.4). En situation de libre-échange, dans le cas général où le prix relatif des biens se situe entre les prix relatifs d'autarcie, chaque pays se spécialise dans le secteur où il bénéficie d'un avantage comparatif : à la figure 3.4, l'économie domestique ne produit que du fromage et se place donc au point F.

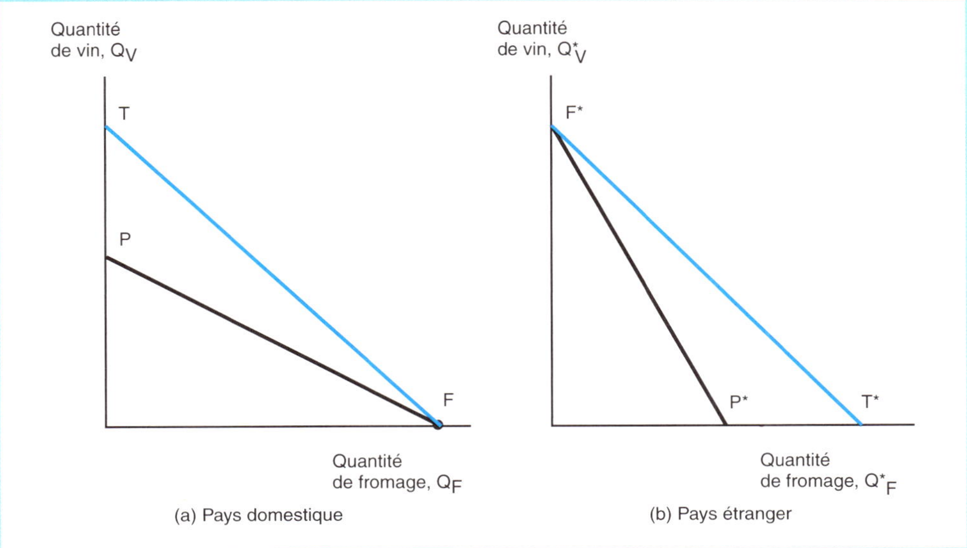

Figure 3.4 – Le commerce élargit les possibilités de consommation.

Le commerce international permet aux deux pays de consommer n'importe quelle quantité située respectivement sous les droites TF et T*F*. Cette quantité peut se situer au-delà de la frontière des possibilités de production de chacun des deux pays.

Elle peut alors choisir de dépenser tout son revenu en fromage et consommer cette quantité F. Elle peut aussi choisir d'échanger avec le pays étranger et consommer n'importe quel panier de biens d'une valeur équivalente, situé sur sa droite de budget (TF), dont la pente traduit le prix relatif des deux biens (de la même façon, F*T* représente les possibilités de consommation du pays étranger). Le commerce élargit ainsi les possibilités de consommation et, par conséquent, le bien-être des résidents de chaque pays.

3.3 Les salaires relatifs

Comment les entreprises européennes peuvent-elles résister à la concurrence des produits exportés par les pays en développement ou émergents, alors que les salaires y sont jusqu'à vingt fois moins élevés que dans les pays développés ? De même, l'élargissement de l'Union européenne aux pays d'Europe centrale condamne-t-il la France à baisser ses salaires ? Ces questions, qui animent les débats publics sur les conséquences de la mondialisation, reflètent des craintes légitimes qui méritent réflexion. Le plus simple à ce stade est de nous appuyer sur notre modèle théorique, en reprenant l'exemple numérique de la section 2.2.

Supposons, comme précédemment qu'il faille une heure à un travailleur domestique pour produire un kilo de fromage, et deux heures pour produire un litre de vin. Dans le même temps, disons qu'il faut six heures de travail à l'étranger pour produire un kilo de fromage, mais seulement trois heures pour produire un litre de vin. Dans tous les secteurs, le pays domestique affiche une productivité plus élevée que l'étranger. Mais la structure de ses coûts relatifs lui donne un avantage comparatif dans la production de fromage. Le libre-échange conduit alors tous les travailleurs du pays domestique à s'employer dans la production de fromage. Dès lors, le salaire horaire des travailleurs domestiques est égal au prix du kilo de fromage. De même, l'économie étrangère se spécialise dans la production de vin, et la rémunération horaire des travailleurs équivaut, dans ce pays, à un tiers du prix d'un litre de vin.

Pour comparer les salaires horaires entre les pays, il serait plus commode de les exprimer en euros. Ils dépendront alors directement des prix du fromage et du vin. Supposons, par exemple, que sur le marché mondial un kilo de fromage s'échange au même prix qu'un litre de vin : $P_F/P_V = 1$. Admettons, pour être plus précis, encore que le prix d'un kilo de fromage (et donc d'un litre de vin) soit de 12 euros. Dans ce cas, les travailleurs domestiques seront payés 12 euros de l'heure, tandis que ceux du pays étranger recevront 12/3 = 4 euros de l'heure.

Les travailleurs domestiques sont donc mieux rémunérés que les étrangers. Par rapport à ces derniers, leur **salaire relatif** est égal 12/4 = 3. En fait, seuls comptent les niveaux de productivité et le prix relatif des biens dans la détermination de ce salaire : que l'on ait fixé le prix du kilo de fromage à 12 euros, plutôt qu'à toute autre valeur, n'a aucune influence sur les écarts de salaires entre les deux pays. L'économie domestique est six fois plus productive que le pays étranger dans la fabrication de fromage, et « seulement » une fois et demie plus productive dans le secteur viticole. Mais au final, chaque travailleur domestique bénéficie d'un salaire horaire trois fois plus élevé que celui en vigueur dans le pays étranger.

Ainsi, à l'équilibre, le salaire relatif se situe entre les productivités relatives des deux pays, si bien que chacun d'eux peut faire valoir un avantage en termes de *coût* dans l'un des deux secteurs. La productivité des travailleurs étrangers dans le secteur viticole est en effet inférieure à celle des travailleurs domestiques. Mais, comme le salaire étranger est plus faible, ce pays peut compenser son manque d'efficacité et produire du vin à un prix compétitif. De façon symétrique, c'est parce que le pays domestique bénéficie d'une très forte productivité dans le secteur du fromage qu'il peut verser des salaires relativement élevés à ses travailleurs.

Encadré 3.1

Le coût de l'autarcie

Dans une étude récente, Douglas Irwin* a montré qu'au début du XIXe siècle, l'économie américaine a vécu une expérience assez rare dans l'histoire économique. Les États-Unis sont en effet passés rapidement du libre-échange à une situation quasi autarcique. Cet épisode rare constitue un cas d'école bien adapté à l'évaluation des gains au commerce.

À cette époque, les guerres napoléoniennes engageaient les armées françaises et britanniques, mais elles se jouaient aussi sur le plan économique : le Royaume-Uni imposait un blocus à la France qui, de son côté, tentait d'empêcher les autres pays européens de commercer avec les Anglais. Malgré leur neutralité dans ce conflit, les États-Unis en subissaient les conséquences : la marine britannique saisissait de nombreux navires marchands américains et tentait parfois de recruter de force leurs marins. Ces pratiques ont poussé le président américain Thomas Jefferson à décider l'arrêt complet des échanges maritimes. Cet embargo devait priver à la fois les États-Unis et la Grande-Bretagne des gains au commerce, mais Jefferson espérait que la Grande-Bretagne en souffrirait davantage.

Quelques échanges clandestins ont bien sûr perduré, mais l'étude d'Irwin montre que cette décision a conduit à la disparition quasi totale du commerce entre les États-Unis et le reste du monde. Selon Irwin, la rupture subite des échanges internationaux a porté un coup sévère à l'économie américaine : le revenu réel des États-Unis a chuté d'environ 8 %. Ce chiffre est important en soi, mais il faut aussi garder à l'esprit le fait qu'au début du XIXe siècle, seule une fraction limitée de la production pouvait être échangée, en raison des coûts de transport encore très élevés. L'impact mesuré ici, ramené au poids qu'avait à l'époque le commerce international dans l'économie américaine, représente donc une perte de revenu substantielle.

Malheureusement pour Jefferson, la Grande-Bretagne a supporté les conséquences de cet embargo et maintenu sa pression sur la marine américaine. Quatorze mois après son imposition, l'embargo a donc été levé. Trois ans plus tard, les deux pays sont entrés en guerre.

---

* Douglas Irwin, « The Welfare Cost of Autarky : Evidence from the Jeffersonian Trade Embargo, 1807-1809 », *Review of Interational Economics*, n° 13(4), p. 631-645, 2005.

4 Trois idées reçues sur l'avantage comparatif

Les idées reçues ne manquent pas en économie. Les responsables politiques, les hommes d'affaires, les syndicalistes, les journalistes et les économistes eux-mêmes font fréquemment des déclarations qui ne résistent pas à une analyse économique rigoureuse. C'est particulièrement vrai dans le domaine du commerce international, où trois idées reçues ont la vie dure. Et pourtant notre modèle très simple d'avantage comparatif suffit à montrer qu'elles sont erronées.

4.1 Le lien entre productivité et compétitivité

Première idée reçue : l'ouverture au libre-échange ne peut profiter à une économie qu'à condition qu'elle soit suffisamment efficace pour affronter la concurrence étrangère.

Comment un pays qui est incapable de produire un bien plus efficacement que les économies étrangères peut-il se risquer à réduire ses barrières commerciales ? Beaucoup de gens pensent que préférer l'autarcie au libre-échange n'est dans ce cas qu'une simple question de bon sens. En effet, il est toujours tentant de supposer que la capacité à exporter un bien est déterminée par la présence d'un avantage absolu en termes de productivité. Cette idée est pourtant en parfaite contradiction avec le principe essentiel du modèle de Ricardo : les gains au commerce dépendent de l'avantage *comparatif* et non de l'avantage *absolu*. Disposer d'un avantage absolu n'est une condition ni nécessaire ni suffisante pour bénéficier d'un avantage comparatif dans un secteur. En effet, *la capacité à exporter un bien ne dépend pas uniquement des différences internationales de productivité dans ce secteur d'activité, mais aussi des différences de salaires entre les pays.* Or, au sein de chaque pays, pour un niveau de qualification donné, les salaires versés dans les différents secteurs d'activité sont intimement liés (les entreprises des différents secteurs sont en effet en concurrence pour attirer des travailleurs). Dès lors, les différences de salaires entre les pays dépendent des différences de productivités dans *tous* les secteurs d'activité. Dans notre exemple numérique, le pays étranger a une productivité plus faible que l'économie domestique dans la production de vin, mais son désavantage est encore plus important dans la production de fromage. Du fait de sa faible productivité globale, c'est-à-dire dans tous les secteurs confondus, les salaires doivent être plus faibles à l'étranger que dans le pays domestique. Cette différence de salaire doit être suffisamment importante pour compenser la faible productivité de l'étranger dans la production viticole et lui permettre d'être compétitif dans ce secteur. Ainsi, dans le monde réel, le Maroc a une productivité dans le secteur textile relativement faible, comparée à celle de la France. Toutefois, parce que l'écart de productivité entre les deux pays est encore plus marqué dans les autres secteurs d'activité, les salaires marocains sont suffisamment faibles pour que les coûts de production du textile marocain soient compétitifs.

Mais certains diront alors que l'avantage compétitif du Maroc, fondé sur un coût du travail beaucoup plus faible que de l'autre côté de la Méditerranée, exerce une concurrence déloyale et coûteuse pour les pays européens. On a là la deuxième idée reçue que notre modèle permet d'étudier.

4.2 L'argument du dumping social

Deuxième idée reçue : la concurrence des pays à bas salaires est injuste et pénalise les pays développés.

Dans la plupart des pays développés, des hommes politiques de tous bords dénoncent régulièrement le *dumping social*. Ils dénoncent les pratiques des pays en développement qui s'appuient sur un faible coût du travail pour pouvoir exporter. Certains utilisent cet argument pour réclamer des baisses de salaires ou un démantèlement de la protection sociale, et d'autres le mettent en avant pour justifier une politique protectionniste ou demander une harmonisation internationale des normes sociales (voir chapitre 12). Quelle que soit la conclusion qui en est tirée, cette idée n'est pas nouvelle. Dès la fin du XIXe siècle, le célèbre diplomate et parlementaire français, Paul d'Estournelles de Constant, s'alarmait de la puissance commerciale de la Chine, en des termes guerriers qui n'étonneraient pas les citoyens du début du XXIe siècle : « *[…]Aussitôt outillée [la Chine] utilisera la plus incomparable et la plus avantageuse des mains-d'œuvre ; elle emploiera l'ouvrier chinois ; elle le payera cinq sous, tandis que nous payons les nôtres, en Europe et en Amérique, jusqu'à cinq francs et davantage. Mais elle ne se contentera pas d'écarter nos produits. Elle nous vendra les siens. De la défensive, elle passera promptement à l'offensive […].* »[5]

L'exemple numérique présenté plus haut montre que cette idée reçue ne résiste pas à un examen approfondi. Le fait que le pays étranger ait un coût de production du vin suffisamment faible pour l'exporter s'explique effectivement par la présence d'un taux de salaire relativement bas.

Mais cela n'a pas de conséquence pour le pays domestique : son taux de salaire ne fait que refléter sa propre productivité. D'ailleurs, en l'incitant à se spécialiser dans la production de fromage, l'ouverture au commerce lui permet d'employer sa main-d'œuvre de façon plus efficace, c'est-à-dire dans le secteur d'activité où la productivité est relativement forte et qui permet de verser les salaires les plus élevés.

5. On retrouvera cette citation dans le rapport d'information du Sénat, *Délocalisations : pour un néo-colbertisme européen*, rapport n° 374, 2004.

Encadré 3.2

Les salaires reflètent-ils la productivité ?

L'élargissement de l'Union européenne, en 2004, à certains pays d'Europe centrale a provoqué des débats importants dans les pays les plus riches de l'Union. Beaucoup de citoyens et d'hommes politiques se sont inquiétés des conséquences de cette ouverture commerciale sur l'évolution du chômage et des salaires. Ce débat s'est aussi nourri des propositions de libéralisation commerciale dans le domaine des services, énoncées par la fameuse directive Bolkestein*. En France, lors de la campagne référendaire du printemps 2005 sur le projet de constitution européenne, le député européen conservateur Philippe de Villiers s'est élevé contre la concurrence des pays les moins riches de l'UE : « *La directive Bolkestein permet à un plombier polonais ou à un architecte estonien de proposer ses services en France, au salaire et avec les règles de protection sociale de leur pays d'origine [...]. Il s'agit d'un démantèlement de notre modèle économique et social.* » Cette référence au *plombier polonais* a fait florès. Les inquiétudes liées aux différences de salaires et à l'insuffisance de l'harmonisation de la protection sociale ont sans aucun doute contribué au rejet du projet de constitution en France, comme dans d'autres pays européens.

Les questions soulevées par ce type de débat sont complexes et appellent des réponses nuancées. Toutefois, le modèle ricardien permet de rappeler une évidence simple : les différences de salaires (salaires relatifs) correspondent aux différences de productivités (productivités relatives). En effet, de nombreuses études empiriques ont montré la relation étroite entre les niveaux de salaires et de productivités. Naturellement, les pays européens n'échappent pas à la règle : la figure 3.5 montre, pour un certain nombre d'entre eux, les coûts horaires du travail (qui incluent les charges sociales) en 2003, en fonction de la productivité horaire du travail pour cette même année. Tous les points sont alignés de façon presque parfaite le long de la diagonale : les salaires moyens versés dans chaque pays sont donc quasiment proportionnels à la productivité. Hormis la Slovénie, tous les pays d'Europe centrale représentés ici accusent un retard important : leurs niveaux de salaires, tout comme leur productivité, ne dépassent pas 50 % des niveaux moyens observés au sein de la zone euro. La situation des pays du sud de l'Europe (Portugal, Grèce, Malte et Espagne), qui occupent une situation intermédiaire au sein de l'Union, laisse entendre que les nouveaux pays membres vont suivre une évolution comparable : en rattrapant progressivement leur retard de productivité, ces économies devraient aussi voir leurs salaires s'accroître.

---

* Le projet de directive européenne, présentée par le commissaire européen en charge du marché intérieur, Frits Bolkestein, visait à libéraliser les échanges de services au sein de l'Union. Dans sa version originelle, il proposait de permettre à chaque entreprise européenne d'exercer une activité de service dans un autre pays membre, en continuant à appliquer le droit du travail du pays d'origine. Après un débat houleux, le principe du pays d'origine a finalement été abandonné. Pour une analyse économique synthétique des enjeux du débat, voir la présentation de Cyrille Schwellnus, « La directive services : une analyse économique », Lettre du CEPII, n° 252, 2006. Pour une analyse plus détaillée, voir Gille Saint-Paul, « Making Sense of Bolkestein-Bashing : Trade Liberalization Under Segmented Labour Markets », *Journal of International Economics*, n° 73(1), p. 152-174, 2007.

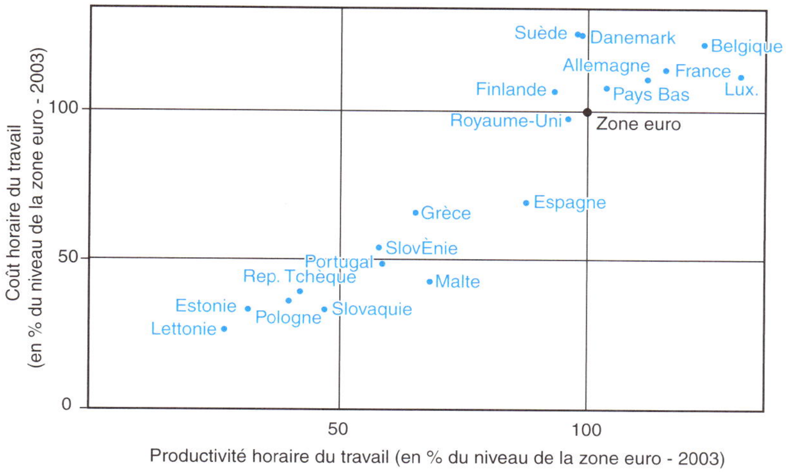

Figure 3.5 – Coûts horaires du travail en Europe.

Source : d'après les données d'Eurostat, 2003.

Encadré 3.2 (suite)

4.3 L'exploitation des pays en développement

Troisième idée reçue : le commerce international permet aux entreprises et aux consommateurs des pays développés d'exploiter les travailleurs du Tiers-Monde en y maintenant de faibles salaires.

Les médias comparent souvent les salaires perçus par les dirigeants des grandes entreprises multinationales à ceux des employés de leurs filiales implantées dans les pays en développement. Ces écarts de revenus sont tellement gigantesques qu'il est bien difficile de les justifier. Cependant, si l'on s'interroge sur l'intérêt du libre-échange, la question n'est pas de savoir si les travailleurs des pays en développement qui produisent des biens d'exportation méritent d'être mieux rémunérés, mais de savoir quelle situation est la pire pour eux : exporter vers les pays développés ou refuser de participer au commerce mondial ? Dans notre exemple numérique, les travailleurs étrangers sont moins payés que ceux du pays domestique. On peut alors facilement imaginer un journaliste dénoncer avec virulence l'exploitation des travailleurs étrangers, au profit des consommateurs domestiques. Mais cet argument souffre d'une limite sérieuse. Notre exemple montre en effet que si le pays étranger refuse tout commerce avec l'économie domestique, les salaires réels y seront encore plus faibles : le pouvoir d'achat d'une heure de travail passerait de 1/3 à 1/6 de kilos de fromage.

5 L'avantage comparatif avec plusieurs biens

Le modèle de commerce international utilisé jusqu'à présent est très simple : seuls deux biens sont produits et consommés. Considérons maintenant un cas plus proche de la réalité, où les économies peuvent échanger un grand nombre de biens.

Supposons que chaque pays (domestique et étranger) utilise sa dotation en travail pour produire plusieurs biens différents, indexés de 1 à N. La quantité unitaire de travail nécessaire à leur production suffit à décrire les technologies disponibles dans chaque pays. Pour un bien i, les quantités unitaires de travail dans l'économie domestique et à l'étranger sont respectivement a_{Li} et $a^\star_{Li}$. On peut alors calculer, pour chaque bien i, le ratio $a_{Li}/a^\star_{Li}$, et définir les indices de sorte que les plus petits indices correspondent aux biens pour lesquels ces ratios sont les plus faibles. On obtient donc :

$$a_{L1}/a^\star_{L1} < a_{L2}/a^\star_{L2} < a_{L3}/a^\star_{L3} < \ldots < a_{LN}/a^\star_{LN} \qquad (3.6)$$

5.1 Les salaires relatifs et la structure des spécialisations

La structure des échanges va dépendre essentiellement du ratio des salaires, $w/w^\star$. En effet, les biens seront toujours fabriqués dans le pays où leur production est la moins coûteuse. Or, le coût de production du bien i est égal à la quantité unitaire de travail nécessaire à sa production, multipliée par le taux de salaire. Ainsi, ce coût sera de wa_{Li} dans le pays domestique et de $w^\star a^\star_{Li}$ à l'étranger. Il sera donc moins coûteux de produire ce bien dans le pays domestique si :

$$wa_{Li} < w^\star a^\star_{Li}, \quad \text{c'est-à-dire, si} \quad a^\star_{Li}/a_{Li} > w/w^\star$$

Dès lors, tout bien pour lequel $a^\star_{Li}/a_{Li} > w/w^\star$ sera produit dans le pays domestique. À l'inverse, le pays étranger produira tous les biens pour lesquels $a^\star_{Li}/a_{Li} < w/w^\star$.

Le tableau 3.2 propose un exemple dans lequel les deux pays peuvent consommer et produire cinq biens : des pommes, des bananes, du caviar, des dattes et des enchiladas. Le pays domestique peut produire à plus faible coût les biens pour lesquels sa productivité relative est supérieure à son salaire relatif. Si par exemple ce salaire est cinq fois plus élevé qu'à l'étranger, les pommes et les bananes seront produites par le pays domestique, tandis que le caviar, les dattes et les enchiladas le seront à l'étranger. Mais si le salaire domestique n'est que trois fois plus élevé à l'étranger que dans le pays national, ce dernier pourra produire et exporter du caviar en plus des bananes et des pommes.

Tableau 3.2 : Quantités unitaires de travail dans le pays domestique et à l'étranger

Bien	Quantités de travail unitaires dans le pays domestique (a_{Li})	Quantités de travail unitaires dans le pays étranger (a^*_{Li})	Différence relative de productivité (a^*_{Li}/a_{Li})
Pommes	1	10	10
Bananes	5	40	8
Caviar	3	12	4
Dattes	6	12	2
Enchiladas	12	9	0,75

5.2 La détermination du salaire relatif dans un modèle à plusieurs biens

Le salaire relatif joue donc un rôle central dans la détermination de la structure des spécialisations et du commerce international. Elle est relativement simple dans un modèle à deux biens, mais dès lors que l'on considère l'existence de plusieurs biens, les choses sont un peu plus complexes. Une solution consiste à étudier la **demande dérivée** de travail, c'est-à-dire la demande relative de travail induite par la demande relative des biens.

Lorsque le salaire domestique augmente par rapport à celui du pays étranger, la demande dérivée relative pour le travail domestique diminue. En effet, si ce dernier devient relativement plus onéreux, les prix des biens qu'il produit seront également plus élevés. La demande mondiale pour ces biens va diminuer (éventuellement au point que le pays domestique cesse de les produire), ce qui réduira par conséquent la demande de travail domestique.

Reprenons l'exemple du tableau 3.2. Partons de la situation où le salaire est trois fois plus élevé dans le pays domestique qu'à l'étranger. Le pays domestique produit alors des pommes, des bananes et du caviar alors que les dattes et les enchiladas sont produites à l'étranger. Si ce salaire augmente progressivement jusqu'à atteindre un niveau légèrement inférieur à 4, alors les spécialisations ne changent pas, mais la demande mondiale pour ces biens va peu à peu diminuer, ce qui fera chuter progressivement la demande induite de travail domestique. Si le salaire augmente jusqu'à atteindre un niveau supérieur à 4, alors la demande relative de travail domestique baissera brutalement : la production domestique de caviar disparaîtra, et ce bien sera produit et exporté par le pays étranger. Cette évolution en escalier de la demande relative continue à mesure que le salaire relatif s'accroît. La figure 3.6 retrace l'évolution de la demande relative de travail (*DR*) en fonction du salaire relatif domestique. De son côté, l'offre relative de travail domestique est entièrement déterminée par les dotations en travail des deux pays (L/L^*). Elle est donc constante : il s'agit de la droite *OR*. Au final, le salaire relatif d'équilibre correspond à l'intersection de *DR* et *OR*. À ce point d'équilibre, ce salaire permet alors de définir la structure des spécialisations et du commerce international.

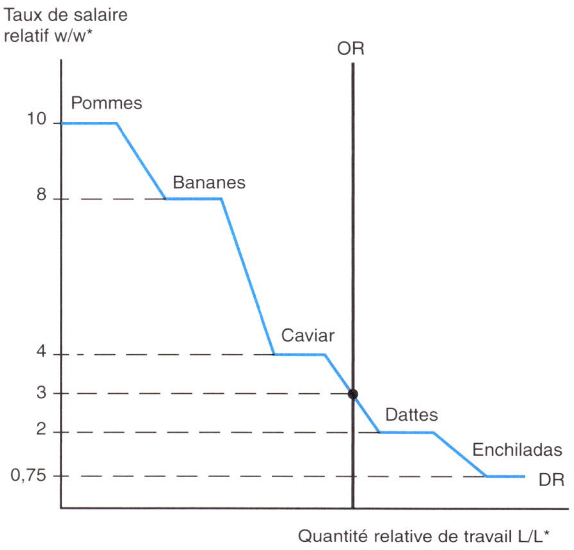

Figure 3.6 – Détermination des salaires relatifs.

Dans un modèle ricardien à plusieurs biens, les salaires relatifs sont déterminés par l'intersection entre la courbe de demande dérivée relative de travail (*DR*) et l'offre relative de travail (*OR*).

6 Introduction des coûts de transport et des biens non échangeables

L'économie mondiale décrite par le modèle ricardien se caractérise par une spécialisation internationale extrême. Un seul bien est produit simultanément par les deux pays, et tous les autres secteurs sont entièrement localisés dans une seule économie. En réalité, cette spécialisation n'est pas aussi marquée, et ce pour trois raisons principales :

- L'existence de plusieurs facteurs de production limite les possibilités de spécialisation extrême des économies nationales (voir chapitres 4 et 5).
- Les pays élèvent parfois des barrières commerciales afin de protéger leur économie de la concurrence étrangère (voir chapitres 9 à 12).
- Les coûts de transport des biens et des services constituent des entraves sérieuses aux échanges et à la spécialisation.

Reprenons de nouveau l'exemple présenté au tableau 3.2. Dans le pays domestique, il faut 6 heures de travail pour produire une unité de dattes. À l'étranger, il en faut deux fois plus, mais le salaire y est plus faible. Avec un salaire relatif de 3, une unité de dattes importée par le pays domestique a une valeur équivalente à 12/3 = 4 heures de travail. Il est donc plus avantageux pour l'économie domestique d'abandonner au pays étranger la production des dattes et d'importer ce bien. Mais qu'en est-il si l'on tient compte du coût de transport des dattes ? Par exemple, si ce dernier s'élève à 100 % du coût de production, leur importation coûterait l'équivalent de 8 heures de travail domestique. Il serait alors plus avantageux pour les consommateurs de tous les pays de consommer des dattes produites sur place, plutôt que de les importer. De même, avec un tel coût de transport, il revient moins cher au pays étranger de produire son propre caviar plutôt que de l'importer. Au final, le pays domestique continuerait à exporter des pommes et des bananes, et à importer des enchiladas, mais le caviar et les dattes deviennent de fait des biens non échangeables.

Dans cet exemple, nous avons supposé que le coût de transport était le même pour les dattes et le caviar. Cependant, en réalité, il varie selon les secteurs. Dans certains cas, le transport international est *a priori* impossible : certains services, comme les coupes de cheveux ou les réparations d'automobiles, ne peuvent pas être exportés (sauf dans le cas particulier des zones transfrontalières, comme Annecy et Genève, ou Valencienne et Mons). Le commerce international de biens rapidement périssables ou très pondéreux (comme le ciment) est aussi limité. Pour ces produits, les coûts de transport dépassent souvent les différences internationales de coûts de production. Ces biens non échangeables représentent au final une large part des dépenses de consommation.

7 Validation empirique du modèle ricardien

Du fait de sa grande simplicité, le modèle ricardien conduit à des conclusions assez peu nuancées : la structure des spécialisations est extrême, puisque aucun pays n'exporte et n'importe simultanément le même bien. Par ailleurs, ce modèle ne tient pas compte de l'influence des dotations en capital et en ressources primaires sur le commerce international (qui sera étudiée aux chapitres 5 et 6). Enfin, il suppose que les marchés sont en situation de concurrence parfaite. Il néglige donc le rôle potentiel des économies d'échelle et des comportements stratégiques des entreprises (voir chapitres 7 et 8). Par conséquent, ce cadre théorique très sommaire est incapable de rendre compte à lui seul de l'ensemble des déterminants et des conséquences du commerce mondial. Est-il pour autant dénué d'intérêt ? Ce serait peut-être le cas si ses principales conclusions n'étaient pas étayées par des observations empiriques. Or, la prédiction principale du modèle ricardien (les pays exportent les biens pour lesquels leur productivité est relativement élevée) a été clairement confirmée par un grand nombre d'études.

Les premiers tests du modèle ricardien (et les plus célèbres) ont été réalisés dans les années 1950 et 1960, à partir de données comparant les productivités sectorielles et la structure du commerce entre les États-Unis et le Royaume-Uni[6]. À la fin de la Seconde Guerre mondiale, la productivité des travailleurs britanniques était en moyenne deux fois plus faible que celle des Américains. De fait, ces derniers disposaient d'un *avantage absolu* dans presque tous les secteurs industriels. Mais comme les salaires y étaient deux fois plus élevés, le Royaume-Uni

6. G. D. A. MacDougall, « British and American Exports : A Study Suggested by the Theory of Comparative Costs », *Economic Journal*, 61, décembre 1951, p. 697-724. Une autre étude célèbre est celle de Bela Balassa, « An Empirical Demonstration of Classical Comparative Cost Theory », *Review of Economics and Statistics*, 45, août 1963, p. 231-238.

avait des coûts de production plus faibles dans les secteurs où la productivité relative des Américains n'atteignait pas le double de celle des Britanniques. Les analyses empiriques ont clairement montré que le Royaume-Uni était un exportateur net dans ces secteurs et importateur net dans les autres. Le commerce entre ces deux pays correspondait donc à leurs *avantages comparatifs*.

Les résultats des analyses empiriques récentes sont moins tranchés. Cela s'explique en partie par le développement rapide du commerce mondial et une plus grande spécialisation des pays. De nos jours, le degré d'ouverture au commerce est tel qu'il est rare que les pays produisent des biens pour lesquels ils possèdent un désavantage comparatif. Il est donc impossible de mesurer leur productivité dans ces secteurs. Par exemple, de nombreux pays ne produisent pas d'avions, et il n'existe pas de données sur les quantités de travail unitaires nécessaires à cette production. Toutefois, dans la plupart des cas, les différences en termes de productivité du travail continuent de jouer un rôle important dans la détermination de la structure des échanges. On le voit notamment avec l'essor soudain des capacités d'exportation de la Chine. Bien qu'en augmentation rapide, la productivité des travailleurs chinois reste encore très inférieure à celle des grandes économies développées, et notamment des pays européens. Mais dans certains secteurs d'activité, la Chine accuse un retard de productivité plus faible que dans d'autres, et c'est bien dans ces secteurs que la Chine s'est spécialisée. C'est ce que montre le tableau 3.3. Il compare la productivité et le niveau de production de la Chine et de l'Allemagne, les deux premiers exportateurs mondiaux. En 1995, la productivité de la Chine dans l'ensemble de l'industrie ne représentait que 5,2 % de celle de l'Allemagne, et sa production totale était presque 30 % plus faible. Dans le secteur de l'habillement, l'Allemagne conservait toujours un avantage absolu très net. Néanmoins, l'écart de productivité entre les deux pays était clairement plus réduit, si bien que la Chine disposait d'un avantage comparatif dans ce secteur ; celui-ci lui a permis de développer une spécialisation forte et d'avoir une production de biens d'habillement huit fois plus importante que celle de l'Allemagne.

Au final, même si le modèle ricardien ne suffit pas à expliquer toutes les causes et les conséquences de la mondialisation, ses deux principales prédictions restent pleinement valides : les différences de productivité jouent un rôle essentiel dans la structuration des échanges mondiaux, et ce sont bien les avantages comparatifs qui comptent, et non les avantages absolus.

Tableau 3.3 : Productivité et production – la Chine face à l'Allemagne (1995)

	Productivité relative (production par travailleur chinois, en % du niveau allemand)	Production relative (production de la Chine, en % de la production allemande)
Tous secteurs manufacturiers	5,2	71,6
Secteur de l'habillement	19,7	802,2

Source : Ruoen et Manying, « China's Manufacturing Industry in an International Perspective : a China-Germany Comparison », *Économie internationale*, n° 92(4), p. 103-130, 2002.

Résumé

Le *modèle ricardien* est un modèle très simple qui montre comment les différences entre les pays donnent lieu à des échanges internationaux. Il permet de mettre en évidence l'existence d'un gain à l'échange, mutuellement partagé. Dans ce modèle, le travail est le seul facteur de production et les pays ne diffèrent que par leur productivité du travail. Ils exportent alors les biens qu'ils produisent de manière relativement efficace et importent les autres. En d'autres termes, la structure de production d'un pays est déterminée par ses *avantages comparatifs*.

L'existence d'un gain mutuel à l'échange peut être démontrée de deux façons différentes. Tout d'abord, le commerce peut être vu comme une méthode indirecte de production. Au lieu de produire lui-même un bien, un pays peut fabriquer un autre bien et l'échanger contre ce qu'il désire. Selon le modèle de Ricardo, chaque fois qu'un bien est importé, sa « production » indirecte nécessite moins de travail que sa production directe. Par ailleurs, le commerce international permet un élargissement des possibilités de consommation d'un pays. La répartition de ces gains entre les deux pays dépend des prix relatifs d'équilibre. La détermination des prix relatifs est définie par la confrontation *des offres et demandes relatives mondiales*. Ce prix implique également un *taux de salaire relatif*.

La proposition, selon laquelle le commerce est profitable à tous les pays, ne repose pas sur l'hypothèse que tous les pays sont « compétitifs ». En particulier, nous pouvons montrer que trois idées reçues sur les conséquences du commerce international sont erronées. Tout d'abord, un pays gagne à s'ouvrir au commerce, même si sa productivité est plus faible que celle de son partenaire dans tous les secteurs d'activité. Ensuite, l'échange est bénéfique pour tous les pays, même dans le cas où la compétitivité de l'industrie étrangère repose uniquement sur les bas salaires. Enfin, le commerce est préférable à l'autarcie, même pour des pays en développement dont les capacités d'exportation reposent sur une main-d'œuvre bon marché.

L'extension du modèle à un monde comprenant de nombreux biens ne modifie pas ses principales conclusions. En revanche, elle permet de voir comment les coûts de transport peuvent conduire à une situation où certains biens sont, de fait, non échangeables.

Bien que certaines conclusions du modèle ricardien soient trop simplistes pour être réalistes, ses prédictions essentielles sont confirmées par de nombreuses études : la structure des échanges commerciaux est clairement influencée par les différences relatives de productivité.

Activités

1. Supposons que le pays domestique dispose de 1 200 unités de travail. Il peut produire deux biens : des pommes et des bananes. La quantité de travail unitaire nécessaire à la production de pommes est de 3, et celle nécessaire à la production de bananes est de 2.
   - **a.** Représentez graphiquement la frontière des possibilités de production du pays domestique.
   - **b.** Quel est le coût d'opportunité des pommes en termes de bananes ?
   - **c.** En l'absence de commerce, quel serait le prix des pommes exprimé en termes de bananes ? Pourquoi ?
2. Les caractéristiques du pays domestique sont décrites à la question 1. Considérons maintenant un pays étranger qui dispose d'une force de travail de 800 unités. La quantité de travail unitaire nécessaire à la production de pommes y est de 5, et celle nécessaire à la production de bananes est de 1.
   - **a.** Représentez graphiquement la frontière des possibilités de production du pays étranger.
   - **b.** Construisez la courbe d'offre relative mondiale.

3. Imaginons que la demande relative mondiale prenne la forme suivante : demande de pommes/demande de bananes = prix des bananes/prix des pommes.

   a. Représentez graphiquement les courbes de demande et d'offre relatives mondiales.

   b. Quel est le prix relatif d'équilibre des pommes sur le marché mondial ?

   c. Quelle est la structure des échanges ?

   d. Montrez que les deux pays gagnent à l'échange.

4. Supposons qu'au lieu de 1 200 travailleurs, le pays domestique en accueille 2 400. Quel est le prix relatif d'équilibre sur le marché mondial ? Comment se répartissent dans ce cas les gains à l'échange entre les deux pays ?

5. Considérons toujours que le pays domestique dispose de 2 400 travailleurs, mais que leur productivité soit divisée par deux dans chaque secteur. Construisez la courbe d'offre relative mondiale et déterminez le prix relatif d'équilibre. Comparez les gains à l'échange avec ceux obtenus à la question 4.

6. D'après des données récentes, le salaire mensuel d'un travailleur chinois s'élève environ à 1 800 yuans, soit un peu moins de 230 euros au taux de change officiel. En France, le salaire mensuel moyen d'un travailleur à temps plein est de l'ordre de 2 800 euros. Ce constat amène de nombreux commentateurs à affirmer que l'ouverture au commerce avec la Chine doit contraindre les Français à accepter des réductions de salaires et une révision à la baisse du système de protection sociale. Qu'en pensez-vous ?

7. La productivité du travail au Japon est à peu près identique à celle des États-Unis dans le secteur manufacturier. Ces derniers sont en revanche nettement plus productifs dans le secteur des services qui, pour la plupart, ne sont pas échangeables. Selon certains analystes, cela pose un problème aux États-Unis, car leur avantage comparatif se situe dans des biens qui ne peuvent pas être vendus sur le marché mondial. Pourquoi ce raisonnement est-il erroné ?

8. En quoi l'existence de biens non échangeables affecte-t-il l'étendue des gains potentiels à l'échange ?

Chapitre 4

Facteurs spécifiques et distribution des revenus

Objectifs pédagogiques :

- Comprendre de quelle manière un facteur non spécifique suivra l'évolution des prix en changeant de secteur.
- Expliquer pourquoi l'ouverture commerciale engendrera à court terme des gagnants et des perdants.
- Préciser la définition des gains au commerce dès lors que le libre-échange pénalise une partie de la population.
- Évoquer les raisons pour lesquelles le commerce peut donner lieu à des controverses sur le plan politique.
- Donner quelques arguments en faveur du libre-échange, même lorsqu'il pénalise directement certaines fractions de la population.

Tout au long de l'histoire, des gouvernements ont choisi de protéger certains secteurs économiques de la concurrence des importations. Encore aujourd'hui, même si les nombreux accords commerciaux signés depuis la fin de la Seconde Guerre mondiale ont largement érodé les barrières aux échanges, les protections perdurent. En dépit d'une adhésion de principe aux valeurs du libre-échange, les États-Unis limitent, par exemple, les importations de textile, de sucre, d'acier et d'autres marchandises. De son côté, en lien avec sa politique agricole commune (la PAC), l'Union européenne maintient des restrictions importantes sur beaucoup de produits agricoles importés. Plus généralement, les chapitres 10, 11 et 12 illustreront à quel point il est difficile de faire avancer les négociations commerciales.

Pourtant, le chapitre 3 a montré que l'ouverture aux échanges internationaux peut être mutuellement bénéfique pour tous les pays impliqués. Pourquoi s'obstiner alors à maintenir des protections ? Une bonne partie de la réponse tient à une idée simple. Même si la théorie économique peut démontrer que le commerce international est favorable à tous les pays pris dans leur ensemble, cela ne veut pas dire que le libre-échange ne fait pas de perdants. En effet, l'ouverture commerciale bouleverse les structures économiques et affecte non seulement le bien-être national, mais aussi la distribution des revenus au sein de chaque pays.

Cela ne peut pas apparaître dans le modèle ricardien que nous avons vu au chapitre 3. Selon ce modèle, les échanges sont vecteurs de spécialisation : chaque pays oriente sa main-d'œuvre vers les secteurs où elle est le plus efficace. Tant que l'on suppose que le travail est l'unique facteur de production, cela sous-entend que la main-d'œuvre peut se déplacer librement d'un secteur à un autre et que le commerce ne représente pas une menace pour les personnes. Mais si, à l'inverse, on prend en compte l'existence de plusieurs facteurs de production, il apparaît que le commerce a des effets considérables sur la distribution des revenus et que les gains au commerce ne sont pas répartis de manière équitable entre les facteurs.

En réalité, deux mécanismes sont en jeu. Tout d'abord, à court terme, déplacer les ressources d'un secteur à un autre ne peut pas se faire instantanément et engendre un certain coût. Ensuite, sur le plus long terme, modifier le type de biens que produit un pays réduit en général la demande pour certains facteurs de production, tout en augmentant la demande pour d'autres facteurs. Pour ces deux raisons, les conséquences de l'ouverture au commerce international ne sont pas sans présenter quelques ambiguïtés. Contrairement à ce que pouvait laisser entendre le chapitre 3, la mondialisation n'est pas bénéfique pour tous, mais peut nuire à certains groupes d'individus à court terme comme à long terme.

Prenons le cas de la culture du riz au Japon. Le Japon n'autorise les importations de riz que de manière très limitée, même si les terres cultivables sont peu nombreuses et rendent la production domestique plus coûteuse que dans beaucoup d'autres pays.

Les consommateurs nippons bénéficieraient sans aucun doute d'un meilleur niveau de vie s'ils pouvaient importer librement le riz bon marché produit à l'étranger. Néanmoins, il va sans dire que les cultivateurs japonais en seraient directement affectés. Les plus durement touchés par les importations pourraient tenter une reconversion dans d'autres secteurs d'activité, mais ce changement de métier s'avérerait coûteux et difficile : le savoir-faire spécifique développé pour la culture du riz ne leur serait d'aucune utilité dans leur nouveau travail. De plus, la valeur de leurs terres s'effondrerait avec le prix du riz. Il n'est donc pas étonnant que les cultivateurs de riz japonais soient farouchement opposés au libre-échange. Leur opposition politique a pesé plus lourd dans la balance, en comparaison des avantages potentiels pour le pays.

Pour mener une analyse réaliste du commerce, il faut donc aller plus loin que le modèle ricardien et privilégier des modèles théoriques qui tiennent compte de l'impact du commerce sur la distribution des revenus. Ce chapitre s'intéressera aux conséquences à court terme que l'on observe au moment de l'ouverture commerciale, lorsqu'il est impossible de transférer les facteurs de production d'un secteur à un autre sans générer des coûts supplémentaires. Pour que le modèle reste simple, nous allons supposer que le coût du passage d'un secteur à l'autre est suffisamment élevé pour que ce cas de figure se révèle impossible à court terme. Ces facteurs sont donc *spécifiques* à un secteur donné. Le mécanisme décrivant les conséquences à long terme sur la distribution des revenus sera étudié au chapitre 5.

1 Le modèle à facteurs spécifiques

Le **modèle à facteurs spécifiques** a été développé par Paul Samuelson et Ronald Jones[1]. Tout comme le modèle ricardien, il s'appuie sur une économie qui produit deux types de biens et

1. Paul Samuelson, « Ohlin Was Right », *Swedish Journal of Economics*, 73(1971), p. 365-384 ; Ronald W. Jones, « A Three-Factor Model in Theory, Trade, and History », dans Jagdish Bhagwati *et al.*, eds., *Trade, Balance of Payments, and Growth*, Amsterdam, North-Holland, 1971, p. 3-21.

qui peut répartir sa main-d'œuvre entre les deux secteurs d'activité. Mais, contrairement au modèle ricardien, on considère ici plusieurs types de facteurs de production. On considérera, par exemple, que le travail est un **facteur mobile**, qui peut passer sans difficulté d'un secteur à un autre, mais que les autres facteurs sont **spécifiques**, dans la mesure où ils ne peuvent être utilisés que dans la production de certains biens.

1.1 Qu'est-ce qu'un facteur spécifique ?

Pour le modèle utilisé dans ce chapitre, nous allons supposer trois facteurs de production : le travail (L), le capital (K) et les terres (T). Le travail peut s'employer sans contrainte dans tous les secteurs d'activité, mais les terres et le capital sont liés de manière permanente à certains secteurs particuliers. Quand les économistes appliquent un modèle à facteurs spécifiques au cas de pays développés comme la France ou les États-Unis, ils envisagent le plus souvent que les facteurs sont attachés à un seul secteur, mais simplement de façon temporaire. Prenons un exemple : il est impossible d'utiliser les cuves nécessaires à la production de bière dans la construction automobile. Ces équipements sont propres à leur industrie d'origine. Avec le temps toutefois, il pourrait devenir envisageable de faire basculer les investissements des brasseries vers l'automobile, et *vice versa*. Sur le long terme, les capitaux investis dans les différents secteurs peuvent être considérés comme deux éléments d'un seul facteur mobile.

En pratique, la distinction entre facteurs spécifiques et facteurs mobiles n'est donc pas absolument nette. Cela dépend en fait de la vitesse d'ajustement : davantage de temps est nécessaire pour redéployer des facteurs très spécifiques vers d'autres secteurs. Quel est donc le niveau de spécificité des facteurs de production dans une économie réelle ? La mobilité de la main-d'œuvre varie considérablement en fonction des caractéristiques des travailleurs (âge, qualification…) et de leur profession (compétences basiques ou savoir-faire particulier). On peut néanmoins mesurer le taux moyen de mobilité en étudiant la durée d'inactivité qui suit le déplacement d'un travailleur. En France, par exemple, un peu plus d'un jeune actif sur trois a changé de secteur au moins une fois au cours de ses trois premières années d'activité[2]. Cette période de trois ans est à mettre en parallèle avec la durée de vie d'une machine spécialisée, qui est de 15 à 20 ans, et celle des locaux professionnels, qui est de l'ordre de 30 à 50 ans. La main-d'œuvre est donc un facteur bien moins spécifique que le capital. Toutefois, même si la plupart des travailleurs auront retrouvé un emploi dans un autre secteur au bout de trois ou quatre ans, changer de métier génère des coûts supplémentaires. Par exemple, une étude sur données américaines a montré qu'un travailleur qui, après un licenciement, a retrouvé un emploi dans un autre secteur subit en moyenne une baisse de salaire de 18 %, alors que la perte de salaire ne sera que de 6 % si le travailleur ne change pas de secteur[3].

---

2. Voir Michèle Mansuy et Claude Minni, « Le secteur de premier emploi oriente-t-il le début de parcours professionnel ? », *Économie et Statistiques*, n° 378-379, 2004.
3. Voir Gueorgui Kambourov et Iourii Manovskii, « Occupational Specificity of Human Capital », *International Economic Review*, n° 50, février 2009, p. 63-115.

1.2 Hypothèses présentées dans le modèle

Imaginons donc une économie dotée de *trois* facteurs de production (le travail L, le capital K et les terres T) permettant de produire deux biens : les vêtements et la nourriture.

La production de vêtements nécessite du capital et de la main-d'œuvre (mais pas de terres), tandis que la production de nourriture nécessite des terres et de la main-d'œuvre (mais pas de capital). La main-d'œuvre est par conséquent un facteur *mobile* pouvant être utilisé dans n'importe lequel de ces secteurs, tandis que les terres et le capital sont des facteurs *spécifiques* ne pouvant être utilisés que dans la production d'un seul bien.

Quelle sera la production de chacun des deux biens ? La production de textile dépend de la main-d'œuvre et du capital utilisés dans ce secteur. Cette relation peut être synthétisée par une **fonction de production** qui indique la quantité de textile pouvant être produite en fonction du capital et de la main-d'œuvre disponibles. La formule algébrique pour la fonction de production de vêtements donnerait ceci :

$$Q_V = Q_V(K, L_V) \tag{4.1}$$

Q_V représente la production de vêtements, K le stock de capital du pays, et L_V la main-d'œuvre employée dans le textile. Nous pouvons de la même manière représenter la fonction de production pour la nourriture :

$$Q_N = Q_N(T, L_N) \tag{4.2}$$

où Q_N représente la production de nourriture, T les terres cultivables du pays et L_C la main-d'œuvre qui travaille dans l'agroalimentaire. Le total de la main-d'œuvre du pays doit être égal à la somme de la main-d'œuvre employée dans ces deux secteurs :

$$L_V + L_N = L \tag{4.3}$$

1.3 Possibilités de production

Dans ce modèle à facteurs spécifiques, et tant qu'on suppose le plein emploi de tous les facteurs, l'ensemble du capital disponible est utilisé dans la production de vêtements et la totalité des terres sert à produire de la nourriture. Seul le travail peut être utilisé dans les deux types d'activités, si bien qu'il suffit d'étudier comment les productions évoluent lorsque la main-d'œuvre passe d'un secteur à l'autre pour analyser les capacités de production d'une économie. Il est possible d'en faire une représentation graphique, en illustrant tout d'abord les fonctions de production [voir équations (4.1) et (4.2)], puis en les rassemblant afin de délimiter la frontière des possibilités de production.

La figure 4.1 illustre la relation entre la quantité de main-d'œuvre et la production de vêtements. Plus la main-d'œuvre pour un stock de capital donné est nombreuse, plus la production sera importante. À la figure 4.1, la pente de la relation représente le **produit marginal du travail,** qui correspond à l'augmentation de la production engendrée par l'emploi d'une unité supplémentaire de main-d'œuvre. La courbe représentée à la figure 4.1 est croissante. C'est logique : plus le secteur textile emploie de travailleurs, plus la production de textile est importante. Mais elle est aussi concave (la pente diminue progressivement).

Cela traduit la présence de **rendements décroissants**. En effet, si la main-d'œuvre s'accroît sans augmentation du capital, la quantité de capital disponible pour chaque travailleur diminue, ce qui réduit leur productivité. L'ajout de nouvelles ressources en main-d'œuvre est donc de moins en moins rentable, au fur et à mesure que l'afflux de travailleurs se poursuit[4].

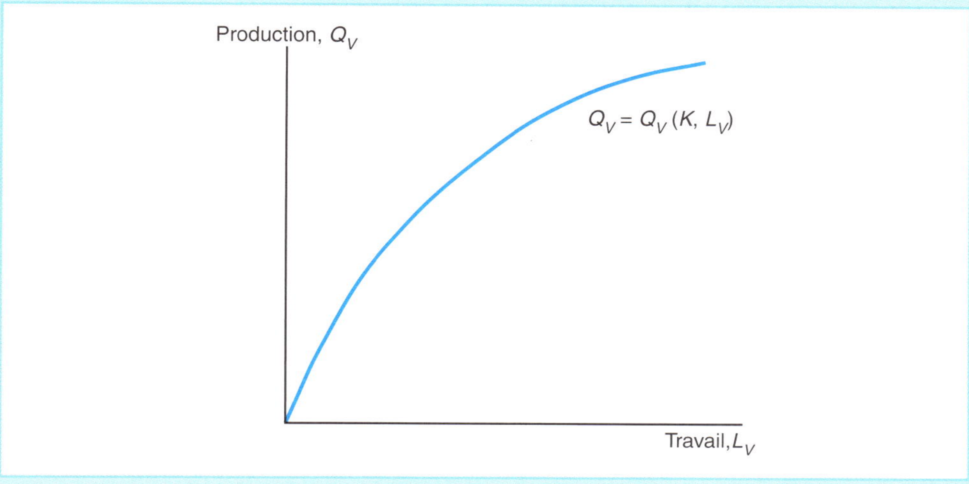

Figure 4.1 – La fonction de production de vêtements.

La production augmente avec le nombre de travailleurs employés dans le secteur, mais la courbe s'aplatit progressivement. L'accroissement marginal de la production est donc de plus en plus faible, ce qui traduit la présence de rendements décroissants.

La figure 4.2 illustre le même type d'information, mais de manière différente. Ici, on représente directement le produit marginal du travail, en fonction de la main-d'œuvre employée (dans l'annexe qui figure en fin de chapitre, nous verrons que la zone située sous la courbe du produit marginal représente la production totale de vêtements).

Si on souhaite représenter la fonction de production pour la nourriture, il est possible de s'appuyer sur deux autres diagrammes que l'on peut ensuite réunir pour délimiter la frontière des possibilités de production du pays, ainsi que l'illustre la figure 4.3. Comme on l'a vu au chapitre 3, la frontière des possibilités de production montre ce que l'économie est capable de produire, compte tenu de ses technologies (résumées par les fonctions de production) et de ses dotations en facteurs.

---

4. Notons qu'une baisse du rendement associée à un seul des facteurs de production ne signifie pas pour autant une baisse des rendements d'échelle. En effet, on peut parfaitement observer des rendements décroissants associés à l'accumulation de main-d'œuvre, mais à une augmentation plus que proportionnelle de la production (c'est-à-dire des rendements d'échelle croissants) si le capital augmente proportionnellement au nombre de travailleurs.

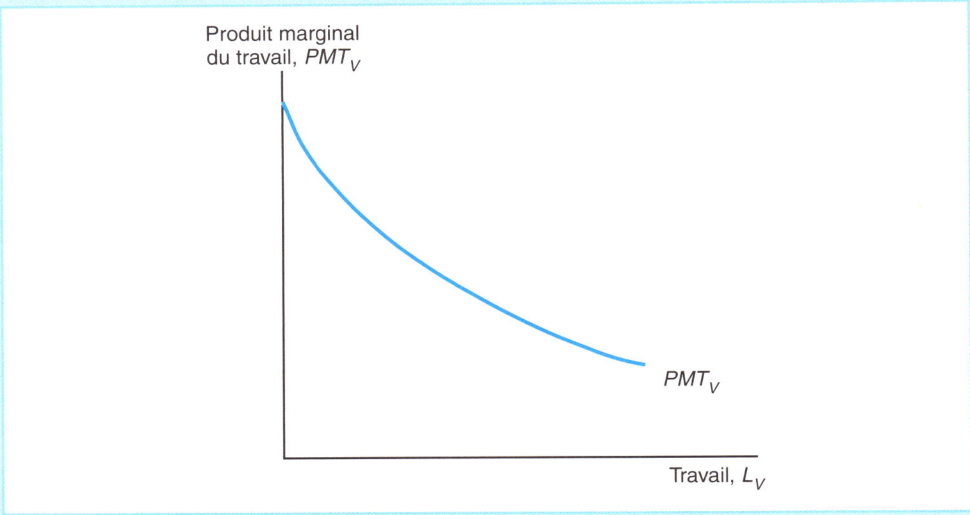

Figure 4.2 – Le produit marginal du travail.
Le produit marginal du travail dans le secteur du textile suit la courbe de la fonction de production de la figure 4.1. Plus on emploie de main-d'œuvre et plus le produit marginal du travail baisse.

Le diagramme représenté à la figure 4.3 comprend quatre quadrants. Le quadrant inférieur droit indique la fonction de production pour les vêtements représentée à la figure 4.1. Mais, ici, on a fait pivoter la courbe d'un quart de tour : un mouvement vers le bas sur l'axe vertical figure une augmentation de la main-d'œuvre dans le secteur du textile, ce qui implique un mouvement vers la droite le long de l'axe horizontal, représentant une augmentation de la production de vêtements. Le quadrant supérieur gauche montre la fonction de production pour la nourriture. Là aussi, on a fait pivoter la figure : un mouvement vers la gauche le long de l'axe horizontal indique une augmentation de la main-d'œuvre dans le secteur alimentaire, ce qui va de pair avec un mouvement vers le haut le long de l'axe vertical, indiquant une augmentation de la production de nourriture.

Le quadrant inférieur gauche représente la manière dont la main-d'œuvre est répartie dans ce pays. Ici, un mouvement vers le bas sur l'axe vertical indique une augmentation du nombre de travailleurs employés dans le secteur du textile. Un mouvement vers la gauche sur l'axe horizontal indique une augmentation du nombre de travailleurs employés dans le secteur alimentaire. Bien sûr, les travailleurs ne peuvent être employés que dans l'un ou l'autre des deux secteurs, et l'afflux de main-d'œuvre dans un des secteurs provoque obligatoirement une diminution du nombre de travailleurs dans l'autre. Le nombre de travailleurs est représenté par la droite *AA*. Elle forme un angle de 45 degrés, qui correspond à une pente de –1. Afin de comprendre pourquoi cette ligne représente les possibilités d'allocation intersectorielle de la main-d'œuvre, il faut bien réaliser que si tous les travailleurs étaient employés dans le secteur alimentaire, L_N serait égal à L, tandis que L_V serait nul. Si on faisait passer petit à petit la main-d'œuvre vers le secteur du textile, L_V augmenterait au fur et à mesure de l'arrivée de la main-d'œuvre, tandis que L_N diminuerait au même rythme, jusqu'à ce que la totalité de la main-d'œuvre L soit employée dans le secteur du textile. La répartition de la main-d'œuvre entre les deux secteurs peut alors être représentée par un point sur la ligne AA, par exemple le point 2.

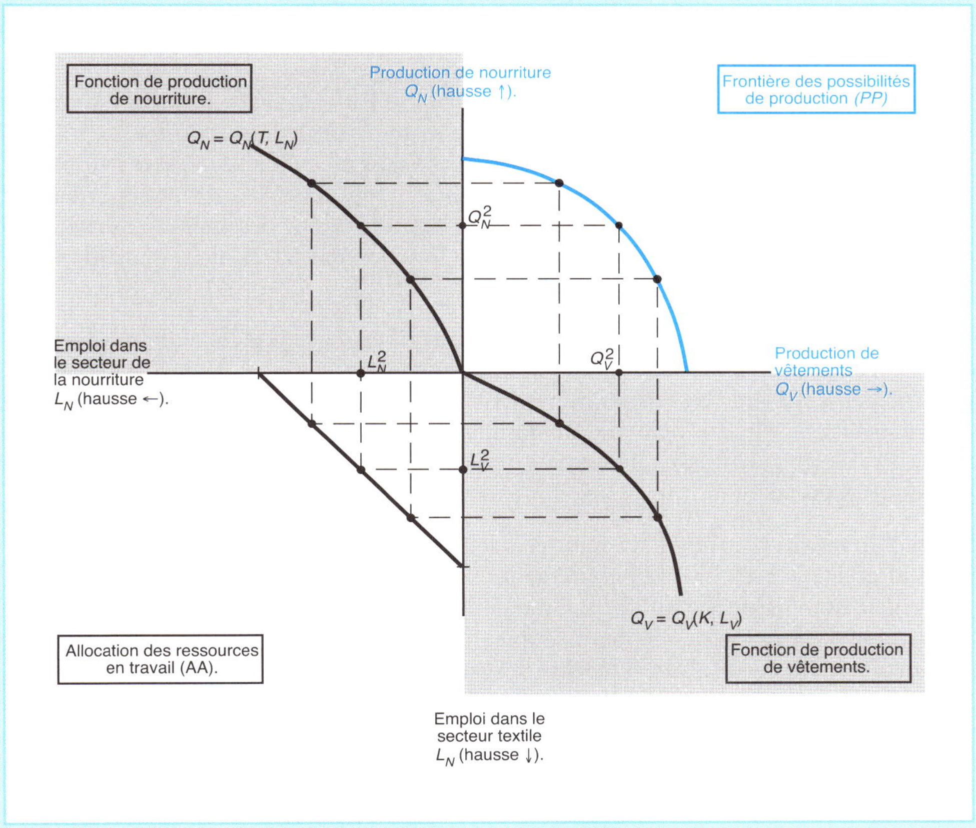

Figure 4.3 – Frontière des possibilités de production dans le modèle à facteurs spécifiques.

La production de vêtements et de nourriture est déterminée par l'allocation de la main-d'œuvre. Dans le quadrant inférieur gauche, la répartition de la main-d'œuvre entre les deux secteurs est illustrée par la ligne *AA*. Les points du segment *AA*, le point 2 par exemple, représentent la quantité de main-d'œuvre associée à la production de vêtements (L_N^2) et la quantité de main-d'œuvre associée à la production de nourriture (L_V^2) .

Les courbes dessinées dans les quadrants inférieur droit et supérieur gauche représentent respectivement la fonction de production des vêtements et de la nourriture. Elles permettent de déterminer le volume de production en fonction de la quantité de main-d'œuvre allouée (Q_V^2, Q_N^2). Dans le quadrant supérieur droit, la courbe *PP* indique la manière dont la production des deux biens varie en fonction du passage de la main-d'œuvre d'un secteur à un autre. Les points 1', 2' et 3' correspondent à l'allocation de la main-d'œuvre 1, 2 et 3. Du fait des rendements décroissants de chaque facteur de production, *PP* est une courbe concave et non pas une ligne droite.

Il est maintenant possible de déterminer la production en fonction de l'allocation de la main-d'œuvre entre les deux secteurs. Supposons que cette dernière soit représentée par le point 2 dans le quadrant inférieur gauche. On peut ensuite se servir de la fonction de production pour chacun des secteurs afin de déterminer le volume de production : la quantité de vêtements Q_V^2 et de nourriture Q_N^2. Dans le quadrant supérieur droit de la figure 4.3, les coordonnées (Q_V^2, Q_N^2) définissent le point 2', qui représente donc le panier de biens produits dans l'économie.

On peut répéter cet exercice en modifiant à chaque fois l'allocation de la main-d'œuvre. On peut augmenter le nombre de travailleurs dans le secteur alimentaire, comme au point 1 du quadrant inférieur gauche, ou déplacer la main-d'œuvre vers le secteur textile, comme au point 3. À chaque fois, on obtiendra un point différent dans le cadrant supérieur droit (1' et 3'). En se déplaçant le long du segment *AA*, on finit par dessiner la courbe *PP*, qui représente donc les possibilités de production en fonction des terres, de la main-d'œuvre et du capital disponibles.

Dans le modèle ricardien du chapitre 3, où le travail est le seul facteur de production, la frontière des possibilités de production est représentée par une ligne droite car le coût d'opportunité des vêtements en termes de nourriture est constant. Mais ici, dans le modèle à facteurs spécifiques, la frontière des possibilités de production PP est convexe. Cette courbure résulte de la présence de rendements décroissants et constitue une différence majeure entre les deux modèles.

Lorsque l'on suit la courbe *PP* du haut vers le bas, la main-d'œuvre se déplace du secteur alimentaire vers le secteur de l'habillement. Or si l'on fait passer une unité de travail du secteur de la nourriture à celui de l'habillement, cette ressource supplémentaire permettra d'accroître la production de vêtements d'une quantité égale au produit marginal du travail dans l'habillement PMT_V. Dans le même temps, la baisse de production de nourriture sera égale au produit marginal du travail dans ce secteur. La pente de la courbe *PP*, qui mesure le coût d'opportunité des vêtements en termes de nourriture (c'est-à-dire le nombre d'unités de nourriture qu'il faut sacrifier pour augmenter d'une unité la production de vêtements), est donc :

$$-PMT_N/PMT_V$$

On comprend maintenant pourquoi *PP* n'est pas une droite, mais une courbe convexe. Quand on se déplace du point 1' au point 3', L_V augmente et L_N diminue. Or nous avons vu à la figure 4.2 que plus L_V augmente, plus le produit marginal du travail dans le secteur du vêtement diminue. De la même manière, plus L_N diminue, plus le produit marginal du travail dans le secteur de la nourriture augmente. Ainsi, le coût d'opportunité de la production de vêtements (PMT_N/PMT_V) est d'autant plus élevé que l'économie produit beaucoup de vêtements ; plus on se déplace vers la droite le long de la courbe *PP*, plus la courbe est pentue.

1.4 Prix, salaires et allocation de la main-d'œuvre

La figure 4.3 décrit la façon dont peut être déterminée la production nationale en fonction de l'allocation intersectorielle du travail. Elle ne nous indique pas pour autant quelle quantité de main-d'œuvre devrait être employée dans chaque secteur. Pour répondre à cette question, il convient d'étudier l'offre et la demande sur le marché du travail. La demande de main-d'œuvre dans chaque secteur dépend du prix des biens et des salaires. Les salaires sont à leur tour fixés en fonction de la demande de main-d'œuvre dans l'ensemble des secteurs. On peut alors déterminer les volumes d'emploi et de production de chaque secteur en fonction du prix des vêtements et de la nourriture ainsi que des salaires.

Intéressons-nous tout d'abord à la demande de main-d'œuvre. Pour chaque secteur, les employeurs cherchent à maximiser leurs profits et continuent à embaucher tant que la valeur de la production d'un travailleur supplémentaire est supérieure au coût du travail. Dans le secteur du textile par exemple, la valeur d'une heure travaillée supplémentaire est égale au produit marginal du travail dans ce secteur multiplié par le prix d'une unité de vêtement : $PMT_V \times P_V$. Si on note w le salaire, les employeurs pourront donc employer de la main-d'œuvre jusqu'à ce que :

$$PMT_V \times \mathrm{P}_V = \mathrm{w} \tag{4.4}$$

Avec des rendements décroissants, le produit marginal du travail dans le secteur textile diminue avec le nombre de travailleurs dans ce secteur, comme l'illustre la figure 4.2. À prix constants, la valeur du produit marginal, $PMT_V \times P_V$, diminuera au fur et à mesure que les embauches se poursuivent. L'équation (4.4) représente donc une relation négative entre le niveau d'emploi demandé par les entreprises et le salaire. Elle peut par conséquent représenter la courbe de la demande de main-d'œuvre dans le secteur du vêtement : toutes choses égales par ailleurs, si le salaire diminue, les employeurs du secteur textile souhaiteront embaucher davantage.

De la même façon, la courbe figurant la demande de main-d'œuvre dans le secteur de l'alimentation est :

$$PMT_N \times \mathrm{P}_N = \mathrm{w} \tag{4.5}$$

La main-d'œuvre est un facteur mobile qui peut se déplacer du secteur le moins payé vers le secteur le plus payé jusqu'à ce que leur niveau s'égalise. Le salaire w doit donc être identique dans les deux secteurs. Pour déterminer le salaire, il faut tenir compte du fait que la demande totale de main-d'œuvre doit être égale à l'offre. L'équation (4.3) illustre cette condition nécessaire à l'équilibre du marché du travail. On peut représenter les deux courbes de demande de travail dans un même diagramme pour illustrer la situation d'équilibre. Sur l'axe horizontal de la figure 4.4, on peut voir la main-d'œuvre totale L. Partant de la gauche du diagramme, on voit la demande de travail dans le secteur des vêtements. La demande de travail émanant du secteur de la nourriture se lit en partant de la droite du diagramme. L'équilibre entre le salaire et l'allocation de la main-d'œuvre pour les deux secteurs est représenté par le point 1. Au niveau de salaire w^1, la somme de la demande de travail dans les secteurs de l'habillement L_V^1 et de l'alimentation L_N^1 est bien égale à la main-d'œuvre totale L.

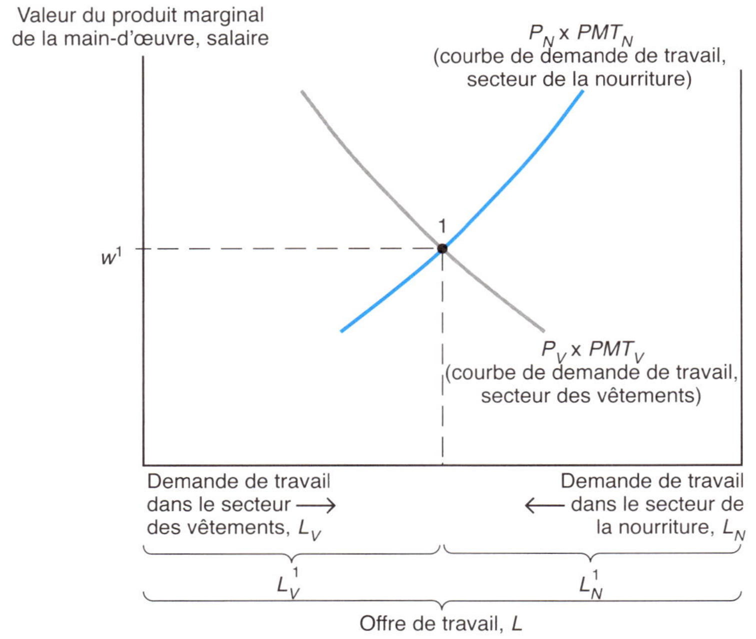

Figure 4.4 – Répartition intersectorielle de l'offre de travail.

Le travail est réparti de telle sorte que la valeur de son produit marginal ($P \times PMT$) soit la même dans les secteurs des vêtements et de la nourriture. Pour atteindre un équilibre, il est nécessaire que le salaire soit égal à la valeur du produit marginal de la main-d'œuvre.

L'analyse de l'allocation de la main-d'œuvre met en évidence la relation entre le prix relatif des biens et les quantités produites. En effet, les équations (4.4) et (4.5) impliquent que :

$$PMT_V \times P_V = PMT_N \times P_N = \mathrm{w}$$

ce que l'on peut également formuler :

$$-PMT_N / PMT_V = P_V / P_N \qquad (4.6)$$

On retrouve, dans la partie gauche de l'équation (4.6), la courbe de la frontière des possibilités de production, pour un panier de biens donné produit dans le pays. À droite, on a (au signe négatif près) le prix relatif des vêtements. Cette équation signifie donc qu'à l'équilibre, la frontière des possibilités de production doit être tangente à une droite dont la pente est négative et égale, en valeur absolue, au prix des vêtements divisé par celui de la nourriture. On a là un résultat tout à fait standard de la théorie économique, qui montre comment la production répond aux changements des prix relatifs en suivant la frontière des possibilités de production.

Comme nous le verrons dans les chapitres suivants, c'est un calcul très répandu qui montre comment la production répond aux changements des prix relatifs en suivant la frontière des possibilités de production. C'est ce qu'illustre la figure 4.5 : si le prix relatif du vêtement est $(P_V/P_N)^1$, la production du pays se situe au point 1.

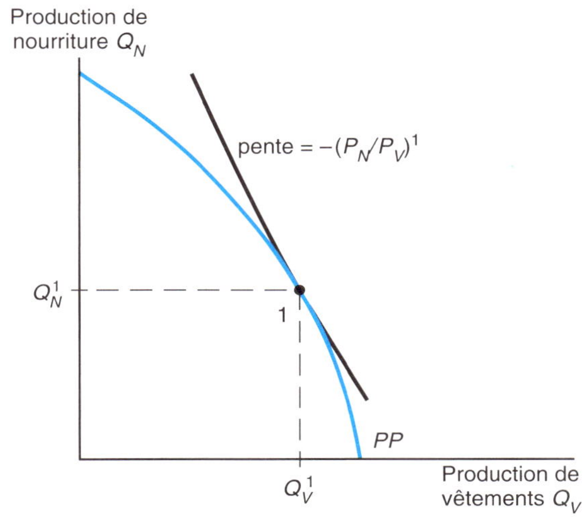

Figure 4.5 – Production dans le modèle à facteurs spécifiques.
La production du pays correspond au point d'intersection entre la frontière des possibilités de production (*PP*) et d'une droite ; la pente est donc négative et égale en valeur absolue au prix relatif des vêtements.

La question est maintenant de savoir comment l'allocation de la main-d'œuvre évoluera si les prix de la nourriture et des vêtements changent. On peut envisager deux types de changement des prix : un changement proportionnel des deux prix ou bien le changement d'un seul des deux prix. Supposons par exemple que le prix des vêtements augmente de 17 % et celui de la nourriture de 10 %. Il est possible de scinder cette évolution en deux parties en se demandant tout d'abord ce qui se passerait si les prix des vêtements et de la nourriture augmentaient tous deux de 10 % (laissant donc inchangé le prix relatif des deux biens), puis si le prix des vêtements augmentait de nouveau de 7 %.

Changement proportionnel des prix. La figure 4.6 illustre l'effet d'une augmentation proportionnelle de P_V et P_N. P_V passe de P_V^1 à P_V^2 et P_N passe de P_N^1 à P_N^2. Si les prix des deux biens augmentent de 10 %, les demandes de travail dans chacun des deux secteurs augmentent aussi de 10 %. Il en résulte une tension sur le marché du travail qui pousse le salaire à la hausse. Comme l'illustre le diagramme, ces changements entraînent une augmentation de 10 % du salaire qui passe de w_1 (point 1) à w_2 (point 2). On ne constate toutefois aucune incidence sur l'allocation de la main-d'œuvre entre les secteurs ni sur la production des biens.

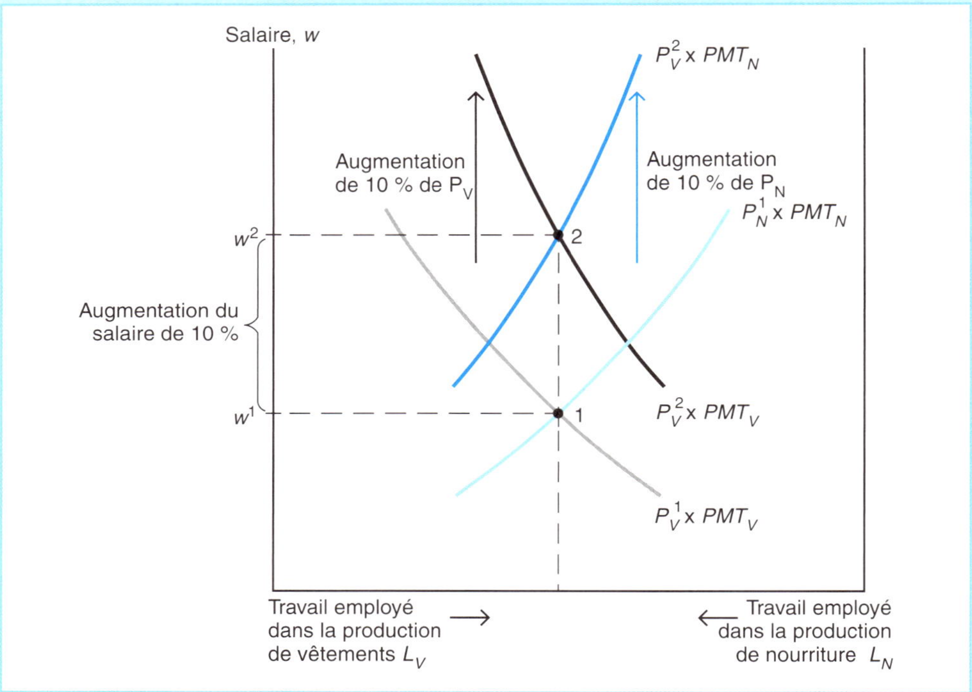

Figure 4.6 – Augmentation proportionnelle des prix de la nourriture et des vêtements.

La courbe représentant la demande de travail dans les secteurs de la nourriture et du textile augmente proportionnellement à l'augmentation de P_V (de P_V^1 à P_V^2) et de P_N (de P_N^1 à P_N^2). Les salaires augmentent dans des proportions similaires, passant de w^1 à w^2. L'allocation de la main-d'œuvre entre les deux secteurs n'évolue pas.

En fait, quand P_V et P_N évoluent dans les mêmes proportions, on ne note aucun changement réel. Les salaires augmentent proportionnellement aux prix, donc les salaires *réels*, c'est-à-dire le ratio du salaire par rapport aux prix des biens, n'est pas affecté. *On emploie la même quantité de main-d'œuvre dans les deux secteurs, les salaires réels reçus sont identiques, et les revenus réels des détenteurs du capital et des propriétaires terriens restent également inchangés.*

C'est un principe universel : les changements du niveau général des prix n'ont pas d'effet notoire, dans le sens où ils n'impactent pas les valeurs économiques réelles. Seuls les changements concernant les prix relatifs affectent le bien-être ou l'allocation des ressources.

Changement des prix relatifs. Considérons donc maintenant le cas d'un changement de prix relatif. La figure 4.7 illustre ce qui se passe quand seul le prix d'un bien est modifié : ici, P_V augmente de 7 %, passant de P_V^1 à P_V^2. Cette augmentation de P_V déplace la courbe de demande de travail, proportionnellement à l'augmentation du prix, et le point d'équilibre passe du point 1 au point 2. Deux choses sont à noter ici. Tout d'abord, bien que le salaire augmente, cette augmentation reste *inférieure* à l'augmentation du prix des vêtements. Si les salaires avaient augmenté proportionnellement au prix des vêtements (soit 7 %), ils seraient alors passés de w^1 à $w^{2'}$. Au lieu de cela, ils ont augmenté de manière plus faible, passant de w^1 à w^2.

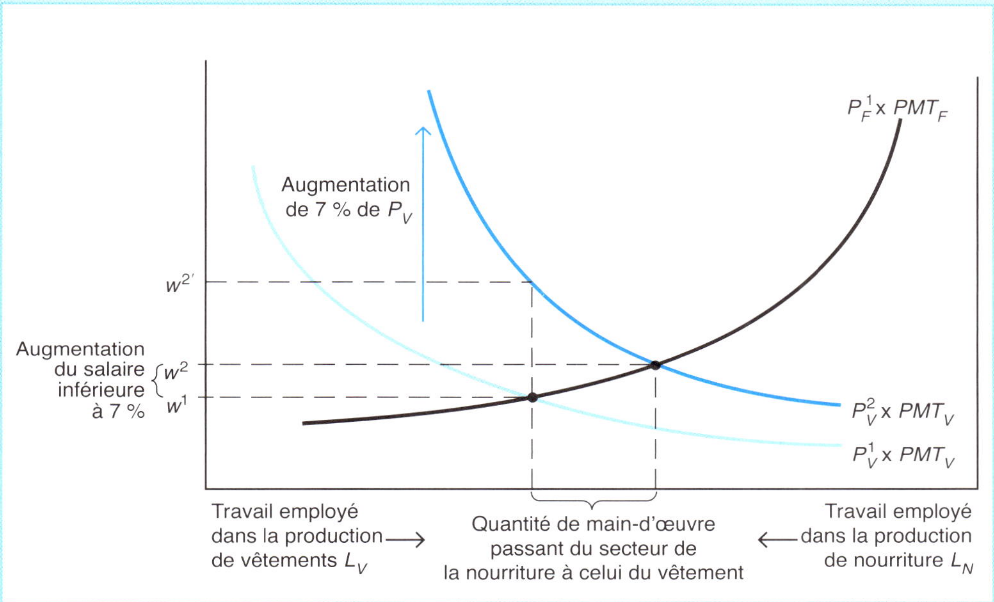

Figure 4.7 – Augmentation du prix du textile.

La demande de travail dans le secteur des vêtements augmente proportionnellement à l'augmentation de P_V. Cela induit une augmentation moins que proportionnelle du salaire. Une partie de la main-d'œuvre passe du secteur de l'alimentation au secteur du textile. La production de vêtements augmente tandis que celle de nourriture diminue.

Ensuite, la hausse de P_V induit un déplacement d'une partie de la main-d'œuvre, qui passe du secteur de l'alimentation au secteur du textile. La production de vêtements va donc augmenter, et la production de nourriture va diminuer.

Les conséquences de l'augmentation du prix relatif du textile se lisent aussi sur la courbe des possibilités de production. À la figure 4.8, on constate les effets d'une augmentation du prix *relatif* des vêtements de $(P_V / P_N)^1$ à $(P_V / P_N)^2$: le point de production passe alors de 1 à 2. L'augmentation du prix relatif du textile a pour effet de diminuer la production de nourriture et d'accroître la production de vêtements.

On peut tracer une courbe représentant l'offre relative dans laquelle (Q_V / Q_F) est une fonction de (P_V / P_F). Il s'agit de la courbe intitulée *OR* à la figure 4.9. Comme on l'a vu au chapitre 3, on peut également dessiner une courbe représentant la demande relative : il s'agit de la courbe descendante intitulée *DR*. En l'absence de commerce international, l'équilibre entre le prix relatif $(P_V / P_N)^1$ et la production $(Q_V / Q_F)^1$ est déterminé à l'intersection entre la demande et l'offre relatives.

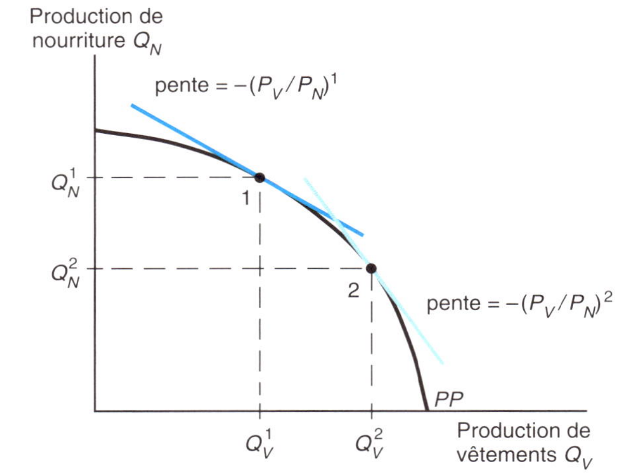

Figure 4.8 – Réponse de la production à un changement du prix relatif des vêtements.

La production du pays se trouve toujours indiquée à l'intersection entre la courbe *PP* et la courbe représentant le quotient négatif du prix relatif. Lorsque P_V/P_N augmente, le point de production descend vers la droite, le long de la courbe représentant la frontière des possibilités de production, ce qui signifie que l'on produit plus de vêtements et moins de nourriture.

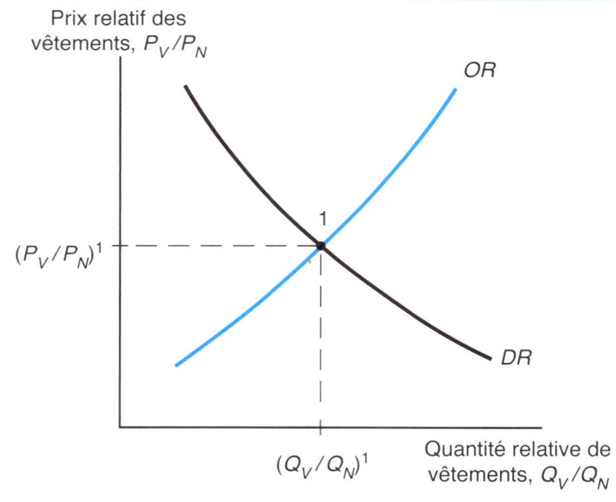

Figure 4.9 – Détermination des prix relatifs.

Dans le modèle à facteurs spécifiques, l'augmentation du prix relatif des vêtements provoque une augmentation de la production de vêtements par rapport à la production de nourriture. C'est pourquoi la courbe d'offre relative, *OR*, est croissante. L'équilibre entre les quantités et les prix relatifs est représenté à l'intersection entre *OR* et la courbe de la demande relative, *DR*.

1.5 Prix relatifs et distribution des revenus

Nous avons jusqu'à présent étudié les aspects suivants du modèle à facteurs spécifiques : (1) la détermination des possibilités de production en fonction des ressources économiques et technologiques du pays et (2) la détermination de l'allocation des ressources, de la production et des prix relatifs dans une économie de marché. Avant de nous intéresser aux effets du commerce international, il nous faut étudier les effets du changement des prix relatifs sur la distribution des revenus.

Revenons à la figure 4.7, qui illustre l'effet d'une augmentation du prix des vêtements. Nous avons déjà noté que la courbe représentant la demande de main-d'œuvre dans le secteur du textile va monter proportionnellement à l'augmentation de P_V : si P_V augmente de 7 %, la courbe définie par $P_V \times PMT_V$ augmente elle aussi de 7 %. On sait également que w augmentera de manière *inférieure* à P_V, sauf si le prix de la nourriture augmente lui aussi d'au moins 7 %. Si seul le prix des vêtements augmente de 7 %, on devrait donc observer une augmentation du salaire de seulement 3 % environ.

Voyons maintenant de quelle manière cette production va impacter les revenus de trois groupes : les travailleurs, les détenteurs de capital et les propriétaires terriens. Le salaire des travailleurs a augmenté, mais moins que P_V. Leur salaire réel en termes de vêtements w / P_V (c'est-à-dire la quantité de vêtements qu'ils peuvent acheter avec leur salaire) diminue, tandis que leur salaire réel en termes de nourriture w / P_N augmente. À ce stade, il est impossible de savoir si les travailleurs sont avantagés ou lésés par ce changement. Cela dépend de l'importance respective que tiennent la nourriture et les vêtements dans leur consommation (déterminée par leurs préférences).

En revanche, il est certain que les détenteurs de capital seront avantagés par le changement de prix relatif. Le salaire réel en termes de vêtements ayant baissé, les revenus du capital issus de la production de vêtements ont nécessairement augmenté. Autrement dit, le revenu des détenteurs de capital augmentera davantage que P_V. Dès lors que P_V augmente plus fortement que P_F, les revenus réels du capital augmentent, que ce soit en termes de vêtements ou de nourriture.

Les propriétaires terriens sont, quant à eux, clairement lésés, et ce, pour deux raisons : l'augmentation du salaire réel en termes de nourriture réduit la part de la valeur de la production de nourriture qui constitue leurs revenus ; l'augmentation du prix des vêtements réduit leur pouvoir d'achat. L'annexe située en fin de chapitre décrit plus en détail les changements subis par les détenteurs de capital et les propriétaires terriens.

Très logiquement, si le prix relatif des vêtements *diminuait*, les prévisions seraient inversées : les détenteurs de capital seraient lésés et les propriétaires terriens avantagés. Les évolutions pour les travailleurs seraient toujours mitigées puisque leur salaire réel en termes de vêtements augmenterait tandis que leur salaire réel en termes de nourriture diminuerait. L'effet du changement du prix relatif sur la distribution des revenus peut donc se résumer ainsi :

- Le facteur spécifique du secteur concerné par une augmentation du prix relatif est clairement avantagé.
- Le facteur spécifique du secteur concerné par une baisse du prix relatif est clairement lésé.
- Les conséquences d'un changement de prix relatif sur les revenus réel du facteur mobile (non spécifique) sont indéterminées *a priori*.

2 Le commerce international dans le modèle à facteurs spécifiques

On vient de voir les répercussions que peut engendrer le changement du prix relatif des biens sur la distribution des revenus, avec son cortège de gagnants et de perdants. Intéressons-nous à présent aux conséquences de l'évolution du prix relatif résultant d'une ouverture au commerce international.

Afin que des échanges puissent avoir lieu, les pays doivent se confronter au prix relatif mondial, différent du prix relatif d'autarcie. La figure 4.9 illustre l'équilibre entre l'offre et la demande relatives de biens et la demande relative de biens dans une économie en autarcie. À la figure 4.10, la courbe représente maintenant l'offre relative mondiale.

Il est très probable que la courbe d'offre relative mondiale ($OR^{Mondiale}$) ne soit pas identique à l'offre relative du pays domestique (OR). En effet, il est possible que les autres pays recourent à des technologies différentes, comme c'est le cas dans notre modèle ricardien, ou disposent de ressources différentes en travail, en capital et en terre, ce qui change leur capacité à produire les différents biens. Quelle que soit l'origine de cette différence, ce qui importe vraiment, c'est que l'ouverture au commerce international oblige l'économie domestique à se confronter à un prix relatif différent.

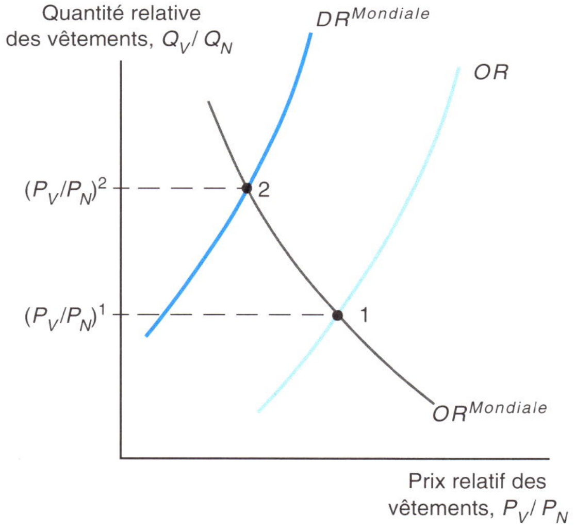

Figure 4.10 – Échanges commerciaux et prix relatifs.

Cette figure représente la courbe d'offre relative d'une économie fondée sur des facteurs spécifiques et la courbe d'offre relative mondiale. Les différences entre ces deux courbes peuvent s'expliquer par des différences entre les technologies ou entre les dotations en facteurs dans chaque pays. En revanche, on suppose que les consommateurs ont tous les mêmes préférences ; il n'y a donc pas de différence entre pays au niveau de la demande relative. L'ouverture au commerce international suppose une augmentation du prix relatif de $(P_V / P_N)^1$ à $(P_V / P_N)^2$.

Le changement de prix relatif est illustré à la figure 4.10. Une fois l'économie ouverte aux échanges, le prix relatif des vêtements est déterminé par l'offre et la demande relatives mondiales. Cela correspond au prix relatif $(P_V / P_N)^2$[5]. L'augmentation du prix relatif de $(P_V / P_N)^1$ à $(P_V / P_N)^2$ oblige l'économie à produire relativement plus de vêtements (ce qui correspond au déplacement du point 1 au point 2 le long de la frontière des possibilités de production du pays, à la figure 4.8) Avec l'augmentation du prix relatif des vêtements, on constate également une augmentation de la demande relative de nourriture de la part des consommateurs. À l'ouverture au commerce, le pays domestique accroît donc sa production de vêtements et réduit sa demande de nourriture : il exporte en conséquence des vêtements et importe de la nourriture.

Si l'ouverture aux échanges était associée à une baisse du prix relatif des vêtements, alors les conséquences seraient inversées : l'économie exporterait de la nourriture et importerait des vêtements. Dans les deux cas, on peut supposer que, lorsqu'une économie s'ouvre au commerce international, elle exporte les biens dont le prix relatif a augmenté et importe les biens dont le prix relatif a baissé[6].

3 Distribution des revenus et gains au commerce international

Qui sont les gagnants et les perdants de l'ouverture au commerce international ? Commençons par observer son impact sur des détenteurs de différents types de facteurs, puis sur le pays en général.

On a vu que l'ouverture au commerce international permet d'augmenter le prix relatif du bien exporté. Compte tenu de ce que l'on sait sur les conséquences d'un changement de prix relatif des biens sur les revenus réels des différents facteurs de production, on peut affirmer que *le commerce international accroît le revenu réel du facteur spécifique à la production du bien exporté, mais lèse le facteur spécifique utilisé pour la production du bien concurrent des importations. Les effets de l'ouverture commerciale sur le facteur mobile sont incertains.*

Dans ce modèle, l'ouverture commerciale ne profite donc pas à tous les individus : certains sont clairement perdants. Mais qu'en est-il pour le pays, pris dans son ensemble ? Si les gains enregistrés par les individus qui tirent profit de l'ouverture commerciale dépassent les baisses de revenus enregistrées par les perdants, alors le libre-échange améliore le sort de la nation dans son ensemble. On peut dans ces conditions envisager une politique de redistribution des revenus (en augmentant par exemple les impôts sur les revenus du facteur qui gagne à l'ouverture et en les baissant pour les autres) et améliorer ainsi le sort de chacun.

5. Sur cette figure, on suppose que tous les consommateurs du monde ont les mêmes préférences. Tous les pays du monde ont donc la même courbe de demande relative. Par conséquent, la courbe de demande relative mondiale se confond avec la courbe de demande relative du pays domestique.

6. L'impact des changements de prix relatif sur les échanges commerciaux d'un pays est décrit plus en détail au chapitre 6.

Plus précisément, le commerce international sera source de gain *potentielle* pour tout le monde, si ceux qui bénéficient de ces échanges peuvent offrir une compensation à ceux qui en pâtissent tout en conservant une partie de leurs avantages.

Pour montrer que la nation dans son ensemble gagne à l'ouverture, il faut rappeler quelques relations de base entre les prix, la production et la consommation. Dans un pays qui n'est pas ouvert au commerce international, tout ce qui est produit doit être consommé sur place. Si D_V représente la consommation de vêtements et D_N la consommation de nourriture, on aura, dans le cas d'une économie fermée, $D_V = Q_V$ et $D_N = Q_N$. Le commerce international permet de dissocier, au sein de chaque pays, la production de la consommation.

Les quantités de biens produits et consommés dans un pays ne sont donc pas nécessairement identiques. Cependant, un pays ne peut dépenser plus qu'il ne gagne. La *valeur* de la consommation doit donc être égale à la valeur de production, c'est-à-dire :

$$P_V \times D_V + P_N \times D_N = P_V \times Q_V + P_N \times Q_N \qquad (4.7)$$

L'équation (4.7) peut aussi s'écrire :

$$D_N - Q_N = (P_V / P_N) \times (Q_V - D_V) \qquad (4.8)$$

$D_N - Q_N$ est la quantité de nourriture consommée, non produite sur place ; c'est donc la quantité de nourriture *importée*. À droite de l'équation, on trouve le produit du prix relatif des vêtements et de la différence entre la production et la consommation de vêtements, autrement dit les *exportations* de vêtements. Cette équation indique donc que l'importation de nourriture est égale à l'exportation de vêtements multipliée par le prix relatif des vêtements. Cela ne nous apprend pas la quantité de biens importés et exportés, mais on note que la quantité de biens importés est limitée par le montant des biens exportés. L'équation (4.8) définit donc la **contrainte budgétaire** du pays[7].

La figure 4.11 illustre deux éléments importants à prendre en compte dans la contrainte budgétaire. Tout d'abord, la pente de la contrainte budgétaire est égale à $-P_V/P_N$. En effet, renoncer à consommer une unité de vêtements permet d'économiser, et donc de consommer P_V/P_N unités supplémentaires de nourriture. Ensuite, la contrainte budgétaire est tangente à la frontière des possibilités de production, au niveau du point de production d'équilibre (il s'agit du point 1 ici de même qu'à la figure 4.5). Le pays peut donc toujours se permettre de consommer ce qu'il produit.

---

7. La contrainte, qui impose que la valeur de la consommation doit être égale à la valeur de production (ou, de manière équivalente, que la valeur des importations doit égaliser celle des exportations), peut ne pas être satisfaite. En effet, si les pays peuvent emprunter ou prêter à des pays étrangers, ils peuvent consommer plus que leur revenu (ce qui implique un déficit commercial) ou moins que celui-ci (on aura alors un déficit commercial). Ce point est étudié plus en détail aux chapitres 6 et 13.

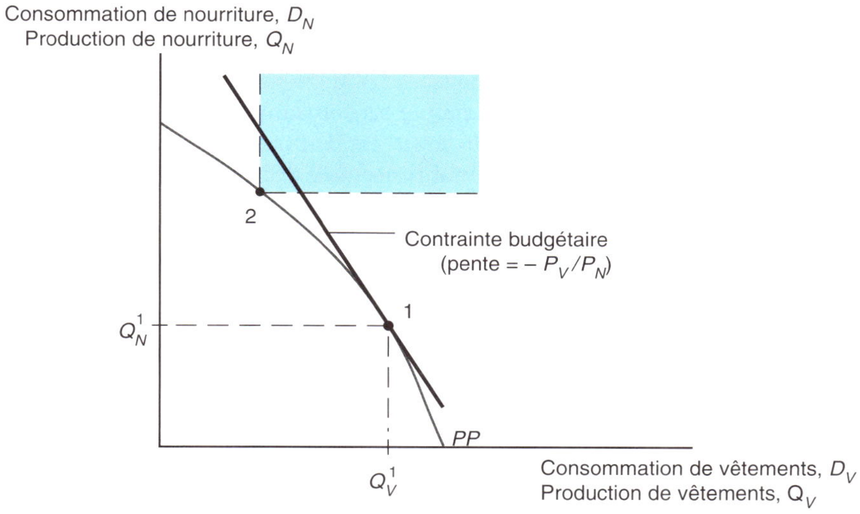

Figure 4.11 – Contrainte budgétaire en libre-échange et gains du commerce international.

Le point 1 représente la production domestique. Compte tenu des prix observés sur les marchés mondiaux et des quantités produites dans le pays, ce dernier peut choisir n'importe quel point de consommation sur la ligne représentant la contrainte budgétaire (une ligne qui croise le point 1 et dont la pente est égale, au signe près, au prix relatif des vêtements).

En autarcie, le pays devait impérativement consommer ce qu'il produit. Cela correspond par exemple au point 2. Le segment de la contrainte budgétaire situé dans la zone colorée représente des choix de consommation envisageables pour le pays une fois réalisée l'ouverture au commerce. On voit que la consommation des deux biens est supérieure dans ce cas à ce qu'elle était en autarcie (point 2).

Pour illustrer que les échanges sont une source de gains potentielle pour chacun, procédons en trois étapes :

1. Premièrement, notons qu'en l'absence d'échanges, le pays ne pourrait consommer que ce qu'il produit. Par conséquent, la *consommation* du pays en l'absence de commerce international serait représentée par un point situé sur la frontière des possibilités de *production*. Ce pourrait être, par exemple, le point 2 de la figure 4.11. Il indique un équilibre d'autarcie possible, où les points de production et de consommation sont confondus.

2. Ensuite, il est possible pour un pays ouvert aux échanges internationaux d'accroître la consommation *des deux biens* par rapport à la situation d'autarcie. En effet, la contrainte budgétaire, illustrée à la figure 4.11, représente toutes les combinaisons possibles de nourriture et de vêtements que le pays peut consommer, pour un prix relatif des vêtements donné et compte tenu de ses capacités de production. Une partie de cette droite (celle située dans la région colorée) représente des situations où l'économie consomme, en libre-échange, de plus grandes quantités des deux biens qu'en autarcie. Notons que le résultat ne dépend aucunement de la situation initiale d'autarcie ; sauf dans

le cas particulier où les prix relatifs ne changent pas avec le passage au libre-échange (c'est-à-dire si les points 1 et 2 sont confondus), pouvoir dissocier la production de la consommation offre toujours l'opportunité d'accroître les quantités consommées.

3. Pour finir, si la consommation des deux biens augmente dans l'ensemble du pays, il est en principe possible de donner à chaque *personne* une quantité plus importante de chaque bien. Tout le monde en bénéficierait. En d'autres termes, cela signifie qu'il est donc possible de générer un gain net pour l'ensemble de l'économie en passant au libre-échange.

   La raison fondamentale pour laquelle le commerce international est potentiellement avantageux pour un pays, c'est qu'il lui permet d'élargir ses possibilités de consommation. Autrement dit, il lui est toujours possible de distribuer les revenus de manière à ce que chacun puisse profiter de l'ouverture commerciale[8].

   Le fait que chaque individu *pourrait* bénéficier des échanges ne signifie malheureusement pas que ce sera effectivement le cas. La présence de perdants ainsi que de gagnants est une des raisons qui expliquent pourquoi de nombreuses barrières commerciales subsistent.

4 L'économie politique du protectionnisme : un premier aperçu

Il existe des gagnants et des perdants à l'ouverture commerciale. Cette information est essentielle pour comprendre quelles sont les considérations qui permettent de déterminer les politiques protectionnistes et quels sont les enjeux des négociations commerciales. Notre modèle à facteurs spécifiques montre que ce sont les facteurs spécifiques au secteur concurrent des importations qui risquent d'être les plus lésés par le commerce international. En réalité, une partie de la main-d'œuvre – celle qui est employée dans le secteur concurrent des importations – subira aussi un choc négatif. En effet, certains de ces travailleurs éprouvent des difficultés à passer du secteur de l'importation (où les échanges entraînent des pertes d'emploi) à l'exportation (où les échanges entraînent des créations d'emploi). Ils passeront par une période de chômage, et devront peut-être déménager pour trouver un emploi dans une autre région. Aux États-Unis, par exemple, où les salaires sont bien plus flexibles qu'en Europe continentale, le salaire moyen dans le secteur de l'habillement (concurrent des importations) était en 2009 inférieur de 36 % au salaire moyen dans l'ensemble de l'industrie manufacturière. Cette inégalité des chances vis-à-vis de la mondialisation génère bien souvent un certain élan de sympathie pour les travailleurs directement touchés par l'essor des importations. C'est d'autant plus vrai que, du moins dans les pays développés, ce sont les travailleurs les plus pauvres et les moins bien armés pour tenter une reconversion professionnelle qui sont les plus durement affectés. Cette injustice économique peut conduire les gouvernements à rétablir des protections commerciales. Mais, ce faisant, ils font abstraction des gains dont pourraient bénéficier tous les consommateurs s'il était possible d'importer

---

8. L'argument selon lequel les échanges sont bénéfiques car ils permettent d'élargir les possibilités de consommation est en réalité plus général que ce que nous avons montré avec notre modèle très simple. Pour une discussion complète des gains à l'échange dans ce modèle, voir Paul Samuelson, « The Gains from International Trade, Once Again », *Economic Journal*, 72, 1962, p. 820-829.

davantage, ainsi que des opportunités d'embauche dans les secteurs liés à l'export. Ainsi, peu d'économistes considèrent que la limitation des échanges internationaux est une politique judicieuse pour éviter le creusement des inégalités sociales. La plupart, en dépit de l'importance qu'ils peuvent donner aux principes de justice sociale, restent très favorables au libre-échange. Il y a deux grandes raisons à cela :

1. Tout d'abord, les inégalités sociales ne sont pas uniquement liées au commerce international, loin de là. Tous les changements qui surviennent dans un pays (les avancées technologiques, l'évolution des préférences des consommateurs, l'épuisement des ressources fossiles et la découverte de nouvelles ressources, etc.) affectent la distribution des revenus. Pourquoi un travailleur du secteur de l'habillement mis au chômage à cause de la concurrence des importations devrait-il être traité différemment d'un ouvrier d'imprimerie employé par un journal contraint d'arrêter ses activités à cause de la concurrence de l'Internet, ou de l'ouvrier de chantier licencié en raison de la crise du secteur immobilier ?

2. Il existe bien sûr une différence fondamentale entre ces différents cas évoqués ci-dessus : le libre-échange, contrairement à l'invention de l'Internet ou l'éclatement des bulles spéculatives, résulte directement des choix politiques définis et mis en œuvre par les gouvernements. Or si une décision publique nuit directement à une fraction de la population, il est assurément légitime que les pouvoirs publics s'emparent de la question. Cela ne veut pas dire pour autant que la décision initiale était mauvaise ; les réponses en termes de politiques publiques peuvent être multiples et peuvent chercher à compenser les pertes des perdants sans pour autant annuler totalement les gains des gagnants. Ainsi, notre modèle montre qu'il vaut toujours mieux s'ouvrir au libre-échange et offrir une compensation à ceux qui sont lésés plutôt que d'interdire le commerce international. Tous les pays industrialisés proposent des « filets de sécurité » destinés à protéger les revenus (allocations chômage, programmes de reconversion et de requalification…). La solution la meilleure serait donc d'associer les politiques d'ouverture commerciale à un renforcement des systèmes de protection commerciale. C'est d'ailleurs très exactement ce que tente de faire l'administration américaine depuis les années 1960. Aux États-Unis, le **Trade Adjustment Assistance Program** permet aux travailleurs ayant perdu leur emploi de bénéficier d'une couverture chômage complémentaire (pendant un an de plus) si la fermeture de leur site de production découle de la concurrence des importations ou d'une délocalisation vers un pays avec lequel les États-Unis entretiennent des rapports commerciaux privilégiés. En Europe, il n'existe pas explicitement de mesure de ce type, visant à aider les perdants au libre-échange. La principale raison tient au fait que les systèmes de protection sociale y sont souvent beaucoup plus développés qu'aux États-Unis. Tous les travailleurs qui perdent leur emploi peuvent bénéficier d'une protection, quelle que soit la cause de leur mise au chômage. Néanmoins, l'Union européenne consacre 10 % de son budget au Fonds social européen dont le but est de financer des projets visant à créer des emplois et aider les travailleurs en difficulté à s'adapter aux changements économiques, dont ceux liés à la mondialisation et à la mise en place du marché unique européen[9].

9. Voir l'analyse d'André Sapir, « Who Is Afraid of Globalization? The Challenge of Domestic Adjustment in Europe and America », *CEPR DP*, n° 2595, 2000.

Encadré 4.1

Ouverture aux échanges et désindustrialisation

L'ouverture aux échanges entraîne une circulation des travailleurs entre le secteur des importations, très concurrentiel, et le secteur de l'export. Ce processus n'est pas instantané et impose des coûts très élevés : certains travailleurs des secteurs concurrencés par l'importation perdent leur emploi et ont des difficultés à retrouver un travail dans les secteurs qui s'exportent et qui sont en expansion. Il est cependant difficile de quantifier exactement le nombre d'emplois détruits par l'essor des importations. Une façon de procéder consiste à établir des « balances des contenus en emplois ». Cet exercice revient à calculer le nombre de travailleurs qu'il aurait été nécessaire d'employer pour fabriquer dans le pays l'équivalent de toute la production importée. On peut, de la même manière, comptabiliser le nombre d'emplois nécessaires à la production des exportations. La différence entre ces deux chiffres donne alors une sorte de balance commerciale, exprimée en nombre d'emplois. Les estimations menées sur l'industrie française montrent que l'impact du commerce international sur l'emploi industriel est réel, mais limité.

Depuis le début des années 1980, la France, à l'instar de bon nombre de pays développés, connaît un puissant mouvement de désindustrialisation. L'emploi industriel est ainsi passé de 5,3 millions en 1980 à 3,4 millions en 2007, soit une baisse de 36 %. Dans le même temps, les importations françaises de produits manufacturés ont augmenté continûment, passant de 11 % du PIB en 1980 à 18 % en 2007. Même s'il est tentant de voir dans ces deux phénomènes une relation de cause à effet, les choses sont en réalité plus complexes. Le tableau 4.1 résume les conclusions d'une analyse des contenus en emplois des échanges internationaux, menée pour l'économie française par la Direction générale du Trésor. Le tableau montre que la France est passée d'une balance en emplois positive (191 000 emplois) en 1980 à un solde négatif (–51 000). Au final, ce sont donc 241 000 emplois qui ont disparu. C'est bien sûr une perte substantielle, mais qui doit être largement relativisée.

Tableau 4.1 : Balance des contenus en emplois des échanges industriels

	1980		2007	
	Solde commercial (en milliards d'euros)	Contenu en emplois des échanges (en milliers)	Solde commercial (en milliards d'euros)	Contenu en emplois des échanges (en milliers)
Total industrie	**6,2**	**191**	**–9,3**	**–51**
Produits agro-alimentaires	0,9	16	7,2	42
Biens de consommation	–1,1	–39	–10,2	–58
Automobile	3,8	118	0,9	4
Biens d'équipement	3,9	125	5,7	33
Biens intermédiaires	–1,2	–39	–12,7	–73

Source : Lilas Demmous (2010), « La désindustrialisation en France », *Document de travail de la DG Trésor*, 2010-2011 ; données INSEE, calculs DG Trésor.

Encadré 4.1 (suite)

Tout d'abord, ces destructions d'emplois sont à mettre en regard du nombre total de chômeurs dans le pays, qui avoisinait, en 2007, les 4 millions. Surtout, cela ne représente que 13 % des destructions d'emplois industriels observées en France entre 1980 et 2007. L'essentiel de la réduction du nombre de salariés de l'industrie tient à d'autres facteurs : le fait que les entreprises industrielles ont massivement externalisé un certain nombre de tâches à des entreprises de services*, l'évolution de la demande des consommateurs au profit des secteurs non industriels et la croissance relativement forte de la productivité dans l'industrie ont joué un rôle majeur.

Ensuite, la méthodologie sur laquelle reposent les analyses de contenu en emplois est largement critiquable. Tout d'abord, elle suppose que les produits importés peuvent être aisément remplacés par des productions nationales. Or il va de soi que tous les pays ne disposent pas des mêmes savoir-faire et accès aux mêmes ressources. Si la France peut par exemple produire de très bons vins rouges, il lui sera difficile de produire efficacement de l'alcool de riz ou du jus de goyave. Ensuite, elle suppose que l'ouverture commerciale affecte de la même façon toutes les entreprises. Or il est évident que les firmes les plus productives sont celles qui résistent le mieux à la concurrence étrangère. Les créations d'emploi liées aux exportations se font donc principalement dans des entreprises à forte productivité alors que les destructions d'emploi sont principalement le fait d'entreprises moins efficaces. L'accroissement de la productivité moyenne résultant de cette réallocation des travailleurs n'est pas pris en compte. Mais surtout, les calculs de contenus en emplois ignorent totalement les mécanismes d'ajustement résultant des interactions entre les différents secteurs (on parle de mécanisme d'équilibre général). Ainsi, remplacer purement et simplement les importations par une production domestique a des effets négatifs sur les autres secteurs : cela augmenterait le prix des produits que l'on importait, et réduirait donc les revenus réels et la demande adressée aux autres secteurs ; cela accaparerait aussi des ressources qui ne seraient plus disponibles pour d'autres productions (notons qu'on retrouve ici les coûts d'opportunité, définis au chapitre 3, qui sont le point de départ de nos réflexions sur les théories du commerce international).

* Quand, par exemple, une entreprise industrielle décide de faire appel à une société de services pour assurer le nettoyage quotidien de ses locaux, les statistiques enregistrent une réduction de l'emploi industriel et une croissance en parallèle de l'emploi dans les secteurs de services.

5 La mobilité internationale du travail

Voyons comment adapter le modèle à facteurs spécifiques pour analyser les effets de la mobilité du travail. La question traitée ici peut sembler très différente de celles évoquées plus haut. Cependant, ce sont bien les mêmes mécanismes qui sont à l'œuvre. En effet, pour étudier l'effet des migrations, nous allons aussi utiliser un modèle à facteurs spécifiques. À une différence près : nous n'allons pas supposer qu'un des facteurs est spécifique à un secteur d'activité et l'autre non, mais qu'un facteur est spécifique à son pays d'origine (c'est-à-dire qu'il ne peut pas se déplacer d'un pays à l'autre), alors que l'autre facteur est mobile.

Dans le monde moderne, les restrictions sur les flux migratoires sont légion : chaque pays impose des restrictions en matière d'immigration. La mobilité du travail est donc, en pratique, plus limitée que ne le sont les mouvements de capitaux. L'analyse des mouvements du capital est toutefois plus complexe car elle est liée notamment aux stratégies, très particulières, des firmes multinationales (on étudiera cette question au chapitre 8). Il est cependant important de comprendre les forces économiques qui, à l'échelle internationale motivent les migrations économiques des travailleurs vers l'étranger, et les conséquences à court terme de ces flux.

Nous avons vu avec notre modèle très simple à trois facteurs que, dans un même pays, les travailleurs se déplacent entre les secteurs du textile et de l'alimentation jusqu'à ce que les salaires soient identiques dans les deux secteurs. Quand il est possible de migrer à l'étranger, les travailleurs vont, de la même façon, vouloir passer d'un pays à bas salaires vers un pays à hauts salaires[10]. Pour simplifier les choses et se concentrer sur les flux de migration internationaux, imaginons un modèle extrêmement basique où deux pays ne produisent qu'un seul bien avec du travail (mobile à l'international) et des terres cultivables (forcément immobiles).

Bien sûr, la production d'un bien unique ne peut pas donner lieu à des échanges internationaux. Toutefois, on peut voir les migrations comme un échange international de service de travail. En l'absence de migration, les différences salariales entre les pays peuvent s'expliquer par des écarts technologiques ou des différences de dotation relatives en terres cultivables.

La figure 4.12 illustre les causes et les effets de la mobilité internationale de la main-d'œuvre. Elle ressemble beaucoup à la figure 4.4, sauf que l'axe horizontal représente la totalité de la main-d'œuvre mondiale au lieu de celle d'un pays donné. Les deux courbes représentant le produit marginal indiquent à présent la production d'un même bien par des pays différents (au lieu de la production de deux produits différents dans un même pays).

De plus, les produits marginaux ne sont pas multipliés par les prix des biens ; on suppose plutôt que les salaires indiqués sur l'axe vertical représentent les salaires réels (salaire divisé par le prix du bien unique produit dans chaque pays).

Il y a initialement des travailleurs dans le pays domestique et d'autres à l'étranger. On suppose dans cet exemple que les différences de dotation en terres et de technologie entre les deux pays sont telles que le salaire réel est plus faible dans le pays domestique (point C) que dans le pays étranger (point B).

Si les travailleurs peuvent se déplacer librement, une partie d'entre eux va quitter le pays domestique pour aller s'installer à l'étranger. Ce mouvement va entraîner une augmentation du salaire réel dans le pays domestique et une baisse dans le pays étranger. Les migrations se poursuivront jusqu'à ce que les salaires réels s'égalisent et que personne n'ait plus d'intérêt à changer de localisation.

10. On suppose que les goûts des travailleurs sont similaires, afin de baser les décisions de migrer à l'étranger sur des différences salariales.

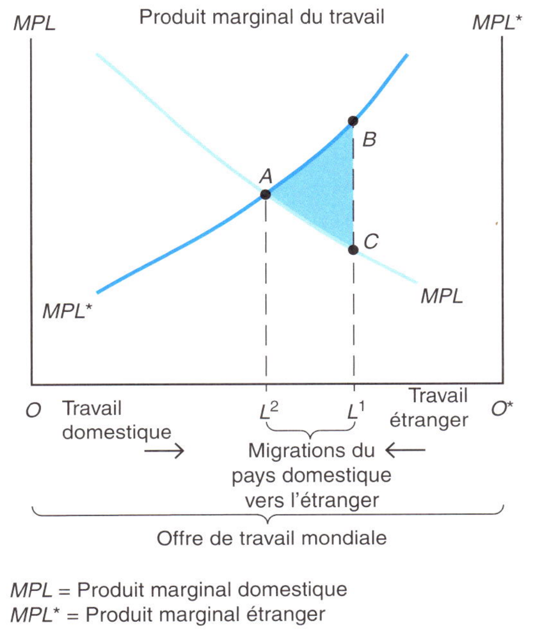

Figure 4.12 – Causes et effets de la mobilité internationale du travail.
Initialement, L^1O travailleurs sont employés dans le pays domestique, et L^1O^* dans le pays étranger. Les travailleurs migrent du pays domestique vers l'étranger jusqu'à l'égalisation des salaires réels.

En fin de compte, il y aura alors OL^2 travailleurs employés dans le pays domestique, et L^2O^* travailleurs dans le pays étranger (point A). Ces déplacements de travailleurs ont trois conséquences majeures :

1. Ils entraînent une convergence des salaires réels. Ceux-ci diminuent dans le pays étranger et sont en hausse dans le pays domestique.
2. Ils augmentent la production mondiale. L'afflux de travailleurs accroît en effet la production étrangère, qui augmente de la surface qui se trouve entre L^1et L^2 et se situe en dessous de la courbe du produit marginal étranger PMT^*. Dans le même temps, la production domestique est amputée d'une quantité égale à l'aire qui se situe sous sa courbe de produit marginal PMT et entre L^1 et L^2. Cette surface est plus petite que celle qui représente l'accroissement de la production étrangère, si bien que pour finir l'augmentation de la production correspond à l'aire colorée ABC.
3. La mobilité internationale du travail fait des gagnants et des perdants. Les travailleurs du pays domestique (qu'ils aient migré ou non) reçoivent finalement un salaire plus élevé ; cependant, les travailleurs étrangers voient leur salaire réel diminuer. De même, les propriétaires terriens du pays étranger tirent profit de l'afflux de travailleurs, alors que ceux du pays domestique voient leur rémunération réelle diminuer.

Comme le commerce international, la mobilité internationale du travail lèse certains groupes mais, dans la mesure où elle permet d'accroître la production mondiale, offre les conditions nécessaires pour que chacun puisse en tirer un gain. Notons deux choses pour finir. Un modèle plus élaboré, avec des pays produisant et échangeant plusieurs biens, conduirait aux mêmes conclusions, du moins à court terme, tant que certains facteurs de production ne peuvent se déplacer d'un pays à l'autre. En revanche, nous verrons dans les chapitres suivants que cette situation ne dure pas sur le long terme, une fois que tous les facteurs peuvent se déplacer entre les secteurs. En effet, si tous les facteurs sont mobiles, les changements dans la dotation en main-d'œuvre d'un pays peuvent n'avoir aucun impact sur le bien-être de l'ensemble des facteurs tant qu'il reste ouvert au commerce international.

Encadré 4.2

La convergence des salaires au temps des grandes migrations

Entre la fin du XIXe siècle et le début du XXe, l'immigration était la principale source de la croissance de la population dans un certain nombre de pays, et la cause majeure de son déclin dans d'autres. Au sein d'une économie mondiale qui connaissait depuis peu les chemins de fer, les bateaux à vapeur et le télégraphe, et dans laquelle les lois encadrant les migrations que nous connaissons aujourd'hui n'avaient pas encore cours, des dizaines de millions de personnes se déplaçaient sur de longues distances à la recherche d'une vie meilleure : les Chinois vers le Sud-Est asiatique ou la Californie, les Indiens vers l'Afrique et les Caraïbes, un grand nombre de Japonais vers le Brésil… De manière plus importante encore, les habitants de la périphérie de l'Europe (c'est-à-dire de Scandinavie, d'Irlande, d'Italie ou de pays d'Europe centrale) ont émigré vers des pays où les terres étaient abondantes et les salaires élevés comme les États-Unis, le Canada, l'Argentine ou l'Australie.

Ce processus a-t-il engendré le type de convergence des salaires que le modèle prédit ? Il semble bien que la réponse soit positive. Le tableau ci-après indique, pour huit pays parmi les principales terres d'immigration et d'émigration, le niveau des salaires réels en 1870 et leur évolution jusqu'à la Première Guerre mondiale. Au départ, les salaires étaient largement plus élevés dans les pays de destination. Durant les quatre décennies suivantes, les salaires réels ont augmenté dans tous les pays, mais beaucoup plus rapidement dans ceux qui ont connu de forts taux d'émigration (à l'exception du Canada où les salaires réels affichent une hausse surprenante).

Pour différentes raisons (notamment le renforcement des contrôles de l'immigration dans de nombreux pays d'accueil, le déclin du commerce international et les effets directs des deux guerres mondiales), la convergence des salaires a ensuite été stoppée et s'est même inversée durant plusieurs décennies.

Encadré 4.2 (suite)

	Salaire réel, 1870 (États-Unis = 100)	Variation du salaire réel (%), 1870-1913
Pays de destination		
Argentine	53	51
Australie	110	1
Canada	86	121
États-Unis	100	47
Pays d'origine		
Irlande	43	84
Italie	23	112
Norvège	24	193
Suède	24	250

Source : Jeffrey Williamson, « The Evolution of Global Labor Markets since 1830: Background Evidence and Hypotheses », *Explorations in Economic History*, 32,1995, p. 141-196.

Voir aussi Charles Kindleberger, *Europe's Postwar Growth: The Role of Labor Supply*, Cambridge, Harvard University Press, 1967, et Paul Bairoch, *Victoires et déboires, histoire économique du monde du xvi*e siècle à nos jours, Gallimard, 1997.

Encadré 4.3

Les conséquences économiques de l'immigration

Dans beaucoup de pays du monde, et plus encore en Europe et aux États-Unis, une partie de la population s'interroge sur les conséquences de l'afflux d'immigrés et sur leurs conditions de travail. Ces inquiétudes nourrissent des débats publics passionnés et favorisent ici où là l'émergence de mouvements nationalistes qui accusent les immigrés de « prendre les emplois » des natifs et de peser sur les finances publiques en profitant des systèmes de couverture sociale. Pourtant, les conclusions des études économiques vont à l'encontre de bien des idées reçues sur les conséquences de l'immigration.

Tout d'abord, si le nombre de migrants a effectivement augmenté régulièrement au cours des dernières décennies, cette croissance n'a rien d'explosif et les flux restent très modérés en comparaison de ce que l'on a pu observer au XIXe siècle. Aujourd'hui, un peu moins de 3 % des habitants de la planète vivent dans un pays différent de leur pays de naissance.

Évolution du nombre de migrants internationaux dans le monde de 1960 à 2010

	1960	1970	1980	1990	2000	2010
En millions	75,9	81,5	99,8	154,0	174,9	188,0
En % de la population mondiale	2,5	2,2	2,2	2,9	2,9	2,8

Source : Nations unies. Les chiffres de 2010 n'incluent pas les migrants de l'ex-Union soviétique et de l'ex-Tchécoslovaquie.

Encadré 4.3 (suite)

Ensuite, les conséquences de l'afflux d'immigrés sur les économies d'accueil sont très nuancées. Aux États-Unis, d'après une étude souvent citée, l'immigration aurait fait baisser de 3 % le salaire moyen[a]. Mais la comparaison des salaires moyens peut se révéler trompeuse. En effet, les travailleurs issus de l'immigration ont souvent un niveau d'études inférieur : en 2006, 28 % des travailleurs immigrés aux États-Unis avaient arrêté l'école au lycée, alors que ce n'était le cas que pour 6 % des travailleurs nés sur le territoire américain. Mais surtout, la plupart des études indiquent que l'immigration a en fait permis d'augmenter le salaire des travailleurs américains de souche ayant fait des études supérieures. En effet, les travailleurs immigrés, s'ils sont peu qualifiés, occupent des emplois complémentaires à ceux des travailleurs locaux, plus qualifiés, et tirent leurs rémunérations vers le haut, conformément aux prédictions du modèle théorique exposé dans ce chapitre. L'afflux de migrants peu qualifiés fait baisser uniquement les salaires des travailleurs qui ont des caractéristiques similaires : les travailleurs non qualifiés et, plus encore, les immigrés déjà installés dans le pays. Enfin, les immigrés travaillent et participent à la création de richesse. Ainsi, on estime que l'immigration a un impact légèrement positif sur l'économie américaine, de l'ordre de 0,1 % du PIB[b]. Ce gain positif, même modeste, laisse entendre que les gains de ceux qui profitent des flux migratoires dépassent les pertes enregistrées par ceux qui en souffrent : un système de redistribution efficace devrait permettre de compenser les pertes de sorte que tout le monde puisse profiter de l'afflux de migrants[c].

Plus généralement, une étude menée par les Nations unies sur le cas de 14 pays de l'OCDE entre 1980 et 2005 montre qu'en moyenne l'immigration augmente le PIB réel du pays d'accueil dans une proportion de un pour un (si la population augmente de 1 % grâce à l'immigration, le PIB augmente aussi de 1 %)[d].

Enfin, l'affirmation, bien souvent répétée, selon laquelle les immigrés coûtent cher au contribuable est très largement fausse. En France, comme aux États-Unis et dans beaucoup de pays européens, les immigrés sont en moyenne moins qualifiés et plus féconds que les autochtones. Ils ont donc davantage recours aux allocations chômage et familiales. Mais ils sont aussi plus jeunes, et pèsent moins sur les comptes de l'assurance santé et les caisses de retraite. Enfin, ils payent naturellement des impôts et des taxes. Au final, une étude menée par une équipe de chercheurs français a montré que l'immigration avait un effet neutre ou légèrement positif sur les comptes sociaux de la France et que les immigrés ont rapporté en 2005 près de 4 milliards d'euros net à l'État français[e].

---

a George Borjas, « The Labor Demand Curve Is Downward Sloping: Reexamining the Impact of Immigration on the Labor Market », *Quarterly Journal of Economics*, 118, novembre 2003, p. 1335-1374.

b Gordon Hanson, *Challenges for Immigration Policy*, dans C. Fred Bergsten, ed., *The United States and the World Economy: Foreign Economic Policy for the Next Decade*, Washington, D.C., Institute for International Economics, 2005, p. 343-372.

c Les mécanismes économiques en jeu sont présentés en détail par Gilles Saint-Paul, « Immigration, qualifications et marché du travail », *Rapport du Conseil d'analyse économique*, 2009.

d Nations unies, *Rapport mondial sur le développement humain*, 2009.

e X. Chojnicki, C. Defoort, F. Docquier, C. Drapier, L. Ragot et H. Rapoport, « Migrations et protection sociale : étude sur les liens et les impacts de court et long terme », *Rapport pour la Mire – Drees*, 2010.

Résumé

1. Le commerce international a souvent des effets importants sur la distribution des revenus au sein d'un pays. Il fait donc des perdants et des gagnants. La répartition des revenus entre les agents évolue pour deux raisons : les facteurs de production ne peuvent pas se déplacer d'un secteur à un autre instantanément et sans aucun coût, et le mouvement de spécialisation résultant de l'ouverture commerciale n'a pas les mêmes conséquences sur la demande des différents facteurs de production.

2. Le modèle à facteurs spécifiques est utile pour mesurer les effets du commerce international sur la distribution des revenus. Il permet d'établir la distinction entre les facteurs d'ordre général, qui peuvent se déplacer entre les secteurs, et les facteurs spécifiques, qui ne peuvent être employés que dans des secteurs précis. Dans ce type de modèle, les différences de dotation en facteurs entre les pays peuvent induire des différences entre les courbes d'offre relative et donc expliquer l'existence du commerce international.

3. Dans ce modèle, les facteurs spécifiques aux secteurs exportateurs profitent de l'ouverture commerciale. Mais les facteurs spécifiques aux secteurs concurrents des importations sont perdants. Les facteurs mobiles, qui peuvent passer d'un secteur à un autre, sont dans une situation intermédiaire : ils peuvent aussi bien gagner que perdre à l'ouverture.

4. L'ouverture aux échanges permet cependant d'accroître la richesse créée dans chaque pays. Ainsi ceux qui en bénéficient peuvent a priori offrir une compensation à ceux qui sont lésés, tout en conservant une partie de leurs gains.

5. La plupart des économistes considèrent que les effets du commerce international sur la distribution des revenus ne représentent pas un argument valable en faveur du protectionnisme. En effet, il est préférable de résoudre le problème de la distribution des revenus directement, par exemple par une politique fiscale adaptée, plutôt que de limiter les flux commerciaux.

6. Les mouvements de facteurs internationaux peuvent parfois apparaître comme un substitut au commerce international. Il n'est donc pas surprenant que les effets et les causes des migrations de travailleurs soient comparables à ceux du commerce. Les déplacements de travailleurs, depuis les pays où ils sont relativement nombreux vers ceux où ils le sont moins, permettent d'augmenter la production à l'échelle mondiale. Toutefois, ils peuvent avoir des conséquences importantes sur la distribution des revenus.

Activités

1. En 1986, le prix du pétrole a brusquement chuté sur les marchés mondiaux. Les États-Unis, qui comme l'UE sont importateurs net de pétrole, ont pris cette évolution comme une bonne nouvelle. Pourtant, 1986 a été une année difficile sur le plan économique au Texas et en Louisiane. Pourquoi ?

2. Une économie peut produire un bien 1, en utilisant du travail et du capital, et un bien 2 en utilisant du travail et des terres cultivables. La quantité de travail disponible est de 100 unités. Compte tenu de l'apport en capital, la production des deux biens dépend de la quantité de main-d'œuvre allouée, comme l'indique le tableau suivant :

Travail alloué à la production du bien 1	Production du bien 1	Travail alloué à la production du bien 2	Production du bien 2
0	0,0	0	0,0
10	25,1	10	39,8
20	38,1	20	52,5
30	48,6	30	61,8
40	57,7	40	69,3
50	66,0	50	75,8
60	73,6	60	81,5
70	80,7	70	86,7
80	87,4	80	91,4
90	93,9	90	95,9
100	100	100	100

a. Représentez sur un graphique les fonctions de production pour le bien 1 et le bien 2.

b. Représentez sur un graphique la frontière des possibilités de production pour l'ensemble de l'économie. Expliquez pourquoi cette frontière n'est pas une simple droite.

3. Le produit marginal du travail dans chaque secteur, correspondant aux fonctions de production définies à la question 2, est indiqué dans le tableau suivant :

Nombre de travailleurs employés	*PMT* dans le secteur 1	*PMT* dans le secteur 2
10	15,1	15,9
20	11,4	10,5
30	10,0	8,2
40	8,7	6,9
50	7,8	6,0
60	7,4	5,4
70	6,9	5,0
80	6,6	4,6
90	6,3	4,3
100	6,0	4,0

a. Supposons que le prix du bien 2 par rapport au bien 1 soit de 2. Représentez sur un graphique le salaire et l'allocation de la main-d'œuvre entre les deux secteurs.

b. À l'aide du graphique dessiné pour le problème 2, déterminez la quantité qui sera produite pour chaque secteur. Confirmez, à l'aide d'un autre graphique, qu'à l'équilibre la pente de la frontière des possibilités de production est égale au prix relatif des biens.

c. Supposons que le prix relatif du bien 2 soit maintenant de 1,3. Refaites les exercices (a) et (b).

d. Calculez les effets du changement de prix de 2 à 1,3 sur les revenus des facteurs spécifiques dans les secteurs 1 et 2.

4. Considérons deux pays (domestique et étranger), produisant un bien 1 (avec du travail et du capital) et un bien 2 (avec du travail et des terres). Les fonctions de production sont celles décrites dans les problèmes 2 et 3. Les deux pays avaient initialement la même quantité de main-d'œuvre (100 unités chacun), de capital et de terres. Le stock de capital du pays domestique a ensuite augmenté. Ce changement a entraîné un déplacement de la courbe retraçant la production du bien 1 en fonction de la quantité de travail employé dans ce secteur (voir problème 2) et de la fonction de produit marginal du travail (voir problème 3). Aucun changement n'a été constaté dans la production ou le produit marginal du bien 2.

a. Montrez de quelle manière l'augmentation du stock de capital dans le pays domestique affecte la frontière des possibilités de production.

b. Sur le même graphique, dessinez les courbes d'offre relative pour le pays domestique et le pays étranger.

c. Quel type d'échanges aura-t-on (autrement dit, quel pays exportera quel bien) si ces deux économies s'ouvrent au commerce international ?

d. Expliquez de quelle manière l'ouverture aux échanges affecte les trois facteurs de production dans chacun des deux pays.

5. Considérons deux pays (domestique et étranger), dotés chacun de deux facteurs de production : le travail et la terre. Les deux pays ne produisent qu'un seul bien, et l'offre de terre ainsi que les technologies sont partout les mêmes. La relation entre le produit marginal du travail et le niveau d'emploi est donnée par le tableau suivant :

Nombre de travailleurs employés	Produit marginal du dernier travailleur employé
1	20
2	19
3	18
4	17
5	16
6	15
7	14
8	13
9	12
10	11
11	10

Initialement, onze travailleurs sont employés dans le pays domestique, et trois dans le pays étranger. Quels sont les effets d'une libéralisation des flux migratoires sur l'emploi, la production, les salaires réels et le revenu des propriétaires terriens dans chaque pays ?

6. Reprenons les données de l'exercice 5, mais en considérant maintenant que le pays étranger impose des restrictions à l'immigration, de sorte qu'il n'accueille que deux travailleurs en provenance du pays domestique. Calculez les conséquences de ce flux migratoire sur l'évolution des revenus des cinq groupes suivants :

   a. les travailleurs originaires du pays étranger ;

   b. les propriétaires terriens du pays étranger ;

   c. les travailleurs restés dans le pays domestique ;

   d. les propriétaires terriens du pays domestique ;

   e. les migrants.

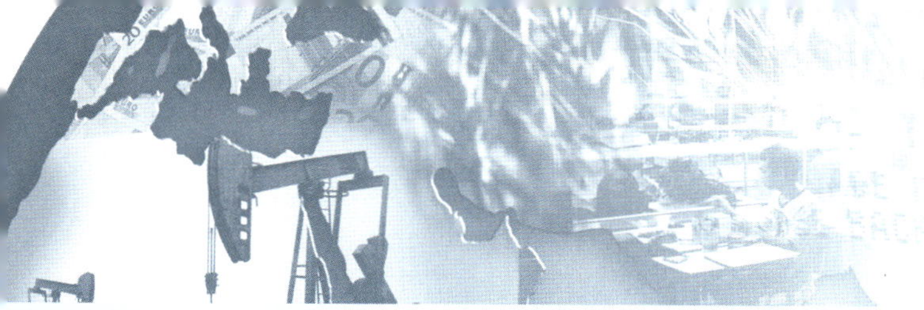

Annexe du chapitre 4

Détails complémentaires sur les facteurs spécifiques

Le modèle à facteurs spécifiques présenté dans ce chapitre est un outil d'analyse très pratique pour étudier les déterminants et les conséquences du commerce international. Cela justifie de prendre le temps de l'examiner plus en détail. Nous allons plus particulièrement nous intéresser à deux points particuliers : (1) la relation entre le produit marginal et la production dans chaque secteur ; (2) les effets du changement du prix relatif sur la distribution des revenus.

Produit marginal et produit total

Dans ce chapitre, nous avons illustré la fonction de production des vêtements de deux manières différentes. À la figure 4.1 nous avons représenté la production totale comme une fonction du travail employé dans le secteur, pour une quantité de capital donnée. On a ainsi pu observer que la pente de cette courbe est égale au produit marginal du travail. Il s'agit ici de démontrer que la production totale est mesurée par l'aire située sous la courbe de produit marginal représentée à la figure 4.2 (pour les amateurs de mathématiques, cette démonstration est évidente : le produit marginal étant égal à la dérivée de la production, cette dernière est par conséquent égale à l'intégrale du produit marginal). La figure 4A.1 représente de nouveau la courbe du produit marginal dans la production de vêtements. Supposons que L_V personnes par heure soient employées dans ce secteur. Comment pouvons-nous représenter la production totale ? Tentons de l'approximer à l'aide de la courbe du produit marginal. Si on utilisait un peu moins de travailleurs pour une heure de production – disons dL travailleurs de moins –, la production serait alors amputée de la quantité :

$$dL_V \times PMT_V$$

La baisse de la production correspond à la diminution de la force de travail, multipliée par le produit marginal du travail au niveau initial d'emploi. Cette diminution de la production est représentée par l'aire du rectangle coloré à la figure 4A.1. De la même façon, une baisse supplémentaire du nombre de personnes employées entraîne une réduction de la production égale à l'aire d'un autre rectangle. Mais le rectangle sera cette fois plus long, car le produit marginal du travail augmente lorsque la quantité de travail diminue. En répétant ce procédé jusqu'à ce qu'il n'y ait plus de travail, il apparaît bien que la production totale est égale à la somme des aires des rectangles situés sous la courbe de produit marginal.

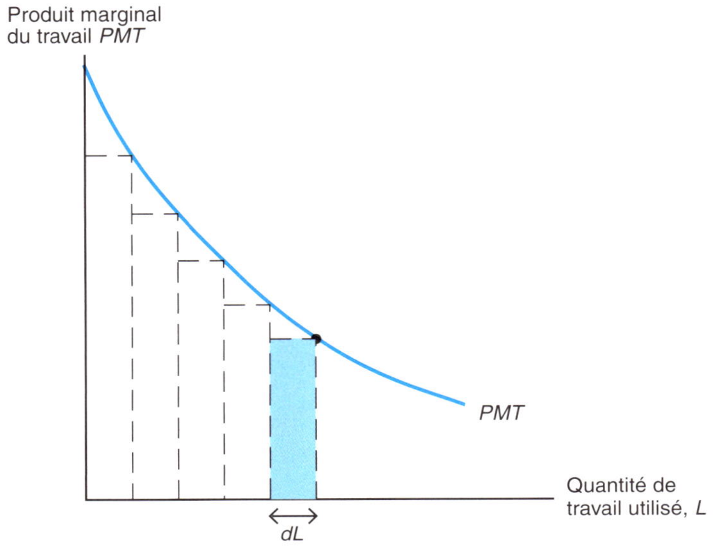

Figure 4A.1 – La production est égale à l'aire située sous la courbe de produit marginal.
En approximant la courbe de produit marginal par une série de rectangles, on peut montrer que la production totale est égale à l'aire située sous cette courbe.

Toutefois, il ne s'agit là que d'une approximation, car, pour chaque réduction du nombre d'unités de travail, on a utilisé le produit marginal de la première heure de travail. On peut obtenir une meilleure approximation avec des groupes plus petits (plus petits ils sont, et mieux c'est). Au fur et à mesure que les réductions du nombre d'unités de travail deviennent plus petites, les rectangles deviennent de plus en plus minces, et l'on obtient une approximation plus proche de la surface située sous la courbe du produit marginal. Finalement, on trouve que la production totale de vêtements, Q_V, effectuée avec la quantité de travail, L_V, est égale à la surface située sous la courbe du produit du travail marginal, PMT_V, délimitée par L_V.

Prix relatifs et distribution des revenus

La figure 4A.2 se fonde sur le résultat que l'on vient d'obtenir pour montrer comment se fait la distribution des revenus dans le secteur des vêtements. On sait que les employeurs de ce secteur embaucheront des travailleurs jusqu'à ce que la valeur du produit marginal du travail, $P_V \times PMT_V$, soit égale au salaire w. On peut reformuler cela en termes de salaire réel en vêtements et écrire : $PMT_V = w/P_V$. Ainsi, quel que soit le salaire réel, par exemple $(w/P_V)^1$, la courbe du produit marginal de la figure 4A.2 indique que le nombre total d'unités de travail utilisé dans le secteur sera L_V^1. La production totale effectuée par ces travailleurs est indiquée par la zone située sous la courbe du produit marginal délimitée par L_V^1. Cette production se répartit entre le salaire réel (en termes de vêtements) des travailleurs et la rémunération réelle des détenteurs de capital. La part qui revient aux travailleurs est égale au salaire réel multiplié par le niveau d'emploi, ce qui correspond, à la figure 4A.2, au rectangle coloré. Ce qui reste représente la rémunération réelle totale perçue par des détenteurs du capital. Il est possible de procéder de la même manière pour déterminer les revenus réels (en termes de nourriture) des travailleurs employés à la production de nourriture et des propriétaires terriens.

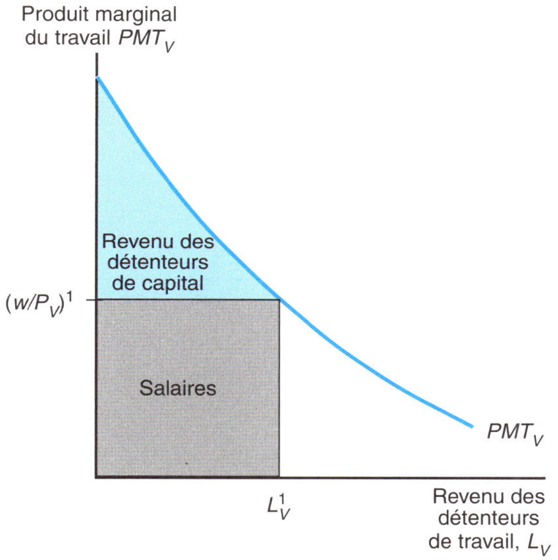

Figure 4A.2 – Distribution des revenus dans le secteur du vêtement.

Le revenu du travail est égal au salaire réel multiplié par l'emploi. Le reste de la production constitue le revenu destiné aux détenteurs de capital.

Supposons maintenant que le prix relatif des vêtements augmente. On a vu à la figure 4.7 qu'une augmentation de P_V / P_N diminue le salaire réel en termes de vêtements (car l'augmentation des salaires est inférieur à P_V) mais l'augmente en termes de nourriture. Les figures 4A.3 et 4A.4 montrent les effets de ce changement sur le revenu des détenteurs de capital et des propriétaires terriens.

Dans le secteur des vêtements, le salaire réel diminue, passant de $(w/P_V)^1$ à $(w/P_V)^2$. Les détenteurs de capital voient donc leurs revenus en termes de vêtements augmenter. Dans le secteur de la nourriture, le salaire réel augmente de $(w/P_N)^1$ à $(w/P_N)^2$. Les propriétaires terriens voient alors leur revenu diminuer en termes de nourriture.

Cet effet sur les revenus réels est renforcé par le changement des prix relatifs lui-même. Les détenteurs du capital augmentent d'autant plus leurs revenus en termes de nourriture que le prix relatif de la nourriture a baissé. À l'inverse, le revenu des propriétaires terriens en termes de vêtements diminue encore plus que leur revenu en termes de nourriture car les vêtements sont maintenant relativement plus chers.

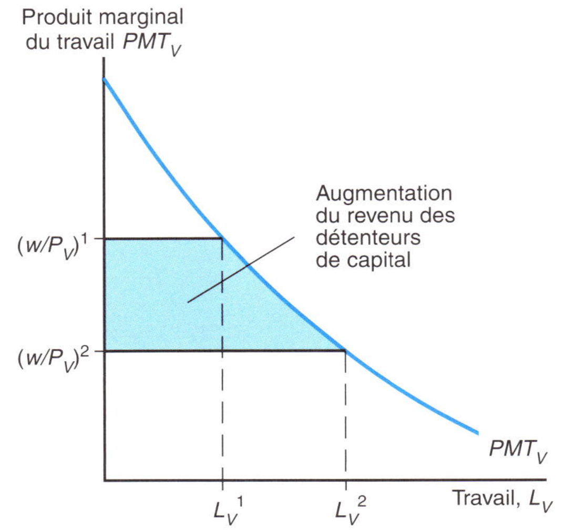

Figure 4A.3 – Une augmentation de P_V bénéficie aux détenteurs du capital.

Le salaire réel en termes de vêtements diminue, conduisant à une hausse du revenu des détenteurs du capital.

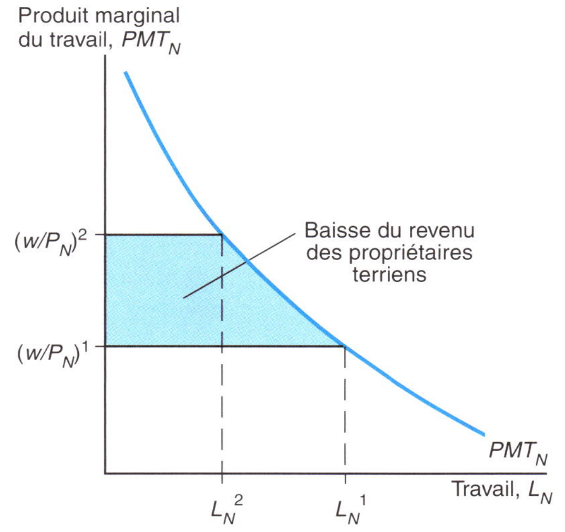

Figure 4A.4 – Une augmentation de P_V lèse les propriétaires terriens.

Le salaire réel en termes de nourriture augmente, conduisant à une baisse des revenus des propriétaires terriens.

Chapitre 5

Les dotations en facteurs et commerce international : le modèle Heckscher-Ohlin

Objectifs pédagogiques :

- Étudier comment les différences de dotations en facteurs influencent la structure du commerce international.
- Montrer qu'à long terme les gains au commerce ne sont pas uniformes et que le libre-échange peut faire des gagnants et des perdants.
- Voir dans quelle mesure l'essor du commerce international a contribué à augmenter les inégalités dans les pays développés.

Si, comme dans le modèle ricardien, le travail était le seul facteur de production, les avantages comparatifs ne pourraient avoir pour origine que des différences de productivité de la main-d'œuvre. Si cette explication n'est *a priori* pas sans fondement, le commerce mondial reflète aussi, sans doute, d'autres différences internationales. Par exemple, la France, l'Italie et l'Espagne sont les trois premiers exportateurs mondiaux de vin (en 2009, l'Australie se classe en quatrième position, juste après l'Espagne). Même si les vignerons de ces pays méditerranéens ont probablement une productivité assez élevée, il est plus raisonnable d'expliquer ces performances à l'exportation par la nature du climat et la qualité des sols. Une explication réaliste du commerce international doit donc prendre en considération non seulement la productivité du travail, mais aussi les différences de disponibilité des autres facteurs de production, comme la terre, le capital et les ressources naturelles.

Dans ce chapitre, nous élargissons le cadre théorique présenté au chapitre 3 en étudiant un modèle dans lequel les différences de dotations (c'est-à-dire d'offres) en facteurs de production sont la source *unique* des échanges. Il permet de montrer que les avantages comparatifs sont déterminés par l'interaction des dotations nationales (l'**abondance** relative des facteurs de production) et de la technologie de production (qui détermine l'**intensité** relative en facteurs de production des différents biens). Certains des mécanismes à l'œuvre dans ce modèle ont été étudiés au chapitre 4. Mais ici, nous abandonnons l'hypothèse de facteurs spécifiques. Au contraire, nous mettons explicitement en lumière l'interaction entre l'abondance relative et l'intensité relative en étudiant les implications du commerce international sur le long terme, lorsque tous les facteurs de production peuvent être considérés comme étant parfaitement mobiles d'un secteur à l'autre.

Ce modèle, qui constitue l'une des théories majeures de l'économie internationale, porte le nom des deux économistes suédois qui en sont à l'origine : Eli Heckscher et Bertil Ohlin (Ohlin a reçu le prix Nobel d'économie en 1977). Comme ce **modèle Heckscher-Ohlin** met l'accent sur l'interaction entre les proportions dans lesquelles les facteurs sont disponibles dans chaque pays et celles dans lesquelles ils sont utilisés pour la production des biens, on l'appelle parfois **théorie des proportions de facteurs**, ou encore **modèle factoriel**[1].

1 Un modèle à deux facteurs

Dans ce chapitre, nous nous intéressons à la version la plus simple du modèle Heckscher-Ohlin. Il s'agit d'un modèle « 2 × 2 × 2 » : il décrit deux pays (domestique et étranger), deux biens (disons, les vêtements et la nourriture) et deux facteurs de production (par exemple, le capital et le travail). Contrairement au chapitre précédent, ces deux facteurs peuvent être utilisés indifféremment dans les deux secteurs.

1.1 Prix et production

Les productions de nourriture et de vêtements nécessitent toutes deux de recourir au capital et au travail. Les technologies utilisées sont représentées par les fonctions de productions spécifiques à chaque secteur :

$$Q_V = Q_V\,(K_V, L_V) \text{ et } Q_N = Q_N\,(K_N, L_N)$$

où Q_V et Q_N sont les quantités produites de vêtements et de nourriture ; K_V et L_V sont les quantités de capital et de travail employées dans le secteur des vêtements ; K_N et L_N sont les quantités facteurs travaillant à la production de nourriture. Ces fonctions de production déterminent les quantités unitaires en facteurs dans chaque secteur :

- a_{KV} = capital utilisé pour la production d'une unité de vêtement ;
- a_{LV} = travail utilisé pour la production d'une unité de vêtement ;
- a_{KN} = capital utilisé pour la production d'une unité de nourriture ;
- a_{LN} = travail utilisé pour la production d'une unité de nourriture.

1. Paul Samuelson a aussi largement contribué à formaliser les intuitions développées par Heckscher et Ohlin, si bien que ce cadre théorique est également appelé *modèle HOS*, du nom de ces trois auteurs.

Contrairement au chapitre 3, on parle ici des quantités de capital et de travail *utilisées* pour produire un volume donné de biens, plutôt que des quantités *nécessaires*. Ce changement de terminologie s'explique par le fait que la multiplicité des facteurs donne aux entreprises un degré de liberté dans le choix des modes de production : il est toujours possible de réaliser le même niveau de production, en utilisant beaucoup de capital et peu de travail, ou bien d'économiser le capital en recourant à davantage de travail. Ces décisions dépendent du prix relatif des deux facteurs de production. Mais, avant d'aborder les implications de ces choix, voyons d'abord le cas particulier où il n'existe qu'une seule façon de produire chaque bien. Cela revient à dire que la production d'un vêtement ou d'un kilo de nourriture requiert une quantité fixe de chacun des deux facteurs, sans qu'il soit possible de substituer l'un à l'autre.

Supposons que le ratio des quantités utilisées de travail et de capital soit plus élevé dans le secteur textile que dans la production de nourriture :

$$a_{LV}/a_{KV} > a_{LN}/a_{KN}$$

Cette équation peut se réécrire de la façon suivante :

$$a_{LV}/a_{LN} > a_{KV}/a_{KN}$$

Comme dans le modèle ricardien, la frontière des possibilités de production est définie par les contraintes de dotations en facteurs. La quantité de capital utilisée dans la production des deux biens ne peut pas excéder l'offre totale de ce facteur :

$$Q_N \times a_{KN} + Q_V \times a_{KV} \leq K \qquad (5.1)$$

où Q_N est la production de nourriture, Q_V celle de vêtements et K la dotation en capital. De même, la quantité de travail nécessaire à la production ne peut pas dépasser l'offre totale de travail (L) :

$$Q_N \times a_{LN} + Q_V \times a_{LV} \leq L \qquad (5.2)$$

À la figure 5.1, chaque contrainte de ressource est tracée de la même manière que la droite des possibilités de production à la figure 3.1. Mais ici, l'économie doit produire en respectant simultanément les deux contraintes données par les équations (5.1) et (5.2). La frontière des possibilités de production est donc représentée par la droite coudée, en trait épais. Le coût d'opportunité des vêtements en termes de nourriture[2] n'est pas constant. Il est faible quand l'économie produit peu de vêtements et beaucoup de nourriture, et il est élevé dans le cas contraire.

2. C'est-à-dire la quantité de nourriture à laquelle il faut renoncer pour produire un vêtement supplémentaire.

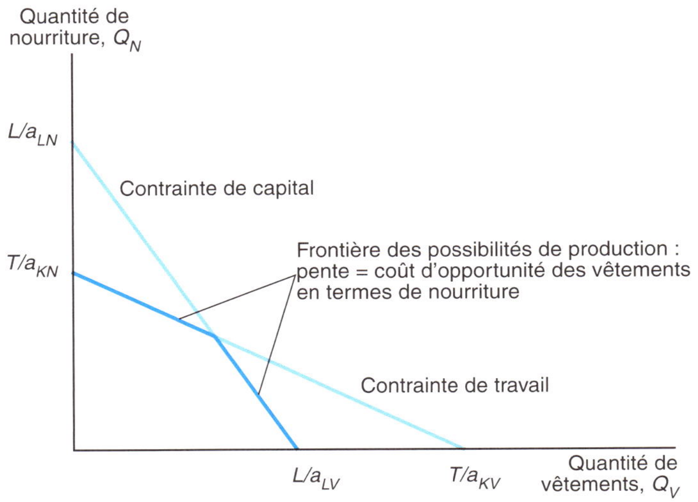

Figure 5.1 – La frontière des possibilités de production lorsque les facteurs de production ne sont pas substituables.

Si le capital et le travail ne sont pas substituables, la frontière des possibilités de production se définit par les deux contraintes de ressource correspondant à chacun des deux facteurs de production. Sa caractéristique essentielle est que le coût d'opportunité des vêtements en termes de nourriture n'est pas constant : plus la production de vêtements prend une part importante dans l'économie, plus son coût d'opportunité est grand.

Si les facteurs de production sont substituables, comme c'est vraisemblablement le cas dans la réalité, la frontière des possibilités de production n'est plus coudée : elle prend une forme arquée (voir figure 5.2). Mais, là encore, cette frontière traduit un coût d'opportunité qui varie en fonction de la production relative des biens : plus l'économie consacre une part importante de ses ressources à produire des vêtements, plus le coût d'opportunité de ce bien est élevé.

Le point de la frontière des possibilités de production, qui correspond à la situation de l'économie à l'équilibre, dépend du prix des deux biens. En effet, l'équilibre va se situer au point qui maximise la valeur de la production, Y :

$$Y = P_V \times Q_V + P_N \times Q_N$$

P_V et P_N sont respectivement les prix des vêtements et de la nourriture. Cette équation correspond à une droite d'isovaleur : il s'agit, pour un prix des biens donné, de l'ensemble des paniers de production correspondant à une valeur totale constante (Y). La maximisation de la valeur créée par l'économie revient alors à choisir le point Q, où la frontière des possibilités de production est tangente à la droite d'isovaleur la plus haute possible. À ce point, la pente de la frontière est égale à celle de la droite d'isovaleur : $-P_V/P_N$. Le coût d'opportunité (en termes de nourriture) de la production d'une unité supplémentaire de vêtements est donc égal au prix relatif des vêtements.

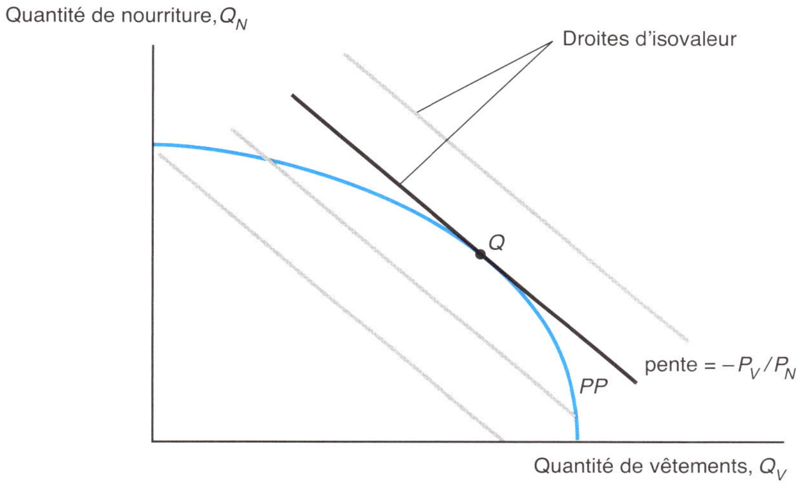

Figure 5.2 – Prix et frontière des possibilités de production.

Si le capital et le travail sont substituables, la frontière des possibilités de production est une courbe concave : plus la part de la production de vêtements augmente, plus le coût d'opportunité des vêtements en termes de nourriture est élevé. L'économie produit au point qui maximise la valeur de la production, pour les prix qui lui sont donnés. À ce point, le coût d'opportunité des vêtements en termes de nourriture est égal au prix relatif des vêtements, P_V/P_N.

1.2 Le choix de la combinaison de facteurs de production

Avec plusieurs facteurs substituables, les entreprises doivent non seulement décider des quantités produites, mais aussi du mode de production. Par exemple, un agriculteur peut accroître sa production en recourant à davantage de machines agricoles. Il peut aussi produire davantage sans utiliser plus de capital, s'il recrute un plus grand nombre de travailleurs. La courbe *II* (voir figure 5.3) montre l'ensemble des combinaisons de facteurs qui permettent de produire une unité de nourriture[3].

3. Les courbes qui montrent l'ensemble des combinaisons de facteurs donnant un même niveau de production sont appelées des isoquantes. L'isoquante correspondant à une unité de bien est l'isoquante unitaire.

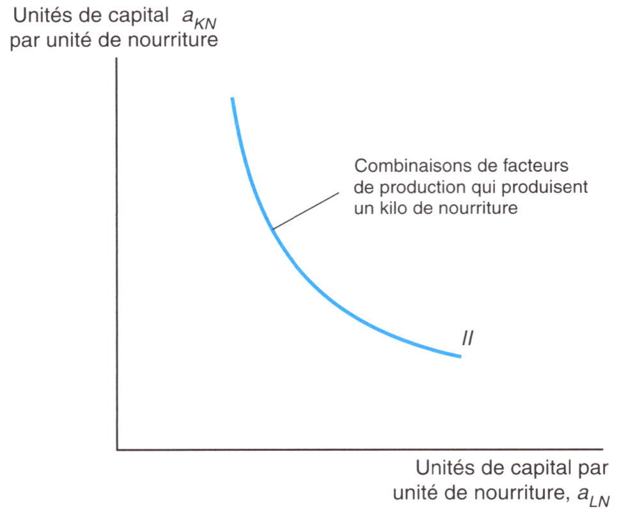

Figure 5.3 – Possibilités de combinaisons de facteurs de production dans le secteur agricole.

Une entreprise agricole peut produire une quantité donnée de nourriture avec beaucoup de capital et peu de travail ; elle peut également utiliser davantage de travail et moins de capital.

Si la rémunération du capital est élevée et les salaires faibles, les entreprises agricoles préféreront produire avec peu de capital et beaucoup de travail. À l'inverse, elles choisiront de limiter le nombre d'employés si les salaires sont élevés. Le choix de la combinaison de facteurs de production dépend alors du **prix relatif des facteurs**, soit w/r, si w représente le salaire par heure de travail et r le coût de l'utilisation d'une unité de capital[4].

La figure 5.4 illustre la relation entre le prix relatif des facteurs et les quantités relatives de capital et de travail choisies par les producteurs de vêtements et de nourriture. La courbe *VV* correspond au secteur des vêtements et la courbe *NN* aux firmes produisant de la nourriture. Dans cet exemple, la courbe *VV* est située à droite de *NN* : quels que soient les prix des facteurs, la production de vêtements utilise toujours plus de travail par unité de capital que la production de nourriture. Dans ce cas, on dit que les deux secteurs ont des intensités factorielles différentes : la production de nourriture est relativement *intensive en capital*, alors que celle de vêtements est relativement *intensive en travail*.

4. Le choix optimal du ratio capital/travail est étudié en détail à l'annexe de ce chapitre.

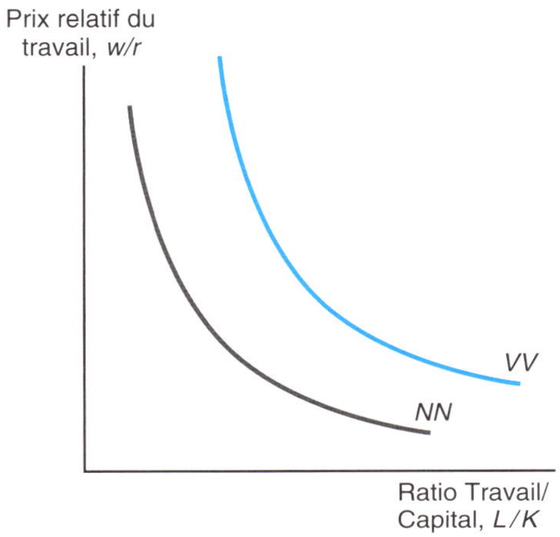

Figure 5.4 – L'intensité factorielle dans les deux secteurs.

Dans chaque secteur, le ratio travail/capital que les producteurs choisissent dépend du coût relatif du travail par rapport à celui du capital, *w/r*. La courbe *NN* montre le choix du ratio travail/capital pour la production de nourriture ; la courbe *VV* correspond au secteur des vêtements. Quel que soit le prix des facteurs, la production de nourriture utilise un ratio travail/capital relativement plus élevé. Cela signifie qu'elle est relativement *intensive en capital*, alors que la production de vêtements est relativement *intensive en travail*.

1.3 Prix des facteurs et prix des biens

Supposons que notre économie produise simultanément les deux biens. Dans chaque secteur, la libre concurrence entre les producteurs garantit que le prix de chaque bien est égal à son coût de production. Ce dernier dépend naturellement du prix des facteurs. Si, par exemple, la rémunération du travail augmente, alors, toutes choses égales par ailleurs, les prix de tous les biens qui utilisent ce facteur doivent augmenter aussi. Cependant, l'impact de la hausse du salaire sur le prix de chaque bien dépend de la quantité de travail nécessaire à la production. Comme la production de vêtements est relativement intensive en travail, une hausse de w aura un effet plus important sur le prix de ce bien que sur le prix de la nourriture. Il existe alors une relation unique entre le prix relatif des facteurs (w/r) et celui des biens (P_V/P_N). La courbe *SS*, à la figure 5.5, illustre cette relation.

À ce point de notre exploration du modèle, on dispose de deux relations importantes. La première associe le prix relatif des facteurs aux quantités relatives de facteurs utilisées dans chaque secteur (voir figure 5.4). La seconde relie le prix relatif des facteurs au prix relatif des biens (voir figure 5.5). La figure 5.6 rapproche ces deux éléments : la partie de droite reprend la figure 5.4, et celle de gauche la figure 5.5 (avec la courbe *SS*), qui est ici tournée à 90 degrés dans le sens inverse des aiguilles d'une montre.

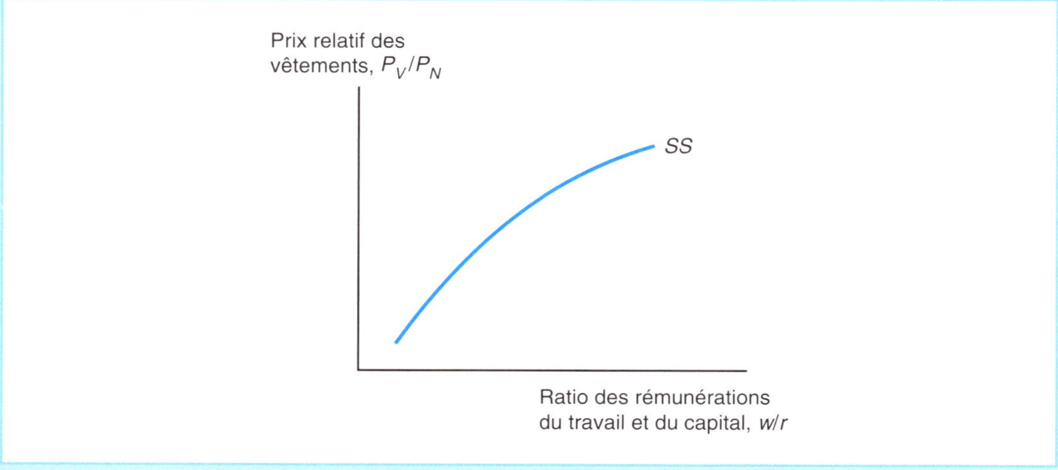

Figure 5.5 – Prix des facteurs et choix de l'intensité factorielle.

Il existe une relation unique entre le prix relatif des facteurs, w/r, et le prix relatif des vêtements, P_V/P_N. Comme la production de vêtements (comparée à la production de nourriture) est relativement intensive en travail, le prix relatif des vêtements est une fonction croissante du prix relatif du travail. Cette relation est représentée par la courbe *SS*.

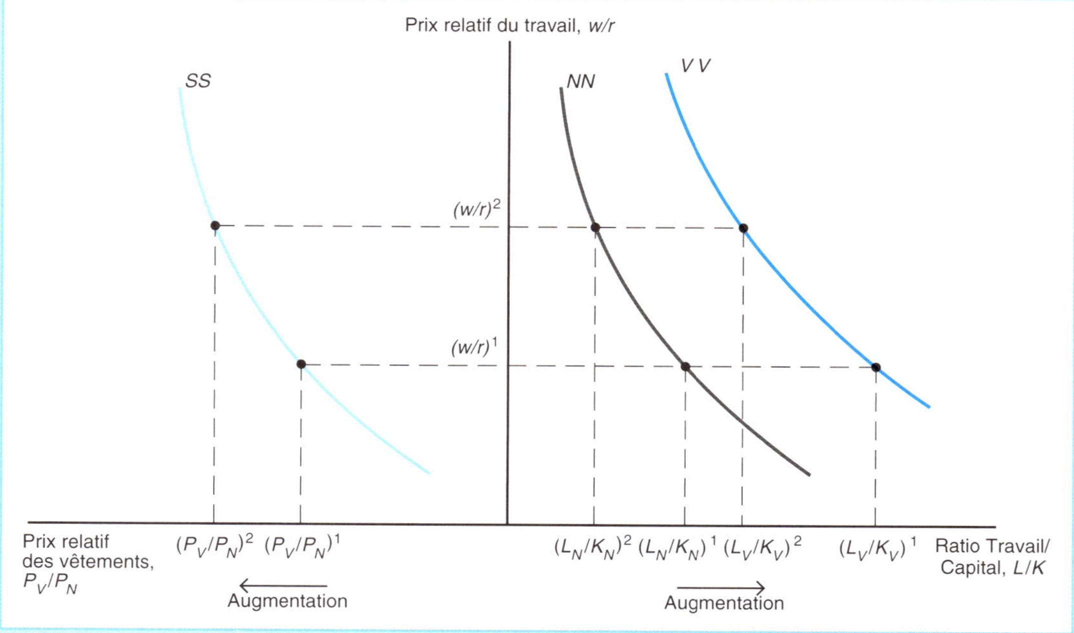

Figure 5.6 – Du prix relatif des biens au choix des combinaisons de facteurs de production.

Pour un prix relatif des vêtements donné, $(P_V/P_N)^1$, le prix relatif du travail est égal à $(w/r)^1$. La combinaison de facteurs de production correspondant à ce prix relatif des facteurs est $(K_V/L_V)^1$ dans le secteur textile, et $(K_N/L_N)^1$ dans le secteur agricole. Si le prix relatif des vêtements augmente jusqu'à $(P_V/P_N)^2$, le prix relatif du travail augmente aussi pour atteindre $(w/r)^2$. Cela entraîne la hausse du ratio capital/travail utilisé dans la production des deux biens. Rassembler ces deux diagrammes permet de mettre en évidence une relation, *a priori* surprenante, entre le prix des biens et le ratio des quantités de facteurs utilisées dans chaque secteur. Supposons que le prix relatif des vêtements soit $(P_V/P_N)^1$ (à gauche de la figure 5.6). Si l'économie produit les deux biens, alors le prix relatif du travail (par rapport à celui du capital) doit être égal à $(w/r)^1$. Ce prix relatif conduit les firmes des deux secteurs à choisir des ratios de travail/capital (à droite de la figure 5.6), qui correspondent respectivement à $(L_V/K_V)^1$ et $(L_N/K_N)^1$. Supposons maintenant que le prix relatif des vêtements augmente pour atteindre $(P_V/P_N)^2$. La rémunération relative du travail doit alors passer à $(w/r)^2$. Puisque le capital est maintenant relativement moins cher, les firmes des deux secteurs utiliseront davantage ce facteur et moins de travail. La production des deux biens se fait moins intensive en travail et les ratios travail/capital diminuent alors pour se fixer à $(L_V/K_V)^2$ et $(L_N/K_N)^2$.

Un autre résultat notable se dégage de ce diagramme. La partie de gauche indique qu'une augmentation du prix relatif des vêtements vient au final accroître le salaire des travailleurs par rapport à la rémunération des détenteurs de capital. En fait, une analyse plus détaillée montre qu'au-delà des variations des salaires relatifs, ce sont bien les **revenus réels** (c'est-à-dire le pouvoir d'achat) des deux groupes de population qui sont touchés par les variations des prix des biens ; les travailleurs voient leurs revenus réels augmenter avec la hausse du prix relatif des vêtements alors que le revenu réel des détenteurs de capital diminue.

Ce résultat peut s'expliquer simplement. Lorsque P_V/P_N augmente, le ratio travail/capital diminue aussi bien dans la production de vêtements que dans celle de nourriture. Toutefois, dans une économie concurrentielle, les facteurs de production sont payés à leur productivité marginale. Le salaire des travailleurs, rapporté au prix des vêtements, est donc égal à la productivité marginale du travail dans le secteur textile. Il en va de même pour chaque facteur, quel que soit le secteur concerné. Or, quand les firmes des deux secteurs choisissent d'utiliser relativement plus de capital, et donc d'économiser du travail, la productivité marginale du travail augmente dans ces deux secteurs (en effet, chaque employé utilise pour travailler une plus grande quantité de capital ; il peut donc produire davantage de biens). Dans ce cas, les travailleurs bénéficient d'une augmentation de leur salaire réel par rapport aux deux biens. À l'inverse, la productivité marginale du capital diminue dans les deux secteurs, et la rémunération de ce facteur diminue.

Dans ce modèle, tout comme dans celui exploré au chapitre 4, les changements de prix relatifs ont donc un impact important sur la distribution des revenus. Les détenteurs du facteur de production utilisé de façon intensive dans la production du bien dont le prix relatif augmente voient leur rémunération réelle s'accroître. Cette augmentation se produit au détriment des individus qui détiennent l'autre facteur de production : ceux-là voient leurs revenus réels diminuer[5].

5. La relation entre le prix des biens et le prix des facteurs a été clarifiée par Wolfgang Stolper et Paul Samuelson : « Protection and Real Wages », *Review of Economic Studies*, 9, 1941, p. 58-73. Cette relation est donc connue sous le nom d'*effet Stolper-Samuelson*.

1.4 Dotations en facteurs et production

Pour achever la description de notre économie à deux facteurs, il nous faut étudier la relation entre les dotations en facteurs de production, le prix des biens et les quantités produites.

Supposons que le prix relatif des vêtements donné soit égal à $(P_V/P_N)^1$. On sait que cela détermine le ratio des rémunérations des facteurs $(w/r)^1$, et par conséquent le ratio travail/capital utilisé dans chaque secteur : $(L_V/K_V)^1$ et $(L_N/K_N)^1$. Supposons maintenant que la quantité de travail disponible dans l'économie augmente. Tant que la dotation en capital reste inchangée, l'offre relative de travail dans l'économie (L/K) s'accroît. Quelle est alors la réaction de l'économie à ce changement ? Si le prix relatif des biens ne change pas, les demandes relatives en travail dans chaque secteur, $(L_V/K_V)^1$ et $(L_N/K_N)^1$, ne varient pas non plus. Ce sont donc les quantités produites de chaque bien qui doivent s'ajuster. Plus précisément, comme le secteur textile est relativement plus intensif en travail, il est possible, en allouant plus de travail et de capital à ce secteur et moins de facteurs à la production de nourriture, d'absorber l'augmentation de la quantité de travail utilisée dans l'économie sans modifier les ratios travail/capital dans chacun des secteurs. Cela revient à augmenter la production de vêtements et à réduire la production de nourriture.

Pour bien comprendre ces mécanismes, il convient de revenir aux frontières des possibilités de production. À la figure 5.7, la courbe PP^1 représente les possibilités de production de l'économie avant l'augmentation de la dotation en capital. La production se situe au point 1, où la pente de la frontière des possibilités de production est égale à l'opposé du prix relatif des vêtements, $-P_V/P_N$. L'économie produit alors les quantités Q_V^1 de vêtements et Q_N^1 de nourriture. L'accroissement de l'offre de travail déplace la frontière des possibilités de production en PP^2, où l'économie peut produire une quantité plus grande des deux biens. L'élévation de cette frontière n'est cependant pas uniforme : elle est plus marquée pour le secteur textile. Il y a donc une **croissance biaisée des possibilités de production** : l'accroissement de la dotation en travail profite davantage à la production de textile qu'à celle de vêtements. Dans notre cas, la croissance est tellement biaisée en faveur du secteur textile, qu'à prix relatifs des biens inchangés, on observe une baisse de la production de nourriture.

Le fait que l'augmentation des dotations en facteurs puisse biaiser les possibilités de production est un élément clé pour comprendre comment les différences de dotations peuvent être à l'origine du commerce international[6]. On comprend ainsi, par exemple, pourquoi une économie qui dispose d'une quantité relativement importante de travail par rapport à sa dotation en capital gagnera plus à produire des vêtements que celle qui a un faible ratio travail/capital. *En règle générale, une économie sera relativement efficace dans la production des biens qui utilisent de façon relativement intensive les facteurs de production dont elle est relativement bien dotée.*

6. L'effet de la croissance des dotations factorielles sur la structure de la production a été mis en lumière par l'économiste polonais T.M. Rybczynski, « Factor Endowments and Relative Commodity Prices », *Economica*, 22, 1955, p. 336-341. Le mécanisme décrit ici est donc connu sous le nom d'*effet Rybczynski*.

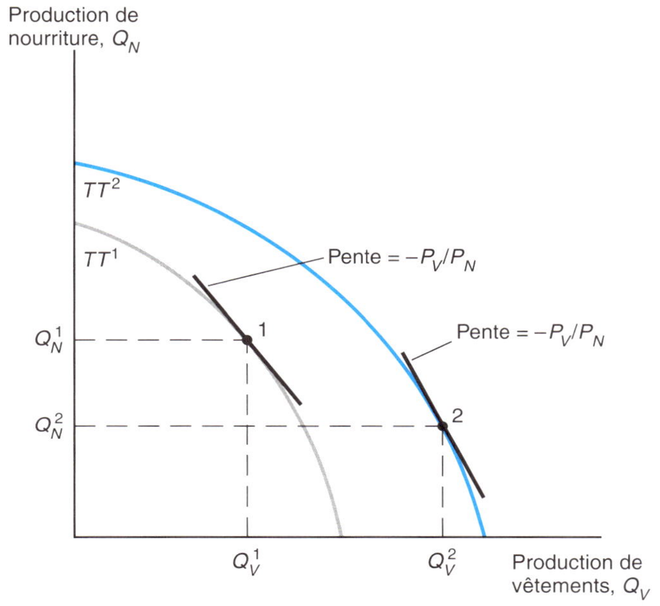

Figure 5.7 – Dotations en facteurs et possibilités de production.

Une augmentation de l'offre de travail déplace la frontière des possibilités de production vers le haut (de PP^1 à PP^2), mais la croissance est plus marquée pour la production de vêtements. À prix relatif des vêtements inchangé (indiqué par la pente $-P_V/P_N$), la production de nourriture diminue de Q_N^1 à Q_N^2.

2 Le commerce international entre deux économies à deux facteurs

Afin de mieux cerner les mécanismes de ce modèle à deux facteurs et les conséquences d'une libéralisation commerciale, on considère que la seule différence entre l'économie domestique et l'économie étrangère réside dans leurs dotations relatives en facteurs : le pays domestique dispose d'une quantité de travail par unité de capital plus importante que l'étranger. On dit alors que le premier est relativement *abondant en travail* et le second relativement *abondant en capital*. Il faut bien noter que l'« abondance » est toujours définie en termes *relatifs* : on compare les ratios des dotations en un facteur par rapport à un autre (rapports travail/capital) dans chaque pays, de telle manière qu'aucun pays ne peut être relativement abondant dans tous les facteurs.

Pour le reste, les deux économies sont similaires en tous points. Les consommateurs y ont les mêmes goûts : lorsqu'ils sont confrontés aux mêmes prix relatifs des biens, les demandes relatives de nourriture et de vêtements sont identiques dans les deux pays. Toutes les entreprises ont aussi accès à la même technologie : une quantité donnée de capital et de travail produira partout la même quantité de vêtements ou de nourriture.

2.1 Les prix relatifs et la structure du commerce

Puisque les vêtements sont les biens intensifs en travail, la frontière des possibilités de production du pays domestique, par rapport à celle de l'étranger, est biaisée en faveur des vêtements. Par ailleurs, l'ouverture au libre-échange crée un vaste marché mondial où s'affiche un prix unique pour chaque bien. Le prix relatif des vêtements en termes de nourriture est donc le même dans les deux pays. Quel que soit ce prix relatif, les différences de dotations relatives en facteurs impliquent que le pays domestique produit relativement plus de vêtements que l'étranger[7]. Cette *offre relative* de vêtements plus élevée se traduit graphiquement par une courbe d'offre relative placée à droite de celle du pays étranger.

La figure 5.8 montre les offres relatives des pays domestique (*OR*) et étranger (*OR**). La courbe de demande relative, qui traduit les préférences des consommateurs, est la même pour les deux pays. Il s'agit de la courbe *DR*. En l'absence de commerce international, l'équilibre du pays domestique se trouve au point 1, et celui de l'étranger au point 3. Dans ce cas, le prix relatif des vêtements est plus faible dans l'économie domestique qu'à l'étranger. Lorsque les deux pays s'ouvrent à l'échange, les prix relatifs convergent pour s'établir quelque part entre les deux prix d'autarcie (au point 2, par exemple).

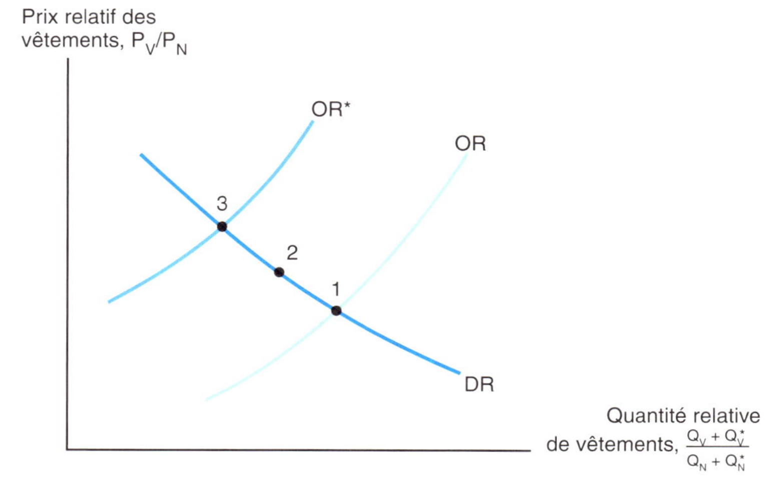

Figure 5.8 – Le commerce entraîne une convergence des prix relatifs.

En autarcie, l'équilibre du pays domestique se situe au point 1, où l'offre relative domestique (*OR*) coupe la courbe de demande relative *DR*. De la même manière, l'équilibre d'autarcie du pays étranger se situe au point 3. L'ouverture au commerce conduit à un prix relatif mondial d'équilibre unique, qui se trouve entre les deux prix relatifs d'autarcie, par exemple au point 2.

7. La quantité de vêtements produite par l'économie domestique par rapport à celle de nourriture est plus élevée que le rapport des quantités de vêtements et de nourriture produites à l'étranger.

On a vu au chapitre 4 comment évoluent les productions des pays face à un changement des prix relatifs des biens résultant de l'ouverture commerciale : chaque pays se spécialise et exporte le bien dont le prix relatif augmente par rapport à la situation d'autarcie. Ainsi, dans notre exemple, le pays domestique exportera des vêtements et l'étranger exportera de la nourriture.

Au final, les deux pays se spécialisent donc dans les productions qui utilisent intensément les facteurs dont ils sont abondamment dotés. C'est le **théorème Heckscher-Ohlin** :

Théorème Heckscher-Ohlin : en libre-échange, un pays relativement abondant en un facteur de production exporte le bien relativement intensif en ce facteur.

2.2 L'effet de l'ouverture au commerce sur la distribution des revenus

Le commerce entraîne une convergence des prix relatifs des biens, qui engendre à son tour un bouleversement des revenus relatifs du travail et du capital. Dans le pays domestique, où le prix relatif des vêtements (bien intensif en travail) augmente lors du passage au libre-échange, les travailleurs voient leur rémunération réelle s'accroître, alors que celle des détenteurs de capital se réduit. À l'étranger, où le prix relatif des vêtements diminue, on observe une évolution symétrique : le commerce profite aux détenteurs de capital et pénalise les travailleurs.

Ainsi, dans chaque pays, à long terme, les détenteurs du facteur relativement abondant gagnent à l'ouverture au commerce, mais les détenteurs du facteur relativement rare y perdent.

Ce résultat est très proche de celui obtenu au chapitre 4, avec des facteurs spécifiques. On avait vu au chapitre 4 que les facteurs spécifiques au secteur concurrent des importations perdaient lors de l'ouverture au libre-échange. Si, comme on le suppose dans ce chapitre, tous les facteurs sont mobiles d'un secteur à l'autre sur le long terme, ce sont les facteurs qui sont utilisés de façon relativement intensive dans le secteur concurrent des importations qui souffrent de l'ouverture. Comme au chapitre 4, le libre-échange permet néanmoins d'accroître les possibilités de production des deux pays. Il est donc toujours possible de compenser les pertes des agents lésés par l'ouverture, de sorte que le libre-échange profite à tout le monde. Toutefois, les pertes associées au fait que les facteurs sont spécifiques à certains secteurs constituent un problème temporaire. Les désagréments résultant de l'ouverture sont liés aux coûts d'ajustement de l'économie lors du mouvement de spécialisation. Ici, en revanche, on néglige les coûts temporaires d'ajustement, et les gains et pertes que nous mettons en évidence sont permanents.

Ainsi le modèle Heckscher-Ohlin laisse entendre que l'essor du commerce international entre les pays développés (relativement bien dotés en capital et en travail qualifié) et les pays à bas salaires (bien dotés en travail non qualifié) doit peser durablement sur la situation économique des travailleurs peu qualifiés, en Europe comme aux États-Unis. De très nombreuses études ont cherché à quantifier l'impact du commerce Nord-Sud sur les inégalités de revenus dans les pays développés. Leurs principales conclusions sont décrites dans l'encadré 5.1.

Encadré 5.1

Le commerce Nord-Sud et les inégalités de revenus

Depuis le début des années 1980, la quasi-totalité des pays industrialisés sont de plus en plus inégalitaires. Aux États-Unis, par exemple, un travailleur disposant d'un salaire égal au 90e percentile (c'est-à-dire qu'il entre tout juste dans le club des 10 % des salariés les mieux payés) gagnait en 1979 3,6 fois plus qu'un travailleur touchant le salaire du 10e percentile. En 2005, cet écart est passé à 5,4. Ces inégalités reposent en partie sur des différences de niveau d'éducation. En 1979, les Américains titulaires d'un diplôme universitaire gagnaient 1,5 fois plus que ceux qui n'avaient pas dépassé le niveau d'enseignement secondaire. En 2005, les diplômés du supérieur gagnaient à peu près le double des autres. En Europe, l'évolution des inégalités est moins nette. Les pays d'Europe continentale, comme l'Allemagne, l'Italie ou la France, où les marchés du travail sont plus réglementés, n'ont pas connu de hausse aussi spectaculaire des inégalités de salaire. Toutefois, dans ces pays, les inégalités se sont reportées sur les chances d'accès à l'emploi : le chômage a beaucoup augmenté depuis la fin des années 1970 et pénalise avant tout les travailleurs non qualifiés. Ainsi, 15 % des actifs français sans diplôme étaient au chômage en 2009, contre seulement 5,5 % des diplômés du supérieur.

Nombre d'observateurs imputent cette progression des inégalités à l'essor du commerce international, et plus particulièrement au développement des échanges Nord-Sud. À partir des années 1970, les pays en développement ont commencé à exporter de plus en plus de biens manufacturés vers les pays développés, abandonnant ainsi leur spécialisation initiale dans les matières premières (voir chapitre 2). La structure des échanges Nord-Sud reflète les avantages comparatifs des deux groupes : le Sud exporte en majorité des biens intensifs en travail non qualifié (textile, chaussures, etc.), alors que les exportations des pays du Nord sont surtout composées de biens plus high-tech, intensifs en capital et en travail qualifié (produits chimiques, aéronautique, etc.). Pour de nombreux observateurs, il semble alors évident que l'accroissement des inégalités au Nord est le résultat du mouvement d'égalisation des prix des facteurs prédit par le modèle Heckscher-Ohlin. Trois arguments permettent cependant de relativiser cette conclusion :

- D'abord, d'après le modèle factoriel, le commerce international n'a d'impact sur la distribution des revenus qu'au travers d'un changement des prix relatifs des biens. Or, l'analyse des données de prix ne fournit pas de preuves claires que les prix relatifs des biens intensifs en travail qualifié ont fortement augmenté depuis les années 1970.
- Ensuite, si le commerce international accroît la rémunération relative du facteur abondant dans les pays développés, il doit aussi avoir des effets symétriques dans les pays en développement. Les forces qui creusent les inégalités au Nord doivent contribuer à les réduire au Sud, où le travail non qualifié est relativement abondant. Malheureusement, ce n'est généralement pas le cas.
- Enfin, bien que le commerce Nord-Sud ait augmenté rapidement, il ne représente qu'un faible pourcentage des dépenses totales des pays riches. Ainsi, en 2009, les importations de produits manufacturés en provenance des pays qui n'appartiennent pas à l'OCDE représentent 2,7 % du PIB français et 3,5 % du PIB de l'Union européenne.

Les estimations du contenu en facteur de ces échanges (c'est-à-dire les quantités de travail nécessaires à la production des biens échangés) ne représentent qu'une faible part de l'offre totale de travail, qualifié ou non. Dans ces conditions, les flux de commerce ne peuvent avoir qu'un impact relativement limité sur les marchés du travail des pays développés.

La plupart des études empiriques conviennent qu'environ 20 % du creusement des inégalités observé dans les pays développés est directement imputable au commerce Nord-Sud*. L'influence de la mondialisation n'est donc pas négligeable, mais d'autres facteurs entrent aussi en ligne de compte. Deux suspects sont souvent pointés du doigt : le progrès technologique et les stratégies d'externalisation et de délocalisation de la production.

Au cours des 40 dernières années, les techniques de production ont beaucoup changé. Les machines-outils, toujours plus perfectionnées, et les ordinateurs ont eu tendance à remplacer un certain nombre de tâches répétitives ne nécessitant pas de qualification particulière par des emplois d'ingénieurs, de cadres ou de techniciens qualifiés. Le progrès technique a donc tendance à favoriser l'emploi de travailleurs qualifiés et à dévaluer le travail non qualifié.

Pour distinguer les effets du progrès technique, biaisé en faveur des travailleurs qualifiés, de celui du commerce international, on peut s'appuyer sur une variante du modèle présenté dans ce chapitre. Les deux facteurs de production sont ici le travail qualifié (S) et le travail non qualifié (U). Ces facteurs sont employés dans deux secteurs : celui des biens de haute technologie (H), qui est intensif en travail qualifié, et celui des biens de basse technologie (L), intensif en travail non qualifié. Dans ce cadre, les pays développés (« du Nord ») sont relativement bien dotés en travail qualifié alors que les pays du Sud, sont relativement abondants en travail non qualifiés. La figure 5.9 reprend la figure 5.6 présentée précédemment dans ce chapitre. On y voit les fonctions de demande relative en facteur dans chacun des deux secteurs en fonction du salaire relatif des travailleurs qualifiés.

Si la hausse des inégalités (c'est-à-dire l'accroissement de w_S/w_U) résulte de l'ouverture au commerce avec des pays à bas salaires, cela doit conduire les producteurs dans les pays développés à *réduire* leur demande relative en travail qualifié, qui devient plus cher. C'est ce que montre le diagramme de gauche de la figure 5.9. Dans le cas d'un progrès technique biaisé en faveur du travail qualifié, les choses sont très différentes. Ici, ce sont les techniques de production qui changent et se font plus intensives en travail qualifié.

---

* Adrian Woods, *North-South Trade, Employment, and Income Inequality*, Clarendon, Oxford, 1994 ; Robert Lawrence, *Single World, Divided Nations: Globalization and OECD Labor Markets*, OECD, 1995 ; Olivier Cortes et Sébastien Jean, « Quel est l'impact du commerce extérieur sur la productivité et l'emploi ? Une analyse comparée des cas de la France, de l'Allemagne et des États-Unis », *Document de travail du CEPII*, 1997.

Encadré 5.1 (suite)

Comme on le voit sur le diagramme de droite de la figure 5.9, les deux courbes de demande relative se déplacent vers la droite : à prix relatif des facteurs inchangé, les deux secteurs souhaitent maintenant employer relativement plus de travailleurs qualifiés. Cela entraîne une hausse du salaire relatif des qualifiés, mais l'accroissement des inégalités va maintenant de pair avec une *augmentation* de la demande relative de travail qualifié dans les deux secteurs.

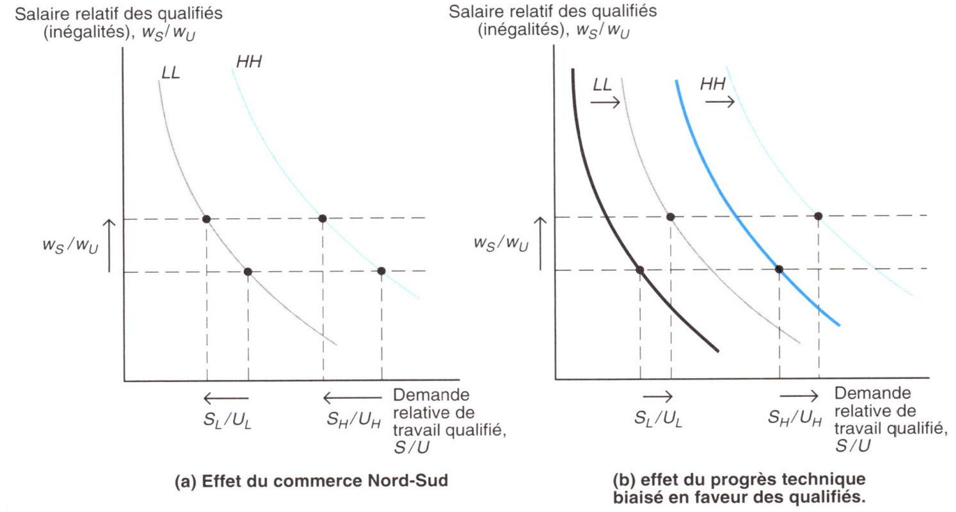

Figure 5.9 – Les conséquences d'une augmentation des inégalités due au commerce Nord-Sud et au progrès technique.

Les courbes *LL* et *HH* représentent des demandes relatives en travail qualifié, en fonction du salaire relatif des qualifiés. Le secteur des biens de haute technologie (*HH*) est relativement intensif en travail qualifié ; la courbe *HH* est donc située à droite de la courbe *LL*. Sur le diagramme de gauche, on voit l'effet d'une hausse du salaire relatif des travailleurs qualifiés (et donc des inégalités) due à un essor du commerce avec des pays à bas salaires. Dans les deux secteurs, les entreprises répondent à ce changement de prix relatif des facteurs en *baissant* leur demande relative de travail qualifié : S_L/U_L et S_H/U_H diminuent. Sur le diagramme de droite, on voit l'effet d'un progrès technique, biaisé en faveur des travailleurs qualifiés. Le progrès déplace les deux courbes *LL* et *HH* vers la droite, et la demande relative de travail qualifié *augmente* dans les deux secteurs.

Ainsi, le commerce Nord-Sud et le progrès technique ont des conséquences comparables sur les inégalités de salaires au Nord. Cependant, ils ont un effet parfaitement opposé sur les ratios travail qualifié/travail non qualifié dans les deux secteurs. La figure 5.10 montre précisément l'évolution de ces ratios dans différents secteurs manufacturiers aux États-Unis. On ne dispose pas de données précises sur la qualification de la main-d'œuvre, mais les statistiques américaines permettent de calculer, pour chaque secteur, le taux d'encadrement (c'est-à-dire le ratio entre le nombre d'emplois de cadres et de

Encadré 5.1 (suite)

techniciens – les « cols blancs » – rapporté au nombre d'emplois directement affectés à la production des biens – les « cols bleus »).

Les cadres et techniciens étant, en moyenne, plus qualifiés que les « cols bleus », cette distinction entre les deux types d'emplois recouvre *grosso modo* une distinction entre travail qualifié et travail non qualifié. Les quatre cadrans de la figure 5.10 montrent donc l'évolution, depuis les années 1960, du ratio entre travail qualifié et travail non qualifié pour différents groupes d'industries, classées selon leur intensité relative en travail qualifié. Bien que les évolutions annuelles soient un peu chaotiques, le résultat est sans appel : dans tous les secteurs, l'emploi relatif de travailleurs qualifié a augmenté. Cela correspond bien à l'effet attendu du progrès technique et non à celui de l'ouverture au commerce.

Figure 5.10 – L'évolution des ratios travail qualifié/travail non qualifié aux États-Unis.

Les secteurs sont regroupés en fonction de leur intensité relative en travail qualifié. Les ratios travail qualifié/travail non qualifié ont augmenté dans tous les secteurs, ce qui suggère que la demande de travail aux États-Unis a été bien plus affectée par un progrès technologique biaisé en faveur des qualifiés plutôt que par l'essor du commerce Nord-Sud.

Notons cependant que ces résultats ne signifient pas pour autant que la mondialisation n'est en rien responsable de la montée des inégalités entre qualifiés et non-qualifiés dans les pays développés.

Encadré 5.1 (suite)

Tout d'abord, les changements technologiques ne sont pas sans lien avec l'ouverture commerciale : avec l'intensification de la concurrence, l'abaissement des protections commerciales a poussé les entreprises à rechercher davantage de compétitivité en économisant sur les coûts de la main-d'œuvre non qualifiée**. Une part du progrès technique, et de ses conséquences en termes d'emploi, est donc imputable à l'essor du commerce international. Mais c'est alors tout autant le commerce entre pays développés que le commerce Nord-Sud qui est responsable de ces évolutions.

Ensuite, des études récentes ont mis l'accent sur le rôle particulier des stratégies d'externalisation menées par les entreprises industrielles. L'externalisation consiste à confier à d'autres entreprises le soin d'effectuer certaines tâches du processus de production (les Anglo-Saxons parlent d'« outsourcing »). Ainsi, une entreprise manufacturière peut se charger, dans ses locaux situés en Europe, de la recherche et développement, du design et de la production des pièces détachées les plus complexes, mais faire appel à des prestataires étrangers (ou à une filiale implantée dans un pays à bas salaires) pour produire les éléments les plus simples et réaliser l'assemblage final du produit. L'abaissement des barrières commerciales donne plus de latitude pour développer ce type de stratégie, grâce auquel les entreprises peuvent profiter au mieux des avantages comparatifs des pays en scindant autant que nécessaire leur chaîne de valeur. Il peut en résulter des effets importants sur les marchés du travail. Au Nord, les inégalités augmentent car ce sont les tâches les plus intensives en main-d'œuvre qui sont abandonnées pour être menées dans les pays à bas salaires. Mais dans les pays du Sud, les éléments de la chaîne de valeur qui sont ainsi délocalisés peuvent être plus intensifs en travail qualifié que la moyenne des activités industrielles propres au pays. Dès lors, la demande relative en travail qualifié augmente dans les pays en développement, ce qui tend, là aussi, à y faire progresser les inégalités. L'ampleur du phénomène est difficile à mesurer. Mais il semble qu'il ne soit pas négligeable : une étude détaillée menée sur les relations commerciales entre les États-Unis et le Mexique montre que les stratégies d'externalisation des entreprises américaines peuvent expliquer 21 à 27 % de la hausse des inégalités de salaires aux États-Unis***.

** On verra, par exemple, l'article de Mathias Thoenig et Thierry Verdier, « Une théorie de l'innovation défensive biaisée vers le travail qualifié », Économie et Statistiques, n° 363-364-365, 2003, p. 19-32.

*** Robert Feenstra et Gordon Hanson, « The Impact of Outsourcing and High-Technology Capital on Wages: Estimates for the United-States, 1979-1990 », *The Quarterly Journal of Economics*, 144, 1999, p. 907-940.

2.3 L'égalisation des prix des facteurs

Lorsque deux pays s'ouvrent au commerce international, les prix relatifs des biens convergent. Cette convergence entraîne nécessairement celle des prix relatifs des facteurs de production. Dans un monde ouvert aux échanges, il existe donc clairement une tendance à l'égalisation des prix des facteurs.

Dans le modèle théorique exposé dans ce chapitre, cette tendance à l'égalisation internationale des rémunérations doit aller jusqu'à son terme : à l'équilibre de libre-échange, les salaires et les rémunérations du capital finissent par être identiques dans les deux pays. Pour cerner la logique de ce mécanisme, il faut bien comprendre qu'au-delà d'un simple commerce de biens, la théorie des proportions de facteurs décrit en fait un échange implicite de facteurs de production.

Le pays étranger, qui souffre d'une dotation en travail relativement faible, peut en effet profiter de la main-d'œuvre abondante du pays domestique non pas en favorisant l'immigration, mais en important des biens intensif en travail. En quelque sorte, l'économie domestique exporte donc les *services* de son travail, *contenus* dans les biens intensifs en travail. De son côté, l'économie étrangère exporte en retour les services de son facteur abondant, contenus dans les biens intensifs en capital. Vu sous l'angle d'un échange implicite de *services de facteurs*, on comprend mieux pourquoi le libre-échange entraîne l'égalisation internationale des prix des facteurs : l'ouverture au commerce a des effets comparables à une libéralisation des flux internationaux de facteurs.

Cette conception du commerce est séduisante, mais elle pose un problème de taille : même si, dans de nombreux pays, la libéralisation commerciale est bien avancée, des différences importantes de prix des facteurs persistent (voir figure 5.11). Ces écarts de salaires reflètent en partie les différences de qualification de la main-d'œuvre, mais ils semblent bien trop élevés pour constituer la seule explication.

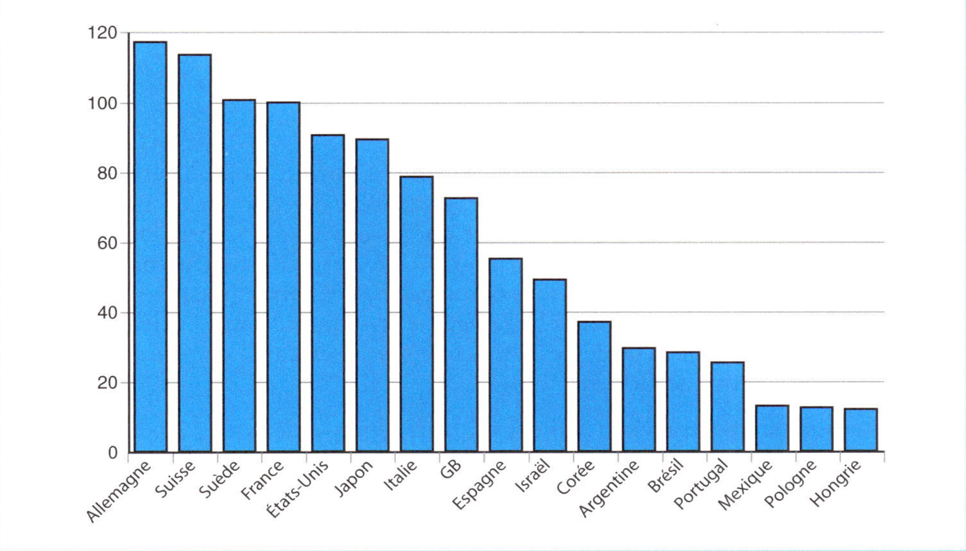

Figure 5.11 – Comparaison internationale des coûts du travail (assurances sociales incluses) en 2009 (France = 100).

Source : Bureau of Labor Statistics.

Afin de comprendre pourquoi ce modèle donne une vision tronquée de la réalité, revenons aux hypothèses qu'il avance. Trois d'entre elles, pourtant cruciales pour justifier l'égalisation des prix des facteurs, sont néanmoins fausses :

- *Les deux pays produisent simultanément les deux biens.* À la figure 5.5, qui décrit la relation entre le prix relatif des biens et des facteurs, on suppose qu'aucune des deux économies n'est entièrement spécialisée. C'est le cas uniquement si les différences de dotations relatives ne sont pas trop marquées. L'égalisation du prix des facteurs n'intervient donc que pour des pays suffisamment comparables en termes de dotations factorielles.
- *Les technologies sont partout les mêmes.* En effet, un pays qui dispose d'une certaine avance technologique a une productivité plus forte, et donc une rémunération plus élevée de tous ses facteurs de production.
- *Le commerce égalise les prix des biens dans tous les pays.* Dans la réalité, le libre-échange est rarement parfait : les coûts de transport et les protections commerciales entretiennent des différences entre les prix des biens au niveau international.

3 Vérifications empiriques du modèle Heckscher-Ohlin

Pendant près de 60 ans, le modèle Heckscher-Ohlin a occupé une place centrale dans la théorie du commerce international. Il a donc fait l'objet de nombreux travaux empiriques[8].

3.1 Le commerce international de biens comme substitut aux échanges de facteurs de production

Le contenu en facteur du commerce américain : le paradoxe de Leontief. Dans un célèbre article publié en 1953, Wassily Leontief (prix Nobel d'économie en 1973) a étudié la structure du commerce américain. Il a montré que les exportations des États-Unis étaient moins intensives en capital que ses importations[9]. Ce résultat est surprenant puisque ce pays était, à la fin de la Seconde Guerre mondiale, une économie prospère et visiblement bien dotée en capital (ce qui est encore largement le cas aujourd'hui). Cette étude, connue sous le nom de **paradoxe de Leontief**, est donc une remise en cause empirique profonde de la théorie des proportions de facteurs.

Comment expliquer ce paradoxe ? S'il existait une réponse définitive à cette question, il n'y aurait plus de paradoxe. Nous devons donc nous contenter de dégager quelques hypothèses.

---

8. Pour une revue de la littérature sur le sujet, voir Donald Davis et David Weinstein, « An Account of Global Factor Trade », *National Bureau of Economic Research Working Paper*, n° 6785, 1998 ; Alan Deardoff, « Testing Trade Theories and Predicting Trade Flows », dans Ronald Jones et Peter Kenen (eds), *Handbooks of International Economics*, vol. 1, North-Holland, Amsterdam, 1984.
9. Wassily Leontief, « Factor Proportions and the Structure of American Trade: Further Theoretical and Empirical Analysis », *The Review of Economics and Statistics*, 38(4), p. 386-407.

Une explication plausible serait que les États-Unis, au-delà de leur dotation relative en capital, disposent d'un avantage particulier dans la production de biens nouveaux ou novateurs sur le plan technologique. Ces produits sont relativement moins intensifs en capital que ceux dont la technologie est plus mature, et qui sont devenus des biens de consommation de masse. Les États-Unis exporteraient donc des biens nécessitant du travail qualifié et un esprit d'entreprise innovant, et importeraient des biens d'équipement (par exemple, des automobiles ou des navires), intensifs en capital.

De nombreux économistes ont confirmé cette hypothèse. Ils se sont lancés, à la suite de Leontief, dans l'analyse empirique du contenu en facteur du commerce américain. Le tableau 5.1 détaille les résultats obtenus par Robert Baldwin, qui s'est appuyé sur des statistiques de 1962. Il compare les quantités de facteurs utilisées pour produire un million de dollars de biens d'exportation et un million de dollars de biens d'importation. Comme le montrent les deux premières lignes du tableau, le paradoxe de Leontief était toujours présent en 1962, puisque la proportion de capital par rapport au travail des exportations était inférieure à celle des importations. Toutefois, le reste du tableau permet de relativiser ce résultat. Dès lors que l'on introduit une distinction entre le travail qualifié et non qualifié, les exportations américaines sont plus intensives en main-d'œuvre qualifiée et en savoir technologique que ses importations. Ces conclusions ne sont en rien paradoxales : elles correspondent bien à l'idée que l'on se fait des avantages comparatifs des États-Unis[10].

Tableau 5.1 : Contenu en facteur des exportations et des importations américaines en 1962

	Importations	Exportations
Capital ($) par million de dollars	2 132 000 $	1 876 000 $
Travail (personne/année) par million de dollars	119	131
Ratio capital/travail (dollars par travailleur)	17 916 $	14 231 $
Nombre moyen d'années d'éducation par travailleur	9,9189	10,1
Proportion d'ingénieurs et de scientifiques dans la main-d'œuvre	0,0189	0,0255

Source : Robert Baldwin, « Determinants of the Commodity Structure of US Trade », *American Economic Review*, 61, mars 1971, p. 126-145.

10. Les études plus récentes ont souligné la disparition progressive du paradoxe de Leontief à partir du début des années 1970. Voir par exemple Robert Stern et Keith Maskus, « Determinants of the Structure of US Foreign Trade, 1958-76 », *Journal of International Economics*, 11, mai 1981, p. 207-224. Ces études montrent cependant que le capital humain reste un déterminant important des exportations américaines.

Les analyses plus générales du modèle Heckscher-Ohlin. L'étude empirique, réalisée par Harry Bowen, Edward Leamer et Leo Sveikauskas[11], propose un test plus général du modèle Heckscher-Ohlin. Le principe repose sur l'idée que le commerce international n'est finalement qu'un échange implicite de services de facteurs de production. Ainsi, si l'on calcule le contenu en facteur des exportations et des importations de chaque pays, on s'attend à ce qu'ils soient exportateurs nets des facteurs dont ils sont relativement bien dotés, et importateurs nets de ceux dont ils sont faiblement dotés.

Le tableau 5.2 montre l'un des tests clés de Bowen *et al.* Pour un échantillon de 27 pays et de 12 facteurs de production, les auteurs calculent la part de chaque pays dans la dotation mondiale de chacun des facteurs. Ils comparent ensuite ces ratios avec la part de chaque pays dans le revenu mondial. Si les conclusions du modèle Heckscher-Ohlin sont exactes, alors un pays devrait toujours exporter les services des facteurs dont la part excède sa part des revenus mondiaux (c'est-à-dire ceux pour lesquels sa dotation relative est plus que proportionnelle à la taille de son économie) et importer ceux dont la part est inférieure. Les résultats sont assez décevants : pour la plupart des facteurs (les deux tiers), le contenu en facteur du commerce ne correspond aux dotations relatives que dans moins de 70 % des cas[12].

Tableau 5.2 : Un test du modèle Heckscher-Ohlin

Facteurs de production	Pouvoir de prédiction*
Capital	0,52
Travail	0,67
Travailleurs spécialisés	0,78
Cadres	0,22
Employés de bureau	0,59
Commerciaux	0,67
Employés de service	0,67
Employés agricoles	0,63
Employés de production	0,70
Terre arable	0,70
Pâturages	0,52
Forêts	0,70

* Proportion de pays pour lesquels les exportations nettes de facteurs vont dans la bonne direction.

Source : Bowen, Leamer et Sveikauskas, « Multicountry, Multifactor Tests of the Factor Abundance Theory », *American Economic Review*, 77, décembre 1987, p. 791-809.

11. Bowen, Leamer et Sveikauskas, « Multicountry, Multifactor Tests of the Factor Abundance Theory », *American Economic Review*, 77, décembre 1987, p. 791-809.
12. C'est peu, en effet : le hasard parfait aurait donné, en moyenne, 50 % de bonnes réponses.

L'étude menée par Bowen *et al.* confirme donc le résultat de Leontief : le modèle factoriel peine à expliquer efficacement la structure globale du commerce international. Cependant, lorsqu'on se concentre sur le commerce Nord-Sud de biens manufacturés, il apparaît clairement que les biens exportés de part et d'autre sont d'une nature différente. À l'évidence, les biens exportés par la triade sont plus sophistiqués et intensifs en travail qualifié, alors que les exportations chinoises sont encore largement constituées de produits plus simples, intensifs en main-d'œuvre peu qualifiée. Le modèle Heckscher-Ohlin semble donc s'appliquer à la question du commerce Nord-Sud, comme le confirment d'ailleurs la plupart des études empiriques plus rigoureuses[13].

Il faut cependant noter que si ce modèle explique correctement les échanges entre les pays riches et ceux en développement, il ne parvient pas à décrire avec précision le commerce mondial : le commerce Nord-Sud de produits manufacturés ne représente, en effet, qu'environ 10 % du commerce total.

Le mystère du commerce manquant. Dans un article particulièrement remarquable, Daniel Trefler[14] a mis en lumière un problème ignoré jusqu'alors des analyses empiriques du modèle Heckscher-Ohlin. Il part du fait que si l'on considère le commerce de biens comme un moyen indirect d'échanger des services de facteurs, cela implique des prédictions non seulement en termes de direction, mais aussi de volume des échanges. Or, son étude empirique montre que le commerce de services de facteurs est en réalité beaucoup plus faible que ce que prédit le modèle Heckscher-Ohlin. Autrement dit, il manque dans les statistiques une partie du commerce mondial prédit par la théorie.

Une des raisons principales de ce commerce manquant provient du fait que la théorie prédit des flux particulièrement importants de services travail entre les pays riches et les pays pauvres. En effet, l'Union européenne, par exemple, représente près de 30 % du PIB mondial, mais à peine plus de 7 % de la population de la planète. Selon le modèle Heckscher-Ohlin, les importations européennes de services travail, contenus dans les biens importés, devraient compenser exactement le déficit de l'Union en ce facteur. Cela correspond à des volumes d'importation gigantesques, dont la production nécessiterait d'employer quatre fois plus de travailleurs que n'en compte la population active européenne.

Daniel Trefler ne rejette pas pour autant le modèle Heckscher-Ohlin. Il montre que le mystère du commerce manquant peut s'expliquer en partie par l'hypothèse d'identité internationale des technologies. L'idée sous-jacente est la suivante : si les travailleurs des pays développés sont beaucoup plus efficaces que ceux du Sud, alors l'offre *effective* de travail est en fait beaucoup plus importante dans les pays du Nord qu'elle n'y paraît. Si la technologie dont disposent les économies du Nord permet à leurs travailleurs d'avoir une productivité deux, dix ou même trente fois supérieure à celle des travailleurs du Sud, alors la dotation en travail sur laquelle peut effectivement s'appuyer la production au Nord doit être multipliée par deux, dix ou trente. En supposant que les différences de technologies entre les pays

13. Adrian Woods, « Give Heckscher and Ohlin a Chance ! », *Weltwirtschaftliches Archiv*, 130, janvier 1994, p. 20-49.

14. Daniel Trefler, « The Case of the Missing Trade and Other Mysteries », *American Economic Review*, 85, décembre 1995, p. 1029-1046.

prennent une forme multiplicative simple[15], Trefler calcule l'efficacité relative de la production dans différents pays à partir des flux de commerce observés. Le tableau 5.3, qui montre les résultats qu'il obtient pour un échantillon de pays, suggère que ces différences sont effectivement très prononcées. Notons qu'il est possible que les différences de technologies entre les pays ne sont pas simplement uniformes d'un secteur à l'autre, comme le suppose Daniel Trefler : elles peuvent être, pour certains pays, très marquées dans des secteurs particuliers et bien moins prononcées dans d'autres. Dans ce cas, le modèle théorique le plus proche de la réalité serait un mélange des modèles Heckscher-Ohlin et ricardien.

Tableau 5.3 : Efficacité technologique estimée en 1983 (États-Unis = 1)

Pays	Niveau d'efficacité technologique par rapport aux États-Unis
Bangladesh	0,03
Thaïlande	0,17
Hong Kong	0,40
Belgique	0,65
Japon	0,70
France	0,74
Ex-RFA	0,78

Source : Trefler, *American Economic Review*, décembre 1995, p. 1037.

3.2 La structure du commerce Nord-Sud

Les études évoquées ci-dessus semblent montrer que le modèle Heckscher-Ohlin, dans sa forme la plus simple, ne parvient pas à décrire correctement la structure de tous les échanges mondiaux. Pourtant, ce modèle qui explique le commerce par l'existence de différences de dotation factorielle entre les pays amène à des prédictions très réalistes quant à la structure du commerce Nord-Sud. Ainsi, dès lors qu'on se focalise sur les échanges entre pays qui ont des dotations relatives très différentes, le pouvoir explicatif du modèle Heckscher-Ohlin semble bien meilleur.

C'est ce que montre la figure 5.12, extraite des travaux de John Romalis. Cette figure compare la structure des importations américaines en provenance du Bangladesh, où le niveau d'éducation des travailleurs est particulièrement faible, avec celle de l'Allemagne, qui dispose au contraire d'une main-d'œuvre très qualifiée. Tous les produits exportés sont classés, de gauche à droite, selon leur intensité relative en travail qualifié, et le poids de ces biens dans le commerce des deux pays est reporté sur les axes verticaux. Conformément aux prédictions théoriques, il apparaît que le Bangladesh contribue très largement aux importations américaines de biens faiblement intensifs en travail qualifié (comme le textile), mais beaucoup moins en ce qui concerne les biens plus complexes, qui requièrent davantage

15. C'est-à-dire qu'une quantité donnée de facteurs de production ne permet de produire, dans un pays du Sud, que δ fois ce que pourraient produire ces mêmes facteurs aux États-Unis ($0 < \delta < 1$).

de travailleurs éduqués. Logiquement, la structure des exportations allemandes suit une hiérarchie presque parfaitement symétrique.

Les spécialisations des pays qui ont connu un bouleversement rapide de leurs dotations relatives correspondent aussi aux prédictions du modèle Heckscher-Ohlin. La figure 5.13 montre l'évolution des importations américaines en provenance des pays d'Europe occidentale, du Japon et des quatre nouveaux pays industrialisés d'Asie (Corée du Sud, Taïwan, Hong Kong et Singapour). En 1960, les quatre petits « dragons » asiatiques accusaient encore un retard de développement très net, ce qui se retrouvait dans la structure de leur commerce extérieur : ces pays étaient fortement spécialisés dans les secteurs intensifs en main-d'œuvre non qualifiée, au contraire des pays européens et, dans une moindre mesure, du Japon. Dans les années qui ont suivi, les pays asiatiques ont réussi à accroître rapidement le niveau de qualification de leur main-d'œuvre, et leurs spécialisations sont le reflet de cette progression. Le Japon a totalement comblé son retard de développement et, en 1998, la structure de ses exportations est parfaitement comparable à celle des puissances européennes. De la même façon, la hausse du niveau d'éducation dans les nouveaux pays industrialisés d'Asie a fait que la spécialisation de ces pays ressemble, à la fin du XXe siècle, à celle qu'avait le Japon 30 ans auparavant.

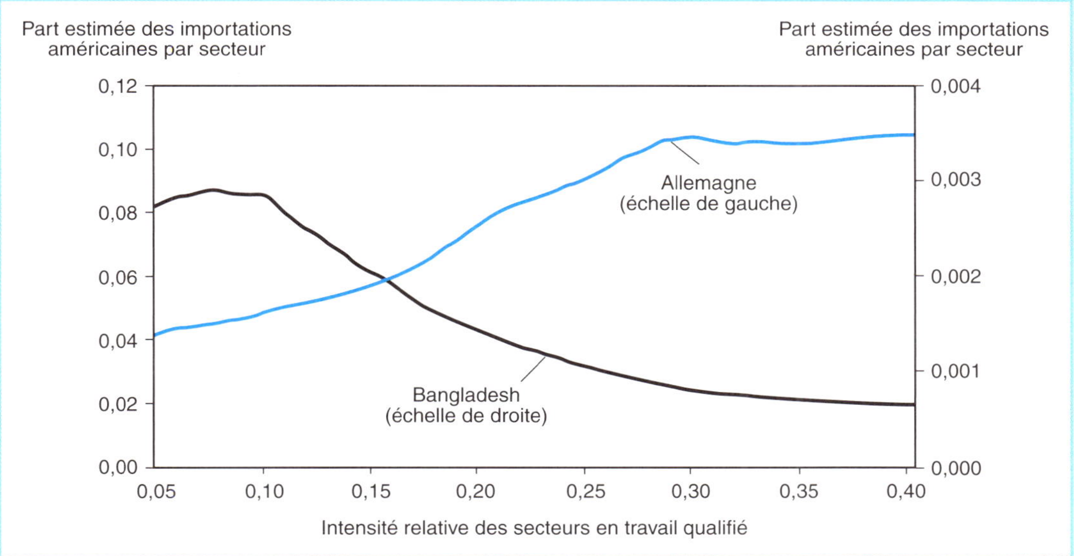

Figure 5.12 – Intensité relative en travail qualifié et structure des importations américaines en provenance d'Allemagne et du Bangladesh.

Source : John Romalis, « Factor Proportions and the Structure of Commodity Trade », *American Economic Review*, n° 94(1), p. 67-97, 2004*.

* *Skill Intensity and the Pattern of U.S. Imports from two countries.*

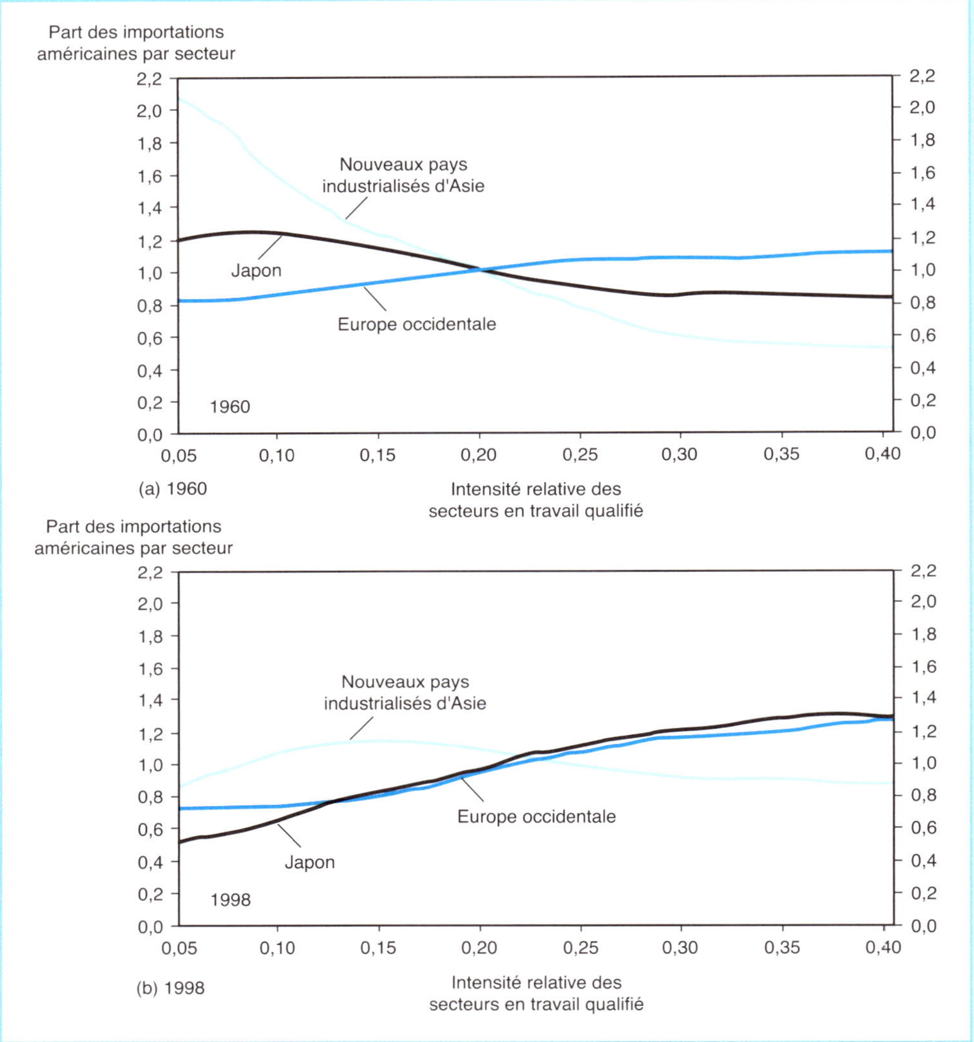

Figure 5.13 – Développement économique et évolution des avantages comparatifs.

4 Les implications de ces analyses empiriques

Les résultats des analyses empiriques du modèle Heckscher-Ohlin sont pour le moins mitigés, ce qui place les économistes internationaux dans une position difficile. Les prédictions centrales du modèle ricardien sont globalement validées par les études empiriques (voir chapitre 3). Cependant, par de nombreux aspects, ce modèle est trop simple et limité pour constituer une base théorique solide sur laquelle s'appuyer afin d'expliquer l'ensemble des questions relatives au commerce international. À l'inverse, le modèle Heckscher-Ohlin a longtemps occupé une place centrale dans la théorie du commerce, car il permet d'aborder en même temps les questions des spécialisations, de l'échange et de la distribution des revenus. Mais les conclusions élémentaires de ce modèle théorique, plus complexe et nuancé, sont partiellement (mais pas totalement !) rejetées par les analyses empiriques.

Cependant, si le modèle Heckscher-Ohlin a eu moins de succès pour expliquer la structure réelle des échanges internationaux, il reste indispensable à la compréhension des conséquences du libre-échange, et notamment l'impact du commerce Nord-Sud sur la distribution des revenus. Enfin, les succès et les échecs de ces modèles théoriques suggèrent que la réalité ne peut pas être cernée par un outil théorique unique. La complexité des mécanismes qui guident le développement du commerce mondial répond sans doute à une multitude de déterminants. Les économistes doivent par conséquent s'appuyer simultanément sur les différents modèles théoriques. C'est d'ailleurs le sens du résultat empirique avancé par Daniel Trefler : le modèle Heckscher-Ohlin ne parvient à expliquer correctement la structure du commerce qu'à condition d'emprunter au modèle ricardien l'hypothèse des différences internationales de productivité.

Résumé

Ce chapitre développe un modèle qui permet de comprendre le rôle des dotations factorielles dans le commerce international. Il présente deux biens, qui diffèrent de par leur *intensité factorielle* : pour un niveau donné de rémunération relative des facteurs, un secteur utilisera toujours relativement plus l'un des deux facteurs.

Tant qu'un pays produit ces deux biens, il existe une relation unique entre les prix relatifs des *biens* et ceux des *facteurs de production*. Une augmentation du prix relatif du bien intensif en travail se traduit par une hausse relative de la rémunération du travail. Cette réaction est suffisamment forte pour que le salaire réel augmente, alors que la rémunération réelle de l'autre facteur de production diminue.

Une augmentation de l'offre d'un seul facteur de production accroît les possibilités de production, mais de façon *biaisée*. À prix relatifs des biens inchangés, la production du bien intensif dans ce facteur augmente, tandis que celle de l'autre bien diminue.

Un pays qui possède l'un de ces deux facteurs en quantité relativement importante est *abondant* dans ce facteur. Chaque pays tend à produire relativement plus de biens qui utilisent intensément leur facteur abondant. Ce résultat constitue la base du modèle Heckscher-Ohlin.

Comme les changements dans les prix relatifs des biens ont des effets importants sur les rémunérations relatives des facteurs de production, et que les échanges modifient les prix relatifs, le commerce international influe fortement sur la distribution des revenus. Dans chaque pays, les détenteurs du facteur abondant gagnent à l'ouverture au commerce, alors que les détenteurs du facteur rare y perdent. Bien qu'il existe des gagnants et des perdants au commerce, ce dernier génère un gain positif dans le sens où les premiers peuvent offrir des compensations aux seconds, tout en conservant un bien-être plus élevé qu'en autarcie.

Le modèle prédit que l'ouverture au commerce doit engendrer une égalisation parfaite des prix de facteurs entre les pays. Dans la réalité, d'importantes différences de rémunération persistent. Cela s'explique par le fait que les différences de dotation en facteur peuvent être très importantes, par la persistance de barrières aux échanges ou encore par la présence de différences de technologie entre les pays.

Les résultats empiriques du modèle Heckscher-Ohlin sont mitigés. Au final, ils ne permettent pas de conclure que les différences de dotations peuvent expliquer à elles seules la structure du commerce mondial. Il faut également tenir compte des différences technologiques sur le plan international pour que cette théorie des proportions de facteurs ait un pouvoir explicatif substantiel. Toutefois, les prédictions du modèle Heckscher-Ohlin quant à la structure du commerce entre pays développés et en développement sont tout à fait réalistes.

Activités

1. Considérons une situation, semblable à celle décrite à la figure 5.1, où les facteurs de production ne sont pas substituables. Supposons les données suivantes :

$$a_{KV} = 2\ ;\ a_{LV} = 2\ ;\ a_{KN} = 3\ ;\ a_{LN} = 1$$

L'économie dispose de 3 000 unités de capital et 2 000 unités de travail.

a. Pour quelle(s) valeur(s) du prix relatif des vêtements l'économie peut-elle produire simultanément les deux biens ? On supposera à partir de maintenant que cette condition est vérifiée.

b. Écrivez le coût unitaire de production d'une unité de vêtement et d'une unité de nourriture comme des fonctions du prix du capital, r, et du salaire, w. En rappelant qu'en concurrence parfaite ces coûts unitaires doivent être égaux aux prix des biens, déterminez les prix des facteurs r et w.

c. Comment évoluent les prix de facteurs lorsque le prix des vêtements augmente ? Déterminez qui sont les gagnants et les perdants à ce changement de prix et expliquez pourquoi. Est-ce que ce résultat est conforme à celui qu'on attend d'un modèle comparable mais qui supposerait que les facteurs sont substituables ?

d. Supposons maintenant que le stock de capital passe de 3 000 unités à 4 000 unités. Tracez la nouvelle frontière des possibilités de production.

e. Combien d'unités de vêtements et de nourriture l'économie produit-elle dans ce cas ?

f. Décrivez l'évolution de la répartition des facteurs de production entre les secteurs suite à ce changement. Est-ce conforme à ce qu'on attend d'un modèle à facteurs substituables ?

2. En France, où la terre est relativement abondante, le ratio terre/travail utilisé dans la production de lait est supérieur à celui utilisé dans la culture du blé. Mais dans certains pays, comme les Pays-Bas, où la terre est relativement chère, on produit du lait en utilisant un ratio terre/travail plus faible que celui adopté par les producteurs français de blé. Peut-on néanmoins affirmer que la production laitière est relativement intensive en terre par rapport à la culture du blé ? Pourquoi ?

3. On suppose qu'aux prix des facteurs actuels, la production de vêtements requiert 20 heures de travail par hectare de capital, contre seulement 5 heures pour celle de nourriture.

a. On suppose que les ressources totales de l'économie s'élèvent à 600 heures de travail et 60 hectares de capital. Déterminez l'allocation des ressources à l'aide d'un diagramme.

b. Supposons maintenant que l'offre de travail augmente et passe progressivement à 800, puis à 1 000 et enfin à 1 200 heures. En utilisant un diagramme comme celui de la figure 5.7, tracez les effets de ces changements successifs d'allocation des ressources.

c. Que se passerait-il si l'offre de travail augmentait encore ?

4. En France, comme dans beaucoup de pays européens, le taux de syndicalisation des cadres, et plus généralement des travailleurs hautement qualifiés, reste faible. Les syndicats représentent donc avant tout les travailleurs faiblement qualifiés. Ils défendent souvent des positions en faveur de la limitation des importations en provenance des pays à bas salaires. Cette inclinaison est-elle rationnelle, au vu des intérêts des travailleurs syndiqués ?

5. Certains pays émergents, comme l'Inde, ont connu récemment un essor de leur industrie informatique. Cette évolution a conduit à une dégradation de la situation des informaticiens dans les pays développés.

a. Comment cela est-il possible alors que, dans le même temps, le taux de chômage des non-qualifiés a augmenté beaucoup plus fortement que celui des qualifiés dans les pays développés ?

b. Si les informaticiens des pays développés sont durement touchés par le chômage, faut-il limiter les importations de logiciels produits dans les pays émergents ?

6. Pourquoi le paradoxe de Leontief et les résultats plus récents de Bowen, Leamer et Sveikauskas contredisent-ils la théorie des proportions de facteurs ? Faut-il rejeter pour autant ce cadre théorique ?

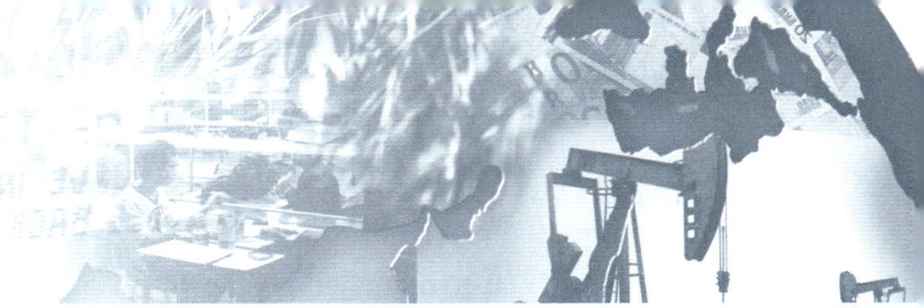

Annexe du chapitre 5

Prix des facteurs, prix des biens et choix des facteurs de production

La figure 5.4 montre que le ratio travail/capital utilisé dans chaque secteur dépend du ratio des rémunérations, w/r. La figure 5.5 présente, quant à elle, une relation unique entre le prix relatif des biens, P_V/P_N, et le ratio des rémunérations des facteurs, w/r. Cette annexe démontre brièvement les deux propositions.

Le choix des techniques de production

La figure 5A.1 illustre de nouveau l'arbitrage entre les quantités de travail et de capital nécessaires à la production d'une unité de nourriture. L'isoquante unitaire, qui représente l'ensemble des paniers de facteurs qu'il est possible d'utiliser pour produire une unité de nourriture, est représentée par la courbe II. Afin de produire cette unité de nourriture, il faut utiliser a_{LN} unités de travail et a_{KN} unités de capital. Le coût total de cette production, c, s'écrit donc :

$$c = w\, a_{LN} + r\, a_{KN}$$

soit :

$$a_{KN} = (c/r) - (w/r)\, a_{LN}$$

Cette équation définit une droite d'isocoût (l'ensemble des paniers de facteurs correspondant au même coût total). Il s'agit bien d'une droite de pente $-w/r$.

La figure 5A.1 présente une famille de droites d'isocoût. Les plus éloignées de l'origine sont celles qui correspondent aux coûts totaux les plus élevés. La minimisation des coûts de production (étant donné la technologie représentée par la courbe II) conduit les producteurs à choisir de produire au point 1, où II est tangente à la droite d'isocoût et où la pente de II est égale à $-w/r$.

Comment les producteurs réagissent-ils aux variations des prix relatifs des facteurs ? À la figure 5A.2, on voit qu'un prix relatif du travail plus faible, $(w/r)^1$, amène logiquement à choisir un ratio travail/capital plus faible.

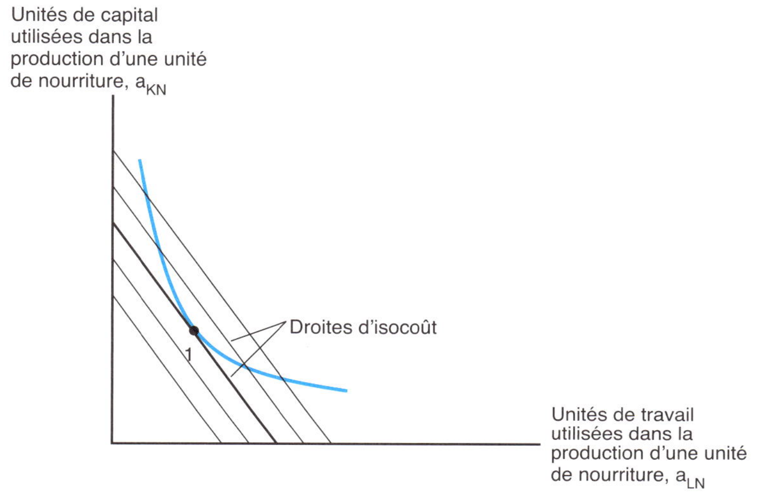

Figure 5A.1 – Le choix du ratio travail/capital optimal.

Pour minimiser le coût de la production d'une unité de bien, un producteur doit se situer sur la droite d'isocoût la plus basse possible. Cela revient à choisir le point sur l'isoquante unitaire (la courbe *II*) où la pente est égale, en valeur absolue, au ratio des rémunérations de facteurs, *w/r*.

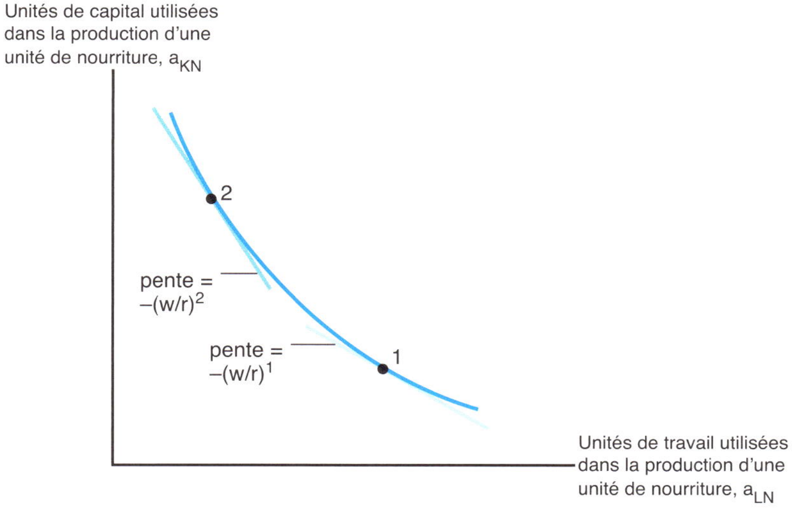

Figure 5A.2 – Changement des rémunérations relatives des facteurs.

Une augmentation de *w/r* déplace la combinaison de facteurs de production optimale du point 1 au point 2. Cela amène à choisir un ratio travail/capital plus élevé.

Prix des biens et prix des facteurs

Observons maintenant la relation entre les prix des biens et des facteurs[16].

La figure 5A.3 montre l'utilisation des facteurs travail et capital dans la production de vêtements et de nourriture. Contrairement aux figures précédentes, qui représentaient les facteurs nécessaires à la production d'une unité de bien, celle-ci illustre les facteurs qui permettent de produire un euro de bien. Ainsi, l'isoquante unitaire *VV* montre toutes les combinaisons de facteurs nécessaires à la production de $1/P_V$ unités de vêtements, tandis que *NN* montre celles qui permettent de produire $1/P_N$ unités de nourriture. La production de nourriture est intensive en capital : pour n'importe quel ratio *w/r*, le nombre d'unités de capital par unité de travail est plus élevé dans ce secteur que dans celui des vêtements.

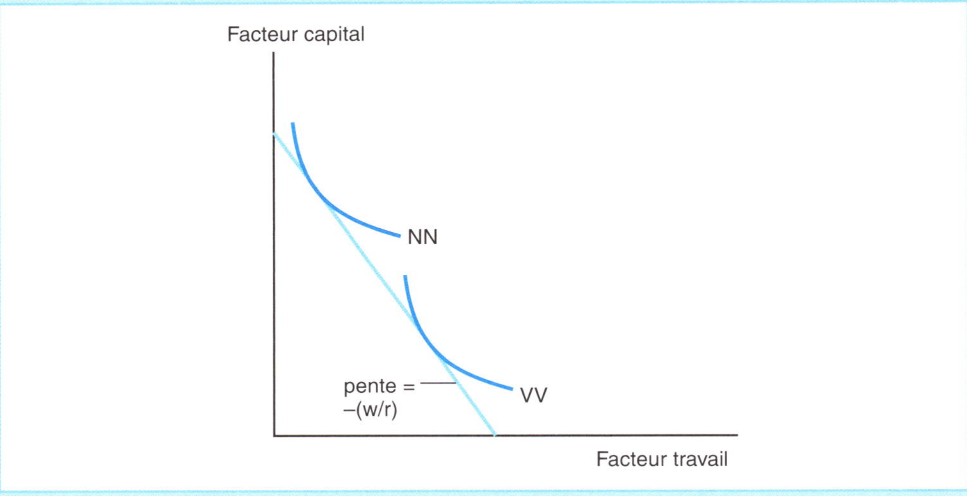

Figure 5A.3 – La détermination du ratio des rémunérations de facteurs, *w/r*.

Les deux isoquantes *VV* et *NN* montrent respectivement les facteurs de production nécessaires à la production d'un euro de vêtements et de nourriture. À l'équilibre, la valeur de la production est tout juste égale à son coût. Cela signifie que le ratio des rémunérations de facteurs, *w/r*, doit être égal à la valeur absolue de la pente d'une droite tangente aux deux isoquantes.

À l'équilibre, si l'économie produit les deux biens, le coût de production de chaque bien doit être égal à un euro. Pour chaque secteur, la pente de la droite d'isocoût unitaire, qui est tangente aux deux isoquantes, doit être égale à l'opposé du ratio des rémunérations des facteurs : –w/r.

Enfin, si le prix des vêtements augmente, il faut produire moins d'unités de vêtements pour obtenir une valeur de la production équivalente à un euro. Dès lors, l'isoquante unitaire pour les vêtements se déplace vers le bas : à la figure 5A.4, elle glisse de VV^1 à VV^2. Puisque

16. On suit ici l'analyse développée par Abba Lerner dans les années 1930.

la pente de la droite d'isocoût augmente, le nouveau ratio des rémunérations est par conséquent plus élevé que précédemment. Un prix relatif des vêtements plus élevé implique donc aussi un ratio de rémunération du travail par rapport au capital plus élevé.

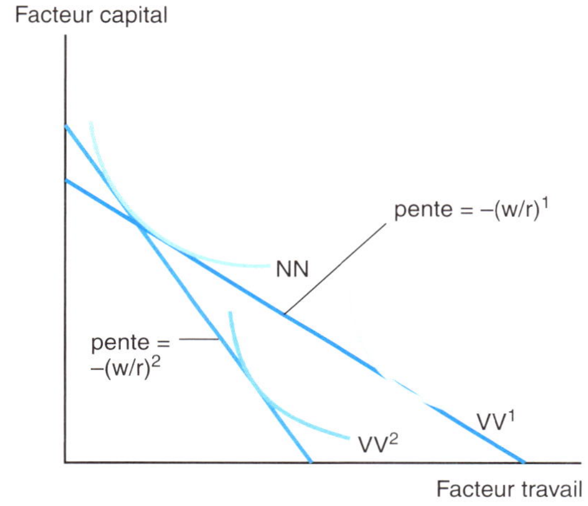

Figure 5A.4 – L'effet de l'augmentation du prix des vêtements.

Si le prix des vêtements augmente, un euro de vêtement correspond à une quantité plus faible de produit. L'isoquante unitaire passe donc de VV^1 à VV^2. Cela implique que le ratio des rémunérations des facteurs augmente de $(w/r)^1$ à $(w/r)^2$.

Chapitre 6

Le modèle standard et les termes de l'échange

Objectifs pédagogiques :

- Déterminer la structure du commerce international, en fonction des caractéristiques de l'offre et de la demande des différents pays (c'est-à-dire des frontières des possibilités de production, des droites d'isovaleur et des courbes d'indifférence).
- Définir l'impact des variations des termes de l'échange et de la croissance économique sur le bien-être des économies ouvertes aux échanges.
- Étudier les effets des droits de douane et des subventions sur la structure du commerce international, le bien-être des économies et la distribution des revenus à l'intérieur des pays.
- Discuter des conséquences des choix intertemporels de consommation des nations et des conséquences des prêts et emprunts internationaux.

Pour faire ressortir clairement des déterminants fondamentaux du commerce international, les modèles présentés dans les chapitres précédents faisaient appel à des hypothèses différentes et très simplificatrices :

- Le modèle ricardien (voir chapitre 3) ne considérait l'existence que d'un seul facteur de production et faisait reposer les avantages comparatifs sur les différences de technologie. Il est très utile pour bien comprendre le concept d'avantages comparatifs, mais ne permet pas d'étudier les conséquences du commerce international sur les différents types de populations.
- Le modèle à facteurs spécifiques (voir chapitre 4) introduit plusieurs facteurs de production. Les avantages comparatifs sont fonction des dotations relatives en facteur. Ce modèle permet de mettre en évidence l'impact du commerce sur la distribution des revenus à court terme.
- Le modèle Heckscher-Ohlin (voir chapitre 5), à l'inverse du précédent, suppose que tous les facteurs sont mobiles d'un secteur à l'autre. Il met en relief les conséquences à long terme du commerce international sur la distribution des revenus.

Il est évident qu'aucun de ces modèles ne correspond à la réalité. Pour analyser des problèmes concrets, il est donc généralement nécessaire de s'appuyer sur des cadres théoriques les plus généraux possibles, qui mélangent plusieurs modèles. Ainsi, au cours des années 1990, le développement massif des exportations des nouveaux pays industrialisés a fortement marqué le commerce mondial. Comment rendre compte de ce phénomène ? Dans la mesure où ce développement est dû à une forte augmentation de la productivité dans ces pays, on pense au modèle ricardien. Mais en même temps, l'essor de leur capacité d'exportation de biens manufacturés n'a pas eu les mêmes conséquences sur les différents types de travailleurs dans les pays développés. Le cadre théorique le plus pertinent pour étudier cette question est alors le modèle Heckscher-Ohlin.

Il nous faut donc produire un outil de réflexion théorique plus général qui s'appuie sur les bases communes à tous nos modèles :

1. La capacité de production d'une économie est représentée par sa frontière des possibilités de production, et les différences de pente entre les frontières des différents pays constitue la motivation des échanges internationaux.
2. Les possibilités de production déterminent la courbe d'offre relative d'un pays. L'agrégation des offres relatives de l'ensemble des pays définit l'offre relative mondiale.
3. L'équilibre mondial est déterminé par la confrontation de la demande et de l'offre relatives mondiales.

Le présent chapitre expose un modèle « standard » de commerce international qui reprend ces éléments et dont les modèles présentés aux cours des trois chapitres précédents sont en réalité des cas particuliers. Ce modèle peut s'appliquer à différentes questions d'économie internationale qui ne dépendent pas spécifiquement des conditions de l'offre dans chacun des pays : l'effet de la croissance dans une économie ouverte, et les conséquences de l'imposition d'un droit de douane ou d'une subvention d'exportation.

Nous verrons que les conséquences de ces bouleversements sur le bien-être des pays dépendent essentiellement de leurs effets sur les prix relatifs des biens exportés. Dans le modèle standard de commerce international, les **termes de l'échange**, définis comme le prix des exportations d'un pays divisé par le prix de ses importations, conditionnent en effet l'ampleur des gains à l'échange. Tout événement ou politique économique qui tend à accroître les termes de l'échange d'un pays lui sera bénéfique. Inversement, une dégradation des termes de l'échange s'accompagnera d'une perte de bien-être.

1 Un modèle standard de commerce international

Le **modèle standard de commerce** est construit autour de quatre relations clés :

1. la relation entre la frontière des possibilités de production et la courbe d'offre relative ;
2. la relation entre les prix relatifs et la demande relative ;
3. la détermination de l'équilibre mondial à l'aide des offres et des demandes relatives ;
4. l'effet des termes de l'échange (c'est-à-dire le prix des exportations d'un pays divisé par le prix de ses importations) sur le bien-être d'une nation.

1.1 Frontière des possibilités de production, droites d'isovaleur et offre relative

On supposera, en raison des objectifs du modèle présenté ici, que chaque pays produit deux biens, la nourriture *N* et les vêtements *V*, et que la frontière des possibilités de production de chaque pays est représentée par une fonction continue et concave, ici *PP* à la figure 6.1.

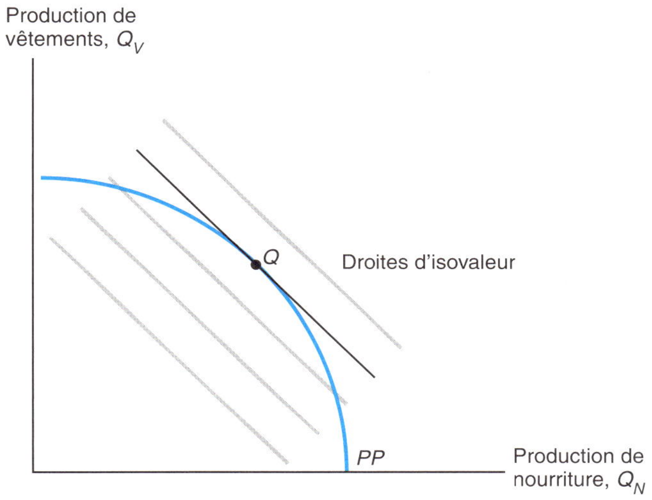

Figure 6.1 – Les prix relatifs déterminent la production de l'économie.
Une économie dont la frontière des possibilités de production est *PP* produira au point *Q*, sur la droite d'isovaleur la plus élevée que l'économie peut atteindre, compte tenu du prix relatif des biens.

Le point de production d'équilibre dépend du prix relatif des vêtements par rapport à la nourriture (P_V/P_N). Pour un prix relatif donné, les quantités produites de chaque bien (Q_V et Q_N) seront celles qui maximisent la valeur totale de la production, $P_V\,Q_V + P_N\,Q_N$. On peut représenter cette valeur totale en traçant une série de droites parallèles qu'on appelle **droites d'isovaleur** – c'est-à-dire des droites le long desquelles la valeur de la production Y reste fixe. Chacune de ces droites parallèles est alors définie par une valeur donnée de Y et une équation de la forme : $Y = P_V\,Q_V + P_N\,Q_N$. Lorsqu'on arrange un peu les termes, cette équation devient : $Q_N = Y/P_N - (P_V/P_N)Q_V$. Plus une droite d'isovaleur est éloignée de l'origine, plus le niveau de production, Y, est élevé. La pente des droites d'isovaleur, en valeur absolue, est égale au prix relatif des vêtements (P_V/P_N). L'économie produira au point où la valeur de sa production est maximale. À la figure 6.1, cela correspond au point Q, point de tangence entre la frontière des possibilités de production *PP* et la droite d'isovaleur la plus élevée possible.

Supposons à présent que P_V/P_N augmente (les vêtements deviennent relativement plus chers). Les droites d'isovaleur sont alors plus inclinées. À la figure 6.2a, la droite d'isovaleur la plus élevée que l'économie peut atteindre avant le changement de prix relatifs P_V/P_N est représentée par YY^1. Après ce changement de prix, la droite d'isovaleur la plus élevée que l'économie peut atteindre est YY^2. Le point de production de l'économie passe ainsi de Q^1 à Q^2. Il apparaît alors logiquement qu'une augmentation du prix relatif des vêtements entraîne une augmentation de leur production et une diminution de celle de nourriture. Cette relation entre le prix relatif des biens et l'offre relative est représentée à la figure 6.2b.

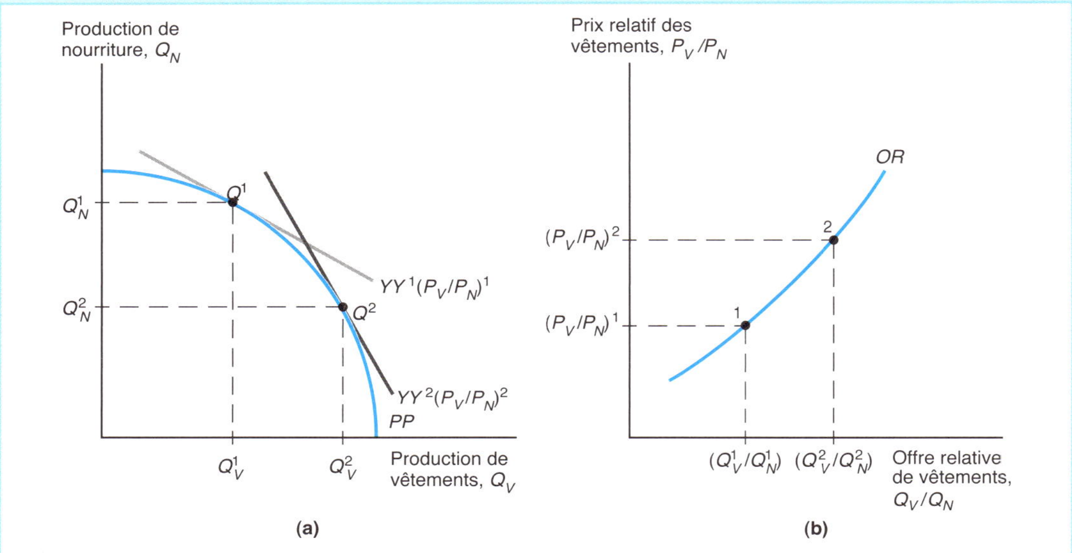

Figure 6.2 – L'impact d'un changement des prix relatifs sur l'offre relative.

La pente de la droite d'isovaleur augmente lorsque le prix relatif des vêtements augmente de $(P_V/P_N)^1$ à $(P_V/P_N)^2$ (passage de la droite YY^1 à la droite YY^2). De ce fait, l'équilibre de production passe de Q^1 à Q^2 : l'économie produit plus de vêtements et moins de nourriture. Ainsi, l'accroissement du prix relatif des vêtements entraîne une hausse de l'offre relative de vêtements ; c'est ce qu'illustre le diagramme de droite.

1.2 Prix relatifs et demande relative

La figure 6.3 représente la relation entre la production, la consommation et le commerce dans le modèle standard. Comme on l'a vu au chapitre 5, la valeur de la consommation d'une économie doit être égale à la valeur de sa production :

$$Y = P_V Q_V + P_N Q_N = P_V D_V + P_N D_N$$

où D_V et D_N représentent respectivement les consommations de vêtements et de nourriture. L'équation ci-dessus signifie que la production et la consommation doivent se situer sur la même droite d'isovaleur. À l'équilibre, les préférences des consommateurs permettent de définir un point de la droite d'isovaleur qui correspond au panier de biens désiré par l'ensemble des consommateurs de l'économie.

Nous faisons ici l'hypothèse – simplificatrice mais utile – que les décisions d'un individu représentatif suffisent à décrire les choix de consommation de l'ensemble de l'économie. On peut alors représenter graphiquement les préférences des consommateurs par une série de **courbes d'indifférence**. Les courbes d'indifférence représentent chacune l'ensemble des combinaisons de consommation de vêtements *V* et de nourriture *N* qui procurent le même niveau de satisfaction (d'utilité). Elles ont trois propriétés :

1. Elles sont décroissantes : si on offre moins de bien *N* à un individu, il faudra, pour qu'il conserve le même niveau d'utilité, lui donner plus de *V*.

2. Les courbes d'indifférence les plus élevées correspondent à des niveaux de bien-être supérieurs : les consommateurs préfèrent toujours disposer davantage des deux biens que moins.
3. Chaque courbe d'indifférence s'aplatit lorsque l'on va vers la droite. Si un individu dispose déjà de beaucoup de bien *V* et de peu de *N*, il aura tendance à valoriser davantage chaque unité marginale de *N*. Il lui faudra un plus grand nombre d'unités supplémentaires de bien *V* pour accepter, sans perte de bien-être, une nouvelle réduction de sa consommation de *N*.

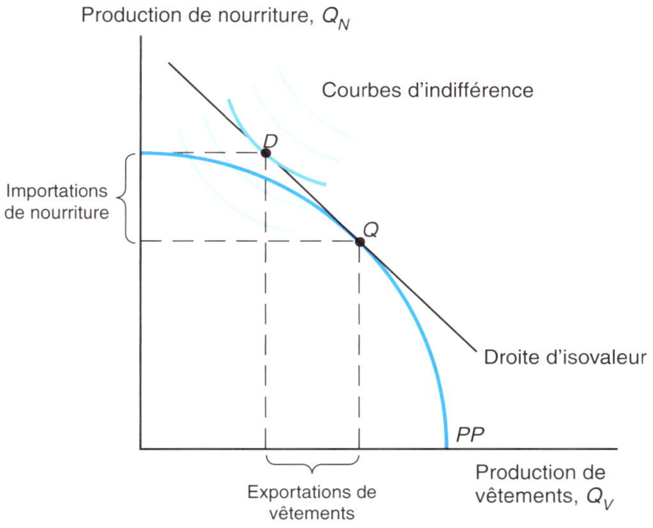

Figure 6.3 – Production, consommation et commerce dans le modèle standard. L'économie produit au point *Q*, où la frontière des possibilités de production est tangente à la droite d'isovaleur la plus élevée. Elle consomme au point *D*, où la droite d'isovaleur est tangente à la courbe d'indifférence la plus élevée possible. Si l'économie produit plus de vêtements qu'elle n'en consomme, elle les exporte. Inversement, si elle consomme plus de nourriture qu'elle n'en produit, elle doit importer ce bien.

La figure 6.3 représente un ensemble de courbes d'indifférence qui ont ces trois propriétés. L'économie choisira de consommer au point de la droite d'isovaleur qui permet d'atteindre le niveau de bien-être le plus élevé possible. Ce point est celui où la droite d'isovaleur est tangente à la courbe d'indifférence la plus haute : c'est le point *D*. À ce point, la production de vêtements surpasse la demande domestique. Dans notre exemple, l'économie exporte donc des vêtements. À l'inverse, elle importe de la nourriture.

Quel est alors l'effet d'une augmentation de P_V/P_N ? On voit, à l'aide du diagramme de gauche de la figure 6.4, qu'avec ce nouveau système de prix, la production passe de Q^1 à Q^2 : l'économie produit plus de vêtements et moins de nourriture. L'évolution des prix et des quantités offertes modifie la droite d'isovaleur sur laquelle le point de consommation doit se trouver : cette droite passe de YY^1 à YY^2, et la demande se déplace de D^1 à D^2.

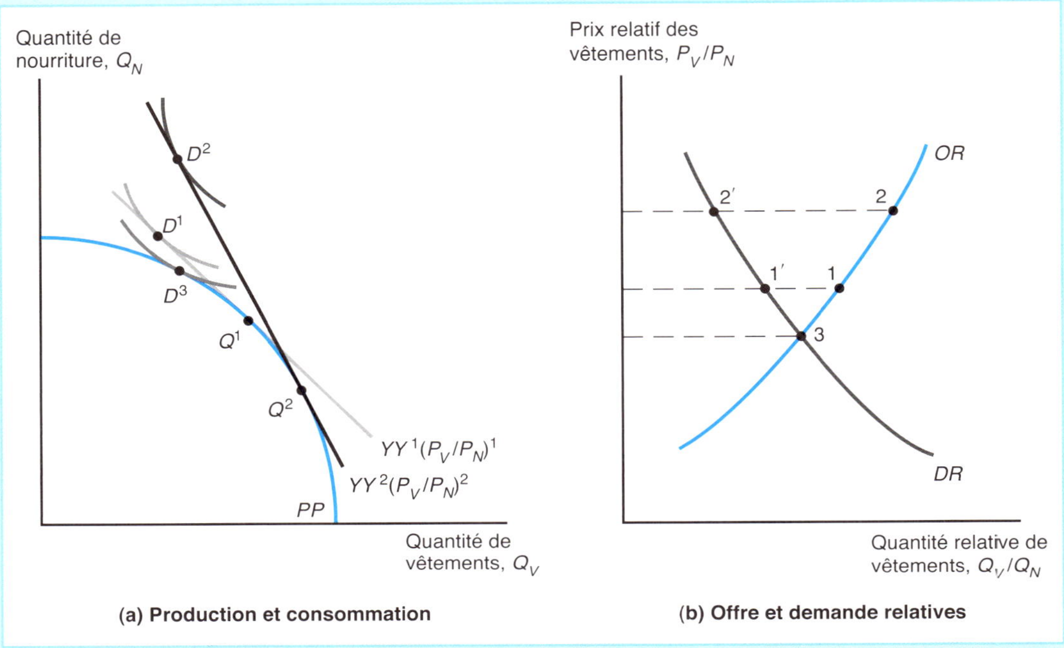

Figure 6.4 – Les effets d'une augmentation du prix relatif des vêtements.

La pente de la droite d'isovaleur est égale, en valeur absolue, au prix relatif des vêtements P_V/P_N. Lorsque le prix relatif augmente, la droite d'isovaleur devient plus inclinée et passe de YY^1 à YY^2. La consommation se déplace alors de D^1 à D^2 et la production va de Q^1 à Q^2. Le diagramme de droite montre l'effet de la hausse du prix relatif des vêtements sur l'offre et la demande relatives de vêtements.

Le changement de prix relatif a donc deux conséquences sur la demande. Il en résulte tout d'abord un *effet revenu* qui permet à l'économie d'atteindre une courbe d'indifférence plus élevée ; le bien-être a augmenté. Cela s'explique par le fait que, dans notre exemple, le pays exporte des vêtements. Or, quand le prix relatif du bien exporté augmente, l'économie peut échanger une plus grande quantité de bien d'importation (la nourriture ici) pour chaque unité de bien exporté. En quelque sorte, le pouvoir d'achat du pays augmente ce qui accroît le bien-être. Il en résulte ensuite un *effet de substitution*. La modification des prix relatifs engendre un glissement le long des courbes d'indifférence et la structure de la demande évolue : lorsque le prix relatif des vêtements augmente, les agents consomment relativement plus de nourriture et relativement moins de vêtements. Chaque prix relatif permet donc de déterminer une offre et une demande relatives de biens. En faisant varier les prix relatifs sur le diagramme de gauche de la figure 6.4, on obtient alors les fonctions d'offre et de demande relatives tracées sur le diagramme de droite. On voit comment une hausse du prix relatif des vêtements accroît l'offre relative de vêtements (on passe du point 1 au point 2) et une baisse de la demande relative de vêtement (du point 1' au point 2'). Bien sûr, si le pays ne peut pas commercer avec ses voisins, il doit consommer ce qu'il produit et l'équilibre se trouve fatalement au point 3.

1.3 L'effet d'une modification des termes de l'échange sur le bien-être

Comme le signale le passage de D^1 à D^2 sur le diagramme de gauche de la figure 6.4, la hausse du prix relatif des vêtements (P_V/P_N) améliore le bien-être du pays dès lors qu'il exporte ce bien. Bien sûr, une baisse de P_V/P_N entraînera en retour une perte de bien-être. Si, au contraire, le pays est initialement exportateur de nourriture et non de vêtements, l'effet se produira dans le sens opposé : une augmentation de P_V/P_N (donc une baisse de P_N/P_V) détériore le bien-être, alors qu'une chute de P_V/P_N est favorable au pays. En définissant les **termes de l'échange** comme le ratio des prix du bien qu'un pays exporte sur celui du bien qu'il importe, il est possible d'énoncer un principe général : *une augmentation des termes de l'échange augmente le bien-être d'un pays, alors qu'une diminution des termes de l'échange le réduit.*

Il est important de noter qu'un changement des termes de l'échange d'un pays ne peut pas réduire son bien-être à un niveau inférieur à celui qui prévalait en autarcie. En effet, à la figure 6.4, la situation d'autarcie correspond au point D^3, qui présente le niveau d'utilité le plus faible. On retrouve donc, dans ce cadre théorique très général, les gains à l'échange mis en évidence aux chapitres 3, 4 et 5. On a simplement montré que les gains pour un pays sont plus ou moins importants selon que ses termes de l'échange sont élevés ou faibles. Mais attention : il faut rappeler, encore une fois, qu'on parle ici de gains agrégés pour l'ensemble de l'économie, ce qui ne veut pas dire que les gains sont distribués équitablement au sein du pays et que toute la population profite de l'ouverture commerciale.

1.4 La détermination des prix relatifs

Les raisonnements développés ci-dessus ne se rapportaient qu'à un seul pays. On peut maintenant rassembler nos connaissances pour voir comment les offres et demandes relatives, les termes de l'échange, la structure du commerce international et le bien-être des pays sont déterminés conjointement dans une économie mondiale constituée de deux pays.

On suppose ici que le pays domestique exporte des vêtements et le pays étranger, de la nourriture. Les termes de l'échange du pays domestique sont mesurés par P_V/P_N, et ceux du pays étranger par P_N/P_V. Comme aux chapitres 3, 4 et 5, on suppose que la nécessité de recourir à des échanges commerciaux provient de différences dans les capacités de production des pays, mais que les consommateurs ont tous les mêmes préférences. Les pays ont donc des courbes d'offres relatives différentes, mais des courbes de demandes relatives identiques. Ces courbes sont représentées à la figure 6.5. Pour un prix relatif des vêtements P_V/P_N, le pays domestique produit Q_V unités de vêtements et Q_N unités de nourriture. Les quantités produites par le pays étranger sont respectivement Q^*_V et Q^*_N, avec $Q_V/Q_N > Q^*_V/Q^*_N$. L'offre relative mondiale correspond à l'agrégation des offres des deux pays. Elle est égale à $(Q_V + Q^*_V)/(Q_N + Q^*_N)$. Par construction, cette offre relative mondiale de vêtements doit être comprise entre les offres relatives des deux pays. De façon similaire, la demande relative mondiale est $(D_V + D^*_V)/(D_N + D^*_N)$. Comme les préférences sont les mêmes dans les deux pays, elle est confondue avec les demandes relatives de chacun des pays.

En situation de libre-échange, le prix relatif d'équilibre nous est donné par l'intersection des offres et des demandes relatives mondiales. C'est le point 1 à la figure 6.5. Compte tenu de ce prix relatif, le pays domestique voudra exporter $Q_V - D_V$ unités de vêtements et le pays étranger souhaitera exporter $Q^*_F - D^*_F$ unités de nourriture.

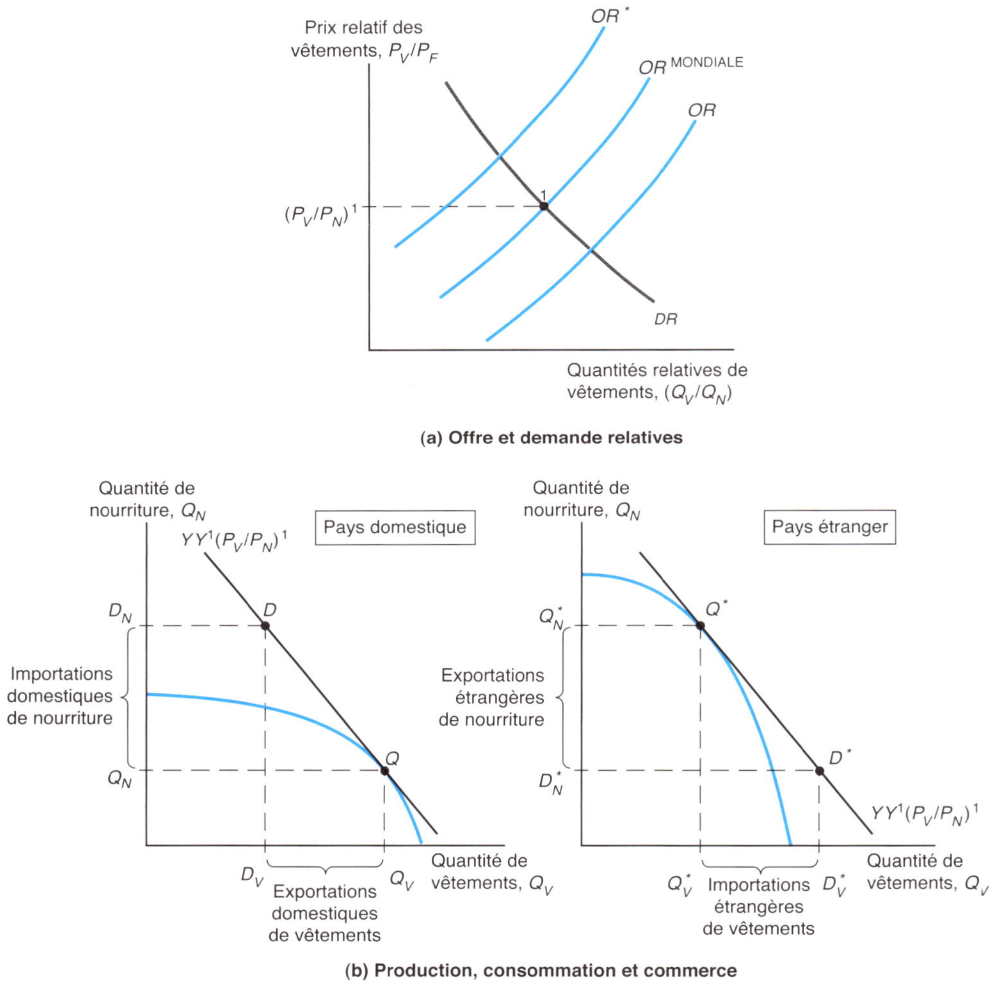

Figure 6.5 – Prix relatif d'équilibre et structure des échanges commerciaux.

Le diagramme (a) montre les offres relatives de vêtements du pays domestique (*OR*), de l'étranger (*OR**) et du monde. Les consommateurs des deux pays ont les mêmes préférences, leurs demandes relatives sont donc confondues avec la demande relative mondiale. Le prix relatif d'équilibre $(P_V/P_N)^1$ est déterminé par l'intersection de l'offre et de la demande relatives mondiales. Le diagramme (b) montre, pour chacun des pays, les points de production et de demande correspondant à ce prix relatif. On en déduit les quantités de produit exportées et importées. À l'équilibre, les exportations de vêtements du pays domestique sont bien égales aux importations de vêtements du pays étranger, et les exportations de nourriture de l'étranger correspondent aux importations de nourriture du pays domestique.

2 La croissance économique : un déplacement de la courbe *OR*

Les effets de la croissance économique au sein d'une économie mondiale ouverte sont depuis toujours source de controverses. Le débat s'articule autour de deux questions principales. D'une part, la croissance économique des pays étrangers a-t-elle des effets positifs ou négatifs sur la croissance nationale ? D'autre part, le fait de participer aux échanges internationaux permet-il de démultiplier les effets bénéfiques qu'un pays peut attendre de la croissance économique ?

La première des deux questions appelle d'emblée à formuler des arguments de bon sens, et pourtant contradictoires. D'un côté, lorsque le reste du monde connaît une croissance forte, l'économie nationale profite naturellement d'une expansion des marchés d'exportation. D'un autre côté, cette même croissance suppose également une concurrence accrue pour les exportateurs nationaux. On retrouve des contradictions comparables lorsqu'on s'interroge sur les effets de la croissance de l'économie nationale. La croissance de la capacité de production d'une économie doit lui être pleinement bénéfique si elle lui permet de vendre une plus grande partie de cette production sur les marchés internationaux. Toutefois, une telle croissance peut également profiter aux économies étrangères, sous la forme d'une réduction du prix des biens exportés.

Ces contradictions apparentes sont problématiques, mais le modèle standard de commerce international permet de clarifier un peu le débat.

2.1 Déplacement de la frontière des possibilités de production

La croissance d'une économie (qu'elle provienne d'une accumulation de facteurs de production ou de gains de productivité) implique une extension de ses possibilités de production. Les effets internationaux de la croissance dépendent essentiellement du caractère plus ou moins biaisé de cette extension. On dit qu'on observe une **croissance biaisée** lorsque la frontière des possibilités de production s'étend davantage dans une direction que dans une autre. Le déplacement de la frontière des possibilités de production de PP^1 à PP^2 illustre, à la figure 6.6a, une croissance biaisée en faveur des vêtements. La figure 6.6b représente, quant à elle, une croissance biaisée vers le secteur agroalimentaire.

Deux principales raisons peuvent expliquer cette croissance biaisée :

- Le modèle ricardien (voir chapitre 3) montre qu'un progrès technique dans un des deux secteurs de l'économie engendre un élargissement des capacités de production plus marqué pour ce secteur que pour l'autre.
- Dans le cadre du modèle Heckscher-Ohlin, une augmentation de l'offre d'un facteur de production engendre aussi une expansion biaisée des possibilités de production. C'est l'effet Rybczynski (voir chapitre 5).

Dans les deux cas l'économie est en mesure d'accroître sa production des deux biens. L'effet sur chacun des secteurs n'est cependant pas le même. Une croissance biaisée en faveur d'un secteur doit conduire, *quel que soit le prix relatif des vêtements*, à une augmentation

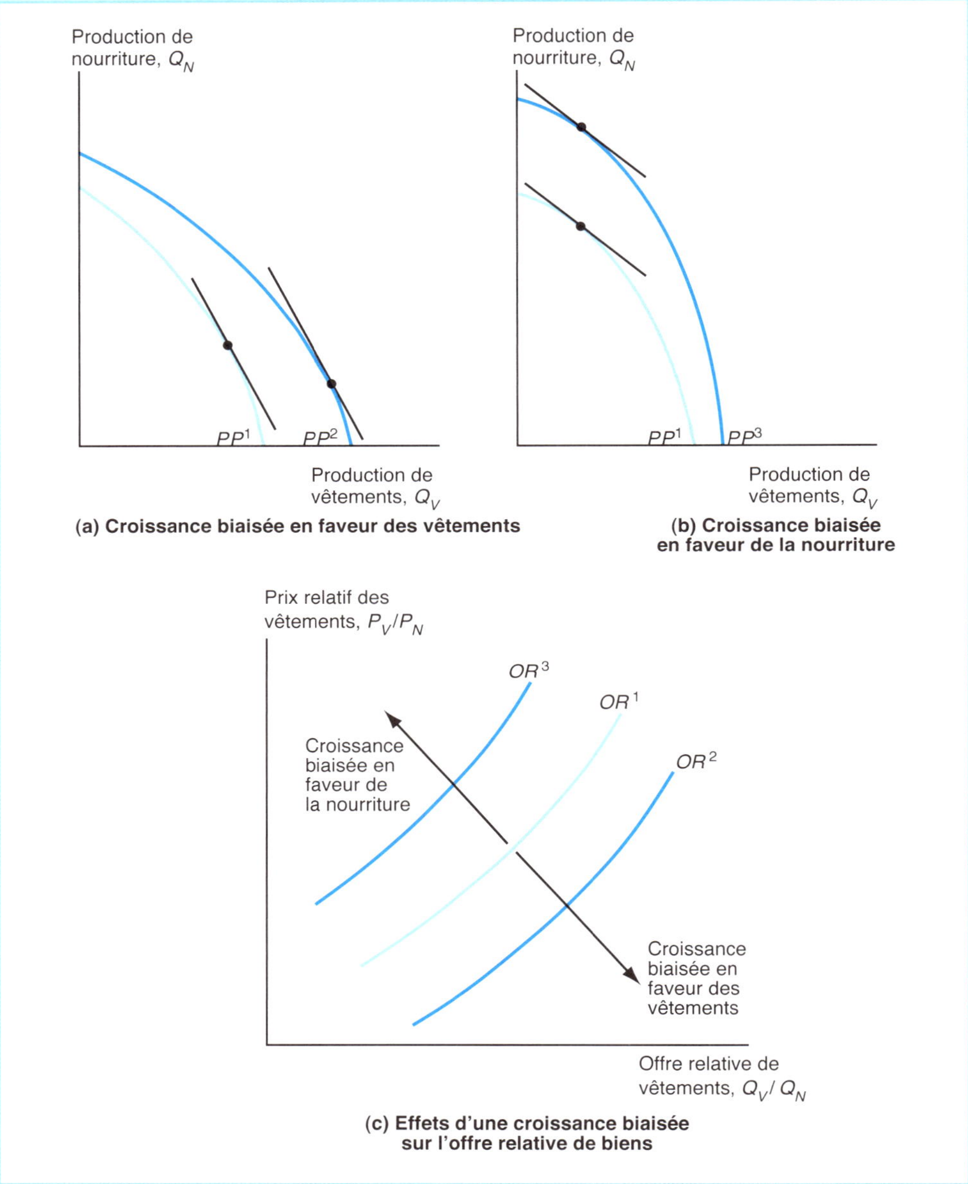

Figure 6.6 – Croissance biaisée.

La croissance est biaisée lorsque l'augmentation des capacités de production est davantage marquée pour un bien que pour un autre. Dans les deux cas, la frontière des possibilités de production passe de PP^1 à PP^2. À la figure 6.6a, le changement est en faveur des vêtements ; à la figure 6.6b, il est en faveur de la nourriture. Dans les deux cas, cela induit un déplacement de l'offre relative de biens : de OR^1 à OR^2 lorsque la croissance est biaisée en faveur de la production de vêtements, et de OR^1 à OR^3 lorsque le biais profite à la production de nourriture.

de cette production, *relativement* à la production de l'autre secteur (les figures 6.6a et 6.6b présentent un cas extrême où le biais est tellement marqué qu'on observe une baisse de la production du secteur qui ne bénéficie pas du biais). Ces évolutions des paniers de biens produits par l'économie se traduisent par des déplacements de la courbe d'offre relative, comme l'illustre la figure 6.6c.

Dans les deux cas l'économie est en mesure d'accroître sa production des deux biens. L'effet sur chacun des secteurs n'est cependant pas le même. Une croissance biaisée en faveur d'un secteur doit conduire, *quel que soit le prix relatif des vêtements*, à une augmentation de cette production, *relativement* à la production de l'autre secteur (les figures 6.6a et 6.6b présentent un cas extrême où le biais est tellement marqué qu'on observe une baisse de la production du secteur qui ne bénéficie pas du biais). Ces évolutions des paniers de biens produits par l'économie se traduisent par des déplacements de la courbe d'offre relative, comme l'illustre la figure 6.6c.

2.2 Offre relative mondiale et termes de l'échange

Supposons à présent que le pays domestique connaisse une croissance fortement biaisée vers le secteur de l'habillement, de telle manière que sa production de vêtements, à prix relatif donné, augmente tandis que sa production de nourriture diminue (cela correspond au cas décrit à la figure 6.6a). De ce fait, la production relative mondiale de vêtements augmente. À la figure 6.7a, la courbe d'offre relative mondiale passe de OR^1 à OR^2. Ce changement entraîne une diminution du prix relatif des vêtements de $(P_V/P_N)^1$ à $(P_V/P_N)^2$, c'est-à-dire une détérioration des termes de l'échange du pays domestique et une amélioration de ceux de l'étranger.

La question essentielle ici n'est pas de savoir quelle économie voit ses capacités de production se développer, mais la manière dont cette croissance est biaisée. Si l'étranger avait connu une croissance biaisée en faveur des vêtements, l'effet sur la courbe d'offre relative, et par conséquent sur les termes de l'échange, aurait été le même. En revanche, si le pays domestique ou le pays étranger avaient connu une croissance biaisée en faveur de la nourriture, comme à la figure 6.7b, cela aurait entraîné un glissement de la courbe OR vers la gauche (de OR^1 à OR^2) et, de ce fait, une augmentation du prix relatif des vêtements de $(P_V/P_N)^1$ à $(P_V/P_N)^2$.

Une croissance qui étend de façon non homothétique la frontière des possibilités de production d'un pays en faveur du bien exporté (ici, les vêtements dans le pays domestique et la nourriture dans le pays étranger) est appelée **croissance biaisée à l'exportation**. De la même manière, une croissance favorable au bien importé par le pays est appelée **croissance biaisée à l'importation**. Notre analyse nous amène alors à énoncer un principe général : *une croissance biaisée à l'exportation tend à détériorer les termes de l'échange de la nation, au bénéfice du reste du monde ; une croissance biaisée à l'importation tend à améliorer ses termes de l'échange, au détriment du reste du monde*[1].

---

1. Johnson est le premier à avoir introduit la distinction cruciale entre croissance biaisée à l'exportation et croissance biaisée à l'importation. Harry Johnson, « Economic Expansion and International Trade », *Manchester School of Social and Economic Studies*, 23, 1955, p. 95-112.

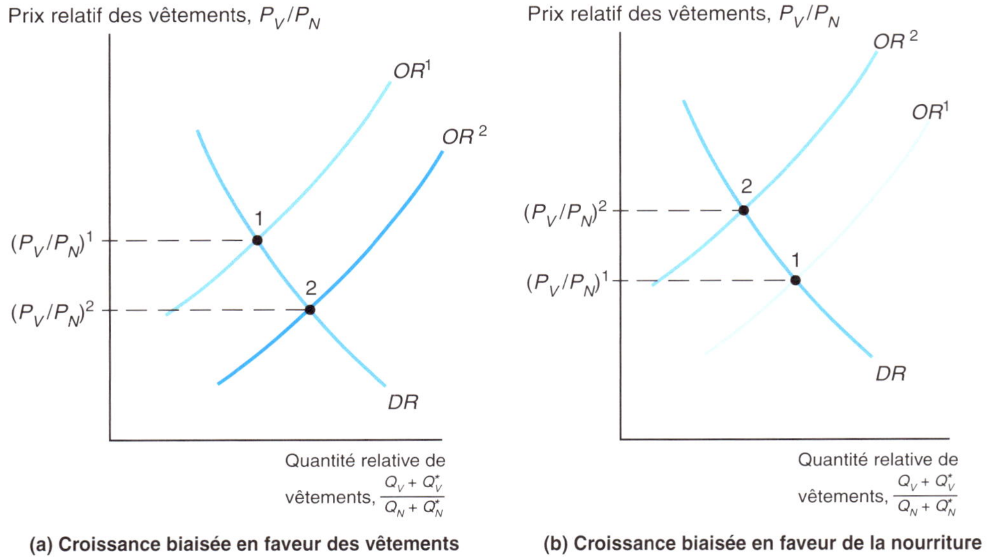

Figure 6.7 – Croissance et offre relatives mondiales.
Une croissance biaisée en faveur des vêtements déplace la courbe *OR* vers la droite (voir figure 6.7a), alors qu'une croissance biaisée en faveur de la nourriture la déplace vers la gauche (voir figure 6.7b).

2.3 Les effets internationaux de la croissance

Le principe énoncé ci-dessus permet d'appréhender les questions relatives aux effets internationaux de la croissance économique : une économie nationale doit-elle craindre le développement du reste du monde ou au contraire s'en réjouir ? De la même façon, avoir fait le choix du libre-échange permet-il d'augmenter ou de diminuer les bénéfices d'une croissance nationale ? À l'évidence, la réponse à chacune de ces questions dépend du caractère plus ou moins biaisé de la croissance et du secteur qui profite le plus de l'expansion des possibilités de production. Une croissance biaisée à l'exportation dans le reste du monde est bénéfique pour l'économie nationale puisqu'elle améliore ses termes de l'échange. Inversement, une croissance biaisée à l'exportation dans un pays détériore ses termes de l'échange et réduit ainsi les bénéfices directs de la croissance.

Dans les années 1950, un certain nombre d'économistes pensaient que les pays en développement, qui exportaient principalement des produits primaires, étaient voués à connaître une détérioration continue de leurs termes de l'échange. En effet, ils prévoyaient que la croissance dans les pays développés s'accompagnerait d'une réduction progressive de la demande relative de biens primaires, alors que le développement des nations les plus pauvres se ferait par une expansion de leurs secteurs traditionnels d'exportation, plutôt que par un véritable essor de leur industrie. La croissance des pays industrialisés aurait donc été biaisée à l'importation, alors que celle des pays en développement l'aurait été à l'exportation. Selon certains analystes, le biais à l'export aurait été tel dans les pays les plus pauvres que la croissance aurait détérioré leurs termes de l'échange au point que, *in fine*, leur situation aurait empiré. Ce problème est connu des économistes sous le nom de **croissance appauvrissante**.

Dans un article célèbre publié en 1958, Jagdish Bhagwati, a montré que, sous certaines hypothèses, la croissance économique pouvait avoir des effets pervers[2]. Les conditions requises pour qu'un développement des capacités de production entraîne une réduction du bien-être sont toutefois extrêmes : il faut combiner à la fois une croissance très fortement biaisée à l'exportation et des pentes très élevées des courbes *OR* et *DR*, de telle sorte que la dégradation des termes de l'échange soit suffisamment prononcée pour compenser les effets positifs directs de l'expansion des capacités de production. Dès lors, la plupart des économistes considèrent aujourd'hui la croissance appauvrissante comme un cas purement théorique, qu'il est peu probable de rencontrer dans le monde réel.

Encadré 6.1

L'essor des nouveaux pays industrialisés est-il un handicap pour les économies développées ?

On a vu au chapitre précédent que le commerce Nord-Sud peut avoir des répercussions sur les marchés du travail des pays développés et creuser davantage les écarts de revenus entre travailleurs qualifiés et non qualifiés. Depuis le début des années 1990, un certain nombre d'observateurs font des prévisions encore plus alarmistes : la croissance des nouveaux pays industrialisés pèserait non seulement sur les inégalités dans les pays du Nord, mais aussi, de façon plus générale, sur leur niveau global de bien-être. Par exemple, en 1993, la Commission européenne exprimait ces craintes en des termes très clairs : « D'autres pays sont en train de s'industrialiser et de nous concurrencer – y compris sur nos propres marchés – à des niveaux de coûts auxquels nous ne pouvons pas faire face*. » Plus récemment, en 2004, Paul Samuelson, l'un des fondateurs des théories du commerce international, a publié un article qui a apporté un crédit non négligeable à ces thèses alarmistes. Samuelson, en utilisant un modèle de commerce ricardien, offre un exemple de la manière dont le progrès technique des pays en développement peut nuire aux pays industrialisés**.

* Commission européenne, « Croissance, compétitivité, emploi. Les défis et les pistes pour entrer dans le XXIe siècle », *Livre blanc*, décembre 1993.

** Paul Samuelson, « Where Ricardo and Mill rebut and Confirm Arguments of Mainstream Economists Supporting Globalization », *Journal of Economic Perspectives*, été 2004. Une traduction de cet article est publiée par *Problèmes économiques*, n° 2877, juin 2005.

2. Jagdish Bhagwati, « Immiserizing Growth: a Geometrical Note », *Review of Economic Studies,* 25, juin 1958, p. 201-205.

Encadré 6.1 (suite)

Son analyse n'est en fait qu'un cas particulier des mécanismes que nous venons de décrire : la croissance du reste du monde peut être nuisible à un pays si elle a lieu dans des secteurs qui concurrencent ses exportations. Samuelson dresse alors une conclusion logique : si la Chine devient suffisamment efficace dans la production des biens qu'elle importe aujourd'hui, les avantages comparatifs tendront à s'effacer, et les États-Unis, tout comme l'Union européenne, verront leurs gains au commerce se réduire.

La presse grand public s'est emparée de cette mise en garde et l'a présentée comme un coup sérieux porté à l'encontre des avantages comparatifs et des thèses libre-échangistes. La proposition selon laquelle la croissance étrangère peut être néfaste à une économie n'est pourtant pas une idée nouvelle, et surtout elle ne dit rien sur la supériorité ou l'infériorité du libre-échange par rapport à la protection commerciale : le fait que le gain au commerce puisse diminuer ne signifie pas que le retour à l'autarcie soit une meilleure solution. Qui plus est, il est important de garder à l'esprit que le modèle standard nous rappelle que le mécanisme selon lequel la croissance étrangère peut nuire à un pays passe par les termes de l'échange. Par conséquent, si la conclusion de Samuelson est vraie, on devrait assister à une forte dégradation des termes de l'échange des pays développés. Savoir si la croissance chinoise a, oui ou non, des effets néfastes pour les pays développés est donc avant tout une question empirique.

Or les faits ne vont pas dans le sens de Samuelson. Nous montrons dans l'annexe web chapitre 6 que l'effet (en pourcentage) d'une variation des termes de l'échange sur le revenu réel est à peu près égal au pourcentage de variation des termes de l'échange, multiplié par la part des importations dans le revenu. Les pays industrialisés, dans leur ensemble, dépensant environ 25 % de leur revenu en importations, une diminution de 1 % des termes de l'échange devrait donc réduire le revenu réel d'environ 0,25 %. Il faut donc une chute considérable des termes de l'échange des pays développés pour observer une contraction significative de leur croissance économique.

Par ailleurs, la figure 6.8 indique que les termes de l'échange des pays en développement se sont en fait détériorés entre 1980 et 2011 (mécaniquement, les termes de l'échange des pays développés se sont donc améliorés). Pour un certain nombre de pays en développement, cette tendance tend cependant à s'infléchir depuis les années 2000, notamment grâce à la montée de cours des matières premières. Mais pour les pays d'Asie qui, globalement, importent des matières premières et ont fondé leur développement industriel sur l'exploitation de leurs faibles coûts de la main-d'œuvre, la baisse s'est au contraire accélérée au cours des dernières années.

Un dernier point pour finir : dans l'exemple développé par Samuelson, le progrès technologique chinois, qui risque de nuire aux pays développés, est biaisé en faveur des importations et doit donc réduire les échanges commerciaux ! Or, dans les faits, le commerce entre les pays occidentaux et la Chine connaît une expansion rapide et régulière depuis plusieurs années.

Figure 6.8 – Termes de l'échange des pays en développement (base 100 = 1980).

Source : d'après les données du FMI.

3 Les droits de douane et les subventions à l'exportation : mouvements simultanés des courbes *OR* et *DR*

Les **droits de douane** (taxes sur les importations) ou les **subventions à l'exportation** (dotations publiques versées aux producteurs domestiques qui vendent leurs produits à l'étranger) sont généralement mis en place par les pouvoirs publics dans le but d'influer sur la répartition des revenus ou de protéger des secteurs que l'on juge importants pour l'économie (ces différentes motivations sont examinées en détail aux chapitres 10, 11 et 12). Cependant, quels que soient leurs objectifs premiers, ces politiques ont une influence sur les termes de l'échange qui peut être étudiée à l'aide du modèle standard.

Les droits de douane et les subventions créent une différence entre le prix auquel le bien est échangé sur le marché mondial (le prix externe) et celui auquel on l'achète à l'intérieur du pays (le prix interne). L'effet direct d'un droit de douane est de rendre les biens importés plus chers à l'intérieur du pays qu'en dehors. De la même façon, une subvention à l'exportation incite les producteurs à exporter leurs marchandises. Comme ils ne reçoivent pas de subvention s'ils vendent sur le marché intérieur, ils ne renonceront à exporter une partie de leur production uniquement si le prix intérieur est équivalent au prix mondial plus la subvention. Les droits de douane et les subventions à l'exportation contribuent donc tous deux à renchérir les prix intérieurs par rapport aux prix mondiaux. Lorsque ces politiques sont mises en œuvre par des grands pays, dont l'activité influence significativement l'économie mondiale, les droits de douanes et les subventions viennent bouleverser les offres et demandes relatives mondiales. Cela entraîne une modification des termes de l'échange de tous les pays du monde.

3.1 Les effets d'un droit de douane sur l'offre et la demande relatives

Supposons, dans le cadre des hypothèses du modèle standard exposé plus haut, que le pays domestique impose un droit de douane égal à 20 % de la valeur de ses importations de nourriture. Alors, le prix interne des biens alimentaires, relativement aux vêtements, sera supérieur de 20 % au prix externe, en vigueur sur le marché mondial. Ainsi, pour un prix mondial des vêtements donné, les producteurs domestiques feront face à un prix relatif des vêtements plus faible. Le pays produira moins de vêtements et davantage de nourriture. En parallèle, les consommateurs domestiques achèteront plus de vêtements et moins de nourriture. L'offre relative mondiale de vêtements, représentée à la figure 6.9, diminuera de OR^1 à OR^2, et la demande relative mondiale grimpera de DR^1 à DR^2. Les termes de l'échange du pays domestique vont donc s'élever, de $(P_V/P_N)^1$ à $(P_V/P_N)^2$, au détriment de ceux du pays étranger.

L'ampleur de l'influence de la politique protectionniste sur les termes de l'échange dépend de la taille du pays : si son poids dans l'économie mondiale est limité, elle n'aura pas d'effet significatif sur l'offre et la demande relatives mondiales et, par conséquent, sur les prix relatifs. En revanche, certaines estimations montrent que si un pays de grande taille, comme les États-Unis, imposait un droit de douane de 20 %, il pourrait s'attendre à une progression de ses termes de l'échange de l'ordre de 15 %. On voit d'emblée ici un avantage à la constitution d'unions douanières, comme dans le cas de l'Union européenne : aux débuts de celle-ci, dans les années 1960, la mise en place du tarif extérieur commun permet d'influencer les termes de l'échange de tous les États membres, alors que l'adoption de barrières douanières autonomes par chaque pays peut difficilement avoir d'impact significatif sur les prix mondiaux.

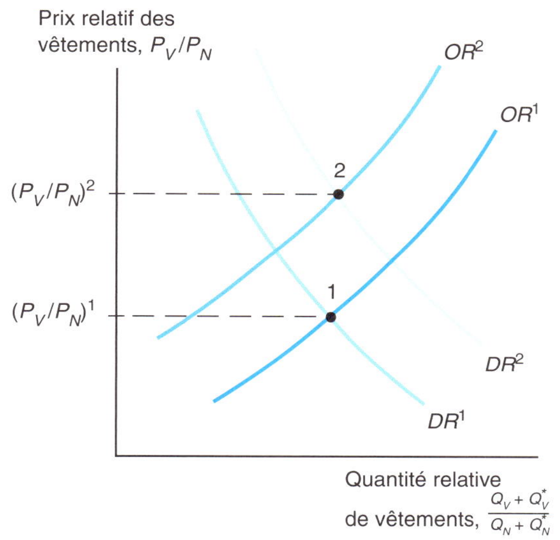

Figure 6.9 – Effet de l'imposition d'un droit de douane sur les termes de l'échange.
Un droit imposé par le pays domestique réduit l'offre relative de vêtements (de OR^1 à OR^2) et augmente la demande relative (de DR^1 à DR^2). Le prix relatif des vêtements augmente.

3.2 Les effets d'une subvention à l'exportation

Les droits de douane et les subventions à l'exportation sont souvent considérés comme des politiques similaires, puisqu'ils apportent un soutien aux producteurs domestiques. Ils ont en réalité des effets opposés sur les termes de l'échange. Supposons que le pays domestique offre, pour chaque vêtement exporté, une subvention égale à 20 % de sa valeur. À prix mondial donné, cette subvention augmentera de 20 % le prix interne des vêtements (relativement à la nourriture) dans le pays domestique. Comme l'indique la figure 6.10, les consommateurs vont substituer des produits alimentaires aux vêtements et les producteurs vont proposer plus de vêtements et moins de nourriture. La subvention se traduira donc par une augmentation de l'offre relative de vêtements (de OR^1 à OR^2) et par une baisse concomitante de la demande relative (de DR^1 à DR^2). Le point d'équilibre passera donc de 1 à 2, c'est-à-dire à une situation où les termes de l'échange sont moins favorables pour l'économie domestique.

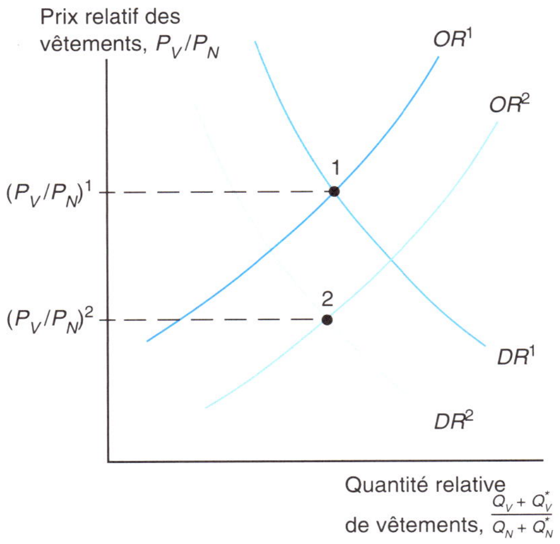

Figure 6.10 – Effet de l'imposition d'une subvention à l'exportation sur les termes de l'échange.

La mise en place d'une subvention à l'exportation a l'effet inverse d'un droit de douane : l'offre relative de vêtements augmente, la demande diminue, et les termes de l'échange du pays domestique baissent.

3.3 Les implications des politiques protectionnistes sur les termes de l'échange : qui gagne, qui perd ?

L'imposition d'un droit de douane par le pays domestique améliore ses termes de l'échange au détriment du pays étranger. Le droit de douane pénalise donc, sans ambiguïté, le reste du monde. Mais les conséquences pour le pays domestique sont plus ambiguës. L'amélioration des termes de l'échange est un gain pour l'économie, mais le droit de douane engendre aussi des coûts liés à une distorsion des incitations à consommer et à produire (voir chapitre 9). On verra plus loin comment il est possible de définir un droit de douane optimal, qui maximise le bénéfice net dans le cas des grands pays (pour les petits pays, qui ont une influence limitée sur leurs termes de l'échange, la protection optimale est pratiquement nulle).

Les effets d'une subvention à l'exportation sont plus simples à identifier. L'amélioration des termes de l'échange du pays étranger lui sera profitable. Le pays qui instaure la subvention perd quant à lui sur les deux tableaux : il voit ses termes de l'échange se dégrader et il subit les effets distorsifs de sa politique. La mise en place de subventions à l'exportation serait-elle alors un non-sens ? Disons que, dans la mesure où il est difficile en effet de trouver une situation où une telle politique sert l'intérêt national, les raisons de sa mise en œuvre doivent provenir de considérations politiques, plutôt que d'une pure logique économique.

Vu de l'autre côté, les droits de douane fixés par un pays voisin sont-ils toujours néfastes, et les subventions à l'exportation consenties par un gouvernement étranger sont-elles toujours bénéfiques ? Pas nécessairement. Le modèle très simple présenté dans ce chapitre considère un monde à deux pays, où les exportations de l'un sont fatalement les importations de l'autre. Dans le monde réel, plusieurs pays peuvent exporter simultanément le même bien et être en concurrence sur un marché tiers. Dans ce cas, si un gouvernement étranger instaure une subvention à l'exportation dans un secteur qui se trouve être aussi un secteur exportateur du pays domestique, celui-ci subira une détérioration de ses termes de l'échange. L'exemple des subventions aux exportations agricoles mises en place par l'Union européenne et les États-Unis illustre bien ce phénomène : en subventionnant certaines productions agricoles, les grandes puissances commerciales dépriment les cours mondiaux et portent un préjudice sérieux aux grands autres pays exportateurs de produits agricoles, comme le Brésil, l'Argentine ou l'Australie.

4 Les prêts et emprunts internationaux

Jusqu'à maintenant nos modèles de commerce décrivent des situations où les pays échangent des biens contre d'autres biens, en faisant totalement abstraction de la dimension temporelle qui peut influencer les décisions économiques. Pourtant, le modèle standard peut nous aider à comprendre les implications d'un autre type d'échanges entre pays : les prêts et emprunts internationaux qui impliquent de rompre la simultanéité des actions de production et de consommation. Par bien des aspects, les échanges internationaux de capitaux sont en effet plus complexes que le commerce de biens. Un flux de capitaux de la France vers le Maroc, par exemple, ne signifie pas que des machines françaises sont empaquetées et envoyées de l'autre côté de la Méditerranée. Il s'agit plutôt d'une transaction *financière* : soit d'une banque française qui accorde un prêt à une firme marocaine, soit de résidents français qui achètent des actions émises par une firme marocaine, soit d'une firme française qui investit au Maroc *via* une filiale implantée dans ce pays. Nous nous focaliserons ici sur les prêts internationaux, c'est-à-dire les situations où des résidents d'un pays procurent aux résidents étrangers le droit de dépenser aujourd'hui plus qu'ils ne gagnent, en échange de la promesse d'un remboursement futur. Ces transactions financières (qui seront traitées plus en détail dans la seconde partie de l'ouvrage) conduisent aussi à une transaction internationale réelle ; simplement, il ne s'agit plus d'échanger un bien contre un autre à un moment donné, mais des biens aujourd'hui contre d'autres demain. Les flux de capitaux génèrent alors un **commerce intertemporel**.

4.1 Les possibilités de production intertemporelles et la structure du commerce

Toute économie doit faire face – même en l'absence de mouvements de capitaux internationaux – à un arbitrage entre une consommation présente et une consommation future. Les économies ne consomment en général pas toute leur production courante ; une partie de celle-ci prend la forme d'un investissement en machines, en bâtiments ou toute autre forme de capital productif. Plus une économie investit à un moment donné, plus elle sera capable de produire et de consommer dans le futur. Pour investir davantage, elle devra cependant libérer des ressources en limitant, dans un premier temps, sa consommation.

Imaginons alors une économie qui ne consomme qu'un bien unique et qui connaît deux périodes : le présent et le futur. La frontière intertemporelle des possibilités de production (voir figure 6.11) résume l'arbitrage entre les consommations présentes et futures[3]. Elle ressemble très précisément à la frontière des possibilités de production qui décrit l'arbitrage entre deux biens à un moment donné : si l'économie souhaite consommer une grande quantité de biens aujourd'hui, elle doit limiter son investissement et sacrifier ainsi une part de sa consommation future.

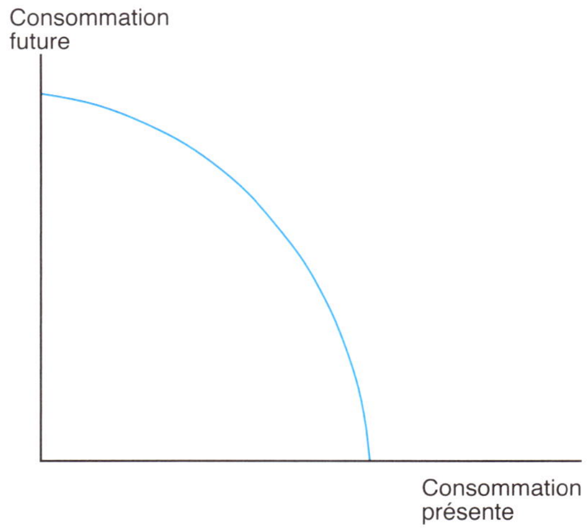

Figure 6.11 – La frontière intertemporelle des possibilités de production.
Un pays peut arbitrer entre une consommation présente et une consommation future, de la même façon qu'il peut produire plus d'un bien et moins d'un autre.

A priori, rien ne garantit que la forme de cette frontière soit la même pour tous les pays. Celle du pays domestique, par exemple, peut être biaisée en faveur de la consommation présente, alors que celle du pays étranger sera plus favorable à la consommation future.

En raisonnant par analogie avec le commerce de biens différents, on sait déjà à quoi s'attendre. En l'absence d'emprunts et de prêts internationaux, le prix relatif de la consommation future sera plus élevé dans le pays domestique. Si l'on autorise en revanche le commerce intertemporel, le pays domestique va alors exporter une consommation présente et importer une consommation future.

3. Pour aller plus loin, on pourra se reporter à l'article de Jeffrey Sachs, « The Current Account and Macroeconomic Adjustment in the 1970s », *Brookings Papers on Economic Activity*, 1981, mais aussi à l'ouvrage de Irving Fisher, *The Theory of Interest*, New York, MacMillan, 1930.

4.2 Le taux d'intérêt réel

Tout cela est cependant un peu énigmatique : concrètement, à quoi peuvent bien correspondre le commerce intertemporel et le prix relatif de la consommation future ?

Comme n'importe quel individu, un pays peut commercer dans le temps en empruntant ou en prêtant. Par exemple, en empruntant, il peut consommer davantage aujourd'hui, mais il devra limiter sa consommation dans le futur afin de rembourser. Il échange ainsi de la consommation présente contre de la consommation future. Le prix auquel se fait cet échange intertemporel dépend clairement du taux d'intérêt. Comme on le verra dans la seconde moitié de l'ouvrage, les changements de prix d'une période à l'autre compliquent l'interprétation concrète des taux d'intérêt. Pour l'heure, on laisse simplement ce problème de côté, en supposant que les contrats de prêts sont spécifiés en termes *réels* : lorsqu'un pays emprunte, il acquiert le droit d'acheter une certaine quantité de bien dans le présent en échange d'un remboursement d'une quantité $(1 + r)$ fois plus grande dans le futur ; r est alors le **taux d'intérêt réel** de l'emprunt. Dans ces conditions, le prix relatif de la consommation future est simplement $1/(1 + r)$.

Quand le prix relatif de la consommation future augmente (c'est-à-dire quand le taux d'intérêt réel baisse), les pays réagissent logiquement en investissant davantage. Cela revient à accroître les possibilités de consommation dans le futur et à les réduire dans le présent. Le point d'équilibre se déplace vers la gauche, le long de la frontière intertemporelle des possibilités de production tracée à la figure 6.11. Ce mouvement définit une courbe d'offre relative intertemporelle (c'est-à-dire le ratio entre l'offre de biens dans le futur et l'offre de biens aujourd'hui), qui croît avec le prix relatif de la consommation future. De façon similaire, les préférences des consommateurs qui les conduisent à arbitrer entre une consommation présente et une consommation future peuvent être représentées par une fonction de demande relative intertemporelle (le ratio entre la demande future et la demande aujourd'hui).

Ainsi, dès lors qu'il est possible de contracter des prêts internationaux, l'offre et la demande relatives de consommation future doivent déterminer le taux d'intérêt mondial. C'est ce que montre la figure 6.12 où l'on a supposé que le pays domestique a des possibilités intertemporelles de production biaisées en faveur de la consommation présente. À l'équilibre, le pays domestique doit donc exporter de la consommation présente pour importer de la consommation future. En d'autres termes, il accorde des prêts au pays étranger contre un remboursement dans le futur.

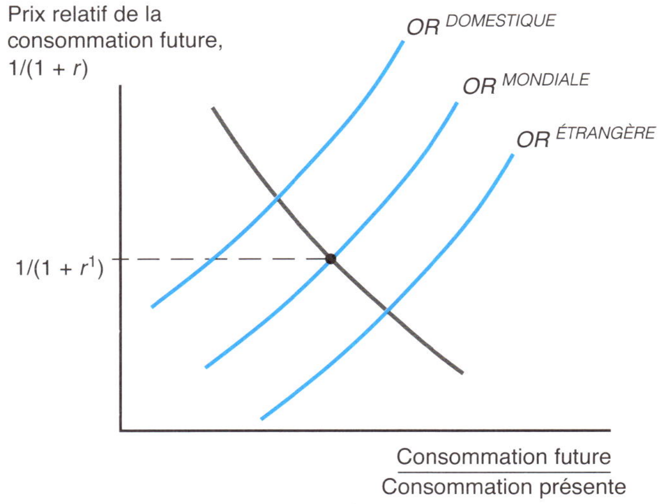

Figure 6.12 – Le taux d'intérêt réel d'équilibre.

Les consommateurs des deux pays ont les mêmes préférences intertemporelles : leurs courbes de demandes relatives intertemporelles sont confondues. Le prix relatif de la consommation future est déterminé par l'intersection de l'offre relative intertemporelle mondiale et de la demande relative intertemporelle.

4.3 L'avantage comparatif intertemporel

Jusqu'ici, on a simplement supposé que les possibilités de production intertemporelles du pays domestique étaient biaisées en faveur de la consommation présente. Mais, d'une manière plus concrète, quels sont les déterminants de cette préférence relative pour le présent ou, dit autrement, de l'avantage comparatif intertemporel ?

Dans un pays qui a un avantage comparatif dans la production future du bien de consommation, le prix relatif de la consommation future est relativement faible tant qu'il n'est pas possible de réaliser des prêts ou des emprunts internationaux. En d'autres termes, le taux d'intérêt réel en vigueur dans cette économie est élevé, ce qui correspond à un rendement relativement significatif de l'investissement. Les pays qui empruntent sur les marchés internationaux sont donc ceux qui bénéficient d'importantes opportunités d'investissements productifs ; les pays qui prêtent sont, à l'inverse, des économies où la production présente génère des revenus relativement élevés et où les opportunités d'investissement sont limitées.

Résumé

Le modèle standard montre l'interaction de l'offre relative mondiale, construite à partir des possibilités de production, et de la demande relative mondiale, dérivée des préférences des consommateurs. L'intersection des courbes d'offre et de demande relatives mondiales définit les termes de l'échange (c'est-à-dire le prix des exportations rapporté à celui des importations). Toutes choses étant égales par ailleurs, un pays voit son bien-être s'accroître lorsque ses termes de l'échange s'améliorent, et diminuer lorsqu'ils se détériorent.

Lorsque la croissance économique est plus favorable à la production d'un bien qu'à un autre (on parle alors de croissance biaisée), l'offre relative mondiale de ce bien s'accroît, ce qui agit sur les termes de l'échange. Si, dans un pays, la croissance est biaisée en direction du bien exporté, ses termes de l'échange se détériorent et l'effet bénéfique de la croissance économique s'en trouve réduit. À l'inverse, si la croissance est biaisée à l'import, les termes de l'échange s'améliorent, ce qui renforce encore l'élévation du bien-être. De la même façon, une croissance biaisée à l'import dans un pays étranger peut être nuisible pour l'économie nationale.

Un droit de douane incite le pays qui l'instaure à accroître son offre relative de biens importés et à réduire sa demande relative. Cet instrument améliore donc, à coup sûr, les termes de l'échange du pays qui le met en œuvre, aux dépens du reste du monde. La subvention a l'effet opposé, détériorant les termes de l'échange du pays qui choisit cette politique. Les effets d'une subvention à l'exportation sur les termes de l'échange pénalisent donc le pays qui met en place la subvention et profitent au reste du monde, alors que la mise en place du droit de douane a l'effet inverse.

Les emprunts et les prêts internationaux peuvent être considérés comme une forme de commerce international qui implique un échange de consommation présente contre une consommation future. Le prix relatif auquel se fait ce commerce intertemporel est égal au taux d'intérêt réel plus un.

Activités

1. Considérons deux pays. La Suède exporte des automobiles vers la Norvège qui, de son côté, exporte des saumons. Illustrez les gains à l'échange entre les deux pays à l'aide du modèle standard. On supposera que les préférences sont les mêmes dans les deux pays, mais que les frontières des possibilités de production diffèrent : la Norvège est relativement plus efficace dans l'élevage et la capture de poissons (en raison de ses longues côtes le long de l'Atlantique Nord), et la Suède est relativement plus productive dans la fabrication de voitures (en raison d'une dotation plus importante en capital).

2. Supposons maintenant qu'après plusieurs années de surexploitation des ressources maritimes la Norvège se voie contrainte de réduire ses captures de saumons. Ce changement engendre une réduction de la quantité potentielle de poissons pouvant être produits en Norvège et, par conséquent, une hausse du prix mondial relatif des saumons, P_s/P_a.
   - **a.** Montrez comment le problème de surexploitation peut entraîner une *diminution* du bien-être de la Norvège.
   - **b.** Montrez de quelle manière le problème de la surexploitation peut aussi entraîner une *augmentation* du bien-être de la Norvège.

3. Considérons une économie où les facteurs de production sont complètement immobiles entre les secteurs. L'offre relative ne peut pas répondre aux changements de prix et

la frontière des possibilités de production est à angle droit. Dans ce cas, est-il toujours vrai qu'une amélioration des termes de l'échange augmente le bien-être ? Faites-en l'analyse graphiquement.

4. La contrepartie de l'immobilité des facteurs de production du côté de l'offre peut être, du côté de la demande, le manque de substitution. Imaginons donc une économie dans laquelle les consommateurs achètent toujours des biens dans les mêmes proportions, quel que soit le prix relatif de ces biens. Montrez qu'une amélioration des termes de l'échange bénéficie également à ce type d'économie.

5. Considérons une économie comme le Japon, qui exporte des biens manufacturés et importe des matières premières et des produits agricoles. Analysez l'impact des événements suivants sur les termes de l'échange du Japon :

   a. Une guerre au Moyen-Orient réduit l'offre de pétrole.

   b. L'économie sud-coréenne se développe et accroît sa capacité à produire des voitures, qu'elle exporte vers l'Europe et l'Amérique du Nord.

   c. Les pays européens mettent en place une politique énergétique fondée sur le développement du nucléaire et remplacent progressivement leurs anciennes centrales fonctionnant au pétrole.

   d. Un accident climatique réduit les récoltes de blé en Russie.

   e. Les droits de douane japonais baissent sur les importations de bœuf.

6. L'apparition d'Internet a favorisé l'essor du commerce de services. Cette évolution a notamment permis à un pays comme l'Inde de devenir exportateur de services de programmation informatique et de concurrencer ainsi l'Europe et les États-Unis. Créez un modèle standard de commerce de biens manufacturés et de services entre les États-Unis et l'Inde qui montre comment la diminution du prix relatif mondial des services peut réduire le bien-être des Américains et profiter aux Indiens.

7. Considérons deux pays A et B, dotés de deux facteurs de production, le capital et le travail, avec lesquels ils produisent deux biens, X et Y. La technologie est la même dans les deux pays. Le bien X est intensif en capital, et le pays A est richement doté en capital. Analysez l'effet des chocs suivants sur les termes de l'échange et le bien-être des deux pays :

   a. Une augmentation du stock de capital de A.

   b. Une augmentation de l'offre de travail de A.

   c. Une augmentation du stock de capital de B.

   d. Une augmentation de l'offre de travail de B.

8. D'un point de vue économique, l'Inde et la Chine présentent certaines similarités : ce sont deux très grands pays à bas salaires. Ils disposent probablement d'une structure d'avantages comparatifs assez semblable. La Chine a été le premier des deux pays à s'ouvrir au commerce, et l'Inde ne s'ouvre progressivement que depuis quelques années. Quel devrait être l'effet de l'ouverture actuelle de l'Inde sur le bien-être de la Chine ? Et sur celui de l'Union européenne ?

9. Supposons qu'un pays mette en place une subvention à l'exportation et qu'un autre pays impose en retour un droit de douane qui annule ces effets, de telle sorte que le prix relatif dans le second pays reste inchangé. Quel sera l'effet sur les termes de l'échange ? Sur le bien-être dans le second pays ? Supposons, au contraire, que le second pays exerce des représailles en mettant également en place une subvention et non un droit de douane. Quelles seront les conséquences de cette politique ?

   Expliquez l'analogie qui peut être faite entre le commerce international et les prêts et emprunts internationaux.

10. Parmi les pays suivants, distinguez ceux qui doivent avoir des possibilités de production intertemporelles biaisées en faveur des biens de consommation présents, et ceux qui ont des possibilités biaisés en faveur des biens futurs.

    a. Un pays qui a récemment ouvert ses frontières et accueille d'importants flux d'immigrants, comme l'Argentine ou le Canada au début du siècle dernier.

    b. Un pays, comme la Grande-Bretagne à la fin du XIXe siècle, qui dispose d'une certaine avance technologique, mais qui voit cette supériorité s'éroder avec l'émergence d'autres puissances économiques.

    c. Un pays qui a découvert d'importantes réserves pétrolières susceptibles d'être exploitées avec peu d'investissements supplémentaires (comme l'Arabie Saoudite).

    d. Un pays qui a découvert d'importantes réserves pétrolières, mais dont l'exploitation nécessite des investissements massifs (comme la Norvège).

    e. Un pays comme la Slovénie, qui montre une certaine efficacité dans la production de biens industriels et qui rattrape rapidement son retard sur les pays industrialisés.

Chapitre 7

Économies d'échelle externes, spécialisation et commerce international

> **Objectifs pédagogiques :**
> - Étudier le rôle des rendements d'échelle croissants dans la détermination du commerce international.
> - Comprendre la différence entre économies d'échelle externes et internes.
> - Discuter de l'origine des économies d'échelle externes.
> - Examiner l'influence des économies d'échelle externes et des transferts technologiques sur les avantages comparatifs et la structure du commerce international.

Jusqu'ici, nous avons expliqué l'existence du commerce international par la volonté des nations de profiter de leurs différences mutuelles : différences relatives de dotations factorielles ou de technologies. Pour autant, une très grande part des flux internationaux de biens et services se fait entre des économies assez semblables, qui n'affichent pas d'avantages comparatifs marqués. Ce chapitre revient donc en détail sur une autre motivation des échanges, rapidement évoquée au chapitre 3 : les économies d'échelle.

Introduire des économies d'échelle (ou, autrement dit, des rendements d'échelle croissants) dans un raisonnement théorique ne va cependant pas sans difficulté. Lorsque les rendements d'échelle sont croissants, les grandes firmes disposent d'un avantage sur les entreprises plus petites et tendent finalement à dominer leur marché. On risque d'aboutir alors à une situation de concurrence imparfaite.

Toutefois, ce n'est pas toujours le cas. Si les économies d'échelle sont « externes », c'est-à-dire qu'elles ne profitent pas spécifiquement à chaque entreprise mais à des secteurs d'activité pris dans leur ensemble, elles ne sont pas incompatibles avec une concurrence parfaite. Ce chapitre se limite à l'étude du rôle que peuvent avoir les économies d'échelle externes sur les spécialisations et la structure du commerce. Nous verrons le cas des économies d'échelle internes au chapitre 8.

1 Économies d'échelle et commerce international : vue d'ensemble

Les modèles en concurrence parfaite développés aux chapitres précédents reposaient sur l'hypothèse de rendements d'échelle constants : si, dans chaque secteur, la quantité de facteurs de production est doublée, alors la quantité produite sera également multipliée par deux. Cependant, dans les faits, de nombreux secteurs d'activité sont caractérisés par la présence d'économies d'échelle (ou rendements croissants) : la productivité y est d'autant plus élevée que la quantité produite est importante. Dans ces secteurs, le doublement de la quantité d'intrants fait plus que doubler la production.

À eux seuls, ces rendements d'échelle croissants peuvent expliquer l'existence du commerce international. Imaginons en effet un monde constitué de deux économies : les États-Unis et l'Union européenne. Supposons qu'il n'y ait aucun avantage comparatif (les technologies et les dotations relatives en facteurs de production sont les mêmes), que ces économies soient de taille identique et que les consommateurs aient partout les mêmes préférences. En autarcie, la production de chaque bien se répartit uniformément entre les deux pays, et chacun doit par conséquent consacrer la même quantité de facteurs à la production de chacun des biens. Imaginons donc qu'en autarcie les deux pays emploient une quantité L de facteurs dans un secteur à rendements croissants. Que se passe-t-il si la production mondiale de ce bien est maintenant entièrement assurée par l'Union européenne ? Dans ce cas, l'économie européenne peut exploiter pleinement les économies d'échelle et répondre à la demande mondiale en utilisant moins de $2L$ unités de facteurs ; l'économie mondiale gagne en efficacité, et la production totale augmente. La concentration de la production du bien à rendements croissants dans une seule économie s'accompagne nécessairement d'un bouleversement de la répartition de la production mondiale des autres biens : l'activité dans les autres secteurs se développe aux États-Unis et diminue dans l'Union européenne. En présence d'économies d'échelle, et même s'il n'existe pas d'avantage comparatifs, chaque pays tend donc à se spécialiser dans la production d'un nombre limité de produits et à développer des flux de commerce.

2 Économies d'échelle et structure de marché

En présence d'économies d'échelle, la production d'un bien s'accroît de façon plus que proportionnelle à la quantité de facteurs employés dans ce secteur. Mais l'augmentation de la production dans un secteur peut prendre deux formes distinctes : chaque entreprise existante peut augmenter le volume de sa production ou bien de nouvelles entreprises peuvent entrer sur le marché. Tout dépend en fait de la nature des économies d'échelle[1]. On parle d'économies d'échelle externes lorsque le coût unitaire de production (c'est-à-dire le coût moyen) dépend de la taille du secteur d'activité, mais pas nécessairement de celle de chaque entreprise. À l'opposé, on a des économies d'échelle internes lorsque le coût par unité dépend de la taille de chaque entreprise, mais pas nécessairement de celle du secteur.

1. Pour une description détaillée de la nature et des conséquences des économies d'échelle externes, voir par exemple les manuels de Robert Pindyck, Daniel Rubinfeld et Michel Sollogoub, *Microéconomie*, 7e éd., Pearson Education, 2010 ; ou d'Étienne Wasmer, *Principes de microéconomie : méthodes empiriques et théories modernes*, Pearson Education, 2011.

Les économies d'échelle externes et internes ont des implications différentes sur les structures de marché. Un secteur dans lequel les économies d'échelle sont uniquement externes comprendra une multitude de petites firmes et sera parfaitement concurrentiel. Les économies d'échelle internes, en revanche, confèrent un avantage aux grandes firmes. Celles-ci ont des coûts plus faibles et gagnent des parts de marché sur les petites entreprises, ce qui conduit forcément au développement d'une concurrence imparfaite.

Rien n'empêche *a priori* que des économies d'échelle externes et internes influent conjointement sur un secteur, mais, dans la mesure où elles ont des implications différentes sur la structure de marché et le commerce international, il est difficile de les étudier simultanément. Ce chapitre se consacre donc aux économies d'échelle externes ; les conséquences des économies d'échelle internes seront abordées au chapitre 8.

3 Économies d'échelle externes

L'analyse des économies d'échelle externes est ancienne. Dès 1920, l'économiste britannique Alfred Marshall a été frappé par l'étonnante concentration géographique de certains secteurs[2], formant ainsi ce qu'il appelle des « districts industriels ». À l'époque de Marshall, les exemples anglais les plus connus étaient le pôle de Sheffield, spécialisé dans la coutellerie, et celui de Northampton, qui accueillait des entreprises de bonneterie. Aujourd'hui, ces pôles spécialisés sont toujours d'actualité. Le succès de la Silicon Valley (le pôle californien qui accueille un grand nombre de producteurs de semi-conducteurs et de logiciels) est bien évidemment dans tous les esprits, de même que la concentration de l'industrie cinématographique à Hollywood, des activités financières à la City de Londres, de l'industrie aéronautique à Toulouse ou des services informatiques à Bangalore en Inde. La ville chinoise de Qiaotou (dans la province du Zhejiang) est un exemple encore plus marquant. Cette ville modeste de l'est de la Chine accueille plusieurs centaines de petites entreprises manufacturières ; celles-ci produisaient en 2006 environ 60 % de la production mondiale de boutons et 80 % des fermetures Éclair qui équipent les vêtements portés dans le monde entier[3]. La France possède aussi quelques districts industriels. La politique des pôles de compétitivité, lancée en juillet 2005, vise explicitement à renforcer les districts industriels existants et à favoriser le développement des économies d'échelle externes (voir encadré 7.1).

Marshall avance trois raisons principales pour expliquer ces concentrations d'entreprises, c'est-à-dire, *in fine*, trois sources possibles d'économies d'échelle externes :

1. La garantie pour chaque firme d'être à proximité d'un grand nombre de fournisseurs spécialisés. Dans la plupart des secteurs, la production de biens et services nécessite l'utilisation de biens intermédiaires, d'équipements ou de services spécialisés (maintenance, logistique, services financiers…). Le regroupement sur un même territoire d'une forte densité de firmes qui partagent les mêmes besoins contribue à l'émergence d'un marché local suffisamment important pour attirer un grand nombre de fournisseurs spécialisés. Cette concentration des fournisseurs améliore l'efficacité du secteur : les entreprises clientes ont accès à un choix plus vaste de biens et services intermédiaires,

2. Alfred Marshall, *Principles of Economics*, MacMillan, 1920.
3. « The Tiger's Teeth », *The Guardian*, 25 mai 2005.

la proximité géographique facilite les relations clients-fournisseurs et les clients font l'économie des coûts du transport.

2. L'assurance de bénéficier d'un bassin de main-d'œuvre important. De la même façon que pour les fournisseurs, la concentration des firmes attire des travailleurs qualifiés, formés aux activités spécifiques du district. La constitution d'un marché du travail plus vaste est avantageuse pour les producteurs comme pour les travailleurs : les premiers seront moins confrontés au risque de pénurie de main-d'œuvre et les seconds, au risque de chômage. Par ailleurs, l'assurance de débouchés considérables peut favoriser le développement, à proximité du district, d'écoles ou de filières spécialisées formant des étudiants selon les besoins spécifiques des firmes locales.

3. L'opportunité de profiter d'externalités de connaissances. C'est aujourd'hui un cliché de dire que les connaissances sont un facteur de production au moins aussi important que le travail, le capital ou les matières premières. Une particularité des connaissances technologiques est qu'elles sont en partie inappropriables. Bien sûr, il est toujours possible de breveter une innovation et de s'assurer ainsi un monopole sur son exploitation. Mais, avant d'aboutir à une connaissance brevetable, une longue période peut s'écouler, durant laquelle des échanges informels d'informations et d'idées peuvent profiter aux firmes concurrentes. Et encore, c'est sans compter avec le fait que certains savoirs ne sont pas brevetables, notamment lorsqu'ils concernent des principes généraux (comme les tendances de la mode vestimentaire) ou des méthodes de gestion et d'organisation de la production. Assez logiquement, ces diffusions informelles des connaissances sont facilitées par la concentration géographique des firmes d'un même secteur. Comme l'écrit Marshall, dans un pôle très spécialisé, « les mystères du commerce cessent d'en être et se diffusent [...], les inventions et les améliorations dans l'équipement, dans les processus de production et dans l'organisation générale sont rapidement discutées. Si un individu a une nouvelle idée, elle est reprise par d'autres, combinée avec d'autres suggestions et engendre d'autres idées nouvelles ».

Encadré 7.1

Les pôles de compétitivité

En juillet 2005, le gouvernement français a décidé de donner une nouvelle impulsion à sa politique industrielle en misant sur la création de « pôles de compétitivité ». L'objectif est d'enrayer le puissant mouvement de désindustrialisation qui marque l'économie française depuis les années 1980 et de donner aux entreprises hexagonales les moyens de faire face à la concurrence accrue des pays émergents en préservant leurs parts de marché dans l'économie mondiale. L'idée phare qui a présidé à cette politique ambitieuse repose largement sur l'existence d'économies d'échelle externes. Il s'agit en effet d'identifier des territoires, spécialisés dans des secteurs biens définis, afin de stimuler les synergies et la coopération entre les entreprises, les laboratoires de recherche et les centres de formation.

À l'évidence, il s'agit là d'un tournant significatif dans la politique française d'aménagement du territoire. En effet, après des décennies de dispositifs favorisant la dissémination des entreprises dans l'ensemble des régions, la politique des pôles de compétitivité vise, tout au contraire, à donner davantage de moyens aux bassins d'emploi les plus dynamiques.

Encadré 7.1 (suite)

La première étape a consisté en la labellisation de 71 pôles de compétitivité répartis sur l'ensemble du territoire. « Aerospace Valley », par exemple, est un pôle spécialisé dans l'aéronautique et basé essentiellement en Midi-Pyrénées ; « Finance Innovation » regroupe les activités financières de la place de Paris ; « Valorial », localisé en Bretagne, est centré sur les industries agro-alimentaires... Ensuite, l'État a lancé une première phase de distribution de subventions, à hauteur de 1,5 milliard d'euros sur la période 2005-2008, afin de financer des projets de coopération interentreprises. Cette politique a été reconduite avec le lancement d'une seconde phase dotée de nouveau de 1,5 milliard d'euros à distribuer entre 2009 et 2012*.

Regrouper sur un même territoire des sociétés qui ont vocation à travailler en synergie, encourager la recherche et le développement, mutualiser les compétences sont autant d'éléments visant à pallier le déficit de croissance de certaines de nos entreprises. La proximité géographique de sociétés évoluant dans les mêmes secteurs d'activité, loin d'être un frein à leur développement, semble bien au contraire, renforcer leur savoir-faire ou leur image de marque et les rendre ainsi plus compétitives**. On sait, par exemple, qu'elles envisageront plus facilement une activité à l'export au contact d'autres exportateurs.

S'il est indéniable que la politique des pôles de compétitivité est – en théorie – séduisante, il convient cependant d'en nuancer sa portée. L'État, au cœur du dispositif, peine parfois à identifier les secteurs, les régions et les projets porteurs de croissance. Par ailleurs, il s'avère que les aides financières ne sont que modérément incitatives dans les choix de localisation des entreprises. Seul le marché semble être en mesure de jouer naturellement un rôle moteur, à plus forte raison lorsque les économies d'échelle externes s'annoncent substantielles. C'est pourquoi, la mise en place d'infrastructures administratives – forcément contraignantes –, visant l'agglomération, au sein d'une même région, d'entreprises mondialement reconnues ou, *a fortiori*, le développement de partenariats explicites avec le tissu industriel local sont souvent très aléatoires. En témoigne l'évaluation des systèmes productifs locaux (SPL) menée par Duranton *et al.* (2008)***. La politique des SPL, mise en œuvre en France en 1999 et 2000, présente en effet nombre de similitudes avec celle des pôles de compétitivité, bien que plus modeste. En définitive, il semblerait que le soutien apporté aux SPL n'ait quasiment aucun impact sur la productivité des entreprises. Toujours selon cette étude, les SPL ont avant tout bénéficié aux sociétés en difficulté ou à celles qui, ayant intérêt à se regrouper, avaient ou auraient franchi le pas indépendamment des dispositifs mis en place.

* Voir http://competitivite.gouv.fr/

** Pamina Koenig, Florian Mayneris et Sandra Poncet, « Économies d'agglomération à l'exportation et difficulté d'accès aux marchés », Économie et Statistiques, vol. 435-436, 2010, p. 85-103.

*** Gilles Duranton, Philippe Martin, Thierry Mayer et Florian Mayneris, *Les Pôles de compétitivité. Que peut-on en attendre ?*, Cepremap, Éditions Rue d'Ulm, 2008.

4 Économies d'échelle externes et commerce international

Quelle que soit l'origine des économies d'échelle externes, celles-ci vont donner lieu à des rendements croissants, pour chaque pays, *au niveau sectoriel*. En d'autres termes, cela signifie que chaque secteur aura une **courbe d'offre décroissante** : plus sa production sera importante, plus le prix auquel il sera prêt à vendre ses produits sera faible. En effet, plus la production augmente dans un secteur, plus la productivité s'accroît. Le coût de production de chaque unité de bien diminue. La courbe de coût moyen (notée *CM* à la figure 7.1) est donc une fonction décroissante des quantités produites.

4.1 Économies d'échelle externes, production et prix

Pour bien comprendre les mécanismes à l'œuvre ici, on s'appuie sur un exemple simple, inspiré de la situation de la ville chinoise de Qiaotou, devenue en quelques années la « capitale mondiale du bouton ».

Imaginons donc que nous vivons dans un monde composé seulement de deux pays, la Chine et l'Union européenne. Ces deux pays produisent chacun des boutons de chemise et l'on suppose que cette production est soumise à des économies d'échelle externes. Cela se traduit par une courbe d'offre de boutons décroissante dans chacun des pays. La figure 7.1 représente l'équilibre sur le marché des boutons dans chaque pays, en l'absence de commerce international. En Chine et en Europe, les prix d'équilibre et de production sont définis par l'intersection des courbes d'offre et de demande de chaque nation. Dans le cas illustré à la figure 7.1, le prix des boutons est plus faible en Chine qu'en Europe.

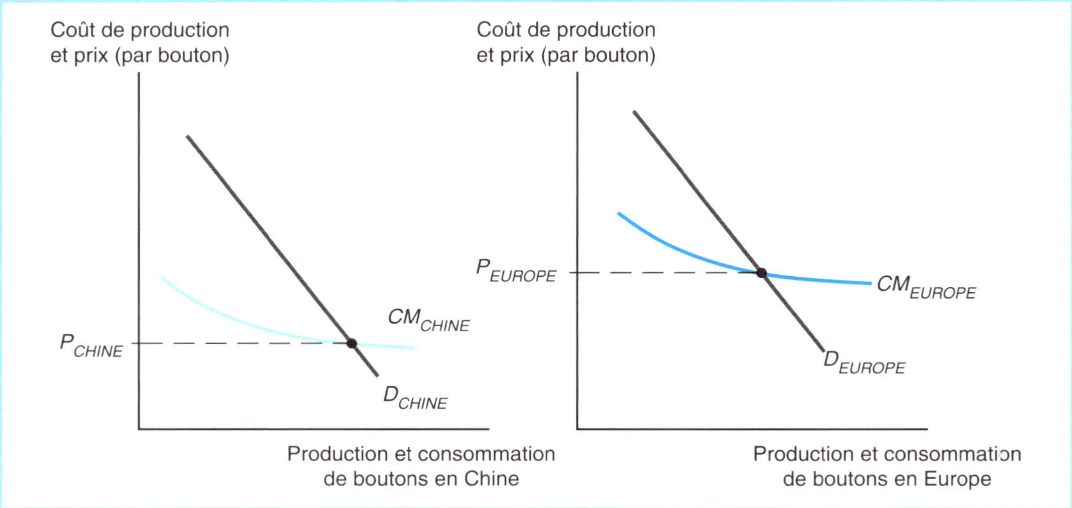

Figure 7.1 – Économies d'échelle externes en autarcie.

Les économies d'échelle impliquent que les courbes d'offre dans les deux pays sont décroissantes. Dans cet exemple, en l'absence de commerce international, le prix des boutons est plus faible en Chine qu'en Europe.

Que se passe-t-il si les deux pays signent un accord libéralisant les échanges internationaux de boutons ? Il est évidemment plus avantageux, pour les producteurs de chemises français, italiens et anglais, de se fournir en boutons auprès de producteurs chinois. L'industrie du bouton va alors se développer en Chine et péricliter en Europe. Mais surtout, ce processus va s'autoentretenir. Au fur et à mesure que la production chinoise augmente, les coûts se réduisent sous l'effet des rendements d'échelle. À l'inverse, la baisse de la production en Europe va accentuer l'augmentation des coûts de production. Au final, la production mondiale de boutons sera entièrement localisée en Chine.

La figure 7.2 illustre les effets de la concentration de la production consécutive à l'ouverture commerciale. En situation d'autarcie, les producteurs de la ville de Qiaotou ne fournissaient que le marché chinois. Dès lors qu'ils ont obtenu la possibilité d'exporter leurs produits, ils approvisionnent l'ensemble du marché mondial. Dans la mesure où leur courbe d'offre est décroissante, cet accroissement de la production réduit les prix. Avant l'ouverture, les boutons chinois étaient moins chers que les boutons européens, c'est encore plus vrai après. En libre-échange, le prix mondial des boutons est donc inférieur aux deux prix qui prévalaient en autarcie.

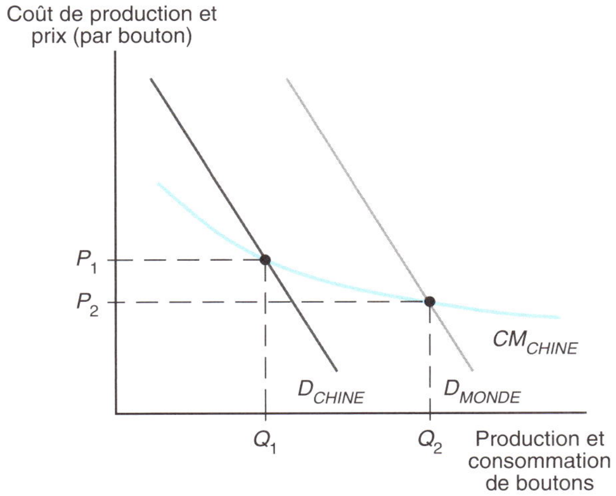

Figure 7.2 – Commerce international et prix.

À l'ouverture au commerce, toute la production de boutons se concentre sur le territoire chinois. La production chinoise passe de Q_1 à Q_2, ce qui induit une baisse des prix des boutons de P_1 à P_2. Le prix mondial de libre-échange est alors plus faible que les prix qui prévalaient dans chaque pays en autarcie.

C'est un résultat clairement différent de celui mis en avant aux chapitres précédents. Dans tous les modèles que nous avons vus, l'ouverture au commerce induit une convergence des prix de chaque bien. Mais le prix mondial d'équilibre se situe entre les deux prix d'autarcie, si bien que le prix des biens exportés par un pays augmente par rapport à la situation d'autarcie lors du passage au libre-échange. En revanche, dans notre exemple, la libéralisation commerciale a pour effet de réduire le prix des boutons dans tous les pays.

4.2 Les économies d'échelle externes et la structure des échanges commerciaux

Dans l'exemple ci-dessus, on a simplement supposé que l'industrie chinoise avait, en autarcie, des coûts de production inférieurs à ceux de l'industrie européenne, sans s'interroger sur l'origine de cet avantage initial.

Une des raisons pouvant justifier ce prix plus faible en autarcie nous renvoie aux chapitres précédents : la Chine peut, compte tenu de ses technologies ou de ses dotations en facteur de production, disposer d'un avantage comparatif dans la production de boutons. La fabrication de boutons est une activité relativement intensive en main-d'œuvre. Les salaires chinois confèrent alors un avantage indéniable à ce pays dans ce secteur. À l'inverse, la production aéronautique nécessite une main-d'œuvre hautement qualifiée, bien plus rare en Chine (où, en dépit des efforts considérables menés ces dernières années, la proportion de diplômés du supérieur dans la population en âge de travailler ne dépasse guère les 12 %) qu'en Europe (où plus de 24 % de la population active est titulaire d'un diplôme de l'enseignement supérieur[4]). Il n'est alors pas étonnant que la production de ces biens de haute technologie ait plutôt tendance à se localiser en Europe.

Toutefois, dans les secteurs caractérisés par des économies d'échelle externes, l'avantage comparatif ne suffit pas à expliquer pleinement la structure des échanges. Il est probablement inévitable que la plupart des boutons de la planète finissent par être produits dans un pays à bas salaires. Mais beaucoup de pays du monde disposent d'une main-d'œuvre bon marché, capable de produire des produits aussi simples que des boutons. Alors, pourquoi la production de boutons se concentre-t-elle en Chine et pas en Inde ou au Vietnam ?

Une partie de la réponse est simple : bon nombre des spécialisations industrielles sont simplement imputables aux aléas de l'histoire. En effet, dans un secteur qui bénéficie d'économies d'échelle externes, un pays qui développe, à un moment donné, une production relativement importante aura des coûts de production plus avantageux. S'il est possible de commercer entre les pays, cela génère un processus circulaire : le pays qui produit une grande quantité d'un bien est plus efficace dans cette production ; il peut donc baisser ses prix et gagner des parts de marché, c'est-à-dire produire davantage et gagner encore en efficacité… Ainsi, un avantage initial, même minime, peut renforcer au fur et à mesure sa spécialisation si bien que tout retour en arrière est difficile. L'histoire du développement industriel regorge d'anecdotes montrant qu'une spécialisation peut naître d'un simple hasard historique. Par exemple, la ville de Londres a acquis sa spécialisation dans les activités financières au XVIIe siècle, alors que les Britanniques partaient à la conquête des terres nouvelles pour créer un empire couvrant les cinq continents. L'importance des investissements liés aux expéditions et à l'exploitation des colonies, ainsi que les échanges

4. Compte tenu des différences dans les systèmes éducatifs, ce taux est très variable d'un pays à l'autre. D'après les statistiques de l'OCDE, il atteint 26 % en France, 24 % en Allemagne, 30 % en Grande-Bretagne, 14 % en République tchèque, 18 % en Pologne… mais 40 % aux États-Unis.

commerciaux qui en ont découlé, a rendu nécessaire le développement des banques et des bourses. Aujourd'hui, l'Empire britannique a disparu, mais cette spécialisation dans la finance demeure encore très forte. De la même façon, l'existence de la Silicon Valley, près de San Francisco, doit sans doute beaucoup au fait qu'un duo d'étudiants en électronique (William Hewlett et David Packard) de l'université toute proche de Stanford décident de créer, dans les années 1930, une entreprise dans leur garage. L'histoire de Bangalore aurait aussi pu être bien différente si l'entreprise américaine Texas Instruments avait retenu une autre ville pour localiser, en 1984, son projet d'investissement en Asie. Si l'industrie aéronautique s'est développée autour de Toulouse dans les années 1920, c'est en bonne partie parce que, pendant la Première Guerre mondiale, le gouvernement français a choisi l'entreprise de Pierre-Georges Latécoère pour développer une production d'avions de combat. Initialement, cette entreprise fabriquait des wagons pour la Compagnie des chemins de fer du Midi…

Une conséquence du rôle de l'histoire dans la détermination des spécialisations est que les industries ne sont pas toujours localisées au « bon » endroit : une fois qu'un pays a établi un avantage dans un secteur, il peut conserver cet avantage, même si un autre pays est capable de produire les marchandises à meilleur prix. C'est ce qu'illustre la figure 7.3. Deux pays sont représentés : la Chine et le Vietnam.

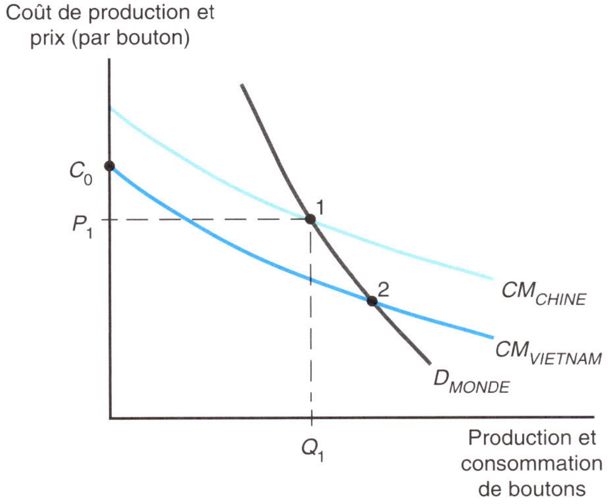

Figure 7.3 – L'influence de l'histoire sur les spécialisations : l'importance des avantages acquis.
La courbe de coût moyen pour le Vietnam, $MC_{Vietnam}$, se trouve en dessous de la courbe de coût moyen pour la Chine, MC_{Chine}. Le Vietnam est donc, *a priori*, plus compétitif que la Chine. Mais si l'industrie chinoise se développe en premier, elle peut, grâce aux économies d'échelle, être en mesure de proposer un prix inférieur à celui que proposerait une entreprise qui déciderait de s'implanter au Vietnam. Un modèle de spécialisation résultant d'un accident historique peut persister même lorsque de nouveaux producteurs pourraient avoir des coûts inférieurs.

Le Vietnam a un coût du travail plus faible que la Chine. En conséquence, pour un niveau de production donné, le coût moyen de la production de boutons de chemise en Chine, CM_{Chine}, est toujours plus élevé qu'au Vietnam, $CM_{Vietnam}$. La demande mondiale est représentée par la courbe $D_{Mondiale}$ et l'on suppose qu'elle est entièrement satisfaite par l'un ou l'autre des deux pays. En toute logique, la production de boutons devrait avoir lieu au Vietnam où elle est meilleur marché. Pourtant, cela peut ne pas être le cas. En effet, si la Chine, pour des raisons historiques, développe la production de boutons avant que le Vietnam ne puisse se lancer dans cette activité, l'équilibre du marché mondial s'établira au point 1. La Chine produit alors Q_1 unités au prix P_1. Si le Vietnam pouvait accaparer la totalité du marché mondial, l'équilibre passerait au point 2. Mais si l'industrie vietnamienne part de rien, les premières entreprises qui envisageraient de s'implanter dans ce pays ne bénéficieraient pas des rendements d'échelle et auraient un coût total de production C_0. En dépit d'un coût du travail avantageux au Vietnam, les entreprises de ce pays ne sont pas compétitives face aux producteurs chinois. Ainsi, les économies d'échelle externes peuvent conduire à des situations non optimales où les spécialisations vont à l'encontre des avantages comparatifs des pays.

4.3 Les conséquences de l'ouverture sur le bien-être en présence d'économies externes

Les échanges fondés sur les économies externes ont des effets sur le bien-être national plus ambigus que ceux issus des spécialisations fondées sur des avantages comparatifs. Bien sûr, la concentration de la production des secteurs à rendements croissants dans un petit nombre de pays permet d'exploiter les effets d'échelle, ce qui constitue un gain pour l'économie mondiale. Toutefois, rien ne garantit que tous les pays profitent effectivement de ce gain, ni même que les échanges basés sur les économies externes ne viennent pas dégrader la situation de certaines économies.

La figure 7.4 illustre un cas de perte à l'ouverture. Ici, on considère deux pays, la Suisse et la Thaïlande, susceptibles de produire des montres. Les salaires étant relativement faibles en Thaïlande, les coûts de production sont, pour une quantité produite donnée, plus faibles qu'en Suisse. D_{Monde} représente la demande mondiale de montres ; en développant en premier la production de montres, la Suisse dispose d'un avantage qui lui permet de demeurer le seul producteur du secteur, car le démarrage de la production en Thaïlande ne pourrait se faire qu'à un coût trop élevé pour être rentable ($C_0 > P_1$). L'équilibre se situe au point 1. Pour autant, en l'absence de commerce, la Thaïlande serait obligée de produire l'ensemble des montres qu'elle consomme. Or, si la demande nationale, représentée par $D_{Thaï}$, est suffisamment importante, l'équilibre d'autarcie sur le marché thaï se situera au point 2, soit à un niveau de prix P_2, inférieur à P_1. Dans ce cas, l'autarcie semble effectivement préférable au libre-échange pour les consommateurs et les producteurs thaïs ; le gouvernement a donc clairement intérêt à imposer des barrières commerciales pour permettre l'émergence de l'industrie horlogère dans son pays. Il convient cependant de noter que, dans les faits, la mise en évidence de ce type de situation n'est pas une chose aisée. Comme on le verra aux chapitres 10 et 11, la difficulté d'identifier les secteurs soumis à l'influence des économies d'échelle externes est en effet l'un des principaux arguments à l'encontre des politiques protectionnistes.

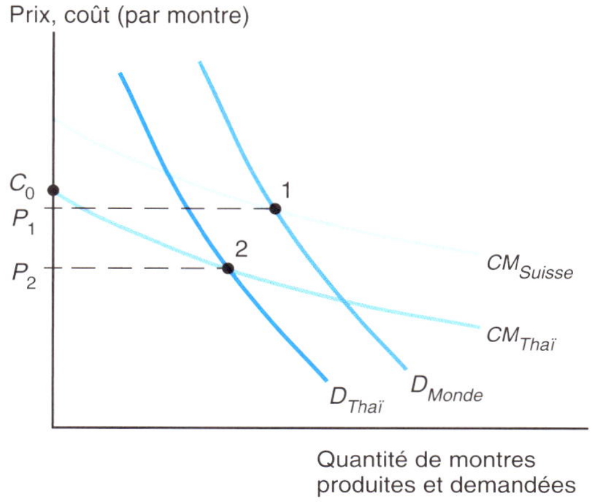

Figure 7.4 – Économies externes et pertes liées au commerce.

En présence d'économies externes, les échanges peuvent entraîner une dégradation de la situation économique des pays. Dans notre exemple, la Thaïlande importe des montres de la Suisse, cette dernière fournissant la demande mondiale D à un prix P_1. Ce prix est suffisamment faible pour empêcher l'entrée de producteurs thaïlandais qui doivent supporter initialement un coût de production égal à C_0. Cependant, si la Thaïlande se fermait complètement aux échanges de montres, elle serait capable de fournir son marché national $D_{Thaï}$ à un prix P_2, inférieur à P_1.

Il est en outre essentiel de souligner que si la présence d'économies d'échelle externes peut conduire à une structure des spécialisations désavantageuse pour certains pays, il est à peu près certain que l'économie mondiale bénéficie de la concentration géographique des secteurs à rendements croissants. L'Europe peut bien sûr déplorer le fait que la Silicon Valley se soit développée aux États-Unis plutôt que sur le Vieux Continent ; de même, l'Allemagne aurait sans doute beaucoup à gagner à ce que les activités financières de la City de Londres se relocalisent à Francfort. Mais le fait d'avoir des districts industriels très spécialisés permet d'exploiter au mieux les économies d'échelle et d'accroître la productivité mondiale.

4.4 Les rendements croissants dynamiques

Comme on l'a noté plus haut, certaines des économies externes les plus significatives proviennent de l'accumulation progressive des connaissances et des savoir-faire. Si une firme améliore ses produits ou ses techniques de production, d'autres entreprises pourront l'imiter et réduire elles aussi leurs coûts de production.

De quoi dépend, dans un pays et un secteur donnés, cette accumulation de savoir ? Elle est bien sûr fonction du nombre de firmes dans le secteur (par conséquent, du volume annuel de la production), mais aussi de l'expérience acquise au fil du temps par chaque firme, et donc de la production *cumulée* depuis l'émergence de ce secteur dans le pays. Les **courbes d'apprentissage**, représentées à la figure 7.5, retracent ce type de relation : elles associent le coût unitaire, non plus à la production du secteur mais à la production cumulée au cours du temps. La pente négative traduit alors ce qu'il est convenu d'appeler des **rendements croissants dynamiques**.

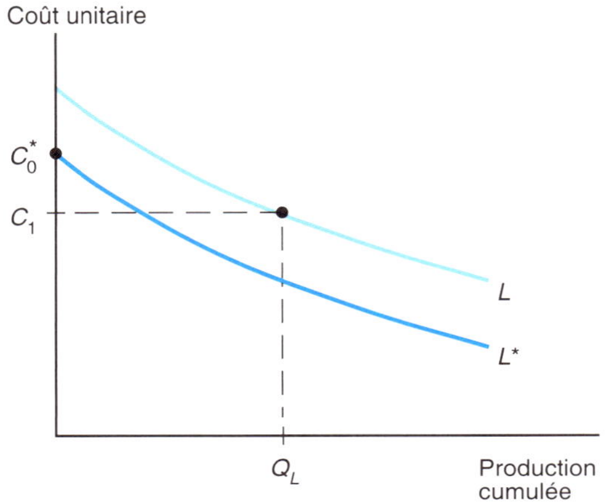

Figure 7.5 – La courbe d'apprentissage.
La courbe d'apprentissage indique que le coût unitaire est d'autant plus faible que la production cumulée dans un secteur à une date donnée est importante.

Comme les économies d'échelle externes ordinaires, les économies d'échelle dynamiques peuvent renforcer l'avantage initial lié au démarrage anticipé d'une activité industrielle. À la figure 6.12, L représente la courbe d'apprentissage d'un pays qui a démarré en premier la production, et L^* celle d'un pays suiveur. On suppose que ce dernier a des coûts relativement avantageux (en raison par exemple d'un niveau de salaires plus bas). Il est cependant pénalisé par son manque d'expérience. Si l'avantage temporel du premier pays est suffisamment important, son niveau de production cumulé sera important (Q_L), et l'expérience qu'il en aura tiré lui permettra d'atteindre un coût unitaire relativement faible (C_1), qui interdit de fait à l'autre pays de faire valoir son avantage comparatif et de développer à son tour une production. À long terme, le pays en retard pourrait accroître son bien-être en encourageant par des politiques appropriées la fabrication du bien : soit par une subvention, soit en se protégeant de la concurrence étrangère jusqu'à ce que l'industrie devienne compétitive. Cette justification de la protection temporaire d'une industrie, connue sous le nom d'**argument de l'industrie naissante**, a joué un rôle majeur lors des débats sur le rôle des politiques commerciales dans les processus de développement économique. Là encore, il est difficile d'identifier des cas concrets susceptibles de correspondre à l'exemple de la figure 7.5. Les conditions d'application de l'argument de l'industrie naissante sont alors limitées. Nous en discuterons plus longuement au chapitre 10.

5 Taille des pays et dynamique d'agglomération : l'économie géographique

C'est après avoir constaté que certains secteurs industriels avaient tendance à former des agglomérations spatiales qu'Alfred Marshall a développé, au début du XXe siècle, ses réflexions sur les économies d'échelle externes. Ce constat est encore d'actualité de nos jours et, plus généralement, l'inégale répartition des activités économiques s'observe partout et à toutes les échelles spatiales. Au sein de chaque pays, les grandes métropoles attirent à elles un très grand nombre d'entreprises et concentrent une large part des richesses nationales. L'Île-de-France, par exemple, qui représente moins de 2 % de la superficie du territoire français, accueillait, en 2009, 19 % de la population et réalisait 29 % du PIB national. Au sein des grandes zones développées, comme l'Union européenne, les inégalités entre les régions sont aussi très fortes : le PIB par habitant, en parité de pouvoir d'achat, était en 2008 plus de quatre fois plus élevé dans le bassin londonien qu'en Andalousie ou dans la région du Péloponnèse. Quant à l'écart de revenus entre les pays développés et le monde en développement, il est bien sûr criant : en 2010, la Suisse disposait par exemple d'un revenu par tête d'environ quatre cents fois supérieur à celui du Burundi, et seize fois plus élevé que celui de la Tunisie.

De telles inégalités spatiales n'ont pas toujours existé ; elles se sont très largement creusées avec l'essor de l'industrie moderne, à partir de la fin du XVIIIe siècle. D'après les données répertoriées par Paul Bairoch[5], il n'existait pas, jusqu'en 1800, de différence sensible de niveau de vie entre les pays développés et le tiers-monde actuel. Mais l'écart a ensuite augmenté rapidement, pour passer de 1 à 2 en 1860, puis de 1 à 5 en 1950, pour finalement dépasser un facteur 10 dès les années 1990. Au sein même des pays développés, la révolution industrielle s'est aussi accompagnée d'un puissant mouvement de concentration spatiale. Ces vastes mouvements d'agglomération, nés de l'industrialisation et de la baisse des coûts de transport, ont bouleversé profondément la structure des échanges commerciaux entre les nations et, au sein de chaque pays, entre les régions.

Dans les années 1990, de nombreuses analyses ont tenté d'expliquer les processus d'agglomération spatiale et les échanges commerciaux qui en résultent. Cet ensemble théorique constitue ce qu'il est convenu d'appeler la **nouvelle économie géographique**[6]. Il met en avant un autre facteur susceptible d'influencer les spécialisations et la structure du commerce international. Il ne s'agit pas des avantages comparatifs (comme aux chapitres 3, 4 et 5) ni de l'histoire économique des pays, mais de la **taille des pays.**

5.1 Les dynamiques d'agglomération

Les théories du commerce présentées aux chapitres 3, 4 et 5 fournissent une première explication à la formation des inégalités spatiales. Les avantages comparatifs conduisent les pays à

5. Paul Bairoch, *Victoires et Déboires. Histoire économique et sociale du monde du XVIe siècle à nos jours*, Folio Histoire, n° 79, 1997.
6. Voir Krugman, *Geography and Trade*, MIT Press, 1991 ; Combes, Mayer et Thisse, Économie géographique, Economica, 2006 ; et Crozet et Lafourcade, *La Nouvelle Économie géographique*, Repères, La Découverte, 2010.

se spécialiser dans un petit nombre de secteurs et à importer les biens dont ils ont abandonné la production. De fait, l'ouverture commerciale conduit alors à une divergence des tissus industriels et à la concentration de certaines activités en certains lieux. Mais, aussi puissant soit-il pour expliquer les échanges, le principe des avantages comparatifs ne permet pas à lui seul de comprendre la formation des mégapoles accueillant une grande variété d'industries, ni la concentration de certains secteurs dans des lieux qui ne présentaient pas *a priori* d'avantages particuliers. Après tout, pourquoi une bonne part de l'industrie automobile américaine s'est-elle concentrée autour de Detroit, plutôt qu'en Floride ou en Californie ? La réponse est sans doute à rechercher dans l'analyse des mécanismes fondamentaux du choix de localisation des entreprises, plutôt que dans les caractéristiques spécifiques du Michigan. La nouvelle économie géographique propose ainsi une explication qui repose sur la conjonction de deux forces.

Tout d'abord, si les entreprises bénéficient de rendements d'échelle croissants, et qu'il existe des coûts de transport, elles ont intérêt à rechercher la proximité des grands marchés. Imaginons en effet que le monde soit composé de deux pays de taille inégale. Les firmes implantées dans le grand pays, où s'exprime une demande relativement importante, peuvent réaliser de fortes ventes sur leur marché domestique. Celles implantées dans le petit pays ont un accès privilégié à la demande locale – relativement restreinte – et peuvent aussi répondre à la demande exprimée dans le grand pays. Mais, dès lors qu'il existe des coûts de transport pesant sur le commerce international, leur compétitivité est limitée sur ce grand marché d'exportation, et leurs ventes y sont assez faibles. Au final, les secteurs à rendements croissants dégagent davantage de profit dans le grand pays que dans le petit. Les entreprises du petit pays ont alors tendance à se délocaliser vers le grand marché. C'est un mouvement de spécialisation comparable à celui illustré aux figures 7.2 et 7.3. Ici toutefois, ce ne sont pas les avantages comparatifs ou l'histoire qui vont déterminer quel pays attire la production à rendements croissants, mais leur taille économique.

Ensuite, en venant s'implanter dans un même pays, les entreprises vont renforcer les économies d'échelle externes et rendre cette localisation plus attractive. Notamment, chaque création d'établissement dans un pays génère une nouvelle demande de travail. Si les ménages ont la possibilité de migrer d'un pays à l'autre, alors cette demande va attirer de nouveaux travailleurs. Dans la mesure où ces individus sont aussi des consommateurs, cet afflux vient augmenter la demande de biens exprimée dans le grand pays… ce qui accroît les profits des firmes locales et attire à nouveau d'autres producteurs. En somme, dès lors que les travailleurs veulent être là où sont les entreprises et que ces dernières recherchent la proximité des consommateurs, on voit se dessiner un processus cumulatif d'agglomération spatiale. Les relations de sous-traitance, qui sont une autre source d'économie d'échelle externe identifiée par Marshall, mènent au même type de mécanisme : l'arrivée d'entreprises dans une zone accroît la demande de biens intermédiaires, ce qui attire de nouveaux fournisseurs qui, en retour, rendent ce territoire plus attractif pour les firmes du secteur de bien final.

Ce processus cumulatif d'agglomération conduit donc à la concentration d'activités à rendements croissants dans un petit nombre de lieux. Ainsi, les pays (ou les régions au sein des pays) qui bénéficient d'un avantage en termes de taille du marché vont se spécialiser dans les secteurs produisant des biens industriels à rendements croissants. Les régions périphériques vont voir partir leur industrie et se spécialiser dans les productions à rendements constants. Ce mouvement d'agglomération aboutira naturellement à de nouveaux flux d'échanges commerciaux.

Cependant, la dynamique d'agglomération n'est pas toute-puissante. Elle fait face à un certain nombre de forces centrifuges, qui expliquent pourquoi toutes les activités à rendements croissants ne se concentrent pas systématiquement dans un lieu unique : les contraintes pesant sur la mobilité des travailleurs, les effets de congestion pesant sur les facteurs strictement immobiles (le prix de la terre et les loyers augmentent au fur et à mesure que les activités économiques s'agglomèrent), et surtout la concurrence qui tend à être bien plus intense dans les territoires où la densité d'entreprises est forte.

Du modèle théorique d'économie géographique développé par Paul Krugman[7] sur les principes présentés précédemment émerge une conclusion originale : lorsqu'on part d'une situation où les secteurs industriels bénéficiant de rendements croissants sont équitablement répartis entre les pays, la baisse des barrières aux échanges internationaux renforce la probabilité de voir s'enclencher un processus cumulatif d'agglomération. Ainsi, l'ouverture commerciale et la baisse des coûts de transport peuvent générer de puissants mouvements de spécialisation et conduire certains pays ou régions à perdre une grande part de leur industrie et de leur PIB. L'intuition derrière ce mécanisme est relativement simple. Imaginons un instant que les barrières aux échanges soient tellement élevées que le commerce entre les pays est quasiment nul. Dans ce cas, les économies vivent en quasi-autarcie et les entreprises qui souhaitent répondre à la demande exprimée dans un pays n'ont pas d'autre solution que de s'y implanter. Le plus petit des deux pays accueillera alors moins d'entreprises que le grand, mais aucune ne sera incitée à rejoindre le grand pays. Cependant, si les barrières aux échanges diminuent, les firmes du grand pays vont pouvoir venir concurrencer celles du petit pays sur leur propre marché. Ces dernières seront moins protégées de la concurrence étrangère, sans pour autant bénéficier pleinement des avantages d'un accès direct au grand marché. L'intérêt à se localiser dans le petit pays diminuant, elles auront tendance à préférer se relocaliser sur le grand marché.

5.2 Les politiques européennes face aux défis de la géographie économique

Les conclusions avancées par la « nouvelle économie géographique » ont des conséquences majeures sur la conduite des politiques économiques. Elles suggèrent notamment que la situation géographique des pays et des régions pèse fortement sur leurs chances de développement dans une économie mondialisée. Ainsi, les pays situés au plus près des grands bassins de la demande mondiale, comme la Belgique, les Pays-Bas ou les États du nord-est des États-Unis, ont davantage de capacité à attirer et conserver sur leur territoire des secteurs économiques à rendements croissants. En revanche, les pays périphériques, situés en marge des grands marchés, ont peu de chance de pouvoir développer des pôles industriels dynamiques.

7. Paul Krugman, « Increasing Returns and Economic Geography », *Journal of Political Economy*, n° 99, 1991, 483-499. En réalité, ce modèle suppose la présence de rendements d'échelle croissants et fait appel à la concurrence monopolistique qui sera étudiée en détail au chapitre 8. Néanmoins, il montre comment les rendements d'échelle externes identifiés par Marshall conduisent à générer des agglomérations spatiales lors de l'ouverture au commerce.

L'économie géographique revêt aussi une importance toute particulière pour l'Union européenne. En effet, le projet de construction européenne vise à créer un vaste marché unique où les biens, mais aussi les entreprises et les travailleurs, peuvent circuler librement. Les modèles théoriques développés dans les années 1990 suggèrent que ce mouvement d'intégration risque de renforcer les dynamiques d'agglomération spatiale. Cela se traduirait par un creusement des inégalités entre les régions les plus pauvres, situées en périphérie de l'Union, et les régions centrales (la fameuse « banane bleue » qui regroupe les zones les plus riches d'Europe, depuis le bassin londonien jusqu'à l'Italie du Nord). En venant hypothéquer les chances des pays et des régions les plus pauvres de rattraper rapidement leur retard, l'intégration économique risque alors de mettre à mal la stabilité politique de l'Union.

Pour faciliter la convergence des niveaux de vie en Europe, les instances communautaires se sont, dès la fin des années 1950, dotées d'une politique régionale ambitieuse. Celle-ci vise à financer des projets d'infrastructure, d'éducation et de restructuration industrielle dans les régions périphériques, espérant ainsi tirer la croissance de l'ensemble de l'Union tout en garantissant sa cohésion territoriale. Mais, là encore, l'économie géographique vient alimenter des doutes sur la pertinence de cette politique. En effet, de nombreux modèles théoriques suggèrent que la concentration spatiale, dans la mesure où elle permet de renforcer les économies d'échelle externes et internes, permet d'atteindre des niveaux de croissance élevée. Dès lors, les politiques visant à contrebalancer les mécaniques de l'agglomération auraient un coût qui se compterait en termes de perte de croissance pour l'ensemble de l'Union. En somme, ces modèles suggèrent qu'il existe un arbitrage entre l'efficacité économique (la croissance européenne) et l'équité spatiale (le maintien d'un haut niveau de cohésion entre les régions et les États membres). Depuis le début des années 2000, ce dilemme est au cœur des débats sur les politiques budgétaires de l'Union.

Résumé

Le commerce ne résulte pas uniquement de l'avantage comparatif. Il peut également provenir des rendements croissants (c'est-à-dire des économies d'échelle), qui impliquent que les coûts unitaires de production diminuent avec le volume de production. En effet, en présence d'économies d'échelle, les activités économiques ont tendance à se concentrer sur un petit nombre de localisations. Les pays sont alors enclins à se spécialiser, et donc à commercer entre eux.

Les économies d'échelle internes (liées à la taille de la firme) peuvent engendrer des imperfections de la concurrence. En revanche, les économies d'échelle externes (liées à la taille du secteur) sont compatibles avec une concurrence parfaite où un très grand nombre de firmes contribuent à la production totale des secteurs.

Les économies d'échelle externes confèrent un rôle majeur aux accidents historiques dans la détermination de la structure du commerce international. Lorsque ces économies d'échelle sont importantes, un pays qui dispose initialement d'une industrie de grande taille peut maintenir cet avantage, même si un pays voisin est capable de produire les mêmes biens à moindre coût. Dans ces conditions, certains pays peuvent préférer une situation d'autarcie au libre-échange.

L'effet conjugué des économies d'échelle externes et internes peut donner corps à un processus autoentretenu d'agglomération spatiale. Sous certaines hypothèses, la réduction des barrières aux échanges conduit à une concentration des activités à rendements croissants dans les pays ou les régions dont la géographie économique est la plus favorable. Ces processus d'agglomération profitent aux régions centrales mais compromettent les chances de développement des territoires éloignés des zones les plus riches.

Activités

1. Pour chacun des exemples suivants, expliquez si l'on a affaire à une économie d'échelle interne ou externe :

   a. Le quartier du Sentier, à Paris, accueille environ 5 000 entreprises du textile et de l'habillement. Ces petites entreprises emploient directement ou indirectement plus de 45 000 personnes et produisent près de 25 % de la production textile en France.

   b. Toutes les Honda vendues aux États-Unis sont soit importées, soit produites à Marysville, dans l'État américain de l'Ohio.

   c. Tous les avions d'Airbus, seul producteur européen de gros-porteurs, sont assemblés à Toulouse, en France, ou à Hambourg, en Allemagne.

   d. La plupart des mutuelles d'assurance françaises ont établi leur siège social à Niort, dans les Deux-Sèvres.

2. Il est souvent avancé que l'existence de rendements croissants est une source de conflits entre les pays, car chaque pays a intérêt à augmenter sa production dans ces secteurs. Évaluez ce point de vue en vous fondant à la fois sur les modèles de concurrence monopolistique et d'économies d'échelle externes.

3. Donnez deux exemples de produits échangés sur les marchés internationaux pour lesquels il existe des rendements d'échelle dynamiques. Dans chacun de vos exemples, montrez comment l'innovation et l'acquisition progressive de savoir-faire ont pu jouer un rôle essentiel.

4. Évaluez l'importance relative des économies d'échelle et de l'avantage comparatif dans l'émergence des situations suivantes :

   a. La plus grande partie de l'aluminium mondial est fondue en Norvège ou au Canada.

   b. Une très large part de la production cinématographique mondiale se fait à Hollywood, en Californie.

   c. La France est le premier producteur de vin au monde.

   d. L'Australie connaît, depuis quelques années, une croissance exceptionnelle de sa production de vin : ses exportations sont passées de 8 millions de litres en 1981 à plus de 800 millions en 2008.

5. Considérons une situation analogue à celle décrite à la figure 7.2, où des pays, producteurs potentiels d'un bien, sont soumis à des courbes d'offre décroissantes. Supposons que ces deux pays aient les mêmes coûts de production : leurs courbes d'offre sont donc identiques.

   a. Quelle sera la structure de la spécialisation et du commerce international ?

   b. Quels sont les *gains* associés au commerce international ? Reviennent-ils seulement au pays qui se spécialise dans la production du bien à rendements croissants ?

6. Depuis quelques années, on observe des tensions sur le marché du travail chinois, et les salaires commencent à augmenter rapidement. Si cette tendance se poursuit, quelles

conséquences cela peut-il avoir sur les activités à rendements croissants où la Chine domine aujourd'hui le marché mondial ? Répondez en vous aidant de la figure 7.3.

7. Lesquels des biens ou des services suivants sont-ils les plus susceptibles d'être sujets (1) à des économies d'échelle externes et (2) à des rendements croissants dynamiques ? Justifiez vos réponses.

   a. Les services de support technique pour les logiciels.

   b. La production de béton.

   c. Les films cinématographiques.

   d. La recherche sur le cancer.

   e. Les services financiers.

Chapitre 8

Les entreprises face à la mondialisation : stratégies d'exportation, externalisation et firmes multinationales

Objectifs pédagogiques :

- Étudier le rôle des rendements d'échelle croissants et de la concurrence imparfaite dans la détermination du commerce international.
- Analyser l'origine et les conséquences du commerce intrabranche et ses différences avec le commerce interbranche.
- Montrer comment l'ouverture commerciale peut conduire à des ajustements au sein des secteurs, en favorisant certaines firmes et en en pénalisant d'autres.
- Expliquer pourquoi les économistes considèrent que le *dumping* n'est pas nécessairement une pratique déloyale et que les mesures antidumping peuvent s'apparenter à une forme de protectionnisme.
- Étudier les stratégies des entreprises face à la mondialisation (c'est-à-dire leurs décisions d'exportation, de recours à la sous-traitance internationale et d'investissement à l'étranger) et expliquer pourquoi les entreprises qui ont une activité à l'étranger sont plus grandes et plus performantes.
- Présenter les théories expliquant l'existence des firmes multinationales et les motivations des investissements directs étrangers.

Ce chapitre poursuit notre analyse des conséquences des rendements croissants sur les spécialisations et le commerce. Contrairement au chapitre précédent, nous nous concentrons maintenant sur l'effet des économies d'échelle internes aux entreprises. Cela implique que le coût moyen *de chaque producteur* diminue avec la quantité qu'il produit et conduit ainsi à une situation de concurrence imparfaite. La simple présence de **coûts fixes** de production suffit à obtenir ce résultat. En effet, la concurrence parfaite amène les producteurs à fixer le prix des biens au niveau du coût marginal de production. Avec des coûts fixes, c'est impossible : certaines entreprises enregistreraient des pertes car elles ne seraient pas en mesure de récupérer les coûts plus élevés encourus par la production des premières unités de production. En conséquence, la concurrence pousse certaines firmes à se retirer, jusqu'à l'établissement d'un équilibre en concurrence imparfaite, avec un nombre restreint de firmes actives sur le marché.

En concurrence parfaite, les firmes ont des comportements très schématiques ; elles sont toutes identiques et sans influence directe sur l'équilibre du marché. À l'inverse, l'introduction des imperfections de la concurrence permet de décrire de façon plus crédible et détaillée les stratégies individuelles des entreprises. Nous verrons notamment l'importance de la différenciation des produits. En effet, dans la plupart des secteurs, les biens proposés par les différentes entreprises ne sont pas exactement les mêmes. Parfois, notamment dans le cas de l'eau embouteillée, des agrafes, etc., ces différences sont assez limitées. En revanche, dans d'autres secteurs (comme les voitures ou les téléphones portables), les caractéristiques des biens proposés par les entreprises d'un même secteur sont beaucoup plus hétérogènes. Nous verrons ainsi comment les économies d'échelle internes et la différenciation des produits se combinent pour générer de nouvelles sources de gains de l'échange.

Dans un second temps, nous introduirons un nouvel élément en considérant que les entreprises non seulement proposent des biens différenciés, mais que de surcroît elles n'ont pas le même niveau de performances. Certaines seront plus productives et plus grandes que d'autres. Dans ce cadre, l'ouverture au commerce va engendrer des gagnants et des perdants parmi les entreprises d'un même secteur. Les plus performantes prospéreront et se développeront sur les marchés étrangers, tandis que les moins performantes seront évincées du marché par la concurrence internationale. Cela revient à réallouer les parts de marché et l'emploi au profit des firmes plus productives. Au niveau agrégé, l'économie gagne alors en efficacité, ce qui constitue là un gain supplémentaire à l'échange. Enfin, nous verrons pourquoi ces entreprises les plus performantes sont plus fortement incitées à s'insérer pleinement dans l'économie mondiale en exportant, en externalisant certaines de leurs activités à l'étranger, ou encore en implantant des filiales dans plusieurs pays et en devenant ainsi des entreprises multinationales.

1 La concurrence imparfaite : éléments théoriques

En concurrence parfaite, les agents sont preneurs de prix (*price takers*). Les vendeurs estiment que, quelles que soient les quantités qu'ils proposent sur le marché, ils ne seront jamais en mesure d'agir sur le prix qu'ils reçoivent pour leurs produits. Les choses sont forcément différentes lorsque quelques firmes seulement se partagent le marché. Airbus et Boeing, par exemple, sont pratiquement les deux seuls fabricants d'avions civils gros-porteurs. Les dirigeants d'Airbus – tout comme ceux de Boeing – savent que s'ils augmentent les capacités de production de leur entreprise, ils ne pourront vendre ces avions supplémentaires qu'en pratiquant un prix plus faible. Les producteurs sont ainsi conscients de posséder le pouvoir de modifier sensiblement l'équilibre de marché ; ils sont donc faiseurs de prix (*price setters*). Dans cette situation, l'analyse économique requiert des outils autres que ceux utilisés aux chapitres précédents pour décrire la détermination des prix et des niveaux de production.

1.1 Le monopole : une présentation rapide

La figure 8.1 illustre un cas particulièrement simple de concurrence imparfaite, celui d'une firme en situation de monopole. Elle fait face à une courbe de demande, la droite *D*. À cette courbe de demande correspond une courbe de **revenu marginal**. Ce revenu est la recette dégagée par la firme à la suite de la vente d'une unité additionnelle de bien. En situation de monopole, l'offre du producteur a un impact direct sur le prix et, afin de vendre une unité supplémentaire, la firme doit réduire le prix de vente. Ce prix ne s'applique pas seulement à la dernière unité vendue, mais à toutes. Le revenu marginal est donc ici inférieur au prix de vente, et la courbe *Rm* est toujours située sous la courbe de demande.

Revenu marginal et prix. Le revenu marginal est donc toujours inférieur au prix. Mais quelle est l'ampleur de cet écart ? Celui-ci dépend tout d'abord de la quantité mise en vente sur le marché : une baisse du prix aura d'autant moins d'effet sur le revenu de la firme que celle-ci a produit peu d'unités. D'autre part, la marge dépend de la pente de la courbe *D*, qui indique de combien la firme doit réduire son prix afin de vendre une unité supplémentaire.

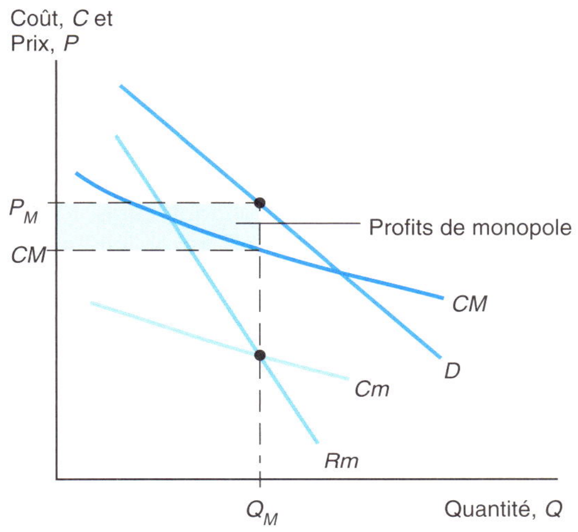

Figure 8.1 – Prix de monopole et niveau de production.

Une firme en monopole choisit le niveau de production de façon à maximiser son profit, c'est-à-dire à égaliser son revenu marginal *Rm* à son coût marginal *Cm*. Le prix associé à ce niveau de production Q_M est P_M. En situation de monopole, le revenu marginal est inférieur au prix (la courbe de revenu marginal est en dessous de la courbe de demande). Les profits sont alors égaux à la surface du rectangle coloré.

Plus la pente est faible (en valeur absolue), moins la réduction de prix que la firme doit consentir pour placer une unité additionnelle sera importante ; le revenu marginal est alors proche du prix de vente.

Supposons, pour simplifier, que la courbe de demande soit une droite :

$$Q = \mathrm{A} - \mathrm{B} \times P \qquad (8.1)$$

où Q est le nombre d'unités vendues, P le prix de chaque unité et A et B des constantes. On verra dans l'annexe de ce chapitre que le revenu marginal dans ce cas est égal à :

$$\text{Revenu marginal} = Rm = P - Q/B \qquad (8.2)$$

ce qui implique :

$$P - Rm = Q/B$$

L'équation (8.2) confirme bien que l'écart entre le prix et le revenu marginal dépend des quantités mises en ventes Q et de la pente de la courbe de demande B. Cette équation est essentielle pour bien comprendre les analyses de la concurrence monopolistique développées plus loin dans ce chapitre.

Coût moyen et coût marginal. La courbe *CM* de la figure 8.1 représente le **coût moyen de production** de la firme, c'est-à-dire son coût total, divisé par la quantité produite. La pente décroissante de cette courbe reflète la présence d'économies d'échelle internes. *Cm* représente le **coût marginal** de la firme, c'est-à-dire le coût induit par la production d'une unité supplémentaire.

En présence d'économies d'échelle, le coût de production d'une unité supplémentaire est toujours plus faible que le coût de production des unités précédentes, et le coût marginal est donc toujours inférieur au coût moyen ; *Cm* se situe alors en dessous de *CM*. Supposons que les coûts *C* de la firme prennent la forme suivante :

$$C = F + c \times Q \qquad (8.3)$$

F est un coût fixe, indépendant de la quantité produite, *c* est le coût marginal et *Q* est la quantité produite par l'entreprise. *Dans cette fonction de coût linéaire, le coût fixe est à l'origine des économies d'échelle : plus la quantité produite est importante, plus le coût fixe par unité produite est faible.* Plus précisément, le coût moyen de la firme est :

$$\text{Coût moyen} = CM = C/Q = F/Q + c \qquad (8.4)$$

Le coût moyen *CM* apparaît bien comme une fonction décroissante de la quantité *Q* (voir figure 8.2).

Le niveau de production qui maximise le profit de la firme en situation de monopole est tel que le revenu marginal soit égal au coût marginal ; c'est le point d'intersection des courbes *Cm* et *Rm*. La figure 8.1 montre que ce niveau de production conduit à définir un prix de monopole P_M, supérieur au coût moyen de production. La vente de chaque unité rapporte ainsi davantage à la firme que ne lui en a coûté en moyenne cette production ; sa situation de monopole lui permet alors de réaliser des profits[1].

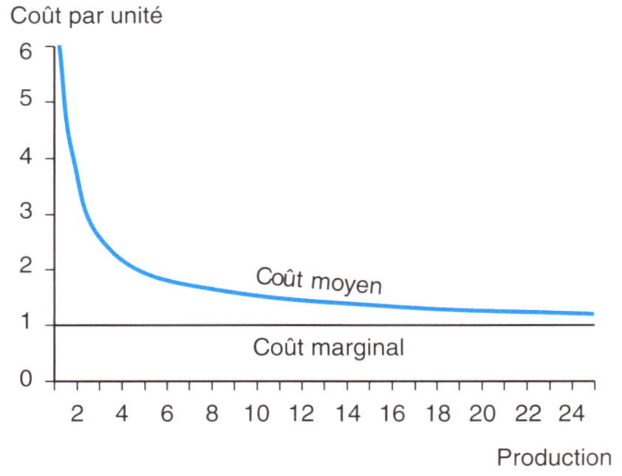

Figure 8.2 – Coût moyen et coût marginal.
Cette figure représente les coûts moyen et marginal pour une fonction de coût total de la forme $C = 5 + Q$. Le coût marginal est toujours égal à 1. Le coût moyen décroît au fur et à mesure que la quantité produite augmente.

1. La théorie économique a une définition des profits qui diffère de celle utilisée habituellement. Généralement, et notamment en comptabilité, les profits correspondent au résultat disponible pour la rémunération des détenteurs du capital investi dans l'entreprise. Ici, les profits sont les revenus qui restent dans la firme après qu'elle a payé l'ensemble des coûts de production, c'est-à-dire notamment l'ensemble des facteurs, capital compris.

1.2 La concurrence monopolistique

Une firme qui réalise des profits élevés attire généralement l'attention des concurrents, prêts à lui contester cette position avantageuse. Dans les faits, il est donc rare de rencontrer des situations de monopole pur. La structure de marché habituelle dans les secteurs caractérisés par des économies d'échelle internes est alors l'oligopole, où plusieurs firmes se partagent le marché et pèsent chacune sur le niveau des prix par leurs choix stratégiques. Dans un oligopole, les décisions des firmes sont donc interdépendantes : chacune doit anticiper les actions de ses concurrentes pour définir son propre comportement. Ces interactions forment un jeu complexe. Il existe néanmoins un cas particulier de l'oligopole, connu sous le nom de **concurrence monopolistique**, qui est relativement simple à analyser. Depuis 1980, cette approche a été largement utilisée pour étudier les questions liées au commerce international[2].

Les modèles de concurrence monopolistique reposent sur deux hypothèses centrales. Premièrement, les biens sont supposés être différenciés : les consommateurs perçoivent une différence significative entre les productions d'un même bien par deux firmes concurrentes. La *différenciation des produits* assure alors que chaque firme dispose d'un monopole sur sa variété (par exemple, beaucoup d'entreprises produisent des T-shirts mais, sauf contrefaçon, seule Adidas peut produire des T-shirts Adidas). Ce pouvoir de monopole protège donc partiellement chaque firme de la concurrence. D'autre part, chaque firme est censée considérer les prix de ses concurrents comme donnés – c'est-à-dire qu'elle ignore l'impact de son propre prix sur les prix des autres variétés. Dès lors, le modèle de concurrence monopolistique suppose que chaque firme, tout en faisant face à un grand nombre de concurrents, se comporte au final comme si elle était en situation de monopole.

Les hypothèses du modèle. Nous nous intéressons ici à un modèle simplifié de concurrence monopolistique qui représente un secteur d'activité où un grand nombre de firmes proposent leur propre variété du bien. Sur ce marché, la demande perçue par une firme augmente en proportion de la dépense totale des consommateurs pour ce bien. Par ailleurs, les consommateurs doivent arbitrer entre les différentes variétés disponibles ; la demande adressée à une firme est ainsi d'autant plus forte que les prix des concurrents sont relativement plus élevés. À l'inverse, la demande perçue par chaque firme est d'autant plus faible que le nombre de firmes installées sur le marché est important. La fonction de demande adressée à une firme du secteur peut donc prendre la forme suivante :

$$Q = S \times [1/n - b \times (P - \overline{P}) \qquad (8.5)$$

avec Q les ventes de l'entreprise, S les ventes totales dans le secteur, n le nombre de firmes du secteur, b un terme constant indiquant la réponse des ventes au prix, P le prix fixé par l'entreprise elle-même et $\overline{P}$ le prix moyen fixé par ses concurrents. L'équation (8.5) peut se justifier intuitivement de la façon suivante : si toutes les entreprises imposent le même prix, chacune aura la même part de marché que ses concurrentes : $1/n$. Si une firme choisit de pratiquer un prix plus faible que le prix pratiqué en moyenne par ses concurrentes, elle gagnera des parts de marché ; inversement, en fixant un prix plus élevé, elle perdra des parts de marché.

2. Le développement de ces modèles est dû en bonne partie à Paul Krugman. Voir notamment Paul Krugman, « Scale Economies, Product Differentiation, and the Pattern of Trade », *American Economic Review*, n° 70(5), 1980, p. 950-959. Voir aussi Elhanan Helpman et Paul Krugman, *Market Structure and Foreign Trade*. Cambridge, MIT Press, 1985.

Pour simplifier la suite de l'exposé, on supposera que les ventes totales du secteur S ne sont pas influencées par le prix moyen $\overline{P}$ fixé par les entreprises. Cette hypothèse – bien peu réaliste, mais très pratique – revient à supposer que les entreprises ne peuvent attirer de nouveaux clients qu'aux dépens des autres firmes.

L'équilibre du marché. Afin de modéliser le comportement des entreprises de ce secteur, on suppose que toutes les firmes sont symétriques, c'est-à-dire que toutes sont soumises aux mêmes fonctions de demande et de coût. Les fonctions de coût total et de coût moyen sont données par les équations (8.3) et (8.4).

Comme toutes les firmes sont identiques, il nous suffit de déterminer le prix moyen sur le marché et le nombre total de firmes. Pour ce faire, procédons en trois étapes.

1. *Le nombre de firmes et le coût moyen.* Les firmes étant symétriques, elles auront les mêmes comportements et choisiront toutes le même prix. D'après l'équation (8.5), si $P = \overline{P}$, alors $Q = S/n$; la production de chaque firme vaut Q et représente une fraction égale à $1/n$ de la production totale S du secteur. Or, en présence d'économies d'échelle, le coût moyen d'une firme est d'autant plus élevé que sa production est limitée. En effet, en utilisant l'équation (8.4), on obtient :

$$CM = F/Q + c = n \times F/S + c \tag{8.6}$$

L'équation (8.6) indique que, pour une taille de marché S donnée, *une augmentation du nombre de firmes sur le marché réduit la production de chacune et accroît ainsi son coût moyen.*

2. *Le nombre de firmes et le prix.* Le prix choisi par la firme représentative du secteur dépend également du nombre total de firmes. Intuitivement, plus leur nombre est élevé, plus la concurrence est forte et, par conséquent, plus le prix pratiqué par chacune est bas. Ce résultat est relativement long à démontrer dans un cadre général. Toutefois, si l'on suppose que les firmes sont suffisamment nombreuses pour que chacune considère la taille du marché et les prix de ses concurrentes comme donnés, les calculs deviennent bien plus simples. En effet, on peut réécrire l'équation (8.5) sous la forme :

$$Q = (S/n + S \times b \times \overline{P}) - S \times b \times P \tag{8.7}$$

Si chaque firme considère $\overline{P}$, S et n, comme des données exogènes, alors l'équation (8.7) apparaît bien comme une fonction de demande linéaire, comparable à l'équation (8.1)[3]. En remplaçant ces valeurs dans l'équation (8.2), on obtient l'équation du revenu marginal pour une firme représentative du secteur :

$$Rm = P - Q/(S \times b) \tag{8.8}$$

Chaque firme cherche à maximiser son profit. Elle égalise donc son revenu marginal à son coût marginal :

$$Rm = P - Q/(S \times b) = c$$

Cette expression peut être arrangée et fournir l'équation définissant le prix fixé par l'entreprise représentative :

$$P = c + Q/(S \times b) \tag{8.9}$$

3. $(S/n + S \times b \times \overline{P})$ remplace simplement le terme constant A ; $(S \times b)$ remplace le coefficient B qui traduit la sensibilité de la demande aux variations de prix.

Toutes les firmes ont les mêmes coûts et les mêmes comportements, si bien que l'équation (8.9) s'applique à chacune d'elles. Or, on l'a vu, si toutes les firmes choisissent le même prix, alors chacune vend une quantité $Q = S/n$. En introduisant cette expression dans l'équation (8.9), on obtient une relation entre le nombre d'entreprises et le prix de n'importe quelle variété :

$$P = c + 1/(b \times n) \tag{8.10}$$

En somme, plus il y a de firmes dans le secteur, plus la concurrence est forte et incite les firmes à réduire leurs prix.

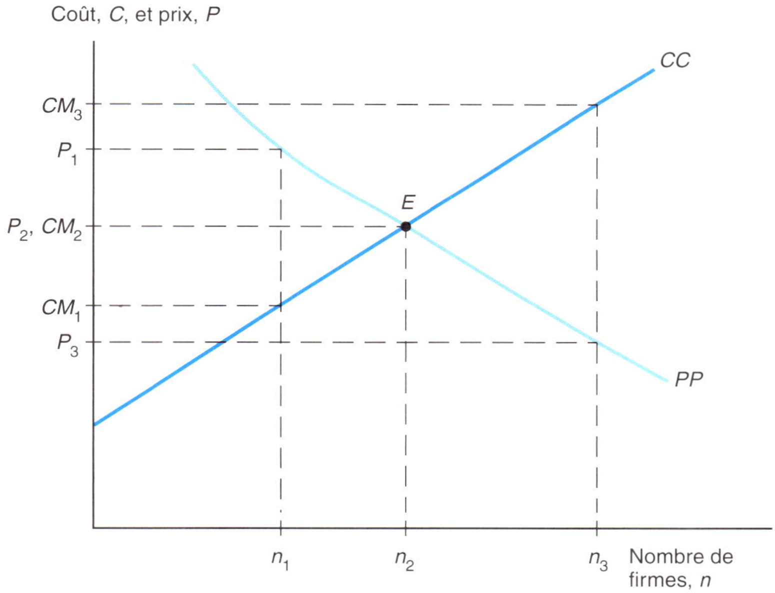

Figure 8.3 – Équilibre sur un marché en situation de concurrence monopolistique.
Le nombre de firmes présentes sur un marché en situation de concurrence monopolistique et les prix qu'elles pratiquent sont déterminés par deux relations. D'une part, plus il y a de firmes sur le marché, plus la pression concurrentielle est forte et plus les prix sont bas (courbe *PP*). D'autre part, plus les firmes sont nombreuses, plus la quantité vendue par chacune est faible et, par conséquent, plus le coût moyen est élevé (courbe *CC*). Le prix d'équilibre et le nombre de firmes sont alors déterminés par l'égalisation du prix et du coût moyen, à l'intersection de *PP* et de *CC*.

3. *Le nombre d'entreprises à l'équilibre.* La courbe décroissante *PP* à la figure 8.3 traduit la relation négative entre le prix de chaque variété et le nombre de firmes en concurrence sur le marché [voir équation (8.10)]. La courbe *CC* est le tracé de l'équation (8.6) qui traduit la relation positive entre le nombre de firmes et le coût moyen de chacune d'elles. Les deux courbes se croisent au point *E*. Il y a alors n_2 firmes dans le secteur et chacune réalise un profit nul. En effet, le prix qui maximise leur profit vaut dans ce cas P_2 et est précisément égal à leur coût moyen CM_2. Si le prix dépasse le coût moyen (c'est-à-dire lorsque la courbe *PP* est au-dessus de la courbe *CC*, comme avec un nombre de firmes n_1), les firmes du secteur font des profits et de nouvelles firmes entrent sur le marché ; n augmente et les prix baissent. Si, à l'inverse, il y a beaucoup de firmes (n_3 par exemple), si bien que le prix est inférieur au coût moyen, les firmes du secteur font alors des pertes, certaines font faillite et sortent du marché, et n diminue. Au final, le nombre de firmes dans le secteur converge donc vers n_2 et le point *E* est bien un équilibre de long terme.

2 Commerce international en concurrence monopolistique

Dans les secteurs caractérisés par des économies d'échelle, le nombre de firmes dans un pays (et donc de variétés disponibles) ainsi que les quantités produites par chacune sont contraints par la taille du marché. En s'ouvrant au libre-échange, et en formant ainsi un marché mondial intégré plus vaste que chaque marché intérieur, les pays sont en mesure de desserrer ces contraintes. Pour chaque firme, l'ouverture commerciale se traduit par l'augmentation subite de la taille du marché, ce qui doit contribuer à exploiter plus largement les économies d'échelle. Pour les consommateurs, ce grand marché propose un plus grand choix de variétés de chaque bien. Il est donc clair que le commerce offre la possibilité de gains mutuels, même si les pays sont parfaitement identiques en termes de ressources ou de technologies, et n'affichent par conséquent aucun avantage comparatif.

2.1 Les effets de l'accroissement de la taille du marché

Étudions de nouveau la courbe *CC* de la figure 8.3 : elle indique que le coût moyen de chaque producteur croît avec le nombre de firmes dans le secteur :

$$CM = F/Q + c = n \times F/S + c$$

Cette équation montre aussi qu'un accroissement des ventes totales *S* réduit le coût moyen. En effet, pour un nombre de firmes *n* donné, si la taille du marché *S* s'accroît, les ventes de chaque firme augmentent et leur coût moyen se réduit. En revanche, l'importance de la demande n'intervient pas dans l'équation (8.10), qui associe le prix de chaque variété au nombre d'entreprises : $P = c + 1/(b \times n)$. Une élévation de *S* laisse donc la courbe *PP* inchangée.

La figure 8.4 représente l'effet d'une augmentation de la taille de marché sur les courbes *CC* et *PP*, et sur l'équilibre de long terme. Initialement, l'équilibre se situe au point 1, avec un prix P_1 et un nombre de firmes n_1. L'accroissement de la taille du marché entraîne un déplacement vers le bas de la courbe *CC*, de CC_1 vers CC_2.

Toutes choses étant égales par ailleurs, un accroissement de la taille du marché permet à chaque firme de produire davantage et donc de réduire son coût moyen. La courbe *CC* se déplace de CC_1 vers CC_2. Il en résulte simultanément une augmentation du nombre d'entreprises (et donc du nombre de variétés proposées à la consommation) et une baisse du prix de chacune d'entre elles.

Avec un marché plus grand, les firmes en place tendent à dégager des profits ; ces profits attirent de nouveaux concurrents et le nombre de firmes passe de n_1 à n_2. De la même façon, l'accroissement de la demande perçue par tous les producteurs permet à chacun d'augmenter son échelle de production et de descendre sur sa courbe de coût ; les firmes sont plus productives, ce qui permet de baisser les prix de P_1 à P_2. À l'évidence, les consommateurs préféreront participer à un grand marché plutôt qu'à un petit.

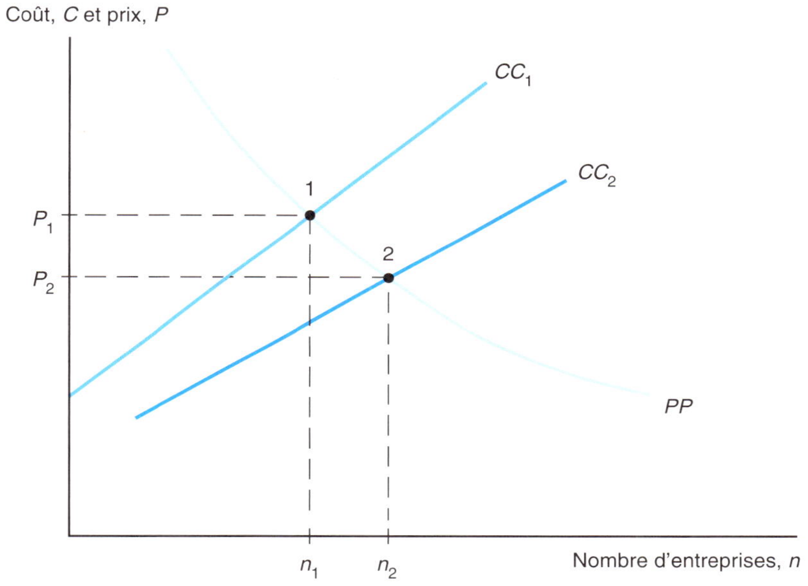

Figure 8.4 – Effets de la taille du marché.

2.2 Les gains associés à un marché intégré : un exemple numérique

Le commerce international contribue donc à accroître la taille du marché. Voici un exemple numérique, afin d'en illustrer les conséquences.

Imaginons que l'industrie automobile soit en situation de concurrence monopolistique. La courbe de demande qui s'impose à tous les producteurs est décrite par l'équation (8.5). Pour simplifier les calculs, supposons que $b = 1/30\,000$[4] :

$$Q = S \times [1/n - (1/30\,000) \times (P - \overline{P})]$$

4. Pour mémoire, Q est le nombre d'automobiles vendues par une firme représentative, S les ventes totales du secteur, n le nombre d'entreprises, P le prix fixé par la firme représentative, et $\overline{P}$ le prix pratiqué, en moyenne, par les firmes concurrentes.

Supposons aussi que la fonction de coût soit donnée par l'équation (8.3). Toujours pour des raisons pratiques, admettons que le coût fixe F vaille 750 millions d'euros et que le coût marginal c soit de 5 000 € par voiture produite. Le coût total est alors :

$$C = 750\,000\,000 + (5\,000 \times Q)$$

Le coût moyen s'écrit donc :

$$CM = (750\,000\,000/Q) + 5\,000$$

Supposons enfin qu'il y ait deux pays : le pays domestique enregistre des ventes annuelles de 900 000 voitures, tandis que celles du pays étranger sont de 1,6 million. Hormis la taille de leur marché, ces deux pays ne diffèrent en rien : ils font face aux mêmes coûts de production et les consommateurs ont les mêmes préférences.

La figure 8.5a représente les courbes *CC* et *PP* pour l'industrie automobile domestique. En l'absence de commerce, ce pays compte six producteurs automobiles, et le prix de vente unitaire est de 10 000 euros. Pour s'assurer qu'il s'agit bien de l'équilibre de long terme, il convient de montrer que les firmes ne font pas de profit. Compte tenu des caractéristiques de notre secteur, l'équation (8.10), qui traduit la condition de maximisation du profit (c'est-à-dire l'égalisation du revenu marginal et du coût marginal), devient :

$$P = c + 1/(b \times n) = 5\,000 + 1/[(1/30\,000) \times 6] = 5\,000\text{ €} + 5\,000\text{ €} = 10\,000\text{ €}$$

Par ailleurs, chaque entreprise vend 900 000/6 = 150 000 unités. Son coût moyen est par conséquent :

$$CM = (750\,000\,000\text{ €}/150\,000) + 5\,000\text{ €} = 10\,000\text{ €}$$

Le coût moyen est donc identique au prix. Les firmes ne font pas de profit : c'est bien l'équilibre de long terme du marché domestique.

Qu'en est-il du pays étranger ? Pour un marché de 1,6 million de voitures, les courbes *PP* et *CC* se croisent à $n = 8$ et $P = 8\,750$ (voir figure 8.5b). En l'absence de commerce international, ces huit firmes étrangères produisent chacune 200 000 unités et les vendent 8 750 € pièce. On peut de nouveau montrer que cette solution satisfait aux conditions d'équilibre :

$$P = c + 1/(b \times n) = 5\,000 + 1/[(1/30\,000) \times 8] = 5\,000\text{ €} + 3\,750\text{ €} = 8\,750\text{ €},$$
$$\text{et } CM = (750\,000\,000/200\,000) + 5\,000 = 8\,750\text{ €}$$

Supposons maintenant que les deux pays s'ouvrent au libre-échange. Chaque firme fait alors face à une demande mondiale de 2,5 millions d'automobiles. À la figure 8.5c, l'intersection des courbes *PP* et *CC* indique que ce marché intégré compte dix entreprises, produisant chacune 250 000 voitures, vendues au prix de 8 000 €. Ces valeurs permettent en effet de satisfaire aux conditions d'équilibre de long terme :

$$P = c + 1/(b \times n) = 5\,000 + 1/[(1/30\,000) \times 10] = 5\,000\text{ €} + 3\,000\text{ €} = 8\,000\text{ €},$$
$$\text{et } CM = (750\,000\,000/250\,000) + 5\,000 = 8\,000\text{ €}$$

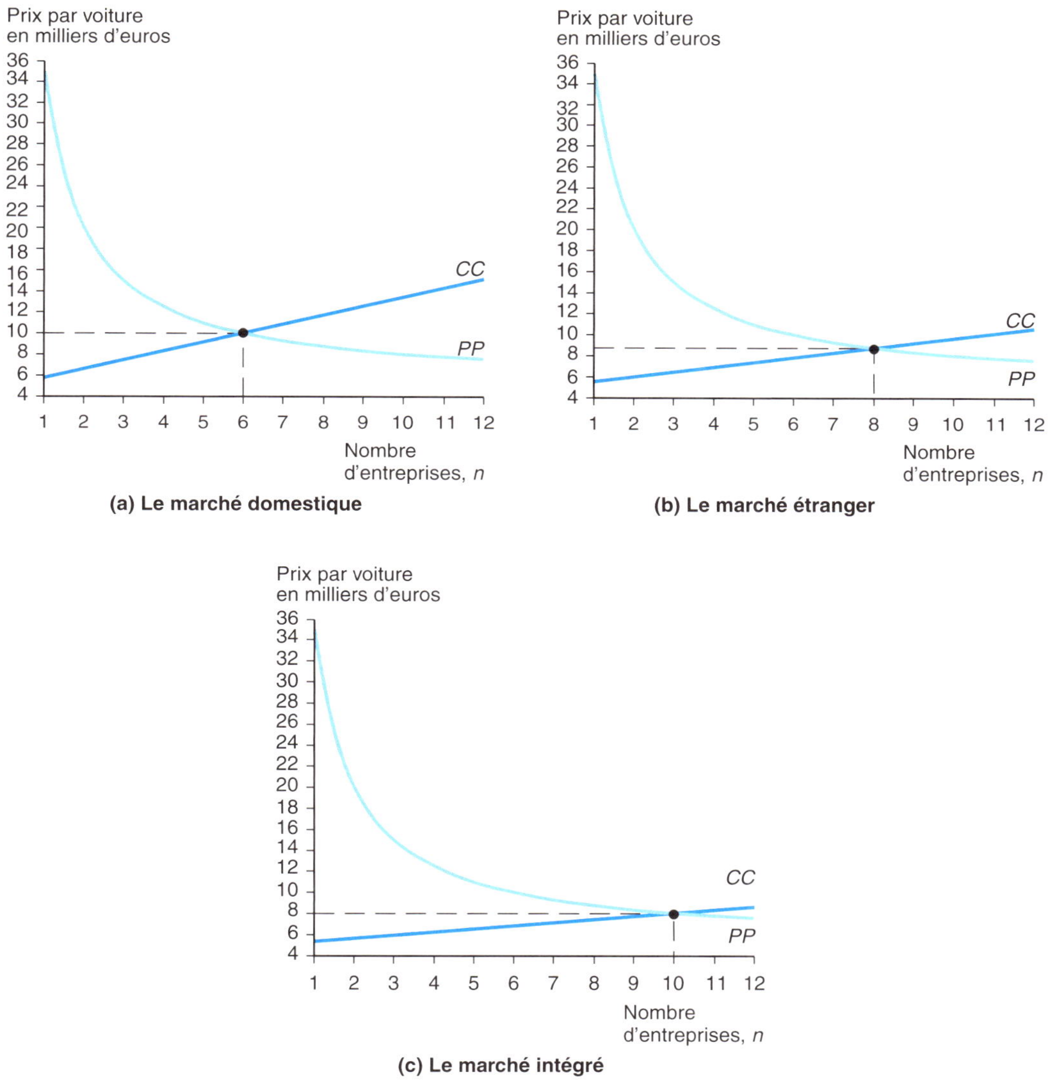

Figure 8.5 – Équilibre sur le marché automobile.

(a) Le marché domestique : avec un marché de 900 000 voitures, le pays domestique accueille six producteurs et les voitures sont vendues au prix de 10 000 €.

(b) Le marché étranger : huit producteurs se partagent un marché de 1,6 million de voitures, dont le prix unitaire est de 8 750 €.

(c) Le marché intégré : en libre-échange, l'économie mondiale représente un marché de 2,5 millions de voitures. Ce marché accueille dix producteurs et le prix d'une voiture est seulement de 8 000 €.

En définitive, ce marché intégré comprend donc plus de firmes que sur chaque marché d'autarcie, chacune produisant davantage et vendant à un prix plus faible. Il apparaît clairement que la situation de tous les agents s'améliore suite à l'intégration. Les consommateurs ont un choix plus large et chaque firme produit davantage, ce qui par conséquent génère des gains d'échelle et lui permet de vendre ses produits à moindre prix.

Cet exemple révèle deux résultats importants quant à la structure du commerce international. Tout d'abord, les échanges ont lieu entre pays comparables. C'est une différence notable avec les modèles présentés aux chapitres 3 à 6, où le commerce est motivé par les avantages comparatifs, c'est-à-dire par des différences de technologie ou de dotation factorielle entre les pays. Les économies d'échelle internes et la différenciation des produits expliquent donc l'importance du commerce entre pays identiques. La nature des échanges est aussi très différente, dans la mesure où les pays n'exportent pas un bien pour en importer un autre, mais exportent et importent simultanément le même bien. C'est ce qu'on appelle du **commerce intrabranche**. Par opposition, le **commerce interbranche** caractérise les échanges de biens différents, qui reflètent la structure des avantages comparatifs. Ensuite, ce modèle met en avant deux nouveaux gains à l'échange. Le premier est un gain de variété : avec l'ouverture, les consommateurs des deux pays ont accès à une plus grande variété de voitures (ils peuvent choisir entre dix modèles contre seulement six ou huit en autarcie)[5]. Le second gain est un gain d'échelle : en produisant pour un marché plus vaste, les entreprises peuvent mieux exploiter leurs économies d'échelle et baisser leurs prix (le prix des voitures passe à 8 000 € contre 8 750 ou 10 000 en autarcie).

2.3 Le commerce intrabranche et les gains à l'échange

L'exemple développé ci-dessus n'est pas très édifiant sur la structure véritable du commerce international, induite par les économies d'échelle. Ce modèle ne considère qu'un seul bien, qui sera exporté simultanément par tous les pays, et prédit donc du commerce intrabranche. Néanmoins, il est relativement simple de dépasser le cadre d'une analyse en équilibre partiel (avec un secteur) pour comprendre que les économies d'échelle interagissent avec l'avantage comparatif pour déterminer la structure du commerce international.

À titre d'exemple, imaginons que deux pays disposent de deux facteurs de production, le capital et le travail, et que le pays domestique soit relativement bien doté en capital. Supposons aussi qu'il y ait deux secteurs, le textile et l'agroalimentaire, et que le textile soit le secteur relativement intensif en capital. Si l'industrie textile était en concurrence parfaite, on sait quelle serait la structure des échanges : compte tenu des avantages comparatifs des deux économies, le pays domestique se spécialiserait dans la production textile, exporterait ce bien et importerait de la nourriture. Mais qu'advient-il si le secteur textile est en situation de concurrence monopolistique ? Le pays domestique a toujours un avantage relatif dans la production textile et un désavantage relatif dans le secteur des produits alimentaires.

5. Accéder à plus de choix est, sans aucun doute, une source de satisfaction pour les consommateurs. Mais il faut aussi noter qu'une fraction significative du commerce mondial concerne les biens intermédiaires et d'équipement des entreprises. Pour ces dernières, un choix plus vaste permet de trouver, par exemple, la machine-outil répondant très précisément à leurs besoins ou le bien intermédiaire venant accroître la qualité du produit final et optimiser la production. Pour les entreprises, le gain de variété se traduit donc par une hausse de la productivité.

Il demeure donc exportateur net de vêtements et importateur net de nourriture. Cependant, comme les produits textiles sont différenciés, tous les consommateurs souhaitent consommer des vêtements importés, même s'ils sont plus chers. Le pays domestique, tout en disposant d'un excédent commercial dans le secteur textile, importe tout de même des vêtements. La structure du commerce mondial laisse alors apparaître des échanges intrabranches de produits textiles, sans pour autant que l'ensemble du commerce soit de type intrabranche (c'est-à-dire avec un recouvrement complet des flux d'exportation et d'importation de textile).

Ainsi, le commerce mondial, dans un modèle de concurrence monopolistique, peut se décomposer en deux parties. Une part de commerce intrabranche : les exportations nationales de textile qui sont compensées par des importations de ce même bien, et une part d'interbranche, qui consiste en un échange de biens textiles contre de la nourriture. Ici, le commerce interbranche reflète l'avantage comparatif des pays, alors que la part des échanges intrabranches dans le commerce mondial résulte de la différenciation des produits et des économies d'échelle.

On l'a vu au chapitre 2, le commerce mondial a augmenté de façon considérable depuis les années 1960. Cette hausse s'est aussi accompagnée d'une progression continue du poids du commerce intrabranche : de plus en plus, les pays importent et exportent simultanément les mêmes biens. C'est ce que montre la figure 8.6 tirée des travaux de Marius Brülhart[6]. En un peu plus de 40 ans, l'indicateur de Grubel et Lloyd, mesurant le poids du commerce intrabranche, a plus que triplé[7]. Cet indicateur est très sensible au choix de la nomenclature des produits utilisée ; plus la nomenclature est agrégée (c'est-à-dire plus la désignation des produits est grossière, et plus les statistiques du commerce sont ventilées sur un petit nombre de produits), plus les échanges commerciaux semblent de nature intrabranche. Il est donc difficile d'interpréter précisément la valeur de cet indicateur. Néanmoins, son évolution ne trompe pas. Par ailleurs, l'importance de l'intrabranche varie considérablement d'un secteur à l'autre. En 2006, l'indicateur est inférieur à 0,1 pour les produits primaires (minéraux, produits agricoles) et ne dépasse pas 0,2 pour les produits textiles et d'habillement. Mais il est de l'ordre de 0,4 à 0,5 dans les secteurs des machines-outils, des équipements de précision, des machines électriques ou des produits chimiques ou pharmaceutiques. Or ces industries produisent des biens manufacturés sophistiqués, très différenciés, et sont généralement soumises à d'importantes économies d'échelle. Comme le suggère la théorie, les secteurs à rendements croissants ont davantage tendance à développer des échanges commerciaux intrabranches.

---

6. Voir Marius Brülhart, « An Account of Global Intra-industry Trade: 1962-2006 », *The World Economy*, 2009.

7. Pour chaque bien k, chaque pays exportateur i et importateur j, le poids du commerce intrabranche dans les échanges de ce bien est donné par l'indicateur de Grubel et Lloyd :

$$GL_{i,j,k} = \left(1 - \frac{|exportations_{i,j,k} - importations_{i,j,k}|}{exportations_{i,j,k} + importations_{i,j,k}}\right) \times 100$$

Cet indicateur varie entre 0 et 100. Si le commerce du bien k est totalement interbranche pour le pays i, alors ce dernier n'importe pas, ou n'exporte pas, le bien k ; l'indicateur est donc nul. À l'inverse, si le commerce du bien k est parfaitement intrabranche, alors ($Exportations_{i,k}$ – Importations$_{i,k}$) = 0 et l'indicateur GL est donc égal à 100. À la figure 8.6, ces indicateurs sont calculés pour chaque produit (il y en a plus de 1 100 dans la nomenclature utilisée) et chaque paire de pays, puis agrégés pour obtenir une mesure synthétique. Voir Herbert Grubel et Peter Lloyd, *Intra-industry Trade, the Theory and Measurement of International Trade in Differentiated Products*, Londres, MacMillan, 1975.

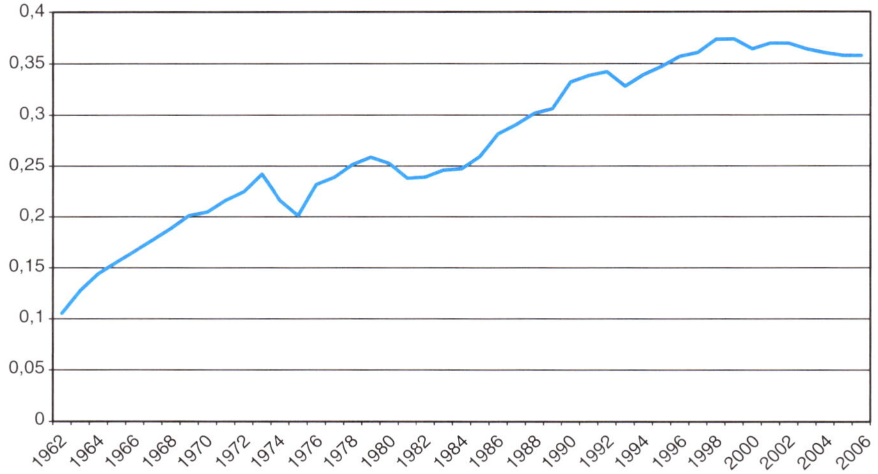

Figure 8.6 – Évolution du poids du commerce intrabranche dans le commerce mondial.

Le poids de l'intrabranche a plus que triplé en 40 ans. Il ne représentait que 10 % du commerce mondial au début des années 1960, contre plus de 35 % en 2006.

Source : d'après Marius Brülhart (2009).

L'essor du poids des échanges intrabranches laisse entendre que les consommateurs ont pu profiter d'importants gains de variété. L'étude menée par Christian Broda et David Weinstein[8] montre que le nombre de variétés de produits importés par les États-Unis a triplé entre 1972 et 2001. Ils ont en outre estimé que cet accroissement de la variété a représenté un gain de bien-être pour les consommateurs qui équivaut à une hausse de 2,6 % du PIB américain. Sur une période de 30 ans, c'est relativement peu, mais cela reste non négligeable. De la même façon, les consommateurs européens ont aussi largement profité des gains de variété. Au sein de l'Union européenne, les pays commercent énormément entre eux et, dans la mesure où ils ont des structures économiques très proches et des avantages comparatifs peu marqués, la part du commerce intrabranche y est très forte. L'étude de Mohler et Seitz, qui reprend la méthode proposée par Broda et Weinstein[9], évalue les gains de variété enregistrés par les pays européens, au cours de la période 1999-2008 (marquée par la création de l'euro et les élargissements successifs aux pays d'Europe centrale). Ils montrent que les gains ont été très faibles (voire négatifs) pour les grands pays. En revanche, ils sont substantiels pour les petits, et plus encore pour les nouveaux entrants. À titre d'exemple, les gains de variété sur cette période ont représenté une valeur équivalente à 0,75 % du PIB au Danemark, près de 1 % en République tchèque et jusqu'à 2,8 % en Estonie.

---

8. Christian Broda et David E. Weinstein, « Globalization and the Gains from Variety », *Quarterly Journal of Economics*, 121, 2006, p. 541-585.
9. Lukas Mohler et Michael Seitz, « The Gains from Variety in the European Union », *Munich Discussion Paper*, 2010, p. 2010-24.

3 La réponse des entreprises à l'ouverture commerciale : gagnants, perdants et performances industrielles

Dans l'exemple numérique développé ci-dessus, on a vu comment l'ouverture commerciale conduit à une intensification de la concurrence. Sur les 14 producteurs automobiles qui existaient en autarcie (six dans le pays domestique et huit à l'étranger), seuls dix ont pu « survivre » à l'abaissement des barrières commerciales. Ces dernières profitent désormais d'un marché plus vaste et produisent davantage qu'en autarcie. Dans ce modèle très simple, toutes les entreprises étaient censées être identiques ; seul le hasard détermine quelles sont les dix gagnantes à l'ouverture et quelles sont les quatre perdantes contraintes de mettre la clé sous la porte. Néanmoins, dans le monde réel, toutes les entreprises n'ont pas la même efficacité. On doit donc s'attendre à ce que les moins performantes (c'est-à-dire les moins productives ou celles qui proposent des variétés de faible qualité) soient les plus durement affectées par la concurrence des firmes étrangères. À l'inverse, les entreprises les plus performantes sont mieux armées face à la concurrence et peuvent tirer avantage des nouvelles opportunités sur les marchés d'exportation.

Dès lors que les fortunes et les infortunes des entreprises ne sont pas le fruit du hasard, on observe une redistribution des parts de marché au sein de chaque secteur. Cette redistribution a des conséquences majeures. Si, lors de l'ouverture commerciale, les entreprises les plus performantes augmentent leur production alors que les moins efficaces voient leurs parts de marché se contracter, alors l'efficacité moyenne du secteur s'accroît. En réallouant les parts de marché vers les entreprises à forte productivité, l'ouverture au commerce a un effet comparable à un progrès technologique : elle accroît la productivité moyenne du secteur.

Ce mécanisme ne se fait pas sans douleur, mais ses effets, agrégés au niveau du secteur, peuvent être substantiels. À titre d'exemple, Daniel Trefler a étudié en détail les conséquences pour l'industrie canadienne de l'accord de libre-échange entre le Canada et les États-Unis, entré en vigueur en 1989. Il a constaté que, dans les secteurs les plus directement affectés par la réduction des barrières commerciales, la productivité a fait un bond spectaculaire de près de 15 %. Mais ce gain de productivité n'a pas été indolore : il s'explique pour moitié par les pertes de parts de marché et les faillites des entreprises les moins performantes[10]. En appliquant une méthodologie tout à fait différente, mais fondée sur les mêmes principes théoriques, Gianmarco Ottaviano, Daria Taglioni et Filippo di Mauro ont évalué l'impact de la création de la zone euro sur la productivité moyenne de l'industrie européenne. Partant du principe que l'intégration monétaire réduit les coûts associés aux échanges commerciaux entre les pays de l'eurozone, ils en concluent qu'elle doit permettre d'accroître la productivité *via* l'accès à une plus grande variété de biens intermédiaires, une meilleure exploitation des économies d'échelle et une intensification de la concurrence induisant une sélection plus stricte des entreprises en faveur des plus efficaces. Bien sûr, cet exercice de quantification est délicat et ses conclusions ne sont pas à prendre au pied de la lettre. Elles sont néanmoins impressionnantes. Un abandon de la monnaie unique et un retour aux monnaies nationales réduiraient la productivité de 1,4 % à 3,3 % selon les pays

10. Daniel Trefler, « The Long and Short of the Canada-US Free Trade Agreement », *American Economic Review*, 94, 2004, p. 870-895.

(mais l'augmenteraient légèrement dans les pays de l'UE non membres de la zone euro). Si seule la France devait quitter la zone euro, elle pourrait enregistrer une perte de productivité allant jusqu'à 3,3 %[11].

3.1 Un modèle de firmes hétérogènes

Nous levons ici l'hypothèse de symétrie des entreprises que nous avons implicitement imposée jusqu'à maintenant. L'hypothèse de symétrie signifie que toutes les entreprises avaient la même courbe de coût [décrite par l'équation (8.3)] et faisaient face à la même fonction de demande [voir équation (8.5)]. À l'inverse, on suppose maintenant que les entreprises n'ont pas toutes la même productivité. Les coûts marginaux, c_i, varient donc d'une firme à l'autre et les courbes de coûts sont différentes. Pour simplifier, on suppose que toutes les entreprises font toujours face à la même courbe de demande. Cela revient à supposer que toutes les firmes produisent des variétés appréciées également par les consommateurs, si bien que l'hétérogénéité des performances ne repose que sur des différences de productivité et non sur les capacités des entreprises à proposer des niveaux de qualité plus ou moins élevés. Faire l'hypothèse inverse conduirait à des prédictions très comparables.

La figure 8.7 illustre les différences de performance entre deux entreprises, 1 et 2, lorsque l'entreprise 1 est plus performante ($c_1 < c_2$). Le graphique de gauche (a) représente la courbe de demande commune aux deux entreprises [voir équation (8.5)] ainsi que la courbe de revenu marginal qui lui est associée [voir équation (8.8)]. Notons que les deux courbes ont la même ordonnée à l'origine (en effet, si on impose $Q = 0$ dans l'équation (8.8), on obtient $Rm = P$. Cette intersection entre les courbes de demande, de revenu marginal et l'axe vertical correspond au prix P lorsque $Q = 0$, c'est-à-dire, compte tenu de l'équation (8.5), $\overline{P} + [1 / (b \times n)]$. La pente de la courbe de demande est $1/(S \times b)$; elle est moins forte que celle du revenu marginal. De sorte à maximiser leurs profits, les firmes choisissent un niveau de production tel que leur coût marginal égale le revenu marginal. Cela correspond aux productions Q_1 et Q_2. Les deux prix se lisent sur la courbe de demande ; il s'agit de P_1 et P_2. Il apparaît logiquement que la firme 1, qui est la plus performante, fixe un prix inférieur et produit de plus grandes quantités que la firme 2. De plus, dans la mesure où la courbe de revenu marginal est plus pentue que la courbe de demande, l'écart entre le prix et le coût marginal, c'est-à-dire le taux de marge, est plus important pour la firme 1 que pour sa concurrente : $P_1 - c_1 > P_2 - c_2$.

Les zones colorées représentent les profits courants des deux entreprises. Ils correspondent à la différence entre les recettes et les coûts de production, soit $P_i \times Q_i - c_i \times Q_i$ (pour les deux firmes, $i = 1$ et $i = 2$). Notons que ce profit courant ne tient pas compte du coût fixe F (censé être le même pour toutes les entreprises). On peut réécrire le profit courant comme le produit du taux de marge et de la quantité produite par chaque firme : $(P_i - C_i) \times Q_i$. Il est parfaitement clair que la firme la plus performante (la firme 1) engrange des profits plus confortables puisque, à la fois, elle bénéficie d'un taux de marge plus élevé et produit des quantités plus importantes. Ainsi, la différence de coût marginal induit trois avantages pour la firme 1 : elle peut proposer un prix plus faible tout en bénéficiant d'un taux

11. Gianmarco Ottaviano, Daria Taglioni et Filippo di Mauro, « The Euro and the Competitiveness of European Firms », *Economic Policy*, 57, 2009, p. 5-53.

de marge plus élevé, elle a une plus grande part de marché (elle produit plus), et elle a des profits plus élevés. C'est ce que l'on voit sur le graphique de droite (b) de la figure 8.7 : le profit courant est une fonction décroissante du coût marginal.

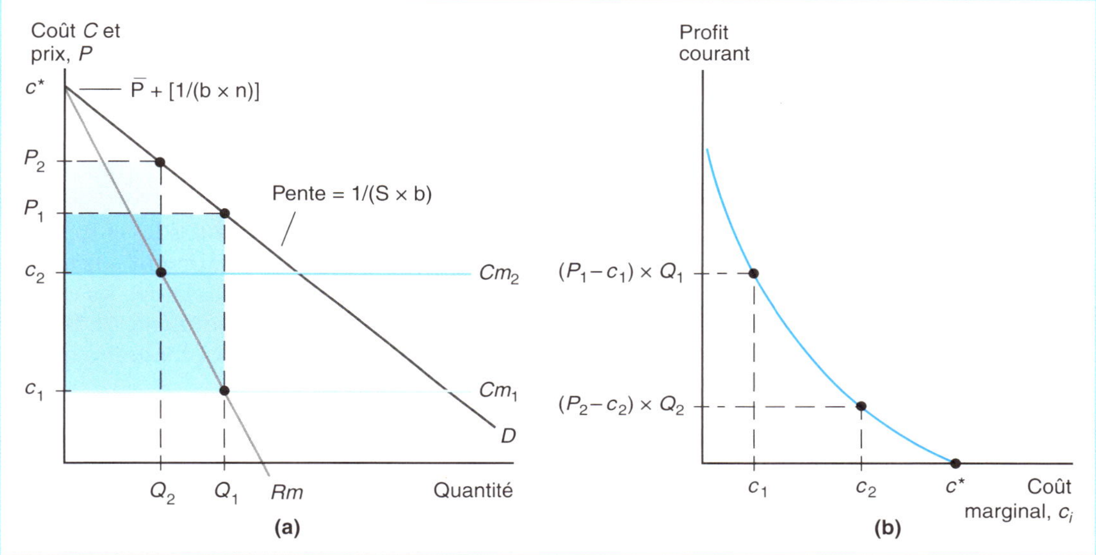

Figure 8.7 – L'hétérogénéité des performances.

(a) Courbes de demande et de coût pour les firmes 1 et 2. La firme 1 a un coût marginal plus faible que la firme 2 ($c_1 < c_2$). Elle peut proposer un prix plus faible que la firme 2 et produire davantage. Les zones colorées représentent les profits courants (c'est-à-dire qui ne tiennent pas compte du coût fixe de production). La firme 1 est plus profitable que la firme 2.

(b) La relation entre le coût marginal et le profit courant. Les firmes les plus performantes (c'est-à-dire dont le coût marginal est le plus faible) sont plus profitables. Une firme dont le coût marginal serait supérieur à c^* aurait des profits courants négatifs et devrait sortir du marché.

À la figure de gauche (a), on voit que les firmes ont des profits courants positifs tant que leur coût marginal est inférieur à une valeur seuil, c^*, correspondant à l'ordonnée à l'origine de la courbe de demande, $\overline{P} + [1 / (b \times n)] = c^*$. Une firme qui aurait un coût marginal supérieur à c^* proposerait un niveau de prix trop élevé pour s'attirer des clients et dégager des profits. Elle sortirait donc immédiatement du marché. Notons qu'elle enregistrerait alors une perte nette correspondant au coût fixe irrécupérable F. Pourquoi alors décider d'engager ce coût fixe si l'entreprise doit immédiatement fermer ses portes ? Pour maintenir la cohérence du modèle, on doit supposer qu'il existe un certain aléa concernant les coûts marginaux. Les entrepreneurs qui souhaitent créer une nouvelle firme ne connaissent pas leur coût marginal ; ils doivent d'abord s'acquitter du coût fixe F avant de le découvrir (c'est le cas notamment lorsque le coût fixe correspond aux frais que doit engager un entrepreneur pour mener une étude de marché, évaluer la faisabilité de son projet, rechercher des financements…). Ainsi, certains entrepreneurs malchanceux auront un coût marginal supérieur à c* et perdront la valeur du coût fixe. Mais d'autres, plus chanceux, découvriront qu'ils ont un coût marginal très faible et engrangeront des profits substantiels. Dans le modèle précédent, où toutes les firmes étaient identiques, les entreprises entraient sur le marché tant que les profits étaient positifs. Cette libre entrée imposait finalement des profits nuls pour tous. C'est légèrement différent dans le cas où les entreprises sont hétérogènes. Ici, certaines firmes font des pertes et d'autres des profits positifs. Mais l'entrée de nouvelles firmes se poursuit tant que des entrepreneurs peuvent décemment espérer ne pas faire de perte. Ici, le principe de libre entrée n'impose donc pas que tous les profits soient nuls mais que l'espérance de profit des entrants potentiels soit nulle.

3.2 Les effets de l'élargissement du marché

On a vu à la figure 8.7 que, pour une taille de marché donnée S, seules les entreprises qui ont un coût marginal inférieur à un seuil précis, c*, peuvent se maintenir sur le marché. Mais que se passe-t-il lorsque l'on abaisse ces barrières commerciales et que les entreprises se retrouvent sur un marché intégré plus vaste ? Comme précédemment, un plus grand marché offre plus d'opportunités commerciales et peut accueillir un plus grand nombre de firmes. Toutefois, cela implique aussi une concurrence plus forte.

Le graphique de gauche (a) de la figure 8.8 montre les conséquences de ces changements sur la courbe de demande. Comme à la figure 8.7, l'ordonnée à l'origine de la courbe de demande est égale à $\overline{P} + [1 / (b \times n)]$. C'est une fonction décroissante du nombre de firmes n[12]. Par ailleurs, la pente de la courbe de demande est égale à $1/(S \times b)$. La courbe de demande devient donc moins pentue lorsque la taille du marché s'accroît : sur un marché plus grand, une baisse du prix entraîne une augmentation plus importante de la demande. La conjonction de ces deux effets se traduit par un déplacement de la courbe de demande de D à D'. Cette évolution est assez particulière. Pour les grandes entreprises (dont le coût marginal est faible et la production importante), la demande augmente. Au contraire, pour les petites entreprises, qui ont un coût marginal élevé et résistent moins bien à l'intensification de la concurrence, le passage de D à D' correspond à une baisse de la demande. Comme à la figure 8.7, le graphique de droite (b) de la figure 8.8 montre les profits des entreprises en fonction de leur coût marginal. La baisse de la demande pour les petites entreprises se traduit ici par un déplacement de la valeur seuil du coût marginal permettant de rester sur les marchés de c* à c*'. Toutes les firmes dont le coût marginal était compris entre c* et c*' ne résistent pas au choc de l'ouverture commerciale et sont exclues du marché. Mais, de l'autre côté, l'aplatissement de la courbe de demande profite aux entreprises les plus performantes. Elles peuvent résister à la concurrence étrangère en réduisant leurs marges (et donc leurs prix) afin de gagner des parts de marché[13]. Leurs profits augmentent[14].

---

12. Le nombre de firmes a un impact direct sur l'ordonnée à l'origine, mais aussi un impact indirect puisque le prix moyen, P, baisse lorsque n augmente.
13. En effet, le taux de marge est la différence entre le prix de vente et le coût marginal. Les firmes qui ont un coût relativement élevé ont des marges plus faibles et ont bien moins de latitude pour réduire leurs prix et défendre leurs parts de marché.
14. Pour s'assurer que les profits des firmes les plus performantes augmentent, il suffit de faire appel à la condition de libre entrée. Celle-ci impose que l'espérance de profit (c'est-à-dire, en somme, le profit moyen de tous les entrants potentiels) soit nulle. Si le profit des firmes les moins performantes diminue, il faut nécessairement, pour satisfaire à cette condition, que les profits des autres augmentent.

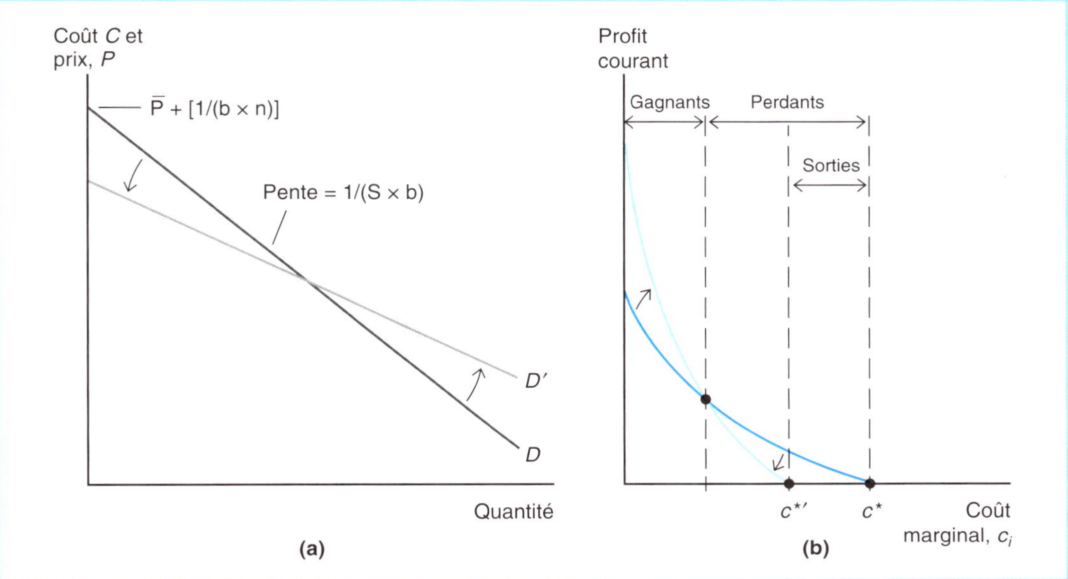

Figure 8.8 – Les gagnants et les perdants de l'ouverture commerciale.

(a) Lors de l'ouverture commerciale, la taille du marché augmente, mais la concurrence s'intensifie. La courbe de demande glisse alors de *D* à *D′*.

(b) Les conséquences de l'évolution de la courbe de demande ne sont pas les mêmes pour toutes les firmes. Les plus productives voient leurs profits s'accroître, alors que les profits diminuent pour les autres. Les firmes les moins performantes, dont le coût marginal est compris entre c^* et $c^{*\prime}$, sont exclues du marché.

Toutes les entreprises ne ressentent donc pas l'ouverture commerciale de la même façon. Encore une fois, le libre-échange fait des gagnants et des perdants : les grandes entreprises très productives y gagnent, mais les plus petites voient leurs parts de marché se réduire et leurs profits diminuer au point que les plus faibles sont chassées du marché.

3.3 Coûts du commerce et décisions d'exportation

Jusqu'à présent, nous avons modélisé l'intégration économique comme une augmentation de la taille du marché. Cela suppose implicitement que cette intégration est parfaite et conduit à la formation d'un marché unique, sans aucune restriction aux échanges. Mais, en réalité, l'intégration commerciale va rarement aussi loin. Même si les barrières protectionnistes (droits de douane, quotas…) sont éradiquées, certains coûts du commerce persistent forcément : les coûts de transport bien sûr, mais aussi des coûts de télécommunication, des coûts associés à la recherche de partenaires commerciaux, des frais financiers liés la couverture du risque de change… Et de fait, même dans une économie développée, dotée d'un bon réseau d'infrastructures de transport et très largement ouverte aux échanges, les coûts du commerce sont tels qu'exporter n'est jamais une chose facile et anodine. Dans tous les pays du monde, l'immense majorité des entreprises n'a aucune activité d'exportation et ne sert que le marché domestique. En 2005, par exemple, seules 19 % des entreprises manufacturières françaises et 18 % des entreprises américaines déclaraient des exportations. Le tableau 8.1 montre, pour différents secteurs, la proportion d'entreprises exportatrices en France. Même dans les secteurs où les exportations représentent une part significative des ventes totales, comme la chimie, la métallurgie ou l'automobile, seules une minorité d'entreprises vendent leurs produits au-delà des frontières nationales.

Tableau 8.1 : Taux de participation à l'exportation (France, 2005)

Secteur	Proportion de firmes exportatrices (%)
Chimie	49,3
Métallurgie	48,4
Papier et carton	44,1
Caoutchouc et plastique	40,1
Automobile	30,3
Textile	30,3
Équipement de radio et télévision	26,6
Machines et appareils électriques	23,6
Tabac	23,5
Machines de bureau et informatique	23,3
Machines-outils	21,0
Cuir et chaussure	20,5
Matériel de transport	16,5
Travail des métaux	15,8
Habillement	15,1
Instruments de précision	13,0
Bois et articles en bois	12,2
Édition, imprimerie	8,6
Hydrocarbures	7,5
Meubles	7,4
Agro-alimentaire	4,8

Sources : calculs d'après les données des douanes françaises (2005).

Si les échanges commerciaux se font sans aucun coût, il importe peu pour les entreprises de savoir où sont localisés leurs clients : quel que soit le pays où les firmes sont implantées elles peuvent satisfaire, sans distinction, les clients locaux et étrangers. Mais dès lors qu'il existe des coûts du commerce, il devient plus facile de servir le marché local que d'exporter. On comprend ainsi pourquoi certaines entreprises choisissent de ne pas exporter alors même qu'il existe une demande solvable à l'étranger. En effet, les coûts du commerce réduisent, pour toutes les firmes, les profits réalisés à l'export. Si les plus performantes peuvent néanmoins rester profitables, ce n'est pas le cas pour les autres, qui doivent alors renoncer à exporter.

Voyons cela plus en détail. Pour faire simple, considérons le cas de deux pays identiques. Si S représente la taille de chacun des marchés, alors la taille du marché mondial est $2 \times S$. Cependant, la présence de coûts du commerce nous interdit de considérer le marché mondial comme un marché unique de taille $2 \times S$. Plus précisément, on suppose qu'exporter implique un coût supplémentaire t pour chaque unité de bien vendue au-delà des frontières. Du fait de ce coût de commerce additionnel, les entreprises fixent un prix différent dans leur pays d'origine et à l'étranger. Cela implique que les quantités vendues et les profits ne sont pas les mêmes dans les deux pays (en dépit du fait que les deux marchés sont de même taille).

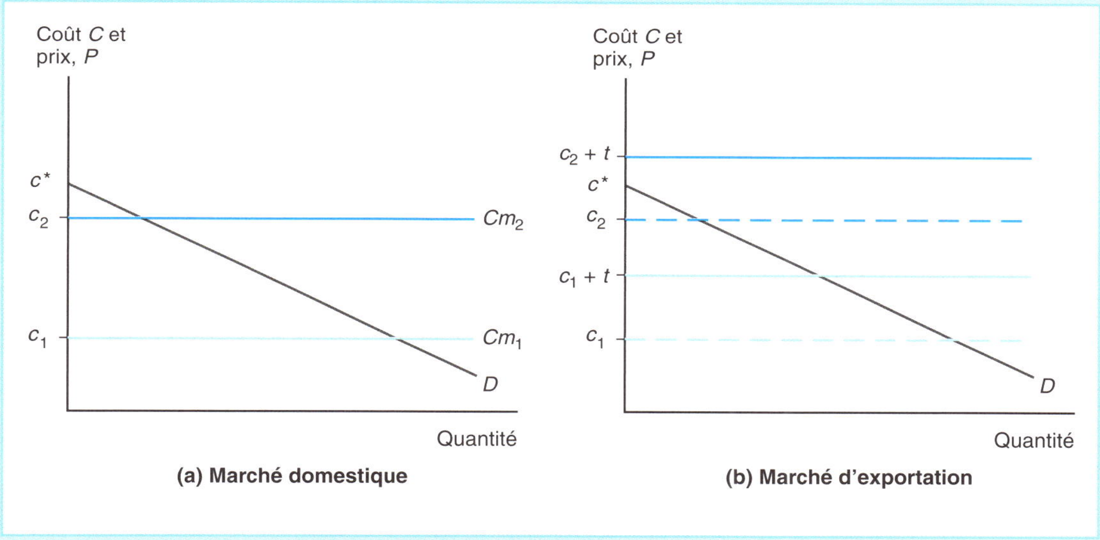

Figure 8.9 – Décisions d'exportation en présence de coût du commerce.
(a) Les firmes 1 et 2 ont un coût marginal suffisamment faible pour être actives sur leur marché domestique.
(b) Seule la firme 1 décide d'exporter : compte tenu du coût du commerce, t, la firme 2 ne peut pas dégager de profits positifs sur le marché étranger.

Dans la mesure où l'on a supposé que les coûts marginaux sont constants (ils ne varient pas avec des quantités produites), les décisions concernant les ventes sur chaque marché sont totalement indépendantes les unes des autres. Prenons le cas des entreprises implantées dans le pays domestique. Leur situation sur le marché domestique, représentée sur le graphique de gauche (a) de la figure 8.9, correspond exactement à celle qui est représentée à la figure 8.7, à la différence que toutes les variables (prix, quantités et profits) ne concernent que le marché domestique. Considérons maintenant la situation sur le marché d'exportation, illustrée par le graphique de droite (b) de la figure 8.9. Comme les marchés sont de taille identique, les firmes font face à la même fonction de demande que sur le marché domestique. La seule différence réside dans le fait que les coûts marginaux sont maintenant plus élevés puisqu'ils intègrent les coûts du commerce t. On a vu que des coûts marginaux plus élevés étaient associés à un prix plus élevé, des quantités vendues plus faibles et des profits moindres. Surtout, on sait qu'au-delà d'une valeur seuil c^*, les entreprises ne sont plus profitables et quittent le marché. C'est le cas de la firme 2 à la figure 8.9. Elle est suffisamment performante pour dégager des profits sur son marché domestique, mais les coûts du commerce font passer son coût marginal sur le marché d'exportation au-delà de la valeur seuil : $c_2 + t > c^*$. Elle n'est donc pas en mesure d'exporter et se contente de vendre ses produits aux consommateurs domestiques. De façon plus générale, il existe trois types d'entreprises. Celles qui ont un coût marginal supérieur à c^* ne sont jamais profitables et font immédiatement faillite. Celles qui ont un coût marginal compris entre $(c^* - t)$ et c^* peuvent s'implanter sur un marché domestique mais ne sont pas assez performantes pour exporter. Enfin, celles qui ont un coût marginal inférieur à $(c^* - t)$ sont les seules à même de servir les deux marchés.

Grâce à ce modèle très simple, on comprend mieux pourquoi si peu d'entreprises ont une activité d'exportation en dépit des opportunités offertes par les politiques d'intégration commerciales. Il explique aussi pourquoi, comme le montre l'encadré 8.1, seules les entreprises les plus performantes parviennent à exporter.

Encadré 8.1

Le club des firmes exportatrices

Nombre d'essayistes, de responsables politiques et de journalistes décrivent le monde dans lequel nous vivons comme un ensemble d'économies en complète interaction, où les frontières n'ont plus de valeur et les différences culturelles sont effacées par les échanges commerciaux, les flux de télécommunication et l'omniprésence des firmes globales. Ce monde existe peut-être. Mais l'observation de données microéconomiques relativement simples laisse entrevoir tout autre chose.

L'étude des données recueillies par les services douaniers des différents pays permet de dresser un constat plus précis et nuancé de la mondialisation, et sans doute plus proche de la réalité que connaît, chaque jour, l'immense majorité des entreprises. En effet, pour tous les pays, les conclusions vont dans le même sens. Les entreprises globales, capables de placer leurs produits dans un grand nombre de pays existent, mais elles sont l'exception. Pour toutes les autres, exporter n'est jamais anodin : c'est si difficile, si risqué et si coûteux que très peu y parviennent.

En 2003, les douanes françaises recensaient un peu plus de 113 500 entreprises exportatrices de biens primaires ou manufacturiers, avec une valeur exportée moyenne de 3,15 millions d'euros. Plus de 100 000 exportateurs, c'est certes beaucoup dans l'absolu, mais cela ne représente que 4,4 % de l'ensemble des entreprises françaises et 19,1 % des entreprises industrielles. Et encore, une grande majorité de ces exportateurs n'intervient que de façon très marginale sur les marchés mondiaux soit parce qu'elle n'exporte que vers très peu de pays, soit parce que la valeur exportée est très faible. Ainsi, 42,6 % des exportateurs français n'exportent que vers un seul pays, le plus souvent la Belgique, la Suisse ou l'Allemagne (56,9 % ne sont présents que sur un ou deux marchés).

De la même façon, la plupart des exportateurs déclarent des flux très faibles. Pour 60 % des firmes exportatrices de plus de 20 salariés, les ventes à l'étranger représentent moins de 5 % du chiffre d'affaires et seuls 9 % des exportateurs réalisent plus de la moitié de leur chiffre d'affaires au-delà des frontières.

À l'évidence, les firmes exportatrices constituent un club assez restreint, mais le groupe des gros exportateurs, capables d'atteindre un grand nombre de pays et de réaliser une grande part de leur activité à l'étranger, forme un club terriblement sélectif.

Tableau 8.2 : Ratios des moyennes observées dans le groupe des firmes exportatrices et des non-exportatrices (firmes de plus de 20 salariés – 2003)

Secteur	Proportion exportateurs	Emploi	Salaire	Intensité capitalistique	Productivité (PGF estimée)
Agro-alimentaire	62,0 %	2,75	1,11	1,34	1,15
Textile	80,7 %	1,94	1,22	1,30	1,35
Habillement	67,0 %	1,65	1,54	3,29	1,65
Cuir et chaussure	67,6 %	1,65	1,16	1,87	1,07
Bois	53,9 %	2,01	1,11	1,62	2,27
Papier et carton	80,1 %	3,05	1,09	1,62	1,00
Édition et imprimerie	53,7 %	1,52	1,10	1,18	1,08
Chimie	90,1 %	2,5	1,05	1,19	0,73
Caoutchouc et plastique	78,8 %	1,97	1,09	1,51	1,01
Minéraux non métalliques	56,8 %	3,74	1,04	1,19	0,94
Métaux	85,9 %	2,18	1,04	1,5	1,04
Machines et équipements	77,9 %	2,48	1,06	1,58	1,04
Machines de bureau	83,3 %	21,56	1,22	1,97	1,63
Machines électriques	75,3 %	3,76	1,13	2,14	1,08
Appareils radio, télévision et communication	69,6 %	6,47	1,19	3,35	1,15
Instruments de précision	74,8 %	3,11	1,14	2,18	1,08
Automobile	78,1 %	0,26	1,08	1,80	1,11
Autres matériels de transport	71,9 %	9,13	1,12	1,45	1,11
Meubles	75,5 %	2,62	1,11	1,13	1,18
Moyenne	**72,8 %**	**3,91**	**1,14**	**1,75**	**1,19**

Sources : statistiques des douanes françaises et enquêtes annuelles entreprises (INSEE) – calculs CEPII.*

Encadré 8.1 (suite)

C'est ce que montre le tableau 8.2. On y compare les caractéristiques des entreprises exportatrices à celles des entreprises strictement domestiques, pour 19 secteurs de l'industrie manufacturière. Dans tous les cas, les performances des entreprises exportatrices sont clairement meilleures. Les firmes exportatrices sont plus grandes : elles emploient, en moyenne, près de quatre fois plus de salariés. Elles sont mieux dotées en facteurs de production : l'intensité capitalistique plus forte de 77 % et les salaires moyens (qui reflètent en partie le niveau de qualification) y sont 14 % plus élevés. Et, surtout, elles sont plus efficaces : la productivité totale des facteurs y est en moyenne 20 % plus élevée**.

---

* Pour plus de détails, on se reportera à Matthieu Crozet et Thierry Mayer, « Le club très sélect des firmes exportatrices », *Lettre du CEPII*, n° 271, 2007.

** Pour une analyse comparable sur données américaines, on verra : Andrew Bernard, Bradford Jensen, Steve Redding et Peter Schott, « Firms in International Trade », *Journal of Economic Perspectives*, 21, 2007, p. 105-130. Thierry Mayer et Gianmarco Ottaviano, « The Happy Few: New Facts on the Internationalisation of European Firms », *Bruegel Blueprint Series*, 2007, présentent un constant similaire pour un ensemble de pays européens.

On tire le même constat des analyses des données microéconomiques du commerce international de services : Matthieu Crozet, Emmanuel Milet et Daniel Mirza, « Le club ultra sélect des firmes exportatrices de services », *Lettre du CEPII*, 302, 2011

4. Le dumping

Sur les marchés en situation de concurrence imparfaite, et dès lors que des coûts au commerce persistent, les firmes peuvent fixer des prix différents pour un même produit, selon qu'il est exporté ou vendu sur le marché intérieur. C'est ce qu'on appelle la **discrimination par les prix**. La forme la plus commune de discrimination par les prix est le **dumping**, qui consiste, de la part d'une firme, à fixer pour un même bien un prix de vente plus faible à l'exportation que sur le marché intérieur. Le dumping est un sujet de controverse dans les relations internationales : il est souvent considéré comme une pratique injuste et il est sujet à des règles spécifiques et à des sanctions (ces questions sont abordées en détail au chapitre 10).

4.1 La discrimination en prix

D'un point de vue théorique, il ne peut y avoir dumping uniquement lorsque le secteur est en situation de concurrence imparfaite – de telle sorte que les entreprises ne sont pas preneuses de prix – ou quand les marchés sont *segmentés*, c'est-à-dire que les résidents de chaque pays ne doivent pas pouvoir accéder facilement aux biens destinés à l'exportation.

Un exemple simple peut aider à comprendre en quoi le dumping peut être une stratégie rationnelle pour une firme en oligopole. Imaginons qu'une firme vende 1 000 unités d'un bien sur le marché intérieur, mais seulement 100 à l'étranger. Alors que le prix de vente sur le marché intérieur est de 20 €, à l'étranger, il n'est que de 15 €. Supposons que, sur l'un et l'autre des deux marchés, les préférences des consommateurs soient telles qu'il faille réduire le prix de 1 centime d'euro pour vendre une unité de bien supplémentaire. Sur le marché intérieur, la vente de cette unité supplémentaire rapportera directement 19,99 € et réduira les revenus tirés de la vente des 1 000 premières unités de 10 €. Le revenu marginal de cette unité supplémentaire ne sera donc que de 9,99 €. Sur le marché étranger, la vente d'une unité additionnelle rapportera directement 14,99 €. Ce revenu est à comparer avec les pertes indirectes induites par la baisse du prix des 100 premières unités, si bien que le revenu marginal sur ce marché sera de 13,99 €. Même avec un prix de vente plus faible que sur le marché étranger, il est plus avantageux d'augmenter les exportations plutôt que les ventes sur le marché local.

Bien sûr, cet exemple peut être inversé : les firmes peuvent être amenées à pratiquer un prix plus faible sur le marché domestique que sur le marché étranger. La discrimination par les prix en faveur des exportations est toutefois plus habituelle. En effet, comme les marchés internationaux ne sont jamais parfaitement intégrés, les entreprises ont en général des parts de marché plus importantes dans leur propre pays que sur chaque marché d'exportation. Par conséquent, leurs exportations seront plus sensibles au prix que leurs ventes domestiques : une entreprise qui détient une part de marché de 20 % n'a pas besoin de réduire autant son prix pour doubler ses ventes qu'une entreprise qui détient une part de marché de 80 %. En d'autres termes, les firmes ont un pouvoir moindre sur leur marché d'exportation et ont avantage à y pratiquer des prix plus faibles.

La figure 8.10 illustre une situation de dumping. Elle représente un secteur industriel comprenant une seule firme domestique en situation de monopole. Cette firme vend sur deux marchés : le marché domestique, où la courbe de demande est D_{DOM}, et le marché étranger. Supposons, pour simplifier, que la firme soit preneuse de prix sur le marché d'exportation : quelles que soient les quantités vendues, le prix est constant, égal à P_{ETR}. On suppose enfin que les marchés sont segmentés, de telle sorte que l'entreprise puisse fixer sur son marché domestique un prix supérieur à celui prévu à l'étranger. *Cm* est la courbe de coût marginal pour l'ensemble de la production. La maximisation du profit conduit à égaliser le revenu marginal au coût marginal sur *chaque* marché. Si la firme souhaite vendre sur le marché d'exportation, elle doit produire une quantité telle que le coût marginal égale le prix sur ce marché. Elle va donc produire $Q_{MONOPOLE}$, vendre Q_{DOM} sur le marché domestique et exporter $Q_{MONOPOLE} - Q_{DOM}$[15]. Le coût marginal sera alors égal à P_{ETR}. Sur le marché domestique, la firme vend la quantité Q_{DOM} au prix P_{DOM}, supérieur au prix d'exportation ; elle fait donc du dumping.

Dans notre exemple numérique, comme à la figure 8.10, le dumping résulte d'une différence d'élasticité-prix entre les marchés domestique et étranger. La figure 8.10 exprime notre hypothèse d'un cas extrême : les prix à l'étranger sont fixes et la firme ne peut accroître ses ventes en proposant un prix plus faible. Sur le marché domestique, en revanche, l'accroissement des quantités vendues s'accompagne nécessairement d'une réduction des prix. L'important ici est de noter que la discrimination par les prix provient de cette différence de sensibilité des ventes au prix, c'est-à-dire de l'élasticité-prix[16].

---

15. La situation où le coût marginal égalise la recette marginale sur le marché domestique (c'est-à-dire l'intersection entre Rm_{DOM} et *Cm*) ne correspond pas à un programme d'optimisation qui permet de vendre sur le marché étranger.
16. L'élasticité-prix représente la baisse des ventes (en pourcentage) suite à un accroissement de 1 % du prix. Formellement, s'il y a discrimination par les prix, c'est parce que les firmes fixent un prix plus faible sur les marchés où l'élasticité de la demande est plus élevée. Si elles perçoivent une élasticité plus élevée sur leurs exportations que sur leurs ventes domestiques, il y aura dumping.

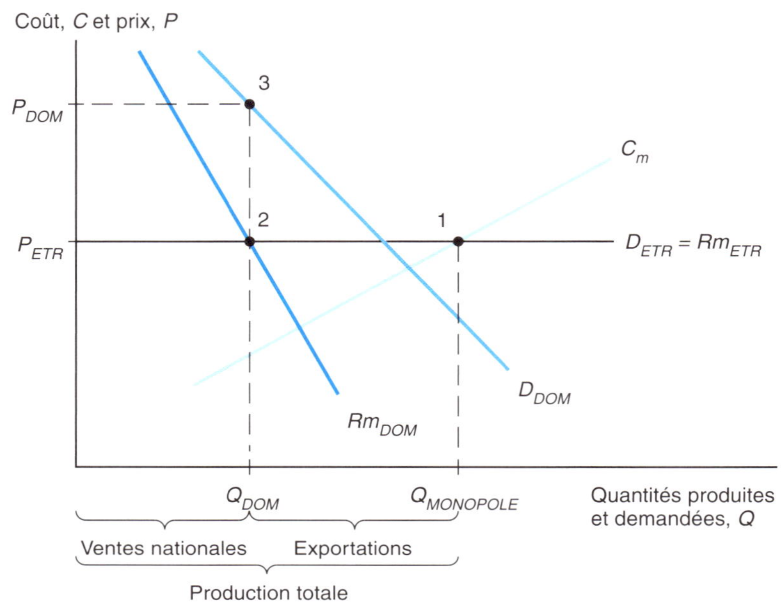

Figure 8.10 – Le dumping.

Sur le marché domestique, la firme fait face à une courbe de demande D_{DOM}. Sur le marché étranger, on suppose un cas extrême où cette firme est preneuse de prix : elle peut vendre autant qu'elle le souhaite au prix P_{ETR}. Comme toute unité supplémentaire peut être vendue au prix P_{ETR}, la firme accroît sa production jusqu'à ce que son coût marginal soit égal à P_{ETR}.
Ce niveau de production qui permet la maximisation du profit est $Q_{MONOPOLE}$. Sur le marché national, la firme offre une quantité Q_{DOM} au prix P_{DOM}, plus élevé que P_{ETR}.

Encadré 8.2

Les mesures antidumping : simple défense ou protectionnisme déguisé ?

De nombreux pays considèrent le dumping comme une pratique anticoncurrentielle. Ainsi, dans l'Union européenne, toute entreprise, association d'entreprises ou État membre qui prétend être victime de producteurs étrangers vendant à bas prix sur le marché domestique peut déposer une plainte auprès de la Commission. La Direction générale du commerce extérieur mène alors une enquête visant à établir les faits. Pour que la plainte aboutisse à une sanction, il faut que la pratique de dumping soit non seulement avérée, mais aussi qu'elle soit à l'origine d'un préjudice réel et significatif.

Cette enquête n'est pas aisée. En effet, il faut distinguer le dumping d'une vente à bas prix qui résulterait simplement de faibles coûts de production. Il ne suffit donc pas de comparer le prix du bien exporté par la firme étrangère et le prix pratiqué par les firmes européennes. Il faut estimer la marge de dumping, c'est-à-dire le rapport entre le prix du produit exporté et sa « valeur normale ». On l'imagine aisément, la définition de ce

Encadré 8.2 (suite)

que doit être cette « valeur normale » est une source infinie de discussions, notamment lorsque le pays exportateur n'est pas une véritable économie de marché (comme la Chine notamment). Si l'enquête conclut néanmoins à une pratique de dumping, il faut encore mesurer le préjudice subi par les firmes domestiques, afin de justifier la mise en place d'un instrument de défense commerciale et calibrer le niveau raisonnable de la réplique. Ensuite, la Commission peut décider de fixer un droit de douane compensatoire visant à relever le prix de la firme ou du pays accusé de dumping. Ce droit ne doit pas dépasser la marge de dumping.

Les économistes n'ont jamais véritablement approuvé l'idée que le dumping est une pratique condamnable. D'une part, la discrimination par les prix entre les marchés peut être une stratégie commerciale parfaitement légitime – au même titre que celle des compagnies aériennes qui proposent des tarifs préférentiels aux voyageurs réguliers ou à ceux qui voyagent en période de faible affluence. D'autre part, la définition légale du dumping diffère sensiblement de sa définition économique, comme le montrent les analyses présentées dans ce chapitre. Pour autant, des plaintes formelles contre des pratiques de dumping n'ont cessé d'être déposées depuis les années 1970, et à une fréquence de plus en plus élevée, si bien que beaucoup considèrent que les droits de douane antidumping sont souvent utilisés non pour rétablir l'équité, mais pour contourner les accords de libre-échange.

De fait, depuis 1998, huit plaintes visant l'Union européenne ont été déposées devant l'organe de règlement des différends de l'OMC pour pratique antidumping abusive. Les plaignants sont presque systématiquement des pays émergents : l'Inde (produits laminés en fer ou acier, coton), le Brésil (poulets congelés et tuyauterie) ou la Chine (pièces métalliques et chaussures). À titre de comparaison, les États-Unis ont fait l'objet, depuis 1996, de 43 affaires différentes liées à un usage abusif de droits antidumping.

Dans la majorité des cas, il est prouvé que ces mesures tarifaires n'étaient pas pleinement justifiées, et les litiges ont débouché soit sur un accord à l'amiable, soit sur un abandon des droits antidumping. Ces procédures de règlement des différends à l'OMC n'empêchent cependant pas les pays de faire un usage excessif des droits antidumping. En effet, il est souvent difficile pour le pays qui subit la protection d'en prouver le caractère abusif. Et même s'il y parvient, l'OMC n'a pas le pouvoir d'imposer au pays fautif des sanctions dissuasives. Au pire, celui-ci se voit contraint de renoncer aux mesures antidumping, mais ses firmes domestiques auront pu alors profiter d'une protection commerciale illégitime durant tout le temps de la procédure (de un à trois ans)*.

* Tous les litiges traités par l'OMC sont consultables en ligne : **www.wto.org**.

4.2 Le dumping réciproque

Une analyse approfondie du dumping permet de montrer que la discrimination par les prix est en soi une motivation du commerce international.

Considérons par exemple un marché mondial composé de deux pays et de deux firmes, implantées chacune sur un des marchés. Ces deux producteurs offrent exactement le même bien. Afin de simplifier l'analyse, supposons que ces deux firmes aient le même coût marginal et que les coûts de transport entre les deux marchés soient identiques. Si les firmes ne discriminent pas en prix, c'est-à-dire qu'elles fixent le même prix de vente à l'export et sur leur propre marché, alors le commerce international serait impossible en raison des coûts de transport : quel consommateur accepterait de payer un coût de transport pour un bien proposé au même prix par un producteur local ?

Cependant, le modèle exposé ci-dessus montre que chaque firme aura tendance à restreindre les quantités vendues sur son propre marché afin de limiter la baisse des prix, alors que sur le marché d'exportation, tant qu'elle ne détiendra pas une part de marché importante, elle sera moins réticente à développer ses ventes. Tant que le prix à l'étranger est supérieur à son coût marginal, chaque firme est incitée à pénétrer ce marché d'exportation, en vendant quelques unités à un prix (net des coûts de transport) inférieur à celui qu'elle impose sur son marché d'origine.

Si les deux firmes adoptent ce comportement, cela conduira à l'émergence du commerce international de biens strictement similaires, entre pays en tous points identiques. Ce commerce est parfaitement intrabranche et résulte d'une pratique simultanée de dumping. On parle alors de **dumping réciproque**[17].

Ce type d'échanges est-il socialement souhaitable ? La réponse est ambiguë. Il est évidemment inutile d'échanger le même bien ou des substituts proches lorsque le transport est coûteux. Toutefois, l'émergence du dumping réciproque permet, dans notre exemple, l'élimination des deux monopoles purs et introduit une certaine concurrence entre les entreprises. Cette concurrence représente un gain pour l'économie qui peut compenser la perte de ressources induite par le transport.

5. Produire à l'étranger : externalisation et firmes multinationales

Elles font la une des journaux économiques, tout le monde connaît le nom de bon nombre d'entre elles, mais leur définition n'est pas si aisée. En effet, comment, concrètement, définir une entreprise multinationale ? La réponse est a priori simple : c'est une entreprise qui contrôle une ou plusieurs filiales à l'étranger. Les instituts de statistiques considèrent, le plus souvent, qu'une entreprise est sous contrôle étranger si au moins 10 % de son capital est détenu par une société étrangère. L'entreprise ainsi contrôlée est alors une filiale du groupe multinational.

La création ou le développement d'un groupe multinational passe nécessairement par un investissement transfrontalier. On parle d'investissement direct étranger (IDE). L'IDE peut prendre deux formes différentes. Une entreprise peut bien sûr créer *ex nihilo* une nouvelle entité à l'étranger ; il s'agira alors d'un investissement *greenfield*. Elle peut aussi racheter des

17. James Brander fut le premier à mettre en avant le principe du dumping réciproque. Voir James Bander, « Intraindustry Trade in Indentical Commodities », *Journal of International Economics*, 11, 1981, p. 1-14.

actions d'une société existante et procéder ainsi à une *fusion-acquisition* (on parle parfois d'investissement *brownfield*). Les flux d'IDE prennent une importance grandissante dans l'économie mondiale. Cette évolution est décrite dans l'encadré ci-après, mais pour l'instant nous nous concentrons sur les raisons qui conduisent les entreprises à investir à l'étranger et constituer des groupes multinationaux.

Pourquoi une entreprise décide-t-elle de contrôler une filiale à l'étranger ? La réponse dépend des activités de cette filiale. Elles peuvent être de deux types : (1) la filiale peut simplement répliquer, dans un autre pays, le processus de production de la maison mère ; (2) le groupe multinational peut diviser le processus de production en plusieurs segments et en confier certains à une filiale étrangère. On parlera d'un IDE horizontal dans le premier cas, et d'un IDE vertical dans le second.

Les décisions d'investissements verticaux sont principalement guidées par les différences internationales de coût de production, ce qui ramène donc à la théorie des avantages comparatifs. En effet, les firmes multinationales peuvent fragmenter leur chaîne de valeur pour localiser différentes tâches en différents lieux, de façon à exploiter pleinement les avantages comparatifs des pays. Par exemple, le leader mondial des puces informatiques, Intel, a divisé sa production en trois grandes activités : la fabrication des tranches de silicium (les « wafers »), l'assemblage et les tests. La fabrication des tranches de silicium, de même que la recherche et le développement, est une activité intensive en travail qualifié, ce qui explique pourquoi Intel réalise cette production dans des pays où les niveaux d'éducation sont relativement élevés : les États-Unis, l'Irlande et Israël. En revanche, l'assemblage et les procédures de tests sont davantage des tâches de routine, intensives en travail non qualifié. Intel a localisé ces activités dans des pays où la main-d'œuvre est bon marché, comme la Malaisie, les Philippines, le Costa Rica et la Chine. Ces stratégies d'investissement vertical contribuent très largement à la forte croissance des IDE mondiaux, et expliquent la nette progression de l'attractivité des pays en développement, illustrée à la figure 8.11.

Les IDE horizontaux

Contrairement aux IDE verticaux qui se font souvent en direction des pays en développement, les IDE horizontaux ciblent principalement les pays développés. La motivation principale de ce type d'investissement est la proximité de la demande. En multipliant les sites de production, les entreprises peuvent réduire les coûts de transport et gagner en compétitivité sur chaque marché. Prenons l'exemple du constructeur automobile nippon Toyota. Au début des années 1980, Toyota produisait la quasi-totalité de ses voitures et camions au Japon et les exportait à travers le monde, notamment en Amérique du Nord et en Europe. Mais transporter des véhicules sur de telles distances coûte cher et, dans les années 1980, les pays occidentaux protégeaient leurs marchés de la concurrence étrangère par des barrières commerciales relativement élevées. Pour contourner ces contraintes et gagner en compétitivité, Toyota a multiplié les investissements à l'étranger. L'entreprise a reproduit presque à l'identique le processus de production de ses voitures dans les usines d'assemblage au Canada, aux États-Unis, en Grande-Bretagne, en France, en Turquie… si bien qu'en 2010 elle produit plus de la moitié de ses véhicules hors du Japon.

Encadré 8.3

Les investissements directs étrangers dans le monde

La figure 8.11 présente l'évolution des flux d'investissements directs mondiaux depuis le début des années 1980. La croissance des IDE est étonnamment chaotique : elle marque un pic soudain à la fin des années 1990, puis un autre à la fin des années 2000. Ces fluctuations violentes correspondent aux évolutions des cours boursiers. L'effondrement financier en 2000 (l'éclatement de la bulle Internet) et la crise financière de 2008 ont engendré d'énormes contractions des flux d'IDE. Cela s'explique en partie par une diminution des capacités d'investissement des entreprises en temps de crise, mais aussi par la baisse du prix des actions, qui réduit mécaniquement la valeur des fusions-acquisitions.

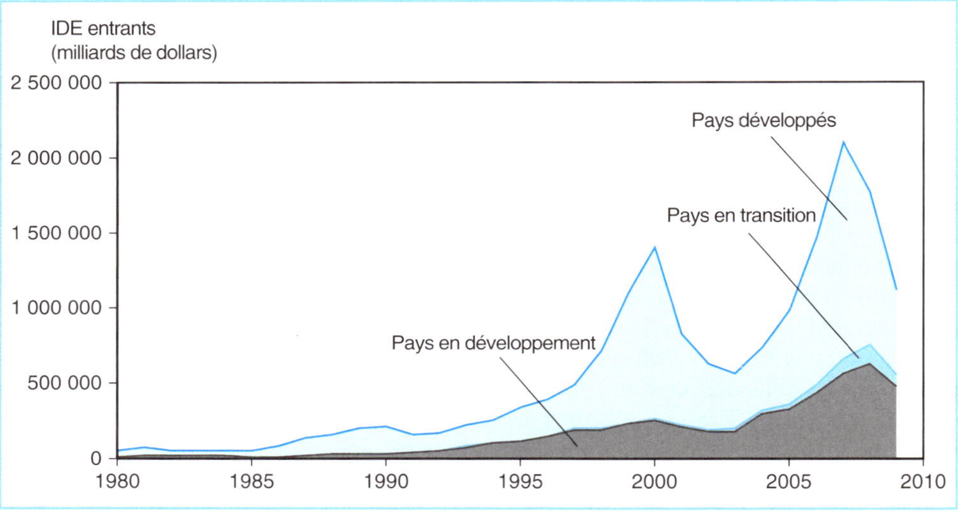

Figure 8.11 – Les flux d'investissements directs étrangers entrants, 1980-2009 (en milliards de dollars). Malgré des variations très fortes, les flux mondiaux d'IDE ont nettement augmenté depuis le milieu des années 1990. Historiquement, la plupart des flux d'IDE entrants se font en direction des pays développés. Cependant, la proportion des flux vers les pays en développement ou en transition a augmenté régulièrement au fil du temps. En 2009, ces pays ont attiré plus de la moitié de flux d'IDE mondiaux.

Source : CNUCED, *World Investment Report*, 2010.

Il apparaît aussi très clairement que l'essentiel des IDE se fait en direction des pays développés. Mais c'est sur ces destinations que les flux sont les plus volatils, ce qui suggère qu'il s'agit là essentiellement d'opérations de fusion-acquisition. Par ailleurs, les pays en développement et en transition attirent de plus en plus d'investissements depuis les années 1990. Ces pays ont accueilli la moitié des investissements mondiaux en 2009.

La figure 8.12 illustre la liste des 25 principaux pays investisseurs dans le monde (en moyenne sur la période 2007-2009). Sans surprise, l'essentiel des IDE émane des pays développés. Mais des pays émergents commencent à se faire une place dans ce classement. En fait, ce sont les investissements Sud-Sud qui connaissent la croissance la plus rapide depuis le milieu de la décennie 2000. Les multinationales chinoises (incluant

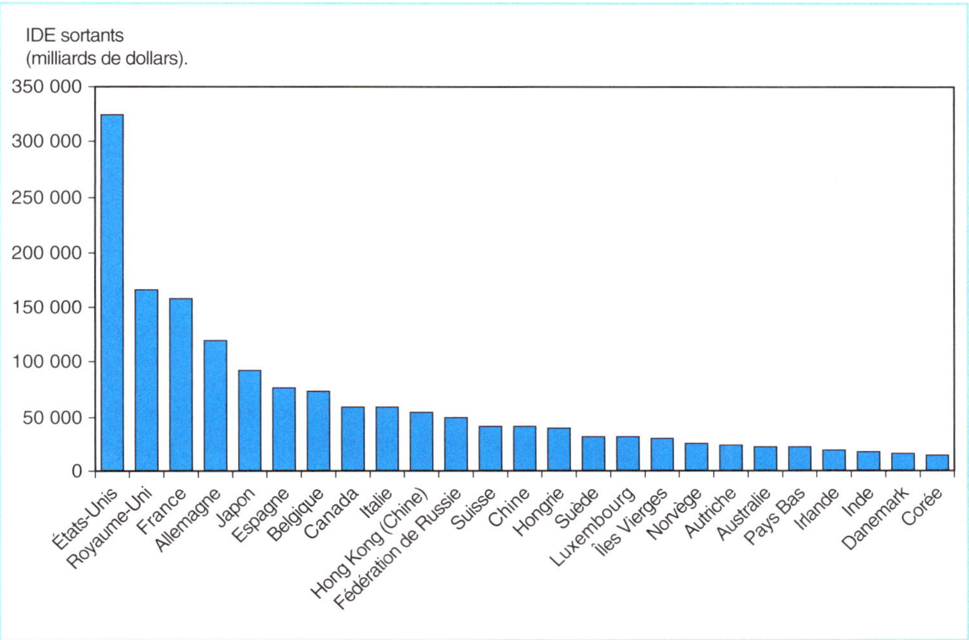

Figure 8.12 – Les principaux pays d'origine des IDE (IDE sortants, moyenne 2007-2009, en milliards de dollars).

L'essentiel des IDE émane des pays développés. Mais, depuis quelques années, les grands pays émergents, comme la Chine et l'Inde, comptent parmi les principaux pays investisseurs.

Source : CNUCED, *World Investment Report*, 2010.

Hong Kong) et, dans une moindre mesure, indiennes tendent à jouer un rôle de plus en plus important. La figure 8.12 montre aussi une conséquence des stratégies d'évasion fiscale : les îles Vierges britanniques n'auraient aucune raison de figurer dans cette liste des principaux pays investisseurs si ce territoire n'était pas un paradis fiscal. L'archipel attire des sociétés offshores venues profiter d'un taux d'imposition faible, mais dont les activités productives sont localisées ailleurs.

La très nette augmentation des flux d'IDE depuis les années 1980 se traduit naturellement par une présence croissante des firmes multinationales dans le monde. Celle-ci ne doit cependant pas être exagérée. Bien sûr, les multinationales sont des acteurs majeurs de l'économie mondiale. Ainsi, en 2000, la valeur des ventes des 200 plus grandes multinationales du monde représentait plus de 27 % du PIB mondial. C'est un pourcentage considérable, mais néanmoins un peu trompeur dans la mesure où le PIB, contrairement aux ventes des entreprises, est mesuré en termes de valeur ajoutée. Si l'on tient compte du fait que la valeur des ventes des multinationales inclut la valeur des biens intermédiaires, on obtient un chiffre bien plus faible : en 2000, la valeur ajoutée créée par les grandes multinationales n'a représenté « que » 4,3 % du PIB mondial.

5.1 Les stratégies d'investissement des firmes

Les entreprises qui souhaitent conquérir un marché étranger doivent choisir entre deux stratégies : exporter à partir d'un seul site de production ou procéder à un investissement horizontal pour produire directement sur le marché étranger. La stratégie d'investissement leur permet de s'implanter au plus près des consommateurs et de s'épargner les coûts du commerce (les coûts de transport et les barrières commerciales). Cependant, multiplier les implantations est aussi une stratégie coûteuse. En présence de rendements croissants, il peut être plus efficace de concentrer la production dans un petit nombre d'établissements de grande taille et d'exporter. C'est ce qu'on appelle l'*arbitrage proximité/concentration*. Cet arbitrage explique pourquoi les investissements directs étrangers sont aussi nombreux dans les secteurs où les coûts de transport sont très élevés (l'automobile, par exemple) et les économies d'échelle relativement faibles.

Les analyses empiriques montrent aussi que, dans un secteur donné, très peu d'entreprises deviennent des multinationales et que ces dernières sont généralement plus grandes et plus productives que les autres. Dans tous les pays pour lesquels on dispose de données fiables, on observe un effet de sélection très strict : si les entreprises exportatrices sont en moyenne plus grandes et plus productives que les non-exportatrices, les multinationales sont encore plus performantes que les exportatrices[18].

Retournons au modèle en concurrence monopolistique et à la figure 8.9 pour mieux comprendre l'arbitrage proximité/concentration. Jusque-là, si une firme voulait placer ses produits auprès des consommateurs étrangers, elle n'avait qu'une seule solution : s'acquitter du coût du commerce t et exporter. Mais on peut envisager la possibilité d'investir à l'étranger pour y créer une usine dont la production sera destinée aux consommateurs étrangers. Bien évidemment, la création de ce nouveau site de production est particulièrement coûteuse. On note F le coût fixe de création d'une filiale à l'étranger. Par souci de simplicité, on continue à supposer que les deux pays sont parfaitement identiques : ils sont de même taille et les coûts marginaux de production sont équivalents (il n'y a donc pas d'avantage comparatif qui conduirait les entreprises multinationales à préférer, en soi, telle ou telle localisation). Choisir entre exporter et investir à l'étranger revient donc à choisir entre un coût variable t et un coût fixe F. Ce type de dilemme est toujours lié au volume d'activité. Si une entreprise compte vendre Q unités de biens sur le marché étranger, la stratégie d'exportation coûtera $t \times Q$. Il est évident que si $Q > F/t$, alors l'investissement est la meilleure des deux stratégies. On a donc une sélection très stricte de l'ensemble des entreprises en deux groupes. Les plus performantes, dont les ventes à l'étranger sont supérieures à F/t, deviendront des multinationales en procédant à un investissement horizontal. Les autres préféreront exporter (à moins que leur coût marginal ne soit si élevé qu'elles préfèrent renoncer à servir la demande étrangère).

Les investissements directs verticaux suivent une logique différente, mais la décision d'investir tient, là encore, à un arbitrage entre un coût fixe et un coût variable. Dans le cas des IDE verticaux, il ne s'agit pas d'économiser le coût du commerce, mais de profiter de coûts marginaux de production plus faibles pour les segments de la chaîne de valeur dont

18. Voir notamment Thierry Mayer et Gianmarco Ottaviano, « The Happy Few: New Facts on the Internationalisation of European Firms », *Bruegel Blueprint Series*, 2007.

la production sera localisée à l'étranger. Mais s'il est moins coûteux d'effectuer certaines tâches ou de fabriquer certains composants à l'étranger, on pourrait s'attendre à ce que toutes les entreprises délocalisent ces activités. Ce n'est pas le cas car, comme pour les IDE horizontaux, la délocalisation d'une partie de ces activités implique un investissement qui représente un coût fixe substantiel. L'IDE est donc, là encore, une stratégie de coût fixe, qui peut être profitable pour les entreprises de grande taille, mais qui n'est pas appropriée pour celles, moins performantes, qui produisent de petites quantités.

5.2 L'externalisation

Jusqu'à maintenant, notre analyse des stratégies d'internationalisation des firmes s'est concentrée sur la seule question de la *localisation* de la production : le dilemme étant simplement de savoir si l'entreprise devait réaliser toute sa production dans un seul pays ou en localiser une partie à l'étranger. Mais en considérant que la production à l'étranger ne pouvait se faire qu'au sein d'une filiale, on a laissé de côté une question importante, qui est celle de l'*externalisation*. En effet, plutôt que d'investir à l'étranger et de contrôler directement une filiale, les entreprises peuvent aussi faire appel au marché ; plutôt que *faire* elles-mêmes, les firmes peuvent préférer *faire faire* à d'autres.

Ainsi, les contrats de production sous licence sont des alternatives aux IDE horizontaux. Ces contrats donnent le droit à une entreprise indépendante, en échange du paiement d'une rente, de fabriquer et commercialiser le produit d'une autre firme. C'est, par exemple, ce dont a profité le constructeur automobile roumain Dacia pendant des années : de sa création dans les années 1960, jusqu'à son rachat par Renault en 1999, Dacia a essentiellement produit, sous sa marque, des répliques de modèles de voitures développés par Renault. Dacia pouvait ainsi bénéficier des technologies et des investissements en design de Renault. De son côté, le constructeur français récupérait une rente tirée des ventes sur le marché roumain qui était, avant la chute du rideau de fer, particulièrement difficile d'accès pour les firmes occidentales.

De la même façon, plutôt que de procéder à un IDE vertical, les entreprises ont la possibilité de faire appel à des sous-traitants indépendants. Ces contrats de sous-traitance reviennent donc à externaliser une partie de la production. On parle alors d'externalisation internationale, mais le terme anglo-saxon d'*outsourcing* est aussi très répandu. Quant au terme *offshoring*, il désigne le fait de produire ou faire produire à l'étranger une partie de sa chaîne de valeur et regroupe à la fois les IDE verticaux et les opérations d'*outsourcing*. Ce recours à la production étrangère peut s'accompagner d'une baisse d'activité dans le pays d'origine (on parle alors de délocalisation), mais pas nécessairement.

La fragmentation internationale des chaînes de valeur (l'*offshoring*) est un phénomène de plus en marquant de l'économie mondiale. Ces stratégies d'entreprises contribuent grandement à la croissance des échanges internationaux de services (notamment des services aux entreprises et de communication). Dans l'industrie, les échanges de biens intermédiaires ont représenté environ 40 % du commerce mondial en 2009. Par ailleurs, lorsque les échanges de biens intermédiaires se font entre filiales d'un même groupe multinational, on parle de commerce intrafirme. Les données sur l'importance du commerce intrafirme ne sont pas très précises, mais les estimations qui ont été menées concluent qu'environ 30 %

du commerce mondial est en réalité du commerce intrafirme. Cela donne une idée du poids que représentent les firmes multinationales dans l'économie mondiale.

Une fois qu'une entreprise a décidé de localiser une partie de sa chaîne de valeur à l'étranger, il lui reste donc à déterminer si elle préfère externaliser la production ou l'internaliser, ce qui implique d'effectuer un investissement direct étranger. La maîtrise de la technologie est un élément décisif dans cette décision. En effet, la production sous licence implique nécessairement de transmettre ses technologies au partenaire étranger et de lui divulguer ses secrets de fabrication. Dans ce cas, le risque est grand de perdre ses technologies propres. C'est pourquoi l'IDE horizontal est souvent préféré aux contrats de licence.

Choisir entre l'*outsourcing* international et un IDE vertical est généralement plus délicat. Dans une relation d'*outsourcing*, le risque de transfert technologique est souvent moins important, puisque seule une partie de la chaîne de valeur est concernée. De plus, on peut penser que les sous-traitants étrangers sont plus efficaces qu'une filiale de groupe multinational : en tant que firmes locales, elles peuvent rencontrer moins de difficultés de management. De plus, elles peuvent profiter d'économies d'échelle en se spécialisant dans des activités spécifiques et en travaillant pour de nombreux commanditaires. À l'inverse, l'internalisation, *via* un IDE vertical, présente nombre d'avantages. En contrôlant totalement son fournisseur, le groupe multinational évite (ou du moins limite) les coûts associés à la rédaction et la renégociation des contrats de sous-traitance. En effet, si le donneur d'ordre et son fournisseur sont deux firmes indépendantes, elles vont tenter de tirer le maximum de profit de l'accord de sous-traitance. Cela génère des conflits d'intérêt (sur la quantité produite, la qualité, les délais de livraison et de paiement…). Même un contrat très précis et détaillé ne peut pas anticiper toutes les sources possibles de conflits à venir, et proposer des solutions pour les régler. Du fait des différences institutionnelles, culturelles et linguistiques entre les pays, ces problèmes – présents dans toute relation de sous-traitance – sont particulièrement épineux dans le cas de l'*outsourcing* international. Le choix de la forme organisationnelle correspond donc, là encore, à un arbitrage entre les différents coûts et avantages de chaque stratégie. Les analyses théoriques[19] indiquent que cela conduit les entreprises les plus productives à opérer des choix distincts des autres. Fabrice Deferever et Farid Toubal montrent ainsi que les firmes multinationales françaises ont d'autant plus tendance à externaliser la production de biens intermédiaires que leur productivité est forte ; les moins productives choisissent donc de préférence l'IDE[20]. Néanmoins, dans tous les cas, les entreprises qui ont décidé d'internationaliser une partie de leur chaîne de valeur sont, en moyenne, clairement plus performantes que les autres – il en est de même lorsqu'il s'agit de décider s'il est judicieux ou pas d'exporter.

---

19. Voir notamment Pol Antras et Elahan Helpman, « Global Sourcing », *Journal of Political Economy*, vol. 112(3), 2004, p. 552-580.
20. Fabrice Defever et Farid Toubal, « Importations de biens intermédiaires et choix organisationnel des firmes multinationales françaises », *Économie et Statistiques*, 435-436, 2010, p. 169-184.

Encadré 8.4

Faut-il avoir peur des délocalisations ?

En France, comme dans la plupart des pays développés, les annonces de fermeture de sites industriels rythment l'actualité économique. Ces événements n'ont rien d'anecdotique. En effet, depuis les années 1970, la part de l'emploi industriel tend à se réduire progressivement dans l'ensemble des pays à hauts niveaux de salaires. En France, l'industrie, qui employait près de 30 % de la main-d'œuvre nationale à la fin des années 1970, ne représente plus que 15 % des emplois dans les années 2000. Ces dernières années, la multiplication des *délocalisations* retentissantes a encore renforcé l'inquiétude des travailleurs et a élargi l'audience des responsables politiques qui s'opposent à l'ouverture au commerce international et à la mobilité des capitaux.

En effet, de nombreuses firmes multinationales (comme Hoover, Flodor, STMicroelectronics ou encore Daewoo) ont fait le choix ces dernières années de fermer une unité de production en France et, simultanément, d'en ouvrir une autre à l'étranger. Bien sûr, ces délocalisations d'activité ne sont en définitive qu'une forme particulière d'*offshoring* : la différence n'est pas très grande entre implanter une filiale à l'étranger pour réimporter une partie de la production et simplement importer des produits fabriqués par des firmes étrangères indépendantes. Toutefois, les délocalisations provoquent un émoi particulier parce qu'elles mettent brutalement en lumière la concurrence indirecte qui se joue, dans une économie mondiale ouverte aux échanges, entre les travailleurs des pays développés et ceux des pays à bas salaires. C'est ainsi que plusieurs analyses économiques ont tenté d'évaluer ce phénomène et ses conséquences sur les économies développées. Tout d'abord, ces études rappellent que tous les investissements directs étrangers sortants ne sont pas associés à des destructions directes d'emplois. Dans le cas de la France, les délocalisations industrielles en direction des pays en développement ne comptaient, au début des années 2000, que pour 4 % environ des IDE sortants. Ce chiffre est d'ailleurs bien plus faible pour la France que pour d'autres pays développés : il est de 7 % pour les États-Unis et de 8 % en moyenne pour l'Union européenne*.

Par ailleurs, les délocalisations ne portent, le plus souvent, que sur une partie très limitée des activités que les firmes multinationales développent sur le territoire national. Ainsi, en délocalisant les segments les plus intensifs en travail non qualifié, les entreprises peuvent consolider leurs parts de marché et maintenir un certain nombre d'emplois en France. C'est ce qu'illustre l'exemple du groupe Lafuma. Après avoir délocalisé en 1986 une partie de son activité (en Tunisie, au Maroc, puis en Hongrie et en Chine) et licencié un quart de ses salariés français, l'entreprise a pu résister à la concurrence mondiale et maintenir une activité en France. Aujourd'hui, Lafuma emploie toujours un peu plus de 700 personnes dans le pays.

Enfin, les évaluations méticuleuses des réductions d'effectifs directement imputables aux délocalisations montrent que le phénomène reste encore limité. Notamment, une étude de l'INSEE** estime qu'environ 95 000 emplois industriels français ont été délocalisés de 1995 à 2001, soit une moyenne de 13 500 emplois par an.

Encadré 8.4 (suite)

Ce chiffre n'est pas négligeable, mais il faut le relativiser car il ne représente qu'une infime partie des demandeurs d'emploi en France, et il semble surtout très faible au regard des milliers d'emplois que l'économie française détruit et recrée chaque jour. Il faut néanmoins noter que cette étude retient une définition très restrictive des délocalisations ; elle ne mesure que les conséquences des IDE verticaux et ne prend pas en compte les effets de la sous-traitance internationale.

Dans l'ensemble, les études économiques montrent donc que les délocalisations ne constituent pas un processus aussi destructeur que les médias ou les responsables politiques et syndicaux le laissent parfois entendre. Pour autant, il faut se garder de tirer des conclusions trop optimistes de ces travaux. En France, comme dans l'ensemble des pays développés, les délocalisations ne touchent pas pareillement toutes les populations de travailleurs : elles viennent en effet modifier la demande de travail aux dépens des travailleurs les moins qualifiés, en charge des tâches qui sont délocalisées. Les délocalisations imposent donc la mise en place de politiques d'accompagnement social et d'investissement dans l'éducation et la formation professionnelle.

---

* Voir Lionel Fontagné et Jean-Hervé Lorenzi, « Désindustrialisation, délocalisations », *Rapport du Conseil d'analyse économique*, n° 55, 2005 (**http://www.cae.gouv.fr/**).

** Patrick Aubert et Patrick Sillard, « Délocalisations et réductions d'effectifs dans l'industrie française », *Document de travail de l'INSEE*, 2005/03.

Résumé

Le commerce ne résulte pas uniquement de l'avantage comparatif. Il peut également provenir des rendements croissants (c'est-à-dire des économies d'échelle). En effet, en présence d'économies d'échelle internes (liées à la taille de la firme) ou externes (liées à la taille du secteur), les activités économiques ont tendance à se concentrer sur un petit nombre de localisations. Les pays sont alors enclins à se spécialiser, et donc à commercer entre eux.

Les économies d'échelle internes peuvent engendrer des imperfections de la concurrence. Deux principaux modèles de concurrence imparfaite permettent alors d'étudier les questions relatives au commerce international : le modèle en concurrence monopolistique et le modèle de dumping.

En concurrence monopolistique, les firmes produisent des biens différenciés et se comportent comme si elles étaient en situation de monopole. Toutefois, de nouveaux concurrents peuvent librement entrer sur le marché, ce qui conduit à l'annulation des profits. Du fait des économies d'échelle, une économie de grande taille comptera davantage de firmes qui produiront chacune une plus grande quantité de biens, à coût moyen plus faible. Le commerce international rend alors possible la création d'un grand marché intégré qui offre simultanément aux consommateurs une plus grande variété de biens et des prix plus faibles. Les consommateurs de chaque pays demandent, pour chaque bien, toutes les variétés produites dans le monde. Cela génère du commerce intrabranche.

Pour les entreprises, l'abaissement des barrières aux échanges est à la fois synonyme de plus grandes opportunités commerciales, mais aussi d'une accentuation de la concurrence. Si l'on considère que toutes les entreprises n'ont pas des performances équivalentes, alors l'ouverture va profiter à certaines et nuire à d'autres. Les entreprises les plus efficaces pourront exporter et croître ; les autres seront cantonnées sur leur marché domestique et verront leurs parts de marché se réduire sous la pression de la concurrence étrangère, au point que certaines seront poussées à la faillite.

On parle de dumping lorsqu'une firme bénéficiant d'un pouvoir de marché impose un prix plus faible pour ses exportations que celui qu'elle fixe pour ses ventes sur le marché domestique. Ce comportement correspond simplement à une stratégie de maximisation du profit, dans une situation où les exportations sont plus sensibles aux variations de prix que les ventes domestiques et lorsque les entreprises peuvent segmenter les marchés. Le dumping réciproque a lieu lorsque deux firmes appartenant à deux pays distincts pratiquent le dumping pour exporter simultanément vers le marché du concurrent.

Plutôt que de concentrer la production sur un seul site et exporter, certaines firmes font le choix de répliquer leur chaîne de production à l'étranger pour répondre directement à la demande. Ces IDE horizontaux permettent de gagner en compétitivité puisque l'entreprise multinationale ne subit plus les conséquences des coûts du commerce. En revanche, cette stratégie d'investissement qui vise à rechercher la proximité de la demande engendre un coût fixe. Face à cet arbitrage « proximité/concentration », seules les entreprises les plus performantes, qui réalisent des ventes importantes, font le choix de l'IDE et deviennent des multinationales.

Certaines multinationales fragmentent leur chaîne de valeur et confient la production de certains segments à leurs filiales étrangères. Ainsi, elles peuvent exploiter au mieux les avantages comparatifs des pays. On parle alors d'IDE vertical. Le recours à la sous-traitance internationale (l'externalisation d'une partie de la chaîne de valeur) est une alternative à l'IDE vertical. Le terme *offshoring* recouvre les deux stratégies. Celles-ci permettent aux firmes de bénéficier de coûts de production plus faibles, mais impliquent un coût fixe. Encore une fois, seules les entreprises les plus grandes feront le choix d'internationaliser une partie de leur production.

Activités

1. En concurrence parfaite, les entreprises fixent un prix égal à leur coût marginal. Pourquoi n'est-ce pas possible en présence d'économies d'échelle internes ?

2. Supposons que les coûts fixes pour une entreprise de l'industrie automobile (coûts d'installation, équipements, etc.) soient de 5 milliards d'euros et que les coûts variables soient de 17 000 € par voiture produite. L'accroissement du nombre de firmes présentes sur le marché renforce la concurrence et entraîne une diminution des prix. Plus précisément, considérons que $P = 17\,000 + (150/n)$, avec n le nombre de firmes. Supposons enfin que les marchés automobiles américain et européen comptent initialement 300 millions et 533 millions de consommateurs respectivement.

   a. Calculez le nombre de firmes à l'équilibre sur les marchés américain et européen en l'absence d'échanges internationaux. Quel est le prix sur chacun de ces marchés ?

   b. Supposons maintenant que les deux pays décident de s'ouvrir au commerce international. Combien de producteurs automobiles y aura-t-il alors au total aux États-Unis et en Europe ? Quel sera le nouveau prix d'équilibre ?

   c. Pourquoi l'accord de libre-échange influe-t-il sur le prix des biens ? Comment le bien-être des consommateurs évolue-t-il ?

3. Considérons un modèle de concurrence monopolistique avec des firmes hétérogènes. Supposons qu'un innovateur dépose le brevet d'une nouvelle technologie qui permet de

réduire les coûts marginaux de production. N'importe quelle entreprise peut utiliser cette technologie dès lors qu'elle s'acquitte d'un coût fixe supplémentaire.

a. L'adoption de cette nouvelle technologie est-elle nécessairement profitable pour toutes les firmes ? Quelles entreprises feront le choix de l'innovation ?

b. Supposons maintenant que les firmes puissent exporter mais que cela implique un coût de transport. Les entreprises doivent donc choisir à la fois de passer ou non à la technologie supérieure et exporter ou non. Ces deux choix sont-ils liés ? De quelle façon ?

4. Dans ce chapitre, nous avons décrit une situation de dumping entre deux pays identiques. Décrivez brièvement ce qu'il se passerait si les deux pays étaient de taille différente.

a. Dans quelle mesure le nombre de firmes dans l'un des pays influence-t-il la probabilité qu'un exportateur vers ce pays se voit accusé de dumping ? (on supposera que cette probabilité est d'autant plus forte que la différence entre le prix à l'export et le prix sur le marché domestique est importante).

b. Comparée à une entreprise d'un grand pays qui exporte vers un petit pays, une entreprise d'un petit pays a-t-elle, a priori, plus de risque de se voir accusée de dumping lorsqu'elle exporte vers un grand pays ?

5. Parmi les opérations suivantes, lesquelles correspondent à un investissement direct étranger ?

a. Un homme d'affaires saoudien achète pour 50 000 € d'actions Belgacom.

b. Le même homme d'affaires achète un immeuble à Genève.

c. Une firme française fusionne avec une firme américaine : les actionnaires de l'entreprise américaine échangent alors leurs actions contre des parts de la société française.

d. Après un appel d'offres, une firme italienne obtient un contrat du gouvernement russe pour construire une usine en périphérie de Moscou et en assurer la gérance.

6. Précisez si les opérations d'investissement suivantes sont des IDE verticaux ou horizontaux. Précisez aussi s'il s'agit d'IDE entrants ou sortants.

a. Le groupe français Accord ouvre un hôtel Mercure à Bangkok.

b. Exxon (une entreprise américaine) achète un champ de pétrole et les droits d'exploitation au Cameroun.

c. Le constructeur automobile allemand Wolkswagen ouvre de nouvelles concessions automobiles au Canada.

d. Nestlé, le géant suisse de l'agroalimentaire, construit une nouvelle usine en Bulgarie pour produire ses barres au chocolat KitKat (en réalité, Nestlé produit déjà des KitKat dans 17 pays différents).

7. S'il y a des économies d'échelle internes, pourquoi une firme ferait-elle le choix de produire simultanément le même bien sur plusieurs sites ?

8. Énormément d'entreprises du secteur de l'habillement externalisent leur production dans des pays à bas salaires (en Asie, mais aussi au Maghreb ou en Europe de l'Est pour les entreprises européennes et dans les Caraïbes pour les entreprises américaines). Elles préfèrent passer par des relations de sous-traitance que d'internaliser la production étrangère *via* un IDE vertical. Dans des secteurs plus intensifs en capital, les firmes ont davantage tendance à intégrer leurs fournisseurs et à passer par des IDE. Comment expliquer cela ?

Annexe du chapitre 8

La détermination du revenu marginal

Dans notre présentation du monopole et de la concurrence monopolistique, on a vu que si la courbe de demande est de la forme suivante :

$$Q = A - B \times P \qquad (8A.1)$$

alors le revenu marginal est :

$$Rm = P - (1/B) \times Q \qquad (8A.2)$$

Dans cette annexe, nous montrons comment obtenir cette expression.

Notons tout d'abord que l'équation de la courbe de demande peut être arrangée afin d'exprimer le prix en fonction des ventes de l'entreprise. En utilisant l'équation (8A.1), on obtient :

$$P = (A/B) - (1/B) \times Q \qquad (8A.3)$$

Le revenu de l'entreprise est simplement le prix unitaire multiplié par le nombre d'unités vendues. En notant R le revenu de l'entreprise, on a :

$$R = P \times \mathrm{Q} = [(A/B) - (1/B) \times Q] \times Q \qquad (8A.4)$$

Observons maintenant comment le revenu d'une entreprise varie avec ses ventes. Supposons que l'entreprise décide d'augmenter ses ventes d'un montant infime dX, de telle sorte que le niveau des ventes devienne $Q' = Q + dQ$. Le revenu R' de l'entreprise, suite à cet accroissement des ventes, sera :

$$\begin{aligned} R' = P' \times Q' &= [(A/B) - (1/B) \times (Q + dQ)] \times (Q + dQ) \\ &= [(A/B) - (1/B) \times Q] \times Q + [(A/B) - (1/B) \times Q] \times dQ \\ &\quad - (1/B) \times Q \times dQ - (1/B) \times (dQ)^2 \end{aligned} \qquad (8A.5)$$

L'équation (8A.5) peut être simplifiée en opérant des substitutions à partir des équations (8A.1) et (8A.4) :

$$R' = R + P \times dQ - (1/B) \times Q \times dQ - (1/B) \times (dQ)^2 \qquad (8A.6)$$

Toutefois, lorsque la variation dans les ventes dQ est petite, son carré $(dQ)^2$ est très faible. Ainsi, pour une faible variation de Q, le dernier terme de l'équation (8A.6) est négligeable. La variation du revenu de l'entreprise, suite à un faible accroissement de ses ventes, est donc :

$$R' - R = [P - (1/B) \times Q] \times dQ \qquad (8A.7)$$

Ainsi, l'augmentation du revenu par unité supplémentaire vendue (ce qui correspond à la définition du revenu marginal) est :

$$MR = (R' - R)/dQ = P - (1/B) \times Q$$

Cette expression est bien identique à l'équation (8A.2).

PARTIE II – LES POLITIQUES COMMERCIALES

Chapitre 9

Les instruments de la politique commerciale

Objectifs pédagogiques :

- Définir les coûts et les bénéfices des droits de douane et des autres instruments de politique commerciale.
- Évaluer les effets de chaque instrument de protection commerciale sur le bien-être.
- Analyser la manière dont se répartissent les gains et les pertes liés à la mise en œuvre du protectionnisme.
- Étudier l'influence de la politique agricole commune (PAC) sur le commerce de biens agricoles.

L'objectif des chapitres précédents était de répondre à une question simple : pourquoi les pays ont-il intérêt à s'engager dans les relations commerciales internationales ? Cette question est intéressante en elle-même, mais elle doit surtout permettre de comprendre et d'interpréter les choix de politiques commerciales. Par exemple, si l'Union européenne souhaite protéger son industrie automobile de la concurrence japonaise et sud-coréenne, doit-elle préférer la mise en place de droits de douane ou de quotas d'importation ? Qui seront les gagnants et les perdants de ces mesures protectionnistes ? Les bénéfices retirés de cette politique suffiront-ils à en compenser les coûts ? L'analyse économique doit permettre d'éclairer les débats publics en apportant des éléments de réponse à ce type de questions.

Ce chapitre étudie les conséquences des politiques commerciales mises en place par les gouvernements, sur leur économie nationale, ainsi que sur les économies étrangères. Dans ce domaine, les pouvoirs publics disposent d'une grande variété d'instruments de protection : taxes sur les produits échangés, subventions, ou limites légales aux volumes d'importation. Ce chapitre fournit un cadre théorique qui permet d'évaluer les effets propres à chacun de ces instruments.

1 Une analyse simple des droits de douane

Les droits de douane sont des impôts sur les importations. On en distingue deux types : les **droits de douane spécifiques** et les **droits de douane *ad valorem***. Le premier correspond au prélèvement d'un montant fixe par unité de bien importé (par exemple, 3 € par baril de pétrole). Le second est une taxe correspondant à une part de la valeur du bien importé (par exemple, une taxe de 25 % appliquée à la valeur de chaque camion importé). Dans les deux cas, cette mesure de protection tarifaire a pour conséquence d'augmenter le coût d'importation des biens.

Les droits de douane constituent l'outil de production commerciale le plus ancien qui soit. Ils ont longtemps été la principale ressource des budgets publics des états européens (jusqu'à l'introduction de l'impôt sur le revenu). Au-delà de l'aspect financier, les droits de douane avaient pour objet de protéger certains secteurs de l'économie nationale. Au début du XIXe siècle, le Royaume-Uni les utilisait pour protéger son agriculture contre l'importation de céréales étrangères (les fameuses *Corn Laws*). À la fin du XIXe siècle, l'Allemagne et les États-Unis ont protégé leur industrie, encore naissante, en taxant les importations de biens industriels[1]. Le rôle des droits de douane a cependant fortement diminué au cours du XXe siècle. De nos jours, les gouvernements ont davantage recours à différents types de **barrières non tarifaires**, comme les **quotas d'importation** (limitation légale des quantités importées) et les **restrictions volontaires aux exportations** (limitation des quantités exportées, souvent imposée à la demande du pays importateur). Néanmoins, la compréhension des effets des droits de douane est indispensable pour appréhender les autres politiques commerciales.

Dans les théories du commerce international développée aux chapitres 3 à 8, nous avons utilisé une approche en équilibre général. Nous étions donc attentifs aux répercussions des chocs touchant un secteur donné sur le reste de l'économie. Ici, nous nous limiterons le plus souvent à l'étude d'un seul secteur (équilibre partiel). Nous nous référerons uniquement aux modèles d'équilibre général dans les cas où les effets sur l'ensemble de l'économie sont cruciaux.

1.1 Offre, demande et volume de commerce dans chaque secteur

Considérons un pays domestique et étranger. Chacun consomme et produit du blé. Supposons que ce bien soit transporté sans coût entre les deux pays. L'offre et la demande de blé sur chaque marché dépendront des prix, exprimés en monnaie locale.

Dans ces conditions, le commerce aura lieu si les prix d'autarcie sont différents. Imaginons qu'en l'absence d'échange, le prix du blé soit plus élevé dans le pays domestique qu'à l'étranger. Ce dernier aura tendance à exporter ce bien vers le marché domestique. Ce flux de commerce international aura pour conséquence d'égaliser le prix du blé dans les deux pays : il augmentera à l'étranger et baissera sur le marché domestique.

Afin de déterminer le prix mondial et les quantités échangées, il est nécessaire de définir deux nouveaux outils théoriques : la **courbe de demande d'importation domestique** et la **courbe d'offre d'exportation étrangère**. Elles sont obtenues à partir des courbes d'offre et de demande spécifiques à chaque pays. La première est égale à l'excès de demande des consommateurs domestiques par rapport à l'offre domestique. La seconde résulte du surplus d'offre étrangère par rapport à la demande des consommateurs étrangers.

---

1. Une présentation synthétique de l'histoire du protectionnisme, ainsi que des détails sur les conséquences des barrières commerciales, est proposée par Bernard Guillochon, *Le protectionnisme*, Repères, La Découverte, 2001.

La figure 9.1 illustre la méthode qui permet d'obtenir la courbe de demande d'importation domestique, *DM*. Au prix P^1, les consommateurs domestiques demandent D^1, alors que les producteurs n'offrent qu'une quantité O^1. La demande d'importation est alors $D^1 - O^1$. Si le prix augmente de P^1 à P^2, les consommateurs ne demandent plus que D^2, alors que les producteurs augmentent les quantités à O^2. La demande d'importation diminue donc jusqu'à $D^2 - O^2$. Ces combinaisons prix-quantités sont représentées par les points *1* et *2* à droite de la figure 9.1. La courbe a une pente négative, car une augmentation du prix entraîne une réduction de la quantité importée par le pays domestique. Au prix P_A, la demande et l'offre domestiques sont identiques : aucun échange n'a lieu. La courbe de demande d'importation domestique coupe donc l'axe des prix en P_A (cette demande est nulle pour un prix égal à P_A).

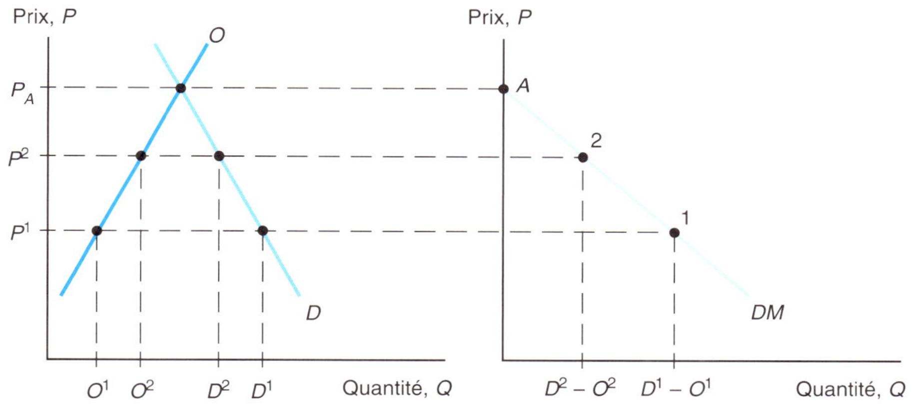

Figure 9.1 – Construction de la courbe de demande d'importation domestique.
Lorsque le prix du bien augmente, la demande exprimée par les consommateurs domestiques diminue, tandis que les quantités offertes par les producteurs augmentent. Cela entraîne une baisse de la demande d'importation.

De la même façon, la figure 9.2 représente la courbe d'offre d'exportation étrangère *OX*. Au prix P^1, les producteurs étrangers offrent O^{*1}, alors que les consommateurs ne demandent que D^{*1}. L'offre d'exportation est alors $O^{*1} - D^{*1}$. En P^2, les consommateurs ne demandent plus que D^{*2}, alors que les producteurs augmentent les quantités à O^{*2}. L'offre d'exportation s'élève donc à $O^{*2} - D^{*2}$. La pente de la courbe est positive, puisque l'offre de biens disponibles à l'exportation s'accroît lorsque le prix augmente. Au prix P_A^*, la demande et l'offre étrangères sont identiques. La courbe d'offre d'exportation étrangère coupe donc l'axe des prix en P_A^*.

L'équilibre mondial est atteint lorsque la demande d'importation domestique et l'offre d'exportation étrangère s'égalisent, c'est-à-dire lorsque le prix atteint P_w (voir figure 9.3). À ce point, on observe alors :

Demande domestique – Offre domestique = Offre étrangère – Demande étrangère

Cette équation peut se réécrire de la façon suivante :

$$\textit{Demande domestique} + \textit{Demande étrangère} = \textit{Offre domestique} + \textit{Offre étrangère}$$

ou encore :

$$\textit{Demande mondiale} = \textit{Offre mondiale}$$

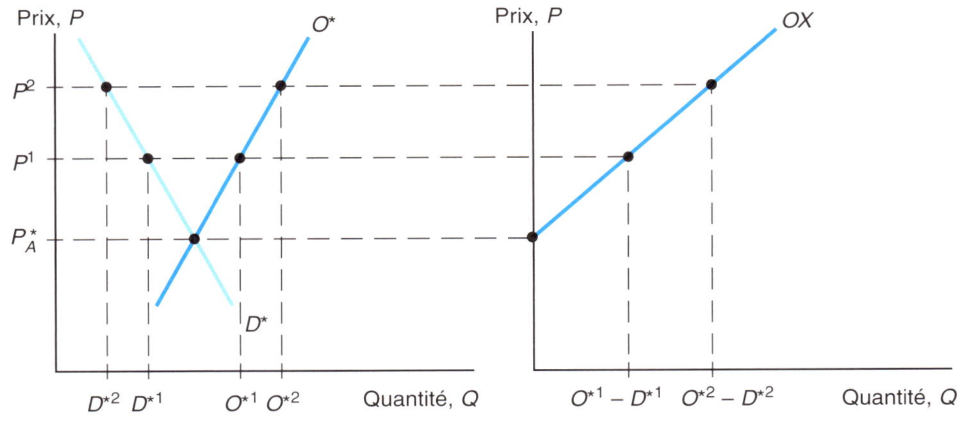

Figure 9.2 – Construction de la courbe d'offre d'exportation étrangère.
Lorsque le prix du bien augmente, la production étrangère augmente, tandis que la demande étrangère diminue. Cela entraîne une hausse des quantités de produit disponibles pour l'exportation.

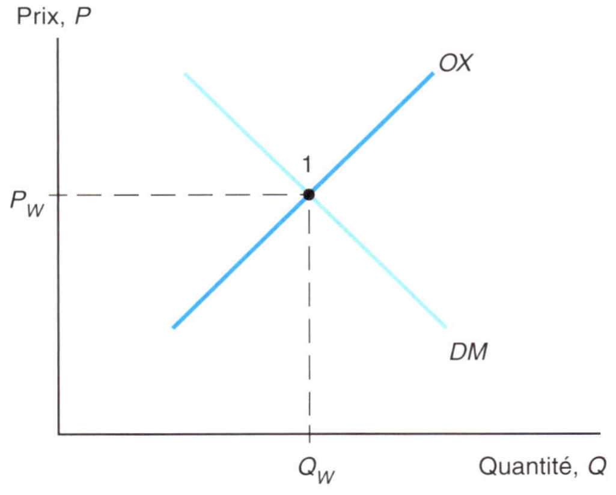

Figure 9.3 – Équilibre mondial.
Le prix mondial d'équilibre permet d'égaliser la demande d'importation (courbe *DM*) et l'offre d'exportation (courbe *OX*).

1.2 Les effets d'un droit de douane

Un droit de douane peut s'apparenter à un coût de transport. Si le pays domestique décide de prélever une taxe de 2 € sur chaque tonne de blé importée, l'exportation de ce bien ne devient intéressante que si la différence de prix entre les deux marchés est d'au moins 2 €, tout comme cela aurait été le cas pour un coût de transport équivalent.

La figure 9.4 montre l'effet de l'imposition d'un droit de douane de t € par unité de blé importée. En situation de libre-échange, le prix du blé est nécessairement égal au prix mondial sur chaque marché (le point 1 du graphique du milieu représente l'équilibre du marché mondial). Avec le droit de douane, le pays étranger ne pourra exporter son blé

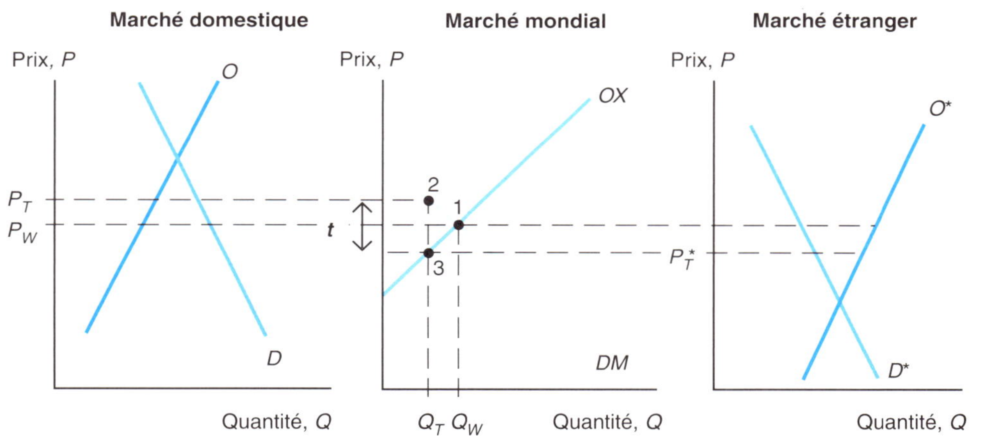

Figure 9.4 – Effet d'un droit de douane.

La mise en place d'un droit de douane augmente le prix sur le marché domestique, diminue le prix sur le marché étranger et réduit le volume du commerce international.

que si la différence entre le prix domestique et celui proposé par les exportateurs étrangers est supérieure à t €. Dans le cas contraire, on observe simultanément une demande excédentaire de blé sur le marché domestique et étranger. Ces déséquilibres engendrent une réduction du prix étranger et une hausse du prix domestique, jusqu'à ce que la différence entre les deux prix atteigne t €. Ainsi, le droit de douane a pour effet de faire monter le prix domestique jusqu'à P_T et baisser le prix sur le marché étranger à $P_T^* = P_T - t$. Dès lors, les producteurs domestiques augmentent leur offre de blé et, dans le même temps, les consommateurs réduisent leur demande. Au final, cela se traduit par une diminution de la demande d'importation (mécanisme illustré par le passage du point 1 au point 2 sur la courbe *DM*). À l'inverse, l'offre étrangère diminue et la demande augmente en réaction à la baisse de prix sur le marché étranger. L'offre d'exportation étrangère se contracte (on passe du point 1 au point 3 sur la courbe *OX*). L'imposition du droit de douane diminue donc le volume de blé échangé entre les pays. Le flux de commerce passe de Q_w à Q_T. Au final, ce volume d'échange vient égaliser la demande d'importation domestique et l'offre d'exportation étrangère, avec $P_T - P_T^* = t$.

On peut noter que la hausse du prix domestique est inférieure au montant du droit de douane. En effet, ce dernier impose que $P_T + t = P_T^*$, mais comme une partie de son effet passe par une baisse du prix des exportations (P_T^*), il n'est pas entièrement supporté par les consommateurs domestiques. En réalité, l'impact d'un droit de douane sur le prix fixé par les exportateurs est souvent très faible : pour un petit pays dont la demande ne représente qu'une part minime de la demande mondiale, la réduction des quantités importées n'a qu'un impact négligeable sur les prix mondiaux.

La figure 9.5 représente un droit de douane dans le cas d'un « petit pays ». La taxe est entièrement reportée sur le prix intérieur du bien importé, qui passe de P_W à $P_W + t$. Il s'ensuit une augmentation de la production du bien de O^1 à O^2 et une diminution de sa consommation de D^1 à D^2. L'instauration d'une barrière tarifaire par un petit pays diminue donc plus fortement ses importations.

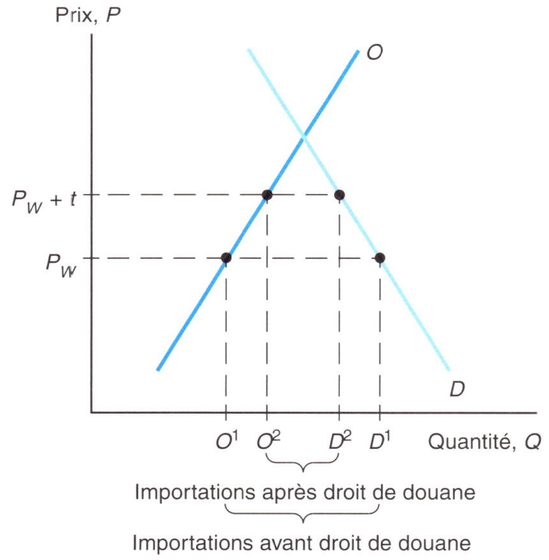

Figure 9.5 – Effet d'un droit de douane : le cas d'un petit pays.

Lorsqu'un pays est petit, le droit de douane qu'il impose ne peut pas réduire le prix mondial du bien qu'il importe. Le prix de ce bien sur le marché domestique augmente alors à $P_W + t$, et le volume d'importation se réduit de $D^1 - O^1$ à $D^2 - O^2$.

1.3 La mesure du niveau de protection

Un droit de douane sur les importations d'un produit augmente son prix domestique. Autrement dit, il protège les producteurs nationaux contre la concurrence étrangère et permet de maintenir un prix élevé sur le marché domestique. Cette protection est généralement le principal objectif visé par la barrière commerciale. Pourtant, l'évaluation du niveau de protection qu'elle procure est moins simple qu'il n'y paraît.

Ce niveau est souvent mesuré par la hausse du prix (en pourcentage) par rapport à celui qui prévaudrait en libre-échange. Dès lors, la mesure d'une protection associée à un droit de douane peut sembler évidente. S'il s'agit d'une taxe *ad valorem*, proportionnelle à la valeur des importations, son taux doit directement mesurer le degré de protection. Dans le cas d'un droit de douane spécifique, il suffit de diviser son montant par le prix du bien taxé, net du droit de douane, pour obtenir son équivalent *ad valorem*.

Cette approche pose néanmoins deux problèmes. D'abord, dans le cas d'un grand pays, le droit de douane se traduira en partie par une diminution du prix des exportations étrangères, plutôt que par une hausse des prix domestiques. Cet effet des politiques commerciales sur les prix mondiaux peut parfois se révéler non négligeable.

Ensuite, un droit de douane peut avoir un impact différent selon que le produit visé est un bien final ou intermédiaire. Ce dernier n'est pas directement consommé, mais destiné à être utilisé dans le processus de production d'un produit final, plus complexe. Supposons, par exemple, qu'une voiture ait un prix mondial de 8 000 € et que la valeur totale des différents composants nécessaires à sa construction s'élève à 6 000 €. Imaginons maintenant que pour soutenir ses constructeurs automobiles, un pays impose un droit de douane de 25 % sur les importations de voitures. Les producteurs domestiques peuvent ainsi vendre leurs véhicules à 10 000 €, au lieu de 8 000 €. Dans ce cas, il est inexact d'estimer le taux de protection dont bénéficient les assembleurs à seulement 25 %. En effet, avant l'instauration du droit de douane, les producteurs domestiques devaient assembler une voiture pour 2 000 € au maximum afin de rester compétitifs (soit la différence entre le prix de vente de la voiture, 8 000 €, et le prix de ses composants, 6 000 €). Grâce au droit de douane, ce coût maximal passe de 2 000 € à 4 000 € (soit la différence entre le nouveau prix d'une voiture sur le marché domestique, 10 000 €, et le prix de ses composants). Nous sommes donc en présence d'un **taux effectif de protection** de 100 %, bien supérieur aux 25 % calculés selon la méthode simple.

Supposons maintenant que le pays souhaite développer sa production de composants automobiles, et qu'il impose un droit de douane de 10 % sur les pièces détachées. Cette mesure tarifaire augmente le prix des pièces de 6 000€ à 6 600 €, pénalisant ainsi les constructeurs automobiles locaux. En effet, le droit de douane augmente le coût des biens intermédiaires, et seuls les constructeurs capables d'assembler une automobile à un coût inférieur à 1 400 € peuvent continuer leur activité. Au final, la protection commerciale du secteur des pièces détachées induit une protection effective *négative* du secteur de l'assemblage de –30 % (c'est-à-dire [1 400 – 2 000]/2 000).

En suivant cette démarche, les économistes ont développé des méthodes de calcul élaborées, afin de mesurer le degré effectif de protection dont bénéficient véritablement certains secteurs industriels. Ils montrent notamment que les politiques commerciales destinées à promouvoir le développement économique (voir chapitre 11) induisent souvent des taux effectifs de protection nettement supérieurs à ceux des droits de douane[2].

2 Coûts et bénéfices d'un droit de douane

Un droit de douane augmente le prix d'un bien dans le pays importateur, et le réduit dans le pays exportateur. Par conséquent, la situation des consommateurs du pays importateur se dégrade, alors que les consommateurs du pays exportateur voient leur pouvoir d'achat s'élever. À l'inverse, les producteurs du pays importateur y gagnent tandis que ceux du pays exportateur y perdent. Quant au gouvernement qui instaure ce droit de douane, il bénéficie de rentrées fiscales supplémentaires. Quel est alors l'effet total sur le bien-être de l'économie ? Pour répondre à cette question, il faut nous appuyer sur deux concepts communs à de nombreuses analyses microéconomiques : la mesure des surplus du consommateur et du producteur.

2.1 Les surplus du consommateur et du producteur

Le **surplus du consommateur** mesure le montant du gain qu'il retire d'un achat : il s'agit de la différence entre le prix qu'il paye effectivement et celui qu'il consentirait à payer pour ce bien. À titre d'exemple, un consommateur qui ne paye que 3 e un produit qu'il aurait accepté de payer 8 € réalise un surplus de 5 €.

Ce surplus se calcule à partir de la courbe de demande (voir figure 9.6). Supposons qu'un consommateur soit prêt à acheter 10 unités d'un bien pour un prix unitaire maximal de 10 €. La 10e unité achetée doit valoir 10 € aux yeux du consommateur. Si elle vaut moins, l'achat n'a pas lieu. Dans le cas contraire, le consommateur serait prêt à l'acheter à un prix plus élevé.

Supposons maintenant que le prix soit de 9 €. Le consommateur est alors prêt à acheter une 11e unité de bien. À ses yeux, cette unité a une valeur de 9 €. Il aurait néanmoins consenti à payer la 10e unité au prix de 10 €. Or, il ne paie désormais cette unité que 9 €. Il retire donc un surplus de 1 €. S'il était prêt à payer 12 € l'unité précédente, il en retirerait alors un surplus de 3 €, etc.

De façon générale, si P est le prix d'un bien, et Q la quantité demandée correspondante, alors le surplus du consommateur se calcule en soustrayant $P \times Q$ de la surface comprise entre

---

2. Le taux effectif de protection d'un secteur se définit comme $(V_T - V_W)/V_W$, où V_W est la valeur ajoutée dans le secteur, au prix mondial, et V_T la valeur ajoutée en présence de politiques commerciales. En reprenant notre exemple, P_A est le prix mondial d'une voiture assemblée, P_C celui des pièces détachées, t_A le taux *ad valorem* de droit de douane sur les voitures importées, et t_C le taux *ad valorem* de droit de douane sur les pièces détachées. En l'absence d'effet des droits de douane sur le prix mondial, ceux-ci procurent aux assembleurs un taux de protection effective de :

$$\frac{V_T - V_W}{V_W} = t_A + P_C\left(\frac{t_A - t_C}{P_A - P_C}\right).$$

la courbe de demande, l'axe des abscisses, l'axe des ordonnées et Q (voir figure 9.7). Si le prix est P^1, et la quantité demandée Q^1, le surplus est égal à l'aire a. Si le prix descend à P^2, la quantité demandée s'élève à Q^2, et le surplus du consommateur augmente pour s'établir à $a + b$.

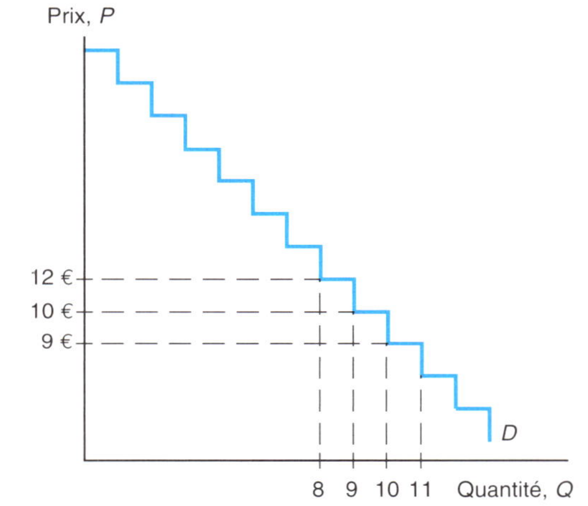

Figure 9.6 – Mesure du surplus du consommateur à partir de la courbe de demande.
Le surplus du consommateur sur chaque unité vendue est la différence entre le prix de vente effectif et le prix que le consommateur aurait été prêt à payer.

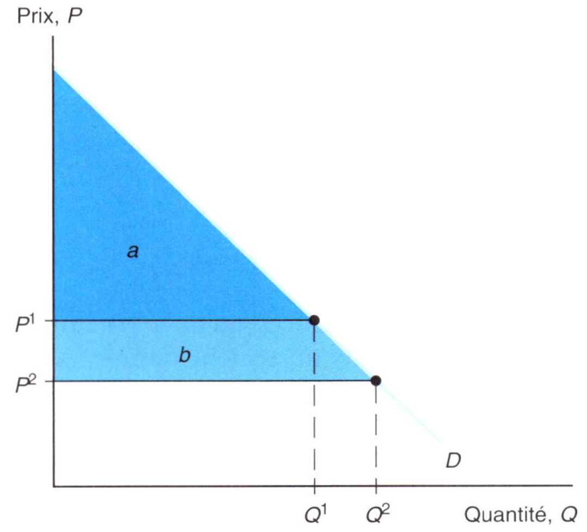

Figure 9.7 – Représentation géométrique du surplus du consommateur.
Le surplus du consommateur est égal à l'aire comprise entre la courbe de demande et la droite de prix P.

Le **surplus du producteur** s'obtient de façon symétrique : un producteur qui reçoit 5 € pour un bien qu'il serait prêt à vendre 2 €, réalise un surplus de 3 €. Ce surplus se calcule de la même façon que celui du consommateur, mais à partir de la courbe d'offre. Pour un prix P, auquel correspond la quantité offerte Q, le surplus du producteur est égal au produit de P par Q, moins l'aire située en dessous de la courbe d'offre et délimitée par Q (voir figure 9.8). Si le prix est P^1, et la quantité offerte Q^1, le surplus est égal à l'aire c. Si le prix et la quantité augmentent à P^2 et Q^2, le surplus du producteur s'élève pour s'établir à $c + d$.

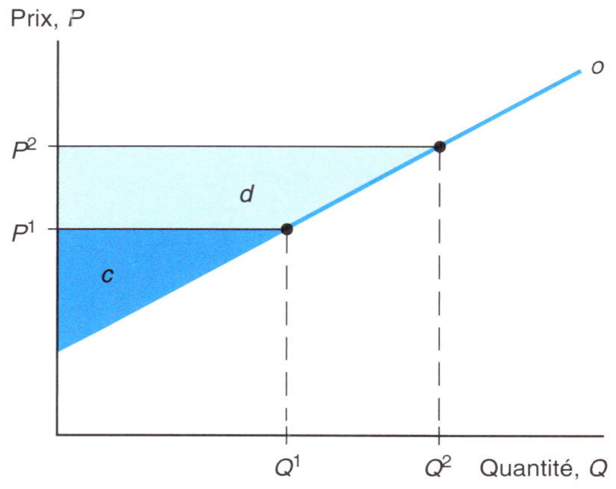

Figure 9.8 – Représentation géométrique du surplus du producteur.
Le surplus du producteur est égal à l'aire comprise entre la courbe d'offre et la droite de prix *P*.

L'analyse des surplus du consommateur et du producteur permet de mesurer les coûts et les bénéfices des politiques commerciales. Il arrive cependant que ces surplus ne parviennent pas à capter de façon adéquate l'ensemble des effets des barrières commerciales. La protection peut notamment engendrer un *bénéfice social*, qui constitue l'un des arguments-clés en faveur du protectionnisme (voir chapitre 10).

2.2 La mesure des coûts et des bénéfices

La figure 9.9 montre les coûts et les bénéfices qu'un pays importateur peut retirer de l'instauration d'un droit de douane dans un secteur donné. Cette pratique a pour effet d'augmenter le prix domestique de P_W à P_T et de réduire celui des exportations étrangères de P_W à P_T^* (voir figure 9.4). La production domestique augmente alors de O^1 à O^2, tandis que la consommation diminue de D^1 à D^2. Les coûts et les bénéfices des différents groupes d'agents sont représentés par les combinaisons des surfaces a, b, c, d et e.

Considérons d'abord le gain des producteurs domestiques. Le droit de douane leur permet de vendre à un prix plus élevé, ce qui accroît leur surplus. Ce dernier est égal à l'aire comprise entre le prix et la courbe d'offre (voir figure 9.8). Avant la mise en place du droit de douane, il est donc égal à l'aire située sous le prix P_W, et au-dessus de la courbe d'offre. Suite à la hausse de prix à P_T, ce surplus augmente d'une valeur égale à l'aire a.

Les consommateurs domestiques, quant à eux, pâtissent de la hausse du prix. Leur surplus est égal à l'aire comprise entre le prix et la courbe de demande (voir figure 9.7). En élevant le prix de P_W à P_T, le droit de douane vient donc amputer ce surplus de la valeur $a + b + c + d$.

Enfin, il existe un troisième type d'agent dans notre économie : l'État, qui perçoit les recettes fiscales générées par le droit de douane. Sur chaque unité importée, le montant de la taxe s'élève à $t = P_T - P_T^*$. Les recettes douanières sont donc mesurées par cette différence de prix, multipliée par le volume des importations, $Q_T = D^2 - S^2$. C'est la surface qui correspond à la somme des aires c et e.

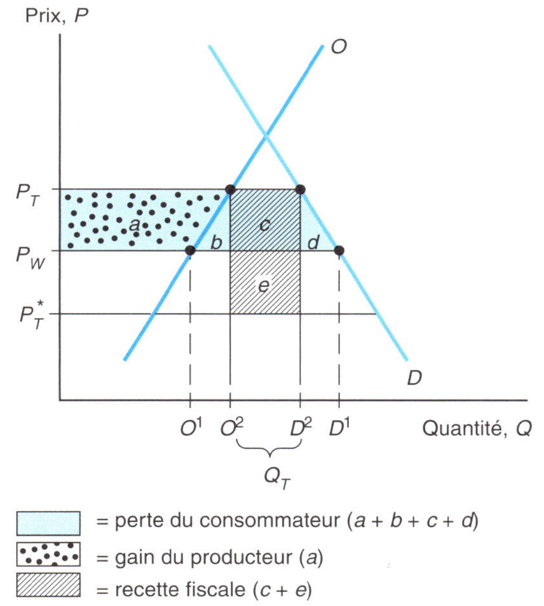

Figure 9.9 – Les coûts et les bénéfices liés à un droit de douane pour le pays importateur.

Les coûts et les bénéfices des différents groupes peuvent être représentés par les cinq aires *a*, *b*, *c*, *d* et *e*. Au final, les triangles *b* et *d* correspondent à la perte d'efficience alors que le rectangle e représente le gain de termes de l'échange.

Comme le droit de douane engendre des gains et des pertes différents selon les catégories d'agents, il n'est pas forcément simple d'évaluer son effet agrégé sur le bien-être de l'économie. Si l'on tient compte des inégalités sociales, comme les profits des entreprises sont généralement perçus par les ménages les plus riches, cet effet sera clairement négatif. Mais si le bien taxé est un produit de luxe fabriqué par des travailleurs peu qualifiés, alors la protection permettra de réduire les inégalités. Enfin, l'effet sur le bien-être dépend aussi de la façon dont les pouvoirs publics utilisent les recettes douanières.

En dépit de ces problèmes, nous prenons ici l'hypothèse la plus simple, qui est celle généralement admise dans ce type d'étude : nous supposons que le gain ou la perte d'un euro pour n'importe lequel de ces groupes a le même effet sur le bien-être de l'économie. Le coût net associé à un droit de douane est alors :

$$\textit{Perte du consommateur} - \textit{Gain du producteur} - \textit{Recettes gouvernementales} \quad (9.1)$$

ou, en remplaçant par les équivalents géométriques de la figure 9.9 :

$$(a + b + c + d) - a - (c + e) = b + d - e \quad (9.2)$$

On obtient ainsi, côté perte, deux « triangles », b et d, et côté gain, un « rectangle », e. Les triangles représentent une **perte d'efficience,** due aux distorsions des incitations à produire (pour le triangle b) et à consommer (pour le triangle d) générées par le droit de douane. Le rectangle e représente le **gain de termes de l'échange** lié à la baisse du prix des exportations étrangères.

En augmentant le prix domestique au dessus du prix mondial, le droit de douane amène les consommateurs et les producteurs à agir comme si les importations étaient plus chères qu'elles ne le sont en réalité. Les consommateurs réduisent donc leur consommation jusqu'au point où la dernière unité consommée leur apporte un bien-être égal au prix domestique, droits de douane inclus. Au final, ils consomment trop peu, ce qui créé une **perte liée à la distorsion de la consommation** (triangle d). De la même façon, les producteurs augmentent leur production jusqu'à ce que le coût marginal soit égal au prix, droits de douane inclus. L'économie met donc en œuvre une production trop peu efficace. Elle produit trop d'unités du bien taxé, alors qu'elle pourrait l'acheter moins cher à l'étranger. Cela génère une **perte liée à la distorsion de la production** (triangle b).

Par ailleurs, le gain total dépend de la capacité du pays qui instaure le droit de douane à influer sur les prix mondiaux. Si, en fermant ses frontières, il n'est pas en mesure de réduire le prix de ses importations (c'est le cas d'un petit pays, illustré à la figure 9.5), alors la région e disparaît. Le droit de douane réduit alors à coup sûr le bien-être de la nation.

3 Les autres instruments de la politique commerciale

Les droits de douane sont les outils de protection commerciale les plus simples dont disposent les pouvoirs publics. Mais la plupart des politiques commerciales font aujourd'hui appel à des instruments plus complexes : subventions à l'exportation, quotas d'importation, restrictions volontaires aux exportations, règles de contenu local, etc. Fort heureusement, leur impact est relativement simple à appréhender, une fois que l'on a compris les effets des droits de douane.

3.1 Les subventions à l'exportation

Une **subvention à l'exportation** est une aide publique versée à une entreprise qui vend une part de sa production à l'étranger. À l'instar d'un droit de douane, elle peut être spécifique (somme allouée à chaque unité vendue) ou *ad valorem* (proportion de la valeur exportée).

Afin de comprendre les conséquences d'une subvention à l'exportation, il faut prendre conscience d'un mécanisme essentiel. Avec ce type de politique, les entreprises du secteur visé préféreront exporter leurs produits, plutôt que de les vendre sur le marché domestique, du moins jusqu'à ce que le prix domestique dépasse le prix mondial d'un montant égal à la subvention.

Ses effets sur les prix sont exactement opposés à ceux des droits de douane (voir figure 9.10). Le prix du pays exportateur augmente de P_W à P_S, mais en raison de la baisse du prix étranger de P_W à P_S^*, cette hausse est inférieure à la subvention. Dans le pays exportateur, les consommateurs voient leur situation se dégrader. Les producteurs y gagnent, et le gouvernement y perd car il doit consacrer une part de son budget au financement de la subvention. La perte du consommateur est égale à l'aire $a + b$, le gain du producteur à $a + b + c$, et la subvention versée par le gouvernement (le montant des exportations multiplié par le montant de la subvention) à $b + c + d + e + f + g$. La perte nette de bien-être est alors égale à la somme des aires $b + d + e + f + g$.

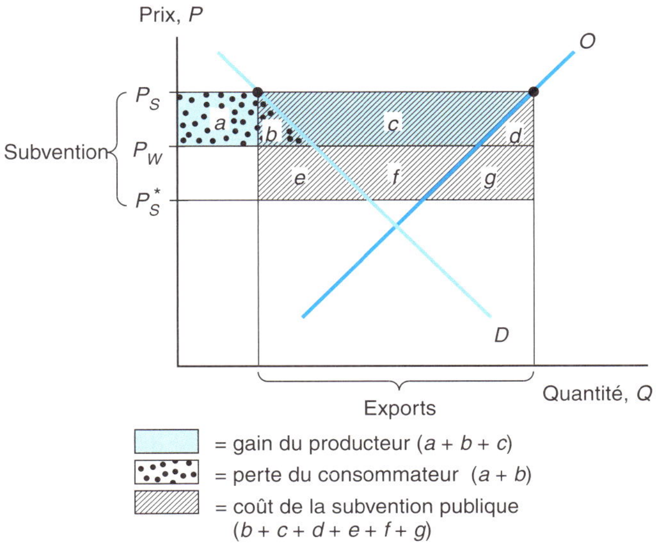

Figure 9.10 – L'effet d'une subvention à l'exportation.

Une subvention à l'exportation augmente les prix dans le pays exportateur, tandis qu'elle les réduit dans le pays importateur.

On retrouve donc b et d, qui représentent les distorsions induites sur la consommation et la production. En outre, la subvention à l'exportation dégrade les termes de l'échange, en réduisant le prix des exportations sur le marché étranger de P_W à P_S^*, ce qui contraste avec le cas du droit de douane. Cet effet se traduit par une perte supplémentaire de bien-être, $e + f + g$, qui est égale au produit de $(P_W - P_S^*)$ par la quantité exportée. Au total, la conséquence sur le bien-être de l'économie est sans ambiguïté : les coûts supportés par les consommateurs et les pouvoirs publics excèdent largement les gains des producteurs.

Encadré 9.1

La politique agricole commune

En 1957, six pays d'Europe de l'ouest (Allemagne, France, Italie, Belgique, Pays-Bas et Luxembourg) ont constitué la Communauté économique européenne, qui s'est ensuite élargie jusqu'à inclure la majeure partie des pays d'Europe. Désormais dénommée Union européenne (UE), deux de ses principales réalisations concernent le commerce international. Premièrement, les membres de l'UE ont intégralement supprimé les droits de douane au sein de la zone, en créant une union douanière (voir chapitre 9). Deuxièmement, la politique agricole européenne s'est développée autour d'un programme massif de subventions à l'exportation.

À ses débuts, la politique agricole commune (PAC) visait à garantir des prix élevés aux agriculteurs européens : les autorités européennes rachetaient des produits agricoles dès que les prix du marché tombaient sous un certain niveau. Afin d'éviter que cette politique ne génère trop d'importations, des droits de douane y ont été associés pour compenser la différence entre les prix agricoles mondiaux et ceux garantis sur le marché européen.

Toutefois, à partir des années 1970, ces prix étaient tellement élevés que l'Europe, qui, en situation de libre-échange, serait pourtant importatrice nette de produits agricoles, produisait plus que ce que les consommateurs n'étaient prêts à acheter. Par conséquent, les autorités européennes ont dû acheter et stocker des quantités faramineuses de produits alimentaires. Fin 1985, les stocks de bœufs européens s'élevaient à 780 000 tonnes, ceux de beurre à 1,2 millions de tonnes et ceux de blé à 12 millions de tonnes. Il a donc été décidé de subventionner les exportations, afin d'éviter la croissance illimitée des stocks et permettre à l'UE de se débarrasser des surplus de production.

La figure 9.11 illustre le fonctionnement de la PAC. Cela correspond évidemment au cas de la subvention à l'exportation de la figure 9.10, à la différence près que l'Europe serait, en situation de libre-échange, un importateur net. Afin d'exporter les surplus, une subvention à l'exportation est mise en place afin de compenser la différence entre le prix mondial et celui du marché européen. À leur tour, les exportations subventionnées ont tendance à réduire le prix mondial, augmentant par conséquent la subvention nécessaire. Une analyse coûts-bénéfices montrerait sans équivoque que les coûts supportés par les consommateurs et les contribuables européens excèdent largement les bénéfices des producteurs.

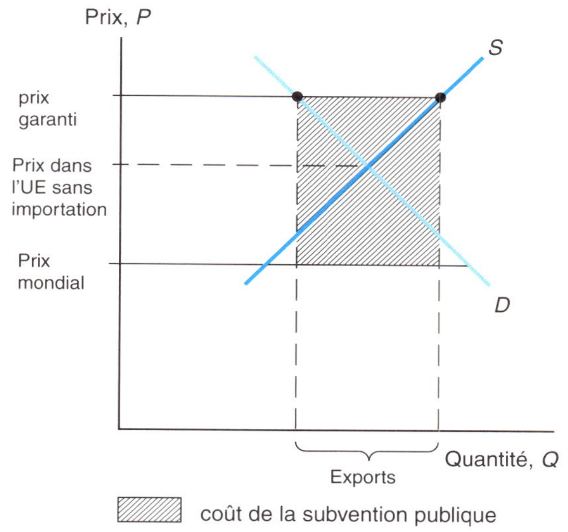

Figure 9.11 – La politique agricole commune européenne.

Les prix agricoles sont fixés à un niveau supérieur au prix mondial. Ce niveau est également supérieur au prix qui équilibre l'offre et la demande sur le marché européen. Une subvention à l'exportation permet d'écouler les surplus.

Malgré le coût net considérable de la PAC, le poids politique des agriculteurs européens a toujours rendu difficile toute réforme de ce système. Les États-Unis, ainsi que d'autres pays exportateurs de produits agricoles qui se plaignent de l'impact négatif des subventions européennes sur le prix de leurs exportations, exercent pourtant des pressions dans ce sens. Le poids de la PAC dans le budget européen a également fait l'objet de polémiques : en 2009, la PAC coûtait près de 55 milliards d'euros aux contribuables européens, sans tenir compte des coûts indirects pour les consommateurs. Les subventions publiques versées aux agriculteurs européens représentent environ 36 % de la valeur de la production agricole, soit deux fois plus qu'aux États-Unis.

Les récentes réformes de la politique agricole en Europe visent à réduire les distorsions causées par le prix garanti, tout en maintenant une aide aux agriculteurs. Si les décideurs politiques poursuivent dans cette voie, les agriculteurs percevront de plus en plus d'aides directes, qui ne dépendent pas du niveau de leur production*, ce qui devrait réduire les prix agricoles et la production européenne.

* L'idée est de maintenir les revenus des exploitants agricoles, sans pour autant favoriser la surproduction et déprimer les cours mondiaux. Selon la terminologie de la Commission européenne, il s'agit donc de *découpler* les subventions agricoles. Pour plus d'information, voir l'ouvrage de Jean-Christophe Bureau, *La Politique agricole commune*, Repères, La Découverte, 2010.

3.2 Les quotas d'importation

Un quota d'importation est une limite légale des quantités importées. Cette barrière non tarifaire s'accompagne le plus souvent de l'octroi de licences à certains groupes d'individus ou d'entreprises. Par exemple, les États-Unis ont mis en place un quota sur les importations de fromage étranger. Seules quelques sociétés commerciales ont le droit d'importer chaque année un poids maximal de fromage. Cette quantité est fondée sur leurs importations de l'année précédente. Dans d'autres cas, comme celui des importations américaines de sucre ou de vêtements, le droit de vendre sur le marché domestique est directement attribué aux autorités publiques des pays exportateurs.

Ce n'est pas parce que les quotas d'importation sont une mesure non tarifaire qu'ils n'influent pas sur le prix des biens importés. Au contraire, *un quota d'importation augmente systématiquement le prix domestique dans le secteur protégé*. Lorsque les volumes d'importation sont restreints, la demande du bien au prix initial excède l'offre disponible sur le marché domestique (c'est-à-dire la production locale, plus les importations). Il s'en suit une hausse du prix jusqu'à ce que le marché s'équilibre à nouveau. *In fine*, l'instauration du quota augmente les prix domestiques, d'un montant équivalent à celui généré par l'imposition d'un droit de douane (sauf dans le cas particulier d'un monopole domestique, pour lequel un quota d'importation a un effet plus marqué sur le prix, voir l'annexe à ce chapitre).

La principale différence entre un droit de douane et un quota est qu'avec ce dernier, les pouvoirs publics ne perçoivent aucun revenu. Lorsqu'un pays remplace un droit de douane par un quota, le montant correspondant aux recettes fiscales est récupéré par les agents qui ont obtenu une licence d'importation. Ceux-ci ont le droit d'acheter des produits étrangers, puis de les revendre à un prix plus élevé sur le marché domestique. Les profits qu'ils perçoivent constituent ce qu'on appelle des **rentes de quota**. Afin d'estimer les coûts et les bénéfices liés à l'instauration d'un quota d'importation, il est indispensable de savoir clairement qui s'accapare ces rentes. Le plus souvent, les licences sont directement attribuées aux autorités des pays exportateurs. Ce transfert de rente vers l'étranger rend alors le coût d'un quota substantiellement plus important que celui d'un droit de douane équivalent.

Encadré 9.2

Le quota américain sur le sucre

À l'instar de la politique agricole commune, qui maintient des prix intérieurs élevés, le gouvernement fédéral américain garantit aux producteurs nationaux de sucre un prix national supérieur à celui du marché mondial. Mais en Europe, les prix garantis sont si élevés qu'ils permettent à l'UE d'être exportatrice nette de produits agricoles. La politique américaine est quant à elle plus raisonnable : les prix garantis ne conduisent pas à un excès d'offre, si bien que les États-Unis peuvent maintenir les prix intérieurs en utilisant simplement un quota d'importation sur le sucre.

Une particularité de ce quota réside dans le fait que les droits d'exporter du sucre vers le marché américain sont entièrement alloués aux autorités étrangères. Ces dernières les distribuent ensuite à leur guise entre leurs différents producteurs nationaux.

Les rentes de quotas ne profitent donc pas à l'économie américaine, ce qui accroît substantiellement le coût de cette politique.

La figure 9.12 présente une estimation, établie en 2009, des effets de ce quota sur le marché américain du sucre non raffiné en 2013*. Le quota limiterait les importations à 3 millions de tonnes par an environ, ce qui entraînerait un prix sur le marché américain environ 35 % plus élevé que le prix mondial. La construction de la figure s'appuie sur l'hypothèse (très simplificatrice) que les États-Unis sont un « petit pays » sur le marché du sucre : la suppression du quota ne doit pas modifier significativement le prix mondial. Dans ces conditions, en passant au libre-échange, les importations américaines de sucre devraient augmenter de 70 %.

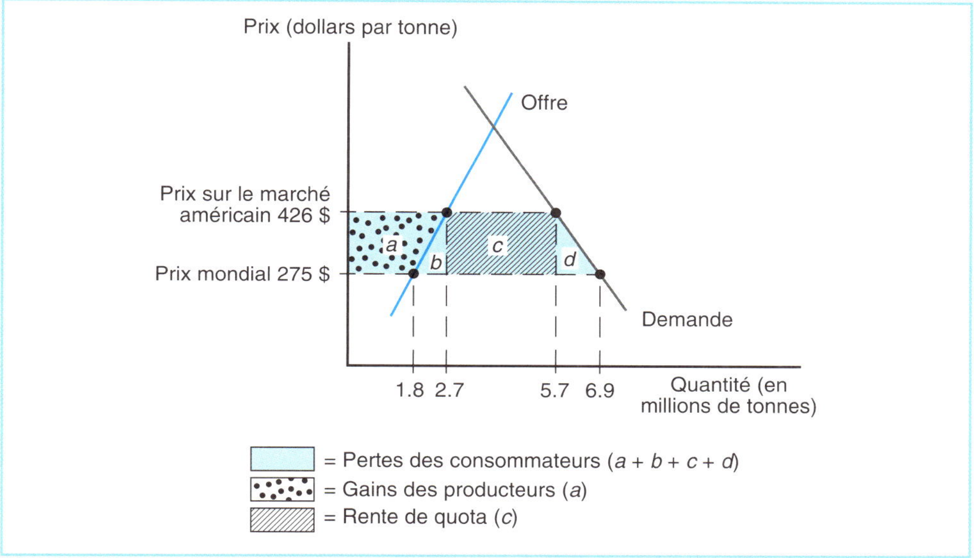

Figure 9.12 – Le quota américain sur le sucre.

Le quota limite les importations américaines de sucre à environ 3 millions de tonnes par an*. La disparition de cette protection augmenterait les importations d'environ 70 % pour atteindre 5,1 millions de tonnes. Le prix de la tonne de sucre passerait alors de 426 dollars à 275 dollars, qui est le prix observé sur le marché mondial.

L'effet du quota sur le bien-être est donné par les surfaces *a*, *b*, *c* et *d*. Les consommateurs américains subissent une perte de surplus ($a + b + c + d$) de 884 millions de dollars. Une partie de cette perte constitue de fait un transfert aux producteurs américains, qui bénéficient d'une augmentation de leur surplus (a) de 272 millions de dollars. La perte liée aux distorsions de la production (b) atteint 68 millions et celle résultant de la distorsion de la consommation (d) est de 91 millions de dollars. La surface *c* correspond à la rente de quota, captée par les économies étrangères. Elle est évaluée à 453 millions de dollars. Au final, la perte totale pour les États-Unis est égale à la somme des distorsions et des rentes de quota, soit 612 millions de dollars par an.

* US International Trade Commission 2009, *The Economic Effects of Significant U.S. Import Restraints.*

Encadré 9.2 (suite)

Plus des deux tiers de cette perte est liée au fait que les rentes de quota profitent entièrement aux pays exportateurs.

Ce quota sur le sucre constitue un bon exemple des effets de redistribution des revenus engendrés par les politiques commerciales. En effet, la perte nette de 612 millions de dollars est colossale mais elle est répartie sur un très grand nombre de consommateurs. Le quota ne coûte que 3 dollars par an environ à chaque Américain, soit 11 dollars pour une famille standard. La dispersion des pertes sur une très large population explique en partie le maintien de cette politique défavorable au bien-être de la nation (voir chapitre 10). À l'inverse, ceux qui tirent profit de cette politique sont très peu nombreux, si bien que, pour eux, le quota est un enjeu essentiel. Aux États-Unis, l'industrie du sucre n'emploie que 6 500 travailleurs. Le quota peut donc être vu comme une subvention implicite d'environ 42 000 dollars par an et par employé. On comprend pourquoi ils sont prêts à se mobiliser pour maintenir ce dispositif protectionniste.

Si l'on recherche à exprimer le coût de cette politique commerciale en termes d'emplois créés ou sauvés, le bilan apparaît encore plus sombre. En effet, on estime que la suppression du quota engendrerait la disparition de 32 % des 6 500 emplois de l'industrie américaine du sucre. Pour l'économie américaine, le coût total par emploi sauvegardé est donc faramineux : 432 000 dollars par an. Mais ce n'est pas tout. Plus encore qu'un bien de consommation finale, le sucre est un bien intermédiaire utilisé intensément par l'industrie agro-alimentaire. L'augmentation du prix du sucre entrave donc la compétitivité des firmes agro-alimentaires et vient *in fine* détruire des emplois dans ce secteur. Une étude du ministère américain du Commerce** a estimé que, pour un emploi sauvé dans le secteur de la production de sucre, le quota en détruisait trois dans l'agro-alimentaire.

** US Department of Commerce, International Trade Administration, *Employment Changes in the U.S. Food Manufacturing: The Impact of Sugar Prices*, Washington, 2006.

3.3 Les restrictions volontaires aux exportations

Une alternative au quota d'importation est la **restriction volontaire aux exportations (RVE)**[3]. Il s'agit d'un quota sur le commerce imposé non pas par le pays importateur, mais par l'exportateur lui-même. L'exemple le plus emblématique est la limitation, dans les années 1980, des exportations d'automobiles japonaises vers les marchés américains et européens.

Bien souvent, les restrictions volontaires aux exportations sont imposées à la demande du pays importateur, et acceptées par l'exportateur afin de prévenir toute autre restriction plus défavorable. D'un point de vue économique, une RVE est identique à un quota d'importation, où les licences d'exportation sont distribuées aux autorités étrangères. Son coût est donc très important pour le pays importateur, et toujours plus élevé que celui d'un droit de douane équivalent.

3. Dans le jargon de l'OMC, les expressions « arrangement d'autolimitation », « autolimitation des exportations » ou encore « arrangement de commercialisation ordonnée » sont aussi utilisées.

Une analyse empirique a évalué les conséquences des RVE instaurées dans les années 1980 dans trois grands secteurs américains (textile et habillement, acier et automobile)[4].

Encadré 9.3

Un exemple de restriction volontaire aux exportations : les voitures japonaises

Dans les années 1960 et 1970, les goûts des consommateurs américains en matière de voitures étaient tellement différents de ceux du reste du monde que l'industrie automobile américaine était largement à l'abri de la concurrence étrangère.

Pourtant, en 1979, la forte augmentation du prix du pétrole et les pénuries temporaires d'essence ont eu pour conséquence de modifier rapidement le secteur automobile américain : la part de marché des « grosses américaines », construites pour les grands espaces et très gourmandes en essence, s'est brusquement contractée au profit des voitures plus petites et plus économiques. Les constructeurs japonais, dont les coûts de production étaient particulièrement compétitifs, se sont précipités vers cette nouvelle demande. Les fabricants américains, qui constituent un puissant groupe de pression, se sont alors mobilisés pour demander une protection commerciale. Mais plutôt que d'agir de façon unilatérale, au risque de déclencher une guerre commerciale, le gouvernement américain a demandé aux Japonais de limiter leurs exportations. Par crainte d'éventuelles représailles, ces derniers ont accepté et signé un accord en 1981. Celui-ci autorisait l'exportation de 1,68 million d'automobiles japonaises vers les États-Unis. Ce chiffre a ensuite été porté à 1,85 million entre 1984 et 1985, avant d'être abandonné.

Il n'est pas simple d'estimer les effets de cette RVE : premièrement, parce que les voitures japonaises et américaines n'étaient pas des substituts parfaits ; deuxièmement, les constructeurs japonais ont répondu à ce quota en améliorant la qualité de leur production et en vendant des voitures plus grandes et équipées d'un plus grand nombre d'options ; enfin, la structure du marché automobile est bien loin de correspondre aux hypothèses de la concurrence parfaite. Néanmoins, les résultats observés ont été, dans l'ensemble, conformes à ceux prédits par la théorie économique : le prix des voitures japonaises a augmenté aux États-Unis, procurant ainsi une rente pour les entreprises nippones. Le gouvernement américain estime aujourd'hui que pour la seule année 1984, ces mesures ont coûté 3,2 milliards de dollars, constituées pour l'essentiel de transferts vers le Japon plutôt que de pertes d'efficience.

Elle montre que les deux tiers du coût de cette politique (supporté par les consommateurs américains) correspondent à des rentes qui ont profité aux pays exportateurs. En d'autres termes, la majeure partie du coût correspond à un transfert de revenu (des États-Unis vers l'étranger), et non à une perte d'efficience.

Certains accords de restriction volontaire impliquent plusieurs pays. Les plus connus sont les accords multifibres, dont le but était de limiter, jusqu'au début de l'année 2005, les exportations de textile en provenance de 22 pays (voir chapitre 10).

---

4. David Tarr, *A General Equilibrium Analysis of the Welfare and Employment Effects of U.S. Quotas in Textiles, Autos, and Steel*, Federal Trade Commission, Washington DC, 1989.

3.4 Les règles de contenu local

Selon la **règle de contenu local**, une fraction donnée d'un bien final vendu dans un pays doit être produite sur le territoire national. Dans certains cas, elle est spécifiée en unités physiques mais, en général, elle est exprimée en valeur : cette règle requiert donc que la valeur ajoutée locale constitue une part minimale du prix d'un bien. Les pays en développement ont souvent recours à ce type de politique. Ils espèrent ainsi ne pas rester cloisonnés dans des activités d'assemblage, mais remonter la chaîne de valeur en faisant évoluer leur industrie vers la production de biens intermédiaires.

Du point de vue des producteurs domestiques, cette règle offre une protection comparable à celle d'un quota. En revanche, pour les entreprises contraintes d'acheter localement, cette réglementation a un effet sensiblement différent. Les règles de contenu local ne fixent pas de limites strictes aux niveaux d'importation : une société peut accroître ses importations dans la mesure où elle achète aussi davantage de biens locaux. Pour elle, le prix effectif des biens intermédiaires correspond donc à la moyenne des prix des biens importés et de ceux produits localement.

Reprenons l'exemple du secteur automobile utilisé précédemment. Le coût des pièces détachées importées s'élève à 6 000 €. Supposons maintenant que l'achat de leur équivalent national revienne à 10 000 €, mais que les constructeurs automobiles soient tenus d'utiliser 50 % de pièces détachées domestiques. Au final, le coût de ces pièces sera égal 8 000 € (0,5 × 6 000 € + 0,5 × 10 000 €). Cette majoration sera répercutée sur le prix de la voiture et *in fine* sur le bien-être des consommateurs.

Un point important est que les règles de contenu local ne génèrent ni de recettes gouvernementales, ni de rentes de quota. Au lieu de cela, la différence entre le prix des importations et celui des biens domestiques est reportée sur les consommateurs.

Dans certains pays, ces règles prennent une forme un peu différente. Les sociétés qui ne souhaitent pas acheter de biens intermédiaires locaux peuvent satisfaire la contrainte légale en exportant des biens produits localement. Par exemple, certaines entreprises automobiles américaines implantées au Mexique ont choisi d'exporter des composants produits sur le territoire mexicain vers les États-Unis. Même dans le cas où elles pourraient fabriquer ces biens intermédiaires à moindre coût dans leurs usines américaines, elles y gagnent : ces exportations leur ouvrent le droit d'utiliser une moindre proportion de pièces détachées mexicaines pour produire les automobiles destinées au marché local.

3.5 Les autres instruments de politique commerciale

Hormis les droits de douane, les subventions, les quotas, les RVE et les règles de contenu local, les pouvoirs publics ont d'autres moyens d'influer sur les échanges internationaux. En voici une liste non exhaustive :

- *Les crédits subventionnés aux exportations.* Il s'agit d'un outil très proche de la subvention à l'exportation, sauf qu'il s'agit ici non pas d'aider directement l'exportateur, mais de proposer de prêts bonifiés aux acheteurs étrangers. De nombreux pays se sont ainsi dotés d'une institution publique, dont le rôle est de proposer des prêts, plus ou moins subventionnés, afin de soutenir les exportations.

- *Les achats publics.* Pour satisfaire un certain nombre de besoins d'équipement ou de fourniture, l'État, les collectivités locales et les entreprises publiques peuvent décider de favoriser les produits nationaux, au détriment des importations. L'industrie européenne des télécommunications est un exemple fréquemment cité. Ses principaux clients sont des compagnies de téléphone. Dans de nombreux pays européens, celles-ci ont longtemps été des entreprises publiques. Pour des raisons politiques, elles se fournissaient en priorité auprès de producteurs nationaux, si bien que le commerce intra-européen d'équipement de télécommunications a longtemps été très faible.
- *Les barrières administratives.* Il arrive parfois qu'un gouvernement souhaite réduire les flux d'importations sans pour autant prendre de mesure formelle. Par chance (ou malchance !), il est relativement facile de modifier les règles de sécurité, les normes sanitaires ou les procédures douanières, de façon à ériger des obstacles informels au commerce. Un excellent exemple de ce type de protectionnisme (à peine) déguisé est le décret français, imposé en 1982 par le gouvernement Mauroy : il obligeait tous les magnétoscopes japonais à passer par la minuscule douane de Poitiers.

4 Récapitulatif des effets des politiques commerciales

Les conséquences des différentes politiques commerciales sont résumées au tableau 9.1. Il compare les effets des quatre principales mesures protectionnistes sur le bien-être des consommateurs, des producteurs, des pouvoirs publics et de la nation dans son ensemble.

À l'évidence, ce tableau n'est pas un plaidoyer en faveur de la protection commerciale. Chacun des quatre instruments de politique commerciale bénéficie aux producteurs, au détriment des consommateurs. Leur effet global sur l'économie est, au mieux, ambigu. Les droits de douane et les quotas d'importation profitent aux grands pays, capables d'influer sur une baisse des prix mondiaux. Les deux autres mesures sont, quant à elles, néfastes pour le bien-être de l'économie.

Tableau 9.1 : Les effets des différentes politiques commerciales

	Droit de douane	Subvention aux exportations	Quota d'importation	Restriction volontaire aux exportations
Surplus du producteur	Augmente	Augmente	Augmente	Augmente
Surplus du consommateur	Diminue	Diminue	Diminue	Diminue
Recettes publiques	Augmentent	Diminuent (les dépenses publiques augmentent)	Inchangées (rentes aux détenteurs de licences)	Inchangées (rentes aux étrangers)
Bien-être domestique	Ambigu (diminue pour les petits pays)	Diminue	Ambigu (diminue pour les petits pays)	Diminue

Résumé

Les chapitres précédents examinaient les conséquences de l'ouverture au commerce sur les interactions des différents marchés en équilibre général. Mais pour étudier l'impact des politiques commerciales, il est plus commode et généralement suffisant d'avoir une approche en équilibre partiel.

Un droit de douane crée un écart entre les prix domestiques et étrangers. Il accroît le prix sur le marché intérieur et, si le pays qui limite ses importations est suffisamment grand, il réduit le prix sur le marché mondial. Dans le cas d'un petit pays, les prix mondiaux ne changent pas et l'écart entre le prix domestique et celui du marché mondial est égal au droit de douane.

Les coûts et les bénéfices des différentes politiques commerciales peuvent être mesurés par les surplus des consommateurs et des producteurs. Normalement, les producteurs domestiques du bien protégé gagnent à l'instauration d'un droit de douane (car leur prix de vente augmente), alors que les consommateurs domestiques y perdent (pour la même raison). Enfin, le droit de douane génère des recettes fiscales qui alimentent le budget de l'État.

L'effet net d'un droit de douane sur le bien-être national peut être séparé en deux parties distinctes : d'un côté, on note une perte d'efficience qui résulte de la distorsion des incitations perçues par les consommateurs et les producteurs ; de l'autre, il peut exister un gain lié à l'amélioration des termes de l'échange. Dans le cas d'un petit pays, ce second effet disparaît et le droit de douane implique alors une perte nette pour l'économie.

L'analyse du droit de douane peut facilement être transposée aux autres instruments de politique commerciale, comme les subventions à l'exportation, les quotas d'importation ou encore les restrictions volontaires aux exportations. Le premier génère une perte d'efficience semblable à celle engendrée par le droit de douane, mais aggrave les pertes en détériorant les termes de l'échange. Les quotas d'importation et les restrictions volontaires aux exportations créent eux aussi plus de pertes qu'un droit de douane, puisqu'ils ne génèrent pas de recettes fiscales. À la place, le quota permet de dégager des rentes qui profitent aux détenteurs de licences d'exportation.

Activités

1. Supposons que la courbe de demande domestique pour le blé soit la suivante :

$$D = 100 - 20P$$

La courbe d'offre est :

$$S = 20 + 20P$$

Calculez et représentez graphiquement la courbe de demande d'importation domestique. Quel serait le prix du blé en autarcie ?

2. On ajoute un pays étranger, dont la courbe de demande est la suivante :

$$D^{*} = 80 - 20P$$

et la courbe d'offre :

$$S^{*} = 40 + 20P$$

a. Calculez, puis représentez sur un graphique la courbe d'offre d'exportation étrangère. Trouvez le prix du blé sur le marché étranger, si celui-ci était en autarcie.

b. Supposons maintenant que les pays domestique et étranger s'ouvrent au commerce international (et que les coûts de transport soient nuls). Déterminez, puis représentez graphiquement l'équilibre de libre-échange. Quel est le prix mondial ? Quel est le volume des échanges ?

3. Le pays domestique instaure un droit de douane spécifique de 0,5 sur les importations de blé.

a. Déterminez, puis représentez les effets du droit de douane sur le prix du blé dans chaque pays, la quantité de blé offerte et demandée dans chaque pays, ainsi que le volume des échanges.

b. Déterminez l'effet du droit de douane sur le bien-être des groupes suivants : les producteurs de blé, les consommateurs, ainsi que le gouvernement.

c. Montrez graphiquement, puis calculez les gains liés à l'amélioration des termes de l'échange, la perte d'efficience et l'effet total du droit de douane sur le bien-être.

4. Supposons maintenant que le pays étranger soit un pays beaucoup plus grand, avec les demandes et offres suivantes :

$$D^* = 800 - 200P, \; S^* = 400 + 200P$$

(Cela implique qu'en l'absence de commerce, le prix étranger du blé serait le même qu'à la question 2.)

Calculez l'équilibre de libre-échange et les effets d'un droit de douane spécifique instauré par le pays domestique. Comparez les résultats avec ceux obtenus précédemment.

5. Supposons que le prix mondial des bicyclettes soit de 200 €. Les pièces détachées (freins, dérailleurs, etc.) coûtent 100 €. Si le gouvernement chinois décide d'imposer un droit de douane de 50 % sur les vélos, sans taxer les pièces détachées, quel serait alors le taux de protection effectif des bicyclettes ?

6. L'industrie aéronautique européenne reçoit des aides de plusieurs gouvernements. Selon certains, le montant de ces aides correspondrait environ à 20 % du prix d'achat d'un avion. Par exemple, un avion qui coûterait 60 millions d'euros à produire serait vendu 50 millions d'euros. Dans le même temps, la moitié du prix d'achat d'un avion « européen » correspond en fait à l'achat de composants importés (notamment des États-Unis). Si ces estimations sont justes, quel est le taux effectif de protection dont bénéficient les producteurs européens d'avions ?

7. Reprenons l'exemple de la question 2. La situation de départ est le libre-échange. Supposons maintenant que le pays étranger offre une subvention de 0,5 par unité exportée. Calculez, dans chaque pays, les effets de cette politique sur le prix, puis les variations de bien-être des différents groupes (consommateurs, producteurs, État) et de l'ensemble de l'économie.

8. Êtes-vous d'accord avec les affirmations suivantes ?

a. « Un excellent moyen de réduire le chômage est d'imposer des droits de douane sur les biens importés. »

b. « Les droits de douane ont des effets encore plus négatifs lorsqu'ils sont imposés par de grands pays. »

c. « Avec l'élargissement de l'Union européenne, le secteur automobile français perdra de plus en plus d'emplois au profit des pays d'Europe centrale, où les salaires sont beaucoup plus faibles. Il est donc nécessaire de revenir en arrière et d'imposer des droits de douane sur les voitures d'un montant équivalent à cette différence de salaires. »

9. Eporue est un « petit pays » (il ne peut pas influer sur les prix mondiaux). Il importe des cacahuètes au prix de 10 € le sac. La courbe de demande est la suivante :

$$D = 400 - 10P$$

et la courbe d'offre :

$$S = 50 + 5P$$

Déterminez l'équilibre de libre-échange. Calculez et représentez graphiquement les différents effets d'un quota visant à limiter les importations de cacahuètes à 50 sacs par an sur :

a. L'augmentation du prix domestique.

b. Les rentes générées par le quota.

c. La perte due à la distorsion de la consommation.

d. La perte due à la distorsion de la production.

10. Supposons que les travailleurs de l'industrie soient moins payés que les employés des autres secteurs. Quel serait alors l'effet d'un droit de douane protégeant le secteur industriel sur la *distribution* du revenu réel au sein de l'économie ?

Annexes du chapitre 9

Annexe A : L'analyse du droit de douane en équilibre général

Dans ce chapitre, nous avons analysé l'impact des différents instruments de politique commerciale en équilibre partiel, c'est-à-dire en étudiant un seul marché, sans tenir compte des conséquences sur les autres marchés. Cette approche a l'avantage de la simplicité. Cependant, il faut parfois se placer dans un cadre d'équilibre général. Cette annexe développe l'analyse des effets d'un droit de douane en équilibre général, brièvement abordée au chapitre 5. Nous analyserons d'abord le cas d'un petit pays (qui n'est pas en mesure d'influer sur les termes de l'échange), puis celui d'un grand pays.

Effet d'un droit de douane dans un petit pays

Imaginons un petit pays qui produit et consomme deux biens : un bien industriel et un bien agricole. Supposons qu'il exporte le premier au prix mondial (exogène) P_I^*, et qu'il importe le second au prix mondial P_A^*.

La figure 9A.1 présente la situation de ce pays en l'absence de droit de douane. L'économie produit au point (noté Q^1) de sa frontière des possibilités de production, qui est tangent à une droite de pente $-P_I^*/P_A^*$. Cette droite définit également la contrainte budgétaire de l'économie, à savoir tous les niveaux de consommation qu'elle a les moyens d'atteindre. L'économie choisit le point de sa contrainte budgétaire, qui est tangent à la courbe d'indifférence la plus élevée possible (D^1).

Supposons désormais que le gouvernement instaure un droit de douane *ad valorem* de taux t sur les biens agricoles. Le prix de ces biens, auquel sont confrontés les consommateurs et les producteurs domestiques, augmente alors à $P_A^*(1 + t)$, et la pente de la droite des prix relatifs s'aplatit. Elle baisse jusqu'à $-P_I^* / P_A^*(1 + t)$.

Cette chute du prix relatif du bien industriel a un effet direct sur sa production, qui baisse également. À l'inverse, la production du bien agricole augmente. Ainsi, le rapport des niveaux de production passe du point Q^1 (voir figure 9A.1) au point Q^2 (voir figure 9A.2).

Du point de vue de la consommation, les choses sont plus complexes. Le droit de douane génère des revenus supplémentaires, qui doivent forcément être dépensés d'une façon ou d'une autre. Voyons le cas de figure où le gouvernement redistribue intégralement les recettes générées aux consommateurs. La contrainte budgétaire des consommateurs n'est alors pas la droite de pente $-P_I^* / P_A^*(1 + t)$ qui passe par Q^2, car les recettes douanières augmentent le revenu disponible des consommateurs.

Comment déterminer la vraie contrainte budgétaire ? Pour cela, il faut rappeler que l'équilibre de la balance commerciale s'écrit :

$$P_I^* \times (Q_I - D_I) = P_A^* \times (D_A - Q_A)$$

où Q et D représentent respectivement les productions et les consommations des biens industriels et agricoles. La partie gauche de cette équation correspond donc à la valeur des exportations, au prix mondial. Cette équation peut se réécrire de la façon suivante, afin de faire ressortir le fait que la valeur de la consommation doit être égale à celle de la production :

$$P_I^* \times Q_I + P_A^* \times Q_A = P_I^* \times D_I + P_A^* \times D_A$$

Cette équation définit une droite qui passe par le point Q^2, dont la pente est $-P_I^* / P_A^*$. Le point représentant la consommation doit se trouver sur cette nouvelle contrainte budgétaire.

Les consommateurs ne vont toutefois pas choisir le point de tangence entre la nouvelle contrainte budgétaire et une courbe d'indifférence. Le droit de douane les conduit en effet à consommer moins de biens agricoles et plus de biens industriels. La consommation qui résulte de l'instauration du droit de douane se trouve donc en D^2 (voir figure 9A.2). Il se situe sur la nouvelle contrainte budgétaire et sur une courbe d'indifférence tangente à une droite de pente $-P_I^* / P_A^*(1 + t)$.

Trois points importants ressortent de l'étude de la figure 9A.2, et de sa comparaison avec la figure 9A.1 :

1. Le droit de douane réduit le bien-être. En effet, D^2 se trouve sur une courbe d'indifférence plus basse que celle de D^1.
2. Cette diminution du bien-être s'explique par deux effets. Premièrement, la production de l'économie ne se trouve plus au point qui maximise la valeur du revenu aux prix mondiaux. La contrainte budgétaire qui passe par Q^2 se trouve en effet à l'intérieur de la contrainte qui passe par Q^1. Deuxièmement, les consommateurs n'optent pas pour le point de leur contrainte budgétaire qui maximiserait leur bien-être. Ils ne se positionnent pas sur une courbe d'indifférence tangente à la contrainte budgétaire réelle de l'économie. Ces deux effets résultent du fait que les consommateurs et les producteurs sont confrontés à des prix qui diffèrent des prix mondiaux. La perte de bien-être due à l'inefficience de la production de l'économie équivaut en équilibre général à la perte due à la distorsion de la production en équilibre partiel décrite dans le corps du chapitre. De même, la perte de bien-être due à l'inefficience de la consommation équivaut à la perte due à la distorsion de la consommation.
3. Le droit de douane a pour effet de réduire le commerce. Les exportations et les importations sont plus faibles lorsque l'économie protège son agriculture.

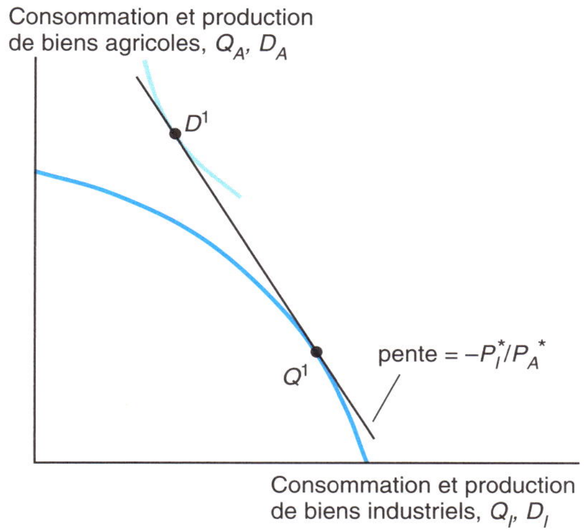

Figure 9A.1 – L'équilibre de libre-échange pour un petit pays.

La production du pays est située au point de tangence de sa frontière des possibilités de production et d'une droite de pente égale, en valeur absolue, au prix relatif. Sa consommation se situe au point de tangence de la contrainte budgétaire et de la courbe d'indifférence la plus élevée.

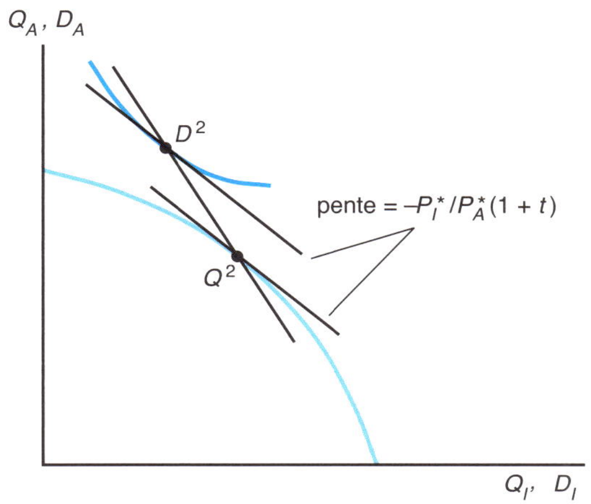

Figure 9A.2 – Droit de douane dans un petit pays.

Le pays produit moins du bien exporté et plus du bien importé. La consommation subit une distorsion, ce qui entraîne une diminution à la fois du bien-être et du volume de commerce.

Effet d'un droit de douane dans un grand pays

Voyons maintenant le cas d'un grand pays. Pour cela, nous allons utiliser la technique de la courbe d'offre. Considérons deux pays : le pays domestique qui exporte un bien industriel et importe des biens agricoles, et son partenaire étranger. À la figure 9A.3, la courbe d'offre étrangère est représentée par *OA*. La courbe d'offre domestique, en l'absence de droit de douane, est quant à elle représentée par OM^1. L'équilibre de libre-échange se trouve à l'intersection de *OA* et OM^1. Il s'agit du point 1. Le prix relatif du bien industriel sur le marché mondial est $(P_I^*/P_A^*)^1$.

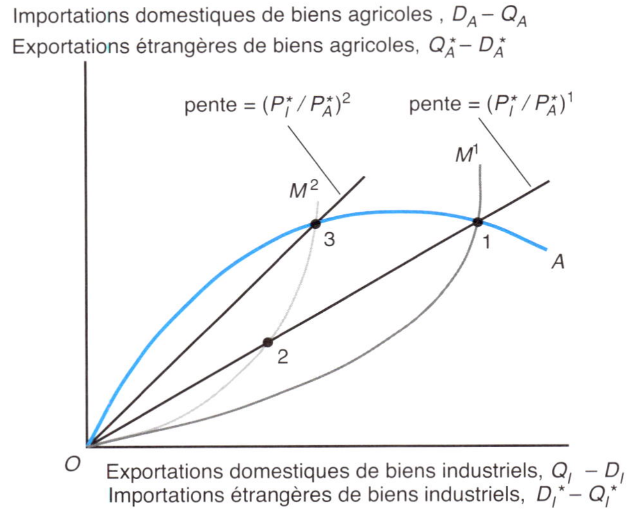

Figure 9A.3 – L'effet d'un droit de douane sur les termes de l'échange.

Le droit de douane entraîne une baisse des volumes de commerce et améliore les termes de l'échange du pays qui se protège. L'effet sur les termes de l'échange peut, dans certains cas, compenser les pertes engendrées par les distorsions de la production et de la consommation.

Supposons à présent que le pays domestique impose un droit de douane. Comme nous l'avons vu dans le cas d'un petit pays, un droit de douane réduit à la fois les exportations et les importations. Si le prix mondial reste inchangé (égal à $(P_I^*/P_A^*)^1$), alors l'offre domestique passe du point 1 au point 2. De façon plus générale, si le pays domestique instaure un droit de douane, la courbe d'offre va glisser vers une courbe plus resserrée, qui passe par le point 2.

Mais cette modification de la courbe d'offre du pays domestique aura pour conséquence de changer les termes de l'échange d'équilibre. À la figure 9A.3, le nouveau point d'équilibre est le point 3, qui correspond à un prix relatif du bien industriel égal à $(P_I^*/P_A^*)^2 > (P_I^*/P_A^*)^1$. L'imposition du droit de douane se traduit donc par une amélioration des termes de l'échange du pays domestique.

Ainsi, dans le cas d'un grand pays, les effets du droit de douane sur le bien-être domestique sont ambigus. Lorsque les termes de l'échange ne s'améliorent pas, le bien-être diminue, dans le cas contraire, il s'améliore. L'impact global sur le bien-être peut donc être positif ou négatif, comme c'était déjà le cas dans l'analyse en équilibre partiel.

Annexe B : Les droits de douane et les quotas d'importation en situation de monopole

Dans ce chapitre, nous avons supposé des marchés en concurrence parfaite. Les firmes sont donc preneuses de prix. En situation de concurrence imparfaite, le commerce international permet d'intensifier la concurrence et donc de limiter le pouvoir de marché des firmes. Les politiques commerciales, en limitant les échanges, peuvent donc renforcer la capacité des firmes à fixer les prix afin de maximiser leurs profits.

Pour étudier cette relation entre politique commerciale et pouvoir de marché, prenons le cas simple d'un monopole : un pays importe un bien qui n'est produit localement que par *une seule* firme. Le pays est petit, ce qui implique qu'il ne peut pas influer sur le prix des importations. Nous allons analyser, puis comparer les effets du libre-échange, d'un droit de douane et d'un quota d'importation.

Modèle en situation de libre-échange

La figure 9B.1 présente un marché en situation de libre-échange, où un monopoleur domestique est concurrencé par des importations. D est la courbe de demande domestique pour le bien, et P_W son prix mondial. Les importations sont disponibles en quantités illimitées à ce prix. La courbe de coût marginal de la firme domestique est Cm.

En l'absence de commerce, cette firme se comporterait comme un monopole. La courbe de revenu marginal correspondant à D est Rm, et les niveaux de production et de prix qui maximisent le profit de monopole sont Q_M et P_M.

Toutefois, ce comportement n'est pas possible en libre-échange. En effet, si la firme essayait de vendre à P_M ou tout autre prix supérieur à P_W, personne n'achèterait sa production, puisque les consommateurs se porteraient sur les biens importés, moins chers. Le commerce international impose donc un prix plafond (P_W) au monopoleur. Étant donné cette contrainte, la firme locale peut au mieux produire au point où le coût marginal est égal au prix mondial. Au prix P_W, la quantité produite est donc Q_l unités du bien et la demande des consommateurs domestiques D_l. Les importations sont alors égales à $D_l - Q_l$. Cette situation est semblable à celle observée en concurrence parfaite sur le marché domestique.

Le fait que le marché domestique soit un monopole n'a donc aucune incidence sur l'équilibre de libre-échange.

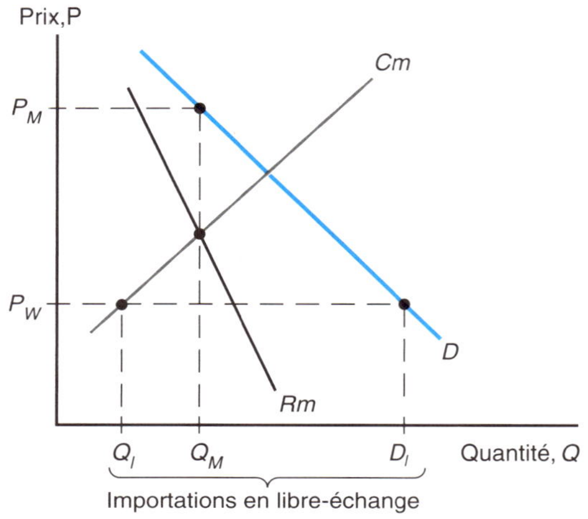

Figure 9B.1 – Le cas d'un monopoleur national dans un pays en situation de libre-échange.
La concurrence potentielle des importations force le monopoleur à se comporter comme s'il évoluait dans un secteur parfaitement concurrentiel.

Effet d'un droit de douane

Le droit de douane a pour effet d'augmenter le prix maximal que l'entreprise domestique peut proposer. Si les importations sont soumises à un droit de douane spécifique t, le producteur peut fixer son prix à $P_W + t$ (voir figure 9B.2). Par rapport à la situation de monopole, la capacité de l'entreprise locale à fixer le prix est toutefois limitée, puisque les consommateurs ont toujours la possibilité de se tourner vers les importations si le prix domestique dépasse le prix mondial, augmenté du droit de douane. Ainsi, le monopoleur peut au mieux produire au point où le coût marginal est égal au prix mondial plus t, soit Q_t. Le droit de douane augmente donc le prix et la production domestiques, mais entraîne une baisse de la demande interne à D_t et une diminution des importations. Mais, là encore, la firme locale produit autant en monopole qu'en concurrence parfaite.[5]

---

5. Il existe un cas où le droit de douane aura un effet différent selon que le secteur est en monopole ou en concurrence parfaite. C'est celui où le droit de douane est tellement élevé que les importations sont entièrement évincées du marché domestique (un droit de douane prohibitif). Dans le cas d'un marché parfaitement concurrentiel, une fois que les importations ont disparu, toute augmentation supplémentaire du droit de douane n'aurait aucun effet. À l'inverse, un monopoleur serait contraint de limiter son prix à cause de la *menace* des importations.

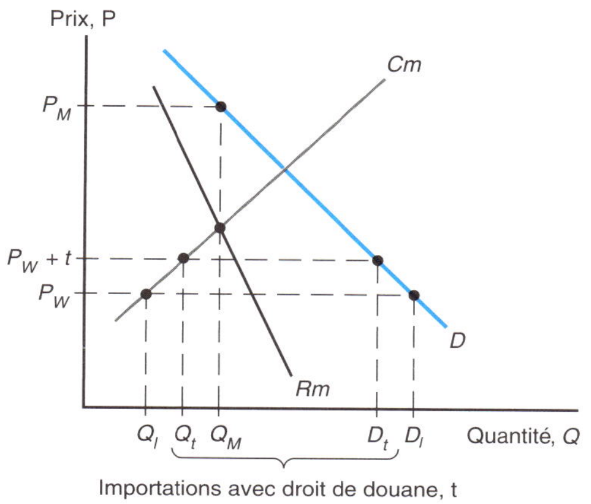

Figure 9B.2 – Le cas d'un monopoleur protégé par un droit de douane.
Le droit de douane permet au monopoleur d'augmenter son prix. Il reste toutefois contraint par la concurrence des firmes étrangères.

Effet d'un quota d'importation

Supposons maintenant que le gouvernement impose un quota afin de restreindre le volume des importations à $\overline{Q}$. Le monopoleur sait que s'il fixe un prix supérieur à P_W, il ne perdra pas l'ensemble de ses ventes. En réalité, il vendra l'équivalent de la demande au prix fixé, grevée de la quantité d'importation autorisée, $\overline{Q}$. La demande adressée au monopoleur est donc égale à la demande domestique, moins $\overline{Q}$. D_q est la courbe de demande après quota. Elle est parallèle à la courbe de demande domestique D mais elle est déplacée de $\overline{Q}$ unités vers la gauche (voir figure 9B.3).

Une nouvelle courbe de revenu marginal Rm_q correspond à D_q. La firme, protégée par un quota d'importation, maximise son profit en égalisant le coût marginal au niveau de ce nouveau revenu marginal. Elle produit donc Q_q et fixe le prix à P_q. La licence permettant d'exporter une unité du bien vers le marché domestique génère alors une rente de $P_q - P_W$.

Comparaison des effets du droit de douane et du quota

Comparons maintenant un droit de douane et un quota qui ont le *même* effet sur le *volume des importations* : le niveau de droit de douane t réduit donc les importations à un volume $\overline{Q}$.

Les effets de ces deux instruments de politique commerciale sont clairement différents (voir figure 9B.4). Le droit de douane implique un niveau de production domestique Q_t et un prix $P_W + t$. Le quota, quant à lui, entraîne une production domestique plus faible, Q_q, et un prix plus élevé P_q. Cette différence tient au fait que le quota accorde plus de pouvoir au monopoleur que le droit de douane. Quand des firmes qui disposent *a priori* d'un pouvoir de marché sont protégées par un droit de douane, elles savent que si elles augmentent leur prix au-delà d'un certain niveau, la demande qui leur sera adressée sera nulle. À l'opposé, un quota d'importation procure une protection totale : quel que soit le prix domestique, les importations ne peuvent dépasser le volume défini par le quota.

À la lumière de cette comparaison, les gouvernements soucieux de limiter les comportements de monopole devraient donc privilégier l'usage du droit de douane dans leur politique commerciale.

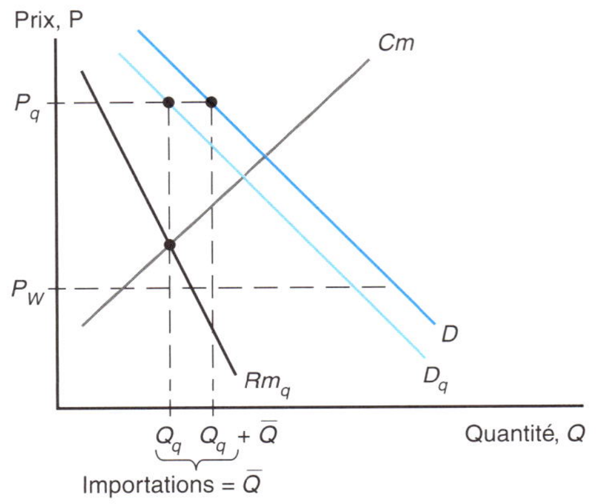

Figure 9B.3 – Le cas d'un monopoleur protégé par un quota d'importation.
Le quota n'impose pas de contrainte stricte sur les prix. Le monopoleur peut donc augmenter son prix en tenant simplement compte du volume d'importation autorisé par le quota.

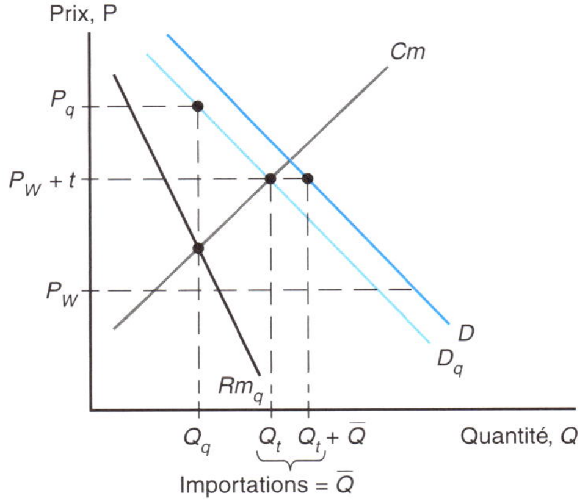

Figure 9B.4 – Comparaison d'un droit de douane et d'un quota en concurrence imparfaite.
Un quota d'importation réduit la production et augmente le prix domestique plus fortement que dans le cas d'un droit de douane.

Chapitre 10

L'économie politique du protectionnisme

Objectifs pédagogiques :

- Étudier les arguments en faveur du libre-échange, qui dépassent le cadre conventionnel des analyses coûts-bénéfices.
- Évaluer les arguments protectionnistes, qui visent à accroître le bien-être national.
- Décrire les analyses d'économie publique, qui permettent d'expliquer comment les gouvernements choisissent leurs politiques commerciales.
- Étudier la manière dont les négociations et les accords internationaux ont contribué au développement du commerce mondial.
- Définir pourquoi les accords préférentiels peuvent poser des problèmes particuliers.

Les accords commerciaux signés en 1995 dans le cadre du GATT prévoyaient une libéralisation complète des échanges de produits textiles. Tous les pays membres de l'Organisation mondiale du commerce (OMC), États-Unis et Union européenne en tête, s'engageaient à démanteler progressivement les quotas limitant le commerce dans ce secteur ; toutes les protections devant être levées au 1er janvier 2005. Mais, arrivé à cette échéance, les pays développés ont vu subitement s'accroître leurs importations de produits textiles en provenance de Chine. Face à cet afflux massif, l'UE a rapidement réagi en signant avec la Chine un « mémorandum d'accord » visant à rétablir des limites à la progression des ventes d'un certain nombre de produits chinois sur le territoire européen : les t-shirts, les pull-overs, les pantalons, les chemises… Cet accord n'a pris fin qu'en 2008. Pourtant, les responsables de la politique commerciale européenne, qui sont conseillés par des équipes d'économistes sérieux et compétents, ne peuvent ignorer les conséquences du protectionnisme. Ils savent que ces politiques publiques occasionnent des coûts qui dépassent largement leurs bénéfices (voir chapitre 9). Alors pourquoi persister à les mettre en œuvre ? Sur quels fondements s'appuient ces choix ?

Ce chapitre présente un certain nombre de réponses, applicables à différents pays. L'étude des forces qui guident concrètement les politiques commerciales sera également l'objet des chapitres suivants, où nous étudierons plus en détail les problèmes caractéristiques des politiques commerciales dans les pays en développement (voir chapitre 11), puis dans les pays développés (voir chapitre 12).

Afin de comprendre comment les gouvernements choisissent leurs politiques commerciales, il convient tout d'abord de revenir sur les arguments en faveur du libre-échange. Nous analyserons ensuite ceux qui plaident en faveur de la protection commerciale et la façon dont les politiques commerciales sont négociées au sein de chaque pays, et entre les pays.

1 Les avantages du libre-échange

Peu de pays ont véritablement mis en place une politique de libre-échange. Hong Kong (qui est officiellement un territoire chinois, mais doté d'une politique économique autonome) est peut-être la seule économie moderne à n'avoir pas imposé de droits de douane ou de quotas d'importation. Pourtant, depuis Adam Smith, l'analyse économique présente le libre-échange comme un idéal, vers lequel les choix de politique commerciale devraient tendre. En fait, les économistes plébiscitent souvent le libre-échange pour deux raisons essentielles : d'une part, il permet d'éviter les pertes d'efficience engendrées par la protection, et d'autre part, il s'agit d'un choix simple et moins risqué pour les pouvoirs publics que des politiques commerciales définies du cas par cas qui se révèlent, dans les faits, souvent hasardeuses.

1.1 Efficience et libre-échange

L'analyse coûts-bénéfices de la protection commerciale (voir chapitre 9) montre qu'en s'écartant du libre-échange, les économies subissent des pertes d'efficience. Prenons l'exemple d'un petit pays, qui ne peut pas influer sur les prix mondiaux (voir figure 10.1).

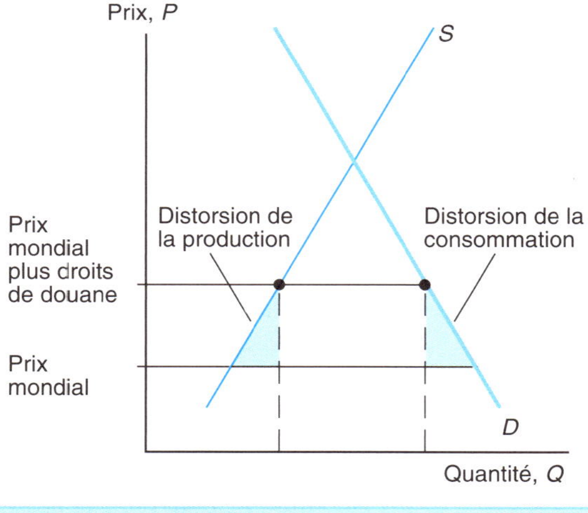

Figure 10.1 – Le gain d'efficience en libre-échange.
Un droit de douane engendre des distorsions de la production et de la consommation.

L'instauration d'un droit de douane introduit une distorsion des incitations économiques (pour les producteurs comme pour les consommateurs), ce qui engendre une perte nette pour l'économie. Celle-ci se mesure par la somme des aires des deux triangles. À l'inverse, le passage au libre-échange élimine ces distorsions et accroît le bien-être.

Dans le monde actuel, les droits de douane sont généralement assez faibles et les quotas d'importation plutôt rares[1]. Par conséquent, lorsqu'on essaie d'évaluer les coûts des distorsions qui leur sont imputables, on obtient des valeurs relativement modestes : une estimation récente des gains liés à l'élimination de ces barrières commerciales montre qu'ils sont généralement inférieurs à 1 % du PIB (voir tableau 10.1). Même modestes, ces chiffres représentant tout de même des gains non négligeables, notamment pour les pays en développement.

Tableau 10.1 : Gains attendus d'un passage au libre-échange mondial (% du PIB)

Union européenne	0,61
États-Unis	0,57
Japon	0,85
Pays en développement	1,45
Monde	0,93

Source : William Cline, *Trade Policy and Global Poverty*, Institute for International Economics, Washington DC, 2004, p. 180.

1.2 Les gains additionnels au libre-échange[2]

Les résultats présentés au tableau 10.1 révèlent des gains au libre-échange relativement limités, mais beaucoup d'économistes sont convaincus qu'ils ne représentent que la partie émergée de l'iceberg.

En effet, les mesures des distorsions de la production et de la consommation ne parviennent pas à capter certains avantages du libre-échange, comme ceux liés aux économies d'échelle. La protection des marchés permet non seulement de fragmenter la production au niveau international, mais aussi d'inciter un grand nombre d'entreprises à produire dans les secteurs protégés. La hausse du nombre d'entreprises sur des marchés intérieurs étroits réduit l'échelle de production de chacune. Ainsi, l'ouverture à la concurrence étrangère permet de rationaliser la production et d'augmenter au final la productivité. C'est ainsi par exemple que, dans les années 1960, en protégeant son secteur automobile, l'Argentine a compté jusqu'à treize producteurs nationaux, pour un volume total de production de 166 000 véhicules par an. On estimait à l'époque qu'une usine d'assemblage efficiente devait produire entre 80 000 et 200 000 voitures par an.

Un autre argument en faveur du libre-échange est qu'en incitant les entrepreneurs à chercher de nouveaux débouchés pour leurs exportations, ou bien à affronter la concurrence étrangère, il stimule efficacement l'innovation et les transferts de connaissances. Certains pays en développement ont ainsi découvert des opportunités d'exportations inattendues, en abandonnant leurs systèmes de droits de douane et de quotas d'importation au profit de politiques commerciales plus ouvertes (voir chapitre 11).

1. En revanche, dans quelques secteurs, comme l'agriculture ou le textile, un certain nombre d'entraves importantes au commerce persistent encore.
2. Les gains additionnels au libre-échange, auxquels il est fait référence ici, sont parfois nommés gains « dynamiques », car les effets de l'intensification de la concurrence et des incitations à innover peuvent nécessiter plus de temps pour prendre forme, que l'élimination des distorsions de la consommation et de la production.

Enfin, comme nous l'avons vu au chapitre 8, le libre-échange ouvre des opportunités nouvelles aux entreprises les plus performantes et pousse les moins efficaces hors du marché. Ce mouvement de réallocation des parts de marché ne se fait pas sans douleur, mais permet d'accroître, en moyenne, le niveau de productivité.

Très peu d'études empiriques permettent de quantifier ces effets dynamiques de l'ouverture commerciale. En 1985, les économistes canadiens Richard Harris et David Cox ont tenté d'évaluer, en tenant compte de la croissance des économies d'échelle, les gains générés au Canada par l'instauration du libre-échange avec les États-Unis. Leurs calculs montrent qu'une ouverture commerciale soudaine aurait, à terme, augmenté le revenu réel du Canada de 8,6 % – soit trois fois plus que le taux estimé lorsqu'on ne tient pas compte de ces gains dynamiques à l'ouverture[3].

1.3 Les stratégies de capture des rentes

Nous avons vu au chapitre 9 que la mise en place d'un quota nécessite l'émission de licences d'exportation. Dans la mesure où les détenteurs de ces licences profitent d'une rente particulièrement confortable, les entreprises peuvent être tentées d'adopter des comportements inhabituels afin de tirer parti de cette aubaine. Ces stratégies de recherche de rente risquent d'engendrer des pertes supplémentaires qui n'apparaissent pas dans le cas où la protection prend la forme d'un droit de douane.

Un exemple de stratégie de capture de rentes nous vient des États-Unis. Le gouvernement américain impose une forme de protection particulière sur les importations de thon en boîte : une petite partie (4,8 % de la consommation américaine) est taxée d'un droit de douane limité à 6 %, mais, au-delà de ce seuil, les importations sont soumises à une protection tarifaire deux fois plus élevée. Dans ce cas précis de « quota tarifaire » (on parle aussi de « contingent tarifaire »), il n'y a pas de licences d'importation. Le système fonctionne sur le principe du « premier arrivé, premier servi » : chaque année, les premières entreprises à importer du thon profitent du taux réduit, et les suivantes doivent s'acquitter du taux élevé. La conséquence de ce système est une course absurde à l'importation de thon : en décembre, de nombreuses entreprises américaines achètent massivement du thon étranger et le stockent dans des entrepôts de douanes pour être prêtes à en déverser la plus grande quantité possible sur le marché américain dès le 1er janvier. Toutes ces opérations entraînent des dépenses inutiles (frais financiers, coûts du stockage, perturbation des chaînes d'approvisionnement…) qui viennent s'ajouter au coût direct de la protection.

1.4 Les arguments politiques en faveur du libre-échange

Il arrive parfois qu'en théorie, le libre-échange ne soit pas la politique idéale, mais qu'en pratique, il se révèle tout de même être une bonne idée. Au-delà des considérations purement économiques en faveur de la protection commerciale de certains secteurs, un gouvernement peut préférer imposer un libre-échange total pour des raisons politiques. En effet, si un gouvernement tente de suivre les recommandations des économistes en menant une politique

---

3. Harris et Cox, *Trade, Industrial Policy, and Canadian Manufacturing*, Ontario Economic Council, 1984 ; et des mêmes auteurs, « Trade liberalization and Industrial Organization : Some Estimates for Canada », *Journal of Political Economy*, 93, février 1985, p. 115-145. Rappelons que le Canada et les États-Unis partagent un accord de libre-échange depuis 1988.

commerciale sophistiquée, il risque d'être confronté à différents groupes de pression. Certains souhaiteront un retour au libre-échange, tandis que d'autres tenteront d'obtenir une protection commerciale qui les avantage. Pour couper court aux revendications partisanes, et ne pas donner prise à ceux qui souhaiteraient mettre en place des politiques contraires à l'intérêt général, le gouvernement peut choisir d'arbitrer en faveur d'un libre-échange généralisé.

Au final, trois types d'arguments plaident en faveur de la libéralisation commerciale :

- Les entorses au principe du libre-échange engendrent des coûts élevés.
- Les gains dynamiques du libre-échange viennent encore alourdir les coûts imputables aux politiques protectionnistes.
- La poursuite d'une politique protectionniste sophistiquée risque d'être corrompue par les enjeux politiques.

Néanmoins, certains arguments en faveur du protectionnisme ne doivent pas être rejetés *a priori*, et méritent d'être étudiés avec attention.

Encadré 10.1

Le marché unique européen

La signature de l'Acte unique européen, en 1986, constitue un moment important de l'histoire de la construction européenne. Ce traité, entré en vigueur en janvier 1987, a lancé un vaste chantier d'intégration économique. Son objectif était d'achever, avant la fin de l'année 1992, la construction d'un *marché intérieur*, c'est-à-dire « un espace sans frontières intérieures dans lequel la libre circulation des marchandises, des personnes, des services et des capitaux est assurée ». Au 1er janvier 1993, le *marché commun* issu du traité de Rome est devenu le *marché unique*.

Les réformes engagées lors de ce processus d'intégration ont représenté un effort important de la part des États membres. En effet, la Communauté européenne était une union douanière. En 1986, il n'y avait déjà plus de droits de douane, ni de quotas d'importation sur le commerce intra-européen. L'effort de libéralisation commerciale a donc porté sur les multiples barrières implicites qui entravaient toujours les échanges. Il s'agissait, d'une part, de réduire les coûts du franchissement des frontières. Les formalités administratives, qui entraînaient souvent de longues attentes lors des passages en douane, pour les camions comme pour les hommes d'affaires, limitaient de fait les échanges commerciaux. D'autre part, l'Acte unique visait aussi à harmoniser les réglementations (techniques, sanitaires ou environnementales), qui empêchaient la commercialisation de certains produits sur les différents marchés européens.

L'élimination de ces entraves au commerce a été un processus particulièrement ardu sur le plan politique. L'harmonisation des normes impose en effet que les pays s'entendent sur des standards communs pour réglementer la production et la distribution des produits. Ainsi, la constitution du marché unique a nécessité de mener des négociations simultanées dans plusieurs centaines de domaines.

Ces discussions ont souvent été âpres et disputées puisqu'elles touchaient non seulement aux intérêts économiques de chaque pays, mais aussi, parfois, à leurs spécificités culturelles.

Encadré 10.1 (suite)

Les enjeux agricoles ont été à l'origine d'un bon nombre des situations les plus tendues. Pour des raisons sanitaires évidentes, tous les pays développés réglementent la production agricole et agroalimentaire. Il s'agit d'éviter que des entreprises puissent vendre des produits dangereux pour la santé, et de garantir aux consommateurs des informations suffisantes sur la qualité des biens. Mais ces négociations ont aussi mis en évidence des disparités culturelles entre les pays européens, qui ont fait la joie des médias. Par exemple, les nouvelles réglementations des colorants artificiels proposées auraient remis en cause l'apparence de certains produits alimentaires très populaires en Grande-Bretagne : les saucisses roses (pour le petit déjeuner) seraient devenues blanches, les harengs dorés seraient devenus gris, et la purée de pois serait passée d'un joli vert vif à une couleur désespérément banale. Pour les habitants d'Europe continentale, ces réformes semblaient raisonnables : l'interdiction de certains colorants apportait une garantie sanitaire, et ils imaginaient mal comment cela aurait pu rendre la gastronomie anglaise pire qu'elle ne l'était déjà ! Mais au Royaume-Uni, cette affaire a pris une toute autre tournure. L'identité nationale était en jeu, si bien qu'au final, les Britanniques ont fini par obtenir les exceptions nécessaires. Bien sûr, chaque pays a défendu ses spécificités nationales avec autant de ferveur que le Royaume-Uni. Mais chacun a dû faire des concessions : l'Allemagne a finalement accepté d'importer de la bière qui ne respectait pas ses règles de fabrication centenaires, l'Italie a vu arriver sur son marché des pâtes faites – horreur !– avec le mauvais blé, etc.

Pourquoi avoir engagé des négociations aussi complexes ? Quels étaient les gains potentiels du marché unique ? Toutes les tentatives d'estimation des gains directs ont suggéré qu'ils étaient plutôt modestes. Les coûts associés au franchissement des frontières ne représentent qu'un faible pourcentage de la valeur du bien transporté.

Leur suppression n'aurait donc pas permis d'augmenter le revenu réel de l'UE. Pourtant, les économistes de la Commission européenne ont défendu l'idée que les gains réels seraient bien plus importants. Leurs arguments reposaient en partie sur l'espoir que l'unification des marchés européens entraînerait une intensification de la concurrence et des économies d'échelle, à même de conduire à des gains d'efficience dynamiques. Finalement, l'objectif était de constituer un marché comparable à celui des États-Unis. La taille des économies américaine et européenne est en effet similaire, mais les États-Unis forment un marché totalement intégré, sans frontière. Le marché européen est, quant à lui, très segmenté : dans de nombreux secteurs, chaque marché national est dominé par des entreprises locales, de taille relativement modeste. La suppression de toutes les entraves au commerce devait alors entraîner, grâce à la concentration des producteurs, de substantiels gains de productivité. D'après les calculs de la Commission, ces gains devaient s'élever au final à 7 % du revenu européen*.

Peu d'économistes croyaient sincèrement en la fiabilité de cette estimation, mais beaucoup étaient tout de même convaincus que l'approfondissement de l'intégration européenne pourrait conduire à des gains significatifs.

---

* Michael Emerson, Michel Aujean, Michel Catinat, Philippe Goybet et Alexis Jacquemin, *The economics of 1992 : The E.C. commission's assessment of the economic effects of completing the internal market*, Oxford University Press, 1988.

Encadré 10.1 (suite)

Les plus sceptiques ont néanmoins suggéré que la segmentation des marchés avait des fondements plus culturels que réglementaires. Par exemple, les Italiens, qui ont tendance à acheter peu de vêtements, mais de bonne qualité, préfèrent des machines à laver moins rapides mais plus soigneuses que celles généralement vendues dans les autres pays d'Europe.

Dix après 1992, il était devenu évident que ni les partisans du marché unique, ni les sceptiques n'avaient totalement raison. Dans certains cas, on a effectivement observé des concentrations d'entreprises, ce qui ne s'est d'ailleurs pas fait sans heurts : en France, par exemple, on se souvient de la décision du fabricant d'aspirateurs Hoover de fermer ses usines sur le continent, afin de regrouper l'ensemble de sa production en Grande-Bretagne, sur un site unique. Dans d'autres, l'ancienne segmentation des marchés a effectivement éclaté, et parfois de façon surprenante : en France, par exemple, les consommateurs français ont progressivement accepté les assouplissants roses ou le pain de mie, très blanc, des Anglais. Mais globalement, les spécificités nationales ont perduré : les Allemands n'ont pas témoigné de goût prononcé pour la bière importée, et les Italiens dédaignent toujours les pâtes faites avec du blé léger.

Grâce au recul dont on dispose aujourd'hui, les estimations des gains tirés de la construction du marché unique sont bien plus crédibles. En 2003, la Commission européenne avançait un chiffre beaucoup plus modeste que les 7 % estimés dans un rapport rédigé en 1988 : le gain serait d'environ 1,8 % du PIB européen. Ce chiffre est sans doute un peu décevant pour ceux qui attendaient beaucoup de l'intégration européenne. Il n'est cependant pas négligeable, et il est loin de signer l'échec de l'Acte unique.

2 Le libre-échange contre le bien-être national

Les mesures de politique commerciale sont généralement instaurées en vue de protéger les revenus de groupes d'intérêt ciblés. Toutefois, les responsables politiques revendiquent souvent le fait que leurs décisions dans ce domaine sont prises dans l'intérêt de la nation. C'est parfois effectivement le cas. Bien que les économistes soutiennent régulièrement que toute entorse au libre-échange réduit le bien-être domestique, il existe certains arguments théoriques qui permettent de défendre les thèses protectionnistes.

2.1 L'argument des termes de l'échange

Un argument en faveur du protectionnisme provient directement de l'analyse coûts-bénéfices. Dans le cas d'un grand pays (qui, de par l'importance de son offre et de sa demande, est en mesure d'influer sur les prix mondiaux), la mise en place d'un droit de douane réduit le prix des importations et permet d'améliorer les termes de l'échange. Les bénéfices qu'en tire l'économie doivent être évidemment comparés aux coûts associés aux distorsions générées par le droit de douane.

Dans un grand pays, les gains liés à l'amélioration des termes de l'échange peuvent effectivement surpasser les coûts d'un droit de douane, tant que ce dernier n'est pas trop élevé (voir annexe). Cependant, plus le droit de douane est contraignant, plus ses coûts risquent de dépasser les effets positifs liés à l'amélioration des termes de l'échange. Pour s'en rendre compte, il suffit de considérer un droit de douane prohibitif (qui empêcherait tout échange) : à partir du niveau t_p, le pays se trouve en situation d'autarcie, si bien qu'il perd tous les gains tirés de l'échange international (voir la figure 10.2 qui découle de l'analyse présentée dans l'annexe).

Comme la relation entre le droit de douane et le bien-être est croissante, puis décroissante, il existe forcément un droit de douane optimal, qui maximise le bien-être : il s'agit de t_o, qui correspond au point 1 (voir figure 10.2). Dans le cas d'un grand pays, le droit de douane optimal est toujours supérieur à zéro, mais inférieur au taux prohibitif (t_p) qui éliminerait l'ensemble des importations.

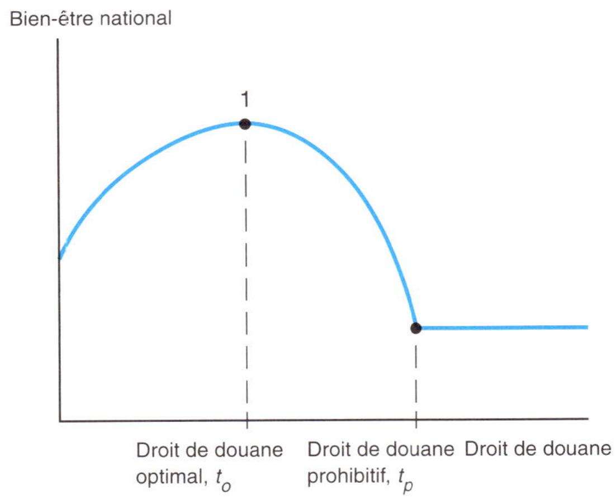

Figure 10.2 – Le droit de douane optimal.
Dans le cas d'un grand pays, il existe un droit de douane optimal t_o pour lequel le gain marginal lié à l'amélioration des termes de l'échange compense la perte marginale d'efficience qui résulte des distorsions de la production et de la consommation.

Si l'on suit l'argument des termes de l'échange, quelle politique doit-on préconiser pour les *secteurs exportateurs* ? En considérant qu'une subvention à l'exportation détériore les termes de l'échange et donc réduit le bien-être national, la politique optimale consiste à taxer les exportations (c'est-à-dire imposer une subvention négative). À l'instar du droit de douane optimal, l'impôt optimal sur les exportations est toujours positif pour un grand pays, mais il est inférieur à l'impôt prohibitif, qui éliminerait l'intégralité des exportations. C'est exactement la politique qu'ont suivi un certain nombre de pays exportateurs de pétrole : ils ont taxé leurs exportations dans le but d'augmenter les prix du pétrole sur le marché mondial.

Cet argument présente toutefois de sérieuses limites. D'abord, il ne concerne que les grands pays. Ces derniers peuvent user de leur pouvoir de monopole, afin de s'accaparer des gains aux dépens des économies étrangères. Les politiques de droit de douane optimal sont à la portée des États-Unis, de l'Union européenne et de quelques autres puissances économiques (au moins dans certains secteurs). Mais le fait d'y recourir reviendrait à adopter un comportement prédateur qui nuirait à leurs relations avec leurs partenaires commerciaux. Ils risqueraient alors de subir des représailles commerciales, qui finiraient par porter préjudice à tout le monde.

Ainsi, l'argument des termes de l'échange est intellectuellement sans faille, mais son utilité reste limitée. En réalité, les économistes le présentent généralement comme une proposition plus théorique que pratique.

2.2 L'argument des défaillances de marché

Un autre argument théorique en faveur de la protection commerciale repose sur le principe des défaillances de marché.

Au-delà de la question des termes de l'échange, un certain nombre d'économistes ont fait valoir que l'analyse coût-bénéfice présentée au chapitre précédent pouvait ne pas retranscrire correctement les conséquences réelles de la protection et du libre-échange. Notamment, une analyse basée sur l'évolution du surplus du producteur serait trop favorable au libre-échange car ce concept ne permettrait pas d'inclure la totalité des gains associés à l'accroissement de la production. Un grand nombre d'arguments (que nous étudierons plus en détail dans les deux prochains chapitres) plaident en ce sens. Il peut par exemple s'agir de certains dysfonctionnements des marchés du capital ou du travail, qui génèrent un sous-emploi des facteurs ou empêchent un transfert rapide des ressources vers les secteurs les plus rentables, ou bien de transferts technologiques émanant des secteurs innovants.

Supposons, par exemple, que la production d'un bien permette d'accumuler progressivement de l'expérience et du savoir-faire, qui contribueront à accroître la productivité dans l'ensemble de l'économie (on parle alors d'externalité). C'est par exemple le cas lorsque l'essor des industries innovantes permet la diffusion des nouvelles technologies dans les secteurs plus traditionnels de l'économie. Si cet effet reste diffus, les firmes du secteur ne peuvent pas s'approprier pleinement ce bénéfice dont profite le reste de l'économie. Elles n'en tiennent donc pas compte lorsqu'elles déterminent leurs niveaux de production. Toute augmentation de la production dégage alors un *bénéfice social marginal*, qui n'est pas capturé par les surplus des producteurs : chacun d'eux, pris individuellement, ne gagne rien à fabriquer davantage de bien, mais les autorités nationales ont tout intérêt à stimuler la production, afin de multiplier les externalités et d'accroître ce bénéfice social. Dans certains cas, une protection commerciale peut permettre d'atteindre cet objectif.

La figure 10.3a représente l'analyse conventionnelle coûts-bénéfices dans le cas d'un droit de douane instauré par un petit pays. La figure 10.3b montre le bénéfice marginal généré par les firmes du secteur, mais qui n'est pas pris en compte dans l'évaluation de leur surplus. Celui-ci augmente avec la quantité produite par le secteur.

Ainsi, si un droit de douane permet d'augmenter le prix de P_w à $(P_w + t)$ et d'engendrer une hausse de la production de S^1 à S^2, il accroît également le bénéfice social. Au final, il conduit aux distorsions habituelles (mesurées par les aires a et b), mais il génère un gain supplémentaire, qui correspond à l'aire *c*. Si le droit de douane est suffisamment petit, l'aire *c* sera plus grande que l'aire $a + b$. Là encore, il permet de maximiser le bien-être l'économie[4].

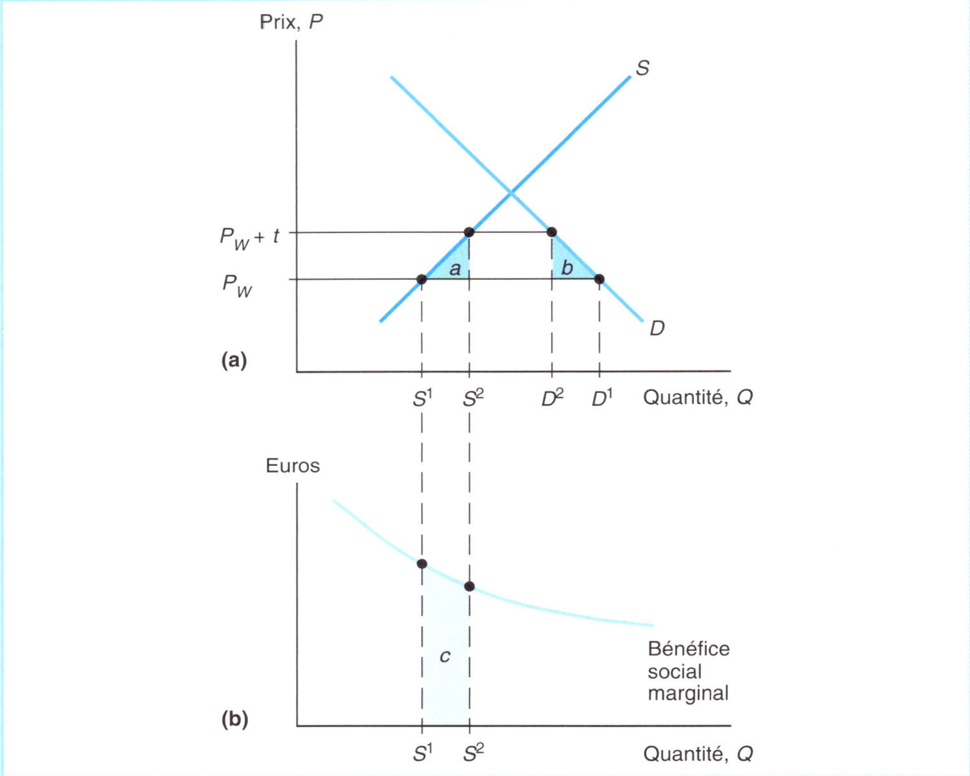

Figure 10.3 – L'argument des défaillances de marché.

Si la production d'un bien produit un bénéfice social supplémentaire (mesuré par l'aire *c*), qui n'est pas capturé par le surplus du producteur, un droit de douane peut alors accroître le bien-être.

Cet argument des défaillances de marché est en fait un cas particulier de la théorie de l'optimum de second rang. Celle-ci stipule qu'une politique non interventionniste est souhaitable sur un marché, dès lors que tous les autres fonctionnent correctement. Dans le cas contraire, une intervention publique, dont le but est de déformer les incitations dans un secteur, pourrait améliorer le bien-être en compensant les défaillances de certains marchés. Imaginons, par exemple, que le marché du travail fonctionne mal et qu'il ne parvienne pas à assurer le plein emploi. Le gouvernement a tout intérêt à traiter directement le problème, en encourageant la mobilité des travailleurs, en facilitant les rencontres entres les entreprises et les demandeurs d'emplois, ou en introduisant une plus grande flexibilité des salaires.

4. Dans ce cas, on n'utilise pas le terme de « droit de douane optimal », que l'on réserve par convention au cas de l'argument des termes de l'échange.

Mais s'il ne peut pas intervenir directement sur l'origine du problème, il peut éventuellement améliorer la situation en protégeant les secteurs intensifs en travail.

2.3 L'argument des défaillances de marché est-il vraiment convaincant ?

À première vue, l'argument des défaillances de marché porte un coup sévère aux thèses libre-échangistes. Après tout, qui oserait affirmer que les économies dans lesquelles nous vivons ne souffrent d'aucun dysfonctionnement ? Par exemple, la persistance du chômage et les différences de salaires entre les villes et les campagnes sont des réalités partagées par de nombreux pays en développement. Et dans les pays développés, l'incapacité des firmes innovantes à s'approprier l'intégralité des retombées de leurs investissements en recherche et développement peut justifier l'instauration d'une protection commerciale. Alors, pourquoi les partisans du libre-échange ne déposent-ils pas les armes ? En fait, leurs arguments suivent deux lignes de défense.

La première stipule que chaque défaillance de marché doit être traitée par des politiques internes spécifiques permettant de régler le problème à la source. Reprenons l'exemple de la figure 10.3. Il montre qu'un droit de douane permet d'accroître le bien-être du pays, en dépit des distorsions de production et de consommation qu'il induit. Mais la protection commerciale n'est pas le seul instrument dont disposent les autorités publiques pour inciter les entreprises à produire davantage. Elles peuvent aussi, par exemple, proposer une subvention à la production. Cette dernière permettrait d'augmenter la production, mais le prix proposé aux consommateurs resterait inchangé et la perte de consommation *b* serait évitée.

On retrouve là un principe général : il est toujours préférable de traiter directement les défaillances de marché, parce que les réponses politiques indirectes induisent des distorsions involontaires dans d'autres secteurs de l'économie. En d'autres termes, les politiques commerciales ne sont pas les solutions les plus efficaces. Elles n'amènent qu'à des optima de « second rang ».

Lorsqu'en 2005, les accords multifibres sont arrivés à leur terme, les industriels européens (tout comme leurs homologues américains) ont réclamé le rétablissement des quotas d'importation qui protégeaient le secteur textile. Ils souhaitaient ainsi préserver les emplois dans ce secteur, en arguant que les marchés du travail étaient trop rigides pour permettre aux salariés des entreprises concernées de retrouver rapidement du travail. Ce dernier point n'est sans doute pas faux. En effet, le faible niveau de qualification de ces employés ainsi que le temps passé à travailler dans ce secteur rendent difficile leur reconversion. De même, les entreprises textiles sont fortement concentrées dans quelques régions (comme le nord de la France ou le nord-est de l'Italie), si bien que leur fermeture risque de déstabiliser profondément les économies locales. Mais pourquoi réclamer des quotas, plutôt que d'accorder des subventions aux entreprises susceptibles d'embaucher des employés du secteur textile ? Tout simplement parce que cette proposition soulèverait probablement une vive contestation. En effet, le reclassement des salariés licenciés nécessiterait un effort budgétaire important. Une partie des contribuables risquent de protester contre le coût de cette mesure. Et que dire des chômeurs issus des autres secteurs, qui sont à la recherche d'un travail depuis plusieurs mois et qui, eux, ne recevraient aucune aide spécifique ? Pour sa part, la protection commerciale est une solution qui engendre un coût nettement plus élevé, mais beaucoup plus discret. Elle entraîne une augmentation des prix, partagée par le plus grand nombre (notamment, par tous les consommateurs de produit textiles), ce qui rend ce coût plus difficile à percevoir.

La seconde ligne de défense du libre-échange repose sur les difficultés à identifier les défaillances de marché. Supposons par exemple qu'un pays en développement souffre d'un taux élevé de chômage urbain. Quelle est dans ce cas la politique appropriée ? Une hypothèse serait d'imposer un droit de douane protégeant les secteurs industriels, qui sont pour l'essentiel localisés dans les villes (voir chapitre 11). Cette politique permettrait de créer des emplois et de générer des bénéfices sociaux, qui compenseraient les coûts de la protection commerciale. Mais d'un autre côté, elle encouragerait l'afflux de travailleurs ruraux vers les villes, entraînant ainsi une hausse du chômage. Il est difficile de savoir *a priori* laquelle de ces deux hypothèses prédominera. Il en va de même pour beaucoup d'autres problèmes : l'expertise économique peine à évaluer correctement l'importance et la forme des défaillances de marché.

Dans ces conditions, il est toujours difficile de définir une politique économique de second rang. Si le gouvernement se trompe et intervient à mauvais escient, il risque en effet de faire plus de mal que de bien. D'autre part, si les critères justifiant l'intervention publique ne sont pas établis avec certitude, si les spécialistes de l'analyse économique ne détectent pas avec précision les défaillances de marché, et s'ils ne sont pas d'accord sur les conséquences d'une politique commerciale, on pourrait être tenté d'oublier le bien-être domestique et ne retenir que les arguments en faveur de certains intérêts privés. Si les défaillances de marché ne sont pas trop marquées, il est alors peut-être plus raisonnable de tenir une position libre-échangiste, que d'ouvrir la boîte de Pandore des politiques commerciales qui font le bonheur des lobbies.

Cependant, ce dernier argument relève davantage de la science politique que de la science économique. Il convient donc de retenir que les arguments en faveur de la protection commerciale exposés ci-dessus conservent toute leur pertinence théorique : contrairement à l'idée généralement admise, la théorie économique n'offre pas une défense dogmatique du libre-échange.

3 Gagnants et perdants de la politique commerciale

Jusqu'ici, le critère essentiel utilisé pour comparer le libre-échange et le protectionnisme était l'impact sur le bien-être de l'économie. Cela semble logique, notamment parce que la distinction entre le bien-être domestique et celui de groupes spécifiques permet de clarifier les enjeux des politiques commerciales. En effet, les chantres des politiques commerciales ont souvent tendance à affirmer un peu vite que les mesures protectionnistes engendrent des bénéfices partagés par l'ensemble de l'économie. Mais le bien-être d'une économie est une notion un peu abstraite, qui ne pèse pas directement sur les décisions des pouvoirs publics : seuls comptent véritablement les désirs et les espérances individuels, plus ou moins bien traduits dans les objectifs des gouvernements.

Comment les préférences individuelles sont-elles alors agrégées pour conduire, au final, un gouvernement à définir sa politique commerciale ? Il n'existe évidemment pas de réponse unique, mais depuis quelques années, la science économique propose quelques pistes. Notamment, certains modèles montrent comment le désir de maximiser les succès électoraux influe sur le choix des politiques publiques.

3.1 La concurrence électorale

Les chercheurs en science politique ont depuis longtemps défini un cadre théorique simple, qui permet d'analyser la concurrence entre les partis politiques. Ce modèle montre comment les partis définissent leurs programmes électoraux – et au final leurs choix de politique publique – en fonction des préférences des électeurs[5]. Il suppose que seuls deux partis sont en concurrence. Pour simplifier, disons qu'aucun des deux n'est porteur d'une idéologie spécifique : leur unique objectif est d'arriver au pouvoir. Ils sont donc tout à fait disposés à promettre n'importe quelle mesure permettant de remporter l'élection[6]. Supposons ensuite que le débat politique ne porte que sur une question unique : le niveau du droit de douane. Enfin, admettons que les électeurs n'ont pas tous les mêmes préférences politiques. Imaginons, par exemple, le cas d'un pays développé qui exporte des biens intensifs en travail qualifié et qui importe des biens intensifs en travail peu qualifié. Dans ce cas, les électeurs hautement qualifiés seront favorables à une protection commerciale limitée ; les travailleurs peu qualifiés réclameront, quant à eux, un droit de douane élevé.

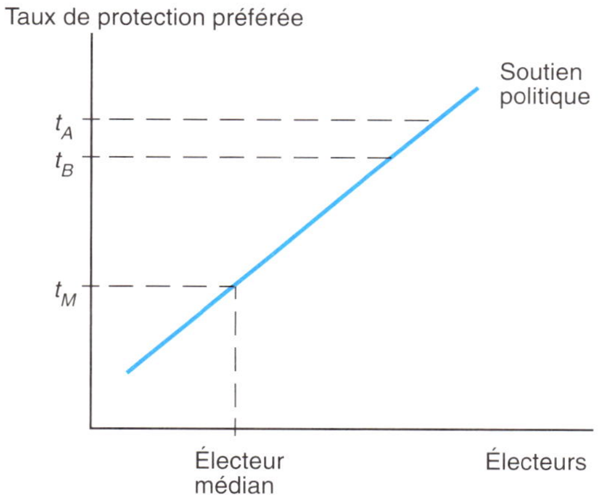

Figure 10.4 – La demande de protection commerciale de l'électeur médian.

Les électeurs sont classés selon le niveau de protection commerciale qu'ils souhaiteraient voir appliquer. Si un parti politique propose un droit de douane s'élevant, par exemple, à t_A, un parti concurrent peut obtenir la majorité des suffrages en proposant un droit de douane légèrement plus faible, t_B. La concurrence politique conduit les deux partis à proposer un droit de douane proche de t_M, ce qui correspond au niveau de protection commerciale souhaité par l'électeur médian.

---

5. Anthony Downs, *An Economic Theory of Democracy*, Brookings Institution, Washington DC, 1957.
6. Cette hypothèse peut sembler réductrice et plutôt cynique. Dans le cadre de notre discussion, elle n'est pourtant pas totalement absurde. En effet, dans la plupart des pays, les partis qui composent le paysage électoral n'ont généralement pas de position claire et arrêtée sur les questions de politique commerciale. À droite comme à gauche, on trouve toujours des arguments en faveur de la protection de quelques secteurs de l'économie. Les positions fondées sur des idéologies portent, le plus souvent, sur d'autres sujets : la fiscalité, les dépenses de santé et d'éducation, la politique de l'immigration, le mariage homosexuel, etc.

Cette composition de l'électorat est représentée à la figure 10.4. Tous les électeurs sont classés et alignés en fonction du niveau de droit de douane qu'ils souhaitent voir appliquer. Ceux qui sont favorables à un faible niveau de protection sont placés à gauche et les autres à droite (bien évidemment, ce choix est arbitraire et n'a rien à voir avec les orientations politiques réelles des partis de gauche et de droite). Quelles politiques vont alors proposer les deux partis ?

Pour le comprendre, supposons que l'un d'eux propose d'appliquer un droit de douane t_A. Ce niveau de protection dépasse largement celui que souhaiterait l'électeur médian : t_M. Ce dernier coupe la population en deux parts égales : une moitié de l'électorat souhaite un niveau de protection plus faible, et l'autre un niveau plus élevé. Dans ces conditions, il suffit au parti adverse de proposer un droit de douane légèrement inférieur (t_B), pour que son programme recueille la majorité des suffrages. À l'inverse, si le premier parti avait défendu une position plus libre-échangiste, c'est-à-dire un niveau inférieur à t_M, alors la stratégie politique de son adversaire consisterait à proposer une politique plus protectionniste. S'il existe une véritable concurrence électorale, les deux partis finiront par converger vers une proposition commune, qui correspond à la politique souhaitée par l'électeur médian. En somme, ce modèle simple apporte un fondement théorique à l'adage selon lequel les élections se gagnent au centre.

Il va de soi que ce modèle ne correspond pas à la réalité. Les politologues insistent, par exemple, sur le rôle de la concurrence politique *au sein de chaque parti*. Les différents groupes militants qui composent les partis sont souvent plus emprunts d'idéologie que les simples citoyens. Ils constituent un contrepoids qui interdit à la direction du parti de faire des choix trop cyniques, en versant dans le populisme ou en affichant des propositions proches de celles des partis adverses. Néanmoins, le modèle de l'électeur médian propose une base théorique très utile : il permet de comprendre que les choix publics visent davantage à orienter la répartition des revenus qu'à maximiser le bien-être de l'économie.

Ce modèle permet-il pour autant d'expliquer les comportements protectionnistes ? Eh bien, pas du tout ! En fait, en matière de politique commerciale, les prédictions de ce modèle sont presque toujours erronées. En effet, il prédit qu'une décision qui pénalise une faible part de la population, mais qui profite à une large majorité d'électeurs, devrait logiquement être adoptée. À l'inverse, le système électoral devrait amener à rejeter les politiques qui profitent à un petit groupe, mais qui sont néfastes au plus grand nombre. Or, les mesures de protection commerciale sont plutôt du second type : non seulement elles détériorent le bien-être domestique, mais elles pénalisent également tous les consommateurs, et ne profitent qu'aux entreprises et salariés des secteurs protégés. Alors, pourquoi recueillent-elles l'approbation des gouvernements ?

3.2 L'action collective

Dans son livre désormais célèbre[7], l'économiste Mancur Olson défend l'idée que militer au nom d'un groupe de personnes ou d'entreprises qui partagent les mêmes intérêts

7. Mancur Olson, *The Logic of Collective Action*, Harvard University Press, Cambridge, 1965 ; édition française, *La logique de l'action collective*, Presses Universitaires de France.

s'apparente à la production d'un bien public. Les gains tirés de cette activité politique ne profitent pas qu'aux seuls militants, mais sont partagés par l'ensemble du groupe. Pour comprendre les conséquences de cette approche, reprenons le cas du quota américain sur le sucre (voir chapitre 9). En moyenne, cette politique coûte à chaque famille américaine environ 11 dollars par an. Cette perte devrait inciter les ménages à faire pression sur leurs élus jusqu'à obtenir l'abandon du quota. Mais ils devraient pour cela accabler les députés et les ministres de lettres de protestation, ou consacrer tous leurs samedis à manifester. Or, l'envoi d'une lettre ou la présence d'un manifestant supplémentaire n'aura probablement qu'un effet marginal sur la décision des pouvoirs publics. Le gain qu'un individu peut espérer retirer de son effort de protestation risque donc de ne pas dépasser son coût (le prix du timbre, le sacrifice d'un samedi de loisir, etc.)[8]. Pourtant, si un million d'électeurs écrivaient une lettre afin de demander la fin du quota, ce dernier serait probablement abandonné. Cela engendrerait alors un gain pour chaque consommateur, qui excèderait de loin le coût d'envoi des lettres. Pour reprendre l'expression d'Olson, cet exemple met en évidence un problème d'action collective : bien qu'il soit dans l'intérêt d'un groupe, pris dans son ensemble, de faire pression afin d'obtenir des politiques favorables, il n'est pas nécessairement dans l'intérêt de chaque individu d'en faire autant.

Le problème de l'action collective est plus facile à surmonter lorsque le groupe est de petite taille (ainsi, chaque participant récupère une part non négligeable des gains associés à une politique favorable) et/ou bien organisé (dans ce cas, la coordination de ses membres permet d'augmenter l'effet marginal des efforts de protestation). Si les producteurs de sucre forment un lobby, c'est-à-dire un groupe relativement petit, bien organisé et conscient des bénéfices que chacun tirera d'un quota, alors ils ont toutes les chances de sensibiliser efficacement les pouvoirs publics sur cette question. Quant aux consommateurs de sucre, ils représentent une population très importante qui ne se perçoit pas comme un groupe d'intérêt. Même s'ils représentent un électorat bien plus large, ils n'ont aucune chance de faire fléchir le gouvernement.

3.3 Les secteurs protégés : l'agriculture et le textile

Dans les années 1960 et 1970, de nombreux pays en développement ont protégé des pans entiers de leur industrie manufacturière de la concurrence étrangère (ce qui, dans une certaine mesure, est encore le cas aujourd'hui). Ces politiques d'industrialisation par la substitution des importations sont étudiées plus en détail au chapitre 11. Dans les pays développés, les mesures protectionnistes sont bien plus ciblées. Elles se concentrent principalement dans deux secteurs.

8. En fait, à moins d'être un professionnel de la question, cela ne vaut en général pas la peine de consacrer les efforts nécessaires pour se tenir au courant des choix du gouvernement en matière de politique commerciale, et apprendre à en évaluer les conséquences.

Encadré 10.2

Hommes politiques à vendre

Il est difficile de donner un sens aux décisions des gouvernements en faveur du protectionnisme si l'on suppose que leur unique objectif est de maximiser le bien-être de la nation. En revanche, on comprend mieux ces choix si des groupes de pression peuvent influencer directement les responsables politiques. Les théories du *choix public* appliquées à la protection commerciale* offrent une image peu flatteuse de l'action politique : les hommes politiques agissent en fonction de leur propre intérêt (qui consiste, en somme, à gagner les élections), plutôt que dans l'intérêt général. Mais, est-on vraiment sûr de cela ? Pour des raisons propres au fonctionnement de la démocratie américaine (notamment, la possibilité pour des entreprises privées de financer directement les partis politiques), un certain nombre d'études ont tenté de vérifier que les élus du Congrès étaient effectivement sensibles aux pressions sonnantes et trébuchantes des lobbies.

Une étude menée en 1998 par Robert Baldwin et Christopher Magee** porte sur deux votes cruciaux : le vote de 1993 entérinant l'accord de libre-échange nord-américain (ALENA), et le vote de 1994 ratifiant les accords du GATT, signés à Marrakech (voir plus loin dans ce chapitre). Ces deux votes ont fait l'objet d'un combat politique âprement disputé entre les députés, mais aussi entre les différents groupes de pression : pour schématiser, « des milieux d'affaires » soutenaient ces accords, alors que les syndicats y étaient fortement opposés. Au final, la position libre-échangiste, soutenue par les milieux d'affaires, a fini par l'emporter dans les deux cas. En ce qui concerne le vote sur l'ALENA, l'issue du scrutin est restée incertaine jusqu'à la dernière minute : l'accord de libre-échange n'a été adopté par la Chambre des représentants (c'est-à-dire la Chambre des députés) qu'avec une majorité de 34 voix.

Baldwin et Magee ont construit et estimé un modèle économétrique visant à expliquer les déterminants des votes du Congrès, en fonction des caractéristiques économiques des circonscriptions de chaque membre du parlement, et des contributions financières accordées à leur budget de campagne par les milieux d'affaires ou par les syndicats. Ils montrent ainsi que les financements accordés à chaque député ont un impact important sur la nature de son vote. Un moyen d'évaluer cet impact consiste à utiliser les résultats économétriques afin de recalculer ce qui pourrait arriver en l'absence de toute contribution accordée par les différents lobbies.

Les résultats sont reportés au tableau ci-contre. La première ligne correspond au nombre de représentants qui ont effectivement voté en faveur de chacune des deux propositions de loi (aux États-Unis, pour qu'une loi soit entérinée, elle doit recueillir un minimum de 214 suffrages favorables). La deuxième ligne montre le nombre de votes prédits par Baldwin et Magee : leur modèle voit juste dans le cas de l'ALENA et surestime légèrement les votes positifs dans le cas du GATT.

---

* Voir notamment, Gene Grossman et Elhanan Helpman, « Protection for Sale », *American Economic Review*, 89, septembre 1994, p. 833-850.

** Robert Baldwin et Christopher Magee, « Is Trade Policy for Sale ? Congressional Voting on Recent Trade Bills », National Bureau of Economic Research Working Paper, n° 6376.

Les trois autres lignes donnent les simulations du modèle lorsqu'on suppose l'absence totale ou d'une partie des contributions versées par les groupes de pression.

	Vote pour l'ALENA	vote pour le GATT
Votes effectivement observés	229	283
Prédiction du modèle économétrique	229	290
Sans contribution des syndicats	291	346
Sans contribution des milieux d'affaires	195	257
Sans contribution	256	323

Dans le cas de l'ALENA, les syndicats ont incité 62 élus, disposés *a priori* à soutenir le projet, à changer leur vote. Quant aux milieux d'affaires, ils ont fait basculer 34 représentants en faveur de l'ALENA. Sans ce soutien, l'ALENA n'aurait obtenu que 195 voix, et aurait finalement été rejeté. Mais comme ces contributions provenaient des deux côtés, leurs effets ont eu tendance à se neutraliser. Les estimations de Baldwin et Magee suggèrent qu'en l'absence totale de contribution, le Congrès américain aurait tout de même ratifié les deux traités.

Le secteur agricole. Le nombre d'agriculteurs est relativement faible dans les économies modernes. En France, qui est pourtant l'un des principaux producteurs agricoles de l'Union européenne, ce secteur n'emploie que 4 % de la population active (à titre de comparaison, ce chiffre est d'environ 2 % aux États-Unis). Toutefois, les agriculteurs sont habituellement bien organisés et constituent des groupes efficaces sur le plan politique, capables d'obtenir l'instauration de niveaux élevés de protection commerciale. La politique agricole commune (PAC) est étudiée en détail au chapitre 9. Rappelons néanmoins que les subventions agricoles (qui représentent une large part du budget européen) ont pour conséquence d'accroître fortement les prix au sein de l'UE : pour de nombreux produits alimentaires, les consommateurs européens payent jusqu'à deux ou trois fois le prix mondial.

De son côté, le gouvernement japonais limite strictement les importations de riz. Ses administrés payent donc chaque kilo environ cinq fois le prix mondial. Au milieu des années 1990, une succession de mauvaises récoltes a contraint le Japon à assouplir cette politique. Mais dès 1998, malgré la protestation des principaux pays exportateurs, le gouvernement est revenu à une politique très protectionniste, en instaurant un droit de douane de 1000 % sur les importations de riz.

Enfin, les États-Unis ne sont pas en reste. Bien que le gouvernement fédéral ait progressivement limité les aides versées aux exploitants agricoles, les divers soutiens apportés à ce secteur restent très importants : d'après les estimations de l'OCDE, ces aides représentaient, en 2010, environ 9 % du revenu des exploitations agricoles (à titre de comparaison, ce chiffre atteint 22 % dans l'UE, 49 % au Japon et 56 % en Suisse).

Le secteur du textile et de l'habillement. L'industrie textile se compose de deux parties : le textile à proprement parler (la filature et le tissage des étoffes) et l'habillement (le façonnage des vêtements). Dans les pays développés, ces deux secteurs (mais surtout l'habillement) ont été protégés de la concurrence étrangère par des droits de douane et des quotas très élevés. Jusqu'en janvier 2005, cet arsenal de barrières commerciales était régulé par les *accords multifibres*. Depuis, les pays développés réduisent leurs protections commerciales sur ces produits. En 2013, les principales mesures protectionnistes devraient avoir définitivement disparu.

Compte tenu des coûts engendrés par la protection, ce mouvement de libéralisation du commerce des produits textiles et d'habillement devrait profiter aux consommateurs des pays développés. Les tableaux 10.2 et 10.3 illustrent les distorsions liées à la protection commerciale aux États-Unis et en Europe (UE-12) pour l'année 1990. En supposant que l'économie se trouve en situation de concurrence parfaite, leurs auteurs calculent les variations de surplus des consommateurs et des producteurs imputables aux barrières commerciales, ainsi que les recettes douanières et les rentes de quota. En somme, le coût de la protection supporté par

Tableau 10.2 : Le coût de la protection aux États-Unis (milliards de dollars)

	Habillement	Textile	21 secteurs
Coût supporté par les consommateurs (a = b + c + d + e)	21,1	3,3	32,3
Gain des producteurs (b)	9,9	1,8	15,8
Recettes douanières (c)	3,6	0,6	5,9
Rente de quota (d)	5,4	0,7	7,1
Perte d'efficience (e)	2,3	0,2	3,6
Perte globale de bien-être (= d + e)	7,7	0,9	10,4

Source : Gary Hufbauer et Kimberly Elliott, « Measuring the Costs of Protection in the United States », Washington DC, Institute for International Economics, 1994, p. 8-9.

Tableau 10.3 : Le coût de la protection en Europe (milliards d'euros)

	Habillement	Textile	22 secteurs
Coût supporté par les consommateurs (a = b + c + d + e)	**7,1**	**7,1**	**51,6**
Gain des producteurs (b)	1,7	2,7	12,7
Recettes douanières (c)	1,7	1,7	12,3
Rente de quota (d)	2,6	2,0	15,4
Perte d'efficience (e)	1,1	0,7	11,3
Perte globale de bien-être (= d + e)	**3,7**	**2,7**	**26,7**

Source : d'après Patrick Messerlin (voir P. Messerlin, « Niveau et coût du protectionnisme européen », *Économie Internationale, n° 89-90)*.

les consommateurs (et reporté à la première ligne de chaque tableau) est égal à la somme des gains des producteurs, des recettes douanières, des rentes de quota et des pertes d'efficience. Si l'on suppose que ces rentes sont entièrement captées par les économies étrangères, alors la perte globale de bien-être (qui masque, rappelons-le, une perte bien plus grande pour les consommateurs) est égale à la perte d'efficience augmentée des rentes de quota.

Ces résultats montrent l'importance des coûts de la protection : pour l'Union européenne, Patrick Messerlin évalue le coût supporté par les consommateurs à 6 % du PNB européen. Il ressort aussi de ces calculs que la sauvegarde de quelques secteurs représente un sacrifice important pour l'ensemble de l'économie. Aux États-Unis, les secteurs du textile et de l'habillement représentaient, à eux seuls, plus des trois quarts des coûts supportés par les consommateurs américains, et plus des cinq sixièmes du coût total sur le bien-être. En Europe, le coût total de la protection est encore plus important qu'aux États-Unis, mais il est mieux réparti entre les secteurs : le textile-habillement ne représente qu'un quart des coûts de la protection, soit à peu près autant que l'agriculture.

4 Les négociations commerciales

L'économie politique du protectionnisme dresse un panorama assez désespérant des choix publics en matière de politique commerciale. Ces théories montrent à quel point il est difficile de résister aux intérêts individuels pour mettre en place des politiques favorables à la fois à l'économie dans son ensemble, et à la majorité des citoyens.

Pourtant, depuis la fin de la Seconde Guerre mondiale, la plupart des pays développés ont progressivement abaissé leurs barrières commerciales. Le tableau 10.4 représente les taux moyens de droits de douane instaurés dans plusieurs pays entre 1875 et 2009 : après une hausse soudaine dans la première moitié du XXe siècle, ils ont rapidement décliné[9]. Étant donné ce que nous avons pu dire dans les sections précédentes, comment cette baisse généralisée des droits de douane a-t-elle été possible ?

La réponse réside en partie dans le rôle joué par les négociations internationales, lancées dès la fin des années 1940. Ces accords internationaux fonctionnent sur le mode du « donnant-donnant » : chaque pays accepte d'abaisser ses barrières commerciales en échange de l'ouverture des marchés des pays partenaires. En mettant en relation les concessions accordées par chacun, ces négociations permettent de surmonter certaines difficultés politiques qui, autrement, auraient empêché chaque pays de s'orienter seul vers des politiques plus favorables au libre-échange.

---

9. Les mesures des niveaux moyens de protection peuvent poser de sérieux problèmes, car la composition des importations varie dans le temps (notamment à cause des taux de droit de douane eux-mêmes). Imaginez, par exemple, qu'un pays protège un certain nombre de secteurs, avec des droits de douane si élevés qu'ils proscrivent de fait toute importation de ces biens. Dans ce cas, le taux moyen de protection, mesuré par le poids des taxes dans la valeur des importations, est tout simplement égal à zéro ! Par ailleurs, il faut aussi compter avec les barrières non tarifaires, dont l'impact réel sur le volume des importations est bien plus difficile à mesurer. Une présentation très complète de ces questions est proposée par Antoine Bouet, « La mesure des protections commerciales nationales », *Document de travail du CEPII*, n° 15, décembre 2000.

Tableau 10.4 : La protection tarifaire (1875 – 2009)

	Droit de douane moyen (%)					
	1875	1913	1925	1931	1950	2009*
Allemagne	4 – 6	13	20	21	26	5,3
Belgique		9	15	14	11	5,3
France	12 – 15	20	21	30	18	5,3
Italie		18	22	46	25	5,3
Royaume-Uni	0	0	5	n.a.	23	5,3
États-Unis	40 – 50	44	37	48	14	3,5

* Paul Bairoch, *Victoires et déboires : histoire économique et sociale du monde du* XVI*e siècle à nos jours*, Gallimard, 1997, et OMC (pour 2009).

4.1 Les avantages de la négociation

Deux raisons au moins expliquent pourquoi il est plus facile de réduire les droits de douane dans le cadre d'accords mutuels que de manière unilatérale.

Premièrement, les négociations internationales permettent de multiplier, dans chaque pays, les soutiens en faveur du libre-échange. Si l'ouverture du marché domestique est liée à l'abaissement des protections commerciales des pays partenaires, alors les firmes du secteur exportateur ont tout intérêt à soutenir l'avancée des négociations. Comme on l'a vu, les producteurs peuvent constituer des groupes d'intérêt bien plus efficaces que les consommateurs. L'association (explicite ou non) des consommateurs et des entreprises exportatrices peut alors faire basculer les décisions publiques en leur faveur.

Deuxièmement, les négociations internationales permettent d'éviter les guerres commerciales. Imaginons un monde constitué de deux pays : les États-Unis et l'Union européenne. Ceux-ci n'ont que deux politiques à leur disposition, le libre-échange ou le protectionnisme. Supposons enfin que les gouvernements soient particulièrement clairvoyants : ils peuvent mesurer précisément les niveaux de bien-être correspondant à chacune des situations. Les valeurs particulières des gains (voir tableau 10.5) font référence à deux hypothèses.

Tout d'abord, considérons le cas (assez peu vraisemblable) où la protection commerciale est la solution systématiquement préférée par chaque pays. Autrement dit, les Européens et les Américains préfèreront limiter les importations, quelle que soit la politique choisie par le gouvernement étranger.

Imaginons aussi que les États-Unis et l'Union européenne aient plus à gagner à l'ouverture du marché étranger qu'ils n'ont à perdre en ouvrant le leur (voir tableau 10.5). Ainsi, en dépit du fait que chaque gouvernement pencherait en faveur du protectionnisme s'il agissait individuellement, les deux pays gagneraient mutuellement à s'accorder pour ouvrir leurs marchés respectifs.

Ce type de situation illustre le « dilemme du prisonnier », bien connu de la théorie des jeux[10]. Dans ce cas, si chaque pays suit la stratégie qui lui semble la meilleure, ils doivent tous deux opter pour le protectionnisme. Les résultats de cette guerre commerciale apparaissent en bas à droite du tableau 10.5 : –5 pour chacun. Pourtant, si les deux gouvernements avaient opté pour le libre-échange, ils auraient atteint un niveau de bien-être bien plus élevé (+10). Tant que les deux pays ne s'accordent pas pour définir ensemble la politique commerciale, ils n'ont aucune raison objective de choisir le libre-échange : en acceptant sans contrepartie d'ouvrir son marché domestique, chaque gouvernement risque en effet de se retrouver dans la pire des situations (c'est-à-dire –10). En revanche, les États-Unis et l'Union européenne ont tout intérêt à signer un accord pour modérer leur préférence pour le protectionnisme. Chaque gouvernement obtiendra au final de meilleurs résultats s'il limite sa liberté d'action, sachant que son partenaire en fera autant.

Tableau 10.5 : Le problème de la guerre commerciale

États-Unis \ Union européenne	*Libre-échange*	*Protection*
Libre-échange	10 10	20 –10
Protection	–10 20	–5 –5

Cet exemple est très simplifié. En réalité, les négociations internationales engagent généralement un grand nombre de pays, et les options qui s'ouvrent à chacun, entre l'autarcie et le libre-échange, sont bien plus nuancées. Néanmoins, il permet de mettre en évidence le fait que tous les pays ont besoin de coordonner leurs politiques commerciales, et donc de justifier la mise en place de négociations internationales.

4.2 Les accords commerciaux internationaux : bref rappel historique

Les négociations multinationales ont débuté juste après la fin de la Seconde Guerre mondiale. À l'origine, les diplomates des pays victorieux ont envisagé de construire une institution internationale chargée de conduire ces négociations : l'Organisation internationale du commerce (OIC) devait compléter l'ensemble formé par le Fonds monétaire international (FMI) et la Banque mondiale. En 1947, sans attendre la mise en place effective de l'OIC, 23 pays ont défini un ensemble de règles temporaires sur la base desquelles ils ont entamé des négociations : l'accord général sur les droits de douane et le commerce ou GATT (*General Agreement on Tariffs and Trade*). De son côté, la création de l'OIC a buté sur une opposition politique virulente (notamment aux États-Unis), si bien que cette institution n'a finalement jamais vu le jour. Seul l'accord provisoire a été adopté et c'est ainsi que pendant 48 ans, les négociations commerciales multilatérales ont été simplement régies par le GATT.

10. Voir, par exemple, le manuel d'Étienne Wasmer, *Principes de microéconomie*, Pearson éducation, 2011.

Officiellement, le GATT n'était donc qu'un accord international, et non une organisation. Les pays signataires n'étaient donc pas membres du GATT, mais simplement des « parties contractantes ». Plus concrètement, le GATT avait un secrétariat permanent à Genève, chargé d'organiser et de préparer les négociations commerciales, mais ce n'est qu'en 1995 que les pays signataires ont entériné la création officielle de l'institution internationale imaginée cinquante ans plus tôt : l'Organisation mondiale du commerce[11] (OMC). Cependant, les règles du GATT sont toujours en vigueur, et les principes fondateurs de l'OMC restent les mêmes.

L'approche des négociations commerciales défendue par le GATT et l'OMC est un peu celle d'une machine conçue pour déplacer graduellement une lourde charge (l'économie mondiale), le long d'une pente (le chemin vers le libre-échange) : elle met en place des « leviers » pour déplacer l'objet dans la bonne direction, et des « crans de sûreté » afin d'éviter qu'il ne recule.

Le principal cran de sûreté du système est le processus de consolidation tarifaire[12]. Dès lors qu'un droit est « consolidé », les pays participant à l'accord commercial s'engagent à ne pas le relever à l'avenir, sans qu'une compensation ne soit accordée aux économies étrangères lésées par cette mesure. Aujourd'hui, les trois quarts des droits de douane des pays en développement et la quasi-totalité de ceux des pays développés sont consolidés. Il reste toutefois une certaine marge de manœuvre. Un pays peut (s'il obtient l'accord de ses partenaires commerciaux) augmenter un droit de douane en l'échange de mesures compensatoires, c'est-à-dire s'il s'engage à abaisser sa protection dans un autre secteur d'activité. En pratique, la consolidation tarifaire a été d'une grande efficacité, puisque les politiques commerciales ont connu très peu de retours en arrière tout au long de la seconde moitié du XXe siècle.

En complément des droits de douane consolidés, le système du GATT et de l'OMC essaie généralement de limiter les protections non tarifaires. Les subventions aux exportations sont notamment prohibées, sauf dans un cas notable : lors des débuts du GATT, les États-Unis ont en effet fermement insisté pour obtenir le droit de subventionner les exportations de produits agricoles. Depuis, cette possibilité perdure et l'Union européenne l'a très largement exploitée.

Comme nous l'avons vu précédemment, l'essentiel du coût réel de la protection commerciale, aux États-Unis comme en Europe, provient des quotas d'importation. Le système du GATT et de l'OMC préserve certains des quotas existants, malgré des efforts continus (et souvent couronnés de succès) pour les supprimer, les réduire ou les convertir en droits de douane. L'introduction de nouveaux quotas d'importation est généralement interdite, à l'exception de certaines mesures temporaires (les mesures de sauvegarde), jugées nécessaires pour laisser un temps d'adaptation à un secteur d'activité soudainement menacé par l'arrivée massive d'importations.

Le levier utilisé par le GATT et l'OMC pour faire progresser la libéralisation commerciale repose sur l'organisation de négociations en cycles successifs. À chacun de ces **cycles de négociations** (*trade rounds*), tous les pays participants se rassemblent pour discuter d'un nouvel ensemble de réduction des protections commerciales. Huit cycles ont été achevés depuis 1947. Le dernier en date, l'« Uruguay Round », s'est achevé en 1994 par la création de

---

11. Une présentation synthétique de l'histoire et du fonctionnement de l'OMC est proposée par Michel Rainelli, *L'organisation mondiale du commerce*, Repères, La Découverte, 2002.

12. Le site Internet de l'OMC propose, entre autres documents utiles, un glossaire très complet de la terminologie utilisée lors des négociations commerciales (**http://www.wto.org/indexfr.htm**).

l'OMC. Après une tentative avortée lors du sommet de Seattle en 1999 (voir chapitre 12), les pays membres de l'OMC ont inauguré un neuvième cycle en 2001, lors du sommet de Doha, au Qatar. La progression des négociations dans le cadre du cycle de Doha a été particulièrement difficile. Face à l'impossibilité d'aboutir à un accord général, le cycle s'est conclu à l'été 2010 sur un constat d'échec.

Les cinq premiers cycles de négociations menés sous l'égide du GATT ont pris la forme de négociations bilatérales « parallèles » : chaque pays négociait de façon indépendante avec ses partenaires commerciaux. Par exemple, si l'Allemagne souhaitait proposer un abaissement des droits de douane dont profiteraient la France et l'Italie, elle pouvait demander directement à ces deux pays de faire en retour des concessions. En offrant l'occasion de nouer des accords très étendus, ces cycles ont permis de réduire de manière substantielle et rapide des protections commerciales.

Le sixième cycle de négociations, connu sous le nom de « Kennedy Round », s'est achevé en 1967. Cet accord, qui impliquait les principaux pays industrialisés, a permis de réduire en moyenne les droits de douane d'environ 35 %.

Le Tokyo Round, achevé en 1979, a permis une nouvelle réduction des droits de douane. En outre, il a établi de nouvelles mesures permettant de juguler la prolifération des barrières non tarifaires, comme les restrictions volontaires aux exportations.

Les grandes négociations commerciales internationales suivent un processus immuable : elles débutent toujours par une cérémonie dans un endroit exotique et se terminent par un cérémonial de signatures. Le huitième cycle du GATT n'a pas échappé à la règle. La décision d'ouvrir de nouvelles négociations a été prise en 1986, lors d'une conférence à Punta del Este, en Uruguay : il s'agira donc de l'**Uruguay Round**. Les pays participants se sont retrouvés ensuite à Genève, au siège du GATT, où ils ont engagé un long processus de négociation : pendant sept ans, ils ont enchaîné des milliers d'heures de réunions particulièrement complexes, techniques et difficiles, rythmées par les propositions, les contre-propositions et les menaces. Fin 1993, ils ont finalement proposé un accord : environ 22 000 pages décrivant l'accord général, et des annexes détaillant les engagements spécifiques des pays membres sur tous les produits qui font l'objet de mesures spécifiques. L'accord a finalement été adopté à Marrakech, au Maroc, en avril 1994, puis ratifié par les parlements des pays signataires – parfois après d'âpres débats, comme cela a été le cas aux États-Unis (voir l'encadré ci-dessus). Les principaux résultats de l'Uruguay Round portent sur deux points précis : la libéralisation commerciale et les réformes administratives.

4.3 Les avancées de l'Uruguay Round

À l'instar des précédentes négociations du GATT, l'Uruguay Round a entériné une nouvelle réduction globale des barrières tarifaires. Les droits de douane moyens imposés par les pays industrialisés sont passés de 6,3 à 3,9 %. Il s'agit d'une baisse de 40 %, mais qui concrètement n'a qu'un impact limité sur le commerce mondial. En revanche, les mesures qui visent les secteurs de l'agriculture et du textile constituent des avancées notables vers la libéralisation commerciale.

Face aux restrictions très fermes que le Japon imposait aux importations de produits agricoles, et aux subventions massives accordées à l'agriculture par l'Union européenne (voir chapitre 9 pour une analyse plus détaillée de la PAC), certains participants aux négociations de l'Uruguay Round (et notamment les États-Unis) affichaient un but ambitieux : atteindre le libre-échange des produits agricoles en 2000. Le résultat, bien que nettement plus modeste, reste significatif. Les pays signataires se sont engagés à réduire sensiblement, en l'espace de six ans, leurs subventions à l'exportation de produits agricole : de 36 % en valeur des exportations, et de 21 % en volume. Quant aux pays imposant des quotas d'importation, comme le Japon, ils devaient les remplacer par des droits de douane, destinés dans l'avenir à être progressivement réduits.

En ce qui concerne le secteur du textile et de l'habillement, l'Uruguay Round a imposé un démantèlement progressif des accords multifibres. Ces derniers limitaient le commerce de ces produits en permettant notamment aux pays développés d'imposer des quotas d'importation (voir chapitre 8). La suppression de ces quotas (et même si certains droits de douane, très élevés, restent en place) représente une avancée considérable vers le libre-échange : ces deux secteurs sont, en effet, à l'origine d'une large part des coûts liés à la protection commerciale que subissent les consommateurs américains et européens (voir tableaux 10.2 et 10.3). Néanmoins, il faut préciser que la signature de l'accord en 1994 revenait à allumer une bombe à retardement : en programmant la fin des quotas au 1er janvier 2005, l'accord de Marrakech a reporté l'essentiel de l'effort de libéralisation aux années 2003 et 2004. En théorie, cette option devait laisser le temps aux pays importateurs de se préparer au choc de l'ouverture commerciale. Mais de nombreux experts craignaient qu'au moment d'agir, ces gouvernements ne subissent des pressions politiques de la part de groupes d'intérêt militant en faveur d'une réintroduction des quotas.

Ces experts ont vu juste. La fin des accords multifibres a entraîné une arrivée massive de vêtements sur les marchés américains et européens, notamment en provenance de Chine. Cette croissance varie beaucoup d'un produit à l'autre mais, pour certains types de biens, elle est impressionnante : les importations européennes de T-shirts chinois, par exemple, ont fait un bond de 187 % au cours du premier semestre 2005. Cette concurrence (pourtant annoncée depuis plus de dix ans) a entraîné une opposition acharnée des producteurs textiles des pays développés. Le gouvernement américain, rapidement suivi par la Commission européenne, a finalement invoqué le droit d'imposer des mesures de sauvegarde afin de réintroduire certaines restrictions aux importations[13].
En ce qui concerne les réformes administratives, l'Uruguay Round a permis d'établir un nouvel ensemble de règles visant à encadrer le fonctionnement des marchés publics. Traditionnellement, les achats de biens d'équipement et de fournitures par les administrations publiques sont fortement biaisés en faveur des biens domestiques. Ces pratiques s'apparentent bel et bien à une protection commerciale, puisqu'elles permettent d'offrir des marchés protégés aux producteurs nationaux[14]. Les nouvelles règles discutées dans le cadre de l'Uruguay Round imposent désormais d'ouvrir les appels d'offres publics aux entreprises étrangères.

---

13. L'Union européenne a mis un peu plus de temps que les États-Unis pour réagir : en effet, la mise en place des mesures de sauvegarde a fait l'objet d'un débat houleux entre les pays producteurs de textile (comme la France ou l'Italie), favorables à la limitation des importations, et les autres pays membres de l'UE qui ont tout à gagner à la fin des accords multifibres. Au final, l'UE et la Chine sont parvenus à dégager un accord qui revient à limiter l'augmentation des importations européenne de textile chinois jusqu'à la fin de l'année 2008.
14. Voir par exemple Matthieu Crozet et Federico Trionfetti, « Effets frontières entres les pays de l'Union européenne : le poids des politiques d'achats publiques », *Economie Internationale*, n° 89-90, 2002, p. 189-208.

4.4 Du GATT à l'OMC

La conclusion la plus médiatique de l'Uruguay Round est la création de l'Organisation mondiale du commerce. En 1995, cette nouvelle institution est venue remplacer le secrétariat qui administrait jusqu'alors le GATT. L'OMC est rapidement devenue une cible privilégiée des opposants à la mondialisation (voir chapitre 12). Elle a été accusée, aussi bien par les altermondialistes que les souverainistes, d'user d'un pouvoir supranational qui limite l'indépendance des nations.

Mais quelle est finalement la différence entre l'OMC et le GATT ? D'un point de vue juridique, le GATT était un accord temporaire, alors que l'OMC est une organisation internationale à part entière, même si la bureaucratie actuelle reste de taille plutôt modeste (l'OMC emploie environ 640 personnes, pour un budget annuel d'un peu plus de 190 millions de francs suisses). Les règles de l'OMC incluent une version mise à jour du texte original du GATT, sur laquelle elle s'appuie pour réguler le commerce des biens. Cependant, le GATT ne régissait pas le commerce mondial des services (comme les assurances, les activités de conseil, les opérations bancaires, etc.). Un grand nombre de pays ont donc pu adopter des réglementations des activités de services qui permettent d'écarter, explicitement ou non, les fournisseurs étrangers. Cette absence de référence aux services est devenue progressivement une lacune de plus en plus criante, car le poids des services dans les économies modernes n'a cessé d'augmenter au cours des dernières décennies. Ainsi, l'accord de l'OMC englobe un ensemble de réglementations des échanges internationaux de services (l'accord général sur le commerce des services, ou AGCS et GATS en anglais). Concrètement, ces règles n'ont pas encore d'impact réel sur les échanges. Leur objectif principal est de servir de base aux négociations qui auront lieu dans les cycles futurs.

En plus de la question des services, s'ajoute le fait que les pays industrialisés sont désormais beaucoup plus dépendants des connaissances technologiques. La défense de la « propriété industrielle », protégée par des brevets et des droits d'auteur, est aujourd'hui un enjeu majeur. L'OMC essaie d'intervenir dans ce domaine, en développant l'accord sur les droits de propriété intellectuelle liés au commerce (ADPIC, ou TRIPS en anglais). L'application de l'ADPIC dans l'industrie pharmaceutique a déclenché un débat houleux. La question essentielle portait sur la possibilité, pour les pays en développement, de produire et de commercialiser des médicaments génériques (moins chers car ils ne rémunèrent pas l'utilisation des brevets) contre le paludisme et le sida. De leur côté, les laboratoires pharmaceutiques craignent que la production de médicaments génériques ne vienne rogner leur part de marché, et limiter au final leurs capacités d'investissement dans la recherche de nouvelles molécules. Après un long débat, et face à l'urgence des problèmes sanitaires dans un certain nombre de pays en développement, l'OMC est parvenue à un accord, conclu en décembre 2005 à Hong Kong. Celui-ci autorise finalement – selon des règles très strictes – la production et le commerce Sud-Sud de médicaments génériques.

Enfin, au-delà de la multiplication des thèmes couverts par les négociations commerciales, l'aspect le plus novateur de l'OMC est sans doute la mise en place de la procédure de **règlement des différends** : elle permet d'étudier et de trancher les litiges commerciaux entre ses pays membres.

Encadré 10.3

Régler un différend… et en créer un

La première application véritable de la nouvelle procédure de règlement des différends de l'OMC a également été l'une des plus controversées.

Le litige est venu de la décision du gouvernement américain d'introduire de nouvelles normes en matière de pollution atmosphérique (Clean Air Act). Elles définissaient des règles de composition chimique pour l'essence vendue aux États-Unis. Toutefois, les raffineries implantées sur le sol américain (ou celles vendant au moins 75 % de leur production dans ce pays) ne se sont pas vues imposer de règles uniformes, mais des contraintes spécifiques, qui dépendaient de leurs niveaux de pollution en 1990. De façon générale, cette disposition revenait à fixer des normes plus souples aux producteurs américains qu'aux entreprises étrangères.

Au début de l'année 1995, le Venezuela, qui est l'un des principaux exportateurs d'essence vers les États-Unis, a porté plainte auprès de l'OMC. Selon lui, ces nouvelles normes violaient le principe de « traitement national », qui stipule que les biens importés doivent être soumis à la même réglementation que les biens domestiques (de façon à éviter que les pays ne soient tentés d'utiliser les normes et les lois comme des instruments indirects de protection commerciale). Un an plus tard, l'organe de règlement des différends a rendu un avis favorable au Venezuela. Les États-Unis ont alors été contraints de négocier avec lui une nouvelle mouture des normes environnementales.

Cette affaire a permis de prouver l'efficacité du système de règlement des conflits introduit par l'OMC : face à une mesure injuste, un petit pays a réussi à faire plier la plus grande puissance économique du monde. Mais d'un autre côté, les défenseurs de l'environnement se sont – à juste titre – élevés contre cette décision : le jugement rendu par l'OMC revenait à interdire une mesure visant à améliorer la qualité de l'air. De surcroît, il semble que ces normes aient été imaginées de bonne foi par le gouvernement américain : leur but était réellement d'améliorer la qualité de l'air, et non de limiter les importations. Quoi qu'il en soit, la décision de l'OMC, en imposant un traitement égal des producteurs étrangers et américains, n'a pas facilité l'obtention d'un compromis politique entre les écologistes et les industriels américains.

Dans la mythologie du mouvement altermondialiste (voir chapitre 12), cette décision de l'OMC revêt un statut symbolique : ce cas est considéré par beaucoup comme un exemple éclairant de la manière dont l'organisation internationale prive les nations de leur souveraineté, et les empêche de suivre des politiques socialement et écologiquement responsables. La réalité est cependant limpide : si les États-Unis avaient imposé une réglementation aussi propre et transparente que la qualité de l'air qu'ils souhaitaient promouvoir, l'OMC n'aurait jamais reçu de plainte.

Imaginons que le Canada accuse les États-Unis de violer les accords internationaux en limitant ses importations de bois. Avant la création de l'OMC, le Canada pouvait solliciter les tribunaux internationaux pour faire valoir ses droits. Mais ce type de procédure était longue (elle pouvait durer des dizaines d'années), et quelle que soit la décision du tribunal, il n'existait aucun moyen de contraindre les États-Unis à respecter le jugement. Pour autant, le GATT n'était pas totalement dénué de pouvoir : le fait d'entretenir des négociations continues incite en effet chaque pays participant à soigner sa réputation, en affichant une volonté réelle de respecter les accords signés.

L'OMC est dotée d'une procédure plus concrète et efficace. Lorsqu'un pays membre estime qu'un de ses partenaires commerciaux ne respecte pas ses engagements, il peut saisir l'*organe de règlement des différends*. Celui-ci réunit alors un panel d'experts afin d'étudier la question et rend une décision finale en moins d'un an. Même si l'un des pays fait appel de la décision, la procédure n'excède pas quinze mois au total.

Dans de nombreux cas, la simple menace de porter plainte auprès de l'OMC doit permettre la conclusion d'un accord à l'amiable. Mais que se passe-t-il lorsque l'organe de règlement des différends est saisi et constate effectivement le non-respect des accords ? Si le pays fautif refuse de se mettre en conformité, l'OMC n'a pas le pouvoir de l'y obliger. En revanche, elle peut accorder au plaignant le droit de riposter, en imposant à son tour des restrictions aux exportations du pays fautif. Le but de ces « mesures compensatoires » est avant tout de faire plier le gouvernement étranger. Le plaignant s'en sert parfois pour défendre ses propres intérêts, mais bien souvent, il vise plutôt les intérêts des lobbies qui soutiennent le gouvernement étranger.

4.5 Les estimations de l'impact économique de l'Uruguay Round

L'impact économique de l'Uruguay Round est difficile à estimer. Il faut pour cela traduire le jargon juridique en jargon économique (tout aussi abscons), puis quantifier précisément les mesures adoptées, et enfin entrer le tout dans un ordinateur capable de simuler un modèle représentant l'économie mondiale. Cet exercice est d'autant plus complexe que la plupart des décisions ne sont pas mises en place dès la signature de l'accord. Leur programmation s'étale sur plusieurs années.

Les estimations les plus souvent citées sont celles du GATT lui-même, ou de l'OCDE[15]. Ces deux institutions évaluent les gains réalisés par l'économie mondiale à plus de 200 milliards de dollars par an, une fois l'accord intégralement mis en place, soit une augmentation de 1 % du revenu mondial réel. Comme toujours, d'autres organismes proposent des estimations sensiblement différentes. Certains économistes jugent que les gains annoncés sont surestimés, en particulier parce qu'ils supposent que les exportations et les importations vont réagir fortement aux mouvements de libéralisation. D'autres, moins nombreux, prétendent au contraire que ces estimations sont bien trop faibles, parce qu'elles négligent les effets « dynamiques » de l'ouverture, exposés plus haut dans ce chapitre.

Dans tous les cas, il est clair que la logique habituelle de la libéralisation commerciale sera respectée : les coûts de l'Uruguay Round seront ressentis par des groupes clairement identifiés (et généralement bien organisés), tandis que les bénéfices iront à une large part de la population, de façon plus diffuse. En Europe, au Japon et dans d'autres pays où les prix des biens agricoles dépassent largement les prix mondiaux, les progrès réalisés dans ce secteur pénaliseront directement les agriculteurs. Ces pertes seront probablement compensées

15. Organisation de coopération et de développement économiques (**http://www.oecd.org/**).

par les gains des consommateurs et des contribuables de ces pays mais, comme ces bénéfices seront répartis entre un grand nombre d'agents, ils risquent de passer inaperçus. De la même façon, la libéralisation dans le secteur du textile et de l'habillement entraînera des difficultés réelles et importantes pour les employés et les entreprises du secteur. Ces effets seront compensés par des gains immenses, mais bien moins perceptibles.

Dans la mesure où, dans chaque pays, l'Uruguay Round joue un rôle dans la distribution des revenus entre les différents groupes de population, il est en réalité assez surprenant qu'un accord ait pu être trouvé. En effet, il était d'abord prévu de clore ce cycle en 1990, mais à cette date, les négociations patinaient et semblaient vouées à l'échec. Finalement, la diversité des thèmes abordés et des pays participants a permis de sauver les négociations. Cette diversité, en multipliant les pressions contradictoires, a donné un peu de marge de manœuvre aux négociateurs. Aux États-Unis, par exemple, les gains obtenus par les exportateurs de produits agricoles, et les bénéfices anticipés des exportateurs de services, a offert un contrepoids aux pressions des secteurs du textile et de l'habillement. À l'inverse, nombre de pays en développement ont aussi soutenu le cycle de négociations, en raison des nouvelles opportunités qu'il offrait à leurs exportateurs de produits textiles et agricoles. Par ailleurs, certaines « concessions », négociées dans le cadre de l'accord, ont en fait servi d'excuses à certains gouvernements qui avaient du mal à faire passer des réformes qu'ils jugeaient utiles, mais qui buttaient sur une farouche opposition des secteurs concernés. C'est sans doute le cas de la politique agricole commune. De nombreux pays membres de l'UE contestaient le coût exorbitant de cette politique, pour les consommateurs comme pour les finances publiques. Céder sur le dossier agricole, dans le cadre du GATT, a finalement permis de faire passer une réforme de la PAC souhaitée par beaucoup : d'une part, parce que cela a permis d'opposer les lobbies agricoles aux groupes de pression favorables à l'accord commercial (le secteur des services notamment) ; d'autre part, parce que les gouvernement ont ainsi pu se défausser de leur responsabilité, en mettant la réforme de la politique agricole sur le dos de l'Uruguay Round.

4.6 La déception de Doha

Le neuvième cycle de négociation multilatérale, et le premier à être lancé sous l'égide de l'OMC, a débuté en 2001 à Doha, au Qatar. Comme tous les cycles précédents, celui-ci a été marqué par des négociations âpres et difficiles. Mais pour la première fois depuis la création du GATT, les négociations n'ont pas pu aboutir à un compromis et le cycle de Doha semble définitivement dans l'impasse. Depuis l'échec du sommet de l'été 2010, le cycle est en quelque sorte plongé dans le coma : même si personne n'a pris la responsabilité de le déclarer définitivement clos, aucune négociation importante n'est en vue.

L'échec apparent du cycle de Doha ne remet pas en cause toutes les avancées réalisées par les cycles précédents. Comme nous l'avons vu, les négociations multilatérales mobilisent à la fois des « leviers » qui permettent d'avancer vers la libéralisation des échanges (c'est-à-dire les cycles de négociations) et des « crans de sûreté » qui limitent les retours en arrière (notamment la consolidation tarifaire). Le « levier » de négociation est donc en panne, mais les « crans de sûreté » demeurent et les accords signés ces dernières années restent encore en place.

Encadré 10.4

L'OMC contre l'administration américaine : le bras de fer

En mars 2002, le gouvernement américain a décidé, de façon unilatérale, d'imposer des droits de douane de 30 % sur un certain nombre de produits à base d'acier. Officiellement, cette décision était motivée par la nécessité de laisser le temps à l'industrie américaine de se restructurer et de faire face aux importations massives dans ce secteur. Mais personne n'était dupe : le but réel de cette mesure était d'ordre politique. La plupart des aciéries américaines sont en effet concentrées en Virginie, en Ohio et en Pennsylvanie, trois États susceptibles de basculer pour l'un ou l'autre des deux grands partis américains. Or, le soutien de ces fameux « swing states » était crucial pour les élections présidentielles de 2004.

L'Union européenne, le Japon, la Chine et la Corée du Sud ont réagi immédiatement en portant l'affaire devant l'OMC. En juillet 2003, les experts nommés par l'OMC leur ont donné raison : les arguments économiques avancés par l'administration américaine pour justifier les droits de douane ont été jugés insuffisants. Les États-Unis ont donc été sommés de faire marche arrière.

Nombre d'observateurs ont attendu avec intérêt la réponse des États-Unis. Ils voyaient dans cette situation un test crucial de la crédibilité de l'OMC. L'administration américaine allait-elle se laisser dicter sa politique économique par une organisation internationale ? Allait-on entrer dans une guerre commerciale qui aurait des conséquences durables sur les échanges mondiaux ?

En fait, les États-Unis ont accepté de suivre ce jugement, en abandonnant ses droits de douane sur l'acier en décembre 2003*. Afin de justifier cette marche arrière, le gouvernement a affirmé qu'entre mars 2002 et décembre 2003, les droits de douane avaient eu le temps de remplir leur rôle. Là encore, cette explication n'a pas convaincu grand monde.

De nombreux spécialistes de la question ont plutôt estimé que le gouvernement américain avait reculé face à la menace brandie par le commissaire européen au commerce, Pascal Lamy**. En effet, l'Union européenne avait désormais l'aval de l'OMC pour prendre des mesures de rétorsion, et se tenait prête à imposer des droits de douane à hauteur de 2 milliards de dollars sur les exportations américaines. Le but essentiel de ces représailles était de faire céder les États-Unis. Elles visaient donc essentiellement des secteurs sensibles, concentrés eux aussi dans des « swing states ». Le jus d'orange, par exemple, était l'une des cibles principales : non pas parce qu'une protection dans ce secteur aurait apporté des avantages aux producteurs européens, mais parce que la production d'agrumes occupe une place essentielle dans l'économie de la Floride, un état particulièrement sensible lors des élections américaines de 2001.

* *L'Expansion*, 4 décembre 2003.

** Depuis décembre 2005, Pascal Lamy est le directeur général de l'OMC.

Surtout, les difficultés rencontrées par le neuvième cycle de négociation sont, en quelque sorte, la conséquence logique des progrès accomplis par le GATT et l'OMC depuis l'après-guerre. Par rapport aux cycles précédents, les discussions engagées depuis 2001 se font en effet dans un contexte très différent. D'une part, l'OMC ne compte pas moins de 153 pays membres en 2011, ce qui est beaucoup comparé aux 23 États participant au premier cycle de négociation de 1947 et aux 119 signataires des accords de Marrakech de 1994. Assurément, le nombre et la forte hétérogénéité des participants pèsent sur les chances de trouver un accord susceptible de satisfaire tout le monde. Lors des cycles précédents, l'essentiel des discussions portait sur les différends opposant les principales puissances économiques, les États-Unis et l'Union européenne. Mais ces derniers font maintenant face aux grands pays émergents, comme l'Inde, le Brésil et la Chine, qui se sont imposés sur la scène diplomatique et économique internationale. Les pays en voie de développement ont aussi plus de poids : leur grand nombre leur permet de constituer des coalitions importantes pour influer sur les négociations. D'autre part, les négociations précédentes ont conduit à une telle réduction des barrières commerciales qu'on ne peut attendre que des gains modestes d'un pas supplémentaire vers la libéralisation des échanges. Les barrières commerciales sur la plupart des biens manufacturés, hormis le secteur du textile, sont désormais extrêmement faibles ; les principaux gains à attendre d'une nouvelle avancée vers le libre-échange doivent alors venir d'une réduction des protections dans l'agriculture, un secteur qui est, dans beaucoup de pays, particulièrement sensible.

Le tableau 10.6 présente une estimation, proposée par la Banque mondiale, des gains associés à la réalisation d'un accord commercial dans le cadre du cycle de Doha. Selon le scénario le plus ambitieux (particulièrement difficile à atteindre), le PIB mondial n'augmenterait que de 0,18 %.

Tableau 10.6 : Gains à attendre du cycle de Doha (en % du PIB)

	Scénario ambitieux	Scénario modéré
Pays développés	0,20	0,05
Pays émergents	0,10	0,00
Chine	–0,02	–0,05
Pays en développement	0,05	0,01
Monde	0,18	0,04

Source : Anderson K. et Martin W., *Agricultural Trade Reform and the Doha Agenda*, World Bank, 2005.

Un scénario plus modéré, qui laisserait inchangée la protection des secteurs les plus « sensibles », conduirait quant à lui à un gain quasiment insignifiant. Pour les pays émergents et les pays en développement (qui sont largement majoritaires au sein de l'OMC), les gains à attendre du cycle de Doha sont encore plus faibles (la Chine pourrait même y perdre, puisque la fin des subventions agricoles américaines et européennes conduirait à un renchérissement des biens agroalimentaires qu'elle importe – voir encadré 10.5). L'étude de la Banque mondiale souligne aussi que 63 % des gains potentiels associés à une libéralisation totale du commerce seraient imputables au seul secteur agricole.

On comprend alors mieux les difficultés rencontrées par le cycle de Doha. Les pays émergents et en développement, n'ayant que très peu à gagner à l'accord qui leur est proposé, multiplient les demandes de concessions aux pays riches. De leur côté, les pays développés rechignent à payer le coût politique d'une libéralisation de leur agriculture, sans obtenir des contreparties plus significatives de la part des pays du Sud.

L'OMC est donc, en quelque sorte, victime de son succès, et le manque à gagner en cas d'échec définitif du cycle de Doha reste limité. Cependant, le véritable coût d'un enlisement du cycle risque de dépasser largement les chiffres reportés au tableau 10.6. En effet, l'incapacité de l'OMC à mener à bien de nouvelles négociations commerciales fragilise cette institution, et certains pays peuvent être tentés de s'affranchir des contraintes imposées par le système de négociation multilatérale.

Au cours des années 2000, on a vu ainsi se multiplier les accords commerciaux régionaux ou bilatéraux, signés en marge des négociations multilatérales de l'OMC. Ces accords font certes avancer le libre-échange mais tendent à accroître la complexité du système mondial de protection commerciale, dans la mesure où ils viennent allonger la liste des cas particuliers. Surtout, ils laissent souvent des petites économies, au pouvoir de négociation limité, face aux grandes puissances commerciales. Enfin, le blocage des négociations de l'OMC peut inciter un certain nombre de pays à donner libre cours à leurs velléités protectionnistes. Pourquoi en effet continuer à multiplier les efforts de coopération si personne n'envisage plus de se lancer dans de nouvelles négociations multilatérales ? Par exemple, sans même quitter le cadre imposé par l'OMC, les pays peuvent élever leurs protections commerciales au niveau des droits consolidés qui ne sont, pour l'heure, que rarement atteints. Par rapport à un accord complet tel que défini par les objectifs du cycle de Doha, un tel retour aux droits consolidés reviendrait à doubler le niveau de protection mondiale. Cela engendrerait une perte de 7,7 % de commerce international (soit plus de 1 700 milliards de dollars) et une réduction du PIB mondial de 353 milliards de dollars[16]. Au final, l'échec de Doha, en cassant la dynamique des négociations multilatérales, peut déboucher sur des pertes de commerce et de bien-être nettement supérieures aux gains directs qui résulteraient d'un succès du cycle.

16. Bouët A. et Laborde D., « The Potential Cost of a Failed Doha Round », *IFPRI Issue Brief*, n° 56, 2008.

Encadré 10.5

Les pays du Sud payent-ils les conséquences des subventions aux agriculteurs du Nord ?

Dans le cadre des négociations du cycle de Doha, une des principales revendications des pays en développement porte sur les politiques agricoles des pays développés. L'Union européenne, comme les États-Unis, le Japon, ou encore la Suisse et la Norvège octroient en effet d'importantes subventions à la production et à l'exportation de produits agroalimentaires. Celles-ci ont pour conséquence de déprimer les cours mondiaux et donc de pénaliser les producteurs étrangers. C'est, par exemple, le cas des aides accordées par Washington aux producteurs américains de coton, qui sont vivement critiquées par nombre de pays du Sud, notamment d'Afrique de l'Ouest (Bénin, Tchad, Burkina Faso).

Mais les subventions agricoles n'ont pas que des conséquences négatives sur les pays du Sud. Nous avons vu au chapitre 9 que les subventions à l'exportation devaient avoir tendance à augmenter le bien-être des pays importateurs. C'est notamment le cas de la Chine : le tableau 10.6 montre que la réalisation d'un accord complet du cycle de Doha serait légèrement pénalisante pour Pékin. La raison en est simple. La fin des subventions européennes et américaines doit se traduire par une augmentation des prix mondiaux de produits agricoles. Dans la mesure où la Chine est un importateur net de produits agroalimentaires, l'arrêt des subventions engendrerait une baisse de ses termes de l'échange, et donc une réduction de son bien-être.

La Chine n'est d'ailleurs pas le seul pays dans ce cas. Tous les pays importateurs nets de produits agricoles profitent de fait des subventions versées aux agriculteurs des pays développés. Mais, même dans ce cas, les choses ne sont pas si simples. Tout d'abord parce que les politiques agricoles creusent certaines inégalités au Sud. Les populations urbaines, travaillant dans l'industrie et les services, profitent à coup sûr des subventions. Mais les campagnes subissent les conséquences des prix faibles (du moins dans les pays qui ne produisent pas essentiellement des biens agricoles différents de ceux exportés par le Nord, comme le café). Ensuite parce que l'agriculture revêt une importance toute particulière dans les pays en développement ; même dans les pays qui ne sont pas exportateurs nets de produits agricoles, une large proportion de la population dépend directement de l'agriculture, et la question de la sécurité alimentaire y est parfois un enjeu crucial.

4.7 Les accords préférentiels

Les accords commerciaux décrits jusqu'à présent établissent des mesures de libéralisation, qui s'appliquent à tous les pays. L'un des principes élémentaires du GATT est, en effet, d'éviter les discriminations. En effet, la clause de la « nation la plus favorisée » (NPF) garantit que chaque pays participant aux accords du GATT et de l'OMC pourra, *a priori*, réclamer qu'un partenaire commercial applique les mêmes niveaux de droits de douane que ceux qu'il impose à la nation qui bénéficie des taux les plus bas.

Néanmoins, il existe des cas importants où les pays nouent des accords commerciaux préférentiels, en vertu desquels les droits de douane qu'ils s'imposent les uns aux autres sont plus faibles que ceux appliqués aux autres pays exportateurs. De façon générale, le GATT interdit de tels accords, mais il autorise une exception assez surprenante : il est illégal qu'un pays A applique des droits de douane plus faibles sur les importations du pays B que sur ceux du pays C (règle de la NPF). Mais si les pays B et C s'engagent, de façon bilatérale, à supprimer toute barrière tarifaire sur certains biens, alors cela est conforme aux règles. Autrement dit, le GATT proscrit les accords commerciaux préférentiels en général, car ils violent le principe de la NPF, mais il les autorise si ceux-ci permettent la mise en place du libre-échange entre les pays contractants[17].

La mise en place du libre-échange entre plusieurs économies peut se faire de deux façons. Les pays partenaires peuvent créer une **zone de libre-échange**, dans laquelle tous les biens peuvent être exportés d'un pays à l'autre sans s'acquitter de droits de douane. Dans ce système, chaque pays conserve son indépendance en ce qui concerne la mise en œuvre de sa politique commerciale vis-à-vis des pays tiers. L'autre solution consiste à former une **union douanière**[18] . Dans ce cas, tous les pays participants doivent s'accorder à la fois sur les niveaux des barrières commerciales internes (entre eux) et externes (vis-à-vis des pays tiers). En 1994, l'accord de libre-échange nord-américain a créé une zone de libre-échange entre le Canada, les États-Unis et le Mexique. Par exemple, il n'oblige ni le Canada ni le Mexique à pratiquer le même niveau de protection sur le textile chinois.

D'un autre côté, l'Union européenne est une union douanière à part entière. Tous les pays membres doivent accepter d'imposer les mêmes droits de douane sur chaque bien importé. Chaque système compte des avantages et des inconvénients (voir encadré 10.6).

Comme nous l'avons vu précédemment, l'ouverture commerciale accroît l'efficience économique, sous certaines conditions. De prime abord, les accords commerciaux préférentiels peuvent également sembler une bonne chose. Bien sûr, cette politique est moins aboutie qu'une libéralisation multilatérale, mais c'est *a priori* mieux que rien. Après tout, n'est-il pas préférable d'avoir la moitié d'un gâteau que de ne pas pouvoir y goûter ?

Aussi surprenant que cela puisse paraître, cette conclusion est trop optimiste. Il se peut en effet qu'un pays qui rejoigne une union douanière voie son bien-être diminuer. La raison à cela peut être illustrée par un exemple hypothétique impliquant le Royaume-Uni, la France et les États-Unis. Ces derniers produisent du blé à un coût relativement faible (4 € le quintal), la France à un coût moyen (6 € le quintal) et le Royaume-Uni à un coût élevé (8 € le quintal). Les Français et les Britanniques maintiennent des droits de douane sur toutes les importations de blé. Si ces derniers venaient à former une union douanière avec la France, le droit de douane sur le blé français serait supprimé, mais les importations américaines seraient toujours taxées. Serait-ce une bonne ou une mauvaise chose pour le Royaume-Uni ? En fait, cela dépend des cas.

---

17. La logique semble ici être plus légale qu'économique. En effet, les nations sont autorisées à mettre en place le libre-échange sur leur propre territoire : personne ne s'étonne que le vin californien n'ait pas à s'acquitter du même droit de douane que le vin français lorsqu'il est vendu à New York. Le principe de la NPF ne s'applique donc pas aux unités politiques, aux « pays ». Mais qu'est-ce qu'un « pays » pour l'économie ? Le GATT évite cette question épineuse en autorisant n'importe quel ensemble d'économies à réaliser ce que font les nations pleinement reconnues comme telles, à savoir, l'établissement du libre-échange sur un territoire aux frontières bien définies.

18. Les questions relatives aux zones d'intégration régionales sont discutées plus en détail par Jean-Marc Siroën, *La régionalisation de l'économie mondiale*, Repères, La Découverte, 2000.

Encadré 10.6

Zone de libre-échange ou union douanière ?

Les zones de libre-échange et les unions douanières ont des modes de fonctionnement différents. De façon un peu caricaturale, on peut dire que les zones de libre-échange ne posent pas de problème politique majeur, mais instaurent un véritable enfer administratif, alors que pour les unions douanières, c'est tout le contraire.

Considérons d'abord une union douanière, comme l'Union européenne. Une fois en place, l'administration des protections commerciales extérieures est relativement simple : les biens doivent s'acquitter de droits de douane lorsqu'ils franchissent les frontières de l'Union, mais ils peuvent ensuite être transportés librement entre les pays membres. Un navire qui décharge sa cargaison à Marseille ou à Rotterdam doit payer les mêmes taxes à l'arrivée au port. Les marchandises peuvent ensuite être acheminées n'importe où dans l'UE. Mais pour que cela fonctionne, il faut d'abord que les pays s'accordent sur le niveau des droits de douane : la taxe doit être identique, que le navire accoste à Marseille, Rotterdam ou Hambourg, car autrement les importateurs choisiraient systématiquement le point d'arrivée qui minimise leurs coûts d'entrée. Bien souvent, la mise en place d'un tel accord ne va pas de soi : tous les pays membres doivent renoncer, dans les faits, à une partie de leur souveraineté au profit d'une entité supranationale, en charge de la politique commerciale extérieure.

Cet effort d'intégration politique a été possible en Europe, notamment parce que les pays fondateurs avaient la conviction que l'unité économique permettrait de cimenter l'alliance d'après-guerre entre les démocraties européennes. Mais ces conditions ne sont pas réunies ailleurs dans le monde. Les trois nations qui forment l'ALENA sont d'accord pour progresser vers l'intégration commerciale, mais demeurent réticentes à l'idée de transférer le contrôle des droits de douane à un organe supranational (ce n'est d'ailleurs pas qu'une question d'orgueil national : il aurait été très compliqué de trouver un accord qui attribuerait le poids qu'ils méritent aux États-Unis, sans pour autant leur donner un pouvoir absolu sur la politique commerciale des deux autres pays membres).

Cependant, l'absence d'uniformisation de la politique commerciale vis-à-vis des pays tiers soulève d'autres problèmes. Dans le cadre de l'ALENA, une chemise produite au Mexique peut être librement transportée aux États-Unis. Mais supposons que ces derniers souhaitent maintenir des droits de douane élevés sur les chemises importées d'autres nations, alors que le Mexique préfère adopter une politique commerciale moins protectionniste. Dans ce cas, comment empêcher un importateur d'acheminer une chemise fabriquée au Bangladesh vers le Mexique, puis de la transporter par la route vers Chicago ou Montréal ?

La solution à ce type de problème impose le maintien de services douaniers minutieux. Les produits venant du Mexique doivent passer par la douane à leur entrée aux États-Unis ou au Canada. Si la marchandise provient d'un pays tiers, il faut alors recalculer les droits de douane.

Cela implique une perte de temps lors du passage des frontières et l'emploi de personnes supplémentaires dans les services des douanes. Mais ce n'est que le début des problèmes. La zone de libre-échange amène en effet à se demander ce qu'est concrètement une chemise mexicaine. Si ce type de produit provient du Bangladesh, mais que les boutons sont cousus par des Mexicains, est-il mexicain et donc libre de droits de douane s'il est exporté vers les États-Unis ? Probablement pas. Mais si tout, excepté les boutons, est fabriqué au Mexique, il sera probablement considéré comme un produit mexicain. Contrairement à une union douanière, l'administration d'une zone de libre-échange nécessite donc à la fois que les pays continuent de contrôler les biens à leurs frontières, mais également qu'ils élaborent un ensemble de « règles d'origine », de façon à déterminer si un bien peut franchir les frontières sans s'acquitter d'un droit de douane. Par conséquent, les accords de libre-échange, à l'image de l'ALENA, drainent un flot immense de paperasserie qui constitue, de fait, un obstacle important aux échanges commerciaux.

Encadré 10.6 (suite)

En premier lieu, supposons qu'à l'origine le droit de douane du Royaume-Uni soit suffisamment élevé pour exclure à la fois les importations de blé français et américain. Par exemple, avec un droit de douane de 5 € le quintal, le blé importé des États-Unis coûterait 9 € et le français 11 € sur le marché londonien, soit bien plus que le blé anglais vendu 8 €. La création d'une union douanière avec la France permettrait au blé français de redevenir compétitif. Les importations en provenance de ce pays se substitueraient à la production britannique. Le Royaume-Uni en retirerait effectivement un bénéfice, puisque la production locale d'un quintal coûte 8 €, alors qu'il suffit de produire pour 6 € de biens exportés pour obtenir un quintal de blé français.

Supposons maintenant que le droit de douane britannique soit moins restrictif, en s'élevant, par exemple, à 3 € le quintal. Dans ces conditions, avant la création de l'union douanière, le Royaume-Uni achetait son blé aux États-Unis (vendu 7 € aux consommateurs). Après la signature de l'accord commercial avec la France, les consommateurs anglais préféreront le blé français, ce qui mettra un terme aux importations de blé en provenance des États-Unis. Cependant, ce dernier est réellement moins cher que le blé français. La taxe de 3 e que les consommateurs payent pour importer du blé américain constitue une recette fiscale qui profite au final à l'économie britannique. L'union douanière réduit le coût du blé pour les consommateurs, mais prive le gouvernement d'une part de ses recettes fiscales. Il se peut qu'au final, le solde de ces deux effets soit négatif pour le Royaume-Uni.

Cette perte éventuelle est un autre exemple de la théorie de l'optimum de second rang. Imaginons que l'Angleterre dispose de deux politiques qui modifient les comportements des producteurs et des consommateurs : un droit de douane sur le blé américain et un autre sur le blé français. Même si le second crée des distorsions, il permet de compenser celles qui résultent du premier, en encourageant la consommation du blé américain, qui est en réalité meilleur marché. Ainsi, la suppression du droit de douane sur le blé français peut détourner la consommation au profit d'un blé plus coûteux et finalement, réduire le bien-être.

Encadré 10.7

Le conflit de la banane

Dans un communiqué de presse tonitruant, publié le 15 décembre 2009, Pascal Lamy, le directeur général de l'Organisation mondiale du commerce, se félicitait de la signature d'un accord global mettant fin à un différent juridique qui est un « *des plus complexes d'un point de vue technique, des plus sensibles d'un point de vue politique et des plus importants d'un point de vue commercial jamais portés devant l'OMC. C'est aussi une des "sagas" les plus longues de l'histoire du système commercial multilatéral depuis la fin de la deuxième guerre mondiale* ». Voilà assurément une nouvelle de première importance… mais qui n'a pourtant pas fait la une des journaux. Il faut dire que ce conflit, qui a empoisonné les relations internationales pendant des décennies, et dont la résolution a nécessité des milliers d'heures de négociations et une activité diplomatique intense, portait sur un produit aussi commun qu'inoffensif : la banane.

Une grande partie des exportations mondiales de bananes proviennent de quelques pays d'Amérique centrale (les fameuses « républiques bananières »). Cependant, certains pays européens se fournissaient traditionnellement auprès des territoires rattachés aux pays de l'UE (comme la Martinique et la Guadeloupe) ou les pays ACP (pays d'Afrique, Caraïbes et Pacifique) ayant appartenu aux anciens empires coloniaux français et britanniques, tels la Côte d'Ivoire ou le Cameroun. Afin de protéger ces producteurs, la France et le Royaume-Uni ont imposé des quotas contre les « bananes dollars » d'Amérique centrale, qui sont environ 40 % moins chères. De son côté, l'Allemagne, qui n'a pas de lien historique particulier avec les pays producteurs, autorisait la libre entrée des bananes dollars.

À la suite de la mise en place du marché unique européen en 1992, il est devenu impossible de maintenir le système en place : celui-ci permettait en effet d'importer les bananes dollars bon marché vers l'Allemagne, puis de les commercialiser dans n'importe quel pays de l'Union. Par conséquent, la Commission européenne a défini, dès 1993, un plan qui visait à imposer de nouveaux quotas (cette fois, communs à l'ensemble de l'UE) contre les bananes dollars. L'Allemagne a protesté énergiquement contre cette décision, en arguant que le traité de Rome, qui a établi la Communauté européenne en 1957, contenait une garantie explicite (le « protocole de la banane ») stipulant que l'Allemagne pourrait importer librement ce fruit de la discorde.

Cette réaction violente de l'Allemagne peut surprendre. Elle s'explique en partie par le fait qu'avant la réunification, les bananes étaient rares en RDA. En passant soudainement, dès la chute du mur de Berlin, du statut de produit de luxe à celui de bien de consommation courante, les bananes sont devenues un symbole de liberté sur lequel s'est focalisée l'attention des médias et du gouvernement allemands.

Finalement, l'Allemagne a dû céder à ses partenaires européens et accepter à contrecœur d'entrer dans le nouveau système de préférence commerciale des bananes. Toutefois, cela n'a pas mis fin à la controverse : en 1995, les États-Unis se sont engouffrés dans la brèche. Selon eux, les Européens ne portaient pas uniquement atteinte aux intérêts des nations d'Amérique centrale, mais également à ceux d'une entreprise américaine très puissante, la *Chiquita Banana Company*, dont le PDG avait généreusement contribué aux campagnes électorales des républicains et des démocrates.

Encadré 10.7 (suite)

En septembre 1997, les plaintes déposées par les pays d'Amérique Centrale et soutenues par les États-Unis ont fini par porter leurs fruits et l'Organisation mondiale du commerce a jugé que les quotas d'importation européens sur les bananes ne respectaient pas les règles internationales du commerce. L'Europe mit alors en place, en 1999, un régime un peu différent, mais sans réelle volonté de résoudre définitivement ce problème et d'éviter que le conflit de la banane ne flambe. Le résultat n'a pas tardé. Le différend avec les États-Unis s'est aggravé : ces derniers étaient prêts à riposter en imposant des droits de douane prohibitifs sur un certain nombre de produits européens, comme les sacs de haute couture, les chandails en cachemire et les fromages italiens (le pecorino). Une décision similaire a été rendue en faveur de l'Équateur en mai 2000.

En 2001, l'UE, les États-Unis et l'Équateur ont fini par s'accorder sur un plan d'élimination progressive des quotas d'importation, au grand dam des exportateurs de bananes qui bénéficiaient d'accords préférentiels avec l'Union européenne. Mais l'histoire n'est pas finie. L'insistance des pays producteurs d'Afrique et des Caraïbes a conduit l'UE à annoncer, en 2005, qu'elle allait supprimer les quotas sur ces produits, en échange d'un triplement des droits de douane sur les bananes ne provenant pas des pays ACP. Les producteurs latino-américains ont aussitôt contesté cette décision en déposant une plainte auprès de l'organe de règlement des différents de l'OMC. En 2007, à l'issue d'une bataille juridique acharnée, l'OMC a fini par donner raison aux plaignants et imposer à l'UE de se mettre en conformité avec les règles de non-discrimination stipulées par le GATT. Après avoir longtemps traîné les pieds et tenté de tergiverser, l'UE a signé avec les républiques bananières l'accord salué comme il se doit par Pascal Lamy. L'accord de décembre 2009 prévoit de réduire d'un tiers les droits de douane sur les bananes non-ACP, mais pas d'éliminer totalement le régime préférentiel dont bénéficient les pays ACP... ce qui laisse à penser que Pascal Lamy a pu se réjouir un peu trop vite et que la saga de la banane connaitra peut-être de nouveaux rebondissements.

Revenons à nos deux cas. Notons que le Royaume-Uni a tout intérêt à signer l'accord de libre-échange si la formation de l'union douanière permet de créer un nouveau flux de commerce (en l'occurrence, une importation de blé français qui remplace la production nationale). Mais le pays y perd, dès lors que le commerce engendré par l'accord commercial se substitue simplement à des flux d'échange avec des pays qui ne participent pas à l'union douanière. Dans l'analyse des accords commerciaux préférentiels, le premier cas correspond à une **création de commerce**, tandis que le second est un **détournement de commerce**. Une union douanière serait véritablement souhaitable si elle engendrait une création massive de commerce, plutôt qu'un détournement.

Encadré 10.8

Le détournement du commerce sud-américain

En 1991, quatre pays d'Amérique du Sud (Argentine, Brésil, Paraguay et Uruguay) ont décidé de former une zone de libre-échange : le Mercosur. Le pacte a eu un effet immédiat et spectaculaire sur le commerce : dans les quatre ans qui ont suivi la signature, la valeur du commerce entre ces pays a triplé. Les autorités politiques de la région ont affiché ce résultat avec fierté. C'était, selon eux, le signe de la réussite du Mercosur.

Il ne fait aucun doute que le Mercosur a parfaitement accompli sa mission, en développant le commerce intrarégional. Mais la théorie des accords préférentiels montre que ce n'est pas forcément une bonne chose : si le développement du commerce entre les pays du Mercosur se fait essentiellement aux dépens des échanges avec les pays tiers (c'est-à-dire si l'accord détourne davantage de commerce qu'il n'en crée), alors l'union douanière détériore le bien-être des pays participants. Et c'est ce qui s'est passé : une étude de la Banque mondiale, menée en 1996, a démontré que les effets nets sur les économies du Mercosur étaient négatifs.

Selon cette étude, la création du Mercosur a incité les consommateurs des pays membres à acheter des biens plus coûteux produits par les États voisins, au lieu de ceux, plus compétitifs mais plus fortement taxés, qui provenaient d'autres pays. Ainsi, l'industrie automobile brésilienne, très protégée et assez inefficiente, s'est accaparée un marché quasiment captif en Argentine. La première version du rapport rédigé par la Banque mondiale présentait même le Mercosur comme un cas d'école : une preuve convaincante que les accords régionaux peuvent avoir des effets pervers.

Mais le rapport final, qui a été effectivement publié, a un ton nettement plus modéré. La version initiale, ignorée par la presse, a soulevé une tempête de protestations de la part des gouvernements concernés, et tout particulièrement le Brésil. Sous la pression, la Banque mondiale a donc décidé de remanier ce rapport, dont la version définitive reste toutefois assez sévère : si le Mercosur n'a pas été totalement contre-productif, il a néanmoins généré un détournement de commerce important.

Résumé

Bien que peu de pays aient véritablement adopté cette solution, la plupart des économistes continuent de considérer le libre-échange comme une politique souhaitable. Ce parti pris repose sur trois arguments. Tout d'abord, l'ouverture aux échanges permet de réaliser des gains d'efficience (en somme, l'analyse coûts-bénéfices de la protection peut être inversée). Deuxièmement, le libre-échange engendre des gains dynamiques qui ne sont pas pris en compte par les analyses coûts-bénéfices. Enfin, même dans les cas où il n'apparaît pas comme la meilleure solution possible, il est toujours plus facile et moins risqué de choisir le libre-échange que de se lancer dans une politique visant à atteindre le niveau de protection idéal.

Il existe cependant des arguments tout à fait valables pour justifier une politique protectionniste. Par exemple, les pays peuvent améliorer leurs *termes de l'échange*, et accroître ainsi leur niveau de bien-être, en instaurant un droit de douane optimal. En pratique, cet argument a une portée limitée. Les petits pays ne peuvent pas avoir une influence significative sur les prix mondiaux des biens qu'ils exportent. Quant aux grands pays, ils peuvent certes influer sur les termes de l'échange, mais en imposant des droits de douane, ils courent le risque de rompre des accords commerciaux et donc de provoquer des mesures de rétorsion.

Un autre argument en faveur de la protection commerciale repose sur la notion de *défaillance de marché*. Si certains marchés nationaux (comme le marché du travail, par exemple) ne remplissent pas entièrement leurs rôles, alors dévier du libre-échange peut parfois permettre de limiter les conséquences de ce dysfonctionnement. La *théorie de l'optimum de second rang* stipule, en effet, qu'une intervention publique peut se justifier dès lors qu'un des marchés de l'économie ne fonctionne pas correctement. Un droit de douane peut augmenter le bien-être si la production d'un bien génère un *bénéfice social* qui n'est pas capté par les mesures de surplus des producteurs.

Bien que les défaillances de marché ne soient pas rares dans les économies modernes, il faut se garder d'abuser de cet argument pour justifier une politique commerciale. Premièrement, il est davantage dédié aux politiques intérieures qu'aux politiques commerciales. Les droits de douane engendrent systématiquement des distorsions inutiles, et il est toujours préférable de traiter les défaillances de marché en s'y attaquant de façon plus directe. Par ailleurs, il est difficile d'identifier avec précision les défaillances de marché, de façon à être certain de la recommandation politique appropriée.

En pratique, les arguments les plus à même de faire pencher les gouvernements en faveur d'une protection commerciale sont généralement liés à la répartition des revenus. Or, selon les politologues, les choix publics résultent du jeu de la concurrence entre les partis politiques. Dans le cas le plus simple, cela mène à l'adoption de la politique qui sert les intérêts de l'électeur médian. Bien que très utile pour envisager de nombreuses possibilités, cette approche entraîne des prédictions irréalistes en ce qui concerne la politique commerciale. En revanche, les analyses économiques des lobbies (de *l'action collective*) semblent plus utiles. Comme les individus ont peu d'intérêt à mener des combats politiques, ils peuvent se voir imposer les décisions des pouvoirs publics défendues par de petits groupes bien organisés.

Si les politiques commerciales étaient définies de façon autonome par chaque pays, les avancées vers le libre-échange seraient pratiquement impossibles. En réalité, les pays industriels sont parvenus à une réduction substantielle des droits de douane en s'appuyant sur des processus de *négociations internationales*. Celles-ci contribuent à réduire les barrières commerciales de deux façons : elles aident à élargir le camp des défenseurs du libre-échange en mettant directement en jeu les intérêts des exportateurs ; elles permettent aux gouvernements de coordonner leurs décisions afin d'éviter des *guerres commerciales*.

Depuis la fin de la Seconde Guerre mondiale, un certain nombre de pays organisent des négociations multilatérales sous l'auspice de *l'accord général sur les droits de douane et le commerce* (GATT). L'accord le plus récent du GATT a mis en place une nouvelle organisation, l'Organisation mondiale du commerce. Son objectif est d'organiser les négociations et de régler les conflits commerciaux entre les pays membres.

Au-delà des accords multilatéraux, certains pays ont négocié des *accords préférentiels*. Deux d'entre eux sont autorisés par le GATT : les *unions douanières*, où les membres de l'accord ont une politique commerciale commune vis-à-vis de l'extérieur ; et les *zones de libre-échange*, où ils ne s'imposent pas mutuellement de barrières aux échanges, mais conservent des politiques commerciales indépendantes vis-à-vis du reste du monde. Ces deux formes d'accords ont des effets ambigus sur le bien-être. Si le fait de rejoindre un tel accord engendre une substitution de la production nationale par des importations en provenance d'un autre pays membre (c'est-à-dire s'il y a une *création de commerce*), alors l'accord est bénéfique. En revanche, si cela entraîne la substitution d'importations bon marché provenant de l'extérieur de la zone par des produits moins compétitifs produits par un autre membre (c'est-à-dire s'il y a un *détournement de commerce*), l'accord régional génère des pertes.

Activités

1. « Dans le cas d'un petit pays comme la Tunisie, le passage au libre-échange présenterait des avantages considérables. Cela permettrait aux consommateurs et aux producteurs faire leur choix en fonction des coûts réels des biens, et non des prix artificiels déterminés par les politiques publiques. Cela permettrait également de sortir d'un marché domestique confiné, d'ouvrir de nouveaux horizons aux entreprises et surtout, d'assainir les politiques nationales. » Distinguez et identifiez les différents arguments en faveur du libre-échange évoqués dans cette affirmation.

2. Parmi les arguments suivants, lesquels sont potentiellement recevables pour justifier un droit de douane ou une subvention aux exportations ?

   a. « Plus l'Union européenne importe de pétrole, plus le prix du pétrole augmente. »

   b. « Le fait d'importer davantage de fruits produits hors saison en Amérique du Sud contribue à faire baisser les prix de ces biens, considérés il y a encore quelques années comme des produits de luxe. »

   c. « La hausse des exportations européennes de biens agricoles n'induit pas seulement une augmentation des revenus des agriculteurs. Elle implique aussi des niveaux de revenus plus élevés pour quiconque produit des biens et des services nécessaires à l'activité des exploitations agricoles. »

   d. « Les semi-conducteurs sont essentiels au développement des industries du futur. Si nous ne produisons pas nos propres puces, notre économie risque de prendre un retard définitif dans les savoirs technologiques indispensables à tous les secteurs à fort potentiel de croissance. »

   e. « Le prix g du bois a chuté de 40 %. Des milliers d'employés du secteur ont été contraints de chercher un nouvel emploi. »

3. Un petit pays peut importer un bien au prix mondial P. La courbe d'offre domestique de ce bien est la suivante :

$$O = 50 + 5\,P$$

   Et la courbe de demande :

$$D = 400 - 10\,P$$

   On suppose que $P = 10$. Par ailleurs, chaque unité de production génère un bénéfice social de 10.

   a. Calculez l'effet total sur le bien-être d'un droit de douane de 5 par unité importée.

   b. Calculez l'effet total d'une subvention à la production d'un montant de 5 par unité.

   c. Pourquoi la subvention à la production produit-elle un gain plus important que le droit de douane ?

   d. Quel serait le montant d'une subvention optimale à la production ?

4. Supposons que la demande et l'offre soient parfaitement identiques à celles de la question 3, mais qu'il n'y a plus de bénéfice social lié à la production. Toutefois, pour des raisons politiques, le gouvernement estime que le bien-être des producteurs compte

plus que celui des consommateurs et des contribuables : un gain de 1 euro pour les producteurs équivaut à un gain de 2 euros pour les consommateurs ou pour le budget de l'État. Calculez les effets sur les objectifs du gouvernement d'un droit de douane de 5 par unité.

5. Supposons qu'avant d'entrer dans l'Union européenne, le coût de production d'une automobile en Pologne soit de 20 000 €, alors qu'il est de 30 000 € en Allemagne. Supposons que l'UE, qui est une union douanière, impose un droit de douane de *X* % sur les voitures et que les coûts de production soient de *Y* € au Japon. L'élargissement de l'Union européenne à la Pologne engendrera-t-il une *création* ou un *détournement* de commerce, si :

   a. X = 50 % et Y = 18 000 €.

   b. X = 100 % et Y = 18 000 €.

   c. X = 100 % et Y = 12 000 €.

6. Commentez la phrase suivante : « Les plaintes de l'Union européenne à l'encontre des politiques commerciales japonaises et américaines sont injustifiées. Chaque pays a le droit de faire tout ce qui sert au mieux ses intérêts. »

7. Expliquez de façon intuitive pourquoi un pays peut gagner à instaurer un droit de douane optimal.

8. Si les gouvernements suivent des politiques en fonction du bien-être national, est-ce que le problème de guerre commerciale peut toujours être représenté par un « dilemme du prisonnier » (voir figure 10.3) ?

Annexe du chapitre 10

Le droit de douane optimal

Un droit de douane améliore toujours les termes de l'échange d'un grand pays mais, dans le même temps, il crée des distorsions de la consommation et de la production. Cette annexe démontre que, pour un droit de douane suffisamment faible, le gain généré par l'amélioration des termes de l'échange est toujours supérieur aux pertes induites par les distorsions. Autrement dit, il existe toujours un droit de douane optimal positif.

Pour cela, nous nous focalisons sur un cas où toutes les courbes d'offre et de demande sont linéaires. Il s'agit donc de droites.

Offre et demande

Supposons que le pays domestique (importateur) ait une courbe de demande qui correspond à l'équation suivante :

$$D = a - b\tilde{P} \tag{10A.1}$$

où $\tilde{P}$ est le prix du bien sur le marché domestique. L'équation de la courbe d'offre est :

$$Q = e + f\tilde{P} \tag{10A.2}$$

La demande domestique d'importation est la différence entre l'offre et la demande domestiques :

$$D - Q = (a - e) - (b + f)\tilde{P} \tag{10A.3}$$

La courbe d'offre étrangère est également une droite :

$$(Q^* - D^*) = g + hP_w \tag{10A.4}$$

où P_w est le prix mondial. Quant au prix en vigueur sur le marché domestique, il est égal au prix mondial augmenté du droit de douane :

$$\tilde{P} = P_w + t \tag{10A.5}$$

Droit de douane et prix

Le droit de douane crée un écart entre le prix intérieur et le prix mondial. Il tire le prix intérieur vers le haut et pousse le prix mondial vers le bas (voir figure 10A.1).

À l'équilibre mondial, la demande domestique d'importation doit être égale à l'offre étrangère d'exportations :

$$(a - e) - (b + f) \times (P_w + t) = g + hP_w \tag{10A.6}$$

Soit P_F le prix mondial qui aurait été observé en l'absence de droit de douane. Dès lors, en taxant les importations au taux t, le prix intérieur va passer à :

$$\tilde{P} = P_F + th/(b + f + h) \tag{10A.7}$$

alors que le prix mondial diminue :

$$P_w = P_F - t(b + f)/(b + f + h) \tag{10A.8}$$

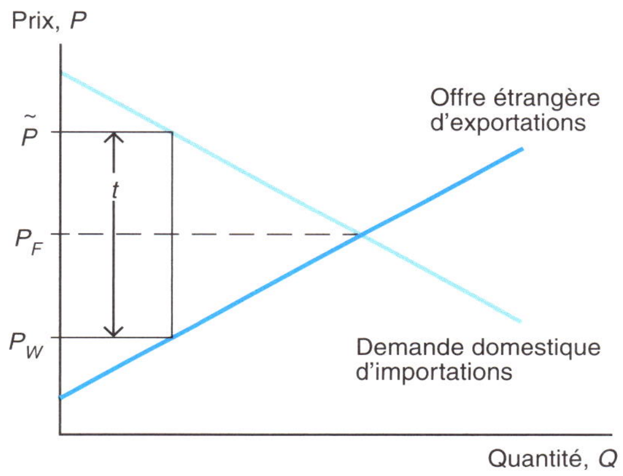

Figure 10A.1 – Effets d'un droit de douane sur les prix.
Dans un modèle linéaire, il est possible de calculer l'effet exact d'un droit de douane sur les prix.

Dans le cas d'un petit pays, l'offre étrangère est très élastique, c'est-à-dire que h est très grand. Dès lors, un droit de douane aura peu d'effets sur le prix mondial, tandis qu'il entraînera une hausse presque proportionnelle du prix domestique.

Droit de douane et bien-être domestique

Calculons maintenant les effets d'un droit de douane sur le bien-être domestique (voir figure 10A.2). Q^1 et D^1 représentent les niveaux de production et de consommation en situation de libre-échange. Le droit de douane accroît la production nationale (de Q^1 à Q^2) et contracte la demande (D^1 à D^2) :

$$Q^2 = Q^1 + tfh/(b + f + h) \tag{10A.9}$$

et

$$D^2 = D^1 - tbh/(b + f + h) \tag{10A.10}$$

Le gain pour l'économie qui résulte de la baisse du prix mondial est mesuré par l'aire du rectangle à la figure 10A.2. Il est égal à la baisse du prix, multipliée par la quantité importée :

$$\begin{aligned}\text{Gain} &= (D^2 - Q^2) \times t(B+f)/(b+f+h) \\ &= t \times (D^1 - Q^1) \times (b+f) / (b+f+h) - (t)^2 \times h(b+f)^2/(b+f+h)^2 \quad (10A.11)\end{aligned}$$

La perte liée à la distorsion de la consommation est la somme des aires des triangles à la figure 10A.2 :

$$\begin{aligned}\text{Perte} &= (1/2) \times (Q^2 - Q^1) \times (\tilde{P} - P_F) + (1/2) \times (D^1 - D^2) \times (\tilde{P} - P_F) \\ &= (t)^2 \times (b+f) \times (h)^2 / 2(b+f+h)^2 \quad (10A.12)\end{aligned}$$

Au total, l'effet net sur le bien-être est le suivant :

$$\text{Gain} - \text{perte} = t \times U - (t)^2 \times V \quad (10A.13)$$

où U et V sont des termes complexes, mais positifs et indépendants du droit de douane. Autrement dit, l'effet net sur le bien-être est la somme d'un terme positif multiplié par le droit de douane, et d'un terme négatif multiplié par le droit de douane au carré.

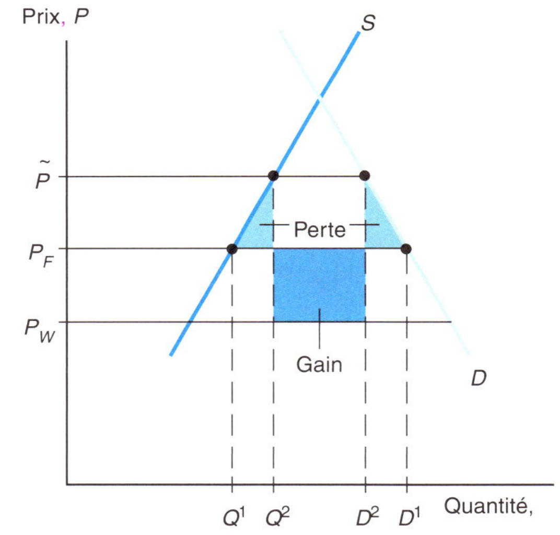

Figure 10A.2 – Effets d'un droit de douane sur le bien-être.
Le bénéfice net engendré par un droit de douane est égal à l'aire du rectangle, moins les surfaces des deux triangles.

Lorsque le droit de douane est nul, le gain est tout simplement nul. Par ailleurs, la dérivée de l'équation (10A.13) est égale à : $U - 2 \times t \times V$. Lorsque t est proche de 0, cette équation est positive, ce qui signifie qu'une petite augmentation du droit de douane doit d'abord augmenter le gain net de l'économie. Cependant, au fur et à mesure de l'augmentation de t, le terme $(t)^2 \times V$ finit par croître plus vite que le terme $t \times U$, si bien qu'au final, le gain net tend à diminuer, jusqu'à devenir négatif.

Chapitre 11

La politique commerciale dans les pays en développement

Objectifs pédagogiques :

- Analyser les arguments du protectionnisme, tel qu'il a été appliqué dans les pays en développement (notamment les stratégies d'industrialisation par substitution aux importations et l'argument de l'industrie naissante).
- Présenter l'histoire économique récente des pays asiatiques et la relation entre leur croissance rapide et leur participation au commerce international.

Jusqu'à maintenant, nous avons analysé les instruments de la politique commerciale sans véritablement nous préoccuper des spécificités des différents pays du monde. Or les choix publics en matière de politique commerciale reflètent assurément les histoires propres à chaque pays et les difficultés particulières qu'ils rencontrent. S'agissant de questions d'ordre économique, la caractéristique la plus à même de guider les décisions publiques est bien sûr le niveau de revenu. Comme l'indique la figure ci-après, les différences internationales de revenu par habitant sont énormes. D'un côté, on retrouve les pays développés (essentiellement l'Europe de l'Ouest, les États-Unis et le Japon) dont le revenu par habitant dépasse parfois les 40 000 dollars par an. De l'autre côte, les **pays en développements**, avec des niveaux de revenus bien plus faibles, représentent pourtant la majorité de la population mondiale. Cet ensemble de pays recouvre toutefois un éventail de niveaux de revenu particulièrement large. Certains, comme la Corée, ont connu une croissance telle qu'ils ont aujourd'hui des niveaux de vie comparables à ceux de certains pays développés. D'autres, comme le Burkina-Faso, restent désespérément pauvres. Néanmoins, pour à peu près tous ces pays, la politique économique a pour principale préoccupation de combler l'écart de revenu qui les sépare des pays les plus avancés.

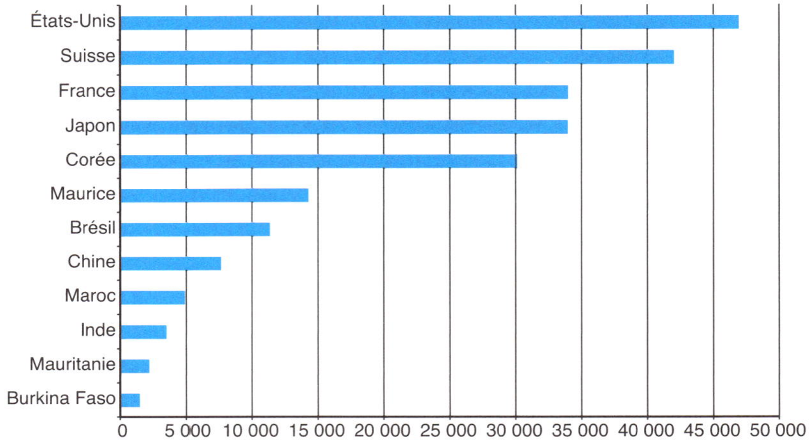

Figure 11.1 – Produit intérieur brut par habitant en 2010 pour quelques pays (en dollars PPA).

Source : d'après le FMI, *World Economic Outlook*.

La question de savoir pourquoi de telles inégalités internationales de revenus perdurent dépasse largement les limites de cet ouvrage[1]. En revanche, nous pouvons noter que les politiques économiques ont été fortement influencées par l'évolution des conceptions du développement économique. De la Seconde Guerre mondiale aux années 1970, les politiques économiques ont été conditionnées par la croyance que la clé du développement résidait dans la constitution d'un secteur manufacturier puissant, et que le meilleur moyen de créer un tel secteur était de protéger les industriels locaux de la concurrence internationale. La première partie de ce chapitre décrit les arguments ayant conduit à cette stratégie d'industrialisation par substitution aux importations. Nous verrons aussi les critiques de ces arguments, qui se sont intensifiées après 1970 et qui ont conduit, à la fin des années 1980, à l'émergence d'un nouveau consensus autour des vertus du libre-échange. Dans la seconde partie du chapitre, nous verrons comment les politiques commerciales des pays en développement ont drastiquement changé vers le milieu des années 1980. Enfin, nous étudierons le cas particulier des pays asiatiques, qui sont parvenus à maintenir des taux de croissance exceptionnellement élevés depuis le milieu des années 1960. Les implications, en termes de politique commerciale, de ce « miracle est-asiatique » sont en effet très controversées et appellent une analyse spécifique.

1. On se reportera par exemple au manuel de Michael Todaro et Stephen Smith, *Economic development*, 10e éd., Pearson Education/Addison-Wesley, 2009 ; ou encore à l'ouvrage synthétique d'Elsa Assidon, *Les théories économiques du développement*, Repères, La Découverte, 2002.

1 L'industrialisation par substitution aux importations

Entre la Seconde Guerre mondiale et les années 1970, de nombreux pays en développement ont essayé de favoriser l'essor de leur industrie en limitant les importations de produits manufacturés pour conférer aux entreprises nationales un avantage sur leur propre marché. Bien que de nombreuses raisons (économiques, politiques ou idéologiques) aient pu contribuer au succès de ces politiques protectionnistes, le poids des arguments théoriques en faveur de la *substitution aux importations* a été déterminant. Parmi eux, l'argument de l'*industrie naissante* (évoqué au chapitre 7) a assurément joué un rôle important.

1.1 L'argument de l'industrie naissante

L'argument de l'industrie naissante repose sur l'idée qu'un pays en développement, qui aurait un avantage comparatif *potentiel* dans un secteur manufacturier, pourrait ne pas pouvoir faire face à la concurrence des industries, plus anciennes et bien implantées, des pays développés. Afin de permettre aux entreprises nationales de prendre pied sur leur marché, les gouvernements des pays en développement devraient donc élever des protections commerciales pour les aider temporairement, jusqu'à ce qu'elles soient suffisamment productives pour affronter la concurrence internationale. Ainsi, l'imposition temporaire de droits de douane ou de quotas d'importation doit amorcer le processus d'industrialisation. Historiquement, la plupart des économies développées ont d'ailleurs commencé leur industrialisation à l'abri de barrières douanières. Par exemple, au XIXe siècle, les États-Unis, et dans une moindre mesure l'Allemagne et la France, ont eu des droits de douane élevés sur les produits manufacturés. Le Japon a quant à lui largement usé du contrôle des importations jusqu'aux années 1970.

Les limites de l'argument de l'industrie naissante. L'argument de l'industrie naissante paraît plein de bon sens et, de fait, il a convaincu de nombreux gouvernement. En mettant en lumière ses faiblesses conceptuelles, les économistes ont toutefois suggéré que cet argument doit être manié avec prudence.

Tout d'abord, les politiques volontaristes qui visent à développer aujourd'hui les industries qui auront un avantage comparatif dans le futur ne sont pas toujours raisonnables. La Corée du Sud est par exemple devenue exportatrice d'automobiles dans les années 1980. L'essor de cette industrie résulte d'un processus continu d'accumulation qui a permis de dégager un avantage comparatif dans des activités relativement intensives en capital. Mais il aurait été vraisemblablement peu judicieux de vouloir développer l'industrie automobile coréenne dans les années 1960, alors que le capital et le travail qualifié étaient encore rares.

Ensuite, la protection du secteur manufacturier ne sera efficace que dans la mesure où elle permet, pour finir, de renforcer sa compétitivité. Des pays comme l'Inde ou la Tunisie ont longtemps protégé leur industrie et ils exportent aujourd'hui, de manière significative, des bien manufacturés. Mais les biens qu'ils exportent sont, pour l'essentiel, des produits de l'industrie légère comme le textile. La protection des secteurs industriels plus intensifs en capital (comme l'automobile ou l'électroménager) n'a donc pas suffi à permettre leur développement. D'ailleurs, on peut raisonnablement penser que les protections commerciales n'ont eu finalement aucune influence véritable sur les performances de ces pays dans les secteurs manufacturiers, relativement peu intensifs en capital. Certains économistes parlent dans ce cas d'industrie « pseudo-naissante » : certains secteurs protégés deviennent compétitifs pour des raisons qui n'ont rien à voir avec la protection, si bien que la politique protectionniste peut apparaître comme un succès, alors qu'elle n'est dans ce cas qu'une perte pour l'économie.

Plus généralement, le fait que l'émergence d'une industrie performante soit un processus long et coûteux n'est pas un argument suffisant pour justifier une intervention des pouvoirs publics, à moins d'être confronté à un dysfonctionnement du marché intérieur. Si une industrie est assez rentable pour pouvoir rémunérer le capital, le travail et les autres facteurs de production qui lui sont nécessaires, pourquoi les investisseurs privés auraient-il besoin d'aides publiques ? Pour certains, l'aide de l'État est nécessaire dans la mesure où les investisseurs privés ne fonderaient leurs choix que sur les bénéfices courants, sans tenir compte des perspectives de profits à long terme. Mais ces remarques ne correspondent pas aux théories de l'investissement, ni à la réalité : il existe de nombreux exemples, au moins dans les pays industrialisés, d'investisseurs qui soutiennent des projets de très long terme dont les bénéfices sont incertains (c'est notamment le cas des biotechnologies).

L'argument de l'industrie naissante en cas de défaillance de marché. Pour justifier l'argument de l'industrie naissante, il faut donc dépasser l'idée, plausible mais contestable, que les industries nouvelles doivent être systématiquement mises à l'abri de la concurrence étrangère. La nécessité de protéger un secteur industriel doit donc être reliée à une défaillance de marché qui empêche les mécanismes économiques d'assurer le développement des entreprises (voir chapitre 10). Plus particulièrement, les partisans de la protection des industries naissantes justifient ces politiques en mettant en avant deux types de défaillance.

L'imperfection des systèmes financiers. Si un pays en développement ne dispose pas d'institutions financières (c'est-à-dire de banques et de marchés financiers) solides et performantes, il aura des difficulté à drainer l'épargne nationale pour financer l'investissement dans les secteurs industriels émergents. Dans ce cas, les jeunes entreprises industrielles devront en grande partie s'autofinancer. Même si leur rendement à long terme est élevé, leur croissance sera effectivement restreinte par leurs difficultés à dégager des bénéfices courants. En toute logique, la politique optimale de premier rang serait d'améliorer le fonctionnement du système financier, mais c'est un processus long et coûteux, et la protection des industries nouvelles apparaît alors comme politique optimale de deuxième rang.

Les problèmes d'appropriabilité. Dans de nombreux cas, l'essor de nouveaux secteurs industriels génère des bénéfices sociaux pour lesquels les firmes du secteur émergent ne sont pas rémunérées. Par exemple, les premières firmes à développer une activité nouvelle dans un pays peuvent avoir à supporter des coûts de lancement liés à l'adaptation du produit ou des méthodes de production à l'environnement local : la formation du personnel, la création d'infrastructures spécifiques, la mise en place de chaînes logistiques et de circuits de distribution, les campagnes de publicité visant à modifier les comportements des consommateurs… Par la suite, d'autres firmes peuvent entrer sur ce nouveau marché sans avoir à subir le coût de ces investissements fondamentaux. Les firmes pionnières ont donc créé, en parallèle à leur production, des actifs intangibles sur lesquels elles ne peuvent faire valoir aucun droit de propriété[2]. Si ces firmes pionnières ne peuvent pas s'approprier totalement l'usage de leur investissement, il se peut qu'on ne trouve aucun entrepreneur privé pour s'engager dans cette nouvelle production. L'État a alors intérêt à subventionner ces investissements intangibles ou, quand cela n'est pas possible, à utiliser la protection commerciale pour encourager des firmes pionnières.

Ces deux arguments en faveur de la protection des industries naissantes sont clairement des cas particuliers de *défaillance de marché* qui peuvent justifier de déroger au libre-échange. Mais en pratique, il est difficile de déterminer quels secteurs nécessitent réellement un soutien des pouvoirs publics. Le risque que ces politiques de développement soient récupérées par des intérêts particuliers est donc important. Beaucoup d'industries naissantes n'ont ainsi jamais grandi et restent dépendantes de la protection dont elles bénéficient.

1.2 La protection commerciale comme politique de soutien à l'industrie

Malgré les doutes concernant l'argument de l'industrie naissante, de nombreux pays en développement y ont vu une bonne raison de soutenir leurs activités manufacturières. En principe, ce soutien peut prendre plusieurs formes. Les gouvernements peuvent par exemple accorder des subventions à l'ensemble des entreprises industrielles, ou bien cibler leurs efforts sur quelques secteurs spécifiques pour lesquels ils pensent pouvoir acquérir un avantage comparatif. La plupart des pays en développement ont cependant misé sur des politiques d'**industrialisation par substitution aux importations** qui visent, par l'instauration de barrières commerciales, à remplacer les importations par des productions locales. Notons que les deux stratégies de développement évoquées sont forcément opposées. En effet, les analyses en équilibre général présentées au chapitre 6 montrent qu'en protégeant les secteurs concurrents des importations, les pays réallouent des ressources au détriment des secteurs exportateurs (ou potentiellement exportateurs). Faire le choix d'encourager la substitution aux importations revient donc à faire celui de décourager les exportations

Une des raisons pour lesquelles la stratégie de substitution aux importations l'a emporté sur les interventions en faveur des exportations est simplement d'ordre politique : dans beaucoup de cas, le choix de la substitution aux importations a bénéficié directement aux puissants groupes d'intérêts établis, tandis que la promotion des exportations n'avait pas d'appui politique naturel. Ce n'est cependant pas la seule raison. Jusqu'aux années 1970, beaucoup de pays en développement doutaient en fait de leurs capacités à exporter des biens manufacturés (contredisant en cela l'argument de l'industrie naissante). Il est important de noter que certains partisans des politiques de substitution aux importations pensaient que les avantages des pays industrialisés étaient simplement trop importants pour être surmontés par les pays en développement, si bien que ces derniers ne pourraient jamais réussir à s'insérer dans l'économie mondiale.

Les années 1950 et 1960 ont constitué le point culminant des politiques de substitution aux importations. Dans un premier temps, les pays en développement ont commencé par

---

2. Leur investissement génère donc des gains qui se font ressentir au-delà des limites de la firme. On parle alors d'*externalité*.

protéger les productions de biens finals, comme l'agroalimentaire ou l'assemblage automobile. Dans les plus grands pays, ce processus s'est poursuivi jusqu'au remplacement presque complet des biens de consommation importés, et les politiques industrielles se sont alors tournées vers les biens intermédiaires comme les châssis automobiles, l'acier ou les produits pétrochimiques. Même si les pays en développement n'ont jamais pu substituer la totalité de leurs importations par des productions locales[3], certains sont tout de même parvenus à réduire leurs niveaux d'ouverture commerciale à des niveaux remarquablement bas. Le cas le plus extrême est celui de l'Inde, dont les importations – hors pétrole – ne dépassaient pas 3 % du PIB au début des années 1970.

Il serait injuste d'affirmer que les politiques d'industrialisation par substitution aux importations ont échoué. Elles ont en effet largement contribué au développement de l'industrie dans les pays du Sud. Dans les pays d'Amérique latine, la part de la production manufacturière par rapport à la production totale a pratiquement atteint un niveau comparable à celui des pays les plus avancés (cette part était moins importante pour l'Inde, mais seulement parce que sa population, plus pauvre, a continué à consacrer une large proportion de son revenu aux produits agricoles). Le soutien à l'industrie n'était cependant pas l'objectif final poursuivi par ces pays : l'important était de rattraper leur retard économique et de lutter contre la pauvreté. La politique de substitution aux importations a-t-elle alors favorisé le développement économique ? On peut émettre sur ce point de sérieux doutes.

Encadré 11.1

Île Maurice : de la substitution aux importations à la promotion des exportations

L'Île Maurice est souvent considérée comme un exemple de réussite économique en Afrique. Bien évidemment, le niveaux de vie est encore aujourd'hui relativement bas, mais le rattrapage économique du pays n'en demeure pas moins étonnant : entre 1980 et 2011, le revenu par habitant (en parité de pouvoir d'achat) à été multiplié par 7,7 et la différence de niveau de vie avec la France a été réduite de moitié (le revenu par habitant représente en 2011 plus de 45 % du niveau français)*.

Ce succès économique ne repose évidemment pas sur une cause unique, mais le choix de réformer les politiques commerciales a sans doute contribué à cette évolution en transformant profondément le tissu industriel.

Avant même son indépendance, acquise en 1968, l'île Maurice a, comme beaucoup d'autres, misé sur des politiques protectionnistes pour amorcer son industrialisation. Cette politique de substitution aux importations a rapidement buté sur la faible dimension du marché mauricien, qui ne pouvait permettre aux entreprises industrielles d'atteindre une taille critique. Tout en conservant certaines protections commerciales très strictes dans quelques secteurs, le gouvernement de l'île se tourne alors progressivement vers des politiques de promotion des exportations, en ouvrant dès 1970 les premières *zones franches d'exportation*.

* Les données proviennent des bases du Fonds Monétaire International et de Soludo, Ogbu et Chang, *The Politics of Trade and Industrial Policy in Africa*, Africa World Press, 2004.

3. Ils sont restés dépendants des importations de produits industriels complexes comme les ordinateurs, les machines-outils, etc.

Ces zones, inspirées de l'expérience taïwanaise, sont des parcs industriels où les firmes qui s'y implantent peuvent bénéficier de certaines dérogations au droit général (exemption d'impôts et de droits de douane, plus grande liberté des mouvements de capitaux…). À Maurice, ces zones ont permis d'attirer des investisseurs – notamment asiatiques – qui pouvaient profiter d'une main d'œuvre qualifiée peu onéreuse et d'un accès privilégié aux marchés européens. Pendant plus d'une décennie, ce mélange de promotion d'exportation et de substitution aux imports a régi la politique industrielle de l'île.

Les protections commerciales n'ont cependant pas suffi pour développer significativement l'industrie et générer les externalités attendues. Au tournant des années 1980, le pays a rencontré de sérieuses difficultés de balance des paiements (voir chapitre 13) et a dû se tourner résolument vers des politiques d'ouverture commerciale. À partir de 1983, les incitations en faveur de l'industrie, associées à la dépréciation du taux de change et au démantèlement des protections commerciales, ont permis d'améliorer la compétitivité des firmes industrielles. En outre, le niveau de vie a progressé et la production industrielle s'est développée (la part de l'emploi agricole dans l'emploi total est passée progressivement de 16 % en 1980 à 9 % en 2011).

Dans les années 2000, l'île Maurice a dû faire face à la montée en puissance de la concurrence des autres pays en développement, notamment d'Asie. En effet, le pays a longtemps profité des avantages procurés par les *accords de Lomé et de Cotonou*. Ces accords, passés entre l'Union européenne et un grand nombre de pays en développement d'Afrique, des Caraïbes et du Pacifique (les pays ACP), offraient à ces derniers un accès privilégié aux marchés européens, sans nécessairement exiger de contrepartie. Toutefois, la mise en œuvre des accords de Marrakech (voir chapitre 12) et l'entrée dans l'OMC d'un grand nombre de pays asiatiques, dont la Chine, ont sensiblement réduit cet avantage. Dans la mesure où une bonne part des exportations mauriciennes repose sur son industrie et se trouve être en concurrence directe avec les produits asiatiques, l'île a durement souffert de cette « érosion des préférences européennes », notamment dans le domaine de l'industrie textile. De plus, en 2000, un certain nombre de pays d'Amérique latine ont dénoncé ces accords auprès de l'OMC : dans la mesure où ils n'exigeaient pas de réciprocité entre les signataires, ils ne pouvaient pas être considérés comme des accords de libre-échange régionaux et constituaient de fait une entrave au principe de non-discrimination (voir chapitre 12). Pour se mettre en conformité avec les règles de l'OMC, l'UE a proposé aux pays ACP des accords de partenariat économique (APE) qui imposent aux ACP d'ouvrir leurs marchés aux produits européens. L'île Maurice a signé un accord de ce type en août 2009. Celui-ci devrait faciliter l'accès aux marchés européens, mais aussi intensifier la concurrence sur le marché intérieur de l'île. Pour faire face à ces nouveaux enjeux, le gouvernement a lancé en 2006 un ensemble de réformes de grande ampleur, poursuivi en 2011. L'objectif consiste, par des incitations fiscales, des réformes administratives et des programmes de développement d'infrastructure, à créer les conditions d'une meilleure compétitivité et d'une plus grande attractivité pour les investissements internationaux.

Encadré 11.1 (suite)

Ces efforts semblent porter leurs fruits : durant la première décennie du XXIe siècle, l'île Maurice a pu conserver un taux de croissance appréciable (de l'ordre de 4 à 5 %) et devenir une destination de tout premier plan pour les firmes multinationales indiennes et chinoises.

L'exemple de l'île Maurice est marquant à plusieurs titres. Tout d'abord, il vient rappeler que le sous-développement n'est pas une fatalité indépassable en Afrique. Des politiques publiques appropriées, l'introduction de réformes progressives et mesurées visant à tirer le meilleur parti des échanges internationaux peuvent conduire certains pays sur le chemin de l'industrialisation et de la réduction de la pauvreté. Mais, au-delà des politiques commerciales, l'expérience de l'île Maurice souligne encore l'importance fondamentale pour le développement économique de la stabilité politique, de la solidité des institutions économiques, juridiques et sociales, et des investissements durables dans l'éducation.

2 Les résultats des politiques de substitution aux importations

Les politiques d'industrialisation par substitution aux importations ont commencé à faire l'objet de critiques quand il s'est avéré que les pays les ayant appliquées ne montraient ni de signes évidents de rattrapage économique ni, bien souvent, de réduction des inégalités et du chômage[4]. En fait, la situation de certains pays s'est même aggravée : par exemple, l'écart de développement entre l'Inde et les pays développés était plus important en 1980 qu'en 1950, l'année suivant son indépendance.

Il est bien sûr délicat de déterminer les causes exactes de ces échecs, mais il semble bien que le développement économique soit un processus plus complexe que ne le laisse entendre l'argument de l'industrie naissante. L'expérience montre en effet que l'origine du sous-développement est plus profonde qu'un simple retard de la production manufacturière. Les pays pauvres manquent de main-d'œuvre qualifiée et d'entrepreneurs compétents et expérimentés. Ils rencontrent en outre des problèmes d'organisation sociale, et ils disposent d'institutions moins performantes et plus instables qui rendent les relations économiques plus difficiles et incertaines. Ces problèmes peuvent sûrement être résolus par des politiques économiques appropriées, mais en aucun cas par les politiques commerciales.

À partir du moment où il est apparu que les politiques de substitution ne parviendraient pas, dans bon nombre de cas, à satisfaire les espoirs dont elles étaient porteuses, de plus en plus d'observateurs ont pointé du doigt les distorsions qu'elles ont pu engendrer. Une partie du problème vient du fait que les instruments utilisés pour soutenir les industries naissantes étaient excessivement complexes. Les pouvoirs publics ont en effet utilisé un ensemble élaboré, et souvent redondant, de quotas d'importation, de contrôles des changes et de règles de contenu local, plutôt que de simples droits de douane, si bien que la protection effective a parfois fini par atteindre des niveaux faramineux. Certains secteurs industriels

4. Sur la question des inégalités dans les pays en développement, voir le rapport de la Banque mondiale : « Équité et Développement », 2006.

en Amérique latine et en Asie du Sud étaient protégés par des mesures équivalentes à des taux avoisinant les 200 %[5]. Ces hauts niveaux de protection permettaient aux industries de subsister alors même que leurs coûts de production étaient trois à quatre fois supérieurs à ceux des importations qu'elles remplaçaient. Même pour les plus ardents défenseurs de ces politiques d'industrialisation, il semble difficile d'imaginer des défaillances de marché susceptibles de justifier de si hauts niveaux de protection.

Un autre effet pervers qui a reçu une attention particulière est la tendance des restrictions aux importations à favoriser la production à une échelle trop petite pour être efficace. Même pour des pays en développement de très grande taille, comme le Brésil ou l'Inde, le marché intérieur ne représente qu'une petite fraction de celui des États-Unis ou de l'Union européenne. Bien souvent, la taille de l'économie nationale ne permet pas de produire à une échelle suffisante pour atteindre un niveau de performance satisfaisant. La réponse que les petits pays doivent apporter à cette question d'échelle passe alors, comme on l'a vu au chapitre 7, par un renforcement des spécialisations dans la production et l'exportation d'un nombre limité de produits. La politique d'industrialisation par substitution aux importations élimine cette solution en concentrant au contraire la production industrielle sur le marché intérieur.

À la fin des années 1980, un consensus de plus en plus large s'est établi entre les économistes, les organisations internationales (comme la Banque mondiale) et les décideurs politiques des pays en développement pour reconnaître les limites des politiques de substitution aux importations. Plusieurs études statistiques suggèrent ainsi que les pays en développement qui ont appliqué des politiques relativement favorables au libre-échange ont connu, en moyenne, une croissance plus rapide que les pays plus protectionnistes[6]. Cette évolution intellectuelle a conduit à une révision profonde des stratégies de développement et à la remise en cause des politiques commerciales de nombreux pays en développement.

3 La libéralisation du commerce depuis 1985

Mis à part le Chili, qui a entamé un processus de libéralisation commerciale dès 1974 (après le coup d'État militaire)[7], les pays en développement n'ont en général infléchi leurs politiques commerciales qu'à partir du milieu des années 1980. En effet, à partir de la fin des années 1980, beaucoup de pays en développement ont, de façon plus ou moins drastique, réduit les droits de douane, supprimé les quotas et, plus généralement, ouvert leur économie à la concurrence des importations (voir figure 11.2).

5. Par exemple, au cours des années 1960, le niveau de protection effective de l'industrie manufacturière a atteint 182 % au Chili et 113 % au Brésil (voir Bela Balassa, *The structure of protection in developping countries*, Johns Hopkins Press, 1971).

6. La question de l'impact de l'ouverture sur la croissance économique fait toutefois l'objet de débats récurrents et animés. Ainsi, les résultats empiriques soulignant une corrélation positive entre l'ouverture aux échanges et le développement ont été récemment remis en cause par Francisco Rodriguez et Dani Rodrik (Francisco Rodriguez et Dani Rodrik, « Trade Policy and Economic Growth : A Skeptic's Guide to the Cross-National Evidence », *in* Ben Bernanke et Kenneth S. Rogoff, dir., *NBER Macroeconomics Annual 2000*, Cambridge, Massachusetts, MIT Press for NBER, 2001). Il ressort de ces débats que l'ouverture au commerce peut être au mieux une condition nécessaire au développement, mais assurément pas une condition suffisante.

7. Au Chili, de 1974 à 1979, le taux effectif moyen de protection du secteur manufacturier est passé de 151 % à 14 %. Après quelques années difficiles, le Chili a connu une période de forte croissance dès la fin des années 1970. À partir de la seconde moitié des années 1980, les performances économiques du pays sont devenues plutôt impressionnantes, en atteignant des taux de croissance proches de ceux des pays d'Asie de l'Est.

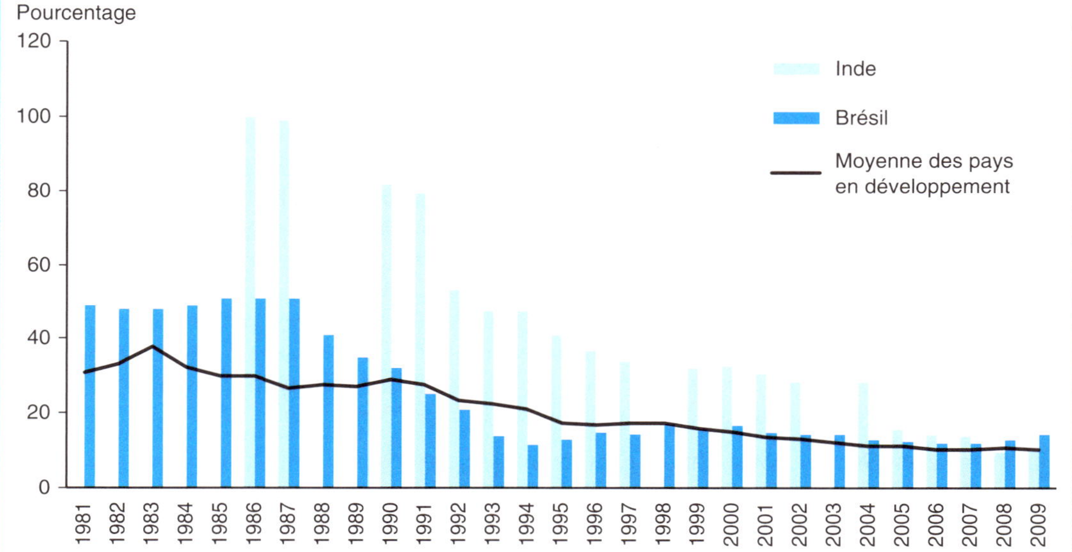

Figure 11.2 – Le niveau des droits de douane moyens dans les pays en développement.

L'abandon des politiques de substitution des importations s'est traduit par une baisse rapide des niveaux de protection commerciale dans les pays en développement : les droits de douane sont passés, en moyenne, d'environ 30 % en 1980 à 10 % dans les années 2000. La baisse est encore plus marquante pour certains grands pays émergents comme le Brésil et l'Inde.

Source : Banque mondiale.

La libéralisation du commerce dans les pays en développement a eu deux effets distincts. Le premier est une augmentation significative du volume des échanges. Comme le montre la figure 11.3, le commerce des pays en développement a progressé très lentement jusqu'aux années 1980. Mais il a entamé une croissance rapide après 1985, si bien qu'en une quinzaine d'années la part du commerce dans le PIB a doublé. Le second effet est l'évolution de la nature du commerce. Avant le changement d'orientation des politiques économiques, les pays en développement exportaient majoritairement des produits agricoles et miniers. Comme nous l'avons vu au chapitre 2, la part des biens manufacturés dans leurs exportations a ensuite fortement augmenté à partir des années 1980, et ces produits représentent aujourd'hui la majorité des exportations pour un certain nombre de pays en développement. Mais il n'y a cependant rien d'étonnant à constater que les politiques de libéralisation ont modifié l'ampleur et la structure des échanges internationaux ; la question qui importe véritablement est de savoir si ces politiques ont tenu leurs promesses en favorisant le développement économique.

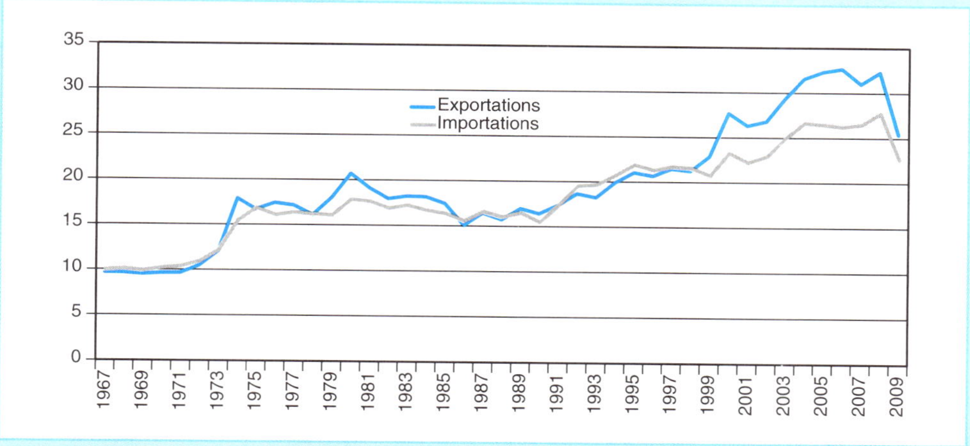

Figure 11.3 – La croissance du commerce des pays en développement (en % du PIB).

La libéralisation du commerce après 1985 a conduit à une augmentation de la part des importations et des exportations dans le PIB des pays en développement. La chute observée la dernière année correspond à la forte contraction du commerce international au moment de la crise mondiale de 2009 (voir encadré 2.1).

Sources : CEPII – CHELEM.

Les résultats sont plutôt mitigés. Les taux de croissance au Brésil et dans d'autres pays d'Amérique latine ont en fait été plus faibles après la libéralisation de la fin des années 1980 qu'auparavant. De son côté, l'Inde a connu une accélération impressionnante de sa croissance, mais certains économistes font valoir qu'elle semble avoir démarré avant la mise en place de l'essentiel des réformes. Par ailleurs, au moins en Amérique latine, l'abandon des politiques de substitution aux importations semble avoir été accompagné d'une aggravation des inégalités sociales.

4 L'industrialisation par les exportations : le miracle asiatique

Comme nous l'avons déjà évoqué plus haut, l'idée que la seule voie vers l'industrialisation passait par la substitution aux importations a longtemps prévalu. À partir du milieu des années 1960, la réussite de pays ayant privilégié l'industrialisation par les exportations de biens manufacturés, principalement à destination des pays développés, a remis en cause ce dogme. Les économies asiatiques nouvellement **industrialisées**[8] (Corée, Taïwan, Hong Kong et Singapour) ont connu des taux de croissance spectaculaires, dépassant les 10 % par

8. La Banque mondiale les regroupe sous le terme de *high performance Asian economies* (HPAE). Pour une étude très utile de ces pays, voir World Bank, *The East Asian Miracle : Economic Growth and Public Policy*, Oxford, Oxford University Press, 1993. On verra aussi le rapport de la Banque mondiale publié en 2001 : « Rethinking the East Asian Miracle » (tous les rapports de la Banque mondiale sont disponibles en ligne sur le site **http://www.banquemondiale.org**).

an dans certains cas. Même s'ils ont été durement touchés par la crise financière de 1997 (voir chapitre 22), ces pays d'Asie de l'Est ont, jusque-là, atteint un niveau de développement remarquable. Progressivement, cette vague de développement économique s'est étendue aux petits pays voisins (Thaïlande, Philippines…) puis aux géants indiens et chinois.

La figure 11.4 montre l'évolution de l'écart de richesse (mesurée par le PIB par habitant) entre l'Union européenne à 15 et les trois principaux pays émergents d'Asie : la Corée du Sud, la Chine et l'Inde. Ces trois pays se sont successivement engagés dans un processus très net de rattrapage ; la Corée dès les années 1960, la Chine à la toute fin des années 1970 et l'Inde vers 1990.

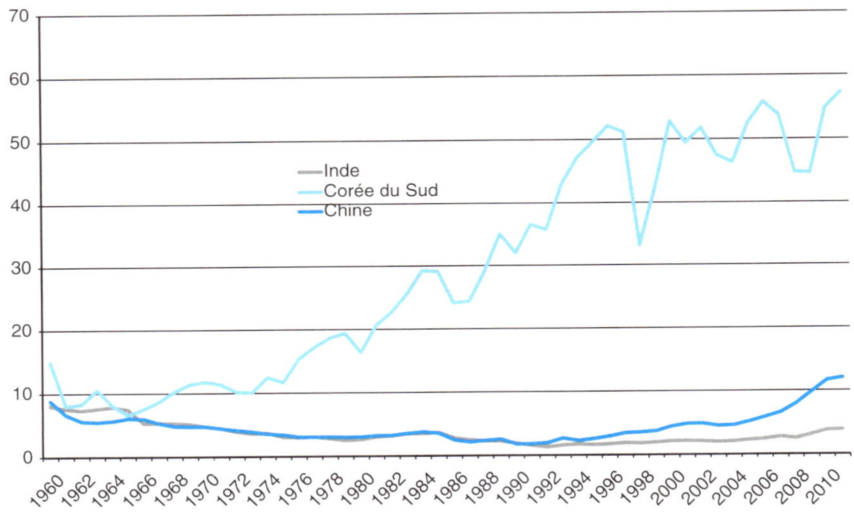

Figure 11.4 – Le décollage des pays asiatiques (PIB par habitant en % de celui de l'UE-15).

Dans les années 1960, la croissance des revenus était plus forte dans les pays de l'Union européenne à 15. Dès le milieu des années 1960, la Corée commence à combler son retard de développement. Quelques décennies plus tard, les géants chinois puis indiens suivent l'exemple et entament leur rattrapage.

Sources : CEPII – CHELEM.

Le décollage soudain de ces économies n'aurait sans doute pas eu lieu si ces pays n'avaient pas mené de profondes réformes de leurs politiques économiques. Ces changements se sont traduits par une dérégulation dans un grand nombre de domaines et par une ouverture progressive au commerce international. Le cas le plus spectaculaire est bien sûr celui de la Chine qui, sous l'impulsion de Deng Xiaoping, est passée d'une économie centralisée et planifiée à une économie de marché où chacun est encouragé à s'enrichir (voir encadré 11.2).

Encadré 11.2

Le réveil de la Chine

Bien qu'avec 1,3 milliard d'habitants elle soit de loin le pays le plus peuplé au monde, la Chine jouait, jusque récemment, un rôle mineur dans l'économie mondiale. De 1949 à 1978, le régime communiste a largement isolé l'économie chinoise du commerce international et les choix politiques ont bridé la croissance.

En 1978, la politique chinoise a cependant pris un virage inattendu. Devenu partisan du fait que « devenir riche est glorieux », le parti communiste a ouvert l'économie chinoise aux entreprises privées et au commerce extérieur. Depuis, le pays a connu des taux de croissance de presque 10 % en moyenne et, selon certaines estimations, elle est déjà devenue la seconde puissance économique du monde, après les États-Unis et devant le Japon.

Une première explication à cette croissance rapide revient à dire qu'elle n'a en partie jamais eu lieu, qu'elle n'est qu'une illusion statistique. Il existe en effet des preuves que les chiffres officiels sous-estiment l'inflation et surestiment donc la croissance réelle. Le véritable taux de croissance pourrait ainsi être plus faible d'au moins deux points de pourcentage. Mais, même avec une croissance annuelle de « seulement » 7 ou 8 % par an, les performances de l'économie chinoise restent véritablement impressionnantes.

Une deuxième réponse est que la Chine a un taux d'épargne élevé (à peu près 30 % du PIB), ce qui autorise un rythme d'investissement soutenu. En cela, la Chine suit la voie des autres pays d'Asie de l'Est, dont la croissance a largement reposé sur l'accumulation rapide de facteurs de production.

Enfin, beaucoup mettent en avant le rôle du dualisme de l'économie chinoise. Avant 1978, la migration rurale-urbaine des travailleurs chinois était en effet découragée, alors même que le secteur agricole accueillait une main-d'œuvre surabondante. L'assouplissement des contraintes pesant sur les populations a provoqué une sortie importante de travailleurs de l'agriculture qui, sans affecter sérieusement la production agricole, a rendu possible la hausse spectaculaire de l'industrie manufacturière.

Même si, à la surprise de nombreux observateurs, la Chine a traversé sans trop de dommages la crise asiatique de 1997-1998 et maintient, aujourd'hui encore, une croissance rapide, mais qui commence à montrer quelques signes de faiblesse, l'excès de travail dans le secteur agricole se résorbe progressivement, et les salaires tendent à augmenter dans l'industrie, réduisant d'autant le rendement des investissements industriels. D'autre part, certaines difficultés se profilent à l'horizon, liées notamment à l'inefficacité du large secteur contrôlé par l'État, la corruption des fonctionnaires, les inégalités sociales croissantes et, plus encore peut-être, l'insuffisance de la demande intérieure et la sous-évaluation de la monnaie nationale (voir chapitre 22).

Mais le retournement à 180° de la politique chinoise ne doit pas masquer l'importance des réformes menées ailleurs, et notamment en Inde. Ce pays, qui est longtemps resté l'une des nations du monde les plus fermées, a abaissé ses barrières commerciales à partir des années 1980 jusqu'à devenir dans les années 2000 l'un des acteurs les plus dynamiques du commerce mondial. À chaque fois, ces trains de réformes qui ont permis le décollage économique de ces pays ont systématiquement été suivis d'un accroissement soudain des échanges commerciaux. C'est ce qu'illustre la figure 11.5 pour la Corée, la Chine et l'Inde.

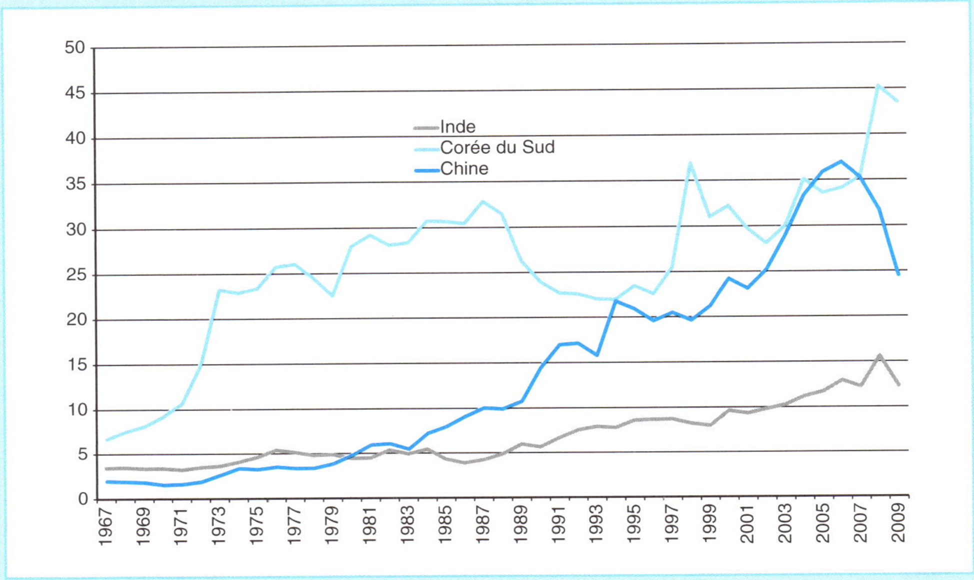

Figure 11.5 – Le boom du commerce asiatique.

Les réformes engagées par les pays asiatiques pour dynamiser leurs économies se sont traduites par une ouverture commerciale profonde et croissante.

Sources : CEPII – CHELEM.

Au minimum, l'exemple asiatique montre que les défenseurs des politiques de substitution aux importations n'avaient pas nécessairement raison : il est possible de sortir du sous-développement et de s'industrialiser en s'appuyant sur des politiques de promotion des exportations. Pour autant, il est difficile d'établir le rôle exact de l'ouverture commerciale dans le succès des économies asiatiques. D'une part, ces pays ont mené de front un vaste ensemble de réformes, dont la libéralisation commerciale n'est qu'un des aspects. Il est alors difficile de faire le distinguo entre les différents effets et d'évaluer avec précision le rôle de l'ouverture commerciale sur la croissance. C'est d'autant plus difficile qu'il semble bien que l'ouverture commerciale n'a d'effets notables sur la croissance que lorsqu'elle se fait dans un environnement institutionnel favorable. L'ouverture est peut-être une condition nécessaire au développement économique, mais certainement pas une condition suffisante. Voilà qui explique sans doute pourquoi d'autres pays émergents comme le Brésil ou le Mexique, bien que très ouverts au commerce, n'aient pas connu de décollage économique aussi spectaculaire.

Résumé

Les politiques économiques dans les pays moins développés peuvent être analysées à l'aide des mêmes outils que pour les pays développés. Les problèmes spécifiques aux *pays en développement* sont néanmoins différents ; la politique économique dans ces pays a notamment pour objectif de favoriser l'industrialisation.

Les politiques gouvernementales d'industrialisation ont souvent été justifiées par l'argument de l'industrie naissante, qui stipule que les nouvelles industries ont besoin d'une protection temporaire contre les concurrents étrangers. Cet argument de l'industrie naissante n'est cependant valable que s'il existe des défaillances de marché, notamment des *imperfections des marchés de capitaux* et des difficultés *d'appropriabilité* des investissements et du savoir-faire acquis par les entreprises pionnières.

Beaucoup de pays en développement se sont fondés sur l'argument de l'industrie naissante pour mettre en place des politiques d'*industrialisation par substitutions aux importations*, qui permettent aux industries domestiques de se développer sous la protection de droits de douane ou de quotas d'importation. Si de telles politiques ont favorisé le développement de l'industrie, leurs résultats en termes de croissance et de bien-être sont beaucoup moins probants.

À partir du milieu des années 1980, beaucoup de pays en développement, déçus des résultats des politiques de substitution aux importations, ont abaissé leurs protections commerciales, entraînant une élévation rapide de leurs exportations de biens manufacturés. Cette réorientation des politiques économiques a eu des résultats contrastés selon les pays.

L'idée que l'industrialisation et le développement passaient nécessairement par une stratégie autocentrée de substitution aux importations, ainsi que la vision d'un marché mondial fermé aux nouveaux entrants et donc défavorable aux pays pauvres, ont été réfutées par la croissance rapide de plusieurs pays d'Asie. Les pays émergents d'Asie, qui se sont profondément réformés, par vagues successives, associent de forts niveaux d'ouverture commerciale à une croissance économique rapide. Même s'il n'est pas simple d'identifier nettement les raisons du succès de ces pays, il n'en demeure pas moins évident qu'ils ont su profiter des opportunités qui s'ouvraient à eux dans l'économie mondiale.

Activités

1. Quels pays semblent avoir le plus bénéficié du commerce international durant les dernières décennies ? Quelles politiques ces pays ont-ils en commun ? Est-ce que leur expérience plaide en faveur de l'argument de l'industrie naissante, ou bien à son encontre ?

2. Un pays importe des voitures au prix de 8 000 euros chacune. Son gouvernement pense que les producteurs domestiques pourraient en fabriquer à terme pour seulement 6 000 euros, mais qu'il y aurait une période d'adaptation initiale durant laquelle chaque voiture coûterait 10 000 euros. Dans quelles circonstances l'existence de ces coûts initiaux justifie-t-elle la protection des industries naissantes ?

3. Pourquoi la politique d'industrialisation par substitution aux importations pourrait-elle être plus efficace dans les grands pays en développement, comme le Brésil, que dans les plus petits, comme le Bénin ?

4. Quelles ont été les principales raisons du déclin des stratégies d'industrialisation par substitution aux importations, au profit de politiques favorables au libre-échange ?

Chapitre 12

La contestation du libre-échange dans les pays développés

Objectifs pédagogiques :

- Présenter les arguments les plus rigoureux en faveur des politiques commerciales interventionnistes, en particulier ceux liés aux externalités et aux économies d'échelle.
- Exposer les tenants et aboutissants des principales revendications portées par les mouvements altermondialistes, notamment sur la question des conditions de travail dans les différents pays du monde et des normes sociales et environnementales.
- Expliciter le rôle de l'OMC dans le règlement des conflits commerciaux.

Comme nous l'avons vu précédemment, les analyses théoriques des politiques commerciales, et plus largement celle du commerce international, reposent sur une tradition intellectuelle séculaire, au point que les économistes ont parfois la mauvaise habitude d'accueillir avec scepticisme les idées nouvelles dans ce domaine. Ils ont en effet généralement tendance à n'y voir qu'une remise au goût du jour d'intuitions déjà anciennes. Cependant, il arrive tout de même que des problématiques réellement nouvelles apparaissent. Ce chapitre en décrit trois, négligées jusque dans les années 1980 et 1990, mais qui ont suscité un vif intérêt ces dernières années.

Dans les années 1980, l'émergence des industries de haute technologie dans les pays développés (notamment l'essor rapide du secteur électronique), a conduit à définir de nouveaux arguments plaidant en faveur de l'intervention de l'État dans les échanges internationaux. Certains de ces arguments sont proches des analyses centrées sur les imperfections de marché, déjà abordées au chapitre 10. Mais cet ensemble théorique, qui définit les **politiques commerciales stratégiques**, est fondé sur des principes réellement originaux qui justifient qu'on y consacre une attention particulière.

Plus tard, dans les années 1990, un débat houleux a éclaté au sujet des conséquences du commerce international sur les marchés du travail et sur l'opportunité d'inclure dans les accords commerciaux des clauses sociales, afin d'encadrer les conditions de travail dans les pays en développement et de contrer les stratégies de « dumping social ». Très vite, cette controverse a rapidement dépassé la sphère académique pour s'inviter dans le débat public et s'étendre à la question, plus générale, des conséquences de la mondialisation.

Enfin, plus récemment encore, il est apparu nécessaire de réfléchir aux liens entre les politiques environnementales et commerciales. Tout d'abord, la protection de l'environnement et la lutte contre le réchauffement climatique sont des problèmes qui dépassent les frontières nationales. Par ailleurs, la multiplication des normes environnementales dans les pays développés pèse sur la compétitivité des entreprises et peut donner lieu, comme pour les questions sociales, à un « dumping environnemental ».

1 Les arguments en faveur des politiques commerciales interventionnistes

Rien, dans le cadre analytique développé aux chapitres 9 et 10, ne permet de rejeter *a priori* le principe d'une intervention publique dans les échanges internationaux. Ce cadre montre seulement qu'une décision des pouvoirs publics doit s'appuyer sur une justification explicite : la politique interventionniste doit permettre de compenser une défaillance du marché intérieur.

Le problème est alors d'identifier les défaillances de marché lorsqu'elles existent. Les économistes en distinguent principalement deux types, à même de justifier une politique publique dans les pays développés. Le premier concerne les capacités des entreprises de haute technologie à s'approprier les bénéfices de leurs efforts de recherche et développement. Le second est lié à l'existence de surprofits (c'est-à-dire de rentes) dans les secteurs oligopolistiques.

1.1 Les externalités technologiques

La discussion du chapitre 11 sur l'argument de l'industrie naissante a permis de mettre en évidence le fait que certaines défaillances de marché peuvent limiter les capacités d'appropriation du savoir technologique.

Si toutes les firmes d'un secteur peuvent s'approprier, sans en payer le coût, une nouvelle technologie produite par l'une d'entre elles, les incitations à innover (c'est-à-dire inventer de nouvelles technologies) pourraient disparaître. En effet, la production supplémentaire qui résulte de la diffusion de la technologie vers l'ensemble des firmes (c'est-à-dire le bénéfice social marginal de cette connaissance) ne se traduira pas par un bénéfice supplémentaire pour la firme innovante qui a investi dans la recherche. Lorsque de telles **externalités**[1] se révèlent importantes dans un secteur, il peut être opportun de subventionner la production ou la recherche scientifique des firmes de cette branche de l'économie.

En théorie, cet argument s'applique de la même manière pour les pays développés et les pays en développement, et il peut ainsi – pour ces derniers – légitimer la protection des industries naissantes. Dans les pays industrialisés, la situation n'est cependant pas tout à fait la même, car ces pays développent des secteurs de haute technologie dont la fonction est justement de produire des nouvelles connaissances scientifiques. Dans ces secteurs, les firmes consacrent une grande part de leurs ressources à l'amélioration des technologies, soit en

1. C'est-à-dire les gains tirés d'un investissement ou d'une action qui échoient à d'autres firmes que celles qui en ont supporté le coût.

investissant directement dans la recherche et développement (R&D), soit en assumant des coûts fixes particulièrement élevés, correspondant à la mise en place de nouveaux produits et de nouveaux procédés de fabrication.

Toutes les firmes ne se comportent cependant pas de cette façon. Dans l'industrie électronique, par exemple, il est assez fréquent de voir des entreprises faire du « reverse engineering », c'est-à-dire démonter les nouveaux produits de leurs concurrents pour en comprendre le fonctionnement et le mode de fabrication, dans le but évident de s'en inspirer. Dans ce cas, si les droits de propriété intellectuelle (et notamment les brevets) ne fournissent pas une protection suffisante aux innovateurs, il est raisonnable de penser que l'État doit intervenir pour compenser cette insuffisance et soutenir les secteurs innovants.

Même s'il existe des arguments plutôt pertinents pour justifier les subventions publiques dans les secteurs de haute technologie, il faut manier ces politiques avec prudence. Il est en effet nécessaire de s'interroger tout d'abord sur la capacité des pouvoirs publics à cibler le bon objectif, puis à définir le niveau pertinent des subventions à accorder.

Bien sûr les firmes des secteurs de haute technologie apparaissent comme des candidats tout désignés. En consacrant des budgets importants à la recherche et au développement, elles génèrent forcément des externalités dont peut profiter l'ensemble de l'économie. Faut-il pour autant se lancer tête baissée et leur accorder des subventions, pour compenser le fait qu'une partie de leurs efforts d'investissement sert en quelque sorte de bien public ? Ce n'est pas si sûr. Tout d'abord, le rôle de ces entreprises ne se limite pas à la création de connaissances nouvelles. Elles produisent aussi des biens et des services marchands, et il n'y a, *a priori*, aucune raison particulière de subventionner cette facette de leur activité. Par ailleurs, la production de connaissances nouvelles n'est pas l'apanage des seuls secteurs de haute technologie. Identifier précisément les secteurs caractérisés par des défaillances de marché, et les firmes réellement engagées dans la production de connaissances en partie non appropriables, n'est assurément pas une tâche aisée. Une définition trop large pourrait engendrer des abus ou conduire à financer sur le budget public des activités qui sont d'ores et déjà très rentables. À l'inverse, une définition trop stricte risquerait de concentrer tous les efforts sur un très petit nombre de secteurs labellisés « high-tech » et d'en négliger d'autres qui sont pourtant vecteurs de croissance et générateurs d'emplois.

Bien qu'il soit difficile de cibler avec justesse les situations qui justifient vraiment un soutien public, la plupart des pays développés subventionnent directement ou indirectement les activités de recherche et développement. Les entreprises innovantes bénéficient par exemple de crédits d'impôts ou de l'appui de la recherche scientifique publique. Au cours du conseil européen réuni à Lisbonne en 2002, l'Union européenne a d'ailleurs décidé de dynamiser ses investissements en recherche et développement pour faire face aux efforts importants consentis dans ce domaine par les États-Unis, le Japon et même, depuis quelques années, la Chine[2]. Cette *stratégie de Lisbonne* a pour objectif de coordonner la recherche européenne,

2. En 2008, la part des dépenses de recherche et développement dans le PIB de l'UE-27 était de 1,9 %, soit encore bien loin de l'objectif des 3 % énoncés lors du sommet de Lisbonne. Ce chiffre masque d'importantes disparités : il varie, en effet, de 3,75 % pour la Finlande et la Suède à 0,45 % pour Chypre. Quant à la France, elle dépasse à peine la moyenne européenne avec 2,02 %. À titre de comparaison, ces ratios atteignent 2,8 % aux États-Unis, 3,4 % au Japon et 1,4 % en Chine (soit davantage que l'Espagne ou l'Italie par exemple).

de faciliter les associations entre la recherche publique et privée, mais aussi de renforcer la place des aides directes et indirectes à l'innovation dans le budget européen, comme dans ceux des États membres[3].

Encadré 12.1

La guerre des puces

À la fin des années 1980 et au début des années 1990, les arguments en faveur d'un soutien public aux activités innovantes, et notamment au secteur de l'électronique, étaient tout particulièrement en vogue aux États-Unis. L'intérêt pour ces politiques est ensuite largement retombé… pour finalement revenir sur le devant de la scène dans les années 2000. Cette histoire chaotique illustre bien la difficulté à établir avec assurance le bien-fondé de ces politiques industrielles.

Dans les années 1980, alarmés par les pertes de parts de marché de l'industrie américaine de l'électronique et le succès des entreprises nippones, beaucoup d'industriels et d'observateurs de la vie économique des États-Unis ont milité pour que le gouvernement américain intervienne pour soutenir ce secteur de « haute technologie ». Les chiffres étaient effectivement alarmants : entre 1978 et 1986, la part du marché mondial de la production de mémoires vives (ou RAM pour *Random Access Memory* en anglais) détenue par les firmes américaines est passée de 70 à 20 %, alors que celle du Japon connaissait une évolution parfaitement symétrique (de 30 à 75 %).

Pour les partisans des politiques volontaristes, il s'agissait d'une mesure pleinement justifiée puisque, selon eux, les performances des entreprises japonaises reposaient en partie sur des aides publiques à certains secteurs de haute technologie. Ce n'est pas faux : le gouvernement japonais a soutenu activement les efforts de recherche et développement dans ces secteurs, même si ces subventions ne représentaient finalement que des sommes relativement faibles. Toutefois, les Américains reprochaient avant tout au Japon son protectionnisme implicite : bien que les droits de douane et les autres barrières formelles aux importations ne fussent pas très élevés au Japon, les entreprises américaines s'étaient vite rendu compte qu'à partir du moment où l'industrie nippone était capable de produire un certain type de puces, leurs produits ne s'y vendaient plus : les fabricants japonais d'ordinateurs et autre matériel électronique préférant s'adresser à des fournisseurs locaux. Les observateurs avançaient aussi que cette protection du marché japonais – si tant est qu'il y ait eu une véritable volonté protectionniste – favorisait indirectement les capacités d'exportation de puces japonaises. L'argumentation était la suivante : dans la mesure où la production de semi-conducteurs se caractérisait par une courbe d'apprentissage rapide (rappelez-vous la discussion sur les rendements croissants dynamiques au chapitre 7), le Japon, en s'assurant un accès privilégié à un vaste marché intérieur, permettait à ses producteurs nationaux de semi-conducteurs de réduire leurs coûts de production et donc d'investir dans de nouvelles usines, ce qui lui ouvrait le marché de l'exportation.

---

3. Pour une synthèse des effets à attendre de ces types de politique volontariste, voir le rapport européen « The Economic Costs of Non-Lisbon », *Occasional Paper*, mars 2005. Voir aussi le rapport du Conseil d'analyse économique rédigé par Jean-Paul Betbèze, « Financer la R&D », 2005 (**http://www.cae.gouv.fr/**).

La mémoire vive représentait le principal segment du marché des puces électroniques, et un certain nombre d'experts soutenaient que le savoir-faire acquis dans cette production était indispensable pour qu'un pays ait la capacité de suivre les progrès technologiques dans ce secteur. Il était donc largement accepté que la domination japonaise pour la mémoire vive allait générer des externalités telles que le pays pourrait étendre rapidement sa domination sur la totalité du secteur des semi-conducteurs, puis sur l'ensemble de l'industrie électronique.

Ajoutons enfin que le nombre de producteurs se réduisait sensiblement à chaque nouvelle génération de puces. Même si au début des années 1990 cette activité n'était pas très rentable, beaucoup pensaient que la rapide concentration dans ce secteur allait conduire à la domination de deux ou trois firmes seulement, qui profiteraient de rentes importantes.

Pour les partisans des politiques stratégiques, notamment aux États-Unis, toutes les conditions requises pour justifier une intervention publique dans ce secteur étaient réunies : les externalités technologiques et l'existence de rentes liées à l'imperfection de la concurrence. Il est pourtant apparu très rapidement, avant la fin des années 1990, qu'aucune de ces deux conditions n'était véritablement vérifiée.

D'un côté, la domination japonaise dans le secteur de la mémoire vive ne s'est pas transformée en avantage pour les autres semi-conducteurs. Au contraire, les entreprises américaines dominent aujourd'hui le marché des microprocesseurs. De l'autre côté, au lieu de continuer à diminuer, le nombre de producteurs de mémoire vive a augmenté, avec de nouveaux entrants venant, par exemple, de Corée du Sud et de Taïwan. Au final, la spécificité de la production de la mémoire vive s'est rapidement estompée. Dès la fin des années 1990, beaucoup considéraient ce secteur comme une activité finalement assez banale, à la portée d'un très grand nombre de pays, et n'ayant rien de particulièrement stratégique.

Néanmoins, l'exemple de la mémoire vive n'a pas suffi à balayer les arguments en faveur des industries de haute technologie, qui sont redevenues d'actualité dans les années 2000. En effet, la balance commerciale américaine pour les produits issus des secteurs des technologies de l'information et de communication n'a cessé de se dégrader depuis l'éclatement de la bulle Internet de 2000, et ces secteurs ont perdu beaucoup plus d'emplois que le reste de l'industrie américaine au cours de la décennie 2000-2010.

Certains affirment que la baisse de la production américaine dans ces secteurs n'est pas un problème : tant que les États-Unis continuent à accueillir sur leur sol les activités de recherche et développement, la délocalisation de la production physique dans des pays à bas salaires n'interdit pas de profiter de l'essentiel des retombées économiques et des externalités technologiques. D'autres, à l'inverse, soulignent que les externalités ne peuvent s'exprimer que lorsque les producteurs et les innovateurs sont localisés aux mêmes endroits et peuvent facilement échanger des informations. Il est bien sûr difficile de trancher entre ces deux positions, notamment parce que les économistes peinent à mesurer avec précision l'importance des externalités technologiques et à en évaluer les déterminants.

1.2 La concurrence imparfaite et les politiques commerciales stratégiques

Dans les années 1980, les économistes Barbara Spencer et James Brander[4], de l'université canadienne de Colombie-Britannique, ont proposé un nouvel argument en faveur des soutiens publics à l'industrie, en s'appuyant sur des modèles de *dumping réciproque* présentés au chapitre 8. Selon eux, l'imperfection de la concurrence peut suffire à justifier l'intervention de l'État. Ils notent en effet que, dans certains secteurs, seules quelques firmes sont effectivement en concurrence. Le petit nombre d'entreprises sur le marché permet à chacune de disposer d'un *pouvoir de marché* sur les consommateurs et d'en tirer des surprofits, des **rentes** : chacune d'entre elles fait des bénéfices plus importants que n'importe quelle firme de taille comparable dans les autres secteurs de l'économie. Sur le marché mondial, chacune des firmes de ces secteurs oligopolistiques est en concurrence avec les autres pour s'accaparer les rentes les plus importantes.

Spencer et Brander soulignent que, dans cette situation, un gouvernement peut intervenir pour modifier un peu les règles du jeu, et transférer une partie des rentes détenues par des entreprises étrangères vers les entreprises domestiques. Dans le cas le plus simple, en subventionnant les firmes domestiques, les autorités publiques peuvent décourager l'investissement et la production des firmes étrangères, et permettre ainsi aux firmes locales d'accroître leurs profits. Avec un peu de chance, cette rente captée par les firmes domestiques sera d'un montant supérieur à celui de la subvention. En mettant de côté les effets sur les consommateurs (ce qui est tout à fait raisonnable, par exemple, lorsque l'essentiel des ventes se fait sur un marché étranger), il devient évident que la subvention augmente le bien-être domestique au détriment de celui du pays étranger.

Une illustration de l'analyse de Brander-Spencer. Un exemple simple suffit à comprendre les principes essentiels de l'analyse de Brander-Spencer. Considérons le cas où deux firmes, basées chacune dans des pays différents, sont en concurrence sur le marché mondial. En gardant bien sûr à l'esprit que toute ressemblance avec des événements réels ou ayant existé est purement fortuite, nous appelons ces deux entreprises Boeing et Airbus, et les économies correspondantes États-Unis et Union européenne. Supposons enfin qu'il existe un nouveau produit que les deux firmes sont à même de fabriquer : un avion grand courrier pouvant accueillir plus de 650 passagers. Pour des raisons de simplicité, nous faisons l'hypothèse que chaque firme fait face à un choix binaire : produire cet avion ou pas.

Le tableau 12.1 résume la répartition des bénéfices des firmes selon leur décision (on retrouve ici la méthode d'analyse mise en œuvre au chapitre 10 pour étudier les interactions des politiques commerciales de différents pays). Chaque ligne (et respectivement chaque colonne) correspond à une décision de Boeing (et respectivement Airbus). Les bénéfices de Boeing sont reportés en bas à gauche de chaque case, et ceux d'Airbus sont en haut à droite.

---

4. James Brander et Barbara Spencer, « Export Subsidies and International Market Share Rivalry », *Journal of International Economics*, 16, 1985, p. 83-100.

Tableau 12.1 : Concurrence entre deux firmes

Boeing \ Airbus	*Produire*	*Ne pas produire*
Produire	– 5 ; – 5	100 ; 0
Ne pas produire	0 ; 100	0 ; 0

Ce tableau reflète l'hypothèse suivante : si une seule des deux firmes produit ce nouvel avion, elle en tirerait des bénéfices importants ; mais si les deux le produisent, les recettes tirées des ventes seront insuffisantes pour compenser leur investissement initial, et les deux firmes feront des pertes. Dans ces conditions, la firme qui entrera la première sur le marché sera en fin de compte la seule à produire cet avion de 650 places. Supposons que Boeing ait un temps d'avance sur son concurrent : Airbus n'aura alors aucun intérêt à pénétrer le marché, et les gains de chaque entreprise correspondront à ceux reportés en haut à droite du tableau.

C'est à ce stade que l'on retrouve l'argument de Brander-Spencer : si le constructeur européen est en passe de perdre ce marché, l'Union européenne peut intervenir pour renverser la situation. Supposons que l'Europe s'engage à verser une subvention d'un montant de 25 à Airbus si la firme se lance dans la production du nouveau gros porteur. Les gains des deux firmes aéronautiques sont alors modifiés, comme l'illustre le tableau 12.2. Dans ces conditions, il est évident qu'Airbus aura toujours intérêt à produire le nouvel avion, quelle que soit la décision de Boeing.

Tableau 12.2 : Les effets d'une subvention à Airbus

Boeing \ Airbus	*Produire*	*Ne pas produire*
Produire	–5 ; 20	100 ; 0
Ne pas produire	0 ; 125	0 ; 0

De son côté, Boeing sait maintenant que, quoiqu'elle fasse, Airbus proposera son propre avion, et qu'elle subira donc des pertes si elle décide de se lancer aussi dans cette production. Tant que l'investissement que Boeing a déjà consacré à ce projet ne dépasse pas la valeur de 5, la firme américaine se retirera du marché (ce qui va d'ailleurs lui permettre de se recentrer sur d'autres créneaux du marché). La subvention accordée par les pays européens a ainsi supprimé l'avantage initial de Boeing, et l'a transféré à Airbus. En fin de compte, la situation d'équilibre passe de la case en haut à droite du tableau 12.1 à la case en bas à gauche du tableau 12.2. En se voyant accorder une subvention de seulement 25, Airbus voit son profit passer de 0 à 125. En dissuadant l'entrée de la firme concurrente, la subvention rapporte finalement plus à l'économie européenne qu'elle n'a coûté.

Les limites de l'analyse de Brander-Spencer. Cet exemple semble indiquer que les pouvoirs publics peuvent avoir intérêt à mener des politiques commerciales stratégiques. En effet, la subvention perturbe le jeu entre les deux firmes et permet de favoriser la firme européenne en pénalisant directement sa concurrente étrangère. En laissant de côté l'intérêt des consommateurs, cela augmente clairement le bien-être de l'Union européenne (et réduit celui des États-Unis)… à moins que le gouvernement américain n'ait lui-même l'idée de suivre une stratégie identique, en soutenant à son tour sa firme nationale.

En fait, cette justification stratégique de la politique commerciale, si elle a bien sûr suscité beaucoup d'intérêt, a aussi fait l'objet de nombreuses critiques. Il lui a été notamment reproché le fait qu'une application effective de cette théorie nécessite de disposer d'informations très détaillées (et particulièrement difficiles à rassembler) sur le marché visé par la politique publique. Par ailleurs, ce type d'intervention risque fort d'entraîner des représailles de la part du gouvernement étranger. En outre, de toute façon, les rapports de forces politiques qui peuvent amener un gouvernement à décider de mettre en place une politique commerciale ou industrielle ne s'embarrassent que très rarement d'arguments aussi subtils et difficiles à manier que ceux avancés par Brander et Spencer.

La question de la difficulté à rassembler les informations nécessaires à ce type de politique est capitale. En effet, même si les autorités publiques ne s'intéressaient qu'à un seul secteur, il leur serait difficile de remplir correctement les cases du tableau 12.1. Or, si en définitive le gouvernement s'est trompé, sa politique de subvention peut avoir des effets désastreux. Si l'on suppose en effet que Boeing dispose d'un avantage initial (lié par exemple à une meilleure technologie), tel que si Airbus entre sur le marché, Boeing aura tout de même intérêt à construire aussi son propre avion. En l'absence de subvention, Airbus devrait renoncer à produire. En revanche, si l'entreprise européenne bénéficie d'une aide publique, elle pourra lancer la production de son gros-porteur, mais le profit qu'elle en tirera sera minime et pourrait ne pas compenser le coût de la subvention. Ces deux situations qui peuvent sembler, *a priori*, très semblables conduisent donc à des résultats opposés : dans le premier cas, subventionner la firme domestique est une stratégie efficace ; dans le second, c'est un fiasco. Une politique commerciale stratégique pertinente nécessite donc une lecture adéquate de la situation. Cela amène certains économistes à se demander si l'information disponible est réellement suffisante pour justifier qu'on prenne le risque de mener une politique aux effets aussi incertains.

Cette exigence d'information se complique du fait qu'il est concrètement impossible de considérer les différents secteurs de façon isolée. La subvention d'un secteur drainera des ressources (des matières premières, des travailleurs et des investissements) qui ne seront plus disponibles pour d'autres activités. Pour les autres secteurs de l'économie, la subvention engendrera alors une augmentation des coûts de production. Même si les pouvoirs publics pouvaient à coup sûr mener des politiques donnant un avantage stratégique à un secteur d'activité, ils devraient aussi, pour prendre une décision juste et efficace, évaluer ses effets pervers sur le reste de l'économie.

Enfin, si l'on arrivait à trouver une politique commerciale stratégique donnée qui répondrait à toutes ces critiques, elle devrait toujours faire face au problème des représailles étrangères. Cela nous rapproche du cas, vu au chapitre 10, où un grand pays peut souhaiter instaurer un droit de douane pour améliorer les termes de l'échange. En effet, les politiques commerciales stratégiques sont, elles aussi, des politiques qui n'apportent de bienfait à une économie qu'au détriment de ses voisins (les Anglo-saxons parlent alors de *beggar-thy-neighbor policies*). Elles risquent ainsi de déclencher une guerre commerciale, dont tout le monde pâtirait. En revanche, pour éviter ce risque, chaque gouvernement doit se tenir prêt à exercer des représailles, au cas où l'un de ses voisins se lancerait dans une politique commerciale agressive.

2 La mondialisation face aux enjeux sociaux et politiques

On ne prend pas un grand risque en pariant que la plupart des vêtements que vous portez au moment de lire ces lignes ont été produits dans des pays en développement. L'augmentation des exportations de biens manufacturés en provenance des pays en développement est en effet l'une des principales mutations de l'économie mondiale au cours des trente dernières années (voir chapitre 2). Même un pays désespérément pauvre comme le Bangladesh, dont le PIB par habitant représente moins de 5 % de celui de la France, exporte plus de produits manufacturés que de produits primaires, agricoles et minéraux.

Dire que les travailleurs des pays en développement qui produisent les biens manufacturés destinés à l'exportation sont très peu payés, en regard des salaires versés dans les pays développés, revient malheureusement à énoncer une banalité. Ces travailleurs gagnent souvent moins de 1 euro par heure, voire moins de cinquante centimes. Et encore, dans bien des cas, les conditions de travail sont généralement très mauvaises.

Il n'y a assurément pas de quoi se réjouir de ces situations, mais doit-on pour autant voir là une conséquence fâcheuse de la mondialisation ? Beaucoup de gens le pensent. À partir du début des années 1990, les mouvements altermondialistes ont connu un succès grandissant. Même si d'autres sujets (discutés ci-après) captent aussi leur attention, une bonne part des revendications de ces organisations portent sur la question des salaires et des conditions de travail dans les secteurs exportateurs des pays en développement.

Il faut bien le reconnaître : dans un premier temps, une majorité d'économistes ont d'abord jugé que le point de vue de ces mouvements altermondialistes était largement infondé, et finalement peu sérieux. Ils ont simplement mis en avant l'analyse standard des avantages comparatifs (voir chapitres 3, 4 et 5) pour balayer d'un revers de manche ces critiques du libre-échange. La théorie suggère, en effet, que le commerce est mutuellement bénéfique pour tous les pays participant aux échanges, mais aussi que le commerce Nord-Sud doit favoriser l'élévation des salaires dans les pays où la main-d'œuvre est relativement abondante. Cependant, le poids politique acquis aujourd'hui par les mouvements altermondialistes et l'affinement de leur argumentation imposent qu'on étudie les thèses qu'ils défendent avec plus d'attention.

2.1 Les mouvements altermondialistes

Avant 1995, la plupart des reproches adressés au commerce international par les citoyens des pays développés avaient pour objet son impact sur les populations des pays riches eux-mêmes. Au début des années 1980, la majorité des critiques du libre-échange visaient avant tout les menaces que représentait la concurrence de l'industrie japonaise sur les économies américaines et européennes. Au début des années 1990, le principal sujet de préoccupation en Europe, aussi bien qu'aux États-Unis, portait sur les effets de la concurrence des importations en provenance des pays à bas salaires sur les revenus des travailleurs les moins qualifiés du Nord

Dans la seconde moitié des années 1990, de plus en plus d'organisations non gouvernementales (ONG) et de groupes politiques et syndicaux ont développé une nouvelle thématique. Ils ont souligné les dommages que le commerce international était supposé faire subir aux travailleurs des pays en développement. Ces militants ont dénoncé les bas salaires et les conditions de travail dans les usines du tiers-monde, dont la production est destinée aux marchés occidentaux. Des campagnes ont été organisées, par exemple, contre les grandes marques qui dépensent des sommes colossales en publicité, mais font fabriquer leurs produits à bas coût, dans des pays en développement[5]. Les mouvements altermondialistes ont ainsi cristallisé l'attention des médias et du grand public sur quelques exemples marquants, comme les conditions de fabrication des ballons de football ou bien l'origine des produits vendus par Wal-Mart, le géant américain de la grande distribution.

Les mouvements altermondialistes ont ainsi fait les gros titres des journaux en novembre 1999, à l'occasion d'une importante réunion de l'Organisation mondiale du commerce (OMC) à Seattle, aux États-Unis. L'objectif de ce sommet était de lancer un nouveau cycle de négociation, après la clôture de l'*Uruguay Round* en 1994 (voir chapitre 10). Des milliers de militants ont convergé vers Seattle, motivés par l'idée que l'OMC voulait rogner les souverainetés nationales et imposer des principes libre-échangistes défavorables aux travailleurs. Malgré les nombreux avertissements, la police était mal préparée, et les manifestations ont réussi à perturber considérablement la réunion. De toute façon, les négociations étaient mal engagées : les pays membres de l'OMC n'avaient pas réussi à s'accorder à l'avance sur un ordre du jour, et il est vite devenu évident qu'il ne serait pas possible de surmonter ces désaccords sur les orientations des négociations et de lancer un nouveau cycle.

Le sommet de Seattle s'est donc soldé par un échec. La plupart des experts des politiques commerciales considèrent que cette réunion aurait échoué de toute façon, mais beaucoup de commentateurs ont attribué cet échec aux manifestations. Quoi qu'il en soit, les mouvements altermondialistes ont fait preuve à cette occasion de leur pouvoir de contestation. Au cours des années suivantes, de nouvelles manifestations ont accompagné les réunions de la Banque mondiale et du FMI à Washington, ainsi que le sommet des pays les plus industrialisés à Gênes, durant lequel un policier italien a tué un militant.

---

5. On peut citer par exemple le réseau européen Clean Clothes Campaign (**http://www.cleanclothes.org/**), présent dans 12 pays de l'Union.

2.2 La relation entre le commerce et les salaires

En quelques années, le mouvement altermondialiste est parvenu à s'imposer dans les débats sur la mondialisation. Il a focalisé l'attention des médias et des décideurs publics sur la question des effets du libre-échange sur les inégalités Nord-Sud, et plus précisément sur les salaires et les conditions de travail dans les secteurs d'exportation des pays en développement.

Par exemple, les altermondialistes américains ont insisté sur le cas des *maquiladoras* mexicaines. Les *maquiladoras* sont ces usines implantées à proximité de la frontière américaine, dont le nombre a rapidement augmenté avec l'*accord de libre-échange nord-américain* (ALENA). L'emploi dans ces entreprises a pratiquement doublé dans les cinq années qui ont suivi la mise en place de l'accord en 1994. Dans certains cas, les salaires y étaient inférieurs à 5 dollars par jour, et les conditions de travail largement en dessous des normes américaines. Aux États-Unis, les opposants à l'accord de libre-échange craignaient qu'en facilitant les importations de produits mexicains l'ALENA ne permette aux entreprises de remplacer des travailleurs américains par des travailleurs mexicains très peu payés ; des deux côtés de la frontière, l'ALENA serait alors préjudiciable aux travailleurs[6].

La réponse traditionnelle des économistes à ce type de critiques reprend notre présentation des idées reçues sur le commerce international, développée au chapitre 3.

Le tableau 12.3 récapitule brièvement cette analyse fondée sur le principe des avantages comparatifs. Nous considérons qu'il existe deux pays, les États-Unis et le Mexique, et deux secteurs, celui de la haute technologie et celui de la basse technologie. Nous supposons aussi que le travail est le seul facteur de production et que la productivité du travail, dans n'importe lequel des deux secteurs, est plus élevée aux États-Unis qu'au Mexique. Plus précisément, nous supposons qu'il faut une heure de travail pour produire n'importe lequel des deux biens aux États-Unis, alors qu'au Mexique il faut deux heures pour produire une unité de bien de basse technologie, et huit heures pour le bien de haute technologie. La partie *A* du tableau présente les salaires réels (en termes de chacun des biens) dans les deux pays. Ils sont simplement égaux à la quantité de chaque bien qu'un travailleur peut produire en une heure.

Tableau 12.3 : Salaires réels

A. Avant l'ouverture au commerce		
	Biens de haute technologie/heure	**Biens de basse technologie/heure**
États-Unis	1	1
Mexique	1/8	1/2
B. Après l'ouverture au commerce		
	Biens de haute technologie/heure	**Biens de basse technologie/heure**
États-Unis	1	2
Mexique	1/4	1/2

6. On retrouve, en Europe, le même type d'arguments dans les discours visant à dénoncer les conséquences de l'élargissement de l'Union européenne sur les délocalisations d'entreprises vers les pays d'Europe centrale et orientale.

Considérons maintenant la situation de libre-échange, présentée dans la partie *B* du même tableau : dans ce cas, ainsi que nous l'avons expliqué au chapitre 3, les prix relatifs des deux biens doivent s'égaliser dans les deux pays, c'est-à-dire que le prix des biens de basse technologie (importés du Mexique) va baisser aux États-Unis, alors que le prix des biens de haute technologie (exportés par les États-Unis) va baisser au Mexique. À l'équilibre, le salaire relatif des travailleurs américains et mexicains devrait se situer quelque part entre les productivités relatives des travailleurs des deux secteurs. Les salaires américains pourraient, par exemple, être quatre fois plus élevés que les salaires mexicains. Il serait alors avantageux de produire tous les biens de basse technologie au Mexique et de laisser les États-Unis fabriquer la totalité des biens de haute technologie.

Bien sûr, on pourrait conclure à la vue de ce résultat que le commerce va à l'encontre des intérêts des travailleurs. En effet, les emplois du secteur de basse technologie aux États-Unis sont remplacés par des emplois moins bien payés au Mexique. On pourrait aussi faire valoir que les Mexicains sont sous-payés : bien qu'ils ne soient que deux fois moins productifs que les travailleurs américains qu'ils remplacent, ils sont payés quatre fois moins.

Mais, comme le montre la partie *B* du tableau, l'ouverture au commerce a permis une augmentation du pouvoir d'achat des travailleurs dans les deux pays. Les salariés américains, qui travaillent maintenant dans le secteur de haute technologie, peuvent acheter plus de biens de basse technologie qu'avant (deux unités par heure de travail au lien d'une seule). En outre, les travailleurs mexicains, qui sont tous employés dans le secteur de basse technologie, peuvent acheter plus de biens de haute technologie avec une heure de travail (1/4 contre 1/8 précédemment).

Il va de soi que cet exemple n'offre pas une description précise de la réalité. En revanche, il montre que les faits, souvent présentés comme des preuves que la mondialisation est défavorable aux travailleurs des pays pauvres, n'offrent au final qu'une vision parcellaire des implications du principe des avantages comparatifs. Or, celui-ci amène à conclure que le commerce international est bénéfique aux travailleurs de tous les pays, du Sud comme du Nord.

Certains pourraient bien sûr considérer que ce modèle n'est pas pertinent, puisqu'il suppose que le travail est le seul facteur de production. C'est vrai. Si l'on passe d'un modèle ricardien à un modèle factoriel (voir chapitre 5), il apparaît que le développement des échanges avec les pays en développement peut pénaliser les travailleurs dans les pays développés. Mais cela ne va pas dans le sens de l'idée que le commerce est aussi défavorable aux travailleurs des pays en développement ; au contraire, les échanges favorisent dans chaque pays le facteur de production relativement abondant, et doivent donc bénéficier aux travailleurs du Sud.

Ainsi, le fait que les salaires sont beaucoup plus faibles dans les pays en développement que dans le reste du monde n'est pas une conséquence de la mondialisation, mais résulte simplement des caractéristiques propres à ces pays : la productivité y est relativement faible, et ces économies n'offrent donc pas suffisamment d'opportunités d'emplois bien rémunérés.

En général, les salaires et les conditions de travail dans les secteurs exportateurs des pays en développement (dans les *maquiladoras* comme ailleurs) peuvent paraître dramatiquement insuffisants, mais ils représentent bien souvent une amélioration par rapport à ce qui existe dans le reste de ces pays. En revanche, la mondialisation rend la situation de ces travailleurs plus visible et plus comparable. Elle suscite naturellement la culpabilité des consommateurs des pays développés, sans doute plus sensibles aux conditions de travail d'un ouvrier fabriquant les produits qu'ils vont utiliser quotidiennement, qu'à celles d'un paysan, plus pauvre, mais dont le sort leur est totalement étranger.

Ces arguments, fondés sur les théories du commerce international, ne convainquent pas tous le monde. Notamment, certains altermondialistes avancent que ces modèles ne correspondent pas à la réalité, puisque le capital est mobile internationalement alors que le travail ne l'est pas, et que cette mobilité donne aux capitalistes un avantage dans les négociations salariales. Il ne fait guère de doute que la mobilité du capital est parfois utilisée comme un moyen de pression des employeurs sur leurs salariés. Cependant, comme nous l'avons vu au chapitre 4, la mobilité internationale des facteurs a un effet similaire à celui du commerce.

2.3 Les clauses sociales

Le débat d'idées entre pro et antimondialisation sur les mérites (ou les méfaits) du libre-échange n'est pas qu'une discussion de salon. Des questions politiques très concrètes se posent aussi, comme de savoir si les accords commerciaux doivent inclure des clauses sociales destinées à améliorer les salaires et les conditions de travail dans les pays pauvres.

Certains plaident pour la généralisation d'un système peu contraignant reposant sur une menace de sanction par les marchés. En effet, si les consommateurs des pays développés préfèrent acheter des biens manufacturés qu'ils savent avoir été produits par des travailleurs payés décemment, et s'ils sont réellement prêts à en payer le prix, alors la solution est simple : des organisations indépendantes peuvent surveiller et contrôler l'évolution des conditions de travail et des salaires dans les entreprises exportatrices, et diffuser les résultats auprès des consommateurs. Ce système a fait, par exemple, le succès de l'association Max Havelaar[7] qui assure que les biens vendus dans les pays développés sous son label ont fait l'objet d'un « commerce équitable ». Il ne faut cependant pas trop attendre de ces initiatives qui ne peuvent avoir qu'un impact limité sur le niveau de vie des pays en développement. En effet, elles reposent pleinement sur la bonne volonté des consommateurs des pays développés et n'affectent que les salaires des secteurs d'exportation. Or ceux-ci, même dans les économies très ouvertes aux échanges, ne représentent qu'une faible minorité des travailleurs. Pour autant, on voit mal comment ces initiatives pourraient faire plus de mal que de bien.

Une politique plus contraignante serait d'inclure explicitement des clauses sociales dans les accords de commerce internationaux. En clair, cela reviendrait à imposer une réglementation des conditions de travail auxquelles les industries exportatrices devraient se conformer. Cette position a été défendue par un certain nombre de responsables politiques des pays les plus avancés : Bill Clinton a plaidé en sa faveur lors du sommet de l'OMC de Seattle, et c'est un thème qui revient aussi régulièrement dans les débats politiques des pays les plus riches de l'Union européenne, qui craignent que les nouveaux pays membres de l'Union ne pratiquent un *dumping social* (voir chapitre 3).

7. **http://www.maxhavelaarfrance.org**.

La plupart des pays en développement s'opposent cependant fermement à l'imposition de ces clauses sociales, arguant qu'elles seraient inévitablement utilisées comme des instruments de protection commerciale par les pays développés. Ceux-ci pourraient en effet fixer des niveaux de normes que les pays en développement seraient dans l'impossibilité de remplir, les excluant de fait des marchés mondiaux. Ainsi, une des causes de l'échec du sommet de Seattle a été la crainte des pays pauvres de se voir imposer des règles pouvant être à l'origine de plaintes contre leurs entreprises, de la même façon que les lois antidumping sont utilisées par les entreprises privées pour harceler leurs concurrentes étrangères.

2.4 La diversité culturelle

Une question encore plus délicate que les différences de normes sociales est l'effet de la mondialisation sur les spécificités culturelles de chaque pays. Il semble *a priori* évident que l'intégration croissante des marchés a conduit à une certaine homogénéisation culturelle. De plus en plus, on trouve tout autour du globe des gens qui portent les mêmes vêtements, ingurgitent les mêmes aliments et les mêmes boissons, écoutent les mêmes musiques et regardent les mêmes films et séries télévisées.

Bien sûr, une bonne partie de cette uniformisation tient plutôt de l'américanisation. Mais pas seulement. Il est vrai qu'on peut trouver des restaurants MacDonald's et du Coca-Cola dans presque tous les pays du monde, et que les films d'action hollywoodiens dominent largement le paysage cinématographique mondial. Cependant, il est aussi possible de consommer des pizzas, des sushis ou de boire des vins français un peu n'importe où, et les scènes de combats stylisées dans les films américains à gros budget s'inspirent très largement des films d'arts martiaux réalisés à Hong Kong.

Il est difficile de nier que quelque chose se perd dans cette homogénéisation culturelle, sans compter qu'un film ou une œuvre musicale, au-delà du plaisir qu'ils procurent au public, génèrent aussi des externalités sur l'ensemble de la société (en favorisant, par exemple, l'essor de l'industrie touristique ou en dynamisant les activités industrielles liées à la mode ou au design). L'argument des défaillances de marché peut donc être invoqué pour justifier des politiques visant à protéger les spécificités culturelles nationales. C'est sur la base de cet argument qu'en 1994 le gouvernement français a pesé de tout son poids, lors des négociations de *l'Uruguay Round*, pour obtenir que les industries culturelles soient en partie exclues des accords de libéralisation commerciale des services (voir chapitre 10). Il s'agissait avant tout de faire valoir « l'exception culturelle » pour maintenir le droit d'accorder des subventions publiques à la production audiovisuelle.

Mais si l'argument de l'exception culturelle peut se justifier pour défendre le patrimoine et les spécificités de chaque pays, il faut aussi prendre garde à ce qu'il n'entrave pas le droit des individus à profiter de l'immense diversité culturelle que nous offre la mondialisation.

2.5 L'OMC et la souveraineté nationale

Enfin, le mouvement altermondialiste développe aussi un thème récurrent, qu'il partage d'ailleurs avec les groupes nationalistes : la perte de souveraineté nationale résultant de la libéralisation du commerce et des flux de capitaux. Certains présentent d'ailleurs l'OMC comme une organisation supranationale qui dispose du pouvoir de dicter aux gouvernements les politiques qu'ils sont en droit de poursuivre. Quel crédit peut-on accorder à cette assertion ?

Pour répondre rapidement, l'OMC n'a rien d'un gouvernement mondial. Son autorité se limite strictement au maintien des accords commerciaux internationaux, auxquels les gouvernements des pays membres ont accepté de se conformer. La part de vérité dans l'idée que l'OMC est une autorité supranationale tient au fait que son mandat l'autorise à évaluer non seulement les instruments traditionnels de protection commerciale (droits de douane, subventions à l'exportation et restrictions quantitatives), mais aussi les politiques intérieures qui apparaissent comme des politiques commerciales *de facto*. Comme la ligne de démarcation entre une politique intérieure légitime et une politique protectionniste *de facto* est mince, il y a des cas où, aux yeux de certains observateurs, l'OMC semble s'ingérer directement dans les affaires intérieures des pays.

L'exemple décrit au chapitre 10 illustre bien l'ambiguïté de la question. Comme nous l'avons vu, l'amendement de la loi américaine sur la protection de l'air (Clean Air Act) imposait que l'essence importée de l'étranger ne soit pas plus polluante que la moyenne de celles produites par les raffineries américaines. L'OMC a jugé que cette mesure était contraire aux accords commerciaux existants et, pour les critiques de l'OMC, ce jugement illustre parfaitement comment elle peut empêcher un gouvernement démocratiquement élu d'œuvrer en faveur de l'environnement.

Mais, comme les défenseurs de l'organisation l'ont souligné, la décision de l'OMC était fondée sur le fait que les États-Unis appliquaient un traitement différent aux importations et à la production nationale : la nouvelle règle empêchait donc l'importation d'essence polluante vénézuélienne, mais n'interdisait pas la vente d'essence tout aussi polluante, du moment que celle-ci provenait d'une raffinerie américaine. S'il s'agissait simplement d'exclure l'essence de mauvaise qualité du marché américain, il aurait suffi au gouvernement d'appliquer la même règle aux producteurs nationaux et étrangers ; cela aurait été parfaitement acceptable aux yeux de l'OMC.

3 La mondialisation et les questions environnementales

Les critiques de la mondialisation ne s'arrêtent pas aux questions liées au travail, la diversité culturelle ou la souveraineté nationale. La pollution ne se préoccupant que rarement de respecter les frontières, les débats sur la protection de la nature ont bien souvent un caractère international et prennent logiquement une place grandissante dans les polémiques concernant le commerce mondial. Un certain nombre de voix s'élèvent pour dénoncer le fait que la multiplication des échanges internationaux serait la cause de dommages environnementaux sérieux. Il va de soi que les normes environnementales dans les secteurs exportateurs des pays en développement sont beaucoup moins contraignantes que dans les pays développés. Et il est vrai aussi que, dans certains cas, la production de biens exportés vers les pays riches s'accompagne de désastres écologiques substantiels. Le lourd tribut que paient les forêts d'Asie du Sud-Est, du Brésil ou d'Afrique équatoriale pour fournir les marchés japonais, européen ou américain en est un exemple notable.

En fait, le débat associant mondialisation et environnement a une double dimension. Il s'agit, tout d'abord, de savoir dans quelle mesure la libéralisation commerciale, en bouleversant la répartition géographique de l'industrie mondiale, compromettrait l'équilibre écologique de zones jusqu'alors protégées. En second lieu, les discussions portent sur la concordance entre les accords commerciaux signés entre les pays et les initiatives de chacun en faveur de l'environnement.

3.1 Globalisation, croissance et pollution

Toutes les activités économiques, de production comme de consommation, sont bien souvent des sources de pollution. Les usines émettent des fumées nocives et rejettent parfois des déchets dans les cours d'eau ; les agriculteurs utilisent des fertilisants et des pesticides qu'on retrouve dans les nappes phréatiques ; les consommateurs produisent des tonnes de déchets et leurs voitures rejettent des gaz à effets de serre... La croissance économique, en multipliant les volumes de production et de consommation, doit donc logiquement conduire à toujours plus de dommages environnementaux.

Mais, fort heureusement, ce n'est pas toujours le cas. Au fur et à mesure que leur niveau de développement augmente, les pays modifient la structure de leur tissu industriel et leurs modes de consommation : les pays riches produisent plus de services et moins de biens manufacturés et, en proportion de leur PIB, consomment moins d'énergie et de matières premières que les pays en développement. Sans compter que l'élévation des niveaux de vie s'accompagne souvent d'une montée en puissance des pressions des opinions publiques en faveur de la protection de l'environnement. Les pays riches adoptent alors des réglementations plus strictes pour limiter les émissions polluantes.

Au début des années 1990, les recherches de Gene Grossman et Alan Krueger (deux économistes de l'université de Princeton) ont mis en évidence une relation non linéaire entre le niveau de PIB par habitant et les émissions de dioxyde de soufre des pays. Dans un premier temps, la pollution augmente avec le développement économique mais, passé un certain stade, la croissance se fait plus propre. Cette relation en forme de U inversé, connue sous le nom de courbe de Kuznets environnementale, est représentée à la figure 12.1.

Malheureusement, cette conclusion optimiste ne vaut pas pour tous les pays et il est fort à parier que, dans bien des cas, l'ouverture au commerce se traduit par multiplication des atteintes sur l'environnement. En effet, l'un des principaux pays à bénéficier de la globalisation est la Chine, qui a connu une croissance exceptionnellement rapide depuis les années 1980, grâce à son industrie très largement tournée vers les marchés d'exportation. Mais le boom de l'économie chinoise s'est accompagné d'un record bien moins heureux : une croissance sans précédent de ses émissions de gaz à effets de serre. La figure 12.2 montre les émissions de dioxyde de carbone des États-Unis, de l'Europe et de la Chine, de 1980 à 2008. Alors que la Chine ne contribuait que très marginalement à la pollution mondiale en 1980, elle émet aujourd'hui plus de dioxyde que n'importe quel pays au monde. Il faut néanmoins rappeler que c'est bien la croissance chinoise, et non la globalisation en tant que telle, qui est directement responsable de cette augmentation des rejets de gaz à effet de serre. Et, s'il est facile de critiquer la mondialisation, il est plus contestable d'affirmer que le développement de la Chine, qui a permis d'améliorer considérablement le sort de millions de personnes, n'est pas une bonne chose pour l'humanité.

Dans la mesure où tous les pays n'ont pas les mêmes niveaux d'exigence en termes de normes environnementales, il peut être tentant de localiser les activités les plus polluantes dans les pays les plus laxistes. La libéralisation du commerce permet aux pays en développement de se spécialiser dans les secteurs qui sont soumis à des réglementations environnementales très strictes dans les pays développés. Certaines parties du monde deviennent alors des havres de pollution où les industriels peuvent produire à moindre coût en limitant leurs efforts pour protéger la nature et la santé des populations. C'est notamment le cas d'Alang, en Inde, où de nombreuses entreprises démantèlent des bateaux venus du monde entier, sans grand respect pour l'environnement (voir encadré 12.2).

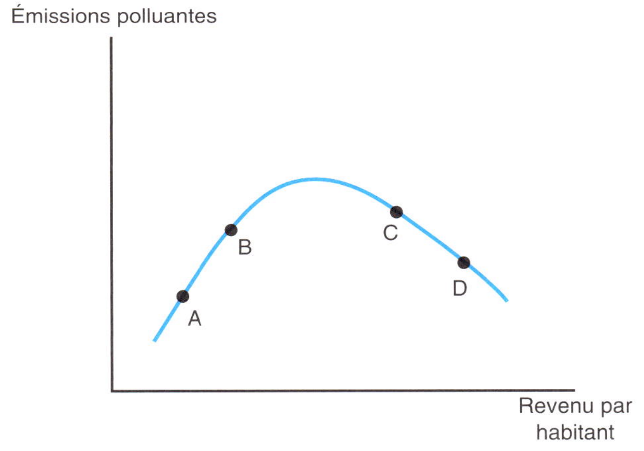

Figure 12.1 – La courbe de Kuznets environnementale.

Les analyses empiriques montrent que les niveaux de pollution commencent par augmenter avec le niveau de développement des pays, puis tendent à se réduire. Dans un pays émergent comme la Chine, la croissance génère de nombreux dégâts environnementaux (passage du point A au point B). En revanche, dans les pays plus riches, la croissance économique s'accompagne d'une réduction de la pollution (passage du point C au point D).

Dans la mesure où l'ouverture au commerce international doit permettre d'accélérer le développement économique, la mondialisation peut avoir des conséquences importantes sur l'environnement. Bien sûr, si l'on en croit la courbe de Kuznets environnementale, tout dépend de quel côté de la courbe se trouvent les pays lorsqu'ils s'ouvrent au libre-échange. L'objectif initial de Grossman et Krueger était d'estimer les conséquences de l'accord de libre-échange nord-américain sur l'environnement. Leur étude les a conduits à estimer que le Mexique (et donc, *a fortiori*, le Canada et les États-Unis) se trouvait vraisemblablement à droite de la courbe, sur sa partie descendante, si bien que l'ALENA devait être plutôt une bonne nouvelle pour l'état de la planète.

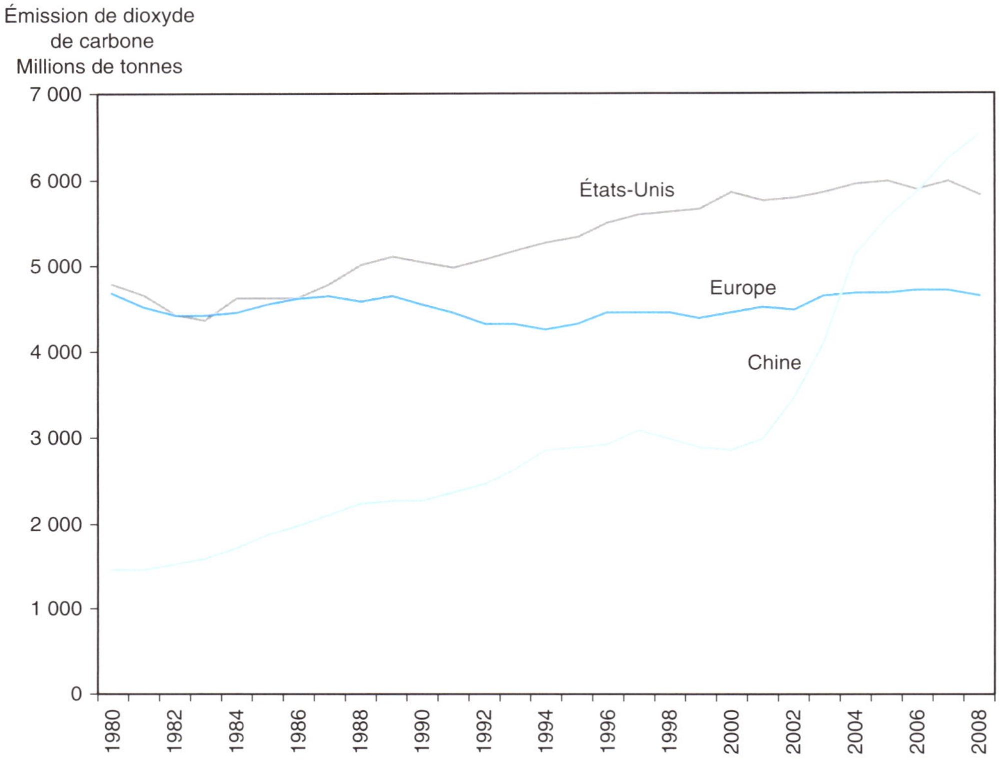

Figure 12.2 – Les émissions de dioxyde de carbone.

La croissance économique très forte de la Chine, depuis les années 1980, a accru considérablement ses émissions polluantes. Dès le milieu des années 2000, la Chine est devenue l'un des principaux responsables de la production de gaz à effet de serre.

3.2 Les « havres de pollution »

Encadré 12.2

Les tribulations du Clemenceau

Au début de l'année 2006, le gouvernement français pensait avoir trouvé une solution pour se débarrasser du porte-avions *Clemenceau*, désarmé quelques années auparavant. Il était prévu de remorquer la carcasse du bateau jusqu'en Inde, où une entreprise de la baie d'Alang se chargerait de la désosser pour en récupérer le métal et les autres composants utiles. Tout au long du périple en mer, de très nombreuses voix se sont élevées, en France, en Inde et ailleurs, pour dénoncer cette opération : la France chercherait à se débarrasser de ses déchets dans un pays en développement et à laisser des travailleurs très mal payés traiter sans protection sanitaire l'amiante encore contenu dans l'épave.

Après plusieurs semaines de mer, émaillées de multiples rebondissements, la France a dû renoncer à son projet et rapatrier le *Clemenceau* à Brest. L'épave est ensuite restée plus de deux ans et demi à quai avant qu'un contrat soit signé, en juillet 2008, avec une entreprise britannique chargée de son démantèlement. Le *Clemenceau* a finalement accompli son dernier voyage, vers l'Angleterre, en février 2009.

La baie d'Alang se trouve sur la côte ouest de l'Inde. Sur une plage de quelque six kilomètres de long, les armateurs du monde entier viennent échouer leurs vieux bateaux pour que des entreprises locales en recyclent les carcasses. Moyennant des dépenses suffisantes, et avec l'équipement spécialisé adéquat, les travailleurs des pays développés pourraient très bien faire ce travail, proprement et en toute sécurité. Le coût d'une telle activité est cependant prohibitif, puisqu'il revient plus cher que la valeur des matériaux récupérés. En Inde, comme dans d'autres pays en développement, cette activité est particulièrement intensive en main-d'œuvre : des hommes, souvent équipés d'à peine plus que des chalumeaux, investissent les épaves, les découpent et entassent les morceaux plus loin.

Dès 1998, l'activité de désossement de bateaux de la baie d'Alang est devenue la cible de groupes de militants du monde entier, menés par l'organisation écologiste Greenpeace. Cette organisation s'est concentrée en priorité sur la question de la pollution, mais d'autres ont surtout dénoncé les conditions de travail déplorables. Un thème commun à toutes les protestations – et que l'on a aussi beaucoup entendu lors de l'affaire du *Clemenceau* – était que les pays développés devraient retraiter eux-mêmes leurs déchets, plutôt que de s'en décharger sur les pays pauvres.

Le démantèlement des bateaux est pourtant une activité de recyclage *a priori* favorable à l'environnement. Plutôt que de laisser un bateau à l'abandon ou de le couler en mer, les entreprises comme celles de la baie d'Alang en extraient les composants réutilisables. Cependant, l'activité en elle-même, lorsqu'elle n'est pas faite dans de bonnes conditions, peut causer des désastres écologiques. Beaucoup de matériaux dangereux extraits des bateaux nécessitent en effet des traitements complexes et minutieux et, bien que les petites entreprises qui vivent de ce travail essaient de récupérer le plus possible des carcasses, un amoncellement considérable de déchets pollue inévitablement la plage et ses alentours. Le désossement des bateaux à Alang n'est donc pas la meilleure solution pour l'environnement, mais ce n'est pas non plus la pire. Le problème est d'ailleurs plus complexe, puisqu'il se peut qu'en militant contre l'arrivée du *Clemenceau*, les écologistes n'aient finalement retardé l'amélioration des techniques de recyclage des matériaux.

En effet, comme l'a affirmé à des journalistes un responsable de l'Association des entreprises de désossement d'Alang : « Si le *Clemenceau* était arrivé à Alang, son démantèlement aurait inévitablement été assorti de conditions extrêmement strictes, notamment sur la question de l'amiante [...]. Cela aurait créé un précédent qui aurait pu être utilisé par les mouvements écologistes comme Greenpeace pour réclamer que tous les autres bateaux suivent ensuite les mêmes procédures contraignantes. »*

* Source : RFI – AFP.

Encadré 12.2 (suite)

On retrouve ce même type de dilemme sur la question des conditions de travail. Les images des travailleurs de la baie d'Alang, s'attaquant sans aucune protection à des carcasses gigantesques, heurtent forcément la sensibilité des citoyens occidentaux. Et il est vrai que les ouvriers sont souvent victimes d'accidents et d'intoxications par des matières dangereuses (comme l'amiante). Pourtant, les chantiers de la baie d'Alang font vivre de très nombreuses familles et fournissent à l'Inde des revenus extérieurs dont elle a désespérément besoin. À l'annonce du rapatriement en France du *Clemenceau*, certains mouvements ouvriers indiens ont vivement protesté : selon eux, ce chantier exceptionnel aurait créé plusieurs centaines d'emplois et attiré l'attention des médias internationaux pour, peut-être, améliorer au final les conditions de travail dans l'ensemble du port d'Alang.

Une étude détaillée des havres de pollution amène à se poser deux types de questions. La première est de déterminer si, au-delà des exemples particulièrement honteux pointés du doigt par les organisations écologistes, ce phénomène est réellement significatif. La seconde est de savoir dans quelle mesure ce problème doit faire l'objet d'accords internationaux explicites.

Concernant la première question, les recherches actuelles viennent plutôt relativiser l'importance des havres de pollution. Les premières analyses qui ont été menées n'ont pas pu identifier de relation significative entre le niveau des normes environnementales imposées dans les différents pays et leurs exportations nettes de biens dont la production génère beaucoup de pollution. Par la suite, des études empiriques plus précises sont venues amender légèrement ce jugement : pour certains groupes de pays et pour quelques secteurs particuliers, on peut observer que les nations les plus riches tendent à importer davantage et exporter moins de biens dont la production génère beaucoup de pollution. Quoi qu'il en soit, cette tendance est encore très limitée et les différences de normes environnementales n'ont qu'un effet secondaire sur les spécialisations et le commerce[8]. Assurément, si les armateurs viennent démanteler leurs épaves à Alang, c'est bien davantage pour profiter des faibles niveaux de salaires que du laxisme des autorités indiennes en matière d'environnement.

Pour ce qui est de la seconde question, tout dépend en fait du type de pollution dont on parle. Les atteintes à l'environnement sont l'exemple parfait des externalités négatives qui justifient l'intervention des autorités publiques : dans la mesure où les pollueurs sont rarement les seuls à souffrir des conséquences de leurs actes, ils ont tendance à en sous-estimer les effets, et à faire très peu d'efforts pour se refréner. Mais le fait que les pouvoirs publics aient à intervenir dans ces cas ne signifie pas pour autant que ce problème doive systématiquement faire l'objet d'accords internationaux.

Dans beaucoup de cas, les pollutions industrielles sont purement locales. L'industrie de démantèlement des bateaux en Inde pollue gravement la plage d'Alang et nuit aux populations travaillant sur le site. C'est certainement un problème pour l'Inde, mais pas nécessairement pour le reste du monde. En revanche, les pollutions qui détruisent des patrimoines écologiques ou qui, comme les gaz à effet de serre, ont des conséquences qui ne s'arrêtent pas aux

8. Pour une étude synthétique des conséquences du commerce international sur l'environnement, on verra notamment Jeffrey Frankel, « Environmental Effects of International Trade », *Report for the Swedish Globalisation Council*, janvier 2009.

frontières politiques, doivent faire l'objet d'accords internationaux. Ceux-ci doivent viser à limiter les courses au « moins disant écologique » : c'est en effet en définissant des normes communes qu'on peut empêcher certains pays d'être tentés de proposer des législations toujours plus laxistes, dans le but d'attirer sur leur territoire des industries sales.

3.3 Les questions environnementales dans le cadre des négociations commerciales

Comme nous l'avons vu au chapitre 10, les accords commerciaux signés par les pays peuvent parfois entrer en conflit avec les politiques environnementales qu'elles souhaitent mettre en œuvre. L'encadré 10.3 présente l'exemple bien connu du Clean Air Act proposé par les autorités américaines au début des années 1990. Cette réglementation revenait de fait à exclure l'essence vénézuélienne du marché américain et, suite à une plainte déposée par le Venezuela, l'OMC a condamné les États-Unis en arguant du fait que cette réglementation était discriminante.

En fait, les accords commerciaux régis par l'OMC (et signés en connaissance de cause par les pays membres) sont très clairs : chaque pays est parfaitement libre de définir comme bon lui semble le niveau de ses normes environnementales… tant que celles-ci s'imposent sans discrimination à tous les produits, quelle que soit leur provenance.

C'est ainsi qu'en 2006, la France a proposé à l'Union européenne de mettre en place une taxe sur les biens importés en provenance de pays comme la Chine, le Brésil ou l'Inde, qui n'ont pas de programmes explicites visant à limiter leurs émissions de gaz à effet de serre.

L'UE participe au système de permis négociables d'émission de carbone, qui engendre un surcoût pour les industriels européens. Pour compenser cette perte de compétitivité et limiter la demande pour les biens fabriqués avec des technologies très polluantes, l'idée était de fixer une taxe proportionnelle à la quantité de carbone générée par la production des biens importés. Une telle taxe n'a rien de discriminatoire : elle revient à appliquer aux biens importés les mêmes niveaux d'imposition que ceux qui pèsent sur les productions européennes.

Naturellement, les pays visés par cette taxe ont vivement protesté, en affirmant qu'elle ne serait ni plus ni moins qu'un moyen de contourner les accords commerciaux qui limitent la mise en place de droits de douanes. Ils avancent par ailleurs l'iniquité du comportement des pays riches, qui se sont industrialisés sans se préoccuper des dommages environnementaux et souhaitent, maintenant qu'ils ont achevé leur processus de développement, contraindre les possibilités de croissance des pays pauvres. En novembre 2007, la Commission européenne a donc décidé de faire marche arrière et de changer de stratégie : plutôt que d'imposer une taxe, elle essaie de trouver des accords avec les autres pays pour les convaincre d'encadrer de façon plus stricte leurs émissions de carbone. La taxe proposée par la France n'est donc plus à l'ordre du jour, mais elle demeure une menace crédible permettant d'avancer dans les négociations. Cet exemple est, sans aucun doute, le premier d'une longue série où les enjeux commerciaux et les questions liées au réchauffement climatique vont se retrouver intimement liés.

Une solution pour éviter que les initiatives nationales en faveur de l'environnement n'entrent en conflit avec les accords commerciaux est d'inclure explicitement des normes environnementales dans le cadre des négociations commerciales. Mais le problème est alors le même que pour les clauses sociales. D'un côté, les partisans des clauses environnementales soutiennent que l'écologie est l'affaire de tous et que les améliorations (mêmes modestes) que pourraient apporter ces normes sont toujours bonnes à prendre. Mais, de l'autre côté, beaucoup de voix se font entendre pour dénoncer des normes qui entraveraient le développement des secteurs exportateurs des pays pauvres, incapables de respecter les standards occidentaux.

Résumé

Dans les années 1980 et 1990, la critique du libre-échange a pris un tour nouveau. Au cours de la décennie 1980, la théorie des *politiques commerciales stratégiques* a donné des arguments en faveur des interventions publiques pour soutenir certains secteurs clés de l'économie. Dans les années 1990, un puissant mouvement de contestation de la mondialisation a fait son apparition, en mettant notamment l'accent sur ses effets néfastes pour les travailleurs des pays en développement.

Les arguments en faveur des politiques commerciales stratégiques reposent sur deux idées. La première est que les gouvernements devraient soutenir les secteurs qui génèrent des *externalités technologiques*. L'autre, qui s'éloigne de l'argument traditionnel de défaillance de marché, est donné par le modèle Brander-Spencer. Celui-ci suggère qu'une intervention stratégique peut permettre à un pays de capturer les *rentes* liées à l'imperfection de la concurrence. Théoriquement, ces arguments sont convaincants. Cependant, ils sont bien souvent trop subtils et nécessitent de rassembler trop d'informations pour être appliqués avec une efficacité certaine.

Avec l'augmentation des exportations de produits manufacturés en provenance des pays en développement, un nouveau mouvement d'opposition à la mondialisation a émergé. Son sujet de préoccupation majeur concerne les salaires faibles et les mauvaises conditions de travail dans les secteurs d'exportation des pays du Sud. La réponse apportée par la plupart des économistes est que les travailleurs des pays pauvres gagnent peu à l'aune des critères occidentaux, mais que leur situation aurait été pire encore en l'absence de commerce international.

Des études de cas permettent de montrer combien le débat autour de la mondialisation est délicat, en particulier lorsque l'on essaie de le considérer d'un point de vue moral. Les causes défendues avec vigueur par les militants altermondialistes, comme la mise en place de clauses sociales ou de normes environnementales, sont d'ailleurs souvent combattues par les pays en développement eux-mêmes, qui craignent qu'elles ne soient utilisées comme des instruments de protection commerciale.

Il est difficile d'appréhender l'impact écologique de la mondialisation. La *courbe de Kuznets environnementale* suggère que la croissance, dans les premiers stades du développement économique, détériore fortement l'environnement mais qu'elle devient plus propre lorsque les niveaux de vie ont atteint un certain stade. Malheureusement, les pays émergents qui, durant les années 1990 et 2000, ont profité largement de la mondialisation, sont encore relativement pauvres ; leur croissance a alors un coût écologique important.

Beaucoup craignent de voir les industries polluantes se délocaliser vers des havres de pollution où les normes environnementales sont très laxistes. Les analyses empiriques montrent, cependant, que ce phénomène reste encore assez marginal et n'influence guère les spécialisations des pays et les flux de commerce international.

Activités

1. Pourquoi un gouvernement peut-il être réticent à l'idée de mettre en place une politique commerciale stratégique, même lorsqu'on peut montrer qu'elle entraînerait une augmentation du bien-être domestique ?

2. Supposons que la Commission européenne puisse déterminer quels seront les « secteurs de demain », c'est-à-dire ceux qui auront un taux de croissance rapide au cours des vingt prochaines années. Doit-elle nécessairement intervenir (ou inciter les pays membres à intervenir) pour soutenir ces secteurs ?

3. Si l'Europe en avait la possibilité, elle aurait intérêt à demander au Japon de dépenser plus en recherche fondamentale et moins en recherche industrielle appliquée. Expliquez pourquoi.

4. « Les nouveaux arguments en faveur de la politique commerciale stratégique démontrent la sagesse des politiques du type de celles menées en Corée du Sud, où les exportations sont subventionnées d'un bout à l'autre. La subvention donne à chaque secteur l'avantage stratégique nécessaire pour faire face à la concurrence mondiale. » Discutez ce point de vue.

5. Quels sont les avantages et les désavantages à imposer des clauses sociales aux pays en développement ?

6. En dépit de quelques avancées dans ce domaine, l'Union européenne ne dispose pas encore de véritable armée commune et les politiques d'armement des différents pays membres ne sont qu'insuffisamment coordonnées. Pour certains, cela pénalise l'économie européenne ; selon eux, le budget militaire américain permet, en effet, de renforcer la position stratégique des États-Unis dans les industries de haute technologie. Discutez cette opinion.

7. Supposez que la Commission européenne vous demande de faire une note sur l'opportunité de subventionner l'industrie du logiciel, en gardant à l'esprit qu'elle est aujourd'hui dominée par les entreprises américaines comme Microsoft. Quels arguments utiliseriez-vous ? Quelles sont les limites de ces arguments ?

8. Quelles sont les principales critiques à l'encontre de l'OMC en ce qui concerne la protection de l'environnement ? Comment l'OMC justifie-t-elle ses décisions dans les conflits commerciaux impliquant des questions environnementales ?

9. La France, en plus de ses tentatives occasionnelles de politique commerciale stratégique, applique une politique culturelle active, en soutenant notamment la création cinématographique et musicale, mais aussi le théâtre, la mode et la gastronomie. Cela pourrait être perçu en premier lieu comme une volonté de préserver l'identité nationale dans un monde de plus en plus uniforme. Mais certains dirigeants français défendent aussi cette politique pour des raisons économiques. Dans quelle mesure certains dispositifs de ces politiques peuvent-ils être considérés comme une forme de protection commerciale ?

10. « Le problème fondamental avec les politiques visant à limiter les émissions de gaz à effet de serre est que les pays dont la croissance génère le plus de pollution sont aussi ceux qui ont le moins de capacité à payer le prix des politiques environnementales. » Discutez cette affirmation.

11. Dans quelle mesure la proposition française d'imposer une taxe carbone sur les produits importés est-elle liée à la question des havres de pollution ?

Partie III – Taux de change et macroéconomie ouverte

Chapitre 13

Les comptes nationaux et la balance des paiements

Objectifs pédagogiques :

- Examiner l'équilibre comptable en économie ouverte.
- Comprendre l'interaction entre épargne, investissement et exportations nettes.
- Décrire la balance des paiements et la position extérieure.
- Analyser le lien entre le compte courant et l'évolution des avoirs étrangers nets.

Entre 1998 et 2007, les États-Unis ont connu une croissance économique à faire pâlir d'envie tous les pays industrialisés. Sur la décennie, le taux de croissance de la production y était en effet d'environ 3 % par an en moyenne, contre 2 % pour la zone euro (la France se situant dans la moyenne) et un peu plus de 1 % pour le Japon. Ces différences apparaissent toutefois minimes, comparées à l'écart qui existe avec la Chine qui, sur la période, a enregistré un taux de croissance de près de 10 % par an en moyenne.

En moyenne, avant la crise, le taux de croissance réel de l'économie mondiale était d'environ 5 %. En 2008, il n'était que de 3 %. Pire encore, en 2009, le taux de croissance réel a été négatif : –0,6 %, un record depuis la Seconde Guerre mondiale ! Là encore les différences entre pays ont été considérables. Alors que la Chine a plutôt bien résisté, les États-Unis et l'Europe ont subi une grave récession.

Comment expliquer ces divergences ? Alors que dans les chapitres précédents nous avons opté pour une optique **microéconomique**, les chapitres qui suivent privilégient une lecture **macroéconomique**. L'approche microéconomique se concentre sur le comportement économique des agents pris individuellement. L'analyse macroéconomique, quant à elle, considère l'économie dans son ensemble et permet de comprendre les déterminants de la consommation, de l'investissement, de la croissance, de l'emploi, du niveau général des prix, etc. La macroéconomie ouverte (ou macroéconomie internationale) permet, en outre, d'examiner de quelle façon les économies interagissent et, ce faisant, influent sur l'activité économique au niveau mondial.

Quatre grands thèmes sont récurrents dans l'analyse macroéconomique :

- *Le chômage.* La macroéconomie étudie les facteurs responsables du chômage et les moyens dont disposent les pouvoirs publics pour tenter d'y remédier. On s'appliquera en particulier dans les chapitres qui suivent à comprendre les conséquences pour l'emploi de l'ouverture au commerce international.
- *L'épargne.* Dans les chapitres précédents, nous avons souvent supposé que les pays consomment le montant exact de leur revenu. Bien sûr, en réalité, les ménages ont la possibilité d'épargner une partie de leur revenu ou, au contraire, d'emprunter pour consommer plus qu'ils ne gagnent. Les comportements d'épargne ou d'emprunt de chaque pays influent sur l'emploi et la richesse future. Au niveau mondial, le taux d'épargne détermine la vitesse de croissance du stock total de capital productif.
- *Les déséquilibres commerciaux.* Nous avons vu, précédemment, que les importations d'un pays sont égales à ses exportations lorsque les dépenses sont égales aux revenus. Cet équilibre est, en réalité, rarement atteint. Les déséquilibres commerciaux entraînent une redistribution de la richesse entre les pays et peuvent être sources de tension lorsqu'ils atteignent durablement des niveaux importants.
- *La monnaie et le niveau des prix.* Jusque-là, nous avons présenté une théorie du commerce dans laquelle les biens étaient échangés directement contre d'autres, sur la base de leur prix relatif. En pratique, les prix sont exprimés en unités monétaires et la monnaie sert de moyen d'échange dans pratiquement toutes les transactions. Les fluctuations de l'offre ou de la demande de monnaie de chaque pays jouent sur la production, sur le niveau d'emploi ainsi que sur les déséquilibres commerciaux du pays et de ses partenaires commerciaux. La stabilité des prix est, dès lors, un enjeu majeur des politiques macroéconomiques internationales.

Ce premier chapitre consacré à la macroéconomie internationale présente les principaux concepts de comptabilité utilisés pour décrire le niveau de production d'un pays et ses transactions internationales. Nous présentons d'abord **les comptes nationaux**, qui enregistrent toutes les dépenses contribuant au revenu et à la production d'un pays. Nous examinons ensuite **la balance des paiements**, qui permet de suivre comment évoluent l'endettement d'un pays vis-à-vis du reste du monde et la santé de ses industries soumises à la concurrence internationale. La balance des paiements met aussi en lumière les liens entre les transactions étrangères et l'offre de monnaie.

1 Les comptes nationaux

Les comptes nationaux offrent une représentation globale et chiffrée de l'économie. C'est dans le cadre de la comptabilité nationale que sont définis et mesurés la plupart des concepts utilisés par les économistes et repris par les médias et les politiques. Comprendre ce cadre d'analyse (c'est-à-dire saisir son intérêt, sa logique et ses limites) est un préalable à l'étude des phénomènes macroéconomiques[1].

1. Nous ne prétendons pas ici présenter en détail les comptes nationaux, un chapitre n'y suffirait pas. Nous préférons nous concentrer sur quelques concepts-clés et sur les différents points relatifs aux relations entre pays. Pour une synthèse complète et accessible des comptes nationaux en France, voir Jean-Paul Piriou, *La Comptabilité nationale*, Repères, La Découverte, 15e édition, 2008.

1.1 Qu'est-ce que l'économie nationale ?

Le concept d'économie nationale n'est pas évident à définir : doit-on considérer un critère juridique (la nationalité) ou géographique (les frontières) ? Le critère retenu par les comptables nationaux se situe en fait à mi-chemin puisqu'il s'agit de la *résidence*. L'économie nationale comprend l'ensemble des personnes physiques et morales résidentes, autrement dit toutes celles qui ont une activité économique depuis plus d'un an sur le *territoire économique*. Ce dernier diffère du *territoire géographique* dans la mesure où il inclut les enclaves situées à l'étranger (ambassades, consulats, bases militaires, etc.) et, réciproquement, exclut les enclaves présentes sur son territoire et possédées par les pays étrangers et les institutions internationales. Par ailleurs, dans le cas de la France, les territoires d'outre-mer (TOM) ne font pas partie du territoire économique contrairement aux départements d'outre-mer (DOM). Notons également que les économies ne recouvrent pas nécessairement les pays. On parle souvent, par exemple, de l'économie de la zone euro, de l'économie du Québec, de l'économie de Hong Kong. C'est d'ailleurs la raison pour laquelle on retiendra souvent le concept d'*économie intérieure* ou d'*économie domestique* plutôt que d'*économie nationale*.

1.2 Le produit intérieur brut (PIB)

Les macroéconomistes utilisent un certain nombre d'indicateurs synthétiques, qualifiés d'agrégats, pour décrire les performances économiques des pays. Le **produit intérieur brut (PIB)** est certainement le principal de ces agrégats. Le PIB représente le résultat final de l'activité de production de l'économie. Il est égal à la valeur de tous les biens de consommation et de tous les services finals produits par les unités économiques résidentes et vendus sur le marché sur une période donnée. Il inclut, par exemple, la valeur du pain vendu en boulangerie et des livres vendus en librairie, mais aussi la valeur des services fournis par les agents de change ou les plombiers. Les comptables nationaux calculent le PIB en additionnant les valeurs ajoutées (production moins consommations intermédiaires) exprimées aux prix perçus par les producteurs, plus les impôts sur produits (TVA, accises) moins les subventions sur produits. Les biens et les services finals sont ainsi comptabilisés dans le PIB aux prix du marché (ou prix d'acquisition), c'est-à-dire aux prix auxquels les consommateurs les payent.

Le PIB peut également se calculer comme la somme de la consommation (C), de l'investissement (I), des dépenses publiques (G) et du solde extérieur des biens et services ($EX - IM$).

La figure 13.1 présente le PIB de la France en 2010 et ses quatre composantes.

La **consommation** (C) peut se définir comme la part du PIB que les ménages résidents consacrent à la satisfaction de leurs besoins courants. Dans le système européen de comptabilité, deux agrégats sont calculés pour la consommation : la dépense de consommation, qui inclut tous les achats des ménages (comme le ticket de cinéma, la nourriture, le loyer) et la consommation effective, qui tient compte en plus des consommations financées par les administrations publiques (comme l'école, l'hôpital). Dans la plupart des pays industrialisés, les dépenses de consommation se situent autour de 60 % à 70 % du PIB.

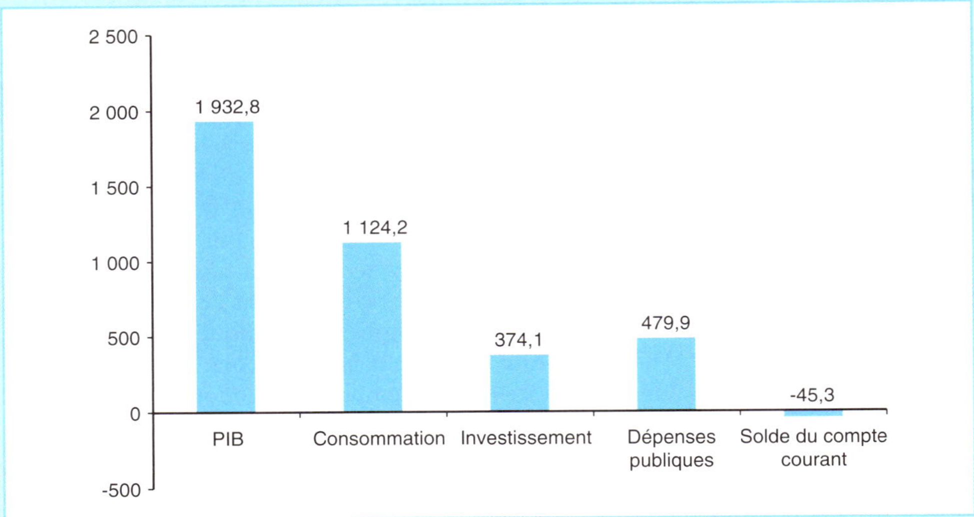

Figure 13.1 – Le PIB en France et ses composants en 2010 (en milliards d'euros courants).

Source : d'après les comptes nationaux, Base 2005, Insee.

L'**investissement** (I) correspond aux dépenses effectuées par les entreprises en vue d'accroître leur stock de capital et, *in fine*, leur production future – en comptabilité, on parle de *formation brute de capital fixe* ou FBCF[2]. Par exemple, l'acier et les briques utilisés dans la construction des usines sont comptabilisés dans ce poste, au même titre que les services fournis par un technicien pour mettre au point le système informatique au sein d'une entreprise. Les stocks constitués par une entreprise représentent aussi des dépenses d'investissement dans la mesure où il s'agit, pour elle, de transférer dans le temps l'utilisation d'une partie de sa production (la FBCF plus les variations de stocks forment la *formation brute de capital*). L'investissement est souvent beaucoup plus fluctuant que la consommation (principe de l'accélérateur) et varie généralement entre 10 et 25 % du PIB.

Les **dépenses publiques** (G) représentent les dépenses des administrations publiques. Ce secteur institutionnel se compose des administrations publiques centrales (comme l'État, les universités), des administrations publiques locales (comme les communes, les départements, les régions) et des administrations de sécurité sociale (comme les régimes d'assurance sociale, les hôpitaux publics). Les dépenses publiques incluent par exemple les dépenses militaires, les subventions publiques à la recherche contre le cancer ou les budgets attribués à l'éducation ou à la réfection des routes. Les transferts sociaux tels que les indemnités de chômage n'exigent pas du bénéficiaire un quelconque bien ou service en retour et, pour cette raison, ne sont pas comptabilisés dans le poste dépenses publiques. Dans les pays industrialisés, les dépenses publiques représentent entre 20 % et 25 % du PIB. Cette part

2. Le terme d'investissement est couramment utilisé pour qualifier l'achat d'actions, d'obligations ou de biens immobiliers. Il ne faut cependant pas confondre avec la définition de l'investissement comme composante du PIB. Lorsque vous achetez une action de l'entreprise Renault, par exemple, vous n'achetez ni un bien, ni un service et votre achat ne participe pas à l'accroissement du PIB.

est relativement stable depuis les années 1960, mais rappelons qu'avant la crise de 1929 et la mise en place de l'État providence, elle ne s'élevait pas à plus de 10 %.

Le **solde extérieur des biens et services** correspond aux exportations moins les importations.

Le PIB est un *indicateur d'activité*, un *indicateur de produits*, mais aussi un *indicateur de revenus* : chaque euro utilisé pour acheter des biens ou des services contribue automatiquement à augmenter le revenu d'un individu ou d'une entreprise. Le PIB peut ainsi se calculer en additionnant ce que gagnent les salariés (salaires, primes en espèces et en nature, prestations sociales…) et les entreprises (que l'on mesure en comptabilité nationale par l'excédent brut d'exploitation ou le revenu mixte brut), à quoi l'on ajoute les impôts sur la production et les importations, et l'on retranche les subventions. Quelques exemples permettront de mieux comprendre comment l'on peut parvenir à un même résultat en partant de trois optiques différentes (activité, produit, revenu).

Prenons le cas d'un rendez-vous chez le coiffeur : les 20 € que vous payez représentent la valeur de marché des services fournis. Votre visite a contribué à augmenter le PIB de 20 €. Dans le même temps, les 20 € que vous avez versés sont venus s'ajouter au revenu du coiffeur ; le revenu national a donc aussi augmenté de 20 €.

Prenons un autre exemple qui fait intervenir plusieurs facteurs de production. Lorsque vous achetez un livre neuf, sa valeur vient augmenter le produit intérieur. Le paiement entre aussi dans le revenu des facteurs de production qui ont contribué à la réalisation de ce livre. L'éditeur doit en effet payer les auteurs, les rédacteurs, les artistes et les compositeurs qui fournissent le travail nécessaire à la réalisation du livre. Sont également concernés les actionnaires de la société d'édition qui perçoivent des dividendes pour avoir financé l'acquisition du capital nécessaire à la production, ainsi que les fournisseurs de papier et d'encre qui procurent les biens intermédiaires utilisés pour produire le livre.

Le papier et l'encre achetés par la maison d'édition ne sont pas comptabilisés séparément et n'apparaissent pas directement dans le PIB. Leur contribution au produit intérieur est en effet déjà prise en compte dans le prix du livre. C'est pour éviter de compter plusieurs fois la production de biens et services intermédiaires que seuls les achats *finals* de biens et services sont retenus dans le PIB. Les achats de biens intermédiaires ne sont pas pris en compte. De plus, notre définition ne retient que les biens et services finals neufs, les biens d'occasion n'étant pas retenus puisqu'ils ont déjà contribué au PIB par le passé. Ainsi, la vente d'un livre d'occasion n'augmente pas le PIB et n'a pas non plus d'impact sur le revenu national, puisque cette vente ne génère aucun revenu pour les facteurs de production.

Du PIB au revenu national. Dans la section précédente, nous avons présenté le PIB comme un indicateur de revenu *versé* par les unités résidentes. Il peut être plus intéressant de connaître le revenu effectivement *reçu* par les résidents ; c'est ce que mesure le revenu national (RN). Plusieurs étapes sont nécessaires pour passer du PIB au RN.

La première étape dans le calcul du RN consiste à ajouter au PIB les revenus nets des facteurs de production résidents versés par le reste du monde (RDM). Ceux-ci correspondent aux rémunérations des salariés et aux revenus de la propriété reçus du RDM, moins les rémunérations des salariés et les revenus de la propriété versés au RDM. Il faut, en outre, soustraire les impôts sur la production versés au RDM et ajouter les subventions reçues du RDM. L'agrégat obtenu est souvent connu sous le nom de produit national brut (PNB) ; toutefois, ce terme n'est plus officiellement employé, et on lui préfère celui de *revenu national brut* (RNB)[3].

Contrairement au PIB, le RNB ne tient pas compte de la production réalisée grâce à des capitaux étrangers. Pour rendre cette différence plus concrète, prenons comme exemple les revenus issus de la production d'une usine située en France dont les actionnaires sont allemands et qui sont comptabilisés dans le PIB français, alors qu'ils font partie du RNB allemand. Les services offerts par les capitaux allemands à la France sont ici assimilables à une exportation de services allemands. C'est pourquoi il faut les ajouter au PIB allemand pour obtenir son RNB. Simultanément, pour obtenir le RNB français, il faut les soustraire du PIB français en tant qu'importation de services en provenance d'Allemagne.

Les fluctuations du PIB et du RNB ne sont pas, en pratique, très éloignées (en général, inférieures à ±1 % pour la France), sauf pour quelques pays. C'est le cas en Suisse, par exemple, qui dispose de nombreuses multinationales implantées à l'étranger, et dont le RNB est d'environ 5 % supérieur au PIB. C'est le cas également au Koweït, dont les revenus pétroliers sont placés à l'étranger, avec un écart qui peut dépasser 30 %. Les petites économies ouvertes, telles que la Belgique, sont dans une situation symétrique ; celle-ci accueille de nombreuses multinationales étrangères et leur PIB est supérieur au RNB d'environ 5 %.

La deuxième étape pour aboutir au RN consiste à tenir compte des *transferts courants* nets. Ces transferts courants correspondent, par exemple, au versement des retraites à des citoyens expatriés, au paiement de réparations ou à l'aide étrangère (les fonds destinés à des pays frappés par la sécheresse par exemple). Les transferts courants nets augmentent le revenu national, mais pas le produit. Pour calculer le revenu national, nous devons donc ajouter les transferts courants nets au RNB ; nous obtenons alors le revenu national brut disponible (RNBD).

La troisième étape concerne la *dépréciation* du capital. Les agrégats précédents sont des agrégats bruts qui ne prennent pas en compte la perte économique due à la dépréciation, c'est-à-dire à l'usure normale des machines et des installations lors de leur utilisation. Cette perte, que l'on désigne par consommation de capital fixe en comptabilité nationale, réduit pourtant le revenu des détenteurs du capital. Pour calculer le RN au cours d'une période donnée, nous devons donc soustraire au RNDB la dépréciation du capital durant cette période[4].

Les différentes étapes qui permettent de passer du PIB au RN, en passant par le RNB (ex-PNB), sont synthétisées ci-après.

---

3. Jusqu'en 1991, aux États-Unis, l'indicateur phare n'était pas le produit intérieur brut (GDP), mais le produit national brut (GNP). Depuis, la comptabilité nationale américaine a adopté les normes internationales, mais le GNP reste encore largement utilisé, notamment dans l'édition originale de cet ouvrage.

4. On peut directement soustraire du PIB la consommation de capital fixe pour obtenir ce que l'on appelle le produit national net (PIN). Cet indicateur a plus de sens économiquement, mais, la consommation de capital fixe étant difficile à mesurer, on lui préfère généralement le PIB.

Produit intérieur brut (PIB)
+ Rémunérations des salariés reçues du RDM – Rémunérations des salariés versées au RDM
+ Revenus de la propriété reçus du RDM – Revenus de la propriété versés au RDM
+ Subventions reçues du RDM – Impôts sur la production versés au RDM

Revenu national brut (RNB)
+ Transferts courants reçus du RDM – Transferts courants versés au RDM

Revenu national brut disponible (RNBD) – Consommation de capital fixe

---

Revenu national (RN)

La différence entre PIB et revenu national n'a aucune raison d'être quantitativement insignifiante, mais cela n'a que peu d'intérêt pour l'analyse macroéconomique. Pour faciliter la réflexion, et sauf indication contraire, nous utiliserons désormais les deux termes de façon interchangeable.

1.3 Équilibre comptable en économie ouverte

Dans cette section, nous présentons l'équilibre comptable d'une économie ouverte pour mettre en lumière le rôle fondamental du commerce international. La principale leçon que nous tirons de cette section est que l'épargne et l'investissement intérieurs n'ont pas nécessairement à être égaux pour une économie ouverte.

Le PIB et l'équilibre ressources-emplois en économie ouverte. Dans le cas d'une économie fermée, les biens finaux qui ne sont pas comptabilisés dans les dépenses de consommation, les dépenses d'investissement ou les dépenses publiques viennent grossir les stocks des entreprises (parfois malgré elles). Comme les variations de stocks sont comptabilisées dans le poste investissement, on en déduit que la production d'une économie fermée doit nécessairement être consommée, investie ou achetée par les administrations publiques. On peut écrire cela sous forme d'une identité fondamentale qui lie Y le PIB, C la consommation, I l'investissement et G les dépenses publiques :

$$Y = C + I + G$$

Dans le cas d'une économie ouverte, une partie des dépenses sert à acheter des biens et des services produits à l'étranger. La valeur des importations, notées IM, doit donc être soustraite au total des dépenses effectuées par les agents économiques résidents, $C + I + G$ (appelé aussi *absorption*), pour déterminer ce qui participe effectivement au PIB. De manière analogue, une fraction de la production est vendue à l'étranger. Les exportations, notées EX, doivent donc être ajoutées aux dépenses intérieures pour obtenir le PIB. L'identité prend, au final, la forme suivante pour une économie ouverte :

$$Y = C + I + G + EX - IM \tag{13.1}$$

Bien que très simple, cette identité comptable offre une grande richesse d'interprétations.

L'exemple d'Agriland, une économie ouverte fictive. Rendons plus concrète l'identité (13.1). Supposons l'existence d'une économie ouverte fictive, appelée Agriland, dont la seule production est le blé. Chaque citoyen est consommateur de blé, mais il est aussi fermier et, à ce titre, peur être considéré comme une entreprise. Le poste investissement est constitué de la part de la récolte que les fermiers mettent de côté en vue des semis à venir. L'État achète, par ailleurs, une partie du blé pour nourrir son armée. La récolte annuelle totale de blé est de 100 boisseaux. Agriland peut importer du lait en échange d'exportations de blé. Pour pouvoir appliquer l'identité (13.1), il faut connaître le prix relatif du lait en unité de boisseau de blé afin que chaque composante du PIB soit exprimée dans la même unité. Supposons qu'un litre de lait vaille 0,1 boisseau de blé. À ce prix, les habitants d'Agriland souhaitent en consommer 200 litres, ce qui correspond à 20 boisseaux de blé.

Dans le tableau 13.1, pour une production totale de 100 boisseaux de blé, la consommation annuelle intérieure est de 55 boisseaux plus 200 litres de lait. La valeur de la consommation est donc de 75 unités de blé (= 55 + 0,1 × 200).

Les 100 boisseaux de blé produits sont utilisés de la façon suivante : 55 sont consommés par les habitants, 25 sont investis pour la future récolte, 10 sont achetés par l'État et 10 sont exportés vers l'étranger. Nous pouvons donc, dans cet exemple, vérifier l'identité (13.1) : le revenu national ($Y = 100$) est égal aux dépenses intérieures ($C + I + G = 110$), plus les exportations ($EX = 10$), moins les importations ($IM = 20$).

Tableau 13.1 : Comptes nationaux d'Agriland (l'unité de mesure est le boisseau de blé)

PIB	=	Consommation + Investissement + Dépenses publiques + Exportations – Importations
100	=	$75^a + 25 + 10 + 10 - 20^b$

a) 55 boisseaux de blé + (0,1 boisseau par litre × 200 litres de lait)

b) 0,1 boisseau par litre × 200 litres de lait

Le compte courant et la dette extérieure. Il est rare, en pratique, que le commerce extérieur d'un pays soit équilibré. La différence entre les exportations et les importations de biens et services est appelée **la balance du compte courant**[5] (ou plus simplement le compte courant, ou encore, dans les documents officiels, le compte des transactions courantes), notée CC :

$$CC = EX - IM$$

Lorsque les importations sont supérieures aux exportations, le pays connaît un *déficit* de son compte courant. Dans le cas contraire, on parle d'*excédent* (ou de surplus) du compte courant. Notons, en se référant à l'identité comptable (13.1), que les fluctuations du compte

5. Cette définition de la balance du compte courant n'est pas tout à fait exacte. La balance du compte courant comprend notamment les transferts courants. Pour simplifier, nous ne tiendrons pas compte de ces derniers ici, mais nous les étudierons en détail dans la section consacrée à la balance des paiements.

courant sont liées aux fluctuations de la production et de l'emploi, d'où l'importance accordée aux déficits et aux surplus.

Nous avons défini le compte courant comme la différence entre les exportations et les importations. D'après l'équation (13.1), le compte courant est aussi égal à la différence entre le PIB et les dépenses intérieures ($C + I + G$), soit :

$$CC = Y - (C + I + G)$$

Cette formulation fait clairement apparaître qu'un pays ne peut financer un déficit de son compte courant (c'est-à-dire consommer davantage qu'il ne produit) qu'en augmentant son endettement extérieur net[6]. Au chapitre 6, nous avons assimilé les prêts et les emprunts internationaux à du *commerce intertemporel*. Un pays présentant un déficit de son compte courant importe de la consommation présente et exporte de la consommation future.

Réciproquement, un pays qui consomme moins qu'il ne produit génère un excédent de son compte courant et peut financer les déficits de ses partenaires commerciaux en leur prêtant des fonds. Les avoirs extérieurs d'un tel pays vont alors augmenter, puisque ses partenaires devront émettre des reconnaissances de dette en règlement de la part de leurs importations non couverte par leurs exportations. Autrement dit, un pays présentant un excédent de son compte courant exporte de la consommation présente et importe de la consommation future. Le raisonnement précédent met en lumière que *le solde du compte courant d'un pays correspond aux variations de ses avoirs extérieurs nets*. Ce lien fondamental sera examiné rigoureusement dans la section consacrée à la balance des paiements.

Revenons à notre économie imaginaire, Agriland, présentée dans le tableau 13.1. La valeur totale de sa consommation, de ses investissements et des dépenses publiques atteint 110 boisseaux de blé, alors que sa production n'excède pas 100 boisseaux. Cette situation ne pourrait exister dans une économie fermée et Agriland devrait restreindre ses dépenses intérieures à la valeur de sa production. Cependant, il s'agit d'une économie ouverte et elle peut, à ce titre, importer plus (200 litres de lait équivalant à 20 boisseaux de blé) qu'elle n'exporte (10 boisseaux de blé). Il en résulte pour elle un déficit de son compte courant de 10 boisseaux de blé. Pour financer ce déficit, Agriland doit emprunter à l'étranger un montant qu'elle devra rembourser.

La figure 13.2 illustre très clairement comment une succession de déficits du compte courant peut conduire à une dette extérieure très importante. Elle présente le compte courant des États-Unis depuis la fin des années 1970, ainsi que l'évolution du stock des avoirs extérieurs nets de ce pays. Les États-Unis ont accumulé des avoirs extérieurs substantiels jusqu'au début des années 1980, date à partir de laquelle les déficits ont atteint des proportions inégalées au XXE siècle. En 1987, le pays est devenu débiteur net vis-à-vis de l'étranger, et ce pour la première fois depuis la Première Guerre mondiale. Cet endettement extérieur n'a cessé d'augmenter depuis, jusqu'à atteindre, fin 2009, 20 % du PIB.

6. Pour financer le déficit de son compte courant, un pays n'est pas nécessairement amené à s'endetter ; il peut aussi utiliser les avoirs extérieurs éventuellement accumulés par le passé. Une diminution des avoirs nets vis-à-vis de l'étranger équivaut bien, en effet, à une augmentation du niveau d'endettement extérieur net.

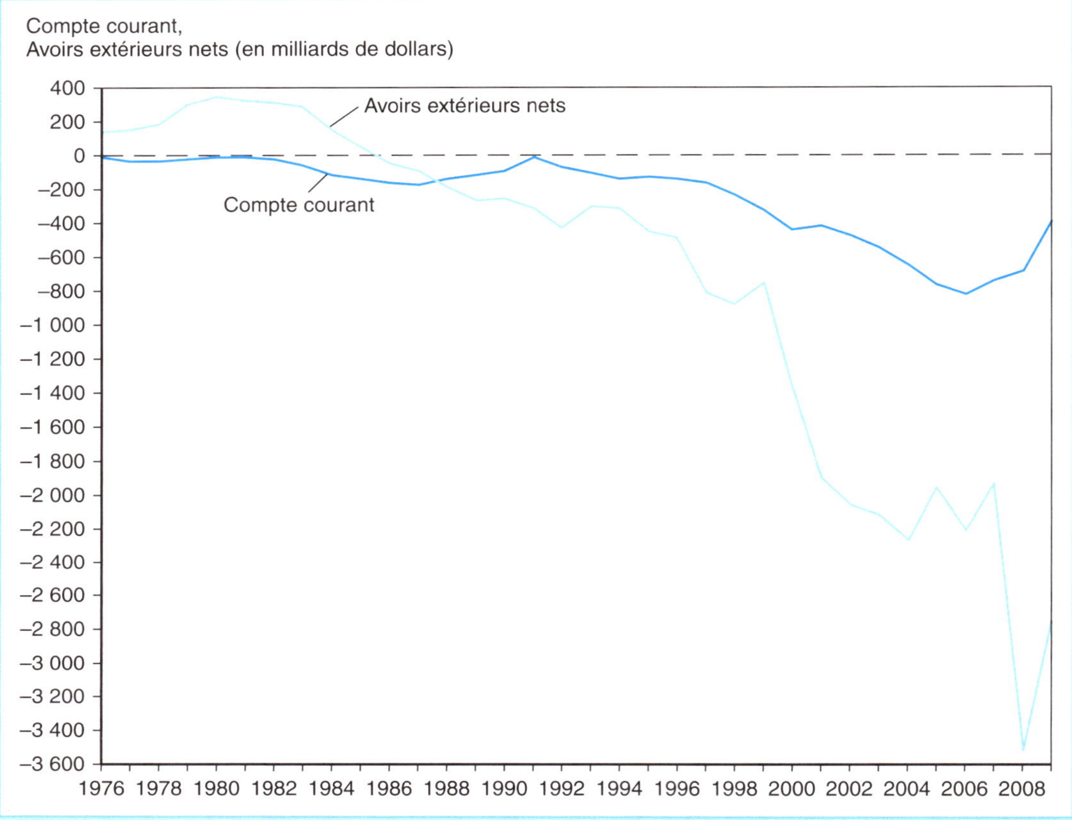

Figure 13.2 – Le compte courant des États-Unis et ses avoirs extérieurs nets entre 1976 et 2009.

Une série de déficits du compte courant, durant les années 1980, réduit le stock des avoirs extérieurs nets du pays jusqu'à engendrer au début du XXIe siècle un niveau record d'endettement des États-Unis vis-à-vis de l'étranger.

Source : U.S. Department of Commerce, Bureau of Economic Analysis.

L'épargne et le solde du compte courant. L'épargne intérieure, notée S, peut être définie comme la part du produit Y, qui n'est dévolue ni à la consommation des ménages C, ni aux dépenses publiques G[7] :

$$S = Y - C - G$$

7. La comptabilité nationale américaine fait l'hypothèse que les dépenses publiques n'ont pas pour objectif d'augmenter le stock de capital national. Nous allons suivre, ici, cette convention en soustrayant toutes les dépenses de l'État du produit intérieur pour obtenir l'épargne intérieure. Dans la plupart des pays, les comptables nationaux distinguent les dépenses publiques de l'investissement public (par exemple, les investissements des entreprises publiques). Ce dernier poste est pris en compte dans l'épargne intérieure (sauf les achats d'équipements à usage strictement militaire).

Dans une économie fermée, l'épargne intérieure est toujours égale, *ex post*, à l'investissement. Cela signifie que la seule façon pour une économie fermée d'accroître son patrimoine consiste à accumuler du nouveau capital. En économie fermée, l'identité $Y = C + I + G$ peut s'écrire sous la forme $I = Y - C - G$, et donc :

$$S = I$$

Il en va différemment dans une économie ouverte : l'épargne intérieure S est toujours égale à $Y - C - G$, mais, désormais $I = Y - C - G - CC$, soit :

$$S = I + CC$$

Il s'agit d'une différence fondamentale avec une économie fermée, puisqu'*une économie ouverte peut épargner en augmentant son stock de capital, mais aussi en acquérant du capital étranger.* Autrement dit, une économie ouverte, à la différence d'une économie fermée, n'est pas obligée d'augmenter son épargne pour saisir les opportunités d'investissements rentables. L'équation précédente montre qu'il lui est possible d'accroître son investissement et, simultanément, d'emprunter à l'étranger, ce qui laisse l'épargne intérieure inchangée.

Supposons, par exemple, que la Hongrie décide de construire une nouvelle centrale hydroélectrique. Elle peut importer l'équipement dont elle a besoin de France et emprunter, dans le même temps, des fonds à la France pour payer ces importations. Ce faisant, la Hongrie accroît son niveau d'investissement puisque l'équipement importé permet d'augmenter son stock de capital. Elle accroît aussi le déficit de son compte courant d'un montant égal à son investissement. En revanche, l'épargne de la Hongrie ne varie pas. Pour que tout ceci soit possible, il faut que les ménages français acceptent d'épargner plus, afin de rendre disponible les ressources nécessaires à la construction de la centrale en Hongrie. Cette transaction présente un nouvel exemple de commerce intertemporel : la Hongrie importe de la consommation présente (lorsqu'elle emprunte à la France) et exporte de la consommation future (lorsqu'elle remboursera son emprunt).

Un pays peut donc emprunter auprès d'un autre pays pour accroître son stock de capital. C'est d'ailleurs la raison pour laquelle l'excédent du compte courant d'un pays est souvent appelé **l'investissement extérieur net** (le déficit, **l'endettement extérieur net**). Lorsqu'un pays prête à un autre pour financer l'investissement de ce dernier, il est naturel qu'une partie des revenus futurs engendrés par l'investissement serve à rembourser le prêteur. Nous pouvons donc en conclure qu'il existe deux façons pour un pays d'utiliser son épargne pour augmenter ses revenus futurs : il peut la consacrer à l'investissement intérieur, mais il peut aussi l'utiliser pour investir à l'étranger.

L'investissement privé et l'investissement public. Nous n'avons, jusque-là, pas tenu compte de la distinction entre l'épargne privée et l'épargne publique. Il y a pourtant une différence majeure dans la mesure où les décisions relatives à l'épargne publique ont souvent pour objectif d'influer sur la production et l'emploi, ce qui n'est évidemment pas le cas de l'épargne privée.

L'épargne privée, notée S^p, se définit comme la part du revenu privé disponible qui n'est pas consommée. Celui-ci correspond au PIB Y, moins les impôts et taxes nets T, prélevés par les administrations publiques auprès des ménages et des entreprises[8] :

$$S^p = Y - T - C.$$

L'épargne publique, notée S^g, se définit de façon similaire à l'épargne privée, avec les dépenses publiques qui tiennent lieu de consommation et les impôts et taxes qui tiennent lieu de revenu :

$$S^g = T - G.$$

La somme de ces deux composantes est égale à l'épargne intérieure totale :

$$S = Y - C - G = (Y - T - C) + (T - G) = S^p + S^g.$$

Utilisons maintenant les définitions des deux composantes de l'épargne totale pour réécrire l'identité du PIB. Nous savons que $S = S^p + S^g = I + CC$, donc :

$$S^p = I + CC - S^g = I + CC - (T - G) = I + CC + (G - T) \qquad (13.2)$$

L'équation (13.2) nous permet de relier l'épargne privée à l'investissement intérieur, le compte courant et l'épargne publique. Remarquons que l'épargne publique peut également s'interpréter comme l'opposée du *déficit public*, c'est-à-dire $G - T$. On en déduit que l'épargne privée peut prendre trois formes : investissement privé I, achat d'actifs étrangers CC, achat de titres de dette nouvellement émis par l'État $(G - T)$. L'encadré suivant illustre bien cette situation.

Encadré 13.1

La réduction du déficit public n'entraîne pas systématiquement une augmentation du compte courant

Comprendre la relation qui lie le compte courant, l'investissement, l'épargne privée et l'épargne publique est absolument nécessaire. Mais, bien qu'incontournable, cette identité ne constitue qu'une première étape dans la compréhension des phénomènes macroéconomiques. Les identités comptables ne nous renseignent en rien sur le comportement des agents. Analyser ces comportements est toujours une tâche particulièrement délicate, car de nombreux facteurs entrent en jeu. Il est aussi toujours difficile de prévoir les conséquences de telle ou telle politique économique. Pour s'en convaincre, concentrons-nous sur les effets des déficits publics sur le compte courant.

Au début des années 1980, sous la présidence de Ronald Reagan, les États-Unis ont fait le choix de réduire fortement les impôts et d'augmenter simultanément certaines dépenses publiques.

8. Les impôts et taxes nets correspondent à la fiscalité directe et indirecte prélevée par les administrations publiques, moins les subventions et les redistributions.

Encadré 13.1 (suite)

Cela a provoqué un important déficit public et une brusque augmentation du déficit du compte courant. Pour mieux comprendre, réécrivons l'équation (13.2) sous la forme suivante :

$$CC = S^p - I - (G - T)$$

D'après cette équation, si le déficit public augmente, alors que l'épargne privée et l'investissement restent approximativement constants, on doit observer une diminution du compte courant d'un montant quasi-identique à la hausse du déficit public. Aux États-Unis, entre 1981 et 1985, le déficit public a connu une hausse d'un peu plus de 2 % du revenu national, tandis que la différence entre l'épargne privée et l'investissement baissait d'environ 0,5 % du revenu national. Ceci a conduit le compte courant à se dégrader pour atteindre –3 % du revenu national.

Cet épisode a donné un certain crédit à la théorie selon laquelle le déficit public et le déficit du compte courant étaient des « déficits jumeaux ». Il ne faut pas pour autant en conclure qu'une réduction du déficit public entraîne systématiquement une augmentation du compte courant. Une telle conclusion est effectivement erronée lorsqu'on assiste à des changements importants dans le comportement d'épargne des ménages et dans le comportement d'investissement des entreprises.

Prenons l'exemple des pays de l'Union européenne avant le passage à l'euro en janvier 1999. Afin de satisfaire aux critères imposés par le traité de Maastricht (voir chapitre 20), les pays candidats à l'euro ont réalisé des efforts importants pour réduire leurs dépenses publiques et augmenter leurs impôts. Si l'on se réfère à la théorie des déficits jumeaux, on doit s'attendre à ce que le compte courant de l'Union européenne augmente brusquement.

Comme le montre le tableau ci-dessous, rien de tel ne s'est pourtant produit. Le déficit public de l'Union a diminué d'environ 4,5 % du revenu national, alors que le compte courant est demeuré constant.

Année	CC	S^p	I	$G-T$
1995	0,6	25,9	19,9	–5,4
1996	1,0	24,6	19,3	–4,3
1997	1,5	23,4	19,4	–2,5
1998	1,0	22,6	20,0	–1,6
1999	0,2	21,8	20,8	–0,8

Source : OCDE, Perspectives économiques, 68, décembre 2000, tableaux 27, 30 et 52 en annexe (l'investissement est calculé comme un résidu).

Comment expliquer cette inertie du compte courant ? Sur la période, l'épargne privée a connu une baisse importante d'environ 4 % du revenu national qui a pratiquement compensé la hausse de l'épargne publique (l'investissement des entreprises ayant faiblement augmenté dans le même temps). Autrement dit, le comportement des ménages a tout simplement neutralisé les efforts de l'État pour augmenter l'épargne intérieure !

Encadré 13.1 (suite)

Il est difficile de savoir pourquoi les ménages ont agi de la sorte, mais il est possible d'avancer quelques explications. L'une d'entre elles est fondée sur le principe « d'équivalence ricardienne » des impôts et des déficits publics (en référence à David Ricardo, alors que lui-même n'y croyait pas...). Selon ce principe, lorsque l'État diminue les impôts et augmente son déficit, les ménages anticipent qu'ils devront faire face à des impôts plus élevés dans le futur pour rembourser la dette publique créée à l'occasion du déficit. Les ménages augmentent alors leur épargne privée pour compenser la baisse de l'épargne publique. Inversement, un gouvernement qui réduit le déficit public en augmentant les impôts – et, de fait, accroît l'épargne publique – incite le secteur privé à baisser son propre niveau d'épargne. C'est vraisemblablement ce qui s'est passé en Europe à la fin des années 1990.

Notons toutefois que la plupart des économistes n'attribuent pas plus de la moitié du déclin de l'épargne privée en Europe au principe de l'équivalence ricardienne. L'autre facteur tient à la forte appréciation des actifs financiers, à la fin des années 1990, qui a également conduit les ménages à diminuer leur épargne.

Nous ne pourrons jamais connaître les causes exactes des variations du compte courant en nous fondant uniquement sur l'identité (13.2), dans la mesure où l'épargne privée, l'investissement, le compte courant et le déficit public y sont déterminés conjointement. Cette identité présente néanmoins un cadre absolument essentiel à partir duquel on peut commencer à réfléchir.

2 La balance des paiements

La Banque de France et le ministère de l'Économie, des Finances et de l'Industrie définissent la balance des paiements comme « un document statistique présenté suivant les règles de la comptabilité en partie double qui rassemble et ordonne, dans un cadre défini, l'ensemble des opérations économiques et financières donnant lieu à transfert de propriété entre les résidents d'un pays – ou d'une zone économique – et les non-résidents au cours d'une période donnée ». La balance des paiements détaille ainsi la composition du compte courant et les transactions qui assurent son financement.

Les médias accordent une attention particulière aux chiffres de la balance des paiements, surtout lorsque celle-ci accuse un déficit. Mais doit-on s'alarmer d'un déficit de la balance des paiements ? Dans cette section, nous proposons une analyse en détail des différents postes de la balance des paiements de la zone euro[9].

La balance des paiements retrace l'ensemble des *flux* entre résidents et non-résidents durant une période donnée. Pour éviter de sombrer dans la complexité de la balance des paiements, il faut garder en mémoire la règle de la comptabilité en partie double. *Toute transaction*

---

9. Pour une présentation approfondie, voir Marc Raffinot et Baptiste Venet, *La Balance des paiements*, Repères, La Découverte, 2003. S'agissant des recommandations du Fonds monétaire international, voir *Balance of Payments and International Investment Position Manual*, 6e édition, Washington D.C.

internationale est automatiquement enregistrée deux fois dans la balance des paiements : une fois au crédit, une autre au débit. Les flux entrants sont enregistrés au *débit* et se voient attribuer un signe négatif (–), tandis que les flux sortants sont enregistrés au *crédit* et se voient attribuer un signe positif (+). Par exemple, lorsqu'une entreprise de la zone euro importe pour 1 000 € de marchandises, le flux entrant de biens est inscrit au débit, le paiement de ces biens est inscrit au crédit.

Les flux économiques et financiers entre résidents et non-résidents sont répartis dans la balance des paiements en distinguant le compte courant, le compte de capital et le compte financier.

- Les transactions liées aux exportations ou aux importations de *biens et services* entrent directement dans le compte de transactions courantes, ou **compte courant**. C'est le cas, par exemple d'un consommateur américain qui importe du vin français. Cette transaction sera enregistrée dans la balance des paiements de la zone euro en crédit sur le compte courant.
- Les transactions issues de l'achat ou de la vente d'*actifs* (telles que des devises, des obligations, des actions, des terrains, etc.) sont comptabilisées dans le **compte financier** de la balance des paiements. Lorsqu'une entreprise belge rachète une société canadienne, la transaction s'inscrit en débit dans le compte financier de la balance des paiements de la zone euro. La différence entre les exportations (ventes) d'actifs financiers d'un pays et ses importations (achats) est appelée le solde du compte financier, ou plus simplement le compte financier.
- Les transactions qui conduisent à des *transferts de richesse* entre pays, mais non comptabilisées précédemment, sont enregistrées dans le **compte de capital**. Ces mouvements internationaux d'actifs – qui sont généralement de faible ampleur – ne sont pas assimilables à ceux qui sont enregistrés dans le compte financier. Ils résultent en grande partie d'activités non marchandes ou concernent l'acquisition ou la cession d'actifs non produits, non financiers et parfois intangibles (comme les droits d'auteurs, les brevets ou les marques commerciales). Supposons, par exemple, que l'État français abandonne 1 milliard d'euros de dette que lui doit le Pakistan. Dans ce cas, la richesse de la France va diminuer d'un milliard d'euros et un débit d'un milliard va être enregistré dans le compte de capital de la zone euro. Prenons encore l'exemple d'un Suédois qui émigre aux Pays-Bas, emportant avec lui 100 000 ı d'actifs de son pays. Dans ce cas, 100 000 ı vont venir s'inscrire en crédit du compte de capital de la zone euro.

2.1 Quelques exemples de transactions inscrites dans la balance des paiements

Prenons quelques exemples pour mieux comprendre comment, en pratique, s'applique la règle de la comptabilité en partie double.

Imaginons que vous achetiez un téléphone portable à la société finlandaise Nokia. Vous payez votre achat par un chèque de 200 €. Le paiement permet l'achat d'un bien (le téléphone) à un non-résident et ce paiement entre donc au débit du compte courant de la zone euro avec un signe négatif. Quelle est alors la contrepartie créditrice dans la balance des paiements ? Le vendeur français de Nokia, à qui le téléphone a été acheté, a reçu un chèque de 200 €. Supposons qu'il le dépose sur le compte bancaire de Nokia à la Société Générale à Paris. Dans ce cas, Nokia a acheté à la Société Générale un actif français, c'est-à-dire un dépôt bancaire d'une valeur de 200 €. Cette transaction s'inscrit au crédit du compte financier de la zone euro. L'achat initial s'est donc traduit par l'enregistrement de deux lignes comptables qui s'équilibrent dans la balance des paiements de la zone euro :

	Crédit	Débit
Achat d'un téléphone (compte courant, importation de biens en France)		–200 €
Vente d'un actif français par la Société Générale (compte financier, exportation d'actifs par la France)	+200 €	

Prenons un autre exemple et supposons que pendant un voyage d'agrément en Russie, vous payiez 100 € pour un dîner dans un restaurant de Moscou. Comme vous manquez d'espèces, vous réglez avec votre carte bleue. Votre paiement, en tant que dépense touristique, est comptabilisé comme une importation de services par la France, et apparaît donc en débit du compte courant de la zone euro. Quelle contrepartie s'inscrit en crédit ? Votre signature sur le ticket de carte bleue autorise le restaurant à recevoir 100 € de la société émettrice de votre carte. Lorsque vous payez un repas à l'étranger avec votre carte bleue, vous vendez donc un actif à la Russie et cette opération engendre un crédit de 100 € dans le compte financier de la zone euro. Les deux lignes comptables sont dans ce cas :

	Crédit	Débit
Achat d'un repas (compte courant, importation d'un service en France)		–100 €
Vente d'un actif français (compte financier, exportation d'actifs par la France)	+100 €	

Imaginons maintenant que vous achetiez une action nouvellement émise par la multinationale anglaise, Bt Group (BT), et que vous régliez avec un chèque de 95 € tiré sur votre compte. BT dépose le chèque de 95 € sur son compte bancaire français auprès de la BNP-Paribas. L'acquisition de cette action sera inscrite au débit du compte financier de la zone euro. En contrepartie, le dépôt bancaire du paiement de 95 € par BT va s'inscrire au crédit du compte financier de la zone euro, puisque BT a ainsi augmenté sa détention d'actifs français. Le double effet de la transaction apparaît, cette fois, au seul compte financier de la balance des paiements :

	Crédit	Débit
Achat d'une action BT (compte financier, importation d'un actif en France)		–95 €
Dépôt bancaire du paiement par BT à la BNP-Paribas (compte financier, exportation d'un actif par la France)	+95 €	

Pour finir, considérons comment l'abandon pur et simple par les banques françaises d'une dette de 5 000 €, contractée par un pays imaginaire appelé Bygonia, peut avoir un effet sur la balance des paiements de la zone. Cette décision équivaut, pour la France, à transférer un capital de 5 000 € à Bygonia. Elle sera enregistrée comme un débit de 5 000 € dans le compte de capital de la zone euro. En contrepartie, une réduction de 5 000 € des actifs français détenus à l'étranger apparaît au crédit du compte financer puisque cela équivaut à une exportation nette d'actifs :

	Crédit	Débit
Abandon de la dette par les banques françaises (compte de capital, transfert de fonds français)		–5 000 €
Réduction de la créance des banques sur Bygonia (compte financier, exportation d'actifs par la France)	+5 000 €	

2.2 L'identité fondamentale de la balance des paiements

Toute transaction internationale donne lieu automatiquement à l'enregistrement de deux écritures comptables compensatoires dans la balance des paiements. C'est pourquoi, la somme du compte courant, du compte financier et du compte de capital est nécessairement nulle :

$$\text{Compte courant} + \text{Compte financier} + \text{Compte de capital} = 0 \qquad (13.3)$$

De cette identité comptable, on déduit également que la somme du compte courant et du compte de capital (qui correspond à la variation totale des actifs nets étrangers d'un pays, y compris les transferts d'actifs non marchands) doit nécessairement être égale à la différence entre les importations et les exportations d'actifs, soit l'opposé du compte financier.

Nous allons maintenant préciser le contenu des différents postes de la balance des paiements, en nous appuyant sur l'exemple de la balance des paiements de la zone euro en 2010.

2.3 Le compte courant (ou compte des transactions courantes)

Au sein du compte courant on distingue quatre catégories. La première concerne le commerce international de biens, soit les exportations et les importations. La deuxième inclut les services (y compris les dépenses effectuées lors des voyages). La troisième couvre les revenus reçus des facteurs de production opérants à l'étranger. Il s'agit des salaires des résidents qui travaillent à l'étranger ainsi que des intérêts et dividendes perçus sur les entreprises qui opèrent à l'étranger. Si les revenus sont inclus dans le compte courant, c'est qu'ils représentent la contrepartie d'un service (voir aussi la discussion en début de chapitre sur la différence entre PIB et RNB). La quatrième concerne les transferts courants.

En 2010, les exportations de biens et services de la zone euro atteignent 2 080 milliards d'euros (1 564,1 + 516,1), alors que les importations se situent à 2 019,5 milliards d'euros (1 544,6 + 474,9). En 10 ans, les importations et les exportations de la zone euro ont plus que doublé en valeur.

Tableau 13.2 : La balance des paiements simplifiée de la zone euro en 2010 (en milliards d'euros)

	Solde
1. Compte de transactions courantes	–40,4
1.1 Biens	19,5
Exportations	1 564,1
Importations	1 544,6
1.2 Services	41,1
Exportations	516,1
Importations	474,9
Balance des biens et services (1.1 + 1.2)	60,6
1.3 Revenus	–0,5
1.4 Transferts courants	–100,6
2. Compte de capital	6,6
Capacité/besoin de financement vis-à-vis du reste du monde (1 + 2)	–33,8
3. Compte financier	46,6
3.1 Investissements directs	–46,6
De la zone euro à l'étranger	–141,0
De l'étranger dans la zone euro	94,4
3.2 Investissements de portefeuille	135,2
Avoirs	–138,0
Engagements	273,1
3.3 Produits financiers dérivés	8,7
3.4 Autres investissements	–40,6
3.5 Avoirs de réserve	–10,2
Balance de base (1 + 2 + 3.1 + 3.2 + 3.3 + 3.4)	**22,9**
4. Erreurs et omissions nettes, calculées comme l'opposé de la somme de (1), (2) et (3)	–12,8

Source : *BCE.*

Le solde du commerce extérieur (c'est-à-dire le solde de la balance commerciale) est positif en 2010 et compense, en partie, les revenus et les transferts courants qui présentent, traditionnellement, un solde déficitaire[10]. Le tableau 13.2 fait toutefois apparaître un déficit du compte

10. Les transferts courants incluent notamment les transferts des administrations publiques aux institutions internationales telles que l'ONU.

courant pour la zone euro en 2010 de 40,4 milliards d'euros (soit environ 0,5 % du PIB)[11]. Ce déficit signifie que les paiements courants des résidents de la zone euro excèdent les paiements qu'ils reçoivent de l'étranger. C'est ainsi, car les résidents de la zone euro consomment plus qu'ils ne produisent. En pratique, le déficit doit donc être compensé par un excédent du même montant dans les deux autres grands comptes de la balance des paiements.

2.4 Le compte de capital

En 2010, le compte de capital de la zone euro admet un solde positif d'un montant de 6,6 milliards d'euros. Notons que la somme du compte courant et du compte de capital représente **la capacité de financement de la nation** (s'il est positif ou le **besoin de financement** s'il est négatif, comme en 2010).

2.5 Le compte financier

Tout comme le compte courant mesure les achats et les ventes de biens et services, le compte financier mesure les achats et les ventes d'actifs à des non-résidents. Lorsqu'un résident de la zone euro emprunte à l'étranger, il vend un actif à l'extérieur, c'est-à-dire la promesse d'un remboursement, augmenté des intérêts. Une telle transaction est enregistrée comme un crédit dans le compte financier (signe positif), parce que le prêt consiste en un paiement à la zone euro. Nous parlerons de *flux financier entrant* ou d'*entrée de capitaux*. *A contrario*, lorsqu'un résident de la zone euro prête à l'étranger, un paiement sort et le compte financier est débité (signe négatif). Cette transaction correspond à l'achat d'un actif étranger, la promesse du remboursement. Nous parlerons, alors, de *flux financier sortant* ou de *sortie de capitaux*[12].

Plusieurs postes, qui rendent compte de la variété des transactions financières internationales, composent le compte financier. On distingue d'abord les **investissements directs étrangers** (IDE) et les **investissements de portefeuille**. L'idée est de distinguer entre les investissements dont l'objectif est d'exercer, dans le cadre d'une relation durable, une influence significative sur la gestion de l'entreprise, et les investissements qui répondent à une logique de placements diversifiés, sans véritable implication dans la vie de l'entreprise. En pratique, différencier les deux constitue toujours un défi. On retient donc la définition suivante : les IDE sont des opérations destinées à contrôler plus de 10 % du capital social d'une entreprise (un solde positif signifie que le flux d'IDE vers la zone euro et supérieur au flux d'IDE vers l'étranger), alors que les investissements de portefeuille sont des achats de titres (titres du marché monétaire, obligations, actions dans la limite de 10 %).

---

11. Même si, pour la conduite de la politique monétaire comme pour l'analyse du taux de change de l'euro, c'est la balance de paiement de la zone euro qui est importante, la Banque de France continue de diffuser la balance des paiements française. En 2010, les exportations françaises de biens et services s'élèvent à près de 500 milliards d'euros, contre 543,6 milliards d'euros pour les importations. Le solde du commerce extérieur est donc négatif, comme depuis 2004. La balance des paiements en France accuse aussi un déficit du compte courant pour 2010 de 34 milliards d'euros, soit 1,7 % du PIB.

12. Lorsque l'on s'intéresse plus particulièrement aux conséquences des transactions internationales sur la création monétaire, il convient de distinguer celles réalisées par les institutions financières et monétaires résidentes de celles réalisées par les agents non financiers. Ce découpage fait l'objet de « La présentation monétaire de la balance des paiements », publiée par la BCE et disponible sur son site.

On trouve par ailleurs, dans le compte financier, les *produits financiers dérivés* (contrats à terme, options), qui sont des instruments de gestion des risques, et les *autres investissements*, qui correspondent aux crédits commerciaux, aux autres prêts, etc. On trouve enfin les **avoirs de réserves**, qui sont détaillés un peu plus bas.

Selon le tableau 13.2, le compte financier a dégagé un solde positif de 46,6 milliards d'euros en 2010. Les investissements directs et de portefeuille cumulés ont enregistré des entrées nettes de 88,6 milliards en 2010. Les investissements directs à l'étranger des résidents de la zone euro s'élèvent à 141,0 milliards d'euros (précédés d'un signe négatif dans la balance des paiements car il s'agit d'une sortie de capitaux), tandis que les investissements directs des non-résidents dans la zone euro sont de 94,4 milliards d'euros. S'ajoutent à cela des investissements de portefeuille en titres étrangers par les résidents pour 138,0 milliards d'euros et des investissements de portefeuille en titres de la zone euro par des non-résidents à hauteur de 94,4 milliards d'euros[13].

Si on tient compte des autres postes du compte financier, on aboutit à un solde positif de 46,6 milliards d'euros. Or, d'après l'identité (13,3), le compte financier aurait dû présenter un solde compensatoire de 33,8 milliards d'euros. Comment cette différence s'explique-t-elle, si chaque entrée créditrice est effectivement compensée par une entrée débitrice ?

2.6 Erreurs et omissions nettes

La balance des paiements est un document comptable constitué à partir de nombreuses sources. En pratique, il y a toujours des approximations, des erreurs de mesures qui viennent fausser l'identité (13,3). Supposons que la France importe une cargaison de lecteurs DVD japonais. Cette importation va donner lieu à un débit dans le compte courant. Ce débit sera rapporté, par exemple, par un inspecteur des douanes. Le crédit compensatoire du compte financier correspond aux nombreux règlements (par chèques, en espèces) réalisés en paiement des lecteurs de DVD. On comprend aisément qu'il est pratiquement impossible que les deux sources convergent.

Les comptables nationaux rétablissent l'équilibre en introduisant un poste rectificatif, baptisé « **erreurs et omissions nettes** »[14]. En 2010, les transactions internationales non enregistrées, ou mal enregistrées, ont généré un déséquilibre comptable débiteur de 12,8 milliards d'euros pour la zone euro.

---

13. Le compte financier de la balance des paiements française a dégagé un solde de 18,2 milliards d'euros en 2010. Les investissements directs français à l'étranger et étrangers en France ont atteint, respectivement, 63,5 et 25,6 milliards d'euros. En outre, les résidents ont vendu en net pour 23,2 milliards de titres étrangers, tandis que les non-résidents ont acheté en net pour 96,7 milliards de titres français.

14. Si on considère le monde dans sa globalité, l'épargne mondiale doit être égale à l'investissement mondial et les dépenses mondiales à la production mondiale. Autrement dit, le monde, pris globalement, est une économie fermée. Aussi, comme les prêts d'un pays correspondent aux emprunts d'un autre pays, la somme de tous les déséquilibres courants doit nécessairement être égale à zéro. Pourtant, en réalité, si l'on fait la somme de toutes les balances courantes, on obtient un solde négatif. Ce déficit est substantiel et s'explique essentiellement par des différences d'enregistrement comptable entre les pays (notamment pour ce qui est des revenus d'intérêt et du fret maritime). Voir à ce sujet le rapport du FMI, « Final Report of the Working Party on the Statistical Discrepancy in World Current Account Balances », Washington D.C., septembre 1987.

Il est impossible de savoir comment répartir cette erreur statistique entre les trois comptes, autrement ce ne serait plus une erreur ! Les comptables nationaux considèrent les données sur le commerce de marchandises comme relativement fiables, mais il n'en est pas de même pour les services. Il est par ailleurs fort probable que le compte financier soit une source importante d'erreur, tant il s'avère difficile de suivre avec précision les transactions financières complexes entre pays.

2.7 Les avoirs de réserve

Dans la section consacrée au compte financier, nous avons volontairement ignoré les avoirs de réserve, afin de leur consacrer une section spécifique. D'ailleurs, au sein du compte financier, on distingue souvent deux sous-ensembles : le premier composé des IDE, des investissements de portefeuille, des autres investissements et des produits financiers dérivés ; le second uniquement des avoirs de réserve. Les avoirs de réserve correspondent aux **réserves officielles internationales** des banques centrales[15].

En 2010, les avoirs de réserve de la zone euro ont augmenté de 10,2 milliards d'euros (un signe positif signifie une baisse des réserves).

Les **banques centrales** de tous les pays conservent des réserves officielles de change pour se prémunir contre les aléas de la conjoncture économique. Dans le passé, les réserves officielles étaient essentiellement constituées d'or. Aujourd'hui, les réserves des banques centrales comprennent une part substantielle d'actifs financiers étrangers. Ces réserves sont principalement des actifs en dollars (des bons du Trésor américains par exemple) et, dans une moindre mesure, en euros, qui sont les deux principales monnaies internationales de réserve[16]. Les banques centrales détiennent également des actifs libellés dans leur propre monnaie (ainsi la Réserve fédérale des États-Unis détient des actifs en dollars ; la BCE, des actifs en euros), mais dans ce cas on ne considère pas qu'il s'agit de réserves internationales.

Ces réserves permettent aux banques centrales d'acheter ou de vendre des actifs sur les marchés de capitaux, en contrepartie de quoi elles diminuent ou augmentent la monnaie en circulation. Ces transactions, que l'on qualifie d'**interventions officielles sur le marché des changes**, ont pour but d'infléchir la situation macroéconomique. Ce point sera étudié ultérieurement[17].

Lorsqu'une banque centrale achète ou vend des actifs étrangers, la transaction est enregistrée dans le compte financier de la même façon que si elle avait été menée par un particulier.

---

15. C'est le cas pour la plupart des pays. Mais pour ceux de la zone euro, depuis le 1er janvier 1999, cette rubrique exclut les transactions sur les avoirs entre résidents de la zone euro. Ces dernières sont comptabilisées dans les avoirs des autorités monétaires qui sont intégrés dans le poste « autres investissements ». Il y a, par conséquent, une différence entre les avoirs de réserve et les réserves officielles des banques centrales nationales qui, elles, incluent les avoirs vis-à-vis des résidents de la zone euro.

16. Outre les avoirs en or et en devises, les postes « avoirs en droits de tirage spéciaux » et « position nette de réserve au FMI » composent les avoirs de réserve.

17. Certaines institutions publiques, autres que les banques centrales, peuvent détenir des réserves en devises et intervenir sur le marché des changes. Mais, ces opérations n'ont en général pas d'impact visible sur l'offre de monnaie. C'est pourquoi, pour simplifier, nous supposerons dans cet ouvrage que seule la banque centrale détient des réserves étrangères et intervient sur le marché des changes.

La transaction suivante est un exemple de la façon dont la banque centrale japonaise (la Banque du Japon) peut être amenée à acheter des actifs en euros. Un concessionnaire français importe une Honda Accor du Japon et paie le constructeur automobile avec un chèque de 20 000 €. Honda ne souhaite pas conserver cette somme en euros et la Banque du Japon accepte d'échanger le chèque contre des yens japonais. Cette transaction augmente donc les réserves officielles de change de la Banque du Japon de 20 000 €. Comme ces réserves en euros font partie des avoirs totaux japonais sur la France, ces derniers augmentent de 20 000 €. Cette transaction a pour conséquence une écriture créditrice de 20 000 ı du compte financier de la zone euro. Sa contrepartie débitrice de –20 000 € apparaît dans le compte courant de la zone euro, du fait de l'importation de la voiture !

2.8 La balance des règlements officiels

La contrepartie comptable des variations des avoirs de réserve est appelée la **balance des règlements officiels** (ou *balance de base*)[18]. Cette balance se calcule comme la somme du compte courant, du compte de capital, du compte financier hors avoirs de réserves, et erreurs et omissions nettes. Elle indique le déséquilibre de paiements que les transactions sur les réserves officielles doivent couvrir.

La balance de base a joué un rôle historiquement important comme mesure du déséquilibre des règlements internationaux et, pour de nombreux pays, elle continue de jouer ce rôle. Une balance de base déficitaire peut être le signe d'une crise à venir, signifiant que le pays réduit ses avoirs de réserve ou s'endette auprès des autorités monétaires étrangères. Un pays qui craint d'être privé soudainement de prêts en provenance de l'étranger aura à cœur de maintenir, de manière préventive, une « cagnotte de guerre » sous formes de réserves officielles. C'est le cas notamment des pays en développement (voir chapitre 22).

Comme toute mesure synthétique, la balance des règlements officiels doit être interprétée avec précaution. Revenons à notre exemple. La décision de la Banque du Japon d'augmenter de 20 000 € ses avoirs français alourdit le déficit de la balance des règlements officiels de la zone euro du même montant. Supposons qu'à la place elle décide de placer ces 20 000 € auprès de la banque Barclays à Londres, et que cette dernière fasse un dépôt d'un même montant auprès de la BNP-Paribas à Paris. Dans ce cas, le compte financier de la zone euro (hors avoirs de réserve) augmente de 20 000 €, et le déficit de la balance des règlements officiels n'augmente pas. Mais cette « amélioration » n'en est pas vraiment une d'un point de vue économique : en effet, il n'y a pas de réelle différence pour la France entre emprunter directement à la Banque du Japon ou indirectement auprès d'une banque londonienne.

2.9 La position extérieure

La position extérieure est un document comptable qui complète les informations de la balance des paiements, qui sont exprimés en *flux* (c'est-à-dire pour une période donnée), par des informations sur les *encours* (soit à une date donnée). Cette présentation en encours est riche d'enseignements. Elle permet : de connaître le montant des réserves de change

18. On parle aussi parfois, un peu abusivement, de la balance des paiements.

disponibles pour faire face à d'éventuels déficits ; d'apprécier si l'endettement extérieur est, ou non, excessif ; de déterminer le stock de capital que les non-résidents détiennent, et donc de mesurer l'impact de ces derniers sur la gestion des entreprises nationales, etc. (voir par exemple le débat concernant les normes de rentabilité imposées par les fonds de pension anglo-saxons aux dirigeants des entreprises du CAC 40).

La figure suivante représente l'évolution de la position extérieure de la zone euro ces 10 dernières années. Globalement, la position extérieure de la zone euro est négative à 1 187,4 milliards d'euros.

Tableau 13.3 : État récapitulatif de la position extérieure de la zone euro en 2010 (en milliards d'euros, encours de fin de période)

	Avoirs	Engagements	Solde
Total	**15 167,6**	**16 355,1**	**–1 187,4**
Investissements directs	4 698,0	3 723,2	974,8
Investissements de portefeuille	4 839,7	7 369,5	–2 529,8
Produits financiers dérivés (nets)	–	–	–45,1
Autres investissements	5 083,9	5 262,3	–178,4
Avoirs de réserve	–	–	591,2

Source : BCE.

Mesurer la position extérieure suppose que l'on sache correctement estimer les encours. Or, le débat n'est pas tranché entre les estimations en valeur comptable et celles en valeur de marché. Et les différences peuvent être très importantes. Les estimations en valeur de marché sont, par ailleurs, très volatiles. À titre d'exemple, en 2008, la capitalisation boursière mondiale a été divisée par deux.

Encadré 13.2

L'actif et le passif du plus grand débiteur du monde

La dette extérieure nette des États-Unis s'élève, pour 2009, à 2 737 milliards de dollars en valeur de marché. Cette dette est considérable. À titre de comparaison, la dette cumulée de tous les pays d'Europe centrale et orientale (PECO) ne s'élève qu'à 1 100 milliards de dollars en 2009. Il faut cependant noter que la dette extérieure nette des États-Unis ne représente que 20 % de son revenu national, alors que celle des PECO atteint 70 % de leurs revenus nationaux agrégés.

Même si la dette extérieure américaine est relativement faible en comparaison de son revenu national, les variations des taux de change et du prix des actifs peuvent avoir un impact très fort sur la richesse nette du pays, compte tenu de l'ampleur actuelle des avoirs et des engagements bruts vis-à-vis du RDM. Ceux-ci s'élèvent à plus de 100 % du revenu national (contre 20 % environ à la fin des années 1970).

Encadré 13.2 (suite)

Le phénomène de globalisation des marchés financiers démultiplie en effet les conséquences des variations des prix d'actifs et entraîne une redistribution de richesse entre les pays, à des niveaux jamais atteints jusque-là (voir chapitre 21).

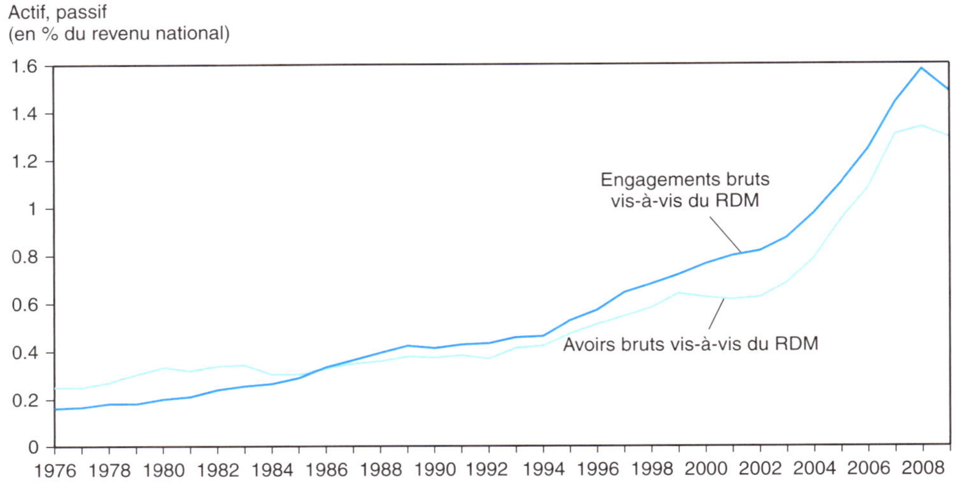

Figure 13.3 – Créances et engagements bruts des États-Unis, 1976-2009.

Depuis 1976, les avoirs et les engagements des États-Unis ont considérablement augmenté, mais les seconds plus vite que les premiers, ce qui se traduit aujourd'hui par une dette extérieure nette très importante.

Source : US Department Of Commerce, BEA, juin 2010.

Supposons que 70 % des actifs étrangers détenus par les États-Unis soient libellés en monnaie étrangère et que tous les engagements des États-Unis soient en dollars (ce qui est approximativement le cas). Comme le revenu national américain en 2009 est environ de 14 400 milliards de dollars, une dépréciation de 10 % ne modifie pas la valeur des engagements américains vis-à-vis du RDM, mais la valeur des actifs étrangers (évalués en dollars) détenus par les États-Unis augmente de près de 1 400 milliards ($0{,}1 \times 0{,}7 \times 1{,}29 = 9$ % du revenu national), ce qui est trois fois et demie supérieur au déficit du compte courant américain en 2009 ! En effet, en raison de la dépréciation du dollar et de la chute des cours boursiers entre 2007 et 2008, l'économie américaine a perdu environ 800 milliards de dollars (diminution des avoirs extérieurs nets), qu'elle a regagnés en 2009 avec l'appréciation de sa monnaie et le rebond des Bourses (voir figure 13.2).

La redistribution de richesse entre le RDM et les États-Unis aurait été beaucoup plus faible au début des années 1980, lorsque les avoirs et les engagements vis-à-vis du RDM ne représentaient que 20 % du revenu national.

Encadré 13.2 (suite)

On peut aussi prendre l'exemple du Japon pour bien comprendre comment les variations du prix des actifs ont une incidence sur la richesse extérieure nette d'un pays. Le marché boursier japonais a perdu les trois quarts de sa valeur dans les années 1990. Les détenteurs américains et européens d'actions japonaises ont vu la valeur de leurs créances sur le Japon s'effondrer, tandis que la richesse extérieure nette du Japon augmentait d'autant. Les fluctuations des cours boursiers ont ainsi un effet similaire aux variations des taux de change.

La forte influence du prix des actifs doit-elle inciter les autorités publiques à ignorer la gestion de leur compte courant et leur faire préférer les tentatives de manipulation des taux de change pour éviter que la valeur de leur dette extérieure nette ne s'envole ? Ce serait faire le choix d'une stratégie bien risquée. En effet, comme nous l'étudierons au chapitre suivant, les anticipations des taux de change futurs participent, de façon centrale, au comportement des agents sur le marché. Les tentatives systématiques d'un gouvernement pour réduire la richesse des investisseurs étrangers, par le canal des taux de change, aurait pour effet une chute brutale de la demande étrangère pour des actifs en monnaie nationale, ce qui diminuerait, voire éliminerait, toute augmentation de la richesse extérieure.

Résumé

La *comptabilité nationale* et la *balance des paiements* sont des outils essentiels pour la compréhension des phénomènes macroéconomiques. Ces documents reflètent en effet la structure des dépenses intérieures et leurs répercussions internationales.

Le *produit intérieur brut (PIB)* mesure le produit créé à l'intérieur du territoire économique. Il s'interprète comme un indicateur d'activité, de produits ou de revenus. Il peut se ventiler en fonction de la nature des dépenses qu'il génère : consommation, investissement, dépenses publiques et solde extérieur des biens et services.

Le *revenu national brut* (RNB, anciennement PNB) d'un pays est égal au revenu généré par ses facteurs de production. Il est égal au produit intérieur brut (PIB) plus les revenus nets des facteurs de production nationaux à l'étranger.

Dans une économie fermée aux transactions internationales, l'investissement est nécessairement financé par l'épargne intérieure, somme de l'épargne privée et publique. En revanche, en économie ouverte, les échanges avec le reste du monde n'ont pas besoin d'être équilibrés, et il est possible de prêter ou d'emprunter à l'étranger.

La différence entre les exportations et les importations d'un pays est appelée le *solde du compte courant*. Le solde du compte courant est égal à la différence entre le produit intérieur et l'ensemble des utilisations que les résidents font du produit.

Le solde du compte courant est aussi égal aux prêts nets accordés au reste du monde. Dans une économie ouverte, l'épargne peut servir à financier non seulement l'investissement intérieur, mais aussi l'investissement étranger. Dans une économie ouverte, l'épargne intérieure est donc égale à l'investissement intérieur plus le solde du compte courant.

La balance des paiements donne une image précise de la composition et du financement du compte courant. Toutes les transactions entre un pays et le reste du monde y sont enregistrées. Les enregistrements suivent la règle suivante : toute transaction entraînant un paiement à l'étranger se voit imputer un signe négatif, tandis que toute transaction entraînant un paiement de l'étranger se voit imputer un signe positif.

Les transactions faisant intervenir biens et services apparaissent dans le *compte des transactions courantes* (ou *compte courant*) de la balance des paiements. Les ventes ou achats internationaux d'actifs apparaissent dans le *compte financier*. Enfin, le *compte de capital* enregistre essentiellement les transferts d'actifs non marchands ; il est généralement d'un montant très faible. Tout déficit du compte courant doit être équilibré par un excédent des deux autres comptes de la balance des paiements et, réciproquement, tout excédent du compte courant doit être équilibré par un déficit. Cet équilibre de la balance des paiements reflète le fait que le solde entre les exportations et les importations doit être compensé par la promesse d'un remboursement, augmenté généralement des intérêts.

Les transactions sur les actifs internationaux réalisées par les banques centrales sont enregistrées dans le compte financier. Ces transactions sont qualifiées d'*interventions officielles sur le marché des changes*. Ces interventions sont importantes dans la mesure où elles permettent à la banque centrale d'influer sur le montant de monnaie en circulation. La *balance de base* est en déficit lorsque la banque centrale liquide ses *réserves officielles de change* ou emprunte auprès d'autres banques centrales ; elle est en surplus dans le cas contraire.

La *position extérieure* est un document comptable qui complète les informations de la balance des paiements, qui sont exprimés en flux (c'est-à-dire pour une période donnée), par des informations sur les encours (soit à une date donnée).

Activités

1. Nous avons précisé que le PIB ne prenait en compte que la valeur des biens et services finals, ce qui permettait d'éviter de comptabiliser plusieurs fois certains biens ou services. Doit-on, de la même façon, comptabiliser uniquement les importations et les exportations de biens et services finals ?

2. L'équation (13.2) nous enseigne que, pour réduire le déficit de son compte courant, un pays doit augmenter son épargne privée, réduire ses investissements ou son déficit public. Certains recommandent que les pays industrialisés restreignent leurs importations de Chine (ou d'ailleurs) pour réduire le déficit de leur compte courant. Comment des barrières plus élevées aux importations peuvent-elles influer sur l'épargne intérieure, les investissements et le déficit public ? Êtes-vous d'accord avec l'idée que les restrictions aux importations vont nécessairement permettre de réduire le déficit du compte courant ?

3. Expliquez comment chacune des actions suivantes donne lieu à deux écritures – un crédit et un débit ? dans la balance des paiements de la zone euro. Précisez pour chaque écriture dans quel compte elle sera enregistrée :

   a. Un résident de la zone euro achète une action d'une entreprise américaine et paie avec un chèque libellé sur son compte auprès d'une banque française.

   b. Un résident de la zone euro achète une action d'une entreprise américaine et paie avec un chèque libellé sur son compte auprès d'une banque suisse.

c. Les autorités monétaires coréennes effectuent une intervention officielle sur le marché des changes et utilisent des euros qu'elles détiennent dans une banque française pour acheter des wons (la monnaie coréenne).

d. Un viticulteur bordelais participe à une dégustation internationale de vin à Londres en y faisant goûter ses meilleurs crus.

e. Une usine détenue par des actionnaires français et située en Grande-Bretagne utilise ses bénéfices locaux pour acheter de nouvelles machines.

f. L'ambassade des États-Unis en France achète une voiture auprès d'un concessionnaire à Paris.

4. Imaginons un pays présentant un déficit de son compte courant de 1 milliard d'euros et un excédent de son compte financier (hors réserves officielles) de 500 millions d'euros :

a. Décrivez la balance des paiements. Qu'est-il arrivé aux avoirs étrangers nets du pays ?

b. Supposons que les banques centrales étrangères n'aient ni vendu ni acheté d'actifs du pays considéré. Comment les réserves étrangères de la banque centrale ont-elles évolué ? Comment cette intervention officielle a-t-elle été comptabilisée dans sa balance des paiements ?

c. Même question si vous apprenez que les banques centrales étrangères ont acheté pour 600 millions d'euros d'actifs du pays ? Comment ces achats officiels ont-ils été enregistrés dans les balances des paiements étrangères ?

d. Construisez la balance des paiements, sous l'hypothèse que l'événement décrivant le cas c s'est effectivement réalisé.

5. Précisez pour quelles raisons les pouvoirs publics doivent se sentir concernés par un déficit ou un excédent important du compte courant ? Pourquoi doivent-ils, de même, se sentir concernés par la balance des règlements officiels (c'est-à-dire la balance de base) ?

6. Est-ce que les éléments de la balance des paiements de la zone euro donnent un tableau précis de l'ampleur des transactions en euros (achats et ventes) des banques centrales étrangères sur le marché des changes ?

7. Est-il possible pour un pays de connaître un déficit de son compte courant et, dans le même temps, un excédent de sa balance de base ? Explicitez votre réponse en utilisant des chiffres hypothétiques pour le compte courant et le compte financier (hors réserves officielles). Assurez-vous d'intégrer à votre réponse les implications possibles pour les flux de réserves officielles de change.

8. Imaginons que la dette extérieure nette de la France soit égale à 25 % de son PIB et supposons un taux d'intérêt unique de 5 %. À combien s'élèvent, en pourcentage du PIB, les intérêts dus sur la dette extérieure nette ? S'agit-il d'un montant important ? Qu'en serait-il si la dette extérieure nette représentait 100 % du PIB ? À quel moment, pensez-vous qu'un pays doive s'inquiéter du niveau de sa dette extérieure nette ?

9. En 2009, les États-Unis ont reçu 585,2 milliards de dollars en revenu de capital sur leurs avoirs étrangers, alors qu'ils ont versé 456,0 milliards de dollars en règlement de leurs engagements vis-à-vis de l'étranger. Pourtant, les États-Unis présentent un endettement

extérieur net substantiel. Comment expliquer qu'ils reçoivent des revenus du capital du reste du monde supérieurs à ceux qu'ils versent au reste du monde ?

10. Pourquoi, dans l'exemple concernant les avoirs de la Banque du Japon, assiste-t-on à un accroissement du compte courant japonais de 20 000 €, et, en contrepartie, à une baisse du même montant de son compte financier ?

11. Reprenez l'exemple qui illustre le dernier encadré et qui examine l'impact d'une dépréciation de 10 % du dollar, et calculez l'effet sur la richesse nette (en pourcentage du revenu national américain) du reste du monde exprimée en dollars.

Chapitre 14

Les taux de change et le marché des changes

Objectifs pédagogiques :

- Associer les variations des taux de change et des prix relatifs des exportations entre pays.
- Décrire la structure et les fonctions du marché des changes.
- Utiliser les taux de change pour comparer des actifs libellés en différentes monnaies.
- Appliquer la condition de parité des taux d'intérêt pour déterminer le taux de change d'équilibre.
- Comprendre les effets des taux d'intérêt et des anticipations sur les taux de change.

Au début des années 2000, les touristes américains sont venus en nombre à Paris déguster la cuisine française et s'offrir des produits de haute couture. Les prix français exprimés en dollars étaient si bas que les économies réalisées par ces touristes couvraient pratiquement les frais du voyage. Depuis, les biens en France apparaissaient beaucoup plus coûteux aux Américains, tandis que les touristes français ont vu leur pouvoir d'achat aux États-Unis nettement augmenter. Quels sont les facteurs économiques qui provoquent de telles variations ? L'une des raisons principales tient à la forte fluctuation du taux de change euro contre dollar.

Le **taux de change** correspond au prix d'une monnaie exprimée dans une autre monnaie. Le 1er septembre 2011, il fallait payer 1,4285 dollar américain (USD) pour obtenir 1 euro (EUR)[1]. Le taux de change EUR/USD était donc égal à 1,4285. En raison de l'influence considérable qu'ils exercent sur le compte courant et sur la plupart des variables macroéconomiques, les taux de change constituent des variables fondamentales en économie ouverte.

Les taux de change sont des prix d'actifs. Nous avons déjà précisé qu'un actif pouvait être considéré comme un moyen de transférer du pouvoir d'achat dans le temps (voir chapitre 13). À ce titre, le prix d'un actif est fonction de ses revenus futurs anticipés. Les taux de change cotés à chaque instant sont donc fortement liés aux anticipations des agents sur leur niveau futur. Lorsque Rhône-Poulenc annonce de bonnes nouvelles

1. Les symboles monétaires $, £, ¥ ou € sont bien connus du public, mais sur le marché des changes, on utilise la norme internationale ISO 4217. Chaque monnaie est désignée par trois lettres : en général, les deux premières renvoient au pays et la troisième à la monnaie. Le dollar américain s'écrit par exemple USD, la livre sterling GBP, le yen JPY, le franc suisse CHF, l'euro EUR, etc.

sur ses perspectives, le cours de ses actions augmente immédiatement. De même, les taux de change s'ajustent aussitôt aux annonces concernant la valeur future des monnaies.

Nous cherchons dans ce chapitre à comprendre le rôle des taux de change dans le commerce international et les mécanismes par lesquels les taux de change sont déterminés. Nous étudions d'abord comment les taux de change permettent de comparer les prix des biens et des services de différents pays. Nous décrivons ensuite le marché international sur lequel les monnaies sont échangées. Nous montrons aussi comment les taux de change d'équilibre sont déterminés sur ce marché. Notre approche par le marché des actifs nous permet enfin de comprendre comment les taux de change réagissent aujourd'hui aux variations anticipées des taux de change futurs.

1 Taux de change et transactions internationales

Le taux de change étant le prix relatif entre deux monnaies, il peut être coté de deux façons : soit comme le prix en monnaie étrangère d'une unité monétaire domestique, soit comme le prix en monnaie domestique d'une unité monétaire étrangère. Dans le premier cas, on parle de *cotation au certain* (ou en termes indirects, ou encore à l'européenne), dans le second cas, de *cotation à l'incertain* (ou en termes directs, ou encore à l'américaine).

Avant l'avènement de l'euro, pratiquement tous les pays cotaient leur monnaie à l'incertain, à l'exception de la Grande-Bretagne et de certaines des anciennes colonies de l'Empire britannique. Depuis 1999, les pays de la zone euro cotent également au certain.

Les prix relatifs des monnaies sont présentés chaque jour dans les pages financières des journaux. Le tableau 14.1 présente les taux de change de l'euro par rapport aux principales monnaies étrangères, au 1er septembre 2011, tels qu'ils apparaissent dans la presse de lendemain.

La partie gauche du tableau 14.1 indique les cotations au certain de l'euro contre les principales monnaies étrangères. La première colonne présente les taux de change de référence de la BCE. Ces taux de référence reposent sur une procédure de concertation quotidienne entre banques centrales (qui a normalement lieu à 14h15, heure de Francfort), au sein du Système européen de banques centrales (SEBC) et hors du SEBC. Le 1er septembre 2011, le taux de change de référence EUR/USD est de 1 euro pour 1,4285 dollar américain, le taux de change de référence EUR/GBP est de 1 euro pour 0,8812 livre sterling, etc.

Le tableau 14.1 présente aussi les cours acheteurs et vendeurs du marché des changes. Le 1er septembre 2011, on pouvait ainsi acheter 1 euro au comptant contre 1,4298 dollar (au cours vendeur du marché) ou vendre 1 euro contre 1,4284 dollar (au cours acheteur du marché). Cette procédure de double cotation n'est pas propre au marché des changes : elle est pratiquée pour tous les marchés qui fonctionnent en continu. On remarquera que le prix auquel on achète (l'*ask*) est toujours supérieur au prix auquel on vend (le *bid*). L'écart entre l'ask et le bid est appelé fourchette de prix (le *spread*). Cette fourchette sert à rémunérer l'intermédiaire financier pour le service qu'il offre. La fourchette est d'autant plus large que les actifs sont peu demandés : la fourchette de prix pour le dollar américain est ainsi plus étroite que celle qui concerne le dollar canadien.

Tableau 14.1 : Les cotations des taux de change

TAUX ET CHANGES

CHANGES COURS AU COMPTANT

01/09/2011 : euro en devises	Cours BCE	Variation Rap. veille en %	Moyenne de l'année précédente
Dollar US	1,4285	-1,1419	1,3257
Livre sterling	0,8812	-0,4968	0,8578
Franc suisse	1,1417	-2,1680	1,3803
Couronne danoise	7,4500	-0,0161	7,4473
Couronne norvégienne	7,6850	-0,7042	8,0043
kuna croate	7,4845	-0,0040	7,2891
Couronne suédoise	9,0960	-0,7420	9,5372
Dollar canadien	1,3954	-1,3224	1,3651
Yen	110,0809	-0,4251	116,2386
Dollar australien	1,3349	-1,3305	1,4423
Rouble russe	41,4130	-0,8915	-10,2629
Roupie indienne	65,8360	-1,1026	60,5878
Dollar néo-zélandais	1,6793	-0,8034	1,8377
Couronne tchèque	24,1540	+0,1825	25,2840
Forint hongrois	273,1100	+0,4081	275,4786
Zloty polonais	4,1442	-0,0940	3,9947
Lev bulgare	1,9558	+0,0000	1,9558
Dollar Hong Kong	11,1209	-1,2546	10,2994
Won sud-coréen	1519,3100	-1,2993	1531,6212
Litas lituanien	3,4528	+0,0000	3,4528
Lats letton	0,7093	+0,0000	0,7087
Peso mexicain	17,6351	-2,1316	16,7373
Real	2,2895	-1,0374	2,3314
Dollar Singapour	1,7208	-0,9839	1,8055
Rand sud-africain	10,0219	-1,5521	9,6984
Livre turque	2,4584	-1,1857	1,9965
Renmibi Yuan	9,1138	-1,0800	8,9712
Rupian	12 160,7000	-1,3381	12 041,7048
Peso philippin	60,5030	+0,8798	590,7387
Ringgit malais	4,2384	-1,2511	4,2668
Baht thaïlandais	42,8260	-1,0102	42,0145

COURS DE CHANGES CROISÉS

01/09/11	Euro	USD	GBP	CHF	SEK	DKK	JPY (100)	CAD
EUR	1,0000	1,4285	0,8812	1,1417	9,096	7,45	1,1008	1,3954
USD	0,7000	1,0000	0,6169	0,7992	6,3675	5,2153	0,7706	0,9768
GBP	1,1348	1,6211	1,0000	1,2956	10,3223	8,4544	1,2492	1,5835
CHF	0,8759	1,2512	0,7718	1,0000	7,9671	6,5254	0,9542	1,2222
SEK	0,1099	5,7576	0,0969	0,1255	1,0000	0,8290	0,1210	0,4534
DKK	0,1342	0,1917	0,1183	0,1532	1,2209	1,0000	0,1478	0,1873
JPY (100)	0,9084	1,2977	0,8005	1,0372	8,2631	0,7678	1,0000	1,2675
CAD	0,7166	1,0237	0,6315	0,8182	6,5185	5,3390	0,7889	1,0000

COURS A TERME DE L'EURO CONTRE LES PRINCIPALES DEVISES

01/01/11 à 16 heures	USD	GBP	CHF	SEK	DKK	JPY (100)	CAD
Comptant							
Achat	1,4284	0,8812	1,1415	9,0860	7,4489	109,9595	1,3950
Vente	1,4298	0,8824	1,1427	9,0890	7,4509	109,9905	1,3962
À 1 mois							
Achat	-0,0015	-0,0001	-0,0024	0,0100	-0,0013	-0,0815	0,0002
Vente	-0,0010	0,0001	-0,0009	0,0127	0,0017	-0,0505	0,0007
À 3 mois							
Achat	-0,0048	-0,0003	-0,0069	0,0307	-0,0041	-0,2450	0,0008
Vente	-0,0035	0,0003	-0,0030	0,0392	0,0034	-0,1700	0,0021
À 6 mois							
Achat	-0,0103	-0,0004	-0,0122	0,0552	-0,0096	-0,5300	0,0009
Vente	-0,0074	0,0008	-0,0062	0,0732	0,0054	-0,3800	0,0035
À 1 an							
Achat	-0,0208	-0,0006	-0,0222	0,0954	-0,0220	-1,1700	0,0010
Vente	-0,0134	0,0018	-0,0112	0,1314	0,0105	-0,8700	0,0064

Source : Natexis

MARCHÉ OBLIGATAIRE

CNO-ETRIX Base 100 au 31/12/1998	Indice	Variation Jour	Variation depuis le 31/12/98	Rendement en %
Global	169,82	0,1	69,82	8,47
1-3 ans	156,38	0,08	56,38	1,92
3-5 ans	167,51	0,24	67,51	3,84
5-7 ans	175,08	0	75,08	5,77
7-10 ans	178,02	0,57	78,02	8,48
10-15 ans	172,90	-0,14	72,9	12,56
+ 15 ans	186,08	-0,43	86,08	23,31
EMTXI	181,99	0,6	81,99	9,52
EMTXI-BE	175,90	0,04	68,54	9,19

TAUX REF, BONS DU TRÉSOR

BTF	Taux	BTAN	Taux	Prix	Coupon
10/11/11	0,65	1,500 09/12	0,66	100,02	1,459
03/11/11	0,65	3,750 01/12	0,7	101,09	2,394
20/10/11	0,64	4,508 07/12	0,78	103,17	0,639
20/10/11	0,64	0,750 09/12	0,8	99,95	0,713
12/10/11	0,64	3,750 01/13	0,91	103,82	2,994
06/10/11	0,64	4,500 07/13	1,00	106,41	0,639
29/08/11	0,64	2,000 09/13	1,07	101,89	1,874
22/09/11	0,64	2,500 01/14	1,11	103,22	1,596
15/09/11	0,64	3,000 07/14	1,26	104,85	0,425
08/09/11	0,64	2,500 01/15	1,42	103,53	1,575

Les taux de change présentés au tableau 14.1 sont cotés au certain. Mais on peut très facilement en déduire les cours à l'incertain : le taux de change à l'incertain se calcule en effet comme l'inverse du taux de change au certain. On a, par exemple :

$$USD/EUR = \frac{1}{EUR/USD}$$

Si le taux de change EUR/USD est de 1 euro contre 1,4285 dollar, alors le taux de change USD/EUR est de 1 dollar américain contre 1/1,4285 = 0,7000 euro.

Les économistes utilisent généralement la cotation à l'incertain dans leurs présentations formalisées. Nous adopterons cette convention dans la suite de l'ouvrage, sauf mention contraire : la lettre E utilisée pour désigner le taux de change s'exprime comme le nombre d'unités monétaires domestiques nécessaires pour acheter une unité monétaire étrangère.

1.1 Prix domestiques et étrangers

Il est possible de calculer le prix des exportations d'un pays, exprimé dans la monnaie d'un autre pays, à partir du taux de change entre deux monnaies. Combien, par exemple, coûte en euros une montre qui vaut à Genève 75 francs suisses ? Au taux de change de 1,5 franc suisse par euro, le prix de la montre est de 50 euros (75/1,5). Une variation du taux de change modifie le prix de cette montre en euros. Avec un taux de change par exemple de 1,25 franc suisse par euro, la montre coûte 60 euros (75/1,25).

Les fluctuations de taux de change ont aussi des répercussions sur le prix que les Suisses vont devoir payer pour les produits de la zone euro. Au taux de 1,5 franc suisse par euro, une chemise française d'une valeur de 45 euros coûte 67,5 francs suisses (45 × 1,5). Si le taux de change passe à 1,25 franc suisse par euro, les chemises françaises sont alors moins chères pour un Suisse puisque leur prix s'élève à 56,25 francs suisses (45 × 1,25).

Lorsque, comme dans le dernier exemple, le prix des euros en francs suisses diminue, on parle d'une **dépréciation** de l'euro par rapport au franc suisse. *Toutes choses égales par ailleurs, une dépréciation de la monnaie entraîne une diminution du prix de biens et des services pour les non-résidents.* Inversement, lorsque le prix d'un euro en francs suisses augmente, on parle d'une **appréciation** de l'euro par rapport au franc suisse. *Toutes choses égales par ailleurs, une appréciation de la monnaie entraîne un renchérissement du prix des biens et des services pour les non-résidents.*

Décrire les variations de taux de change en termes de dépréciation ou d'appréciation peut parfois être déroutant. En effet, lorsqu'une monnaie se déprécie par rapport à une autre, cette dernière s'apprécie par rapport à la première. Pour éviter toute confusion, nous devons toujours avoir à l'esprit laquelle des deux monnaies étudiées se déprécie ou s'apprécie par rapport à l'autre. En outre, une dépréciation de la monnaie domestique se manifeste par une diminution du taux de change au certain, mais par une augmentation du taux de change à l'incertain. Il faut donc être très attentif au mode de cotation des taux de change.

Lorsque la monnaie d'un pays se déprécie, les exportations sont meilleur marché pour le reste du monde et les importations sont plus chères pour les résidents. Lorsque la monnaie d'un pays s'apprécie, les effets sont inversés : le reste du monde paie plus cher pour les produits domestiques et les résidents paient moins cher pour les produits étrangers.

1.2 Taux de change et prix relatifs

La demande pour les importations et les exportations – comme la demande de tout bien ou service – dépend du niveau des prix relatifs. Dans notre exemple, on peut ainsi dire que la demande est fonction du prix d'une montre suisse exprimé en unités de chemises françaises. Si le taux de change est de 1,5 franc suisse par euro, un Français doit payer 50 euros une montre qui vaut 75 francs suisses à Genève. La chemise valant 45 euros, cela signifie que le prix relatif est de 1,11 chemise par montre (50 euros la montre:/45 euros la chemise). Naturellement, on peut raisonner en francs suisses, le prix relatif est le même : 1,11 chemise par montre (75 francs suisses la montre/67,5 francs suisses la chemise).

Le tableau 14.2 présente les prix relatifs des deux biens lorsque le taux de change euros contre francs suisses est égal à 1,25, 1,50 et 1,75, et sous l'hypothèse que le prix de la chemise en euros et le prix de la montre en francs suisses ne sont pas modifiés par les variations du taux de change. On constate que : les prix relatifs sont bien identiques pour un consommateur suisse ou français.

Une appréciation de l'euro par rapport au franc suisse (soit une dépréciation du franc suisse par rapport à l'euro) diminue le prix de la montre en unités de chemise, c'est-à-dire qu'une chemise permet d'acheter plus de montres.

Une dépréciation de l'euro par rapport au franc suisse (soit une appréciation du franc suisse par rapport à l'euro) augmente le prix de la montre en unités de chemise, c'est-à-dire qu'une chemise permet d'acheter moins de montres.

Tableau 14.2 : Taux de change EUR/CHF et prix relatifs d'une chemise française et d'une montre suisse

Taux de change (EUR/CHF)	1,25	1,50	1,75
Prix de la montre en francs suisses	75	75	75
Prix de la chemise en euros	45	45	45
Prix de la montre en euros	60	50	42,85
Prix de la chemise en francs suisses	56,25	67,5	78,75
Prix relatifs (chemise par montre)	1,33	1,11	0,95

Note : on suppose que les prix en monnaie domestique ne sont pas affectés par les variations de change.

Toutes choses égales par ailleurs, une appréciation de la monnaie d'un pays augmente le prix relatif de ses exportations et diminue le prix relatif de ses importations. Inversement, une dépréciation de la monnaie d'un pays diminue le prix relatif de ses exportations et augmente le prix relatif de ses importations.

2 Le marché des changes

Les prix des biens et des services sont déterminés par l'interaction des vendeurs et des acheteurs. De la même façon, les taux de change résultent de l'interaction des ménages, des entreprises et des institutions financières qui vendent et achètent des monnaies sur le **marché des changes** international.

2.1 Les acteurs du marché des changes

Les principaux acteurs du marché des changes sont les entreprises engagées dans le commerce international, les banques commerciales, les institutions financières non bancaires – comme les sociétés de gestion d'actifs et les sociétés d'assurance ? et les banques centrales. Les ménages participent aussi au marché des changes – par exemple lorsqu'un touriste achète des devises au guichet de son hôtel. Cependant, ces transactions en espèces représentent une fraction insignifiante de la totalité des échanges de monnaies.

Nous décrivons dans cette section les principaux acteurs présents sur le marché des changes et leur rôle respectif :

1. *Les banques commerciales.* Elles sont au cœur du marché des changes. En effet, presque toute transaction internationale d'une certaine taille implique le débit et le crédit de comptes ouverts auprès de banques commerciales sur différentes places financières. Ainsi, la majorité des transactions en monnaies étrangères entraîne l'échange de dépôts bancaires libellés dans des monnaies différentes.

Prenons un exemple : supposons que la société l'Oréal doive 230 400 dollars à un fournisseur américain. Dans un premier temps, elle doit obtenir de sa banque, la Société Générale, une cotation du taux du change. Ensuite, elle lui demande de débiter son compte en euros et de verser 230 400 dollars sur le compte de son fournisseur auprès d'une banque commerciale américaine. Si l'Oréal obtient de sa banque un taux de change de 1,2 dollar par euro, sa banque débite de son compte 192 000 euros (230 400/1,2). Cette transaction conduit à l'échange d'un dépôt bancaire de 192 000 euros auprès de la Société Générale – dépôt qui appartient dorénavant à la banque américaine qui a fourni les dollars – contre un dépôt de 230 400 dollars que la banque utilise pour payer le fournisseur américain de l'Oréal.

Comme l'illustre l'exemple précédent, les banques participent au marché des changes pour répondre aux besoins de leurs clients, principalement les entreprises. De plus, une banque fournit aussi à d'autres banques des cotations de taux de change, correspondant aux prix auxquels elle est prête à leur vendre ou à leur acheter des monnaies. Les échanges de monnaies entre banques se font sur le marché interbancaire. Ils représentent la majeure partie des activités du marché des changes. Les taux de change présentés dans le tableau 14.1 correspondent d'ailleurs à des taux interbancaires, c'est-à-dire aux taux que les banques s'appliquent mutuellement. Aucun montant inférieur à 1 million de dollars n'est échangé à ces taux. Les taux « au détail » accessibles aux entreprises sont en général moins favorables que les taux « de gros » interbancaires. Dans l'exemple précédent, la Société Générale regroupe, en fait, les demandes de dollars américains émanant de tous ses clients ; le taux de change obtenu par la Société Générale pour cet ensemble est légèrement plus avantageux que celui qui a été consenti par la banque à l'entreprise. La différence entre les taux correspond à la rémunération que reçoit la banque en compensation des services qu'elle rend.

Il est en général difficile et trop coûteux pour une société française qui souhaite convertir 100 000 euros en couronnes suédoises de rechercher une contrepartie qui souhaite vendre pour 100 000 euros de couronnes suédoises. En revanche, les banques commerciales réalisent des économies d'échelle en servant plusieurs entreprises simultanément.

2. *Les entreprises.* Les sociétés qui opèrent dans plusieurs pays effectuent ou reçoivent des règlements dans toutes sortes de monnaies. Pour payer les salaires de ses ouvriers au Brésil, Renault a besoin de reals brésiliens. Si elle ne dispose que des euros obtenus par ses ventes d'automobiles en Europe, l'entreprise doit acquérir les reals nécessaires sur le marché des changes, en les échangeant contre des euros. En revanche, si Renault vend des voitures au Brésil, elle n'a besoin de faire appel au marché des changes interbancaire qu'au moment où elle rapatrie ses bénéfices qui doivent alors être convertis en euros.

3. *Les institutions financières non bancaires.* Depuis quelques années, la libéralisation des marchés a permis aux institutions financières non bancaires d'offrir à leurs clients une plus grande variété de services. Certains services sont, d'ailleurs, difficiles à différencier de ceux qui sont offerts par les banques. Les services liés aux transactions en devises en font partie. Les investisseurs institutionnels, comme les sociétés d'assurance, les fonds de pension ou les fonds spéculatifs (*hedge funds*) sont aussi très actifs sur le marché des changes.

4. *Les banques centrales.* Au chapitre précédent, nous avons vu que les banques centrales intervenaient parfois sur le marché des changes. Bien que le volume de leurs transactions n'atteigne généralement pas des niveaux importants, l'effet de leurs interventions peut se révéler significatif. En effet, les acteurs qui interviennent sur le marché des changes observent attentivement les actions des banques centrales car ils cherchent à obtenir des indices sur les politiques macroéconomiques futures qui pourraient affecter les taux de change. Les administrations publiques autres que les banques centrales interviennent aussi, parfois, sur le marché des changes, mais dans ce cas l'objectif n'est d'influer ni sur les anticipations des acteurs, ni sur les taux de change.

2.2 Les caractéristiques du marché des changes

Les échanges de monnaies se font sur de nombreuses places financières. Londres, New York, Tokyo, Francfort et Singapour sont, dans l'ordre, les places qui accueillent les plus gros volumes d'échanges. Le volume mondial traité sur le marché des changes est énorme et augmente régulièrement. En avril 1989, la valeur totale des échanges était proche de 600 milliards de dollars en moyenne par jour, dont 184 milliards échangés à Londres, 115 aux États-Unis et 111 à Tokyo. Vingt-et-un ans plus tard, en avril 2010, les échanges atteignent 4 000 milliards de dollars par jour en moyenne, dont 1 850 milliards à Londres, 904 aux États-Unis, 312 à Tokyo et 152 à Paris.[2]

Grâce aux lignes téléphoniques, au fax et au réseau Internet, les principales places financières sont devenues chacune un maillon d'un marché mondial unique qui fonctionne 24 heures sur 24. Quelle que soit l'heure, les informations économiques sont transmises immédiatement partout dans le monde et peuvent ainsi déclencher une avalanche de réactions. Même après l'heure de fermeture de la place de New York, les banques et les entreprises new-yorkaises, qui ont des filiales implantées dans d'autres pays avec des fuseaux horaires différents, restent actives.[3]

L'intégration des places financières implique qu'il ne peut y avoir de différences significatives entre le taux de change EUR/USD coté à New York et ce même taux coté au même moment à Paris, Londres ou Singapour. Si l'euro s'échange contre 1,2 dollar à New York et contre 1,3 dollar à Londres, il est possible de réaliser un **arbitrage**, c'est-à-dire un profit sans risque et sans mise de fonds initiale. L'arbitrage, dans ce cas, consiste à acheter l'euro bon marché à New York et à le revendre plus cher à Londres. Supposons, par exemple, qu'un *trader* puisse acheter 1 million d'euros à New York pour 1,2 million de dollars et, immédiatement, les revendre à Londres pour 1,3 million de dollars. Par cette opération, il réalisera un profit net de 100 000 dollars sans risque et sans aucun apport d'argent. Si tous les *traders* cherchent à profiter de la même opportunité, la demande d'euros à New York entraîne une hausse du prix de l'euro en dollars sur cette place et l'offre d'euros à Londres entraîne une

---

2. Les chiffres pour avril 1989 sont issus d'une enquête menée par les autorités monétaires en Australie, au Canada, aux États-Unis, en France, en Grande-Bretagne, à Hong Kong, en Italie, au Japon, aux Pays-Bas et à Singapour. L'enquête d'avril 2010 a été réalisée auprès de 53 banques centrales. Elle est disponible sur Internet : « Triennal Central Bank Survey of Foreign Exchange and Derivatives Market Activity in April 2010 ». Banque des règlements internationaux. On trouve un résumé en français de cette enquête sur le site de la Banque de France. À titre de comparaison, les échanges quotidiens de monnaies atteignaient en moyenne aux États-Unis environ 18 milliards de dollars en 1980.

3. Pour une présentation détaillée du fonctionnement du marché des changes, voir Richard K. Lyons, *The Microstructure Approach to Exchange Rates*, Cambridge MIT Press, 2001.

baisse du prix de l'euro en dollars sur ce marché. Très rapidement, la différence entre les taux cotés à New York et à Londres disparaît. Les *traders* sont toujours très attentifs aux moindres opportunités d'arbitrage qu'ils peuvent repérer sur leurs écrans. C'est la raison pour laquelle, en général, celles-ci sont faibles et ne durent que très peu de temps.

En théorie, une transaction sur les taux de change peut concerner n'importe quel couple de monnaies. Dans la réalité, cependant, la plupart des transactions entre banques concernent des échanges de monnaies contre le dollar américain (85 % en 2010).[4]

Des achats ou des ventes de dollars interviennent même lorsqu'une banque souhaite échanger deux monnaies étrangères autres que le dollar ! Supposons qu'une banque souhaite vendre des francs suisses (CHF) et acheter des shekels israéliens (ISL). Dans la plupart des cas, elle vendra d'abord ses francs suisses contre des dollars, et utilisera ensuite les dollars pour acheter des shekels. On parle alors de taux de change croisés.[5] La partie en haut à droite du tableau 14.1 présente les taux de change croisés entre les principales monnaies.

Bien que cette procédure semble compliquée, elle est, dans les faits, moins coûteuse pour la banque que celle qui consisterait à trouver un détenteur de shekels souhaitant acheter des francs suisses. L'avantage de passer par le dollar tient au poids économique des États-Unis. Les volumes de transactions internationales impliquant le dollar atteignent de tels niveaux qu'il est aisé de trouver des contreparties prêtes à échanger des dollars contre des francs suisses ou des shekels. À l'inverse, il existe peu de transactions visant à échanger directement des francs suisses contre des shekels.

Comme le dollar joue un rôle pivot dans la majorité des transactions de change, on parle de **monnaie véhiculaire** ou de **monnaie internationale**. Cette monnaie véhiculaire est largement utilisée dans les contrats internationaux signés par des parties ne résidant pas dans le pays dont est issue cette monnaie. L'euro, introduit en 1999, est parfois pressenti comme future monnaie véhiculaire, au même titre que le dollar. En avril 2010, seuls 39 % des échanges mondiaux ont toutefois impliqué l'euro. La livre sterling, autrefois deuxième monnaie pivot après le dollar, a décliné en importance.[6]

2.3 Taux de change au comptant et taux de change à terme

Les transactions de change que nous avons prises en exemple jusque-là se déroulent sur le marché au comptant (ou marché *spot*) : les deux parties se mettent d'accord sur un échange de dépôts bancaires et effectuent la transaction immédiatement. On qualifie alors le taux de change de **taux de change au comptant**.[7]

---

4. Voir Paul R. Krugman, « The International Role of the Dollar : Theory and Prospect », dans John F. O. Gilson et Richard C. Marston, éds., *Exchange Rate Theory and Practice*, Chicago, University of Chicago Press, 1984, p. 261-278.

5. Le taux de change CHF/ISL peut se calculer en multipliant le taux de change CHF/USD par le taux de change USD/ISL. Si par exemple un franc suisse vaut 0,8 dollar américain (CHF/USD = 0,80) et un shekel vaut 0,20 dollar (USD/ISL = 5), alors un franc suisse vaudra 4 shekels (CHF/ISL = 0,8 × 5 = 4).

6. Pour plus de détails, voir Richard Portes et Hélène Rey, « The Emergence of the Euro as an International Currency », *Economic Policy*, 26, avril 1998, p. 307-343. Voir aussi Agnès Bénassy-Quéré et Benoît Coeuré, Économie de l'euro, 2e éd., Repères, n° 336, La Découverte, février 2010.

7. Il y a encore quelques années, il fallait au moins deux jours pour que les transactions de change au comptant soient effectivement exécutées. Ces délais ont progressivement été réduits et aujourd'hui, les échanges s'effectuent le jour même de la conclusion de l'opération.

Le règlement des transactions de change intervient parfois avec un certain délai : 30 jours, 90 jours, 180 jours, voire plusieurs années. Les taux de change associés à de telles opérations sont appelés **taux de change à terme**. Dans une transaction à terme de 30 jours, par exemple, les deux parties peuvent se mettre d'accord le 1er avril pour un taux au comptant de 100 000 livres sterling pour 155 000 euros le 1er mai suivant. Le taux de change à terme à 30 jours est en général différent du taux au comptant ou des autres taux à terme. Si une banque accepte de vendre des livres contre des euros à une date future et à un taux conclu aujourd'hui, on dit que cette banque « vend des livres à terme » et « achète des euros à terme ».

Le tableau 14.1 indique non seulement les taux de change au comptant, mais également les taux de change à terme de l'euro contre les monnaies les plus échangées sur le marché. Dans la partie en bas à droite figurent, en fait, les *déports* et les *report* s des taux de change. Dans les deux cas, il s'agit de la différence entre le taux à terme et le taux au comptant : pour une monnaie cotée à l'incertain, on parle de report lorsque la différence est négative et de déport dans le cas inverse. Pour une monnaie cotée au certain, on parle de report lorsque la différence est positive et de déport dans le cas inverse. Dans le tableau 14.1, l'euro est coté au certain. Le cours acheteur au comptant est égal à 1,4284 auquel il faut ajouter un déport de –0,0016 pour obtenir le taux à un mois. Ainsi, par exemple, le taux à terme acheteur à 1 mois EUR/USD est égal à 1,4284 + (–0,0016) = 1,4268 dollar par euro.

Les taux à terme et les taux au comptant, même s'ils ne sont pas nécessairement égaux, présentent des évolutions corrélées, comme le montrent les données pour le taux de change EUR/USD de la figure 14.1. Les déterminants des taux de change à terme sont précisées en annexe.

L'exemple suivant permet de comprendre pourquoi il peut être intéressant de réaliser des transactions de change à terme. Supposons que la Fnac sache que, dans 30 jours, elle doit payer en yens un fournisseur japonais pour une cargaison de baladeurs MP3, livrés à cette même date. La Fnac vend chaque baladeur 100 € et règle 9 000 ¥ par baladeur à son fournisseur. Son profit dépend du taux de change entre l'euro et le yen. Au taux de change au comptant EUR/JPY = 95,24, la Fnac doit payer 94,50 € par baladeur (9 000/95,24).

À ce taux, elle réalise donc un bénéfice de 5,50 € par baladeur. Mais supposons que la Fnac ne souhaite pas payer son fournisseur avant que les baladeurs n'arrivent en France et ne soient vendus. Si, durant les 30 jours suivants, l'euro se déprécie brusquement par rapport au yen et que le taux de change passe à 86,95 yens par euro, alors la Fnac devra payer 103,50 € par baladeur (9 000/86,95). Elle subira donc une perte de 3,50 € par article.

Pour couvrir ce risque, elle peut conclure une opération de change à 30 jours avec sa banque. Si cette dernière accepte de lui vendre des yens dans 30 jours à un taux de 93,46 yens par euro, la Fnac sera assurée de payer exactement 96,30 € par baladeur (9 000/93,46). En achetant des yens et en vendant des euros à terme, la Fnac s'assure un bénéfice de 3,70 € par baladeur. Elle prend ainsi une assurance contre la possibilité d'une variation brutale et imprévisible du taux de change, variation qui peut transformer une importation profitable en une perte.

Lorsque maintenant nous parlerons de taux de change, sans préciser s'il s'agit d'un taux au comptant ou à terme, nous ferons référence au taux au comptant.

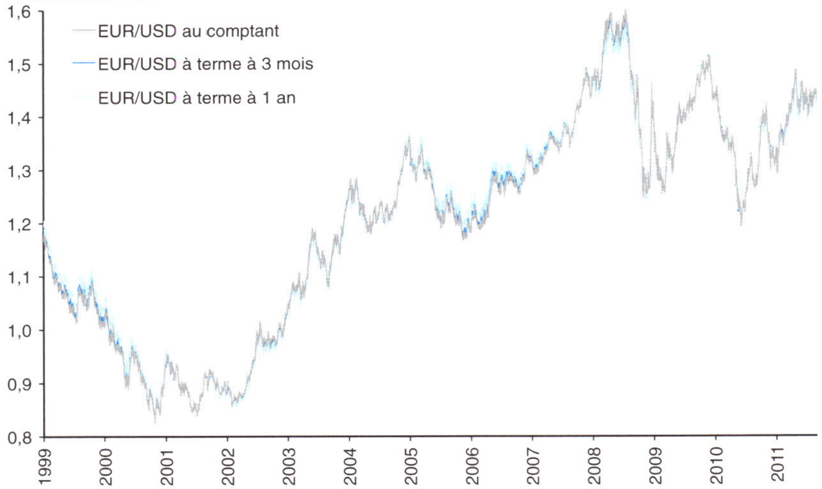

Figure 14.1 – Le taux de change EUR/USD au comptant et à terme, 1999-2011.
Les évolutions des taux au comptant et à terme sont fortement corrélés. Cette corrélation est, par ailleurs, d'autant plus forte que le terme est proche.

Source : Datastream.

2.4 Les swaps de change

Un *swap* de change correspond à la vente d'une monnaie au comptant, combinée avec son rachat à terme. Par exemple, supposons que le constructeur automobile japonais Toyota vienne juste de recevoir 1 million de dollars, résultat de ses ventes aux États-Unis. Par ailleurs, il sait qu'il va devoir verser 1 million de dollars dans trois mois à un fournisseur étranger. La direction financière de Toyota aimerait investir ce million de dollars dans des obligations libellées en euros, pendant cet intervalle de temps. Les coûts de transactions pour Toyota sont plus faibles s'il conclut un *swap* à trois mois dollars contre euros que s'il effectue deux transactions séparées : une vente de dollars contre euros au comptant, puis une vente d'euros contre dollars sur le marché à terme. Les contrats de *swaps* représentent une part importante des volumes sur le marché des changes.

2.5 Les contrats à terme et les options

Depuis le début des années 1970, on a assisté à un essor considérable des produits financiers qui permettent aux agents de se couvrir contre les variations des taux de change. On distingue principalement les contrats à terme et les options.

Lorsque vous achetez sur un marché organisé un contrat à terme sur devise (*future*), vous achetez la promesse qu'un montant donné d'une monnaie vous sera livré à une date donnée dans le futur. Il est possible d'obtenir le même montant à la même date en concluant un contrat à terme avec une contrepartie privée : on parle alors de contrat *forward*. Les *forwards* ont l'avantage sur les *futures* d'être élaborés « sur mesure », tandis que ces derniers ont des caractéristiques standard (en termes de durée, de montant, etc.). En revanche, les *forwards* ne peuvent être revendus, alors que les *futures*, échangés sur un marché organisé, peuvent l'être facilement. La revente permet de réaliser un profit ou une perte, sans attendre l'échéance du contrat, ce qui est appréciable lorsque les anticipations sur les taux au comptant changent.

Une *option* de change offre à son acheteur le droit de vendre ou d'acheter une certaine quantité de monnaie à un prix donné (le prix d'exercice) et à n'importe quel moment précédant la date d'échéance fixée par contrat. En contrepartie de ce droit, l'acheteur paie au vendeur une prime. L'acheteur décide ou non d'exercer son droit. En revanche, le vendeur de l'option se trouve dans l'obligation d'acheter ou de vendre le sous-jacent – ici la monnaie – à la demande de l'acheteur.

Imaginons une entreprise qui doit recevoir le règlement d'une facture libellée en monnaie étrangère le mois prochain mais qui ignore la date précise du règlement. Pour se protéger contre une dépréciation de la monnaie étrangère, il peut être intéressant d'acheter une option de vente (un *put*) qui donne le droit de vendre la monnaie étrangère à un taux de change fixé aujourd'hui et à n'importe quelle date durant ce mois. Si, au moment où l'entreprise reçoit le règlement en monnaie étrangère, le taux de change a évolué en sa défaveur, elle peut exercer son option et vendre la monnaie étrangère au taux plus avantageux fixé à la signature de l'option. Si le taux de change a évolué en sa faveur, elle n'a pas intérêt à exercer ce droit et perd le montant de la prime qu'elle a payée pour acquérir l'option.

Dans le cas opposé où l'entreprise doit régler une facture libellée en devise, il peut être intéressant d'acquérir une option d'achat (un *call*) qui donne le droit d'acheter la monnaie étrangère à un taux de change fixé aujourd'hui, à n'importe quelle date durant ce mois. Le mécanisme est symétrique au précédent.

Encadré 14.1

Les contrats *forwards* non délivrables

Dans le cas d'un contrat *forward* standard, les deux parties s'accordent pour échanger une certaine quantité d'actif sous-jacent, à une date et à un prix convenus à l'avance. En particulier, les *forwards* sur devises permettent de fixer aujourd'hui le taux de change futur entre deux monnaies. Ces instruments sont très utilisés par les opérateurs pour couvrir le risque de change. Mais, comment faire lorsque l'une des monnaies sous-jacentes n'est pas convertible, ce qui est le cas pour de nombreux pays en développement ?

Une monnaie inconvertible est une monnaie qui ne peut être échangée librement sur le marché des changes international. C'est le cas notamment de la monnaie chinoise, le renminbi (ou yuan), qui ne circule qu'à l'intérieur des frontières, les autorités ne permettant pas que des non-résidents détiennent des dépôts en renminbi. C'est le cas également du dollar taïwanais ou de la roupie indienne. Pour permettre aux opérateurs de se couvrir contre le risque de change associé à ces monnaies, se développe, depuis le milieu des années 1990, le marché des contrats *forwards* non délivrables.

Considérons un exemple simple. Début 2010, General Motors (GM) a vendu des pièces détachées automobiles à un concessionnaire chinois pour un montant de dix millions de yuans, payables dans trois mois. La Banque Populaire de Chine (BPC), la banque centrale, contrôle de près le taux de change en échangeant les dollars qu'elle détient (ou

Encadré 14.1 (suite)

tout autre devise) contre des yuans auprès des résidents (voir chapitre 18). Le taux USD/CNY en vigueur début 2010 était de 1 dollar contre 6,8 yuans.

Ce taux est fixe en principe, mais la BPC l'ajuste régulièrement. GM voudrait s'assurer un taux de change de 6,6 yuans par dollar. Il suffirait normalement à GM de vendre à terme ses yuans à ce taux. Mais le renminbi étant inconvertible, comment faire ?

La stratégie de couverture consiste à réaliser des paris, payables en dollars, sur la valeur future du yuan. En l'occurrence, pour s'assurer un taux futur de 6,6 yuans par dollar, GM doit signer un contrat dont le profil de gain est fonction de la différence entre le taux à terme et le taux fixé aujourd'hui par la multinationale.

- Si, d'ici trois mois, la BPC décide de réévaluer sa monnaie en fixant le taux de change USD/CNY à 6,5 yuans (ce qui, en d'autres circonstances, serait une bonne nouvelle pour GM), GM devra payer (1/6,5 – 1/6,6) × 10 000 000 CNY = 23 310 dollars.
- À l'inverse, si, d'ici trois mois, la BPC décide de déprécier sa monnaie en fixant le taux de change USD/CNY à 6,7 yuans, GM recevra (1/6,6 – 1/6,7) × 10 000 000 CNY = 22 614 dollars.

Cet exemple montre que l'on peut très bien se couvrir en utilisant des contrats *forwards*, même si les monnaies sous-jacentes ne sont pas librement échangeables.

La figure 14.2 représente le taux de change à terme des contrats *forwards* non délivrables pour des échéances égales à 1 mois, 1 an et 2 ans. À partir de juillet 2005, la BPC a laissé sa monnaie s'apprécier graduellement. Tout le monde anticipait que cette tendance à la baisse du taux de change USD/CHY était durable : le taux à 2 ans était alors inférieur au taux à 1 an, lui-même inférieur au taux à 1 mois. Mais avec la crise financière, mi-2008, la BPC a mis un frein à cette politique, ce qui a suscité un retournement des anticipations. Depuis juillet 2010, les autorités chinoises se sont de nouveau engagées dans la voie d'un régime de change plus flexible et l'on retrouve une relation claire entre les taux à terme.

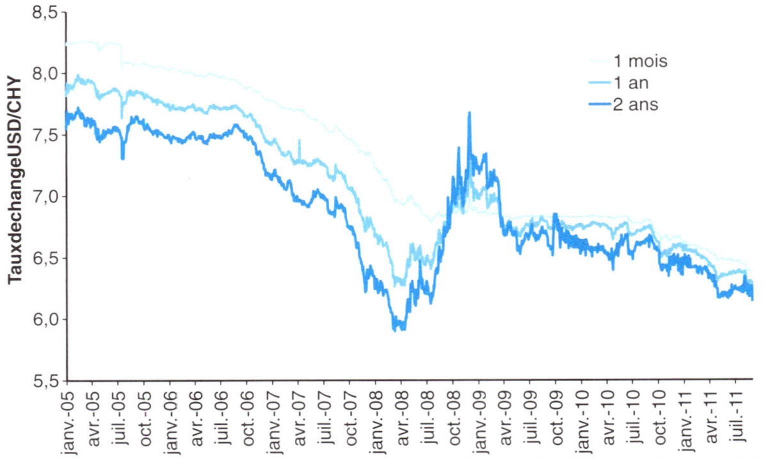

Figure 14.2 – Taux de change à terme des contrats *forwards* non délivrables USD/CHY.

Source : Datastream.

Les options peuvent être souscrites sur de nombreux actifs sous-jacents (notamment des *futures* sur devise). Comme les *futures*, les options peuvent faire l'objet d'un marché organisé et peuvent donc être vendues ou achetées facilement.

3 La demande d'actifs en monnaie étrangère

Nous avons vu, précédemment, comment les entreprises et les institutions financières échangeaient des dépôts bancaires en monnaies sur le marché des changes international qui opère 24 heures sur 24. Afin de comprendre de quelle façon les taux de change sont déterminés sur ce marché, nous devons au préalable étudier la demande des principaux acteurs du marché.

La demande pour un dépôt bancaire en monnaie étrangère est influencée par les mêmes facteurs que pour n'importe quel actif. Un des facteurs principaux correspond à l'anticipation de la valeur future de ce dépôt bancaire en monnaie étrangère. Celle-ci dépend, à son tour, de deux éléments : le taux d'intérêt que le dépôt offre et la variation anticipée du taux de change.

3.1 La rentabilité des actifs

Il est possible de détenir de la richesse sous différentes formes – actions, obligations, liquidités, valeurs immobilières, vins rares, diamants, etc. L'acquisition de richesse, autrement dit l'épargne, a pour objectif d'opérer un transfert de pouvoir d'achat du présent vers le futur. Ce comportement peut s'expliquer par la volonté de pourvoir à sa retraite ou de transmettre un patrimoine à ses héritiers. Plus simplement encore, il peut traduire la volonté de constituer, en prévision de jours moins fastes, une épargne de précaution.

Définition de la rentabilité d'un actif. Puisque l'épargne a pour objectif de pourvoir à la consommation future, un actif est d'autant plus attractif qu'il offre une rentabilité élevée. La **rentabilité** correspond au taux de croissance de la valeur de l'actif sur une période donnée. Supposons, par exemple, qu'au début de l'année, le prix de l'action MMM soit égal à 100 €. Si l'action verse un dividende de 1 euro et si son prix est de 109 € à la fin de l'année, alors la rentabilité de l'action sera de 10 % pour l'année.[8] Le placement initial de 100 ı a vu, en effet, sa valeur augmenter à 110 € (1 € de dividende + 109 €, la valeur de revente). Supposons maintenant que la valeur de l'action baisse pour atteindre 89 €, mais que l'action verse toujours un dividende de 1 €. La rentabilité de l'action sera alors de –10 %. Le placement initial de 100 € ne vaudra plus, par conséquent, que 90 € à la fin de l'année.

Il est souvent impossible de connaître avec certitude la rentabilité future d'un actif. Le dividende payé par l'action tout comme le prix de revente futur sont très difficiles à prévoir. La décision de l'investisseur sera donc fondée sur la rentabilité anticipée de l'actif. Pour calculer ce taux sur une période donnée, il faut établir la meilleure prévision possible de la

8. Il convient, dans le cas des actions, de distinguer le taux de rendement et la rentabilité. Le taux de rendement correspond au rapport du dernier dividende versé sur le prix initial, tandis que la rentabilité correspond à la somme du taux de rendement et de la plus ou moins-value (le gain ou la perte en capital). En anglais, taux de rendement se traduit par *dividend yield* et la rentabilité par *return*.

valeur totale de l'actif à la fin de la période. Formellement, cela revient à calculer l'espérance mathématique de la valeur de l'actif. La différence, exprimée en pourcentage, entre la valeur future anticipée de l'actif et son prix d'achat courant est la rentabilité anticipée (ou espérée) sur la période retenue.

Mesurer la rentabilité d'un actif revient à calculer la variation de la valeur totale du placement entre deux dates. Dans l'exemple précédent, nous avons vu comment la valeur du placement avait changé de 100 € à 110 € durant l'année. Nous en avons conclu que la rentabilité de l'actif était de 10 % par an. Il s'agit d'une rentabilité en euros, puisque les deux valeurs sont exprimées en euros. Il est également possible de calculer d'autres rentabilités pour un même actif, en exprimant les deux valeurs en unités de monnaie étrangère, voire en retenant n'importe quelle unité de compte, l'or par exemple.

La rentabilité réelle. La rentabilité que les investisseurs retiennent pour choisir les actifs à détenir est la **rentabilité réelle**. Il s'agit du taux calculé à partir des valeurs de l'actif exprimées sous la forme d'un large panier de produits, représentatifs de ce que les épargnants achètent régulièrement. C'est la rentabilité réelle qui importe puisque l'objectif final de l'épargne est la consommation future : seule la rentabilité réelle mesure la quantité de biens et de services qu'un épargnant pourra acheter dans le futur, en renonçant à une partie de sa consommation présente – c'est-à-dire en épargnant.

Poursuivons notre exemple et supposons que la valeur en euros des actions MMM augmente de 10 % et que dans le même temps les prix en euros de tous les biens et services augmentent eux aussi de 10 %. Alors, en termes de production – c'est-à-dire en termes réels –, l'investissement ne vaudra pas plus en début d'année qu'en fin d'année. Avec une rentabilité réelle de zéro, l'action MMM ne représente pas un actif très attractif.

Bien que les investisseurs s'attachent surtout aux rentabilités réelles, les taux exprimés en monnaies (on parle aussi de *rentabilité nominale*) peuvent toujours être utilisés pour comparer différents actifs. Même si tous les prix en euros augmentent de 10 %, une bouteille de vin très rare, dont le prix augmente de 25 %, est un meilleur placement qu'une obligation, dont la valeur n'augmente que de 20 %. Le vin offre une rentabilité réelle d'environ 15 % (25 % – 10 %), alors que l'obligation offre un taux de rentabilité réel d'environ 10 % (20 % – 10 %). Notez que la différence entre les rentabilités en euros des deux actifs (25 % – 20 %) est la même que la différence entre leurs rentabilités réelles (15 % ? 10 %). Cela tient au fait que, étant donné la rentabilité en euros des deux actifs, toute variation du taux de croissance du prix des biens en euros modifie la rentabilité réelle de la même façon.

La distinction entre les rentabilités réelles et nominales illustre un concept fondamental : la rentabilité de deux actifs ne peut être comparée que s'ils sont mesurés dans la même unité. Cela n'a par exemple aucun sens de comparer directement la rentabilité *réelle* d'une bouteille de vin (15 % dans notre exemple) avec la rentabilité *nominale* d'une obligation (20 %). De la même manière, cela n'a aucun sens de comparer la rentabilité *en dollars* de l'immobilier avec la rentabilité *en euros* de l'or. Ce n'est qu'après avoir exprimé la rentabilité de chaque actif dans la même unité – par exemple en euros – qu'il est possible de dire lequel constitue le meilleur placement.

3.2 Risque et liquidité

Toutes choses égales par ailleurs, les agents préfèrent détenir les actifs qui offrent la plus forte rentabilité réelle anticipée. Nous verrons ultérieurement, en abordant certains actifs spécifiques, que souvent les « choses ne sont pas égales par ailleurs ». Ainsi, certains actifs peuvent être valorisés pour des caractéristiques autres que la rentabilité réelle qu'ils offrent. Les investisseurs s'attachent, en plus de la rentabilité, à deux autres caractéristiques fondamentales d'un actif : son **risque** et sa **liquidité**, c'est-à-dire la facilité avec laquelle il peut être vendu ou échangé.

1. *Le risque.* La rentabilité réelle d'un actif est souvent impossible à prévoir et peut se révéler très différente de ce qu'a anticipé l'acheteur. Dans notre exemple précédent, les investisseurs ont déterminé la rentabilité réelle anticipée de l'obligation (10 %) en soustrayant du taux de croissance anticipé du placement en euros (20 %) le taux de croissance anticipé des prix en euros (10 %). Mais si les anticipations sont erronées et que la valeur en euros de l'obligation reste stable au lieu d'augmenter de 20 %, la rentabilité réelle de l'obligation devient négative à –10 % (0 % – 10 %). Les investisseurs n'aiment pas l'incertitude et sont réticents à détenir des actifs qui peuvent faire varier fortement leur richesse. Un actif qui offre une rentabilité anticipée très élevée peut se révéler peu attractif pour un investisseur si celle-ci est très fluctuante.
2. *La liquidité.* Il existe également des différences significatives concernant la facilité avec laquelle un investisseur peut revendre ses actifs. Une maison, par exemple, n'est pas un actif très liquide, parce que sa revente nécessite souvent du temps et les services coûteux d'agents immobiliers, de géomètres et de notaires. *A contrario*, les espèces représentent l'actif le plus liquide : elles sont toujours acceptées à leur valeur faciale comme règlement pour des biens, des services ou d'autres actifs. En général, les épargnants préfèrent détenir des actifs liquides. Ils tiennent donc compte de la liquidité d'un actif, au même titre que sa rentabilité anticipée et son risque, dans leur décision de placement.

3.3 Les taux d'intérêt

Comme sur d'autres marchés d'actifs, les acteurs du marché des changes fondent leurs demandes de dépôts bancaires en monnaie étrangère sur la comparaison des rentabilités anticipées. Pour comparer la rentabilité de différents dépôts, les opérateurs doivent avoir accès à deux types d'informations. En premier lieu, ils doivent savoir comment les valeurs monétaires des dépôts vont évoluer. En second lieu, ils doivent savoir comment les taux de change vont évoluer, afin de pouvoir convertir dans une même unité les rentabilités exprimées dans différentes monnaies.

Pour calculer la rentabilité d'un dépôt bancaire dans une monnaie donnée, il faut connaître le taux d'intérêt. Il s'agit du montant que le prêt d'unes unité de cette monnaie rapporte en un an. Pour un taux d'intérêt de 10 % par an, un prêt de 1 € rapporte 1,10 € à la fin de l'année (0,10 € d'intérêt + 1 € de principal). En s'attachant à la contrepartie de la transaction, on peut aussi dire que le taux d'intérêt en euros correspond au montant qu'il faut verser pour emprunter 1 € pendant un an. Lorsque vous achetez un bon du Trésor français, votre rémunération sera le taux d'intérêt en euros, puisque vous prêtez des euros à l'État français.

Les taux d'intérêt jouent un rôle important sur le marché des changes. En effet, les énormes dépôts bancaires qui y sont échangés paient tous des intérêts dont les taux varient en fonction des monnaies dans lesquelles ils sont libellés. Par exemple, si le taux d'intérêt annuel en euros est de 10 %, un dépôt bancaire de 100 000 € vaudra 110 000 € après un an. S'il est de 5 % annuel, le même dépôt vaudra 105 000 € à terme. Les dépôts bancaires versent des intérêts parce qu'ils représentent de véritables prêts que les déposants effectuent auprès des banques.

Le taux d'intérêt en euros correspond donc simplement à la rentabilité d'un dépôt bancaire libellé en euros. De la même façon, le taux d'intérêt exprimé dans une monnaie étrangère mesure la rentabilité des dépôts effectués dans cette monnaie. La figure 14.3 montre l'évolution mensuelle des taux d'intérêt aux États-Unis, au Japon en France et en Allemagne entre 1979 et 2011. Ces taux dépendent de la situation économique de chaque pays et n'ont donc aucune raison d'être proches ou d'évoluer de façon semblable dans le temps[9].

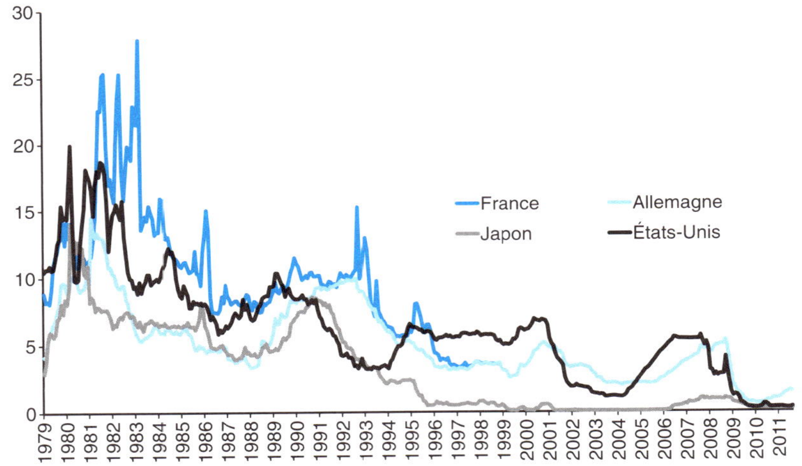

Figure 14.3 – Les taux d'intérêt aux États-Unis, au Japon et dans la zone euro, 1979-2011.

Les taux d'intérêt aux États-Unis, au Japon et dans la zone euro ne sont pas mesurés dans des termes comparables, ils peuvent évoluer de façon très différente au cours du temps. En revanche, on remarquera la convergence des taux d'intérêt en France et en Allemagne.

Source : Datastream. Il s'agit de taux d'intérêt interbancaires à trois mois.

9. Le chapitre 6 définit les taux d'intérêt réels, qui correspondent simplement à la rentabilité réelle des prêts. Il s'agit de taux d'intérêt exprimés en fonction d'un panier de consommation. Les taux d'intérêt exprimés en monnaies sont appelés taux d'intérêt nominaux. Le lien entre taux d'intérêt réel et nominal sera étudié en détail au chapitre 16.

3.4 Taux de change et rentabilité des actifs

Pour comparer la rentabilité des deux dépôts, l'un en dollars, l'autre en euros, il est nécessaire de connaître le taux de change anticipé entre le dollar et l'euro.

Supposons que le taux de change au comptant soit de 1,22 dollar par euro et que le taux de change anticipé dans un an soit de 1,25 dollar par euro (car on prévoit, par exemple, une situation défavorable pour l'économie américaine). Par commodité, nous allons raisonner sur la base de taux de change cotés à l'incertain[10] : un dollar s'échange donc au comptant contre 0,82 euro et on anticipe un taux de 0,80 euro pour un dollar. Supposons, de plus, que le taux d'intérêt annuel en dollars soit de 6 %, contre 4 % pour celui en euros. Cela signifie qu'un dépôt de 1 $ vaudra 1,06 $ dans un an et qu'un dépôt de 1 € vaudra 1,04 € dans un an. Quel dépôt offre alors le meilleur taux de rentabilité ?

Pour répondre à cette question, procédons en cinq étapes :

1. Déterminons le prix en euros d'un dépôt bancaire en dollars, en utilisant le taux de change courant du dollar par rapport à l'euro. Si le taux de change au comptant est de 0,82 euro par dollar et si le dépôt bancaire est de 1 $, alors le dépôt vaut 0,82 € approximativement.
2. Déterminons aussi la valeur en dollars dans un an du placement d'un dollar aujourd'hui, en utilisant le taux d'intérêt annuel en dollars. Si le taux d'intérêt annuel en dollars est de 6 %, alors, à la fin de l'année, un dépôt de 1 $ vaudra 1,06 $.
3. Calculons ensuite la valeur anticipée en euros du montant en dollars déterminé à l'étape 2, en utilisant le taux de change anticipé. On anticipe que le dollar va se déprécier par rapport à l'euro, dans l'année qui vient, pour atteindre 0,80 euro par dollar dans un an. La valeur anticipée en euros du dépôt en dollars sera alors approximativement de 0,85 €(1,06 × 0,80).
4. Le prix courant en euros d'un dépôt d'un dollar est de 0,82 € et nous pouvons prévoir sa valeur en euros dans un an, soit 0,85 €. Il nous est donc possible de déterminer le taux de rentabilité annuel anticipé *en euros* d'un dépôt en dollars : environ 3,7 % [(0,85 – 0,82)/0,82].
5. Nous savons, par ailleurs, que la rentabilité annuelle d'un dépôt en euros (c'est-à-dire le taux d'intérêt en euros) est de 4 %. Nous pouvons donc en déduire que le placement en euros offre une meilleure rentabilité anticipée que le placement en dollars. Bien que le taux d'intérêt en dollars soit supérieur de 2 points au taux en euros (6 % contre 4 %), la dépréciation anticipée du dollar par rapport à l'euro offre à ceux qui détiennent des euros une perspective de gain en capital suffisamment importante pour compenser le différentiel de taux.

Généralisons et résumons ces différentes étapes en introduisant quelques notations :

- $R_\$$ = le taux d'intérêt au comptant sur les dépôts en dollars à un an.
- E = le taux de change au comptant (nombre d'euros par dollar, cotation à l'incertain).

---

10. Dans la plupart des modèles en économie ouverte, les taux de change sont cotés à l'incertain. C'est la convention également adoptée dans cet ouvrage.

- E^e = le taux de change anticipé dans un an du dollar (nombre d'euros par dollar, cotation à l'incertain). L'exposant ^{e} indique qu'il s'agit de la prévision du futur taux de change, fondée sur les informations disponibles aujourd'hui (c'est-à-dire l'espérance mathématique du taux de change, conditionnellement à l'information disponible aujourd'hui).

La rentabilité anticipée d'un dépôt en dollars, mesuré en euros, s'exprime alors de la manière suivante[11] :

$$(1 + R_\$)\ (E^e / E) - 1$$

3.5 Une règle simple

Une règle permet de simplifier les calculs précédents. Avant de l'énoncer, il convient de définir ce qu'on entend par **taux d'appréciation** et **taux de dépréciation** d'une monnaie. Dans les deux cas, il s'agit de la variation en pourcentage du taux de change, mesurée comme la différence entre le taux de change futur et le taux de change au comptant, rapportée au taux de change au comptant. En conservant les notations précédentes, le taux de dépréciation anticipé de l'euro par rapport au dollar s'écrit :

$$(E^e - E) / E$$

Lorsque ce taux de croissance est positif, cela signifie que les agents sur le marché des changes prévoient que le taux de change futur anticipé, E^e, sera supérieur au taux de change au comptant, E. Autrement dit, les taux de change étant cotés à l'incertain, un taux positif est bien le signe d'une dépréciation anticipée de la monnaie domestique. De manière symétrique, un taux de croissance négatif traduit une appréciation anticipée de la monnaie domestique. Et dans ce cas, on parle plus volontiers de taux d'appréciation.[12] Notons, par ailleurs, que le taux d'appréciation (respectivement le taux de dépréciation) de la monnaie domestique est aussi le taux de dépréciation (respectivement le taux d'appréciation) de la monnaie étrangère.

Prenons un exemple chiffré. Dans le cas précédent, si on considère le prix d'un dollar exprimé en euros, le taux de dépréciation se calcule de la manière suivante : (0,80 – 0,82)/0,82 = –2,4 %. On peut donc dire que le taux de dépréciation anticipé de l'euro par rapport au dollar est de –2,4 %. Mais on peut dire également que le taux d'appréciation anticipé de l'euro par rapport au dollar – ou, ce qui revient au même, le taux de dépréciation anticipé du dollar par rapport à l'euro – est de 2,4 %.

Compte tenu de ce qui précède, nous pouvons définir notre règle de la façon suivante *: la rentabilité en euros d'un dépôt en dollars est, approximativement, égal au taux d'intérêt en dollars plus le taux de dépréciation (ou moins le taux d'appréciation) de l'euro par rapport au dollar.* En d'autres termes, pour convertir en euros le taux de rentabilité d'un dépôt en

11. Si on considère des taux de change cotés au certain, notés E' et $E^{'e}$, alors comme $E' = 1/E$ et $E^{'e} = 1/E^e$, on a : $(1 + R_\$)\ (E'/E^{'e}) - 1$.

12. Si on retient des taux de change cotés au certain, alors on parle de taux d'appréciation lorsque le taux de croissance est positif et de taux de dépréciation lorsqu'il est négatif. Notons en outre que le taux de dépréciation (ou d'appréciation) n'est pas tout à fait égal lorsqu'on considère des taux de change cotés au certain ou à l'incertain.

dollars, il convient d'ajouter au taux d'intérêt en dollars le taux de croissance du prix en dollars de l'euro.

$$R_{\$} + (E^e - E)/E$$

Dans notre exemple, la somme du taux d'intérêt en dollars (6 %) et du taux de dépréciation anticipé de l'euro par rapport au dollar (–2,4 %) donne un niveau approximatif de 3,6 %, ce qui est proche de la rentabilité anticipée en dollars d'un dépôt en euros calculé précédemment.

Cette rentabilité anticipée doit être comparée au taux d'intérêt des dépôts en euros à un an, $R_€$, pour savoir lequel des deux types de dépôts, en euros ou en dollars, propose la meilleure rentabilité anticipée. La différence entre la rentabilité anticipée des dépôts en dollars et en euros est alors égale à $R_€$ moins l'expression ci-dessus, ce qui donne :

$$R_€ - [R_{\$} + (E^e - E)/E] = R_€ - R_{\$} - (E^e - E)/E \tag{14.1}$$

Lorsque la différence ci-dessus est positive, les dépôts en euros procurent une meilleure rentabilité anticipée. Lorsqu'elle est négative, ce sont les dépôts en dollars qui procurent une meilleure rentabilité anticipée.

Dans le tableau 14.3, on compare la rentabilité des dépôts en euros et en dollars pour différentes valeurs des taux d'intérêt et du taux de change.

Tableau 14.3 : Comparaison de la rentabilité en euros des dépôts en euros et en dollars

	Taux d'intérêt en euros	Taux d'intérêt en dollars	Taux de dépréciation anticipé de l'euro par rapport au dollar	Différence entre les taux de rentabilité des dépôts en dollars et en euros
Cas	$R_€$	$R_{\$}$	$(E^e - E)/E$	$R_€ - R_{\$} - (E^e - E)/E$
1	0,04	0,06	0,00	–0,02
2	0,04	0,06	–0,02	0,00
3	0,04	0,06	–0,04	0,02
4	0,04	0,03	0,02	–0,01

Dans le cas n° 1, le différentiel de taux d'intérêt est favorable au dollar et atteint 2 % par an ($R_€ - R_{\$} = 0{,}04 - 0{,}06 = -0{,}02$), et aucune variation des taux de change n'est prévue [$(E^e - E)/E = 0{,}00$]. Cela signifie que la rentabilité anticipée sur les dépôts en dollars est de 2 points supérieur au taux en euros. Cela explique pourquoi, toutes choses égales par ailleurs, un investisseur préférera détenir des dépôts en dollars plutôt que des dépôts en euros.

Dans le cas n° 2, le différentiel de taux d'intérêt est encore favorable au dollar (2 %), mais il est exactement compensé par une appréciation anticipée de 2 % de l'euro par rapport au dollar (une dépréciation de 2 % du dollar par rapport à l'euro). Les deux types d'actifs offrent donc la même rentabilité anticipée.

Dans le cas n° 3, le différentiel de taux d'intérêt est toujours favorable au dollar mais, cette fois, il est plus que compensé par une appréciation anticipée de 4 % de l'euro par rapport au dollar (une dépréciation de 4 % du dollar par rapport à l'euro). Les dépôts en euros vont donc offrir une meilleure rentabilité anticipée et seront préférés par les investisseurs.

Enfin, dans le cas n° 4, il existe un différentiel de taux d'intérêt de 1 % en faveur de l'euro, mais les investisseurs prévoient une dépréciation de 2 % de l'euro par rapport au dollar (une appréciation de 2 % du dollar par rapport à l'euro) au cours de l'année. La rentabilité anticipée des dépôts en dollars est de 1 point plus élevée que celui des dépôts en euros.

Nous avons jusque-là tout converti en euros. Les conclusions auraient toutefois été les mêmes si nous avions tout exprimé en dollars, ou dans une tierce monnaie. Supposons, par exemple, que nous mesurions la rentabilité en dollars d'un dépôt en euros. En suivant notre règle simple, il nous suffit d'ajouter au taux d'intérêt en euros le taux de dépréciation anticipé du dollar par rapport à l'euro. Mais ce dernier taux est égal – au signe près – au taux d'appréciation anticipé de l'euro par rapport au dollar. Cela signifie que la rentabilité d'un dépôt en euros, exprimée en dollars, vaut :

$$R_{€} - (E^{e} - E)/E$$

La différence entre l'expression ci-dessus et $R_{\$}$ est identique à l'équation (14.1). Ainsi, il ne fait aucune différence d'exprimer les rentabilités en dollars ou en euros, à condition de tout formuler dans la même monnaie.

3.6 Rentabilité, risque et liquidité sur le marché des changes

Nous avons souligné précédemment que les investisseurs prenaient en compte le risque des actifs et leur liquidité, en plus de la rentabilité anticipée. De la même façon, la demande pour des actifs en monnaie étrangère dépend non seulement de leur rentabilité, mais aussi de leur risque et de leur liquidité. Même si la rentabilité anticipée en dollars des dépôts en euros est supérieure à celui des dépôts en dollars, certains investisseurs sont peu disposés à détenir des dépôts en euros si la rémunération de ces placements fluctue trop.

Aucun consensus n'existe entre les économistes quant à l'importance du risque sur le marché des changes. La définition même de l'expression « risque de change » prête à discussion. Nous allons, pour le moment, éviter d'aborder ces questions complexes en supposant que la rentabilité réelle de tous les dépôts bancaires est également risquée, quelle que soit la monnaie dans laquelle ils sont libellés. En d'autres termes, nous supposons que les différences de risque n'influent pas sur la demande d'actifs en monnaie étrangère. Nous discuterons, en détail, du rôle du risque de change au chapitre 18.[13]

---

13. Dans certains manuels, on distingue les agents qui spéculent et qui ne prendraient en compte que la rentabilité anticipée, et ceux qui se couvrent et dont l'objectif serait de se prémunir contre le risque. En fait cette distinction peut induire en erreur : une même personne peut à la fois spéculer et se couvrir et pourtant tenir compte de la rentabilité et du risque. Supposer que le risque n'est pas un facteur important dans la détermination de la demande d'actifs en monnaie étrangère signifie pour ces manuels que nous privilégions le motif spéculatif par rapport au motif de couverture.

Certains intervenants sur le marché peuvent être influencés par la liquidité lorsqu'ils choisissent de détenir telle ou telle monnaie. C'est le cas en particulier des entreprises qui ont une activité internationale. Un importateur américain de vin français pourra, par exemple, préférer détenir des euros pour honorer ses paiements courants, même si la rentabilité anticipée en euros est inférieure au taux en dollars. Les paiements en monnaie étrangère liés au commerce international ne représentent toutefois qu'une petite portion de l'ensemble des transactions de change. C'est pourquoi nous ne tiendrons pas compte de la liquidité dans le choix de la monnaie à détenir.

Nous supposerons donc que les acteurs du marché des changes déterminent leur demande d'actifs en monnaie étrangère uniquement sur la base de la comparaison des rentabilités anticipées. Cette hypothèse simplifie notre analyse de la détermination des taux de change. De toute façon, les motivations liées au risque et à la liquidité dans le choix des actifs en monnaies étrangères se révèlent secondaires pour la plupart des questions de macroéconomie internationale que nous allons aborder.

4 L'équilibre sur le marché des changes

Nous allons maintenant utiliser ce que nous avons appris sur la demande d'actifs en monnaie étrangère pour étudier comment les taux de change sont déterminés. Nous allons montrer que le taux de change qui s'établit sur le marché correspond au taux auquel les intervenants sont désireux de détenir des dépôts dans différentes monnaies. Dans ce cas, nous dirons que le marché des changes est à l'équilibre.

Cette section ne constitue, en fait, qu'une première étape dans la détermination du taux de change. Une explication complète ne sera possible que lorsque nous aurons étudié comment les intervenants sur le marché des changes forment leurs anticipations sur les taux de change futurs. Les deux prochains chapitres étudient les facteurs qui influent sur la formation des anticipations concernant les taux de change futurs. En attendant, nous considérons dans ce chapitre que les taux de change futurs sont donnés.

4.1 La parité des taux d'intérêt : la condition de base de l'équilibre

Le marché des changes est à l'équilibre lorsque tous les dépôts bancaires libellés dans toutes les monnaies offrent la même rentabilité anticipée. Cette condition – qui veut que les rentabilités anticipées de deux dépôts quelconques, libellés dans des monnaies différentes, mais mesurés dans la même monnaie soient égales à l'équilibre – est appelée la condition de parité des taux d'intérêt (PTI). Elle suppose que les agents qui potentiellement détiennent des dépôts en monnaies étrangères ne prennent en compte que les rentabilités anticipées.

Pourquoi le marché des changes n'est-il à l'équilibre que si la PTI est respectée ? Supposons que le taux d'intérêt en dollars soit de 6 % et que le taux en euros soit de 4 %. Supposons aussi que le dollar soit susceptible de se déprécier par rapport à l'euro de 4 % sur l'année (c'est le cas n° 3 du tableau 14.3). Dans cet exemple, la rentabilité anticipée des dépôts en euros dépasse de 2 % le taux anticipé des dépôts en dollars. Nous avons supposé, à la fin de la section précédente, que les investisseurs préféraient toujours détenir les actifs offrant la plus forte rentabilité. Donc, dans notre cas, aucun investisseur ne voudra détenir des dépôts en dollars, et les détenteurs de ces dépôts chercheront à les vendre contre des dépôts en euros. Il y aura, ainsi, une offre excédentaire pour les dépôts en dollars et une demande excédentaire pour les dépôts en euros sur le marché des changes.

Supposons, maintenant, que le taux d'intérêt en euros soit toujours de 4 %, mais que le taux en dollars soit de 3 %. Supposons aussi que le dollar soit susceptible de s'apprécier par rapport à l'euro de 2 % au cours de l'année à venir (c'est le cas n° 4 du tableau 14.3). Dans cet exemple, la rentabilité anticipée des dépôts en dollars dépasse de 1 % celle des dépôts en euros. Personne ne voudra détenir des dépôts en euros. Il y aura donc une offre excédentaire pour les dépôts en euros et une demande excédentaire pour les dépôts en dollars.

Supposons, enfin, que le taux d'intérêt en dollars soit de 6 %, le taux en euros de 4 %, et que le dollar soit susceptible de se déprécier de 2 % par rapport à l'euro au cours de l'année (c'est le cas n° 2 du tableau 14.3). Dans ce cas, les dépôts en dollars et en euros offrent la même rentabilité anticipée. Les intervenants sur le marché des changes ne se soucient plus alors de détenir des dépôts en dollars ou en euros.

Lorsque les rentabilités anticipées des dépôts sont identiques – c'est-à-dire lorsque la parité des taux d'intérêt s'applique – et seulement dans ce cas-là, le marché ne présente aucun excès d'offres, ni aucun excès de demandes. Nous pouvons donc dire que le marché des changes est à l'équilibre si et seulement si la condition de parité des taux d'intérêt est satisfaite.

Pour traduire mathématiquement la PTI entre le dollar et l'euro, utilisons l'expression (14.1) qui présente la différence des taux de rentabilité anticipés, exprimés en dollars, des deux types de dépôts. Les deux taux anticipés sont égaux lorsque :

$$R_{€} = R_{\$} + (E^e - E)/E \tag{14.2}$$

Le raisonnement qui permet de comprendre comment le marché peut passer d'une situation d'offre ou de demande excédentaire à une situation d'équilibre est assez intuitif. Si la rentabilité anticipée des dépôts en dollars est supérieure à celle des dépôts en euros, le dollar s'appréciera par rapport à l'euro. En effet, les investisseurs vont tous demander des dollars et offrir des euros. Inversement, le dollar se dépréciera par rapport à l'euro si les dépôts en euros offrent, au départ, une meilleure rentabilité. Pour comprendre complètement le processus en jeu, nous devons désormais étudier de près la façon dont ces variations de change permettent de maintenir l'équilibre sur le marché.

4.2 Comment les variations du taux de change courant influent-elles sur les rentabilités anticipées ?

Dans un premier temps, nous allons étudier comment les variations de change courant affectent les rentabilités anticipées des dépôts en monnaies étrangères lorsque les taux d'intérêt et les anticipations sur les taux de change futurs sont constants. Notre analyse nous permet de montrer que, toutes choses égales par ailleurs, la dépréciation aujourd'hui de la monnaie d'un pays entraîne une baisse de la rentabilité anticipée des dépôts en monnaies étrangères, exprimée dans cette monnaie. Inversement, l'appréciation aujourd'hui de la monnaie d'un pays entraîne une hausse de la rentabilité anticipée des dépôts en monnaies étrangères, exprimée dans cette monnaie.

Prenons un exemple : si le taux de change courant varie, toutes choses égales par ailleurs, comment la rentabilité anticipée des dépôts en dollars, mesurée en euros, est-elle affectée ? Supposons que le taux de change courant soit de 1,00 euro par dollar et que le taux de change anticipé à un an soit de 0,95 euro par dollar (voir tableau 14.4) ; le marché s'attend donc à une appréciation de l'euro. Le taux de dépréciation anticipé de l'euro par rapport au dollar est en effet de –5 % par an [(0,95 – 1,00)/1,00]. Cela signifie que le dépôt en dollars rapporte le taux d'intérêt $R_\$$ moins une « prime » de 5 %. Supposons que le taux de change courant entre les deux monnaies atteigne brusquement 0,97 euro par dollar, le taux de change futur anticipé restant, néanmoins, à 0,95 dollar par euro. Qu'advient-il de la « prime » précédente, résultat de la perte de valeur du dépôt en dollars mesuré en euros ? Le taux de dépréciation anticipé de l'euro par rapport au dollar est maintenant approximativement de –2 % par an [(0,95 – 0,97)/0,97] au lieu de –5 %. Comme $R_\$$ n'a pas varié, la rentabilité anticipée des dépôts en dollars exprimée en euros – la somme de $R_\$$ et du taux de dépréciation anticipé de l'euro – augmente de 3 points (5 % – 2 %) pour atteindre 4 %.

Le tableau 14.4 présente la rentabilité en euros des dépôts en dollars pour plusieurs niveaux du taux de change courant, E. Nous supposons que le taux de change anticipé est constant à 0,95 euro par dollar et que le taux d'intérêt annuel en dollars est constant à 6 %. Ce tableau montre qu'une appréciation de l'euro par rapport au dollar – c'est-à-dire une diminution du taux de change courant à l'incertain – augmente la rentabilité en euros des dépôts en dollars (comme dans notre exemple). Inversement, une dépréciation de l'euro par rapport au dollar – c'est-à-dire une augmentation du taux de change courant à l'incertain – augmente cette rentabilité.

Tableau 14.4 : Le taux de rentabilité anticipé, en euros, des dépôts en dollars en fonction du taux de change courant euro contre dollar lorsque E^e = 0,95 euro par dollar

Taux de change de l'euro à l'incertain	Taux d'intérêt sur les dépôts en dollars	Taux de dépréciation anticipé de l'euro par rapport au dollar	Rentabilité anticipée, en euros, des dépôts en dollars
E	$R_\$$	$(0,95 - E) / E$	$R_\$ + (0,95 - E) / E$
1,00	0,06	–0,05	0,01
0,97	0,06	–0,02	0,04
0,95	0,06	0,00	0,06
0,93	0,06	0,02	0,08
0,90	0,06	0,06	0,12

Il peut sembler contre-intuitif de dire qu'une appréciation de l'euro (une dépréciation du dollar) rende les dépôts en dollars plus attractifs que les dépôts en euros – en augmentant la rentabilité anticipée en euros des dépôts en dollars – et qu'une dépréciation de l'euro (une appréciation du dollar) ait l'effet inverse. On est toutefois moins surpris si on se souvient que le taux de change anticipé ainsi que les taux d'intérêt sont supposés constants. Une appréciation de l'euro aujourd'hui signifie que l'euro connaîtra une appréciation moins importante dans le futur pour atteindre le taux de change anticipé. Si le taux de change futur anticipé ne varie pas lorsque l'euro s'apprécie aujourd'hui, cela signifie que l'appréciation future anticipée de l'euro par rapport au dollar sera plus faible (ou que la dépréciation future anticipée de l'euro par rapport au dollar sera plus forte). Puisque les taux d'intérêt restent eux aussi inchangés, l'appréciation de l'euro aujourd'hui rend les dépôts dans cette monnaie moins intéressants que les dépôts en dollars.

Exprimée différemment, une appréciation de l'euro aujourd'hui (une dépréciation du dollar), qui n'affecte ni le taux de change anticipé ni les taux d'intérêt, laisse inchangé le revenu anticipé en euros d'un dépôt en dollars, mais diminue le coût actuel du dépôt en dollars. Cette variation rend le dépôt en euros moins attractif que le dépôt en dollars.

Il peut aussi sembler étrange de considérer que le taux de change courant subit des variations qui n'affectent pas le taux de change futur anticipé. Nous étudierons d'ailleurs, dans la suite de cet ouvrage, des cas où les deux taux varient de concert. Dans notre présente analyse, nous maintenons cependant le taux anticipé constant parce que cela permet d'isoler l'effet de la variation du taux de change courant sur les rentabilités anticipées. Peut-être est-il plus simple de penser qu'il s'agit d'étudier les conséquences d'une variation temporaire du taux de change, variation si brève qu'elle n'influe pas sur les anticipations.

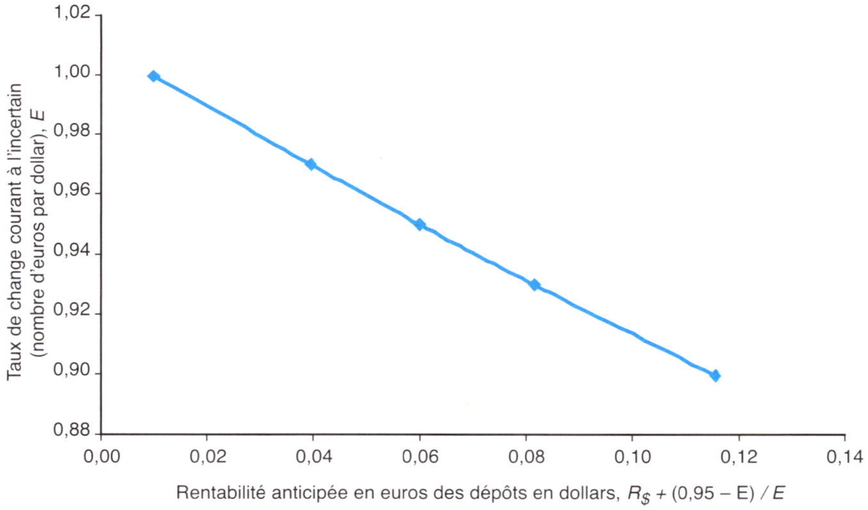

Figure 14.4– La relation entre le taux de change courant euro contre dollar à l'incertain et la rentabilité anticipée en euros des dépôts en dollars.

Étant donné $E^e = 0{,}95$ et $R_\$ = 6\ \%$, une appréciation de l'euro par rapport au dollar augmente la rentabilité anticipée en euros des dépôts en dollars.

La figure 14.4 représente, sous forme graphique, les calculs du tableau 14.4. Cette représentation nous sera très utile dans notre analyse de la détermination du taux de change. L'axe des ordonnées mesure le taux de change courant euro contre dollar à l'incertain, et l'axe des abscisses, la rentabilité anticipée en euros des dépôts en dollars. Pour des valeurs constantes du taux de change futur anticipé et du taux d'intérêt en dollars, la relation entre le taux de change courant à l'incertain et la rentabilité anticipée en euros des dépôts en dollars est représentée par une fonction décroissante.

4.3 Le taux de change d'équilibre

Nous avons vu pourquoi la condition de parité des taux d'intérêt devait être remplie pour que le marché des changes soit à l'équilibre et comment le taux de change courant influe sur la rentabilité anticipée des dépôts en monnaies étrangères. Nous pouvons maintenant étudier de quelle manière les taux de change sont déterminés. Nous allons voir que les taux de change s'ajustent toujours pour maintenir la parité des taux d'intérêt. Nous maintenons l'hypothèse selon laquelle le taux d'intérêt en dollars $R_\$$, le taux d'intérêt en euros $R_€$, et le taux de change anticipé E^e sont constants.

La figure 14.5 illustre la façon dont le taux de change d'équilibre est déterminé sous cette hypothèse. La fonction verticale indique la rentabilité des dépôts en euros, exprimée en euros, $R_€$. La fonction décroissante montre comment la rentabilité anticipée des dépôts en dollars, exprimée en euros, dépend du taux de change courant. Cette deuxième fonction est déterminée de la même façon que la fonction de la figure 14.4.

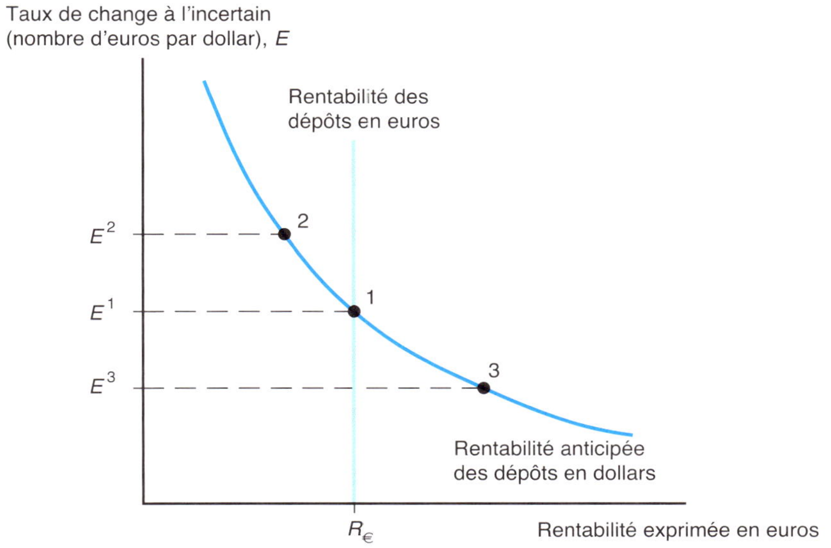

Figure 14.5 – La détermination du taux de change d'équilibre EUR/USD.

L'équilibre du marché des changes se situe au point 1, lorsque les rentabilités anticipées en dollars des dépôts en dollars et en euros s'égalisent.

Le taux de change d'équilibre, E^1, se situe à l'intersection des deux courbes au point 1. À ce taux, les dépôts en dollars et en euros offrent la même rentabilité, et la condition de parité des taux d'intérêt (14.2) est respectée :

$$R_{€} = R_{\$} + (E^e - E^1)/E^1$$

Essayons de comprendre pourquoi le taux de change converge vers le point 1 de la figure 14.5, s'il se situe initialement au point 2 ou au point 3. Supposons, tout d'abord, que le taux de change soit égal à E^2. Pour ce taux de change, E^2, la rentabilité, exprimée en euros, des dépôts en dollars est inférieure à celle des dépôts en euros, $R_{€}$. Dans ces conditions, tous les détenteurs de dépôts en dollars vont chercher à les échanger contre des dépôts en euros : le marché des changes n'est pas à l'équilibre.

Comment le taux de change s'ajuste-t-il ? Les détenteurs de dépôts en dollars ne sont pas satisfaits et vont donc tenter de les vendre contre des dépôts en euros. Mais comme la rentabilité des dépôts en euros est plus élevée que celle des dépôts en dollars au taux de change E^2, aucun détenteur de dépôts en euros n'accepte de vendre à ce taux de change. Il s'ensuit une pression à la baisse sur le taux de change jusqu'à ce qu'il atteigne E^1 – ce qui signifie que les euros deviennent plus chers exprimés en dollars. Une fois le taux de change égal à E^1, les dépôts en euros et en dollars vont offrir la même rentabilité. Les agents qui détiennent des dépôts en dollars ne sont alors plus incités à les échanger contre des dépôts en euros. Le marché des changes atteint donc un équilibre. Lorsque le taux de change diminue de E^2 à E^1, il égalise les rentabilités anticipées des deux types de dépôts en monnaies. En effet, en augmentant le taux de dépréciation anticipé de l'euro, il rend les dépôts en dollars plus attractifs.

Symétriquement, lorsque le marché se situe initialement au point 3, avec un taux de change E^3, la rentabilité, exprimée en euros, des dépôts en dollars est plus élevée que celle des dépôts en euros. Les détenteurs de dépôts en euros cherchent alors à acquérir des dollars en échange de leurs euros, ce qui entraîne une hausse du prix des dollars exprimé en euros, c'est-à-dire que l'euro se déprécie par rapport au dollar. Le taux de change entre les deux monnaies augmente donc jusqu'à atteindre E^1. À ce niveau, la rentabilité des dépôts est identique quelle que soit la monnaie retenue : le marché est à l'équilibre. La dépréciation de l'euro, qui correspond au passage de E^3 à E^1, rend les dépôts en dollars moins attractifs qu'ils ne l'étaient, comparés aux dépôts en euros, car elle réduit le taux de dépréciation anticipé de l'euro.

5 Taux d'intérêt, anticipations et équilibre

Nous avons étudié, dans la section précédente, comment les taux de change sont déterminés par la parité des taux d'intérêt lorsque les taux d'intérêt et les anticipations des agents sont constants. Étudions maintenant les répercussions sur les taux de change courants des variations de ces deux derniers facteurs. Nous verrons notamment que le taux de change – qui correspond, rappelons-le, au prix relatif de deux actifs – est influencé par les facteurs qui modifient la rentabilité anticipée de ces deux actifs.

5.1 Effet d'une variation des taux d'intérêt sur le taux de change courant

Il est fréquent de lire dans les journaux que le dollar, ou l'euro, est fort parce que les taux d'intérêt américains, ou européens, sont élevés, ou bien que le dollar, ou l'euro, se déprécie parce que les taux d'intérêt baissent. Pouvons-nous expliquer de telles affirmations ?

Sur la figure 14.6, la hausse du taux d'intérêt en euros, de $R^1_€$ à $R^2_€$, se traduit par un déplacement vers la droite de la fonction verticale. Au taux de change initial, E^1, et après la hausse du taux d'intérêt en euros, la rentabilité des dépôts en euros est supérieure à la rentabilité anticipée en euros des dépôts en dollars, d'un montant égal à la distance entre les points 1 et 1′. Par le mécanisme que nous avons décrit dans la section précédente, cette différence de rentabilité entraîne une appréciation de l'euro (une dépréciation du dollar) jusqu'au niveau E^2 (point 2). Étant donné que le taux d'intérêt en dollars et le taux de change anticipé n'ont pas varié, l'appréciation de l'euro aujourd'hui a pour effet d'accroître la rentabilité anticipée en euros des dépôts en dollars, en augmentant le taux de dépréciation anticipé de l'euro.

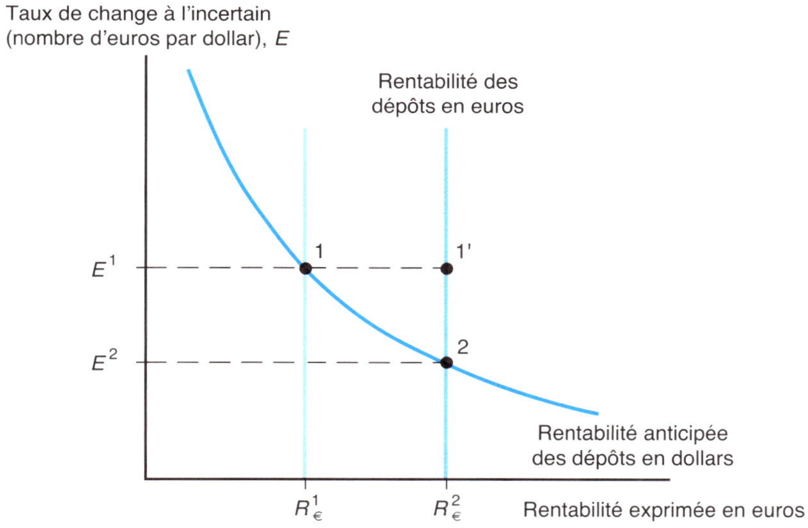

Figure 14.6 – L'effet d'une hausse du taux d'intérêt en euros.

Une hausse du taux d'intérêt des dépôts en euros, de $R^1_€$ à $R^2_€$, entraîne une appréciation de l'euro, le taux de change passant de E^1 (point 1) à E^2 (point 2).

La figure 14.7 décrit l'effet d'une hausse du taux d'intérêt en dollars, $R_\$$. Cette variation entraîne un déplacement vers la droite de la courbe décroissante, qui mesure la rentabilité anticipée en euros des dépôts en dollars. Au taux de change initial E^1, la rentabilité anticipée des dépôts en dollars est alors supérieure à celle des dépôts en euros. Le taux de change augmente donc (de E^1 à E^2) pour éliminer l'offre excédentaire d'actifs en euros au point 1 ;

cela réduit le taux de dépréciation anticipé de l'euro par rapport au dollar et diminue la rentabilité anticipée en euros des dépôts en dollars. Ainsi, une hausse du taux d'intérêt en dollars conduit à une dépréciation de l'euro.

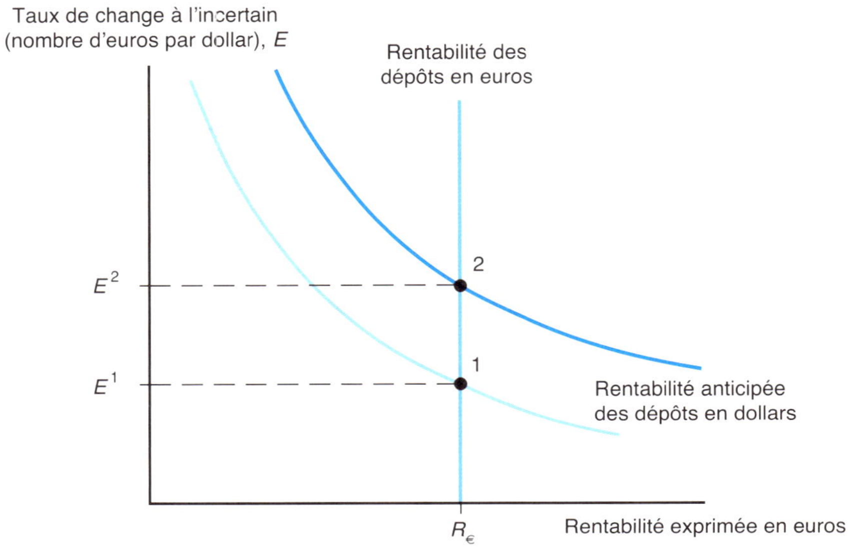

Figure 14.7 – L'effet d'une hausse du taux d'intérêt en dollars.

Une hausse du taux d'intérêt en dollars entraîne une dépréciation de l'euro, le taux de change passant de E^1 (point 1) à E^2 (point 2). Ce graphique montre aussi l'effet d'une baisse du taux de change anticipé.

Notre analyse montre que, *toutes choses égales par ailleurs, un accroissement du taux d'intérêt offert par les dépôts dans une monnaie donnée provoque l'appréciation de cette monnaie.*

Avant de conclure que les affirmations précédentes des journaux sont exactes, il faut souligner que l'hypothèse d'un taux de change anticipé constant n'est pas très réaliste. Dans de nombreux cas, une variation des taux d'intérêt sera accompagnée par une variation des taux de change anticipés. Au chapitre 16, nous comparerons les différentes relations possibles entre les taux d'intérêt et les taux de change anticipés.

5.2 Effet d'une modification des anticipations sur le taux de change courant

La figure 14.7 peut aussi nous permettre d'étudier l'effet sur le taux de change courant d'une augmentation du taux de dépréciation anticipé de l'euro, c'est-à-dire une hausse du taux de change anticipé à l'incertain, E^e. Avec, par exemple, un taux de change courant égal à 0,95 dollar par euro et un taux anticipé à un an égal à 0,98 dollar par euro, le taux de dépréciation anticipé de l'euro par rapport au dollar est de (0,98 – 0,95)/0,95 = 3 %. Si le taux de change anticipé augmente pour atteindre 1,00 dollar par euro, le taux de dépréciation anticipé augmente jusqu'à (1,00 – 0,95)/0,95 = 5 %.

Une augmentation du taux de dépréciation anticipé de l'euro a pour effet d'accroître la rentabilité anticipée en euros des dépôts en dollars. À la figure 14.7, la courbe décroissante se déplace donc vers la droite. Au taux initial de E^1, le marché présente une offre excédentaire pour les dépôts en euros : en effet, les dépôts en dollars offrent une rentabilité anticipée exprimée en euros plus élevée. L'euro se déprécie donc par rapport au dollar jusqu'à ce que le marché atteigne l'équilibre au point 2.

Nous pouvons conclure que, *toutes choses égales par ailleurs, une augmentation (diminution) du taux de change anticipé entraîne une augmentation (diminution) du taux de change courant.*

Encadré 14.2

Les opérations de *carry trade*

Pendant la majeure partie des années 2000, les taux d'intérêt japonais étaient proches de zéro (voir figure 14.3), tandis que les taux australiens étaient largement positifs, atteignant jusqu'à 7 % au printemps 2008. Dans ces conditions, il pouvait être tentant d'emprunter en yens pour acheter des obligations en dollars australiens. La PTI implique toutefois qu'une telle stratégie ne peut être systématiquement rentable : en moyenne, le différentiel de taux d'intérêt en faveur du dollar australien doit être compensé par l'appréciation relative du yen. De nombreux acteurs de marché – des particuliers aux *hedge funds* les plus sophistiqués – ont pourtant suivi cette stratégie et ont donc investi des milliards en dollars australiens, poussant à l'appréciation de cette monnaie face au yen.

Les investisseurs internationaux s'endettent fréquemment dans des monnaies à taux d'intérêt faible (« *funding currencies* ») pour acheter des monnaies qui servent un taux élevé (« *investment currencies* »). Cette stratégie spéculative est qualifiée de *carry trade*. Il est impossible de connaître précisément l'étendue des positions de *carry trade*, mais celles-ci sont sans aucun doute très importantes, en particulier lorsque le différentiel d'intérêts entre deux monnaies est large. Le fait que les stratégies de *carry trade* soient si répandues remet-il en cause la PTI ?

La PTI n'est pas exactement vérifiée en pratique, en partie en raison du risque de défaut et du risque de liquidité mentionnés plus haut. Mais, à vrai dire, ces facteurs ne suffisent pas à expliquer l'ampleur des positions de *carry trade*. Outre ces risques, il convient de noter que les taux de change, comme la plupart des prix d'actifs, peuvent soudainement s'effondrer. Tenir compte de ce risque de chute brutale – on parle parfois de « saut » – permet de concilier la PTI avec l'ampleur des positions de *carry trade*.

Il n'est pas rare que les gains (latents) sur une position de *carry trade* s'évanouissent d'un seul coup. La figure 14.8 illustre cette situation. Elle compare le gain cumulé d'un placement obligataire libellé en yens ou en dollars australiens, pour différents horizons de placements à partir de 2003.

Les obligations en yens ne rapportent quasiment rien, alors que celles en dollars australiens sont très avantageuses, non seulement parce qu'elles paient un taux d'intérêt élevé mais aussi parce que le yen a tendance à se déprécier par rapport au dollar australien jusqu'à l'été 2008. Cependant, en 2008, le dollar australien s'est littéralement effondré face au yen. Comme l'illustre la figure 14.8, ce crash n'a pas suffi à effacer complètement les gains du *carry trade*, à condition toutefois que la position ait été initiée assez tôt ! En revanche, les investisseurs qui ont pris position tard, en 2007 par exemple, ont enregistré de lourdes pertes. Ceux qui ont eu la bonne idée de se retirer en juin 2008 ont, eux, doublé leur investissement en l'espace de cinq ans et demi. En somme, le *carry trade* est une stratégie très risquée…

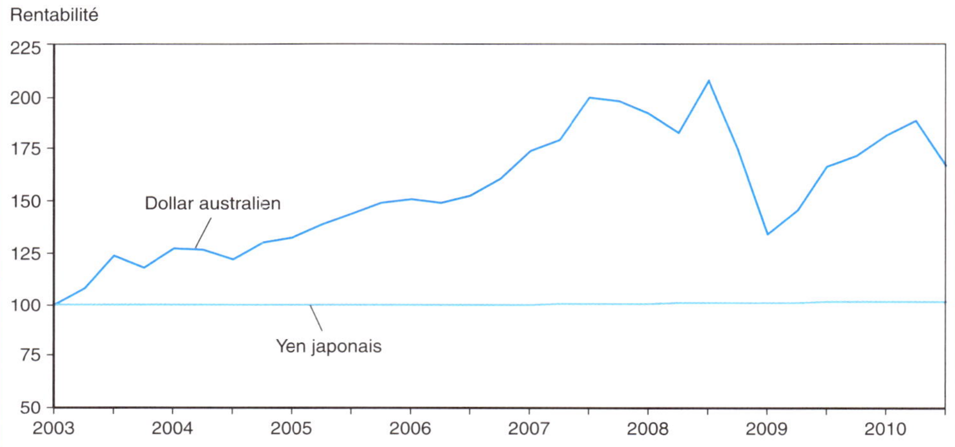

Figure 14.8 – Rentabilité cumulée d'un placement en yens ou en dollars australiens, 2003-2010. Les opérations de *carry trade* dollar australien/yen étaient profitables en moyenne, mais aussi très risquées.

Source : Global Financial Data.

Imaginons que les investisseurs s'attendent à une appréciation progressive du dollar australien de 1 % par an ; ils considèrent que cette situation a une probabilité de 90 %, mais que, dans 10 % des cas, le dollar australien peut se déprécier de 40 %. Sous ces hypothèses, le taux d'appréciation attendu du dollar australien est de : $0{,}9 \times 1\ \% - 0{,}1 \times 40\ \% = -3{,}1\ \%$ par an.

Le taux d'appréciation étant négatif, cela signifie que les investisseurs prévoient, *en moyenne*, une appréciation du yen par rapport au dollar australien. La probabilité que le yen s'apprécie brusquement dans les cinq prochaines années n'est toutefois que de $1 - 0{,}9^5 = 1 - 0{,}59 = 41\ \%$ (on suppose que les épisodes de crash sont indépendants). Cette probabilité est suffisamment faible pour inciter certains investisseurs à prendre des risques et à s'endetter en yens pour acheter des obligations libellées en dollars australiens.

Ainsi, le non-respect de la PTI serait la manifestation d'un problème plus large, qualifié de « problème du peso » qui apparaît dans le cas d'événements rares associés à de violents mouvements de prix d'actifs. Les chercheurs ont constaté que les monnaies

Encadré 14.2 (suite)

ciblées par les opérateurs de *carry trade* sont particulièrement sujettes aux accidents brusques, tandis que les monnaies de financement sont souvent susceptibles de s'apprécier brutalement*.

Ajoutons que les brusques mouvements de change ont tendance à se produire lors des crises financières, épisodes au cours desquels les investisseurs subissent déjà de lourdes pertes. Dans de telles circonstances, les moins-values sur les positions de *carry trade* sont très difficiles à tenir et peuvent pousser les investisseurs à des ventes en détresse, ce qui a pour conséquence d'aggraver la crise**. Les crises seront beaucoup plus détaillées aux chapitres suivants ; pour l'heure, constatons simplement que l'effondrement du dollar australien fin 2008 s'est bien produit au beau milieu de la crise financière mondiale.

Les opérations de *carry trade* sont une vraie source d'inquiétudes pour la stabilité financière. En achetant massivement des obligations qui servent un taux d'intérêt élevé, les investisseurs poussent à l'appréciation de la monnaie cible. En cas de crise, la dépréciation n'en est que plus brutale, d'autant qu'alors les investisseurs se précipitent pour dénouer leur position et rembourser leur prêt ce qui renforce la tendance à la baisse. Au final, le résultat est une plus grande volatilité des taux de change en général, ainsi que la possibilité de lourdes pertes pour les investisseurs avec des répercussions négatives considérables sur les marchés boursiers, obligataires et interbancaires.

---

* Voir A. Craig Burnside, Martin Eichenbaum, Isaac Kleshchelski et Sergio T. Rebelo, « Do Peso Problems Explain the Returns to the Carry Trade? », *National Bureau of Economic Research Working Paper*, 14054, juin 2008 ; Markus K. Brunnermeier, Stefan Nagel et Lasse H. Pedersen, « Carry Trades and Currency Crashes », *NBER Macroeconomics Annual*, 23, 2008, p. 313-347 ; et Menzie Chinn, « The (Partial) Rehabilitation of Interest Rate Parity in the Floating Rate Era: Longer Horizons, Alternative Expectations, and Emerging Markets », *Journal of International Money and Finance*, 25, février 2006, p. 7-21.

** Voir Brunnermeier *et al.*, *ibid*.

Résumé

Le *taux de change* représente le prix d'une monnaie exprimé dans une autre monnaie. Les taux de change sont dits cotés *au certain* lorsque la monnaie domestique est exprimée en unités de monnaies étrangères, et cotés à l'incertain lorsque les monnaies étrangères sont exprimées en unités de monnaies domestiques. Le taux de change EUR/USD, par exemple, représente le prix en dollars d'un euro.

Les taux de change jouent un rôle fondamental en économie internationale car ils permettent d'exprimer les prix pratiqués dans différentes monnaies en termes comparables. Toutes choses égales par ailleurs, la *dépréciation* de la monnaie d'un pays par rapport aux autres monnaies – c'est-à-dire une diminution du prix en monnaies étrangères de la monnaie domestique ou une augmentation du prix en monnaie domestique des monnaies étrangères – rend les exportations de ce pays meilleur marché et ses importations plus coûteuses. Inversement, une *appréciation* de la monnaie d'un pays par rapport aux autres monnaies rend ses exportations plus coûteuses et ses importations meilleur marché.

Les taux de change sont déterminés sur *le marché des changes*. Les principaux opérateurs du marché sont les banques, les firmes multinationales, les institutions financières non bancaires et les banques centrales. Les banques jouent un rôle pivot sur ce marché, puisqu'elles facilitent les échanges de dépôts bancaires porteurs d'intérêts, qui représentent la plus grande part des échanges internationaux de monnaies. Bien que ces échanges se déroulent sur de nombreuses places financières à travers le monde, les technologies modernes permettent de relier ces places entre elles, ce qui crée un marché unique ouvert 24 heures sur 24.

Les échanges au comptant (marché *spot*) s'effectuent quasi immédiatement. Mais une part importante des échanges porte sur des contrats à terme, pour lesquels les parties s'accordent sur un échange de monnaies à une date future et à un taux de change prédéterminé.

Le taux de change représente un prix relatif entre deux actifs. C'est la raison pour laquelle il est plus approprié de le concevoir comme étant lui-même le prix d'un actif. La valorisation des actifs s'appuie sur le principe de base selon lequel leur valeur actuelle dépend du pouvoir d'achat anticipé offert dans le futur. Lorsque les épargnants doivent choisir les actifs à détenir, ils s'intéressent essentiellement à la *rentabilité anticipée*, au *risque* et à la *liquidité*. La rentabilité anticipée d'un actif peut se calculer en utilisant différentes unités de mesure. Les épargnants s'intéressent en particulier à la *rentabilité réelle* anticipée, qui retient comme unité de mesure un panier représentatif de biens et de services.

Pour pouvoir comparer la rentabilité des actifs domestiques et étrangers, les valeurs doivent être exprimées dans la même monnaie. Toutes choses égales par ailleurs, les acteurs du marché des changes préfèrent détenir les actifs qui offrent la meilleure rentabilité anticipée.

La rentabilité des dépôts bancaires, échangés sur le marché des changes, dépend des taux d'intérêt et des taux de change anticipés. Pour comparer les rentabilités anticipées offertes par les dépôts en euros et en dollars, il faut pouvoir les exprimer dans une même monnaie. Une solution consiste à convertir en euros la rentabilité des dépôts en dollars. Il suffit pour cela d'ajouter au taux d'intérêt en dollars le taux de dépréciation anticipé de l'euro par rapport au dollar (ou taux d'appréciation anticipé du dollar par rapport à l'euro) pour la période correspondant à la détention du dépôt.

L'équilibre du marché des changes nécessite que la *parité des taux d'intérêt* soit satisfaite. Autrement dit, les dépôts en euros, en dollars, en yens, etc. doivent offrir la même rentabilité anticipée, une fois tous les dépôts exprimés dans la même monnaie.

Pour des taux d'intérêt et un taux de change futur anticipé constants, la condition de parité des taux d'intérêt permet de déterminer le *taux de change d'équilibre*. Lorsque la rentabilité anticipée en euros des dépôts en dollars est supérieure à celle des dépôts en euros, alors l'euro se déprécie par rapport au dollar. Toutes choses égales par ailleurs, une dépréciation de l'euro aujourd'hui entraîne une baisse de la rentabilité anticipée en euros des dépôts en dollars, en diminuant le taux de dépréciation anticipé futur de l'euro par rapport au dollar. Symétriquement, si la rentabilité anticipée en euros des dépôts en dollars est inférieure à celle des dépôts en euros, alors l'euro s'apprécie immédiatement par rapport au dollar. Toutes choses égales par ailleurs, une appréciation de l'euro aujourd'hui rend les dépôts en dollars plus attractifs, en augmentant le taux de dépréciation anticipé futur de l'euro par rapport au dollar.

Toutes choses égales par ailleurs, une augmentation du taux d'intérêt en euros provoque une appréciation de l'euro par rapport au dollar, tandis qu'une augmentation du taux d'intérêt en dollars provoque une dépréciation de l'euro par rapport au dollar. Le taux de change courant est également influencé par les variations de son niveau anticipé : si ce dernier varie à la hausse, par exemple, alors le taux de change courant augmente aussi.

Activités

1. Un jambon-beurre coûte 5 euros à Paris, tandis qu'un hot-dog coûte 4 dollars à Boston. Considérons un taux de change de 1,25 dollar par euro. Quel est le prix d'un jambon-beurre en termes de hot-dog ? Toutes choses égales par ailleurs, comment ce prix relatif change-t-il si le taux de change s'établit à 1,1 dollar par euro ? Le hot-dog est-il devenu plus cher ou moins cher que le jambon-beurre ?

2. Supposons que sur le marché des changes un dollar américain (USD) s'échange contre 8 couronnes norvégiennes (NOK) et contre 2 franc suisse (CHF). Quel est le taux de change NOK/CHF ?

3. À partir des données du tableau 14.1, calculez les taux de change croisés EUR/CAD et GBP/DKK.

4. Quel est le taux de change à terme EUR/USD à 6 mois ? EUR/SEK à 1 an ? CAD/EUR à 3 mois ? GBP/USD à 1 mois ?

5. Le prix du pétrole est généralement exprimé en dollars américains sur le marché mondial. Le groupe japonais *Nippon Steel Chemical Group* doit importer du pétrole pour fabriquer des plastiques et d'autres produits. Comment les profits du groupe sont-ils affectés lorsque le yen se déprécie par rapport au dollar ?

6. Juste après l'introduction de l'euro, le montant des transactions de changes impliquant l'euro était-il plus ou moins élevé que le montant des transactions, avant 1999, impliquant au moins une des 11 monnaies nationales d'origine ?

7. Calculez la rentabilité annuelle en euros des actifs suivants :

   a. Une toile de maître dont le prix est passé de 200 000 € à 250 000 € en un an.

   b. Une bouteille millésimée de Bourgogne dont le prix est passé de 225 € à 275 € en un an.

   c. Un dépôt de 10 000 £ dans une banque à Londres pendant un an, si le taux d'intérêt en livres est de 10 % et si le taux de change GBP/EUR passe de 1,50 à 1,38 euro par livre.

8. Quelle est la rentabilité réelle des actifs précédents si les variations de prix décrites s'accompagnent d'une hausse simultanée de 10 % de tous les prix en euros ?

9. Supposons que les taux d'intérêt annuels en euros et en livres soient identiques à 5 %. Quelle relation existe-t-il entre le taux de change d'équilibre GBP/EUR au comptant et son niveau futur anticipé ? Supposez que le taux de change anticipé GBP/EUR reste constant à 1,52 euro par livre, tandis que le taux d'intérêt annuel britannique augmente pour atteindre 10 %. Si le taux d'intérêt dans la zone euro reste constant, quel est le nouveau taux de change d'équilibre GBP/EUR ?

10. Supposons que le taux de change à un an EUR/USD soit de 1,26 dollar par euro et que le taux de change au comptant se situe à 1,2 dollar par euro. Quel est le taux de dépréciation de l'euro ? Quelle est la différence entre le taux d'intérêt des dépôts en dollars à un an et le taux d'intérêt des dépôts en euros à un an ?

11. Les opérateurs du marché des actifs apprennent soudainement que le taux d'intérêt en dollars va baisser dans un futur proche. On suppose que les taux d'intérêt des dépôts en dollars et en euros restent constants. En vous aidant d'une analyse graphique semblable à celle qui est présentée dans ce chapitre, déterminez les effets de cette annonce sur le taux de change courant.

12. Montrez formellement que le taux de dépréciation (ou d'appréciation) est différent selon qu'on retient un taux de change coté au certain ou à l'incertain.

13. Nous avons précisé, dans ce chapitre, qu'il était possible de développer l'analyse graphique de l'équilibre du marché des changes en adoptant une perspective américaine. Sur l'axe vertical, on trouve maintenant le taux de change EUR/USD. La fonction

verticale au niveau $R_\$$ indique cette fois la rentabilité en dollars des dépôts en dollars. Montrez que la rentabilité en dollars des dépôts en euros est décroissante. Étudiez ensuite les effets des variations des taux d'intérêt et du taux de change anticipé futur. Vos résultats sont-ils compatibles avec ceux qui sont obtenus en adoptant une perspective européenne ?

14. Reprenez l'exercice précédent, mais cette fois en conservant la perspective européenne et en considérant des taux de change cotés au certain dans la zone euro. Autrement dit, l'axe vertical représente le taux de change EUR/USD et la fonction verticale au niveau $R€$ indique la rentabilité en euros des dépôts en euros. Montrez que la rentabilité en euros des dépôts en dollars est croissante.

15. L'article suivant est extrait du quotidien *Les Echos* du 9 janvier 2006 (« Cette fois-ci, le dollar baissera ») :

« *The Economist* revient cette semaine sur le dollar : "*Pour Bill Gates, Warren Buffett et nombre de moulineurs de chiffres à Wall Street, le dollar a offert l'une des plus méchantes surprises de l'année 2005. Les deux hommes les plus riches du monde et la plupart des observateurs des marchés financiers prévoyaient que le billet vert chuterait l'année dernière, plombé par le déficit colossal des comptes courants américains.*" Mais tous ces augures ont eu tort. En 2005, le dollar a gagné 14 % face à l'euro et au yen. Du coup, les prévisionnistes sont beaucoup plus prudents pour 2006. Ils voient le dollar à 1,25 euro à la fin de l'année. Car ils estiment que s'ils se sont trompés l'an dernier, c'est parce qu'ils n'avaient pas assez pris en compte l'écart des taux d'intérêt à court terme, qui s'est accru l'an dernier entre les États-Unis (4,25 % en décembre) et la zone euro (2,25 %). Et cet écart restera présent cette année, même s'il diminuera au second semestre.

Oui, mais voilà, "*au vu des premiers jours de 2006, ces prévisions pourraient bien se révéler trop optimistes*", relève l'hebdomadaire londonien. Le dollar a sérieusement glissé. Les marchés financiers prévoient désormais un écart moins grand entre taux américains et européens. »

a. Dans quelle mesure le différentiel de taux d'intérêt entre les États-Unis et la zone euro explique-t-il l'appréciation du dollar ?

b. Quel facteur supplémentaire, intervenant dans la détermination du taux de change, peut aider à expliquer les variations du taux de change ?

16. Quels éléments pourraient laisser penser que les dépôts en dollars sont plus liquides que les dépôts dans d'autres monnaies ? Comment ces différences de liquidités influent-elles sur le différentiel d'intérêt entre les dépôts en dollars et en pesos mexicains, par exemple ? Qu'est-ce qui pourrait modifier le degré de liquidité des dépôts en euros ou en yens ?

17. En octobre 1979, la Réserve fédérale américaine a annoncé qu'elle interviendrait moins pour limiter les fluctuations des taux d'intérêt américains. Après la mise en œuvre de cette nouvelle politique, les taux de change du dollar par rapport aux autres monnaies sont devenus plus volatils. D'après l'analyse que nous avons faite du marché des changes, existe-t-il une relation entre ces deux événements ?

18. Imaginons que, partout dans le monde, chaque individu doive payer une taxe de τ% sur les intérêts et les plus-values dus aux variations des taux de change. Comment une telle taxe modifie-t-elle l'analyse de la condition de parité des taux d'intérêt ? Et si la taxe s'applique aux intérêts, mais pas aux plus-values ?

19. Les firmes multinationales possèdent souvent des usines dans de nombreux pays. Par conséquent, elles peuvent délocaliser leur production des zones les plus coûteuses vers les zones les moins coûteuses, en fonction des différents changements économiques. Lorsqu'une entreprise transfère une partie de sa production à l'étranger, il s'agit d'une délocalisation (*outsourcing*). Si l'euro se déprécie, quel sera le comportement des entreprises européennes en matière de délocalisation ? Détaillez votre réponse et donnez un exemple.

20. Dans ce chapitre, nous avons pris comme illustration le cas où la Fnac devait se couvrir contre la dépréciation de l'euro. En utilisant le résultat présenté en annexe, déterminez le taux à terme EUR/JPY qui respecte la PTIC.

Annexe du chapitre 14

Les taux de change à terme et la parité des taux d'intérêt couverte (PTIC)

Cette annexe explique comment les taux de change à terme sont déterminés. Sous l'hypothèse que la parité des taux d'intérêt est vérifiée, celui-ci est égal au taux de change au comptant anticipé pour le jour d'échéance du contrat à terme.

Dans un premier temps, nous allons mettre en évidence la relation étroite qui lie le taux de change à terme entre deux monnaies, le taux de change au comptant et les taux d'intérêt qu'offrent les dépôts bancaires libellés dans ces deux monnaies. Cette relation est explicitée par la condition de parité des taux d'intérêt couverte (PTIC). Celle-ci est semblable à la condition de parité (non couverte) des taux d'intérêt – qui permet de déterminer le taux de change d'équilibre –, mais elle retient le taux de change à terme plutôt que le taux de change au comptant anticipé.

Supposons qu'un investisseur souhaite réaliser un dépôt d'un an en dollars, mais qu'il veuille être certain de la valeur en euros de ce dépôt à la fin de l'année. Pour éviter tout risque de change, il peut réaliser un dépôt en dollars et, dans le même temps, vendre le montant de ce placement à terme. L'investisseur est dans ce cas couvert ; il ne craint pas une dépréciation non anticipée du dollar.

D'après la condition de parité des taux d'intérêt couverte, la rentabilité des dépôts en euros et des dépôts « couverts » en monnaies étrangères doit être la même. L'exemple suivant nous permet d'illustrer la signification de cette condition et de montrer pourquoi elle doit toujours être satisfaite. Soit F, le prix à un an d'un dollar en euros (c'est-à-dire le taux de change à l'incertain de l'euro contre le dollar). Supposons que $F = 0{,}90$ euro par dollar, que dans le même temps le taux de change au comptant $E = 0{,}93$ euro par dollar, et que $R_\$ = 0{,}08$ et $R_€ = 0{,}04$. Quelle est la rentabilité d'un dépôt en dollars couvert ?

Un dépôt de 1 $ coûte 0,93 € aujourd'hui et vaudra 1,08 $ dans un an. Si vous vendez aujourd'hui 1,08 $ à terme au taux de change de 0,90 euro par dollar, alors, à la fin de l'année, votre placement atteindra une valeur en dollars de (0,90 € par $) × (1,08 $) = 0,972 €. La rentabilité de l'achat avec couverture d'un dépôt en dollars exprimé en euros est alors (0,972 – 0,93)/0,93 = 0,045. Ce taux annuel de 4,5 % est supérieur au taux de rentabilité de 4 % offert par les dépôts en euros. La parité des taux d'intérêt couverte n'est donc pas vérifiée. Dans ces circonstances, personne ne voudra détenir des dépôts en euros, préférant les dépôts en dollars couverts.

De façon formelle, nous pouvons exprimer la rentabilité couverte sur les dépôts en euros comme

$$[F \times (1 + \mathrm{R}_\$) - E]/E \qquad (14A.1)$$

ce qui est approximativement égal à

$$R_{\$} + (F - E)/E \qquad (14A.2)$$

lorsque le produit $R_{\$} \times (F - E)/E$ est petit. La condition de parité des taux d'intérêt couverte peut, dès lors, s'écrire

$$R_{€} = R_{\$} + (F - E)/E \qquad (14A.3)$$

La quantité $(F - E) / E$ est appelée *taux de déport* (on parle aussi de prime à terme du dollar par rapport à l'euro ou d'escompte à terme de l'euro par rapport au dollar). La PTIC peut alors s'énoncer comme suit : le taux d'intérêt sur les dépôts en euros est égal au taux d'intérêt sur les dépôts en dollars, auquel s'ajoute le taux de déport.

Il existe des résultats empiriques solides qui confirment que la PTIC est vérifiée pour les dépôts libellés dans différentes monnaies lorsqu'ils sont émis sur une même place financière (en fait, les *traders* sur le marché des changes déterminent souvent leur cotation du taux de change à terme en prenant en compte les taux d'intérêt et les taux de change au comptant, et en appliquant la formule de parité des taux d'intérêt couverte).[14] Des déviations par rapport à la PTIC peuvent intervenir cependant lorsque les détenteurs d'actifs craignent que les autorités publiques ne restreignent la libre circulation des capitaux. Notre formulation de la PTIC suppose implicitement qu'il n'existe pas de risque de ce type. En pratique, des écarts à la PTIC peuvent aussi apparaître si les opérateurs sur les marchés redoutent une faillite bancaire généralisée.[15]

En comparant la parité des taux d'intérêt (non couverte),

$$R_{€} = R_{\$} + (E^e - E)/E$$

avec la parité des taux d'intérêt couverte, il apparaît que les deux conditions se vérifient simultanément si le taux de change euro contre dollar à un an, coté aujourd'hui, est égal au taux de change au comptant anticipé par le marché dans un an :

$$F = E^e \qquad (14A.4)$$

Cette égalité semble évidente. Lorsque deux parties s'accordent pour échanger des monnaies à une date donnée dans le futur, le taux de change dont elles conviennent correspond au taux au comptant qui, selon leur anticipation, doit s'appliquer à cette date. Il est important cependant de garder à l'esprit la différence fondamentale qui existe entre les transactions

14. Voir notamment Franck McCormick, « Covered Interest Arbitrage : Unexploited Profits ? Comment », *Journal of Political Economy*, 87, avril 1979, p. 411-417 ; Kevin Clinton, « Transactions Costs and Covered Interest Arbitrage : Theory and Evidence », *Journal of Political Economics*, 96, avril 1988 p. 358-370.

15. Pour une analyse du rôle du risque politique dans le marché des changes, voir Robert Z. Aliber, « The Interest Parity Theorem : A Reinterpretation », *Journal of Political Economy*, 81, novembre/décembre 1973, p. 1451-1459. La crainte que les dépôts bancaires ne soient plus véritablement sans risque était bien présente sur les marchés au plus fort de la crise à l'automne 2008. Voir à ce sujet Naohiko Baba et Frank Packer, « Interpreting Deviations from Covered Interest Parity During the Financial Market Turmoil of 2007-2008 », *Bank for International Settlements Working Paper*, n° 267, décembre 2008. Ces événements sont traités plus en détail au chapitre 21.

couvertes et celles non couvertes : les premières sont exposées au risque de change, alors que les secondes ne le sont pas.[16]

La théorie de la parité des taux d'intérêt couverte nous permet de comprendre la forte corrélation qui existe entre les variations des taux de change au comptant et à terme illustrée par la figure 14.2. Cette corrélation se vérifie typiquement pour toutes les principales monnaies. Les événements économiques non anticipés affectent la rentabilité anticipée des actifs. Mais ils ont souvent un effet relativement faible au niveau international sur les différences de taux d'intérêt entre les dépôts à maturité courte (par exemple à trois mois). Ainsi, pour que la PTIC soit respectée, les taux au comptant et à terme de même maturité doivent évoluer dans des proportions globalement identiques.

Nous allons conclure cette annexe en présentant une autre application de la PTIC. Pour illustrer le rôle des taux de change à terme, nous avons pris l'exemple de la Fnac qui souhaite importer des baladeurs MP3 japonais et s'interroge sur le taux de change euros contre yens auquel elle devra faire face dans trente jours lorsqu'elle devra payer son fournisseur. Dans notre exemple, la Fnac résolvait le problème en vendant à terme des euros contre des yens, le montant en euros correspondant au coût total des baladeurs MP3. Mais elle aurait pu aborder cette question d'une autre façon, un peu plus compliquée. La Fnac aurait pu :

1. Emprunter des euros auprès de sa banque.
2. Vendre immédiatement ces euros contre des yens au taux de change au comptant et placer ces yens à 30 jours sur un dépôt bancaire en yens.
3. Passé 30 jours, utiliser le montant de son dépôt arrivé à maturité pour régler son fournisseur japonais.
4. Utiliser une partie du revenu de la vente des baladeurs MP3 pour rembourser la dette initialement souscrite en euros.

Quel type d'opération est plus profitable pour la Fnac : l'achat de yens à terme ou la séquence de transactions décrite précédemment ? En fait, les deux stratégies sont équivalentes lorsque la parité des taux d'intérêt couverte est vérifiée.

16. Nous avons indiqué que la parité des taux d'intérêt (non couverte), bien qu'elle représente une simplification très utile, ne se vérifiait pas toujours lorsque le risque de change influençait la demande sur le marché des changes. C'est pourquoi le taux à terme peut différer du taux au comptant futur anticipé d'un facteur risque, même si la parité des taux d'intérêt couverte se vérifie. Comme nous l'avons déjà mentionné, le rôle du risque dans la détermination des taux d'intérêt est étudié plus précisément au chapitre 18.

Chapitre 15

Monnaie, taux d'intérêt et taux de change

Objectifs pédagogiques :

- Décrire le fonctionnement du marché monétaire sur lequel les taux d'intérêt sont déterminés.
- Montrer comment la politique monétaire et les taux d'intérêt influent sur le marché des changes.
- Distinguer la position à long terme d'une économie et sa position à court terme, pour laquelle les prix et les salaires sont rigides.
- Expliquer comment le niveau général des prix et le taux de change répondent aux facteurs monétaires à long terme.
- Décrire la relation entre les effets à court terme et à long terme de la politique monétaire et expliquer le concept de surréaction du taux de change à court terme.

Nous avons montré au chapitre 14 que le taux de change entre deux monnaies dépend de deux facteurs : les taux d'intérêt offerts sur les dépôts bancaires libellés dans ces monnaies et le taux de change futur anticipé. Cependant, pour comprendre dans le détail de quelle façon les taux de change sont déterminés, il est nécessaire d'examiner comment les taux d'intérêt sont eux-mêmes définis et comment se forment les anticipations sur les taux de change futurs. Dans les deux prochains chapitres, nous allons étudier ces différents problèmes en construisant un modèle économique qui lie le taux de change aux taux d'intérêt et à d'autres variables macroéconomiques fondamentales, comme le taux d'inflation et le produit intérieur.

Dans la première étape de construction du modèle, nous allons expliquer les effets de l'offre et de la demande de monnaie sur les taux d'intérêt et sur le taux de change. Étant donné que le taux de change représente les prix relatifs de deux monnaies, les éléments qui influent sur l'offre et la demande de monnaie correspondent aussi aux déterminants principaux du taux de change.

Les événements monétaires ont un double effet sur le taux de change : ils modifient les taux d'intérêt et les anticipations sur les taux de change futurs. Les anticipations de change sont étroitement liées aux anticipations sur les prix nominaux des biens et des services, qui dépendent à leur tour des variations de l'offre et de la demande de monnaie. Pour étudier les effets de la monnaie sur le taux de change, il est par conséquent indispensable d'examiner comment les facteurs monétaires influent sur les prix des biens ainsi que sur les taux d'intérêt. Les anticipations qui se forment sur les taux de change futurs ne dépendent évidemment pas que de facteurs monétaires.

Les facteurs non monétaires seront analysés plus précisément au chapitre suivant.

Après avoir exposé les théories et les déterminants de l'offre et de la demande de monnaie, nous les utiliserons pour étudier comment l'offre et la demande déterminent les taux d'intérêt d'équilibre. Ensuite, nous associerons la condition de parité des taux d'intérêt à notre modèle de détermination du taux d'intérêt. Cela nous permettra de voir en détail les effets des variations monétaires sur le taux de change, étant donné le niveau général des prix, le produit intérieur et les anticipations du marché. Enfin, nous évoquerons les effets à long terme des variations monétaires sur niveau général des prix et sur les taux de change futurs.

1 Définition et fonctions de la monnaie

Nous sommes tellement habitués à utiliser la monnaie que nous n'avons même plus conscience du rôle essentiel qu'elle joue dans la plupart de nos transactions quotidiennes. En fait, la meilleure façon pour prendre conscience de l'utilité de la monnaie consiste à imaginer ce que la vie économique serait sans elle. Dans cette section, nous allons justement étudier une économie sans monnaie. Notre objectif est de distinguer la monnaie des autres actifs et de mettre en lumière les caractéristiques qui incitent les individus à en détenir. Ces caractéristiques sont la base de l'analyse de la demande de monnaie[1].

1.1 La monnaie comme moyen d'échange

La fonction principale de la monnaie est de servir de *moyen d'échange*. La monnaie est un mode de paiement largement reconnu et accepté par tous. Une telle fonction est primordiale. Pour s'en convaincre, il suffit d'imaginer une économie où le seul type de transaction possible serait le troc – c'est-à-dire l'échange direct de biens et de services contre d'autres biens et services. Quelle perte de temps il en résulterait pour les consommateurs : pour faire réparer sa voiture, par exemple, votre professeur devrait trouver un garagiste qui soit à la recherche de leçons d'économie !

La monnaie, parce qu'elle est universellement reconnue et acceptée, permet d'éliminer les coûts de recherche énormes engendrés par un système de troc. Elle permet à une personne qui produit des biens et des services de les vendre à une autre personne qui souhaite les consommer. Une économie moderne et complexe ne pourrait fonctionner correctement sans moyen de paiement standardisé et pratique à utiliser.

1.2 La monnaie comme unité de compte

La deuxième fonction importante de la monnaie est d'être une *unité de compte*, c'est-à-dire une mesure de valeur largement reconnue. C'est cette fonction que nous avons étudiée au chapitre 14 : les prix des biens, des services et des actifs y sont exprimés en termes monétaires. En particulier, les taux de change permettent de convertir les prix monétaires des différents pays en termes comparables.

La convention qui consiste à exprimer les prix en termes monétaires permet de simplifier la comparaison des prix des différents biens. Au chapitre 14, nous avons procédé à

1. Pour une analyse approfondie, voir Frederic Mishkin, Christian Bordes, Pierre-Cyrille Hautcœur, Dominique Lacoue-Labarthe et Xavier Ragot, *Monnaie, banques et marchés financiers*, 9e édition, Pearson Education, 2010.

des comparaisons internationales du prix des biens produits dans différents pays en utilisant les taux de change. Nous serions astreints au même genre de calculs plusieurs fois par jour si les prix des différents biens d'un même pays n'étaient pas exprimés dans une unité de compte standardisée. Calculer les prix relatifs de chaque bien et service en fonction de plusieurs autres biens et services, comme le prix d'une part de pizza en termes de bananes, serait fastidieux, voire impossible dans de nombreux cas. L'avantage d'utiliser la monnaie comme unité de compte est manifeste.

1.3 La monnaie comme réserve de valeur

La monnaie permet de transférer du pouvoir d'achat du présent vers le futur : il s'agit donc aussi d'un actif, d'*une réserve de valeur*. Cette fonction est essentielle pour tout moyen d'échange, parce que personne ne l'accepterait en paiement si sa valeur en termes de biens et services disparaissait trop rapidement.

L'utilité de la monnaie comme moyen d'échange en fait automatiquement l'actif le plus liquide qui puisse exister. Un actif est dit liquide lorsqu'il peut être transformé rapidement en biens et services sans coût de transaction élevé ; c'est le cas des frais de courtage (voir chapitre 14). Puisque la monnaie est facilement acceptée comme moyen de paiement, elle sert de référence pour la détermination du degré de liquidité des autres actifs.

1.4 Qu'est-ce que la monnaie ?

Les pièces et les billets, c'est-à-dire les espèces ou le numéraire, constituent la monnaie fiduciaire. Celle-ci ne représente qu'une petite part de la monnaie. Les dépôts bancaires, sur lesquels des chèques peuvent être tirés, font également partie de la monnaie : on parle de monnaie scripturale. Ils représentent des moyens de paiement largement acceptés qui peuvent être transférés à faible coût d'un individu à un autre. Les actifs, comme les biens immobiliers, ne sont pas considérés comme de la monnaie, car à l'inverse des espèces et des dépôts à vue ils ne remplissent pas le critère fondamental de la liquidité.

Dans cet ouvrage, lorsque nous parlons d'offre de monnaie, nous nous référons à l'agrégat monétaire que la banque centrale (dans l'Union européenne, la Banque centrale européenne, aux États-Unis, la Réserve fédérale) appelle l'agrégat monétaire M1. Il s'agit du montant total des espèces en circulation (pièces et billets, ce que l'on appelle la monnaie fiduciaire) et des dépôts à vue détenus par les ménages et les entreprises. En juin 2011, dans la zone euro, M1 atteint près de 4 762 milliards d'euros. Une mesure élargie de l'offre de monnaie, l'agrégat M2 (8 516 milliards d'euros), inclut, en plus de M1, les placements qui sont disponibles à tout moment mais qui doivent être convertis au préalable. Ces placements sont donc moins liquides que les actifs qui composent M1. Une mesure encore plus large de la monnaie, appelée M3 (9 690 milliards d'euros), est aussi prise en compte par la BCE et intègre, en plus de M2, les titres négociables émis par les institutions financières monétaires (comme des OPCVM monétaires par exemple). La frontière entre la monnaie et la quasi-monnaie est en général définie de façon relativement arbitraire, aussi fait-elle l'objet de nombreuses controverses.

Les dépôts bancaires d'un montant important, qui sont échangés par les acteurs du marché des changes, ne sont pas considérés comme faisant partie de l'offre de monnaie. Ils sont en effet moins liquides que la monnaie et ne servent pas à financer des transactions courantes.

1.5 Comment l'offre de monnaie est-elle déterminée ?

L'offre de monnaie est contrôlée par la banque centrale. Cette dernière réglemente directement le montant des espèces disponibles et possède un contrôle indirect sur le montant des dépôts à vue émis par les banques. Les procédures grâce auxquelles les banques centrales contrôlent l'offre de monnaie sont complexes. C'est pourquoi nous supposerons désormais que la banque centrale détermine simplement le niveau de l'offre de monnaie qu'elle souhaite. Nous aborderons cette question plus en détail au chapitre 18.

2 La demande individuelle de monnaie

Tournons-nous à présent vers les facteurs qui déterminent le montant de monnaie que les personnes souhaitent détenir. Les déterminants de la demande individuelle de monnaie peuvent dériver de la théorie de la demande d'actifs que nous avons étudiée au chapitre précédent.

Nous avons vu que les particuliers fondaient leur demande sur trois caractéristiques de l'actif : i) sa rentabilité anticipée comparée aux rentabilités offertes par les autres actifs, ii) son risque, iii) sa liquidité.

La liquidité joue un faible rôle dans la détermination de la demande relative des actifs échangés sur le marché des changes. En revanche, les ménages et les entreprises ne détiennent de la monnaie que pour des raisons de liquidité. Pour comprendre comment ils choisissent le montant de monnaie à détenir, nous devons analyser la façon dont chacun des trois critères précédents influe sur la demande de monnaie.

2.1 La rentabilité anticipée

La monnaie ne porte pas intérêt. Les dépôts à vue offrent parfois des intérêts, mais les taux sont bien inférieurs à ceux offerts par les actifs moins liquides. Lorsqu'un agent détient de la monnaie, il renonce au taux d'intérêt plus élevé qu'il aurait pu obtenir en plaçant sa richesse dans une obligation d'État, un dépôt à terme ou tout autre actif relativement peu liquide, comme des timbres de collection ou de l'immobilier. Lorsque nous parlons « du » taux d'intérêt, nous faisons référence à ce taux d'intérêt auquel les individus renoncent. En effet, le taux d'intérêt sur les espèces est nul et le taux des dépôts à vue est relativement stable. Aussi, la différence de rentabilité entre la monnaie en général et les actifs alternatifs moins liquides se reflète-t-elle dans le taux d'intérêt du marché : plus le taux d'intérêt est élevé, plus grand est le sacrifice financier à détenir sa richesse sous forme de monnaie.[2]

---

2. De nombreux actifs peu liquides, parmi ceux que les particuliers peuvent choisir, offrent des revenus sous une autre forme que les intérêts. La rentabilité des actions, par exemple, est composée des dividendes versés et de la plus ou moins-value en capital. La rentabilité d'une maison de campagne est fonction, éventuellement, du gain en capital et du plaisir à y passer ses vacances. L'hypothèse qui sous-tend notre analyse de la demande de monnaie peut s'énoncer ainsi : une fois que le risque a été pris en compte, tous les actifs, autres que la monnaie, offrent une rentabilité anticipée (mesuré en termes monétaires) égale au taux d'intérêt. Cette hypothèse nous permet d'utiliser le taux d'intérêt pour représenter la rentabilité à laquelle un individu renonce lorsqu'il détient de la monnaie plutôt qu'un actif moins liquide.

Supposons, par exemple, que le taux d'intérêt sur un bon du Trésor français s'élève à 10 % par an. Si un agent prélève 10 000 € sur sa richesse pour acheter des bons du Trésor, l'État français lui versera 11 000 € à la fin de l'année de détention. Mais s'il choisit de garder ces 10 000 € en espèces dans un coffre à la banque, il renonce à ces 1 000 € d'intérêts qu'il aurait pu gagner en achetant les bons du Trésor. Il a ainsi sacrifié un taux d'intérêt de 10 % en choisissant de détenir 10 000 € sous forme de monnaie.

La théorie de la demande d'actifs, que nous avons développée au chapitre précédent, nous permet de comprendre comment les variations des taux d'intérêt influent sur la demande de monnaie. Par ailleurs, les individus préfèrent détenir les actifs offrant la meilleure rentabilité. Supposons que les taux d'intérêt augmentent. Nous savons qu'une hausse du taux d'intérêt correspond à une hausse de la rentabilité des actifs moins liquides que la monnaie. Les agents préfèrent donc détenir une plus grande part de leur richesse en actifs peu liquides, qui vont leur rapporter le taux d'intérêt du marché, et une moins grande part de leur richesse sous forme de monnaie. Nous pouvons ainsi conclure que, *toutes choses égales par ailleurs, une hausse des taux d'intérêt entraîne une baisse de la demande de monnaie*.

Nous pouvons aussi aborder l'influence du taux d'intérêt sur la demande de monnaie en introduisant le concept économique de coût d'opportunité. Il s'agit du revenu qui est sacrifié en choisissant un type d'action plutôt qu'un autre. Le taux d'intérêt mesure le coût d'opportunité associé au fait de détenir de la monnaie plutôt que des obligations portant intérêts. Une hausse du taux d'intérêt entraîne alors une augmentation du coût d'opportunité de la détention de monnaie. Elle réduit en conséquence la demande de monnaie.

2.2 Risque

Le risque ne représente pas un facteur important dans la demande de monnaie. Il est, bien entendu, risqué de détenir de la monnaie, puisqu'une hausse imprévisible du prix des biens et des services peut réduire la valeur de la monnaie en termes de pouvoir d'achat. Cependant, les actifs portant intérêts, comme les obligations d'État, présentent des valeurs nominales fixes en termes monétaires. La même hausse inattendue des prix diminue donc aussi la valeur réelle de ces actifs, et du même pourcentage que pour la monnaie. Puisque toute variation du risque de la monnaie entraîne une variation identique du risque des obligations, une augmentation de ce risque n'incite pas les individus à limiter leur demande de monnaie, ni à augmenter leur demande d'actifs portant intérêts.

2.3 Liquidité

Le principal avantage que présente la détention de monnaie réside dans la liquidité qu'elle procure. Les ménages et les entreprises en détiennent parce que c'est le meilleur moyen pour financer leurs achats courants. Certains achats de gros montant peuvent, certes, être financés grâce à la vente d'un actif de valeur non liquide. Par exemple, un collectionneur peut vendre une partie de ses œuvres d'art pour acheter une maison. Cependant, pour financer une série de petites dépenses, à des dates diverses et pour des montants variés, il est préférable de détenir un certain montant de monnaie.

Le besoin de liquidité d'un individu croît si la valeur moyenne de ses transactions courantes augmente. Nous pouvons en conclure qu'*une hausse de la valeur moyenne des transactions courantes effectuées par un ménage ou une entreprise entraîne une hausse de la demande de monnaie.*

3 La demande globale de monnaie

Nous avons vu comment les individus et les entreprises déterminent leur demande de monnaie. Nous pouvons maintenant en déduire les déterminants de la demande globale de monnaie. Il s'agit de la demande totale de monnaie émanant de tous les ménages et de toutes les entreprises de l'économie, soit la somme de toutes les demandes individuelles. Plus que la demande individuelle de monnaie, c'est la demande globale qui nous intéresse pour comprendre les déterminants et les effets des taux de change. Aussi, pour faire court, nous ferons souvent référence à **la demande de monnaie** , sans préciser qu'il s'agit de la demande globale de monnaie.

Trois facteurs principaux déterminent la demande de monnaie :

1. *Le taux d'intérêt.* Une hausse du taux d'intérêt incite chaque particulier à réduire sa demande de monnaie. Toutes choses égales par ailleurs, la demande de monnaie diminue lorsque les taux d'intérêt augmentent.
2. *Le niveau général des prix.* Il s'agit du prix d'un large panier de biens et de services de référence, exprimé en termes monétaires. Souvent, le panier de référence contient des éléments de consommation courante, comme la nourriture, les vêtements et le logement, mais aussi des éléments moins courants, comme les soins médicaux et les frais d'avocat. Si le niveau général des prix augmente, les ménages et les entreprises vont dépenser une plus grande quantité de monnaie pour acquérir leur panier habituel de biens et de services. Pour s'assurer du même niveau de liquidité qu'avant la hausse des prix, ils devront détenir une plus grande quantité de monnaie.
3. *Le produit intérieur.* Lorsque le PIB réel augmente, un plus grand nombre de biens et de services sont vendus dans l'économie. Cette croissance de la valeur réelle des transactions entraîne une hausse de la demande de monnaie, le niveau général des prix étant donné.

Soit P le niveau général des prix, R le taux d'intérêt, et Y le PIB réel, la demande de monnaie, M^d, peut s'écrire :

$$M^d = P \times L(R,Y) \tag{15.1}$$

où $L(R,Y)$ est une fonction décroissante de R et une fonction croissante de Y.[3] Pourquoi spécifier que la demande de monnaie est proportionnelle au niveau général des prix ? Pour le comprendre, il suffit d'imaginer que tous les prix de l'économie doublent, tandis que le taux d'intérêt et les revenus réels de chacun demeurent constants. La valeur monétaire des

3. $L(R,Y)$ diminue lorsque R augmente, et croît lorsque Y croît. Bien sûr, $L(R,Y)$ croît lorsque R diminue, et décroît lorsque Y décroît.

transactions courantes moyennes pour chaque individu va simplement doubler, et il en sera de même pour le montant de monnaie que chacun va souhaiter détenir.

L'équation (15.1) de la demande de monnaie est généralement écrite sous la forme équivalente suivante :

$$M^d/P = L(R,Y) \tag{15.2}$$

où $L(R,Y)$ est appelée demande réelle de monnaie, ou demande d'encaisses réelles. Cette façon d'exprimer la demande de monnaie met en évidence que celle-ci ne correspond pas au besoin d'un certain nombre d'unités monétaires, mais bien d'un certain pouvoir d'achat réel sous une forme liquide. Le ratio Md/P – c'est-à-dire la valeur des encaisses monétaires désirées, exprimée en fonction du panier de biens de référence – est égal au pouvoir d'achat réel que les individus souhaitent détenir sous forme liquide. Par exemple, si les agents souhaitent détenir 1 000 € en espèces pour un niveau de prix de 100 € pour le panier de biens, la détention réelle de monnaie sera équivalente à 1 000 € / (100 € par panier) = 10 paniers. Si le niveau général des prix double et atteint 200 € par panier, le pouvoir d'achat des 1 000 € en espèces sera diminué de moitié puisqu'il ne vaudra plus que 5 paniers.

La figure 15.1 illustre la variation de la demande réelle de monnaie en fonction du taux d'intérêt, pour un niveau donné de revenu réel, *Y*. La courbe de demande réelle $L(R,Y)$ est décroissante car une baisse des taux d'intérêt incite chaque ménage et chaque entreprise de l'économie à détenir une plus grande quantité réelle de monnaie.

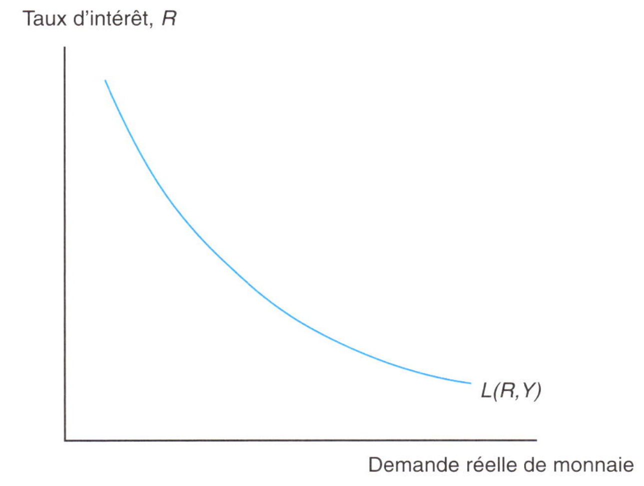

Figure 15.1 – La demande réelle de monnaie et le taux d'intérêt.
La demande réelle de monnaie suit une courbe décroissante en *R*, le taux d'intérêt : pour un niveau donné de revenu réel, *Y*, elle augmente lorsque le taux d'intérêt baisse.

Pour un niveau donné du PIB réel, les variations du taux d'intérêt entraînent un déplacement de la demande de monnaie le long de la courbe $L(R,Y)$. En revanche, une variation du PIB réel conduit à un déplacement de la courbe de demande dans sa totalité. La figure 15.2 illustre comment une hausse de Y^1 à Y^2 du PIB réel influe sur la position de la courbe de demande réelle de monnaie : la courbe $L(R,Y^2)$ se situe à droite et au-dessus de $L(R,Y^1)$, pour Y^2 supérieur à Y^1. En effet, un accroissement du PIB réel entraîne une hausse de la demande réelle de monnaie.

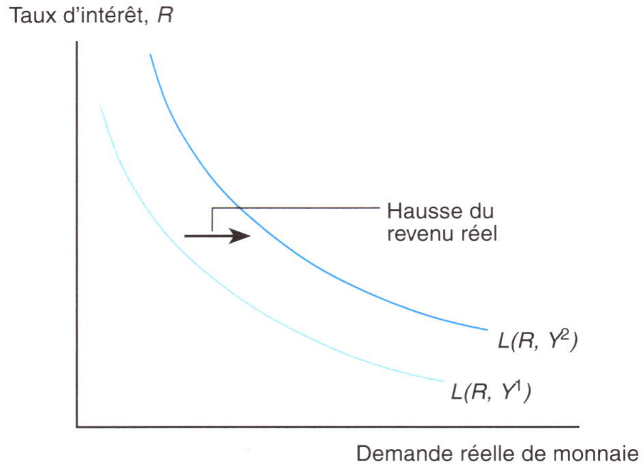

Figure 15.2 – L'effet d'une hausse du revenu réel sur la courbe de la demande de monnaie.
Une hausse du revenu réel de Y^1 à Y^2 accroît les niveaux d'équilibre de la demande réelle de monnaie pour tous les niveaux de taux d'intérêt ; cela entraîne un déplacement vers le haut de la courbe de demande.

4 Taux d'intérêt d'équilibre : l'interaction entre l'offre et la demande de monnaie

Le marché monétaire est à l'équilibre lorsque l'offre de monnaie de la banque centrale est égale à la demande de monnaie. Dans cette section, nous allons étudier comment le taux d'intérêt est déterminé par l'équilibre du marché monétaire, étant donné le niveau général des prix et le produit intérieur. Nous supposerons temporairement que ni le niveau général des prix ni le produit intérieur ne sont sensibles aux variations monétaires.

4.1 Équilibre du marché monétaire

Soit M^s l'offre de monnaie, la condition d'équilibre du marché monétaire s'écrit :

$$M^s = M^d \tag{15.3}$$

En divisant chaque membre de cette égalité par le niveau général des prix, nous pouvons exprimer la condition d'équilibre du marché monétaire en termes réels comme suit :

$$Ms/P = L(R,Y) \qquad (15.4)$$

Étant donné le niveau général des prix, *P*, et le produit intérieur, *Y*, le taux d'intérêt d'équilibre correspond à celui pour lequel la demande réelle de monnaie égale l'offre réelle de monnaie.

À la figure 15.3, la courbe de demande réelle de monnaie croise la courbe d'offre réelle au point 1. Cela permet de déterminer le taux d'intérêt d'équilibre R^1. La courbe d'offre réelle est verticale en M^s/P, car M^s est le résultat d'une décision de la banque centrale, et *P* est donné et reste constant.

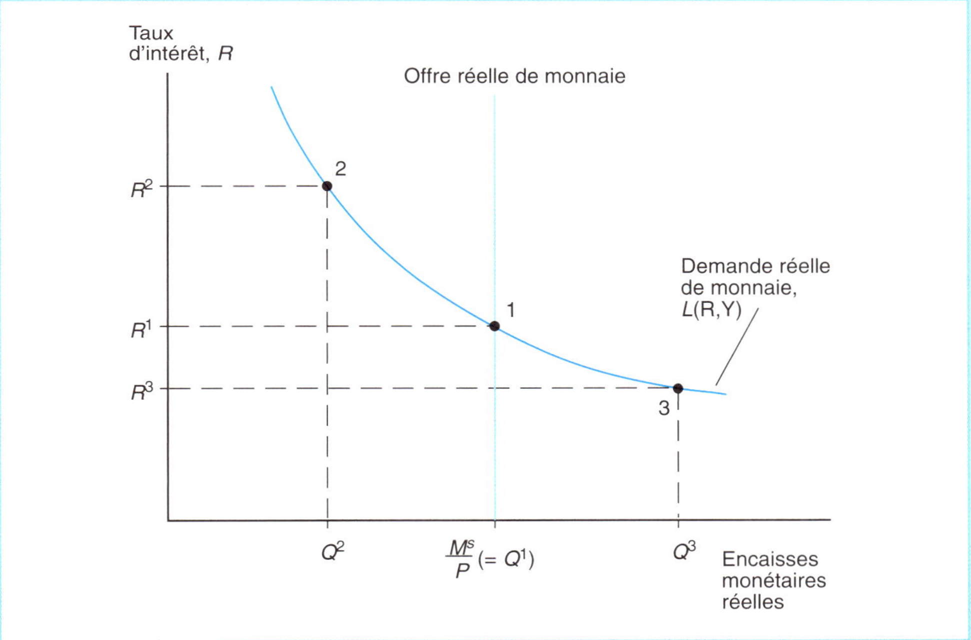

Figure 15.3 – La détermination du taux d'intérêt d'équilibre.

Lorsque *P* et *Y* sont donnés, l'équilibre du marché monétaire se situe au point 1 pour une offre réelle de monnaie égale à M^s / P. À ce point, la demande réelle de monnaie égale l'offre réelle, et le taux d'intérêt d'équilibre est R^1.

Essayons de comprendre pourquoi le taux d'intérêt converge vers son niveau d'équilibre : supposons que le marché se situe initialement au point 2, avec un taux d'intérêt R^2 supérieur à R^1.

Au point 2, la demande réelle de monnaie est inférieure à l'offre, d'un montant égal à $Q^1 - Q^2$. Il y a donc une offre excédentaire sur le marché. Si les individus détiennent plus de monnaie qu'ils ne le souhaitent – pour un taux d'intérêt égal à R^2 –, ils chercheront à réduire leurs liquidités : ils en utiliseront une partie pour acheter des actifs porteurs d'intérêts. En d'autres termes, ils se débarrasseront de l'excès de monnaie qu'ils détiennent en la prêtant à d'autres. Or, pour un niveau de taux d'intérêt égal à R^2, il existe une offre excédentaire de monnaie. Cela signifie que les personnes qui cherchent à prêter de la monnaie pour réduire leurs liquidités sont plus nombreuses que celles qui cherchent à en emprunter pour augmenter les leurs. Par conséquent, tous ne réussiront pas à réduire leurs liquidités. Ceux qui n'auront pas trouvé de contrepartie ne pourront attirer les emprunteurs qu'en diminuant le taux d'intérêt qu'ils exigent. Ce dernier va donc baisser en dessous du niveau de R^2, et la pression à la baisse sur le taux d'intérêt ne s'arrêtera que lorsque le taux sera égal à R^1. En effet, à ce taux, chaque prêteur potentiel aura trouvé une contrepartie (c'est-à-dire un emprunteur) et l'offre sera de nouveau égale à la demande. Lorsque le marché atteint le point 1, le taux d'intérêt n'a donc plus tendance à baisser.[4]

De la même façon, si le taux d'intérêt se situe initialement au niveau R^3, inférieur à R^1, il aura tendance à croître. Comme l'illustre la figure 15.3, il existe au point 3 une demande excédentaire de monnaie égale à $Q^3 - Q^1$. Les individus vont donc chercher à augmenter leurs disponibilités monétaires en vendant des actifs porteurs d'intérêts. En d'autres termes, ils vont vendre des obligations contre des espèces. Mais, au point 3, tous ne réussiront pas à vendre suffisamment d'actifs portant intérêts pour satisfaire leur demande de monnaie. Pour acquérir des liquidités, ils proposeront d'emprunter à des taux d'intérêt de plus en plus élevés, jusqu'à ce que tout le monde trouve une contrepartie. Le taux d'intérêt connaît donc une pression à la hausse jusqu'à atteindre R^1. La hausse du taux d'intérêt ne s'arrêtera que lorsque le marché aura atteint le point 1 où la demande ne sera plus excédentaire.

Nous pouvons résumer nos résultats de la façon suivante : *le marché converge toujours vers le taux d'intérêt pour lequel l'offre réelle de monnaie égale la demande réelle de monnaie. S'il existe au départ une offre excédentaire, le taux d'intérêt va baisser, et symétriquement, s'il existe au départ une demande excédentaire, le taux d'intérêt va croître.*

4.2 Taux d'intérêt et offre de monnaie

La figure 15.4 illustre l'effet d'une augmentation de l'offre de monnaie sur le marché, pour un niveau de prix fixé. Au départ, le marché est à l'équilibre au point 1 et présente une offre, M^1, et un taux d'intérêt, R^1. Puisque P est maintenu constant, si l'offre de monnaie augmente de M^1 à M^2, alors l'offre réelle va aussi croître de M^1/P à M^2/P. Avec une offre réelle égale à M^2/P, le point 2 devient le nouvel équilibre du marché, et R^2 devient le nouveau taux d'intérêt d'équilibre. R^2 est inférieur à R^1. Ce nouveau taux d'intérêt incite les individus à détenir la nouvelle offre réelle de monnaie, supérieure à la précédente.

4. Il existe une autre façon d'aborder ce processus de convergence vers l'équilibre. Nous avons vu au chapitre précédent que la rentabilité d'un actif baisse quand sa valeur courante augmente, relativement à sa valeur future. Lorsqu'il existe une offre excédentaire de monnaie, les individus cherchent à réduire leur détention de monnaie, ce qui provoque une hausse de la valeur actuelle des actifs non liquides, porteurs d'intérêts. Cette hausse de la valeur actuelle des actifs non monétaires entraîne, à son tour, une diminution de leur rentabilité. Comme cette rentabilité est égale au taux d'intérêt (après ajustement du risque), ce dernier va donc lui aussi baisser.

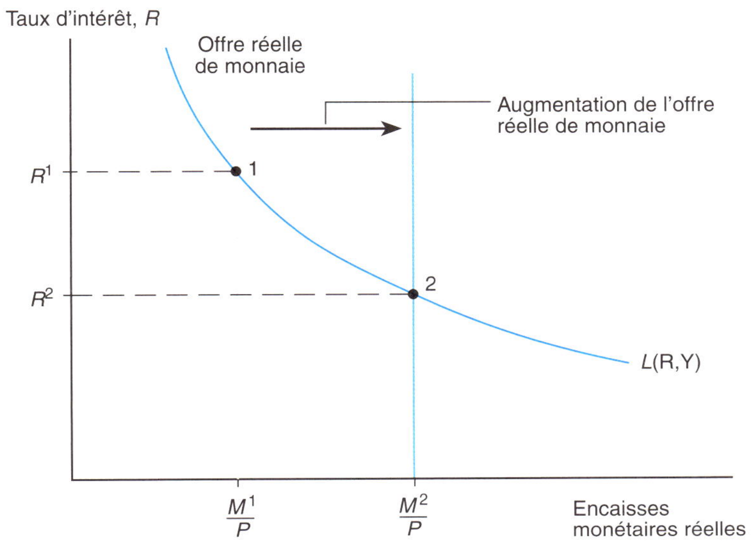

Figure 15.4 – L'effet d'une augmentation de l'offre de monnaie sur le taux d'intérêt.
Pour un niveau de prix donné, P, et un niveau de revenu réel donné, Y, une augmentation de l'offre de monnaie de M^1 à M^2 entraîne une baisse du taux d'intérêt de R^1 (point 1) à R^2 (point 2).

Le mécanisme par lequel le taux d'intérêt baisse nous est maintenant familier. Après que la banque centrale a augmenté M^s, le marché connaît d'abord une offre excédentaire réelle de monnaie, étant donné le taux d'intérêt initial R^1, pour lequel le marché était précédemment équilibré. Dans cette nouvelle situation, les individus détiennent plus de monnaie qu'ils n'en désirent. Ils utilisent donc leur excès de liquidités pour acquérir des actifs porteurs d'intérêts. L'économie, dans son ensemble, ne peut réduire le montant de monnaie en circulation. Il existe donc une pression à la baisse sur les taux d'intérêt, résultat de la compétition entre les détenteurs de monnaie qui veulent prêter leur excès de liquidités. Au point 2 de la figure 15.4, le taux d'intérêt a suffisamment diminué pour entraîner une hausse de la demande réelle de monnaie qui corresponde à la hausse de l'offre réelle.

Si nous inversons ce mécanisme, nous pouvons comprendre comment une diminution de l'offre de monnaie crée une pression à la hausse du taux d'intérêt. Une baisse de M^o entraîne une demande excédentaire de monnaie, pour un niveau de taux d'intérêt qui permettait auparavant d'équilibrer l'offre et la demande. Les individus tentent donc de vendre des actifs porteurs d'intérêts – c'est-à-dire qu'ils empruntent – pour accroître leur détention réelle de liquidités. Ils ne peuvent pas tous y parvenir, dans un contexte de demande excédentaire. Les taux d'intérêt vont donc connaître une pression à la hausse, jusqu'à ce que chacun accepte de détenir un niveau réel plus faible de liquidités.

Nous pouvons conclure que, *étant donné le niveau général des prix et le niveau du produit intérieur, une augmentation de l'offre de monnaie entraîne une baisse du taux d'intérêt et, symétriquement, une diminution de l'offre de monnaie entraîne une hausse du taux d'intérêt.*

4.3 Produit intérieur et taux d'intérêt

La figure 15.5 illustre la répercussion sur le taux d'intérêt d'une hausse du niveau du produit de Y^1 à Y^2, étant donné l'offre de monnaie et le niveau général des prix. Comme nous l'avons vu précédemment, une hausse du produit entraîne un déplacement vers la droite de la courbe de demande réelle. L'équilibre s'éloigne alors du point 1. Pour l'ancien taux d'intérêt d'équilibre, R^1, il existe maintenant une demande excédentaire de monnaie égale à $Q^2 - Q^1$ (point 1′). Puisque l'offre réelle de monnaie est fixée, les individus vont enchérir sur le taux d'intérêt jusqu'à ce qu'il atteigne le nouveau taux d'équilibre R^2 (point 2), plus élevé que R^1. Une baisse du produit entraîne l'effet inverse : la courbe de demande réelle de monnaie va se déplacer vers la gauche, et par conséquent, le taux d'intérêt d'équilibre va baisser.

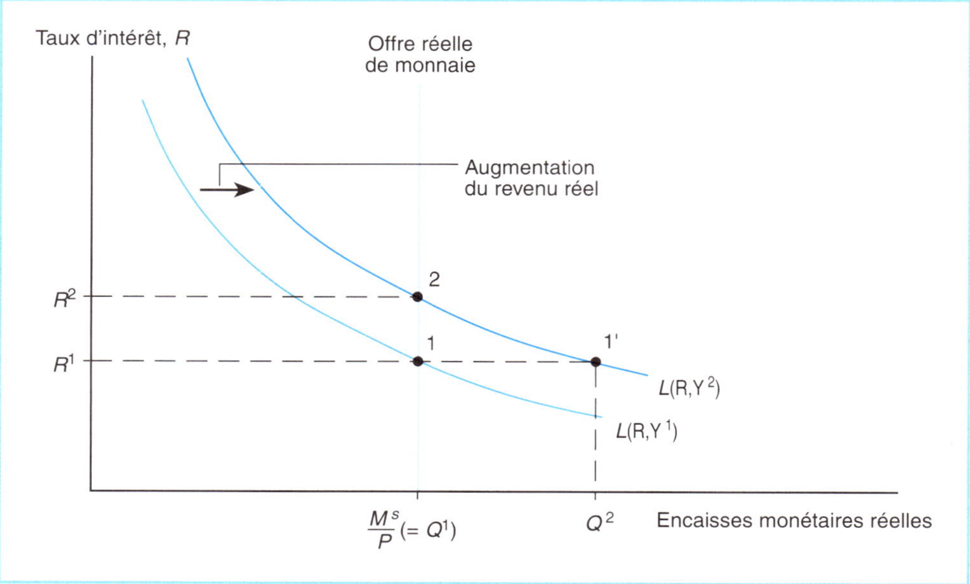

Figure 15.5 – L'effet d'une augmentation du revenu réel sur le taux d'intérêt.

Pour un niveau d'offre réelle de monnaie fixé, *M^s/P (= Q^1)*, une augmentation de l'offre de monnaie de Y^1 à Y^2 entraîne une hausse du taux d'intérêt de R^1 (point 1) à R^2 (point 2).

Nous pouvons conclure que, *étant donné le niveau général des prix et l'offre de monnaie, une hausse du produit réel entraîne une hausse du taux d'intérêt et, symétriquement, une baisse du produit réel entraîne une baisse du taux d'intérêt.*

5 Offre de monnaie et taux de change à court terme

Au chapitre 14, nous avons étudié la condition de parité des taux d'intérêt, qui permet de prédire l'effet des variations du taux d'intérêt sur le taux de change, pour des niveaux donnés du taux de change futur anticipé. Maintenant, nous savons aussi comment les variations de l'offre de monnaie d'un pays influent sur le taux d'intérêt de ses actifs non monétaires, libellés dans sa monnaie. Nous pouvons donc en déduire la conséquence directe des variations monétaires sur le taux de change. Nous verrons qu'une augmentation de l'offre de monnaie provoque une dépréciation de la monnaie sur le marché des changes, alors qu'une diminution de l'offre de monnaie provoque une appréciation de la même monnaie.

Dans cette section, nous maintenons l'hypothèse selon laquelle le niveau général des prix et le produit réel sont fixes. C'est pourquoi l'analyse suivante est qualifiée d'analyse à court terme. L'analyse d'un phénomène économique à long terme autorise, en effet, un ajustement complet des prix – ce qui peut prendre du temps – ainsi que le plein emploi de tous les facteurs de production. Plus loin dans ce chapitre, nous étudions les effets à long terme d'une variation de l'offre de monnaie sur le niveau général des prix, le taux de change et sur d'autres variables économiques. Cette analyse à long terme montre comment l'offre de monnaie peut influer sur les anticipations sur le taux de change que nous continuons, pour le moment, à présenter comme étant constantes.[5]

5.1 Liens entre monnaie, taux d'intérêt et taux de change

À la figure 15.6, deux graphiques – déjà étudiés séparément – ont été combinés afin d'analyser la relation qui existe à court terme entre la monnaie et le taux de change. On considère de nouveau le taux de change dollar contre euro coté à l'incertain, c'est-à-dire le prix du dollar exprimé en euros, noté *E*.

Nous avons vu au chapitre précédent que, par convention, les taux de change étaient cotés au certain dans la zone euro et à l'incertain aux États-Unis (rappelons que, dans les deux cas, le taux de change euro contre dollar s'écrit EUR/USD). Toutefois, dans la plupart des modèles économiques, les économistes raisonnent sur la base de taux de change à l'incertain et dans cet ouvrage, nous adoptons cet usage.

La partie haute de la figure 15.6 illustre l'équilibre du marché des changes (déjà présenté au chapitre 14), étant donné les taux d'intérêt et les anticipations de taux de change futur. Le taux d'intérêt en euros, $R^1_€$, est déterminé sur le marché monétaire et permet de tracer la fonction verticale.

La courbe décroissante de la rentabilité anticipée en euros traduit la rentabilité des dépôts en dollars, exprimés en euros (voir chapitre 14). La courbe est décroissante en raison de l'effet des variations du taux de change actuel sur les anticipations de dépréciation future : une appréciation de l'euro aujourd'hui (une baisse de *E*) relativement à son niveau anticipé futur – qui est fixé – rend les dépôts en dollars plus attractifs. En effet, les individus prévoient une dépréciation plus forte de l'euro dans le futur.

5. Voir aussi Ben S. Bernanke, Thomas Laubach, Frederic S. Mishkin et Adam S. Posen, *Inflation Targeting : Lessons from the International Experience*, Princeton, NJ, Princeton University Press, 1999. Cet ouvrage analyse des expériences récentes en matière de politiques monétaires ainsi que leurs conséquences sur l'inflation et sur d'autres variables macroéconomiques.

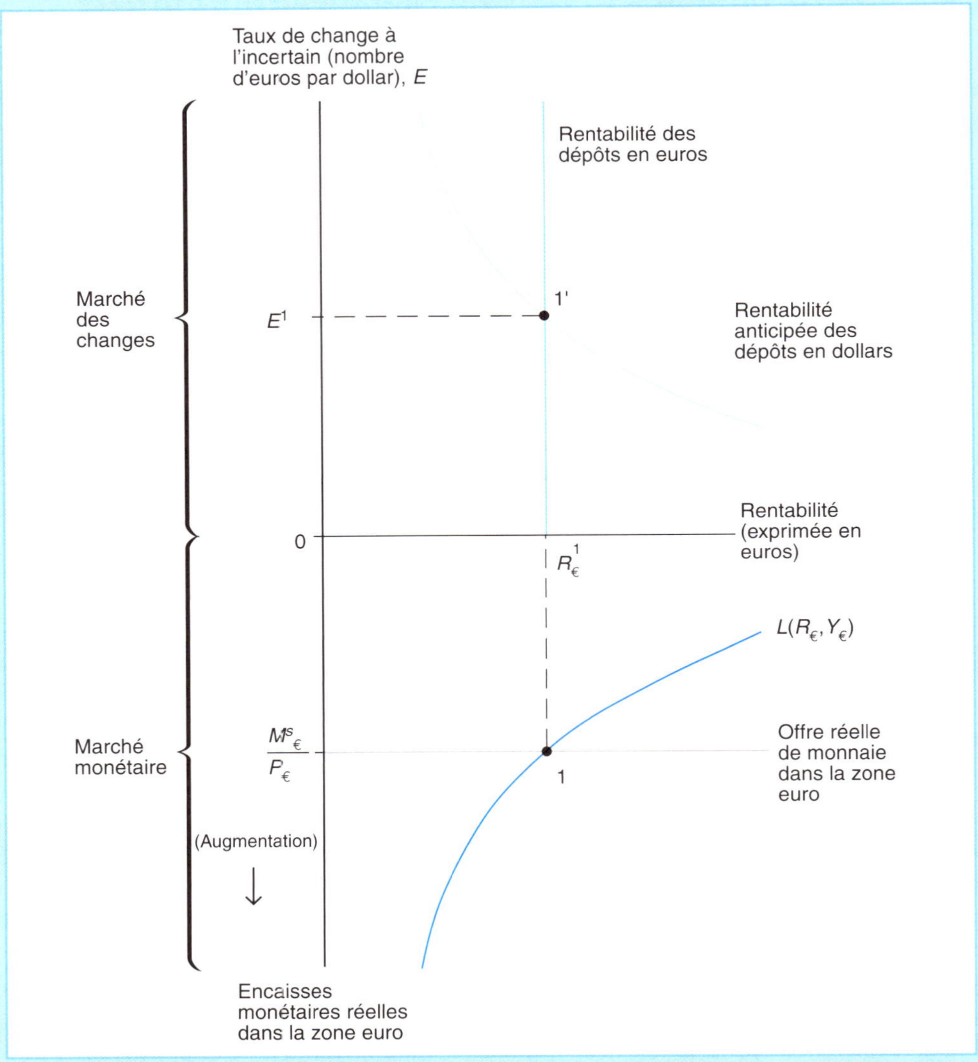

Figure 15.6 – L'équilibre simultané sur le marché monétaire de la zone euro et sur le marché des changes. Les deux marchés d'actifs sont à l'équilibre pour le taux d'intérêt en euros R^1 et le taux de change E^1. Pour ces valeurs, l'offre de monnaie égale la demande de monnaie (point 1) et la parité des taux d'intérêt est vérifiée (point 1′).

À l'intersection des deux courbes (point 1′), les rentabilités anticipées des dépôts en euros et en dollars sont égaux. La parité des taux d'intérêt est donc vérifiée. E^1 correspond au taux de change d'équilibre.

La partie basse de la figure 15.6 illustre comment le taux d'intérêt d'équilibre d'un pays est déterminé sur le marché monétaire. Cette figure est identique à la figure 15.3, à ceci près que nous lui avons fait subir une rotation de 90 degrés dans le sens des aiguilles d'une montre afin de faciliter la lecture. Le taux d'intérêt en euros est ainsi mesuré à partir de 0 sur l'axe horizontal, et l'offre réelle de monnaie à partir de 0 sur l'axe vertical descendant. L'équilibre du marché monétaire apparaît au point 1, là où le taux d'intérêt en euros, $R^1_€$, incite les résidents de la zone euro à présenter une demande réelle de monnaie égale à l'offre réelle, $M^S_€/P_€$.

La figure 15.6 souligne le lien qui existe entre le marché monétaire (partie basse) et le marché des changes (partie haute) : le marché monétaire de la zone euro détermine le taux d'intérêt en euros, qui influe à son tour sur le taux de change pour lequel la parité des taux d'intérêt est vérifiée. Bien entendu, un lien analogue existe entre le marché monétaire américain et le marché des changes : il s'exprime par l'intermédiaire des variations du taux d'intérêt en dollars.

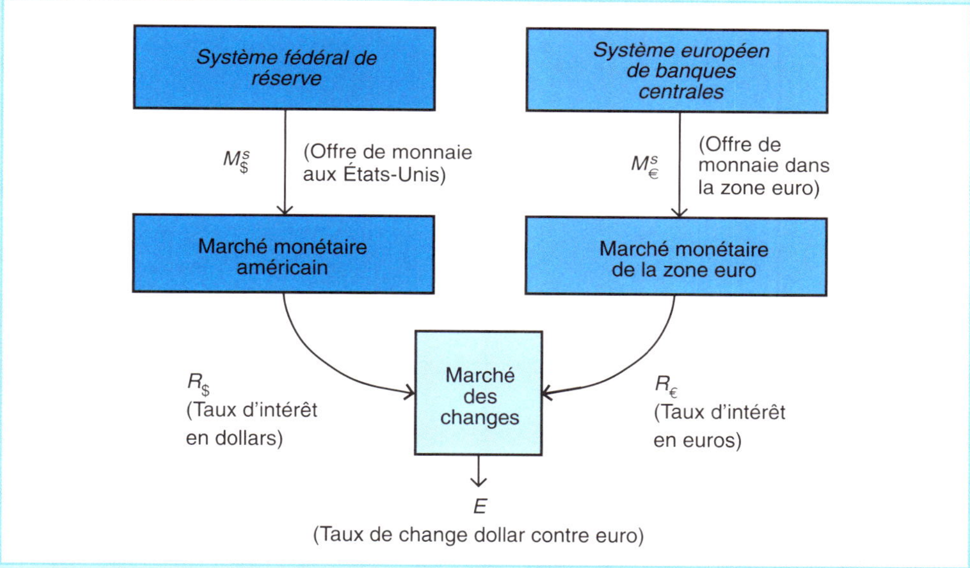

Figure 15.7 – Les liens entre le marché monétaire et le marché des changes.

La politique monétaire menée par le SEBC peut influer sur le taux d'intérêt en euros, ce qui modifie le taux de change dollar contre euro qui équilibre le marché des changes. La Fed peut aussi agir sur le taux de change en modifiant l'offre de monnaie américaine et le taux d'intérêt en dollars.

La figure 15.7 représente les liens qui existent entre les marchés monétaires dans la zone euro et aux États-Unis et le marché des changes. Le Système européen de banques centrales (le SEBC) et le Système fédéral de réserve américain (la Fed) déterminent les niveaux d'offre de monnaie dans la zone euro et aux États-Unis, respectivement $M^S_€$ et $M^S_\$$. Étant donné le niveau général des prix et le niveau de la production intérieure dans la zone euro et aux États-Unis, l'équilibre sur les marchés monétaires détermine les taux d'intérêt en euros et en dollars, respectivement $R_€$ et $R_\$$. Ces taux d'intérêt s'appliquent alors sur le marché des changes, où le taux de change courant E est défini grâce à la condition de parité des taux d'intérêt, et ce étant donné les prévisions sur le taux de change futur anticipé.

5.2 Offre de monnaie dans la zone euro et taux de change dollar contre euro

Nous allons maintenant utiliser notre modèle sur le lien entre le marché monétaire et le marché des changes pour comprendre comment le taux de change dollar contre euro évolue lorsque le SEBC modifie le niveau de l'offre de monnaie dans la zone euro $M^S_€$. Les effets d'une telle variation sont synthétisés à la figure 15.8.

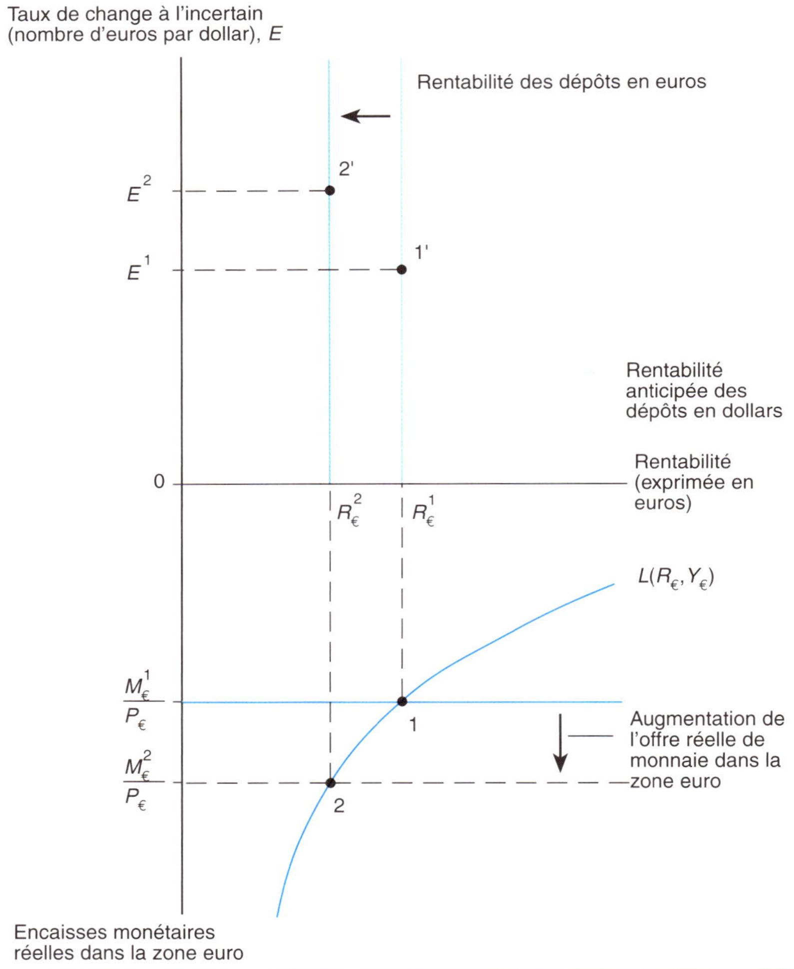

Figure 15.8 – L'effet d'une augmentation de l'offre de monnaie de la zone euro sur le taux de change dollar contre euro et le taux d'intérêt en euros.

Soit P_n et Y_n fixés. Lorsque l'offre de monnaie augmente de $M^1_€$ à $M^2_€$, le taux d'intérêt en euros baisse (le marché monétaire trouve un nouvel équilibre au point 2), et l'euro se déprécie par rapport au dollar (le marché des changes trouve un nouvel équilibre au point 2').

Pour le niveau initial d'offre de monnaie, $M_{€}^{1}$, le marché monétaire est à l'équilibre au point 1, et le taux d'intérêt vaut $R_{€}^{1}$. Étant donné le taux d'intérêt en dollars et le taux de change futur anticipé, si le taux d'intérêt en euros vaut $R_{€}^{1}$, l'équilibre du marché des changes va se réaliser au point 1′, et le taux de change entre les deux monnaies vaudra E^{1}.

Que va-t-il se passer si le SEBC – craignant sans doute un début de récession – augmente l'offre de monnaie de $M_{€}^{1}$ à $M_{€}^{2}$? Cet accroissement déclenche la séquence d'événements suivants :

1. Au taux d'intérêt initial $R_{€}^{1}$, le marché monétaire présente une offre excédentaire de monnaie. Le taux d'intérêt en euros baisse donc jusqu'au niveau $R_{€}^{2}$, tandis que le marché atteint son nouvel équilibre (point 2).
2. Étant donné le taux de change initial E^{1} et le nouveau taux d'intérêt en euros $R_{€}^{2}$, plus faible que le précédent, les dépôts en dollars présentent une rentabilité anticipée supérieure à celle des dépôts en euros. Les détenteurs de dépôts en euros vont donc tenter de les vendre contre des dépôts en dollars qui se révèlent momentanément plus attractifs.
3. L'euro se déprécie jusqu'à atteindre le niveau E^{2}, puisque les détenteurs de dépôts en euros font monter les enchères pour obtenir des dépôts en dollars. Le marché des changes atteint un nouvel équilibre au point 2′. En effet, la hausse du taux de change jusqu'au niveau E^{2} a permis une baisse suffisante du taux de dépréciation anticipé de l'euro, pour contrebalancer la baisse du taux d'intérêt en euros.

Nous pouvons donc conclure que l'augmentation de l'offre de monnaie entraîne une dépréciation de la monnaie sur le marché des changes. Si nous prenons la figure 15.8 à rebours, nous pouvons constater que la diminution de l'offre de monnaie entraîne une appréciation de la monnaie sur le marché des changes.

5.3 Offre de monnaie aux États-Unis et taux de change dollar contre euro

Les conclusions précédentes sont également valables lorsque la Fed modifie l'offre de monnaie américaine. Supposons que celle-ci craigne une récession aux États-Unis et qu'elle espère la contrecarrer grâce à une politique monétaire moins contraignante. Une augmentation de $M_{\$}^{S}$ entraîne une dépréciation du dollar (c'est-à-dire une baisse de E). À l'inverse, une diminution de $M_{\$}^{S}$ entraîne une appréciation du dollar (c'est-à-dire une hausse de E).

Le mécanisme qui lie le taux d'intérêt américain au taux de change est le même que celui que nous avons analysé dans la section précédente. Il peut être intéressant de vérifier une telle affirmation en représentant ce raisonnement de façon graphique, comme cela a été fait aux figures 15.6 et 15.8. Toutefois, dans cette section, nous allons utiliser une approche différente pour montrer comment l'offre de monnaie américaine influe sur le taux de change dollar contre euro. Nous avons vu au chapitre 14 qu'une baisse du taux d'intérêt en dollars, $R_{\$}$, entraîne un déplacement vers la gauche de la courbe décroissante, située ici dans la partie haute de la figure 15.6. Cela tient au fait que, pour tout niveau du taux de change, une baisse de $R_{\$}$ diminue la rentabilité anticipée des dépôts en dollars. Puisqu'une hausse de l'offre de monnaie américaine entraîne une baisse de $R_{\$}$, nous pouvons en analyser l'effet sur le taux de change en déplaçant vers la gauche la courbe de rentabilité anticipée des dépôts en dollars figurant sur la partie haute de la figure 15.6.

La figure 15.9 illustre les conséquences d'une hausse de l'offre de monnaie américaine. Initialement, le marché monétaire de la zone euro est à l'équilibre au point 1, et le marché des changes, au point 1′.

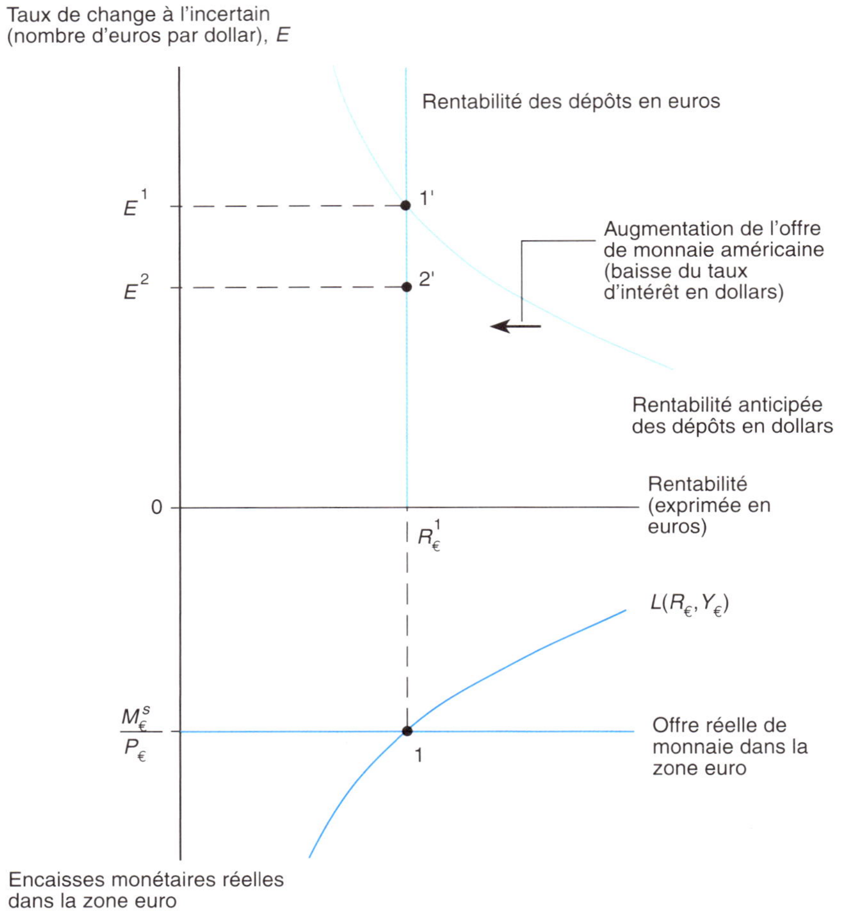

Figure 15.9 – L'effet d'une augmentation de l'offre de monnaie américaine sur le taux de change dollar contre euro.

Une augmentation de l'offre de monnaie américaine entraîne une appréciation de l'euro par rapport au dollar, en diminuant la rentabilité en euros des dépôts en dollars (diminution représentée par un déplacement vers la gauche de la courbe de rentabilité anticipée en dollars). L'équilibre du marché des changes se déplace du point 1′ vers le point 2′, mais l'équilibre du marché monétaire européen demeure au point 1.

Pour cet équilibre, le taux de change vaut E^1. Une augmentation de l'offre de monnaie américaine entraîne une baisse de $R_\$$. Cela induit donc un déplacement vers la gauche de la courbe qui relie la rentabilité anticipée en dollars et le taux de change. L'équilibre du marché des changes est restauré au point 2′. Pour cet équilibre, le taux de change vaut E^2. Nous voyons donc qu'une augmentation de la quantité de monnaie américaine entraîne une dépréciation du dollar par rapport à l'euro (c'est-à-dire une baisse du prix en euros des dollars). À l'inverse, une diminution de l'offre de monnaie américaine entraîne une appréciation du dollar par rapport à l'euro (E augmente). Les variations de l'offre de monnaie aux États-Unis ne perturbent pas l'équilibre du marché monétaire de la zone euro, qui demeure au point 1.[6]

6 Monnaie, niveau général des prix et taux de change à long terme

Notre brève analyse du lien qui existe entre les marchés monétaires et le marché des changes reposait jusque-là sur l'hypothèse simplificatrice selon laquelle le niveau général des prix et les anticipations concernant les taux de change sont fixes. Si nous voulons élargir notre compréhension de la manière dont l'offre et la demande de monnaie jouent sur les taux de change, nous devons analyser comment les facteurs monétaires influent sur le niveau général des prix à long terme.

L'équilibre à long terme d'une économie correspond à la position vers laquelle cette économie converge si aucun nouveau choc ne vient perturber l'ajustement vers le plein emploi des facteurs de production. En d'autres termes, il s'agit de l'équilibre qui prévaut une fois que les salaires et les prix ont eu le temps de s'ajuster à un niveau qui leur permet de stabiliser leur marché respectif. On peut dire encore que cet équilibre est celui qui se maintient si les prix sont parfaitement flexibles et s'ajustent immédiatement pour préserver le plein emploi.

En étudiant les manifestations des variations monétaires à long terme, nous allons pouvoir examiner comment elles modifient l'équilibre à long terme de l'économie. Notre outil principal sera, une fois encore, la théorie de la demande de monnaie.

6.1 Monnaie et prix monétaires

Si le niveau général des prix et le produit intérieur sont fixes à court terme, la condition (15.4) d'équilibre du marché monétaire :

$$M^s / P = L(R,Y)$$

permet de déterminer le taux d'intérêt intérieur, R. La condition d'équilibre exposée ci-dessus peut également être réécrite comme suit :

$$P = M^s / L(R,Y) \qquad (15.5)$$

6. Le marché monétaire de la zone euro reste à l'équilibre au point 1 car, après la hausse de l'offre de monnaie américaine, des ajustements de prix ont lieu pour équilibrer le marché monétaire américain et le marché des changes. Mais ces ajustements de prix n'influent ni sur l'offre de monnaie ni sur la demande de monnaie de la zone euro, étant donné $Y_€$ et $P_€$.

afin de faire apparaître le niveau général des prix comme une fonction du taux d'intérêt, du produit réel et de l'offre de monnaie intérieurs.

Le niveau général des prix d'équilibre à long terme correspond à la valeur de P pour laquelle la condition (15.5) est satisfaite, lorsque le taux d'intérêt et le produit intérieur ont atteint leur niveau de long terme – c'est-à-dire des niveaux compatibles avec le plein emploi. Lorsque le marché monétaire a atteint l'équilibre et que le plein emploi de tous les facteurs de production est assuré, le niveau général des prix reste stable si l'offre de monnaie, la fonction de demande de monnaie et les valeurs de long terme de R et de Y sont constantes.

L'équation précédente implique en particulier que, *toutes choses égales par ailleurs, une augmentation de l'offre de monnaie d'un pays entraîne une hausse proportionnelle du niveau général de ses prix*. Si, par exemple, l'offre de monnaie double (pour atteindre $2M^o$), mais que le niveau du produit intérieur et le taux d'intérêt restent constants, alors le niveau général des prix doit lui aussi doubler (pour atteindre $2P$) afin de maintenir l'équilibre sur le marché monétaire.

La raison économique sous-jacente à cette prédiction très précise tient au fait que la demande de monnaie consiste en une demande d'encaisses réelles : la demande réelle de monnaie n'est pas modifiée par une hausse de M qui laisse R et Y – et donc la demande réelle de monnaie $L(R,Y)$ – inchangés. Si elle ne varie pas, le marché monétaire ne peut rester à l'équilibre qu'à la condition que l'offre de monnaie reste elle aussi constante. Pour que cette dernière, M/P, reste constante, il est nécessaire que P augmente de façon proportionnelle à M.

6.2 Effets à long terme des variations de l'offre de monnaie

Nous venons d'étudier comment l'offre de monnaie joue sur le niveau général des prix, pour un taux d'intérêt et un produit intérieur fixés. Cependant, il ne s'agit pas encore d'une théorie sur la façon dont les variations de l'offre de monnaie influent sur le niveau général des prix à long terme. Afin de développer une telle théorie, nous devons également déterminer les effets à long terme d'une variation de l'offre de monnaie sur le taux d'intérêt et le produit intérieur. La tâche est plus aisée qu'il n'y paraît : comme nous nous allons le montrer, une variation de l'offre de monnaie n'a aucun effet sur les valeurs de long terme du taux d'intérêt et du produit intérieur[7].

7. Cette affirmation fait uniquement référence aux variations du *niveau* de l'offre nominale de monnaie et non, par exemple, aux variations du taux de croissance de l'offre monétaire. Cette hypothèse selon laquelle une variation ponctuelle de l'offre de monnaie n'a pas d'effet sur les valeurs de long terme des variables économiques réelles est souvent qualifiée d'hypothèse de *neutralité de la monnaie à long terme*. En revanche, les variations du taux de croissance de l'offre de monnaie ne se révèlent pas nécessairement neutres à long terme. Au minimum, une variation persistante du taux de croissance de l'offre de monnaie va finalement avoir un effet sur le niveau d'équilibre de la demande réelle de monnaie, en augmentant le taux d'intérêt monétaire (voir chapitre 16).

La meilleure façon de comprendre les effets à long terme de l'offre de monnaie sur le taux d'intérêt et le produit intérieur consiste à imaginer une réforme monétaire qui aurait pour objet de redéfinir l'unité monétaire d'un pays.

Par exemple, les autorités turques ont réformé leur monnaie le 1er janvier 2005, en émettant simplement de nouvelles livres turques, équivalant chacune à 1 million d'anciennes livres. Cette réforme a eu pour effet de diminuer le nombre d'unités monétaires en circulation et de ramener la valeur totale des nouvelles livres à 1/1 000 000 de la valeur totale des anciennes livres. Mais la redéfinition de la monnaie nationale n'a pas eu d'effet sur le produit réel, le taux d'intérêt ou le prix relatif des biens. C'est comme si on décidait de mesurer les distances en demi-kilomètres plutôt qu'en kilomètres ; le trajet pour aller d'un point à un autre serait le même. La seule conséquence de la réforme monétaire en Turquie a été de modifier, une fois pour toutes, toutes les valeurs exprimées en livres[8].

L'augmentation de l'offre de monnaie d'un pays n'a pas plus de conséquences à long terme qu'une réforme monétaire. Un doublement de l'offre de monnaie a le même effet à long terme qu'une réforme dans laquelle chaque unité monétaire est remplacée par deux nouvelles unités monétaires. Si l'économie est initialement dans une situation de plein emploi des facteurs de production, chaque prix monétaire va finalement doubler, mais le PIB réel, le taux d'intérêt et tous les prix relatifs retrouveront leurs niveaux de long terme – autrement dit leur niveau de plein emploi.

Pourquoi une variation de l'offre de monnaie n'a-t-elle pas plus de répercussions sur l'équilibre à long terme de l'économie qu'une réforme monétaire ? Pour répondre à cette question, il faut se rappeler que le produit de plein emploi est déterminé par les dotations en main-d'œuvre et en capital dans l'économie. Ainsi, à long terme, le produit réel ne dépend pas de l'offre de monnaie. Il en va de même pour le taux d'intérêt. Si l'offre de monnaie et tous les prix de l'économie doublent de façon permanente, il n'y a aucune raison pour que les individus, qui souhaitaient auparavant échanger 1 e aujourd'hui contre 1,10 € dans un an, ne souhaitent pas désormais échanger 2 € aujourd'hui contre 2,20 € dans un an. Le taux d'intérêt ne varie donc pas et demeure à un niveau de 10 % par an. Les prix relatifs vont aussi rester constants puisqu'ils représentent des rapports entre des prix monétaires. Ainsi, il est aisé de voir que les variations de l'offre de monnaie ne modifient pas l'allocation des ressources de l'économie.[9]

---

8. On pourrait prendre aussi pour exemple la création du « nouveau franc » en 1960, au taux de 1 pour 100 « anciens francs », qui a réduit les prix en francs au centième de leur valeur nominale avant la réforme, mais qui n'a pas eu d'effet sur le produit réel, le taux d'intérêt ou les prix relatifs. On peut également citer le cas d'Israël qui a choisi de passer de la livre au shekel, de l'Argentine qui est passée du peso à l'austral, puis de nouveau au peso, ou du Brésil qui est passé du cruzeiro au cruzado, du cruzado au cruzeiro, du cruzeiro au cruzeiro real et du cruzeiro real au real, la dernière monnaie en date, introduite en 1994.

9. Pour mieux comprendre pourquoi une variation ponctuelle de l'offre de monnaie n'a pas de conséquence sur le niveau de long terme du taux d'intérêt, il peut être utile d'envisager les taux d'intérêt, exprimés en termes monétaires, comme les prix relatifs des unités monétaires disponibles à différentes échéances. Supposons que le taux d'intérêt de l'euro soit de $R\%$ annuel. Renoncer à 1 € aujourd'hui permet d'obtenir $(1 + R)$ euros l'année prochaine. Ainsi, $1/(1 + R)$ représente le prix relatif des futurs euros, exprimé en euros actuels. Ce prix relatif ne va évidemment pas changer si la valeur réelle de l'unité monétaire est modifiée, à la hausse ou à la baisse, d'un même facteur et pour toutes les échéances.

Lorsque nous étudions l'effet d'une augmentation de l'offre de monnaie à long terme, nous pouvons légitimement faire l'hypothèse que les valeurs de long terme de R et de Y ne sont pas influencées. L'équation (15.5) nous permet donc de tirer la conclusion suivante : *une augmentation permanente de l'offre de monnaie provoque une augmentation proportionnelle de la valeur de long terme du niveau général des prix. En particulier, si l'économie est initialement dans une situation de plein emploi des facteurs de production, une hausse permanente de l'offre de monnaie sera finalement suivie par une hausse proportionnelle du niveau général des prix.*

6.3 Résultats empiriques sur l'offre de monnaie et le niveau général des prix

Si nous étudions les données relatives à la monnaie et aux prix, nous ne devons pas nous attendre à trouver une relation exactement proportionnelle entre les deux à long terme. Cela s'explique en partie par le fait que le produit intérieur, le taux d'intérêt et la demande réelle de monnaie peuvent varier pour des raisons qui sont totalement indépendantes de l'évolution de l'offre de monnaie. Par exemple, le produit intérieur peut changer à la suite de l'accumulation du capital, de progrès technologiques et d'ordinateurs plus puissants. La demande de monnaie peut, quant à elle, évoluer en fonction des tendances démographiques ou des innovations financières comme les distributeurs bancaires électroniques. De plus, nos économies modernes se trouvent très rarement dans une situation d'équilibre à long terme. Nous pouvons cependant espérer que les données empiriques expriment une relation nettement positive entre l'offre de monnaie et le niveau général des prix. Si, en pratique, les données ne fournissaient pas une preuve suffisante de l'évolution conjointe de l'offre de monnaie et du niveau général des prix, l'intérêt de la théorie de la demande de monnaie se verrait sérieusement mis en doute.

Les fortes fluctuations des taux d'inflation en Amérique latine au cours des dernières décennies rendent cette région parfaitement adaptée à l'étude du lien qui existe entre l'offre de monnaie et le niveau général des prix. En effet, elle a subi pendant près de dix ans des niveaux d'inflation élevés et très volatils – nous aborderons cette question au chapitre 22 €, avant que les réformes macroéconomiques commencent à porter leurs fruits et que l'inflation se mette enfin à baisser au milieu des années 1990.

Les théories que nous avons développées précédemment nous incitent à penser que les brusques variations des taux d'inflation ont dû être accompagnées de variations dans les taux de croissance de l'offre de monnaie. Cette prédiction est confirmée à la figure 15.10, qui représente les taux de croissance annuels moyens de l'offre de monnaie en fonction des taux d'inflation. En moyenne, les années où la croissance de la monnaie a été la plus forte ont tendance à être aussi celles où les taux d'inflation étaient les plus forts. De plus, le nuage de points est très proche de la diagonale à 45 degrés, qui détermine une relation strictement proportionnelle entre l'offre de monnaie et le niveau général des prix.

Le principal enseignement que nous pouvons tirer de la figure 15.10 est le suivant : les données empiriques confirment qu'il existe un lien fort à long terme entre l'offre de monnaie et le niveau général des prix, tel que le prédit la théorie économique.

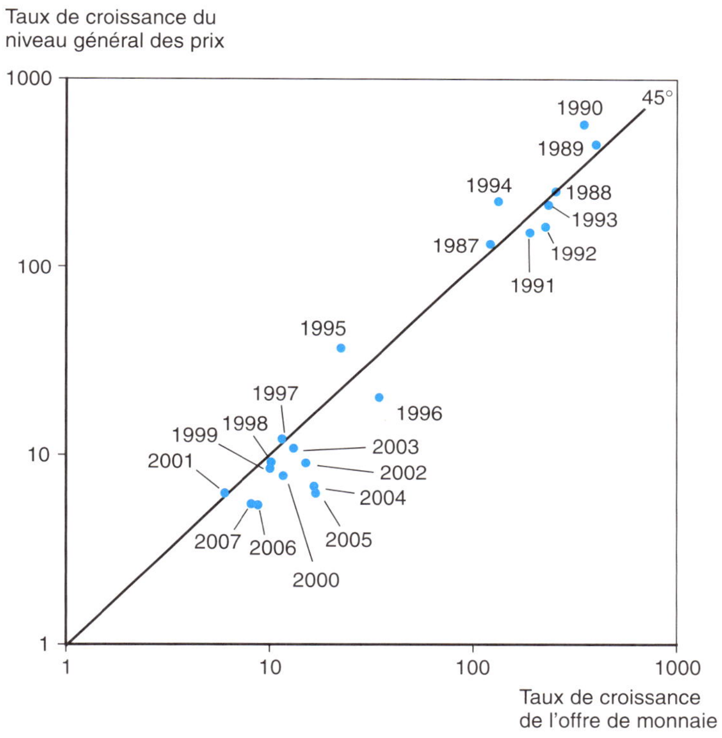

Figure 15.10 – La croissance monétaire et l'inflation, en moyenne annuelle, dans quelques pays en développement entre 1987 et 2007.

Les données, année après année, suggèrent une forte relation positive entre la croissance moyenne de l'offre de monnaie des pays d'Amérique latine et leur taux d'inflation (les deux axes du graphique utilisent une échelle logarithmique).

Source : FMI, *Perspectives économiques mondiales*. Les données régionales agrégées sont pondérées en fonction de la part du PIB, exprimé en dollars, dans le PIB régional total, exprimé aussi en dollars.

6.4 Monnaie et taux de change à long terme

Le prix en monnaie domestique d'une monnaie étrangère fait partie des nombreux prix de l'économie qui augmentent à long terme après une hausse permanente de l'offre de monnaie. Si nous repensons aux effets d'une réforme monétaire, nous pouvons comprendre facilement comment le taux de change se modifie à long terme. Supposons, par exemple, que les autorités américaines remplacent deux anciens dollars par un nouveau dollar. Si le taux de change se situait à 1,20 ancien dollar pour un euro avant la réforme, il vaut 0,60 nouveau dollar pour un euro immédiatement après. De la même façon, une diminution de moitié de l'offre de monnaie américaine entraîne finalement une appréciation du dollar, qui se traduira par un taux de change de 1,20 dollar par euro passant à 0,60 dollar par euro. Comme les prix en dollars de tous les biens et de tous les services vont aussi diminuer de moitié, cette appréciation de 50 % du dollar laisse les prix relatifs de tous les biens et services américains et étrangers inchangés.

Nous pouvons donc conclure que, *toutes choses égales par ailleurs, une augmentation permanente de l'offre de monnaie entraîne, à long terme, une dépréciation proportionnelle de la monnaie par rapport aux monnaies étrangères.*

7 Inflation et dynamique des taux de change

Dans cette section, nous allons réunir les résultats concernant les effets des variations monétaires que nous avons obtenus à court terme et à long terme. Nous allons pour cela examiner le processus par lequel le niveau général des prix s'ajuste jusqu'à atteindre sa position de long terme. On parle d'inflation lorsque le niveau général des prix augmente et de déflation lorsqu'il diminue. Notre analyse de l'inflation nous permettra de mieux comprendre la façon dont le taux de change s'ajuste aux perturbations monétaires de l'économie.

7.1 Rigidité des prix à court terme, flexibilité des prix à long terme

Notre analyse des effets des variations monétaires à court terme faisait l'hypothèse que le niveau général des prix ne pouvait pas varier brusquement par saut, et ce à la différence du taux de change. Cette hypothèse n'est pas tout à fait correcte puisque de nombreuses matières premières, comme les produits agricoles, sont échangées sur des marchés où les prix s'ajustent quotidiennement et brusquement lorsque les conditions de l'offre et de la demande se modifient. De plus, les variations des taux de change peuvent elles-mêmes influer sur le prix de certains biens et services qui composent le panier de biens utilisé pour déterminer le niveau général des prix. Cependant, de nombreux prix dans l'économie font l'objet de contrats à long terme et ne peuvent donc pas changer immédiatement lorsqu'une variation de l'offre de monnaie se produit. Cela concerne notamment les salaires, qui ne sont négociés que périodiquement dans bon nombre d'industries. Ils n'entrent pas directement dans les indices du niveau général des prix, mais ils représentent une large part des coûts de production des biens et des services. Puisque les prix des biens dépendent fortement des coûts de production, l'évolution du niveau général des prix à court terme est contrainte par la rigidité des changements relatifs aux salaires.

La rigidité à court terme du niveau général des prix est illustrée à la figure 15.11. Celle-ci compare les données des variations en pourcentage du taux de change dollar contre yen, JPY/USD, avec les données mensuelles des variations en pourcentage du rapport du niveau général des prix monétaires des États-Unis et du Japon, $P_\$/P_¥$. Le taux de change est beaucoup plus volatil que le rapport du niveau général des prix. Cette situation est cohérente avec l'idée que les niveaux de prix sont relativement rigides à court terme. Les fluctuations qui apparaissent sur cette figure peuvent s'appliquer aux principaux pays industriels au cours des dernières décennies. Ceci justifie l'hypothèse que le niveau général des prix est fixe à court terme et ne présente pas de fluctuations significatives en réponse à des changements de politiques économiques.

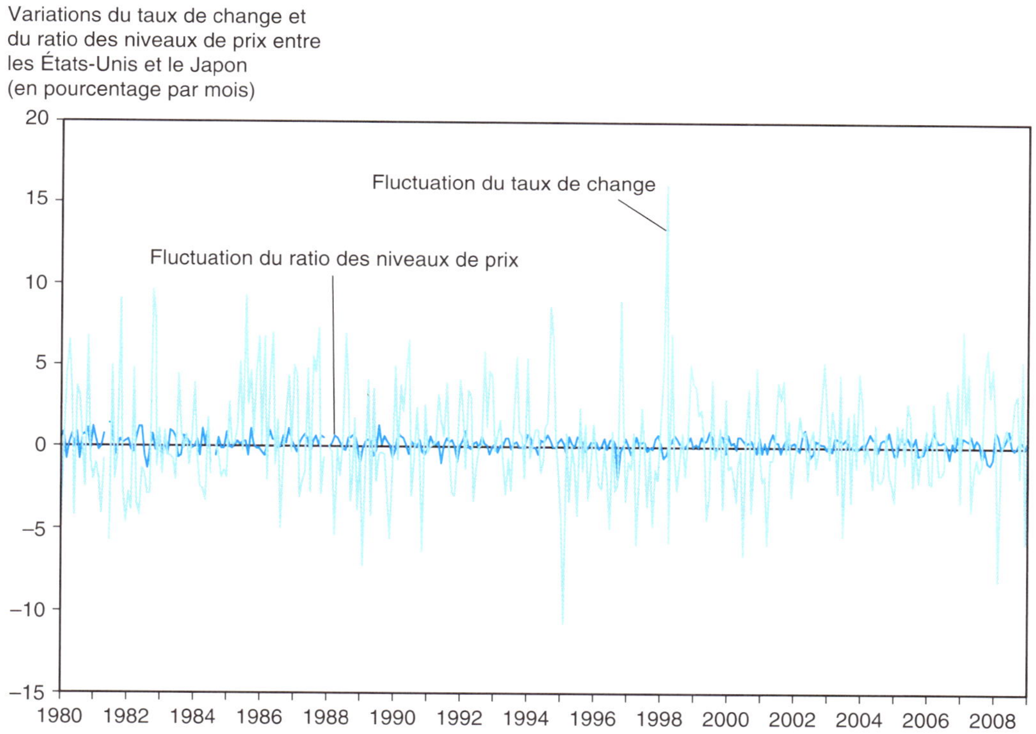

Figure 15.11 – Les fluctuations du taux de change dollar contre yen et du ratio des niveaux de prix américain et japonais entre 1980 et 2009.

La variabilité du taux de change est beaucoup plus forte que celle du rapport des niveaux de prix, ce qui suggère que ces derniers sont plus rigides à court terme que le taux de change.

Source : Fonds monétaire international, *Statistiques financières internationales*.

Il ne serait pas raisonnable cependant de généraliser cette hypothèse à tous les pays et à toutes les situations. Dans des conditions inflationnistes extrêmes – comme certains pays d'Amérique latine en ont connues au cours des années 1980 –, les contrats à long terme, spécifiant les règlements en monnaie domestique, peuvent se trouver invalidés. L'indexation automatique des salaires sur le niveau général des prix peut aussi s'appliquer systématiquement dans des conditions de très forte inflation. De telles mesures rendent le niveau général des prix bien moins rigide qu'il ne l'est en présence d'une inflation modérée, et de grandes fluctuations du niveau général des prix deviennent alors possibles. Cependant, une certaine rigidité des prix peut demeurer, même en situation d'inflation élevée (selon les critères des pays industrialisés). Ainsi, le taux d'inflation de 30 % que la Turquie a connu en 2002 peut paraître élevé, jusqu'à ce qu'il soit comparé à la dépréciation de 115 % qu'a subie la livre turque par rapport au dollar la même année.

Encadré 15.1

La croissance de l'offre de monnaie et l'hyperinflation en Bolivie

En 1984 et 1985, la Bolivie a connu une période d'*hyperinflation*. Ce phénomène se définit comme une inflation explosive et apparemment incontrôlable qui fait perdre sa valeur à la monnaie jusqu'à, parfois, la rendre inutilisable.* En période d'hyperinflation, l'ampleur des fluctuations monétaires atteint un degré tel que les effets à long terme de la monnaie sur le niveau général des prix peuvent se produire très rapidement. Cette situation présente donc des conditions idéales pour tester les théories de long terme concernant les effets de l'offre monétaire sur le niveau général des prix.

Le tableau suivant présente les données de l'offre de monnaie et du niveau général des prix en Bolivie durant les périodes d'hyperinflation. Le taux de change officiel entre le peso bolivien et le dollar américain se trouvait sous le contrôle des autorités boliviennes au cours de cette période. Pour cette raison, nous préférons retenir à la place les valeurs d'un taux de change qui reflète mieux les forces du marché, c'est-à-dire le prix du dollar exprimé en pesos sur le marché noir de La Paz.

Les données montrent clairement que l'offre de monnaie, le niveau général des prix et le taux de change ont tendance à évoluer en parallèle, comme le prédit la théorie. De plus, les évolutions du niveau général des prix et du taux de change présentent des fluctuations du même ordre de grandeur : le niveau général des prix a augmenté de 22 908 % entre avril 1984 et juillet 1985, et le prix du dollar en pesos, de 24 662 % sur la même période. Ces fluctuations, exprimées en pourcentage, sont d'un ordre de grandeur bien supérieur au taux de croissance en pourcentage de l'offre de monnaie (qui n'a atteint « que » 17 433 %). Mais cette différence était prévisible. En effet, une inflation explosive entraîne une chute de la demande réelle de monnaie au cours du temps. Cette variation monétaire supplémentaire a pour conséquence une hausse des prix monétaires encore plus rapide que la croissance de l'offre de monnaie elle-même.

Nous avons retenu l'été 1985 comme date finale de la comparaison, parce qu'à la fin du mois d'août 1985, les autorités boliviennes ont mis en place un plan drastique de stabilisation monétaire. On peut constater comment l'offre de monnaie, et de façon plus frappante encore, le niveau général des prix et le taux de change ont commencé à se stabiliser dans les deux mois qui ont suivi la mise en œuvre du plan.

* Dans un article classique, l'économiste Philip Cagan a défini la frontière entre l'inflation et l'hyperinflation en la situant à un taux de 50 % par mois (ce qui conduit, par un calcul de taux composé, à un taux annuel de 12 875 %). Voir Philip Cagan, « The Monetary Dynamics of Hyperinflation », dans Milton Friedman, ed. (1956), *Studies in the Quantity Theory of Money*, Chicago, University of Chicago Press, p. 25-117.

Données macroéconomiques pour la Bolivie

Mois	Offre de monnaie (milliards de pesos)	Niveau général des prix (base en 1982 = 1)	Taux de change (pesos par dollar)
1984			
Avril	270	21,1	3 576
Mai	330	31,1	3 512
Juin	440	32,3	3 342
Juillet	599	34,0	3 570
Août	718	39,1	7 038
Septembre	889	53,7	13 685
Octobre	1 194	85,5	15 205
Novembre	1 495	112,4	18 469
Décembre	3 296	180,9	24 515
1985			
Janvier	4 630	305,3	73 016
Février	6 455	863,3	141 101
Mars	9 089	1 078,6	128 137
Avril	12 885	1 205,7	167 428
Mai	21 309	1 635,7	272 375
Juin	27 778	2 919,1	481 756
Juillet	47 341	4 854,6	885 476
Août	74 306	8 081,0	1 182 300
Septembre	103 272	12 647,6	1 087 440
Octobre	132 550	12 411,8	1 120 210

Source : Juan-Antonio Morales, « Inflation Stabilization in Bolivia », dans Michael Bruno *et al.*, éds. (1988), *Inflation Stabilization : The Experience of Israel, Argentina, Brazil, Bolivia, and Mexico*. Cambridge, MIT Press, Tableau 7A-1. L'offre de monnaie correspond à M1.

Notre analyse, fondée sur l'hypothèse d'une rigidité des prix à court terme, est applicable à des pays qui ont connu une relative stabilité du niveau général des prix, comme c'est le cas pour les principaux pays industrialisés. Mais même dans le cas de pays à faible inflation, les chercheurs réfléchissent à la possibilité que les prix et les salaires soient en réalité assez flexibles, malgré une rigidité apparente.[10]

Bien que le niveau général des prix semble présenter une certaine rigidité dans de nombreux pays, une variation de l'offre de monnaie crée une pression immédiate sur la demande et sur les coûts qui vont finalement provoquer des hausses futures du niveau général des prix. Ces pressions peuvent être de trois ordres :

1. *Une demande excédentaire pour la production et la main-d'œuvre.* Une hausse de l'offre de monnaie produit un effet expansionniste sur l'économie, en augmentant la demande totale de biens et de services. Pour répondre à cette demande, les producteurs de biens et de services vont devoir employer leur main-d'œuvre en heures supplémentaires et engager de nouveaux salariés. Même si les salaires sont fixes à court terme, la demande supplémentaire de main-d'œuvre permet aux salariés d'exiger des hausses de rémunérations lors de prochaines négociations salariales. Les producteurs, pour leur part, acceptent de payer des salaires plus élevés parce qu'ils savent que, dans une économie en croissance, ils pourront aisément répercuter ces coûts salariaux sur les consommateurs en augmentant le prix des biens et des services.
2. *Les anticipations inflationnistes.* Si chaque individu anticipe une augmentation du niveau général des prix dans le futur, ces prévisions vont accroître dès aujourd'hui le rythme de l'inflation. Les travailleurs vont exiger des rémunérations plus élevées lors des négociations salariales, afin de contrebalancer l'effet de la hausse générale anticipée des prix sur les salaires réels. Les producteurs vont de nouveau céder à ces revendications s'ils anticipent une hausse du prix des biens produits capable de couvrir les coûts salariaux additionnels.
3. *Le prix des matières premières.* De nombreuses matières premières, intervenant dans la production de biens de consommation – comme les produits pétroliers et les métaux – sont négociées sur des marchés où les prix connaissent des ajustements brusques et rapides, et ce même à court terme. Une augmentation de l'offre de monnaie va entraîner un bond du prix de ces matières premières qui sont plus sensibles à l'inflation anticipée. Par conséquent, elle va accroître les coûts de production des industries qui les mettent en œuvre. Au final, les producteurs concernés augmentent le prix de leurs biens afin de compenser ces coûts supplémentaires.

7.2 Changements permanents de l'offre de monnaie et taux de change

Nous allons maintenant appliquer notre analyse de l'inflation à l'étude de l'ajustement du taux de change dollar contre euro faisant suite à une hausse permanente de l'offre de monnaie dans la zone euro. La figure 15.12 illustre à la fois les effets à court terme (voir figure 15.12a) et à long terme (voir figure 15.12b) de cette perturbation. Nous faisons l'hypothèse que l'économie part d'une situation initiale dans laquelle toutes les variables se

10. Voir Robert E. Hall et John B. Taylor, *Macroeconomics: Theory, Performance and Policy*, 5ᵉ édition. New York, Norton, 1997. Les chapitres 15 et 16 proposent une analyse détaillée de la rigidité des prix à court terme et de leur ajustement à long terme dans les économies fermées. Pour une synthèse empirique, voir Mark A. Wynne, « Sticky Prices : What Is the Evidence ? » *Federal Reserve Bank of Dallas Economic Review*, 1995, p. 1-12, et Mark J. Bils et Peter Klenow, « Some Evidence of the Importance of Sticky Prices », *Journal of Political Economy*, 2004, vol. 112, p. 947-985.

situent à leur niveau de long terme, et que le niveau de la production reste constant pendant que l'économie s'ajuste à la variation de l'offre de monnaie.

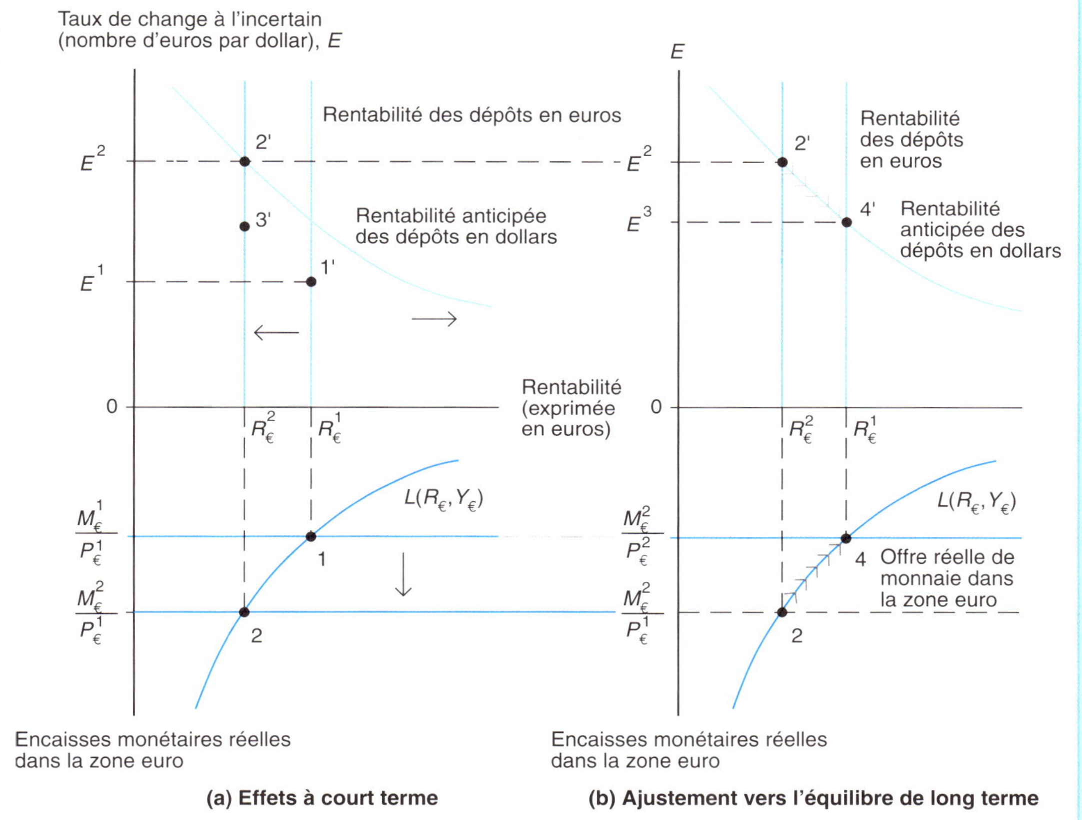

Figure 15.12 – Les effets à court terme et à long terme d'un accroissement de l'offre de monnaie dans la zone euro (pour un produit intérieur, Y, donné).

(a) L'ajustement du marché des actifs à court terme. **(b)** L'évolution du taux d'intérêt, du niveau général des prix et du taux de change au cours du temps, pendant que l'économie converge vers son équilibre à long terme.

La figure 15.12a suppose que le niveau général des prix dans la zone euro se situe initialement au niveau $P^1_€$. Une hausse de l'offre nominale de monnaie de $M^1_€$ à $M^2_€$ entraîne donc une hausse de l'offre réelle de monnaie de $M^1_€/P^1_€$ à $M^2_€/P^1_€$, à court terme, et va donc faire baisser le taux d'intérêt de $R^1_€$ (point 1) à $R^2_€$ (point 2). Jusque-là, notre analyse est identique à ce que nous avons vu précédemment dans ce chapitre.

Introduisons une première modification dans notre raisonnement, en nous demandant comment l'offre de monnaie de la zone euro – représentée dans la partie inférieure de la figure (a) – peut influer sur le marché des changes – représenté dans la partie supérieure. Comme précédemment, une baisse du taux d'intérêt dans la zone euro se concrétise par un déplacement vers la gauche de la fonction verticale qui donne la rentabilité en euros des dépôts bancaires en euros. Mais l'effet d'une hausse de l'offre monétaire ne s'arrête pas là, puisque les anticipations sur les taux de change sont aussi affectées. Étant donné que la croissance de l'offre de monnaie de la zone euro est permanente, tout le monde s'attend à une augmentation à long terme de tous les prix en euros, y compris du taux de change, qui correspond au prix en euros des dollars (cotation, comme toujours, à l'incertain). Une augmentation du taux de change futur anticipé – c'est-à-dire une dépréciation future de l'euro – entraîne une hausse de la rentabilité en euros des dépôts bancaires en dollars (voir chapitre 14). Cela va donc se traduire par un déplacement vers la droite de la fonction décroissante située dans la partie supérieure de la figure 15.12a. L'euro se déprécie par rapport au dollar, le taux de change passant de E^1 (point 1′) à E^2 (point 2′). Une remarque importante s'impose ici : la dépréciation de l'euro est supérieure à ce qu'elle serait si le taux de change futur anticipé restait constant. Ce serait le cas si la hausse de l'offre de monnaie était temporaire au lieu d'être permanente. Si le taux anticipé E^e est constant, le nouvel équilibre à court terme se situe au point 3′, plutôt qu'au point 2′.

La figure 15.12b illustre de quelle façon le taux d'intérêt et le taux de change évoluent tandis que le niveau général des prix augmente durant l'ajustement de l'économie vers son niveau d'équilibre à long terme. Le niveau général des prix commence à croître de sa valeur initiale $P^1_€$, jusqu'à atteindre finalement $P^2_€$. Comme l'augmentation du niveau général des prix à long terme doit être proportionnelle à la hausse de l'offre de monnaie, l'offre réelle finale de monnaie, $M^2_€/P^2_€$, atteint une valeur égale à sa valeur initiale, $M^1_€\ /P^1_€$. Le niveau de production étant fixé et l'offre réelle de monnaie ayant retrouvé son niveau initial, le taux d'intérêt de long terme doit donc, lui aussi, converger à long terme vers sa valeur initiale, $R^1_€$ (point 4). Nous pouvons donc en déduire que le taux d'intérêt augmente, passant de $R^2_€$ (point 2) à $R^1_€$ (point 4), pendant que le niveau général des prix croît de $P^1_€$ à $P^2_€$.

La croissance du taux d'intérêt dans la zone euro influe aussi sur le taux de change. Cet effet apparaît à la figure 15.12b : l'euro s'apprécie par rapport au dollar pendant le processus d'ajustement. Si les anticipations, concernant le taux de change, ne varient plus durant le processus d'ajustement, le marché des changes convergera vers son équilibre à long terme, en se déplaçant le long de la courbe décroissante donnant la rentabilité en euros des dépôts en dollars. La trajectoire du marché correspond au déplacement vers la droite de la fonction verticale donnant le taux d'intérêt en euros, déplacement qui répond à la hausse graduelle du niveau général des prix. Le taux de change d'équilibre à long terme (point 4′), E^3, est supérieur à celui qui correspond à l'équilibre initial (point 1′). De la même manière que pour l'évolution du niveau général des prix, la croissance du taux de change s'est révélée proportionnelle à celle de l'offre de monnaie.

La figure 15.13 illustre le cheminement temporel, après une augmentation permanente de l'offre de monnaie dans la zone euro, du taux d'intérêt des dépôts en euros, du niveau général des prix et du taux de change. La figure est construite de façon que l'augmentation à long terme du niveau général des prix (voir figure 15.13c) et celle du taux de change (voir figure 15.13d) soient proportionnelles à l'augmentation de l'offre de monnaie (voir figure 15.13a).

7.3 Surréaction du taux de change

La dépréciation initiale de l'euro, qui fait immédiatement suite à l'augmentation de l'offre de monnaie, correspond à une hausse discontinue du taux de change, qui passe instantanément de E^1 à E^2. Cette première dépréciation est supérieure à la dépréciation de long terme, qui correspond au passage du taux de change de sa valeur initiale E^1 à celle de long terme E^3 (voir figure 15.13d). Nous dirons que le taux de change surréagit lorsque sa réponse immédiate à une perturbation est de plus grande ampleur que sa réponse à long terme. Ce phénomène de **surréaction** (*overshooting*) des taux de change est important parce qu'il permet d'expliquer pourquoi les taux de change présentent une si forte volatilité d'un jour à l'autre[11].

L'explication économique de la surréaction du taux de change se trouve dans la condition de parité des taux d'intérêt. Pour mieux comprendre le phénomène, faisons l'hypothèse simplificatrice suivante : supposons qu'aucune variation du taux de change dollar contre euro ne soit anticipée, avant que la hausse de l'offre de monnaie ne se produise.

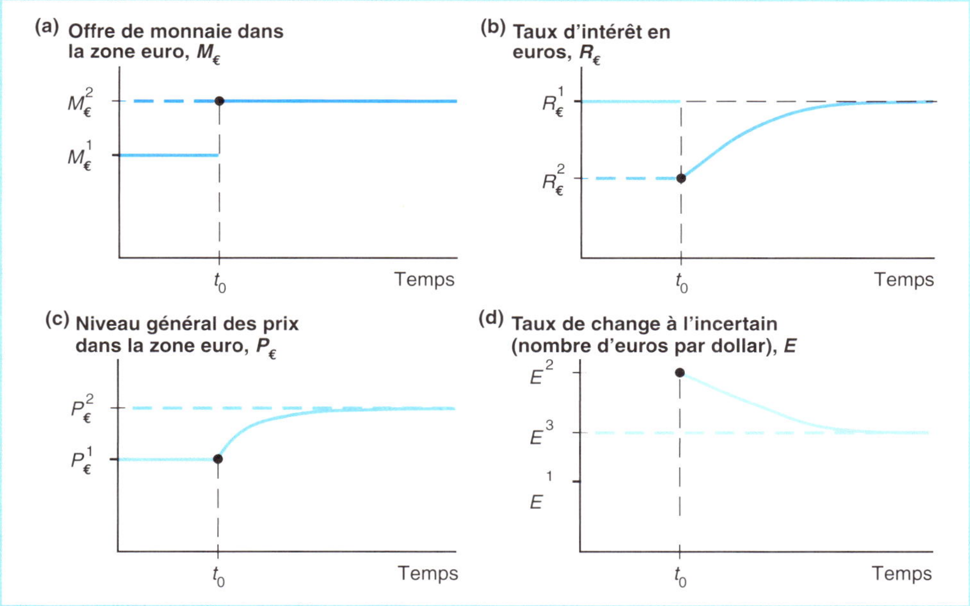

Figure 15.13 – Les trajectoires, au cours du temps, des variables macroéconomiques après une augmentation permanente de l'offre de monnaie dans la zone euro.

Après l'augmentation de l'offre de monnaie en t_0 (voir figure (a)), le taux d'intérêt (voir figure (b)), le niveau général des prix (voir figure (c)) et le taux de change (voir figure (d)) s'ajustent au cours du temps jusqu'à atteindre leur niveau de long terme. Comme le montre la figure (d), le taux de change surréagit dans un premier temps par un saut instantané de son niveau initial E^1 jusqu'à E^2, avant de converger progressivement vers sa valeur de long terme, E^3.

11. Voir notamment Rudiger Dornbusch, « Expectations and Exchange Rate Dynamics », *Journal of Political Economy*, 84, décembre 1976, p. 1161-1176, et Richard M. Levich, « Overshooting in the Foreign Exchange Market », *Occasional Paper*, 5, New York, Group of Thirty, 1981.

Par conséquent, le taux d'intérêt en euros, $R^1_€$, est égal au taux d'intérêt en dollars, $R_\$$. Une augmentation permanente de l'offre de monnaie de la zone euro n'a pas de répercussion sur $R_\$$. Cela entraîne donc une baisse du taux d'intérêt en euros $R^1_€$ sous le niveau $R_\$$. Le taux $R_€$ va rester inférieur au taux $R_\$$ (voir figure 15.13b), jusqu'à ce que le niveau général des prix dans la zone euro s'ajuste à son niveau de long terme pour atteindre $P^2_€$ (voir figure 15.13c). Pendant ce processus d'ajustement, le marché des changes ne peut rester à l'équilibre qu'à la condition que la différence d'intérêt en faveur des dépôts en dollars soit compensée par l'anticipation d'une appréciation de l'euro par rapport au dollar, c'est-à-dire par l'anticipation d'une baisse de E. Pour que les acteurs du marché des changes anticipent une appréciation de l'euro par rapport au dollar, il faut nécessairement qu'au départ le taux de change dollar contre euro dépasse le niveau E^3.

La surréaction du taux de change est une conséquence directe de la rigidité des prix à court terme. Dans un monde hypothétique, où les prix pourraient s'ajuster immédiatement à leur valeur de long terme après une hausse de l'offre de monnaie, le taux d'intérêt en euros ne diminuerait pas. En effet, les prix s'ajusteraient immédiatement et empêcheraient la hausse de l'offre réelle de monnaie. Ainsi, la surréaction du taux de change ne serait pas nécessaire au maintien de l'équilibre sur le marché des changes. Le taux de change préserverait l'équilibre du marché en atteignant directement son nouveau niveau de long terme.[12]

Encadré 15.2

Une hausse de l'inflation peut-elle conduire à une appréciation de la monnaie ? Les implications du ciblage d'inflation

Dans le modèle de surréaction du taux de change que nous venons d'examiner, une augmentation de l'offre de monnaie conduit à davantage d'inflation ce qui provoque une dépréciation de la monnaie. Aussi peut-on être surpris de lire dans la presse des titres tels que celui-ci, paru le 24 mai 2007 dans le *Financial Times* : « L'inflation pousse le dollar canadien à la hausse. » Comment concilier cette affirmation avec le modèle que nous avons présenté au fil de ce chapitre ?

Pour comprendre, il faut se plonger dans l'article du *Financial Times* :

« Aux dires des analystes, le principal moteur de la récente appréciation du dollar canadien est la publication des chiffres de l'inflation en avril, qui sont plus élevés que prévu et qui ont conduit à une hausse des taux d'intérêt canadiens, sur le marché obligataire, de 25 points de base. »

Si les banques centrales augmentent leur taux directeur en cas de pression inflationniste, alors, dans la mesure où la hausse des taux d'intérêt provoque une appréciation de la monnaie, il est tout à fait possible de résoudre l'apparente contradiction avec notre modèle. Mais pour être complet, nous devons examiner la manière dont les banques centrales formulent et implémentent la politique monétaire*.

* Pour davantage de détails à ce sujet, voir Bordes C., *La Politique monétaire*, Éditions La Découverte, Paris, 2007.

12. Voir aussi Jacob A. Frenkel et Michaël L. Mussa, « The Efficiency of Foreign Exchange Markets and Measures of Turbulence », *American Economic Review* 70, mai 1980, p. 374-381. Cet article met en évidence les différences de comportement du niveau général des prix, des taux d'intérêt et du prix d'autres actifs.

*1. L'instrument*** *principal de la politique monétaire est le taux d'intérêt et non pas l'offre de monnaie.* De nos jours, la plupart des banques centrales n'agissent pas directement sur l'offre de monnaie pour contrôler l'inflation, mais plutôt sur les taux d'intérêt à court terme *via* les taux directeurs***. Comment notre étude de l'équilibre sur le marché monétaire nous aide-t-elle à comprendre ce processus ? Considérons la figure 15.3 et supposons que la banque centrale vise un taux d'intérêt R^1. Elle peut le faire simplement en acceptant toute transaction à ce taux. Si l'offre de monnaie se situe initialement au niveau Q^2, par exemple, il y aura un excès de demande de monnaie au taux d'intérêt R^1. Les agents vont donc vendre des obligations à la banque centrale contre de la monnaie (dans les faits, cela s'apparente à un emprunt) jusqu'à ce que l'offre de monnaie atteigne le niveau Q^1 et que le déséquilibre disparaisse. Les banques centrales préfèrent intervenir sur le taux d'intérêt plutôt que sur l'offre de monnaie parce que celle-ci est assez instable. Si la banque centrale fixe l'offre de monnaie, il peut en résulter une forte variabilité des taux d'intérêt. Il est donc préférable de fixer le taux d'intérêt et de laisser l'offre de monnaie s'ajuster.

L'analyse précédente de la relation positive entre l'offre de monnaie et le niveau général des prix permet toutefois de mettre en lumière un des problèmes posés par le taux d'intérêt comme instrument de politique monétaire. Si l'offre de monnaie est complètement libre de fluctuer pour s'ajuster aux excès d'offre ou de demande sur le marché, comment le niveau général des prix et l'inflation peuvent-ils être sous contrôle ? Supposons que les opérateurs doutent de la capacité de la banque centrale à lutter contre l'inflation. Il est probable alors que le niveau général des prix augmentera brutalement en raison des anticipations d'inflation future. Et les agents emprunteront davantage auprès de la banque centrale provoquant une augmentation de l'offre de monnaie et donc de l'inflation. Cela nous amène à examiner le second pilier de la théorie moderne de la politique monétaire.

2. La plupart des banques centrales ajustent leurs taux d'intérêt spécifiquement en fonction de l'inflation. Une banque centrale maintient l'inflation en augmentant les taux d'intérêt dès qu'elle redoute des tensions inflationnistes et elle les diminue dès qu'elle anticipe une baisse de l'inflation. Comme nous le verrons plus en détail au chapitre 17, une augmentation des taux d'intérêt, qui conduit à une appréciation de la monnaie, réduit la demande globale pour les biens et les services domestiques en les rendant plus chers comparés aux biens et services étrangers. Cette diminution de la demande provoque en retour une baisse des prix intérieurs. À l'inverse, une baisse des taux d'intérêt exerce une pression à la hausse sur les prix intérieurs.

De nos jours, la plupart des banques centrales suivent une politique de ciblage d'inflation (*inflation targeting*). Autrement dit, elles fixent une cible pour le taux d'inflation et ajustent les taux d'intérêt de manière à converger vers cette cible. En général, l'indicateur suivi par les banques centrales n'est pas l'indice des prix à la consommation, mais plutôt ce qu'on appelle l'« inflation sous-jacente » (*core inflation*) qui exclut certains prix, comme ceux de l'énergie, qui sont très volatils.

** Les instruments sont parfois qualifiés d'« objectifs opérationnels » de la banque centrale.

*** Les taux directeurs de la BCE sont le taux de rémunération des dépôts, le taux de refinancement et le taux du prêt marginal.

Encadré 15.2 (suite)

C'est la Nouvelle-Zélande qui a commencé cette pratique de ciblage d'inflation en 1989, suivie depuis par de nombreux pays industrialisés ou en développement, tels que l'Afrique du Sud, le Canada, le Chili, le Mexique, la Thaïlande, le Royaume-Uni ou la zone euro (même si cela n'a rien d'officiel dans le dernier cas). À noter que les États-Unis et le Japon ont, jusqu'à présent, toujours refusé d'annoncer une cible d'inflation. L'actuel président de la Réserve fédérale américaine, Ben Bernanke, est toutefois un partisan de cette politique, et la position des États-Unis est donc peut-être amenée à évoluer.

Nous pouvons désormais expliquer le paradoxe précédent : pourquoi une inflation plus élevée que prévu provoque-t-elle une appréciation de la monnaie, et non une dépréciation ? Supposons que les agents, parce qu'ils doutent peut-être de la détermination de la banque centrale à maintenir un faible niveau d'inflation, exercent des pressions inflationnistes et empruntent davantage, ce qui conduit à une augmentation de l'offre de monnaie. Quand le niveau général des prix, supérieur au niveau anticipé, est effectivement annoncé, les opérateurs peuvent être surpris. Si le marché s'attend à ce que la banque centrale augmente ses taux d'intérêt pour ramener les prix et l'offre de monnaie à leur niveau initial, il n'y a aucune raison d'anticiper une variation du taux de change. Mais, l'augmentation des taux d'intérêt s'accompagne, en raison de la parité des taux d'intérêt, de celle du taux de dépréciation anticipé. Dans la mesure où le taux de change à long terme n'est pas censé varier, pour que le taux de dépréciation anticipé augmente, il est nécessaire que la monnaie domestique s'apprécie immédiatement. Graphiquement, on est dans le cas inverse à celui de la figure 15.13 qui illustre l'ajustement de l'offre de monnaie, du taux d'intérêt, du niveau général des prix et du taux de change à une augmentation permanente de l'offre de monnaie dans la zone euro. Ici, on fait face à une contraction imprévue de l'offre de monnaie avec l'hypothèse supplémentaire que la banque centrale augmente progressivement ses taux d'intérêt pour ramener l'économie à sa situation initiale.

Richard Clarida et Daniel Waldman présentent des résultats empiriques qui corroborent l'explication précédente[****]. À partir d'un échantillon de dix pays ou zone monétaire (Australie, Canada, États-Unis, Grande-Bretagne, Japon, Norvège, Nouvelle-Zélande, Suède, Suisse et zone euro), les auteurs examinent les variations du taux de change sur un intervalle de temps symétrique de dix minutes autour de l'annonce officielle des nouveaux chiffres d'inflation. Ils s'intéressent en particulier à l'impact de l'inflation non anticipée définie comme la différence entre le taux d'inflation annoncé (il s'agit, en fait, d'une prévision d'inflation qui sera affinée par la suite) et la prévision médiane des analystes (ce que l'on appelle le « consensus de marché »). Quatre résultats importants se dégagent :

1. En moyenne, pour les dix monnaies étudiées, une hausse non anticipée de l'inflation conduit effectivement à une appréciation de la monnaie, et non à une dépréciation.

**** Clarida R. et Waldman D., « Is Bad News About Inflation Good News for the Exchange Rate? And If So, Can that Tell Us Anything about the Conduct of Monetary Policy? » dans John Y. Campbell (éd.), *Asset Prices and Monetary Policy*, Chicago, University of Chicago Press, 2008. À noter que Michael W. Klein et Linda S. Goldberg, « Establishing Credibility: Evolving Perceptions of the ECB », *NBER Working Papers* 11792, 2005, adoptent une méthode assez proche de celle utilisée dans l'article précédent, mais cette fois pour examiner la façon dont les investisseurs perçoivent l'attitude de la BCE envers l'inflation depuis sa création en 1999.

2. L'effet est plus fort pour l'inflation sous-jacente que pour une augmentation de même ampleur de l'indice des prix à la consommation.

3. L'effet est nettement plus fort pour les pays qui pratiquent le ciblage d'inflation, comparativement aux États-Unis ou au Japon. Dans le cas du Canada, par exemple, l'annonce surprise d'une hausse de l'inflation sous-jacente d'un point de pourcent provoque une appréciation de 3 % du dollar canadien par rapport au dollar américain. L'effet d'une annonce similaire sur la parité euro/dollar est quatre fois moins important.

4. Dans le cas des pays pour lesquels on dispose d'une série historique de données suffisamment longue, ces effets apparaissent uniquement à partir du moment où les autorités monétaires décident de pratiquer le ciblage d'inflation.

Bien sûr, les faits ne permettent jamais de prouver définitivement la validité de telle ou telle théorie économique (alors qu'une théorie peut très bien être invalidée par les faits). Quoi qu'il en soit, la théorie selon laquelle le ciblage d'inflation fait qu'une mauvaise nouvelle en termes d'inflation est une bonne nouvelle pour la monnaie semble convaincante.

Résumé

La monnaie est détenue parce qu'elle est liquide. Sa demande, considérée en termes réels, ne correspond pas au besoin d'un certain nombre d'unités monétaires, mais plutôt à celui d'un certain pouvoir d'achat. La *demande réelle de monnaie* dépend négativement du coût d'opportunité de la détention de monnaie – ce coût est mesuré par le taux d'intérêt –, et elle dépend positivement du volume de transactions dans l'économie – ce volume est mesuré par le PIB réel.

Le marché monétaire est à l'équilibre lorsque l'*offre réelle de monnaie* est égale à la demande réelle de monnaie. Si le niveau général des prix et le niveau du produit intérieur sont donnés, une augmentation de l'offre de monnaie entraîne une baisse du taux d'intérêt. Inversement, une diminution de l'offre de monnaie entraîne une hausse du taux d'intérêt. Si le niveau général des prix est donné, une augmentation du produit réel provoque une hausse du taux d'intérêt. Une chute du produit réel provoque l'effet inverse.

Une augmentation de l'offre de monnaie provoque également une dépréciation de la monnaie sur le marché des changes (même lorsque les anticipations sur les taux de change futurs ne changent pas). De même, une baisse de l'offre de monnaie entraîne une appréciation de cette monnaie par rapport aux monnaies étrangères.

L'hypothèse selon laquelle le niveau général des prix est fixe à court terme correspond à une bonne approximation de la réalité pour les pays connaissant une inflation modérée. Cette hypothèse n'est cependant pas vérifiée à long terme. Une variation permanente de l'offre de monnaie provoque une variation proportionnelle et de même sens du niveau d'équilibre à long terme des prix. En revanche, elle n'a pas d'effet sur les valeurs de long terme du produit intérieur, du taux d'intérêt ou des prix relatifs. Le taux de change – c'est-à-dire le prix en monnaie domestique de la monnaie étrangère – fait partie des prix monétaires dont le niveau de long terme croît proportionnellement à une augmentation permanente de l'offre de monnaie.

Une augmentation de l'offre de monnaie peut provoquer une *surréaction* à court terme du taux de change, qui va alors dépasser son niveau de long terme. Si le produit intérieur est donné, une hausse permanente de l'offre de monnaie, par exemple, entraîne une dépréciation plus que proportionnelle de la monnaie à court terme. Cette dépréciation est suivie par une appréciation de la monnaie jusqu'à son niveau de long terme. La surréaction du taux de change, qui intensifie la volatilité des taux de change, est une conséquence directe de la lenteur de l'ajustement du niveau général des prix à court terme et de la condition de parité des taux d'intérêt.

Activités

1. Supposons que la demande réelle de monnaie diminue. Représentez graphiquement les effets à court terme et à long terme de cette variation sur le taux de change, le taux d'intérêt et le niveau général des prix.

2. Quel peut être l'effet d'une baisse de population d'un pays sur la fonction de demande de monnaie ? Le fait que cette baisse démographique soit due à une diminution du nombre de ménages ou de la taille des ménages a-t-il une importance ?

3. La vitesse de circulation de la monnaie, V, est définie comme le ratio du PIB réel sur la détention réelle de monnaie, $V = Y/(M/P)$, en reprenant les notations de ce chapitre. Utilisez l'équation (15.4) pour déterminer une expression de la vitesse de circulation de la monnaie. Expliquez comment cette vitesse de circulation se modifie si R et Y connaissent des variations. On remarquera que l'effet d'une variation du produit intérieur sur V dépend de l'élasticité de la demande de monnaie par rapport au produit réel – élasticité que les économistes considèrent comme inférieure à l'unité. Quelle relation existe-t-il entre la vitesse de circulation et le taux d'intérêt ?

4. Quel est l'effet, à court terme, d'une augmentation du PIB réel sur le taux de change si les anticipations sur les taux de change futurs sont données ?

5. Nous avons souligné, dans ce chapitre, l'utilité de la monnaie comme moyen d'échange et comme unité de compte. En vous fondant sur cette analyse, expliquez pourquoi certaines monnaies deviennent des monnaies internationales.

6. Si une réforme monétaire comme celle qui a été menée par les autorités turques pour réduire la valeur nominale de la monnaie n'a pas d'effet sur les variables réelles de l'économie, pourquoi les gouvernements associent-ils des réformes monétaires à des programmes de lutte contre l'inflation ?

7. Supposons qu'une économie, avec un taux de chômage élevé, double son offre de monnaie. À long terme, le plein emploi est rétabli et la production retrouve son niveau de plein emploi. Sous l'hypothèse – certes improbable – que le taux d'intérêt se situe, avant l'augmentation de l'offre de monnaie, à son niveau de long terme, la hausse à long terme du niveau général des prix sera-t-elle plus ou moins proportionnelle à la variation de l'offre de monnaie ? Qu'en est-il si le taux d'intérêt se situe initialement au-dessous de son niveau de long terme – cette hypothèse étant plus probable que la précédente ?

8. Entre 1984 et 1985, l'offre de monnaie aux États-Unis a augmenté de 570 à 641 milliards de dollars, tandis que celle du Brésil passait de 24 à 106 milliards de cruzados. Durant la même période, l'indice américain des prix à la consommation a augmenté de 96,6 à 100, tandis que l'indice brésilien passait de 31 à 100. Calculez le taux de croissance

de l'offre de monnaie et de l'inflation au cours de la période 1984-1985 pour les États-Unis et le Brésil. Si nous faisons l'hypothèse que les autres facteurs qui influent sur les marchés monétaires n'ont pas connu de variations trop importantes, comment ces valeurs concordent-elles avec les prédictions du modèle présenté dans ce chapitre ? Comment expliquer les réactions apparemment différentes des prix aux États-Unis et au Brésil ?

9. Poursuivez l'exercice précédent en notant que la valeur monétaire de la production en 1985 atteignait 4 010 milliards de dollars aux États-Unis et 1 418 milliards de cruzados au Brésil. Reportez-vous à la question 3 et calculez la vitesse de circulation de la monnaie pour les deux pays en 1985. Pourquoi la vitesse de circulation de la monnaie est-elle beaucoup plus élevée au Brésil ?

10. Dans notre analyse de la surréaction du taux de change à court terme, nous avons fait l'hypothèse que le produit réel était donné. Supposons maintenant qu'une augmentation de l'offre de monnaie entraîne une hausse du produit réel à court terme – hypothèse que nous justifierons au chapitre 17. Comment cela influe-t-il sur l'ampleur de la surréaction du taux de change ? Est-il envisageable d'obtenir une sous-réaction du taux de change ? Notez qu'à la figure 15.12a une augmentation du produit réel va entraîner un déplacement de la courbe de demande réelle de la monnaie.

11. La figure 14.3 montre que les taux d'intérêt à court terme au Japon ont connu des périodes pendant lesquelles ils étaient proches de zéro, voire nuls. Le fait que les taux d'intérêt japonais ne soient jamais devenus négatifs est-il une coïncidence ?

12. Comment un taux d'intérêt nul peut-il compliquer le fonctionnement de la politique monétaire ? On vous rappelle que si le taux d'intérêt est nul, alors détenir des obligations plutôt que de la monnaie ne présente aucun avantage.

13. Plutôt que de fixer intentionnellement le niveau de l'offre de monnaie, les banques centrales déterminent un niveau cible pour le taux d'intérêt à court terme, en proposant de prêter ou d'emprunter à ce taux sans limite.

    a. Décrivez les problèmes qui peuvent apparaître si une banque centrale conduit sa politique monétaire en maintenant le taux d'intérêt du marché à un niveau constant. Considérez en premier lieu le cas où les prix sont flexibles ; peut-on trouver un niveau de prix d'équilibre unique lorsque la banque centrale donne aux individus la quantité de monnaie qu'ils souhaitent détenir au taux d'intérêt fixe ? Considérez ensuite le cas où les prix sont rigides.

    b. Est-ce que la situation est différente si la banque centrale augmente le taux d'intérêt lorsque les prix sont élevés, selon la formule suivante : $R - R_0 = a\ (P - P_0)$, où a est une constante positive et P_0 un niveau de prix cible ?

    c. Supposons que la règle suivie par la banque centrale s'écrive : $R - R_0 = a\ (P - P_0) + u$, où u est un mouvement aléatoire de la politique de taux d'intérêt. On peut interpréter une diminution de u comme un abaissement du taux d'intérêt par la banque centrale, et donc comme une mesure monétaire expansionniste. En vous plaçant dans le contexte du modèle de surréaction du taux de change de la figure 15.12, expliquez comment et pourquoi l'économie s'ajuste à une baisse unique, permanente et non anticipée du facteur aléatoire u. Comparez avec la figure 15.13.

Chapitre 16

Niveau général des prix et taux de change à long terme

Objectifs pédagogiques :

- Expliquer la théorie de la parité du pouvoir d'achat et les relations théoriques avec l'intégration internationale des marchés des biens et des services.
- Décrire comment les facteurs monétaires, tels qu'une inflation continue du niveau général des prix, jouent sur les taux de change à long terme.
- Discuter du concept de taux de change réel.
- Comprendre les facteurs qui influent sur les taux de change réels et les prix relatifs à long terme.
- Expliquer la relation entre les différentiels de taux d'intérêt réels entre deux pays et les changements des taux de change réels anticipés.

Alors qu'un dollar américain valait 358 yens japonais en 1970, il ne valait plus que 203 yens dix ans plus tard. En dépit d'un redressement temporaire dans les années 1980, le prix du dollar en yens s'est effondré et est inférieur à 80 yens à l'été 2011. Un certain nombre d'investisseurs n'ont pas réussi à anticiper ces changements de prix et, par conséquent, des fortunes ont été perdues – et gagnées – sur les marchés des changes. Quelles sont les forces économiques sous-jacentes à de pareils mouvements à long terme des taux de change ?

Nous avons vu que les taux de change sont déterminés à la fois par les taux d'intérêt et par les anticipations, qui subissent, quant à eux, l'influence des marchés monétaires domestiques. Pour bien comprendre les mouvements à long terme des taux de change, nous devons cependant étendre notre modèle dans deux directions. Tout d'abord, nous devons compléter notre analyse des liens entre la politique monétaire, l'inflation, les taux d'intérêt et les taux de change. Ensuite, il nous faut examiner des facteurs autres que l'offre et la demande de monnaie – par exemple, les modifications de la demande sur le marché des biens et des services – qui peuvent avoir des effets durables sur les taux de change.

Dans ce chapitre, nous développons un modèle décrivant le comportement à long terme des taux de change. Ce modèle est celui que les intervenants sur le marché des actifs utilisent pour prévoir les taux de change futurs. En outre, puisque les anticipations des agents ont un effet immédiat sur le taux de change, les prévisions de taux de change à long terme sont importantes, même à court terme. Nous utiliserons donc largement les conclusions de ce chapitre lorsque nous examinerons au chapitre 17 les interactions à court terme du taux de change et de la production.

À long terme, le niveau général des prix joue un rôle-clé dans la détermination des taux d'intérêt et des taux de change. Nous étudions d'abord la théorie de la **parité de pouvoir d'achat** (PPA) qui lie les mouvements du taux de change entre deux monnaies aux évolutions du pouvoir d'achat de celles-ci, autrement dit aux changements du niveau général des prix. Nous examinons ensuite les raisons pour lesquelles la PPA ne permet pas de prévoir précisément les mouvements à long terme et nous montrons comment la modifier pour tenir compte des variations de l'offre et de la demande sur les marchés des biens et services domestiques. Nous expliquons enfin dans quelle mesure cette version élargie de la théorie de la PPA nous permet de comprendre la façon dont les modifications sur les marchés de la monnaie et des biens et services influent sur les taux de change et les taux d'intérêt.

1 Loi du prix unique

Pour comprendre les forces de marché qui sous-tendent la théorie de la parité de pouvoir d'achat, nous allons d'abord discuter d'une relation connexe, mais distincte, connue sous le nom de **loi du prix unique**. Cette loi stipule que sur des marchés compétitifs, sans coûts de transport et sans barrières officielles aux échanges (comme des droits de douane), des biens identiques commercialisés dans des pays différents doivent être vendus au même prix lorsque celui-ci est exprimé dans une même monnaie. Par exemple, pour un taux de change de 1,1 dollar américain pour 1 euro, un pull vendu 50 € à Paris doit être vendu 55 $ à New York. Le prix en euros du pull vendu à New York est alors de 50 € (55/1,1) par pull, c'est-à-dire le même prix qu'à Paris.

Continuons avec cet exemple pour voir pourquoi la loi du prix unique doit être vérifiée lorsque les échanges sont libres et qu'il n'y a pas de coûts de transport ou de barrières aux échanges. Si le taux de change avait été de 1,15 dollar pour 1 euro, nous aurions pu acquérir le pull à New York en achetant 55 $ sur le marché des changes au prix de 47,83 € (55/1,15) et le pull n'aurait coûté que 47,83 €. Or, si le même pull était vendu pour 50 € à Paris, les importateurs français et les exportateurs américains auraient intérêt à acheter les pulls à New York et à les expédier jusqu'à Paris. Cela provoquerait ainsi une hausse du prix à New York et une baisse du prix à Paris, jusqu'à ce qu'ils soient égaux dans les deux pays. De même, pour un taux de change de 1,05 dollar pour 1 euro, le prix du pull en euros serait de 52,38 € (55/1,05), soit 2,38 € plus cher qu'à Paris. Les pulls seraient alors exportés de France vers les États-Unis, jusqu'à ce que les deux marchés vendent ce bien au même prix.

La loi du prix unique est une reformulation, en termes monétaires, du principe qui a prédominé dans la première partie de ce livre consacrée au commerce international : lorsque les échanges sont libres et sans coûts, des biens identiques doivent être vendus aux mêmes prix relatifs, quel que soit l'endroit où ils sont commercialisés. Il est important de rappeler ce principe, car il illustre le lien existant entre les prix domestiques des biens et les taux de change.

Nous pouvons exprimer formellement la loi du prix unique de la façon suivante. Soit $P^i_€$, le prix en euros du bien *i* lorsqu'il est vendu dans la zone euro, et $P^i_\$$, le prix correspondant en dollars lorsque le bien est vendu aux États-Unis. La loi du prix unique implique alors que le prix en euros du bien *i* est le même, quel que soit l'endroit où il est vendu :

$$P^i_€ = E \times P^i_\$ \Leftrightarrow E = P^i_€ / P^i_\$$$

où E est le rapport des prix du bien i dans la zone euro et aux États-Unis, soit le prix d'un dollar en euros, soit encore le taux de change dollar contre euro coté à l'incertain (dans la zone euro).

2 Parité de pouvoir d'achat

La théorie de la parité de pouvoir d'achat spécifie que le taux de change entre deux monnaies doit être égal au rapport du niveau général des prix dans les deux pays. Nous avons vu que le pouvoir d'achat de la monnaie est inversement proportionnel au niveau général des prix, c'est-à-dire au prix d'un panier de biens et de services de référence (voir chapitre 15). La théorie de la PPA prévoit donc qu'une baisse du pouvoir d'achat de la monnaie domestique, qui se traduit par une hausse du niveau général des prix intérieur, sera associée à une dépréciation proportionnelle de la monnaie sur le marché des changes. De façon symétrique, la PPA prévoit qu'une augmentation du pouvoir d'achat de la monnaie domestique sera associée à une appréciation proportionnelle de la monnaie.

L'idée principale de la PPA a été développée au XIXe siècle par des économistes britanniques, parmi lesquels David Ricardo (qui fut aussi à l'origine de la théorie des avantages comparatifs). Gustav Cassel, un économiste suédois du début du XXe siècle, a popularisé la théorie de la PPA en la présentant comme la pièce maîtresse de la théorie des changes[1]. Bien que la validité de la PPA suscite de nombreuses controverses, cette théorie met en lumière des facteurs importants qui expliquent les mouvements des taux de change.

Pour exprimer la PPA de façon formelle, posons $P_€$, le prix en euros d'un panier de biens de référence vendu dans la zone euro, et $P_\$$, le prix en dollars de ce même panier de biens vendu aux États-Unis (supposons pour le moment qu'un unique panier mesure exactement le pouvoir d'achat de la monnaie de chacun des deux pays). La PPA prédit que le taux de change à l'incertain (nombre d'euros par dollar) s'écrit :

$$E = P_€ / P_\$ \tag{16.1}$$

Si, par exemple, le panier de biens de référence coûte 200 \$ aux États-Unis et 160 € dans la zone euro, la PPA prédit que le taux de change sera égal à 0,8 euro pour 1 dollar (160 € par panier/200 \$ par panier). Si le niveau général des prix dans la zone euro était deux fois plus élevé (à 320 € par panier), alors d'après la PPA le taux de change serait de 1,6 euro par dollar (320 € par panier/200 \$ par panier).

En reprenant l'équation (16.1), on obtient :

$$P_€ = P_\$ \times E$$

Le membre de gauche de cette équation représente le prix en euros d'un panier de biens européen ; le membre de droite représente le prix en euros du même panier de biens lorsqu'il est acheté aux États-Unis (c'est-à-dire le prix du panier en dollars multiplié par le prix en euros d'un dollar). Ces deux prix sont donc les mêmes si la PPA est vérifiée. *La PPA énonce*

1. Gustav Cassel, *Post-War Monetary Stabilization*, New York, Columbia University Press, 1928.

que le niveau général des prix dans le pays domestique et à l'étranger est égal quand ces derniers sont mesurés dans la même monnaie.

De façon équivalente, le membre de droite de la dernière équation mesure le pouvoir d'achat d'un euro lorsqu'il est échangé contre des dollars puis dépensé aux États-Unis. Par conséquent, pour un taux de change donné, la PPA est vérifiée lorsque le pouvoir d'achat exprimé en monnaie domestique est toujours identique à celui exprimé en monnaie étrangère.

2.1 Relation entre la PPA et la loi du prix unique

L'expression de la PPA donnée par l'équation (16.1) paraît, *a priori*, identique à la loi du prix unique. Il y a cependant une différence entre les deux : la loi du prix unique est appliquée sur des biens particuliers (tels que le bien i), tandis que la PPA s'applique au niveau général des prix, qui est un prix composite de tous les biens et services entrant dans le panier de référence.

Si la loi du prix unique est vérifiée pour tous les biens, alors la PPA est automatiquement confirmée, à partir du moment où un même panier sert de référence pour estimer le niveau général des prix de chaque pays. Les partisans de la PPA considèrent cependant que sa validité (en particulier en tant que théorie à long terme) n'exige pas que la loi du prix unique soit exactement vérifiée.

Même si la loi du prix unique n'est pas vérifiée pour chaque bien, l'argument reste valide, les prix et les taux de change ne devraient pas trop s'éloigner de ce que prédit la PPA. Lorsque les biens et les services sont temporairement plus coûteux dans un pays que dans un autre, la demande pour la monnaie et la production de ce pays diminuent, ce qui doit ramener le taux de change et les prix domestiques à des niveaux en accord avec la PPA. La situation opposée, dans laquelle les biens domestiques sont relativement bon marché, conduit à une appréciation de la monnaie et à des prix plus élevés dans le pays. La PPA affirme donc que, même si la loi du prix unique n'est pas exactement vérifiée, les forces économiques sous-jacentes conduisent finalement à égaliser le pouvoir d'achat de la monnaie de chaque pays.

2.2 PPA absolue et PPA relative

En exprimant le taux de change comme le rapport du niveau général des prix [voir équation (16.1)], nous faisons référence à la **PPA absolue**, par opposition à la **PPA relative**. Cette dernière stipule que la variation en pourcentage du taux de change entre les monnaies de deux pays sur une période est égale à la différence des variations en pourcentage du niveau général des prix dans ces deux pays. Nous passons donc d'un énoncé sur le *niveau général des prix* et le taux de change à un énoncé sur les *variations du niveau général des prix* et le taux de change. Si la PPA relative est vérifiée, ce sont les variations de prix et de taux de change qui permettent de préserver le rapport entre le pouvoir d'achat de la monnaie domestique et le pouvoir d'achat de la monnaie étrangère.

Par exemple, supposons que le niveau général des prix aux États-Unis augmente de 10 % sur l'année tandis que le niveau général des prix dans la zone euro croît seulement de 5 %. Alors, la PPA relative prédit une dépréciation de 5 % du dollar par rapport à l'euro. Cette dépréciation de 5 % élimine la différence de 5 % qui existait entre l'inflation aux États-Unis et dans la zone euro, tout en laissant le pouvoir d'achat relatif de chaque monnaie inchangé.

Formellement, la PPA relative entre la zone euro et les États-Unis peut être écrite de la manière suivante :

$$(E_t - E_{t-1}) / E_{t-1} = (\pi_{€,t} - \pi_{\$,t}) \tag{16.2}$$

où π_t est le taux d'inflation – tel que $\pi_t = (P_t - P_{t-1}) / P_{t-1}$, la variation en pourcentage du niveau général des prix entre la date t et la date t–1[2]. À la différence de la PPA absolue, la PPA relative ne peut être définie que sur un intervalle de temps pendant lequel le niveau général des prix et le taux de change vont varier.

En pratique, les instituts statistiques nationaux ne calculent pas leurs indices de prix à partir d'un panier de biens standardisé au niveau international. Or, la PPA absolue n'a de sens que si les deux paniers de biens qui servent à la comparaison sont identiques ; il n'y a pas de raison pour que des paniers de biens *différents* soient vendus au même prix ! La notion de PPA se révèle donc très commode lorsqu'on doit utiliser des statistiques nationales du niveau général des prix. Il est effectivement concevable de comparer les variations en pourcentage du taux de change avec des différentiels d'inflation, même si les pays utilisent des paniers de biens différents pour calculer le *niveau général des prix*.

La PPA relative est, par ailleurs, importante car elle pourrait être vérifiée même lorsque la PPA absolue ne l'est pas. Sous réserve que les facteurs provoquant des déviations par rapport à la PPA absolue soient suffisamment stables dans le temps, les *variations* en pourcentage du rapport entre le niveau général des prix intérieur et étranger sont proches des *variations* en pourcentage des taux de change.

3 Modèle à long terme des taux de change fondé sur la PPA

Si nous combinons la théorie de la PPA avec l'analyse de l'offre et de la demande de monnaie développée au chapitre 15, nous pouvons examiner comment les taux de change et les facteurs monétaires interagissent à long terme. Puisque seuls les facteurs qui influent sur l'offre ou la demande de monnaie jouent un rôle explicite dans cette théorie, elle est qualifiée d'**approche monétaire du taux de change** . L'approche monétaire constitue une première étape dans ce chapitre dans le développement d'une théorie générale des taux de change à long terme.

---

2. Pour être plus précis, l'équation (16.1) est une bonne approximation de l'équation (16.2) lorsque les taux ne sont pas trop élevés. La relation *exacte* est :

$$E_t / E_{t-1} = (P_{€,t} / P_{€,t-1}) / (P_{\$,t} / P_{\$,t-1})$$

Après avoir soustrait 1 des deux côtés, on peut écrire l'équation exacte comme suit :

$$\begin{aligned}(E_t - E_{t-1})/E_{t-1} &= (\pi_{€,t} + 1)\,(P_{\$,t-1} / P_{\$,t}) - (P_{\$,t}/P_{\$,t}) \\ &= (\pi_{€,t} - \pi_{\$,t}) / (1 + \pi_{\$,t}) \\ &= (\pi_{€,t} - \pi_{\$,t}) - \pi_{\$,t}\,(\pi_{€,t} - \pi_{\$,t}) / (1 + \pi_{\$,t})\end{aligned}$$

Mais si $\pi_{€,t}$ et $\pi_{\$,t}$ sont petits, le dernier terme $-\pi_{\$,t}\,(\pi_{€,t} - \pi_{\$,t}) / (1 + \pi_{\$,t})$ est négligeable.

Lorsque nous parlons d'une approche monétaire, nous nous référons à une théorie à long terme et non à court terme. À long terme, la théorie ne tient pas compte des rigidités des prix qui sont, en revanche, importantes pour expliquer les fluctuations macroéconomiques à court terme, en particulier les écarts par rapport au plein emploi. L'approche monétaire considère que les prix s'ajustent immédiatement pour maintenir le plein emploi et la PPA. Ici, comme au chapitre précédent, lorsque nous parlons de la valeur à long terme d'une variable, nous faisons référence à la valeur d'équilibre dans un monde hypothétique où les prix des facteurs de production et des biens et services sont parfaitement flexibles.

D'importantes controverses sur les sources apparentes de la rigidité des prix opposent en fait les macroéconomistes. Certains considèrent que les prix et les salaires paraissent rigides, mais qu'en réalité, ils s'ajustent immédiatement pour équilibrer le marché. Pour ces derniers, le modèle présenté dans ce chapitre décrit le comportement à court terme d'une économie.

3.1 L'équation fondamentale de l'approche monétaire

Supposons qu'à long terme le marché des changes fixe le taux de change de telle façon que la PPA soit vérifiée [voir équation (16.1)] : $E = P_€/P_\$$. En d'autres termes, nous supposons qu'il n'y a pas de rigidités sur les marchés qui empêchent le taux de change et les autres prix de s'ajuster immédiatement à des niveaux compatibles avec le plein emploi.

Au chapitre précédent, l'équation (15.1) liait le niveau général des prix à l'offre et à la demande de monnaie. Dans la zone euro, nous avons :

$$P_€ = M^S_€ / L(R_€, Y_€) \tag{16.3}$$

tandis qu'aux États-Unis, nous avons :

$$P_\$ = M^S_\$ / L(R_\$, Y_\$) \tag{16.4}$$

avec M l'offre de monnaie et $L(R,Y)$ la demande réelle de monnaie agrégée, qui est une fonction décroissante des taux d'intérêt et une fonction croissante du produit réel[3].

Les équations (16.3) et (16.4) justifient les termes d'approche monétaire. D'après la définition de la PPA dans l'équation (16.1), le prix d'un dollar en euros est simplement le prix en euros du produit intérieur de la zone euro divisée par le prix en dollars du produit intérieur américain. Le niveau général des prix est complètement déterminé par l'offre et la demande de monnaie : le niveau général des prix dans la zone euro est égal à l'offre de monnaie européenne divisée par la demande réelle de monnaie européenne [voir équation (16.3)], et de façon analogue, le niveau général des prix aux États-Unis est égal à l'offre de monnaie américaine divisée par la demande réelle de monnaie américaine [voir équation (16.4)]. Par conséquent, l'approche monétaire prédit que *le taux de change, qui est le prix relatif entre deux monnaies, est complètement déterminé à long terme par les offres relatives de ces monnaies et par leurs demandes réelles relatives.*

3. Pour simplifier les notations, nous supposons que la fonction de demande de monnaie est identique dans la zone euro et aux États-Unis.

Dans l'approche monétaire, les taux d'intérêt et le produit agissent sur le taux de change uniquement à travers la demande de monnaie. L'approche monétaire s'accompagne, en outre, d'un certain nombre de résultats concernant les effets à long terme sur le taux de change des variations de l'offre de monnaie, du taux d'intérêt et du produit intérieur :

1. *L'offre de monnaie.* Toutes choses égales par ailleurs, une augmentation permanente de l'offre de monnaie dans la zone euro $M^S_€$ implique une hausse proportionnelle du niveau général des prix à long terme $P_€$, comme le montre l'équation (16.3). La PPA stipule cependant que $E = P_€/P_\$$. À long terme, E augmente en proportion de la hausse de l'offre de monnaie européenne (par exemple, si $M^S_€$ augmente de 10 %, $P_€$ et E augmentent de 10 %). Ainsi, une hausse de l'offre de monnaie européenne implique une *dépréciation* proportionnelle à long terme de l'euro. Inversement, l'équation (16.4) montre qu'une hausse permanente de l'offre de monnaie américaine implique une augmentation proportionnelle du niveau général des prix à long terme américains. Sous la PPA, cette hausse du niveau général des prix implique une *appréciation* à long terme proportionnelle de l'euro contre le dollar (qui est identique à une dépréciation proportionnelle du dollar par rapport à l'euro).

2. *Les taux d'intérêt.* Une augmentation du taux d'intérêt $R_€$ sur les actifs en euros diminue la demande réelle de monnaie la zone euro $L(R_€,Y_€)$. Compte tenu de l'équation (16.3), le niveau général des prix à long terme dans la zone euro doit augmenter, et d'après la PPA, l'euro doit se déprécier, proportionnellement à la hausse du niveau général des prix dans la zone euro. Une augmentation du taux d'intérêt américain sur les actifs en dollars, $R_\$$, a l'effet inverse sur le taux de change à long terme. Puisque la demande réelle de monnaie américaine $L(R_\$,Y_\$)$ diminue, d'après l'équation (16.4), le niveau général des prix américains doit augmenter. Sous la PPA, l'euro doit s'apprécier par rapport au dollar proportionnellement à la hausse du niveau général des prix aux États-Unis.

3. *Le produit intérieur.* Une hausse du produit intérieur dans la zone euro augmente la demande réelle de monnaie $L(R_€,Y_€)$, ce qui, d'après l'équation (16.3), conduit à une diminution du niveau général des prix à long terme et, d'après la PPA, à une appréciation de l'euro. Symétriquement, une hausse du produit intérieur américain augmente $L(R_\$,Y_\$)$ et, d'après l'équation (16.4), cela provoque une baisse du niveau général des prix à long terme aux États-Unis. D'après la PPA, cette évolution se traduit par une dépréciation de l'euro par rapport au dollar.

Rappelons que l'approche monétaire, comme toute théorie à long terme, suppose que le niveau général des prix s'ajuste aussi rapidement que les taux de change, c'est-à-dire immédiatement. Par exemple, une hausse du produit réel dans la zone euro implique une augmentation de la demande de transactions pour les encaisses monétaires réelles européennes. Selon l'approche monétaire, le niveau général des prix dans la zone euro diminue *immédiatement* afin de provoquer une hausse de l'offre d'encaisses monétaires réelles nécessaire pour rétablir l'équilibre. La PPA implique que cette déflation instantanée des prix dans la zone euro soit accompagnée d'une appréciation instantanée de l'euro par rapport aux monnaies étrangères.

L'approche monétaire conduit à un résultat déjà évoqué au chapitre 15, à savoir que la valeur à long terme du taux de change d'une monnaie varie proportionnellement à l'offre de cette monnaie (prédiction précédente n° 1). La théorie soulève aussi un point qui semble être paradoxal (prédiction n° 2). Dans nos exemples précédents, nous avons toujours trouvé que la monnaie d'un pays *s'apprécie* lorsque le taux d'intérêt de ce pays augmente relativement au taux d'intérêt étranger. Comment expliquer que nous arrivions maintenant à la conclusion exactement inverse – à savoir qu'une hausse du taux d'intérêt d'un pays provoque une *dépréciation* de sa monnaie en réduisant la demande réelle pour celle-ci ?

À la fin du chapitre 14, nous avons souligné qu'il est impossible de comprendre comment les taux d'intérêt jouent sur le taux de change, si nous ne connaissons pas exactement les facteurs qui font varier les taux d'intérêt. Ce point explique la contradiction apparente de nos résultats concernant les taux d'intérêt et les taux de change. Pour lever cette contradiction, nous devons d'abord examiner plus précisément la façon dont les politiques monétaires et les taux d'intérêt interagissent à long terme.

3.2 Inflation continue, parité des taux d'intérêt et PPA

Au chapitre précédent, nous avons vu qu'une hausse permanente du *niveau* de l'offre de monnaie d'un pays a pour résultat d'augmenter proportionnellement le niveau général des prix, mais n'a pas d'effet sur les valeurs à long terme du taux d'intérêt ou du produit réel. Cette hypothèse de variation « en escalier » du niveau de l'offre de monnaie est commode pour réfléchir sur les effets à long terme, mais elle n'est pas très réaliste. Plus souvent, les autorités monétaires fixent un certain *taux de croissance* de l'offre de monnaie, par exemple 5 %, 10 % ou 15 % par an. Quels sont les effets à long terme d'une politique monétaire permettant à l'offre de monnaie de croître lentement à des taux toujours positifs ?

Le raisonnement suivi au chapitre 15 suggère qu'une croissance continue de l'offre de monnaie exige une hausse, elle-même continue, du niveau général des prix – soit une inflation continue. Étant donné que les entreprises et les travailleurs savent que l'offre de monnaie va croître de façon régulière à un taux, disons, de 10 % par an, ils procéderont à un ajustement en augmentant les prix et les salaires à un même taux de 10 % par an, afin de garder leur revenu réel constant. Le produit de plein emploi dépend de l'offre de facteurs de production, mais il est raisonnable de penser que l'offre de facteurs et donc le produit ne sont pas sensibles à long terme au choix d'un certain taux de croissance constant de l'offre de la monnaie. *Toutes choses égales par ailleurs, une croissance à un taux constant de l'offre de monnaie conduit à une inflation continue du niveau général des prix à un taux identique, mais des variations de ce taux d'inflation à long terme n'affectent pas le produit de plein emploi ou les prix relatifs à long terme des biens et des services.*

Le taux d'intérêt n'est toutefois pas indépendant du taux de croissance de l'offre de monnaie à long terme. Le taux d'intérêt à long terme ne dépend pas du *niveau* absolu de l'offre de monnaie mais est influencé par une *croissance* continue de l'offre de la monnaie. Il est facile de comprendre l'action qu'une hausse permanente de l'inflation a sur le taux d'intérêt à long terme. Pour cela, il suffit de combiner la PPA avec la condition de parité des taux d'intérêt sur laquelle nous avons fondé notre analyse précédente de la détermination du taux de change.

Rappelons que la condition de parité des taux d'intérêt entre les actifs en euros et en dollars s'écrit [voir équation (14.2)] :

$$R_{€} = R_{\$} + (E^e - E)/E$$

Nous allons maintenant tenter de comprendre comment cette condition de parité des taux d'intérêt, qui doit être vérifiée aussi bien à long terme qu'à court terme, s'accorde avec l'autre condition de parité que nous venons d'étudier dans le modèle à long terme, à savoir la parité de pouvoir d'achat. Selon la PPA relative, la variation en pourcentage sur l'année à venir du taux de change dollar contre euro à l'incertain (nombre d'euros par dollar) sera égale à la différence entre le taux d'inflation de la zone euro et le taux d'inflation aux États-Unis sur cette même période [voir équation (16.2)]. La condition de parité des taux d'intérêt présentée précédemment nous dit donc que *si les agents anticipent la vérification de la PPA relative, alors la différence entre le taux d'intérêt sur les dépôts en euros et ceux en dollars sera égale à la différence entre les taux d'inflation anticipés, sur l'horizon correspondant, dans la zone euro et aux États-Unis.*

Certaines notations supplémentaires sont utiles pour présenter plus formellement le résultat. Si P^e est le niveau général des prix anticipé dans un an, le taux d'inflation anticipé, π^e, est l'accroissement anticipé en pourcentage du niveau général des prix sur l'année à venir, soit :

$$\pi^e = (P^e - P)/P$$

Si les agents anticipent la vérification de la PPA relative, nous pouvons remplacer les taux effectifs de dépréciation et d'inflation de l'équation (16.2) par les valeurs que le marché anticipe, ce qui se traduit par :

$$(E^e - E)/E = \pi^e_{€} - \pi^e_{\$}$$

En combinant cette version « anticipée » de la PPA relative avec la condition de parité des taux d'intérêt, nous obtenons une formule qui exprime la différence des taux d'intérêt internationaux comme la différence des taux d'inflation domestiques anticipés :

$$R_{€} - R_{\$} = \pi^e_{€} - \pi^e_{\$} \qquad (16.5)$$

Si, comme la PPA le prédit, une dépréciation de la monnaie est anticipée pour compenser la différence entre les taux d'inflation domestiques (c'est-à-dire que le taux de dépréciation anticipé de l'euro est $\pi^e_{€} - \pi^e_{\$}$), alors le différentiel de taux d'intérêt doit être égal au différentiel d'inflation anticipé.

3.3 Effet Fisher

L'équation (16.5) exprime une relation à long terme entre l'inflation continue et les taux d'intérêt. Cette équation nous permet d'expliquer de quelle manière les taux d'intérêt influent sur les taux de change, selon l'approche monétaire. D'après cette équation, *toutes choses égales par ailleurs, une hausse du taux d'inflation anticipé dans un pays provoque finalement une augmentation équivalente du taux d'intérêt sur les dépôts libellés dans la monnaie de ce pays. De la même façon, une baisse du taux d'inflation anticipé provoque une baisse du taux d'intérêt.*

Cette relation à long terme entre l'inflation et les taux d'intérêt est appelée **effet Fisher**[4]. Cet effet implique, par exemple, que si l'inflation dans la zone euro augmente de façon

4. Du nom d'Irving Fisher, l'un des plus grands économistes du début du XXe siècle, qui parle de cet effet dans son ouvrage paru en 1930, *The Theory of Interest*, New York, MacMillan. C'est également dans cet ouvrage que Fisher fournit une première formulation de la condition de parité des taux d'intérêt sur laquelle notre théorie d'équilibre du marché des changes se fonde.

permanente d'un niveau constant de 5 % par an à un niveau constant de 10 % par an, le taux d'intérêt annuel en euros doit croître de 5 points de façon à laisser le taux d'intérêt réel des titres en euros – mesuré en termes de biens et services européens – inchangé. L'effet Fisher est un autre exemple illustrant l'idée générale selon laquelle, à long terme, les modifications purement monétaires n'ont pas d'effet sur les prix relatifs.

L'effet Fisher permet d'expliquer le résultat apparemment paradoxal de l'approche monétaire qui affirme que la monnaie se déprécie sur le marché des changes lorsque le taux d'intérêt intérieur augmente par rapport au taux d'intérêt étranger. À l'équilibre à long terme, sur lequel l'approche monétaire se focalise, une hausse du différentiel de taux d'intérêt ne se réalise que si le taux d'inflation domestique anticipé augmente par rapport au taux d'inflation étranger anticipé. Ce n'est certainement pas le cas à court terme, lorsque les prix domestiques sont rigides. À court terme, le taux d'intérêt peut augmenter quand l'offre de monnaie domestique diminue parce que la rigidité du niveau général des prix domestiques conduit à un excès de demande d'encaisses réelles au taux d'intérêt initial (voir chapitre 15). Cependant, dans l'approche monétaire à prix flexibles, le niveau général des prix diminue immédiatement, laissant l'offre monétaire réelle inchangée ; une variation du taux d'intérêt n'est alors plus nécessaire.

L'exemple suivant explique pourquoi l'approche monétaire associe une hausse durable des taux d'intérêt avec une dépréciation, aussi bien courante que future, de la monnaie. Supposons qu'à la date t_0 la Banque centrale européenne augmente de façon non anticipée le taux de croissance de l'offre de monnaie de π à un niveau plus élevé $\pi + \Delta\pi$. La figure 16.1 illustre la manière dont ce changement modifie le taux de change E ainsi que d'autres variables, compte tenu des hypothèses posées dans le cadre de l'approche monétaire. Nous supposons pour simplifier que le taux d'inflation aux États-Unis est constant et nul.

La figure 16.1a montre la brusque accélération du taux de croissance de l'offre de monnaie dans la zone euro à la date t_0 (sur l'axe des ordonnées, l'échelle est telle qu'une pente constante représente un taux de croissance constant). Une modification de la politique monétaire implique que les agents anticipent une dépréciation plus rapide de la monnaie à l'avenir. Sous la PPA, l'euro se déprécie maintenant au taux $\pi + \Delta\pi$ plutôt qu'au taux π. Par conséquent, comme l'illustre la figure 16.1b, la parité des taux d'intérêt requiert une hausse du taux d'intérêt en euros qui passe de $R^1_€$ à $R^2_€ = R^1_€ + \Delta\pi$, le nouveau taux reflétant la dépréciation anticipée de l'euro [voir équation (16.5)]. Notons que cet ajustement laisse le taux d'intérêt américain inchangé. Puisque l'offre de monnaie et le produit intérieur aux États-Unis n'ont pas été modifiées, le marché monétaire américain est toujours à l'équilibre.

Nous pouvons voir à la figure 16.1a que le niveau de l'offre de monnaie ne fait pas un saut vers le haut à la date t_0 – seul le taux de croissance futur change. Étant donné qu'il n'y a pas une augmentation immédiate de l'offre de monnaie mais une hausse du taux d'intérêt réduisant la demande de monnaie, il devrait y avoir un excédent de l'offre d'encaisses réelles dans la zone euro, au niveau général des prix qui prévalait juste avant t_0. Face à cet excès d'offre d'encaisses réelles, le niveau général des prix dans la zone euro réalise un saut à la date t_0 (voir figure 16.1c). Cela a pour conséquence de réduire l'offre d'encaisses réelles de façon que, de nouveau, l'offre soit égale à la demande d'encaisses réelles [voir équation

(16.3)]. En même temps que le saut de $P_€$ en t_0, on peut observer à la figure 16.1d un saut de même ampleur de E lorsque la PPA est vérifiée.

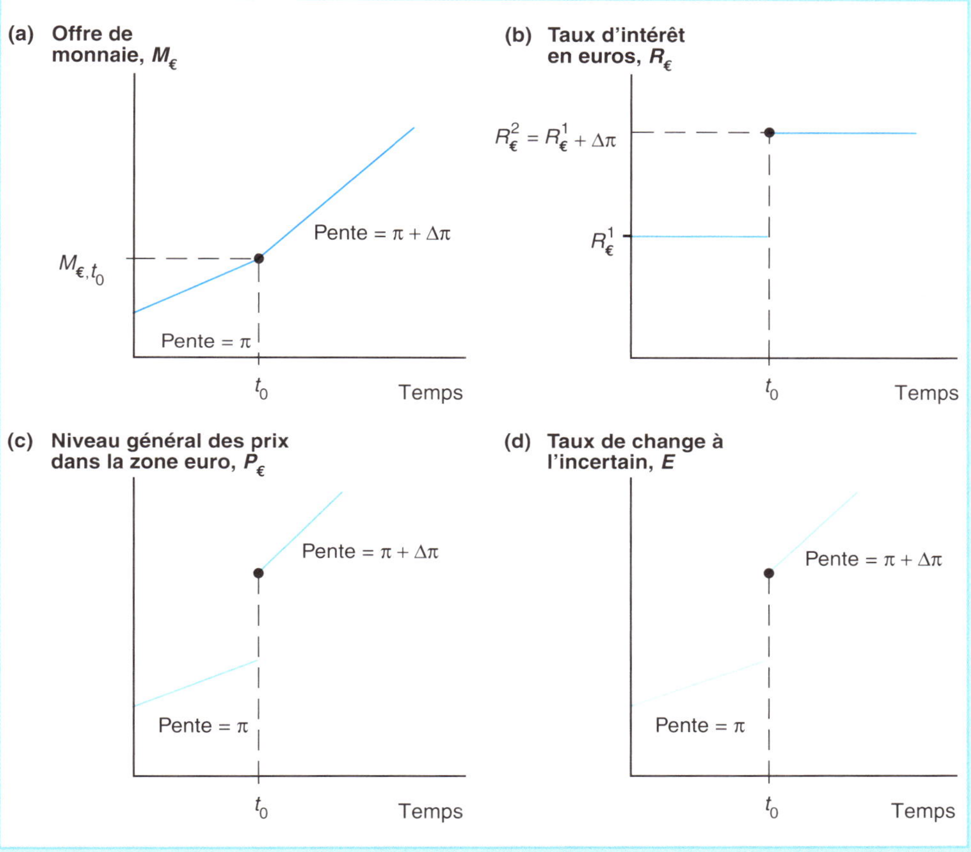

Figure 16.1 – Trajectoire à long terme des variables macroéconomiques, à la suite d'une hausse permanente du taux de croissance de l'offre de monnaie.

À la suite de la hausse du taux de croissance de l'offre de monnaie en t_0 [voir schéma (a)], le taux d'intérêt [voir schéma (b)], le niveau général des prix [voir schéma (c)] et le taux de change [voir schéma (c)] vont retrouver leur trajectoire à long terme. Notons que nous utilisons le logarithme de l'offre de monnaie, du niveau général des prix et du taux de change, ce qui signifie que les variations à taux constant apparaissent sous forme de droite. La pente des droites est égale au taux de croissance des variables.

Comment pouvons-nous visualiser la réaction du marché des changes à la date t_0 ? Le taux d'intérêt européen n'augmente pas à cause d'une variation du niveau courant de l'offre ou de la demande de monnaie, mais uniquement parce que les agents anticipent une croissance future plus rapide de l'offre de monnaie et une dépréciation de l'euro. Dans la mesure où la réponse des investisseurs consiste à privilégier les dépôts étrangers offrant momentanément un rendement anticipé plus élevé, l'euro se déprécie fortement sur le marché des changes, atteignant une nouvelle trajectoire de croissance le long de laquelle la dépréciation est plus rapide que ce qu'elle était avant la date t_0[5].

Il est important de remarquer à quel point des hypothèses différentes sur la vitesse d'ajustement du niveau général des prix conduisent à des prédictions contrastées quant à la manière dont les taux d'intérêt et les taux de change interagissent. En cas de baisse de l'offre de la monnaie, lorsque les prix sont rigides, une hausse du taux d'intérêt est nécessaire pour préserver l'équilibre sur le marché de la monnaie, étant donné que le niveau général des prix ne peut pas varier pour éliminer immédiatement l'effet de cette réduction de l'offre de monnaie. Une hausse du taux d'intérêt est alors associée à une plus faible inflation anticipée et à une appréciation à long terme de la monnaie, qui provoque l'appréciation instantanée de celle-ci. En revanche, dans le cadre de l'approche monétaire, un accroissement de l'offre de monnaie provoque une hausse du taux d'intérêt, elle-même associée à une plus forte inflation anticipée et à une dépréciation de la monnaie à long terme ; il en résulte une dépréciation immédiate de la monnaie[6].

Ces résultats contradictoires sur les modifications des taux d'intérêt confortent notre avertissement initial, à savoir qu'une étude des taux de change fondée sur les taux d'intérêt doit considérer avec précaution les facteurs provoquant des modifications des taux d'intérêt. Ces facteurs peuvent aussi avoir une action sur les taux de change futurs anticipés et par conséquent avoir un impact décisif sur la réponse du marché des changes à la variation du taux d'intérêt. L'annexe de ce chapitre montre en détail comment les anticipations se modifient dans le cas que nous avons analysé.

4 Résultats empiriques sur la PPA et sur la loi du prix unique

La PPA explique-t-elle correctement l'évolution effective des taux de change et des niveaux de prix ? Énoncées brièvement, *les diverses versions de la théorie de la PPA ne réussissent guère à expliquer les faits*. En particulier, les changements dans le niveau général des prix nous en apprennent souvent assez peu sur les mouvements des taux de change.

Cependant, nous ne devons pas en conclure que les efforts réalisés pour comprendre la PPA sont inutiles. Comme nous le verrons dans la suite de ce chapitre, la PPA est un concept-clé dans la construction de modèles de taux de change plus réalistes que celui que propose l'approche monétaire.

---

5. Dans le cas général où le taux d'inflation américain $\pi_\$$ n'est pas nul, l'euro ne se déprécie pas par rapport au dollar à un taux π avant t_0 et à un taux $\pi + \Delta\pi$ après, mais se déprécie à un taux $\pi - \pi_\$$ jusqu'en t_0 et à un taux $\pi + \Delta\pi - \pi_\$$ ensuite.
6. L'offre de monnaie présente typiquement une tendance à la hausse dans le temps (voir figure 16.1a). Une telle tendance se transmet dans l'évolution du niveau général des prix. Si le niveau général des prix dans chaque pays croît régulièrement à des taux différents, d'après la PPA, cela se traduit également par une tendance dans le taux de change entre les monnaies de ces deux pays. Jusqu'à présent, lorsque nous faisions référence à une variation de l'offre de monnaie, du niveau général des prix ou du taux de change, nous considérions une modification dans le niveau de cette variable *relativement à sa tendance anticipée précédemment*, c'est-à-dire un déplacement parallèle dans la trajectoire tendancielle. Lorsque nous considérerons plutôt les changements dans les pentes des tendances elles-mêmes, nous l'indiquerons explicitement.

Pour tester la PPA *absolue*, les économistes comparent les prix internationaux d'un panier de biens de référence, en procédant éventuellement à quelques ajustements lorsque des différences de qualité entre des biens censés être identiques apparaissent. Ces comparaisons arrivent généralement à la conclusion que la PPA est loin d'être vérifiée : les prix de paniers de biens identiques, lorsqu'ils sont convertis dans une même monnaie, diffèrent considérablement d'un pays à l'autre. Même la loi du prix unique n'a pas été concluante dans les études récentes de données de prix, réparties par type de biens. Les biens manufacturés, qui paraissent assez semblables, sont vendus à des prix très différents selon les marchés. Puisque l'argument à la base de la PPA absolue est construit sur la loi du prix unique, il n'est pas surprenant que la PPA ne soit pas capable de répliquer correctement les faits[7].

Dans le cas de la PPA *relative*, les résultats ne sont guère plus satisfaisants. La figure 16.2 illustre cette faiblesse de la PPA relative en comparant le taux de change USD/JPY, c'est-à-dire le prix d'un dollar en yens, et le rapport du niveau général des prix au Japon et aux États-Unis, $P_{¥}/P_{\$}$.[8]

La PPA relative prévoit une évolution proportionnelle du taux de change USD/JPY et du rapport des prix $P_{¥}/P_{\$}$. Mais cette prédiction ne s'observe pas dans les faits. Au début des années 1980, le dollar s'apprécie fortement par rapport au yen. Or, le niveau général des prix au Japon diminue relativement à celui des États-Unis et la PPA relative suggère que le dollar devrait plutôt se déprécier. Les mêmes tendances d'inflation perdurent après le milieu des années 1980, mais le yen s'apprécie alors plus fortement que ce que la PPA ne le prévoit. La PPA relative a été approximativement satisfaisante, mais uniquement lorsque nous la considérons sur une période de vingt ans !

De nombreuses autres études confirment que la PPA relative n'est pas vérifiée empiriquement.[9] Lorsque les taux de change sont fixes, comme cela a été le cas entre la fin de la Seconde Guerre mondiale et le début des années 1970 (voir chapitre 19), la PPA donne des résultats assez satisfaisants. Mais lorsque les taux de change sont déterminés par le marché, comme pendant la première moitié des années 1920 et depuis les années 1970, on constate d'importantes déviations par rapport à la PPA relative[10].

---

7. Certains des résultats négatifs concernant la PPA absolue sont commentés dans l'encadré qui suit. Sur la loi du prix unique, voir Peter Isard, « How Far Can We Push the Law of Price ? », *American Economics Review*, 67, décembre 1977, p. 942-948 ; Irving B. Kravis et Robert E. Lipsey, « Price Behavior in the Light of Balance of Payments Theories », *Journal of International Economics*, 8, mai 1978, p. 193-246 ; Pinelopi Koujianou Goldberg et Michael M. Knetter, « Goods Prices and Exchange Rates : What Have We Learned ? », *Journal of Economic Literature*, 35, septembre 1997, p. 1243-1272.
8. Les mesures du niveau général des prix à la figure 16.2 sont, en fait, sous forme d'indices. Par exemple, l'indice américain des prix à la consommation était de 100 en 2000 et seulement de 50 en 1980. Ainsi, le prix en dollars d'un panier de biens de référence américain a doublé entre 1980 et 2000. L'année de base pour les indices de prix japonais et américains a été choisie de telle sorte que leur ratio en 1980 soit égal au taux de change en 1980, mais cette égalité ne signifie *pas* que la PPA absolue était vérifiée en 1980. La figure 16.2 utilise les IPC, mais l'emploi d'autres indices de prix conduit à des résultats similaires.
9. Voir, par exemple, Kenneth Rogoff, « The Purchasing Power Parity Puzzle », *Journal of Economic Literature*, 34, juin 1996, p. 647-668 ; Alan M. Taylor et Mark P. Taylor, « The Purchasing Power Parity Debate », *Journal of Economic Perspectives*, 18, 2004, p. 135-158.
10. Voir Paul R. Krugman, « Purchasing Power Parity and Exchanges Rates : Another Look at the Evidence », *Journal of International Economics*, 8, 1978, p. 397-407 ; Paul de Grauwe, Marc Janssens et Hilde Leliaert, « Real-Exchange-Rate Variability from 1920 to 1926 and 1973 to 1982 », *Princeton Studies in International Finance*, 56, 1985 ; et Hans Genberg, « Purchasing Power Parity Under Fixed Exchange Rates », *Journal of International Economics*, 8, 1978, p. 247-276.

5 Les problèmes liés à la PPA

Quels sont les éléments susceptibles d'expliquer les mauvais résultats empiriques décrits dans la section précédente ? Plusieurs problèmes découlent directement de la logique même de la théorie de la PPA fondée sur la loi du prix unique :

1. Contrairement à ce que suppose la loi du prix unique, l'existence de coûts de transport et de restrictions au commerce limite les échanges de certains biens et services.
2. Les pratiques monopolistiques et oligopolistiques sur les marchés des biens, par leur interaction sur les coûts de transport et les barrières aux échanges, peuvent encore affaiblir le lien entre les prix de biens identiques vendus entre différents pays.
3. Les statistiques d'inflation publiées dans chaque pays sont fondées sur des paniers de biens différents. Dans ce cas la PPA ne peut être vérifiée, même s'il n'y a pas de barrières à l'échange et que tous les produits sont échangeables.

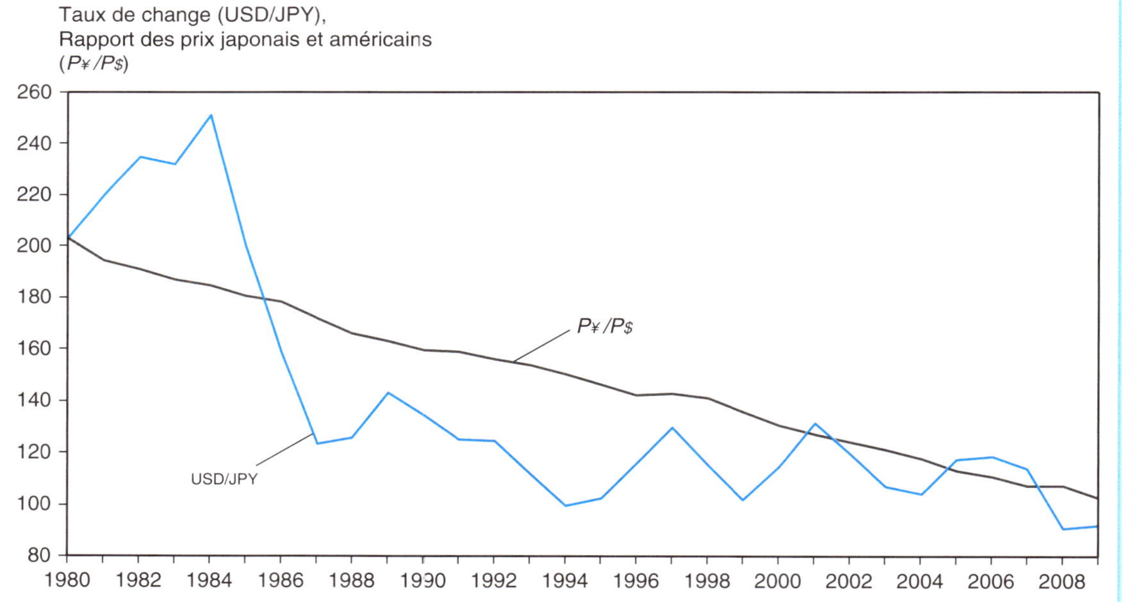

Figure 16.2 – Taux de change et rapport du niveau général des prix entre le Japon et les États-Unis, 1980-2009. La figure montre que la PPA relative a été incapable d'expliquer le taux de change yen contre dollar sur la période.

Source : FMI, *Statistiques financières internationales*. Les valeurs sont celles de fin d'année.

5.1 Barrières à l'entrée et biens non échangeables

Les coûts de transport et les barrières aux échanges rendent les mouvements de biens entre pays plus chers, et par conséquent, affaiblissent le mécanisme de la loi du prix unique à la base de la PPA[11]. Reprenons l'exemple considéré au début de ce chapitre, dans lequel un même pull est vendu 50 € à Paris et 55 $ à New York. Mais supposons maintenant qu'il en coûte 3 € pour envoyer le pull d'un pays à un autre. Au taux de change de 1,15 dollar par euro, le prix en euros d'un pull vendu aux États-Unis est de 47,83 € (55/1,15), mais l'importateur européen devra débourser 47,83 € + 3 € = 50,83 € pour acheter le pull à New York en vue de le vendre à Paris. Par conséquent, à un taux de change de 1,15 dollar par euro, il n'est pas rentable de payer pour envoyer le pull de New York à Paris, bien que le prix en euros soit plus élevé à Paris. De la même façon, à un taux de change de 1,05 dollar par euro, un exportateur européen perdrait de l'argent s'il expédiait ses pulls de Paris à New York, même si le prix à Paris (50 €) est alors inférieur au prix en euros du pull vendu à New York (52,38 €).

Comme on peut le voir dans cet exemple, les coûts de transport peuvent rompre le lien étroit entre les taux de change et le prix des biens dans le cadre de la loi du prix unique. Plus les coûts de transport sont élevés, plus l'intervalle sur lequel le taux de change peut varier est grand[12]. Les restrictions officielles imposées aux échanges, telles que les droits de douane, ont des effets semblables dans la mesure où le droit d'entrée versé aux agents des douanes entame le profit de l'importateur de la même façon que les coûts de transport. Toutes les entraves aux échanges, quelles qu'elles soient, affaiblissent les bases de la PPA en permettant au pouvoir d'achat d'une monnaie donnée d'être différent d'un pays à un autre.

Encadré 16.1

Le taux de change Big Mac : une illustration de la loi du prix unique

En 1986, le magazine *The Economist* a mené une étude approfondie sur le prix des hamburgers « Big Mac » dans plusieurs McDonald's à travers le monde. Cette étude peut sembler saugrenue, mais elle permet d'illustrer astucieusement les écarts entre les taux de change observés et ceux prédits par la PPA. La recette des Big Mac étant la même dans tous les pays, la comparaison des prix devrait permettre d'évaluer dans quelle mesure les monnaies sont échangées au bon taux de change. Depuis 1986, *The Economist* met périodiquement ses relevés à jour.

Il se trouve que les prix du Big Mac sont très différents d'un pays à l'autre. En 1986, le prix en dollars américains du Big Mac à New York est 50 % plus élevé qu'en Australie et 64 % plus élevé qu'à Hong Kong. À l'inverse, la même année, le prix en dollars américains du Big Mac à New York est 50 % moins élevé qu'à Tokyo et 54 % moins élevé qu'à Paris. Seules la Grande-Bretagne et l'Irlande affichent alors un prix en dollars proche du prix pratiqué à New York.

Comment expliquer cette violation de la loi du prix unique ? Les coûts de transport et les différences de législation sont une des explications possibles.

---

11. Sur la nature et les conséquences des coûts de transaction, voir James E. Anderson et Éric Van Wincoop, « Trade Costs », *Journal of Economic Literature*, 42, septembre 2004, p. 691-751.
12. Voir, pour une synthèse, David Hummels, « Transportation Costs and International Trade in the Second Era of Globalization », *Journal of Economic Perspectives*, 21, 2007, p. 131-154.

Encadré 16.1 (suite)

La différenciation des produits est probablement un facteur supplémentaire important. Étant donné qu'il existe peu de substituts proches du Big Mac dans certains pays, différencier les produits offre à McDonald's la possibilité de fixer le prix selon le marché local. Enfin, rappelons que le prix du Big Mac ne couvre pas uniquement le coût de la viande et du pain mais aussi celui des salaires, du loyer, de l'électricité, etc. Les prix de ces différents services peuvent varier selon les pays.

Nous avons reproduit les résultats de *The Economist* de janvier 2009. Le tableau suivant présente les prix du Big Mac en dollars, pour un ensemble de pays. Cet échantillon de prix va de 5,79 $ en Norvège à 1,52 $ en Malaisie.

	Prix d'un Big Mac			PPA implicite[a] du dollar	Taux de change au 31/01/2009	Sous(–)/Sur(+) évaluation contre le dollar en %
	En monnaie locale		En dollars US			
États-Unis[b]	3,54	USD	3,54			
Argentine (peso)	11,50	ARS	3,30	3,25	3,49	–7
Australie (dollar)	3,45	AUD	2,19	0,97	1,57	–38
Brésil (réal)	8,02	BRL	3,45	2,27	2,32	–2
Grande-Bretagne (livre sterling)	2,29	GBP	3,30	1,50	1,44	–7
Canada (dollar)	4,16	CAD	3,36	1,18	1,24	–5
Chili (peso)	1 550	CLP	2,51	438,00	617,00	–29
Chine (yuan)	12,50	CNY	1,83	3,53	6,84	–48
République tchèque (couronne)	65,94	CZK	3,02	18,60	21,90	–15
Danemark (couronne)	29,50	DKK	5,07	8,33	5,82	43
Égypte (livre)	13,00	EGP	2,34	3,67	5,57	–34
Zone euro[d] (euro)	3,42	EUR	4,38	1,04[e]	1,28[e]	24
Hong Kong (dollar)	13,3	HKD	1,72	3,76	7,75	–52
Hongrie (forint)	680,00	HUF	2,92	192,00	233,00	–18
Indonésie (rupiah)	19 800,00	IDR	1,74	5 593,00	11 380,00	–51
Israël (shekel)	15,00	ILS	3,69	4,24	4,07	4
Japon (yen)	290,00	JPY	3,23	81,90	89,80	–9
Malaisie (ringgit)	5,50	MYR	1,52	1,55	3,61	–57
Mexique (peso)	33,00	MXN	2,30	9,32	14,40	–35
Nouvelle-Zélande (dollar)	4,90	NZD	2,48	1,38	1,97	–30
Norvège (couronne)	40,00	NOK	5,79	11,30	6,61	63
Pérou (nouveau sol)	8,06	PEN	2,54	2,28	3,18	–28

	Prix d'un Big Mac			PPA implicite[a] du dollar	Taux de change au 31/01/2009	Sous(–)/Sur(+) évaluation contre le dollar en %
	En monnaie locale		En dollars US			
Philippines (peso)	98,00	PHP	2,07	27,70	47,40	–42
Pologne (zloty)	7,00	PLN	2,01	1,98	3,48	–43
Russie (rouble)	62,00	RUB	1,73	17,50	35,70	–51
Arabie Saoudite (riyal)	10,00	SAR	2,66	2,82	3,75	–25
Singapour (dollar)	3,95	SGD	2,61	1,12	1,51	–26
Afrique du Sud (rand)	16,95	ZAR	1,66	4,79	10,20	–53
Corée du Sud (won)	3 300,00	KRW	2,39	932,00	1 380,00	–32
Suède (couronne)	38,00	SEK	4,58	10,70	8,30	29
Suisse (franc)	6,50	CHF	5,60	1,84	1,16	58
Taïwan (dollar)	75,00	TWD	2,23	21,20	33,60	–37
Thaïlande (baht)	62,00	THB	1,77	17,50	35,00	–50
Turquie (nouvelle livre)	5,15	TRY	3,13	1,45	1,64	–12

Sources : *The Economist*, février 2010 (taux de change en monnaie locale, sauf mention contraire).

Notes : a) Parité de pouvoir d'achat : prix domestiques divisés par prix américains ; b) Moyenne des prix à New York, Atlanta, Chicago et San Francisco ; c) Dollars par livre sterling ; d) Moyenne pondérée des prix dans la zone euro ; e) Dollars par euro.

Pour chaque pays, nous pouvons calculer un taux de change « PPA Big Mac », c'est-à-dire le niveau du taux de change qui égaliserait le prix en dollars du Big Mac vendu dans un pays avec le prix du hamburger vendu aux États-Unis (3,54 $).

Par exemple, en janvier 2009, une couronne islandaise coûte environ 0,1447 $ sur le marché des changes. Cependant, le taux de change qui devrait égaliser les prix du Big Mac en Norvège et aux États-Unis est de :

(0,1447 dollar par couronne norvégienne) × (3,54 dollars par Big Mac / 5,79 dollars par Big Mac) = 0,0885 dollar par couronne norvégienne

Une monnaie est surévaluée lorsque son taux de change est tel que les biens domestiques sont plus chers que les mêmes biens vendus à l'étranger. La monnaie est sous-évaluée dans le cas inverse. Par exemple, pour la monnaie norvégienne, le taux de surévaluation est mesuré par l'excédent en pourcentage du prix en dollars d'une couronne par rapport au taux de change « PPA Big Mac », soit :

$$100 \times (0{,}1447 - 0{,}0885) / 0{,}0885 = + 63{,}5\ \%$$

Encadré 16.1 (suite)

De même, en janvier 2009, le prix en dollars du yuan était inférieur de 48 % au prix nécessaire pour vérifier la parité du prix du Big Mac : la monnaie de ce pays était sous-évaluée de 48 %, selon le critère Big Mac. La monnaie chinoise devrait donc s'apprécier fortement pour rétablir la PPA, tandis que la monnaie islandaise devrait se déprécier. L'évolution de ces deux monnaies depuis janvier 2009 est en ligne avec ces tendances*.

En général, le « taux de change de la PPA » est défini comme celui qui égalise les prix internationaux d'un panier de biens et de services et pas seulement les prix des hamburgers. Et, nous l'avons vu, il y a des raisons de penser que la PPA ne sera pas vérifiée exactement, même à long terme. Il est ainsi toujours délicat d'affirmer que telle ou telle monnaie est sur ou sous-évaluée, et il convient donc d'être prudent avant de soutenir que le niveau du taux de change nécessite une modification de la politique économique.

Les décideurs seraient toutefois bien avisés de tenir compte des cas extrêmes de sur- ou sous-évaluation. Prenons l'exemple de l'Islande. En janvier 2006, la couronne islandaise était surévaluée par rapport au dollar de 131 % sur l'échelle Big Mac (le prix du Big Mac en dollars était alors de 7,44 $). Depuis, l'Islande a été littéralement balayée par la crise financière mondiale de 2008 (que nous aborderons plus en détail aux chapitres 19 et 21). Alors que le taux de change était de 68 couronnes pour un dollar en 2006, la monnaie s'est fortement dépréciée jusqu'à 120 couronnes pour un dollar en 2010. Contrairement à la plupart des autres pays, l'Islande importe les ingrédients nécessaires à la fabrication de ses hamburgers. Or le prix en couronnes de ces importations a fortement augmenté du fait de la dépréciation. Face à cette augmentation soudaine des coûts, la franchise ne pouvait rester rentable qu'à condition que les prix de vente augmentent eux aussi fortement. L'économie islandaise étant en pleine récession, plutôt que d'augmenter les prix, les propriétaires de la franchise ont décidé de fermer les trois restaurants McDonald's d'Islande. Depuis, évidemment, l'Islande ne figure plus dans l'enquête de *The Economist*.

---

* Pour une analyse rigoureuse du pouvoir prédictif des écarts par rapport à la parité Big Mac, voir Robert E. Cumby. « Forecasting Exchange Rates and Relative Prices with the Hamburger Standard: Is What You Want What You Get with McParity? » *NBER Working Paper*, 5675. juillet 1996.

Nous avons vu au chapitre 3 que les coûts de transport de certains biens et services peuvent être tellement élevés par rapport aux coûts de production que ces derniers ne sont jamais échangés au niveau international. Ils sont qualifiés de *biens non échangeables*. L'exemple typique du bien non échangeable est la coupe de cheveux. Un Français qui désire se faire couper les cheveux par un coiffeur américain devra se déplacer aux États-Unis ou faire venir le coiffeur américain en France. Dans tous les cas, les coûts de transport sont tellement importants relativement au prix du service que, à l'exception des touristes, les résidents français se font couper les cheveux en France et que les coiffeurs américains travaillent essentiellement pour des clients américains.

Dans tous les pays, il existe des biens et des services non échangeables, dont les prix ne sont pas liés internationalement, ce qui conduit à des déviations systématiques par rapport à la PPA relative. Étant donné que les prix des biens non échangeables sont entièrement déterminés par les courbes d'offre et de demande *domestiques*, le déplacement de ces courbes peut provoquer le changement du prix domestique d'un panier de biens, relativement au prix étranger du même panier. Toutes choses égales par ailleurs, la hausse des prix des biens domestiques non échangeables augmente le niveau général des prix intérieur par rapport au niveau général des prix à l'étranger (en mesurant les prix de tous les pays dans une même monnaie). En d'autres termes, le pouvoir d'achat d'une monnaie diminue dans les pays où les prix des biens non échangeables augmentent.

Le niveau général des prix dans chaque pays prend en compte une grande variété de biens non échangeables – outre la coupe de cheveux –, tels que les traitements médicaux, les leçons de danse, le logement, etc. Les biens échangeables peuvent être identifiés grossièrement comme les biens manufacturés, les matières premières et les produits agricoles. Les biens non échangeables appartiennent aux secteurs des services et de la construction. Il y a naturellement des exceptions à cette règle. Par exemple, les services financiers produits par les banques ou les autres institutions financières sont souvent échangés au niveau international (Internet a notamment étendu la gamme des produits échangeables). Par ailleurs, des restrictions à l'échange, lorsqu'elles sont suffisamment sévères, peuvent transformer des biens échangeables en biens non échangeables.

Pour avoir une idée de l'importance des biens non échangeables dans l'économie, on peut examiner la contribution des services et de la construction dans le PIB. Dans la plupart des pays industrialisés, cette part représente entre 45 et 65 % du PIB. Toutefois, ces chiffres sous-estiment l'effet des biens non échangeables dans le calcul du niveau général des prix. En effet, les prix des produits échangeables intègrent généralement les coûts de distribution et les services de marketing qui ne peuvent être échangés (voir l'encadré « Le taux de change Big Mac : une illustration de la loi du prix unique »). Les produits non échangeables nous aident à expliquer les fortes déviations de la PPA relative illustrées à la figure 16.2.

5.2 Entorses à la concurrence parfaite

Lorsque les barrières aux échanges et les structures de marché imparfaitement compétitives apparaissent conjointement, les liens entre le niveau général des prix dans différents pays sont encore plus affaiblis. Un cas extrême serait celui d'une entreprise unique vendant un même produit à différents prix sur différents marchés.

Lorsqu'une entreprise vend le même produit à un prix différent sur différents marchés, on dit qu'elle pratique une **segmentation tarifaire des marchés** (comportement de *pricing to market*). La segmentation tarifaire des marchés reflète les différences des caractéristiques de la demande selon les pays. Par exemple, les pays où l'élasticité-prix de la demande est moindre tendent à subir des taux de marge plus élevés de la part des vendeurs en situation de monopole. Les études empiriques sur les données d'exportation au niveau des entreprises ont apporté la preuve de la segmentation tarifaire sur les marchés des biens manufacturés[13].

---

13. Pour une approche théorique du phénomène de *pricing to market*, voir Rudiger Dornbusch, « Exchanges Rates and Prices », *Americain Economic Review*, 77, 1987, p. 93-106 ; Paul Krugman, « Princing to Market when the Exchange Rate Changes », dans Sven W. Arndt et J. David Richardson, éds., *Real Financial Linkage among Open Economies*, Cambridge, MA, MIT Press, 1987.

En 2007, par exemple, le prix de la Ford Focus était plus élevé de 5 000 € en Finlande qu'en Allemagne, bien que ces pays partagent la même monnaie et en dépit des efforts de l'Union européenne pour supprimer les barrières aux échanges intra-européens (voir chapitre 20). De tels écarts de prix perdureraient difficilement si les consommateurs pouvaient facilement aller acheter une voiture en Allemagne et la faire venir jusqu'en Finlande ou si les consommateurs allemands considéraient les voitures bon marché disponibles en Allemagne comme de bons substituts à la Focus[14]. Ainsi, la combinaison de la différenciation des produits et de la segmentation des marchés conduit à de fortes violations de la loi du prix unique et de la PPA absolue.

5.3 Différences dans les modes de consommation et dans la mesure du niveau général des prix

Les mesures officielles du niveau général des prix diffèrent d'un pays à un autre. Cette différence peut s'expliquer, entre autres, par le fait que les agents économiques résidant dans différents pays dépensent leur revenu de manières différentes. En général, les individus consomment une proportion relativement plus élevée de biens produits dans leur propre pays – y compris des biens échangeables – comparativement aux biens produits à l'étranger. Ainsi, le Norvégien moyen consomme plus de viande de renne, le Japonais moyen consomme plus de sushis. Par conséquent, lorsqu'on compose le panier de biens de référence qui sert à mesurer le pouvoir d'achat, il est logique d'accorder un poids plus important à la viande de renne en Norvège et aux sushis au Japon. De telles différences apparaissent même pour des pays très proches : les Belges consomment, par exemple, relativement plus de bière et les Français, relativement plus de vin.

Étant donné que la PPA relative s'applique sur les *variations* de prix et non sur les *niveaux*, elle reste valable, quel que soit le panier utilisé pour définir le niveau général des prix dans chaque pays. Si tous les prix dans la zone euro s'accroissent de 10 % et que l'euro se déprécie par rapport aux monnaies étrangères de 10 %, la PPA relative sera satisfaite (à condition qu'il n'y ait pas de changement à l'étranger) quels que soient les indices de prix retenus.

Cependant, si les prix relatifs des biens qui composent le panier de référence varient, les tests menés à partir des indices de prix officiels peuvent conduire à rejeter la PPA relative. Par exemple, une hausse du prix relatif du poisson peut augmenter le prix en dollars du panier de biens japonais par rapport au panier de biens américain, simplement parce que le poisson occupe une part plus importante dans le panier japonais. Les variations de prix relatifs peuvent ainsi s'accompagner de violations de la PPA (voir figure 16.2), même si les échanges sont libres et sans coûts.

---

14. Voir le rapport de la Commission européenne, « Car Prices : Despites Price Convergence, Buyong Abroad Often Remains a Good Deal », *Press Release IP/04/285*, 3 février 2004. Depuis le 1er octobre 2005, les vendeurs de voitures à l'intérieur de l'Union européenne (UE) ont le droit d'installer des points de vente dans d'autres pays de l'UE. Étant donné que les coûts d'acheminement des voitures sont plus faibles pour les professionnels que pour les particuliers, les possibilités d'arbitrage sont accrues.

5.4 PPA à court terme et à long terme

Nous venons d'examiner les facteurs qui peuvent expliquer les mauvaises performances de la théorie de la PPA. Ces facteurs peuvent induire des divergences dans le niveau général des prix par rapport à ceux prédits par la PPA, même à long terme, c'est-à-dire après que les prix ont eu le temps de s'ajuster pour équilibrer les marchés. Cependant, certains prix sont rigides et ne s'ajustent pas immédiatement (voir chapitre 15). Par conséquent, les déviations de la PPA peuvent être plus fortes à court terme qu'à long terme.

Par exemple, une brusque dépréciation de l'euro rend les équipements agricoles européens moins chers relativement à des équipements identiques produits à l'étranger. Ainsi, tous les agriculteurs dans le monde dirigent leurs demandes de tracteurs et de moissonneuses vers les producteurs européens, et le prix des équipements agricoles européens tend à monter afin de réduire les écarts par rapport à la loi du prix unique provoqués par la dépréciation de l'euro. Cependant, il faut du temps pour que ce processus de hausse des prix soit complet. Les prix pour les équipements européens et étrangers peuvent donc différer significativement, jusqu'à ce que les marchés s'ajustent aux variations des taux de change.

Nous pouvons présumer que la rigidité à court terme des prix et la volatilité des taux de change aident à expliquer le phénomène que nous avons remarqué en commentant la figure 16.2 : les violations de la PPA relative ont été plus flagrantes pendant les périodes où les taux de change étaient flottants. Les recherches empiriques soutiennent cette interprétation. La figure 15.11, que nous avons utilisée pour illustrer la rigidité des prix des biens par rapport aux taux de change, est typique d'une période de changes flottants. Dans une étude portant sur plusieurs pays et périodes, Michaël Mussa a comparé l'ampleur des déviations à court terme par rapport à la PPA en changes flottants et en changes fixes. Il montre que les changes flottants conduisent systématiquement à des déviations à court terme plus importantes et plus fréquentes par rapport à la PPA relative[15]. L'encadré sur les prix des ferrys scandinaves proposé par la suite illustre très nettement la façon dont la rigidité des prix peut conduire à une violation de la loi du prix unique, même lorsque les biens sont absolument identiques.

Des recherches récentes suggèrent que les déviations à court terme par rapport à la PPA, comme celles qui sont dues à des taux de change volatils, s'estompent assez rapidement. En effet, seulement la moitié des déviations temporaires par rapport à la PPA est encore visible quatre ans après le choc[16]. Cependant, même lorsqu'on corrige les données de ces déviations temporaires, il apparaît que l'effet cumulatif de certaines tendances à long terme provoque des déviations prévisibles par rapport à la PPA. L'encadré intitulé « Pourquoi le niveau général des prix est-il plus bas dans les pays les plus pauvres ? » examine un des mécanismes majeurs qui sous-tendent ces tendances.

---

15. Michaël Mussa, « Nominal Exchange Rate Regimes and the Behavior of Real Exchange Rates : Evidence and Implications », dans Karl Brunner et Allan H. Leltzer, éds., *Real Business Cyles, Real Exchange Rates and Actual Policies*, Carnegie-Rochester Conference Serie on Public Policy 25, Amsterdam, North-Holland, 1986, p. 117-214. Charles Engel montre qu'en changes flottants la différence entre les prix dans différents pays pour un *même* bien peut être plus variable que le prix relatif de *différents* biens dans un même pays. Voir C. Engel, « Real Exchanges Rates and Relatives Prices : An Empirical Investigation », *Journal of Monetary Economics*, 32, août 1993, p. 35-50.

16. Voir, par exemple, Jeffrey A. Frankel et Andrew K. Rose, « A Panel Project on Purchasing Power Parity : Mean Reversion Within and Between Countries », *Journal of International Economics*, 40, février 1996, p. 209-224. La validité statistique de ces résultats est débattue par Paul G. J. O'Connel dans « The Overvaluation of Purchasing Power Parity », *Journal of International Economics*, 44, février 1998, p. 1-19.

Encadré 16.2

Pourquoi le niveau général des prix est-il plus bas dans les pays les plus pauvres ?

Les études qui examinent les différences de niveau général des prix au niveau international font apparaître une régularité empirique frappante : lorsqu'on considère plusieurs pays et que toutes les variables sont exprimées dans une même monnaie, le niveau général des prix est corrélé positivement avec le niveau de revenu réel par tête. En d'autres termes, un dollar, lorsqu'il est converti en monnaie étrangère sur le marché des changes, permet d'acheter plus de biens dans un pays pauvre que dans un pays riche.

La figure 16.3 illustre cette relation entre le niveau général des prix et le revenu, pour un échantillon de pays.

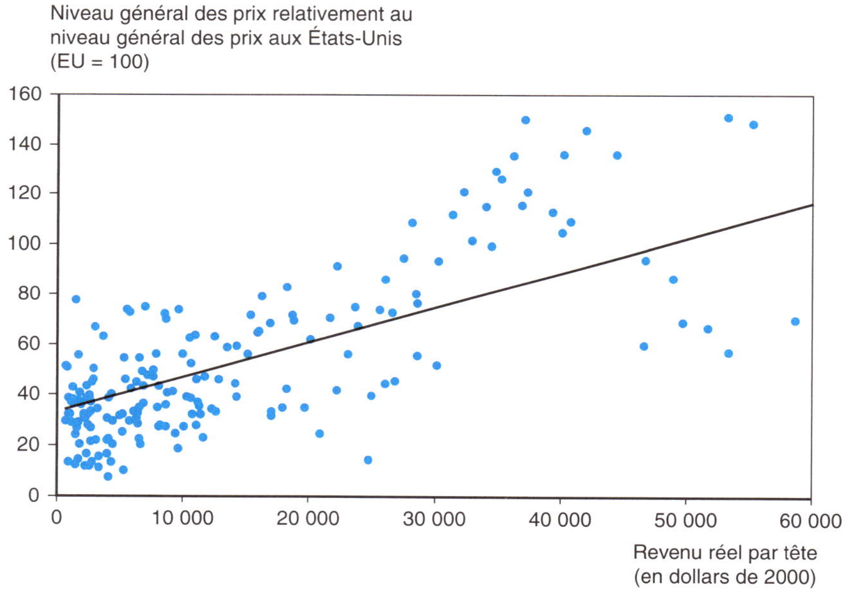

Figure 16.3 – Niveau général des prix et revenus réels, 2007.

Le niveau général des prix est d'autant plus élevé que le revenu réel est important. Chaque pays est représenté par un point. La droite indique la meilleure prédiction statistique du niveau général des prix d'un pays, relativement aux États-Unis, en se fondant sur son revenu réel par tête.

Source : Table Penn World, version 6.3.

La section précédente nous a permis d'étudier le rôle des biens non échangeables dans la détermination du niveau général des prix. Les variations internationales du prix des biens non échangeables peuvent contribuer aux écarts de prix entre les pays pauvres et les pays riches. Les données disponibles montrent, en effet, que les biens non échangeables tendent à être plus chers (relativement aux biens échangeables) dans les pays riches.

Bela Balassa et Paul Samuelson ont expliqué la faiblesse des prix des biens non échangeables dans les pays pauvres*. Ils supposent que la main-d'œuvre est moins productive dans les pays pauvres que dans les pays riches dans le secteur des biens échangeables. Les différences internationales de productivité dans le secteur des biens non échangeables sont par ailleurs considérées comme négligeables. Même si les prix des biens échangeables sont quasi identiques dans tous les pays, en raison de la plus faible productivité du travail dans le secteur des biens échangeables des pays pauvres, les salaires y sont plus faibles que dans le reste du monde. Les coûts de production des biens non échangeables sont donc plus faibles et leur prix, moins élevé. Dans les pays riches, où la productivité du travail dans le secteur des biens échangeables est plus forte, les prix des biens non échangeables sont plus élevés et se répercutent sur le niveau général des prix, lui aussi plus élevé. Les statistiques sur la productivité des pays confortent l'hypothèse de Balassa-Samuelson sur les différences internationales de productivité : il est plausible en effet que les différences de productivité soient plus importantes dans le secteur des biens échangeables plutôt que dans celui des biens non échangeables. Que l'on soit dans un pays pauvre ou riche, le coiffeur réalise le même nombre de coupes de cheveux par semaine. En revanche, il peut y avoir des différences considérables de productivité entre pays concernant les biens échangeables, tels que les ordinateurs.

Une autre théorie, avancée par Jagdish Bhagwati, Irving Kravis et Robert Lipsey, permet également d'expliquer pourquoi le niveau général des prix est moins élevé dans les pays pauvres**. Cette théorie, qui prédit aussi que le prix relatif des biens non échangeables s'accroît lorsque le revenu réel par tête augmente, repose sur les différences de dotation en capital et en travail plutôt que sur les différences de productivité. Le ratio capital/travail dans les pays riches ainsi que la productivité marginale du travail et le niveau de salaire sont plus élevés que dans les pays pauvres***.

Les biens non échangeables, qui sont largement composés de services, requièrent plus de travail que les biens échangeables. Étant donné que le travail est meilleur marché dans les pays pauvres et sert intensivement pour la production des biens non échangeables, ces derniers tendent à être moins chers que dans les pays riches où le taux de salaire est plus important. Une fois de plus, la différence internationale dans le prix relatif des biens non échangeables suggère que le niveau général des prix, lorsque tout est mesuré dans une même monnaie, doit être plus élevé dans les pays riches que dans les pays pauvres****.

---

* Voir Bela Balassa, « The purchasing Power Parity Doctrine : a Reappraisal », *Journal of Political Economy*, 72, décembre 1964, p. 584-596, et Paul Samuelson, « Theoritical Notes on Trade Problems », *Review of Economics and Statistics*, 46, mai 1964, p. 145-154. La théorie de Balassa-Samuelson fut pressentie par certaines des observations de Ricardo.

** Voir Irving Kravis et Robert Lipsey, *Toward on Explanation of National Price Level*, Princeton Studies in International Finance, 52, 1983 ; Jagdish Bhagwati, « Why Are Service Cheaper in the Poor Countries ? », *Economic Journal*, 94, 1984, p. 279-286.

*** Cet argument suppose que les différences de dotation de facteurs entre les pays riches et les pays pauvres sont suffisamment importantes pour que l'égalisation des prix des facteurs ne soit pas vérifiée.

**** On peut s'étonner de voir que certains pays représentés à la figure 16.3 aient un revenu par habitant plus élevé que celui des États-Unis, avec pourtant un niveau de prix sensiblement inférieur. C'est le cas par exemple de l'Arabie Saoudite, qui tire toutefois une grande partie de sa richesse de l'exploitation de ses ressources naturelles. Sans ces quelques pays particuliers, la droite de régression serait plus pentue et l'ajustement statistique de meilleure qualité.

6 Au-delà de la PPA : un modèle général de taux de change à long terme

Pourquoi avoir discuté si longuement de la théorie de la parité de pouvoir d'achat alors qu'elle compte de nombreuses exceptions et qu'elle est contredite par les faits ? L'explication tient au fait que l'idée de base, qui veut que les taux de change et le niveau général des prix soient liés à long terme, est un point de départ très utile. L'approche monétaire présentée précédemment, qui suppose la vérification de la PPA, est trop simple pour fournir des prédictions justes sur le fonctionnement de l'économie. Mais nous pouvons la généraliser en tenant compte de certaines des raisons pour lesquelles la PPA échoue dans ses prévisions. C'est justement ce que nous proposons dans cette section. Nous confirmons néanmoins d'ignorer les complications à court terme causées par la rigidité des prix. Comprendre la façon dont les taux de change se comportent à long terme est, comme nous l'avons mentionné, un préalable nécessaire pour l'analyse à court terme que nous développerons au chapitre suivant.

6.1 Taux de change réel

Pour étendre la théorie de la PPA, nous devons tout d'abord définir le concept de **taux de change réel**. Le taux de change réel entre les monnaies de deux pays est une mesure synthétique des prix des biens et des services d'un pays par rapport à un autre pays. Le taux de change réel est le prix relatif de deux paniers de biens. Il se distingue du **taux de change nominal** qui est le prix relatif de deux monnaies (lorsqu'il n'y a aucun risque de confusion, nous continuerons à utiliser le terme de *taux de change* pour parler des taux de change nominaux). D'après la théorie de la PPA, les taux de change réels ne varient jamais, du moins de façon permanente. En pratique, toutefois, il peut y avoir des variations importantes et permanentes des taux de change réels.

Le taux de change réel est défini en fonction du taux de change nominal et des niveaux de prix. Avant de donner plus de précisions sur la définition du taux de change réel, nous avons besoin de clarifier quelle mesure de niveau général des prix nous allons utiliser. Soit toujours $P_€$, le niveau général des prix dans la zone euro, et $P_\$$, le niveau général des prix aux États-Unis. Puisque nous levons l'hypothèse que la PPA absolue est vérifiée (contrairement à ce que nous avons fait dans notre discussion sur l'approche monétaire), nous pouvons également relâcher l'hypothèse selon laquelle le niveau général des prix doit être mesuré sur le même panier de biens dans la zone euro et aux États-Unis. Étant donné que nous allons chercher à lier notre analyse à des facteurs monétaires, nous avons plutôt besoin que l'indice de prix de chaque pays soit représentatif des achats des résidents.

$P_€$ est ainsi défini comme le prix en euros d'un panier de biens dont la composition ne varie pas sur toute la période étudiée (ce qui est une hypothèse assez forte) et qui contient les achats représentatifs, disons sur une semaine, des ménages et des entreprises dans la zone euro. De la même façon, $P_\$$ est le prix d'un panier de biens dont la composition est inchangée et qui reflète les achats, sur une semaine, des ménages et des entreprises aux États-Unis. Le point important à retenir est que *l'indice général des prix dans la zone euro accorde une place relativement plus importante aux biens produits et consommés dans la zone euro, tandis que l'indice des prix américain attribue un poids relativement plus fort aux biens produits et consommés aux États-Unis.*[17]

Le *taux de change réel dollar contre euro*, noté q, correspond au prix en euros d'un panier américain par rapport au panier européen ; il est défini ici à l'incertain. Nous pouvons exprimer le taux de change réel comme la valeur en euros du niveau général des prix américains, divisé par le niveau général des prix dans la zone euro, soit de façon formelle :

$$q = (E \times P_\$)/P_€ \qquad (16.6)$$

Un exemple numérique va nous aider à clarifier ce concept de taux de change réel. Imaginons que le panier de biens de référence aux États-Unis coûte 200 \$ (c'est-à-dire $P_\$ = 200$ par panier) et que le panier de biens dans la zone euro coûte 160 € (c'est-à-dire que $P_€ =$ 160 par panier). Supposons que le taux de change nominal au certain soit de 1,25 dollar par euro, autrement dit que $E = 1/1{,}25 = 0{,}8$ (on raisonne toujours sur la base du taux de change à l'incertain, c'est-à-dire le nombre d'euros par dollar). Le taux de change réel entre l'euro et le dollar est alors de :

$$q = (0{,}8 \text{ € par \$}) \times (200 \text{ \$ par panier américain})/(160 \text{ € par panier européen})$$
$$q = (160 \text{ € par panier américain})/(160 \text{ € par panier européen})$$
$$q = 1 \text{ panier européen par panier américain}$$

Nous pouvons interpréter une hausse du taux de change réel euro contre dollar q – soit une **dépréciation réelle** de l'euro par rapport au dollar – de différentes manières. L'équation (16.6) montre, de façon évidente, que ce changement représente une baisse du pouvoir d'achat de l'euro aux États-Unis par rapport au pouvoir d'achat obtenu dans la zone euro. Cette variation du pouvoir d'achat relatif se produit simplement parce que les prix en euros pour les biens américains $(E \times P_\$)$ augmentent par rapport aux prix des biens européens $(P_€)$.

En reprenant notre exemple numérique, nous pouvons voir qu'une dépréciation nominale de 10 % de l'euro, telle que E passe de 0,8 à 0,88 euro pour un dollar, induit une hausse de q qui passe à 1,1 panier européen par panier américain. Cette hausse correspond à une dépréciation *réelle* de 10 % de l'euro par rapport au dollar. Une hausse de 10 % de $P_\$$ ou une baisse de 10 % de $P_€$ aurait le même effet sur q, soit une dépréciation réelle de l'euro de 10 %. La dépréciation réelle se traduit par une baisse de 10 % du pouvoir d'achat de l'euro sur les biens et les services aux États-Unis par rapport à son pouvoir d'achat sur les biens et les services dans la zone euro.

Même si un certain nombre de produits qui entrent dans le niveau général des prix sont non échangeables, nous pouvons considérer le taux de change réel q comme le prix relatif des produits américains en termes de produits européens. Le taux de change réel est donc le prix auquel un panier de biens européen est échangé aux États-Unis, si les échanges aux prix domestiques sont possibles. L'euro se *déprécie* en termes réels par rapport au dollar lorsque q augmente, car le pouvoir d'achat hypothétique des produits de la zone euro diminue par rapport aux produits américains. Les biens et services européens deviennent moins chers par rapport aux biens et services américains.

---

17. Le même argument a été utilisé dans notre discussion liée au problème des transferts au chapitre 5. Comme nous l'avions observé alors, les biens non échangeables sont d'importants facteurs expliquant la préférence pour les produits nationaux.

Une **appréciation réelle** de l'euro par rapport au dollar se traduit par une baisse de q. Cette diminution indique une baisse du prix relatif des produits achetés aux États-Unis ou une hausse du pouvoir d'achat de l'euro aux États-Unis par rapport à son pouvoir d'achat dans la zone euro.

Comme dans le cas des taux de change nominaux, notons qu'une dépréciation réelle de l'euro par rapport au dollar est synonyme d'une appréciation réelle du dollar par rapport à l'euro. L'équation (16.6) montre, par ailleurs, qu'à prix de production *inchangé*, une dépréciation (appréciation) nominale implique une dépréciation (appréciation) réelle. Notre discussion sur les variations de taux de change réels inclut donc, comme cas spécial, une observation que nous avions faite au chapitre 14 : si les prix en monnaie domestique des biens restent constants, une dépréciation nominale de l'euro rend les biens européens moins chers comparés aux biens étrangers, tandis qu'une appréciation nominale de l'euro les rend plus chers.

L'équation (16.6) permet de comprendre plus facilement pourquoi le taux de change réel ne varie pas lorsque la PPA relative est vérifiée. Si la PPA relative est vérifiée, une hausse de E est toujours exactement compensée par une baisse du ratio du niveau général des prix aux États-Unis et dans la zone euro, $P_{\$}/P_{€}$, laissant q inchangé.

6.2 Demande, offre et taux de change réel à long terme

Comme la PPA n'est pas vérifiée, il n'est pas surprenant que les valeurs à long terme des taux de change réels, tout comme les autres prix relatifs équilibrant le marché, dépendent des conditions de l'offre et de la demande. Cependant, étant donné que le taux de change réel reflète les variations du prix relatif des paniers de biens de deux pays, ce sont les conditions dans chaque pays qui sont importantes. Les changements sur le marché des biens et des services dans un pays sont toujours complexes à analyser et nous ne souhaitons pas en fournir un catalogue exhaustif. Nous nous focaliserons plutôt sur deux cas spécifiques qui sont assez simples à comprendre et qui sont importants en pratique pour expliquer pourquoi les valeurs à long terme des taux de change réels peuvent varier.

1. *Changement de la demande relative mondiale pour les biens de la zone euro.* Supposons que les dépenses mondiales pour les biens et les services de la zone euro augmentent relativement aux dépenses mondiales pour les biens et les services américains. Un tel changement peut se produire à la suite de différents événements, comme une réorientation de la demande des ménages et des entreprises européennes des biens américains vers des biens produits dans la zone euro, un retournement similaire de la demande privée étrangère vers ces mêmes biens, ou une hausse provisoire des dépenses publiques dans la zone euro. Une hausse de la demande relative mondiale pour les biens européens induit une demande excédentaire pour ceux-ci au taux de change réel en vigueur. Afin de restaurer l'équilibre, le prix relatif du produit intérieur de la zone euro par rapport au produit intérieur des États-Unis doit augmenter : il y aura une hausse des prix relatifs des biens non échangeables dans la zone euro, et les prix des biens échangeables produits et consommés intensivement dans la zone euro connaîtront une augmentation par rapport aux prix des biens échangeables produits aux États-Unis. Ces variations induiront une baisse de q, le prix relatif du panier de biens de référence américain en termes de panier de biens européen. En conclusion, *une hausse de la demande mondiale relative pour les biens et les services produits dans la zone euro implique une appréciation réelle à long terme de l'euro par rapport au dollar (baisse de* q*). De la même manière, une*

baisse de la demande mondiale relative pour les biens et les services produits dans la zone euro induit une dépréciation réelle à long terme de l'euro par rapport au dollar (hausse de q*).*

2. *Changement de l'offre relative de biens et de services.* Supposons que l'efficacité productive du travail et du capital dans la zone euro augmente. Puisque les agents dépensent une partie de leur revenu supplémentaire en achetant des biens étrangers, l'offre de tous les types de biens et de services produits dans la zone euro augmente relativement à la demande. Cela implique un excès d'offre relatif au taux de change réel initial. Une baisse du prix relatif des biens et des services produits dans la zone euro – à la fois les biens échangeables et non échangeables – orientera la demande vers eux, ce qui éliminera l'excès d'offre. Ce changement de prix représente une dépréciation réelle de l'euro par rapport au dollar, c'est-à-dire une hausse de q. *Une expansion relative du produit européen implique une dépréciation réelle à long terme de l'euro par rapport au dollar (*q *augmente). Une expansion relative du produit intérieur américain implique une appréciation réelle à long terme de l'euro par rapport au dollar (*q *baisse)*[18].

Résumons graphiquement notre discussion sur la demande, l'offre et le taux de change réel à long terme. À la figure 16.4, le rapport de l'offre de biens et de services dans la zone euro et aux États-Unis, $Y_€ / Y_\$$, est représenté le long de l'axe des abscisses, tandis que le taux de change réel dollar contre euro à l'incertain, q, se trouve sur l'axe des ordonnées.

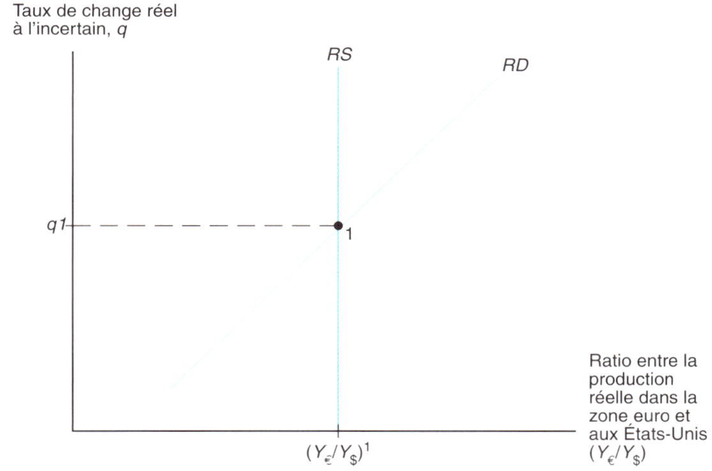

Figure 16.4 – Détermination du taux de change réel à long terme.
Le taux de change réel à long terme égalise la demande relative mondiale au niveau de plein emploi de la production relative.

18. Après notre discussion sur l'effet Balassa-Samuelson dans l'encadré, on pourrait s'attendre à ce qu'une hausse de la productivité concentrée sur le secteur des biens échangeables de la zone euro provoque une appréciation de l'euro en termes réels par rapport au dollar plutôt qu'une dépréciation. Ici cependant, nous traitons du cas d'une hausse équilibrée de la productivité, qui profite en proportion égale aux biens échangeables et non échangeables. Cela implique une dépréciation réelle de l'euro, en provoquant une baisse des prix des biens non échangeables et des biens échangeables.

Le taux de change réel d'équilibre est déterminé par l'intersection des deux droites. La droite croissante *RD* montre que la demande de biens européens augmente relativement à la demande de biens américains lorsque q augmente, c'est-à-dire à mesure que les biens européens deviennent relativement moins chers. Cette courbe de demande relative pour les biens européens par rapport aux biens américains a une pente croissante car nous illustrons une *baisse* du prix relatif des biens européens par un mouvement *vers le haut* le long de l'axe vertical. Qu'en est-il de l'offre relative ? À long terme, les niveaux relatifs de la production domestique sont déterminés par l'offre des facteurs de production et par la productivité, avec un effet assez faible du taux de change réel (lorsqu'il existe). Par conséquent, la courbe d'offre relative, *RS*, est verticale à long terme (c'est-à-dire à l'équilibre de plein emploi) au niveau du rapport des produits ($Y_€ / Y_\$$). L'équilibre à long terme du taux de change réel est celui qui ajuste la demande relative à l'offre relative à long terme (point 1)[19].

La figure illustre donc comment les changements sur les marchés mondiaux agissent sur le taux de change réel. Supposons que les biens produits dans la zone euro soient plus attractifs. Cela provoque une augmentation de la demande relative mondiale pour les biens européens et un déplacement de *RD* vers la droite, conduisant à une baisse de q (une appréciation réelle de l'euro par rapport au dollar). Supposons maintenant qu'il y ait un développement de la formation professionnelle en Europe dans le but d'améliorer la productivité du travail : la droite *RS* se déplace vers la droite, impliquant une hausse de q (une dépréciation réelle de l'euro par rapport au dollar).

6.3 Taux de change réel et nominal à l'équilibre à long terme

Nous allons maintenant utiliser ce que nous avons appris dans ce chapitre et le précédent, afin d'expliquer la façon dont les taux de change nominaux sont déterminés à long terme. Notre principale conclusion est que les variations de l'offre et de la demande de monnaie donnent lieu à des mouvements à long terme proportionnels aux taux de change nominaux et au rapport du niveau général des prix, comme le prédit la théorie de la PPA. Les variations de l'offre et de la demande sur le marché des biens et des services domestiques entraînent cependant des mouvements du taux de change nominal qui ne sont pas conformes avec la PPA.

Rappelons la définition du taux de change réel dollar contre euro à l'incertain [voir équation (16.6)] :

$$q = (E \times P_\$)/P_€$$

D'après cette équation, le taux de change nominal à l'incertain (le nombre d'euros par dollar) s'exprime comme le taux de change réel multiplié par le rapport du niveau général des prix dans la zone euro et aux États-Unis :

$$E = q \times (P_€ / P_\$) \qquad (16.7)$$

19. Notons que ces droites *RD* et *RS* diffèrent de celles que nous avons vues au chapitre 6. Ces dernières faisaient référence à la demande et à l'offre relative mondiale de deux biens qui pouvaient être produits dans l'un des pays. Au contraire, les courbes *RD* et *RS* de ce chapitre font référence à la demande et à l'offre relative mondiale du produit intérieur d'un pays (son PIB), relativement à celle d'un autre pays.

Formellement, la seule différence entre l'équation (16.1), sur laquelle s'appuie notre présentation de l'approche monétaire des taux de change, et l'équation (16.7) est que cette dernière justifie les déviations possibles par rapport à la PPA en ajoutant le taux de change *réel* comme déterminant supplémentaire du taux de change nominal. *Cette équation implique que, pour un taux de change réel dollar contre euro donné, les variations de la demande et de l'offre de monnaie aux États-Unis et dans la zone euro agissent sur le taux de change nominal à long terme dollar contre euro de la même façon que dans l'approche monétaire. Cependant, les variations du taux de change réel à long terme agissent aussi le taux de change nominal à long terme.* La théorie à long terme de la détermination du taux de change qui découle de l'équation (16.7) inclut donc des éléments valides de l'approche monétaire, mais elle corrige celle-ci en tenant compte des facteurs non monétaires impliquant des déviations durables de la parité de pouvoir d'achat.

En supposant que toutes les variables sont initialement à leur niveau à long terme, nous pouvons maintenant comprendre quels sont les déterminants les plus importants des mouvements à long terme des taux de change nominaux :

1. *Variation du niveau relatif de l'offre de monnaie.* Imaginons que la Banque centrale européenne souhaite stimuler l'économie de la zone euro et augmente l'offre de monnaie. Une hausse permanente, réalisée en une fois, de l'offre de monnaie n'a d'effet à long terme ni sur le produit intérieur, ni sur le taux d'intérêt, ni sur aucun prix relatif – y compris le taux de change réel – (voir chapitre 15). L'équation (16.3) implique, rappelons-le, que P_{-} augmente proportionnellement à $M_{€}$. L'équation (16.7) montre, ainsi, que le niveau général des prix dans la zone euro est l'unique variable qui change à long terme, en même temps que le taux de change nominal E. Étant donné que le taux de change réel, q, reste le même, la variation du taux de change nominal est compatible avec la PPA relative : le seul effet à long terme d'une hausse de l'offre de monnaie européenne est un accroissement de tous les prix en euros, et notamment celui du dollar, proportionnellement à la hausse de l'offre de monnaie. Il serait surprenant que ce résultat ne soit pas identique à celui qui est proposé par l'approche monétaire, puisque cette dernière est censée expliquer les effets à long terme des variations monétaires.

2. *Variation du taux de croissance relatif de l'offre de monnaie.* Supposons que la Banque centrale européenne craigne une baisse du niveau général des prix dans la zone euro dans les années à venir autrement dit, une déflation. Une hausse permanente du *taux de croissance* de l'offre de monnaie en euros augmente le taux d'inflation de la zone euro à long terme. À travers l'effet Fisher, cela induit une hausse du taux d'intérêt en euros relativement au taux d'intérêt en dollars. Par conséquent, étant donné que la demande relative de monnaie réelle européenne diminue, l'équation (16.3) implique une augmentation du prix $P_{€}$ (voir figure 16.1). Cependant, le choc étant purement monétaire, il n'a pas d'effet à long terme ; en particulier, le taux de change *réel* à long terme n'est pas modifié. Ainsi, d'après l'équation (16.7), E augmente proportionnellement à la hausse de $P_{€}$ (dépréciation de l'euro par rapport au dollar). Une fois encore, une variation purement monétaire implique un déplacement du taux de change nominal à long terme en conformité avec la PPA relative, comme l'avait prédit l'approche monétaire.

3. *Variation de la demande relative de biens et services.* Ces variations ne sont *pas* considérées par l'approche monétaire, mais elles sont essentielles dans le cadre plus général que nous souhaitons élaborer. Comme une modification de la demande relative de biens et services n'agit pas sur le niveau général des prix à long terme – qui dépend uniquement des facteurs qui apparaissent dans les équations (16.3) et (16.4) –, le taux de change nominal à long terme dans l'équation (16.7) varie seulement lorsque le taux de change réel se modifie. Considérons une hausse de la demande relative mondiale pour les biens et les services de la zone euro. Nous avons vu précédemment qu'une hausse de la demande pour les biens et les services de la zone euro entraîne une appréciation réelle à long terme de l'euro par rapport au dollar (baisse de q) : ce changement traduit simplement une hausse du prix relatif du produit intérieur de la zone euro. Pour des niveaux de prix inchangés, l'équation (16.7) nous dit aussi qu'une appréciation *nominale* à long terme de l'euro contre le dollar doit se produire (baisse de E). Cela met en lumière que, bien que les taux de change soient des prix nominaux, ils répondent aussi bien à des événements monétaires que non monétaires, même à long terme.
4. *Variation de l'offre relative de biens et de services.* Comme nous l'avons vu précédemment, une augmentation de l'offre de biens et de services produits dans la zone euro relativement aux États-Unis entraîne une dépréciation de l'euro en termes réels par rapport au dollar, réduisant le prix relatif du produit intérieur de la zone euro. Cette hausse de q n'est cependant pas le seul changement dans l'équation (16.7) induit par la hausse relative du produit intérieur de la zone euro. En effet, la hausse du produit intérieur de la zone euro augmente la demande d'encaisses réelles pour motif de transactions, accroissant ainsi la demande réelle de monnaie dans la zone euro. D'après l'équation (16.3), ceci implique une baisse du niveau général des prix dans la zone euro à long terme. En nous référant à l'équation (16.7), nous pouvons voir que les effets d'une variation de l'offre sur le marché des biens et des services et sur celui de la monnaie jouent de façon opposée (en raison à la fois de l'accroissement de q et de la baisse de $P_€$), de telle sorte que l'effet sur E est *ambigu*. Notre analyse d'une variation de l'offre de biens et services illustre le fait que l'effet sur le taux de change d'une perturbation qui se produirait sur un seul marché (le marché des biens et services dans notre cas) peut dépendre du canal par lequel cet effet va se diffuser sur les autres marchés.

En conclusion, *lorsque les perturbations sont de nature monétaire, les taux de change obéissent à la PPA relative à long terme. À long terme, une perturbation monétaire joue seulement sur le pouvoir d'achat de la monnaie, ce qui modifie de façon identique la valeur de la monnaie en termes de biens domestiques et en termes de biens étrangers. Lorsque les perturbations concernent le marché des biens et des services, l'évolution du taux de change ne vérifie pas la PPA relative, même à long terme.* Le tableau 16.1 synthétise ces conclusions en indiquant les effets sur les taux de change nominaux à long terme d'une modification sur le marché de la monnaie ou sur le marché des biens et des services.

Dans les chapitres qui suivent, nous ferons appel à cette section générale traitant du modèle de taux de change à long terme, même lorsque nous discuterons des événements macroéconomiques à court terme. Les facteurs qui jouent à long terme sont importants, même à court terme, en raison du rôle central que tiennent les anticipations dans la détermination au jour le jour des taux de change. Le modèle de taux de change à long terme de cette section fournira un ancrage pour les anticipations de marché.

Tableau 16.1 : Effets sur le taux de change nominal d'une variation sur le marché monétaire et sur celui des biens et des services

Variation	Effet sur le taux de change nominal à long terme à l'incertain (nombre d'euros par dollar), *E*
Augmentation de l'offre de monnaie de la zone euro	Augmentation proportionnelle de *E* (dépréciation nominale de l'euro)
Augmentation de l'offre de monnaie aux États-Unis	Diminution proportionnelle de *E* (dépréciation nominale du dollar)
Augmentation du taux de croissance de la masse monétaire de la zone euro	Augmentation de *E* (dépréciation nominale de l'euro)
Augmentation du taux de croissance de la masse monétaire aux États-Unis	Diminution de *E* (dépréciation nominale du dollar)
Augmentation de la demande de biens et de services produits dans la zone euro	Diminution de *E* (appréciation nominale de l'euro)
Augmentation de la demande de biens et de services produits aux États-Unis	Augmentation de *E* (appréciation nominale du dollar)
Augmentation de l'offre de biens et de services produits dans la zone euro	Ambigu
Augmentation de l'offre de biens et de services produits aux États-Unis	Ambigu

7 Différences internationales de taux d'intérêt et taux de change réel

Nous avons vu dans ce chapitre que la PPA relative, lorsqu'elle est combinée avec la parité des taux d'intérêt, implique que le différentiel de taux d'intérêt est égal au différentiel d'inflation anticipé. Cependant, comme la PPA relative n'est pas vérifiée en général, cette relation entre les taux d'intérêt et les taux d'inflation est en réalité plus complexe que ne le suggère la simple formule proposée.

Dans cette section, nous allons étendre notre discussion précédente sur l'effet Fisher, en y incluant les mouvements de taux de change réels. Nous allons montrer qu'en général les différences de taux d'intérêt entre pays ne dépendent pas seulement du différentiel d'inflation anticipé, comme l'approche monétaire le suggère, mais aussi des variations anticipées du taux de change réel.

Tout d'abord, rappelons qu'une variation de q, le taux de change réel dollar contre euro à l'incertain, correspond à une *déviation* par rapport à la PPA relative : une variation de q représente la variation en pourcentage du taux de change nominal dollar contre euro moins le différentiel de taux d'inflation entre la zone euro et les États-Unis. Nous obtenons donc une relation entre la variation *anticipée* du taux de change réel, la variation *anticipée* du taux de change nominal et l'inflation *anticipée :*

$$(q^e - q)/q = [(E^e - E) / E] - (\pi^e_€ - \pi^e_\$) \quad (16.8)$$

où q^e est le taux de change réel anticipé dans un an sur la base de l'information détenue aujourd'hui.

Considérons maintenant la condition de parité des taux d'intérêt entre les dépôts européens et américains : $R_€ - R_\$ = (E^e - E)/E$. En réarrangeant l'équation (16.8), nous pouvons voir que le taux de variation anticipé du taux de change *nominal* est simplement le taux de variation anticipé du taux de change *réel plus* le différentiel d'inflation anticipé entre la zone euro et les États-Unis. En combinant l'équation (16.8) avec la condition de parité des taux d'intérêt, nous obtenons la décomposition suivante de l'écart entre les taux d'intérêt :

$$R_€ - R_\$ = (q^e - q) / q + (\pi^e_€ - \pi^e_\$) \quad (16.9)$$

Lorsque le marché s'attend à ce que la PPA relative prévale, nous avons $q^e = q$ et le premier terme du membre de droite de l'équation disparaît. Dans ce cas spécial, l'équation (16.9) se réduit à l'équation (16.5) qui a été obtenue lorsque nous supposions que la PPA relative était vérifiée.

En général, cependant, la différence de taux d'intérêt entre la zone euro et les États-Unis est la somme de *deux* composantes : (1) le taux de dépréciation réel anticipé de l'euro par rapport au dollar et (2) le différentiel d'inflation anticipé entre la zone euro et les États-Unis. Par exemple, si l'inflation dans la zone euro est de 5 % par an à long terme et si l'inflation américaine est nulle, la différence d'intérêt à long terme entre les dépôts en euros et en dollars ne sera pas nécessairement à 5 %, comme la PPA, combinée avec la parité des taux d'intérêt, le suggère. En effet, si les agents anticipent que la demande et l'offre de biens et de services auront tendance à faire décliner l'euro par rapport au dollar en termes réels à un taux de 1 % par an, l'écart de taux d'intérêt sera de 6 %.

8 La parité des taux d'intérêt réels

Il existe une distinction importante entre les **taux d'intérêt nominaux**, mesurés en termes monétaires, et les **taux d'intérêt réels**, mesurés en termes *réels*, c'est-à-dire en termes de production domestique. Comme les taux réels sont en général incertains, nous faisons plus souvent référence aux taux d'intérêt réels *anticipés*. Les taux d'intérêt évoqués lors de notre discussion sur la condition de parité des taux d'intérêt et sur les déterminants de la demande de monnaie étaient les taux nominaux, par exemple la rentabilité en euros des dépôts en euros. Mais nous pouvons aussi avoir besoin de considérer des taux réels. Aucun individu ne décide d'investir s'il a pour seule information que le taux d'intérêt nominal est de 15 %. En effet, ce placement est plutôt attractif si le taux d'inflation est nul, mais il est catastrophique si le taux d'inflation est de 100 % par an ![20]

En conclusion de ce chapitre, nous allons montrer que lorsque la condition de parité des taux d'intérêt *nominaux* égalise les différences de taux d'intérêt nominaux et les variations anticipées des taux de change *nominaux*, alors la condition de parité des taux d'intérêt *réels* égalise les différences de taux d'intérêt réels anticipés et les variations anticipées des taux de change *réels*. Les taux d'intérêt réels anticipés sont identiques dans chaque pays uniquement si les agents anticipent une vérification de la PPA relative, autrement dit si aucun changement du taux de change réel n'est prévu.

Le taux d'intérêt réel anticipé, noté r^e, est défini comme le taux d'intérêt nominal, R, moins le taux d'inflation anticipé, π^e :

$$r^e = R - \pi^e$$

La définition du taux d'intérêt réel clarifie les forces qui influent sur l'effet Fisher : tout accroissement du taux d'inflation anticipé qui n'altère pas le taux d'intérêt réel anticipé doit se refléter parfaitement dans le taux d'intérêt nominal.

La définition précédente permet d'obtenir une formule exprimant la différence des taux d'intérêt réels anticipés entre deux zones monétaires telles que la zone euro et les États-Unis :

$$r^e_€ - r^e_\$ = (R_€ - \pi^e_€) - (R_\$ - \pi^e_\$)$$

Si nous réarrangeons l'équation (16.9) et si nous la combinons avec l'équation précédente, nous obtenons la *condition de parité des taux d'intérêt réels* :

$$r^e_€ - r^e_\$ = (q^e - q) / q \qquad (16.10)$$

L'équation (16.10) ressemble à la parité des taux d'intérêt nominaux, dont elle est dérivée. Cependant, elle explique les différences de taux d'intérêt *réels* anticipés entre la zone euro et les États-Unis par les mouvements *anticipés* du taux de change réel.

Les taux d'intérêt réels anticipés sont les mêmes dans différents pays lorsque les agents anticipent la vérification de la PPA. Dans ce cas, l'équation (16.10) implique que $r^e = r_\$^e$. De manière plus générale, cependant, les taux d'intérêt réels anticipés dans différents pays ne doivent pas être nécessairement égaux, même à long terme, si des variations continues sur les marchés des biens et des services sont anticipées[21]. Supposons, par exemple, que les agents anticipent une hausse de la productivité sud-coréenne dans le secteur des biens échangeables durant les deux prochaines décennies, tandis que la productivité dans le secteur des biens non échangeables stagne, tout comme dans les industries européennes. Si l'hypothèse de

20. Nous aurions pu omettre l'examen des *différences* de rendements nominaux sur le marché des changes, car elles sont égales aux différences de rendements réels perçus par tous les investisseurs (voir chapitre 14). Sur le marché monétaire, le taux d'intérêt *nominal* est le taux de rendement *réel* que l'on sacrifie en détenant des encaisses non rémunérées.

21. L'analyse sur deux périodes des prêts et des emprunts internationaux au chapitre 6 est réalisée de façon à ce que tous les pays soient confrontés à un seul taux d'intérêt réel mondial. Cependant, la PPA relative doit être vérifiée dans cette analyse, car il n'y a qu'un seul bien de consommation pour chaque période.

Balassa-Samuelson est vérifiée, les agents devraient prévoir une dépréciation de l'euro en termes réels contre la monnaie sud-coréenne, le won, en raison de la tendance à la hausse des prix des biens non échangeables sud-coréens. L'équation (16.10) implique donc que le taux d'intérêt réel anticipé devrait être plus élevé dans la zone euro qu'en Corée du Sud.

De telles différences de taux d'intérêt réels offrent-elles des opportunités d'arbitrage aux investisseurs internationaux ? Pas nécessairement. Une différence de taux d'intérêt réels implique que les résidents des deux pays reçoivent des rendements réels différents. La parité des taux d'intérêt nominaux nous dit pourtant que les investisseurs anticipent le même taux de rendement réel sur les actifs monétaires domestiques et étrangers. Deux investisseurs qui résident dans des pays différents ne calculent pas le taux de rendement réel de la même manière si la PPA relative ne relie pas les prix de leur panier de consommation. Cependant, il n'y a pas moyen pour eux de profiter de leur désaccord en déplaçant des fonds d'une monnaie à l'autre.

Résumé

La *théorie de la parité de pouvoir d'achat (PPA)*, dans sa forme *absolue*, affirme que le taux de change est égal au rapport du niveau général des prix intérieur et étranger. Le niveau général des prix est mesuré par le prix d'un panier de biens de référence. Une autre manière d'exprimer la PPA consiste à dire que le pouvoir d'achat d'une monnaie est identique dans tous les pays. Une forme moins stricte de la PPA est la *PPA relative* qui prédit que les variations en pourcentage des taux de change sont égales aux différentiels d'inflation.

Un élément de base de la théorie de la PPA est la *loi du prix unique*. Ce concept veut que, dans une situation de concurrence parfaite et en l'absence d'entraves aux échanges, un bien puisse être vendu au même prix, quel que soit l'endroit où il est commercialisé. La validité de la PPA ne requiert pas que les prix de tous les biens vérifient la loi du prix unique.

L'approche monétaire des taux de change utilise la PPA pour expliquer le comportement à long terme du taux de change exclusivement en termes d'offre et de demande de monnaie. Dans cette théorie, les différentiels d'intérêts internationaux à long terme résultent de taux d'inflation domestiques différents, comme le prédit *l'effet Fisher*. Les différences internationales durables des taux de croissance monétaires sont, à leur tour, à la base des différents taux d'inflation à long terme. L'approche monétaire montre donc qu'une hausse du taux d'intérêt est associée à une dépréciation de la monnaie domestique. La PPA relative implique que le différentiel de taux d'intérêt, qui est égal à la variation anticipée en pourcentage du taux de change, est aussi égal au différentiel d'inflation anticipé.

Les analyses empiriques ne valident pas la théorie de la PPA et la loi du prix unique. La première raison tient à l'existence de barrières aux échanges et d'entorses à la libre concurrence. Ces facteurs peuvent résulter d'une stratégie de *segmentation tarifaire des marchés* (*pricing to market*) mise en place par les exportateurs. Par ailleurs, des définitions différentes du niveau général des prix dans les pays rendent difficile toute tentative de tester la PPA en utilisant un indice de prix officiel. Pour certains produits, notamment certains services, les coûts de transport sont si élevés qu'ils peuvent être considérés comme étant non échangeables.

Les déviations par rapport à la PPA relative peuvent être vues comme des variations *du taux de change réel*, c'est-à-dire des variations du prix d'un panier de biens étrangers de référence en termes de panier de biens domestiques de référence. Toutes choses égales par ailleurs, la monnaie subit une *appréciation réelle* (soit une diminution du taux de change réel coté à l'incertain) à long terme lorsque la demande relative mondiale pour le produit intérieur augmente. La monnaie subit une *dépréciation réelle* (soit une augmentation du taux de change réel coté à l'incertain) à long terme lorsque le produit intérieur s'accroît par rapport au produit intérieur étranger.

La détermination à long terme des *taux de change nominaux* peut être analysée en combinant deux théories : celle du taux de change *réel* à long terme et celle analysant la manière dont les facteurs monétaires domestiques déterminent le niveau général des prix à long terme. Une augmentation « en escalier » du stock de monnaie conduit à une hausse proportionnelle du niveau général des prix et à une dépréciation proportionnelle de la monnaie sur le marché des changes, tout comme le prédit la PPA. Une variation du taux de croissance de la masse monétaire a également des effets à long terme compatibles avec la PPA. En revanche, les variations de l'offre et de la demande sur le marché des biens et des services provoquent des mouvements du taux de change qui ne sont pas conformes avec la PPA.

La condition de parité des taux d'intérêt égalise les différences internationales des *taux d'intérêt nominaux* et la variation en pourcentage anticipée du taux de change nominal. Si la parité des taux d'intérêt est vérifiée, la condition de parité des taux d'intérêt réels égalise les différences internationales des *taux d'intérêt réels* anticipés et les variations anticipées du taux de change réel. La parité des taux d'intérêt réels implique aussi que les différences internationales entre les taux d'intérêt nominaux sont égales au différentiel d'inflation anticipé auquel on ajoute la variation en pourcentage anticipée du taux de change réel.

Activités

1. Supposons que les taux d'inflation annuels en Russie et en Suisse soient respectivement de 100 % et de 5 %. Selon la PPA relative, comment doit évoluer le taux de change du franc suisse par rapport au rouble russe ?
2. Pourquoi les exportateurs font-ils face à des difficultés lorsque la monnaie domestique s'apprécie en termes réels et pourquoi prospèrent-ils lorsque la monnaie se déprécie en termes réels ?
3. Toutes choses égales par ailleurs, comment le taux de change réel évolue si :
   - **a.** Le niveau de dépenses totales ne varie pas, mais que les résidents dépensent une proportion plus grande de leur revenu en biens non échangeables au détriment des biens échangeables.
   - **b.** La demande des non-résidents s'oriente plutôt vers les biens importés au détriment des biens domestiques.
4. Une guerre entraîne habituellement une suspension des échanges internationaux et des relations financières entre les belligérants. Les taux de change perdent alors une grande part de leur signification. Une fois la guerre terminée, à quel niveau fixer les taux de change ? La théorie de la PPA a souvent été appliquée pour régler le problème du réalignement du taux de change après un conflit.[22] Supposons que vous soyez le Chancelier de l'Échiquier en Grande-Bretagne au lendemain de la Première Guerre mondiale. Expliquez comment vous allez déterminer un taux de change entre le dollar et la livre sterling qui soit compatible avec la PPA ? Pourquoi le recours à la théorie de la PPA peut être une mauvaise idée ?
5. Avec le deuxième choc pétrolier en 1979, la Grande-Bretagne, qui avait développé la production de pétrole en mer du Nord, s'est soudainement enrichie. Mais au début des années 1980, le prix du pétrole a diminué et la demande mondiale de pétrole a fléchi.

22. Voir Lloyd A. Metzler, « Exchange Rates and the International Monetary Fund », dans *International Monetary Policies,* Postwar Economic Studies 7, Washington D.C., Board of Governors of the Federal Reserve System, 1947, p. 1-45.

Le tableau ci-dessous, nous présentons les indices de taux de change réels moyens de la livre sterling par rapport à un ensemble de monnaies étrangères (l'indice moyen est appelé taux de change réel *effectif*). Une hausse de cet indice indique une *appréciation* réelle de la livre sterling, c'est-à-dire une hausse du niveau général des prix en Grande-Bretagne par rapport au niveau général des prix à l'étranger (en moyenne) mesuré en livres sterling. Une baisse correspond à une dépréciation réelle.

Taux de change réel effectif de la livre sterling, 1976-1984 (1980 = 100)

1976	1977	1978	1979	1980	1981	1982	1983	1984
68,3	66,5	72,2	81,4	100,0	102,8	100,0	92,5	89,4

Source : FMI, International Financial Statistics. Les mesures de taux de change réels sont fondées sur les indices de prix de la production nette, appelés déflateurs de la valeur ajoutée.

Expliquez la hausse et la baisse du taux de change réel effectif de la livre sterling entre 1978 et 1984. Quel est le rôle des biens non échangeables ?

6. Chaque semaine, la Réserve fédérale américaine publie le taux de croissance de l'offre de monnaie pour la semaine qui s'est achevée dix jours auparavant (ce délai est nécessaire afin de rassembler les données sur les dépôts bancaires). Il apparaît que lorsque la hausse de l'offre de monnaie est supérieure à celle qui était anticipée, les taux d'intérêt nominaux *augmentent* juste après l'annonce. En revanche, ils *diminuent* lorsque le marché apprend que l'offre de monnaie croît plus lentement que ce qui avait été anticipé.[23] Il existe deux explications à ce phénomène : (1) une forte croissance de la monnaie non anticipée augmente l'inflation anticipée et ainsi les taux d'intérêt nominaux *via* l'effet Fisher ; (2) une forte croissance de la monnaie non anticipée conduit le marché à prévoir une action future de la Fed afin de réduire l'offre de monnaie, provoquant une baisse du volume des dépôts offert par les banques aux agents, mais sans que l'inflation anticipée n'augmente. Comment peut-on trancher entre ces deux hypothèses en utilisant les données du marché des changes ?

7. Expliquez comment des changements permanents de la demande réelle de monnaie jouent sur les taux de change réels et nominaux à long terme.

8. Au chapitre 6, nous avons discuté des transferts entre pays, tels que les indemnités imposées à l'Allemagne après la Première Guerre mondiale par exemple. Utilisez la théorie développée dans ce chapitre pour discuter des mécanismes à travers lesquels un transfert permanent de la Pologne vers la République tchèque agirait sur le taux de change réel et le taux de change nominal du zloty polonais contre la couronne tchèque à long terme.

9. Un pays impose des droits de douane sur les importations. Comment cette initiative modifie-t-elle le taux de change réel et le taux de change nominal à long terme ?

10. Supposons que deux pays identiques diminuent leurs importations d'un même montant, mais que l'un choisisse d'utiliser des droits de douane tandis que l'autre opte pour des quotas. Les deux pays connaissent ensuite une hausse des dépenses intérieures.

---

23. Charles Engel et Jeffrey Frankel, « Why Money Announcements Move Interest Rates : An Answer from the Foreign Exchange Market », dans *Sixth West Coast Academic/Federal Reserve Economic Research Seminar*, San Francisco, Federal Reserve Bank of San Francisco, 1983, p. 1-26.

Toutes choses égales par ailleurs, dans quel pays l'expansion de la demande provoque-t-elle la plus forte appréciation réelle de la monnaie ?

11. Expliquez comment le taux de change dollar contre euro se modifie, toutes choses égales par ailleurs, suite à des variations permanentes du taux de dépréciation réel anticipé de l'euro par rapport au dollar.

12. Quel événement pourrait provoquer une hausse du taux d'intérêt nominal et simultanément une appréciation de la monnaie, dans un monde où les prix sont parfaitement flexibles ?

13. Supposons que le taux d'intérêt réel anticipé soit de 9 % par an aux États-Unis et de 3 % par an dans la zone euro. Comment doit varier le taux de change réel euro contre dollar pour l'année à venir ?

14. Dans un modèle à court terme, avec des prix rigides, une baisse de l'offre de monnaie augmente le taux d'intérêt nominal et provoque une appréciation de la monnaie (voir chapitre 15). Quel est l'effet sur le taux d'intérêt réel anticipé ? Expliquez pourquoi la trajectoire à venir du taux de change réel permet de satisfaire la condition de parité des taux d'intérêt réels.

15. Commentez la déclaration suivante : « Lorsqu'une variation du taux d'intérêt nominal est provoquée par une hausse du taux d'intérêt réel anticipé, la monnaie domestique s'apprécie. Lorsque cette variation est provoquée par une hausse de l'inflation anticipée, la monnaie se déprécie. »

16. Les taux d'intérêt nominaux sont disponibles pour des emprunts de différentes maturités. Généralement, les taux d'intérêt à long terme sont supérieurs aux taux à court terme. Ainsi, fin 2008, l'État français pouvait emprunter à 5 ans au taux de 3 %, alors que le taux à 6 mois était de 2 % (en base annuelle) – un taux d'intérêt de 2 % sur des titres à 6 mois signifie que, si on emprunte 100 €, on doit rembourser $100 \times (1 + 0{,}02 \times 6/12) = 101$ €. Si nous considérons l'effet Fisher, qu'est-ce que cette représentation nous apprend à propos de l'inflation anticipée et/ou du taux d'intérêt réel futur anticipé ?

17. En continuant avec le problème précédent, nous pouvons définir les taux d'intérêt *réels* à court terme et à long terme (pour faciliter les comparaisons, les taux sont tous annualisés, c'est-à-dire qu'ils sont exprimés en pourcentage annuel). Le taux d'intérêt pertinent est en effet le taux d'intérêt nominal annualisé sur la maturité en question, moins le taux d'inflation annualisé anticipé sur la même période. Rappelons par ailleurs que la PPA relative semble être plus facilement vérifiée à long terme qu'à court terme. Peut-on en déduire que les écarts de taux d'intérêt réel entre les pays sont plus élevés pour les maturités courtes que pour les maturités longues ?

18. Comment se fait-il que la PPA relative soit plus facilement vérifiée à long terme qu'à court terme (pensez à la façon dont les entreprises qui commercent avec l'étranger doivent réagir à des différences transfrontalières importantes et persistantes des prix sur les biens échangeables) ?

19. Quelles forces permettraient une vérification de la PPA à long terme sur les biens *non* échangeables ? Il est plus facile de répondre à cette question si l'on a bien compris la discussion du chapitre 5 portant sur l'égalisation du prix des facteurs.

Annexe du chapitre 16

L'effet Fisher, le taux d'intérêt et le taux de change sous l'approche monétaire à prix flexibles

L'approche monétaire des taux de change suppose que les prix des biens soient parfaitement flexibles, ce qui implique une dépréciation de la monnaie lorsque le taux d'intérêt augmente, du fait d'une inflation anticipée plus forte. Cette annexe offre une analyse détaillée de ce résultat important.

Considérons à nouveau le taux de change dollar contre euro et supposons que la Banque centrale européenne augmente le taux de croissance futur de l'offre de monnaie d'un montant $\Delta\pi$. La figure 16A.1 propose un diagramme qui nous permettra de comprendre pas à pas de quelle manière les marchés vont répondre à ce changement.

Le cadran de la figure en bas à droite est notre représentation usuelle de l'équilibre sur le marché monétaire de la zone euro. Avant la hausse du taux de croissance de l'offre de monnaie européenne, nous pouvons voir que le taux d'intérêt nominal en euros est égal à $R^1_€$ (point 1). L'effet Fisher nous dit que, à la suite de la hausse de $\Delta\pi$ du taux de croissance de l'offre de monnaie européenne, toutes choses égales par ailleurs, le taux d'intérêt nominal en euros augmente pour être égal à $R^2_€ = R^1_€ + \Delta\pi$ (point 2).

Comme le diagramme l'illustre, la hausse du taux d'intérêt nominal en euros réduit la demande de monnaie et, ainsi, requiert une baisse de l'offre réelle de monnaie afin d'équilibrer le marché. Néanmoins, le stock nominal de monnaie reste inchangé à court terme, car c'est seulement le taux de croissance *futur* de l'offre de monnaie européenne qui augmente. Que se passe-t-il ? Sachant que l'offre nominale de monnaie, $M^1_€$, est inchangée, c'est un saut vers le haut du niveau général des prix dans la zone euro, de $P^1_€$ à $P^2_€$, qui permet une réduction de la demande réelle de monnaie européenne. L'hypothèse de flexibilité des prix permet la réalisation de ce saut, même à court terme.

Pour analyser la réponse du taux de change, nous nous tournons maintenant vers le cadran en bas à gauche. L'approche monétaire suppose que la PPA est vérifiée. Ainsi, la hausse de $P_€$ (alors que, par hypothèse, le niveau général des prix américains reste constant) provoque une dépréciation de l'euro, soit une augmentation du taux de change à l'incertain, E. Le cadran en bas à gauche de la figure 16A.1 illustre la relation qui en découle entre la détention réelle de monnaie dans la zone euro, $M_€ / P_€$, et le taux de change nominal, E, sachant que l'offre de monnaie *nominale* dans la zone euro et le niveau général des prix américains sont inchangés. En utilisant la PPA, nous pouvons écrire l'équation relative à la figure (qui est une *hyperbole* décroissante) :

$$E = P_€ / P_\$ = (M_€ / P_\$) / (M_€ / P_€) \qquad (16A.1)$$

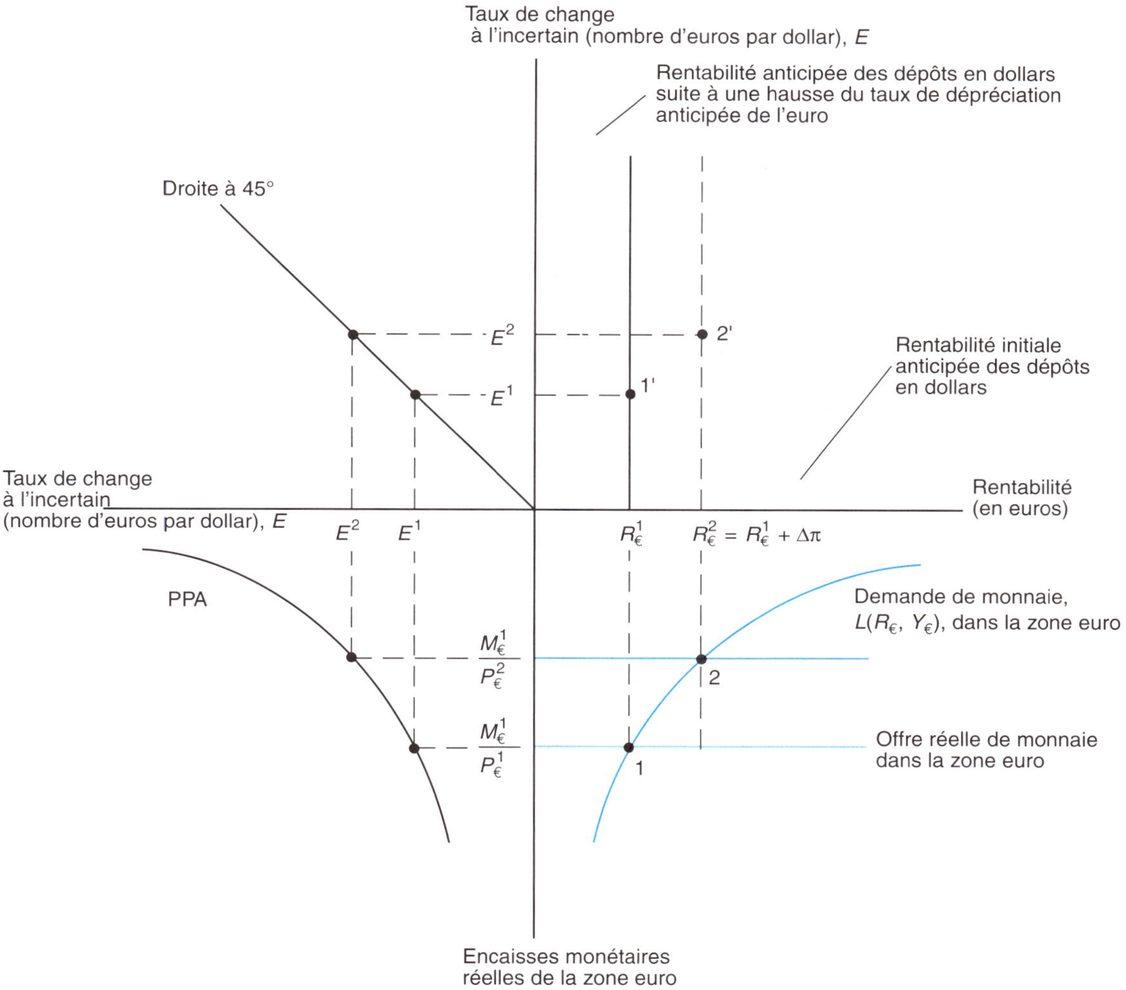

Figure 16A.1 – Comment une hausse du taux de croissance de la monnaie européenne agit sur les taux d'intérêt en euros et sur le taux de change contre dollar, lorsque les prix sont flexibles.

Lorsque les prix des biens sont parfaitement flexibles, le diagramme de l'équilibre du marché monétaire (cadran sud-est) montre les deux effets d'une hausse, $\Delta\pi$, du taux de croissance futur de l'offre de monnaie de la zone euro e. Cette variation va (i) augmenter le taux d'intérêt en euros de $R_€^1$ à $R_€^2 = R_€^1 + \Delta\pi$, comme le prédit l'effet Fisher, et (ii) induire un saut vers le haut du niveau général des prix dans la zone euro, de $P_€^1$ à $P_€^2$. Par conséquent, l'équilibre sur le marché de la monnaie passe du point 1 au point 2. (Comme $M_€^1$ ne change pas immédiatement, l'offre d'encaisses réelles européennes baisse jusqu'à $M_€^1/P^2$, rendant l'offre réelle de monnaie compatible avec la demande de monnaie plus faible.) La relation de la PPA dans le cadran sud-ouest montre que le saut du niveau général des prix, de $P_€^1$ à $P_€^2$, demande une dépréciation réelle de l'euro par rapport au dollar (le taux de change passe de E^1 à E^2). Sur le diagramme du marché des changes (cadran nord-est), cette dépréciation de l'euro est présentée comme un mouvement du point 1' vers le point 2'. L'euro se déprécie, malgré la hausse de $R_€$, car les anticipations sur une dépréciation future de l'euro par rapport au dollar provoquent un déplacement vers la droite de la relation représentant le rendement anticipé en dollars des dépôts en euros.

Cette équation montre qu'une baisse de l'offre réelle de monnaie de la zone euro, allant du niveau $M_{€}^{1}/P_{€}^{1}$ au niveau $M_{€}^{1}/P_{€}^{2}$, est associée à une dépréciation de l'euro de façon que le taux de change nominal passe de E^1 à E^2 (mouvement vers la gauche le long de l'axe des abscisses).

La droite à 45 degrés du cadran en bas à gauche de la figure 16A.1 nous permet de translater le taux de change du cadran sud-ouest à l'axe vertical du cadran en haut à droite. Ce dernier contient une interprétation de l'équilibre sur le marché des changes.

Nous pouvons voir que la dépréciation de l'euro par rapport au dollar est associée à un mouvement de l'équilibre du marché des changes du point 1′ vers le point 2′. La figure montre pourquoi l'euro se déprécie, malgré la hausse de $R_{€}$. Cela s'explique par un déplacement vers la droite de la courbe décroissante illustrant la rentabilité anticipée en euros des dépôts américains. Pourquoi la courbe se déplace-t-elle vers l'extérieur ? Un taux de croissance futur anticipé plus élevé de l'offre de monnaie implique une dépréciation future anticipée plus rapide de l'euro par rapport au dollar et, par conséquent, une hausse de l'attractivité des dépôts en dollars. Ce sont les changements d'anticipations qui conduisent simultanément à une hausse du taux d'intérêt nominal en euros et à une dépréciation de l'euro sur le marché des changes.

Pour résumer, il est impossible de prévoir comment une hausse des taux d'intérêt en euros influe sur le taux de change en euros si nous ne connaissons pas la *raison* pour laquelle le taux d'intérêt nominal augmente. Dans un modèle de prix flexibles, dans lequel le taux d'intérêt nominal augmente à la suite de la hausse du taux de croissance futur anticipé de l'offre de monnaie, la monnaie domestique ne s'appréciera pas, mais se dépréciera, en raison des anticipations qui portent sur une dépréciation plus rapide dans le futur.

Chapitre 17

Produit intérieur et taux de change à court terme

Objectifs pédagogiques :

- Étudier le rôle du taux de change réel dans la détermination de la demande globale.
- Analyser l'équilibre de court terme d'une économie ouverte comme l'intersection entre l'équilibre sur les marchés d'actifs (*AA*) et l'équilibre sur le marché des biens et des services (*DD*).
- Comprendre comment les politiques monétaires et budgétaires agissent sur le taux de change et le produit intérieur à court terme.
- Identifier les effets à long terme de changements macroéconomiques permanents.
- Étudier les relations entre les politiques macroéconomiques, l'équilibre de la balance courante et le taux de change.

En 2009, année de crise, les États-Unis et le Canada ont tous les deux enregistré un taux de croissance d'environ –2,5 %. Mais alors que le dollar américain se dépréciait d'environ 8 % par rapport aux autres monnaies, le dollar canadien s'appréciait d'environ 16 %. Ce chapitre a pour objectif de présenter les déterminants de la croissance, du taux de change et de l'inflation en complétant le modèle macroéconomique développé aux trois précédents chapitres.

Les chapitres 15 et 16 portent sur les liens entre le taux de change, le taux d'intérêt et le niveau général des prix, en supposant que le produit intérieur est donné (exogène). Ces chapitres permettent donc de comprendre seulement de manière partielle les conséquences des changements macroéconomiques en économie ouverte : en effet, les évolutions du taux de change, du taux d'intérêt et du niveau général des prix peuvent également agir sur le produit intérieur. Nous complétons donc notre analyse en examinant ici comment le produit intérieur et le taux de change sont déterminés à court terme.

Ce chapitre fait appel aux éléments présentés précédemment concernant les marchés d'actifs (c'est-à-dire le marché des changes et le marché monétaire) et le comportement à long terme des taux de change. Considérer les effets à long terme nous a permis de supposer un ajustement complet des prix aux différents chocs économiques. Mais, on l'a vu, des facteurs institutionnels peuvent induire une certaine rigidité des prix sur le marché des biens et des services (voir chapitre 15).

Dans ce chapitre, nous construisons un modèle permettant d'expliquer le comportement à court terme des variables les plus importantes en macroéconomie ouverte. Pour cela, nous combinons un modèle à court terme du marché des biens et des services à prix rigides avec le modèle de taux de change à long terme considéré au chapitre précédent. Ce dernier nous est nécessaire car il nous offre le cadre d'analyse que les intervenants sur les marchés financiers utilisent pour former leurs anticipations de taux de change futur. Dans la dernière partie, nous utiliserons notre modèle afin, d'une part, d'examiner la portée des outils de politique macroéconomique sur le produit intérieur et sur la balance courante en économie ouverte et, d'autre part, de voir comment ils peuvent être utilisés pour maintenir le plein emploi.

1 Déterminants de la demande globale en économie ouverte

Afin d'analyser la façon dont le produit intérieur est déterminé à court terme lorsque les prix ne sont pas parfaitement flexibles, nous introduisons le concept de **demande globale** adressée à un pays. La demande globale est la quantité de biens et de services produits dans un pays et demandée par l'ensemble des ménages et des entreprises à travers le monde. Le niveau à court terme du produit intérieur dépend de la demande globale. L'économie est, par définition, en situation de plein emploi à long terme lorsque les salaires et le niveau général des prix finissent par s'ajuster pour assurer ce plein emploi. À long terme, le produit intérieur dépend donc seulement de l'offre disponible des facteurs de production (travail et capital). Comme nous le verrons cependant, ceux-ci peuvent être sous ou surutilisés à court terme, notamment lorsque les effets à long terme sur les prix d'une variation de la demande globale ne se sont pas encore produits.

Au chapitre 13, nous avons montré que le produit intérieur pouvait être ventilé selon quatre postes : la consommation, l'investissement, les dépenses publiques et la balance courante. La demande globale en économie ouverte est par conséquent la somme de la demande de consommation (C), de la demande d'investissement (I), de la demande publique (G) et d'une demande d'exportation nette, soit le solde du compte courant (CC). Les trois premiers termes composent la demande intérieure et le dernier représente la demande extérieure. Chacune de ces dépend de divers facteurs. Dans cette section, nous examinons ceux qui déterminent la demande de consommation et la balance courante. Nous discuterons des dépenses publiques lorsque nous examinerons les effets de la politique budgétaire ; pour le moment, nous supposons que G est exogène. Par ailleurs, afin de ne pas compliquer le modèle, nous présumons aussi que la demande d'investissement est donnée.

1.1 Les déterminants de la demande de consommation

Dans ce chapitre, nous considérons que le niveau de consommation souhaité par les résidents, C, dépend du revenu disponible, Y^d, c'est-à-dire le revenu national moins les impôts, $Y - T$, où C, Y et T sont mesurés en unités de biens domestiques[1]. Cette hypothèse nous permet d'écrire le niveau de consommation désiré comme une fonction du revenu disponible :

$$C = C(Y^d)$$

1. Un modèle plus complet permettrait à d'autres facteurs, tels que la richesse réelle, le revenu anticipé et le taux d'intérêt réel, d'influer sur la consommation. L'annexe A relie la formulation présentée dans cette section à la théorie microéconomique du consommateur (voir aussi l'annexe du chapitre 6).

Les consommateurs demandent plus de biens et de services à mesure que leur revenu réel augmente. On peut donc s'attendre à une relation positive entre consommation globale et revenu disponible. Lorsque celui-ci augmente, la demande de consommation s'accroît cependant dans une proportion plus faible puisqu'une partie du revenu supplémentaire est épargnée (autrement dit, la propension marginale à consommer est inférieure à un).

1.2 Les déterminants de la balance courante

Le solde de la balance courante (la différence entre les exportations et les importations) est principalement déterminé par deux facteurs : le taux de change réel et le revenu disponible. En réalité, la balance courante d'un pays dépend de nombreux autres éléments, tels que le niveau de dépenses étrangères, mais ici, nous considérons que ces autres facteurs sont fixes[2].

Nous exprimons le solde de la balance courante comme une fonction du taux de change réel coté à l'incertain, c'est-à-dire le prix d'un panier représentatif de biens étrangers en termes de panier de biens domestiques, $q = EP^*/P$, et du revenu disponible, Y^d :

$$CC = CC(EP^*/P, Y^d)$$

Les prix en monnaie domestique des paniers représentatifs de biens étrangers et de biens domestiques sont respectivement EP^* et P, avec E le taux de change nominal à l'incertain, c'est-à-dire le prix de la monnaie étrangère en termes de monnaie domestique, P^* le niveau général des prix à l'étranger, et P le niveau général des prix intérieur. Le taux de change *réel*, q (prix du panier étranger en termes de panier domestique), est donc bien égal à EP^*/P (voir chapitre 16). Supposons, par exemple, que le panier représentatif de biens et de services aux États-Unis coûte 70 \$ (P^*), que celui de la zone euro coûte 60 € (P) et que le taux de change soit de 0,9 euro par dollar (E). Le prix du panier aux États-Unis en termes de panier de la zone euro est alors égal à :

$$q = EP^*/P = (0{,}9 \text{ € par \$}) \times (70 \text{ \$ par panier américain}) / (60 \text{ € par panier européen})$$
$$= 1{,}05 \text{ panier européen par panier américain}$$

Les taux de change réels sont déterminants pour l'équilibre de la balance courante dans la mesure où ils reflètent les modifications des prix des biens et services domestiques relativement aux prix des biens et services étrangers. Quant au revenu disponible, il agit sur la balance courante *via* les dépenses totales des consommateurs résidents. Afin de comprendre le fonctionnement des effets du taux de change réel et du revenu disponible, il est plus simple de considérer séparément la demande d'exportations qui émane des non-résidents (EX) et la demande d'importation des résidents (IM). La balance courante est reliée aux exportations et aux importations :

$$CC = EX - IM$$

où CC, EX et IM sont mesurés en unités de biens domestiques.

---

2. Au chapitre 19, nous étudions un modèle à deux pays permettant d'analyser les effets sur le produit intérieur étranger d'un choc dans l'économie domestique et l'incidence de cette modification du produit intérieur étranger sur l'économie domestique. Le modèle ignore, pour simplifier le raisonnement, certains facteurs comme la richesse et les taux d'intérêt qui jouent sur la consommation et sur le revenu disponible. Une partie des variations de la consommation influant sur les importations, ces simplifications aident également à déterminer la balance courante. Suivant la convention établie au chapitre 13, nous ignorons par ailleurs les transferts unilatéraux.

1.3 Incidence du taux de change réel sur la balance courante

Rappelons que le panier représentatif des dépenses intérieures inclut des produits importés mais accorde un poids relativement plus élevé aux biens et services produits dans le pays. De façon symétrique, le panier étranger représentatif contient principalement des biens et des services produits à l'étranger. Ainsi, une augmentation du prix du panier étranger en termes de panier domestique sera associée à une hausse du prix relatif de la production étrangère relativement à la production domestique.[3]

Afin de déterminer l'effet, toutes choses égales par ailleurs, d'une modification des prix relatifs des biens et services domestiques sur la balance courante, nous devons évaluer comment ce changement influe sur les exportations et les importations. Quand, par exemple, EP^*/P augmente, les biens et services étrangers deviennent plus coûteux par rapport aux biens et services domestiques : chaque unité de production domestique permet d'acheter moins d'unités de production étrangère. Les consommateurs non résidents vont répondre à ce changement de prix en augmentant leur demande pour les produits exportés. Il y a donc une hausse des exportations, ce qui conduit à une amélioration de la balance courante.

L'effet sur les importations de la même augmentation du taux de change réel est plus complexe. Les consommateurs répondent à la modification des prix en achetant moins d'unités de produits étrangers. Cependant, cette réponse n'implique pas que les importations diminuent, puisque l'on considère la valeur des importations *mesurée en unités de biens domestiques* et non le volume des biens importés. Ainsi, une augmentation de EP^*/P conduit à accroître la valeur de chaque unité de bien importé en termes d'unité de biens domestiques. La valeur des importations mesurée en unités de biens domestiques peut donc augmenter, même si les importations diminuent lorsqu'on les mesure en unités de biens étrangers. Il est donc difficile de prédire la réaction des importations à une hausse de EP^*/P. L'effet d'une modification du taux de change réel sur la balance courante est donc ambigu.

L'amélioration ou la détérioration de la balance courante dépend donc de l'effet qui domine entre *l'effet volume* , associé aux modifications des quantités importées et exportées, et *l'effet valeur*, associé à la modification de la valeur en termes de biens domestiques d'un volume donné de biens étrangers importés. Nous supposons pour le moment que l'effet volume d'une modification du taux de change réel l'emporte toujours sur l'effet valeur. Ainsi, une dépréciation réelle de la monnaie améliore la balance courante, et une appréciation réelle la détériore[4].

Nous avons jusque-là discuté uniquement de la réponse des *consommateurs* aux variations du taux de change réel et nous avons ignoré la réaction des *producteurs*. Les deux sont, en fait, très proches. Quand la monnaie d'un pays se déprécie en termes réels, les entreprises

---

3. Le taux de change réel est utilisé ici essentiellement comme une mesure synthétique des prix relatifs entre les produits domestiques et les produits étrangers. Une analyse plus exacte (mais plus compliquée) consisterait à prendre explicitement en compte des fonctions d'offres et de demandes pour les biens échangeables et non échangeables dans chaque pays. Cette analyse conduirait à des conclusions très proches de celle qui est obtenue ci-dessus.

4. Cette hypothèse nécessite que les demandes d'importation et d'exportation soient très élastiques au taux de change réel. L'annexe B de ce chapitre décrit précisément la condition appelée condition de Marshall-Lerner et sous laquelle l'hypothèse faite dans la présentation ci-dessus est valide. L'annexe examine également pour quels horizons temporels cette condition est vérifiée empiriquement.

étrangères considèrent que l'offre de produits intermédiaires des entreprises domestiques est meilleur marché. On note d'ailleurs une tendance croissante des entreprises multinationales à localiser les différentes étapes de leur processus de production dans différents pays. Par exemple, le constructeur automobile allemand BMW peut déplacer sa production d'Allemagne vers son usine aux États-Unis, si une dépréciation du dollar diminue les coûts de production relatifs sur le territoire américain. Ce changement de localisation des capacités productives traduit alors une augmentation de la demande mondiale pour la main-d'œuvre et la production américaines.

1.4 Incidence d'une variation du revenu disponible sur la balance courante

Le second facteur qui influe sur la balance courante est le revenu disponible. Une augmentation de Y^d conduit les consommateurs à accroître leurs dépenses pour *l'ensemble* des biens, y compris les biens étrangers. Une augmentation du revenu disponible détériore par conséquent la balance courante, toutes choses égales par ailleurs. D'autre part, nous supposons qu'une augmentation de Y^d n'a aucun effet sur la demande d'exportations. Autrement dit, nous considérons que le revenu étranger est exogène.

Le tableau 17.1 indique comment une modification du taux de change réel et du revenu disponible agit sur le solde du compte courant, CC.

Tableau 17.1 : Les déterminants du solde de la balance courante

Variation	Effet sur le solde de la balance courante, *CC*
Taux de change réel à l'incertain, EP^*/P ↑	CC ↑
Taux de change réel à l'incertain, EP^*/P ↓	CC ↓
Revenu disponible, Yd ↑	CC ↓
Revenu disponible, Yd ↓	CC ↑

2 L'équation de demande globale

Nous allons maintenant combiner les quatre composantes de la demande globale afin d'obtenir une expression de la demande globale totale, notée D :

$$D = C(Y - T) + I + G + CC(EP^*/P, Y - T)$$

Cette équation montre que la demande globale d'un pays peut être écrite comme une fonction du taux de change réel, du revenu disponible, de la demande d'investissement et des dépenses publiques :

$$D = D(EP^*/P, Y - T, I, G)$$

Nous souhaitons maintenant analyser comment la demande globale dépend du taux de change réel et du PIB pour des niveaux donnés de T, I et G.

2.1 Taux de change réel et demande globale

Une augmentation de EP^*/P rend les biens et les services domestiques meilleur marché relativement aux biens et services étrangers. En outre, elle détourne les dépenses domestiques et étrangères des biens étrangers vers les biens domestiques. Le solde du compte courant CC augmente donc, comme nous l'avons démontré dans la section précédente, et la demande globale D s'accroît. *Toutes choses égales par ailleurs, une dépréciation réelle de la monnaie augmente la demande globale pour la production domestique, et une appréciation réelle la diminue.*

2.2 Revenu réel et demande globale

L'effet du revenu réel intérieur sur la demande globale est légèrement plus compliqué. Si les impôts sont fixes, une augmentation de Y aboutit à une hausse équivalente du revenu disponible Y^d. Bien que l'augmentation de Y^d conduise à l'accroissement de la consommation, elle entraîne également une détérioration de la balance courante en relevant le niveau des importations. Le premier de ces effets conduit à un accroissement de la demande globale alors que le second la réduit. Cependant, le premier effet (celui du revenu disponible sur la consommation totale) est plus important que le second (celui du revenu disponible sur les dépenses d'importations prises séparément). *Toutes choses égales par ailleurs, une augmentation du revenu réel intérieur conduit à un accroissement de la demande globale pour la production domestique, tandis qu'une baisse entraîne une diminution de cette demande.*

La figure 17.1 illustre la relation entre demande globale et revenu réel Y lorsque le taux de change réel, les impôts, la demande d'investissement et les dépenses publiques sont fixes.

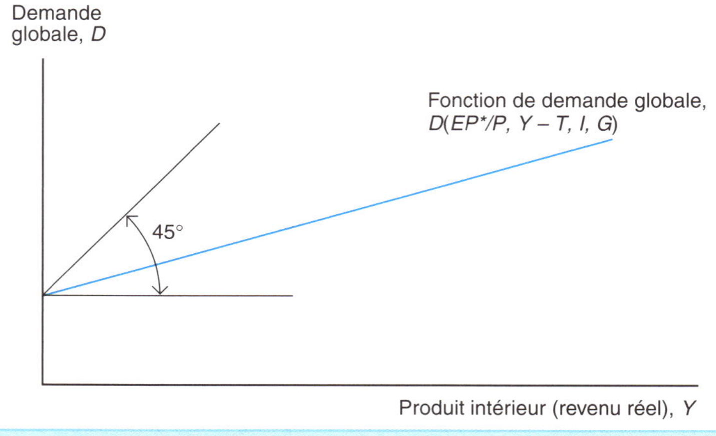

Figure 17.1 – La demande globale comme fonction du produit intérieur.

La demande globale est une fonction du taux de change réel (EP^*/P), du revenu disponible ($Y - T$), de la demande d'investissement (I) et des dépenses publiques (G). Si tous les autres facteurs restent inchangés, une augmentation du produit intérieur Y (le revenu réel) conduit à un accroissement de la demande globale. Cette augmentation étant plus faible que la hausse du produit, la pente de la fonction de demande globale est inférieure à 1 (ce qui se traduit graphiquement par une pente inférieure à 45°).

À la suite de l'augmentation de Y, la consommation s'accroît dans une certaine proportion de la hausse du revenu. De plus, une part de cette augmentation de la consommation est réalisée sous forme de dépenses d'importations. L'effet d'une hausse de Y sur la demande globale est donc inférieur à l'accroissement de la consommation qui l'accompagne, qui à son tour est inférieur à la hausse de Y. Ce résultat est illustré à la figure 17.1 par la droite de demande globale qui a une pente inférieure à 1 (la droite coupe l'axe vertical au-dessus de l'ordonnée à l'origine, puisque l'investissement, les dépenses publiques et les exportations rendent la demande globale supérieure à zéro, même sous l'hypothèse d'un produit intérieur nul).

3 La détermination du produit intérieur à court terme

Nous pouvons désormais analyser comment le produit intérieur est déterminé à court terme. Le marché des biens et des services est à l'équilibre lorsque le produit réel Y est égal à la demande globale s'adressant à la production domestique :

$$Y = D(EP^*/P, Y - T, I, G) \tag{17.1}$$

L'égalisation de l'offre et de la demande globale définit donc le niveau du produit intérieur à l'équilibre de court terme[5].

Notre analyse de la détermination du produit réel s'applique à court terme puisque nous supposons que les prix des biens et des services sont *temporairement fixes*. Comme nous le verrons dans ce chapitre, les modifications du produit réel à court terme dans ce contexte conduisent finalement à un changement du niveau général des prix, ce qui permet de ramener l'économie à son équilibre de long terme. À l'équilibre de long terme, les facteurs de production sont pleinement utilisés, le niveau du produit réel est entièrement déterminé par l'offre de facteurs, et le taux de change réel s'est ajusté pour égaliser, à long terme, le produit réel à la demande globale[6].

La détermination du produit intérieur à court terme est représentée à la figure 17.2 : la demande globale est fonction du produit intérieur pour des niveaux fixés du taux de change réel, des impôts, de la demande d'investissement et des dépenses publiques. L'intersection (au point 1) de la droite de demande globale avec la droite à 45° partant de l'ordonnée à l'origine ($D = Y$) fournit l'unique niveau du produit intérieur Y^1 pour lequel la demande globale est égale au produit intérieur.

---

5. L'équation (17.1), qui pourrait également s'écrire $Y = C(Y^d) + I + G + CC(EP^*/P, Y^d)$, est proche de la décomposition du PIB présentée au chapitre 13, $Y = C + I + G + CC$. Ces équations sont toutefois de nature différente, puisque l'équation (17.1) est une condition d'équilibre et non une identité comptable. De plus, le montant de l'investissement I apparaissant dans la décomposition du PIB prend en compte l'accumulation *involontaire ou non désirée* de stocks par les entreprises, de sorte que la décomposition du PIB soit par définition continuellement vérifiée. La demande d'investissement apparaissant dans l'équation (17.1) correspond, quant à elle, à l'investissement *désiré ou planifié*. Ainsi, la décomposition du PIB est toujours vérifiée alors que l'équation (17.1) est respectée seulement si les entreprises ne modifient pas leurs stocks involontairement.
6. Ainsi, l'équation (17.1) est vérifiée à l'équilibre à long terme, mais elle détermine le taux de change réel à long terme quand Y prend sa valeur à long terme (voir chapitre 16), en supposant que les conditions de l'économie étrangère sont constantes.

Utilisons la figure 17.2 pour comprendre pourquoi le produit intérieur tend à s'établir à Y^1 à court terme. Au niveau Y^2, la demande globale (point 2) est supérieure au produit intérieur. Les entreprises augmentent donc leur production pour satisfaire cet excès de demande. Si elles ne le font pas, elles devront répondre à l'excès de demande en utilisant leurs stocks, réduisant l'investissement en dessous de son niveau désiré *I*. Ainsi, le produit intérieur s'accroît jusqu'à atteindre Y^1.

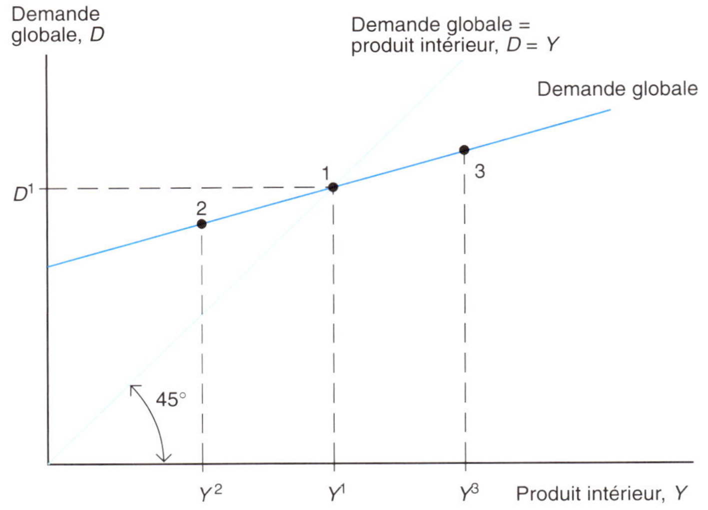

Figure 17.2 – La détermination du produit intérieur à court terme.
À court terme, le produit intérieur se fixe à Y^1 (point 1) : la demande globale D^1 est égale au produit Y^1.

Inversement, au point 3, il y a un excès d'offre de production et les entreprises se retrouvent à accumuler des stocks malgré elles (augmentant involontairement leurs dépenses d'investissement au-dessus du niveau désiré). La constitution de stocks permet aux entreprises de réduire leur production, et ces dernières seront satisfaites de leur niveau de production uniquement lorsqu'elle aura diminué jusqu'au niveau Y^1. Une fois encore, le produit intérieur revient au point 1, pour lequel elle est égale à la demande globale. À cet équilibre de court terme, les consommateurs, les entreprises, l'État et les acheteurs non résidents de biens domestiques peuvent tous atteindre le niveau désiré de dépenses, et ceci sans production excédentaire.

4 Équilibre de court terme du marché des biens et des services : la courbe *DD*

Maintenant que nous avons vu de quelle façon le produit intérieur est déterminé pour un taux de change réel EP^*/P donné, nous pouvons analyser comment le taux de change et le produit intérieur sont déterminés simultanément à court terme. Pour cela, nous avons besoin de deux éléments. Le premier, développé dans cette section, est la relation entre produit intérieur et taux de change (la courbe *DD*), qui doit être vérifiée quand le marché des biens et des services est à l'équilibre. Le second élément, détaillé dans la section suivante, est la relation entre produit intérieur et taux de change, qui doit être vérifiée quand le marché monétaire domestique et le marché des changes (les marchés d'actifs) sont à l'équilibre. Ces deux éléments sont nécessaires puisque l'économie est à l'équilibre seulement lorsque le marché des biens et des services et les marchés d'actifs sont à l'équilibre simultanément.

4.1 Produit intérieur, taux de change et équilibre du marché des biens et des services

La figure 17.3 montre la relation entre taux de change et produit intérieur, issue de l'équilibre du marché des biens et des services. Cette figure illustre notamment l'effet d'une dépréciation de la monnaie (c'est-à-dire une augmentation du taux de change à l'incertain, de E^1 à E^2) pour des valeurs fixes du niveau général des prix intérieur et étranger, P et P^*. Avec des niveaux de prix fixes, la hausse du taux de change nominal rend les biens et les services étrangers plus coûteux relativement aux biens et services domestiques. Cette modification du prix relatif conduit à un déplacement vers le haut de la droite de demande globale.

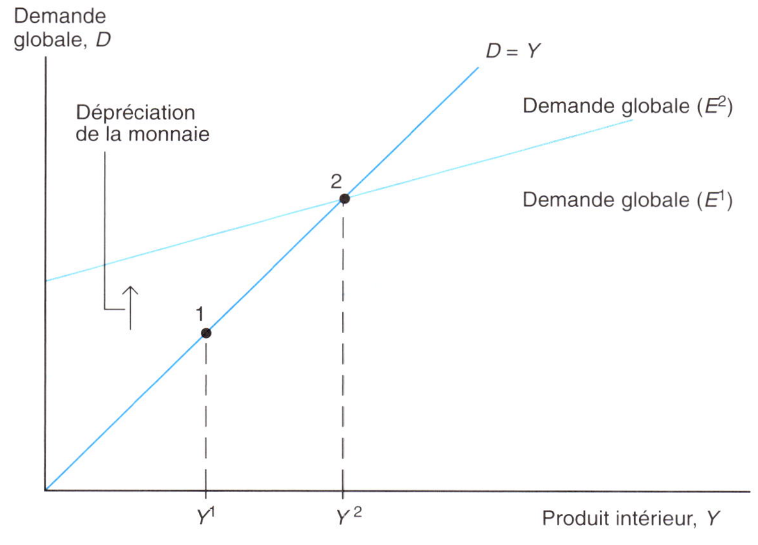

Figure 17.3 – Effet sur le produit intérieur d'une dépréciation de la monnaie quand les prix sont fixes. Une hausse du taux de change à l'incertain de E^1 à E^2 (une dépréciation de la monnaie domestique) conduit à un déplacement vers le haut de la courbe de demande globale et à une augmentation du produit intérieur de Y^1 à Y^2, toutes choses égales par ailleurs.

La baisse du prix relatif du produit intérieur provoque un déplacement de la droite de demande globale vers le haut puisque, pour chaque niveau de produit intérieur, la demande de produits domestiques est désormais plus élevée. Par exemple, les acheteurs d'automobiles qui vivent dans la zone euro orienteront leur demande vers des modèles européens si l'euro se déprécie. Le produit intérieur s'accroît donc de Y^1 à Y^2, puisque les entreprises font face à un excès de demande par rapport au niveau initial.

Nous avons considéré les effets d'une modification de E pour P et P^* fixes, mais nous pouvons également analyser de façon identique les effets sur le produit intérieur de modifications de P et P^*. *Toutes choses égales par ailleurs, une hausse du taux de change réel à l'incertain (qu'elle soit due à une hausse de* E, *de* P*, *ou à une baisse de* P) *conduira à un déplacement vers le haut de la fonction de demande globale et à un accroissement du produit intérieur. De la même façon, une baisse de* EP*/P, *quelle que soit son origine (une baisse de* E, *de* P*, *ou une hausse de* P), *conduira à une contraction du produit intérieur.*

4.2 La courbe *DD*

En supposant que P et P^* soient fixes à court terme, une dépréciation de la monnaie (une augmentation du taux de change à l'incertain E) se traduit par un accroissement du produit intérieur Y, alors qu'une appréciation de la monnaie (une baisse du taux de change à l'incertain E) provoque une contraction de Y. Cette association nous donne une des deux relations entre Y et E nécessaire pour décrire le comportement macroéconomique à court terme d'une économie ouverte. Cette relation est résumée par **la courbe *DD*** correspondant à toutes les combinaisons du produit intérieur et de taux de change assurant l'équilibre de court terme sur le marché des biens et des services (demande globale = produit intérieur).

La figure 17.4 représente la courbe DD, qui relie E et Y quand P et P^* sont fixes. La partie supérieure de la figure reprend la figure 17.3 (une dépréciation de la monnaie déplace la fonction de demande globale vers le haut, conduisant à une hausse du produit intérieur). La courbe DD, dans la partie inférieure de la figure, illustre la relation entre le taux de change et le produit intérieur (pour P et P^* constants). Le point 1 sur la courbe DD permet d'atteindre le niveau Y^1 pour lequel la demande globale est égale à l'offre globale quand le taux de change vaut E^1. Une dépréciation de la monnaie en E^2 conduit à un niveau plus élevé Y^2, compte tenu de la partie supérieure de la figure. Ce résultat nous permet donc de placer le point 2 sur DD.

4.3 Facteurs qui influent sur la courbe *DD*

Divers facteurs peuvent faire bouger la courbe DD : une modification des dépenses publiques, du taux d'imposition, du niveau d'investissement, du niveau général des prix, du comportement des consommateurs, sans oublier la demande des non-résidents pour les produits domestiques. Nous étudions dans cette section comment la courbe DD se déplace lorsqu'un de ces facteurs varie, toutes choses égales par ailleurs.

1. *Une variation de G.* La figure 17.5 illustre l'effet sur DD d'une hausse des dépenses publiques de G^1 à G^2, pour un taux de change E^0 constant. Comme on le voit dans la partie supérieure de la figure, le taux de change E^0 coïncide avec un niveau d'équilibre du produit intérieur Y^1 pour un niveau initial de dépenses publiques.

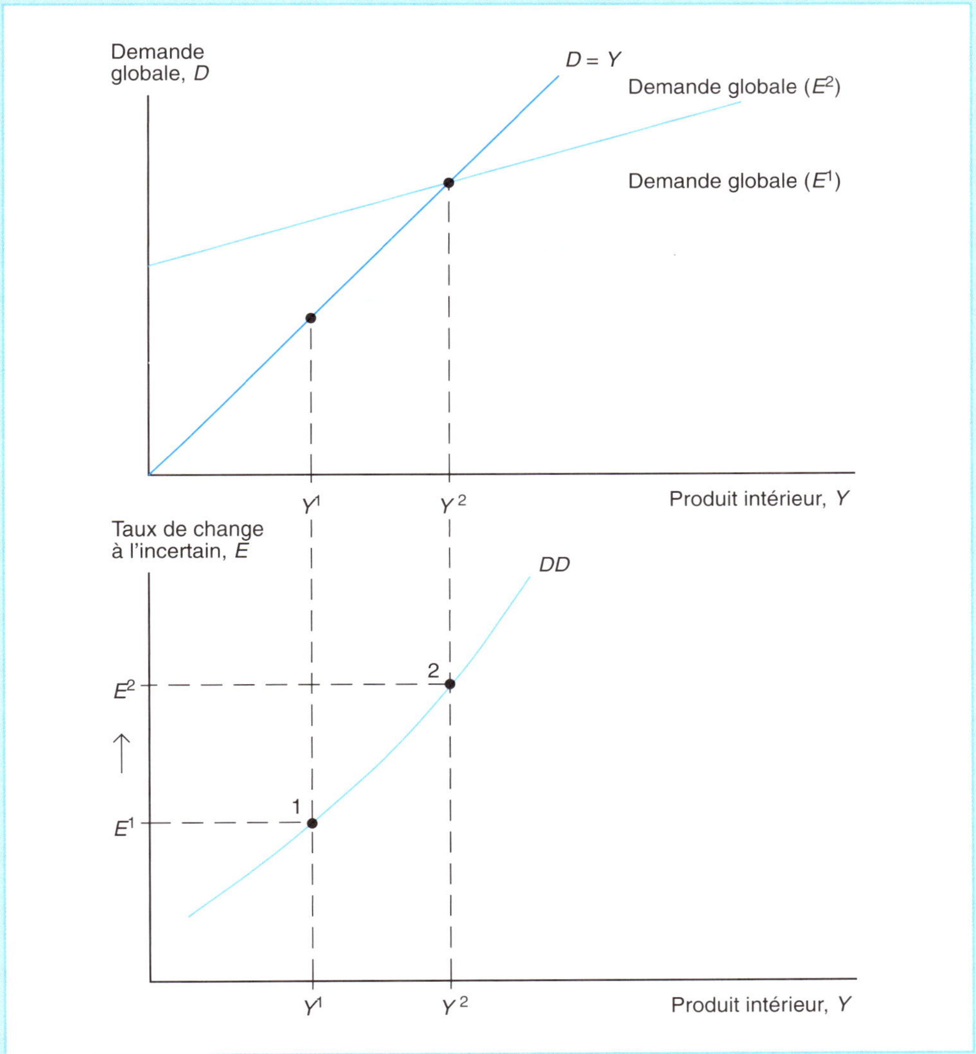

Figure 17.4 – Détermination de la courbe *DD*.

La courbe *DD* (partie inférieure de la figure) a une pente positive puisqu'une hausse du taux de change à l'incertain de E^1 à E^2, toutes choses égales par ailleurs, provoque une augmentation du produit intérieur de Y^1 à Y^2.

Le point 1 se trouve donc sur la courbe *DD*. Une augmentation de *G* provoque un déplacement vers le haut de la courbe de demande globale (partie supérieure de la figure). Toutes choses égales par ailleurs, le produit intérieur augmente de Y^1 à Y^2. Le point 2 (partie inférieure de la figure) correspond au niveau le plus élevé du produit intérieur pour lequel la demande et l'offre globales sont désormais égales, *pour un taux de change* E^0 *inchangé*. Le point 2 se trouve donc sur une nouvelle courbe DD^2. Pour un taux de change donné, le niveau du produit intérieur égalisant la demande et l'offre globales est plus élevé en raison de la hausse de G. *Une augmentation de* G *implique donc un déplacement vers la droite de* DD *(voir figure 17.5). Inversement, une diminution de* G *provoque un déplacement vers la gauche de* DD.

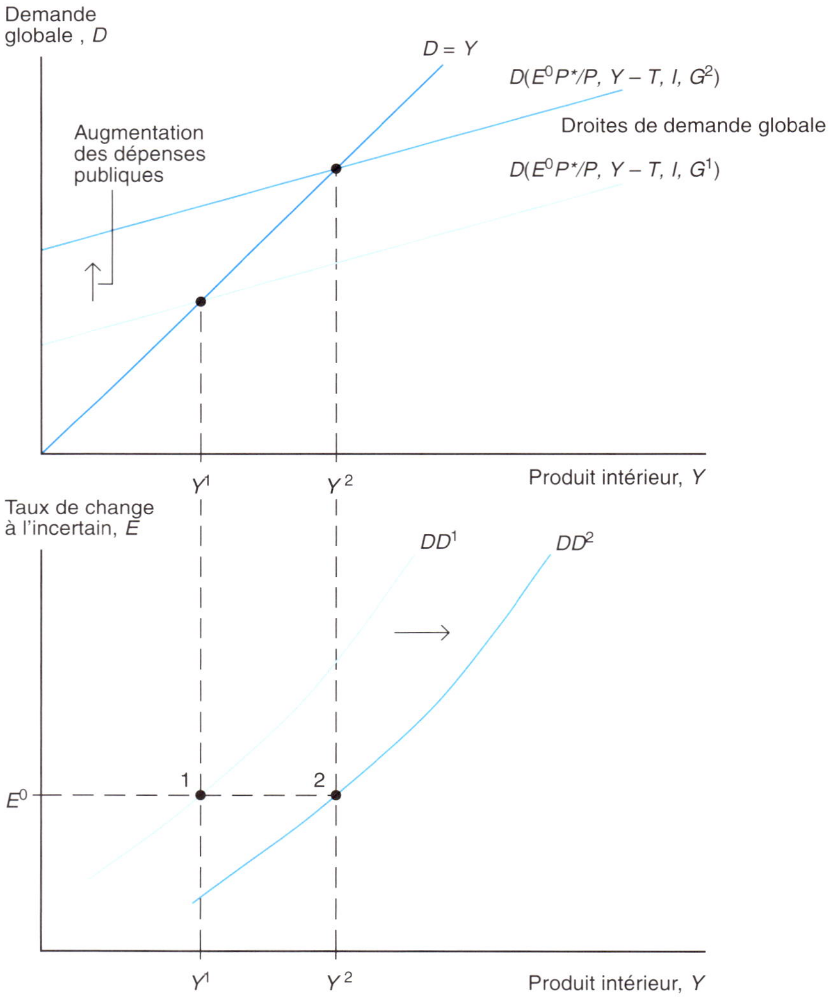

Figure 17.5 – Les dépenses publiques et la position de la courbe *DD*.
Une hausse des dépenses publiques de G^1 à G^2 provoque une augmentation du produit intérieur pour chaque niveau de taux de change. Cette modification déplace donc *DD* vers la droite.

Le raisonnement que nous venons de suivre pour étudier les effets d'une hausse de G sur la courbe *DD* peut être appliqué aux autres variables. Nous résumons donc seulement les résultats.

2. *Une variation de T.* Les impôts *T* jouent sur la demande globale en modifiant le revenu disponible et donc la consommation pour chaque niveau de *Y*. Ainsi, une hausse des impôts provoque un déplacement *vers le bas* de la fonction de demande globale, pour un taux de change *E* donné. Dans la mesure où cet effet est opposé à celui d'une augmentation de *G*, un accroissement de *T* doit conduire à un déplacement vers la gauche de la courbe *DD*. Inversement, une diminution de *T* conduit à un déplacement vers la droite de *DD*.

3. *Une variation de I.* Une augmentation de la demande d'investissement a le même effet qu'une hausse de *G* : la demande globale se déplace vers le haut et *DD* se déplace vers la droite. Une diminution de la demande d'investissement déplace *DD* vers la gauche.

4. *Une variation de P.* Pour *E* et P^* constants, une hausse de *P* rend la production domestique plus coûteuse par rapport à la production étrangère et réduit donc la demande d'exportation nette. La courbe *DD* se déplace donc vers la gauche puisque la demande globale diminue. Une baisse de *P* rend les biens domestiques meilleur marché et provoque un déplacement vers la droite de *DD*.

5. *Une variation de* P^*. Pour *E* et *P* constants, une hausse de P^* rend les biens et les services étrangers plus coûteux. La demande globale s'accroît donc et *DD* se déplace vers la droite. De façon similaire, une baisse de P^* conduit à un déplacement vers la gauche de *DD*.

6. *Une modification de la fonction de consommation.* Supposons que les résidents décident soudainement de consommer plus et donc d'épargner moins, pour chaque niveau de revenu disponible. Cela pourrait se produire par exemple si les prix de l'immobilier augmentent et si les propriétaires empruntent en fonction de leur richesse additionnelle. Si l'augmentation des dépenses de consommation ne concerne pas uniquement les biens importés, la demande globale augmente, et la droite de demande globale se déplace vers le haut pour un taux de change *E* donné. Ceci implique un déplacement vers la droite de la courbe *DD*. Une diminution de la consommation (si elle n'est pas entièrement expliquée par une baisse de la demande d'importation) déplace *DD* vers la gauche.

7. *Une modification de la demande entre biens étrangers et biens domestiques.* Supposons qu'il n'y ait pas de modification de la fonction de consommation des résidents, mais que tous les consommateurs, y compris à l'étranger, décident soudainement de consacrer une plus grande part de leurs dépenses aux biens et services produits par l'économie domestique. Si le revenu disponible et le taux de change réel restent constants, cette modification de la demande améliore la balance courante en augmentant les exportations et en diminuant les importations. La courbe de demande globale se déplace vers le haut et *DD* donc vers la droite. Un raisonnement identique montre qu'un redéploiement de la demande mondiale des produits domestiques vers des produits étrangers provoque un déplacement vers la gauche de *DD*.

Une règle simple nous permet donc de prédire l'effet de n'importe quel choc sur *DD* : *toute modification conduisant à une augmentation de la demande globale déplace la courbe* DD *vers la droite, alors que tout changement diminuant cette demande déplace* DD *vers la gauche.*

5 Équilibre de court terme des marchés d'actifs : la courbe *AA*

La relation entre le taux de change et le produit intérieur assurant l'égalité entre la demande globale et l'offre globale est donc synthétisée par la courbe *DD*. Celle-ci indique toutes les combinaisons de niveaux de taux de change et de produit intérieur pour lesquels le marché des biens et des services est à l'équilibre de court terme. Cependant, comme nous l'avons noté au début de la section précédente, l'équilibre de l'économie requiert l'équilibre simultané sur les marchés d'actifs et sur le marché des biens et des services. Il n'y a aucune raison particulière pour que les points sur la courbe *DD* représentent également l'équilibre sur les marchés d'actifs. Afin de compléter l'analyse de l'équilibre de court terme, nous introduisons donc un second élément pour nous assurer que les combinaisons de taux de change et de produit intérieur qui assurent l'équilibre sur le marché des biens et des services garantissent également l'équilibre sur les marchés d'actifs. Les combinaisons du taux de change et du produit intérieur assurant l'équilibre sur le marché monétaire domestique et le marché des changes forment la **courbe *AA***.

5.1 Produit intérieur, taux de change et équilibre des marchés d'actifs

Au chapitre 14, nous avons étudié la condition de parité des taux d'intérêt : le marché des changes est à l'équilibre uniquement lorsque les taux de rendement anticipés sur les dépôts en monnaie domestique et en monnaie étrangère sont égaux. Au chapitre 15, nous avons vu comment les taux d'intérêt utilisés dans la relation de parité des taux d'intérêt sont déterminés par l'égalité entre l'offre et la demande d'encaisses réelles sur les marchés monétaires domestiques. Nous combinons ici ces conditions d'équilibre sur les marchés d'actifs afin d'analyser la façon dont le taux de change et le produit intérieur sont liés quand tous les marchés d'actifs sont simultanément à l'équilibre. Nous allons nous concentrer sur l'économie domestique, le taux d'intérêt étranger est donc considéré comme étant constant. Pour un taux de change futur anticipé donné, E^e, la condition de parité des taux d'intérêt décrivant l'équilibre du marché des changes est représentée par l'équation (14.2) :

$$R = R^* + (E^e - E)/E$$

avec R le taux d'intérêt sur les dépôts en monnaie domestique, et R^* le taux d'intérêt sur les dépôts en monnaie étrangère. Les taux d'intérêt doivent également égaliser, dans chaque pays, l'offre d'encaisses réelles (M^s/P) et la demande globale d'encaisses réelles [voir chapitre 15 et équation (15.4)] :

$$M^s/P = L(R,Y)$$

N'oublions pas que la demande de monnaie $L(R,Y)$ s'accroît quand le taux d'intérêt diminue, puisqu'une baisse de R rend la détention d'actifs non monétaires portant intérêts moins attractive. Inversement, une hausse du taux d'intérêt réduit la demande d'encaisses réelles. Par ailleurs, un accroissement du produit réel Y provoque une hausse de la demande d'encaisses réelles en augmentant le volume de transactions monétaires que les agents doivent effectuer. Symétriquement, une baisse du produit réel réduit cette demande en diminuant le volume de transactions à effectuer.

Nous utilisons maintenant l'analyse graphique développée au chapitre 15 afin d'analyser les variations du taux de change devant accompagner des modifications du produit intérieur pour que les marchés d'actifs restent à l'équilibre. La figure 17.6 illustre le taux d'intérêt et le taux de change d'équilibre associés au niveau Y^1 pour des valeurs données de l'offre de monnaie nominale M^s, du niveau général des prix domestiques P, du taux d'intérêt étranger R^* et du taux de change futur anticipé E^e. Nous observons sur la partie inférieure de la figure qu'avec un produit réel Y^1 et une offre d'encaisses réelles M^s/P, le taux d'intérêt R^1 équilibre le marché monétaire domestique (point 1), tandis que le taux de change E^1 équilibre le marché des changes (point 1′). Le taux de change E^1 équilibre le marché des changes puisqu'il égalise la rentabilité anticipée sur les dépôts étrangers, mesuré en termes de monnaie domestique, à R^1.

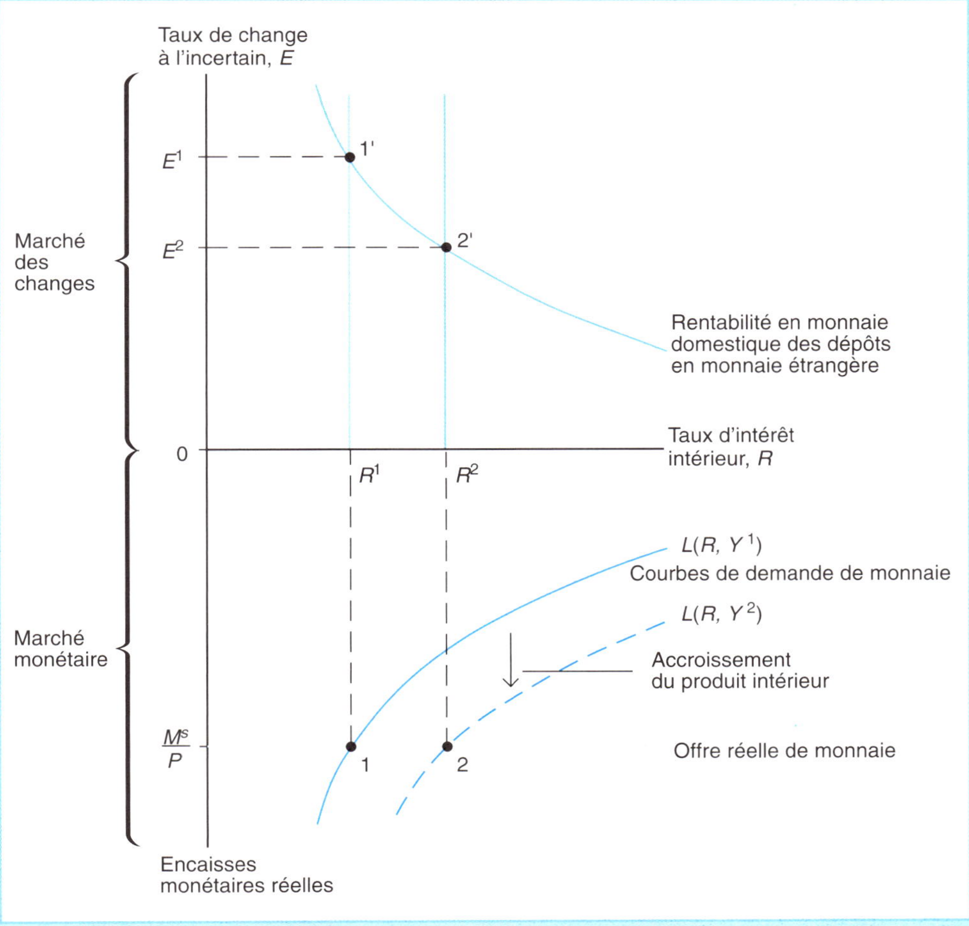

Figure 17.6 – Produit intérieur et taux de change à l'équilibre des marchés d'actifs.

Pour que les marchés d'actifs (marchés des changes et de la monnaie) restent à l'équilibre, un accroissement du produit intérieur doit être accompagné d'une appréciation de la monnaie, toutes choses égales par ailleurs.

Une augmentation du produit intérieur de Y^1 à Y^2 provoque une hausse de la demande globale d'encaisses réelles de $L(R,Y^1)$ à $L(R,Y^2)$, déplaçant la courbe de demande de monnaie dans la partie inférieure de la figure 17.6. Ce déplacement, à son tour, augmente le taux d'intérêt intérieur d'équilibre jusqu'à R^2 (point 2). Pour E^e et R^* constants, la monnaie domestique doit s'apprécier de E^1 à E^2 afin de ramener le marché des changes à l'équilibre au point 2′. La monnaie domestique s'apprécie juste assez pour que la hausse du taux de dépréciation anticipé $[(E^2 - E)/E]$ compense l'augmentation du taux d'intérêt sur les dépôts en monnaie domestique. *Toutes choses égales par ailleurs, pour que les marchés d'actifs restent à l'équilibre, un accroissement du produit intérieur doit être accompagné d'une appréciation de la monnaie, et une diminution du produit intérieur doit être accompagnée d'une dépréciation.*

5.2 La courbe *AA*

Tandis que la courbe *DD* représente les combinaisons de taux de change et du produit intérieur pour lesquelles le marché des biens et des services est à l'équilibre, la courbe *AA* représente les taux de change et les niveaux de production assurant l'équilibre sur les marchés des changes et de la monnaie. La figure 17.7 reproduit la courbe *AA*. À partir de la figure 17.6, nous observons que pour chaque niveau de produit intérieur *Y*, il y a un taux de change *E* unique satisfaisant la condition de parité des taux d'intérêt, pour des niveaux donnés de l'offre d'encaisses réelles, du taux d'intérêt étranger et du taux de change futur anticipé. Le raisonnement précédent nous permet de conclure que, toutes choses égales par ailleurs, un accroissement de Y^1 à Y^2 se traduit par une appréciation de la monnaie, c'est-à-dire une baisse du taux de change de E^1 à E^2. La courbe *AA* a donc une pente négative.

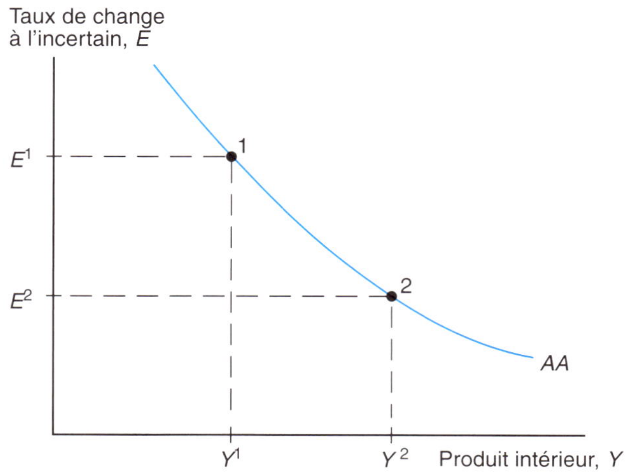

Figure 17.7 – La courbe *AA*.

La courbe *AA* assurant l'équilibre sur les marchés d'actifs a une pente négative dans la mesure où un accroissement du produit intérieur de Y^1 à Y^2, toutes choses égales par ailleurs, conduit à une hausse du taux d'intérêt intérieur et à une appréciation de la monnaie domestique de E^1 à E^2.

5.3 Les facteurs influant sur la courbe *AA*

Cinq facteurs peuvent provoquer un déplacement de la courbe AA : une variation de l'offre de monnaie domestique M^s, une variation du niveau général des prix intérieur P, une variation du taux de change futur anticipé E^e, une variation du taux d'intérêt étranger et une modification de la demande d'encaisses réelles.

1. *Une variation de M^s*. Pour un produit intérieur donné, une augmentation de Ms provoque une dépréciation de la monnaie sur le marché des changes (le taux de change à l'incertain E augmente), toutes choses égales par ailleurs. Étant donné que pour chaque niveau de produit intérieur le taux de change à l'incertain E est plus élevé après la hausse de M^s, cette dernière conduit à un déplacement *vers le haut* de AA. De façon similaire, une baisse de M^s entraîne un déplacement *vers le bas* de AA.

2. *Une variation de P.* Un accroissement de P réduit l'offre d'encaisses réelles et provoque une hausse du taux d'intérêt. Toutes choses égales par ailleurs (y compris Y), l'augmentation du taux d'intérêt provoque une baisse de E. Un accroissement de P correspond donc à un déplacement vers le bas de AA ; une diminution de P conduit à un déplacement vers le haut de AA.

3. *Une variation de E^e*. Supposons que les intervenants sur le marché des changes révisent soudainement leurs anticipations concernant la valeur future du taux de change (E^e augmente). Une telle révision déplace la courbe vers la droite sur la partie supérieure de la figure 17.6 (mesurant le rendement anticipé en monnaie domestique des dépôts en monnaie étrangère). Toutes choses égales par ailleurs, la hausse de E^e génère donc une dépréciation de la monnaie domestique. La courbe AA se déplace donc vers le haut. Le déplacement de la courbe AA se fait au contraire vers le bas lorsque le taux de change futur anticipé diminue.

4. *Une variation de R^**. Une hausse de R^* augmente le rendement anticipé des dépôts en monnaie étrangère et déplace vers la droite la courbe de pente négative sur la partie supérieure de la figure 17.6. Pour un produit intérieur donné, la monnaie domestique doit se déprécier afin de restaurer la parité des taux d'intérêt. Une hausse de R^* a donc le même effet sur AA qu'une hausse de E^e, c'est-à-dire un déplacement vers le haut de AA. Une diminution de R^* provoque un déplacement vers le bas de AA.

5. *Une variation de la demande d'encaisses réelles*. Supposons que les résidents préfèrent désormais détenir moins d'encaisses réelles, toutes choses égales par ailleurs. Une telle modification correspond à une *réduction de la demande de monnaie* et implique un déplacement vers l'intérieur de la fonction de demande globale d'encaisses réelles $L(R,Y)$ pour un niveau donné du produit intérieur. Il en résulte ainsi une baisse du taux d'intérêt et une hausse de E. Une réduction de la demande de monnaie a donc le même effet qu'une hausse de l'offre de monnaie et déplace AA vers le haut. Une augmentation de la demande de monnaie déplace AA vers le bas.

6 Équilibre de court terme en économie ouverte : les courbes *AA* et *DD*

En supposant que les prix des biens et des services sont temporairement fixes, nous avons obtenu deux relations différentes entre les niveaux de taux de change et de produit intérieur : la courbe *DD*, pour laquelle le marché des biens et des services est équilibré, et la courbe *AA*, pour laquelle les marchés d'actifs sont équilibrés. *L'équilibre de court terme est atteint lorsque les relations* AA *et* DD *sont toutes les deux vérifiées* (équilibre simultané sur le marché des biens et des services et sur les marchés d'actifs). Nous pouvons donc trouver l'équilibre de court terme de l'économie au point d'intersection des courbes *AA* et *DD* (voir figures 17.8 et 17.9). Une fois encore, c'est l'hypothèse selon laquelle les prix intérieurs sont temporairement fixes qui fait de cette intersection un équilibre de *court terme*. On continuera donc de supposer que le taux d'intérêt étranger R^*, le niveau général des prix à l'étranger P^* et le taux de change futur anticipé E^e sont fixes.

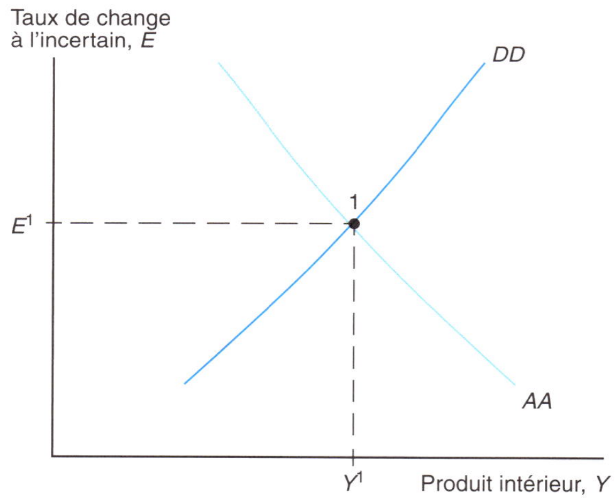

Figure 17.8 – L'équilibre de court terme : l'intersection de *AA* et *DD*.

L'équilibre à court terme de l'économie est atteint au point 1 : le marché des biens et des services (dont les points d'équilibre sont symbolisés par la courbe *DD*) et les marchés d'actifs (dont les points d'équilibre sont représentés par la courbe *AA*) sont simultanément à l'équilibre.

La figure 17.8 combine les courbes *AA* et *DD* afin d'obtenir l'équilibre de court terme. L'intersection de *AA* et *DD* au point 1 est la seule combinaison de taux de change et de produit intérieur assurant l'égalité entre la demande globale et l'offre globale *ainsi que* l'équilibre sur les marchés d'actifs. Les niveaux d'équilibre de court terme du taux de change et du produit intérieur sont donc E^1 et Y^1.

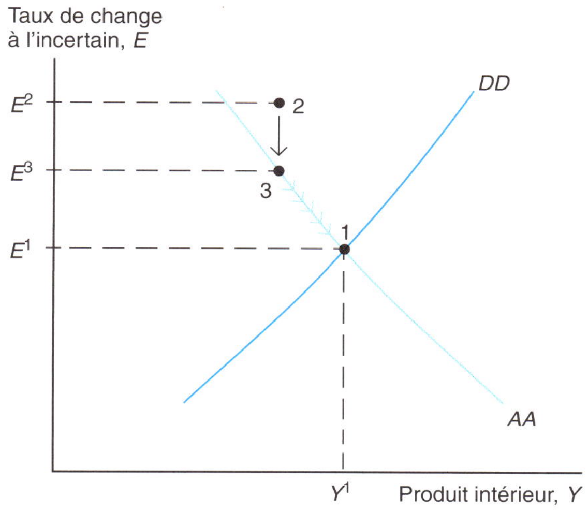

Figure 17.9 – La convergence de l'économie vers son équilibre de court terme.

Les marchés d'actifs s'ajustant très rapidement, le taux de change saute immédiatement du point 2 au point 3 sur *AA*. L'économie se déplace ensuite le long de *AA* vers le point 1 jusqu'à ce que le produit intérieur augmente pour égaliser la demande globale.

Imaginons que l'économie se situe initialement au point 2 (voir figure 17.9), c'est-à-dire ailleurs qu'à son point d'équilibre. Au point 2, situé au-dessus de *AA* et *DD*, le marché des biens et des services et les marchés d'actifs sont tous les deux en déséquilibre. Étant donné que *E* se trouve au-dessus de *AA*, une baisse de *E* est anticipée de façon à restaurer la parité des taux d'intérêt. L'appréciation future anticipée de la monnaie domestique implique que le rendement en monnaie domestique prévu sur les dépôts étrangers est en dessous de celui anticipé pour les dépôts domestiques. Il y a donc un excès de demande de monnaie domestique sur le marché des changes. Le niveau élevé de *E* au point 2 rend les biens domestiques bon marché pour les acheteurs non résidents (pour des prix en monnaie domestique fixe), provoquant également en ce point un excès de demande pour le produit intérieur.

L'excès de demande pour la monnaie domestique conduit à une baisse immédiate du taux de change à l'incertain de E^2 à E^3. Cette appréciation égalise le rendement anticipé sur les dépôts domestiques et étrangers et place l'économie au point 3 sur la courbe d'équilibre *AA* des marchés d'actifs. Mais, dans la mesure où le point 3 est au-dessus de la courbe *DD*, il y a toujours un excès de demande pour le produit intérieur. Les entreprises augmentant la production pour éviter de réduire leurs stocks, l'économie se déplace le long de *AA* jusqu'au point 1, où la demande globale et l'offre globale sont égales. Puisque les prix des actifs peuvent s'ajuster immédiatement, alors que les changements dans les plans de production prennent du temps, les marchés d'actifs restent continuellement en équilibre même lorsque la production se modifie.

Le taux de change à l'incertain diminue à mesure que l'économie s'approche du point 1 le long de *AA*, puisqu'une production nationale croissante provoque une hausse de la demande de monnaie, poussant le taux d'intérêt progressivement vers le haut. L'appréciation de la monnaie doit être graduelle afin de diminuer le taux d'appréciation anticipé et de maintenir la parité des taux d'intérêt. Une fois que l'économie a atteint le point 1 sur *DD*, la demande globale est égale au produit intérieur, et les producteurs ne sont plus confrontés à une réduction involontaire de leurs stocks. L'économie est donc à l'équilibre au point 1, le seul point où le marché des biens et des services et les marchés d'actifs sont simultanément à l'équilibre.

7 Les effets d'une modification temporaire de la politique monétaire ou budgétaire

Maintenant que nous avons montré comment l'équilibre de court terme est déterminé, nous pouvons analyser les conséquences d'une modification de la politique macroéconomique sur le produit intérieur et le taux de change. L'intérêt des politiques macroéconomiques provient de leur capacité à compenser les perturbations économiques susceptibles de faire fluctuer le produit intérieur, l'emploi et l'inflation. Dans cette section et la suivante, nous étudions donc de quelle façon une politique macroéconomique peut être utilisée pour maintenir le plein emploi dans une économie ouverte.

Nous nous concentrons sur deux types de politiques, **la politique monétaire** , agissant à travers des modifications de l'offre de monnaie, et **la politique budgétaire** , consistant en une modification des dépenses publiques ou des impôts[7]. Afin de simplifier la discussion, nous ne nous intéresserons pas au cas dans lequel l'offre de monnaie croît dans le temps. Le seul type de politique monétaire que nous étudierons explicitement correspondra aux situations de variation ponctuelle de l'offre de monnaie[8].

Dans cette section, nous analysons les effets d'une modification *temporaire* de la politique économique, c'est-à-dire un changement que les agents estiment de courte durée. Le taux de change futur anticipé, E^e, est supposé désormais égal au taux de change à long terme (voir chapitre 16), autrement dit celui qui prévaut une fois que le plein emploi est atteint et que les prix intérieurs se sont complètement ajustés aux perturbations sur le marché des biens et des services et celui des actifs. Compte tenu de cette définition, une modification temporaire de la politique économique n'influe *pas* sur le taux de change anticipé à long terme, E^e.

Nous supposons également que les événements que nous étudions n'influent pas sur le taux d'intérêt étranger, R^*, sur le niveau général des prix à l'étranger, P^*, et que le niveau général des prix intérieur, P, est fixe à court terme.

---

7. D'autres politiques, comme les politiques commerciales (sur les droits de douane, les quotas…), ont des effets macroéconomiques. Cependant, de telles politiques ne sont pas régulièrement utilisées dans des buts de stabilisation macroéconomique. Nous ne discutons donc pas de ces politiques dans ce chapitre.

8. Il est possible de généraliser les résultats à une situation avec inflation en considérant les modifications des niveaux des prix et du taux de change comme des écarts par rapport aux tendances de *E* et *P*.

7.1 Politique monétaire

La figure 17.10 illustre l'effet à court terme d'une augmentation temporaire de l'offre de monnaie domestique. Un accroissement de l'offre de monnaie déplace AA^1 vers le haut en AA^2 mais ne modifie pas la position de la courbe *DD*. Le décalage vers le haut de la courbe *AA* se traduit par un déplacement de l'économie du point 1 – caractérisé par un taux de change E^1 et un produit intérieur Y^1 – au point 2 – caractérisé par un taux de change E^2 et un produit intérieur Y^2. Une augmentation de l'offre de monnaie provoque une dépréciation de la monnaie, une expansion du produit intérieur et donc une augmentation de l'emploi.

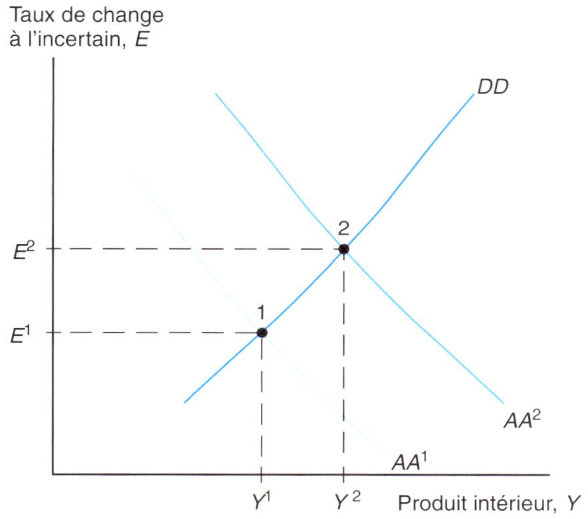

Figure 17.10 – Effets d'un accroissement temporaire de l'offre de monnaie.
En déplaçant AA^1 vers le haut, une augmentation temporaire de l'offre de monnaie provoque une dépréciation de la monnaie et un accroissement du produit intérieur.

Comment cela peut-il s'expliquer ? Au niveau de production initial Y^1 et pour un niveau de prix fixé, un accroissement de l'offre de monnaie doit faire baisser le taux d'intérêt intérieur *R*. Nous avons supposé que la modification de l'offre de monnaie était temporaire et n'avait pas d'effet sur le taux de change futur anticipé E^e. Pour maintenir la parité des taux d'intérêt à la suite d'une baisse de *R* (étant donné que le taux d'intérêt étranger R^* est constant), la monnaie doit se déprécier tout de suite pour susciter des anticipations d'appréciation de la monnaie domestique dans le futur à un taux plus élevé que celui qui était prévu avant la baisse de *R*. La dépréciation immédiate de la monnaie domestique rend les produits domestiques meilleur marché par rapport aux produits étrangers. Il y a donc un accroissement de la demande globale qui doit être comblé par une augmentation du produit intérieur.

7.2 Politique budgétaire

Comme nous l'avons vu précédemment, une politique budgétaire expansionniste peut prendre la forme d'une augmentation des dépenses publiques, d'une baisse des impôts, ou d'une combinaison des deux. Une politique budgétaire expansionniste temporaire (n'ayant pas d'effet sur le taux de change futur anticipé) déplace donc la courbe *DD* vers la droite mais ne fait pas bouger la courbe *AA*.

La figure 17.11 illustre comment une politique budgétaire expansionniste agit sur l'économie à court terme. L'économie se situe initialement au point 1, caractérisé par un taux de change E^1 et un produit intérieur Y^1. Supposons que l'État décide d'investir 10 milliards d'euros dans le développement d'une navette spatiale. Cette augmentation ponctuelle des dépenses publiques déplace l'économie au point 2, conduisant la monnaie à s'apprécier en E^2 et le produit intérieur à s'accroître en Y^2. L'économie répondrait de façon identique à une baisse des impôts.

Quelles forces économiques provoquent le déplacement du point 1 au point 2 ? L'augmentation du produit intérieur provoquée par la hausse des dépenses publiques accroît la demande d'encaisses réelles pour un motif de transaction. Pour un niveau de prix donné, l'augmentation de la demande de monnaie conduit à une hausse du taux d'intérêt R. Le taux de change futur anticipé E^e et le taux d'intérêt étranger R^* étant inchangés, la monnaie domestique doit s'apprécier afin de susciter une dépréciation future anticipée suffisamment importante pour compenser le différentiel plus élevé de taux d'intérêt (en faveur des dépôts en monnaie domestique).

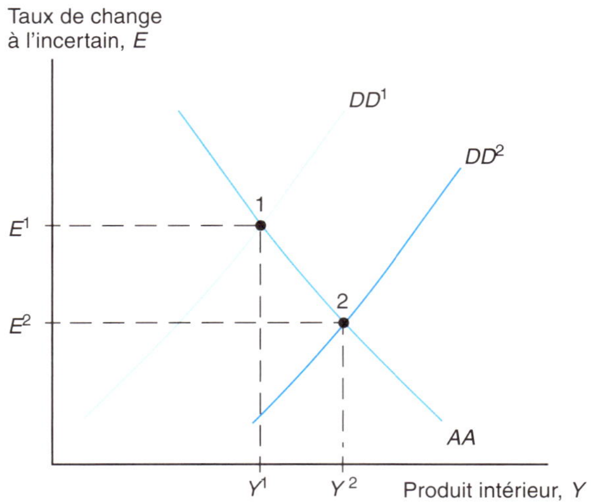

Figure 17.11 – Effets d'une politique budgétaire expansionniste temporaire.
En déplaçant *DD*[1] vers la droite, une politique budgétaire expansionniste temporaire provoque une appréciation de la monnaie domestique et une augmentation du produit intérieur.

7.3 Quelles politiques macroéconomiques appliquer pour atteindre le plein emploi ?

L'analyse précédente peut être utilisée pour atteindre le plein emploi en économie ouverte. Puisqu'une expansion monétaire et une expansion budgétaire temporaires augmentent toutes les deux le produit intérieur et l'emploi, elles peuvent permettre de contrecarrer les effets de perturbations temporaires conduisant à une récession. De façon similaire, des perturbations conduisant à un suremploi peuvent être compensées par la conduite de politiques macroéconomiques restrictives.

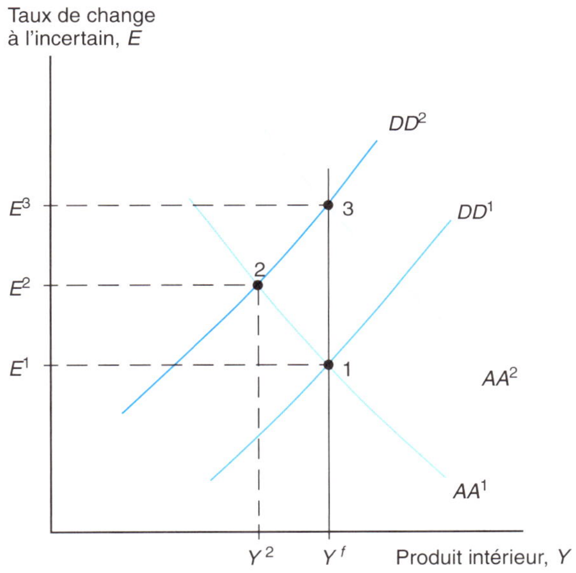

Figure 17.12 – Maintenir le plein emploi après une baisse temporaire de la demande mondiale pour les produits domestiques.

Une baisse temporaire de la demande mondiale déplace DD^1 en DD^2, réduisant le produit intérieur de Y^1 en Y^2 et produisant une dépréciation de la monnaie de E^1 en E^2 (point 2). Une politique budgétaire expansionniste temporaire peut restaurer le plein emploi (point 1) en déplaçant la courbe *DD* vers sa position initiale. Une expansion monétaire temporaire peut restaurer le plein emploi (point 3) en déplaçant AA^1 en AA^2. Les deux politiques diffèrent sur leur effet sur le taux de change : la politique budgétaire rétablit la valeur initiale de la monnaie (E^1) ; la politique monétaire conduit la monnaie à se déprécier davantage (E^3).

La figure 17.12 illustre cette utilisation de la politique macroéconomique. Supposons que l'équilibre initial de l'économie se situe au point 1 : le produit intérieur est à son niveau de plein emploi, noté Y^f. Imaginons que, soudainement, les goûts des consommateurs évoluent et qu'ils se détournent temporairement de la production domestique. Ce changement se traduit par une diminution de la demande globale pour les produits domestiques et provoque un déplacement de la courbe DD^1 vers DD^2. Au point 2, le nouvel équilibre de court terme, la monnaie s'est dépréciée en E^2 et le produit intérieur, Y^2, est en dessous de son niveau de plein emploi : l'économie se trouve donc en récession. La modification des préférences étant supposée temporaire, elle n'a pas d'effet pas E^e. La courbe AA ne change donc pas de position.

Afin de restaurer le plein emploi, les autorités peuvent utiliser la politique monétaire ou budgétaire, ou une combinaison des deux. Une politique budgétaire expansionniste temporaire renvoie DD^2 à sa position initiale, rétablissant le plein emploi et ramenant le taux de change en E^1. Une augmentation temporaire de l'offre de monnaie déplace la courbe d'équilibre des marchés d'actifs en AA^2 et projette l'économie au point 3. Ce déplacement restaure le plein emploi mais provoque une dépréciation plus importante de la monnaie domestique.

Une autre cause possible de récession est un accroissement temporaire de la demande de monnaie (voir figure 17.13). Cette demande accrue pousse le taux d'intérêt intérieur vers le haut et provoque une appréciation de la monnaie, ce qui rend les produits domestiques plus coûteux et réduit le produit intérieur. La figure 17.13 illustre cette perturbation sur les marchés d'actifs par un décalage vers le bas de AA^1 en AA^2, déplaçant l'économie de son équilibre de plein emploi initial (point 1) au point 2.

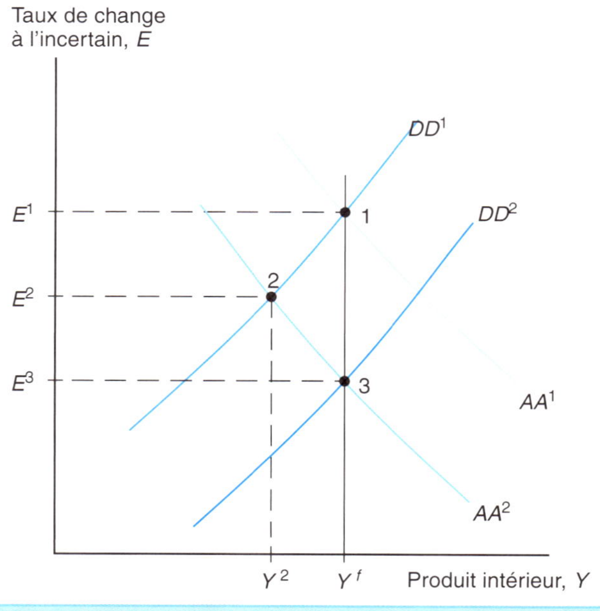

Figure 17.13 – Politiques pour maintenir le plein emploi après une augmentation de la demande de monnaie.

À la suite d'une hausse temporaire de la demande de monnaie (illustrée par le déplacement de AA^1 à AA^2), un accroissement de l'offre de monnaie ou une politique budgétaire expansionniste temporaire peuvent être utilisés pour maintenir le plein emploi. Les deux politiques ont des effets différents sur le taux de change : la politique monétaire restaure le taux de change initial E^1 alors que la politique budgétaire conduit à une appréciation plus importante (E^3).

Des politiques macroéconomiques peuvent restaurer le plein emploi. Une augmentation temporaire de l'offre de monnaie renvoie la courbe AA en AA^1 et rétablit l'économie à sa position initiale au point 1. Cet accroissement compense complètement la hausse de la demande de monnaie en fournissant aux résidents les encaisses additionnelles qu'ils désirent détenir. Une politique budgétaire expansionniste temporaire déplace DD^1 en DD^2 et restaure le plein emploi au point 3. Mais le déplacement vers le point 3 implique une plus grande appréciation de la monnaie.

8 Biais inflationniste et autres problèmes de politiques économiques

L'apparente facilité avec laquelle le plein emploi est maintenu dans notre modèle est trompeuse, et notre discussion sur les politiques macroéconomiques n'a pas pour objectif de mener à l'idée qu'il est facile de stabiliser l'économie. Ici, nous notons juste quelques problèmes potentiels :

1. La rigidité des prix nominaux ne donne pas uniquement la capacité aux autorités publiques d'accroître le produit intérieur quand il est anormalement faible. Un gouvernement peut également être tenté de provoquer une expansion économique dans un but purement politique, par exemple juste avant une élection. Lorsque ce comportement est anticipé, un certain nombre de problèmes peuvent survenir dans la mesure où il peut conduire à une augmentation des revendications salariales et des prix. Le gouvernement se retrouve alors dans une situation où il doit mettre en œuvre une politique expansionniste uniquement pour prévenir la récession que des prix intérieurs plus élevés provoquent. La politique économique induit dans ce cas un **biais inflationniste**, conduisant à une inflation élevée associée à un gain moyen de production nul. Une telle augmentation de l'inflation s'est notamment produite aux États-Unis et en Europe durant les années 1970. Le problème de biais inflationniste a entraîné des modifications institutionnelles, par exemple l'indépendance des banques centrales par rapport aux gouvernements. Ces modifications ont pour but de convaincre les marchés que la politique économique ne sera pas utilisée pour des objectifs à court terme au détriment de la stabilité des prix à long terme. Et comme nous l'avons mentionné au chapitre 15, de nombreuses banques centrales à travers le monde adoptent désormais une politique de ciblage d'inflation (voir aussi les chapitres 20 et 22)[9].

---

9. Notons que le problème de biais inflationniste peut se présenter même quand les politiques économiques ne sont pas motivées par des raisons politiques. C'est le cas par exemple lorsque l'existence d'un salaire minimum maintient le produit intérieur à un faible niveau en diminuant l'emploi. Une expansion monétaire augmentant l'emploi pourrait alors déplacer l'économie vers une utilisation plus efficace de ses ressources totales. Les responsables politiques pourraient souhaiter atteindre une meilleure allocation des ressources qui serait potentiellement bénéfique à tous. Mais les anticipations par le secteur privé d'une telle politique provoqueront toujours de l'inflation. Pour une discussion générale sur les contraintes qui pèsent sur les politiques macroéconomiques, voir Olivier Blanchard et Daniel Cohen, *Macroéconomie*, 5e édition, Pearson Education France, 2010.

2. En pratique, il est parfois difficile de déterminer si les perturbations économiques trouvent leur origine sur le marché des biens et des services ou sur les marchés d'actifs. Or, les responsables politiques, préoccupés par l'évolution du taux de change, ont besoin d'avoir cette information avant de choisir entre politique monétaire et politique budgétaire.

3. Souvent, le choix de telle ou telle politique économique est influencé davantage par des contraintes bureaucratiques que par une réflexion sur le caractère réel ou monétaire des chocs subis par l'économie. Une modification de la politique budgétaire est soumise à de longs débats parlementaires, tandis que la politique monétaire peut être rapidement mise en œuvre par la banque centrale. Afin d'éviter les délais de procédure, les gouvernements peuvent répondre à des perturbations en modifiant la politique monétaire, même si un changement de la politique budgétaire aurait été plus approprié.

4. Un autre problème soulevé par la politique budgétaire concerne l'effet sur les finances publiques. Une réduction des impôts ou une augmentation des dépenses peuvent conduire à un déficit budgétaire qui devra, un jour ou l'autre, être comblé par l'augmentation des impôts. Malheureusement, il n'y a aucune garantie que les gouvernants aient la volonté politique de synchroniser leurs actions avec la conjoncture économique, le cycle électoral pouvant être privilégié… Et à trop laisser filer les déficits, on s'expose à une grave crise, telle que celle que connaissent depuis 2010 les pays périphériques de la zone euro.

5. Les politiques paraissent agir rapidement dans notre modèle simplifié, mais en réalité elles opèrent avec des délais plus ou moins longs. De plus, il est toujours difficile d'évaluer l'ampleur et la persistance d'un choc donné. Pourtant, cela conditionne l'intensité avec laquelle il convient de mener les politiques économiques. Ces incertitudes contraignent les autorités à fonder leurs actions sur des prévisions et des intuitions qui peuvent évidemment se révéler fausses par la suite.

9 Les effets d'une modification permanente de la politique monétaire ou budgétaire

Les effets d'une modification permanente de la politique économique diffèrent de ceux provoqués par une modification temporaire. Une modification permanente a, en effet, une incidence sur le taux de change à long terme et donc sur les anticipations de taux de change, ce qui entraîne des variations du taux de change à court terme. Dans cette section, nous analysons les effets de changements permanents de la politique monétaire et budgétaire, à la fois à court et long termes.[10] Pour simplifier, nous supposons que l'économie est initialement à l'équilibre de long terme, autrement dit que le produit intérieur est à son niveau de plein emploi, le taux de change, à son niveau de long terme, qu'il n'y a pas d'anticipation de variations du taux de change, et que le taux d'intérêt intérieur est égal au taux d'intérêt étranger, R^*.

---

10. Comment un changement permanent de la politique budgétaire est-il possible ? Considérons que le budget public est initialement équilibré. Une expansion budgétaire ne conduit-elle pas à un déficit et n'impose-t-elle pas une contraction budgétaire ? Le problème 3 à la fin de ce chapitre propose une réponse à cette question.

9.1 Accroissement permanent de l'offre de monnaie

La figure 17.14 montre les effets à court terme d'une augmentation permanente de l'offre de monnaie dans une économie initialement à son niveau de plein emploi, Y^f (point 1). Une hausse temporaire de M^s provoque un déplacement vers le haut, de AA^1 à AA^2, de la courbe représentant l'équilibre sur les marchés d'actifs. Mais ici l'accroissement de M^s est permanent et doit conduire à terme à une hausse proportionnelle de E. Cela provoque alors une augmentation proportionnelle de E^e, le taux de change futur anticipé (voir chapitre 15).

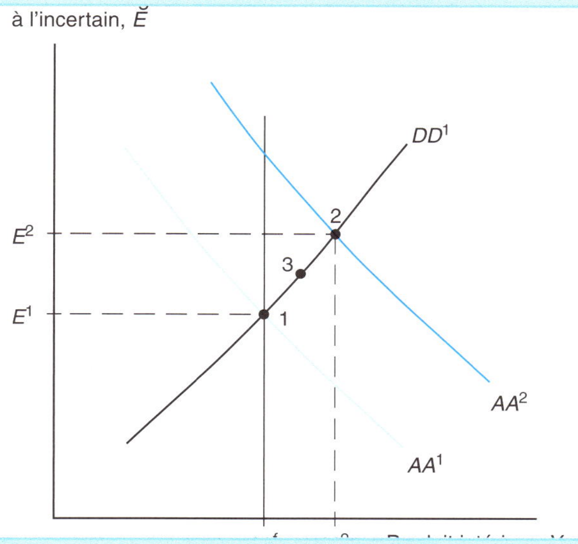

Figure 17.14 – Effets à court terme d'une augmentation permanente de l'offre de monnaie.
Une augmentation permanente de l'offre de monnaie, déplaçant AA^1 en AA^2 et projetant l'économie du point 1 au point 2, a un effet plus important sur la production et sur le taux de change qu'une augmentation équivalente temporaire qui projette seulement l'économie au point 3.

Étant donné qu'une hausse de E^e accompagne une augmentation *permanente* de l'offre de monnaie, le déplacement vers le haut de AA^1 en AA^2 est plus important que celui provoqué par une augmentation équivalente, mais transitoire, de l'offre de monnaie. Au point 2, le nouvel équilibre de court terme de l'économie, Y et E sont tous les deux plus élevés que si la modification de l'offre de monnaie était temporaire (le point 3 illustre l'équilibre qui pourrait résulter d'une augmentation temporaire de M^s).

9.2 Ajustements à un accroissement permanent de l'offre de monnaie

L'accroissement de l'offre de monnaie illustré à la figure 17.14 n'est pas compensé par une intervention de la banque centrale. Il est donc naturel de se demander quels en sont les effets sur l'économie. À l'équilibre de court terme caractérisé par le point 2, le produit intérieur est au-dessus de son niveau de plein emploi, le travail et les machines sont donc surutilisés. Des pressions à la hausse sur le niveau général des prix se développent dans la mesure où les travailleurs demandent des salaires plus élevés et les producteurs augmentent leurs prix pour couvrir leurs coûts de production croissants. Le chapitre 15 montrait qu'une augmentation de l'offre de monnaie devait finalement générer une hausse proportionnelle des prix et ne devait pas avoir d'effets durables sur le produit intérieur, les prix relatifs ou les taux d'intérêt. Au fil du temps, les pressions inflationnistes suivant une expansion permanente de l'offre de monnaie poussent le niveau général des prix vers sa nouvelle valeur à long terme et ramènent l'économie vers le plein emploi.

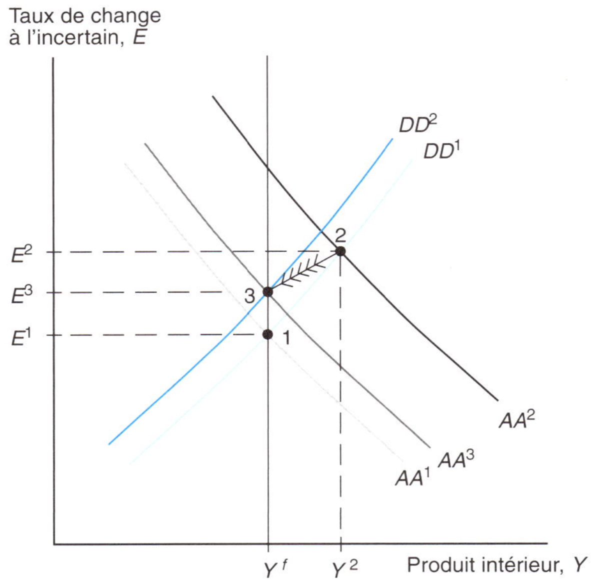

Figure 17.15 – Ajustement à long terme à un accroissement permanent de l'offre de monnaie.
Après une augmentation constante de l'offre de monnaie, un accroissement régulier du niveau général des prix déplace les courbes *AA* et *DD* vers la gauche jusqu'à ce que le nouvel équilibre à long terme (point 3) soit atteint.

La figure 17.15 permet de comprendre comment s'effectue l'ajustement vers le plein emploi. Chaque fois que le produit intérieur est au-dessus de son niveau de plein emploi Y^f, les facteurs de production sont surutilisés et le niveau général des prix P augmente afin de suivre la hausse des coûts de production. Bien que les courbes AA et DD soient obtenues pour un niveau de prix constant, nous avons vu de quelle manière une hausse de P agissait sur elles. Une hausse de P rend les biens domestiques plus coûteux relativement aux biens étrangers, décourageant les exportations et encourageant les importations. Une augmentation continue des prix intérieurs provoque donc un déplacement dans le temps de DD^1 vers la gauche. Puisqu'un niveau de prix croissant réduit de façon régulière l'offre d'encaisses réelles, AA^2 se déplace aussi vers la gauche à mesure que les prix augmentent.

Les courbes *DD* et *AA* ne se déplacent plus lorsqu'elles se coupent au niveau du produit intérieur de plein emploi Y^f. Aussi longtemps que le produit intérieur différera de Y^f, le niveau général des prix changera et les deux courbes continueront à se déplacer. La position finale des courbes est donc DD^2 et AA^3. À leur intersection (point 3), le taux de change *E* et le niveau général des prix *P* ont augmenté en proportion de l'accroissement de l'offre de monnaie, compte tenu de la neutralité à long terme de la monnaie. AA^2 ne se déplace pas jusqu'à sa position initiale parce que E^e a augmenté de façon permanente à la suite de l'accroissement continu de l'offre de monnaie. De plus, nous remarquons que E^e a augmenté dans les mêmes proportions que M^s.

Le long de la trajectoire d'ajustement entre l'équilibre de court terme initial (point 2) et l'équilibre de long terme (point 3), la monnaie domestique s'apprécie (de E^2 à E^3) après sa forte dépréciation initiale (de E^1 à E^2). Ce comportement du taux de change est un exemple de phénomène de *surajustement* (voir chapitre 15), dans lequel la réponse initiale du taux de change à un choc est supérieure à sa réponse à long terme[11].

Les conclusions obtenues nous permettent de décrire la politique adéquate pour répondre à une perturbation monétaire permanente. Une augmentation constante de la demande de monnaie, par exemple, peut être compensée par une hausse équivalente de l'offre de monnaie. Une telle politique maintient le plein emploi et n'a pas d'effet sur l'inflation puisque le niveau général des prix aurait diminué en l'absence de politique économique. Ainsi, l'expansion monétaire permet de projeter l'économie directement à son équilibre de plein emploi à long terme. Cependant, il est difficile en pratique d'identifier l'origine et la persistance d'un choc particulier.

9.3 Politique budgétaire expansionniste permanente

Une politique budgétaire expansionniste permanente n'a pas uniquement des conséquences immédiates sur le marché des biens et des services. Elle touche également les marchés d'actifs à travers la modification des anticipations de taux de change à long terme. La figure 17.16 illustre les effets à court terme d'une expansion budgétaire continue, par exemple la décision de l'État de dépenser 10 milliards d'euros supplémentaires par an pour soutenir son programme de navettes spatiales. Comme c'était le cas précédemment, l'effet direct d'une hausse de *G* sur la demande globale se traduit par un déplacement de DD^1 vers la droite en DD^2. Étant donné que l'augmentation de la demande publique pour des biens et des services domestiques est permanente dans ce cas, elle provoque aussi une appréciation à long terme de la monnaie (voir chapitre 16). La baisse de E^e qui en résulte pousse l'équilibre des marchés d'actifs AA^1 vers le bas en AA^2. Le point 2, où les nouvelles droites DD^2 et AA^2 se coupent, représente l'équilibre de court terme de l'économie. À ce point, la monnaie s'est appréciée en E^2 par rapport à son niveau initial, tandis que le produit intérieur est inchangé en Y^f.

---

11. Le taux de change subit initialement un surajustement dans ce cas (voir figure 17.15), mais ce n'est pas systématique.

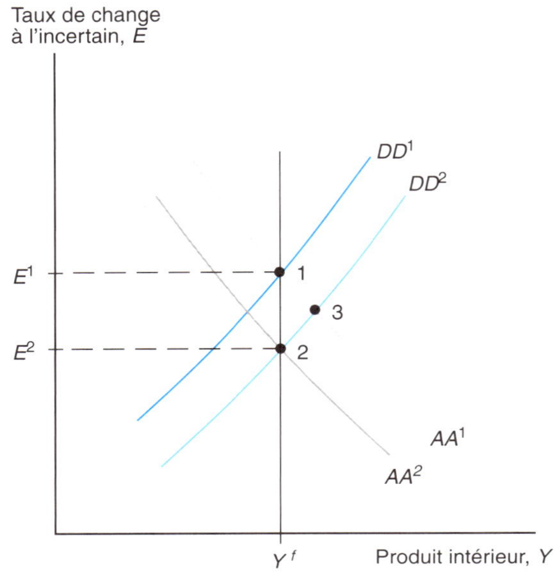

Figure 17.16 – Effets d'une politique budgétaire expansionniste permanente.

Une expansion budgétaire continue modifie les anticipations de taux de change. Elle conduit donc à un déplacement de AA^1 vers la gauche et à un déplacement de DD^1 vers la droite. L'effet sur le produit intérieur (point 2) est nul si l'économie se trouve initialement à l'équilibre à long terme. *A contrario*, une expansion budgétaire temporaire comparable aurait laissé l'économie au point 3.

Lorsque l'expansion budgétaire est permanente, l'appréciation additionnelle de la monnaie provoquée par la modification des anticipations de taux de change réduit l'effet expansionniste de la politique sur le produit intérieur. Sans cet effet additionnel des anticipations résultant du caractère permanent du changement budgétaire, l'équilibre aurait été au point 3, avec un produit intérieur supérieur et une appréciation plus faible. Plus le déplacement vers le bas de la courbe d'équilibre sur les marchés d'actifs est important, plus l'appréciation de la monnaie est élevée. Cette appréciation « évince » la demande globale pour les produits domestiques en les rendant plus coûteux relativement aux produits étrangers.

La figure 17.16 illustre une situation dans laquelle une politique budgétaire expansionniste, contrairement à ce que nous aurions pu supposer, n'a *aucun* effet net sur le produit intérieur. Cependant, cette situation n'est pas un cas particulier. En fait, elle est inévitable sous les hypothèses que nous avons posées. On peut expliquer ce raisonnement en cinq étapes :

1. D'abord, il faut accepter l'idée (voir chapitre 15) que, puisqu'une expansion budgétaire ne modifie ni l'offre de monnaie M^s, ni les valeurs à long terme du taux d'intérêt intérieur (qui est égal au taux d'intérêt étranger), ni le produit intérieur de plein emploi (Yf), elle ne peut avoir aucune conséquence sur le niveau général des prix à long terme.
2. Ensuite, nous avons supposé que l'économie, initialement, se situe à son niveau d'équilibre de long terme avec le taux d'intérêt intérieur R égal au taux d'intérêt étranger et le

produit intérieur égal à Y^f. Notons également que la politique budgétaire ne modifie pas à court terme l'offre d'encaisses réelles Ms/P.

3. Maintenant, imaginons, contrairement à ce qui est illustré à la figure 17.16, que le produit intérieur augmente au-dessus de Y^f. Étant donné que M^s/P ne change pas à court terme (étape 2), le taux d'intérêt intérieur devrait croître au-dessus de R^* afin de maintenir l'équilibre sur le marché de la monnaie. Cependant, le taux d'intérêt étranger restant à R^*, une hausse de Y à un niveau supérieur à Y^f implique une *dépréciation* anticipée de la monnaie domestique (compte tenu de la parité des taux d'intérêt).

4. Il y a quelque chose de faux dans cette conclusion : nous savons déjà (grâce à l'étape 1) que le niveau à long terme des prix n'est pas influencé par la politique budgétaire. Les agents peuvent donc anticiper une dépréciation nominale de la monnaie domestique juste après la modification de la politique budgétaire, seulement si la monnaie se déprécie en termes *réels* quand l'économie retourne à l'équilibre de long terme. Une telle dépréciation réelle, en rendant les produits domestiques meilleur marché, aggraverait seulement la situation initiale de suremploi que nous avons imaginée, et ainsi éviterait tout retour du produit intérieur vers Y^f.

5. Finalement, l'apparente contradiction est résolue si et seulement si le produit intérieur n'augmente *pas* du tout après une modification de la politique budgétaire. La seule possibilité logique est que la monnaie s'apprécie pour prendre immédiatement sa nouvelle valeur à long terme. Cette appréciation évince la demande d'exportation nette juste assez pour laisser le produit intérieur à son niveau de plein emploi, malgré le niveau plus élevé de G.

Cette modification du taux de change permettant au marché des biens et des services de s'équilibrer au plein emploi laisse également les marchés d'actifs à l'équilibre. Étant donné que le taux de change est passé à sa nouvelle valeur à long terme, R reste égal à R^*. Cependant, avec un produit intérieur égal à Y^f, la condition d'équilibre à long terme du marché monétaire $M^s/P = L(R^*, Yf)$ est toujours respectée, comme c'était le cas avant la politique budgétaire expansionniste. Ainsi notre histoire est cohérente : l'appréciation de la monnaie provoquée par une politique budgétaire expansionniste permanente conduit immédiatement les marchés d'actifs et le marché des biens et des services à leur position à long terme.

En conclusion, si l'économie se situe initialement à son équilibre de long terme, une modification continue de la politique budgétaire n'a pas d'effet sur le produit intérieur. Elle provoque à la place un saut immédiat et permanent du taux de change qui compense exactement l'effet direct de la politique budgétaire sur la demande globale.

10 Politiques macroéconomiques et balance courante

Les responsables politiques portent souvent un grand intérêt au solde de la balance courante. Un déséquilibre excessif de la balance courante – un surplus aussi bien qu'un déficit – peut avoir des effets à long terme indésirables sur le bien-être (voir chapitre 19). Des déséquilibres extérieurs importants pourraient également provoquer des pressions politiques en faveur de contraintes réglementaires aux échanges. Il est donc important de savoir comment les politiques monétaire et budgétaire attachées à des objectifs intérieurs modifient la balance courante.

La figure 17.17 illustre l'adaptation du modèle *AA-DD* afin d'intégrer les effets des politiques macroéconomiques à la balance courante. En plus des courbes *AA* et *DD*, la figure représente une nouvelle courbe, *XX*, montrant les combinaisons de taux de change et de produit intérieur pour lesquelles le solde de la balance courante serait égal à un certain niveau, mettons $CC(EP^*/P, Y - P) = X$. La pente de cette courbe est positive puisque, toutes choses égales par ailleurs, une augmentation du produit intérieur favorise les dépenses d'importation et dégrade la balance courante si elle n'est pas accompagnée par une dépréciation de la monnaie. Étant donné que le niveau actuel de la balance courante peut différer de *X*, l'équilibre de court terme ne doit *pas nécessairement* se trouver sur la courbe *XX*.

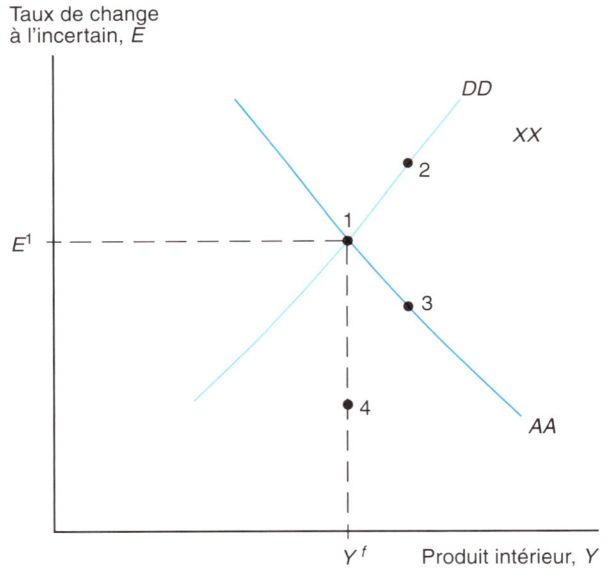

Figure 17.17 – Effets des politiques macroéconomiques sur la balance courante.

Le long de la courbe *XX*, le solde de la balance courante est stable au niveau *CC* = *X*. Une expansion monétaire déplace l'économie vers le point 2 et ainsi accroît le solde de la balance courante. Une politique budgétaire expansionniste temporaire déplace l'économie au point 3, alors qu'une politique budgétaire expansionniste permanente la déplace au point 4. Dans les deux cas, le solde de la balance courante se détériore.

Il est important de remarquer à la figure 17.17 que la courbe *XX* est *plus plate* que *DD*. Pour bien comprendre ce point essentiel, il faut se demander comment la balance courante se modifie à mesure que l'on se déplace le long de la courbe *DD* à partir du point 1, où les trois courbes se coupent (de sorte que, initialement, $CC = X$). Lorsque *Y* augmente, en montant le long de *DD*, la demande *intérieure* pour les produits domestiques croît dans une proportion moindre que le produit intérieur (puisqu'une partie du revenu est épargnée et qu'une partie des dépenses porte sur des produits importés). Cependant, le long de *DD*, la demande globale totale doit être égale à l'offre. Afin d'éviter un excès d'offre de produits domestiques, *E* doit augmenter suffisamment le long de *DD* pour que la demande d'exportations croisse plus rapidement que celle des importations. En d'autres termes, la demande étrangère nette – le solde de la balance courante – doit augmenter suffisamment le long de *DD* au fur et à mesure de la hausse du produit intérieur, pour compenser l'épargne intérieure. Ainsi, à droite du point 1, *DD* est au-dessus de la courbe *XX* ($CC > X$). Un raisonnement analogue montre qu'à gauche du point 1 *DD* se situe en dessous de la courbe *XX* ($CC < X$).

Les effets des politiques macroéconomiques sur la balance courante peuvent maintenant être analysés. Comme nous l'avons montré précédemment, un accroissement de l'offre de monnaie, par exemple, déplace l'économie vers une situation (comme le point 2) où le produit intérieur augmente et la monnaie se déprécie. Étant donné que le point 2 est au-dessus de *XX*, la balance courante s'améliore. *Une expansion monétaire conduit donc à une amélioration de la balance courante à court terme.*

Considérons maintenant une politique budgétaire expansionniste temporaire. Cette politique déplace *DD* vers la droite et projette l'économie au point 3. Étant donné que la monnaie s'apprécie et que le revenu augmente, la balance courante se détériore. Une expansion budgétaire permanente a un effet additionnel en déplaçant *AA* vers la gauche, conduisant à un équilibre au point 4. Comme le point 3, le point 4 est en dessous de *XX*. Le déficit de la balance courante s'aggrave encore. *Une politique budgétaire expansionniste détériore donc le solde de la balance courante.*

11 Ajustement graduel des flux commerciaux et dynamiques de la balance courante

Une hypothèse importante du modèle *AA-DD* est que, toutes choses égales par ailleurs, une dépréciation réelle de la monnaie améliore immédiatement la balance courante, tandis qu'une appréciation réelle la détériore instantanément. En réalité, le comportement qui sous-tend les flux commerciaux est plus complexe, avec un ajustement graduel de la balance courante à une variation du taux de change. Dans cette section, nous discutons de certains facteurs dynamiques qui peuvent expliquer l'ajustement de la balance courante et les modifications qu'ils entraînent sur notre modèle.

11.1 La courbe en *J*

On observe parfois que la balance courante se *détériore* juste après une dépréciation réelle de la monnaie et s'améliore seulement quelques mois plus tard. Cette évolution est contraire à l'hypothèse sous-jacente à la courbe *DD*. Comme la balance courante se détériore dans un premier temps après une dépréciation, cela se traduit à la figure 17.18 par une trajectoire au départ convexe, qui explique pourquoi on parle de **courbe en *J***.

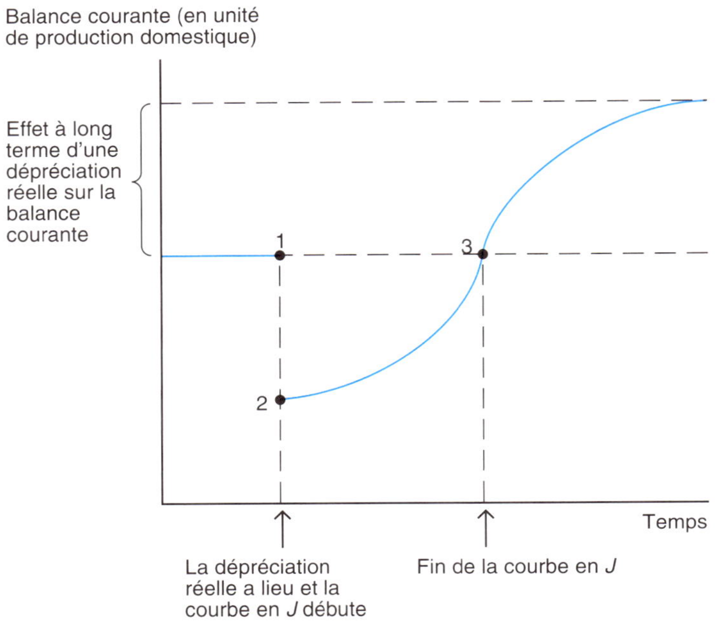

Figure 17.18 – La courbe en *J*.

La courbe en *J* décrit le décalage temporel avec lequel une dépréciation réelle de la monnaie améliore la balance courante.

La balance courante, mesurée en termes de production domestique, peut se détériorer significativement juste après une dépréciation réelle de la monnaie (du point 1 au point 2), dans la mesure où la plupart des ordres d'importation et d'exportation sont donnés plusieurs mois avant. Pendant les premiers mois qui suivent la dépréciation, les volumes d'importations et d'exportations pourraient donc refléter des décisions d'achat qui ont été prises sur la base de l'ancien taux de change réel : le premier effet de la dépréciation est donc d'augmenter la valeur en termes de production domestique du niveau précédant la contraction des importations. Étant donné que les exportations mesurées en termes de production domestique ne changent pas alors que les importations mesurées en termes de production domestique augmentent, la balance courante se détériore dans un premier temps.

Même après que les anciens contrats d'importation et d'exportation ont été exécutés, un certain temps est nécessaire avant que les nouveaux échanges ne s'ajustent complètement au changement des prix relatifs. D'une part, les exportateurs pourraient être amenés à installer de nouvelles unités de production et à embaucher de nouveaux salariés. D'autre part, les importations se composent en partie de biens intermédiaires utilisés par les industries domestiques. L'ajustement des importations se produira donc graduellement, à mesure que les importateurs adopteront de nouvelles techniques de production économisant ces biens intermédiaires. Des retards se manifestent également au niveau de la consommation.

Pour que les exportations augmentent significativement il est, par exemple, indispensable de développer un nouveau réseau de distribution à l'étranger, ce qui nécessite du temps.

Ces délais d'ajustement se traduisent par une amélioration graduelle de la balance courante (voir figure 17.18 : déplacement du point 2 au point 3). Finalement, l'amélioration de la balance courante se ralentit lorsque l'ajustement à la dépréciation réelle s'achève.

Les études empiriques montrent que, dans la plupart des pays industrialisés, la courbe en *J* s'étend sur une période de six mois à un an. Ainsi, le point 3 est généralement atteint dans l'année suivant la dépréciation réelle et la balance courante continue à s'améliorer par la suite[12].

L'existence d'un effet significatif de la courbe en *J* nous conduit à modifier certaines de nos conclusions précédentes, tout du moins pour les périodes inférieures à un an. Une expansion monétaire, par exemple, peut conduire initialement à une contraction du produit intérieur en dépréciant la monnaie domestique. Dans ce cas, un certain délai est nécessaire avant que l'augmentation de l'offre de monnaie provoque une amélioration de la balance courante et donc une hausse de la demande globale.

Si une politique monétaire expansionniste contracte le produit intérieur à court terme, le taux d'intérêt intérieur devrait baisser plus fortement que ce qui aurait été normalement essentiel pour équilibrer le marché de la monnaie domestique. En conséquence, le surajustement du taux de change sera plus important afin de permettre une plus grande appréciation anticipée de la monnaie domestique, nécessaire pour équilibrer le marché des changes. En introduisant une nouvelle source de surajustement, les effets de la courbe en *J* amplifient la volatilité des taux de change.

Encadré 17.1

Les taux de change et la balance courante

Notre modèle théorique a montré qu'une politique budgétaire expansionniste permanente conduit à la fois à une appréciation de la monnaie et à un déficit de la balance courante. Nous nous sommes concentrés jusque-là sur le rôle du mouvement du niveau général des prix pour amener l'économie de sa position à court terme vers celle à long terme, à la suite d'une modification permanente de la politique économique. Mais l'évolution du solde de la balance courante permet également d'étudier une autre dynamique : celle de la richesse extérieure nette. Pour une économie qui accumule des déficits, celle-ci se réduit dans le temps.

Bien que nous n'ayons pas incorporé explicitement les effets de richesse dans notre modèle, nous pouvons anticiper la réduction de la consommation des agents à mesure que leur richesse diminue. Étant donné qu'un pays dont la balance courante est déficitaire transfère de la richesse aux non-résidents, la consommation des résidents devrait diminuer au cours du temps tandis que celle des non-résidents augmente. Quels sont les effets sur le taux de change de cette redistribution internationale de la demande de consommation en faveur des non-résidents ?

12. Voir tableau 17B.1 de l'annexe B.

Encadré 17.1 (suite)

Les agents ont en général une préférence pour les biens et les services qu'ils produisent, et par conséquent, la demande mondiale relative pour les produits domestiques devrait diminuer. La monnaie domestique aura tendance à se déprécier en termes réels.

Cette perspective à long terme conduit à une représentation plus compliquée de l'évolution du taux de change réel consécutive à une modification permanente de la politique budgétaire. Dans un premier temps, la monnaie nationale s'apprécie puisque la balance courante se détériore significativement. Mais, par la suite, la monnaie commence à se déprécier car les anticipations sur les marchés se concentrent de plus en plus sur l'effet de la balance courante plutôt que sur les niveaux de richesse relatifs entre les résidents et les non-résidents.

Les données pour les États-Unis confirment cette analyse. La figure ci-dessous représente les évolutions, depuis 1976, de la balance courante américaine et du taux de change réel du dollar au certain (à la figure, une hausse du taux de change correspond à une appréciation réelle du dollar). Au cours de la période 1976-2009, nous pouvons noter deux épisodes de brusque augmentation du déficit de la balance courante, tous deux associés à une politique budgétaire expansionniste.

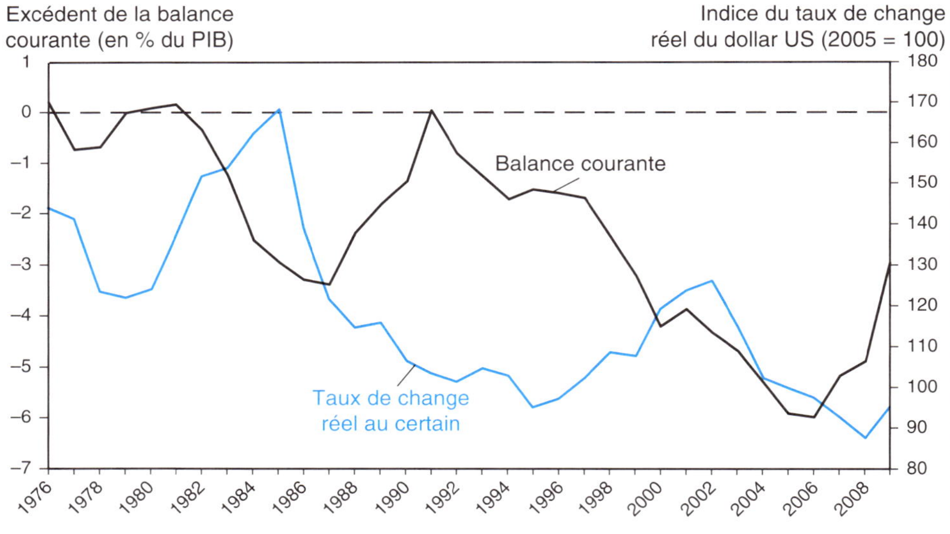

La balance courante des États-Unis et le taux de change réel du dollar, 1976-2009.

Le dollar s'apprécie en cas de déficit important de la balance courante, mais il se déprécie par la suite.

Source : Fonds monétaire international, *International Financial Statistics*.

Le premier épisode s'est produit quand le président Reagan a réduit les impôts et augmenté les dépenses militaires peu de temps après son élection en 1981. Le dollar a initialement connu une appréciation réelle importante.

Encadré 17.1 (suite)

Cependant, après 1985, le dollar a commencé à se déprécier bien que le déficit de la balance courante n'ait pas encore commencé à se réduire. La baisse de la richesse relative des États-Unis devait en effet provoquer un retour vers l'équilibre de la balance courante. Cela impliquait une diminution des prix relatifs des produits américains dans le but de réduire les importations et d'encourager les exportations. L'anticipation de cette évolution par le marché a rapidement exercé une pression à la baisse sur le dollar. Compte tenu des effets de la courbe en *J* et des effets graduels de la richesse sur les niveaux de dépenses, la balance courante n'est pas retournée à l'équilibre avant le début des années 1990*.

La seconde augmentation brutale du déficit courant montre des évolutions similaires. À la fin des années 1990, l'investissement aux États-Unis a fortement augmenté en raison du boom dans les nouvelles technologies de l'information et des communications. Après la crise des années 2000-2001, le président George W. Bush a mis en place un programme ambitieux de réduction des impôts après son élection de 2001. Les attaques terroristes de cette année-là, suivies par les guerres en Afghanistan et en Irak, ont augmenté les dépenses publiques.

Comme l'illustre la figure 17.19, une fois encore, le dollar s'est apprécié à mesure que la balance courante se détériorait. Mais, en 2002, les anticipations sur le marché s'étant concentrées sur l'ampleur sans précédent du déficit et la nécessité d'une *éventuelle* dépréciation massive du dollar, celui-ci a effectivement commencé à se déprécier. La crise qui a débuté aux États-Unis en 2007 a renforcé cette tendance à la dépréciation du dollar. À ce jour, nul ne sait jusqu'où le dollar se dépréciera.

---

* Pour une analyse des ajustements de la balance courante dans les années 1980, s'intéressant également aux cas de l'Allemagne et du Japon, voir Paul R. Krugman, « Has the Adjustment Process Worked ? », *Policy Analyses in International Economics*, 34, Washington D.C., Institute for International Economics, 1991. Un modèle essentiel pour l'analyse des taux de change et de la balance courante a été développé par Rudiger Dornbusch et Stanley Fischer, « Exchange Rates and current account », *American Economic Review*, 70, décembre 1980, p. 960-971.

11.2 Degré de report du taux de change et inflation

Dans notre discussion sur la détermination du compte courant dans le modèle *AA-DD*, nous avons supposé que les changements du taux de change nominal provoquaient des modifications proportionnelles du taux de change réel à court terme. Étant donné que le modèle *AA-DD* admet que les prix nominaux à la production P et P^* ne peuvent pas s'ajuster rapidement, les variations du taux de change réel, $q = EP^*/P$, correspondent parfaitement à court terme aux variations du taux de change nominal, E. Mais, en réalité, les évolutions à court terme des taux de change nominal et réel, bien que relativement proches, ne sont pas parfaitement corrélées. Afin de comprendre comment les variations du taux de change *nominal* jouent sur la balance courante à court terme, nous avons besoin d'étudier plus précisément la relation entre le taux de change nominal et les prix des exportations et des importations.

Le prix en monnaie domestique des biens étrangers correspond au taux de change que multiplie le prix en monnaie étrangère, EP^*. Nous avons supposé jusqu'à présent que, lorsque E augmentait, P^* restait fixe de sorte que le prix en monnaie domestique des biens importés augmentait en proportion. La variation en pourcentage du prix des importations pour une dépréciation de 1 % de la monnaie domestique s'appelle **le degré de report** (*pass-through*) du taux de change sur le prix des importations. Dans le modèle *AA-DD*, le degré de report est supposé être égal à 1. Toute modification du taux de change se reporte complètement sur le prix des importations.

En pratique, le degré de report du taux de change est inférieur à 1. Une des raisons est la segmentation tarifaire du marché international, qui permet aux entreprises en situation de concurrence imparfaite d'imposer différents prix pour le même produit commercialisé dans différents pays (voir chapitre 16). Par exemple, une entreprise étrangère qui vend des automobiles aux États-Unis peut craindre à ce point de perdre des parts de marché qu'elle n'augmentera pas instantanément ses prix de 10 %, même si l'euro se déprécie de 10 %. Cela doit se traduire par une baisse du revenu, mesuré dans leur monnaie de référence. De même, ces entreprises peuvent hésiter à baisser leurs prix en euros après une appréciation de l'euro : cela leur permet de dégager des profits plus élevés ! Dans les deux cas, les entreprises peuvent attendre de voir si les variations du taux de change suivent une tendance avant d'entreprendre des ajustements de prix coûteux. En pratique, dans l'année qui suit une dépréciation, les prix des importations aux États-Unis augmentent seulement d'environ la moitié de la valeur de cette dépréciation. Le degré de report est alors égal à ½.

Tandis qu'une modification permanente du taux de change nominal peut se refléter pleinement à long terme dans le prix des importations, nous avons vu que le degré de report est nettement inférieur à 1 à court terme. Un report incomplet a des effets complexes sur la vitesse d'ajustement de la balance courante. D'un côté, l'effet à court terme de la courbe en *J* après une variation du taux de change nominal est réduit par une faible élasticité des prix des imports au taux de change. D'un autre côté, un report incomplet implique que les variations du taux de change ont un effet moins que proportionnel sur les prix relatifs déterminant les volumes des échanges. L'incapacité des prix relatifs à s'ajuster rapidement sera en retour accompagnée d'un ajustement lent du volume des échanges.

La relation entre les taux de change nominal et réel peut également être affaiblie par les réponses des prix *intérieurs*. Dans une économie fortement inflationniste par exemple, il est difficile de modifier le taux de change réel EP^*/P simplement en changeant le taux de change nominal E, dans la mesure où la hausse de la demande qui en résulte provoque rapidement une inflation intérieure et donc une hausse de P. Puisque les prix des exportations d'un pays augmentent lorsque sa monnaie se déprécie, tout effet favorable sur sa compétitivité sur les marchés internationaux sera réduit. Ainsi, de telles hausses de prix, comme un degré de report partiel, peuvent affaiblir les effets de la courbe en *J*.

12 La trappe à liquidité

Durant la grande dépression des années 1930, le taux d'intérêt nominal aux États-Unis est tombé à zéro, et le pays s'est retrouvé prisonnier de ce que les économistes appellent la « trappe à liquidité ».

On parle de trappe à liquidité lorsque le taux d'intérêt nominal devient nul ; la banque centrale n'est alors plus en mesure de le baisser davantage, même en augmentant la masse monétaire. On a rappelé au chapitre 15 que la monnaie est l'actif le plus liquide ; il est unique par la facilité avec laquelle il peut être échangé. Avec un taux d'intérêt nominal négatif, il n'y a aucun intérêt à détenir des obligations plutôt que de la monnaie et l'offre de titres s'avère excédentaire. Un taux d'intérêt nul a certes de quoi satisfaire les emprunteurs, qui peuvent s'endetter gratuitement. C'est toutefois une réelle source d'inquiétude pour les responsables de la politique macroéconomique, qui sont alors dans l'impossibilité de relancer l'économie *via* des mesures d'expansion monétaire conventionnelles.

Les économistes ont un temps considéré que le phénomène de trappe à liquidité appartenait au passé, jusqu'à ce que le Japon se retrouve piégé dans les années 1990. Après une phase de rattrapage économique spectaculaire qui dura près de 40 ans, le Japon est victime dans les années 1980 d'une bulle spéculative. Celle-ci éclate au début des années 1990 et la Banque du Japon (*Bank of Japan*, BoJ) décide alors de réduire vigoureusement les taux d'intérêt à court terme. Mais rien n'y fait : l'économie stagne et le pays entre en déflation. En 1999, le taux d'intérêt nominal finit par atteindre zéro. Cette situation durera plusieurs années. En septembre 2004, par exemple, le taux d'intérêt directeur de la BoJ est seulement de 0,001 %. À partir de 2006, à la faveur des signes de reprise économique, la BoJ relève légèrement son taux d'intérêt directeur. Cependant, à peine sorti de cette « décennie perdue », le Japon rechute, victime collatérale de la crise mondiale qui débute en 2007 (voir chapitre 19). La BoJ doit de nouveau ramener son taux à zéro. Elle n'est toutefois plus la seule prise au piège : la plupart des banques centrales, à commencer par la Réserve fédérale américaine, réduisent vigoureusement leur taux d'intérêt. La trappe à liquidité est devenue un problème mondial (voir figure 14.3).

Le dilemme auquel fait face la banque centrale lorsque l'économie est en récession et prise au piège de la trappe à liquidité peut être analysé dans le cadre de la condition de parité des taux d'intérêt avec un taux d'intérêt intérieur nul, $R = 0$. La PTI s'écrit alors : $R = 0 = R^* + (E^e - E)/E$.

Supposons pour l'instant que le taux de change anticipé, E^e, soit fixe. Supposons également que la banque centrale augmente l'offre de monnaie de façon à déprécier la monnaie temporairement (autrement dit, pour augmenter E aujourd'hui, mais pour revenir au niveau E^e plus tard). La relation de parité montre que le taux de change n'augmentera pas, car cela nécessiterait que le taux d'intérêt nominal devienne négatif. Malgré l'augmentation de la masse monétaire, le taux de change restera stable au niveau $E = E^e/(1 - R^*)$. La monnaie ne peut pas se déprécier davantage.

On considère habituellement qu'une augmentation temporaire de l'offre de monnaie réduit le taux d'intérêt (ce qui conduit à une dépréciation de la monnaie). Ce raisonnement repose sur l'hypothèse que les agents arbitrent réellement entre détenir de la monnaie ou des obligations. Mais avec un taux d'intérêt $R = 0$, les gens sont indifférents entre détenir l'un ou l'autre puisque les deux rapportent un taux nul. Si la banque centrale décide d'acheter des obligations (opérations d'*open market*), cela n'aura aucune incidence sur le marché. Les agents seront heureux d'échanger des obligations contre de la monnaie, mais cela n'affectera ni le taux d'intérêt, ni le taux de change. Contrairement à ce qu'on a vu jusque-là, une augmentation de la masse monétaire n'aura alors aucun effet sur l'économie ! Éventuellement, une banque centrale qui réduit progressivement l'offre de monnaie en vendant des obligations peut exercer une pression à la hausse sur les taux d'intérêt – cette pratique est de toute façon limitée car l'économie ne peut fonctionner sans un minimum de monnaie disponible. Quoi qu'il en soit, cette possibilité n'est guère utile en plein marasme économique ; c'est alors une baisse des taux d'intérêt dont l'économie a besoin.

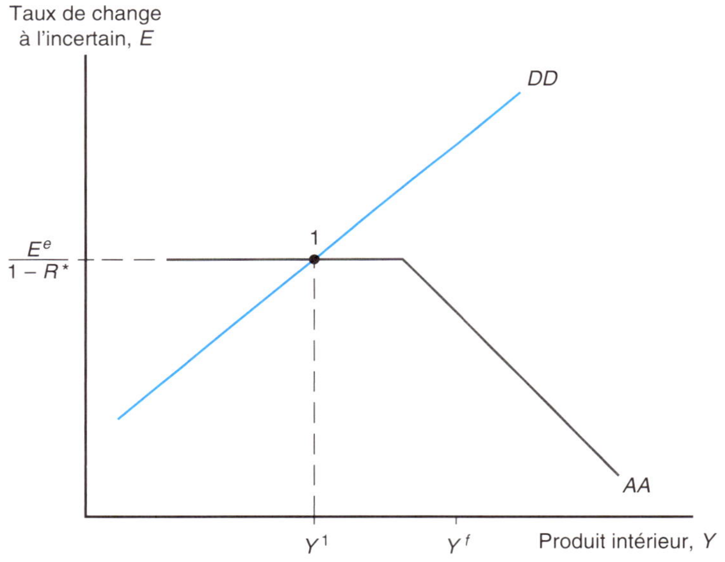

Figure 17.19 – La trappe à liquidité.

Au point 1, le produit intérieur est inférieur au niveau de plein emploi. Comme le taux de change anticipé E^e est fixe, une expansion monétaire déplace la courbe *AA* vers la droite, mais cela ne modifie pas le point d'équilibre. L'économie est prisonnière de la trappe à liquidité.

La figure 17.19 montre comment le schéma *DD-AA* peut être modifié pour tenir compte de l'existence d'une trappe à liquidité. La courbe *DD* reste la même, mais la partie gauche de la courbe *AA* est maintenant horizontale : l'économie est prisonnière de la trappe à liquidité tant que le produit intérieur reste insuffisant pour que le marché monétaire trouve son équilibre avec un taux d'intérêt *R* strictement positif. Ce segment de droite horizontal montre que la monnaie ne peut se déprécier au-delà du niveau $E^e/(1 - R^*)$. Au point d'équilibre 1, le produit intérieur est bloqué au niveau Y^1 – inférieur au niveau de plein emploi Y^f.

Examinons maintenant l'effet d'une expansion de la masse monétaire. L'achat de titres par la banque centrale, contre de la monnaie, a pour effet de déplacer la courbe *AA* vers la droite. En effet, avec un taux de change anticipé supposé fixe, l'augmentation du produit intérieur augmente la demande de monnaie, et les agents absorbent ce surcroît de liquidités à un taux d'intérêt inchangé $R = 0$; le segment horizontal de la courbe *AA* s'allonge. Avec plus de monnaie en circulation, le produit intérieur réel et la demande de monnaie peuvent augmenter sans exercer de pression à la hausse sur le taux d'intérêt nominal[13]. Le résultat surprenant est que l'équilibre reste simplement au point 1. L'expansion monétaire n'a donc aucun effet sur le produit intérieur ou le taux de change. L'économie se trouve bel et bien « piégée ».

L'hypothèse précédente selon laquelle le taux de change anticipé est fixe est un élément clé dans cette histoire de trappe à liquidité. Supposons que la banque centrale s'engage, de façon crédible, sur une augmentation permanente de l'offre de monnaie de sorte que E^e augmente en même temps que la masse monétaire. Dans ce cas, la courbe *AA* se déplacera vers la droite, avec pour conséquences une augmentation du produit intérieur et une dépréciation de la monnaie. Dans le cas du Japon, il semble que les marchés n'aient jamais cru que les autorités monétaires accepteraient une dépréciation permanente de la monnaie ; ils soupçonnaient plutôt le contraire, à savoir que la BoJ (très soucieuse du risque inflationniste) avait l'intention de restaurer la valeur du yen dès que possible. Toute expansion monétaire était alors considérée comme temporaire[14].

En 2010, alors que les taux d'intérêt étaient maintenus à leur niveau plancher aux États-Unis (comme au Japon), certains économistes ont exprimé des craintes quant à la capacité de la Fed à lutter contre une éventuelle déflation. La Fed, comme d'ailleurs la plupart des banques centrales, a toutefois retrouvé quelques marges de manœuvre en adoptant ce que l'on appelle des politiques monétaires « non conventionnelles ». Il s'agit pour la banque centrale d'acheter des catégories spécifiques d'actifs. La Fed a, en particulier, acheté des bons du Trésor américain à long terme pour justement réduire les taux à long terme qui jouent un rôle essentiel dans la détermination du coût de financement des ménages ou des entreprises. Un autre type de politique monétaire non conventionnelle consiste à acheter des devises ; nous évoquerons ce cas dans le prochain chapitre.

---

13. Si toutefois *Y* augmente encore, l'augmentation de la demande de monnaie devrait finir, progressivement, par faire augmenter le taux d'intérêt ce qui devrait se traduire par une appréciation progressive le long du segment à pente négative de la courbe *AA*.
14. Voir Paul R. Krugman, « It's Baaack: Japan's Slump and the Return of the Liquidity Trap », *Brookings Papers on Economic Activity*, 2, 1998, p. 137-205. Voir aussi R. McKinnon et K. Ohno, « The Foreign Exchange Origins of Japan's Economic Slump and Low Interest Liquidity Trap », *World Economy*, 24, mars 2001, p. 279-315.

Résumé

La *demande globale* pour la production d'une économie ouverte est la somme des quatre composantes du PIB : la demande de consommation, la demande d'investissement, la demande publique et le solde de la balance courante (la demande d'exportation nette). Un déterminant important de la balance courante est le taux de change réel, c'est-à-dire le rapport entre le niveau général des prix à l'étranger mesuré en monnaie domestique et le niveau général des prix intérieur.

Le produit intérieur est déterminé à court terme par l'égalité entre la demande et l'offre globales. Lorsque la demande globale est supérieure au produit intérieur, les entreprises augmentent leur production afin d'éviter une réduction non souhaitée de leurs stocks. Lorsqu'elle est inférieure au produit intérieur, les entreprises réduisent leur production afin d'éviter l'accumulation de stocks.

L'équilibre de court terme de l'économie se réalise au taux de change et au niveau du produit intérieur où (pour un niveau de prix, un taux de change futur anticipé et des conditions économiques étrangères donnés) la demande globale est égale à l'offre globale et où les marchés d'actifs sont à l'équilibre. Sur une figure représentant le taux de change et le produit réel, l'équilibre de court terme est le point d'intersection entre la courbe *DD* (à pente positive), le long de laquelle le marché des biens et services est équilibré, et la courbe *AA* (à pente négative), le long de laquelle les marchés d'actifs sont équilibrés.

Une hausse temporaire de l'offre de monnaie, qui ne modifie pas le taux de change anticipé à long terme, provoque une dépréciation de celle-ci ainsi qu'une augmentation du produit intérieur. Une politique budgétaire expansionniste temporaire conduit également à une augmentation du produit intérieur, mais elle entraîne aussi une appréciation de la monnaie. Les *politiques monétaire* et *budgétaire* peuvent être utilisées pour compenser les effets d'un choc sur le produit intérieur et l'emploi. Toutefois, quand les taux d'intérêt nominaux sont nuls, les politiques monétaires expansionnistes sont sans effet sur le taux de change et le produit intérieur ; l'économie est alors prise au piège de la trappe à liquidité.

Une modification permanente de l'offre de monnaie, qui change le taux de change anticipé à long terme, provoque une variation plus forte du taux de change – et a donc des effets à court terme plus importants sur le produit intérieur – qu'une modification transitoire. Si l'économie est au plein emploi, une augmentation permanente de l'offre de monnaie conduit à une hausse du niveau général des prix qui, finalement, renverse l'effet sur le taux de change réel de la dépréciation initiale du taux de change nominal. À long terme, le produit intérieur retourne à son niveau initial et les prix augmentent en proportion de l'accroissement de l'offre de monnaie.

Une politique budgétaire expansionniste permanente modifie le taux de change anticipé à long terme. Elle provoque donc une plus forte appréciation de la monnaie qu'une expansion temporaire d'une ampleur équivalente. Si l'économie est initialement à son équilibre de long terme, l'appréciation additionnelle rend les biens et les services domestiques si coûteux que l'effet d'éviction sur la demande d'exportation nette annule l'effet de la politique budgétaire sur le produit intérieur et l'emploi. Dans ce cas, la politique budgétaire expansionniste permanente n'a aucune portée.

En pratique, il est important de s'assurer que les responsables politiques n'utilisent pas leur capacité à stimuler l'économie dans un but purement électoraliste, ce qui créerait *un biais inflationniste*. D'autres problèmes tiennent à la difficulté d'identifier l'origine et la durée des chocs exogènes. De plus, la mise en place de politiques économiques peut prendre du temps.

Si les exportations et les importations s'ajustent graduellement à des modifications du taux de change réel, l'évolution du solde de la balance courante peut prendre la forme d'une *courbe en J* à la suite d'une dépréciation réelle de la monnaie. Autrement dit, la balance courante se détériore dans un premier temps avant de s'améliorer. Dans ce cas, une dépréciation de la monnaie peut avoir un effet initial récessif sur le produit intérieur, et le surajustement du taux de change est amplifié. Un *degré de report* limité du taux de change, le long duquel les prix intérieurs augmentent, peut réduire l'effet d'une variation nominale du taux de change sur le taux de change réel.

Activités

1. Comment la courbe *DD* se déplace-t-elle après une diminution de la demande d'investissement ?

2. Supposons que l'État impose des droits de douane sur toutes les importations. Utilisez le modèle *AA-DD* pour analyser les effets de cette mesure sur l'économie. Examinez à la fois les effets de la mise en place de droits de douane temporaires et permanents.

3. Imaginons que l'État soit contraint de maintenir son budget équilibré à chaque période, autrement dit si l'État souhaite modifier ses dépenses, il doit changer les impôts d'un montant équivalent ($\Delta G = \Delta T$ doit toujours être vérifié). Ceci implique-t-il que l'État ne puisse plus désormais utiliser la politique budgétaire pour influer sur l'emploi et le produit intérieur ? Analysez les effets de l'accroissement d'un « budget équilibré », c'est-à-dire d'une augmentation des dépenses publiques accompagnée d'une hausse équivalente des impôts.

4. Supposons qu'il y ait une diminution permanente de la demande globale privée pour la production d'un pays (un déplacement vers le bas de la relation de demande globale). Quel est l'effet sur le produit intérieur ? Quelle politique économique pouvez-vous recommander ?

5. Pourquoi une augmentation temporaire des dépenses publiques provoque-t-elle une plus faible détérioration de la balance courante qu'une hausse permanente des dépenses publiques ?

6. Si un gouvernement a initialement un budget équilibré mais qu'il décide par la suite de réduire les impôts, cela crée un déficit qui devra être financé d'une manière ou d'une autre. Supposons que les agents pensent que le gouvernement financera ce déficit en augmentant l'offre de monnaie. Pensez-vous que la réduction des impôts provoquera une appréciation de la monnaie ?

7. On observe que la monnaie d'un pays et sa balance courante se déprécient. De quelles données avons-nous besoin pour savoir s'il s'agit effectivement d'un effet de la courbe en *J* ? Quelle autre modification macroéconomique pourrait expliquer ces deux évolutions ?

8. À peine élu, un gouvernement annonce qu'il va augmenter l'offre de monnaie. Utilisez le modèle *AA-DD* afin d'examiner la réaction de l'économie à cette annonce.

9. Comment peut-on représenter les courbes *AA-DD* quand la réaction de la balance courante à une variation du taux de change suit une courbe en *J* ? Utilisez cette représentation pour examiner les effets de modifications temporaires et permanentes des politiques monétaire et budgétaire.

10. À quoi ressemble la condition de Marshall-Lerner (développée à l'annexe B sous l'hypothèse standard d'une balance courante initialement équilibrée) dans un pays où la variation du taux de change réel se produit lorsque la balance courante est *déséquilibrée* ?

11. Notre modèle considère que le niveau général des prix est fixe à court terme, mais en réalité une appréciation de la monnaie provoquée par une politique budgétaire expansionniste permanente pourrait entraîner une légère baisse de P en diminuant le prix de certaines importations. On suppose que l'économie est initialement à l'équilibre. Si P peut baisser légèrement, est-il toujours vrai que cette politique n'a pas d'effet sur le produit intérieur ?

12. Supposons que la parité des taux d'intérêt ne soit pas exactement respectée, mais que la véritable relation soit $R = R^* + (E^e - E)/E + \rho$, avec ρ un terme mesurant le différentiel de risque entre les dépôts domestiques et les dépôts étrangers. Admettons qu'une augmentation permanente des dépenses publiques, en provoquant des déficits budgétaires futurs, entraîne également une augmentation de ρ, c'est-à-dire que les dépôts en monnaie domestique deviennent plus risqués. Évaluez les effets de cette politique sur le produit intérieur.

13. Si une économie ne se trouve *pas* initialement au plein emploi, est-il vrai qu'une modification permanente de la politique budgétaire n'a pas d'effet à court terme sur le produit intérieur ?

14. L'encadré sur le taux de change et le compte courant suggère que même lorsqu'une politique budgétaire expansionniste est permanente, les agents pourraient anticiper que, compte tenu de la détérioration de la balance courante, une partie de l'appréciation initiale de la monnaie sera temporaire. Si cela est vrai, quel est l'effet à court terme d'une politique budgétaire expansionniste permanente ?

15. Pouvez-vous reconstituer les cinq étapes du raisonnement montrant qu'une politique budgétaire expansionniste permanente ne peut pas provoquer une *contraction* du produit intérieur ?

16. La discussion sur le biais inflationniste suggère qu'il peut être difficile de concevoir une politique budgétaire expansionniste *permanente*. Qu'en pensez-vous ? Quels sont les effets sur le produit intérieur et le taux de change d'une politique budgétaire ? Pouvez-vous faire un rapprochement avec la discussion sur les répercussions à long terme des déséquilibres de la balance courante ?

17. Si vous comparez des économies à faible inflation avec celles dans lesquelles l'inflation est plus élevée et très volatile, pensez-vous que le degré de report du taux de change sera différent ? Pourquoi ?

18. En période de crise, il n'est pas rare que des voix s'élèvent pour demander que l'État privilégie, dans le cadre des dépenses publiques, les biens *made in France*. Qu'en pensez-vous ? Une relance budgétaire qui accorde la priorité aux biens *made in France* serait-elle plus efficace qu'une relance non contrainte ?

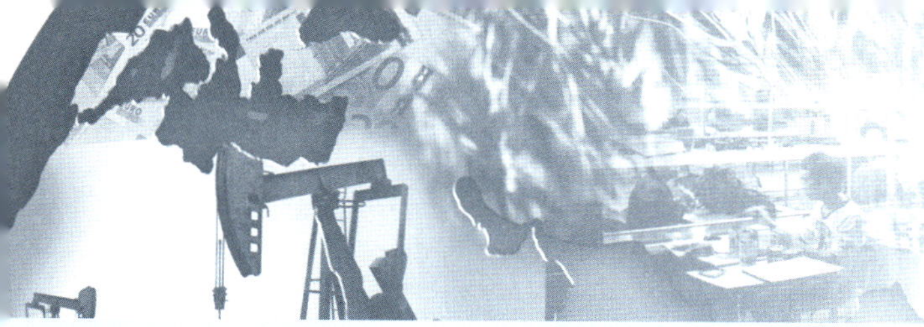

Annexes du chapitre 17

Annexe A : commerce intertemporel et demande de consommation

Nous avons supposé dans ce chapitre que la demande de consommation privée est une fonction du revenu disponible, $C = C(Y^d)$. Lorsque Y^d augmente, la consommation croît, mais dans une moindre proportion (de sorte que l'épargne, $Y^d - C(Y^d)$, augmente aussi). Cette annexe considère cette hypothèse dans le contexte du modèle intertemporel du comportement de consommation développé en annexe au chapitre 6. Nous supposions en effet que le bien-être des consommateurs dépendait de la demande de consommation présente D_p et de la demande de consommation future D_f. Si le revenu présent est noté Q_p et le revenu futur, Q_f, les consommateurs peuvent emprunter ou épargner pour allouer leur consommation dans le temps sous la *contrainte budgétaire intertemporelle :*

$$D_p + D_f/(1 + r) = Q_p + Q_f/(1 + r)$$

avec r le taux d'intérêt réel. La figure 17A.1 rappelle la façon dont la consommation et l'épargne sont déterminées au chapitre 6. Si les productions présente et future sont initialement décrites par le point 1, les consommateurs, en souhaitant atteindre la courbe d'utilité la plus haute compatible avec leur contrainte budgétaire, se placent également au point 1.

Pour simplifier, supposons qu'au point 1 l'agent n'épargne pas. Imaginons que le revenu courant augmente alors que le revenu futur reste fixe, ce qui déplace la dotation en revenu au point 2′ se situant à l'horizontale du point 1. Le consommateur souhaite alors répartir son supplément de consommation sur les deux périodes. Il peut le faire en épargnant une partie de l'augmentation de son revenu, $Q_p^2 - Q_p^1$, et en se déplaçant vers le haut le long de sa contrainte budgétaire, du point de dotation 2′ au point 2.

Si nous réinterprétons maintenant la notation de façon que la production présente, Q_p, corresponde au revenu disponible, Y^d, et que la demande de consommation présente corresponde à $C(Y^d)$, alors nous observons que la consommation peut dépendre d'autres facteurs que le revenu disponible courant – notamment le revenu futur et le taux d'intérêt réel. Ce type de comportement implique qu'une hausse du revenu se produisant sur la période présente conduira à un accroissement de la consommation présente mais dans une proportion moindre. Étant donné que les variations de production que nous avons considérées dans ce chapitre sont toutes temporaires, résultant de la rigidité à court terme des prix intérieurs, le comportement de consommation que nous avons décrit prend en compte la particularité du comportement de consommation intertemporel essentiel au modèle *AA-DD.*

Nous pouvons également utiliser la figure 17A.1 pour analyser les effets sur la consommation du taux d'intérêt réel. Si l'économie est initialement au point 1, une baisse du taux d'intérêt réel r provoque une rotation de la contrainte budgétaire dans le sens inverse des aiguilles d'une montre autour du point 1, entraînant une augmentation de la consommation présente. Cependant, si initialement l'économie a une épargne positive, comme au point 2, cet effet sera ambigu, traduisant les influences contraires des effets de substitution et de revenu examinés dans la première partie de l'ouvrage. Dans ce cas, le point de dotation est 2′, une baisse du taux d'intérêt réel provoque une rotation dans le sens inverse des aiguilles d'une montre de la contrainte budgétaire autour du point 2′. Les études empiriques indiquent que les effets positifs de la baisse du taux d'intérêt réel sur la consommation sont probablement faibles.

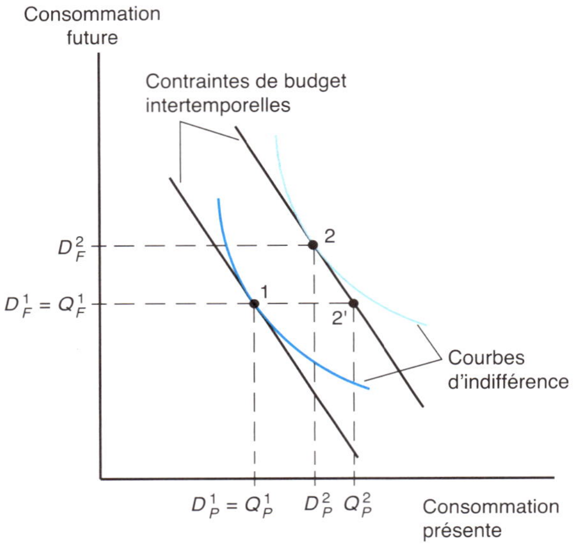

Figure 17A.1 – Variation de la production et de l'épargne.
Une hausse de la production sur une période augmente l'épargne.

Annexe B : la condition de Marshall-Lerner et l'estimation empirique des élasticités

Dans ce chapitre, nous avons supposé qu'une dépréciation réelle de la monnaie améliore la balance courante. Cependant, comme nous l'avons noté, la validité de cette hypothèse dépend de la réaction des volumes exportés et importés à une variation du taux de change. Dans cette annexe, nous établissons une condition pour que l'hypothèse retenue dans ce chapitre soit valide. Cette condition, appelée la *condition de Marshall-Lerner* (du nom d'Alfred Marshall et d'Abba Lerner), stipule que, toutes choses égales par ailleurs, une dépréciation réelle améliore la balance courante si les volumes importés et exportés sont suffisamment élastiques au taux de change réel. Après avoir établi la condition de Marshall-Lerner, nous présenterons les travaux estimant les élasticités empiriques des échanges.

Pour commencer, écrivons la balance courante, calculée en unités de production domestique, comme la différence entre les exportations et les importations de biens et de services :

$$CC(EP^*/P, Y^d) = \mathrm{EX}(EP^*/P) - IM(EP^*/P, Y^d)$$

Ci-dessus, la demande d'exportation est écrite comme une fonction dépendant uniquement de EP^*/P, puisque le revenu étranger est supposé constant. Soit q le taux de change réel à l'incertain EP^*/P, et EX^* les importations domestiques mesurées en termes de production étrangère plutôt qu'en termes de production domestique. Nous utilisons la notation EX^* parce que les importations domestiques, calculées en production étrangère, sont égales au volume des exportations étrangères vers l'économie domestique. Comme q est le prix des produits étrangers en termes de produits domestiques, alors IM et EX^* sont reliés par la relation suivante :

$$IM = q \times EX^*$$

Soit, importations mesurées en termes de production domestique = (unités de production domestique/unité de production étrangère) × (importations mesurées en unités de production étrangère)[15] .

La balance courante peut donc s'écrire de la façon suivante :

$$CC(q, Y^d) = \mathrm{EX}(q) - q \times EX^*(q, Y^d)$$

Maintenant, posons les variables EX_q et EX_q^* afin de représenter l'effet d'une augmentation de q (une dépréciation réelle) respectivement sur la demande d'exportation et sur le volume d'importations. Ainsi,

$$EXq = DEX \,/\, \Delta q,\ EX_q^* = DEX^* \,/\, \Delta q$$

Nous l'avons vu dans ce chapitre, EX_q est positif (une dépréciation réelle rend les produits domestiques relativement bon marché et stimule les exportations) alors que EX_q^* est négatif (des produits relativement meilleur marché réduisent la demande d'importation des résidents). Nous pouvons donc nous demander comment une hausse de q agit sur la balance courante, toutes choses égales par ailleurs. Nous utilisons l'exposant1 pour indiquer la valeur initiale d'une variable et l'exposant 2 pour indiquer sa valeur une fois que q a varié de $\Delta q = q^2 - q^1$. La variation du solde de la balance courante provoquée par une modification du taux de change réel Δq est :

$$\begin{aligned} DCC = CC^2 - CC^1 &= (EX^2 - q^2 \times EX^{*2}) - (EX^1 - q^1 \times EX^{*1}) \\ &= DEX - (q^2 \times DEX^*) - (\Delta q \times EX^{*1}) \end{aligned}$$

15. L'identification du taux de change réel comme un prix de production relatif n'est pas complètement exacte dans la mesure où, tel que nous l'avons défini, le taux de change réel est le prix relatif de paniers représentatifs. Cependant, dans la majorité des cas, cette erreur n'est pas qualitativement importante. Un problème plus sérieux est qu'une partie des produits domestiques est non échangeable et que le taux de change réel prend en compte ces prix aussi bien que ceux des produits échangeables. Afin d'éviter la complexité liée à un traitement plus fin de la composition des produits domestiques, nous supposons en dérivant la condition de Marshall-Lerner que le taux de change réel peut être approximativement identifié au prix relatif des importations en termes d'exportations.

En divisant cette expression par Δq, nous obtenons la réponse de la balance courante à une variation de q :

$$DCC/\Delta q = EX_q - (q^2 \times EX_q^*) - EX^{*1}$$

Cette équation résume les deux effets sur la balance courante d'une dépréciation réelle examinés dans ce chapitre, l'effet *volume* et l'effet *valeur :*

- EX_q et $-(q^2 \times EX_q^*)$ représentent l'effet volume, celui d'une variation de q sur le nombre d'unités de produits importés et exportés. Ces termes sont toujours positifs car $EX_q > 0$ et $EX_q^* < 0$.
- EX^{*1} représente l'effet valeur et se trouve précédé d'un signe négatif. Ce dernier terme nous dit qu'une hausse de q détériore la balance courante dans la mesure où elle augmente la valeur en termes de production domestique du volume initial d'importations.

Le membre de droite de l'équation présentée ci-dessus est-il positif, c'est-à-dire une dépréciation réelle provoque-t-elle une amélioration de la balance courante ? Pour répondre, nous définissons dans un premier temps *l'élasticité de la demande d'exportation* par rapport à q :

$$h = (q^1/EX^1)EX_q$$

et l'élasticité de la demande d'importation par rapport à q

$$h^* = -(q^1/EX^{*1})EX^*_q$$

Un signe négatif apparaît parce que $EX_q^* < 0$ et que nous définissons les élasticités des échanges par des nombres positifs.

Nous multiplions le membre de droite de l'équation $\boldsymbol{\Delta CC/\Delta q}$ par (q^1/EX^1) afin de l'exprimer en termes d'élasticités des échanges. Si la balance courante est initialement équilibrée $(EX^1 = q^1 \times EX^{*1})$, alors cette dernière étape montre que $\Delta CC / Dq$ est positif quand :

$$\eta + (q^2/q^1)\, h^* - 1 > 0$$

Si l'on suppose que la variation de q est faible, c'est-à-dire $q^2 \approx q^1$, la condition pour qu'une augmentation de q améliore la balance courante est :

$$\eta + h^* > 1$$

C'est la condition de Marshall-Lerner. Celle-ci stipule que si la balance courante est initialement équilibrée, une dépréciation réelle de la monnaie provoque un surplus de la balance courante si la somme des élasticités des prix relatifs des demandes d'exportation et d'importation est supérieure à 1. Si la balance courante n'est pas équilibrée initialement, la condition devient considérablement plus compliquée. Lorsqu'on applique la condition de Marshall-Lerner, il est important de garder à l'esprit que pour l'obtenir nous avons supposé que le revenu disponible reste constant quand q varie.

Maintenant que nous avons établi la condition de Marshall-Lerner, nous pouvons nous demander si les valeurs empiriques des élasticités sont compatibles avec l'hypothèse de ce chapitre stipulant qu'une dépréciation réelle du taux de change améliore la balance courante. Le tableau 17B.1 présente les élasticités estimées par le Fonds monétaire international pour le commerce de biens industriels[16]. Le tableau détaille les élasticités-prix des importations et des exportations mesurées sur trois horizons de temps, permettant ainsi aux importations et aux exportations de s'ajuster progressivement à des modifications des prix relatifs, comme nous l'avons développé dans notre discussion sur l'effet de la courbe en *J*. Les élasticités à court terme mesurent la réponse des flux des échanges à une variation des prix relatifs sur les six mois suivant cette variation. Les élasticités à moyen terme sont appliquées sur une période d'ajustement d'un an. Les élasticités à long terme mesurent la réponse des flux commerciaux aux variations des prix sur une période d'ajustement supposée infinie.

Pour la plupart des pays, les élasticités à court terme sont si faibles que la somme de ces élasticités pour les importations et les exportations est inférieure à 1. La condition de Marshall-Lerner n'est donc pas remplie pour ces élasticités. Ces résultats sont en faveur de l'existence d'un effet de courbe en *J* provoquant une détérioration de la balance courante immédiatement après une dépréciation réelle.

La condition de Marshall-Lerner est toutefois vérifiée à moyen et long termes pour la plupart des pays. Exception faite des périodes très courtes, une dépréciation réelle améliore donc la balance courante alors qu'une appréciation réelle la détériore.

Tableau 17B.1 : Élasticités-prix estimées du commerce international de biens industriels

		η			η^*	
Pays	**Court terme**	**Moyen terme**	**Long terme**	**Court terme**	**Moyen terme**	**Long terme**
Allemagne	–	–	1,41	0,57	0,77	0,77
Autriche	0,39	0,71	1,37	0,03	0,36	0,80
Belgique	0,18	0,95	1,55	–	–	0,70
Canada	0,08	0,40	0,71	0,72	0,72	0,72
Danemark	0,82	1,13	1,13	0,55	0,93	1,14
États-Unis	0,18	0,48	1,67	–	1,06	1,06
France	0,20	0,48	1,25	–	0,49	0,60
Italie	–	0,56	0,64	0,94	0,94	0,94
Japon	0,59	1,01	1,61	0,16	0,72	0,97
Norvège	0,40	0,74	1,49	–	0,01	0,71
Pays-Bas	0,24	0,49	0,89	0,71	1,22	1,22
Royaume-Uni	–	–	0,31	0,60	0,75	0,75
Suède	0,27	0,73	1,59	–	–	0,94
Suisse	0,28	0,42	0,73	0,25	0,25	0,25

Source : Jacques R. Artus et Malcolm D. Knight, « Issues in the Assessment of the Exchange Rates of Industrial Countries », *Occasional Paper*, 29. Washington D.C., International Monetary Fund, tableau 4, juillet 1984. Les estimations non disponibles sont indiquées par un tiret.

16. Voir aussi le rapport du CAE n° 62, par Patrick Artus et Lionel Fontagné, 2006, Évolution récente du commerce extérieur français, La Documentation Française.

Chapitre 18

Taux de change fixes et interventions sur le marché des changes

Objectifs pédagogiques :

- Évaluer la manière dont les banques centrales procèdent pour stabiliser la valeur de leur monnaie sur le marché des changes.
- Étudier les relations entre les réserves des banques centrales, leurs achats et ventes sur le marché des changes ainsi que l'offre de monnaie.
- Définir le principe des interventions de change stérilisées.
- Analyser les effets des politiques budgétaires et monétaires en changes fixes.
- Identifier les causes et les conséquences des crises de balance des paiements.
- Étudier les systèmes multilatéraux de changes fixes ou semi-flexibles.

Dans les chapitres précédents, nous avons présenté un modèle qui permet de comprendre comment le taux de change et le revenu national sont déterminés par l'interaction entre les marchés d'actifs et celui des biens et des services. Nous avons aussi vu comment les politiques monétaires et budgétaires peuvent être employées pour assurer le plein emploi et la stabilité des prix.

Afin de préserver la simplicité de l'exposé, nous avons supposé que les taux de change étaient parfaitement flexibles, c'est-à-dire que les autorités monétaires n'intervenaient pas sur le marché des changes. Cette hypothèse est cependant peu réaliste. La plupart des pays industrialisés ont un système hybride, dit de **changes flottants administrés**, où les banques centrales cherchent à contrôler les fluctuations de leur monnaie sans toutefois maintenir des parités fixes. Nombre de pays en développement conservent, par ailleurs, des parités plus ou moins fixes.

Dans ce chapitre, nous étudions comment les banques centrales peuvent fixer leur taux de change et en quoi cela contraint les politiques macroéconomiques nationales. Cela nous permettra de comprendre l'effet des interventions des banques centrales dans un régime de changes flottants administrés.

1 Pourquoi étudier les taux de change fixes ?

Une discussion sur les taux de change fixes peut sembler aujourd'hui dépassée, tant les médias se font régulièrement l'écho de la forte volatilité des changes. Quatre raisons motivent pourtant un tel exposé :

- *Le flottement administré.* Le système monétaire actuel est, en réalité, un système hybride. Les banques centrales interviennent souvent sur les marchés de capitaux afin d'influer sur les taux de change. On parle alors de flottement « impur », par opposition au flottement « pur »[1]. L'analyse des taux de change fixes permet ainsi de mieux comprendre les effets de ces interventions sur les marchés des changes, même en changes flottants.
- *Les accords monétaires régionaux.* Ces accords peuvent prendre plusieurs formes. Citons notamment les unions de change, dans lesquelles les membres s'engagent mutuellement à maintenir leurs parités fixes, tout en laissant fluctuer leur monnaie par rapport à celles des pays non membres. C'est le cas, par exemple, de la Lettonie qui ancre sa monnaie à l'euro dans le cadre du mécanisme de change européen.
- *Le cas des pays en développement.* Si les pays industrialisés laissent généralement flotter leur monnaie par rapport au dollar, ils ne représentent guère plus d'un sixième des pays du monde. Beaucoup de pays en développement ancrent leur monnaie à un panier de monnaies (c'est le cas du Maroc par exemple) ou à une monnaie de référence (la Barbade ancre sa monnaie au dollar américain, les pays de la zone franc à l'euro, etc.)[2].
- *Les leçons à tirer du passé.* Avant la Première Guerre mondiale, de 1920 à 1931, puis à nouveau de 1945 à 1973, les taux de change fixes représentent la norme. Certains économistes et responsables politiques insatisfaits de l'expérience des taux de change flottants proposent aujourd'hui de nouveaux accords internationaux qui réhabiliteraient, sous une forme ou sous une autre, un système de changes fixes. De telles mesures serait-elles bénéfiques à l'économie mondiale ? Afin de comparer les mérites des deux systèmes (voir chapitre 19), il nous faut comprendre le fonctionnement des changes fixes.

---

1. Supposer que les autorités monétaires n'interviennent jamais sur le marché des changes est une hypothèse pratique (c'est la raison pour laquelle nous l'avons retenue jusque-là), mais on peut se demander si un tel système a jamais existé. Même si les autorités n'ont pas de politique de change avouée, elles n'ignorent pas pour autant les conséquences de leurs politiques économiques sur le taux de change.
2. Le FMI publie régulièrement une liste des régimes de change des pays membres. En 2008, 40 pays (soit la plupart des économies industrialisées, y compris les 15 pays de la zone euro – depuis, la Slovaquie et l'Estonie ont rejoint la zone euro) ont des monnaies indépendamment flottantes ; 44 pays sont engagés dans un flottement administré sans bande de fluctuation prédéterminée du taux de change ; 3 laissent fluctuer leur monnaie à l'intérieur d'une bande ; 10 (dont la Chine) utilisent des systèmes de change à crémaillère plus ou moins souples (*crawling pegs* ou *crawling bands*), dans lesquels le taux de change doit suivre un chemin stable et prédéterminé ; 68 (essentiellement des pays en développement, mais aussi le Danemark, membre de l'UE) ont des taux de change fixes ; enfin, 10 n'ont pas de monnaie propre et 13 ont recours à des caisses d'émission (*currency board*), qui peuvent être assimilées à des systèmes de change fixes (voir chapitre 22).

Encadré 18.1

La zone franc*

La zone franc regroupe la France, les Comores et 14 pays d'Afrique subsaharienne (en Afrique de l'Ouest : le Bénin, le Burkina-Faso, la Côte d'Ivoire, la Guinée-Bissau, le Mali, le Niger, le Sénégal et le Togo ; en Afrique centrale : le Cameroun, la République centrafricaine, le Congo, le Gabon, la Guinée-Équatoriale et le Tchad).

Les banques centrales des pays d'Afrique de l'Ouest, d'Afrique centrale et des Comores (c'est-à-dire la Banque centrale des États d'Afrique de l'Ouest, la Banque des États d'Afrique centrale et la Banque centrale des Comores) disposent d'un compte dit « d'opérations », ouvert sur les livres du Trésor français, qui garantit la convertibilité de leur monnaie. Jusqu'au 1er janvier 1999, les francs CFA et comoriens étaient ancrés au franc français. Dès l'adoption de l'euro, la monnaie européenne a remplacé le franc comme ancre monétaire des francs CFA et comoriens, sans que les mécanismes de coopération monétaire ne soient affectés.

La coopération monétaire entre la France et les pays africains de la zone franc est régie par quatre principes fondamentaux : garantie de convertibilité illimitée du Trésor français, fixité des parités, libre transférabilité et centralisation des réserves de change – en contrepartie de cette garantie, les banques centrales sont tenues de déposer une partie de leurs réserves de change auprès du Trésor français sur leur compte d'opérations.

Le fonctionnement des comptes d'opérations a été formalisé par des conventions entre les autorités françaises et les représentants des banques centrales de la zone franc. Ils fonctionnent comme des comptes à vue ouverts auprès du Trésor français. Ils sont rémunérés et peuvent, dans des circonstances exceptionnelles, devenir débiteurs. Toutefois, afin d'éviter que ces comptes ne présentent durablement un découvert, des mesures préventives sont prévues.

La coopération entre la France et les pays de la zone franc se traduit notamment par la tenue, deux fois par an, de réunions des ministres des Finances des pays de la zone franc.

* Voir la note d'information de la Banque de France n° 127 relative à la zone franc.

2 Comment la banque centrale agit-elle sur l'offre de monnaie ?

Au chapitre 15, nous avons défini l'offre de monnaie comme le total des espèces et des dépôts à vue détenus par les résidents. Nous avons aussi supposé que la banque centrale détermine la quantité de monnaie en circulation. Examinons maintenant les effets des interventions de la banque centrale sur l'offre de monnaie[3].

3. D'autres organisations gouvernementales peuvent intervenir sur le marché des changes mais, à la différence des banques centrales, ces interventions n'ont pas d'effet significatif sur l'offre de monnaie (autrement dit, comme on le verra plus tard, ces interventions sont automatiquement stérilisées). Nous considérons ici, pour simplifier, uniquement les interventions des banques centrales.

2.1 Bilan de la banque centrale et offre de monnaie

Le **bilan de la banque centrale** recense les avoirs détenus par la banque centrale à l'actif, ainsi que ses engagements au passif.[4] Comme n'importe quel bilan comptable, le bilan de la banque centrale obéit au principe de la comptabilité en partie double.

Actif		Passif	
Avoirs étrangers	1 000 €	Dépôts des banques	500 €
Avoirs nationaux	1 500 €	Monnaie fiduciaire	2 000 €

À l'actif du bilan de la banque centrale (qui respecte bien sûr le principe de comptabilité en partie double), on trouve des *avoirs nationaux* (obligations d'État ou prêts aux banques résidentes) et des *avoirs* étrangers (principalement des obligations en devises ou de l'or). Ces derniers sont des moyens de paiement universels et internationaux. Ils constituent les réserves officielles de la banque centrale et lui permettent d'intervenir sur le marché des changes. Au passif, on trouve des dépôts effectués par les banques résidentes – dites de second rang – et la monnaie fiduciaire (l'ensemble des pièces et des billets mis en circulation par la banque centrale).

L'actif et le passif sont, par définition, égaux. Par conséquent, toute variation des avoirs de la banque centrale induit automatiquement une variation de ses engagements. L'achat d'un actif par la banque centrale implique une augmentation, soit de la quantité de monnaie en circulation, soit de ses engagements auprès des banques de second rang. De même, la vente d'un actif entraîne, soit un retrait de la monnaie en circulation, soit une diminution des avoirs des banques de second rang sur la banque centrale. Les achats ou les ventes d'actifs par la banque centrale dans le cadre de la politique monétaire sont qualifiés d'opérations d'*open market*. En fait, il faut bien comprendre que les interventions officielles des banques centrales sur le marché international des capitaux ont les mêmes effets sur l'offre de monnaie que sur les opérations d'open market. Rappelons, en outre, que l'achat d'actifs conduit à une augmentation *plus que proportionnelle* de l'offre de monnaie : c'est l'effet du *multiplicateur monétaire.*

On retiendra le principe suivant : *tout achat d'actifs par la banque centrale provoque automatiquement un accroissement de l'offre de monnaie et, réciproquement, toute vente provoque une diminution de l'offre de monnaie.*

2.2 Interventions sur le marché des changes et offre de monnaie

Supposons que la banque centrale intervienne sur le marché des changes en vendant pour 100 € d'obligations étrangères. Cette vente réduit les avoirs étrangers détenus par la banque centrale de 1 000 € à 900 €. Le paiement qu'elle reçoit réduit automatiquement ses engagements d'un montant de 100 € : si, par exemple, elle est payée en espèces, 100 € sont retirés

4. Pour une présentation détaillée du mécanisme de création monétaire, voir Frederic S. Mishkin, Christian Bordes, Pierre-Cyrille Hautcœur, Dominique Lacoue-Labarthe et Xavier Ragot, *Monnaie banque et marchés financiers*, 9e édition, Pearson Education France, 2010.

de la circulation (le cas d'un paiement par chèque est traité à la question 15 à la fin du chapitre). L'actif et le passif de la banque centrale sont toujours égaux, mais les deux ont diminué de 100 €, tout comme l'offre de monnaie.

Actif		Passif	
Actifs étrangers	900 €	Dépôts des banques privées	500 €
Actifs domestiques	1 500 €	Monnaie en circulation	1 900 €

À l'inverse, l'achat pour 100 € d'actifs étrangers par la banque centrale implique une hausse de ses engagements pour un montant de 100 €. Si cet achat est réglé en espèces, la monnaie en circulation augmente de 100 €. Si le paiement s'effectue par chèque, les dépôts des banques de second rang auprès de la banque centrale augmentent de 100 €. Dans chaque cas, il y a un accroissement de l'offre de monnaie.

2.3 Stérilisation

Les banques centrales peuvent annuler les effets de leurs interventions sur l'offre de monnaie en effectuant des opérations opposées sur les marchés d'actifs nationaux et étrangers. On parle dans ce cas d'**intervention stérilisée** . Reprenons l'exemple précédent, dans lequel la banque centrale vend pour 100 € d'obligations étrangères. Si elle achète, dans le même temps, pour 100 € d'actifs domestiques, elle accroît ses actifs *et* ses engagements domestiques de 100 €, compensant ainsi l'effet sur l'offre de monnaie. Le passif total reste identique, de sorte qu'une intervention stérilisée sur le marché des changes est sans effet sur l'offre de monnaie.

Actif		Passif	
Actifs étrangers	900 €	Dépôts des banques privées	500 €
Actifs domestiques	1 600 €	Monnaie en circulation	2 000 €

Le tableau ci-dessous résume et compare les effets des interventions stérilisées et non stérilisées sur le marché des changes.

Action de la banque centrale sur le marché des changes	Effet sur l'offre de monnaie domestique	Effet sur les actifs domestiques de la banque centrale	Effet sur les actifs étrangers de la banque centrale
Achat non stérilisé	+100 €	0	+100 €
Achat stérilisé	0	−100 €	+100 €
Vente non stérilisée	−100 €	0	−100 €
Vente stérilisée	0	+100 €	−100 €

2.4 Balance des paiements et offre de monnaie

Au chapitre 13, nous avons défini la balance globale (ou balance des règlements officiels) comme la somme du compte courant, du compte de capital, du compte financier hors avoirs de réserve (à l'erreur statistique près). Elle correspond aux achats nets d'actifs étrangers par la banque centrale, moins les achats nets d'actifs domestiques par les banques centrales étrangères. Autrement dit, il s'agit du solde des paiements internationaux financés par les réserves des banques centrales. Un déficit de la balance globale, par exemple, correspond à une diminution des avoirs de réserve : les ventes nettes d'actifs étrangers par la banque centrale couvrent, soit la part du déficit courant qui n'est pas compensée par un flux financier net entrant, soit un surplus du compte courant insuffisant pour combler les sorties nettes de capitaux.

Notons qu'il est difficile de connaître les effets des déséquilibres de la balance globale sur l'offre de monnaie domestique et étrangère. Comme nous l'avons vu, les banques centrales peuvent stériliser leurs interventions afin de neutraliser les effets des variations de leurs réserves de change sur l'offre de monnaie. En outre, les ajustements se répartissent entre les banques centrales et cette répartition dépend de nombreux facteurs macroéconomiques et institutionnels.

3 Comment la banque centrale fixe-t-elle le taux de change ?

Afin de maintenir le taux de change constant, la banque centrale doit pouvoir intervenir à tout moment sur le marché des changes. Pour fixer, par exemple, le taux dollar contre yen à 120 ¥ par dollar, la banque du Japon doit utiliser ses réserves en dollars afin d'acheter des yens au taux de 120 ¥ par dollar, quel que soit le montant souhaité par le marché. Elle doit aussi acheter à ce taux de change les actifs en dollars que le marché souhaite échanger contre des yens. Si la banque du Japon n'élimine pas ces offres et ces demandes excédentaires de yens en intervenant sur le marché, le taux de change devra s'adapter pour restaurer l'équilibre.

En plus d'intervenir sur le marché des changes, la banque centrale doit également intervenir pour équilibrer le marché des taux d'intérêt, si elle souhaite maintenir son taux de change fixe. Comme nous l'avons vu dans les chapitres précédents, il existe effectivement des liens forts entre le marché des changes et celui de la monnaie.

3.1 Équilibre du marché des changes en changes fixes

Le marché des changes est à l'équilibre lorsque la condition de parité des taux d'intérêt (PTI) est vérifiée : le taux d'intérêt intérieur, R, est égal au taux d'intérêt étranger, R^*, augmenté du taux de dépréciation anticipé de la monnaie domestique par rapport à la monnaie étrangère $(E^e - E)/E$. Lorsque le taux de change est fixé à E^0, et qu'il n'y a pas d'anticipation de variation de ce taux, le taux de dépréciation est nul. E^0 est alors le taux de change d'équilibre si et seulement si $R = R^*$. Autrement dit, lorsque le taux de change est fixé de manière permanente à E^0, la banque centrale doit assurer l'égalité entre R et R^* afin de maintenir la fixité de ce taux.

3.2 Équilibre du marché monétaire en changes fixes

Afin de maintenir le taux d'intérêt intérieur au niveau R^*, la banque centrale doit ajuster l'offre de monnaie, de telle sorte que R^* égalise la demande et l'offre réelle de monnaie domestique : $M^S/P = L(R^*, Y)$.

Supposons que la banque centrale ait fixé E à E^0 et que le marché des actifs soit initialement à l'équilibre. Le produit intérieur Y augmente alors soudainement. Cette hausse accroît la demande de monnaie, ce qui fait augmenter le taux d'intérêt intérieur. Afin d'éviter que la monnaie domestique ne s'apprécie, la banque centrale doit intervenir sur le marché des changes en achetant des actifs étrangers. Pour payer ces actifs, elle crée de la monnaie et élimine ainsi la demande excédentaire. De cette manière, elle accroît automatiquement l'offre de monnaie jusqu'à ce que le marché des actifs soit de nouveau à l'équilibre, avec $E = E^0$ et $R = R^*$.

Imaginons que la banque centrale n'achète pas d'actifs étrangers. Dans ce cas, elle ne satisfait pas l'excès de demande de monnaie. Afin d'équilibrer le marché monétaire, le taux d'intérêt intérieur devra augmenter. Ce dernier étant alors supérieur au taux d'intérêt étranger R^*, les investisseurs privilégieront les placements domestiques, ce qui aura pour effet de faire baisser le taux de change (à l'incertain) E^0.

Le mécanisme de fixation du taux de change que nous venons de décrire peut être représenté graphiquement. La figure 18.1 illustre l'équilibre simultané du marché des changes et de la monnaie dans le cas d'un taux de change invariablement fixé à E^0.

L'équilibre initial sur le marché monétaire est représenté par le point 1 dans la partie inférieure de la figure. Pour un niveau de prix P et un produit intérieur Y^1 donnés, l'offre de monnaie doit être égale à M^1, lorsque les taux d'intérêt intérieur et étranger sont égaux à R^*. La partie supérieure de la figure montre en 1′ le point d'équilibre du marché des changes. La parité des taux d'intérêt est vérifiée dans ce cas pour $R = R^*$ et un taux de change fixe E^0.

Une hausse du revenu de Y^1 à Y^2 accroît la demande réelle de monnaie quel que soit le niveau des taux d'intérêt : la demande de monnaie agrégée se déplace donc vers le bas. Comme nous l'avons vu, une condition nécessaire au maintien du taux de change fixe est de restaurer l'équilibre *courant* du marché des actifs au niveau E^0, qui doit rester le taux de change futur anticipé par les opérateurs. Nous pouvons donc supposer que la courbe de la partie supérieure de la figure ne se déplace pas.

Si la banque centrale n'intervenait pas, le nouvel équilibre du marché monétaire se situerait au point 3. Puisque le taux d'intérêt intérieur est en ce point supérieur à R^*, la monnaie domestique devrait s'apprécier pour restaurer l'équilibre du marché des changes au point 3′. Cependant, la banque centrale ne peut pas laisser sa monnaie s'apprécier en changes fixes. Elle devra donc acheter des actifs étrangers jusqu'à ce que l'offre de monnaie domestique atteigne le niveau d'équilibre M^2. L'équilibre est alors atteint aux points 2 et 1′, où le taux d'intérêt intérieur h, R, est égal à R^* et le taux de change à E^0.

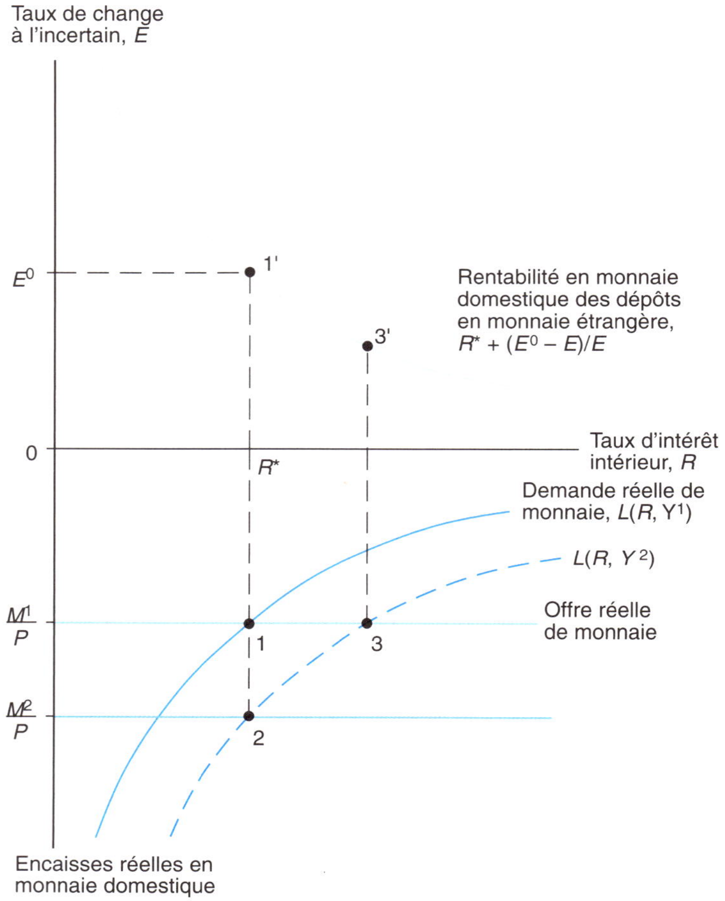

Figure 18.1 – Équilibre du marché des actifs avec un taux de change fixe E^0.
Pour maintenir le taux de change au niveau E^0 lorsque le produit intérieur augmente de Y^1 à Y^2, la banque centrale doit acheter des actifs étrangers et par conséquent augmenter l'offre de monnaie de M^1 à M^2.

4 Politiques de stabilisation en changes fixes

Les politiques macroéconomiques de stabilisation (voir chapitre 17) ont des effets différents selon que la banque centrale fixe ou non le taux de change. Dans cette section, nous verrons qu'en fixant le taux de change, elle abandonne la possibilité de recourir à la politique monétaire pour réguler l'économie. La politique budgétaire gagne cependant en efficacité[5].

5. Voir aussi Robert A. Mundell, « Capital mobility and stabilization policy under fixed and flexible exchange rates », *Canadian Journal of Economics and Political Science*, 29, 1963, p. 475-485.

Nous étudierons également l'effet des politiques de dévaluation et de réévaluation du taux de change.

À l'instar du chapitre 17, nous utilisons le modèle *AA-DD* pour décrire l'équilibre de l'économie à court terme. Rappelons que la courbe *DD* représente les combinaisons possibles de taux de change et de produit intérieur pour lesquelles le marché des biens et des services est à l'équilibre, et la courbe *AA* celles qui équilibrent les marchés d'actifs. L'intersection des courbes *AA* et *DD* correspond à l'équilibre de court terme de l'économie. Pour appliquer ce modèle à une économie où le taux de change est fixé de manière permanente, nous supposons que le taux de change futur anticipé E^e correspond au taux E^0.

4.1 Politique monétaire

Lorsque la banque centrale fixe le taux de change au niveau E^0, l'équilibre de court terme de l'économie se situe au point 1 (voir figure 18.2). Le produit intérieur est alors égal à Y^1 et les taux d'intérêt intérieur et étranger sont égaux. Supposons maintenant que, pour relancer l'activité, la banque centrale décide d'accroître l'offre de monnaie en achetant des actifs domestiques.

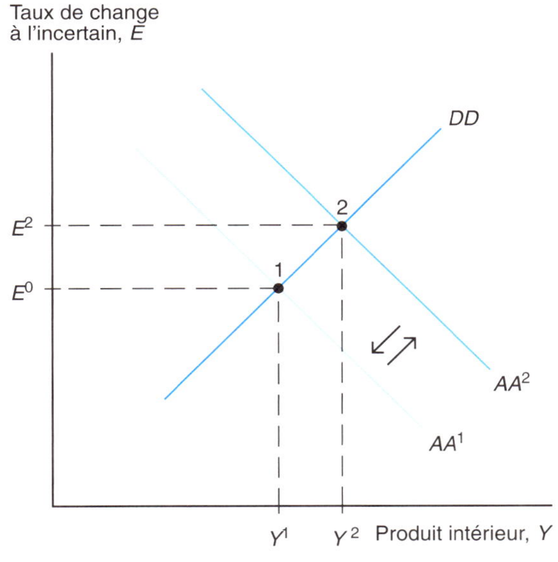

Figure 18.2 – L'inefficacité d'une expansion monétaire en changes fixes.

L'équilibre initial se situe au point *1*, où les marchés s'équilibrent au taux de change fixe E^0 et au niveau de produit intérieur Y^1. Pour accroître le produit intérieur au niveau Y^2, la banque centrale augmente l'offre de monnaie en achetant des actifs domestiques. Le résultat est un déplacement de la courbe AA^1 vers AA^2. Comme la banque centrale doit maintenir le taux de change au niveau E^0, elle vend aussi des actifs étrangers, ce qui diminue l'offre de monnaie et ramène ainsi AA^2 à AA^1. L'équilibre reste au point *1*, avec un produit intérieur inchangé Y^1.

La hausse des actifs domestiques détenus par la banque centrale provoque un déplacement de la courbe AA vers la droite, de AA^1 vers AA^2, ce qui conduit la monnaie à se déprécier et génère un nouvel équilibre au point 2. Afin de compenser cette dépréciation et maintenir le taux de change au niveau E^0, la banque centrale doit vendre des avoirs étrangers. À mesure que l'offre de monnaie diminue, la courbe d'équilibre du marché des actifs revient vers sa position initiale, AA^1. Une fois l'offre de monnaie revenue à son niveau initial, le taux de change ne subit plus de pression à la baisse. Toute tentative d'augmentation de l'offre de monnaie en changes fixes est donc vaine.

Ce résultat est très différent de celui obtenu au chapitre 17. En changes flottants, la banque centrale qui achète des actifs domestiques provoque une offre excédentaire de monnaie, qui implique une pression à la baisse sur le taux d'intérêt (à moins que l'économie soit piégée dans une trappe à liquidité), une dépréciation de la monnaie domestique et une hausse du produit intérieur. En changes fixes, l'accroissement des actifs domestiques de la banque centrale est compensé par une *diminution* de ses réserves officielles internationales. Réciproquement, toute diminution de l'offre de monnaie par la vente d'actifs domestiques cause une *augmentation* égale des réserves, et l'offre de monnaie est finalement inchangée. Autrement dit, en changes fixes, la politique monétaire n'influe que sur le niveau des réserves internationales, et rien d'autre. *En changes fixes, la politique monétaire est inefficace. Elle n'a d'impact ni sur l'offre de monnaie, ni sur le revenu national.*

4.2 Politique budgétaire

La figure 18.3 illustre les effets d'une politique budgétaire expansionniste lorsque l'économie part du point d'équilibre *1*. Une expansion budgétaire a pour effet de déplacer la courbe d'équilibre du marché des biens et des services vers la droite (voir chapitre 17). Graphiquement, DD^1 se déplace donc vers DD^2. Sans intervention de la banque centrale sur le marché des changes, le produit intérieur augmenterait jusqu'à Y^2 et le taux de change tomberait en E^2 (ce qui correspond à une appréciation de la monnaie), à la suite de l'augmentation du taux d'intérêt intérieur (en supposant les anticipations inchangées).

En changes fixes, afin d'éviter que l'excès de demande de monnaie causé par l'augmentation de l'activité n'implique une hausse du taux d'intérêt et une appréciation de la monnaie, la banque centrale doit acheter des actifs étrangers. Cette intervention maintient le taux de change à E^0, en déplaçant AA^1 vers AA^2. Au nouveau point d'équilibre *3*, le produit intérieur est plus élevé, le taux de change reste inchangé et les réserves officielles internationales (et l'offre de monnaie) sont plus importantes.

Contrairement à la politique monétaire, la politique budgétaire peut donc être utilisée pour atteindre le plein emploi en changes fixes et son effet est même plus important qu'en changes flottants. En effet, en changes flottants, l'expansion budgétaire s'accompagne d'une appréciation de la monnaie, qui provoque une diminution la demande étrangère de biens et de services intérieurs. Cela tend ainsi à atténuer les effets positifs sur la demande globale. En changes fixes, pour compenser cette appréciation, la banque centrale doit accroître l'offre de monnaie par l'achat d'actifs en monnaies étrangères. Cet effet additionnel explique pourquoi la politique budgétaire est plus efficace.

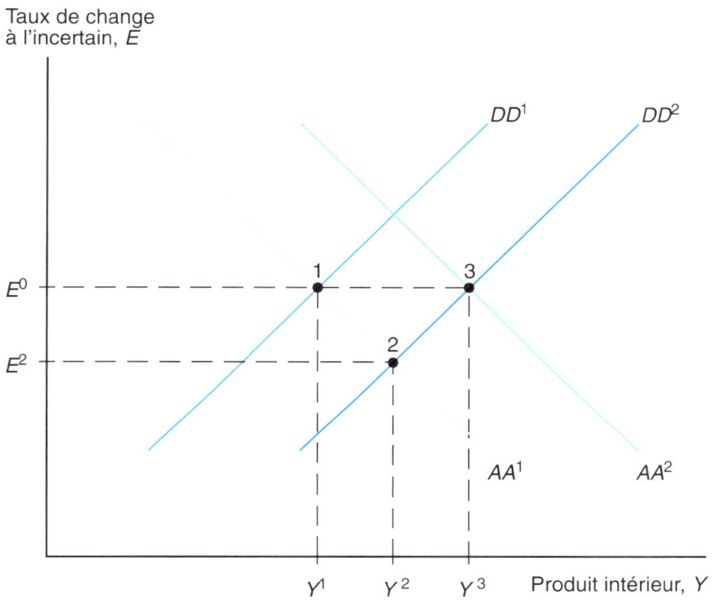

Figure 18.3 – L'effet d'une expansion budgétaire en changes fixes.
Une expansion budgétaire a pour effet de déplacer DD^1 vers DD^2 ; l'intervention de la banque centrale déplace AA^1 vers AA^2, ce qui fait passer l'équilibre du point *1* au point *3*.

4.3 Politiques de dévaluation et de réévaluation

Les pays en changes fixes décident parfois de modifier brusquement et unilatéralement leur parité de change. C'est le cas, par exemple, lorsque les réserves de change s'épuisent du fait d'un déficit de la balance courante qui excède les entrées de capitaux privés.

Lorsque le prix des monnaies étrangères en monnaie domestique augmente (c'est-à-dire quand le taux de change coté à l'incertain augmente), on parle de **dévaluation**. À l'inverse, lorsque ce prix diminue, on parle de **réévaluation**. Remarquons la distinction subtile avec les termes *dépréciation* et *appréciation*. On parle de dévaluation ou de réévaluation dans un régime de changes fixes, et de dépréciation ou d'appréciation dans un régime de changes flottants. Les termes *dévaluation* et *réévaluation* correspondent à des changements du taux de change, décidés de manière délibérée par les autorités monétaires. Les termes *dépréciation* et *appréciation* font, quant à eux, référence à des variations subies des taux de change flottants sur les marchés. Tout ce que la banque centrale doit faire pour dévaluer ou réévaluer est d'annoncer sa volonté d'échanger la monnaie domestique contre des monnaies étrangères, quel que soit le montant, au nouveau taux de change.

La figure 18.4 montre les conséquences d'une dévaluation sur l'économie. Une augmentation du taux de change de E^0 à E^1 rend les biens et les services intérieurs relativement moins chers que ceux de l'étranger (pour P et P^* fixés à court terme). Le produit intérieur augmente donc jusqu'au niveau Y^2, qui correspond au point 2 sur le segment DD. Cependant, ce point ne se trouve pas sur le segment d'équilibre du marché des actifs AA^1. Au point 2, il existe initialement une demande excédentaire de monnaie, qui résulte de l'augmentation des transactions qui accompagne la hausse du produit intérieur. Cet excès de demande conduirait le taux d'intérêt intérieur à dépasser le taux d'intérêt mondial, si la banque centrale n'intervenait pas sur le marché des changes.

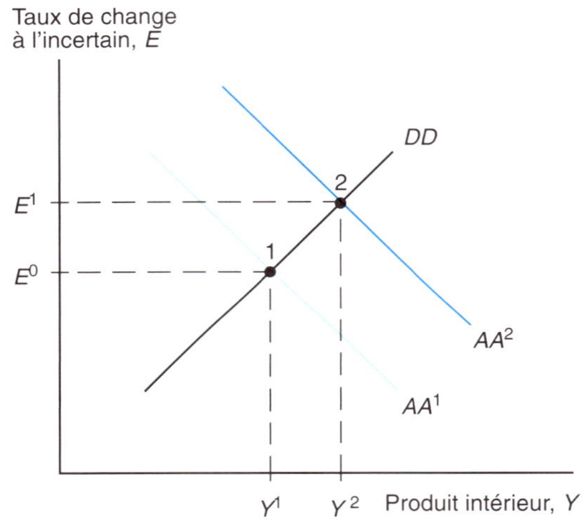

Figure 18.4 – Effet d'une dévaluation.
Lorsque la monnaie est dévaluée de E^0 à E^1, l'équilibre passe du point *1* au point *2* à mesure que le produit intérieur et l'offre de monnaie augmentent.

Afin de maintenir le taux de change à son nouveau taux E^1, elle doit acheter des actifs étrangers et augmenter ainsi l'offre de monnaie, jusqu'à ce que la courbe du marché des actifs atteigne AA^2 et passe par le point d'équilibre 2. Une dévaluation provoque donc une hausse du produit intérieur et des réserves officielles, ainsi qu'une expansion de l'offre de monnaie[6].

Tout cela permet de comprendre les raisons principales qui peuvent inciter les autorités monétaires à dévaluer. Une dévaluation peut d'abord être vue comme un moyen de lutter contre le chômage en dépit de l'inefficacité de la politique monétaire. Si les déficits publics

6. Après une dévaluation, les opérateurs s'attendent à ce que le nouveau taux de change prévale à l'avenir. Ce changement des anticipations provoque à lui seul le déplacement de la courbe AA^1 vers la droite. Ce mouvement est toutefois insuffisant pour assurer le passage de AA^1 à AA^2. L'intervention de la banque centrale est alors nécessaire. Au point *2*, comme au point *1*, $R = R^*$ si le marché des changes est à l'équilibre. Mais en raison de la hausse du produit intérieur, la demande réelle de monnaie augmente. Lorsque P est fixé, une expansion de l'offre de monnaie est donc nécessaire pour que le point *2* devienne le point d'équilibre sur le marché monétaire. La banque centrale doit donc acheter des actifs étrangers, afin que l'économie trouve son nouveau point d'équilibre en changes fixes.

sont impopulaires, si le processus parlementaire est trop lent, un gouvernement peut opter pour une dévaluation, afin de relancer la demande globale. Une dévaluation permet, ensuite, d'améliorer le solde de la balance courante. Elle permet également, le cas échéant, de reconstituer les réserves officielles de la banque centrale.

4.4 Ajustement à la politique budgétaire et aux modifications des taux de change

Si l'économie se trouve initialement dans une situation de plein emploi, l'expansion budgétaire a pour effet d'accroître le produit intérieur au-dessus de ce niveau et exerce une pression à la hausse sur le niveau général des prix, *P*. La demande globale diminue alors progressivement, ramenant le produit intérieur à son niveau initial de plein emploi. Une fois ce niveau atteint, la hausse des prix s'interrompt. Il n'y a donc pas d'appréciation réelle de la monnaie à court terme, comme c'est le cas en changes flottants. En revanche, dans les deux cas, le taux de change s'apprécie à long terme[7]. En changes fixes, l'appréciation réelle (la baisse de EP^*/P) prend plutôt la forme d'une hausse de P que d'une baisse de E.

À première vue, l'accroissement du niveau des prix, qui résulte à long terme d'une politique budgétaire expansionniste en changes fixes, paraît incompatible avec les conclusions du chapitre 15 où nous avons vu que pour un produit intérieur et un taux d'intérêt donnés, les prix et l'offre de monnaie augmentent proportionnellement à long terme. Cette incompatibilité est cependant illusoire, dans la mesure où la politique budgétaire expansionniste force la banque centrale à intervenir sur le marché des changes et provoque ainsi une hausse de l'offre de monnaie proportionnelle à l'accroissement à long terme de P.

Dans le cas d'une dévaluation, l'ajustement est similaire. En fait, comme cette dernière ne modifie pas l'offre et la demande sur le marché des biens et des services à long terme, la hausse des prix qu'elle engendre est proportionnelle à celle du taux de change. Une dévaluation en changes fixes a donc les mêmes effets à long terme qu'une augmentation proportionnelle de l'offre de monnaie en changes flottants. Elle est neutre à long terme. Elle a seulement pour effet d'entraîner une hausse proportionnelle des prix nominaux et de l'offre de monnaie domestique.

5 Crises de balance des paiements et fuites de capitaux

Nous avons supposé jusqu'ici que les agents anticipent un maintien définitif du taux de change à son niveau courant. La banque centrale peut cependant décider de réévaluer ou de dévaluer, soit pour des raisons de politiques internes (fort taux de chômage, par exemple), soit lorsque les réserves s'épuisent. En pratique, l'éventualité d'une brusque variation des taux de change est bien sûr prise en compte par les opérateurs. Lorsque le marché anticipe une modification imminente du taux de change, il en résulte une **crise de balance des paiements**, qui prend la forme d'un brusque changement du niveau des réserves extérieures

7. En effet, l'équilibre de long terme du taux de change, EP^*/P, doit à chaque fois satisfaire la même équation, $Y^f = D(EP^*/P, Y^f - T, I, G)$, où Y^f est le niveau du produit intérieur qui assure le plein emploi (voir chapitre 17).

officielles.[8] Dans cette section, nous allons utiliser le modèle développé jusque-là pour examiner comment une crise de balance de paiement peut se produire en changes fixes (dans les chapitres ultérieurs, nous détaillerons plusieurs cas de crises financières).

La figure 18.5 illustre l'équilibre du marché monétaire (point 1) et du marché des changes (point 1′), dans le cas d'un taux de change fixe E^0. M^1 est l'offre de monnaie compatible avec cet équilibre. Supposons, par exemple, qu'une soudaine détérioration de la balance courante conduise le marché des changes à anticiper une dévaluation afin d'adopter un nouveau taux de change fixe, E^1, supérieur au taux de change courant, E^0.

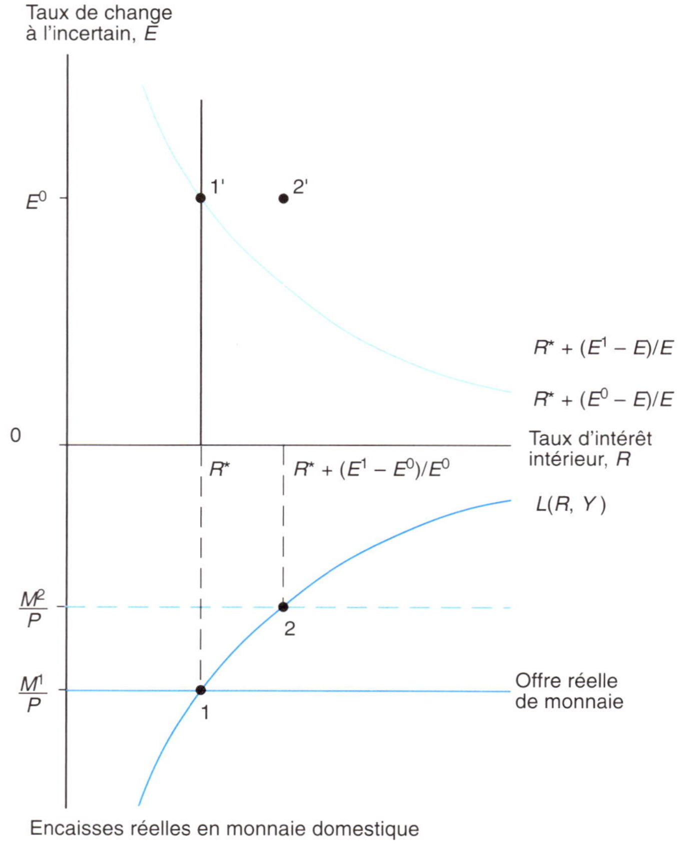

Figure 18.5 – Fuite de capitaux, offre de monnaie et taux d'intérêt.
Lorsque le marché anticipe une dévaluation en E^1, la banque centrale, qui doit maintenir le taux de change fixe E^0, doit utiliser ses réserves pour financer la sortie de capitaux. Cela réduit l'offre de monnaie et augmente le taux d'intérêt intérieur.

8. Voir notamment Olivier Jeanne, « Currency crises : a perspective on recent theoretical developments », *Princeton Special Papers in International Economics*, 20, mars 2000.

Dans la partie supérieure de la figure, le changement des anticipations prend la forme d'un déplacement vers la droite de la courbe, qui représente le rendement attendu en monnaie domestique des dépôts étrangers. Comme le taux de change courant est toujours E^0, l'équilibre sur le marché des changes (point 2′) requiert une hausse du taux d'intérêt au niveau $R^\star + (E^1 - E^0)/E^0$, qui correspond au rendement attendu, en monnaie domestique, des actifs étrangers. Comme le taux attendu est supérieur à $R^\star$, cela provoque un excès de demande d'actifs étrangers sur le marché des changes. Afin de maintenir le taux de change à E^0, la banque centrale doit vendre ses avoirs de réserve, ce qui a pour effet de réduire l'offre de monnaie. Cette intervention prend fin lorsque l'offre de monnaie est égale à M^2 (point 2).

L'anticipation d'une dévaluation provoque une crise de balance des paiements, marquée par une brusque chute du niveau des réserves et une augmentation du taux d'intérêt intérieur au-dessus du taux mondial. À l'inverse, l'anticipation d'une réévaluation entraîne une brusque hausse du niveau des réserves et une baisse du taux d'intérêt intérieur en dessous du taux mondial.

La perte de réserves qui accompagne la crainte d'une dévaluation est souvent qualifiée de **fuite de capitaux**, car le creusement du déficit de la balance globale est essentiellement dû à une sortie de capitaux privés. Les résidents vendent la monnaie domestique et achètent des devises à la banque centrale, qu'ils placent ensuite à l'étranger. Cette fuite de capitaux est préoccupante dans la mesure où elle peut entraîner une dévaluation plus importante et plus précoce, en précipitant la baisse du niveau des réserves de la banque centrale. En outre, si la demande globale dépend du taux d'intérêt (à l'instar du modèle *IS-LM*), la fuite de capitaux réduit le produit intérieur, en raison de la baisse de l'offre de monnaie et de l'augmentation du taux d'intérêt réel.

Les crises de change sont dues, la plupart du temps, à des politiques économiques incompatibles avec le maintien, à long terme, d'un régime de changes fixes. C'est le cas, par exemple, lorsque le gouvernement accumule les déficits budgétaires qu'il finance en émettant des obligations qui sont massivement achetées par la banque centrale, ce qui provoque une diminution de ses réserves de change. L'épuisement des réserves et l'abandon du taux de change fixe sont alors inéluctables. Les sorties de capitaux qui accompagnent les crises de change ne font qu'accélérer la chute[9].

Les crises de change concernent parfois des pays où l'abandon des changes fixes ne paraît pas inévitable (ce qui ne signifie pas pour autant que les autorités sont exemptes de toute responsabilité). On parle alors de **crises de change autoréalisatrices**. Considérons, par exemple, une économie où le passif des banques commerciales est composé essentiellement de dépôts à court terme et où une part importante des créances bancaires sont douteuses. Si les spéculateurs suspectent une dévaluation, les taux d'intérêt augmenteront, ce qui aura pour triple effet d'alourdir le coût des emprunts, de plonger l'économie dans la récession et de diminuer la valeur des actifs bancaires. Afin de prévenir la faillite du système financier, la banque centrale peut alors fournir des liquidités aux banques, réduisant par là même ses réserves, ce qui met en danger sa capacité future à maintenir le taux de change fixe. Dans ce cas, c'est la prise en compte par les opérateurs d'un risque de dévaluation qui précipite l'économie dans la crise et oblige la banque centrale à modifier le taux de change.

9. L'annexe B de ce chapitre détaille un modèle de ce type, qui montre que l'abandon d'un taux de change fixe peut être provoqué par une forte *attaque spéculative*, où les opérateurs sur le marché des changes s'emparent des réserves de la banque centrale.

Dans le reste de ce chapitre, nous continuons à supposer que le marché n'anticipe pas de variation du taux de change lorsque la banque centrale s'engage à le maintenir fixe. En revanche, dans les chapitres suivants, lorsque nous parlerons de crises de change, nous ferons évidemment référence à la présente section.

6 Flottement administré et stérilisation

Dans un régime de changes flottants administrés, la politique monétaire est influencée par les variations du taux de change, sans être totalement subordonnée au maintien d'un taux fixe. La banque centrale doit, dans ce cas, arbitrer entre des objectifs internes, comme l'emploi ou l'inflation, et des objectifs externes, comme la stabilité du taux de change. Supposons, par exemple, qu'une banque centrale augmente l'offre de monnaie pour lutter contre le chômage et qu'elle décide, dans le même temps, de vendre des actifs étrangers afin de ralentir la dépréciation de la monnaie domestique qui résulte de sa politique monétaire expansionniste. L'intervention sur le marché des changes aura tendance à *réduire* l'offre de monnaie, ce qui aura pour effet d'entraver, sans nécessairement l'annuler, l'initiative de la banque centrale pour réduire le chômage.

Les discussions, dans les débats politiques ou la presse, relatives aux interventions des banques centrales sur le marché des changes semblent souvent ignorer le lien entre ces interventions et l'offre de monnaie, vu précédemment. Cela revient, implicitement, à supposer que les interventions sur le marché des changes sont stérilisées et qu'elles n'ont donc pas d'impact sur l'offre de monnaie. Les études empiriques confirment cette hypothèse. Elles montrent en effet que les banques centrales stérilisent leurs interventions, aussi bien en changes fixes qu'en changes flottants.

6.1 Parfaite substituabilité des actifs et inefficacité des interventions stérilisées

Lorsqu'une banque centrale stérilise ses interventions sur le marché des changes, l'offre de monnaie domestique reste inchangée. Or, selon le modèle de détermination des taux de change développé précédemment, à moins qu'elles ne s'accompagnent d'un changement dans l'offre de monnaie, ces interventions n'ont d'incidences ni sur le taux d'intérêt intérieur, ni sur le taux de change. Nous avons également montré qu'en changes fixes, les tentatives de stérilisation sont vaines.[10] Quel est donc l'intérêt des interventions stérilisées ?

La caractéristique-clé de notre modèle est l'hypothèse selon laquelle le marché des changes n'est à l'équilibre que lorsque les rendements attendus sur les obligations en monnaie

10. Rappelons que pour maintenir le taux de change constant lorsque, par exemple, les dépenses budgétaires augmentent, la banque centrale doit acheter des actifs libellés en devises et accroître l'offre de monnaie. Cette politique a pour effet d'augmenter le revenu national mais provoque une augmentation de l'inflation. La banque centrale peut chercher à éviter cette inflation en vendant des actifs domestiques pour réduire l'offre de monnaie, mais sitôt qu'elle vend des actifs domestiques elle doit acheter des actifs étrangers pour garder le taux de change fixe.

domestique et en monnaies étrangères sont identiques.[11] Autrement dit, nous supposons une **parfaite substituabilité des actifs** . Deux actifs sont des substituts parfaits lorsque les investisseurs sont indifférents à détenir l'un ou l'autre, dès lors qu'ils offrent les mêmes rendements attendus. Selon cette hypothèse, les opérateurs du marché des changes ne s'intéressent qu'aux taux de rendement attendus. Le taux de change est donc déterminé de manière à satisfaire la condition de parité des taux d'intérêt. Il n'y a rien qu'une banque centrale ne puisse faire en intervenant sur le marché des changes qu'elle ne pourrait faire par des opérations d'*open market*.

À l'inverse, en cas **d'imparfaite substituabilité des actifs**, les rendements attendus peuvent être différents à l'équilibre. La principale raison expliquant ces différences est le *risque* (voir chapitre 14). En cas d'imparfaite substituabilité des actifs, à la fois le risque *et* le rendement comptent aux yeux des investisseurs. Si des obligations libellées en différentes monnaies ont des degrés de risque différents, les investisseurs accepteront des rendements inférieurs pour les obligations les moins risquées et inversement. Les interventions des banques centrales qui influent sur le risque associé aux actifs domestiques peuvent également avoir un effet sur le taux de change, sans que l'offre de monnaie ne soit modifiée. Nous devons donc modifier notre modèle d'équilibre du marché des changes afin de comprendre comment les interventions stérilisées peuvent agir sur les risques associés aux actifs domestiques.

6.2 Équilibre du marché des changes avec imparfaite substituabilité des actifs

Lorsque les obligations en monnaie domestique et étrangère sont parfaitement substituables, le marché des changes est à l'équilibre si la condition de parité des taux d'intérêt est satisfaite : $R = R^{*} + (Ee - E)/E$. Mais dans le cas contraire, cette condition ne tient plus. L'équilibre sur le marché des changes nécessite, en général, que l'on *ajoute* une **prime de risque** ρ : $R = R^{*} + (E^{e} - E)/E + \rho$.

À l'annexe A, nous montrons que cette prime de risque sur les actifs domestiques est fonction positive de l'encours des obligations d'État domestiques B et fonction négative des actifs domestiques détenus par la banque centrale A, soit : $\rho = \rho\ (B - A)$.

Le raisonnement est simple : plus l'encours des obligations publiques domestiques détenues par les investisseurs privés est important, plus ces derniers sont vulnérables aux variations inattendues du taux de change. Ils refuseront d'en détenir davantage, à moins que ces titres n'offrent une rentabilité plus élevée. Une augmentation de la dette publique domestique provoque ainsi une hausse du différentiel de rentabilité attendu entre les obligations en monnaie domestique et étrangère. De même, lorsque la banque centrale achète des actifs domestiques, le marché n'a plus besoin d'en détenir. La vulnérabilité du secteur privé au risque de change est moindre et la prime de risque sur les actifs domestiques diminue.

---

11. Nous supposons que tous les actifs (non monétaires) libellés dans *la même* monnaie, qu'il s'agisse de dépôts à terme non liquides ou d'obligations d'État, sont parfaitement substituables. Nous utilisons alors le terme général d'« obligations » pour désigner ces actifs.

6.3 Effets d'une intervention stérilisée avec imparfaite substituabilité des actifs

La figure 18.6 illustre la manière dont les interventions stérilisées peuvent agir sur le taux de change, lorsque les actifs sont imparfaitement substituables. La partie inférieure de la figure, qui situe l'équilibre du marché monétaire au point 1, ne change pas par rapport aux figures précédentes. La partie supérieure est aussi très semblable, à ceci près que la courbe illustre comment la *somme* de la rentabilité attendue en monnaie domestique des actifs étrangers et de la prime de risque dépend du taux de change (cette courbe est décroissante si la prime ne dépend pas du taux de change). L'équilibre du marché des changes se situe au point 1′, qui correspond à une dette publique domestique égale à B et à une détention d'actifs domestiques par la banque centrale égale à A^1. En ce point, le taux d'intérêt intérieur correspond à la rentabilité, en monnaie domestique, des dépôts étrangers ajusté du risque (comme dans l'équation de la parité des taux d'intérêt avec prime de risque).

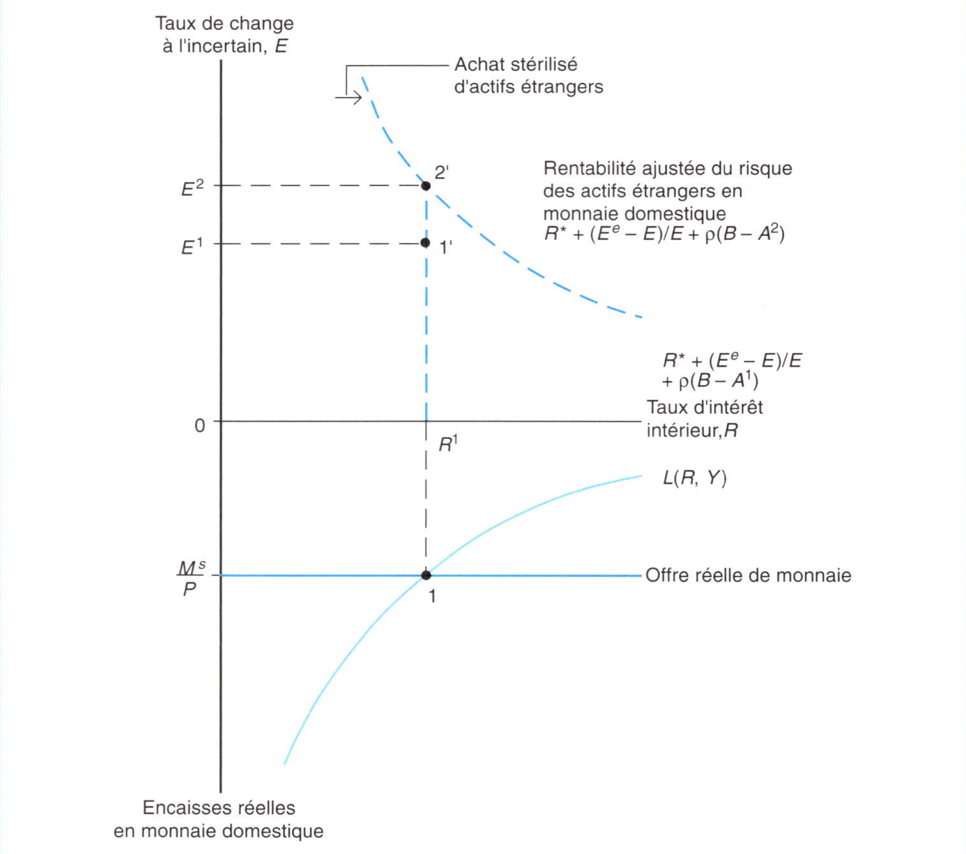

Figure 18.6 – Effet d'un achat stérilisé d'actifs étrangers par la banque centrale en cas d'imparfaite substituabilité des actifs.

Analysons maintenant les effets d'un achat stérilisé d'actifs étrangers par la banque centrale. En compensant cet achat par la vente d'actifs domestiques, elle maintient l'offre de monnaie au niveau M^S, évitant ainsi toute modification dans la partie inférieure de la figure. En raison de cette vente, les actifs domestiques détenus par la banque centrale diminuent (atteignant A^2), tandis que le stock d'actifs domestiques que doit détenir le marché, $B - A^2$, est plus élevé que le niveau initial, $B - A^1$. Cet accroissement provoque la hausse de la prime de risque ρ et le déplacement vers la droite de la courbe de la partie supérieure de la figure. L'équilibre du marché des changes s'établit alors au point 2′ et la monnaie domestique se déprécie jusqu'à E^2.

Ainsi, en cas d'imparfaite substituabilité des actifs, les achats de devises, bien que stérilisés, provoquent une dépréciation de la monnaie domestique. À l'inverse, les ventes stérilisées de devises provoquent une appréciation de la monnaie domestique. Une légère modification de notre analyse montre que la banque centrale peut aussi pratiquer une intervention stérilisée, afin de maintenir le taux de change fixe lorsqu'elle fait varier l'offre de monnaie en vue d'atteindre des objectifs intérieurs, comme le plein emploi. En effet, le taux de change et la politique monétaire peuvent être utilisés indépendamment à court terme, lorsque la stérilisation est efficace.

6.4 Éléments empiriques sur les effets des interventions stérilisées

Peu d'éléments empiriques confortent l'idée que les interventions stérilisées exercent, indépendamment des politiques monétaires et budgétaires, une influence majeure sur les taux de change[12]. De nombreux travaux remettent aussi en cause l'hypothèse de parfaite substituabilité des actifs (deux obligations libellées dans deux monnaies différentes n'ont pas toujours le même rendement espéré, comme en atteste l'ampleur des stratégies de *carry trade*)[13]. Certains économistes en concluent que lorsque les primes de risque sont importantes, elles ne dépendent pas des transactions de la banque centrale, contrairement à ce que nous supposions dans le modèle précédent. D'autres contestent les tests utilisés pour mesurer l'effet des interventions stérilisées. Quoi qu'il en soit, il y a de quoi rester sceptique.

Nous avons supposé jusque là que les interventions stérilisées ne modifient pas les anticipations concernant le taux de change. S'il subsiste des doutes sur les orientations *futures* en matière de politique macroéconomique, les interventions stérilisées peuvent néanmoins indiquer les variations du taux de change que la banque centrale attend ou espère. Cet **effet de signal** des interventions peut modifier les anticipations des investisseurs sur les politiques budgétaires et monétaires et donc provoquer un changement immédiat du taux de change, même si les obligations libellées en différentes monnaies sont parfaitement substituables.

L'effet de signal est particulièrement important quand le gouvernement n'est pas satisfait du taux de change et déclare publiquement qu'il va modifier la politique budgétaire ou

12. Pour plus de détails, voir Lucio Sarno et Mark P. Taylor, « Official intervention in the foreign exchange market : is it effective and, if so, how does it work ? », *Journal of Economic Literature*, 39, septembre 2001, ainsi que le numéro de décembre 2000 du *Journal of International Financial Markets, Institutions and Money*.

13. Voir Kenneth A. Froot et Richard H. Thaler, « Anomalies: Foreign Exchange », *Journal of Economic Perspectives*, 4, 1990, p. 179-192.

monétaire afin de provoquer un changement. En intervenant simultanément sous une forme stérilisée, la banque centrale crédibilise son annonce. Un achat stérilisé d'actifs étrangers peut, par exemple, convaincre le marché qu'elle a l'intention de provoquer une dépréciation de sa monnaie. Dans le cas contraire, si la monnaie venait à s'apprécier, elle connaîtrait des pertes. Or, même une banque centrale se soucie de son compte de résultat !

Notons toutefois que les autorités peuvent être tentées d'exploiter cet effet de signal afin d'en tirer un bénéfice temporaire, même si elles n'ont pas l'intention de modifier leur politique à long terme. Mais si elles ne donnent pas suite aux signaux qu'elles envoient aux marchés par des mesures concrètes, elle perd en crédibilité et les signaux qu'elle tente d'envoyer deviennent vite inefficaces : « *crier au loup* », sur le marché des changes comme ailleurs, n'est pas une bonne stratégie à long terme ![14]

7 Les monnaies de réserve dans le cadre du système monétaire international

Nous avons jusqu'à présent étudié le cas d'un pays isolé, qui fixe son taux de change par rapport à une monnaie étrangère, supposée unique, en échangeant des actifs domestiques contre des actifs étrangers lorsque c'est nécessaire. La réalité est évidemment plus complexe. Il est, par exemple, possible de fixer le taux de change par rapport à certaines monnaies et le laisser flotter par rapport à d'autres. Mais surtout, certains mécanismes permettent de fixer *tous* les taux de change entre eux, pour peu que chaque pays intervienne pour défendre la parité de sa monnaie par rapport à *un* étalon international. Il en existe deux principaux : le régime **d'étalon-or** (dont l'apogée se situe entre 1870 et 1914) et le régime avec **monnaie de réserve** (en vigueur entre la fin de la Seconde Guerre mondiale et 1973). Ces deux mécanismes ont toutefois des conséquences très différentes en ce qui concerne la charge du financement des balances des paiements et le contrôle de l'offre de monnaie.

7.1 Le mécanisme d'un régime d'étalon-or

Sous le régime d'étalon-or, les réserves sont composées d'or et les banques centrales ancrent leur monnaie à l'or. Parce qu'il existe *N* monnaies, et par conséquent *N* prix de l'or, il suffit que chaque pays défende sa parité pour que tous les taux de change soient fixes. Si, par exemple, le prix du dollar en or est fixé par les autorités monétaires américaines à 35 $ l'once, tandis que celui de la livre est fixé par les autorités britanniques à 14,58 £ l'once, le taux de change dollar/livre est : (35 $ l'once)/(14,58 £ l'once) = 2,40 $ par livre[15].

---

14. Pour approfondir l'analyse du rôle joué par l'effet de signal, voir Maurice Obstfeld, « The Effectiveness of Foreign-Exchange Intervention : Recent Experience, 1985-1988 », dans W.H. Branson, J.A. Frenkel et M. Goldstein (éds.), *International Policy Coordination and Exchange Rate Fluctuations*, University of Chicago Press, Chicago, 1990, p. 197-237 ; Kathryn M. Dominguez et Jeffrey A. Frankel, « Does Foreign Exchange Intervention Work ? », *Institute for International Economics*, Washington DC, 1993 ; et Richard T. Baillie, Owen F. Humpage et William P. Osterberg, « Intervention from an information perspective », *Journal of International Financial Markets, Institutions, and Money*, 10, décembre 2000, p. 407-421.

15. Le système d'étalon-or requiert que chaque pays ne pose aucune limite à l'importation et à l'exportation d'or. Notons, qu'en pratique, les coûts de transport et d'assurance conduisent à définir des « points d'or », qui fixent les limites entre lesquelles les taux de change peuvent fluctuer.

Avec l'or comme étalon, aucun pays n'occupe de place privilégiée et n'est dégagé du devoir d'intervention. Supposons, par exemple, que la Banque d'Angleterre augmente son offre de monnaie. Elle achète pour cela des actifs domestiques, ce qui exerce une pression à la baisse sur les taux d'intérêt britanniques. Les actifs en monnaie étrangère deviennent par conséquent plus attrayants. En changes flottants, la livre sterling se déprécierait jusqu'à ce que la parité des taux d'intérêt soit rétablie. Sous l'étalon-or, les banques centrales sont obligées d'échanger leur monnaie contre de l'or à des taux fixes. Ceux qui détiennent des actifs britanniques les vendent à la Banque d'Angleterre contre de l'or, afin d'acheter auprès des autres banques centrales des actifs en monnaie étrangère qui rapportent un taux plus élevé que ceux en livre. Comme les réserves officielles étrangères déclinent en Grande-Bretagne, l'offre de monnaie diminue, ce qui exerce une pression à la hausse sur les taux d'intérêt britanniques. À l'inverse, l'offre de monnaie augmente dans tous les pays étrangers, ce qui pousse à la baisse les taux d'intérêt. Une fois l'égalité des taux d'intérêt entre les pays rétablie, les marchés d'actifs sont de nouveau à l'équilibre[16].

Dans cet exemple, la Grande-Bretagne fait l'expérience d'une sortie de capitaux privés, tandis que les autres banques centrales accumulent des réserves. Autrement dit, chacun est responsable de la fixation du prix de sa monnaie en or. Les pays se partagent ainsi équitablement la charge de l'ajustement de la balance des paiements. Comme nous le verrons plus en détail ci-après, cette symétrie des ajustements monétaires est d'ailleurs le principal mérite de l'étalon-or, par rapport aux systèmes fondés sur une monnaie de réserve internationale.

Les partisans de l'étalon-or avancent, en outre, que ce régime contraint les banques centrales à limiter la croissance de leur offre de monnaie. En effet, si les autorités mènent une politique monétaire trop laxiste, cela provoque une augmentation des prix de tous les biens et services, y compris de l'or. Afin de maintenir la parité fixe, les autorités doivent ainsi contraindre la politique monétaire, ce qui a pour effet de stabiliser la valeur réelle de la monnaie.

Malgré ces avantages, l'étalon-or présente quelques inconvénients :

- L'étalon-or contraint la politique monétaire. En cas de récession mondiale, tous les pays peuvent trouver avantage à augmenter conjointement leur offre de monnaie, même si cela devait aboutir à une hausse généralisée du prix de l'or.
- L'ancrage des monnaies à l'or assure la stabilité générale des prix, uniquement si le prix relatif de l'or et des autres biens et services est lui-même stable. Supposons, par exemple, que le prix de l'once d'or soit fixé à 35 $ et celui du panier d'un bien standard à 105 $, soit 3 onces d'or. Le prix relatif de l'once d'or en termes de bien est donc égal à 1/3. Supposons maintenant que de nouveaux gisements d'or soient découverts. Le prix relatif de l'once d'or en termes de bien tombe alors à 1/4. Si le prix de l'or en dollars reste inchangé, à 35 $ dollars l'once, le prix du panier de biens devrait augmenter de 105 $ à 140 $.
- Lorsque le système international de paiement est fondé sur l'or, il faut sans cesse de nouvelles découvertes d'or pour que les banques centrales puissent continuellement

16. Initialement, les pièces d'or forment une part substantielle de la monnaie. Les pertes d'or d'un pays en faveur de l'étranger ne prennent donc pas nécessairement la forme d'une baisse des avoirs en or de la banque centrale : les particuliers peuvent fondre les pièces d'or en lingots et les envoyer à l'étranger, où ils sont à nouveau frappés ou cédés, contre des billets, à la banque centrale.

accompagner la croissance économique. Une récession mondiale pourrait naître de la concurrence que se livrent les autorités monétaires afin de s'approprier des réserves en vendant des actifs intérieurs. Cela aurait pour conséquences de réduire l'offre de monnaie.

- L'étalon-or offre aux principaux pays producteurs d'or, comme la Russie ou l'Afrique du Sud, un avantage considérable, dans la mesure où ils peuvent influer sur les conditions macroéconomiques mondiales par des ventes d'or massives.

En raison de ces inconvénients, peu d'économistes sont aujourd'hui en faveur d'un retour à l'étalon-or. Dès 1923, l'économiste britannique John Maynard Keynes qualifie l'or de « relique barbare » du système monétaire international[17]. La plupart des banques centrales continuent à détenir une part de leurs réserves internationales en or, mais le prix de l'or ne joue plus de rôle particulier dans la mise en œuvre des politiques monétaires.

7.2 L'étalon bimétallique

Au XIXe siècle, de nombreux pays ont recours à un étalon **bimétallique**, où la valeur de la monnaie est fixée par rapport à l'or et l'argent. C'est notamment le cas de la France et des États-Unis. L'avantage du bimétallisme est qu'il permet de réduire l'instabilité du niveau général des prix. Par exemple, si l'or devient rare et cher, il sera moins utilisé sous sa forme monétaire au profit de l'argent, relativement plus abondant et moins onéreux. Ce dernier devient la monnaie dominante. Cela permet d'atténuer la déflation par rapport à un régime d'étalon-or pur. L'inconvénient majeur du bimétallisme résulte des éventuelles distorsions de prix sur le marché libre entre les deux métaux pris pour référence par rapport à leur cours légal[18]. Au début du XXe siècle, quasiment plus aucun pays n'a recours au bimétallisme.

7.3 Le dollar comme monnaie de réserve internationale

Une solution alternative pour fixer les parités de change consiste à choisir une **monnaie de réserve internationale.** Le principe est proche de celui présenté précédemment : chaque banque centrale s'engage à intervenir pour soutenir son taux de change par rapport à la monnaie de réserve.

Le rôle joué par le dollar américain dans le système monétaire international après la Seconde Guerre mondiale illustre bien ce mécanisme : chaque banque centrale fixe son taux de change par rapport au dollar et s'engage à acheter ou à vendre sur le marché des changes des actifs domestiques contre des actifs en dollars. Afin de résorber, le cas échéant, une offre excédentaire de monnaie, les banques doivent détenir des réserves importantes en dollars. Les avoirs de réserve sont surtout composés de bons du Trésor américain et de dépôts à court terme en dollars.

---

17. Pour une vue divergente sur l'étalon-or, voir Robert A. Mundell, « International monetary reform : the optimal mix in big countries », dans James Tobin (éd.), *Macroeconomics, Prices and Quantities*, Brookings Institution, Washington DC, 1983, p. 285-293.
18. Voir aussi Milton Friedman, « Bimetallism revisited », *Journal of Economic Perspectives*, 4, 1990, p. 85-104.

Chaque banque centrale n'intervient que pour maintenir sa parité vis-à-vis du dollar et n'a pas à se soucier de son taux de change par rapport aux autres monnaies. En effet, le taux de change entre deux monnaies (autres que le dollar) est automatiquement fixé, tout comme avec l'étalon-or. Pour bien comprendre, considérons un exemple fondé sur le franc français (FF) et le deutsche mark (DM), avant l'introduction de l'euro. Supposons que la valeur du franc soit fixée à 5 FF par dollar et celle du mark à 4 DM par dollar. Le taux de change entre le franc et le mark (appelé « taux de change croisé ») est de 0,80 DM par franc, soit 4 DM par dollar divisé par 5 FF par dollar, même si aucune banque centrale n'échange directement des francs contre des marks en vue de maintenir le taux de change. Au taux de change de 0,85 DM par franc, par exemple, il est possible de réaliser un arbitrage en vendant 100 $ à la Banque de France contre 500 FF, qui sont ensuite revendus, sur le marché des changes, contre des marks pour obtenir 425 DM (500 × 0,85). En revendant ces 425 DM à la Bundesbank, on obtient alors 106,25 $ (425/4), soit un profit sans risque de 6,25 $. Cependant, l'exploitation de cette possibilité d'arbitrage, la vente de francs contre des marks, conduit le mark à s'apprécier vis-à-vis du franc, jusqu'à ce que le change DM/FF atteigne 0,80 et que par conséquent il n'y ait plus d'arbitrage possible[19].

Le pays dont la monnaie joue le rôle de monnaie de réserve occupe une position privilégiée, dans la mesure où il n'est jamais contraint d'intervenir sur le marché des changes. S'il y a *N* pays, *N* monnaies, il y a seulement *N-1* taux de change par rapport à la monnaie de réserve. Par conséquent, si les *N-1* pays dont la monnaie n'est pas la monnaie de réserve interviennent en vue de maintenir leur taux de change, le pays émetteur de la monnaie de réserve n'a, quant à lui, jamais besoin d'intervenir. Il profite des changes fixes sans avoir à défendre sa monnaie. Il ne supporte donc pas la charge du financement de sa balance des paiements et peut utiliser la politique monétaire à des fins de stabilisation macroéconomique.

Que se passe-t-il lorsque la banque centrale du pays émetteur de la monnaie de réserve achète des actifs domestiques ? L'expansion monétaire qui en résulte a pour effet de baisser le taux d'intérêt intérieur en dessous du niveau du taux d'intérêt étranger, ce qui provoque un excès de demande de devises sur le marché des changes. Les banques centrales des autres pays doivent donc acheter des actifs de réserve, afin d'empêcher l'appréciation de leur monnaie. Ces achats ont pour conséquence d'augmenter l'offre de monnaie et de diminuer le taux d'intérêt au niveau choisi par le pays émetteur.

Le pays émetteur de la monnaie de réserve a ainsi le pouvoir d'agir sur sa propre économie, ainsi que sur les économies étrangères, en utilisant la politique monétaire. Les autres banques centrales doivent non seulement renoncer à leur politique monétaire, mais aussi « subir » celle du pays émetteur. Cette asymétrie peut conduire, à terme, à des conflits entre les pays. Ces problèmes ont contribué à provoquer, en 1973, l'effondrement de l' « étalon-dollar » (voir chapitre 19).

---

19. Les règles du système monétaire d'après guerre permettaient aux taux de change contre dollar de fluctuer de +/– 1% par rapport à leur « valeur officielle ». Cela signifie que les taux croisés pouvaient avoir des écarts de 4% au maximum.

7.4 L'étalon de change-or

À mi-chemin entre l'étalon-or et un système avec monnaie de réserve, on trouve **l'étalon de change-or.** Dans le cadre d'un régime fondé sur un étalon de change-or, les réserves des banques centrales sont composées d'or et de monnaies ancrées à l'or. Chaque banque centrale ancre sa monnaie à une monnaie, dont la valeur est elle-même fixée par rapport à l'or. Un étalon de change-or peut opérer comme un étalon-or, en limitant l'excès de croissance monétaire dans le monde, tout en offrant plus de flexibilité à la croissance des réserves internationales, qui peuvent comprendre d'autres actifs que l'or. Ce système est néanmoins soumis aux limites de l'étalon-or présentées précédemment.

Le système de monnaie de réserve basé sur le dollar, établi après la Seconde Guerre mondiale, est organisé initialement comme un système de change-or. Alors que les banques centrales étrangères doivent maintenir fixes leur taux de change, la Réserve fédérale américaine doit maintenir le prix de l'or à 35 $ l'once.

Au milieu des années 1960, le système opère en pratique plus comme un système pur de monnaie de réserve que comme un étalon-or. En août 1971, le président Nixon décide unilatéralement de supprimer l'ancrage du dollar à l'or, peu de temps avant que le système des taux de change fixés par rapport au dollar ne soit abandonné (voir chapitre 18).

Encadré 18.2

La demande de réserves officielles

Dans ce chapitre, nous avons vu que les banques centrales détenaient à leur actif des titres domestiques et étrangers. Ces derniers sont qualifiés de « réserves officielles ». Traditionnellement, et c'est encore le cas de nos jours, les réserves officielles sont prisées par les banques centrales car elles peuvent être échangées contre des biens et des services, même dans des circonstances dramatiques, telles que les crises financières ou les guerres, lorsque la valeur des actifs domestiques est sujette à caution. L'or a joué le rôle d'actif de réserve par excellence sous le régime étalon-or. Le dollar américain est le principal actif de réserve aujourd'hui, combien de temps ce privilège peut-il durer ? Dans la mesure où les banques centrales et les États peuvent être amenés à altérer leurs politiques économiques de façon à maintenir un certain niveau de réserves officielles, il est important d'étudier les facteurs qui influencent la demande des banques centrales pour les titres étrangers.

Un bon point de départ pour réfléchir à ces questions consiste à supposer, comme dans le modèle proposé ici, que les actifs domestiques et étrangers sont des substituts parfaits, que les taux de change sont fixes et que la confiance dans la fixité des changes est absolue. Sous ces hypothèses, nous avons montré que la politique monétaire est inefficace. Et dans ce modèle, une banque centrale peut sans peine acquérir toutes les réserves officielles qu'elle souhaite ! Il suffit pour cela qu'elle vende des actifs domestiques (opérations d'*open market*), ce qui provoque immédiatement un flux entrant de capitaux étrangers mais aucune modification du taux d'intérêt intérieur ou de l'environnement économique. En pratique, toutefois, les choses ne sont pas si simples car les circonstances conduisant les pays à devoir augmenter leurs réserves officielles sont celles où l'hypothèse de confiance absolue des investisseursdans la solvabilité de l'État et dans la fixité des taux d'intérêt a le plus de risques d'être violée. En conséquence, les banques centrales gèrent leurs réserves avec précaution en détenant, à titre préventif, un stock d'actifs étrangers qu'elles espèrent suffisant en cas de crise.

Le niveau des réserves officielles désiré est le résultat d'un compromis entre les coûts et les bénéfices liés à l'achat et la détention de titres étrangers. L'évaluation de ces coûts et de ces bénéfices diffère selon les banques centrales, ainsi que le niveau des réserves. Certaines banques centrales, comme celle de Hong Kong, valorisent tellement les réserves qu'elles détiennent à leur actif uniquement des titres étrangers. Dans la plupart des cas néanmoins, le niveau optimal des réserves requiert que les banques centrales aient à la fois des titres domestiques et des titres étrangers. Alors quels sont les termes de cet arbitrage ?

Les avantages. Dès les années 1960, les économistes ont cherché à évaluer les déterminants de la demande de réserves officielles. À cette époque, où les capitaux circulaient moins facilement et moins vite qu'aujourd'hui (voir chapitre 21), la principale crainte était celle d'une baisse soudaine des exportations. Le niveau des réserves était alors fixé de manière à pouvoir satisfaire les besoins en importations du pays pendant un certain temps. Par conséquent, le niveau optimal des réserves dépendait positivement de la variabilité des exportations et des importations, ainsi que des flux financiers internationaux. Il dépendait également des coûts d'ajustement que l'on pouvait redouter s'il fallait, par exemple, augmenter les taux d'intérêt pour attirer des capitaux. Une plus grande ouverture économique peut faciliter ces ajustements et donc réduire la demande de réserves. Mais, en même temps, elle rend l'économie vulnérable aux chocs internationaux, et donc augmente la demande de réserves*.

Les coûts. Le coût principal de la détention des réserves est lié aux taux d'intérêt. Une banque centrale qui échange des actifs domestiques contre des actifs étrangers renonce au taux domestique mais gagne le taux étranger. Si les agents redoutent une réévaluation de la monnaie, alors la rentabilité des titres domestiques sera plus élevée que celle des actifs étrangers, ce qui entraîne une perte pour la banque centrale en cas d'échange des premiers contre les seconds. Ajoutons qu'il est probable que les titres étrangers paient un taux d'intérêt inférieur simplement parce qu'ils sont plus liquides.

On pensait, dans les années 1960, qu'il était plus facile pour les pays en changes flexibles de s'ajuster à une baisse des réserves officielles, dans la mesure où ils pouvaient laisser leur monnaie se déprécier afin de soutenir les exportations. On s'attendait donc à ce que le niveau global des réserves officielles diminue avec l'abandon du système de Bretton Woods. Mais, comme le montre la figure 18.7, ce ne fut pas le cas. Pour les pays industrialisés, le taux de croissance des réserves officielles n'a pas diminué depuis les années 1960.

* L'article pionnier sur ces questions est celui de Heller H. R., « Optimal International Reserves », *Economic Journal*, 76, juin 1966, p. 296-311.

Encadré 18.2 (suite)

Pour les pays en développement, le taux de croissance a aussi augmenté (l'accélération des années 2000 est due essentiellement à l'accumulation des réserves officielles de la Chine).

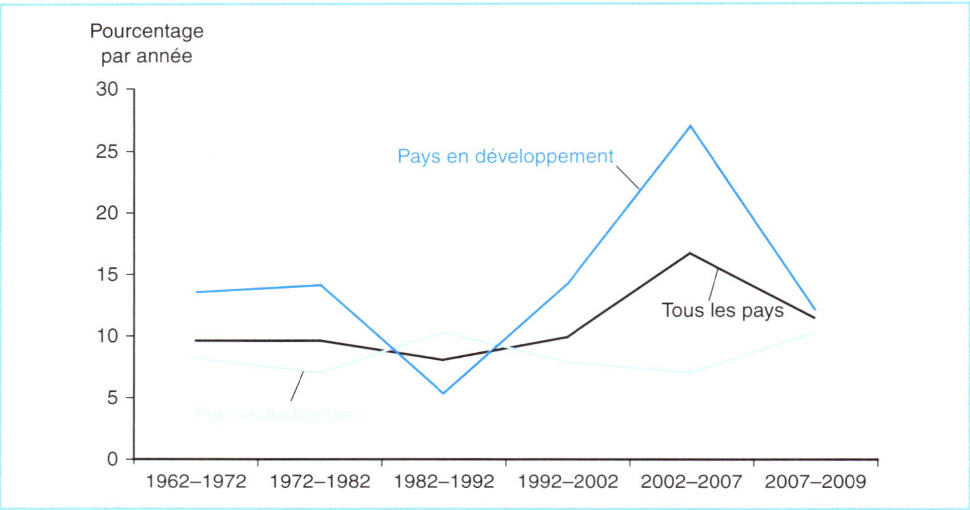

Figure 18.7 – Taux de croissance des réserves officielles.

Le taux de croissance des réserves officielles n'a pas diminué brusquement à partir des années 1970 quand les pays ont adopté des changes flexibles. Récemment même, les réserves des pays émergents ont fortement augmenté, avant que le rythme d'accumulation ne ralentisse en raison de la crise mondiale de 2007-2009.

Source : Rapport économique au président (États-Unis, 2010).

Note : Les réserves sont mesurées en droits de tirage spéciaux (DTS). Ces DTS sont des instruments de réserve artificiels créés par le FMI en 1969 pour pallier, éventuellement, la pénurie d'actifs de réserves autres que les actifs en dollars. Sur l'histoire et le rôle des DTS, voir www.imf.org/external/np/exr/facts/sdrf.htm. Pour une approche prospective, voir Agnès Bénassy-Quéré et Damien Capelle, « Le renminbi peut-il rendre le DTS plus attrayant ? », *La Lettre du Cepii*, n° 314, septembre 2011.

Cet essor des réserves officielles, sur lequel nous reviendrons en détail aux chapitres suivants, s'explique, au moins en partie, par le développement des marchés de capitaux qui a augmenté la variabilité potentielle des flux financiers internationaux, en particulier en cas de crises**. Ainsi, la baisse des réserves officielles des pays en développement sur la période 1982-1992 reflète-t-elle la crise de la dette (voir chapitre 22). Au cours de cette crise, les prêts étrangers vers les pays en développement se sont taris et ces derniers ont dû puiser dans leurs réserves.

** Sur les déterminants de la demande de réserves officielles, voir R. Flood et N. Marion, « Holding International Reserves in an Era of High Capital Mobility », *Brookings Trade Forum 2001*, p. 1-47 ; J. Aizenman et J. Lee, « International Reserves: Precautionary versus Mercantilist Views: Theory and Evidence », *Open Economies Review*, 18 avril 2007, p. 191-214 ; Maurice Obstfeld, Jay C. Shambaugh et Alan M. Taylor, « Financial Stability, the Trilemma, and International Reserves », *American Economic Journal: Macroeconomics*, 2 avril 2010, p. 57-94.

De même, le taux de croissance des réserves a fortement diminué pendant la crise mondiale de 2007-2009. Ces épisodes illustrent bien pourquoi les pays en développement ont intérêt à conserver des réserves à titre préventif. Même en changes flexibles, ils peuvent avoir à rembourser leurs prêts en devises pour éviter une crise de change.

L'évolution des réserves officielles depuis une quarantaine d'années n'invalide donc pas les théories précédentes. La demande les concernant dépend toujours de la variabilité de la balance des paiements. Seulement, la mondialisation des marchés financiers est à l'origine d'une forte augmentation de la variabilité potentielle ainsi que des risques que celle-ci fait peser sur les économies.

Certains pays choisissent parfois de détenir des réserves officielles dans d'autres monnaies que le dollar américain. Il faut, toutefois, que la valeur de ces monnaies soit stable dans le temps et qu'elles soient facilement acceptées par les exportateurs et les créanciers étrangers. À ce titre, compte tenu de son poids économique, l'euro est le plus sérieux rival au dollar en tant que monnaie de réserve internationale.

La figure 18.8 montre l'importance des quatre principales monnaies de réserve officielles. Depuis la naissance de l'euro en 1999, sa part dans les réserves mondiales est passée de 18 % à 27 %, tandis que la part du dollar est passée de 71 % à 62 %. La livre sterling était la principale monnaie de réserve mondiale jusqu'aux années 1920 ; aujourd'hui elle ne représente plus que 4 % des réserves. La part du yen est près de trois fois supérieure à celle de la livre sterling au cours des années 1990 ; elle est maintenant marginale.

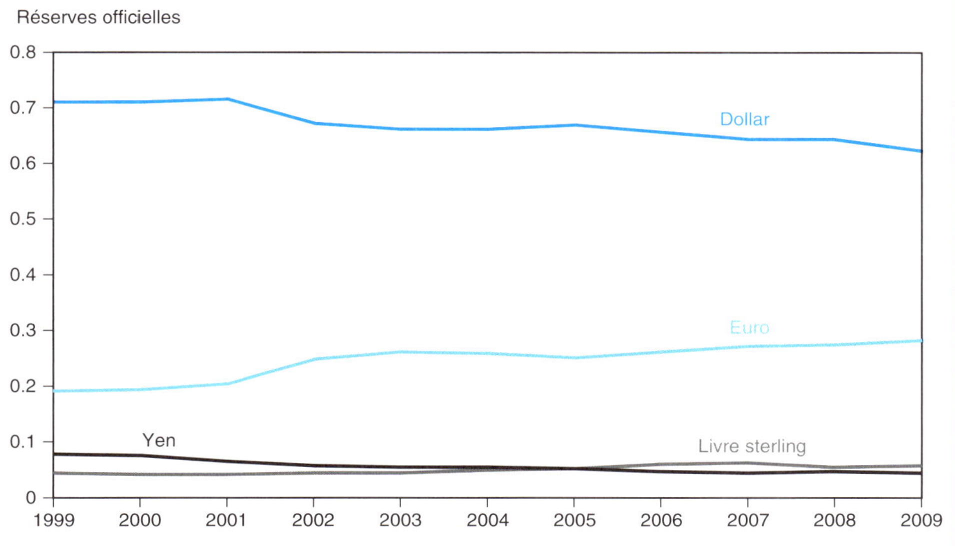

Figure 18.8 – La composition des réserves officielles.

Bien que l'euro soit de plus en plus utilisé comme monnaie de réserve, le dollar reste de loin la principale monnaie de réserve internationale.

Source : FMI, COFER (au 30 juin 2010). Ces données ne couvrent que les pays qui rapportent effectivement au FMI la composition de leur réserve, à l'exception notable donc de la Chine.

Encadré 18.2 (suite)

Avant même son introduction en 1999, certains économistes ont prédit que l'euro pourrait, à plus ou moins long terme, supplémenter le dollar comme monnaie de réserve internationale. Malgré la part de plus en plus importante occupée par la monnaie européenne, c'est encore loin d'être le cas[***]. L'histoire montre cependant que rien n'est figé en la matière ; on peut même imaginer qu'un jour viendra le tour de la monnaie chinoise…

*** Déjà en 1995, Jeffrey A. Frankel, « Still the Lingua Franca: The Exaggerated Death of the Dollar », *Foreign Affairs*, 74, juillet/août 1995, p. 9-16, se montrait confiant quant à l'avenir du dollar. Avis partagé encore aujourd'hui par Barry Eichengreen, « The Dollar Dilemma: The World's Top Currency Faces Competition », *Foreign Affairs*, 88, septembre/octobre 2009, p. 53-68. Pour une étude statistique plus formelle, voir aussi Menzie Chinn et Jeffrey A. Frankel, « Will the Euro Eventually Surpass the Dollar as Leading International Reserve Currency? », dans Richard H. Clarida, ed., *G7 Current Account Imbalances: Sustainability and Adjustment*, Chicago, University of Chicago Press, 2007, p. 283-322.

Résumé

Il existe un lien direct entre les interventions des banques centrales sur le marché des changes et l'offre de monnaie. Lorsque la banque centrale achète des actifs étrangers, l'offre de monnaie domestique augmente automatiquement. De même, la vente par une banque centrale d'actifs étrangers fait automatiquement diminuer l'offre de monnaie. Le *bilan d'une banque centrale* montre comment ses interventions sur le marché des changes influent sur l'offre de monnaie, dans la mesure où les engagements de la banque centrale, qui augmentent ou diminuent en fonction des variations de son actif, sont à la base du processus d'offre de monnaie. Elle peut cependant annuler l'effet de ses interventions sur l'offre de monnaie par la *stérilisation*. En l'absence de stérilisation, il y a un lien entre la balance des paiements et l'offre de monnaie, qui dépend de la façon dont les banques centrales se partagent la charge du financement des déséquilibres.

Une banque centrale peut fixer le taux de change de sa monnaie par rapport à une monnaie étrangère, si elle est prête à échanger à ce taux des montants illimités de sa propre monnaie contre des actifs étrangers. Elle doit donc être prête à intervenir sur le marché des changes chaque fois que c'est nécessaire, afin d'éviter que n'émerge une demande, ou une offre, excédentaire d'avoirs monétaires domestiques. En effet, la banque centrale ajuste ses actifs étrangers – et ainsi l'offre de monnaie – pour s'assurer que les marchés d'actifs sont toujours à l'équilibre au taux de change fixé.

Lorsque la banque centrale a l'obligation de maintenir son taux de change fixe, la politique monétaire ne peut servir à des fins de stabilisation. L'achat d'actifs domestiques par la banque centrale induit une diminution équivalente de ses réserves officielles internationales, laissant l'offre de monnaie et le produit intérieur inchangés. De même, la vente d'actifs domestiques par la banque centrale provoque une augmentation équivalente des réserves étrangères, mais n'a pas d'autres effets.

La politique budgétaire exerce, contrairement à la politique monétaire, un effet plus puissant sur le produit intérieur en changes fixes qu'en changes flottants. En changes fixes, l'expansion budgétaire ne provoque pas, à court terme, une appréciation réelle de la monnaie qui *découle* de la demande globale. Elle impose au contraire des achats par la banque centrale d'actifs étrangers et une expansion de l'offre de monnaie. La *dévaluation* augmente aussi la demande globale et l'offre de monnaie à court terme ; la *réévaluation* a des effets inverses. À long terme, l'expansion budgétaire provoque une appréciation réelle de la monnaie, ainsi qu'une hausse de l'offre de monnaie et du niveau général des prix. La dévaluation, quant à elle, entraîne une augmentation à long terme de l'offre de monnaie et du niveau général des prix proportionnellement à la variation du niveau du taux de change.

Les *crises de balance des paiements* se produisent lorsque les opérateurs sur le marché s'attendent à ce que la banque centrale modifie le taux de change par rapport à son niveau actuel. Si le marché juge par exemple qu'une dévaluation est probable, le taux d'intérêt intérieur augmente au-dessus du niveau mondial et les réserves extérieures diminuent fortement suite aux sorties de capitaux privés.

Le *flottement administré* permet à une banque centrale de conserver un certain contrôle sur l'offre de monnaie domestique, mais au prix d'une plus grande instabilité du taux de change. Si les obligations domestiques et étrangères sont des *substituts imparfaits*, la banque centrale peut contrôler à la fois l'offre de monnaie et le taux de change, grâce à des interventions stérilisées sur le marché des changes. Cependant, l'expérience empirique ne conforte pas l'idée qu'une intervention stérilisée ait un effet direct significatif sur le taux de change. Les autorités monétaires peuvent également agir sur les taux de change de manière indirecte par un *effet de signal*, qui modifie les anticipations du marché quant aux politiques à venir.

Sous le régime étalon-or, tous les pays fixent les valeurs des monnaies en or. Une variante, l'étalon bimétallique, consiste à fixer la valeur de la monnaie à la fois sur l'or et l'argent. L'étalon-or impose des limites à la croissance de l'offre de monnaie de tous les pays, mais il est également source d'externalités négatives qui le rendent incompatibles avec le système monétaire international actuel. Même l'étalon de change-or, fondé sur le dollar et mis en place après la Seconde Guerre mondiale, s'est révélé au final impraticable.

Un système mondial de taux de change fixes, dans lequel les pays ancrent leur monnaie à une *monnaie de réserve*, est fondamentalement asymétrique. Le pays dont la monnaie sert de monnaie de réserve n'est pas contraint de défendre sa parité. Il peut donc utiliser sa politique monétaire pour réguler son économie. Non seulement les autres pays sont contraints dans leur politique monétaire, mais en plus ils subissent celle du pays émetteur, qui n'a pas la charge du financement de sa balance des paiements.

Activités

1. Montrez comment une augmentation du volume des actifs domestiques détenus par la banque centrale influe sur son bilan en changes fixes. Comment les opérations de la banque centrale sur le marché des changes sont-elles comptabilisées dans la balance des paiements ?
2. Même question pour une augmentation des dépenses publiques.
3. Décrivez les effets d'une dévaluation inopinée sur le bilan de la banque centrale. En quoi améliore-t-elle la balance courante ?
4. Quels sont les effets d'une expansion budgétaire sur la balance courante en changes fixes ?
5. Dans les années 1970, puis entre 1987 et 1995, les banques centrales sont intervenues fréquemment et massivement sur le marché des changes dans l'espoir de « corriger » les taux de change et/ou de limiter leur volatilité. Depuis, mise à part la Banque du Japon, ces interventions sont plutôt rares. Pourquoi les interventions de change sont-elles tombées en désuétude ? Dans quelles conditions les interventions de change pourraient-elles être efficaces ? Par quels autres canaux les banquiers centraux peuvent-ils influer sur la tendance et la volatilité du change ?
6. Quelles sont les raisons pour lesquelles un gouvernement accepterait de limiter sa capacité à utiliser la politique monétaire pour stabiliser son taux de change ?
7. Quel est l'effet d'une expansion budgétaire sur la balance courante en charges fixes ?

8. Expliquez pourquoi des expansions budgétaires permanentes et temporaires ont les mêmes effets en changes fixes, alors que ce n'est pas le cas en changes flottants.

9. Quels sont les effets d'une dévaluation sur l'épargne intérieure et l'investissement intérieur, sachant que le solde de la balance courante est égal à l'épargne, moins l'investissement intérieur (voir chapitre 13) ?

10. En utilisant le modèle *AA-DD*, analysez les effets d'un droit de douane en changes fixes sur le produit intérieur et la balance des paiements. Que se passerait-il si tous les pays imposaient des droits de douane ?

11. Quand une banque centrale dévalue à la suite d'une crise de balance des paiements, elle gagne en général des réserves. Cette entrée de capitaux peut-elle être expliquée dans notre modèle ? Que se passerait-il si le marché anticipait une *nouvelle* dévaluation à court terme ?

12. Supposons que dans le système monétaire d'après-guerre fondé sur le dollar, les banques centrales aient gardé leurs réserves sous forme de billets verts cachés dans leurs caves, plutôt que de bons du Trésor américains. Le mécanisme d'ajustement monétaire international aurait-il joué de manière symétrique ou asymétrique ? Pensez par exemple à ce qu'il advient de l'offre de monnaie aux États-Unis et au Japon, lorsque la Banque du Japon vend des yens contre des dollars, qu'elle conserve ensuite.

13. « Lorsque les obligations domestiques et étrangères sont des substituts parfaits, une banque centrale peut indifféremment utiliser des actifs domestiques ou étrangers pour mettre en œuvre sa politique monétaire ». Discutez cette proposition.

14. Les interventions sur le marché des changes sont parfois réalisées aux États-Unis par le Fonds de stabilisation des changes (une branche du Département du Trésor), qui gère à cet effet un portefeuille d'obligations américaines et étrangères. Une intervention du Fonds pour soutenir le yen par exemple l'amènerait à vendre des actifs en dollars afin d'acquérir des actifs en yen. Montrez que ces interventions sont automatiquement stérilisées et qu'elles n'ont aucun effet sur l'offre de monnaie. Comment les opérations influent-elles sur la prime de risque sur le marché des changes ?

15. Expliquez graphiquement comment une banque centrale peut modifier le taux d'intérêt intérieur, tout en conservant un taux de change fixe, dans une situation d'imparfaite substituabilité des actifs.

16. Nous avons vu au début de ce chapitre comment la vente d'actifs étrangers pour une valeur de 100 € influe sur le bilan de la banque centrale. Dans cet exemple, nous avons supposé que l'acheteur payait au comptant. Imaginons maintenant qu'il paye avec un chèque sur un compte ouvert auprès d'une banque privée domestique. Quel est l'effet de la transaction sur le bilan de la banque centrale et l'offre de monnaie ?

17. En pratique, dans les régimes de changes fixes, les taux de change ne sont jamais absolument fixes mais peuvent fluctuer à l'intérieur d'une bande. Par exemple, sous le régime d'étalon-or, les bandes étaient de l'ordre de plus ou moins 1 % de la parité de change « centrale ». Dans quelle mesure de telles bandes de fluctuation permettaient au taux d'intérêt intérieur de fluctuer indépendamment du taux prévalent à l'étranger ?

Montrez que la réponse dépend de la maturité ou du *terme* du taux d'intérêt. Considérez, alternativement, des taux à 3 mois, 6 mois, 1 an et 10 ans.

18. Dans un monde à trois pays, une banque centrale fixe l'un de ses taux de change, mais laisse l'autre flotter. Peut-elle utiliser la politique monétaire pour agir sur le produit intérieur ? Peut-elle fixer les deux taux de change ?

19. Lorsque les réserves officielles sont composées de titres, tels que des bons du Trésor par exemple, les banques centrales peuvent-elles toutes augmenter simultanément leurs réserves sans que cela pèse sur la croissance économique mondiale ? Qu'en est-il sous le régime étalon-or ? Comparez.

20. Si un pays décide de réévaluer ou de dévaluer sa monnaie, la valeur des réserves officielles mesurée en monnaie domestique varie. Dans quel cas cela se traduit-il par un gain pour la banque centrale ? Par une perte ? Comment cela affecte-t-il le coût de détention des réserves officielles ? N'oubliez pas de tenir compte dans votre réponse de la parité des taux d'intérêt.

21. Analysez les conséquences d'une dévaluation permanente lorsque l'économie est prise dans une trappe à liquidité.

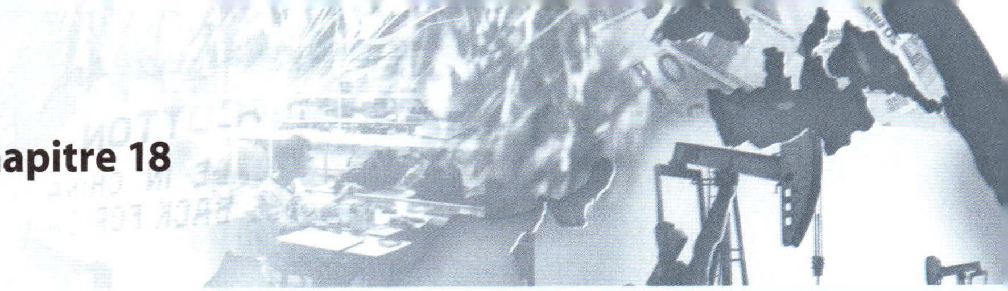

Annexes du chapitre 18

Annexe A : Équilibre sur le marché des changes avec substituabilité imparfaite des actifs

Cette annexe développe un modèle d'équilibre sur le marché des changes où, compte tenu du différentiel de risque, les actifs libellés en monnaie domestique et étrangère sont imparfaitement substituables.

Demande

La grande majorité des individus manifestent de l'aversion pour le risque. Dans le choix de leurs placements, ils sont autant attentifs au risque qu'à la rentabilité attendue. Il est, par ailleurs, plus risqué d'investir dans un seul actif que de diversifier ses placements[20]. Par conséquent, les individus n'acceptent d'investir davantage dans des actifs domestiques que s'ils espèrent obtenir une rentabilité supérieure, qui viendrait compenser une moindre diversification de leur portefeuille. Nous pouvons traduire cette idée en écrivant que la demande de l'individu i pour des obligations en monnaie domestique, B_i^d, est fonction croissante du différentiel de rentabilité des obligations domestiques et étrangères :

$$B_i^d = B_i^d[R - R^* - (E^e - E)/E]$$

De toute évidence, B_i^d dépend aussi d'autres facteurs spécifiques à l'individu i, comme son niveau de richesse ou de revenu. La demande d'obligations en monnaie domestique peut être négative ou positive. Dans le premier cas, l'individu i est emprunteur net en monnaie domestique, c'est-à-dire qu'il est offreur d'obligations domestiques.

Pour obtenir la demande privée nette globale d'obligations en monnaie domestique, il suffit d'additionner les demandes individuelles B_i^d de tous les individus i :

$$\text{Demande} = B^d\,[R - R^* - (E^e - E)/E] = \sum_i B_i^d[R - R^* - (E^e - E)/E]$$

Offre

Puisque B^d constitue la demande privée nette d'obligations en monnaie domestique, pour déterminer l'équilibre, il faut considérer l'offre nette d'obligations en monnaie domestique, c'est-à-dire les obligations qui ne figurent pas au passif des individus. Il s'agit, en fait, des

20. Voir l'annexe web du chapitre 21 pour un modèle microéconomique de demande d'actifs risqués.

obligations d'État en monnaie domestique détenues par le secteur privé B, diminué des actifs en monnaie domestique détenus par la banque centrale A :

$$\text{Offre} = B - A$$

Il faut soustraire A de B afin d'obtenir l'offre nette d'obligations, parce que les achats d'obligations par la banque centrale réduisent l'offre disponible pour les investisseurs privés. Plus généralement, il faut également soustraire de B les actifs en monnaie domestique détenus par les banques centrales étrangères.

Équilibre

La prime de risque ρ est déterminée par l'interaction entre l'offre et la demande. Elle se définit comme le différentiel de rentabilité attendu entre les obligations domestiques et étrangères :

$$\rho = R - R^{*} - (E^{e} - E)/E$$

À la figure 18A.1, la demande privée nette d'obligations en monnaie domestique, qui est fonction croissante de ρ, est illustrée par une droite de pente positive. L'offre d'obligations est verticale au point $B - A^{1}$, dans la mesure où l'offre nette d'obligations sur le marché est déterminée par les autorités, indépendamment de la prime de risque.

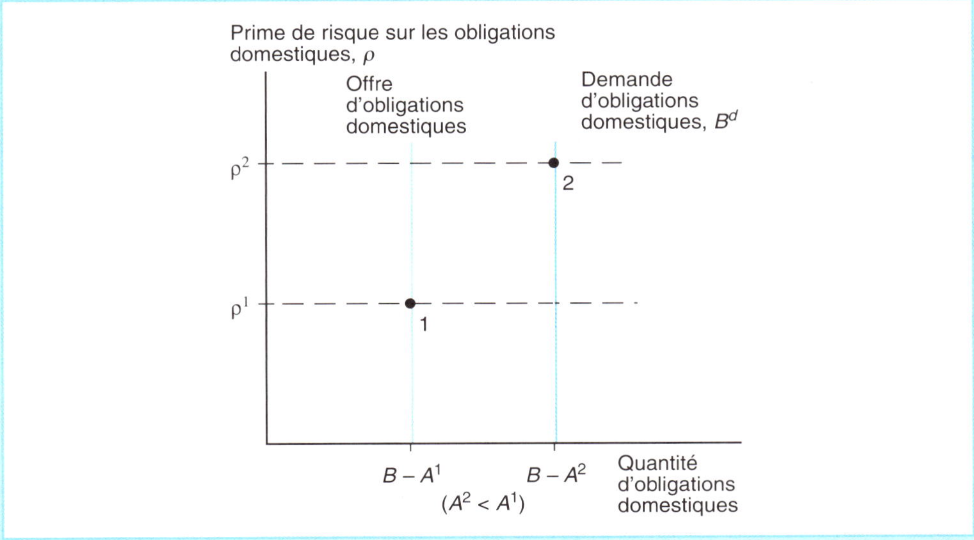

Figure 18A.1 – L'offre d'obligations domestiques et la prime de risque en cas d'imparfaite substituabilité des actifs.

Une augmentation de l'offre d'obligations domestiques destinée au secteur privé augmente la prime de risque sur les actifs en monnaie domestique.

L'équilibre se situe au point 1 (avec une prime de risque ρ^1), où la demande privée nette d'obligations en monnaie domestique est égale à l'offre nette. Remarquons que pour des valeurs données de R, R^* et E^e, cet équilibre peut aussi être considéré comme un déterminant du taux de change, puisque $E = E^e/(1 + R - R^* - \rho)$.

La figure 18A.1 montre l'effet de la vente d'actifs domestiques par une banque centrale ($A^2 < A^1$). Cette vente augmente l'offre nette d'obligations en monnaie domestique jusqu'au niveau $B - A^2$ et déplace la fonction d'offre vers la droite. Le nouvel équilibre se situe au point 2, avec une prime de risque $\rho^2 > \rho^1$. De même, un accroissement de la dette publique en monnaie domestique, B, augmenterait la prime de risque. Selon ce modèle, la prime de risque est donc une fonction croissante de $B - A$.

Ce modèle de détermination de la prime de risque est simplifié à bien des égards. Nous avons notamment supposé que le pays domestique est suffisamment petit pour que les variables étrangères puissent être considérées comme exogènes. On peut généraliser en écrivant la prime de risque également en fonction du stock net d'obligations libellées en monnaie étrangère et destinées au secteur privé $B^* - A^*$:

$$\rho = \rho\,(B - A,\, B^* - A^*)$$

Dans ce cas, une augmentation de $B - A$ conduirait ρ à augmenter, tandis qu'une hausse de $B^* - A^*$ conduirait ρ à baisser, en rendant les obligations étrangères relativement moins risquées.

Annexe B : Le déroulement des crises de balance des paiements

Dans ce chapitre, nous avons modélisé une crise de balance des paiements comme une perte soudaine de confiance vis-à-vis de la banque centrale qui s'est engagée à maintenir le taux de change fixe. Elle ne résulte que rarement de changements arbitraires des anticipations des investisseurs, bien que les décideurs politiques s'en plaignent en situation de crise. En réalité, les crises de change sont souvent dues à des politiques économiques incompatibles avec le maintien durable du taux de change fixe. Le moment même de la crise correspond à un choix rationnel des investisseurs.

Dans cette annexe, nous analysons le déroulement d'une crise de change, en utilisant l'approche monétaire de la balance des paiements et du taux de change (voir chapitre 16)[21]. Pour simplifier, nous supposerons que les prix des biens et des services sont parfaitement flexibles et que le produit intérieur est maintenu à son niveau de plein emploi. Nous suppo-

21. Des modèles alternatifs de crises de balances des paiements sont développés par Paul Krugman, « A Model of balance-of payments crises », *Journal of Money, Credit and Banking*, 11, août 1979, p. 311-325 ; Robert P. Flood et Peter M. Garber, « Collapsing Exchange Rate Regimes : Some Linear Examples », *Journal of International Economics*, 17, août 1984, p. 1-14 ; Maurice Obstfeld, « Rational and Self-Fulfilling Balance-of Payments Crises », *American Economic Review*, 76, mars 1986, p. 72-81 ; Maurice Obstfeld, « Models of Currency Crises with Self-Fulfilling Features », *European Economic Review*, 40, avril 1996, p. 1037-1048.

serons aussi que les opérateurs du marché font des anticipations parfaites, ce qui exclut tout changement arbitraire de leurs anticipations.

Le déroulement précis d'une crise ne peut être déterminé sans référence aux politiques économiques. En particulier, nous devons décrire la manière dont le gouvernement se comporte, mais aussi comment il envisage de réagir aux événements à venir. Nous retenons deux hypothèses : d'abord, la banque centrale permet à l'encours de crédit intérieur A de s'accroître significativement et indéfiniment ; ensuite, elle fixe le taux de change courant au niveau E^0, mais elle laissera flotter ce taux lorsque ses réserves F^* seront épuisées. En outre, les autorités défendront le niveau de change E^0 en vendant des réserves à ce prix jusqu'à leur épuisement total.

La politique de la banque centrale pose problème, car elle est incompatible avec la volonté de maintenir indéfiniment le taux de change fixe. L'approche monétaire suggère que les réserves étrangères s'épuiseront régulièrement à mesure que les actifs domestiques augmenteront et le taux de change E^0 devra finalement être abandonné. En fait, les spéculateurs forceront cette issue par des attaques spéculatives, en achetant les actifs détenus par la banque centrale jusqu'à ce que ses réserves soient épuisées.

Le taux de change flottant *implicite*, noté E_t^S (S pour *shadow*, que nous traduisons ici par implicite), est le taux de change qui prévaudrait à l'instant t si la banque centrale ne détenait pas d'avoirs de réserve, laissait flotter sa monnaie et continuait à autoriser indéfiniment l'expansion du crédit intérieur. Selon l'approche monétaire, cela entraîne une *inflation continue*, où E_t^S augmente proportionnellement au crédit intérieur. La figure 18B.1 illustre ce mécanisme. La date T correspond à la date où le taux de change implicite est égal à E^0.

La partie inférieure de la figure montre l'évolution des réserves lorsque le crédit intérieur croît régulièrement (une augmentation des réserves se traduit par un déplacement vers le bas). L'évolution des réserves est représentée par une courbe qui décline régulièrement jusqu'à la date T, à partir de laquelle le niveau des réserves est nul. Cette perte des réserves (de taille F_T^*) est due à une attaque spéculative, qui force la banque centrale à abandonner les changes fixes. Le but de ce modèle est de montrer que cette attaque doit se produire précisément à la date T sous l'hypothèse que les marchés d'actifs s'équilibrent à tout moment. Pour cela, raisonnons par l'absurde.

Nous supposons que le niveau du produit intérieur Y est donné de sorte que les réserves s'épuiseront à la même vitesse que l'expansion du crédit intérieur tant que le taux d'intérêt R (et donc la demande de monnaie domestique) demeure inchangé. Que savons-nous du comportement du taux d'intérêt ? Lorsque que le taux de change est fixe, R est égal au taux d'intérêt étranger R^*, car aucune dépréciation n'est attendue. Les réserves s'épuiseront graduellement dans le temps aussi longtemps que le taux de change restera fixé à E^0.

Imaginons maintenant que les réserves tombent à zéro à la date $T¢$, *postérieure* à T. Le taux de change implicite E^S est défini comme le taux de change flottant d'équilibre qui prévaut lorsque le niveau des réserves étrangères est nul. Ainsi, si les réserves tombent à zéro à la date $T¢$, les autorités abandonneront le taux E^0 et le taux de change s'élèvera immédiatement au niveau E_t^S. Cet « équilibre » pose cependant une difficulté : chaque opérateur du marché sait que la monnaie domestique se dépréciera très rapidement à la date $T¢$ et essaiera d'en tirer un profit en achetant des réserves étrangères au taux de change avantageux E^0, juste avant $T¢$. La banque centrale perd donc l'ensemble de ses réserves avant la date $T¢$, contrairement à ce que nous avons supposé. La situation précédente n'est donc pas véritablement un équilibre.

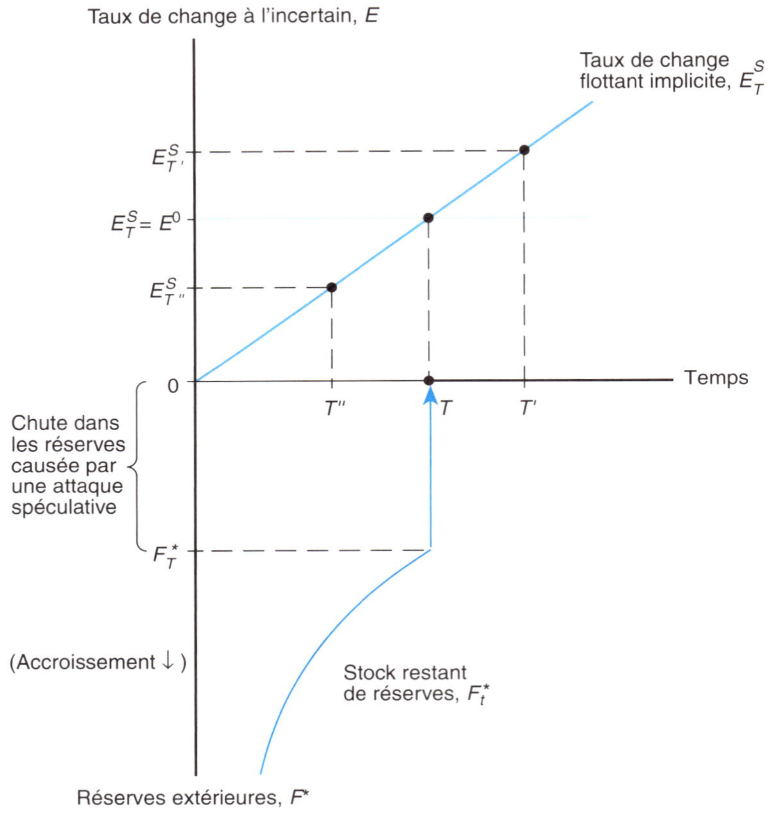

Figure 18B.1 – Le déroulement d'une crise de balance des paiements.
Le marché se lance dans une attaque spéculative et achète le stock restant de réserves monétaires F_t^* à une date T lorsque le taux de change flottant implicite E_T^S est juste égal au taux de change fixe E^0 avant l'effondrement.

Obtenons-nous un équilibre en supposant que les spéculateurs achètent les réserves officielles à la date $T≤$, *antérieure* à T ? De nouveau, la réponse est négative. Les investisseurs savent que si les réserves de la banque centrale atteignent zéro à la date $T≤$, la monnaie domestique s'appréciera en passant de E^0 à E_t^S. Ils n'ont donc aucun intérêt à se joindre à une attaque spéculative qui viderait le stock de réserves à la date $T≤$. Ils préfèreront vendre autant de devises que possible à la banque centrale avant *T*≤, afin de les racheter ensuite au prix plus avantageux que le marché proposera après la crise. Comme chaque opérateur trouve le même intérêt dans ce comportement, une attaque spéculative ne peut se produire vraisemblablement avant la date *T*. En effet, aucun d'eux n'achèterait de réserves de la banque centrale à un prix E^0, en sachant qu'il va subir une perte certaine en capital.

Le marché des actifs est donc à l'équilibre uniquement si les réserves extérieures tombent à zéro précisément à la date *T*: $E_t^S = E^0$. Le taux de change reste au niveau auquel il est fixé jusqu'à la date *T*, et c'est seulement après que la monnaie se met à flotter pour s'apprécier.

L'absence de « sauts » dans l'évolution du taux de change, à la hausse ou à la baisse, élimine les opportunités d'arbitrage qui empêchent les attaques spéculatives aux dates *T*¢ et *T*≤. En outre, le marché des actifs reste à l'équilibre à la date *T*, même si le taux de change ne varie pas, car les deux facteurs se compensent exactement l'un l'autre. Comme les réserves s'épuisent, l'offre de monnaie diminue. Nous savons aussi qu'au moment où la fixité du taux de change est abandonnée, les agents s'attendront à ce que la monnaie commence à se déprécier. Le taux d'intérêt intérieur *R* augmentera donc afin de maintenir la parité des taux d'intérêt, ce qui provoquera une réduction de la demande réelle de monnaie parallèlement à la baisse de l'offre réelle.

Nous avons donc déterminé le moment précis où une crise de balance des paiements force les autorités monétaires à abandonner la fixité du taux de change. Notons que, dans notre exemple, la crise doit se produire à un *certain* moment, dans la mesure où les politiques monétaires la rendent incontournable. Le fait qu'une crise puisse se produire alors que la banque centrale possède encore des réserves peut laisser croire aux observateurs non avertis que ce sont des sentiments sans fondement qui conduisent à une panique prématurée. Ce n'est cependant pas le cas ici. L'attaque spéculative que nous avons analysée est la seule situation qui ne confronte pas les opérateurs à des opportunités d'arbitrage[22].

22. Dans ce qui précède, où nous supposons que le marché prévoit parfaitement le cours futur des événements et que les échanges se font de manière continue, une seule attaque spéculative réduit les réserves à zéro. Si à l'inverse nous introduisons une certaine incertitude – concernant le taux de croissance du crédit intérieur par exemple – le taux d'intérêt intérieur augmente avec la probabilité d'occurrence de la crise, ce qui provoque une série d'attaques spéculatives avant l'épuisement final des réserves. Chacune de ces attaques est semblable à celle décrite dans ce chapitre.

Partie IV – Politique macroéconomique internationale

Chapitre 19

Le système monétaire international de 1870 à nos jours

Objectifs pédagogiques :

- Saisir les objectifs d'équilibre interne et externe et les enjeux pour la politique économique.
- Comprendre le trilemme auquel font face les responsables de la politique économique et comment les différents systèmes monétaires se positionnent par rapport aux diverses options.
- Décrire le mécanisme de l'étalon-or en vigueur avant la Première Guerre mondiale et comment la grande dépression des années 1930 a mis fin aux espoirs de restauration de l'étalon-or.
- Examiner comment le système de Bretton Woods permettait de stabiliser les taux de change.
- Expliquer les facteurs responsables de l'abandon du système de Bretton Woods en 1973 et comprendre pourquoi de nombreux économistes étaient alors favorables aux changes flottants.
- Analyser comment les politiques monétaires et budgétaires d'un grand pays tel que les États-Unis se répercutent au niveau international en changes flottants.
- Tirer les leçons de l'expérience des changes flottants depuis 1973 dans le cadre d'une éventuelle réforme du système monétaire et saisir les enjeux de la coopération internationale.

Dans les deux chapitres précédents, nous avons examiné la manière dont un pays pouvait s'appuyer sur la politique budgétaire, la politique monétaire ou la politique de change, afin de modifier les niveaux de production et d'emploi. Nous avons implicitement supposé que ces politiques n'affectaient pas le reste du monde. En règle générale, cette hypothèse n'est pas vérifiée : toute modification du taux de change réel dans un pays entraîne immédiatement une variation symétrique des taux étrangers. De même, toute variation de la demande de biens domestiques a un effet sur celle des produits étrangers. À moins que le pays ne pèse peu sur le plan international, sa conjoncture macroéconomique influera sur celle des autres pays et compliquera donc la tâche de leurs dirigeants.

En raison de l'interdépendance des économies ouvertes, il leur est plus difficile d'atteindre les objectifs de stabilité des prix et de plein emploi. Cette interdépendance repose sur un ensemble d'arrangements institutionnels, comme le choix des régimes monétaires et de change adoptés par les pays, regroupés sous le terme de *système monétaire international* (SMI). Ce chapitre étudie dans quelle mesure le SMI influe sur la conduite et les performances des politiques macroéconomiques en distinguant quatre périodes : la période de l'étalon-or (1870-1914), la période de l'entre-deux-guerres (1918-1939), la période des changes fixes issue des accords de Bretton Woods (1946-1973) et la période actuelle caractérisée par le flottement des principales monnaies (de 1973 à aujourd'hui). Comme nous le verrons, chaque type d'arrangements institutionnels conduit à des arbitrages différents en termes de politiques économiques.

1 Objectifs de la politique macroéconomique en économie ouverte

Examinons d'abord les objectifs de la politique économique. En économie ouverte, on distingue l'**équilibre interne** et l'**équilibre externe**. Le premier fait référence au plein emploi des ressources et à la stabilité du niveau général des prix. Quant au second, il est atteint lorsque le compte courant n'affiche ni un déficit tel que le pays serait dans l'incapacité de rembourser ses dettes envers l'étranger, ni un excédent excessif qui exposerait les pays étrangers à la même éventualité.

La distinction entre équilibre interne et externe est artificielle et ne rend pas compte du large éventail des objectifs de la politique économique. Qu'en est-il, par exemple, des politiques de redistribution du revenu national ? Comment prendre en compte le souci des responsables politiques de réagir à des variations de certains postes de la balance des paiements enregistrés hors compte courant ? Cette distinction est malgré tout commode, notamment pour examiner l'articulation des objectifs macroéconomiques.

1.1 Équilibre interne : le plein emploi et la stabilité du niveau général des prix

L'équilibre interne est atteint lorsque les facteurs de production sont pleinement employés *et* que le niveau général des prix est stable.

Le sous-emploi se traduit, en particulier, par un fort taux de chômage. On comprend aisément qu'il soit au premier rang des préoccupations de la politique macroéconomique. Le sur-emploi peut être responsable d'une « surchauffe » de l'économie, qui n'est pas non plus souhaitable, même si les conséquences sont moins douloureuses. Par ailleurs, le sous-emploi et le sur-emploi exercent tous deux des pressions sur les prix et les salaires.

L'inflation, comme la déflation, est préjudiciable à l'économie. L'instabilité du niveau général des prix ôte à la monnaie ses qualités d'unité de compte et de réserve de valeur, et complique les plans des agents en augmentant l'incertitude (voir chapitre 15). En particulier, elle influe sur la valeur réelle des contrats de dette et entraîne une redistribution des richesses entre les créanciers et les débiteurs[1].

Tout l'art de la politique macroéconomique consiste donc à maintenir l'économie à son niveau de plein emploi et à s'assurer que la croissance de l'offre de monnaie n'est ni trop rapide, ni trop lente.

---

1. La situation est quelque peu différente lorsque l'État est lui-même très endetté. Dans ce cas, un taux d'inflation supérieur à celui initialement annoncé réduit la valeur réelle de la dette publique et peut représenter un moyen d'imposition commode. De nombreux pays en développement ont recouru à ce procédé dans le passé (voir chapitre 22), de même que les pays industrialisés mais seulement dans des cas extrêmes (par exemple, en temps de guerre). Une politique d'inflation surprise sape la crédibilité du gouvernement et dégrade les conditions futures d'endettement de l'État.

1.2 Équilibre externe : le niveau optimal du compte courant

L'équilibre externe est plus difficile à définir, faute de repères tels que le plein emploi ou la stabilité des prix. L'objectif à atteindre dépend de nombreux facteurs : les caractéristiques de l'économie, l'environnement économique, politique et institutionnel international, etc.

On assimile souvent l'équilibre externe d'un pays à celui du compte courant. Pourtant, un compte courant déficitaire n'est pas nécessairement néfaste. Comme on l'a vu, ce déficit implique que le pays emprunte des ressources au reste du monde, ce qui ne pose aucun problème si les opportunités d'investissement dans ce pays sont plus intéressantes que celles offertes à l'étranger. En effet, les rendements seront alors suffisants pour couvrir à la fois le capital et les intérêts versés aux autres pays. De même, un excédent du compte courant n'est pas synonyme de difficultés, si l'épargne intérieure est investie de façon plus profitable à l'étranger. On en revient, en fait, à la notion de commerce intertemporel (voir chapitre 6). Les pays dotés de structures de production différentes gagnent, à un moment donné, à se spécialiser dans les secteurs où ils sont les plus productifs puis à commercer. De même, les pays qui offrent de faibles opportunités d'investissement ont intérêt à diriger leur épargne vers des investissements plus productifs à l'étranger, et réciproquement. Si tous les pays étaient contraints d'équilibrer leur compte courant, cela ne laisserait aucune place pour ce type de gains.

Il convient donc d'être très prudent lorsqu'on définit l'objectif externe, dans la mesure où le solde du compte courant qui maximise les gains des échanges intertemporels est très difficile, voire impossible à déterminer. Ce niveau optimal peut, en outre, varier de façon imprévisible. Le plus souvent, les autorités cherchent donc simplement à cibler un « certain » niveau et à éviter les excédents ou les déficits excessifs, à moins qu'elles n'aient de sérieuses raisons pour agir différemment.

1.3 Les problèmes liés aux déficits excessifs du compte courant

Pourquoi les autorités publiques préfèrent-elles éviter les déficits excessifs du compte courant ? Un déficit ne pose pas de problème si les fonds empruntés à l'étranger sont dirigés vers des investissements suffisamment productifs. Si ce n'est pas le cas, il peut être dû à une consommation trop élevée, elle-même due à des politiques économiques mal adaptées ou des dysfonctionnements de l'économie. Il se peut également que les projets d'investissement financés par des capitaux étrangers aient été mal évalués et que les décisions aient été prises sur la base d'anticipations trop optimistes. Il est dans ce cas raisonnable de tenter de rétablir l'équilibre externe en réduisant le déficit. Les économies ouvertes font toutes face à une **contrainte budgétaire intertemporelle** qui limite leurs dépenses à un niveau compatible avec le paiement des intérêts et le remboursement du principal de leur dette étrangère. Cette contrainte budgétaire est abordée dans les annexes, aux chapitres 6 et 17.

Il arrive également que l'objectif externe soit imposé de l'étranger. Lorsque des pays ont des difficultés à rembourser leur dette extérieure, les prêteurs étrangers deviennent réticents à accorder de nouveaux fonds et peuvent même exiger le remboursement immédiat des lignes de crédit antérieures. On parle alors de *sudden stop*. Les autorités doivent alors prendre des mesures sévères, afin de réduire le besoin de financement du pays envers l'étranger. Un déficit courant élevé peut saper la confiance des investisseurs et contribuer à une telle interruption des financements. Dans ce cas, plus le déficit est important, et plus l'ajustement budgétaire est douloureux.

1.4 Les problèmes liés aux excédents excessifs du compte courant

Un excédent du compte courant signifie que le pays accumule des actifs localisés à l'étranger. Pourquoi la croissance des créances sur l'extérieur serait-elle un problème ?

Une première raison tient au fait que, pour un niveau donné d'épargne intérieure, un fort excédent peut refléter un faible niveau d'investissement intérieur. Cette conclusion découle de l'égalité du revenu national, $S = I + CC$, qui répartit l'épargne intérieure, S, entre l'investissement intérieur, I, et l'accumulation d'actifs étrangers, CC. Plusieurs facteurs peuvent inciter les dirigeants politiques à préférer que l'épargne intérieure serve à financer des investissements intérieurs plutôt qu'étrangers : il est plus facile d'imposer les revenus des actifs domestiques que ceux des actifs étrangers. Une augmentation du capital domestique a des conséquences plus significatives sur le produit intérieur qu'une hausse des actifs étrangers et contribue davantage à réduire le chômage.

Si un fort excédent du compte courant reflète un endettement excessif des pays étrangers, le pays peut se retrouver dans l'incapacité de récupérer l'argent qui lui est dû. Autrement dit, le pays peut perdre une partie de sa richesse externe si les emprunteurs font défaut. Le problème est différent si ce sont les résidents qui font défaut, car cela entraîne certes une redistribution de la richesse entre résidents, mais laisse inchangé le niveau de richesse intérieure.

Les excédents trop importants peuvent aussi se révéler inconfortables pour des raisons politiques. Les pays affichant de forts excédents peuvent devenir la cible de mesures protectionnistes discriminatoires de la part des pays qui supportent des déficits externes. Le Japon s'est parfois retrouvé dans cette situation ; aujourd'hui, les éventuelles barrières aux importations visent davantage la Chine.

En résumé, l'objectif d'équilibre externe correspond au niveau de compte courant qui maximise les avantages des échanges commerciaux, en évitant les problèmes décrits précédemment. Comme les autorités ne connaissent pas exactement le niveau optimal du compte courant, elles essaient, sauf cas exceptionnel, de limiter les excédents ou les déficits. Il y a toutefois une asymétrie fondamentale : les pays en déficit sont beaucoup plus astreints à réduire leur déséquilibre que les pays en excédent. En effet, un pays qui accumule des déficits doit faire face à la menace d'une interruption soudaine des prêts, tandis qu'il est peu probable que les pays en excédent soient confrontés à une baisse brutale de la demande de financement par les pays emprunteurs !

2 Le triangle d'incompatibilités et le SMI

L'économie mondiale s'est développée depuis le XIXe siècle en adoptant une large variété de systèmes monétaires internationaux. Pour comprendre les principales différences entre ces systèmes, ainsi que les facteurs économiques, politiques et sociaux qui ont poussé les pays à adopter un système plutôt qu'un autre, nous nous appuierons sur un cadre d'analyse simple. En économie ouverte, les décideurs politiques font immanquablement face à un trilemme : celui-ci est incontournable dans le choix du régime monétaire qui convient le mieux pour atteindre les objectifs internes et externes de la politique macroéconomique.

Au chapitre 18, on a vu qu'un pays qui fixe son taux de change, sans s'opposer à la libre circulation des capitaux, doit abandonner le contrôle de sa politique monétaire. Ce « sacrifice » illustre l'impossibilité pour un pays d'atteindre simultanément les trois objectifs suivants :

1. la stabilité du taux de change ;
2. une politique monétaire orientée vers des objectifs nationaux ;
3. la liberté des mouvements de capitaux internationaux.

Il s'agit bien d'un trilemme, et non d'un dilemme, car ces trois objectifs sont chacun désirables en eux-mêmes : mais seuls deux parmi les trois peuvent être conciliés. Les options pour le décideur sont au nombre de trois : 1 et 2 ; 1 et 3 ; ou 2 et 3.

Ce trilemme, mis en évidence par Robert Mundell et Tommaso Padoa-Schioppa est couramment représenté sous la forme d'un « triangle d'incompatibilités ». Chaque sommet de ce triangle représente un objectif et chaque côté représente un régime monétaire compatible avec les deux objectifs qui figurent de part et d'autre. Seules trois options sont envisageables, qui chacune correspond à un côté du triangle (A, B ou C) représenté à la figure 19.1.

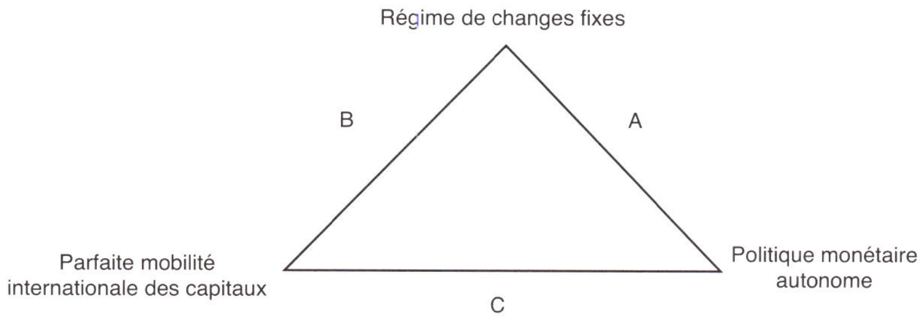

Figure 19.1 – Le triangle d'incompatibilités.

Chaque sommet du triangle représente un objectif (stabilité du taux de change, autonomie de la politique monétaire, liberté des mouvements de capitaux) et chaque côté représente un régime monétaire compatible avec les deux objectifs qui figurent de part et d'autre. Seules trois options sont envisageables, qui chacune correspond à un côté du triangle.

Comme on l'a vu, un pays qui fixe son taux de change tout en autorisant les capitaux à circuler librement, doit renoncer à adopter une politique monétaire autonome (c'est-à-dire orientée vers des objectifs internes). Ce fut le cas notamment au cours du régime étalon-or (voir chapitre 18)[2]. À l'inverse, un pays avec un taux de change fixe qui limite les flux financiers internationaux (la parité de taux d'intérêt n'est alors plus nécessairement vérifiée) conserve la possibilité de modifier son taux d'intérêt intérieur pour agir sur l'économie nationale. Il peut ainsi, par exemple, prévenir une surchauffe de l'économie en augmentant les taux d'intérêt à court terme, sans provoquer pour autant une chute de ses exportations qui résulteraient d'une appréciation de la monnaie si les capitaux circulaient sans entraves. Cette situation est celle qui caractérise aujourd'hui, par exemple, la Chine. Enfin, depuis l'abandon du régime de Bretton Woods au début des années 1970, la plupart des pays industrialisés ont adopté un système qui leur permettait de combiner la liberté de mouvements internationaux de capitaux avec des politiques monétaires orientées vers des objectifs internes ; en revanche, les importateurs et les exportateurs doivent faire face à la volatilité des changes (voir chapitre 17).

Les régimes intermédiaires sont envisageables, mais requièrent des compromis. Par exemple, en intervenant sur le marché des changes, les autorités peuvent espérer réduire la volatilité des taux de change, mais seulement au prix d'une moindre capacité de la politique monétaire à poursuivre des objectifs autres que le taux de change. De façon similaire, une ouverture partielle du compte financier permet certains prêts ou emprunts transfrontaliers, mais le maintien du taux de change nécessite des interventions plus massives et des réserves de change plus abondantes qu'elles ne le seraient si les flux de capitaux internationaux étaient totalement prohibés.

3 Le régime de l'étalon-or (1870-1914)

L'or est utilisé comme moyen d'échange, unité de compte et réserve de valeur depuis l'Antiquité, mais l'étalon-or n'est instauré officiellement qu'en 1819, lorsque le Parlement britannique abroge des restrictions de longue date sur les sorties d'espèces (*specie*) et de lingots (*bullion*) d'or. Au XIXe siècle, la plupart des pays adoptent à leur tour l'étalon-or, copiant d'une certaine manière les institutions de ce qui est alors la première puissance économique mondiale : la Grande-Bretagne.

L'étalon-or connaît son apogée entre 1870 et 1914. Ce régime de changes fixes s'appuie sur une conception de la macroéconomie internationale très différente de celle qui sera à la base des accords monétaires internationaux après la Seconde Guerre mondiale. Ce système mérite, néanmoins, que l'on s'y attarde, car toutes les tentatives ultérieures de réforme du système monétaire international s'en inspirent plus ou moins.

---

2. De même, les pays de la zone euro, en adoptant une monnaie unique, ont abandonné leur politique monétaire interne : la Banque centrale européenne est néanmoins en mesure d'orienter sa politique monétaire en fonction d'objectifs macroéconomiques internes à la zone euro, dans la mesure où l'euro flotte à l'égard des autres monnaies.

3.1 Le mécanisme de flux prix-espèces

L'étalon-or recèle de puissants mécanismes d'ajustement automatique, qui contribuent à l'équilibre simultané du compte courant de tous les pays, comme le **mécanisme de flux prix-espèces** (*price-specie flow mechanism*). Le raisonnement est le suivant[3].

Supposons que la balance globale de la Grande-Bretagne soit excédentaire : la somme du solde courant et du compte de capital excède le déficit du compte financier hors réserves (voir chapitre 13). Ce déséquilibre doit être compensé par une entrée d'or, ce qui augmente automatiquement l'offre de monnaie domestique et réduit celle du reste du monde. Il en résulte une pression à la hausse sur les prix britanniques et à la baisse sur les prix étrangers, ce qui entraîne également une appréciation réelle de la livre sterling, le taux de change étant fixe. La demande de biens et de services britanniques s'en trouve réduite, tandis que la demande britannique de biens et services étrangers augmente. Ces modifications concourent simultanément à réduire l'excédent courant britannique et le déficit courant du reste du monde, jusqu'à ce que les balances des paiements soient à l'équilibre. Le processus fonctionne également en sens inverse.

3.2 Les « règles du jeu » de l'étalon-or : mythe et réalité

Le mécanisme de flux prix-espèces est, en théorie, automatique : tout excédent ou déficit se résorbe de lui-même. Les autorités monétaires peuvent, toutefois, le renforcer et contribuer à restaurer l'équilibre de la balance courante. Les banques centrales qui perdent de l'or risquent de se retrouver dans l'incapacité de faire face à leur obligation de conversion des billets. Dans ce cas, elles sont incitées à vendre des actifs domestiques, ce qui exerce une pression à la hausse sur les taux d'intérêt intérieurs et attire les capitaux étrangers. À l'inverse, celles qui accumulent des réserves en or sont incitées à les vendre contre des actifs domestiques, bien plus rémunérateurs.

Ces interventions des banques centrales en vue d'accélérer le processus d'ajustement des balances des paiements constituent les « règles du jeu » de l'étalon-or, selon l'expression attribuée à Keynes. En fait, ces prétendues « règles du jeu » sont, tout au long du XIXe siècle, fréquemment transgressées. Les banques centrales qui accumulent de l'or sont, en effet, beaucoup moins incitées à intervenir que celles qui subissent une diminution de leur stock d'or. En pratique, ce sont donc les pays déficitaires qui portent *tout* le fardeau du rééquilibrage des balances des paiements. En outre, ces pays se retrouvent en concurrence pour un stock d'or limité et doivent donc adopter des politiques monétaires parfois trop restrictives. Notons également que les pays enfreignent souvent ces « règles du jeu » en *stérilisant* les flux d'or, c'est-à-dire en vendant (ou en achetant) des actifs domestiques en cas d'augmentation (ou de diminution) des réserves. Enfin, l'ingérence des États dans les exportations privées

3. Depuis le XVIIe siècle, les mercantilistes (au premier rang desquels Thomas Mun) considéraient que l'argent et l'or étaient les piliers de la richesse nationale. Ils préconisaient donc des restrictions drastiques sur le commerce et les paiements internationaux, car l'objectif principal de la politique économique était d'accumuler les excédents commerciaux, c'est-à-dire les entrées de métaux précieux. En 1752, le philosophe écossais David Hume a été le premier à s'opposer aux mercantilistes, en montrant que les excédents commerciaux ne pouvaient perdurer indéfiniment. Voir Barry Eichengreen et Marc Flandreau (éds.), *The Gold Standard in Theory and History*, Routledge, Londres, 1997.

d'or porte souvent préjudice au système. L'image idyllique d'un ajustement automatique et paisible des balances des paiements avant la Première Guerre mondiale n'est donc pas vraiment conforme à la réalité.

3.3 Équilibre externe sous le régime d'étalon-or

Sous le régime d'étalon-or, la banque centrale a pour obligation première de maintenir la parité officielle entre sa monnaie et l'or. Les réserves de change sont composées d'or et les excédents ou les déficits du compte courant doivent être ajustés par des transferts d'or entre les banques centrales[4]. Les États ne conçoivent pas l'équilibre externe en termes de niveau de compte courant, mais plutôt comme une situation dans laquelle la banque centrale ne thésaurise ni ne perd (ce qui est plus important) des réserves d'or.

Si l'on se réfère à la terminologie moderne (voir chapitre 13), on peut dire que les banques centrales essaient d'éviter des fluctuations excessives de la *balance globale* (ou balance des règlements officiels). Celle-ci se définit comme la somme du compte courant, du compte de capital et du compte financier hors réserves. Il s'agit donc d'aligner l'excédent (ou le déficit) du compte financier hors réserves avec le déficit (ou l'excédent) du compte courant et du compte de capital. Ainsi, de nombreux pays adoptent une attitude de *laisser-faire* à l'égard du compte courant. Le solde courant en Grande-Bretagne atteint, par exemple, 5,2 % du revenu national en moyenne au cours de la période 1870-1914, un chiffre très élevé par rapport à la période postérieure à 1945.

3.4 Équilibre interne sous le régime d'étalon-or

L'un des objectifs de l'étalon-or consiste à imposer des limites à la croissance de l'offre de monnaie, afin d'assurer la stabilité du niveau général des prix. Si, dans les pays soumis à ce régime, ce niveau n'augmente pas entre 1870 et 1914 dans les mêmes proportions qu'après la Seconde Guerre mondiale, il varie à très court terme de façon imprévisible et les périodes d'inflation et de déflation se succèdent. Le bilan mitigé de l'étalon-or en matière de stabilité des prix est lié à un autre problème : celui du changement des prix relatifs de l'or et des autres biens (voir chapitre 18).

Il semble, en outre, que l'étalon-or ne contribue pas vraiment au maintien du plein emploi. Entre 1890 et 1913, le taux de chômage aux États-Unis, par exemple, était en moyenne de 6,8 %, alors qu'il était de 5,7 % entre 1948 et 2010.

Une raison fondamentale de l'instabilité interne à court terme durant la période de l'étalon-or renvoie à la subordination de la politique économique aux objectifs externes. Avant la Première Guerre mondiale, les États n'ont, en effet, pas à endosser la responsabilité du maintien de l'équilibre interne. C'est aussi ce qui explique leur positionnement sur le triangle des incompatibilités. Les objectifs internes de politique économique ne gagneront en importance qu'après la Seconde Guerre mondiale.

---

4. En réalité, les banques centrales commencent à détenir des monnaies étrangères dans leurs réserves avant 1914. La livre sterling est alors la monnaie de réserve dominante.

4 L'entre-deux-guerres (1918-1939)

Tous les pays suspendent le fonctionnement de l'étalon-or durant la Première Guerre mondiale et financent une partie de leur effort de guerre en imprimant des billets. La main-d'œuvre et les capacités de production sont sérieusement réduites, en raison du conflit. Le niveau général des prix est partout plus élevé en 1918 qu'en 1914. Après la guerre, de nombreux pays continuent d'augmenter l'offre de monnaie afin de financer la reconstruction, ce qui entraîne une inflation galopante.

4.1 Le retour provisoire à l'or

Après la Première Guerre mondiale, la plupart des pays tentent de revenir à l'étalon-or, comme les États-Unis en 1919. À la conférence de Gênes de 1922, la Grande-Bretagne, la France[5], l'Italie et le Japon conviennent d'un agenda comprenant un retour à l'étalon-or et la coopération entre banques centrales. Comme la quantité d'or disponible risque de ne pas suffire à satisfaire aux besoins des banques centrales en réserves internationales, les participants mettent au point un système d'étalon de change-or : les petits pays peuvent ainsi détenir comme réserves les monnaies de plusieurs grands pays, dont les réserves sont toujours entièrement constituées d'or.

La Grande-Bretagne revient à l'étalon-or en 1925, avec la parité d'avant guerre. Winston Churchill, alors chancelier de l'Échiquier (c'est-à-dire ministre des Finances), est un partisan du retour à cette parité. Il soutient que tout écart par rapport au prix d'avant guerre saperait la confiance mondiale dans la stabilité des institutions financières britanniques, ces dernières ayant joué un rôle dominant durant la période de l'étalon-or. Bien que le niveau des prix britanniques ait baissé depuis la fin de la guerre, il est toujours en 1925 plus élevé que durant la période de l'étalon-or. Afin de ramener le prix de la livre en or à son niveau d'avant guerre, la Banque d'Angleterre est donc contrainte de mener une politique monétaire restrictive, qui a pour effet d'élever le taux de chômage.

Le même débat a lieu en France, entre ceux qui prônent un retour au franc d'avant guerre et ceux qui jugent ce retour dangereux pour l'économie. Contrairement à ce qui se passe en Grande-Bretagne, les seconds l'emportent : en 1928, Raymond Poincaré dévalue le franc de 80 %, ce qui met fin au franc germinal en vigueur depuis plus d'un siècle.

L'affaiblissement économique de la Grande-Bretagne dans les années 1920 contribue au déclin de la place financière de Londres et devient problématique pour la stabilité de l'étalon-or. À la suite de la conférence de Gênes, de nombreux pays détiennent des réserves internationales sous forme de dépôts à Londres. Mais les réserves d'or britanniques sont limitées, et la stagnation persistante entraîne la défiance sur la capacité du pays à honorer ses engagements internationaux. La grande dépression de 1929 finit par avoir raison de l'étalon-or. La Grande-Bretagne abandonne l'étalon-or en 1931.

---

5. Voir notamment Pierre-Cyrille Hautcœur et Michael D. Bordo, « Why didn't France follow the British Stabilization after World War One? », *NBER Working Paper*, n° 9860, 2003.

4.2 Les conséquences internationales de la grande dépression de 1929

L'une des caractéristiques les plus frappantes de la grande dépression de 1929 tient à sa dimension mondiale. La crise ne reste pas circonscrite aux États-Unis, mais se propage rapidement à tous les pays. L'étalon-or est non seulement l'un des éléments déclencheurs, mais aussi un important facteur d'aggravation et de contagion de la plus grave crise économique du XXe siècle.

En 1929, la plupart des pays adhèrent au régime d'étalon-or. Tandis que les États-Unis et la France font face à de larges entrées de capitaux et accumulent de l'or (en 1932, ces deux pays possèdent 70 % du stock mondial), les autres pays n'ont d'autre choix que de vendre des actifs domestiques et d'augmenter leur taux d'intérêt afin de conserver leurs réserves. Il en résulte une contraction monétaire mondiale qui, conjuguée aux violentes retombées du krach d'octobre 1929, plonge le monde dans une profonde récession.

Les faillites bancaires occasionnées par le krach boursier se propagent à travers le monde et amplifient la spirale dépressive mondiale. L'étalon-or apparaît de nouveau au premier rang des coupables. La plupart des pays qui souhaitent conserver le régime d'étalon-or refusent d'apporter des liquidités aux banques en difficulté, afin de préserver leurs réserves d'or. Pourtant, cela permettrait à nombre d'entre elles d'éviter la faillite.

De nombreux pays réagissent à la crise économique en renonçant à l'étalon-or et en laissant flotter leur monnaie. Face à l'augmentation du chômage, l'objectif de stabilité du change finit par passer au second plan : c'est un autre côté du triangle qui est privilégié. Les États-Unis abandonnent ainsi la convertibilité-or entre 1933 et 1934 et augmentent le prix officiel de l'or de 20,67 à 35 $ l'once. En abandonnant, même provisoirement, les changes fixes, ces pays retrouvent la liberté de mener des politiques monétaires expansionnistes, qui limitent (ou empêchent) la déflation et la récession. Il en va différemment de ceux qui s'accrochent obstinément à l'étalon-or sans dévaluer, comme la France, la Suisse, la Belgique, les Pays-Bas et la Pologne (qui restent attachés à ce système jusqu'en 1936). Ces derniers souffrent d'ailleurs plus que les autres de la crise.

Pour faire face à la crise, nombre de pays prennent des mesures visant à restreindre le commerce et les paiements internationaux. Ces politiques protectionnistes sont motivées par la volonté de soutenir le produit intérieur, en limitant les importations, et de contrôler les sorties de capitaux. C'est aussi une autre façon de répondre au trilemme. Toutefois, ces mesures sont dommageables pour les autres pays qui n'ont souvent d'autre choix que de les appliquer en retour[6]. Les barrières commerciales, conjuguées à la déflation dans les économies industrialisées, amènent de nombreux pays, notamment les pays d'Amérique latine dont les débouchés à l'export ne sont plus assurés, à répudier les dettes étrangères.

Au début des années 1930, l'économie mondiale se désintègre en unités nationales autarciques. Cette vague protectionniste est très coûteuse pour l'économie mondiale et empêche une reprise économique rapide, qui reste d'ailleurs inachevée dans beaucoup de pays

6. Une mesure qui accroît le bien-être d'un pays, mais qui détériore la situation économique des autres, est qualifiée de « politique de pillage du voisin » (*beggar-thy-neighbor policy*, voir chapitre 11).

en 1939. Ces derniers se trouveraient dans une meilleure situation si le commerce international avait été plus libre et si une coopération internationale avait aidé chacun d'eux à préserver son équilibre externe et sa stabilité financière sans sacrifier ses objectifs internes. C'est cette dernière idée qui inspire le système monétaire international de l'après-guerre, fruit des **accords de Bretton Woods.**

5 Le système de Bretton Woods et le Fonds monétaire international

En 1944, les représentants de 44 pays réunis à Bretton Woods, dans le New Hampshire, aux États-Unis, donnent naissance au **Fonds monétaire international** (**FMI**). Les dirigeants des pays alliés gardent à l'esprit les désastres économiques de l'entre-deux-guerres. Ils espèrent mettre en place un système monétaire international, capable de promouvoir le plein emploi et la stabilité des prix, tout en permettant aux pays d'atteindre individuellement l'équilibre externe sans restreindre le commerce international[7].

Les accords de Bretton Woods créent un régime de changes fixes, avec pour référence le dollar américain. Ce dernier est à son tour ancré à l'or, au prix officiel de 35 $ l'once. Les États membres détiennent une large part de leurs réserves officielles internationales sous forme d'or ou de dollars, qu'ils peuvent ensuite échanger contre de l'or au prix officiel auprès de la Réserve fédérale américaine (la Fed). Il s'agit donc d'un régime de changes fixes basé sur l'or, avec comme principale monnaie de réserve le dollar. Si l'on reprend la terminologie du chapitre 18, le dollar est la $N^{\text{-ième}}$ monnaie, à partir de laquelle sont définis les $N-1$ autres taux de change du système. Les États-Unis interviennent rarement sur les marchés des changes étrangers. En général, les $N-1$ banques centrales étrangères interviennent lorsque c'est nécessaire, afin de rectifier les $N-1$ taux de change du système. Les États-Unis sont en théorie responsables du prix de l'or en dollars.

5.1 Objectifs et structure du FMI

Le FMI est créé afin d'éviter que les années difficiles de l'entre-deux-guerres ne se reproduisent, en proposant un système mêlant discipline et souplesse. Du point de vue de la politique monétaire, le principal élément de discipline est le taux de change fixe entre les monnaies étrangères et le dollar, ce dernier étant lié à l'or. Si une banque centrale, autre que la Fed, poursuit une politique trop expansionniste, elle finira par perdre ses réserves internationales et sera incapable de maintenir le taux de change fixe. La Fed est également contrainte de surveiller sa politique monétaire, car elle a l'obligation d'échanger les dollars

7. Cette même conférence donne naissance à la Banque mondiale, dont l'objectif est d'aider les pays ayant participé à la guerre à reconstruire leur économie, et les anciennes colonies à se développer. Le GATT (*General Agreement on Tariffs and Trade*) est mis en place en 1947, afin d'organiser la réduction multilatérale des barrières au commerce international. Cet accord se veut un prélude à la création de l'Organisation internationale du commerce (OIC), qui aurait le même rôle pour le commerce que le FMI pour la finance. L'Organisation mondiale du commerce (OMC), née de la transformation du GATT, ne voit le jour que dans les années 1990.

contre de l'or, lorsque les banques centrales étrangères le lui demandent. Elle ne peut donc pas se permettre d'en imprimer à l'excès. Le prix officiel de 35 $ l'once d'or constitue un second frein à la politique monétaire américaine, car si trop de dollars sont créés, ce prix finira par augmenter.

Les taux de change fixes sont perçus comme une fin en soi, et non comme un simple procédé, pour imposer une discipline monétaire aux pays. À tort ou à raison, les architectes du FMI sont convaincus que, durant l'entre-deux-guerres, les taux de change flottants ont été déstabilisants, et qu'ils sont nuisibles au commerce international.

La période d'entre-deux-guerres démontre également que les autorités ne sont pas prêtes à maintenir à la fois le commerce international et des taux de change fixes au prix d'un chômage à long terme. Depuis la grande dépression, les États sont en général tenus responsables du maintien du plein emploi. Le FMI tente donc d'offrir aux pays une flexibilité suffisante pour atteindre l'équilibre externe de façon raisonnée, sans sacrifier ni leurs objectifs internes, ni les taux de change fixes.

Deux caractéristiques essentielles des accords de Bretton Woods permettent de mettre en place cette flexibilité externe. D'abord, les membres du FMI constituent un *pool* de ressources financières, en mettant en commun leur monnaie et leur or afin de les prêter, le cas échéant, aux pays qui en ont besoin. Ensuite, bien que les taux de change avec le dollar soient fixes, ils peuvent être ajustés en cas de besoin, avec l'accord du FMI. De telles dévaluations et réévaluations doivent être peu fréquentes et avoir lieu seulement si l'économie se trouve en *déséquilibre fondamental*. Bien que cette notion ne soit définie nulle part dans les accords du FMI, elle désigne les pays qui, ayant subi une baisse permanente de la demande, devraient faire face à une longue période de chômage et de déficit extérieur s'ils n'avaient pas recours à une dévaluation. Toutefois, le dollar américain, « $N^{\text{-ième}}$ monnaie » du système de Bretton Woods, ne bénéficie pas de cette possibilité d'ajuster son taux de change.

Le système de Bretton Woods était basé sur l'idée qu'il était possible de limiter les mouvements de capitaux internationaux, de façon à assurer une certaine indépendance de la politique monétaire. Ce système était donc diamétralement opposé à celui de l'étalon-or où la politique monétaire était subordonnée à des objectifs externes. Mais après la douloureuse expérience du chômage de masse entre les deux guerres, les architectes du système de Bretton Woods souhaitaient que les pays n'aient plus à adopter des politiques monétaires restrictives en période de crise dans le but d'équilibrer la balance courante.

La priorité étant donnée au plein emploi, il fallait mettre en place des mesures permettant une gestion « ordonnée » des taux de change en cas de déséquilibre persistant. En théorie, les autorités étaient en mesure de modifier les parités, sans avoir à subir la pression des attaques spéculatives. Le système a très bien fonctionné au départ. Comme on le verra, cependant, à mesure que les échanges internationaux de biens ont repris de l'ampleur – témoignant par là même du succès du système de Bretton Woods –, il est devenu de plus en plus difficile d'éviter les attaques spéculatives.

5.2 Convertibilité et augmentation des flux de capitaux privés

Afin d'accroître l'efficacité du commerce international, les statuts du FMI encouragent ses membres à rendre leur monnaie convertible le plus rapidement possible. Une **monnaie convertible** est une monnaie qui peut être employée librement dans les transactions internationales. Le dollar américain et le dollar canadien deviennent convertibles en 1945. En pratique, cela signifie qu'un Canadien qui détient des dollars américains peut les utiliser pour effectuer des achats aux États-Unis ou les vendre sur le marché des changes contre des dollars canadiens. Il peut également les vendre à la Banque du Canada, qui à son tour les revend à la Fed contre de l'or au taux fixe en vigueur. Une absence générale de convertibilité rend les échanges internationaux très difficiles. La seule solution est alors le troc, c'est-à-dire l'échange de biens. La plupart des pays d'Europe, dont la France, ne restaurent la convertibilité de leur monnaie qu'en 1958, et le Japon en 1964.

En raison de sa convertibilité précoce, de sa position singulière dans le système de Bretton Woods et du poids économique et politique des États-Unis, le dollar américain devient la monnaie mondiale de référence de l'après-guerre. Nombre de transactions internationales sont facturées en dollars, et les importateurs et exportateurs tiennent leurs comptes en dollars. Il devient de fait une monnaie internationale – un moyen d'échange universel, une unité de compte et une réserve de valeur. Pour les banques centrales, il est avantageux de détenir leurs réserves internationales sous forme d'actifs rapportant des intérêts en dollars.

Le retour à la convertibilité des monnaies européennes en 1958 change progressivement la nature des contraintes extérieures des dirigeants. À mesure que se développe le commerce avec des pays étrangers, les marchés financiers sont de plus en plus étroitement intégrés – ce qui constitue une étape décisive dans la formation du marché international des changes. Comme les mouvements de fonds transfrontaliers sont plus libres, les taux d'intérêt de chaque pays deviennent plus étroitement liés les uns aux autres. À partir de 1958, et au cours des 15 années qui suivent, les banques centrales doivent se montrer attentives aux conditions financières étrangères, au risque de perdre brutalement leurs réserves de change et de devoir abandonner leur taux de change fixe. Les banques centrales confrontées à une augmentation soudaine des taux d'intérêt étrangers se voient de plus en plus obligées de vendre des actifs domestiques et d'augmenter leur taux d'intérêt, afin de conserver leurs réserves internationales.

Ce retour à la convertibilité n'entraîne pas une intégration financière internationale complète et immédiate, comme le suppose le modèle de changes fixes (voir chapitre 18). Au contraire, la plupart des pays maintiennent des restrictions sur les transactions financières, ce qu'autorise le FMI. Les possibilités de masquer les flux financiers se développent alors de façon spectaculaire. Lorsque les importateurs accélèrent les paiements à leurs fournisseurs étrangers par rapport aux livraisons effectives de biens, cela revient pour les importateurs à acheter des actifs étrangers. À l'inverse, retarder les paiements revient à emprunter auprès des fournisseurs étrangers. Ces pratiques commerciales, appelées respectivement avances et retards de paiements (*leads and lags*), sont l'un des nombreux moyens d'esquiver les obstacles officiels aux mouvements de capitaux privés. Bien que la parité des taux d'intérêt internationaux (voir chapitre 18) ne soit pas satisfaite, les liens entre les taux des différents pays se resserrent à mesure que le système de Bretton Woods se consolide.

5.3 Flux de capitaux spéculatifs et crises

Avec l'augmentation de la mobilité des flux de capitaux privés, les déficits et les excédents courants prennent de l'importance. Selon les statuts du FMI, un pays souffrant d'un déficit courant important et continu peut être sujet à un *déséquilibre fondamental*, et donc être candidat à une dévaluation de sa monnaie. Une telle possibilité peut à son tour provoquer une crise de balance des paiements (voir chapitre 18).

Tous ceux, par exemple, qui possèdent des dépôts en livres au moment d'une dévaluation de la livre enregistrent une perte, car la valeur en monnaie étrangère des actifs en livre diminue alors brutalement du montant de la dévaluation. Dès que la Grande-Bretagne a un déficit courant jugé excessif, ceux qui détiennent des livres cherchent à convertir leurs avoirs. Pour maintenir fixe son taux de change par rapport au dollar, la Banque d'Angleterre doit acheter des livres et fournir les actifs en monnaies étrangères que les agents souhaitent acquérir. Si la perte d'actifs étrangers par la Banque d'Angleterre est trop importante, elle peut conduire à une dévaluation en privant la banque centrale des ressources nécessaires pour soutenir le taux de change.

De même, les pays qui ont de forts excédents courants peuvent être considérés comme candidats à la réévaluation de leur monnaie. En cas d'excédents à répétition, la banque centrale doit vendre sa propre monnaie afin d'éviter une réévaluation, ce qui peut provoquer une augmentation du niveau des prix et rompre l'équilibre interne.

Les crises de balance des paiements sont de plus en plus violentes et fréquentes dans les années 1960 et 1970. Le déficit record du commerce extérieur britannique en 1964 marque le début d'une période de spéculation contre la livre, ce qui complique la tâche de la politique économique jusqu'à sa dévaluation en novembre 1967. Le franc doit être dévalué et le deutsche mark réévalué en 1969, suite à des attaques spéculatives similaires. Au début des années 1970, ces crises deviennent si importantes qu'elles conduisent finalement à l'abandon du système de changes fixes.

Les possibilités accrues de crises de balance des paiements conduisent les autorités à accorder toujours plus d'importance à l'objectif externe. Même des déséquilibres du compte courant qui seraient justifiés par des opportunités d'investissement divergentes au niveau international, ou qui seraient justes temporaires, peuvent alimenter les rumeurs d'un changement des taux de change. Dans un tel environnement, les dirigeants sont donc encore plus incités à éviter toute variation brutale de leurs comptes courants.

6 Analyse des politiques visant à atteindre les équilibres interne et externe

Afin de décrire les problèmes rencontrés par un pays (autre que les États-Unis) dans sa recherche de l'équilibre interne et externe sous le régime de changes fixes de Bretton Woods, reprenons le modèle utilisé au chapitre 18. On suppose que le degré de mobilité des capitaux est suffisamment élevé, de sorte que le taux d'intérêt et le taux de change sont liés.

Notre approche est valable que les changes soient fixes, comme sous le régime de Bretton Woods, ou flottants. Notre modèle montre dans quelle mesure les objectifs internes et externes d'un pays dépendent du taux de change et de la demande intérieure, mais pas du régime de change. Cette analyse s'applique à court terme, car les niveaux des prix sur les marchés intérieur et étranger (P et P^*) sont supposés fixes[8]. On note E le taux de change à l'incertain, c'est-à-dire, dans le système de Bretton Woods, le prix d'un dollar en monnaie domestique.

6.1 Le maintien de l'équilibre interne

Considérons d'abord le cas de l'équilibre interne. Le plein emploi suffit à caractériser cet équilibre : la demande globale doit être égale au niveau de plein emploi du produit intérieur, Yf[9].

La demande globale adressée au produit intérieur est égale à la somme de la consommation, C, de l'investissement, I, des dépenses publiques, G, et du solde du compte courant, CC. La part de cette demande exprimée par les seuls résidents, appelée aussi absorption, est notée $A = C + I + G$[10]. Au chapitre 17, on a exprimé l'excédent du compte courant comme une fonction décroissante du revenu net et une fonction croissante du taux de change réel, EP^*/P, mais comme les importations augmentent parallèlement à la demande intérieure A, on peut aussi exprimer le compte courant comme une fonction décroissante de la demande intérieure : $CC(EP^*/P, A)$. L'équilibre interne est alors atteint si :

$$Y^f = A + CC(EP^*/P, A) \tag{19.1}$$

Dans ce modèle, une politique budgétaire expansionniste (hausse des dépenses publiques, G, ou diminution des impôts, T) stimule la demande globale et entraîne une augmentation du produit intérieur, même si une part des dépenses sert à l'achat de biens importés. De même, une dévaluation de la monnaie (hausse de E) rend les biens et les services moins chers que ceux de l'étranger et accroît donc la demande et le produit intérieurs.

Rappelons que la politique monétaire n'a pas d'effet sur le produit intérieur en changes fixes (voir chapitre 18) : si une banque centrale tente de modifier l'offre de monnaie en achetant ou en vendant des actifs domestiques, il en résultera une variation compensatrice des réserves de change, sans modifier l'offre de monnaie domestique. En revanche, en changes flottants, la politique monétaire peut potentiellement avoir un effet sur le taux de change tel que l'économie soit dans une situation d'équilibre interne et externe.

---

8. On suppose qu'il n'y a pas de crise de balance des paiements, et donc que l'on ne prévoit pas de variation du taux de change. On comprend ainsi les choix difficiles auxquels sont confrontés les dirigeants, même en période favorable.
9. On suppose que le niveau général des prix est stable à l'équilibre de plein emploi, mais si P^* est instable en raison par exemple de l'inflation étrangère, le plein emploi ne pourra à lui seul garantir la stabilité des prix en changes fixes. Ce problème complexe est étudié à la fin de ce chapitre lorsque nous examinerons l'inflation mondiale en changes fixes.
10. Bien sûr, une partie de cette demande est adressée à des producteurs étrangers ; de leur côté, les non-résidents achètent eux aussi des produits domestiques.

À la figure 19.2, la courbe *II* représente les combinaisons de taux de change et de demande intérieure qui maintiennent le produit intérieur constant au niveau de plein emploi Y^f et permettent donc de préserver l'équilibre interne. La pente de la courbe est négative, car une dévaluation de la monnaie (hausse de *E*) et une hausse des dépenses par les résidents tendent toutes deux à augmenter le produit intérieur. Pour que celui-ci soit constant, il faut donc à la fois une réévaluation la monnaie (ce qui diminue la demande globale) et une hausse de la demande intérieure (ce qui augmente la demande globale). La courbe *II* montre précisément comment la demande intérieure doit évoluer lorsque le taux de change *E* varie, afin de maintenir le plein emploi. À droite de *II*, la demande intérieure est plus élevée que nécessaire pour atteindre le plein emploi. Les facteurs de production sont donc suremployés. À gauche de *II*, la demande intérieure est trop faible, ce qui se traduit par du chômage.

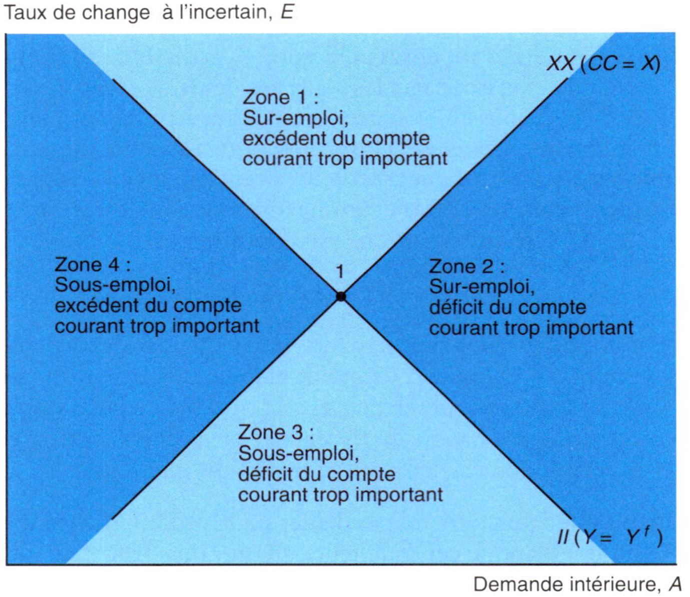

Figure 19.2 – Équilibre interne (*II*), équilibre externe (*XX*) et « les quatre zones d'inconfort économique ».

Les effets des variations de taux de change et des politiques budgétaires sur l'emploi et le compte courant. Le long de II, le produit intérieur est à son niveau optimal Y^f. Le long de XX, le compte courant est au niveau souhaité *X*.

6.2 Le maintien de l'équilibre externe

On a évoqué la façon dont la demande intérieure ou les taux de change peuvent influer sur le produit intérieur, et donc aider les autorités à atteindre le plein emploi. Quels effets ces variables ont-elles sur l'équilibre externe ? Afin de répondre à cette question, supposons que les autorités aient pour objectif un excédent X du compte courant. À cet effet, elles doivent orienter la demande intérieure (par exemple, *via* la politique fiscale) et les taux de change de façon à satisfaire à l'équation suivante :

$$CC(EP^*/P, A) = X \tag{19.2}$$

Étant donné P et P^*, une augmentation de E améliore la compétitivité-prix des biens domestiques et le compte courant. Une hausse des dépenses par les non-résidents a cependant l'effet inverse car elle accroît la demande de biens étrangers, ce qui a un impact négatif sur le solde du compte courant.

Afin de maintenir le compte courant au niveau X alors que E augmente, les autorités doivent faire en sorte d'accroître les dépenses intérieures. La courbe XX de la figure 19.2, le long de laquelle l'équilibre externe est réalisé, est croissante. Elle montre quel niveau additionnel de dépenses intérieures est nécessaire pour maintenir le niveau X de l'excédent du compte courant, lorsque la monnaie est dévaluée (ou se déprécie) d'un certain taux. Puisqu'une augmentation de E accroît les exportations nettes, le compte courant est excédentaire par rapport à son objectif X au-dessus de XX. À l'inverse, en dessous de XX, le compte courant est déficitaire par rapport à son objectif X[11].

6.3 Les politiques de changement des dépenses et de substitution des dépenses

Les courbes II et XX divisent le diagramme en quatre régions, que l'on appelle parfois « les quatre zones d'inconfort économique ». Chacune représente les effets des différentes politiques économiques. La zone 1 présente une situation de suremploi, avec un excédent du compte courant trop important. Dans la zone 2, le niveau de l'emploi est trop élevé et le déficit du compte courant excessif. La zone 3 est caractérisée par une situation de sous-emploi, avec un déficit excessif. Enfin, dans la zone 4, le niveau de l'emploi est trop faible et l'excédent du compte courant supérieur à ce qui est souhaité. L'utilisation conjointe de la politique budgétaire (qui influe sur la demande intérieure) et de la politique de change peut permettre de placer l'économie à l'intersection des courbes II et XX (point 1). Il s'agit du point d'équilibre à la fois interne et externe.

Si l'économie est au départ éloignée du point 1, des ajustements de la demande intérieure et du taux de change sont nécessaires pour atteindre l'équilibre. Un changement de la politique budgétaire qui modifie la demande intérieure est qualifié de **politique de changement des dépenses,** car il influe sur le *niveau* de la demande globale de biens et services. L'ajustement des taux de change correspond à une **politique de substitution des dépenses**, car il agit

11. Puisque la banque centrale n'influe pas sur l'économie lorsqu'elle accroît ses réserves internationales par la vente d'actifs domestiques, on ne fait pas apparaître de contrainte sur les réserves à la figure 19.2. En fait, la banque centrale peut emprunter gratuitement des réserves à l'étranger, en vendant des actifs domestiques au public (si les investisseurs craignent une dévaluation, cette stratégie ne fonctionne pas, car personne ne souhaite vendre d'actifs étrangers à la banque centrale en échange de monnaie domestique). On suppose ici que les actifs domestiques et étrangers sont parfaitement substituables (voir chapitre 18). Si tel n'était pas le cas, les ventes d'actifs domestiques par la banque centrale pour attirer des réserves feraient augmenter le taux d'intérêt intérieur par rapport aux taux étrangers. Mais même si cette situation offre à la banque centrale un nouvel outil de politique économique (la politique monétaire), elle la rend également responsable d'un nouvel objectif (le taux d'intérêt intérieur). Les banques centrales exploitent cette situation dans le régime de Bretton Woods, mais cela ne leur permet pas de lever les dilemmes abordés dans le texte.

sur l'*orientation* de la demande, en modifiant la répartition entre production domestique et importations. En général, ces deux politiques sont nécessaires pour atteindre simultanément les équilibres externe et interne. En dehors de la politique monétaire, la politique budgétaire est le levier principal du gouvernement pour faire varier les dépenses intérieures.

Sous le régime de Bretton Woods, les modifications du taux de change doivent être exceptionnelles. La politique budgétaire est donc l'outil principal utilisé pour atteindre les équilibres interne et externe. Toutefois, cet outil est souvent insuffisant car il ne permet que de se déplacer horizontalement (voir figure 19.2). De plus, il s'agit d'un outil peu commode, qui ne peut être utilisé en général qu'après approbation du Parlement. Autre point négatif, les politiques budgétaires expansionnistes à répétition conduisent à des déficits publics chroniques qui, par ailleurs, nuisent à leur efficacité.

En changes fixes, les responsables politiques sont donc souvent confrontés à un problème. Par exemple, au point 2 à la figure 19.3, l'économie est dans une situation de sous-emploi et le compte courant est déficitaire. Seule une dévaluation, combinée à une hausse de la demande intérieure, permet d'atteindre simultanément l'équilibre interne et externe (point 1). Ce type de politique budgétaire élimine le chômage en faisant passer l'économie au point 3, mais au prix d'un déficit extérieur plus élevé. Une politique budgétaire plus restrictive permettra, quant à elle, d'atteindre l'équilibre externe (point 4). Toutefois, dans ce cas, le produit intérieur diminuera à mesure que l'économie s'éloignera du point d'équilibre interne.

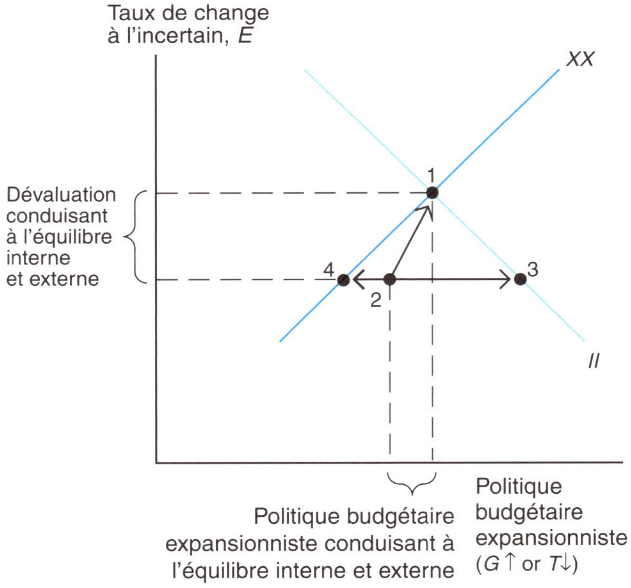

Figure 19.3 – Politiques économiques conduisant à l'équilibre interne et externe.

L'économie se situe initialement au point 2. L'équilibre interne et externe (point 1) ne peut être atteint que si la monnaie est dévaluée ou si la politique budgétaire est expansionniste. La politique budgétaire utilisée seule permet d'atteindre soit l'équilibre interne (point 3), soit l'équilibre externe (point 4).

Il n'est pas surprenant que de tels dilemmes aient fait naître des craintes de dévaluation. Celle-ci améliore à la fois le compte courant et la demande globale en accroissant le taux de change réel, EP^*/P. La seule alternative est une longue période de chômage, politiquement impopulaire, qui permet d'augmenter le taux de change réel par une diminution de P.

Dans les faits, il est arrivé que des pays profitent d'une modification de leur taux de change pour se rapprocher du point d'équilibre interne et externe. Cependant, ces modifications s'accompagnent en général de crises de balance des paiements. Nombre de pays resserrent également les contrôles sur les transactions financières, afin de briser les liens entre taux d'intérêt intérieur et étranger, et ainsi rendre leur politique budgétaire plus efficace (en ligne avec le triangle d'incompatibilités). Toutefois, ces mesures ne sont pas d'une grande efficacité et ne permettent pas de sauver le système.

7 Le problème du déficit commercial des États-Unis sous le régime de Bretton Woods

Le problème du déficit commercial se pose différemment pour les États-Unis et les autres pays du système de Bretton Woods. En tant qu'émetteurs de la monnaie de référence du système, les États-Unis ne sont pas responsables du maintien des parités vis-à-vis du dollar. Leur responsabilité principale consiste à maintenir le prix de l'or à 35 $ l'once et, en particulier, à garantir aux banques centrales étrangères la convertibilité de leurs réserves de dollars en or à ce prix. Les États-Unis doivent donc conserver des réserves d'or suffisantes.

Le fait que les États-Unis doivent échanger de l'or contre des dollars avec les banques centrales étrangères fait peser une contrainte externe sur la politique économique américaine. Cependant, les banques centrales étrangères sont tacitement d'accord pour conserver leurs réserves en dollars, dans la mesure où ces dernières rapportent des intérêts et où le dollar est la monnaie internationale par excellence. De plus, la logique de l'étalon-or veut que ces banques centrales continuent d'amasser des dollars. Comme les réserves mondiales d'or n'augmentent pas aussi vite que la croissance mondiale, la seule manière pour les banques centrales de maintenir des réserves internationales suffisantes (en dehors de la déflation) est d'accumuler des actifs en dollars. Des demandes de conversions en or ont parfois lieu, ce qui réduit le stock d'or américain et pose problème. Mais tant que les banques centrales se contentent d'ajouter des dollars à leurs réserves et ne souhaitent pas échanger ces dollars contre de l'or, la contrainte externe subie par les États-Unis est plus lâche que celle des autres pays du système.

Dans un ouvrage influent paru en 1960, l'économiste Robert Triffin attire l'attention sur un problème fondamental pour le système de Bretton Woods à long terme : le **problème de confiance**[12] – on parle aussi parfois du dilemme de Triffin. Selon lui, puisque les réserves des banques centrales augmentent régulièrement, elles finiront nécessairement par être supérieures au stock d'or de la banque centrale américaine. Cette dernière ayant promis d'honorer un taux de 35 $ l'once d'or, elle ne peut y parvenir que si tous les détenteurs de dollars tentent de convertir en même temps leurs dollars en or. Il en résulterait une crise de confiance : les banques centrales, sachant que leurs dollars ne vaudraient plus « leur poids en or » (« *as good as gold* »), pourraient être réticentes à accumuler toujours plus de dollars, voire mettre un terme au système en essayant d'échanger les dollars qu'elles possèdent déjà.

---

12. Robert Triffin, *Gold and the dollar crisis*, Yale University Press, New Heaven, 1960 ; traduction française : *L'or et la Crise du dollar*, Presses universitaires de France, 1962.

Une solution proposée à l'époque est d'augmenter le prix officiel de l'or en dollars et dans les autres monnaies. Mais une telle hausse aurait des effets inflationnistes et, sur le plan politique, elle aurait comme conséquence indésirable d'enrichir les pays producteurs d'or (l'URSS communiste, l'Afrique du Sud de l'apartheid). En outre, cela risquerait d'alimenter des anticipations baissières quant à la valeur des réserves en dollars des banques centrales, ce qui pourrait aggraver la crise plutôt que la résoudre !

Encadré 19.1

La chute du système de Bretton Woods, l'inflation mondiale et le passage à un système de changes flottants

À la fin des années 1960, le système de Bretton Woods commence à montrer des signes de faiblesse, liés notamment à la position spéciale des États-Unis. Les pressions inflationnistes y sont fortes, en raison de la croissance de l'offre de monnaie conjuguée à celle des dépenses budgétaires (en particulier, en raison de la présence militaire au Vietnam, mais aussi du fait du lancement du nouveau programme d'assurance-santé, Medicare). En principe, l'engagement américain de lier la valeur du dollar au marché de l'or aurait dû limiter l'inflation aux États-Unis. Toutefois, en pratique, cet engagement s'affaiblit au fil du temps : le prix de marché de l'or ne cesse de monter, alors même que les banques centrales continuent de promettre d'échanger des dollars au prix de 35 $ l'once*. À la fin des années 1960, les États-Unis sont le seul pays qui n'est pas contraint par le triangle d'incompatibilités. Les États-Unis bénéficient des changes fixes (car tous les autres pays sont tenus de lier leur monnaie au dollar), mais ils peuvent toujours orienter leur politique monétaire vers des objectifs internes.

Tableau 19.1 : Taux d'inflation dans les pays européens, 1966-1972 (en pourcentage annuel)

Pays	1966	1967	1968	1969	1970	1971	1972
Allemagne	3,4	1,4	2,9	1,9	3,4	5,3	5,5
France	2,8	2,8	4,4	6,5	5,3	5,5	6,2
États-Unis	2,9	3,1	4,2	5,5	5,7	4,4	3,2
Grande-Bretagne	3,6	2,6	4,6	5,2	6,5	9,7	6,9
Italie	2,1	2,1	1,2	2,8	5,1	5,2	5,3

Source : OCDE, *Principaux indicateurs économiques : statistiques historiques, 1964-1983*, 1984. Les chiffres indiquent l'accroissement moyen annuel de l'indice des prix à la consommation par rapport à l'année précédente.

Note : Les chiffres de l'inflation américaine pour 1971 et 1972 sont artificiellement bas, car le gouvernement Nixon décide alors d'administrer les salaires et les prix.

* Fin 1967-début 1968, des spéculateurs commencent à acheter de l'or, anticipant une augmentation de son prix en dollars. La Fed et les banques centrales européennes annoncent alors la création d'un *double marché de l'or* : l'un officiel où le cours reste fixé à 35 $ l'once, l'autre privé où le cours fluctue. La création de ce marché à deux niveaux est un tournant important dans l'histoire du système de Bretton Woods. L'objectif principal est d'éviter l'inflation en contrôlant le prix de l'or en dollars. Cependant, en coupant le lien entre l'offre de dollars et le prix fixe de l'or sur le marché, les banques centrales mettent en péril le garde-fou contre l'inflation. Ce nouvel arrangement ne lève pas non plus la contrainte extérieure qui pèse sur les États-Unis, puisque les banques centrales étrangères conservent le droit d'échanger leurs dollars contre de l'or auprès de la Fed. Le prix officiel de l'or devient donc un instrument purement fictif de régulation des comptes entre banques centrales. Il n'agit plus comme un frein automatique à la croissance monétaire internationale.

L'accélération de l'inflation aux États-Unis est, en fait, un phénomène mondial qui ne leur est pas propre**. Elle touche notamment l'Europe au début des années 1970 comme en témoigne le tableau 19.1. Cela est loin d'être une coïncidence. Comme on l'a vu au chapitre 18, lorsque le pays qui émet la monnaie de réserve adopte une politique monétaire expansionniste, comme ce fut le cas des États-Unis dans la seconde moitié des années 1960, l'offre de monnaie et l'inflation augmentent automatiquement à l'étranger, car les banques centrales étrangères doivent acheter la monnaie de réserve pour maintenir leur taux de change ; ce faisant, elles augmentent aussi leur masse monétaire.

L'une des interprétations à la chute du système de Bretton Woods est que les pays étrangers ont été forcés d'importer l'inflation américaine. Afin de stabiliser le niveau des prix et retrouver l'équilibre interne, les pays doivent laisser leur monnaie flotter. C'est la seule option compatible avec la libre circulation des capitaux si l'on souhaite conserver une politique monétaire autonome. En 1970, l'économie américaine entre en récession. L'augmentation du chômage finit de convaincre les marchés de l'imminence d'une dévaluation du dollar par rapport aux principales monnaies européennes.

Pour restaurer le plein emploi et l'équilibre du compte courant des États-Unis, il est nécessaire que le dollar se déprécie en termes réels. Deux options sont alors possibles. La première consiste à accepter une hausse du chômage, qui exercerait une pression à la baisse sur les prix aux États-Unis, couplée à une augmentation des prix étrangers en réponse aux achats continus de dollars par les banques centrales. La seconde consiste à réduire la valeur nominale du dollar en monnaies étrangères. La première solution étant particulièrement douloureuse, les marchés tablent plutôt sur une dévaluation, ce qui conduit à une vente massive de dollars sur le marché des changes.

Le 15 août 1971, le président Nixon annonce que les États-Unis ne vendront plus automatiquement de l'or contre des dollars aux banques centrales étrangères, afin de stopper les pertes d'or. Cette décision finit de couper le lien entre l'or et le dollar. Il met ensuite en place une taxe de 10 % sur les importations, qui ne sera supprimée que lorsque les partenaires commerciaux des États-Unis accepteront de réévaluer leur monnaie par rapport au dollar***.

En décembre 1971, un accord international sur la modification des taux de change est négocié au Smithsonian Institute, à Washington. Le dollar est dévalué de 8 % en moyenne par rapport aux autres monnaies et la taxe sur les importations est supprimée. Le prix officiel de l'or est fixé à 38 $ l'once, mais les États-Unis refusent de reprendre la vente d'or aux banques centrales étrangères. L'accord du Smithsonian fait clairement apparaître que l'abandon de l'étalon-or est définitif.

** Voir M. Bordo et A. Orphanides (éds.), *The Great Inflation*, Chicago, University of Chicago Press, 2011.

*** Il faut avoir à l'esprit que, pour les États-Unis, dévaluer n'est pas chose facile. Tout autre pays peut modifier sa parité avec les autres monnaies simplement en changeant son taux de change par rapport au dollar. Mais en tant que monnaie pivot du système, le dollar ne peut être dévalué que si tous les pays acceptent que leur monnaie soit revalorisée. Certains pays ne sont, pour autant, pas vraiment enclins à revaloriser leur monnaie, car leurs biens deviendront plus chers par rapport aux biens américains, pénalisant ainsi leurs industries soumises à la concurrence des États-Unis.

Encadré 19.1

En février 1973, le dollar subit une autre attaque spéculative, entraînant la fermeture du marché des changes, le temps que les États-Unis et leurs partenaires commerciaux négocient des mesures de soutien au dollar. Une nouvelle dévaluation de 10 % est annoncée le 12 février, mais la spéculation reprend dès la réouverture du marché des changes. Après l'achat de 3,6 milliards de dollars par les banques centrales européennes le 1er mars afin d'empêcher l'appréciation de leur monnaie, le marché des changes est de nouveau fermé. Quand il ouvre le 19 mars, le yen et la plupart des monnaies européennes flottent par rapport au dollar****. À l'époque, ce flottement n'est perçu que comme une réponse temporaire à des mouvements spéculatifs incontrôlables. Mais cet arrangement perdure et marque à la fois la fin des changes fixes et le début d'une nouvelle période de turbulences dans les relations monétaires internationales.

**** De nombreux pays en développement continuent à prendre le dollar pour référence.

8 Le phénomène d'inflation importée

Pour comprendre comment l'inflation peut être importée, à moins que le taux de change ne s'ajuste, reprenons la figure 19.2. Précédemment, le niveau des prix étrangers, P^*, était supposé constant. Considérons maintenant qu'il augmente à cause de l'inflation étrangère. La figure 19.4 montre les effets sur l'économie domestique.

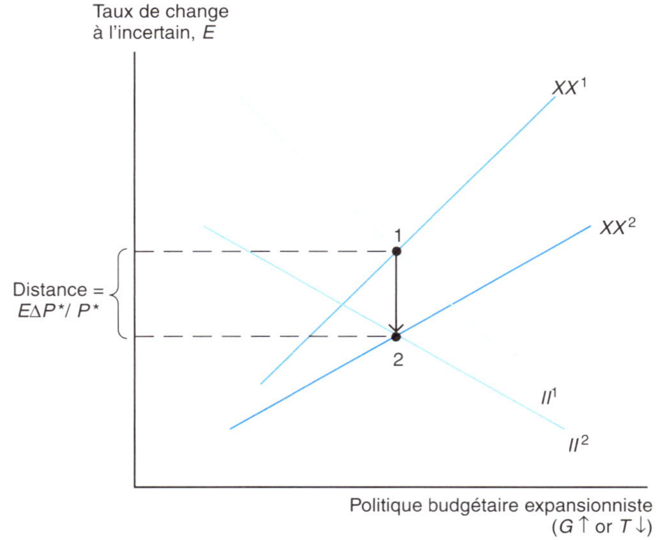

Figure 19.4 – Effet d'une augmentation des prix étrangers P^* sur l'équilibre interne et externe.

Après l'augmentation de P^*, le point 1 se retrouve en zone 1 (suremploi, excédent courant trop élevé). Une réévaluation (diminution de E) permet un retour à l'équilibre immédiat en faisant passer le point d'équilibre au point 2.

On peut étudier la manière dont les deux courbes se déplacent en se demandant ce qui arriverait si le taux de change nominal diminuait proportionnellement à l'augmentation de P^*. Dans ce cas, le taux de change réel EP^*/P serait identique (P étant constant), et l'économie resterait en équilibre externe ou interne, selon son état de départ. La figure 19.4 montre donc que, pour un taux de change fixe au départ, une hausse de P^* entraîne une modification égale de II^1 et de XX^1 à la baisse (égale, approximativement, à l'augmentation proportionnelle de P^* multipliée par le taux de change initial). L'intersection des nouvelles courbes II^2 et XX^2 (point 2) se trouve sous l'intersection d'origine (point 1).

Si l'économie part du point 1, avec un taux de change fixe et un niveau des prix intérieurs donnés, alors une augmentation de P^* mène l'économie en zone 1, caractérisée par du suremploi et un excédent courant indésirable. Ce résultat provient de la dépréciation de la valeur réelle de la monnaie domestique, qui transfère la demande mondiale vers le pays domestique (EP^*/P augmente car P s'accroît).

Si les autorités ne font rien, la surchauffe du marché de l'emploi entraîne une élévation des prix, ce qui ramène progressivement les courbes vers leur point d'origine. Elles cessent de bouger lorsque P augmente dans les mêmes proportions que P^*. À ce stade, le taux de change réel, l'emploi et les comptes courants sont revenus à leur niveau initial. Le point 1 est de nouveau le point d'équilibre des comptes externe et interne.

Afin d'éviter l'inflation importée, il faut réévaluer la monnaie (donc baisser E) et passer au point 2. Ce processus restaure immédiatement les équilibres interne et externe, sans inflation intérieure, en utilisant le taux de change nominal pour contrecarrer l'effet de la hausse de P^* sur le taux de change réel. Il suffit d'une politique de substitution des dépenses pour répondre à une augmentation des prix étrangers.

Lorsque aucune réévaluation n'a lieu, la hausse des prix intérieurs requiert une augmentation de l'offre de monnaie domestique, puisque ces deux éléments varient proportionnellement à long terme. Cette augmentation découle de l'intervention de la banque centrale sur le marché des changes. Comme le produit intérieur et les prix augmentent après la hausse de P^*, l'offre de monnaie réelle diminue et la demande d'encaisses réelles s'accroît. Afin d'éviter que la pression à la hausse sur les taux d'intérêt intérieurs ne conduise à une appréciation, la banque centrale doit acheter des actifs en monnaies étrangères et accroître l'offre de monnaie domestique. De cette manière, les politiques inflationnistes suivies par la banque centrale du pays émetteur de la monnaie de réserve se propagent à l'offre de monnaie des pays étrangers.

Le parallèle entre l'inflation américaine et étrangère suggère qu'une partie de l'inflation européenne dans les années 1960-1970 est importée des États-Unis. Mais le fait que l'inflation apparaisse dans chaque pays à des périodes précises souligne que des facteurs propres à chaque économie jouent alors également un rôle.

- En France, les manifestations de Mai 1968 entraînent une large revalorisation des salaires, ainsi qu'une crise de change entre les monnaies allemande et française, qui conduit à une dévaluation du franc en 1969. L'inflation en France passe de 2,8 % en 1967 à 4,4 % en 1968, et 6,5 % en 1969.

- En Grande-Bretagne, l'inflation s'accélère nettement en 1968, l'année qui suit la dévaluation de la livre. Comme la dévaluation est neutre à long terme (voir chapitre 18), le niveau général des prix s'élève proportionnellement.
- En Allemagne de l'Ouest, l'inflation dans les années 1970 tient plus à de l'inflation importée qu'à des causes nationales. Le souvenir douloureux de l'hyperinflation de l'entre-deux-guerres incite les responsables politiques à se montrer moins tolérants vis-à-vis de l'inflation que dans les autres pays.

La politique monétaire des États-Unis dans les années 1960-1970 contribue donc à l'inflation dans les pays étrangers par son effet direct sur les prix et l'offre de monnaie. Elle contribue aussi à l'abandon du régime de changes fixes, en contraignant les autorités étrangères à choisir entre taux fixes et inflation importée. Toutefois, la politique budgétaire américaine – qui, par ailleurs, provoque la dévaluation du dollar – participe également à l'accélération de l'inflation dans les pays étrangers en encourageant les capitaux spéculatifs à fuir le dollar. On peut considérer qu'il s'agit là d'une cause supplémentaire de la chute du système de Bretton Woods.

L'effondrement du système de Bretton Woods découle par conséquent, en partie, de la puissance économique excessive des États-Unis, dont la politique économique influe directement sur le niveau mondial de l'inflation. Mais cet effondrement est dû également à la récurrence des attaques spéculatives suscitées par les ajustements de change nécessaires pour atteindre les équilibres interne et externe. Les architectes du système de Bretton Woods espéraient que les pays les plus puissants adopteraient des politiques économiques non seulement tournées vers des objectifs internes, mais aussi tenant compte de la situation internationale. Lorsque, au milieu des années 1960, les États-Unis ont été dans l'incapacité d'assumer cette responsabilité, le système s'est effondré. Les flux de capitaux devenaient de plus en plus difficiles à contraindre, et les autorités se retrouvaient à devoir arbitrer entre la fixité des changes et le plein emploi. C'est évidemment ce dernier objectif qui l'a emporté.

9 Les arguments en faveur des changes flottants

À la fin des années 1960, alors que les crises monétaires internationales se font de plus en plus fréquentes et de plus en plus graves, beaucoup d'économistes se prononcent en faveur d'une plus grande flexibilité des taux de change. Ils avancent qu'un système de changes flottants, dans lequel les banques centrales n'interviennent pas pour maintenir le taux de change, assurerait non seulement aux taux de change la flexibilité nécessaire mais aussi des gains pour l'économie mondiale[13]. Quant aux moins enthousiastes, ils considèrent alors qu'il s'agit d'un mal nécessaire, d'une mesure temporaire pour faire face à une situation critique. De manière générale, le passage aux changes flottants est donc bien accueilli. Les arguments en faveur des changes flottants, tels qu'ils étaient présentés, se fondent sur quatre points :

---

13. Voir, notamment, Milton Friedman, « The Case for Flexible Exchange Rates », dans *Essays in Positive Economics*, Chicago, University of Chicago Press, 1953, p. 157-203 ; et Harry G. Johnson, « The Case for Flexible Exchange Rates, 1969 », *Federal Reserve Bank of St. Louis Review*, 51, juin 1969, p. 12-24.

- *L'autonomie de la politique monétaire.* Si les banques centrales ne sont plus contraintes d'intervenir sur le marché des changes pour défendre les parités fixes, on peut espérer que la politique monétaire puisse de nouveau atteindre les objectifs internes et externes. Plus aucun pays n'est alors obligé d'importer de l'inflation (ou de la déflation).
- *La symétrie.* En changes flottants, les asymétries inhérentes au système de Bretton Woods disparaissent et les États-Unis cessent de définir les conditions monétaires mondiales. Dans le même temps, les États-Unis ont, comme les autres pays, la possibilité d'influer sur leur taux de change.
- *Les taux de change comme stabilisateurs automatiques.* Même en l'absence d'une politique monétaire active, l'ajustement rapide des taux de change aide les pays à maintenir leurs équilibres intérieur et extérieur en cas de variations de la demande globale. Les longues périodes de spéculation qui précédaient les réalignements monétaires dans le système de Bretton Woods ne sont pas censées se reproduire en changes flottants.
- *L'équilibre de la balance commerciale.* En laissant au marché le soin de définir les parités, on s'attend à ce qu'elles s'ajustent automatiquement de manière à prévenir l'émergence de surplus ou de déficits du compte courant trop importants.

9.1 L'autonomie de la politique monétaire

Dans le cadre du régime de changes fixes de Bretton Woods, les pays, à l'exception des États-Unis, n'ont guère de marge de manœuvre dans la conduite de la politique monétaire. Ils ne peuvent maintenir leur taux de change fixe vis-à-vis du dollar que s'ils conservent un taux d'intérêt aligné sur celui des États-Unis. Au cours des dernières années pendant lesquelles le système était encore en vigueur, les banques centrales ont imposé des restrictions de plus en plus sévères sur les paiements internationaux afin de garder le contrôle de leur taux d'intérêt et de leur offre de monnaie. Ces restrictions n'ont toutefois réussi que partiellement à renforcer la politique monétaire, et ont eu comme effet secondaire de provoquer des distorsions du commerce international.

Les partisans des changes flottants soulignent qu'en éliminant l'obligation de maintenir les parités fixes, on rend aux banques centrales le contrôle de l'offre de monnaie. Si une banque centrale tente, pour juguler le chômage par exemple, d'augmenter l'offre de monnaie, en changes flottants, il n'y a désormais plus de freins officiels à la dépréciation. À l'inverse, la banque centrale d'une économie en surchauffe peut, toujours en changes flottants, calmer l'activité économique en réduisant l'offre de monnaie, sans craindre aussitôt que des entrées non désirées de réserves ne minent les efforts de stabilisation. L'autonomie renforcée de la politique monétaire permettrait ainsi de supprimer les barrières qui provoquent des distorsions des paiements internationaux. Dit autrement, dans le cadre des changes flottants, on sacrifie l'objectif de stabilité des changes au profit de la liberté des mouvements de capitaux et de l'autonomie de la politique monétaire.

Les avocats des changes flottants prétendent aussi que chaque pays peut ainsi choisir le niveau d'inflation qu'il désire à long terme, plutôt que d'importer passivement l'inflation prévalant à l'étranger. Un pays confronté à une hausse des prix à l'étranger finit toujours par importer cette inflation en changes fixes. Comme on l'a vu, à la fin des années 1960, nombre de pays ont ainsi eu le sentiment d'importer l'inflation des États-Unis. En réévaluant sa monnaie – c'est-à-dire en diminuant les prix des monnaies étrangères en termes de monnaie domestique –, un pays peut s'isoler totalement des tendances inflationnistes de l'étranger. Un des arguments majeurs en faveur des changes flottants est leur capacité, en théorie, à réaliser automatiquement les ajustements de taux de change qui protègent les économies des effets d'une inflation étrangère continue.

Le mécanisme qui assure cette protection contre l'inflation importée est celui de la parité des pouvoirs d'achat (voir chapitre 16). Rappelons que si tous les changements dans l'économie mondiale sont monétaires, la PPA se vérifie à long terme : les taux de change se modifient jusqu'à compenser exactement le différentiel d'inflation entre les pays. Si la croissance monétaire américaine conduit à long terme à un doublement du niveau des prix tandis qu'il reste stable dans la zone euro, la PPA prédit qu'à long terme le prix de l'euro en dollars doublera. Cette modification nominale du taux de change laisse cependant le taux de change réel inchangé et maintient par conséquent l'équilibre intérieur et extérieur. Autrement dit, la modification à long terme du taux de change prédite par la PPA est précisément celle qui protège la zone euro de l'inflation américaine.

Les pays qui opéraient selon les règles de Bretton Woods étaient forcés de choisir entre s'aligner sur l'inflation américaine pour maintenir la fixité du taux de change et réévaluer délibérément leur monnaie en proportion de la hausse des prix aux États-Unis. En revanche, en changes flottants, le marché des changes réalise automatiquement les ajustements de taux qui protègent les pays de l'inflation américaine. Ce sont les spéculateurs, anticipant une appréciation des monnaies étrangères à long terme en accord avec la PPA, qui contribuent par leurs actions à l'ajustement des taux de change flottants. Puisque ce résultat ne requiert pas de décisions politiques explicites de la part des États, le processus évite les crises de réévaluation qui se produisaient en changes fixes[14].

9.2 La symétrie

Le deuxième argument mis en avant par les défenseurs du flottement des monnaies est que l'abandon du système de Bretton Woods élimine les asymétries, sources de nombreux désaccords internationaux dans les années 1960 et au début des années 1970. Le rôle central du dollar dans le système monétaire international issu des accords de Bretton Woods crée deux types d'asymétries. D'une part, comme les banques centrales ancrent leurs monnaies au dollar et accumulent des dollars comme réserves internationales, la Réserve fédérale américaine joue un rôle moteur dans la détermination de l'offre mondiale de monnaie ; les autres banques centrales n'ont que peu de latitude pour déterminer leur propre offre de monnaie. D'autre part, tous les pays – autres que les États-Unis – peuvent dévaluer leur monnaie par rapport au dollar s'ils se trouvent dans des conditions de « déséquilibre fondamental », mais le système n'offre pas aux États-Unis la possibilité de dévaluer le dollar par rapport aux monnaies étrangères. Ainsi, c'est seulement à l'issue d'une longue période de négociations multilatérales que le dollar a été dévalué en août 1971.

14. L'analyse ci-dessus fonctionne aussi dans le cas d'une baisse du niveau des prix étrangers : en changes flottants, les pays peuvent éviter d'importer malgré eux de la déflation.

En changes flottants, de telles asymétries n'existent pas. Comme les pays n'ont plus ni à maintenir leur taux de change fixe vis-à-vis du dollar, ni à détenir des réserves en dollars, chacun est en mesure de déterminer ses propres conditions monétaires. Pour la même raison, aucun obstacle particulier n'empêche plus les États-Unis d'influer sur leur taux de change. Autrement dit, les taux de change de tous les pays sont déterminés de manière symétrique sur le marché des changes[15].

9.3 Les taux de change comme stabilisateurs automatiques

Le troisième argument en faveur des changes flottants concerne leur capacité, en théorie, à assurer un ajustement rapide et relativement facile à des chocs économiques. Nous avons considéré plus haut le cas de l'inflation étrangère. La figure 19.5, qui reprend le modèle *DD-AA*, examine le cas d'une baisse temporaire de la demande étrangère pour les exportations[16]. Elle compare également l'effet sur l'équilibre économique lorsque les taux de change sont flottants ou fixes.

Une diminution de la demande pour les exportations du pays engendre une réduction de la demande globale pour tout niveau donné du taux de change, E (défini à l'incertain). Elle déplace par conséquent la courbe DD vers la gauche, de DD^1 à DD^2. La figure 19.5a montre de quelle façon ce déplacement influe sur l'équilibre économique lorsque les taux de change sont flottants. Puisque le déplacement de la demande est supposé temporaire, il n'a pas d'effet sur le taux de change anticipé à long terme et, par conséquent, ne modifie pas la courbe d'équilibre AA^1 des marchés d'actifs. L'équilibre à court terme de l'économie passe donc du point 1 au point 2 : la monnaie se déprécie (E augmente) et le produit intérieur diminue. Pourquoi le taux de change passe-t-il de E^1 à E^2 ? La baisse de la demande et du produit intérieur réduit la demande de monnaie pour motif de transaction, et le taux d'intérêt diminue afin de préserver l'équilibre du marché monétaire. Cette diminution entraîne alors une dépréciation de la monnaie sur le marché des changes, c'est-à-dire que le taux de change s'accroît de E^1 à E^2.

La figure 19.5b illustre l'effet de la même perturbation de la demande d'exportation en changes fixes. Puisque la banque centrale doit éviter la dépréciation de sa monnaie qui se produit en changes flottants, elle en achète en vendant ses réserves officielles de change. Il en résulte une diminution de l'offre de monnaie, provoquant ainsi un déplacement vers la gauche de AA^1 vers AA^2. Le nouvel équilibre à court terme de l'économie en changes fixes se situe alors au point 3 où le produit intérieur est égal à Y^3.

La figure 19.5 montre que le produit intérieur diminue davantage en changes fixes qu'en changes flottants, jusqu'en Y^3 au lieu de Y^2. En d'autres termes, la variation du taux de change a un effet stabilisateur et absorbe une partie du choc.

---

15. L'argument de la symétrie n'est pas un argument contre les systèmes de changes fixes en général, mais contre le système spécifique de taux de change qui s'effondra au début des années 1970. Un système de changes fixes fondé sur un étalon-or peut être symétrique, mais un tel système pose d'autres problèmes (voir chapitre 18).

16. Rappelons que la courbe DD désigne l'ensemble des couples taux de change/produit intérieur pour lesquels la demande globale est égale au produit intérieur et que la courbe AA désigne l'ensemble des couples taux de change/produit intérieur pour lesquels le marché des changes et le marché monétaire domestique sont à l'équilibre.

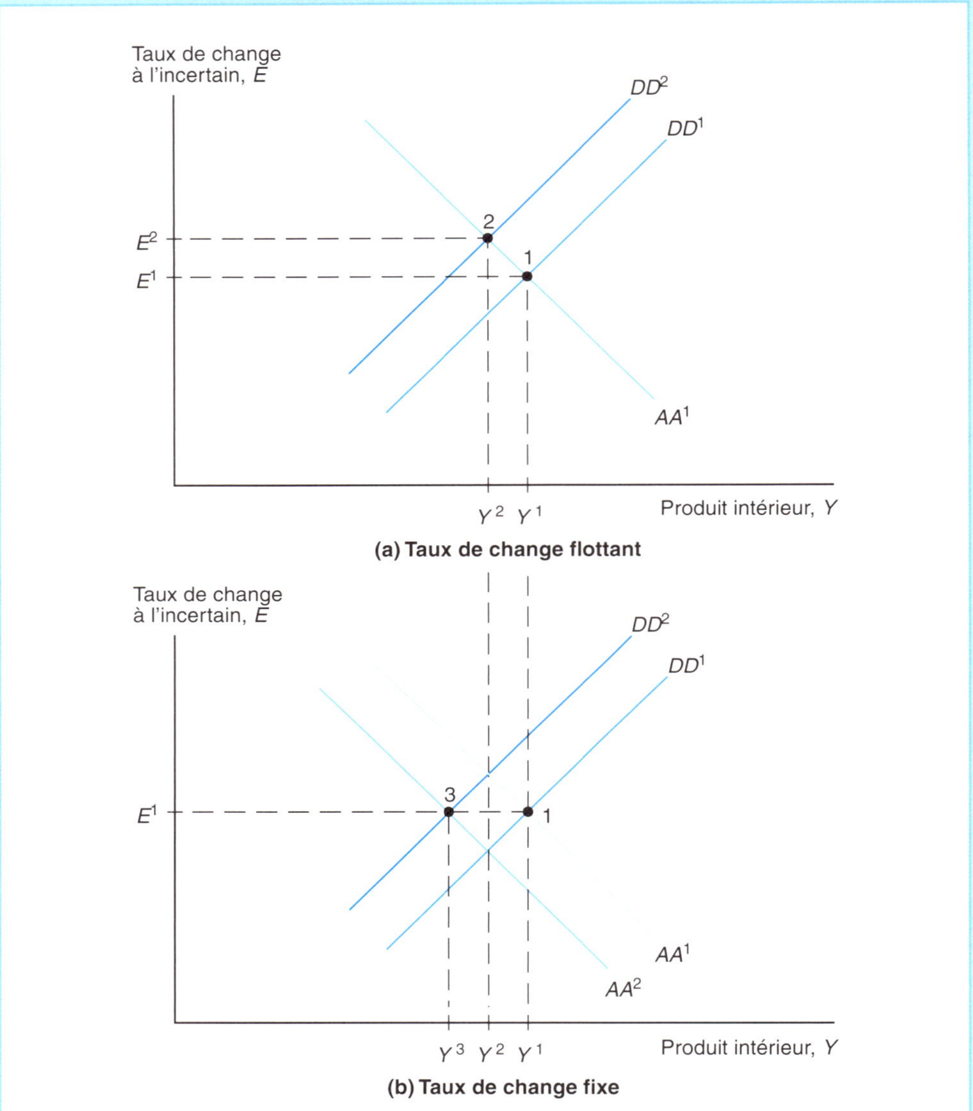

Figure 19.5 – Effets d'une baisse de la demande d'exportation.

La réaction à une baisse de la demande d'exportation (représentée par le déplacement de DD^1 vers DD^2) diffère selon les régimes de changes – fixes ou flottants : (a) en changes flottants, le produit intérieur baisse seulement jusqu'au niveau Y^2 car la dépréciation de la monnaie (de E^1 à E^2) oriente la demande vers les biens du pays domestique ; (b) si le taux de change est fixé en E^1, le produit intérieur baisse jusqu'au niveau Y^3 consécutivement à la réduction de l'offre de monnaie par la banque centrale (illustrée par le déplacement de AA^1 vers AA^2).

La dépréciation de la monnaie en changes flottants rend les biens et services meilleur marché lorsque la demande diminue, compensant ainsi partiellement la diminution initiale de la demande. La dépréciation réduit, en outre, le déficit du compte courant qui se produit en change fixes en améliorant la compétitivité-prix des produits sur les marchés internationaux.

Nous avons considéré l'exemple d'une baisse temporaire de la demande d'exportation, mais les conclusions sont encore plus fortes lorsque la baisse est permanente. Dans ce cas, le taux de change anticipé, E^e, augmente aussi et AA se déplace en conséquence vers le haut. Le choc permanent provoque une dépréciation de la monnaie plus importante que le choc temporaire. Ce mouvement dans le taux de change soutient plus fermement le produit intérieur.

Dans le système de Bretton Woods, une baisse permanente de la demande d'exportation aurait conduit à une situation de « déséquilibre fondamental » appelant soit une dévaluation de la monnaie, soit une longue période de chômage en attendant que les prix baissent. L'incertitude quant aux intentions des responsables politiques aurait encouragé des sorties spéculatives de capitaux, détériorant encore plus la situation par l'épuisement des réserves de la banque centrale et la contraction de l'offre de monnaie. Les partisans des changes flottants soulignent que le marché des changes est en mesure de réaliser automatiquement la dépréciation réelle de la monnaie par un changement du taux de change nominal. Cette modification du taux de change réduit, voire élimine, la nécessité de faire baisser le niveau des prix par le chômage. Comme cela se produit instantanément, le risque de perturbation spéculative est très faible, contrairement à la situation en changes fixes.

10 Les changes flottants et l'équilibre externe

Un dernier avantage en faveur des changes flottants est qu'ils sont censés empêcher les déséquilibres persistants du compte courant. Un déficit du compte courant se traduit par une entrée de capitaux étrangers, et un pays en situation de déficit voit ainsi sa dette extérieure s'accroître ; il devra donc à l'avenir exporter plus qu'il n'importe afin de rembourser cette dette et payer les intérêts (voir l'annexe au chapitre 6). Or de tels excédents requièrent une dépréciation de la monnaie. Les partisans des changes flottants soutiennent que les spéculateurs, anticipant cette dépréciation, l'attisent eux-mêmes, rendant les exportations plus compétitives et les importations plus chères à court terme. Cette spéculation est donc jugée stabilisatrice, au sens où elle évite la persistance des déficits du compte courant ; le mécanisme est évidemment inverse en cas d'excédents extérieurs.

Si l'on s'en tient à ce qui précède, les changes flottants ne devraient pas être trop volatils, grâce à l'intervention des spéculateurs qui ajustent en permanence les parités à un niveau compatible avec l'équilibre externe.

Ces prédictions se sont-elles vérifiées après 1973 ? Notons d'emblée que, dans ce type d'exercice, il est toujours difficile d'obtenir des conclusions parfaitement tranchées. Il semble toutefois que les partisans des changes flottants aient fait preuve d'un optimisme exagéré en considérant que le mécanisme de détermination par le marché des taux de change fonctionnerait sans turbulences majeures ni conflits entre les pays (rien ne dit pour autant que les changes fixes auraient mieux réagi aux perturbations de l'économie mondiale après 1973).

Encadré 19.2

Les premières années des changes flottants, 1973-1990

L'examen de la situation macroéconomique mondiale permet d'apprécier les réussites et les lacunes du système monétaire moderne international depuis 1973. Cet examen débute par un résumé des premières années – tumultueuses – de mise en place des changes flottants*.

Inflation et désinflation, 1973-1982

L'ère des changes flottants s'ouvre sur fond de crise géopolitique au Moyen-Orient et par un quadruplement du prix du baril de pétrole entre 1973 et 1974, imposé par l'Organisation des pays exportateurs de pétrole (OPEP), un cartel tout juste créé. La consommation et l'investissement ralentissent partout, et l'économie mondiale entre en récession. La balance courante des pays importateurs de pétrole se dégrade brutalement.

Le modèle développé aux chapitres 14 à 18 prédit que l'inflation tend à s'accroître dans les phases d'expansion et à diminuer dans les phases de récession. Mais, alors qu'en 1974 le monde entre dans une profonde récession et que le chômage augmente, l'inflation s'accélère. Le tableau 19.2 présente un certain nombre de données macroéconomiques pour les principales régions industrialisées entre 1963 et 2009 et montre l'ampleur de cette inflation pour les États-Unis, l'Europe et le Japon entre 1973 et 1982.

Tableau 19.2 : Données macroéconomiques pour les principales régions industrialisées, 1963-2009

Période	1963-1972	1973-1982	1983-1992	1993-2006	2007	2008	2009
Inflation (en % annuel)							
États-Unis	3,3	8,7	4,0	2,7	2,9	3,8	–0,4
Europe	4,4	10,7	5,1	2,4	2,4	3,7	0,9
Japon	5,6	8,6	1,8	0,2	0,1	1,4	–1,4
Chômage (en % de la population active)							
États-Unis	4,7	7,0	6,8	5,3	4,6	5,8	9,3
Europe	1,9	5,5	9,4	9,4	7,1	7,0	8,9
Japon	1,2	1,9	2,5	4,0	3,8	4,0	5,1
Croissance réelle du PIB par tête (en % annuel)							
États-Unis	2,8	0,9	2,4	2,1	1,1	–0,5	–3,3
Europe	3,9	2,0	3,0	2,1	2,9	0,4	–1,4
Japon	8,5	2,9	3,4	1,0	2,4	–1,1	–5,1

Source : Fonds monétaire international. Certaines données sont des prévisions.

* Un historique plus détaillé est disponible en ligne, sur le site compagnon.

Que s'est-il passé ? Un facteur majeur de la crise est le choc pétrolier lui-même : en augmentant directement le prix des produits pétroliers et le coût de l'énergie, la hausse du prix du pétrole fait augmenter fortement l'inflation. En outre, afin de s'adapter aux pressions inflationnistes mondiales qui s'exercent depuis la fin des années 1960, la plupart des pays mettent en place des mécanismes d'indexation des salaires sur les prix qui alimentent automatiquement l'inflation. Les anticipations inflationnistes exercent aussi des pressions à la hausse sur les prix des produits de base, les spéculateurs accumulant des stocks en prévision d'une augmentation des prix. Enfin, les banques centrales sont alors encore peu disposées à combattre les pressions inflationnistes au prix d'une forte élévation du chômage.

Pour décrire les conditions macroéconomiques inhabituelles des années 1974-1975, les économistes parlent de la stagflation – qui combine la stagnation de la production et l'inflation des prix. La stagflation des années 1970 résulte de deux facteurs :

- l'accroissement du prix des matières premières qui augmente directement les taux d'inflation tout en déprimant les niveaux d'offre et de demande ;
- les anticipations inflationnistes qui nourrissent une spirale prix-salaires en dépit de la récession et d'un chômage croissant.

Libérés de la nécessité de défendre leurs parités, les différents pays adoptent au milieu des années 1970 des politiques expansionnistes qui, à leur tour, nourrissent la hausse de l'inflation. La plupart des pays relâchent aussi les contrôles sur les mouvements de capitaux mis en place avant 1974. Ce relâchement facilite l'ajustement des pays en développement (PED) qui peuvent ainsi emprunter plus aisément auprès des principaux centres financiers afin de maintenir leur propre niveau de dépenses et de croissance économique. À son tour, l'intensité relativement forte de la demande en provenance des PED contribue à alléger la récession de 1974-1975. Le chômage reste toutefois élevé.

Les États-Unis choisissent alors de lutter contre cette hausse du chômage grâce à une politique monétaire expansionniste. En revanche, ce n'est le cas ni de l'Allemagne ni du Japon, plus soucieux de résorber l'inflation.

Ces divergences des politiques économiques – vigoureuse expansion aux États-Unis sans équivalent ailleurs – entraînent à partir de 1976 une forte dépréciation du dollar. On atteint alors des taux d'inflation à deux chiffres aux États-Unis, mais aussi au Canada, en France, en Italie ou au Royaume-Uni.

La dépréciation du dollar apparaît nettement à la figure 19.6 qui donne les indices du taux de change effectif nominal et réel du dollar. Ces indices mesurent respectivement le prix d'un dollar en termes de panier de monnaies étrangères et le prix de la production américaine en termes de panier de productions étrangères. Une hausse de ces indices traduit une appréciation du dollar – nominale ou réelle –, tandis qu'une baisse exprime une dépréciation (taux de change au certain).

Encadré 19.2 (suite)

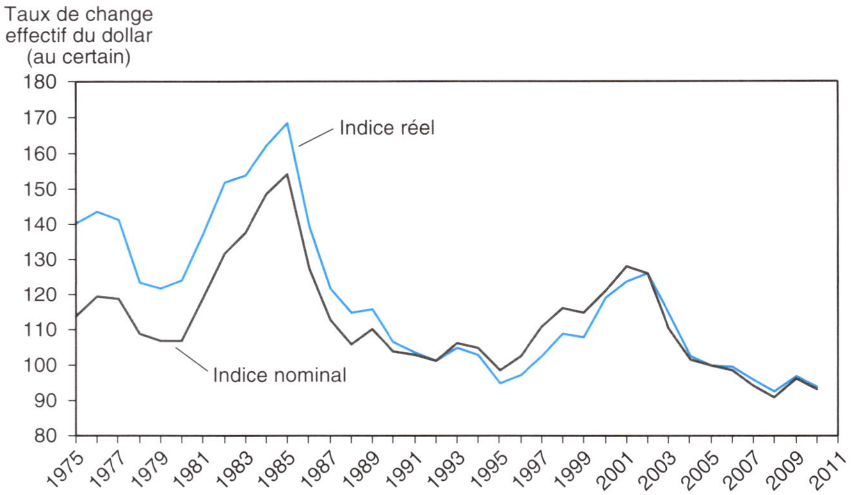

Figure 19.6 – Indices nominal et réel du taux de change effectif du dollar, 1975-2010.

Les indices mesurent la valeur nominale et réelle du dollar pour un panier de 15 monnaies de pays industrialisés. Leur accroissement constitue une appréciation du dollar et leur diminution, une appréciation. Les deux indices sont en base 100 en 2005.

Source : Fonds monétaire international, *Statistiques financières internationales*.

Pour restaurer la confiance dans le dollar, Paul A. Volcker est nommé à la tête de la Réserve fédérale. Le dollar reste faible jusqu'en octobre 1979, date à laquelle Volcker annonce un resserrement de la politique monétaire américaine ainsi que des procédures rigoureuses de contrôle de l'offre de monnaie.

La chute du shah d'Iran en 1979 provoque une deuxième vague de hausse des prix pétroliers. En 1975, les pays industrialisés ont répondu au premier choc pétrolier par des politiques monétaires et budgétaires expansionnistes. Leur réponse est très différente lors du deuxième choc.

En 1979 et 1980, les principaux pays industrialisés restreignent l'offre de monnaie afin d'éviter que l'accroissement du prix du pétrole ne se mue en inflation généralisée. Cette politique évite un dérapage inflationniste, mais met à mal la croissance économique.

L'appréciation du dollar et les accords du Plaza

Avec l'élection en novembre 1980 du président Ronald Reagan, qui a appuyé sa campagne sur la lutte contre l'inflation, le dollar s'apprécie rapidement (voir figure 19.6). En outre, les taux d'intérêt américains atteignent en 1981 presque le double de leur niveau de 1978. Au total, l'appréciation du dollar renchérit les biens et services américains, réduisant la production américaine.

Cette appréciation du dollar n'est pas accueillie favorablement à l'étranger, même si elle peut être perçue, théoriquement, comme un stimulant en cette période de faible croissance.

La raison est qu'un dollar fort handicape les pays étrangers dans leur propre lutte contre l'inflation car elle augmente le prix des biens importés libellés en dollars. La politique monétaire restrictive des États-Unis se fait ainsi au détriment de ses voisins, en ce sens qu'elle diminue l'inflation américaine en partie en l'exportant vers les autres pays. Les banques centrales étrangères réagissent en intervenant sur le marché des changes pour ralentir la hausse du dollar. En vendant des dollars contre leurs monnaies, certaines d'entre elles réduisent les taux de croissance de l'offre de monnaie en 1980 et 1981, portant ainsi les taux d'intérêt à la hausse.

La synchronisation de la contraction monétaire aux États-Unis et à l'étranger, à la suite du deuxième choc pétrolier, plonge l'économie mondiale dans la récession. En 1982 et 1983, le chômage atteint des niveaux sans précédent depuis la Seconde Guerre mondiale. Tandis que le chômage américain retourne rapidement au niveau d'avant la récession, le chômage reste élevé au Japon et surtout en Europe (voir tableau 19.1). La contraction monétaire et la récession qui s'ensuivent engendrent cependant une forte chute des taux d'inflation dans les pays industrialisés.

Durant sa campagne, Ronald Reagan avait promis de diminuer les impôts et d'équilibrer le budget fédéral. Il tient la première de ses promesses en 1981, mais dans le même temps augmente les dépenses militaires. Le résultat net est un gonflement du déficit budgétaire américain et une forte stimulation budgétaire de l'économie.

Les mesures budgétaires aux États-Unis favorisent l'appréciation continue du dollar (voir figure 19.6). En France, après la présidentielle de 1981 remportée par François Mitterrand, le gouvernement Mauroy prône également une politique de relance : augmentation du salaire minimum, diminution de la durée légale du travail de 40 à 39 heures, cinquième semaine de congés payés, etc.

En février 1985, l'appréciation cumulée du dollar depuis la fin 1979 est de près de 50 % par rapport au deutsche mark et de plus de 60 % par rapport au franc français. La production commence à se redresser aux États-Unis ainsi que dans les autres pays industrialisés qui profitent de la stimulation budgétaire américaine transmise *via* l'appréciation continue du dollar. Cette reprise bénéficie également de la politique monétaire plus souple adoptée par la Fed.

Alors que l'expansion budgétaire contribue à la reprise, la hausse du déficit public suscite de sérieuses inquiétudes concernant la stabilité de l'économie mondiale. Les déficits publics croissants ne sont pas compensés par une augmentation de l'épargne privée ou par une diminution de l'investissement, de sorte que la balance courante des États-Unis se détériore fortement. À partir de 1987, les États-Unis deviennent débiteurs nets à l'égard du reste du monde. Le déficit de la balance courante atteint 3,6 % du PIB, un record pour la période d'après guerre. Certains analystes craignent alors que les créanciers étrangers ne perdent confiance dans la valeur future des actifs en dollars et ne se mettent à vendre ceux qu'ils détiennent, précipitant ainsi une dépréciation du dollar.

L'appréciation du dollar influe aussi sur la répartition des revenus aux États-Unis. En réduisant l'inflation américaine et le prix en dollars des importations, elle profite certes

Encadré 19.2 (suite)

aux consommateurs. Cependant, les entreprises américaines exposées à la concurrence des biens étrangers souffrent, elles, de cette appréciation. De même, les entreprises exportatrices se considèrent lésées. Avec le ralentissement de la croissance aux États-Unis en 1984, elles accentuent la pression sur l'administration américaine afin qu'elle mette en place des mesures visant à protéger les secteurs en difficulté.

L'administration Reagan adopte, depuis le début, une politique de « douce insouciance » (*benign neglect*) à l'égard du marché des changes, refusant d'y intervenir sauf dans des circonstances extraordinaires (par exemple, suite à la tentative d'assassinat du président Reagan). En 1985, il est cependant impossible d'ignorer les conséquences du dollar fort en termes de politique intérieure.

Craignant une crise du système commercial international, les pays du G5 (Allemagne, États-Unis, France, Grande-Bretagne et Japon) annoncent le 22 septembre 1985, à l'hôtel Plaza de New York, leur décision d'intervenir de manière conjointe sur le marché des changes pour provoquer une dépréciation du dollar. Ce dernier baisse fortement dès le lendemain et continue à décliner en 1986 et au début 1987 alors que les États-Unis maintiennent une politique monétaire accommodante et diminuent leurs taux d'intérêt relativement aux taux étrangers (voir figure 19.6).

11 Interdépendance macroéconomique en changes flottants

Dans les modèles présentés jusqu'à présent, on a supposé que les politiques monétaires et budgétaires n'avaient pas d'impact sur le produit intérieur, le niveau des prix et le taux d'intérêt à l'étranger. Cette hypothèse est recevable dans le cas de petits pays, mais ne s'applique évidemment pas au cas des États-Unis ou de la zone euro. Pour discuter des interactions entre les grands pays et le reste du monde, imaginons donc que l'économie mondiale soit formée de deux grands pays : le pays domestique et le pays étranger. La principale complication vient de ce que l'on ne peut plus imaginer que le taux d'intérêt étranger ou la demande étrangère d'exportation est exogène. Nous présenterons ici une discussion plus qu'un modèle formel, et nous nous limiterons à une analyse à court terme. Supposons ainsi que les prix nominaux de production soient fixes. Par ailleurs, pour simplifier, nous étudierons seulement le cas de changements permanents des politiques monétaire et budgétaire.

Considérons tout d'abord une expansion monétaire permanente dans le pays domestique. On sait que dans le cas d'un petit pays (voir chapitre 17) la monnaie domestique se déprécie et le produit intérieur augmente. La même chose se produit dans le cas d'un grand pays à la différence que, cette fois, le reste du monde est également affecté. Puisque le pays domestique fait l'expérience d'une dépréciation monétaire réelle, le pays étranger doit subir une appréciation monétaire réelle qui rend ses produits relativement plus coûteux, ce qui induit un effet négatif sur son produit intérieur. L'accroissement de la production du pays domestique agit cependant dans la direction opposée dans la mesure où ce pays va dépenser une partie de son revenu supplémentaire pour importer des produits étrangers. Il en résulte une augmentation de la demande globale adressée au pays étranger. L'expansion monétaire du pays domestique exerce donc deux effets opposés sur la production étrangère, le résultat net dépendant de l'effet qui l'emporte, de sorte que la production du pays étranger peut augmenter ou baisser[17].

Discutons maintenant du cas d'une expansion budgétaire permanente dans le pays domestique. Dans le cas d'un petit pays (voir chapitre 17), cette expansion budgétaire permanente provoque une appréciation réelle de la monnaie et une détérioration de la balance courante qui annule tout effet positif sur la demande globale. En effet, l'impact expansionniste du relâchement budgétaire domestique se dissipe entièrement à l'étranger. Dans le cas d'un grand pays, la production étrangère augmente puisque ses exportations deviennent relativement moins chères lorsque la monnaie s'apprécie. En outre, une partie de l'accroissement des dépenses à l'étranger stimule les exportations domestiques, de sorte que la production du pays domestique suit en fait le mouvement de la production du pays étranger[18].

Cette discussion sur l'interdépendance macroéconomique entre deux grands pays se résume ainsi :

- *Effet d'une expansion monétaire permanente.* La production augmente, la monnaie se déprécie et la production étrangère augmente ou diminue selon les cas.
- *Effet d'une expansion budgétaire permanente.* La production augmente, la monnaie s'apprécie et la production étrangère augmente.

Encadré 19.3

Transformations et crise mondiale

La chute du mur de Berlin en 1989 marque le début de la fin de l'Empire soviétique : les anciens pays du bloc de l'Est embrassent les principes de l'économie de marché et font leur entrée sur la scène économique mondiale. Dans le même temps, la Chine poursuit son processus graduel de réformes amorcées en 1978. Ces réformes se traduisent par une modernisation de leur économie et une croissance économique rapide. Ces changements accroissent considérablement la taille de l'économie mondiale.

Des crises en Europe et en Asie, 1990-1999

La réunification allemande, le 1er juillet 1990, déclenche des pressions inflationnistes en Allemagne, mais également dans les autres pays européens qui ont ancré leurs monnaies au deutsche mark dans le cadre du système monétaire européen (SME). L'Allemagne réagit à ces pressions inflationnistes internes par une politique monétaire restrictive qui pèse sur les taux de croissance de ses partenaires européens. La situation ne semble pas tenable aux yeux de certains investisseurs qui lancent des attaques spéculatives massives sur les parités fixes du système (voir chapitre 20).

---

17. La condition d'équilibre du marché monétaire étranger est $M^*/P^* = L(R^*, Y^*)$. Parce que M^* ne change pas et que P^* est rigide, la production étrangère ne peut augmenter (respectivement diminuer) que si le taux d'intérêt nominal étranger augmente (respectivement diminue).

18. Si l'on considère la condition d'équilibre du marché monétaire domestique (par analogie avec la note précédente), les taux d'intérêt nominaux domestique et étranger doivent augmenter.

Encadré 19.3 (suite)

L'inflation japonaise augmente en 1989, en partie à cause de la politique monétaire relativement accommodante de 1986 à 1988 mise en place pour éviter une nouvelle appréciation du yen après celle enregistrée après les accords du Plaza. Les deux symptômes les plus visibles de ces pressions inflationnistes sont la flambée du prix de l'immobilier et la hausse du prix des actions. La stratégie de la Banque du Japon consiste alors à resserrer la politique monétaire en augmentant les taux d'intérêt ; cette démarche conduit à une forte baisse de l'indice boursier à Tokyo, le Nikkei, qui perd plus de la moitié de sa valeur entre 1990 et 1992. La brusque chute du prix des actions plonge le système bancaire japonais dans une crise, et l'économie nippone entre en récession début 1992.

La croissance japonaise se redresse en 1996, mais le gouvernement, préoccupé par l'accroissement de la dette publique, augmente les impôts. L'économie ralentit en 1997, la fragilité du secteur bancaire devient plus apparente encore. Le yen s'effondre, tombant de 80 ¥ par dollar début 1995 à environ 145 ¥ par dollar à l'été 1998, pour se redresser quelque peu avant la fin de cette même année. En 1998, l'économie japonaise semble en chute libre avec un PIB en recul, des prix en baisse et un taux de chômage record. La déflation et la stagnation vont se révéler des phénomènes durables, quasi ininterrompus au cours de la décennie suivante. Les économistes ont d'ailleurs qualifié cette période de décennie perdue (*lost decade*).

Les problèmes de l'économie japonaise se répercutent sur les pays en développement du Sud-Est asiatique, avec lesquels le Japon entretient d'importants échanges commerciaux. Ces économies asiatiques ont connu des taux de croissance spectaculaires jusqu'en 1997 (voir chapitre 22). Beaucoup d'entre elles maintiennent, par ailleurs, des taux de change fixes ou quasi fixes par rapport au dollar. Aussi, les monnaies asiatiques s'apprécient-elles vis-à-vis du yen qui baisse quant à lui par rapport au dollar. Les économies du Sud-Est asiatique doivent donc faire face, d'une part, à une diminution de leurs exportations vers le Japon du fait de son ralentissement et, d'autre part, à une diminution de la compétitivité-prix de leurs exportations sur le marché mondial du fait de l'appréciation de leur monnaie.

Cela conduit à une série d'attaques spéculatives sur les monnaies asiatiques, en commençant par le baht thaïlandais au printemps 1997 et se poursuivant en Malaisie, en Indonésie et en Corée du Sud. Ces économies sont alors victimes d'une profonde récession (voir chapitre 22). Celle-ci est en partie due à la récession japonaise, mais elle y participe également, les différents pays étant engagés dans un cercle vicieux. D'autres économies de la région enregistrent un ralentissement économique en 1998, y compris Hong Kong, Singapour et la Chine, ralentissement qui s'étend jusqu'en Amérique latine.

La Russie fait défaut sur ses dettes extérieures et intérieures, déclenchant une panique générale auprès des investisseurs. La crainte d'une dépression mondiale amène la Réserve fédérale à baisser plusieurs fois ses taux d'intérêt fin 1998. Les 11 pays européens qui se préparent à adopter l'euro diminuent également les leurs de manière coordonnée. Ces mesures contribuent à éviter un fléchissement économique global.

La bulle Internet et l'émergence des déséquilibres mondiaux

À la fin des années 1990, la Bourse américaine connaît une période d'europhorie en lien avec l'essor de ce que l'on appelle alors la « nouvelle économie ». Les valeurs Internet et autres *start-up* s'envolent en Bourse. Mais, au printemps 2001, l'éclatement de la bulle Internet entraîne l'économie américaine dans une période de récession, après une décennie ininterrompue de croissance. Le ralentissement s'intensifie avec les attaques terroristes du 11 septembre 2001. La récession est toutefois de courte durée compte tenu de la baisse rapide des taux d'intérêt aux États-Unis. Cependant, la politique de diminution des impôts de l'administration Bush alourdit les déficits publics, comme cela avait déjà été le cas sous Reagan deux décennies auparavant. Une fois encore, le déficit courant des États-Unis, déjà élevé en 2000, gonfle, en raison aussi d'une baisse de l'épargne. Un facteur a contribué en particulier à réduire le taux d'épargne américain : l'augmentation du prix de l'immobilier, représenté à la figure 19.7. Les taux d'intérêt sont bas et l'augmentation des prix facilite l'endettement des ménages dont les emprunts sont gagés sur la valeur des biens immobiliers. Le taux d'épargne net des ménages est alors négatif. Tout cela conduit à un déficit sans précédent qui atteint 6,5 % du PIB au milieu de la décennie, et le dollar se déprécie fortement (voir figure 19.6), notamment vis-à-vis de l'euro. Les États-Unis ne sont pas les seuls à connaître une flambée des prix de l'immobilier : le Royaume-Uni, l'Espagne ou l'Estonie sont dans la même situation ; ils accusent tous également un fort déficit commercial.

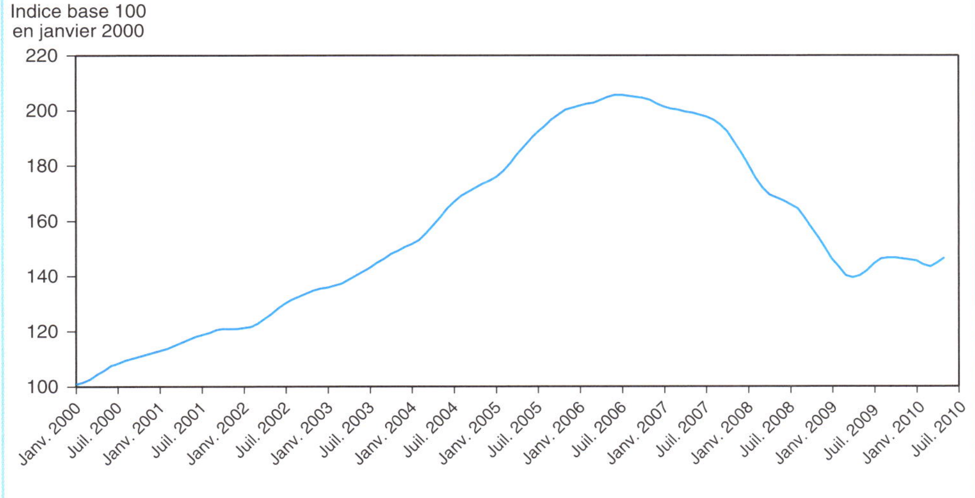

Figure 19.7 – Prix de l'immobilier aux États-Unis, 2000-2010.

Les prix de l'immobilier aux États-Unis n'ont cessé d'augmenter jusqu'en 2006, peu de temps avant que la crise n'éclate.

Source : Indice Case-Shiller (**http://www.macromarkets.com/csi_housing/sp_caseshiller.asp**)

Encadré 19.3 (suite)

Après 1999, les déséquilibres macroéconomiques mondiaux s'aggravent fortement, ce qu'illustre la figure 19.8. Rappelons qu'un solde courant négatif se traduit par une demande nette de capitaux, tandis qu'un solde positif est synonyme d'un excès d'épargne, ce qui signifie que l'épargne intérieure est supérieure à la demande d'investissements intérieure. Au niveau mondial, toutefois, la demande et l'offre de capitaux s'équilibrent.

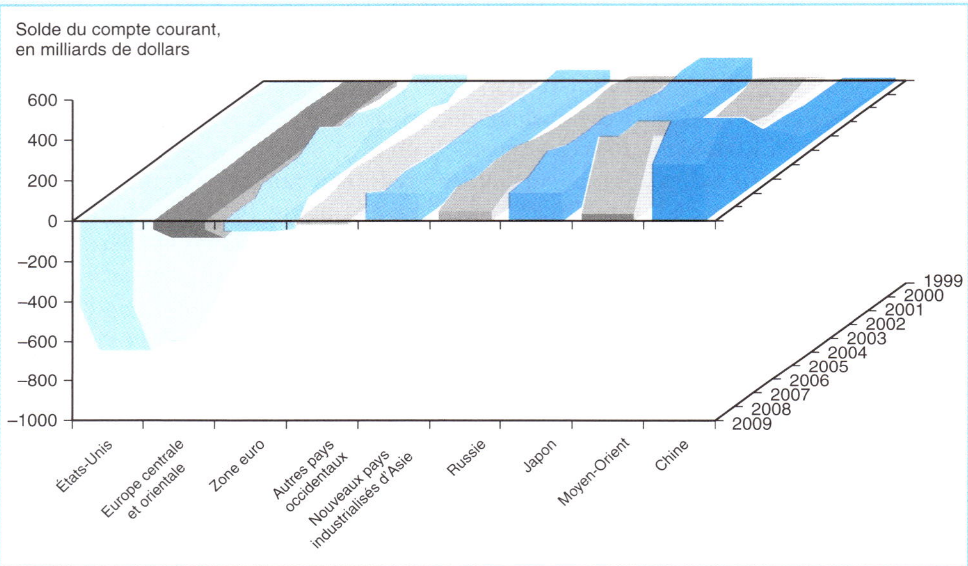

Figure 19.8 – Les déséquilibres macroéconomiques mondiaux, 1999-2009.

Au cours des années 2000, la forte augmentation du déficit courant américain a été financée par une augmentation des excédents courants des pays d'Asie (en particulier la Chine), d'Amérique latine et des pays exportateurs de pétrole. Après 2007, ces déséquilibres se sont réduits mais sont tout de même restés considérables.

Source : Fonds monétaire international, *Perspectives économiques mondiales*.

Du côté de la demande, le point essentiel est la forte augmentation du déficit courant aux États-Unis : la demande d'investissements excède très largement la capacité d'épargne des Américains (ménages, entreprises et État). Les investissements dans les pays d'Europe centrale et orientale en transition contribuent également à augmenter la demande mondiale d'épargne.

Comme on l'a mentionné précédemment, les allégements fiscaux, au début des années 2000, ont contribué à cette hausse du déficit américain. Mais, de façon assez surprenante, alors que l'augmentation du déficit courant se traduit par une augmentation de la demande nette de capitaux, les taux d'intérêt réels à long terme diminuent, prolongeant la tendance amorcée au début des années 2000, quand l'éclatement de la bulle Internet a réduit les investissements et les perspectives de croissance (voir figure 19.9). Cette faiblesse des taux a, rappelons-le, participé à l'augmentation des prix de l'immobilier des prêts pour les ménages.

Il aurait pourtant été plus naturel que les taux d'intérêt réels augmentent afin de réduire l'investissement et d'encourager l'épargne intérieure. Comment se fait-il donc que les taux aient diminué ? La raison tient en fait à des changements dans les comportements d'épargne et d'investissement des autres pays*.

La figure 19.8 montre que, depuis 2000, les excédents courants en Russie, au Moyen-Orient, dans les nouveaux pays industrialisés (NPI) et surtout en Chine ont fortement progressé. Même l'Afrique dégage alors un surplus, quoique dans une moindre mesure. Les raisons sont âprement discutées. Mais tout le monde s'accorde à mettre l'accent sur la montée en puissance de la Chine, en particulier depuis son adhésion à l'OMC en décembre 2001. La croissance économique y est incroyablement forte depuis au moins une dizaine d'années, ce qui n'est pas sans poser des problèmes de cohésion sociale. Dans ce contexte, les autorités chinoises choisissent la prudence ; d'une certaine manière, ces excédents peuvent s'interpréter comme une forme d'épargne de précaution. En même temps, la croissance aux États-Unis est, jusqu'au début 2007, assez forte. On observe aussi de graves tensions sur le marché des matières premières et agricoles, au premier rang desquelles le pétrole (le baril atteint un niveau historique de 140 $ mi-2008). Les pays exportateurs (comme le Brésil avec le soja, la Malaisie avec l'huile de palme, la Russie avec le gaz naturel, le Venezuela, le Congo et l'Arabie Saoudite avec le pétrole, etc.) voient donc leurs revenus monter en flèche.

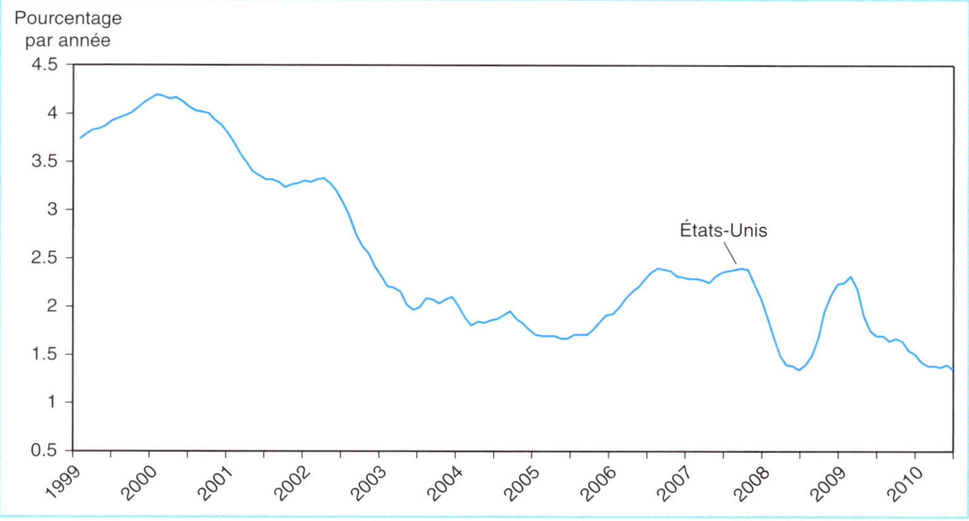

Figure 19.9 – Le taux d'intérêt réel américain entre 1999 et 2010.

Les taux d'intérêt réels aux États-Unis ont diminué jusqu'à atteindre un niveau particulièrement bas en 2005, avant de croître rapidement.

Source : Global Financial Data. Le taux d'intérêt réel est calculé comme la moyenne mobile sur 12 mois, de la différence entre le taux des obligations d'État à 10 ans et le taux d'inflation en glissement sur l'année précédente.

* Voir B. Bernanke, « The Global Saving Glut and the US Current Account Deficit », *Sandridge Lecture*, 10 mars 2005.

Encadré 19.3 (suite)

Un second facteur tient à l'augmentation de l'épargne mondiale, en dehors des États-Unis. Échaudés par les crises à répétition de la fin des années 1990 et du début des années 2000, les pays émergents hésitent à se lancer dans des investissements trop coûteux. En outre, au Japon, en raison de l'incertitude qui pèse sur la reprise économique, les investissements y sont aussi moins élevés. Il en résulte une accumulation de réserves officielles par les pays émergents, dont une grande part est en dollars.

En résumé, l'augmentation de l'offre d'épargne, couplée avec une baisse généralisée de la demande d'investissement en dehors États-Unis, fait plus que compenser la hausse du déficit américain, ce qui conduit à une baisse des taux d'intérêt.

La crise de 2007-2009

Avec des prévisions de croissance incertaines en Europe et au Japon, la résolution du déficit extérieur américain est un vrai dilemme. Des mesures visant à réduire la consommation et l'épargne, comme une contraction budgétaire, provoqueraient un ralentissement de l'économie américaine, principal moteur de la croissance économique mondiale. Mais, le reste du monde n'est pas disposé à financer éternellement le déficit américain, particulièrement s'il craint une dépréciation du dollar. D'autant que ce déficit est en grande partie financé par les banques centrales asiatiques, au premier rang desquelles la Banque populaire de Chine, qui ont ancré leurs monnaies au dollar (voir chapitre 22). Les États-Unis se trouvent ainsi dans une situation qui, pour beaucoup d'observateurs, apparaît de plus en plus instable.

Cette instabilité latente s'est finalement matérialisée au cours de l'été 2007 avec le début de la crise financière mondiale. Cette crise trouve son origine dans les dysfonctionnements du marché des crédits hypothécaires aux États-Unis, les fameux crédits *subprimes*. À noter que, contrairement aux crises qui ont émaillé les années 1980 et 1990, la crise ne concerne pas directement les pays en développement.

Un des éléments clés à l'origine de la crise est le niveau anormalement bas (pour une économie en croissance) des taux d'intérêt réels à long terme, qui a alimenté la hausse des prix immobiliers aux États-Unis, comme dans de nombreux autres pays. Aux États-Unis, cette hausse des prix s'est accompagnée d'un plus grand laxisme dans l'octroi de prêts et de pratiques de plus en plus risquées (ainsi, par exemple, beaucoup de prêts ont été accordés à taux variable ; d'autres prévoyaient que l'essentiel du capital soit remboursé au cours des toutes dernières périodes)**.

Un niveau aussi faible des taux d'intérêt réels ne pouvait durer éternellement. Les pays exportateurs de matières premières ou agricoles voient leur consommation croître, tout comme la demande mondiale d'investissements. Quand les taux d'intérêt commencent à augmenter après 2005 (voir figure 19.9), de nombreux emprunteurs américains sont incapables d'honorer leurs engagements.

** Pour une analyse plus complète des causes et du déroulement de la crise, voir P. Artus, J.-P. Betbèze, Ch. de Boissieu et G. Capelle-Blancard, *De la crise des subprimes à la crise financière mondiale*, La Documentation française, 2010.

On assiste alors à une augmentation des défaillances sur les prêts immobiliers. À partir de mi-2007, les prêteurs eux-mêmes, c'est-à-dire les banques, éprouvent des difficultés à se refinancer. Les autorités américaines décident alors d'adopter une politique monétaire expansionniste pour limiter la récession : le taux des *Fed funds* passe ainsi de 5,25 % en juillet 2007 à 1 % à peine un an plus tard.

La Banque centrale européenne, quant à elle, maintient son principal taux directeur inchangé à 4 % jusqu'en juillet 2008, date à laquelle elle l'augmente de 25 points de base afin de lutter contre les tensions inflationnistes. Ces politiques monétaires contrastées ont pour conséquence une forte appréciation de l'euro par rapport au dollar. En juillet 2008, l'euro s'échange à un taux record de 1,6 $.

À la fin de l'été 2008, la crise prend une nouvelle tournure : début septembre, les deux organismes de refinancement hypothécaire américains, Fannie Mae et Freddie Mac, sont mis sous tutelle ; le 15, la célèbre banque d'affaires Lehman Brothers fait faillite. La panique s'empare des marchés boursiers et la crise atteint son paroxysme (nous discuterons en détail de cette crise financière, de sa nature systématique et des mesures à apporter au chapitre 21).

En quelques mois, les plans de sauvetage bancaire se multiplient de part et d'autre de l'Atlantique : l'État – et donc le contribuable – est appelé au secours du secteur financier. Les banques centrales mènent alors une politique très active pour alimenter en liquidités le marché interbancaire. Les principaux pays, aux États-Unis et en Europe, mais aussi en Chine, déploient d'ambitieux programmes de relance budgétaire en même temps que les banques centrales ramènent leurs taux directeurs à des niveaux proches de zéro (voir figure 14.3). En dépit de tous ces éléments, le monde entre en récession ; c'est la plus grave crise économique depuis la grande dépression des années 1930. En particulier, en 2009, le chômage augmente fortement dans le monde entier (voir tableau 19.2) – mais moins en France qu'ailleurs. En 2010, l'économie mondiale se stabilise, mais la croissance reste timide dans les pays développés et le taux de chômage ne faiblit pas. Cette récession laisse de nombreux pays avec un très haut niveau de déficit budgétaire et les marchés craignent que certains gouvernements à court de liquidités fassent défaut sur leur dette. Ainsi, la crise a-t-elle encore une fois changé de nature : on était passé d'une crise immobilière à une crise bancaire, suivie d'une crise boursière, puis à une crise économique et sociale ; on est désormais face à une crise de solvabilité des États.

Les déséquilibres mondiaux des comptes courants se réduisent, mais reste significatifs. Le déficit américain, par exemple, tombe à environ 3 % du PIB du fait principalement de la baisse de la consommation des ménages (et ce, en dépit de la forte augmentation du déficit public). La récession mondiale réduit également les exportations chinoises.

De nombreux observateurs estiment que, même réduits, les déséquilibres mondiaux continuent de poser problème et qu'ils nécessitent une réponse coordonnée. Les États-Unis, dont la dette progresse dangereusement, pourraient avoir intérêt à appliquer des mesures d'austérité pour conserver la confiance des investisseurs.

Encadré 19.3 (suite)

Mais, cela risquerait d'aggraver la récession, tant au niveau national qu'au niveau international. De son côté, la Chine dispose de marges de manœuvre importantes qui lui permettraient de dynamiser sa demande intérieure et de laisser sa monnaie s'apprécier. Il en est de même pour l'Allemagne, qui enregistre de forts excédents commerciaux. En favorisant la demande intérieure, ces deux pays pourraient relayer les États-Unis comme moteur de la croissance mondiale, et par là même réduire les déséquilibres mondiaux.

Malheureusement, ni l'Allemagne ni la Chine ne semblent désireuses de réduire leur taux d'épargne. Cette crise montre, une nouvelle fois, que les pressions qui s'exercent sur les pays en déficit sont plus fortes que celles qui s'exercent sur les pays en situation d'excédent. En 2011, la situation économique des pays industrialisés ne s'est guère améliorée. La croissance reste atone, et l'Union européenne est en proie à une grave crise institutionnelle (voir chapitre 20).

12 Qu'avons-nous appris depuis 1973 ?

Dans les précédentes sections, nous avons présenté les principaux arguments en faveur des changes flottants. Nous allons maintenant confronter ces arguments au fonctionnement même du système monétaire international depuis 1973[19].

12.1 L'autonomie de la politique monétaire

Le flottement des monnaies a, sans aucun doute, donné aux banques centrales la capacité de contrôler l'offre de monnaie et de choisir le taux d'inflation qu'elles souhaitaient. Cela s'est d'ailleurs traduit par de fortes divergences internationales dans les taux d'inflation. Les variations des taux de change ont-elles compensé les différentiels d'inflation entre les pays pendant la période de flottement des monnaies ? La figure 19.10 compare la dépréciation des monnaies vis-à-vis du dollar avec les différences de taux d'inflation par rapport aux États-Unis pour les six plus grands pays industrialisés, hors États-Unis. La théorie de la PPA prédit que les points devraient s'aligner sur une droite à 45°, indiquant une relation proportionnelle entre la variation du taux de change et celle du niveau des prix, mais ce n'est pas exactement le cas. La figure 19.7 confirme que la PPA n'est pas strictement vérifiée (voir chapitre 16). Elle montre néanmoins que les pays à forte inflation ont généralement des monnaies plus faibles que ceux à faible inflation. En outre, l'essentiel des différences entre les taux de dépréciation est imputable aux différentiels d'inflation, faisant de la PPA un déterminant majeur de la variabilité à long terme des taux de change nominaux.

19. Voir Maurice Obstfeld, « International Currency Experience: New Lessons and Lessons Relearned », *Brookings Papers on Economic Activity*, 1, 1995, p. 119-220. Voir aussi Dominique Plihon, Les *Taux de change*, 5e éd., Repères, La Découverte, 2006. Outre les problèmes liés à l'organisation du système monétaire international, cet ouvrage aborde de manière claire et concise nombre de sujets relatifs au marché des changes.

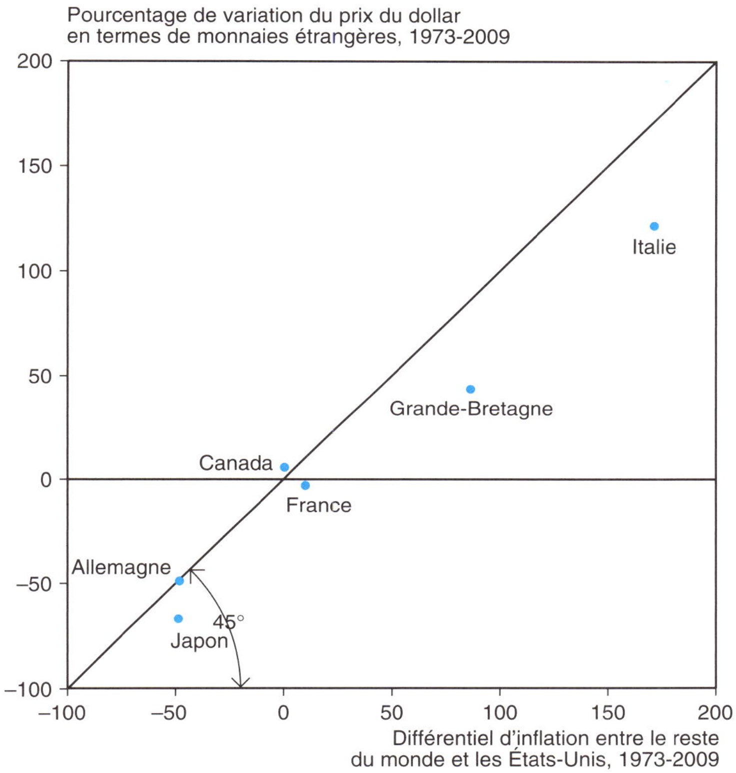

Figure 19.10 – Évolutions des taux de change et différentiels d'inflation, 1973-2009.

Sur l'ensemble de la période des changes flottants, une forte inflation a été associée à une forte dépréciation de la monnaie. La relation prédite par la PPA n'est cependant pas exactement vérifiée pour la plupart des pays.

Sources : Fonds monétaire international et Global Financial Data. Le différentiel d'inflation sur l'axe horizontal se calcule comme suit $(\pi - \pi_{US})/(1 - \pi_{US}/100)$, ce qui représente exactement la relation de PPA relative présentée en note de bas de page n° 2 au chapitre 16.

En changes flottants, il est relativement raisonnable de considérer qu'à long terme l'autonomie de la politique monétaire permet de s'isoler de l'inflation étrangère. Cependant, l'analyse économique, tout comme l'expérience, montre qu'à court terme les évolutions monétaires et budgétaires se transmettent par-delà les frontières. L'exemple du modèle macroéconomique à deux pays, développé précédemment, prouve que la politique monétaire influe, à court terme, sur le produit intérieur dans le pays domestique et dans le pays étranger dans la mesure où elle agit sur le taux de change réel. Les plus sceptiques vis-à-vis des changes flottants ont donc eu raison d'avancer que ceux-ci n'isolent pas totalement les pays des chocs extérieurs.

L'expérience a aussi fortement conforté ceux qui doutaient qu'une banque centrale puisse être vraiment indifférente à la valeur de sa monnaie sur le marché des changes. Depuis 1973, les banques centrales sont fréquemment intervenues pour soutenir leur parité : même l'administration Reagan a abandonné sa politique de laisser-faire sur le marché des changes lors des accords du Plaza en septembre 1985. Le flottement des taux de change après 1973 est d'ailleurs souvent qualifié de « flottement impur », par opposition au « flottement pur », car les banques centrales interviennent de manière discrétionnaire et continuent à détenir des réserves officielles de change (voir chapitre 18).

12.2 La symétrie

Comme les banques centrales ont continué, après 1973, à détenir des réserves en dollars et à intervenir sur le marché des changes, on ne peut pas vraiment dire que le système monétaire international ait fonctionné de manière symétrique. Depuis le début des années 1970, le yen ainsi que le deutsche mark, puis l'euro ont, certes, gagné en importance comme monnaies de réserve internationales, notamment aux dépens de la livre sterling. Pour autant, le dollar reste la composante principale des réserves officielles de change. En 2008, le dollar constitue 40 % des réserves de change, contre 16 % pour l'euro, 3 % pour la livre sterling et 2 % pour le yen (la part des réserves non allouées s'élève à plus de 35 %).

Pour Ronald McKinnon, le régime actuel de changes flottants n'est pas sans rappeler le système asymétrique de monnaie de réserve à la base des accords de Bretton Woods[20]. Il suggère que les changements dans l'offre mondiale de monnaie auraient été atténués si le mécanisme d'ajustement monétaire avait été plus symétrique. Dans les années 2000, la politique de la Chine visant à limiter l'appréciation de sa monnaie l'a conduite à accumuler d'importantes réserves en dollars, ce qui a peut-être soutenu le boom économique mondial qui a précédé la crise de 2007-2009. Cette situation a même fait dire à certains économistes que le système de Bretton Woods était relancé[21].

12.3 Les taux de change comme stabilisateurs automatiques

L'économie mondiale a subi des changements structurels majeurs depuis 1973, et on a peine à imaginer un quelconque régime de changes fixes qui aurait pu se maintenir sans modifications importantes des parités. Les économies industrialisées n'auraient certainement pas pu surmonter les deux chocs pétroliers comme elles l'ont fait, tout en défendant leurs taux de change. En l'absence de contrôle sur les mouvements de capitaux, des attaques spéculatives comme celles qui ont sonné le glas du système de Bretton Woods se seraient inévitablement produites, comme en témoigne d'ailleurs l'expérience récente. Avec un régime de changes flottants, beaucoup de pays ont pu, au contraire, relâcher les contrôles sur les capitaux qu'ils avaient mis précédemment en place. Ce relâchement progressif a accéléré la globalisation du secteur financier et permis aux pays de tirer un plus grand parti des gains liés au commerce.

---

20. Ronald I. McKinnon, « An International Standard for Monetary Stabilization », *Policy Analyses in International Economics*, 8, Washington, D.C., Institute for International Economics, 1984.

21. Voir M. Dooley, D. Folkerts-Landau et P. Garber, *International Financial Stability: Asia, Interest Rates, and the Dollar*, New York, Deutsche Bank Securities Inc., 2005.

Les effets de l'expansion budgétaire américaine après 1981 illustrent les propriétés stabilisantes des changes flottants. À mesure que le dollar s'est apprécié, l'inflation américaine s'est réduite, les consommateurs américains ont bénéficié d'une amélioration des termes de l'échange, et la reprise économique s'est propagée à l'étranger.

Notons que, même si l'effet stabilisateur des changes flottants est globalement positif, certains secteurs de l'économie peuvent toutefois souffrir des changements de parités. L'appréciation du dollar dans les années 1980 a, par exemple, aggravé la situation du secteur agricole qui ne bénéficiait pas directement de la politique budgétaire expansionniste. Les variations du taux de change réel peuvent ainsi provoquer des problèmes d'ajustement dans certains secteurs, suscitant au final le recours à des mesures protectionnistes.

Quoi qu'il en soit, les changements permanents sur le marché des biens et services exigent finalement un ajustement des taux de change réels. Or, celui-ci peut être accéléré grâce aux changes flottants. Une intervention sur le marché des changes pour fixer les taux de change nominaux ne peut éviter cet ajustement car la monnaie, neutre à long terme, est impuissante pour modifier les prix relatifs de façon permanente. À la rigueur, s'il est coûteux de déplacer les facteurs de production d'un secteur à l'autre, la fixité des changes peut se justifier en cas de chocs temporaires sur le marché des biens et services. Malheureusement, il est toujours difficile de distinguer un choc temporaire d'un choc permanent.

Le flottement des monnaies est parfois critiqué eu égard à la faible croissance économique des pays industrialisés dans les années 1970 et 1980 par rapport aux années 1950-1960. L'augmentation du taux de chômage, le déclin du taux de croissance ont suivi l'abandon des changes fixes. Mais coïncidence n'est pas causalité. Les années 1970 furent une décennie de transition marquée par de nombreuses turbulences. Les performances économiques ont été très différentes selon les pays (voir tableau 19.2), y compris parmi ceux qui ont adopté les changes flottants. Le ralentissement économique et l'augmentation du chômage des années 1970 sont, au moins en partie, imputables à des problèmes structurels sans rapport avec le régime de change : chocs pétroliers, rigidités sur le marché du travail, essor de certains pays en développement…

12.4 L'équilibre du compte courant

Comme la figure 19.8 l'indique clairement, le système de changes flottants n'a pas empêché les déséquilibres persistants du compte courant. Certes, le refus de la Chine de laisser flotter sa monnaie explique en partie les déséquilibres mondiaux des années 2000. Si le yuan avait été libre de s'apprécier sur le marché des changes, les excédents chinois et les déficits correspondants dans les autres pays auraient été moindres. Il en est de même au sein de la zone euro : si les pays ne partageaient pas une monnaie unique, les déficits de l'Espagne, du Portugal ou de la Grèce auraient été bien moins importants.

Les déséquilibres persistants du compte courant ne datent, toutefois, ni de l'émergence de la Chine comme puissance économique mondiale, ni de la création de l'euro. Les années 1980 sont notamment caractérisées par un fort déficit américain, auquel répond un large excédent du compte courant japonais. Les taux de change, pourtant libres de s'ajuster, n'étaient pas cohérents avec les déséquilibres extérieurs, tel que l'illustre d'ailleurs la figure 19.6 dans le cas du dollar. Les déséquilibres extérieurs ont ainsi persisté des années. En fait, alors qu'on redoutait, avec l'abandon du système de Bretton Woods, les effets induits par une forte volatilité des taux de changes, ce sont surtout les mésalignements de changes qui se sont révélés problématiques. L'essor des techniques de couverture, notamment l'usage de plus en plus répandu des produits dérivés, a effectivement permis de gérer efficacement le risque de change[22]. En revanche, il s'est avéré difficile de s'adapter à des mésalignements persistants ; les exportateurs, s'estimant lésés par une monnaie domestique surévaluée (à tort ou à raison), ont exercé de fortes pressions protectionnistes.

12.5 Le commerce et les investissements internationaux

Parmi les critiques émises à l'encontre du flottement des monnaies figurait l'argument selon lequel le commerce et l'investissement au niveau international en souffriraient en raison du surcroît d'incertitude. Cette prédiction était certainement fausse en ce qui concerne l'investissement, car grâce à la suppression des obstacles aux mouvements de capitaux ces derniers se sont fortement développés après 1973 (voir chapitre 21).

En outre, pour la plupart des pays, les importations et les exportations rapportées au PIB n'ont cessé de croître depuis l'après-guerre, sans rupture, après l'abandon du régime de Bretton Woods.

L'évaluation des effets du flottement des monnaies sur le commerce international est, toutefois, compliquée par l'essor des firmes multinationales depuis 1973. Face à un environnement économique de plus en plus mouvementé, ces entreprises ont réparti leurs activités dans plusieurs pays afin de s'affranchir des politiques macroéconomiques nationales. Comme les mouvements commerciaux et de capitaux peuvent se substituer les uns aux autres, le remplacement du commerce par la production des firmes multinationales à l'étranger n'implique pas nécessairement une diminution des gains à l'échange.

12.6 La coordination des politiques macroéconomiques

Le problème de la coordination des politiques internationales et des politiques économiques n'a clairement pas disparu avec le flottement des monnaies. Les déséquilibres mondiaux en sont un bon exemple. En effet, une action unilatérale des pays en déficit pour résorber leur déséquilibre aurait conduit à une déflation généralisée ; les pays qui accumulent des surplus n'ont pas, pour autant, été incités à prendre des mesures susceptibles de stimuler la demande intérieure et l'appréciation de leur monnaie.

D'autres exemples montrent de façon encore plus frappante le manque de coordination internationale, dans la mesure où tous les pays auraient à l'évidence gagné à agir de concert. C'est le cas notamment au début des années 1980, au cours de la période désinflationniste, où les pays industrialisés auraient eu intérêt à se coordonner pour atteindre plus efficacement leurs objectifs macroéconomiques. L'annexe à ce chapitre présente un modèle qui illustre comment tous les pays peuvent gagner à coordonner leurs politiques.

---

22. On peut aussi considérer que la volatilité est un phénomène naturel, qui n'est pas en soi condamnable. La question devient alors de savoir si la volatilité des changes n'a pas été « excessive ». C'est là une question particulièrement controversée (voir chapitre 21), mais il semble que les taux de change ont tendance à surréagir (voir aussi le modèle présenté au chapitre 17).

Un autre exemple vient de la réponse budgétaire mondiale à la récession provoquée par la crise de 2007-2009. Comme on l'a vu précédemment dans ce chapitre, ainsi qu'au chapitre 17, quand un pays augmente les dépenses publiques, une part des efforts de relance profite, en fait, aux pays partenaires (mais seul le pays qui a initié la relance en supporte le coût). Dans la mesure où les pays n'internalisent pas les effets positifs à l'étranger de leurs politiques expansionnistes, ils ont tendance à adopter des mesures de relance insuffisantes.

Si les pays décidaient de coopérer, leurs politiques de stabilisation pourraient être plus efficaces, et éventuellement moins coûteuses en termes de déficit budgétaire. La réponse à la crise de 2007-2009 a été un des principaux sujets des réunions du G20[23]. Les premières réunions ont donné lieu à un consensus entre les pays membres quant à la nécessité de procéder à des mesures budgétaires expansionnistes pour soutenir la croissance mondiale. Mais, par la suite, alors que certains pays renouaient avec la croissance, et que d'autres peinaient à sortir de la récession, la coordination des politiques est malheureusement devenue plus difficile.

Au fond, aucun régime de changes ne peut vraiment fonctionner de manière satisfaisante si les pays décident de faire « cavalier seul ». Le système de Bretton Woods a plutôt bien fonctionné jusqu'au moment où les États-Unis ont adopté, de manière unilatérale, des politiques particulièrement expansionnistes. De même, le flottement des monnaies a connu ses pires difficultés lorsque les pays se sont refusés à adopter des politiques coordonnées. Si les pays décident de coopérer (à noter qu'ils le font déjà dans le cadre des négociations commerciales de l'OMC, ou au sein du FMI ou de la Banque mondiale), il n'y a pas de raison que les changes flottants ne fonctionnent pas correctement à l'avenir.

13 Les taux de change fixes sont-ils vraiment une option ?

Existe-t-il une alternative aux taux de change flottants lorsque les capitaux circulent librement ? En fait, l'expérience post-Bretton Woods nous invite à poser le problème en des termes un peu différents : il n'est, tout simplement, pas toujours possible de mettre en place durablement des taux de change fixes. Dans un monde intégré où les capitaux se déplacent instantanément d'un marché à l'autre, un régime de changes fixes ne peut être maintenu de manière crédible à long terme, à moins que les pays n'acceptent de conserver des contrôles sur les mouvements de capitaux (comme en Chine) ou, à l'autre extrême, n'adoptent une monnaie unique (comme en Europe)[24].

---

23. Le Groupe des 20 (ou G20) réunit régulièrement les chefs d'État et de gouvernement et les banquiers centraux des principaux pays industrialisés et émergents, ainsi que les représentants des institutions internationales (FMI, Banque mondiale). Ce groupe, créé en 1999, s'est imposé comme le principal forum de discussion international suite à la crise en 2008, parallèlement donc au G8.

24. Voir Maurice Obstfeld, « Floating Exchange Rates: Experience and Prospects », *Brookings Papers on Economic Activity*, 2, 1985, p. 369-450. Pour une discussion plus récente, voir Barry Eichengreen, *International Monetary Arrangements for the 21st Century*, Washington, D.C., Brookings Institution, 1994 ; Lars E. O. Svensson, « Fixed Exchange Rates as a Means to Price Stability: What Have We Learned? », *European Economic Review*, 38, mai 1994, p. 447-468 ; ainsi que Maurice Obstfeld et Kenneth Rogoff, « The Mirage of Fixed Exchange Rates », *Journal of Economic Perspectives*, 9, 1995, p. 73-96.

Ce point de vue pessimiste sur les taux de change fixes est fondé sur la théorie selon laquelle les crises monétaires spéculatives peuvent avoir un caractère autoréalisateur (voir chapitre 18). Selon cette optique, même un pays poursuivant des politiques monétaires et budgétaires prudentes n'est pas à l'abri d'attaques spéculatives sur son taux de change. Dès qu'un pays se heurte à un revers économique, ce qui peut toujours arriver, les spéculateurs ont intérêt à forcer les autorités monétaires à augmenter les taux d'intérêt, infligeant de tels dommages économiques que celles-ci n'auront d'autre choix que d'abandonner leur taux de change fixe.

Au tournant du XXIe siècle, les attaques spéculatives contre les régimes de changes fixes – en Europe, en Asie du Sud-Est et ailleurs – ont été de plus en plus fréquentes. La multiplication et l'ampleur des crises rendent de plus en plus crédible l'argument selon lequel il est impossible de maintenir des changes fixes à long terme, tout en laissant les capitaux circuler librement et en conservant une certaine souveraineté en termes de politiques macroéconomiques. Par ailleurs, de nombreux pays émergents ont consenti, ces dernières années, à une plus grande flexibilité de leur taux de change, avec des résultats apparemment bénéfiques comme on le verra au chapitre 21.

Résumé

En économie ouverte, les responsables politiques tentent de maintenir l'équilibre interne (plein emploi et stabilité des prix) et l'équilibre externe (un niveau de compte courant ni trop déficitaire, afin que le pays puisse honorer ses dettes, ni trop excédentaire, ce qui exposerait les économies étrangères à faire défaut). La définition de l'équilibre externe dépend de plusieurs facteurs, notamment le régime de changes et les conditions économiques globales. Comme les politiques économiques de chaque pays ont des répercussions sur le reste du monde, la possibilité pour un pays d'atteindre l'équilibre interne et externe dépend en partie des politiques menées par les autres pays. Un pays qui accumule de manière persistante des déficits viole la contrainte budgétaire intertemporelle et peut être amené à devoir faire face à un arrêt soudain des financements internationaux.

Les inconvénients propres à chaque régime de change apparaissent clairement sous la forme du triangle d'incompatibilités qui stipule que, parmi les trois objectifs que sont la stabilité des changes, la libre circulation des capitaux et l'autonomie de la politique monétaire, seuls deux peuvent être atteints simultanément.

L'étalon-or constitue un puissant mécanisme d'ajustement automatique qui contribue à l'équilibre simultané du compte courant de tous les pays, le *mécanisme de flux prix-espèces*. Les flux d'or qui accompagnent les déficits et les excédents provoquent des mouvements de prix qui réduisent les déséquilibres du compte courant et tendent à rétablir l'équilibre externe. En ce qui concerne le maintien de l'équilibre interne, le bilan de ce système est cependant plus mitigé. L'étalon-or est suspendu en 1914 quand la Première Guerre mondiale éclate.

Les tentatives de restauration de l'étalon-or après 1918 ont peu de succès. Après 1929, l'économie mondiale entre en récession, le régime d'étalon-or s'effondre et l'intégration économique internationale s'affaiblit. Face à la grande dépression, les États privilégient l'équilibre interne, et tentent d'éviter les problèmes posés par l'équilibre externe en fermant partiellement leurs économies au reste du monde. La situation de chacun des pays aurait cependant été meilleure s'ils avaient coopéré.

Les architectes du *Fonds monétaire international* (FMI) espèrent créer un système de changes fixes qui stimule la croissance du commerce international, tout en veillant à ce que les contraintes liées à l'équilibre externe soient suffisamment flexibles pour que celui-ci n'amène pas à sacrifier l'équilibre intérieur. La charte du FMI offre aux pays en difficulté des facilités de financement et permet d'ajuster les taux de change en cas de *déséquilibre fondamental*. Après la Seconde Guerre mondiale, tous les pays lient leur monnaie au dollar. Les États-Unis prennent l'or comme référence, et acceptent de l'échanger contre des dollars aux banques centrales étrangères au prix de 35 $ l'once.

Après le retour à la convertibilité des monnaies en Europe en 1958, les marchés financiers deviennent plus intégrés, les politiques monétaires moins efficaces (sauf pour les États-Unis), et les réserves internationales plus volatiles. Ces changements révèlent une faiblesse fondamentale du système. Afin d'atteindre simultanément l'équilibre interne et externe, il est nécessaire de mettre en place des *politiques de changement des dépenses* et des *politiques de substitution des dépenses.* Mais les secondes (variation des taux de change) peuvent donner naissance à des mouvements de capitaux spéculatifs, qui affaiblissent les taux de change fixes. Les États-Unis, pays émetteur de la monnaie de réserve, se trouvent confrontés à un seul problème d'équilibre externe : le *problème de confiance.* Ce dernier se pose inévitablement à mesure que les réserves de dollars détenues par les banques centrales étrangères augmentent par rapport aux réserves d'or américaines.

Les politiques économiques des États-Unis à la fin des années 1960 provoquent en partie la chute du système de Bretton Woods. Une politique budgétaire trop expansionniste entraîne une dévaluation du dollar au début des années 1970. Les craintes liées à cette situation provoquent un flux de capitaux spéculatifs contre le dollar, qui fait gonfler l'offre de monnaie dans les autres pays. La croissance de l'offre de monnaie américaine alimente l'inflation interne et étrangère. Les autorités étrangères deviennent de plus en plus réticentes à importer l'inflation américaine par le biais des taux de change fixes. Une série de crises internationales amène progressivement à un abandon total en mars 1973 du lien entre le dollar et l'or et des parités fixes entre le dollar et les monnaies des pays industrialisés.

À la fin des années 1960, les faiblesses du système de Bretton Woods conduisent beaucoup d'économistes à se faire les avocats des changes flottants. Aux dires de leurs partisans, les changes flottants offriraient plus d'autonomie aux politiques macroéconomiques et supprimeraient les asymétries inhérentes au système de Bretton Woods. Ils prétendaient, en outre, que les changes flottants élimineraient rapidement les « déséquilibres fondamentaux » qui peuvent conduire à des changements de parités et à des attaques spéculatives. Enfin, ils s'attendaient à ce que les variations de change auraient évité les déséquilibres persistants de la balance courante.

Entre 1973 et 1980, le régime de changes flottants fonctionne plutôt bien. Il est de toute façon peu vraisemblable que les pays industrialisés auraient été en mesure de maintenir des changes fixes pendant cette période de stagflation consécutive aux deux chocs pétroliers. Le dollar se déprécie fortement après 1976, lorsque les États-Unis adoptent des politiques macroéconomiques plus expansionnistes que les autres pays.

Le resserrement de la politique monétaire aux États-Unis, associé à un déficit budgétaire croissant, contribue à une appréciation massive du dollar entre 1980 et 1985. Les autres pays industrialisés poursuivent alors une politique de désinflation. Le resserrement monétaire mondial qui en résulte conduit à la récession. Malgré une timide reprise, qui ne dure que jusqu'à fin 1984, la balance courante des États-Unis enregistre un déficit record qui ravive les pressions politiques en faveur des restrictions commerciales. Cette orientation protectionniste s'atténue seulement en septembre 1985 avec l'adoption des accords du Plaza, suite auxquels les pays membres du G5 décident de poursuivre une action concertée pour faire baisser le dollar.

La stabilité des taux de change n'est plus considérée comme un objectif macroéconomique prioritaire dans les années 1990 et 2000. Les États visent plutôt une faible inflation, tout en essayant de soutenir la croissance économique. À partir de 2000, les déséquilibres macroéconomiques mondiaux augmentent dramatiquement. Parallèlement, on assiste aux États-Unis, comme dans d'autres pays, à une appréciation des prix de l'immobilier. La bulle immobilière des *subprimes* s'effondre en 2007 entraînant le monde entier dans une grave crise financière, suivie d'une tout aussi grave crise économique.

Si on peut tirer une leçon du fonctionnement du système monétaire international depuis la Seconde Guerre mondiale, c'est qu'il n'existe pas de système de change qui ne requière, pour son bon fonctionnement, la coopération économique internationale. Il est peu probable que des mesures visant à restreindre la flexibilité des taux de change soient mises en œuvre dans un avenir proche. Quoi qu'il en soit, une meilleure coopération des politiques économiques, au moins dans les pays industrialisés, contribuerait à améliorer la situation.

Activités

1. Si vous étiez chargé de la politique économique d'un petit pays en économie ouverte, quel effet aurait chacun des événements suivants sur votre objectif d'équilibre externe ?
   a. D'importantes réserves d'uranium sont découvertes dans votre pays.
   b. Le cours mondial de votre principal bien exporté, le cuivre, augmente continuellement.
   c. Le cours mondial du cuivre augmente de manière temporaire.
   d. Le prix du pétrole augmente temporairement.
2. Sous le régime d'étalon-or, décrivez comment l'équilibre du compte courant entre deux pays, A et B, est restauré après un transfert de revenus de B à A.
3. Malgré les défauts de l'étalon-or avant 1914, les variations des taux de change sont rares parmi les pays centraux (les États-Unis et les principaux pays européens). En revanche, ces variations deviennent fréquentes pendant l'entre-deux-guerres. Pour quelles raisons ?
4. Sous le régime d'étalon-or, les pays peuvent être tentés d'adopter des politiques monétaires très restrictives, chaque pays étant en concurrence pour des réserves limitées d'or au niveau mondial. Un tel problème peut-il se poser dans un régime où les réserves sont constituées de monnaies interchangeables ?
5. Une banque centrale qui adopte un taux de change fixe peut sacrifier son autonomie dans la conduite de sa politique monétaire. Dans ce cas, on dit parfois qu'elle abandonne aussi la possibilité d'utiliser la politique monétaire pour combattre la spirale prix-salaires. L'argument est le suivant : « Supposons que les travailleurs demandent de meilleurs salaires, et que les employeurs les leur accordent, mais augmentent ensuite les prix de production pour couvrir les coûts engendrés. Le niveau général des prix est plus élevé et les équilibres réels sont plus bas. Aussi, afin d'éviter une hausse des taux d'intérêt qui renchérirait la monnaie, la banque centrale doit acheter des actifs en monnaies étrangères et augmenter l'offre de monnaie. Cette action permet d'accommoder la hausse initiale des salaires grâce à une offre supplémentaire de monnaie, ce qui fait passer l'ensemble de l'économie à un niveau supérieur de prix et de salaires. Avec un taux de change fixe, il est donc impossible de garder des salaires et des prix bas. » Qu'y a-t-il de spécieux dans cet argument ?
6. La croissance des réserves de dollars sous le régime de Bretton Woods est-elle déterminée par la demande (le désir des banques centrales d'augmenter leurs réserves internationales) ou bien par l'offre (la vitesse de croissance monétaire américaine) ? Quelles sont les conséquences de la relation entre croissance des stocks mondiaux de réserves internationales et inflation mondiale ?
7. Supposons que la banque centrale d'un petit pays soit confrontée à une croissance des taux d'intérêt mondiaux R^*. Quel est l'impact sur ses réserves internationales ? Sur son offre de monnaie ? Peut-elle contrecarrer ces effets par des opérations d'*open market* ?
8. Comment les restrictions sur les transactions financières privées peuvent-elles modifier le dilemme de la réalisation et du maintien des équilibres interne et externe en changes fixes ? Quels peuvent être les coûts de telles restrictions ?

9. « Les gouvernements dont les économies sont déficitaires subissent en général des pressions plus fortes pour restaurer leur équilibre externe que les pays en excédent. Le problème de l'équilibre externe d'un pays déficitaire est donc plus aigu que celui d'un pays excédentaire. » Êtes-vous d'accord ?

10. En 1961, l'Allemagne est confrontée au dilemme d'un excédent extérieur et d'une économie en pleine expansion. Des flux de capitaux spéculatifs entrent dans le pays, qui se sent obligé de réévaluer sa monnaie plutôt que de la dévaluer. Décrivez comment se déroule une telle crise, lorsqu'un État, comme dans le cas de l'Allemagne, craint par-dessus tout une dévaluation. Le raisonnement est différent de celui du chapitre 18, car les taux d'intérêt sont tirés vers le bas par les spéculateurs et il n'y a aucun danger d'épuiser les réserves internationales (de telles crises n'ont pas totalement disparu : la Hongrie en a subi une en janvier 2003).

11. Reprenez la figure 19.2 et montrez qu'une diminution de P, toutes choses égales par ailleurs, fait baisser II et XX, en déplaçant le point 1 verticalement vers le bas.

12. Vous venez d'être nommé conseiller économique du gouvernement chinois. Le pays a un fort excédent de son compte courant (près de 10 % du PIB) et subit des pressions inflationnistes.

    a. Situez la Chine sur la figure 19.1.

    b. Que conseillez-vous au gouvernement concernant le niveau du yuan ?

    c. Quelle politique budgétaire préconisez-vous ?

13. En utilisant le modèle DD-AA, étudiez les effets d'une augmentation brutale du niveau des prix étrangers, P^*. Si le taux de change anticipé, E^e, augmente aussitôt dans la même proportion que P^* (en accord avec la PPA), montrez que le taux de change courant s'appréciera immédiatement en proportion de cette hausse en P^*. Si l'économie est initialement à l'équilibre (intérieur et extérieur), sa position sera-t-elle perturbée par cette hausse de P^* ?

14. Analysez l'effet d'une augmentation transitoire du taux d'intérêt étranger, R^*. Sous quel type de régime de changes – fixes ou flottants –, cet effet a-t-il le moins d'incidence sur le produit intérieur ?

15. Supposez maintenant que R^* augmente de manière permanente. Quel est l'effet sur l'économie ? Est-il différent selon que l'augmentation de R^* est due à une hausse du taux d'intérêt réel étranger ou à une hausse des anticipations inflationnistes à l'étranger (effet Fisher, voir chapitre 16) ?

16 Si le taux d'inflation étranger augmente de manière permanente, des taux de change flottants isolent-ils l'économie à court terme ? Qu'arrive-t-il à long terme (veillez à prendre en compte la relation à long terme entre les taux d'intérêt nominaux intérieurs et étrangers) ?

17. Supposons que les obligations domestique et étrangère soient des substituts imparfaits et que les investisseurs déplacent soudainement leur demande vers les obligations étrangères, augmentant la prime de risque sur les actifs domestiques (voir chapitre 18). Quel régime de changes – fixes ou flottants – minimise-t-il l'effet sur le produit intérieur ?

18. Comment analyser l'usage de la politique monétaire et budgétaire pour maintenir l'équilibre intérieur et extérieur en changes flottants ?

19. Ce chapitre décrit comment les États-Unis ont essayé, après 1985, de réduire le déficit de leur compte courant en accélérant la croissance monétaire et en dépréciant le dollar. Supposons que l'équilibre externe des États-Unis soit assuré, mais que l'équilibre interne nécessite une politique de contraction des dépenses (une diminution du déficit public) ainsi qu'une substitution des dépenses provoquées par la dépréciation monétaire. Comment l'expansion monétaire peut-elle influer sur l'économie américaine à court et à long terme ?

20. Après 1985, les États-Unis ont demandé notamment à l'Allemagne et au Japon d'adopter des politiques monétaires et budgétaires expansionnistes afin d'augmenter la demande étrangère de produits américains et de réduire leur déficit du compte courant. Cette expansion a-t-elle atteint son but ? Que peut-on dire au sujet de l'expansion monétaire ? Qu'en est-il si les politiques allemandes et japonaises facilitent les politiques américaines ?

21. Quelles informations permettent-elles de savoir que la plupart des interventions japonaises sur le marché des changes sont stérilisées ? Essayez de trouver les donnés pertinentes concernant le Japon dans les *Statistiques financières internationales* du FMI.

22. Supposons que les gouvernements américain et japonais veuillent tous deux déprécier leur monnaie pour promouvoir la compétitivité-prix de leurs industries, mais craignent qu'il en résulte de l'inflation. Les deux pays peuvent : i) adopter une politique monétaire expansionniste ; ii) ne pas changer leur politique monétaire. En vous appuyant sur l'annexe suivante, examinez les conséquences de ces différentes politiques. Le Japon et les États-Unis ont-ils intérêt à coopérer ? Expliquez.

22. Ce chapitre discute des déséquilibres macroéconomiques mondiaux dans les années 2000. Nous avons alors raisonné en considérant que le taux d'intérêt réel mondial était déterminé par la confrontation de l'offre et de la demande mondiales d'épargne. Cela revient donc, en fait, à transposer au niveau mondial l'analyse du taux d'intérêt en économie fermée. Un premier pas dans la formalisation de cette idée consiste à supposer qu'il n'y a pas d'écarts entre les taux d'intérêt réels au niveau international qui seraient dus à un changement dans les anticipations de taux de change réels. Autrement dit, on se place implicitement dans une perspective de long terme. Supposons également que la hausse des taux d'intérêt réels ait pour effet la réduction de l'investissement et l'augmentation de l'épargne désirés.

Représentez graphiquement l'équilibre du marché international des capitaux avec, en abscisses, les quantités (l'épargne et l'investissement) et, en ordonnées, le taux d'intérêt réel. Quel est, dans ce cadre, l'effet d'une augmentation de l'épargne mondiale ? Liez votre discussion avec ce qui figure dans l'encadré et l'article de Ben Bernanke mentionné en référence.

24. Dans ce chapitre on a considéré que la baisse des taux d'intérêt réels est, au moins en partie, due à l'appréciation du prix des matières premières, en particulier du pétrole. Cela a pour effet d'accroître le revenu des pays exportateurs. Mais, dans ces pays, la consommation et l'investissement n'augmentent pas en proportion, ce qui se traduit par une hausse du taux d'épargne.

Récupérez les données concernant le taux d'intérêt réel américain entre 1970 et 1976, période qui inclut le premier choc pétrolier. Commentez l'évolution de ce taux d'intérêt.

25. Supposons que le taux de change soit fixe. À l'aide de la figure 19.6, décrivez l'effet d'une augmentation de la demande de monnaie sur l'offre de prêts des banques domestiques. Si le financement des entreprises domestiques est uniquement assuré par les banques domestiques et si l'investissement des entreprises croît avec l'offre de prêts, comment le déplacement de la courbe AA affecte-t-il le produit intérieur ?

26. On a vu dans ce chapitre que les banques centrales étrangères, en particulier en Asie, avaient accumulé, à partir de 2000, d'importantes réserves en dollars. C'est une source d'inquiétudes récurrente pour de nombreux économistes. Ces derniers redoutent, en effet, que les banques centrales, craignant une dépréciation du dollar, ne se mettent à substituer brutalement leurs réserves en dollars par des réserves en euros. Montrez que cela équivaudrait à une gigantesque vente stérilisée de dollars sur le marché des changes. Quels en seraient les effets, en supposant que les actifs sont de parfaits substituts ? Et en supposant qu'ils sont imparfaitement substituables ?

Annexe du chapitre 19

Les échecs de la coordination internationale des politiques économiques

Cette annexe illustre à quel point la coordination des politiques macroéconomiques est importante en montrant comment les pays peuvent souffrir de décisions prises individuellement. Pour ce faire, on va de nouveau recourir à la théorie des jeux et au « dilemme du prisonnier » (voir chapitre 10).

Dans cette annexe consacrée au besoin de coordination des politiques macroéconomiques, nous examinons la désinflation du début des années 1980. Rappelons que les politiques monétaires restrictives des pays industrialisés ont contribué à précipiter l'économie mondiale dans une profonde récession en 1981. Les États espéraient réduire l'inflation en ralentissant la croissance monétaire. Le problème est qu'un pays qui adopte une politique monétaire moins restrictive que ses voisins doit faire face à une dépréciation de sa monnaie, ce qui contrarie partiellement ses efforts de désinflation.

Beaucoup d'observateurs estiment que les efforts individuels pour résister à la dépréciation ont conduit les pays industrialisés à adopter des politiques monétaires excessivement restrictives. La situation aurait été meilleure dans tous les pays si chacun avait appliqué des politiques monétaires moins restrictives. Mais, étant donné les politiques mises en place par chacun, nul n'avait intérêt, individuellement, à le faire.

Le raisonnement précédent peut être représenté sous la forme d'un modèle simple. Considérons deux pays, le pays domestique et le pays étranger. Chaque pays a deux options : une politique monétaire fortement restrictive ou une politique monétaire modérément restrictive. La figure 19A.1, analogue au diagramme utilisé pour analyser les politiques commerciales, montre le résultat des différents choix de politiques macroéconomiques des deux pays. Chaque ligne correspond à une politique monétaire particulière du pays domestique et chaque colonne à une décision du pays étranger. Les cases indiquent les changements de taux d'inflation annuel domestique et étranger ($\Delta\pi$ et $\Delta\pi^*$) ainsi que les taux de chômage (ΔU et ΔU^*). Dans chaque case, le coin inférieur gauche représente le résultat pour le pays domestique et le coin supérieur droit le résultat pour le pays étranger.

Les chiffres indiqués à la figure 19A.1 sont conformes au modèle à deux pays exposé dans ce chapitre. Avec, par exemple, une politique monétaire modérément restrictive, le taux d'inflation baisse de 1 % et le taux de chômage augmente de 1 % dans les deux pays. Si le pays domestique passe subitement à une politique monétaire très restrictive tandis que le pays étranger maintient une politique monétaire modérément restrictive, la monnaie domestique s'apprécie, le taux d'inflation diminue mais le chômage augmente. La contraction monétaire domestique a cependant deux effets sur l'étranger. Le taux de chômage étranger diminue car l'appréciation de la monnaie domestique correspond à une dépréciation de la monnaie étrangère. En outre, l'inflation à l'étranger revient à son niveau initial. À l'étranger, les effets déflationnistes d'un chômage plus important sont compensés par l'impact inflationniste que la dépréciation de la monnaie exerce sur les prix à l'importation et les revendications salariales. La restriction monétaire domestique, plus conséquente qu'à l'étranger, se fait donc au détriment du pays étranger qui se trouve contraint d'« importer » de l'inflation.

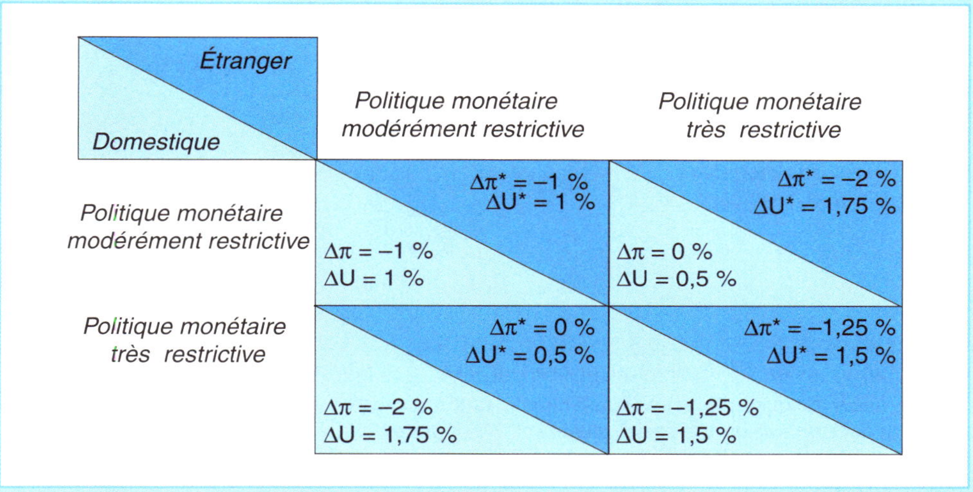

Figure 19A.1 – Effets hypothétiques de diverses combinaisons de politiques monétaires sur l'inflation et le chômage.

Les choix de politiques monétaires dans un pays influent sur les résultats des choix de politique monétaire à l'étranger.

Pour traduire ces résultats dans la matrice de gains de la figure 19A.1, on suppose que chaque pays souhaite obtenir la réduction la plus forte de l'inflation pour une augmentation la plus faible possible du chômage. Chaque gouvernement cherche ainsi à maximiser $-\Delta\pi/\Delta U$. Les chiffres de la figure 19A.1 conduisent à la matrice des gains de la figure 19A.2.

Comment le pays domestique et le pays étranger vont-ils se comporter s'ils sont confrontés à cette matrice de gains ? Supposons que chaque pays agisse isolément et choisisse la politique monétaire qui maximise ses gains, indépendamment du choix fait par l'autre pays. Si le pays étranger choisit une politique modérément restrictive, la situation est meilleure pour le pays domestique avec une politique fortement restrictive (gain = 8/7) qu'avec une politique modérément restrictive (gain = 1). Si le pays étranger adopte une politique fortement restrictive, le pays domestique se trouve là encore dans une meilleure situation avec une politique très restrictive (gain = 5/6) qu'avec une politique modérément restrictive (gain = 0). Ainsi, quelle que soit l'attitude du pays étranger, le pays domestique a toujours intérêt à choisir une politique fortement restrictive.

Le pays étranger se trouve lui-même dans une situation symétrique. Il est, en effet, dans une meilleure position avec une politique monétaire très restrictive, quelle que soit la stratégie du pays domestique. Il en résulte que les deux pays choisiront des politiques monétaires fortement restrictives, avec pour chacun un gain de 5/6.

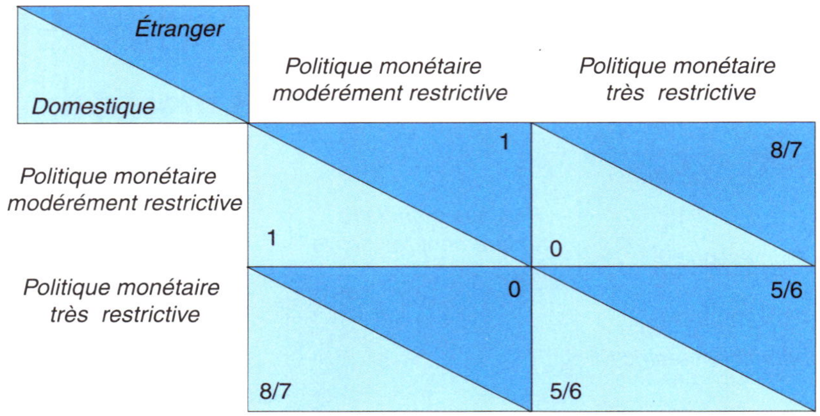

Figure 19A.2 – Matrice des gains pour diverses initiatives de politique monétaire.

Chaque valeur indique la réduction d'inflation par unité de hausse du taux de chômage ($-\Delta\pi/\Delta U$). Si chacun des pays « se décide par lui-même », il choisit des politiques très restrictives. Mais si ces États s'accordaient pour choisir des politiques modérément restrictives, ils obtiendraient chacun un meilleur résultat.

Notons cependant que les deux pays sont dans une meilleure posture avec des politiques monétaires modérément restrictives. Le résultat pour chacun est 1, ce qui est plus élevé que 5/6. Dans cette dernière configuration, l'inflation baisse moins dans les deux pays, mais l'augmentation du chômage y est bien moindre qu'avec des politiques fortement restrictives.

Puisque les deux pays sont dans une meilleure situation avec des politiques monétaires modérément restrictives, pourquoi ne choisissent-ils donc pas celles-ci ? La réponse tient à un problème de coordination des politiques macroéconomiques. On a supposé que chaque pays agissait isolément pour maximiser son propre gain. Avec cette hypothèse, une situation où un pays adopterait seul une politique modérément restrictive ne serait pas stable : chaque pays essaierait de réduire encore sa croissance monétaire et d'utiliser son taux de change pour renforcer sa désinflation au détriment de son voisin.

Pour obtenir le meilleur résultat du coin supérieur gauche de la matrice des gains, les deux pays doivent conclure un accord explicite, c'est-à-dire coordonner leurs choix politiques. Les deux pays doivent être d'accord pour renoncer aux gains qu'offrent des politiques très restrictives. Chacun doit s'en tenir à cet accord malgré l'avantage qu'il a à dévier. Si les pays domestique et étranger réussissent à coopérer, ils arrivent alors tous deux à une meilleure combinaison d'inflation et de chômage.

La réalité des coordinations politiques est plus complexe que dans cet exemple parce que les choix et les gains sont plus nombreux et moins certains. C'est ce qui explique que les responsables politiques soient moins enclins à s'engager dans des accords coopératifs.

Chapitre 20

L'euro et la théorie des zones monétaires optimales

Objectifs pédagogiques :

- Comprendre les raisons pour lesquelles les pays européens ont cherché à stabiliser leurs taux de change bilatéraux, tout en laissant flotter leur monnaie vis-à-vis du dollar.
- Analyser le processus qui a conduit à l'adoption de l'euro.
- Décrire le Système européen de banques centrales et les contraintes imposées aux politiques budgétaires nationales par l'Union européenne.
- Étudier les principaux enseignements de la théorie des zones monétaires optimales.
- Évaluer la situation des pays membres de la zone euro depuis l'introduction de l'euro.

Le 1er janvier 1999, onze États membres de l'Union européenne (UE) ont adopté l'euro, rejoints depuis par six autres (voir figure 20.1). Alors qu'à peine quelques années plus tôt, la création de l'Union économique et monétaire (UEM) était considérée par certains comme improbable et utopique, l'introduction de l'euro a permis la création d'une monnaie utilisée par 330 millions de consommateurs (10 % de plus qu'aux États-Unis, par exemple). Si tous les pays de l'Union européenne décidaient d'adopter l'euro, la zone monétaire qui en résulterait comprendrait 27 États et s'étendrait de l'océan Arctique à la Méditerranée, et de l'océan Atlantique à la mer Noire.

L'adoption de l'euro se traduit par une fixité des taux de change entre les pays membres de l'UEM. En choisissant de se regrouper au sein d'une union monétaire, ces pays renoncent à leur souveraineté monétaire. Ils abandonnent leur monnaie nationale et délèguent au Système européen de banques centrales (SEBC) la charge de définir et de conduire la politique monétaire. En ce sens, l'abandon de souveraineté est plus important encore que dans le cas d'un régime de changes fixes standard. La zone euro se retrouve dans une position extrême sur le triangle des incompatibilités.

Pour quelles raisons ces pays ont-ils adopté une monnaie unique ? Quelles ont été les étapes pour y parvenir ? L'euro est-il bénéfique aux pays membres ? Quel est l'impact de l'euro au niveau international ? Quelles leçons les autres zones monétaires potentielles (par exemple, le Mercosur en Amérique du Sud) peuvent-elles tirer de l'expérience européenne ?

Ce chapitre s'appuie sur l'exemple européen afin d'illustrer les coûts et les bénéfices des accords de changes fixes et des systèmes d'intégration monétaire. Comme le montre l'expérience européenne, les conséquences qui découlent de la participation à un régime de changes fixes sont complexes et dépendent à la fois de facteurs microéconomiques et macroéconomiques.

Figure 20.1 – Les pays membres de la zone euro (au 1er janvier 2011).

1 Le processus d'unification monétaire

Dans le cadre du système de Bretton Woods, le taux de change de chaque pays membre par rapport au dollar était fixe tout comme, par conséquent, les taux de change bilatéraux entre ces monnaies. Après son abandon en 1973, les pays européens ont cherché à stabiliser les fluctuations de leurs taux de change bilatéraux, tout en laissant flotter leur monnaie vis-à-vis du dollar. Ces efforts les ont conduits progressivement à l'adoption de l'euro, effective depuis le 1er janvier 1999.

1.1 Les raisons de la coopération monétaire européenne

La principale raison de l'intégration économique et monétaire est politique. À la fin de la Seconde Guerre mondiale, la plupart des dirigeants européens sont convaincus que la meilleure façon d'éviter de nouveaux conflits consiste à renforcer la coopération et l'intégration économique. Ces pays décident donc de céder progressivement une partie de leurs prérogatives nationales en termes de politique économique à des institutions supranationales.

Outre les motifs politiques, la coordination des politiques monétaires et la stabilisation des taux de change des pays européens répondent à un double objectif :

- *Renforcer le rôle de l'Europe au sein du Système monétaire international*. L'effondrement du système de Bretton Woods sème le doute sur la détermination des États-Unis à assumer leurs responsabilités internationales en tant qu'émetteurs de la monnaie de référence. Ces derniers sont soupçonnés de privilégier leurs propres intérêts au détriment du bon fonctionnement du système monétaire international (voir chapitre 19). En parlant d'une seule voix sur les questions monétaires, les Européens espèrent défendre plus efficacement leurs intérêts, face à des États-Unis de plus en plus tournés vers eux-mêmes.
- *Renforcer l'unification du marché européen*. Depuis le traité de Rome de 1957, les pays européens cherchent sans cesse à éliminer les entraves aux mouvements des biens et des facteurs de production, de façon à transformer l'Europe en un grand marché unifié. L'incertitude liée aux taux de change intra-européens constitue un obstacle majeur à cet objectif. Ils craignent également que les variations de change ne créent de graves distorsions de prix relatifs au sein de la Communauté économique européenne (CEE), attisant ainsi les arguments politiques hostiles au libre-échange[1].

Les premières initiatives de réforme monétaire en Europe remontent à décembre 1969, lorsque le Conseil européen de La Haye confie au Premier ministre luxembourgeois, Pierre Werner, la présidence d'un comité, dont la tâche est de déterminer les étapes visant à supprimer les mouvements des taux de change bilatéraux des pays membres de la CEE et de centraliser les décisions de politique monétaire. Le rapport Werner est adopté en 1971 et donne naissance au « serpent monétaire », qui organise un premier système de gestion coordonnée des parités européennes. Le serpent sert de base au Système monétaire européen.

---

1 Une troisième raison peut être avancée, d'ordre administratif et liée à la mise en œuvre de la Politique agricole commune (PAC). Avant la mise en place de l'euro, les prix des produits agricoles subventionnés étaient exprimés en ECU (*European Currency Unit*), unité de compte qui reposait sur un panier des monnaies de l'UE. Les modifications de parité provoquaient donc de brusques changements de la valeur des prix agricoles exprimée en monnaie nationale, entraînant des protestations des agriculteurs.

1.2 Le Système monétaire européen, 1979-1998

Le Système monétaire européen (SME) constitue le premier pas significatif vers l'unification monétaire européenne. En mars 1979, les huit pays de la CEE (Allemagne, Belgique, Danemark, France, Irlande, Italie, Luxembourg et Pays-Bas) décident d'un système de taux de change fixes. Un ensemble complexe d'interventions réciproques est prévu pour les banques centrales, afin de contenir les taux de change des monnaies participantes à l'intérieur de marges de fluctuations préétablies[2].

En 1979, les perspectives de succès d'une zone de changes fixes en Europe sont incertaines. Les taux d'inflation annuels vont de moins de 3 % en Allemagne de l'Ouest à 12 % en Italie. Grâce à une forte coopération politique et économique et des réalignements périodiques, le mécanisme de changes fixes du SME perdure et s'étend même à l'Espagne en 1989, au Royaume-Uni en 1990 et au Portugal en 1992.

La gestion du SME est facilitée par plusieurs soupapes de sécurité, qui visent à réduire les risques de crises. La plupart des taux de change « fixés » dans le cadre de ce système jusqu'en août 1993 peuvent fluctuer de ± 2,25 % autour d'une parité centrale fixe. Certains membres ont cependant négocié des marges de plus ou moins 6 %, se ménageant ainsi une marge de manœuvre plus grande pour définir leurs politiques monétaires. Le SME s'appuie également sur un mécanisme de soutien des membres à monnaie forte vis-à-vis de ceux à monnaie faible par lequel les premiers peuvent octroyer des crédits aux seconds. Si, par exemple, le franc français se déprécie trop par rapport au deutsche mark, la Bundesbank doit prêter à la Banque de France des deutsche marks, qui peuvent ensuite être vendus contre des francs afin de soutenir le franc sur le marché des changes.

Pendant les premières années de fonctionnement du système, plusieurs membres (en particulier, la France et l'Italie) cherchent à réduire les risques d'attaques spéculatives, en maintenant des mécanismes de contrôle des changes destinés à limiter les ventes de monnaie nationale contre des monnaies étrangères par les résidents.

Le SME connaît plusieurs périodes de réalignement des parités. En tout, onze réalignements ont lieu entre mars 1979 et janvier 1987. Les contrôles des changes permettent de protéger les réserves de change des pays membres au cours de ces périodes. À partir de 1987, cependant, la levée programmée de ces contrôles accroît la possibilité d'attaques spéculatives, réduisant par là même les possibilités de dévaluation ou de réévaluation. L'indépendance monétaire de chaque pays s'en trouve réduite, mais la liberté des mouvements de capitaux en Europe est une pièce maîtresse dans la constitution d'un grand marché unifié.

Après janvier 1987, et pendant plus de cinq ans, rien ne vient déstabiliser le système. Cette période de calme s'achève fin 1992, principalement en raison des chocs économiques consécutifs à la réunification allemande (1990). Celle-ci entraîne en Allemagne un boom économique accompagné d'un surcroît d'inflation, que la Bundesbank combat par des hausses vigoureuses des taux d'intérêt. Les autres pays du SME, comme la France, l'Italie et le Royaume-Uni, ne connaissent pas à ce moment-là une croissance aussi forte. En s'alignant

2 Techniquement, tous les membres de l'UE sont membres du SME, mais seuls les membres du SME qui maintiennent volontairement leur monnaie au sein des marges de fluctuation appartiennent au *mécanisme de taux de change* du SME.

sur le niveau élevé des taux d'intérêt allemands afin de maintenir leurs parités fixes avec l'Allemagne, ils plongent leur économie dans une profonde récession. Le conflit politique entre l'Allemagne et ses partenaires conduit à une série d'attaques spéculatives violentes à partir de septembre 1992. Le Royaume-Uni et l'Italie quittent alors le mécanisme de change. En août 1993, les autres membres sont contraints d'adopter des marges de fluctuation très larges (± 15 %), qui seront maintenues jusqu'à l'introduction de l'euro en 1999.

1.3 La domination monétaire allemande et la théorie de la crédibilité du SME

Nous avons évoqué précédemment les deux raisons principales qui expliquent la volonté des pays européens de stabiliser leurs taux de change : une meilleure défense des intérêts économiques de l'Europe sur la scène internationale et un désir d'unification économique.

Une autre raison ayant motivé la mise en place du SME tient à l'inflation élevée que connaissent les pays européens dans les années 1970. En fixant leurs taux de change par rapport au deutsche mark, les pays du SME (autres que l'Allemagne) importent, de fait, la crédibilité de la Bundesbank en matière d'inflation et découragent le développement de pressions inflationnistes dans leur pays[3]. Cette **théorie de la crédibilité du SME** est une variante de l'argument « disciplinaire » invoqué contre les changes flottants (voir chapitre 19) : le coût politique du non-respect d'un accord international de change réprime l'envie de déprécier la monnaie (la dépréciation peut avoir un effet positif à court terme, mais la hausse du taux d'inflation qui en résulte est dommageable à long terme).

Les pays inflationnistes du SME, tels que l'Italie, gagnent en crédibilité en confiant leurs décisions de politique monétaire à la banque centrale allemande, très attentive à la lutte contre l'inflation. Les dévaluations restent possibles, mais uniquement dans les limites strictes posées par le SME. La décision de lier leur monnaie au deutsche mark réduit à la fois la volonté et la possibilité pour ces pays d'adopter une attitude permissive face à l'inflation[4].

L'évolution des taux d'inflation des pays membres du SME par rapport à celui de l'Allemagne plaide en faveur de la théorie de la crédibilité. Ces taux convergent progressivement vers le niveau allemand[5] (voir la figure 20.2[6]). La France réussit même à porter son taux

---

3 L'hyperinflation des années 1920 a profondément marqué les Allemands. Au lendemain de la Seconde Guerre mondiale, la politique anti-inflationniste est inscrite dans la loi et tout est mis en œuvre pour que la Bundesbank soit indépendante. C'est ainsi qu'elle a acquis sa réputation. Sur l'indépendance des banques centrales, voir Alberto Alesina et Lawrence H. Summers, « Central Bank Independence and Macroeconomic Performance », *Journal of Money, Credit and Banking*, 25, mai 1993, p. 253-274.

4 La théorie selon laquelle les pays inflationnistes gagnent à déléguer leur politique monétaire à une banque centrale « conservatrice » est présentée dans un article majeur de Kenneth Rogoff : « The Optimal Degree of Commitment to an Intermediate Monetary Target », *Quarterly Journal of Economics*, 100, novembre 1985, p. 1169-1189. Pour une application au cas du SME, voir Francesco Giavazzi et Marco Pagano, « The Advantage of Tying One's Hands : EMS Discipline and Central Bank Credibility », *European Economic Review*, 32, juin 1988, p. 1055-1082.

5 Certains économistes, sceptiques à l'égard du rôle joué par le SME dans la convergence des taux d'inflation, ne manquent pas de souligner que l'inflation a également diminué aux États-Unis, au Royaume-Uni et au Japon dans les années 1980, sans que ces pays n'adoptent un régime de changes fixes.

6 Le Luxembourg n'est pas représenté à la figure 20.2, car avant 1999, ce pays faisait partie d'une union monétaire avec la Belgique et affichait un taux d'inflation très proche de cette dernière.

d'inflation en deçà du taux allemand au début des années 1990, ce que personne n'imaginait 10 ans plus tôt.

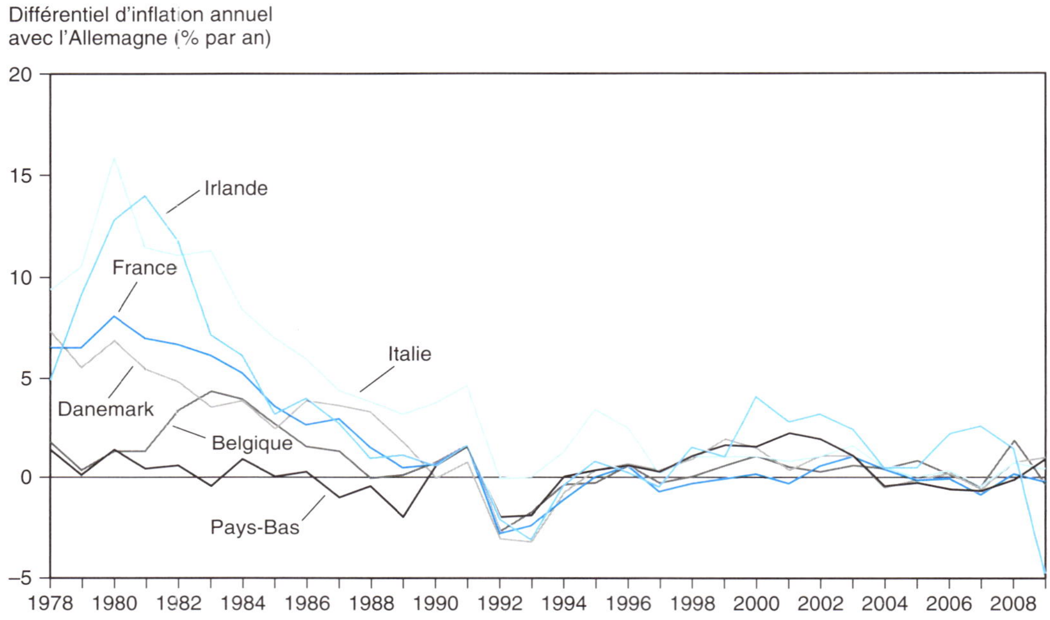

Figure 20.2 – Convergence des taux d'inflation des six pays fondateurs du SME, 1978-2009.

Source : taux de croissance annuel de l'indice des prix à la consommation, Fonds monétaire international, *Statistiques financières internationales*.

1.4 Les initiatives en faveur de l'intégration

Les pays membres de la CEE cherchent à renforcer l'intégration de leurs marchés en fixant leurs taux de change, mais également en instaurant des mesures directes qui visent à encourager la libre circulation des biens, des services et des facteurs de production. Nous verrons plus loin dans ce chapitre que le degré d'intégration des marchés des biens et des facteurs de production dans la zone euro est un déterminant fondamental de la stabilité macroéconomique en changes fixes. Les efforts des pays européens pour améliorer l'efficacité *microéconomique* au moyen de la libéralisation des marchés renforcent également leur préférence pour un régime de changes fixes au niveau *macroéconomique*.

Le processus d'unification du marché intérieur, qui débute avec l'union douanière de 1957, était encore inachevé 30 ans plus tard. Dans de nombreux secteurs, tels que l'automobile ou les télécommunications, le commerce entre les pays européens restait entravé. Les législations et les pratiques en termes de marchés publics ou d'octroi de licences privilégiaient les producteurs nationaux qui jouissaient d'une position de monopole. Dans l'Acte unique européen de 1986, qui amende le traité de Rome, les pays membres franchissent une étape cruciale : la suppression des barrières internes au commerce, aux mouvements de capitaux et à la mobilité des travailleurs. Plus important encore, ils suppriment le droit de veto pour les décisions concernant la construction du marché intérieur. Ainsi, un pays ne peut plus, à lui seul, bloquer les mesures de libéralisation commerciale.

1.5 L'Union économique et monétaire (UEM)

Des pays peuvent lier leur monnaie de différentes façons. Certaines exigent peu de sacrifices en matière de souveraineté monétaire, tandis que d'autres imposent l'abandon total de celle-ci.

Le premier SME, caractérisé par des réalignements fréquents et un contrôle des mouvements de capitaux, laisse une marge de manœuvre importante aux politiques monétaires nationales. En 1989, un groupe de réflexion présidé par Jacques Delors, alors président de la Commission européenne, propose une transition en trois étapes vers l'abandon total de la souveraineté monétaire nationale. L'objectif est d'aboutir à une **Union économique et monétaire (UEM)** : les monnaies nationales seraient remplacées par une monnaie commune, gérée par une banque centrale unique pour le compte des pays membres.

Le 10 décembre 1991, les dirigeants européens se rencontrent dans la ville hollandaise de Maastricht afin de convenir d'amendements d'envergure au traité de Rome. Le **traité de Maastricht** comprend des dispositions prévoyant l'introduction d'une monnaie unique et la création d'une Banque centrale européenne au 1er janvier 1999. Le traité prévoit notamment des critères macroéconomiques de convergence qui portent sur l'inflation, le change, le budget et la dette publique.

En 1993, les 12 pays de la CEE ratifient le traité de Maastricht, certains sous condition[7] : c'est la création de l'**Union européenne (UE)**. Les 15 autres pays qui ont rejoint l'UE depuis ont également endossé le traité lors de leur adhésion.

Pourquoi les pays de l'UE délaissent-ils le SME et se fixent-ils pour objectif plus ambitieux de parvenir à l'unification monétaire ? Il existe quatre raisons principales à cela :

- La monnaie unique européenne doit approfondir l'intégration du marché européen, en éliminant la menace permanente des réalignements de parité au sein du SME et les coûts liés aux opérations de change. Elle est perçue comme un complément nécessaire à l'intégration des marchés de l'UE.
- Certains dirigeants de l'UE considèrent que la gestion de la politique monétaire du SME par l'Allemagne assujettissait tous les pays européens aux intérêts allemands. La banque centrale unique, créée lors du passage à la monnaie unique, doit être plus attentive aux problèmes des autres pays, car ces derniers font désormais jeu égal avec l'Allemagne dans un système de souveraineté partagée en matière de politique monétaire.

7 Le Danemark et le Royaume-Uni ont ratifié le traité de Maastricht avec des exceptions en matière monétaire : les fameuses clauses d'exemption (*opting out*). Ces dernières leur permettent notamment de conserver leur monnaie nationale. La Suède n'a pas une telle clause d'exemption, mais a exploité d'autres subtilités techniques du traité de Maastricht pour, jusqu'à aujourd'hui, ne pas rejoindre la zone euro.

- En raison de la libéralisation totale des mouvements de capitaux à l'intérieur de l'UE, il est préférable que les parités soient irrévocablement liées dans le cadre d'une monnaie unique. Il y a en effet peu à gagner, et beaucoup à perdre, à conserver des monnaies nationales liées entre elles par des parités fixes, mais ajustables. Un système de changes fixes prête le flanc à des attaques spéculatives violentes, à l'image de celles de 1992-1993. Si on souhaite combiner changes fixes et liberté des mouvements de capitaux, la monnaie unique semble être la meilleure façon d'y parvenir.
- Comme nous l'avons évoqué précédemment, les dirigeants de l'UE espèrent que le traité de Maastricht garantisse la *stabilité politique* de l'Europe. Au-delà de ses fonctions purement économiques, la monnaie unique est destinée à devenir un symbole puissant de la volonté des pays européens de placer la coopération au-dessus des rivalités nationales. Dans cette optique, la nouvelle monnaie a pour effet d'aligner leurs intérêts, créant un terreau politique favorable à la paix sur le continent.

Les opposants au traité de Maastricht récusent ces effets positifs. Ils s'opposent surtout aux dispositions qui accordent davantage de pouvoir exécutif à l'UE. L'UEM est, à leurs yeux, révélatrice de la tendance des instances dirigeantes européennes à ignorer les problèmes nationaux, à s'ingérer dans les affaires locales et à œuvrer à la suppression des symboles de l'identité nationale (au premier rang desquels, la monnaie). De nombreux citoyens allemands, marqués par le souvenir de l'hyperinflation, craignent que la Banque centrale européenne ne soit pas aussi déterminée à lutter contre l'inflation que ne l'était la Bundesbank.

2 L'euro et la politique économique de la zone euro

De quelle façon les membres de l'UEM ont-ils été sélectionnés ? Comment les nouveaux membres sont-ils admis ? Comment les institutions financières et politiques qui dirigent la politique économique de la zone euro sont-elles structurées ? Telles sont les questions que nous allons aborder dans cette section[8].

2.1 Les critères de convergence de Maastricht

Le traité de Maastricht impose aux pays membres de l'UE de respecter plusieurs critères de convergence macroéconomique avant d'adhérer à l'UEM. Les critères les plus importants, pour chaque pays candidat, sont les suivants[9] :

- Le taux d'inflation annuel ne doit pas être supérieur de plus de 1,5 point au taux d'inflation moyen des trois pays candidats affichant l'inflation la plus faible.
- Le taux de change doit avoir été maintenu à l'intérieur du mécanisme de change du SME sans dévaluation, pendant une période d'au moins deux ans précédant l'adhésion à l'UEM.

---

8 Voir Kathryn M.E. Dominguez, « The European Central Bank, the Euro and Global Financial Markets », *Journal of Economic Perspectives*, 20, 2006, p. 67-88.

9 Pour une analyse des efforts consentis par les pays européens afin de respecter les critères de convergence juste avant la naissance de l'euro, voir Maurice Obstfeld, « Europe's Gamble », *Brookings Papers on Economic Activity*, 2, 1997, p. 241-317.

- Le déficit public ne doit pas dépasser 3 % du PIB, sauf circonstances exceptionnelles et temporaires.
- La dette publique doit se situer en dessous de 60 % du PIB ou se rapprocher de ce niveau.

Par ailleurs, selon le traité, les critères 3 et 4 doivent être surveillés par la Commission européenne après l'admission du pays dans l'UEM. Celle-ci peut notamment prendre des sanctions envers les pays qui ne respectent pas les règles budgétaires ou ne mettent pas en place les politiques nécessaires à leur respect. Tant la surveillance que les menaces de sanctions limitent le pouvoir des États en termes de politique budgétaire. Par exemple, un pays de l'UEM qui fait face à une récession, mais qui est lourdement endetté, peut se voir contraint de renoncer à une politique budgétaire expansionniste. Cette perte d'autonomie politique peut se révéler coûteuse, puisque les pays se privent déjà de leur politique monétaire nationale.

2.2 Le pacte de stabilité et de croissance

En 1997, les dirigeants européens négocient un **Pacte de stabilité et de croissance (PSC)**, qui resserre encore le corset budgétaire. Il impose aux États de la zone euro « d'avoir à moyen terme des budgets proches de l'équilibre ou excédentaires ». Il précise également le calendrier des sanctions financières imposées à ceux qui ne corrigeraient pas suffisamment vite les situations de déficits et de dettes « excessifs ». Le PSC n'a cependant jamais vraiment été appliqué de façon stricte.

Pourquoi définir des règles aussi contraignantes ? Avant de signer le traité de Maastricht, les pays à faible taux d'inflation (notamment, l'Allemagne) exigent certaines garanties, afin d'éviter que leurs partenaires de l'UEM ne soient tentés d'appliquer des politiques inflationnistes qui risqueraient d'affaiblir la future monnaie unique. En l'absence de ces garanties, ils craignent que l'euro soit une monnaie faible, en proie aux politiques inflationnistes menées dans les pays d'Europe du Sud (Espagne, France, Grèce, Italie, Portugal) ou au Royaume-Uni au cours des années 1970.

Les architectes du traité redoutent, en particulier, que certains pays s'endettent trop lourdement, au point de saturer le marché. Une autre crainte est que des déficits et des dettes publics trop importants n'exposent la Banque centrale européenne à des pressions politiques pour qu'elle-même achète des titres de dette, ce qui impliquerait une hausse de l'offre de monnaie et donc de l'inflation. Dans les pays traditionnellement à faible inflation, les électeurs s'inquiètent en réalité de devoir payer pour des pays à la gestion budgétaire plus laxiste.

Il faut noter qu'en 1997, l'opinion publique allemande est encore très attachée au deutsche mark et majoritairement opposée à l'euro. L'Allemagne impose donc le PSC à ses partenaires, afin de convaincre les électeurs allemands que l'euro sera une monnaie aussi forte que le deutsche mark, c'est-à-dire légèrement inflationniste. Ironie de l'Histoire, l'Allemagne est l'un des premiers pays, avec la France, à violer les règles budgétaires du traité de Maastricht, ce qui aboutit à l'assouplissement du PSC en mars 2005 (possibilité renforcée d'évoquer des « facteurs pertinents » pour décider si une procédure de déficit excessif doit être ouverte contre un pays, délais rallongés accordés aux pays fortement déficitaires pour revenir sous la barre des 3 % et ainsi éviter des sanctions, etc.)[10]. Ainsi, en pratique, le PSC n'a jamais été appliqué – même si, on le verra par la suite, l'expérience a montré que certaines des craintes qui ont motivé ce pacte étaient justifiées. Si le PSC avait été vraiment contraignant, alors, outre le sacrifice de la politique monétaire, les États auraient dû renoncer en partie à leur autonomie budgétaire. Manifestement, les États européens n'y étaient pas prêts.

2.3 La naissance de l'euro

En mai 1998, onze pays de l'UE satisfont aux critères de convergence et fondent l'UEM : l'Allemagne, l'Autriche, la Belgique, l'Espagne, la Finlande, la France, l'Irlande, l'Italie, le Luxembourg, les Pays-Bas et le Portugal. La Grèce ne remplit aucun critère en 1998 ; son adhésion est donc retardée et devient effective le 1er janvier 2001. Depuis, la Slovénie (le 1er janvier 2007), Chypre et Malte (le 1er janvier 2008), la République slovaque (le 1er janvier 2009) et l'Estonie (le 1er janvier 2011) ont aussi rejoint l'UEM.

2.4 Le Système européen de banques centrales (SEBC)

Le Système européen de banques centrales (SEBC) gère la politique monétaire de la zone euro. Il est constitué de la Banque centrale européenne (BCE), dont le siège est à Francfort, et des 17 banques centrales nationales (BCN). Les décisions de politique monétaire sont prises par le Conseil des gouverneurs, qui réunit les gouverneurs des banques centrales nationales et les membres du directoire. Ce dernier est composé du président de la BCE, d'un vice-président et de quatre autres membres, désignés d'un commun accord par les chefs d'État ou de gouvernement des pays membres de la zone euro[11]. Le Conseil des gouverneurs se réunit habituellement deux fois par mois.

Les auteurs du traité de Maastricht avaient pour ambition de créer une banque centrale indépendante, libérée des influences politiques pouvant mener à une politique inflationniste. De nombreuses études empiriques avaient en effet montré que l'indépendance de la banque centrale était associée à un faible niveau d'inflation[12]. Le traité de Maastricht, qui donne pour mandat principal au SEBC le maintien de la stabilité des prix, prévoit ainsi de nombreuses précautions afin de protéger la politique monétaire des influences politiques. De plus, cas unique au monde, le SEBC opère au niveau supranational, ce qui empêche les États membres de la zone d'euro d'exercer des pressions (voir encadré 20.1).

Aux États-Unis par exemple, le Congrès pourrait facilement voter des lois réduisant l'indépendance de la Fed. Le SEBC est, certes, tenu d'informer régulièrement le Parlement européen de ses activités, mais ce dernier ne peut changer ses statuts. Cela nécessiterait

---

10 Un rapport du Conseil d'analyse économique réunit de nombreuses contributions sur les questions soulevées par le PSC. Voir « Réformer le Pacte de stabilité et de croissance ? », *Rapport du CAE*, n° 52, La Documentation française, 2004 (disponible gratuitement sur Internet).

11 Les membres du directoire bénéficient d'un mandat de huit ans non renouvelable. Le premier président de la BCE fut Wim Duisenberg, de 1998 à 2003, auquel succéda Jean-Claude Trichet jusqu'en novembre 2011. Depuis, c'est Mario Draghi qui est à la tête de la BCE.

12 Voir, par exemple, A. Alesina et L. H. Summers, « Central Bank Independence and Macroeconomic Performance: Some Comparative Evidence », *Journal of Money, Credit and Banking*, 25, 1993, p. 151-162. Pour une synthèse, voir Ch. Crowe et E. E. Meade, « Central Bank Independence and Transparency: Evolution and Effectiveness », *European Journal of Political Economy*, 24, 2008, p. 763-777.

un amendement au traité de Maastricht, approuvé par l'ensemble des Parlements des pays membres. D'ailleurs, on reproche souvent au traité d'être allé trop loin : la volonté de garantir l'indépendance du SEBC l'aurait soustrait au contrôle démocratique.

Encadré 20.1

L'Eurosystème

Base juridique

Le terme « Eurosystème » désigne, au sein du SEBC, l'ensemble composé par la BCE et les BCN des États membres ayant adopté l'euro. Il est dirigé par le Conseil des gouverneurs et le directoire de la BCE.

Les BCN des États membres ne participant pas à la zone euro font, quant à elles, partie du SEBC, tout en disposant d'un statut particulier. Elles sont habilitées à conduire une politique monétaire nationale et ne participent pas à la prise des décisions concernant la politique monétaire unique de la zone euro, ni à leur mise en œuvre.

Conformément à l'article 107 du traité, le SEBC est dirigé par le Conseil général de la BCE, troisième organe dirigeant aussi longtemps que certains États membres de l'UE n'ont pas encore adopté l'euro.

La BCE est instituée le 1er juin 1998, conformément à l'article 8 du traité instituant la Communauté européenne. Elle est dotée de la personnalité juridique.

Objectifs et missions

L'objectif principal de l'Eurosystème, conformément à l'article 105, paragraphe 1 du traité – qui mentionne le SEBC plutôt que l'Eurosystème, puisqu'à terme, tous les États membres du SEBC sont censés adopter l'euro – est de maintenir la stabilité des prix. L'Eurosystème apporte son soutien aux politiques économiques générales dans la Communauté et agit conformément aux principes d'une économie de marché ouverte.

Les missions fondamentales relevant du SEBC/Eurosystème sont énumérées à l'article 105, paragraphe 2 du traité et à l'article 3.1 des statuts :

- définir et mettre en œuvre la politique monétaire de la Communauté ;
- conduire les opérations de change ;
- détenir et gérer les réserves officielles de change des États membres ;
- et promouvoir le bon fonctionnement des systèmes de paiement.

De plus, le SEBC contribue à la bonne conduite des politiques menées par les autorités compétentes en ce qui concerne le contrôle prudentiel des établissements de crédit et la stabilité du système financier.

Il remplit également une fonction consultative auprès de la Communauté et des autorités nationales dans les domaines relevant de sa compétence, en particulier pour les projets de loi, directives et règlements relatifs aux domaines financiers.

Encadré 20.1 (suite)

Enfin, en vue d'assurer les missions du SEBC, la BCE, assistée par les BCN, collecte les informations statistiques nécessaires, soit auprès des autorités nationales compétentes, soit directement auprès des agents économiques.

Par ailleurs, elle dispose d'instruments juridiques spécifiques qui lui permettent d'assurer ses missions et de garantir pleinement son indépendance.

Le principe d'indépendance

Les membres des organes de décision n'agissent pas en qualité de représentants nationaux, mais en toute indépendance.

Dans l'exercice des pouvoirs et l'accomplissement des missions qui leur ont été transférées, ni la BCE, ni une BCN, ni un membre quelconque de leurs organes de décision ne peuvent solliciter ni accepter d'instructions d'un organe extérieur. Les institutions et organes communautaires, ainsi que les gouvernements des États membres s'engagent à ne pas chercher à influencer les membres des organes de décision de la BCE ou des BCN dans l'accomplissement de leurs missions.

Les statuts prévoient les mesures suivantes pour garantir la stabilité de la fonction des gouverneurs des BCN et des membres du directoire :

- un mandat d'une durée au moins égale à cinq ans pour les gouverneurs ;
- un mandat non renouvelable d'une durée de huit ans pour les membres du directoire (il convient de noter que les mandats ont été échelonnés pour les membres du premier directoire autres que le président, afin d'assurer la continuité de cet organe) ;
- un gouverneur ne peut être relevé de ses fonctions que s'il ne remplit plus les conditions nécessaires à l'exercice de ses fonctions ou s'il a commis une faute grave.

La Cour de justice des communautés européennes est compétente pour traiter les litiges dans ce domaine.

Source : Banque de France (extraits).

2.5 Le mécanisme de taux de change MTC 2

Pour les pays de l'UE qui ne sont pas encore membres de l'UEM, un mécanisme de change – baptisé officiellement MTC 2[13], mais on parle couramment du SME bis – définit des marges de fluctuation du taux de change assez larges par rapport à l'euro (± 15 %). Il précise également les accords d'interventions réciproques des banques centrales, le cas échéant, pour respecter ces objectifs de change. Le Danemark (et la Grèce par exemple jusqu'en 2002) participe au SME bis.

Le SME bis est perçu comme une nécessité pour empêcher les membres de l'UE hors zone euro de se livrer à des dévaluations compétitives contre l'euro. Il permet également aux pays

13 On trouve aussi, dans certaines publications officielles, l'acronyme MCE 2, pour « mécanisme de change européen ».

qui souhaitent rejoindre l'UEM de satisfaire aux critères de convergence du traité de Maastricht. Avec ce mécanisme, la Banque centrale européenne ou la banque centrale d'un pays de l'UE hors zone euro peut décider de suspendre les opérations de stabilisation du taux de change vis-à-vis de l'euro, si celles-ci menacent la stabilité des prix domestiques. Le SME bis est donc un mécanisme asymétrique : les pays périphériques se rattachent à l'euro et s'ajustent passivement aux décisions de la BCE sur les taux d'intérêt.

3 La théorie des zones monétaires optimales

L'intégration monétaire européenne a sans conteste permis de faire avancer les idéaux *politiques* des « pères fondateurs », en donnant à l'UE une place plus importante sur la scène internationale. La survie et le développement futur de l'expérience monétaire européenne dépendent, toutefois, de sa capacité à aider les pays membres à atteindre leurs objectifs *économiques*. Il est plus difficile sur ce point de tirer des conclusions très claires, car les changes fixes s'accompagnent, pour chaque pays, d'avantages et d'inconvénients.

Un pays peut amortir certains chocs économiques en laissant son taux de change s'ajuster (voir chapitre 19). Mais la flexibilité des changes peut avoir des conséquences négatives, comme une plus grande incertitude sur les prix relatifs futurs ou une hausse de l'inflation. Afin de peser le pour et le contre, il est nécessaire de disposer d'un modèle qui permette de comparer les sacrifices consentis en termes de capacité stabilisatrice et les gains en termes d'efficacité et de crédibilité.

Dans cette section, nous montrons que les bénéfices et les coûts liés à l'adhésion à une zone de changes fixes dépendent du niveau d'intégration économique des différents partenaires potentiels. Selon la théorie des **zones monétaires optimales**, les zones de changes fixes fonctionnent mieux lorsque les régions sont fortement intégrées, avec des liens commerciaux forts et une grande mobilité des facteurs de production[14].

3.1 Bénéfices d'une zone de changes fixes : la courbe *GG*

Prenons le cas de la Norvège – qui, rappelons-le, n'adhère pas à la zone euro. Nous allons examiner les raisons qui pourraient la conduire à adhérer à une zone de changes fixes, en nous aidant d'un graphique.

Construisons d'abord la courbe *GG*, qui traduit la relation entre les bénéfices que la Norvège tire de l'ancrage de sa monnaie (la couronne) à la monnaie unique européenne et l'intensité de ses rapports commerciaux avec cette zone.

En premier lieu, les régimes de changes fixes simplifient les calculs économiques et rendent les transactions internationales moins risquées que lorsque les taux de change sont flottants. Lorsqu'un pays rejoint un régime de changes fixes, le **gain d'efficacité monétaire** équivaut aux économies liées à la suppression de l'incertitude et des coûts de transaction que l'on supporte inévitablement lorsque les parités sont flottantes. En pratique, il est difficile de

14 Voir l'article pionnier de Robert A. Mundell, « The Theory of Optimum Currency Area », *American Economic Review*, 51, septembre 1961, p. 717-725.

chiffrer ce gain, mais plus la Norvège commerce avec la zone euro, plus il est élevé. Par exemple, si ses échanges avec cette zone représentent 50 % de son PIB, contre seulement 5 % avec les États-Unis, un taux de change fixe couronne/euro offre aux Norvégiens des gains d'efficacité plus élevés qu'un taux couronne/dollar. Ces gains sont d'autant plus élevés que les facteurs de production peuvent se déplacer librement entre la Norvège et la zone euro. Les Norvégiens qui investissent dans cette zone peuvent mieux prévoir la rentabilité de leurs investissements. De même, ceux qui travaillent dans les pays de la zone euro gagnent à ce que la stabilité de leurs revenus soit garantie par un taux de change fixe.

On peut donc conclure qu'*un haut degré d'intégration économique entre un pays et une zone de changes fixes augmente le gain d'efficacité monétaire de ce pays lorsqu'il fixe son taux de change par rapport aux monnaies de cette zone.* Plus les échanges transfrontaliers sont importants et plus les facteurs de production sont mobiles, plus le bénéfice à tirer d'un régime de changes fixes est élevé.

À la figure 20.3, la courbe *GG* illustre la relation entre le degré d'intégration d'un pays à une zone de changes fixes et les gains d'efficacité monétaires en cas d'adhésion à cette zone. L'axe des abscisses mesure l'intégration économique du pays à la zone de changes fixes et l'axe des ordonnées, les gains d'efficacité en cas d'adhésion. Cette courbe est croissante, ce qui signifie que les gains sont liés positivement au degré d'intégration économique.

Dans cet exemple, nous supposons que le niveau des prix dans la zone euro est stable et prévisible. Si ce n'est pas le cas, tous les bénéfices tirés de l'adhésion de la Norvège à cette zone seraient annulés par une plus grande variabilité des prix norvégiens après son adhésion. Un autre problème peut également se poser si les agents économiques doutent de la crédibilité de la Norvège à respecter le taux de change fixe. Dans ce cas, l'incertitude sur le taux de change demeurerait la même, et le gain d'efficacité monétaire serait donc plus faible. Mais si les prix dans la zone euro sont stables et que l'engagement de la Norvège est ferme, alors en rattachant sa monnaie à l'euro, elle bénéficiera de la stabilité du taux de change. Ces bénéfices seront d'autant plus élevés que ses liens commerciaux avec la zone seront forts.

Nous avons vu qu'un pays peut également vouloir rejoindre une zone monétaire afin de tirer parti de la politique anti-inflationniste de cette dernière. Si son économie est déjà bien intégrée à celle de la zone à inflation basse, il peut encore mieux contrôler son inflation domestique. Une forte intégration économique mène, en effet, à une convergence des prix au niveau international, ce qui diminue les variations de prix au sein du pays qui souhaite adhérer. Il s'agit d'un bénéfice supplémentaire de l'intégration économique à une zone de changes fixes.

3.2 Coûts d'une zone de changes fixes : la courbe *LL*

L'appartenance à une zone de changes fixes peut présenter certains inconvénients, même dans le cas d'une zone à faible inflation. Rappelons que ces coûts résultent du renoncement à toute possibilité d'utiliser son taux de change et sa politique monétaire en vue de stabiliser son produit intérieur et son niveau d'emploi. Cette **perte de stabilité économique**, comme le gain d'efficacité monétaire, est liée à l'intégration économique du pays au sein de la zone. Nous pouvons construire une seconde courbe, *LL*, pour représenter ce lien.

Lorsque nous avons présenté les mérites respectifs des régimes de changes fixes et de changes flottants (voir chapitre 19), nous avons conclu qu'un taux de change flottant est plus avantageux qu'un taux de change fixe en cas de perturbations sur le marché des biens et des services (mouvement de *DD*). Précisons que les perturbations économiques auxquelles nous nous intéressons ici sont celles qui agissent davantage sur le pays domestique que sur ses partenaires (les chocs qui concernent de la même manière tous les pays ont les mêmes effets que l'on soit en changes flottants ou en changes fixes). Ces perturbations qui n'ont pas le même impact pour tous les pays sont qualifiées de « chocs asymétriques ».

Le taux de change flottant permet d'amortir automatiquement les effets des chocs asymétriques sur le produit intérieur et le marché du travail, en modifiant les prix relatifs des biens domestiques et étrangers. De plus, lorsque le taux de change est fixe, les efforts de stabilisation volontaires sont plus difficiles, car la politique monétaire n'a pas le pouvoir d'influer sur le produit intérieur (voir chapitre 18). Il paraît donc logique que les mouvements de la courbe *DD* aient des effets plus importants sur une économie où le taux de change est fixe. La perte de stabilité économique correspond à l'instabilité *supplémentaire* causée par le taux de change fixe[15].

Afin de construire la courbe *LL* (voir figure 20.3), il faut comprendre comment le niveau d'intégration de la Norvège à la zone euro détermine la perte de stabilité économique. Imaginons que la Norvège rattache sa monnaie à l'euro et qu'il y ait une baisse de la demande globale pour les produits norvégiens – donc un déplacement de la courbe *DD* vers la gauche. Si les courbes *DD* des autres pays de la zone euro se déplacent simultanément vers la gauche, l'euro se dépréciera par rapport aux autres monnaies, en raison du mécanisme de stabilisation automatique. Insistons une nouvelle fois sur le fait que le problème se posera pour la Norvège uniquement en cas de choc asymétrique, c'est-à-dire si elle est plus sévèrement touchée par la baisse de la demande globale. C'est le cas, par exemple, si la demande mondiale de pétrole, un des principaux produits d'exportation de la Norvège, diminue (sachant que la plupart des autres pays européens ne sont pas producteurs de pétrole).

Comment la Norvège s'ajuste-t-elle à un choc de ce type ? Puisque l'euro ne souffre d'aucune pression à la baisse, la couronne rattachée à l'euro reste stable par rapport aux autres monnaies étrangères. Le plein emploi ne peut être restauré en Norvège qu'après une période de récession, durant laquelle le prix des biens norvégiens et les salaires diminuent.

---

15 Lorsque la Norvège fixe de manière unilatérale son taux de change par rapport à l'euro mais laisse la couronne flotter par rapport aux autres monnaies, on pourrait penser qu'elle conserve au moins une part de son indépendance monétaire. Cette intuition est toutefois erronée. En effet, toute décision de changer l'offre de monnaie aurait une incidence sur les taux de change entre la couronne et les autres monnaies, et donc sur le taux de change fixe entre la couronne et l'euro. En rattachant la couronne à une seule monnaie étrangère, la Norvège renonce totalement à une politique monétaire indépendante. Ce résultat a cependant un aspect positif pour la Norvège : après le rattachement de la couronne à l'euro, une perturbation sur le marché monétaire domestique (mouvement de la courbe *AA*) n'aura pas d'impact sur le produit intérieur et ce, malgré le taux de change flottant vis-à-vis des monnaies autres que l'euro. Pourquoi ? Comme le taux d'intérêt norvégien doit être égal à celui de la zone euro, tout mouvement de la courbe *AA* provoque immédiatement une entrée ou une sortie des réserves, qui laisse le taux d'intérêt inchangé. Un simple rattachement de la couronne à l'euro suffit donc à fournir une stabilité automatique contre tout choc monétaire affectant la courbe *AA*. C'est aussi pourquoi nous nous concentrons sur les mouvements de la courbe *DD*.

Quelle est la relation entre la gravité de cette crise et le niveau d'intégration économique entre la Norvège et la zone euro ? En fait, plus cette intégration est profonde et plus la récession est facile à supporter, et ce pour deux raisons. D'abord, si la Norvège a des liens commerciaux forts avec la zone euro, une baisse du prix de ses biens entraînera une hausse de la demande des pays de la zone euro pour les produits norvégiens (variation relativement conséquente au vu de la taille modeste de ce pays). Le retour au plein emploi sera donc rapide. Ensuite, si les marchés du travail et des capitaux norvégiens sont bien intégrés à ceux de la zone euro, les demandeurs d'emploi pourront facilement traverser la frontière pour trouver du travail ailleurs et les capitaux norvégiens pourront être investis plus profitablement dans d'autres pays. La libre circulation des facteurs de production permet donc de réduire la gravité de la récession, l'augmentation du taux de chômage et la diminution des revenus pour les investisseurs[16].

Cette conclusion prévaut également si la Norvège subit une augmentation de la demande pour ses produits (déplacement de *DD* vers la droite) : si elle est intégrée à la zone euro, une légère augmentation des prix des biens norvégiens, associée à des mouvements de capitaux et de travailleurs étrangers dans ce pays, élimine rapidement la demande excédentaire pour les produits norvégiens.

Si la Norvège entretient des liens commerciaux forts avec des pays n'appartenant pas à la zone euro, elle pourrait également supporter facilement des mouvements spécifiques de la courbe *DD*. Cependant, une intégration plus poussée avec ces pays est à double tranchant : elle présente autant d'avantages que d'inconvénients pour la stabilité macroéconomique du pays. En effet, lorsque la couronne est rattachée à l'euro, les perturbations de la zone euro qui modifient le taux de change de l'euro auront d'autant plus de répercussions sur l'économie norvégienne que ses liens commerciaux avec des pays extérieurs à la zone seront importants. Ces répercussions seront analogues à une augmentation des variations de la courbe *DD* norvégienne, ce qui accroîtra la perte de stabilité économique du pays. Quoi qu'il en soit, ces arguments ne modifient pas notre conclusion : plus la Norvège est économiquement intégrée à la zone euro, plus la perte de stabilité liée au rattachement de la couronne à l'euro diminue.

Une considération supplémentaire renforce l'argument développé précédemment : si les importations en provenance de la zone euro représentent une large part de la consommation des travailleurs norvégiens, toute variation du taux de change de la couronne vis-à-vis de l'euro sera rapidement répercutée sur les salaires nominaux norvégiens, ce qui annulera les effets sur l'emploi. Ainsi, une dépréciation de la couronne par rapport à l'euro provoquera

---

16 Les usines et les équipements lourds sont difficiles à exporter vers d'autres pays. Les propriétaires norvégiens de ce type de facteurs de production immobiles souffriront donc d'une baisse de rentabilité si la demande pour les produits norvégiens baisse. Si le marché des capitaux norvégiens est suffisamment intégré à celui de ses voisins de la zone euro, les norvégiens investiront une partie de leurs richesses à l'étranger, pendant que des étrangers achèteront une partie des actifs norvégiens. Grâce à ce processus de diversification internationale des placements (voir chapitre 21), les variations non anticipées des profits tirés d'investissement en Norvège seront supportées par des investisseurs de différentes pays. Donc si l'économie norvégienne est ouverte aux capitaux étrangers, mêmes les propriétaires de capitaux immobiles pourront éviter de supporter seuls la perte de stabilité économique causée par l'adoption d'un taux de change fixe. Toutefois, lorsque la mobilité internationale du marché du travail est faible ou inexistante, une hausse de la mobilité des capitaux ne permet pas nécessairement de réduire la perte de stabilité économique (voir l'encadré en fin de chapitre).

une chute du niveau de vie norvégien. Les employés norvégiens demanderont certainement une augmentation de leurs salaires. Dans cette situation, la stabilité macroéconomique additionnelle que la Norvège gagnerait en régime de changes flottants est négligeable. Ce pays a donc peu à perdre à ancrer sa monnaie à l'euro.

En conclusion, *un haut degré d'intégration économique entre un pays et une zone de changes fixes réduit la perte de stabilité économique qui résulte des perturbations du marché des biens et des services.* Cela se traduit par la pente négative de la courbe *LL*.

3.3 La décision de rejoindre une zone monétaire : les courbes *GG* et *LL*

La figure 20.3 combine les courbes *GG* et *LL*, afin d'illustrer les circonstances dans lesquelles la Norvège a intérêt à rejoindre la zone euro. Elle indique que ce pays devrait fixer sa monnaie à l'euro lorsque le niveau d'intégration économique entre le marché norvégien et celui de la zone euro est au moins égal à θ_1, abscisse du point d'intersection *1* de *GG* et *LL*.

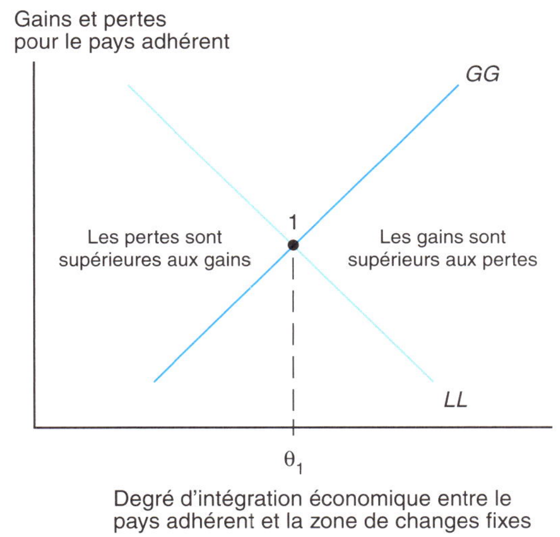

Figure 20.3 – Quand rejoindre une zone de changes fixes ?

La courbe *GG*, croissante, montre que les gains d'efficacité monétaire d'un pays adhérant à une zone de changes fixes augmentent avec son degré d'intégration économique à la zone.

La courbe *LL*, décroissante, montre que la perte de stabilité économique d'un pays adhérant à une zone de changes fixes diminue avec son degré d'intégration économique à la zone.

L'intersection de *GG* et *LL* au point 1 détermine le point d'intégration économique critique, θ_1, entre la zone de changes fixes et un pays qui songe à rejoindre cette zone. Pour tout niveau d'intégration supérieur à θ_1, l'adhésion amène un gain économique net pour le pays.

Lorsque le degré d'intégration économique est inférieur à θ_1, la courbe *GG* se trouve en dessous de *LL* : les pertes dues à l'instabilité de la production et de l'emploi sont supérieures aux gains d'efficacité monétaire. Dans ce cas, la Norvège a tout intérêt à rester hors de la zone. À l'inverse, lorsque le degré d'intégration dépasse le niveau θ_1, les gains d'efficacité monétaire mesurés par *GG* sont supérieurs aux pertes de stabilité mesurées par *LL*. En rattachant sa monnaie à l'euro, la Norvège réalise donc un bénéfice net.

Le modèle *GG-LL* permet également d'examiner comment les modifications de l'environnement économique influent sur l'intérêt qu'un pays porte au rattachement de sa monnaie à une zone monétaire. Considérons, par exemple, un accroissement de l'ampleur et de la fréquence des fluctuations de la demande pour les exportations du pays : il fera passer *LL* du niveau LL^1 au niveau LL^2 (voir figure 20.4). Donc, quel que soit le niveau d'intégration économique, l'instabilité supplémentaire du taux de chômage et du produit intérieur liée à l'adhésion à la zone est plus élevée. Par conséquent, le niveau d'intégration économique qui détermine l'entrée dans la zone monétaire augmente, passant à θ_2. Toutes choses égales par ailleurs, en cas de hausse de l'instabilité du marché des biens et des services, les pays sont moins enclins à rejoindre une zone de changes fixes. Cela explique pourquoi, après le choc pétrolier de 1973, les pays membres ne souhaitaient guère rétablir le système de changes fixes de Bretton Woods (voir chapitre 19).

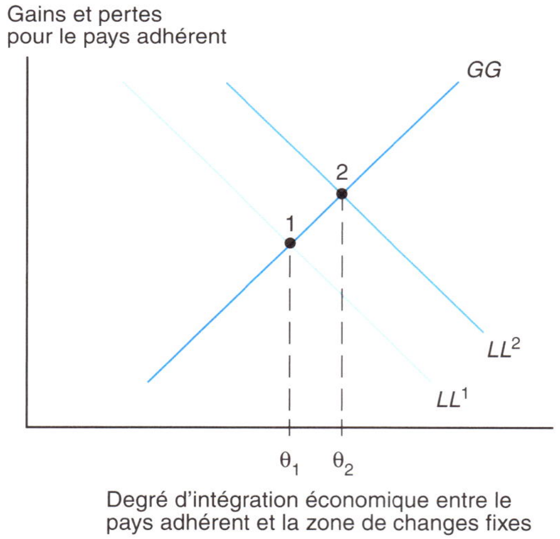

Figure 20.4 – Une augmentation des fluctuations du marché des biens et services.

Une augmentation de la fréquence et de l'ampleur des perturbations du marché des biens et services propres au pays adhérent déplace la droite *LL* de LL^1 à LL^2. Pour un niveau donné d'intégration économique avec la zone de changes fixes, la perte de stabilité économique consécutive à la fixation du change s'accroît. Le déplacement de *LL* fait augmenter le niveau d'intégration économique à partir duquel le pays décide de rejoindre la zone de changes fixes, en faisant passer ce niveau à θ_2.

3.4 L'Europe est-elle une zone monétaire optimale ?

Le modèle *GG-LL* permet de construire la théorie des zones monétaires optimales. Les zones monétaires optimales sont des ensembles régionaux intégrés, où les échanges commerciaux sont intenses et la mobilité des facteurs de production forte. Comme nous venons de le voir, lorsque ces conditions sont réunies, les pays ont tout intérêt à partager des changes fixes.

Ainsi, il est logique que les parités entre les États-Unis, le Japon et l'Europe soient flexibles. Ces régions ont certes des liens commerciaux, mais ceux-ci sont modestes au regard de leur PIB. En 2009, par exemple, le commerce de biens entre les États-Unis et l'UE (moyenne des importations et des exportations) représente moins de 2 % du PIB américain. Le montant des échanges commerciaux avec le Japon est à peine plus élevé. De plus, la mobilité des travailleurs entre ces pays est très faible.

En revanche, la question peut légitimement se poser pour les pays européens : l'Europe constitue-t-elle une zone monétaire optimale ? Pour y répondre, nous allons examiner successivement l'intensité du commerce intra-européen, le degré de mobilité des facteurs de production, la similarité des structures économiques et le fédéralisme fiscal.

L'intensité du commerce intra-européen. En janvier 1999, lors du lancement de l'euro, les pays de l'UE exportent entre 10 et 20 % de leur production vers d'autres pays membres. Ces chiffres sont très supérieurs à ceux du commerce entre les États-Unis et l'Europe, mais inférieurs à ceux des échanges entre États américains. Il est, certes, impossible de retenir un seuil critique, mais le niveau du commerce intra-européen en 1999 semble insuffisant pour conclure que l'UE constitue alors une zone monétaire optimale.

Toutefois, l'intégration économique européenne n'est pas encore parvenue à son terme. Le commerce intra-européen a pendant longtemps été limité par des contraintes réglementaires, dont la plupart ont été levées dans les années 1990. Pour certains biens de consommation, comme l'électroménager, la convergence des prix en Europe a été rapide, mais d'autres produits, comme les voitures, se vendent encore à des prix très différents selon les pays. Une explication possible, avancée par les tenants de l'euro, est que ces différences de prix étaient dues à des problèmes de change qui disparaîtraient avec la monnaie unique. L'euro a-t-il contribué à l'intégration des marchés ? Charles Engel et John Rogers ont montré que les prix en Europe ont bien convergé dans les années 1990, mais l'introduction de l'euro en 1999 n'a pas accéléré cette convergence.

La dynamique du commerce intra-européen invite à l'optimisme (voir figure 20.5). Le niveau des échanges fluctue beaucoup depuis le milieu des années 1980, mais la tendance est à la hausse, en particulier après le passage à la monnaie unique, ce qui suggère que cette dernière a effectivement encouragé le commerce entre pays membres de l'UE, les rapprochant d'une zone monétaire optimale.

Certains travaux suggèrent, enfin, que la monnaie unique pourrait avoir un effet important sur le développement des échanges commerciaux (voir encadré 20.2).

Les travailleurs européens sont-ils suffisamment mobiles ? Les principaux obstacles à la mobilité des travailleurs en Europe ne sont pas les contrôles frontaliers, mais les différences linguistiques et culturelles entre pays membres. Dans une étude économétrique, Barry Eichengreen a démontré que les différentiels de taux de chômage entre les états américains étaient moins importants et duraient moins longtemps qu'entre les pays de l'UE.

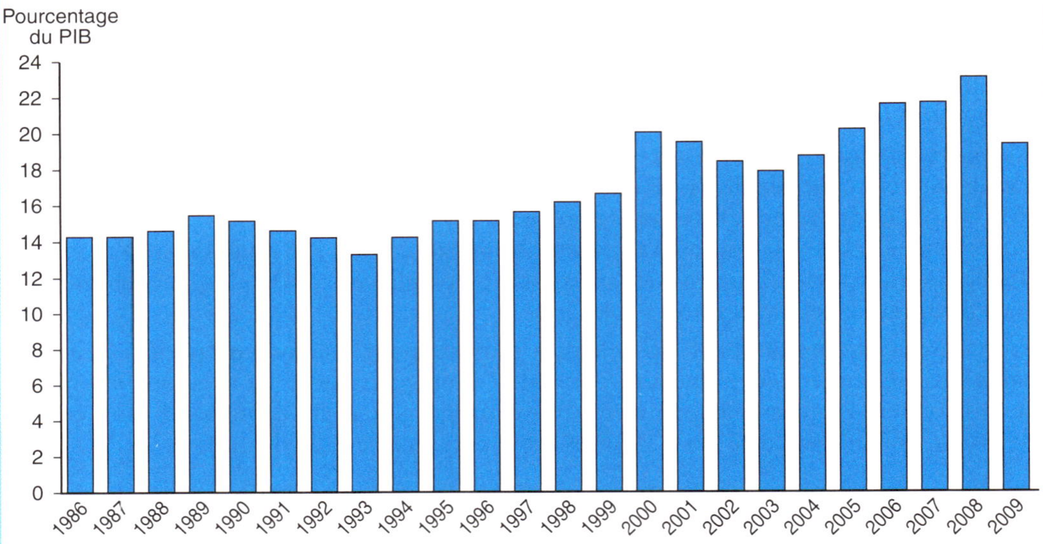

Figure 20.5 – Commerce intra-zone euro en pourcentage du PIB.

Le commerce entre pays membres de l'UE a augmenté depuis la mise en place de l'euro en 1999. Le commerce d'un pays membre de l'UE avec d'autres pays membres est défini comme la moyenne de ses importations et exportations avec ces pays. Le résultat obtenu est calculé en divisant l'ensemble du commerce intra-européen par le PIB européen.

Sources : OCDE et Eurostat.

En Europe, la mobilité des travailleurs est limitée, parfois en raison des réglementations en vigueur. Ainsi, dans certains pays, ils ne peuvent recevoir d'indemnités chômage qu'après un certain délai de résidence, ce qui n'incite pas les chômeurs à chercher du travail dans d'autres régions. Le tableau 20.1 présente la fréquence des déménagements dans trois grands pays européens, ainsi qu'aux États-Unis. Il convient d'interpréter ces chiffres avec précaution, car la définition d'une « région » n'est pas la même aux États-Unis et en Europe. Ils suggèrent néanmoins que les Américains se déplacent plus facilement que leurs homologues européens.

Tableau 20.1 : Travailleurs déménageant d'une région à une autre dans les années 1990 (en pourcentage de la population totale)

Allemagne	États-Unis	Grande-Bretagne	Italie
1,1	3,1	1,7	0,5

Source : Peter Huber, « Inter-regional Mobility in Europe : A Note on the Cross-Country Evidence », *Applied Economics Letters*, 11, août 2004, p. 619-624 ; « Geographical Mobility, 2003-2004 », ministère du Commerce américain, mars 2004. Les données sont de 1996 pour la Grande-Bretagne, 1990 pour l'Allemagne, 1999 pour l'Italie et les États-Unis.

L'effet des unions monétaires sur le commerce

Les études économétriques visant à mesurer les effets de la volatilité des taux de change sur le commerce ne fournissent pas, en général, de conclusions robustes. L'UEM est cependant bien plus qu'un système de changes fixes : il s'agit d'une véritable union monétaire, dans laquelle les pays membres partagent une monnaie unique émise par une banque centrale unique. L'UEM n'a donc pas pour seul effet de réduire la volatilité des taux de change. Les possibilités de dévaluation, de réévaluation et de contrôle des changes ont été totalement supprimées. Les coûts de transaction entre les monnaies ont disparu. Il existe un système de paiement unique pour l'ensemble des pays membres de l'UE, dont le coût est très faible. L'échelle des prix dans les différents pays est transparente. L'UEM devrait donc, en principe, avoir des répercussions positives importantes sur le commerce intra-européen, même si les effets de la stabilisation des taux de change sont relativement faibles.

Andrew Rose a voulu mettre cette hypothèse à l'épreuve des faits, en comparant des données sur 186 pays, territoires et colonies entre 1970 et 1990*. L'une des originalités de son approche est de comparer les effets des unions monétaires non seulement dans le temps, mais aussi dans l'espace. Il corrige, par ailleurs, ses estimations à l'aide d'autres facteurs pouvant avoir une influence sur le commerce, comme les salaires, la distance entre partenaires commerciaux, l'appartenance à des zones de libre-échange, etc.

Ses résultats corroborent de manière étonnante l'hypothèse que les unions monétaires encouragent le commerce. Rose a trouvé qu'en moyenne, deux pays appartenant à la même union monétaire ont des échanges commerciaux trois fois plus importants que ceux qui ne partagent pas la même monnaie. Il montre également que sans union monétaire, une réduction de la volatilité des taux de change encourage le commerce, mais de manière moins prononcée.

Ces résultats ont été vivement discutés. Par exemple, on peut inverser le sens de causalité et prétendre que des pays ayant déjà d'importants échanges commerciaux ont davantage tendance à former des unions monétaires. En outre, dans les exemples choisis par Rose, figurent très peu d'unions monétaires (moins de 1 % des pays observés), et il s'agit fréquemment de petits pays. On ne peut donc pas déduire avec certitude les effets que l'UEM aura sur le commerce des pays membres, pour la plupart assez grands. Un exemple *a contrario* intéressant est celui de la dissolution en 1979 du lien entre les monnaies britannique et irlandaise (liées depuis plus de 50 ans), lorsque l'Irlande a rejoint le SME et a décroché sa monnaie de la livre sterling (la Grande-Bretagne n'a rejoint le SME qu'au début des années 1990, pour une période très courte). Le commerce entre la Grande-Bretagne et l'Irlande n'a guère souffert**.

---

* Andrew K. Rose, « One Money, One Market: The Effects of Common Currencies on Trade », *Economic Policy*, 30, avril 2000, p. 8-45. Rose utilise le « modèle de gravité » de commerce (voir chapitre 2).

** Voir Rodney Thom et Brendan Walsh, « The Effect of a Common Currency on Trade: Ireland before and after the Sterling Link », *European Economic Review*, 46, juin 2002, p. 1111-1123.

Encadré 20.2 (suite)

Rose a pris en compte certaines de ces remarques et dans une nouvelle étude menée avec Eric Van Wincoop, ils obtiennent que l'effet de l'euro sur le commerce intra-européen soit plutôt de l'ordre de 50 %***. Dans une étude plus récente encore, Richard Baldwin estime que l'introduction de l'euro s'est traduite par une augmentation de seulement 9 %, l'essentiel de cette hausse étant réalisé la première année. Et, surtout, ces deux études montrent que le Danemark, la Grande-Bretagne et la Suède – qui, rappelons-le, ont conservé leur monnaie – ont vu leurs flux commerciaux avec la zone euro augmenter d'environ 7 %****. Autrement dit, ces pays auraient gagné bien peu à abandonner leur monnaie.

*** Rose et Van Wincoop, « National Money as a Barrier to International Trade: The Real Case for Currency Union », *American Economic Review*, 91, mai 2001, p. 386-390.

**** R. Baldwin, « In or Out: Does It Matter? An Evidence Based Analysis of the Euros Trade Effects », *CEPR*, 2006.

Les divergences macroéconomiques. Les premières années de l'euro ont été caractérisées par des performances économiques très différentes entre les pays membres de l'union monétaire. De fait, la politique de la BCE n'était probablement pas appropriée pour tous. Cela s'est traduit par une divergence des taux d'inflation, qui a eu deux conséquences majeures.

1. Plusieurs années même avant l'introduction officielle de l'euro (dès lors, en fait, que les marchés ont commencé à anticiper une stabilisation des taux de change intra-UE), les taux d'intérêt nominaux à long terme des futurs pays de la zone euro se sont mis à converger. Toutefois, dans la mesure où l'inflation était plus élevée en Irlande et en Europe du Sud (au Portugal, en Italie, en Espagne et en Grèce), les taux d'intérêt réels à long terme dans ces pays ont diminué par rapport au taux allemand, stimulant encore la demande, la croissance et l'inflation. La figure 20.6 illustre cette faiblesse des taux d'intérêt réels par rapport au taux allemand à partir du milieu des années 1990, et ce, jusqu'à la fin des années 2000[17].

2. Le taux de change *réel* de ces pays par rapport à l'Allemagne s'est évidemment apprécié, même si le taux de change nominal est resté fixe. Cela s'est traduit par une aggravation du déficit du compte courant, à des niveaux parfois incroyablement élevés, comme le montre le tableau 20.2. En 2008, la Grèce avait ainsi un déficit de 14,6 % du PIB ; l'Espagne, un pays pourtant beaucoup plus grand, avait lui un déficit équivalent à 10 % du PIB. À l'inverse, l'Allemagne, qui a beaucoup œuvré au cours des années précédentes pour réduire ses coûts de production, affichait un excédent important.

   Pourquoi de telles divergences ? Les pays déficitaires de la zone euro sont plus pauvres que ceux du Nord. Ils ont toutefois connu une modernisation rapide de leur économie, qui s'est accompagnée d'une amélioration significative du niveau de vie (en particulier en Irlande). La théorie de Balassa-Samuelson (voir chapitre 16) suggère que si la

17 Sir Alan Walters, ancien conseiller économique de Margaret Thatcher, et adversaire des changes fixes en Europe, avait prévu ce problème d'instabilité monétaire. Voir son livre « *Sterling in Danger: Economic Consequences of Fixed Exchange Rates* », Londres, Fontana, 1990.

productivité augmente dans ces pays, l'inflation doit naturellement être plus élevée qu'en Allemagne, conduisant à une appréciation réelle au cours du temps. Toutefois, la hausse des coûts de production dans les pays pauvres suggère un autre mécanisme. Une part importante de l'inflation est, en fait, due à une hausse soutenue de la demande globale (et non pas à une amélioration de la productivité à la Balassa-Samuelson qui aurait engendré une augmentation des salaires, mais pas des coûts de production dans le secteur des biens non échangeables). En outre, beaucoup d'économies déficitaires de la zone euro ont connu, avant la crise, un boom immobilier semblable à celui enregistré au même moment aux États-Unis (voir chapitre 19) ; l'Allemagne, en revanche, n'a pas connu de flambée des prix immobiliers.

Au final, il est bien difficile d'imaginer une politique monétaire unique qui aurait pu convenir à autant de pays placés dans des situations macroéconomiques aussi diverses.

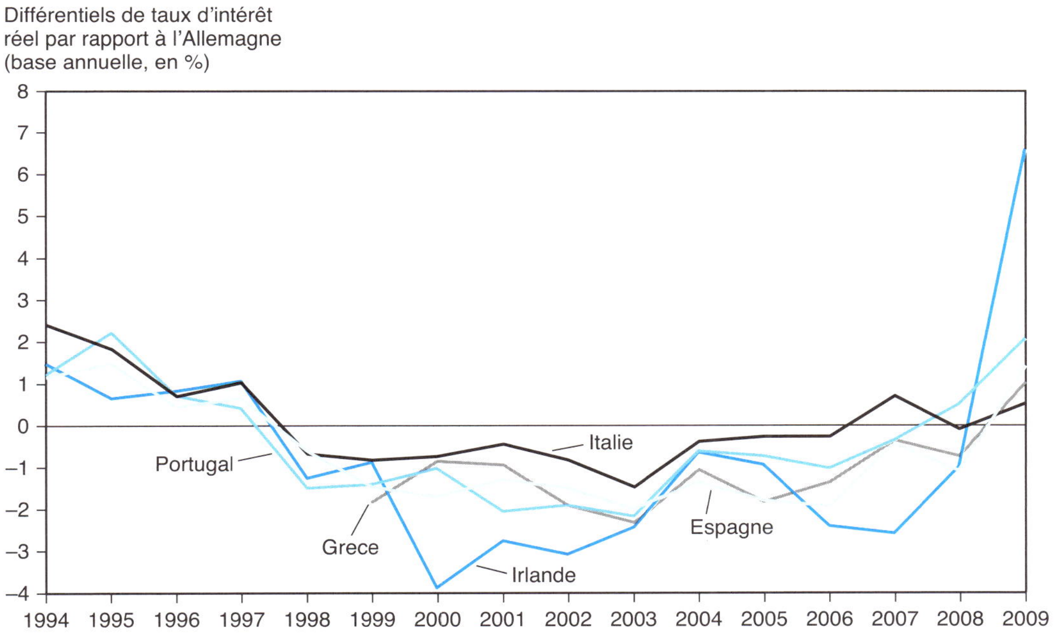

Figure 20.6 – La divergence des taux d'intérêt réels au sein de la zone euro.

À mesure que la date de lancement de l'euro approchait, les taux nominaux des obligations à long terme des futurs pays membres ont convergé, entraînant une baisse des taux d'intérêt réels dans les pays dont l'inflation était relativement élevée. La figure présente les différentiels de taux d'intérêt réel à long terme de chaque pays par rapport à l'Allemagne. Les taux d'intérêt réels sont les taux nominaux des obligations d'État à 10 ans diminués du taux d'inflation.

Source : Datastream.

Tableau 20.2 : Balance courante de quelques pays de la zone euro, 2005-2009 (en % du PIB)

	Grèce	Irlande	Italie	Portugal	Espagne	Allemagne
2005	–7,5	–3,5	–1,7	–9,4	–7,4	5,1
2006	–11,2	–4,1	–2,6	–9,9	–9,0	6,5
2007	–14,4	–5,3	–2,4	–9,4	–10,0	7,6
2008	–14,6	–5,3	–3,4	–12,0	–9,8	6,7
2009	–11,2	–2,9	–3,1	–10,3	–5,4	5,0

Autres éléments à prendre en considération. Bien que le modèle *GG-LL* soit utile pour étudier les zones monétaires optimales, il ne permet pas d'appréhender la réalité dans son ensemble. Deux autres éléments peuvent influer sur notre évaluation des performances passées et à venir de la zone euro.

La similarité des structures économiques. D'après le modèle *GG-LL*, un pays de la zone monétaire qui commerce intensément avec les autres pays membres réagit mieux aux chocs asymétriques. Mais ce modèle ne nous apprend rien sur la possibilité de réduire la fréquence et l'ampleur de ces chocs.

L'un des éléments clés permettant de minimiser les chocs asymétriques est la similarité des structures économiques entre les pays. Comme le montre l'importance du commerce intrabranche (commerce croisé de biens similaires) en Europe (voir chapitre 8), les pays de la zone euro ont des structures industrielles proches. Mais d'importantes différences subsistent. Les pays d'Europe du Nord sont plus riches en capital et en main-d'œuvre qualifiée. Les biens produits par des industries intensives en travail peu qualifié viennent principalement du Portugal, de la Grèce, de l'Espagne ou du sud de l'Italie. On ne peut pas encore dire si l'achèvement du marché unique réduira ces différences en redistribuant capital et main-d'œuvre à travers l'Europe, ou bien s'il les augmentera en encourageant une spécialisation par régions, afin de créer des économies d'échelle dans la production. Pour le moment, les analyses du commerce intra-européen conduisent à des conclusions ambiguës. D'un côté, elles montrent que la mise en place du marché unique s'est traduite par un accroissement rapide du commerce intrabranche. Mais d'un autre côté, cette uniformisation apparente des tissus industriels masque une progression de la spécialisation verticale : les pays les plus riches de l'Union se spécialisent dans les produits haut de gamme, laissant les autres produire des biens de moindre qualité.

Le fédéralisme budgétaire. Un autre point important permettant d'évaluer la pertinence de la zone euro est la capacité de l'UE à opérer des transferts entre ses membres les plus riches et ceux dont l'économie est moins dynamique. Aux États-Unis, par exemple, certains États reçoivent un soutien fédéral automatique sous forme de transferts financés par les états dont la croissance est vigoureuse. Ce fédéralisme budgétaire permet de compenser la perte de stabilité économique due aux changes fixes. Malheureusement, l'UE dispose de pouvoirs budgétaires très limités et ses marges de manœuvre sont donc réduites. Il faut reconnaître que, dans la plupart des pays, les électeurs ne sont guère favorables à une hausse des impôts visant à augmenter les transferts en faveur des pays les plus vulnérables de la zone euro.

Le budget de l'UE s'élève, en 2011, à 142 milliards d'euros. Cela ne représente cependant qu'environ 1 % du PIB des États membres. Les dépenses consacrées à la politique de cohésion régionale constituent le deuxième poste de dépenses de l'Union, après la Politique agricole commune, et s'élèvent à un tiers du budget total (voir encadré 20.3).

Encadré 20.3

Les fonds structurels et le FEDER

Les fonds structurels européens ont pour objectif de réduire les disparités socio-économiques entre les régions de l'Union. Ces disparités sont en effet importantes : par exemple, le PIB par habitant du Luxembourg est deux fois plus élevé que celui de la Grèce. Hambourg, qui est la région la plus riche d'Europe, a un revenu par habitant quatre fois supérieur à celui de l'Alentejo. Or, ces disparités sont préjudiciables à la cohésion européenne.

Quatre types de fonds structurels ont été mis en place au fur et à mesure de la construction européenne : le Fonds européen de développement régional (FEDER) contribue essentiellement à aider les régions les plus défavorisées, celles en reconversion économique et en difficultés structurelles ; le Fonds social européen (FSE) intervient dans le cadre de la stratégie européenne pour l'emploi ; le Fonds européen d'orientation et de garantie agricole (FEOGA-orientation) contribue surtout au développement et à l'ajustement structurel des zones rurales ; l'Instrument financier d'orientation de la pêche (IFOP) soutient les évolutions structurelles du secteur de la pêche. Ces fonds financent trois objectifs dans le cadre des programmes d'initiative nationale : le développement et l'ajustement structurel des régions en retard de développement (objectif 1), la reconversion économique et sociale des zones en difficulté structurelle (objectif 2), et la modernisation des politiques et des systèmes d'éducation, de formation professionnelle et d'emploi (objectif 3).

L'efficacité des fonds structurels européens est souvent mise en doute. Plusieurs études empiriques soulignent l'absence de lien entre ces fonds et le processus de convergence ou le pouvoir d'attraction des territoires*.

* Voir, par exemple, Matthieu Crozet, Thierry Mayer et Jean-Louis Mucchielli, « How Do Firms Agglomerate ? A Study of FDI in France », *Regional Science and Urban Economics*, vol. 34 (1), janvier 2004, p. 27-54.

Pour résumer. Les marchés des biens et du travail européens ne sont pas encore suffisamment intégrés pour devenir une véritable zone monétaire optimale. L'arrivée de l'euro a permis aux marchés financiers de poursuivre leur intégration et a stimulé le commerce intra-européen. Mais, si les capitaux se déplacent facilement, il n'en va pas de même pour la main-d'œuvre, ce qui ne facilite pas les ajustements aux chocs.

Les revenus du travail représentent près des deux tiers du PIB de l'UE. Le chômage pèse sur l'économie européenne, et la faible mobilité des travailleurs au sein de la zone est dommageable. Les forts taux de chômage observés dans certains pays membres (voir tableau 19.2) sont aussi symptomatiques du coût élevé de l'intégration monétaire. En outre, les écarts de performance entre les pays membres suggèrent que ces pays subissent des chocs asymétriques que la politique monétaire unique ne peut compenser.

L'importante mobilité des capitaux, combinée à la faible mobilité des travailleurs pourrait entraîner une hausse du coût de l'ajustement aux chocs. Par exemple, si les Pays-Bas constatent une diminution de la demande de leurs produits, les capitaux néerlandais peuvent migrer à l'étranger, ce qui entraîne une hausse du chômage dans ce pays, plus importante encore que si les capitaux étaient immobiles. C'est d'autant plus grave pour la cohésion des pays européens, que les premiers travailleurs à migrer seraient certainement les mieux formés et les plus entreprenants. Ainsi, étant donné la faible mobilité de la main-d'œuvre en Europe, la libéralisation des flux de capitaux dans l'UE a probablement eu un effet pervers sur la stabilité économique. Il s'agit d'un autre exemple de la théorie de l'optimum de second rang, selon laquelle la libéralisation d'un marché (celui des capitaux) peut réduire l'efficacité des économies européennes si un autre marché (celui de l'emploi) continue de mal fonctionner[18].

Encadré 20.4

La crise de la dette en zone euro

Depuis le printemps 2010, la zone euro est secouée par une grave crise (financière, économique, sociale, institutionnelle et politique) qui menace jusqu'à son existence. Étonnamment, cette crise est née en Grèce, qui pourtant ne représente que 3 % du PIB de la zone euro.

La crise a commencé fin 2009. Le chômage en Grèce était alors déjà élevé en raison de la récession mondiale consécutive à la crise des *subprimes* (examinée plus en détail au chapitre 21). Peu après les élections d'octobre 2009, le nouveau gouvernement grec, dirigé par Georges Papandréou, découvre que le déficit budgétaire est, en fait, deux fois plus élevé que ne le prétendait le précédent gouvernement. Apparemment, ce dernier manipulait sciemment les statistiques économiques depuis des années. Le nouveau gouvernement annonce en novembre 2009 que le déficit pour l'année s'élève, en réalité, à 12,7 % du PIB (le chiffre atteindra finalement 15,4 %) tandis que la dette publique dépasse 100 % du PIB.

Les détenteurs d'obligations grecques, notamment de nombreuses banques de la zone euro, commencent alors à douter de la capacité du gouvernement grec à rembourser ses dettes. En décembre 2009, les principales agences de notation (Fitch, Standard & Poor's et Moody's) dégradent la note de la Grèce. On observe également une hausse des primes d'assurance contre le risque de défaut, les *Credit Default Swaps* (CDS). Comme le montre la figure 20.7, le différentiel de taux d'intérêt entre les obligations émises par la Grèce et l'Allemagne grimpe en flèche.

Le gouvernement Papandréou annonce, début 2010, des coupes budgétaires sévères (baisse des dépenses publiques, gel des recrutements de fonctionnaires, relèvement de l'âge légal de départ à la retraite, privatisations, etc.) et un alourdissement de la fiscalité. Ces mesures sont impopulaires, et rapidement le gouvernement est confronté à une multiplication des mouvements sociaux (manifestations, grèves). Les premières mesures ont du mal à être appliquées et ne suffisent pas à rassurer les marchés.

---

18 Pour une étude détaillée des 10 premières années de l'euro, voir Alberto Alesina et Francesco Giavazzi (éds.), *Europe and the Euro*, Chicago, University of Chicago Press, 2010.

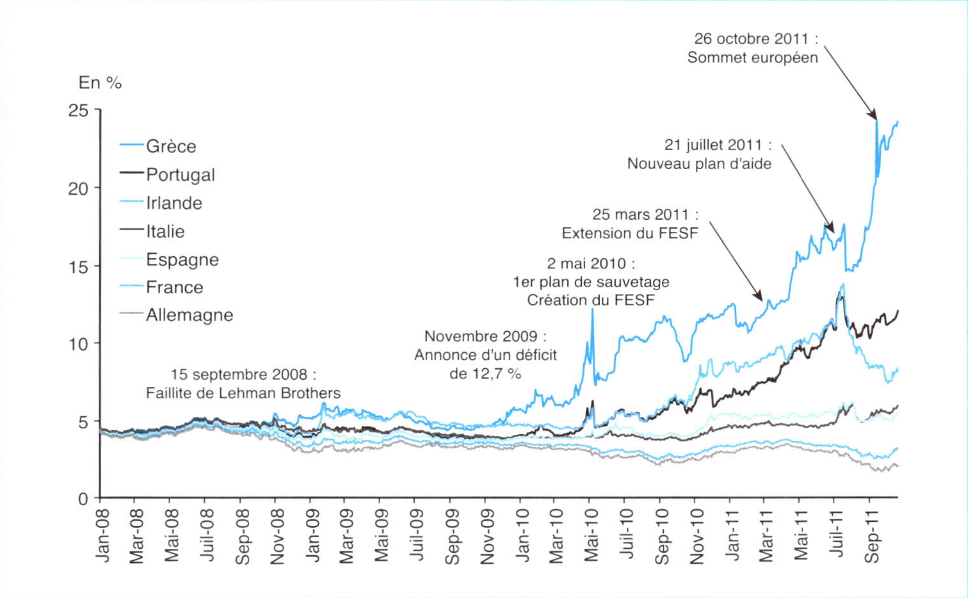

Figure 20.7 – Taux d'intérêt à 10 ans sur les emprunts publics.

Le différentiel d'intérêt avec l'Allemagne, quasi insignifiant avant la crise (et même jusqu'au début 2008), a augmenté fortement pour tous les pays de la zone euro, en particulier pour les pays les plus endettés.

La Grèce souffre, par ailleurs, d'un déficit de compétitivité et ne peut évidemment compter ni sur une relance monétaire, ni sur une dépréciation de son taux de change. Dans ces conditions, les marchés redoutent, outre un défaut souverain, une sortie de la zone euro. Cela permettrait certes à la Grèce de dévaluer, mais elle se retrouverait alors endettée en monnaie étrangère (l'euro) et la valeur en monnaie nationale de cette dette serait plus importante encore (c'est le problème du péché original abordé dans le chapitre suivant). S'ensuivent de nouvelles dégradations de la note de la Grèce et une augmentation continue des taux d'intérêt. Tout cela rend encore plus difficile le retour à l'équilibre des comptes publics (plus les taux d'intérêt sont élevés, plus la charge de la dette l'est aussi). Les investisseurs commencent à craindre une contagion de la crise grecque aux autres pays européens en déficit. Les taux d'intérêt au Portugal et en Irlande, ainsi qu'en Espagne et en Italie (pourtant deux grands pays) sont alors sous pression. Ces pays sont alors désignés par l'acronyme péjoratif de PIGS (Portugal, Ireland, Greece, Spain – *pigs* signifiant « cochons » en anglais). La perspective d'une crise financière qui toucherait une grande partie de l'Europe apparaît de plus en plus plausible, et les marchés boursiers mondiaux plongent.

Encadré 20.4 (suite)

Comment l'UE a-t-elle réagi face à la crise ? Un renflouement de la Grèce par les autres pays de l'UE aurait apaisé les turbulences du marché. Mais c'est exactement ce que des pays comme l'Allemagne ont voulu éviter avec le traité de Maastricht et le PSC. L'article 125.1 du traité sur le fonctionnement de l'Union européenne (TFUE) précise que les États membres ne sont pas coresponsables (vis-à-vis des créanciers) des engagements de l'un des leurs ; c'est la clause dite de non-renflouement. Le problème est, en fait, que l'Union européenne n'a tout simplement pas prévu qu'un État membre fasse défaut*.

À la mi-mars 2010, le conseil Ecofin (qui rassemble les ministres des Finances de la zone euro) déclare son intention d'aider la Grèce, mais ne fournit aucun détail sur ce qu'il envisage de faire. Cette incapacité de l'UE à prendre rapidement des mesures concrètes pour lutter contre la crise a un effet dévastateur. Ce n'est qu'à la mi-avril que les pays de la zone euro se mettent d'accord sur les modalités d'un prêt pour la Grèce. La participation de l'Allemagne au plan de sauvetage est longtemps restée incertaine, mais les pays de la zone euro, en collaboration avec le FMI, finissent par se mettre d'accord sur une enveloppe de 110 milliards de dollars pour la Grèce. En contrepartie, le gouvernement s'engage à lancer un nouveau plan d'économies (baisse de salaires de 10 % dans la fonction publique, réduction de certaines retraites, etc.) et à mener des réformes structurelles destinées à favoriser la croissance économique. Une « troïka », composée de la Commission européenne, de la BCE et du FMI, est chargée de veiller au respect des conditionnalités.

Mais, pendant ce temps, la panique s'empare des marchés obligataires. Les gouvernements au Portugal, en Espagne et en Italie mettent en place des plans d'austérité (tout comme ce fut le cas en Irlande fin 2008) afin de contenir l'augmentation des taux d'intérêt. Craignant les effets de contagion, les dirigeants de la zone euro conçoivent un dispositif plus large, le Fonds européen de stabilité financière (FESF), afin de venir en aide, éventuellement, aux pays en difficulté. Ce fonds, créé pour une durée de trois ans, est doté d'une capacité de 440 milliards d'euros, dont 60 milliards garantis par la Commission européenne, le reste par les États membres (chaque État garantissant 120 % de sa part au cas où quelques-uns feraient défaut). S'ajoutent à cela 250 milliards d'euros du FMI, portant l'enveloppe totale à 750 milliards d'euros.

La BCE a également contribué au plan de sauvetage en achetant, sur le marché secondaire, des obligations émises par certains pays membres en difficulté. Cette stratégie, contraire aux principes défendus jusque-là par la BCE (qui n'était censée détenir en collatéral que des actifs sûrs), a suscité de nombreuses critiques – en particulier, outre-Rhin. Les plus fervents partisans de l'orthodoxie monétaire considèrent en effet que cela viole l'esprit du traité de Maastricht. Certes, la BCE ne prête pas directement aux États : interdiction lui est faite de monétiser les dettes publiques, c'est-à-dire d'acquérir directement des titres de dette sur le marché primaire, autrement dit à l'émission. Cela étant, elle contribue bien à leur financement en intervenant sur le marché secondaire. Par ailleurs, en étant trop clémente avec les pays mal gérés, la BCE

* Sur les défauts de conception de l'union monétaire, voir A. Bénassy-Quéré, « Zone euro : la crise après la crise », dans *L'Économie mondiale 2012*, CEPII, La Documentation française, 2011.

générerait des problèmes d'aléa moral (voir chapitre 21). La BCE fait, au fond, preuve de pragmatisme : sa motivation est d'éviter une panique bancaire en soutenant le prix de certains actifs détenus en majorité par les banques européennes.

Malgré ses efforts, la crise est loin d'être résolue. La Grèce reste engluée dans la récession (le programme de privatisations est retardé, la fraude fiscale persiste…) et continue de voir ses taux d'intérêt augmenter. En novembre 2010, l'Irlande demande elle aussi officiellement l'aide du FMI et du FESF pour un montant de 67,5 milliards d'euros. Puis, c'est le tour du Portugal au printemps 2011. L'action du FESF est alors étendue : le Fonds peut désormais intervenir sur le marché primaire et peut mobiliser tout son passif (contre 225 milliards initialement). Il est aussi prévu de remplacer le FESF à partir de 2013 par une structure pérenne, le Mécanisme européen de stabilité (voir le complément de ce chapitre sur le site compagnon du livre).

La Grèce n'est pas face à un problème de liquidité comme on l'a espéré initialement, mais bien face à un problème de solvabilité. Jusque-là, les pays membres de la zone euro s'étaient provisoirement substitués aux investisseurs privés (jouant ainsi le rôle de prêteur en dernier ressort, voir chapitre 21). Compte tenu de la baisse du PIB et des taux d'intérêt élevés, la Grèce ne peut réduire son ratio de dette publique sur PIB (qui dépasse alors 150 %) à moyen terme sur la base des seuls programmes d'ajustement. Il convient d'envisager des mesures plus radicales.

En juillet 2011, au terme de discussions houleuses entre les partenaires européens, les chefs d'État et de gouvernement de la zone euro conviennent d'un second plan d'aide à la Grèce d'un montant de 109 milliards d'euros. Celui-ci prévoit une restructuration de la dette, à savoir un allongement de la maturité des prêts, combiné avec une réduction des taux d'intérêt (cela s'applique également à l'Irlande et au Portugal). S'ajoute à cela une contribution « volontaire » de 49 milliards d'euros des créanciers privés, qui acceptent une décote de 21 % sur leurs emprunts d'État grecs. Les États s'accordent également sur un nouvel élargissement des attributions du FESF (notamment, la possibilité d'intervenir sur le marché secondaire, de prêter à des États pour recapitaliser des institutions financières fragiles) et sur le principe d'un plan d'aide qui s'appuierait sur les fonds structurels et des prêts de la Banque européenne d'investissement.

Mais avant même que les 17 pays de la zone euro ne ratifient le plan d'aide du 21 juillet, la situation empire encore. Au mois d'août 2011, les marchés boursiers sont pris de panique. Les mauvaises nouvelles ne viennent pas que de ce côté de l'Atlantique. En effet, malgré le compromis *in extremis* du Congrès américain sur le rehaussement du plafond de la dette, Standard & Poor's dégrade la note de solvabilité des États-Unis de AAA à AA+. Cela n'a pas de conséquence sur le taux d'intérêt des bons du Trésor américain qui, plus que jamais, servent de placement refuge (les taux vont même baisser !). Toutefois, cette mesure est très symptomatique de l'état de déprime de l'économie mondiale et du problème de surendettement des pays riches . C'est la fin du modèle de croissance fondée sur l'endettement ; les pays doivent tous veiller à la soutenabilité de leur déficit.

Encadré 20.4 (suite)

Fin octobre, à l'issue d'intenses tractations, les États européens se mettent d'accord sur un troisième plan d'aide à la Grèce qui prévoit 100 milliards d'euros supplémentaires et cette fois une décote de 50 % (autrement dit, les créanciers privés renoncent à près de 100 milliards d'euros). Pour aider les banques à absorber ce choc, il est d'ailleurs prévu qu'elles soient recapitalisées. Peu après cet accord, et quelques jours avant le sommet du G20 sous présidence française, le Premier ministre grec Papandréou déclare, à la surprise générale, vouloir solliciter l'avis de ces concitoyens par référendum. Face aux incertitudes qui pèseraient sur un tel scrutin, il y renonce début novembre, mais cède sa place à un gouvernement d'union nationale. En décembre 2011, tous les pays de l'UE, à l'exception de la Grande-Bretagne, se sont mis d'accord sur l'élaboration d'un nouveau traité visant à renforcer la discipline budgétaire et l'intégration économique des États membres. Nul doute que l'avenir sera ponctué d'autres rebondissements.

Au final, la crise a montré combien il est difficile de répondre à une panique financière en l'absence d'institution centrale disposant des ressources budgétaires lui permettant d'agir rapidement et efficacement. Dans le même temps, on voit que certains s'élèvent contre la création d'une telle institution ; l'opposition allemande, notamment, veut éviter à tout prix une « union de transfert » entre les pays membres. Tout en mettant en place le FESF, les pays de la zone euro ont également discuté de la possibilité d'une surveillance bien plus étroite des déficits nationaux, avec des sanctions drastiques pour les pays qui emprunteraient trop. Le ministre allemand des Finances, Wolfgang Schäuble, a même suggéré que les récidivistes soient expulsés de la zone euro ! La possibilité d'une expulsion, ou même d'un départ volontaire de la zone euro, se heurte à des difficultés juridiques et n'avait pas été sérieusement examinée avant la crise de la dette de 2010. C'est aujourd'hui une possibilité.

4 L'avenir de l'UEM

L'adoption de la monnaie unique est un pari pour le moins audacieux. La réussite de l'UEM doit entraîner l'intégration politique et économique des pays européens, y compris ceux d'Europe de l'Est, voire de la Turquie. À l'inverse, si la monnaie unique échoue, l'intégration politique de l'Europe – l'objectif ultime – subira un sérieux revers.

La crise de la zone euro porte un coup sérieux à la construction européenne. Il est évidemment encore beaucoup trop tôt pour entrevoir l'issue possible de cette crise. On peut toutefois s'attendre à ce que l'avenir s'écrive selon l'un ou l'autre des deux scénarios suivants : soit un retour en arrière dans l'intégration économique et monétaire, soit au contraire un renforcement de la zone euro autour d'un noyau dur et davantage de fédéralisme. Certains réclament ainsi la création d'un « ministère européen des Finances ».

Sinon, à plus long terme, quels autres défis attendent l'euro dans les années qui viennent ?

- L'Europe n'est pas une zone monétaire optimale. Tant que les monnaies nationales coexistaient, les chocs asymétriques pouvaient se résoudre par des politiques monétaires nationales distinctes. Avec la monnaie unique, ces chocs sont plus difficiles à gérer. Dans la mesure où les États étaient habitués à exercer jusqu'en 1999 une pleine souveraineté sur leurs politiques monétaires respectives, il est possible qu'en cas de graves perturbations, la BCE subisse de fortes pressions quant à la politique à adopter, bien plus importantes que celles que pourrait subir dans pareil cas la Réserve fédérale aux États-Unis.

- Le fait que l'union économique soit plus avancée que l'union politique en Europe pose également problème. Si l'unification économique peut être rattachée à un pouvoir central (la BCE) et à une forme tangible, l'euro, les contreparties politiques sont bien plus modestes. Nombre d'Européens espèrent que l'union économique les rapprochera d'une union politique, mais il se peut également que les querelles économiques remettent en cause cette union politique. De plus, l'absence d'un pouvoir politique fort au sein de l'UE ne facilite pas la légitimité politique de la BCE. Le risque est que les électeurs la considèrent comme une institution distante et technocratique, insensible aux attentes des citoyens. Son statut indépendant renforce ce sentiment.
- Dans la plupart des grands pays de l'UE, le pouvoir des syndicats, les cotisations sociales élevées et les nombreux textes réglementaires pèsent sur la mobilité des travailleurs, à la fois entre industries et entre pays. Il en résulte un niveau de chômage élevé. À moins que les marchés du travail ne deviennent plus flexibles, les pays de la zone euro auront du mal à s'ajuster aux chocs économiques asymétriques. Les partisans de l'euro soutiennent que la monnaie unique, en empêchant les réalignements de taux de change entre pays de la zone, aura un effet bénéfique sur le fonctionnement du marché du travail. Mais il se peut également que les travailleurs européens fassent pression afin d'obtenir une harmonisation des salaires, et ainsi réduire les incitations à la mobilité des capitaux vers les pays à bas salaires.
- Reste à savoir également si l'UE est en mesure de développer un cadre institutionnel plus élaboré qui permettrait d'organiser certains transferts fiscaux entre les pays membres. Dans la course à l'euro, avant 1998, les États européens ont fait d'énormes sacrifices pour maintenir leurs déficits dans la limite des 3 % du PIB, exigée par le traité de Maastricht. Certains n'ont toutefois respecté cette limite qu'en mettant en place des mesures ponctuelles ou en se livrant à une comptabilité « créative ». Ces pays doivent depuis réaliser des efforts budgétaires supplémentaires s'ils veulent éviter une véritable crise de la dette. C'est même presque trop tard pour certains pays d'ores et déjà condamnés à des mesures d'austérité draconiennes. La tâche s'annonce de toute façon difficile tant que la croissance économique n'est pas de retour en Europe, d'autant que les efforts d'austérité pèsent eux-mêmes sur la croissance future.
- Depuis 2004, l'UE s'est lancée dans un vaste processus d'intégration des pays d'Europe centrale et orientale (PECO). Cet élargissement soulève de nouveaux défis pour l'UE, comme pour l'UEM. Par exemple, le Conseil des gouverneurs du SEBC, au sein duquel chaque pays membre dispose d'un représentant muni d'un droit de vote, peut-il fonctionner de la même manière avec deux fois plus de gouverneurs ? Différentes solutions peuvent être envisagées, comme une représentation tournante, mais il est par exemple difficile d'imaginer l'Allemagne cédant son siège, même temporairement, à des petits pays comme la Lituanie ou Chypre. Par ailleurs, à mesure que les pays de la zone euro seront plus nombreux, la probabilité de chocs économiques asymétriques augmentera, et

les pays seront d'autant moins enclins à déléguer leurs voix. Reste également à régler le cas de l'intégration du Royaume-Uni…

La zone euro sera inévitablement confrontée à des défis importants dans les années à venir. L'exemple des États-Unis montre qu'une vaste union monétaire constituée de régions très diverses peut fonctionner. Mais pour que l'UEM soit un succès sur le plan économique, elle devra réaliser des efforts en vue d'améliorer la flexibilité du marché du travail et l'uniformisation du système fiscal, sans parler des progrès en termes d'union politique. L'UEM et la BCE ne seront plus seulement jugées sur leur capacité à garantir la stabilité des prix, mais aussi sur leur faculté à gérer les crises et à assurer la prospérité en Europe[19].

Résumé

Les pays de l'Union européenne (UE) ont œuvré à la mise en place d'un régime de changes fixes pour deux raisons : ils pensaient que cette coopération monétaire leur donnerait davantage de poids dans les négociations économiques internationales et qu'elle serait un complément nécessaire à la construction d'un marché européen commun.

Le Système monétaire européen (SME) est lancé en mars 1979. Il inclut initialement l'Allemagne, la Belgique, le Danemark, la France, la Suisse, l'Italie, le Luxembourg et les Pays-Bas. L'Autriche, la Grande-Bretagne, l'Espagne et le Portugal rejoignent le SME quelques années plus tard. Le contrôle des capitaux et les réalignements fréquents jouent un rôle fondamental dans le maintien du système jusqu'au milieu des années 1980. Ces contrôles sont abolis dans le programme d'unification du marché commun de 1992. Lors de la crise de change de septembre 1992, la Grande-Bretagne et l'Italie doivent laisser flotter leur monnaie. En août 1993, confrontés à des attaques spéculatives à répétition, les pays membres sont contraints d'élargir les marges de fluctuation des taux de change à ± 15 %.

Dans la pratique, les monnaies sont rattachées au deutsche mark et l'Allemagne décide *de facto* des politiques monétaires des autres pays du SME, tout comme les États-Unis dans le système de Bretton Woods. Selon la théorie de la crédibilité du SME, les pays participants profitent de la réputation anti-inflationniste de la Bundesbank. Dans la pratique, les taux d'inflation des pays du SME convergent vers le taux allemand.

Le 1er janvier 1999, onze pays européens créent l'Union économique et monétaire (UEM) et adoptent une monnaie unique, l'euro, émise par le Système européen de banques centrales (SEBC). Ils sont rejoints par la Grèce en 2001, par la Slovénie en 2007, par Chypre et Malte en 2008 et par la Slovaquie en 2009. Le SEBC se compose des banques centrales des pays membres et de la Banque centrale européenne (BCE), dont le siège se situe à Francfort. Le Conseil des gouverneurs décide de la politique monétaire européenne. La transition du SME à l'UEM est planifiée par le traité de Maastricht, signé par les dirigeants européens en décembre 1991.

Le traité de Maastricht prévoit un ensemble de critères de convergence macroéconomique, auxquels les pays de l'UE doivent satisfaire afin d'être qualifiés pour l'UEM. Ces critères ont notamment pour objectif de rassurer les électeurs des pays à faible inflation, comme l'Allemagne. Le Pacte de stabilité et de croissance (PSC) signé par les dirigeants européens en 1997, sur demande de l'Allemagne, peut restreindre la capacité des membres de l'UEM à exercer librement leur politique budgétaire. Ensemble, l'UEM et le PSC pourraient priver les pays de la zone euro d'une politique monétaire aussi bien que budgétaire. Le PSC n'a jamais été mis en œuvre et se trouve considérablement affaibli dès 2005, en raison des déficits publics persistants de l'Allemagne et de la France. Et en 2008, ce sont quasiment tous les pays en Europe qui doivent emprunter massivement pour lutter contre la crise financière.

---

19 Sur les performances de la politique économique européenne, voir Philippe Aghion, Élie Cohen et Jean Pisani-Ferry, « Politique économique et croissance en Europe », *Rapport du CAE*, n° 59, La Documentation française, 2006 (disponible gratuitement sur Internet).

Selon la théorie des zones monétaires optimales, les pays ont intérêt à adhérer à une zone de changes fixes lorsque celle-ci est étroitement liée à leur économie par des relations commerciales fortes et lorsque les facteurs de production sont très mobiles. La décision d'une telle adhésion est le résultat d'un arbitrage entre le gain d'efficacité monétaire et la perte de stabilité économique résultant de l'adhésion à la zone. Le modèle *GG-LL* relie ces deux facteurs au degré d'intégration économique entre le pays candidat et la zone de changes fixes. L'adhésion n'est profitable qu'au-delà d'un certain seuil critique d'intégration économique.

L'UE ne satisfait pas à tous les critères d'une zone monétaire optimale. Bien que de nombreux freins à l'intégration des marchés au sein de l'UE aient été supprimés depuis les années 1980 et que l'euro ait encouragé le commerce intra-européen, son niveau n'est pas très élevé. En outre, la mobilité de la main-d'œuvre en Europe et même au sein des pays européens est beaucoup plus faible que dans d'autres zones monétaires, comme les États-Unis, ce qui réduit la capacité des États membres à faire face à des chocs asymétriques. Enfin, le niveau de fédéralisme budgétaire dans l'UE est trop faible pour affronter efficacement les crises, comme l'illustrent les événements récents.

Activités

1. Dans quelle mesure les dispositions du SME concernant l'octroi de crédits par les banques centrales de pays à monnaie forte à des pays à monnaie faible peuvent-elles accroître la stabilité du SME ?

2. Avant septembre 1992, le taux de change deutsche mark/lire italienne ne pouvait pas fluctuer de plus de 2,25 % au sein du SME, à la hausse comme à la baisse. Supposons que la parité deutsche mark/lire ait été fixée de manière irrévocable. Quelle aurait été la différence maximale possible entre les taux d'intérêt des dépôts à un an en lire et en deutsche mark ? Et pour des dépôts à six mois ? À trois mois ? Ces résultats sont-ils surprenants ? Expliquez.

3. Reprenons les hypothèses précédentes et imaginons que les intérêts offerts par des titres d'État à cinq ans aient été de 11 % par an en Italie et de 8 % par an en Allemagne. Quelles seraient les conséquences sur la crédibilité de la parité deutsche mark/lire ?

4. Les réponses aux questions précédentes nécessitent-elles de supposer que les taux d'intérêt et les taux de change anticipés soient liés par la parité des taux d'intérêt ? Pourquoi ?

5. Supposons que la Norvège ancre sa monnaie à l'euro et que, peu après, l'UEM bénéficie d'une augmentation de la demande mondiale pour les exportations des pays membres, autres que la Norvège. Qu'arrive-t-il au taux de change de la couronne norvégienne par rapport aux monnaies autres que l'euro ? Quels sont les effets sur la Norvège ? Dans quelle mesure dépendent-ils du volume des échanges entre la Norvège et les économies de la zone euro ?

6. Utilisez le modèle *GG-LL* afin d'illustrer la relation entre l'augmentation de l'ampleur et de la fréquence des variations non anticipées de la fonction de demande de monnaie d'un pays et le degré d'intégration économique avec la zone monétaire qu'il souhaite rejoindre.

7. Pendant la crise du SME, peu avant que la Grande-Bretagne ne décide de laisser la livre flotter en septembre 1992, on pouvait lire dans *The Economist* l'article suivant :

Ceux qui s'opposent au gouvernement britannique veulent des taux d'intérêt plus bas et pensent que ce serait possible si le pays dévaluait la livre, en abandonnant le SME si nécessaire. Ils ont tort. Quitter le SME conduirait vite à des taux d'intérêt plus élevés, et non à des taux plus bas, dans la mesure où la politique économique britannique perdrait la crédibilité qu'elle a acquise en appartenant au SME. Il y a deux ans, les emprunts d'État britanniques rapportaient trois points de plus que les emprunts d'État allemands. Aujourd'hui, la différence n'est que d'un demi-point, ce qui montre que les investisseurs sont convaincus que l'inflation britannique est en baisse – de façon permanente. (« Crisis ? What crisis ? », *The Economist*, 29 août 1992, p. 51.)

a. Pourquoi les opposants au gouvernement britannique pensaient-ils qu'il serait possible de diminuer le taux d'intérêt en sortant la livre sterling du SME (la Grande-Bretagne traverse alors une récession importante) ?

b. Pourquoi *The Economist* pense-t-il le contraire ?

c. De quelle manière l'appartenance au SME a-t-elle renforcé la crédibilité de la politique monétaire britannique ? (La Grande-Bretagne est entrée dans le SME en octobre 1990).

d. Pourquoi le fait que le taux d'intérêt britannique nominal soit supérieur au taux allemand suggère des anticipations inflationnistes plus élevées en Grande-Bretagne ? Quelles autres explications peut-on avancer ?

e. Évoquez deux raisons pour lesquelles les taux d'intérêt britanniques pouvaient être plus élevés que les taux allemand alors que l'inflation britannique était « en baisse – de façon permanente » ?

8. Imaginons que l'UEM soit devenue une union monétaire, mais qu'il n'y ait pas de Banque centrale européenne pour gérer la monnaie unique. Cette tâche incombe donc aux banques centrales nationales, qui sont libres d'émettre de la monnaie et de conduire des opérations d'open market. Quels problèmes résulteraient de cet arrangement ?

9. En quoi l'impossibilité de mettre en place un marché du travail unifié en Europe pourrait-il être nuisible au bon fonctionnement de l'UEM ?

10. La Grande-Bretagne appartient à l'UE, mais elle n'a pas adopté l'euro.

a. Trouvez des données macroéconomiques sur les performances économiques de la Grande-Bretagne depuis 1998 (inflation, chômage, croissance réelle du PIB) et comparez-les aux données concernant la zone monétaire unique.

b. Quels sont les taux d'intérêt nominaux en Grande-Bretagne et dans la zone euro après 1998 ? Quelles seraient les performances de la Grande-Bretagne si la BCE avait fixé le taux d'intérêt nominal du pays au même niveau que celui de la zone euro, et que la livre sterling ait eu un taux de change fixe avec l'euro ?

11. Les variations de l'euro par rapport aux monnaies étrangères peuvent être considérées comme des chocs affectant le marché des biens, avec des effets asymétriques sur les différents membres de la zone euro. Lorsque l'euro s'apprécie par rapport au yuan (la monnaie chinoise), quel pays souffre-t-il le plus : la Finlande, dont les produits à l'export ne sont pas en concurrence directe avec les produits chinois, ou l'Espagne, qui exporte des biens semblables à la Chine ? Que se serait-il passé si l'Espagne avait conservé la peseta, son ancienne monnaie ?

12. Aux États-Unis, personne ne se soucie jamais vraiment de savoir si tel ou tel État, parmi les 50, connaît un déficit de la balance courante. La Louisiane a connu, par exemple, un énorme déficit de sa balance courante après avoir été dévastée par l'ouragan Katrina en 2005. Pour autant, cela n'a semblé inquiéter personne. La situation est, en revanche, très différente dans la zone euro. En 2006, la Grèce et le Portugal connaissent un déficit courant de près de 10 % du PIB ; celui de l'Espagne atteint pratiquement 9 %. Faut-il s'en inquiéter ? Y a-t-il un lien avec le PSC ? Quelle est, au fond, la visée du PSC ?

Chapitre 21

La mondialisation financière : crises et opportunités

Objectifs pédagogiques :

- Comprendre l'intérêt de la diversification internationale de portefeuille.
- Identifier les facteurs qui ont nourri la forte croissance des marchés internationaux de capitaux.
- Analyser les problèmes liés à la réglementation et à la supervision internationale des banques et des institutions financières non bancaires.
- Être en mesure d'apprécier le degré d'intégration financière internationale.
- Saisir les causes et le déroulement de la crise financière qui a débuté en 2007.
- Évaluer les bénéfices et les dangers liés au développement des marchés de capitaux.

Au début des années 1960, les systèmes financiers des pays industrialisés présentaient trois caractéristiques majeures : une très forte participation des banques domestiques, un degré de concurrence faible et un encadrement strict de la part des autorités. Depuis, les choses ont radicalement changé. Dans les pays anglo-saxons, à partir des années 1970, puis un peu plus tard dans les autres pays, on a assisté à un large décloisonnement des activités en lien avec un profond processus de déréglementation/reréglementation. Le décloisonnement s'entend d'abord au niveau domestique, avec l'imbrication croissante des activités bancaires et financières ou le développement de la bancassurance. Il s'entend aussi au niveau international : les banques réalisent désormais la majeure partie de leurs profits à l'étranger, avec des filiales implantées sur tous les continents, les agents empruntent et investissent de plus en plus au-delà de leurs frontières, etc.

Les intermédiaires financiers, les grandes entreprises, les banques centrales, certaines institutions publiques nationales et internationales se retrouvent sur le marché international des capitaux pour y échanger des monnaies et toutes sortes d'actifs financiers (dépôts bancaires, actions, obligations, produits dérivés, etc.). Tout comme le marché des changes (voir chapitre 14), le marché international des capitaux n'est pas localisé géographiquement et a pleinement profité de l'essor des nouvelles technologies de l'information et des communications (NTIC).

Dans le cadre de cet ouvrage d'économie internationale, nous délaisserons les problématiques relatives à la mutation financière en général[1] pour nous concentrer sur

1. Le lecteur pourra trouver une telle présentation dans Christian de Boissieu (dir.), *Les Systèmes financiers : mutations, crises et régulation*, 3e éd., Economica, 2009.

quatre grandes questions liées à l'internationalisation du marché des capitaux : dans quelle mesure les marchés de capitaux permettent-ils de tirer parti des gains engendrés par le commerce international ? Comment expliquer la forte croissance des marchés de capitaux ? Quels sont les dangers de la globalisation financière ? Comment les États peuvent-ils endiguer les problèmes que ce développement soulève, sans pour autant en réduire les bienfaits ?

1 Le marché international des capitaux et les gains à l'échange

Nous avons longuement étudié, aux chapitres précédents, les avantages que l'on pouvait attendre des échanges internationaux de biens et services. Nous avons vu notamment que les gains pour chaque pays sont d'autant plus élevés que les coûts de transaction sont faibles. Les banques jouent à ce titre un rôle primordial dans la mesure où l'état du système de paiement – dont elles assurent la gestion – est un déterminant majeur des coûts de transaction. La participation des banques ne s'arrête toutefois pas là. Une part importante des transactions internationales porte sur des actifs qui sont échangés entre résidents et non-résidents, le plus souvent par l'intermédiaire des banques. Bien que ces échanges aient parfois mauvaise presse (on parle souvent de spéculation non productive), nous allons voir dans quelle mesure ils profitent aux consommateurs.

1.1 Les trois types de gains à l'échange

Les transactions entre pays peuvent être classées en trois catégories : échange de biens et services contre biens et services ; échange de biens et services contre actifs ; échange d'actifs contre actifs. Jusqu'à présent, nous avons évoqué les deux premières catégories. Aux chapitres 3 à 8, nous avons montré qu'il pouvait être mutuellement avantageux pour les pays de se spécialiser dans les produits pour lesquels ils sont relativement plus efficaces. Aux chapitres 6 et 19, nous avons considéré les échanges *intertemporels*, c'est-à-dire les échanges de biens et services contre des actifs, qui peuvent s'interpréter comme des avoirs sur des biens et services futurs.

1.2 L'aversion au risque

Lorsque les individus choisissent de détenir tel ou tel actif, ils prennent leur décision non seulement en fonction de la rentabilité espérée, mais également en fonction du risque qu'ils encourent. Or, la grande majorité des individus préfère, toutes choses étant égales par ailleurs, les actifs les moins risqués. Les économistes parlent à ce propos d'**aversion au risque**. Pour bien comprendre ce concept, imaginons un jeu tel que l'on a une chance sur deux de gagner 1 000 euros et une chance sur deux de perdre 1 000 euros. Si vous éprouvez de l'aversion au risque, la possibilité de perdre 1 000 euros vous est particulièrement désagréable et l'emporte sur la tentation de gagner éventuellement 1 000 euros. Formellement, l'espérance de gain est nulle ($\frac{1}{2} \times 1\,000 + \frac{1}{2} \times (-1\,000) = 0$), mais vous ne prenez pas part à ce jeu.

Quelques individus sont certes des joueurs invétérés (*risk lovers*), et la popularité des jeux de hasard traduit chez chacun de nous un certain goût pour le risque, mais, en définitive, c'est l'aversion au risque qui domine largement. Preuve en est, d'ailleurs, le succès des assurances.

Parce qu'ils manifestent de l'aversion au risque, les agents sont prêts à détenir des titres dans plusieurs monnaies différentes (même si les taux d'intérêt offerts ne sont pas liés par la condition de parité des taux d'intérêt) si ce portefeuille d'actifs offre un meilleur couple rentabilité/risque. Toutes choses égales par ailleurs, ils préfèrent donc un portefeuille dont la rentabilité varie peu. Cela est essentiel pour comprendre pourquoi les investisseurs tiennent à détenir des actifs étrangers.

1.3 La diversification de portefeuille à l'origine de l'échange international d'actifs

Pour diminuer le risque de son portefeuille, il est préférable de diversifier ses placements plutôt que d'investir toute sa richesse dans un seul actif. Ce principe de diversification – que l'on doit notamment à Harry Markovitz et James Tobin[2] – peut se traduire par l'adage selon lequel « il ne faut pas mettre tous ses œufs dans le même panier ». Lorsqu'un pays s'ouvre aux échanges internationaux de capitaux, les possibilités de diversification sont plus nombreuses, ce qui permet aux investisseurs de réduire le risque global de leur portefeuille. C'est la principale raison pour laquelle les pays ont mutuellement intérêt à échanger des actifs.

Imaginons deux pays, A et B, qui produisent des kiwis. Les résidents de chaque pays détiennent chacun un seul actif, à savoir un droit de propriété sur la récolte annuelle de kiwis. La récolte est, dans les deux pays, incertaine : une fois sur deux, celle du pays A est de 100 tonnes, alors que celle du pays B est de 50 tonnes. Une fois sur deux, c'est l'inverse qui se produit. La production totale est en moyenne de 75 tonnes, mais dans chaque pays on ignore toujours si la prochaine récolte apportera l'opulence ou la famine. Supposons que les habitants des deux pays s'entendent pour échanger 50 % des titres de propriété. Ils sont alors certains de recevoir 75 tonnes (la moitié de la récolte nationale plus la moitié de la récolte étrangère) à chaque période, quelle que soit la réalisation de l'état de la nature.

Cet exemple est évidemment simplifié, car les investisseurs ne peuvent jamais complètement éliminer le risque, même en recourant à des échanges d'actifs au niveau mondial. On constate néanmoins que les investisseurs peuvent réduire le risque de leur portefeuille en diversifiant leurs placements et que le marché international des capitaux offre d'importantes opportunités de diversification[3].

---

2. Harry M. Markovitz, « Portfolio Selection », *Journal of Finance*, 7(1), 1952, p. 77-91 ; James Tobin, « Liquidity Preference as Behavior toward Risk », *Review of Economic Studies*, 25, 1958, p. 65-86. Pour un aperçu historique de la théorie financière moderne, voir Peter Bernstein, *Des idées capitales*, Quadrige, PUF, 2000.
3. Un modèle formel de diversification internationale de portefeuille est proposé en annexe web. Dans l'exemple précédent, les pays auraient été en mesure de réduire le risque autrement qu'en échangeant des actifs. Par exemple, le pays qui réalise une bonne récolte peut exporter vers celui qui subit une mauvaise récolte. Il réalise ainsi un excédent courant qui lui permet de prêter à son partenaire et qui réduit l'instabilité de la consommation à chaque période. Le commerce intertemporel se substitue ici à l'échange d'actifs. En général, toutefois, ces deux modalités ne sont pas parfaitement substituables.

1.4 L'éventail des actifs internationaux : dette *versus* fonds propres

Dans l'exemple précédent, on ne considère qu'un seul type d'actif : les droits de propriété sur la terre. Rappelons toutefois que de nombreux actifs peuvent être échangés sur le marché international des capitaux. On distingue notamment les **titres de dette** et les **titres de propriété**[4].

Les titres de dette, tels que les bons du Trésor, les obligations et les dépôts bancaires, précisent les conditions dans lesquelles l'émetteur doit rembourser le capital emprunté (le principal) et payer les intérêts (sous forme de coupons dans le cas des obligations).

Les titres de propriété, c'est-à-dire les actions et les parts de sociétés, constituent les *fonds propres* des entreprises. À la différence des créanciers qui détiennent des titres de dette, les actionnaires (qui sont copropriétaires de l'entreprise) bénéficient du droit de vote en assemblée générale et d'une part sur les profits, versée sous forme d'un dividende variant en fonction des performances de l'entreprise.

La distinction entre les titres de dette et les titres de propriété est certes commode, mais en pratique la frontière est assez floue. D'une part, il existe de nombreux titres hybrides qui mêlent certaines caractéristiques des deux types de titres[5]. D'autre part, la rentabilité des titres de dette est parfois très incertaine. Même lorsque la rentabilité *nominale* est connue avec certitude, la rentabilité *réelle* des titres de dette dépend toujours du niveau général des prix (et du taux de change lorsqu'il s'agit d'actifs libellés en monnaie étrangère). Les émetteurs peuvent, en outre, faire défaut, c'est-à-dire se retrouver dans l'incapacité de payer les intérêts ou de rembourser la totalité du capital. Dans ce cas, la détention des titres de dette peut devenir aussi risquée que la détention d'actions. Notons que les entreprises ne sont pas les seules à faire défaut ; c'est également le cas de certains États, comme on le verra au chapitre suivant.

2 Les activités bancaires internationales et le marché international des capitaux

2.1 Les acteurs du marché international des capitaux

Les principaux acteurs du marché international des capitaux sont les banques, les institutions financières non bancaires, les banques centrales, les grandes entreprises et les administrations publiques.

- *Les banques.* Les banques commerciales sont au cœur du marché international des capitaux non seulement parce qu'elles sont en charge du système des paiements, mais aussi

---

4. Les titres de dette et ceux de propriété sont les deux grandes catégories d'instruments de financement. Mais on trouve aussi sur le marché international des capitaux de nombreux instruments de gestion des risques. Il s'agit des *produits dérivés* tels que les *contrats à terme* ou les *options*. On parle de produits dérivés, car leur prix évolue en fonction d'un actif sous-jacent : une action, une matière première, une monnaie, un taux d'intérêt…
5. C'est le cas par exemple des actions privilégiées qui offrent une priorité dans le versement des dividendes par rapport aux actions dites ordinaires, mais qui en contrepartie suppriment le droit de vote.

parce qu'elles servent très souvent d'intermédiaires. L'activité première des banques commerciales concerne la *transformation d'échéances*. Le passif des banques est surtout composé de dépôts collectés auprès des *agents à capacité de financement* (les ménages) ou de crédits à court terme obtenus auprès des intermédiaires financiers non bancaires. Leur actif comprend, quant à lui, essentiellement des prêts accordés aux *agents à besoin de financement* (les entreprises, les administrations publiques), ainsi que des titres émis par ces derniers et des dépôts auprès d'autres banques (dépôts interbancaires). Les banques rapprochent ainsi des agents dont les exigences sont opposées : des placements liquides et à court terme face à des besoins de financement qui s'inscrivent dans la durée. Les banques sont impliquées par ailleurs dans de nombreuses autres activités. Elles servent par exemple d'intermédiaires lors des introductions en Bourse pour en garantir le succès, en contrepartie bien sûr du versement d'une commission. Elles développent également une activité lucrative de gestion d'actifs pour le compte des individus et des institutions financières non bancaires.

- *Les institutions financières non bancaires*. Les sociétés d'assurance, les fonds de pension, les fonds de placement collectifs[6] et les *hedge funds* sont devenus en l'espace de quelques années des acteurs majeurs du marché international des capitaux. Ces institutions financières octroient peu de crédits et ne collectent que très peu de dépôts à vue. C'est le cas également des banques d'affaires (ou banques d'investissement), telles que Goldman Sachs ou Lazard Group. Leur activité principale consiste à investir sur les marchés. Ces institutions ont pleinement bénéficié du décloisonnement des marchés nationaux qui leur permet de mieux diversifier leurs actifs.
- *Les firmes*, surtout les grands groupes multinationaux tels que Coca-Cola, IBM, Danone, financent régulièrement leurs investissements en faisant appel à des capitaux étrangers. De plus en plus, ces sociétés accèdent directement au marché international des capitaux.
- *Les banques centrales* sont également présentes sur les marchés financiers internationaux ; elles détiennent toutes des avoirs en monnaies étrangères et interviennent parfois sur le marché des changes pour soutenir ou infléchir le cours de leur monnaie.
- *Les États, les collectivités territoriales et les administrations publiques* se financent aussi sur les marchés internationaux. C'est en particulier le cas pour les pays en développement, qui empruntent fréquemment auprès d'investisseurs étrangers.

2.2 La croissance du marché international des capitaux

Depuis le début des années 1970, le volume des transactions sur le marché international des capitaux a augmenté beaucoup plus rapidement que le PIB mondial. Avant la libéralisation et l'ouverture des marchés, ce sont les différences de réglementations au niveau international qui ont stimulé les marchés internationaux de capitaux. En effet, de nombreuses banques réalisaient à l'étranger, où les règles étaient plus souples, des activités qu'elles ne pouvaient pas entreprendre dans leur pays d'origine.

6. Il s'agit des *Mutuals Funds* aux États-Unis, des *Unit Trusts* au Royaume-Uni, des OPCVM – organismes de placement en valeurs mobilières (SICAV – *sociétés d'investissement à capital variable*, FCP – *fonds communs de placement*) – en France. Au sein de l'Union européenne, les différentes entreprises d'investissement portent un nom générique : UCITS – *Undertakings Collective Investment in Transferable Securities*.

Ces comportements de contournement s'expliquent très bien par la dialectique de la réglementation mise en avant par Edward Kane, à la suite notamment des travaux de William Silber[7]. Dans cette optique, les institutions financières innovent pour contourner les contraintes qui pèsent sur elles. Au premier rang de ces contraintes, on trouve la réglementation, qui suscite un certain nombre d'innovations mais est vite rendue caduque par ces mêmes innovations. Les autorités n'ont alors d'autre choix que de supprimer les règles devenues inadaptées, avant d'en proposer éventuellement de nouvelles.

Rappelons que, en renonçant au régime de Bretton Woods au début des années 1970, les pays industrialisés ont adopté un système qui leur permettait de combiner la liberté de mouvements internationaux de capitaux avec des politiques monétaires orientées vers des objectifs internes. C'est dans ce contexte que se sont développées les activités bancaires et financières hors frontières.

Les activités bancaires et financières hors frontières

Le terme d'**activité bancaire hors frontières** (*offshore* en anglais ; en français, les activités financières offshores désignent plutôt celles enregistrées dans des paradis fiscaux) est utilisé pour décrire les opérations bancaires réalisées en dehors du pays d'origine. L'implantation à l'étranger peut prendre trois formes principales :

- l'ouverture d'une *agence* à l'étranger (un bureau de représentation) qui réalise des prêts et des transferts de fonds, mais n'accepte généralement pas les dépôts ;
- l'ouverture d'une *succursale* à l'étranger, soumise *a priori* aux règles du pays d'origine de la maison mère, mais qui doit composer, de fait, avec les règles du pays d'accueil et qui tente souvent de tirer avantage des différences entre les deux ;
- la création d'une *filiale bancaire* à l'étranger, soumise aux mêmes règles que les banques locales, mais pas à celles du pays d'origine.

En Europe, le contrôle par le pays d'origine des succursales d'établissements financiers étrangers et celui des filiales par le pays d'accueil jouent un rôle très important dans la structuration du marché unique des services financiers. Les banques choisissent majoritairement de racheter des banques à l'étranger et de les transformer en filiales, plutôt qu'implanter directement des réseaux de succursales. Cette séparation du contrôle ne va pas sans difficulté et son principe même est fréquemment contesté[8]. En cas de défaillance d'une succursale ou d'une filiale, les solutions de redressement seront différentes, entraînant soit la dilution des responsabilités des autorités de contrôle, soit l'exigence d'une coordination très étroite mais difficile à mettre en œuvre.

Un dépôt hors frontières est un dépôt bancaire libellé dans une monnaie différente de la monnaie du pays où la banque réside : par exemple, un dépôt en yens dans une banque à Londres, ou encore un dépôt en dollars dans une banque à Paris. Ces dépôts se sont

---

7. Voir W. Silber, « The Process of Financial Innovation », *American Economic Review*, 73, mai 1983, p. 89-93 ; E. J. Kane, « Interaction of Financial and Regulatory Innovation », *American Economic Review*, 78, mai 1988, p. 328-334.
8. Voir Frederic S. Mishkin, Christian Bordes, Pierre-Cyrille Hautcœur, Dominique Lacoue-Labarthe et Xavier Ragot, *Monnaie, banques et marchés financiers*, 9e éd., Pearson Education, 2010.

développés parallèlement à l'activité bancaire hors frontières. Le terme **d'eurodevises** ou d'euromonnaies est souvent employé pour désigner ces dépôts, et l'on parle encore couramment d'eurodollars lorsqu'il s'agit de dépôts en dollars en dehors des États-Unis. La raison est simple : initialement, ces dépôts étaient enregistrés dans des banques localisées en Europe et qualifiées d'eurobanques. Aujourd'hui, cette terminologie prête à confusion puisqu'on trouve des dépôts en monnaies étrangères partout dans le monde ; l'avènement de l'euro n'a fait qu'ajouter à la confusion terminologique !

Le développement du commerce mondial et des sociétés multinationales a fortement contribué au développement de l'activité financière hors frontières. Les banques ont naturellement accompagné leurs clients dans leur développement à l'étranger. Les banques locales disposent certes d'une meilleure connaissance du marché et des règles en vigueur dans le pays d'accueil, mais le suivi que les banques étrangères offrent à leurs clients est un atout indéniable. Les entreprises importatrices ont aussi souvent besoin de conserver des dépôts en monnaies étrangères pour régler leurs achats.

L'essor du commerce mondial n'explique toutefois pas à lui seul la croissance de l'activité bancaire internationale depuis les années 1960. Cette forte croissance s'explique aussi par le désir des banques d'échapper aux réglementations nationales. Des facteurs politiques ont également contribué au développement des eurodevises.

2.3 L'essor du marché des eurodevises

Les eurodollars apparaissent à la fin des années 1950, en réponse aux besoins générés par le volume croissant du commerce international. Les firmes européennes qui souhaitent détenir des comptes en dollars ou emprunter en dollars sont alors nombreuses. Les banques aux États-Unis sont tout à fait en mesure de satisfaire à ces demandes, mais les entreprises européennes considèrent alors plus commode et meilleur marché de traiter avec leur propre banque. Ce développement des eurodollars se poursuit à mesure que les monnaies européennes deviennent convertibles.

En 1957, au plus haut de la crise de la balance des paiements, le gouvernement britannique interdit aux banques locales de prêter des livres sterling pour financer du commerce non britannique. En réaction, les banques britanniques ont commencé à collecter des dépôts et à octroyer des prêts en dollars. Compte tenu de règles nationales très restrictives sur les transactions en monnaies étrangères, le marché des capitaux local n'a pas été affecté et le gouvernement a laissé faire. C'est ainsi que Londres est devenue – et reste encore aujourd'hui – la plaque tournante du marché des eurodevises.

Parmi les raisons politiques qui ont contribué au développement des eurodevises, on peut citer la guerre froide entre les États-Unis et l'Union soviétique. À cette époque, les Soviétiques craignent que la dégradation des relations entre les deux puissances ne conduise les États-Unis à saisir leurs fonds placés dans des banques américaines. Ils décident alors de replacer ces fonds en dollars dans des banques européennes, c'est-à-dire en dehors de la juridiction américaine.

Les eurodollars connaissent un nouvel essor dans les années 1960, avec les nouvelles restrictions sur les sorties de capitaux aux États-Unis et la nouvelle réglementation bancaire. Alors que la balance des paiements américaine s'affaiblit dans les années 1960, les administrations Johnson et Kennedy imposent des mesures visant à décourager les prêts américains à l'étranger. Ces mesures conduisent à un accroissement de la demande de prêts en eurodollars.

La réglementation Q imposée par la Réserve fédérale (Fed) aux banques américaines a aussi encouragé le développement des eurodollars dans les années 1960. Cette réglementation (établie en 1933 puis abolie en 1986) fixe un plafond sur la rémunération des dépôts à terme dans les banques américaines. Au moment où la politique monétaire américaine se resserre à la fin des années 1960 pour lutter contre les pressions inflationnistes (voir chapitre 19), le taux d'intérêt du marché dépasse ce plafond : les banques américaines n'attirent donc plus de dépôts à terme et il devient plus difficile de prêter. Les banques décident alors de contourner la réglementation en empruntant auprès de leurs filiales européennes. En effet, ces dernières ne font face à aucune restriction quant à la rémunération des dépôts à terme en eurodollars et attirent de ce fait des investisseurs qui auraient placé leurs fonds dans des banques américaines en l'absence de réglementation.

Au début des années 1970, avec le passage aux changes flottants, la plupart des pays commencent à supprimer les restrictions sur les mouvements de capitaux transfrontaliers, diminuant dans le même temps l'intérêt des eurodevises. Les contraintes réglementaires laissent alors davantage place à des considérations géopolitiques. Ainsi, au moment des deux chocs pétroliers de 1973-1974 et 1979-1980, les pays membres de l'OPEP qui accumulent d'importants excédents commerciaux en dollars décident-ils de déposer leurs fameux pétrodollars dans des banques européennes par crainte de voir leurs avoirs saisis[9].

De nombreux facteurs expliquent l'essor des eurodevises, mais le facteur le plus important repose sans doute sur les différences de réglementations. De manière générale, les dépôts en monnaie domestique sont plus réglementés, car c'est un moyen de contrôler l'offre de monnaie. À l'inverse, les banques sont beaucoup plus libres dès qu'il s'agit de dépôts en monnaies étrangères sans impact sur la politique monétaire nationale[10].

De telles différences de réglementations permettent de comprendre pourquoi certaines places financières, celles où les contraintes réglementaires sont les plus souples, sont devenues si importantes. C'est le cas de Londres, mais aussi du Luxembourg, du Bahreïn, de Hong Kong entre autres, qui sont en concurrence pour attirer les banques étrangères.

---

9. En 1979, les actifs iraniens placés dans des banques américaines et leurs filiales européennes sont saisis en réponse à la prise d'otages de l'ambassade américaine à Téhéran. L'État américain a procédé de même en gelant les avoirs irakiens en 1991 et à la suite des attaques terroristes du 11 septembre 2001.

10. La réglementation des réserves obligatoires est un bon exemple. Chaque fois qu'une banque aux États-Unis accepte un dépôt, elle doit en placer une fraction sur un compte non rémunéré auprès de la Fed (ou sous forme d'espèces conservées dans un coffre), au titre des réserves obligatoires. Le gouvernement britannique impose également des réserves obligatoires sur les dépôts en livres sterling, mais pas sur les dépôts en monnaies étrangères. De fait, une eurobanque à Londres a un avantage comparatif sur une banque installée aux États-Unis, puisqu'elle n'a pas l'obligation de constituer de réserves.

2.4 Le *shadow banking*

Ces dernières années, la réglementation ou, plus exactement, les « asymétries réglementaires » ont suscité le développement d'un système financier parallèle, qualifié parfois de ***shadow banking system***, ce qui peut se traduire littéralement par « système financier fantôme ». De nos jours, de nombreux établissements (comme certains fonds de placement) sont en mesure d'offrir des services analogues à ceux des banques commerciales, sans être aussi rigoureusement contrôlés. De plus, face à cette concurrence accrue, les banques ont réagi en se redéployant sur les marchés et en développant, elles-mêmes, de nouveaux supports afin de contourner certaines règles parmi les plus contraignantes.

Le cas le plus emblématique de transformation de l'activité bancaire, et en même temps un des facteurs de développement essentiels du système bancaire parallèle, est la titrisation. Traditionnellement, les banques qui accordent des prêts les conservent dans leur bilan jusqu'à ce qu'ils soient remboursés ou que les emprunteurs fassent défaut : c'est le modèle dit d'origination-conservation. Mais, dans les années 1990, les banques ont développé à grande échelle un système leur permettant de se défaire des crédits accordés, et donc des risques associés : c'est le modèle d'origination-distribution. Le plus souvent, dans ce cas, la banque cède ces actifs à un véhicule spécifique (*Special Purpose Vehicule*, SPV – on parle aussi de conduit ou, en France, de fonds commun de créances, FCC). Celui-ci finance ces acquisitions en émettant des titres sur les marchés ; les investisseurs qui achètent ces titres perçoivent en contrepartie les revenus (intérêts et remboursement du principal) issus des prêts[11]. La titrisation permet ainsi aux banques de transférer le risque de crédit et de satisfaire plus facilement aux contraintes réglementaires en termes de fonds propres. De leur côté, les SPV – censés être indépendants des banques qui les ont créés – font l'objet d'une réglementation et d'une supervision minimales.

Pourquoi avoir autorisé des règles et des contrôles moins contraignants que pour les banques ? Pourquoi avoir autorisé les banques à pratiquer ce qu'on appelle pudiquement de l'arbitrage réglementaire ? En fait, historiquement, les autorités monétaires se sont surtout attachées à réduire les risques individuels supportés par les banques. En transférant une partie des risques à d'autres acteurs que les banques, la titrisation était censée rendre le système plus sûr, plus résilient (la résilience est la capacité d'un système à absorber les chocs).

Dans les faits, les SPV sont étroitement liés aux banques qui non seulement leur fournissent la matière première (c'est-à-dire les crédits dans le cas de la titrisation), mais de plus sont les principaux acheteurs de titres. On ne peut donc dissocier la fragilité des banques de celle du système bancaire parallèle. D'ailleurs, comme on le verra dans la suite de ce chapitre, lorsque, à l'été 2007, les premiers SPV gagés sur des prêts immobiliers *subprimes* ont montré des signes de faiblesse, ce sont les banques qui se sont retrouvées en première ligne.

11. Cette transformation de prêts illiquides en titres négociables s'accompagne souvent d'une restructuration : les titres émis par le SPV présentent des caractéristiques différentes de celles des actifs sous-jacents en termes de modalités de paiement, de sensibilité aux risques, etc.

Nous allons brièvement discuter dans la section suivante de la réglementation bancaire internationale, mais retenons d'ores et déjà que les banques ne sont pas les seuls acteurs sur les marchés de capitaux et que leur destin est intimement lié à celui des autres.

3 La régulation de l'activité bancaire internationale

De par ses activités (la transformation des échéances, la gestion des risques, etc.) le secteur bancaire est intrinsèquement vulnérable. De par son positionnement (au cœur du système de paiement et du circuit de financement, maillon essentiel dans la transmission de la politique monétaire), il est de surcroît vital au bon fonctionnement de l'économie, d'où la nécessité d'un encadrement et d'un contrôle stricts. La crise financière de 2007-2009 montre, à l'évidence, que la régulation financière n'était pas à la hauteur de la fragilité du système bancaire international et que la menace d'une crise d'envergure était bien réelle.

3.1 Le risque de faillite bancaire

Une banque fait faillite lorsqu'elle est incapable de remplir ses obligations envers ses déposants et ses autres créanciers. Or l'activité principale des banques consiste à collecter des dépôts dans le but d'octroyer des crédits ou d'acheter des titres. Ce faisant, elles opèrent une transformation d'échéances qui les expose à un risque de liquidité. L'incapacité de certains emprunteurs à rembourser leurs prêts ou la forte baisse de la valeur des actifs détenus par les banques peut, en effet, les conduire à une situation où il leur devient impossible d'honorer leurs engagements à court terme, en particulier de restituer leurs dépôts aux ménages.

La relation qui lie les clients à leur banque est tout à fait singulière dans la mesure où elle repose sur la *confiance*. Or, les activités de placement et de financement sont sujettes à de nombreuses asymétries d'information[12]. Si les déposants estiment – pour une raison ou pour une autre – que la valeur des actifs détenus par leur banque a baissé, ils auront une forte incitation à retirer leurs fonds pour les placer ailleurs. Une banque peut alors être contrainte à la faillite, bien que parfaitement solvable. Une part significative des actifs des banques n'étant pas liquide (c'est-à-dire qu'ils ne peuvent être vendus rapidement), une banque tout à fait saine peut très bien se retrouver dans l'incapacité de répondre à des demandes de retraits massifs de la part de ses déposants[13]. Le problème est donc que les faillites bancaires ne se limitent pas aux institutions caractérisées par une mauvaise gestion ; même si la banque est solvable, il est dans l'intérêt de chaque déposant de retirer ses dépôts s'il prévoit que les autres déposants vont faire de même. Ajoutons qu'une rumeur peut parfois suffire à déclencher une faillite. L'histoire monétaire est jalonnée de ces épisodes de *ruées aux guichets* et de *paniques bancaires.*

Les différents établissements bancaires et financiers nouent des relations étroites les uns avec les autres. La fragilité d'un seul suffit à provoquer une véritable réaction en chaîne, et une perte de confiance généralisée parmi les déposants peut complètement ruiner le

12. Pour plus de détails, voir Laurence Scialom, *L'économie bancaire*, 3e éd., Repères, La Découverte, 2007.

13. Cette distinction (ici implicite) entre banques *illiquides* et banques *insolvables* est au cœur de la théorie du prêteur en dernier ressort développée dans la suite du chapitre.

système de paiement (il s'agit là de ce qu'on appelle un problème d'*externalités négatives*). Les banques prennent évidemment soin de ne pas faire faillite, mais elles ne sont pas spontanément incitées à prendre en charge le coût social d'une faillite du système bancaire, qui est bien supérieur aux coûts supportés par les banques.

Le filet de sécurité financière

Pour limiter le risque de propagation – que l'on qualifie de **risque systémique** –, de nombreuses réglementations ont été mises en place, notamment inspirées par l'expérience de la crise de 1929. Les principales mesures de prévention et de sauvegarde du système, qui composent ce qu'on appelle le **filet de sécurité financière**, sont les suivantes :

- Les *réserves obligatoires*. Elles sont surtout considérées comme des instruments de politique monétaire (de moins en moins utilisés toutefois). Ces réserves ont été mises en place, initialement, pour protéger les déposants en contraignant les banques à détenir une partie de leurs actifs sous forme de liquidités, afin qu'elles soient en mesure de répondre à des retraits massifs.

- La *réglementation prudentielle*. Le passif des banques n'est pas uniquement composé de dépôts et de prêts à court terme, mais également de fonds propres. Ces fonds propres représentent le capital de la banque et sont détenus par les actionnaires ; ils ne sont pas dus aux déposants et offrent une marge de sécurité supplémentaire en cas de dépréciation des actifs. Dans la plupart des pays, pour prévenir les faillites bancaires, les autorités exigent des banques un montant minimum de capital (voir ci-dessous). Outre ces exigences en termes de fonds propres, d'autres règles prudentielles interdisent aux banques de détenir des actifs considérés trop risqués ou les contraignent à diversifier leurs engagements.

- La *supervision bancaire*. Les autorités de supervision (selon les pays soit la banque centrale, soit une ou plusieurs autorités indépendantes) surveillent de près l'activité des banques. Elles en contrôlent régulièrement les documents comptables pour s'assurer notamment du respect de certains ratios de solvabilité, de liquidité, d'exposition aux risques de marché, etc. Le contrôleur peut aussi contraindre les banques à vendre des actifs jugés trop risqués ou encore supprimer dans ses lignes de crédit des prêts qui ne seront vraisemblablement jamais remboursés.

- L'*assurance dépôt*. Elle a essentiellement pour objectif de dissuader les ruées aux guichets[14]. Les déposants, sachant leurs fonds assurés, ne sont plus incités à retirer leurs dépôts à la moindre alerte, juste parce que d'autres le font, ce qui élimine tout risque de panique bancaire. Aux États-Unis, la *Federal Deposit Insurance Corporation* (FDIC) assure les déposants contre une perte pouvant aller jusqu'à 250 000 dollars (cette assurance existe depuis 1933). Ce sont les banques elles-mêmes qui participent au financement de cette assurance. Dans l'Union européenne, la directive de la Commission 94/19/CEE de 1994, relative à la garantie des dépôts, rend obligatoire pour les États membres la mise en œuvre d'un régime d'assurance dépôt. La France a ainsi créé, en 1999, un fonds de garantie des dépôts, qui couvre chaque déposant jusqu'à 100 000 euros (ce seuil a été rehaussé pendant la crise fin 2008). À noter que seuls les dépôts domestiques sont couverts par

14. Voir Douglas Diamond et Philip Dybvig, « Bank Run, Deposit Insurance and Liquidity », *Journal of Political Economy*, 91(3), 1983, p. 401-419.

ces assurances (ce qui justifie au demeurant que la réglementation soit plus légère sur les dépôts hors frontières).

- Le *prêteur en dernier ressort*. Dans le cas où il n'existe pas d'assurance dépôt ou en complément de celle-ci, les autorités monétaires peuvent apporter leur soutien à une banque en difficulté sous forme de prêts exceptionnels. Le plus souvent, c'est la banque centrale, dotée du pouvoir de créer la monnaie, qui endosse ce rôle de prêteur en dernier ressort (PDR). L'intervention du PDR est d'abord curative dans la mesure où elle évite qu'une faillite isolée ne débouche, par un simple effet domino, sur une crise systémique. Mais, comme l'assurance de dépôts, elle joue un rôle préventif. Lorsque les déposants savent que la banque centrale est susceptible d'agir en tant que PDR, leur confiance dans la capacité du système à faire face aux crises se trouve accrue, ce qui rend peu probables les phénomènes de contagion et de panique.
- Les *sauvetages bancaires* (*bailout*, en anglais). En dernier recours, la banque centrale ou l'État peuvent organiser le rachat d'une institution en difficulté par une ou plusieurs autres institutions financières jugées plus solides. Cette « solidarité de place » (car ce sont souvent les banques d'une même place financière qui participent au sauvetage) n'obéit à aucune règle particulière et se gère au cas par cas. L'État peut aussi intervenir directement pour recapitaliser un établissement en difficulté, sous forme d'une prise de participations, voire d'une nationalisation. Ces interventions se font bien sûr aux frais du contribuable. C'est la raison pour laquelle cette solution n'est utilisée qu'en tout dernier recours, afin d'éviter que la crise financière ne dégénère en véritable catastrophe économique qui coûterait encore plus cher aux contribuables. À noter que ces derniers peuvent espérer rentrer dans leurs frais une fois la crise terminée, si le gouvernement réussit à remettre sur pied les établissements bancaires et à revendre ses participations sur le marché à un prix supérieur au prix d'acquisition. Ce fut le cas notamment en Suède, dans les années 1990, où le sauvetage du système bancaire s'est traduit *in fine* par un gain pour l'État.

Durant les Trente Glorieuses, le filet de sécurité a pleinement rempli son rôle de protection des déposants. Aucune faillite d'envergure n'est en effet à déplorer dans les pays industrialisés jusqu'au début des années 1980, alors qu'elles étaient légion avant la grande dépression[15]. En revanche, depuis trois décennies, et le mouvement de déréglementation financière, les crises bancaires se succèdent, n'épargnant pratiquement aucun pays. Parmi les cas les plus graves, on peut citer la faillite des caisses d'épargne américaines (*Saving & Loans*) au milieu des années 1980, la crise bancaire au Japon à la fin des années 1980 et au début des années 1990, la crise bancaire des pays scandinaves au début des années 1990 également, et bien sûr la crise qui a débuté en 2007 et qui est, sans conteste, la crise la plus grave depuis la crise de 1929.

Risque systémique et aléa moral

L'assurance dépôt, tout comme l'intervention du PDR, porte en elle le germe de l'aléa *moral* (on parle aussi parfois de risque moral). Elle incite en effet les banques à prendre davantage de risques ; l'adage « face, la banque gagne ; pile, le contribuable perd » permet de

15. On recense moins de 15 faillites bancaires par an aux États-Unis entre 1934 et 1981, contre 600 dans les années 1920 et plus de 2 000 entre 1930 et 1933.

bien prendre la mesure du problème. Par ailleurs, les déposants n'ont plus de raisons de s'inquiéter de la santé financière de leur banque et ne sont pas enclins à exercer un quelconque contrôle. L'existence même de l'aléa moral justifie donc que les autorités supervisent et contrôlent en amont les banques afin de limiter leurs prises de risques et les obliger à maintenir des provisions suffisantes en cas de problème. En fait, l'idéal serait que le PDR conditionne son intervention à l'existence d'une bonne gestion des actifs au sein de la banque (c'est d'ailleurs la raison pour laquelle le PDR, à savoir la banque centrale, doit être impliqué dans le processus d'évaluation des banques). Thornton (1802) et Bagehot (1873), qui sont les instigateurs de la théorie du PDR au XIXe siècle, préconisent ainsi d'intervenir uniquement dans le cas de banques illiquides et de laisser les banques insolvables faire faillite.

En pratique, cette règle se heurte toutefois à deux problèmes. Il est d'abord particulièrement difficile de distinguer entre des banques illiquides et insolvables. Ensuite, plus problématique encore, les autorités ne peuvent se résoudre à laisser une *banque d'importance systémique* faire faillite ; qu'elle soit trop grande (*too-big-to-fail*) ou trop interconnectée (*too-interconnected-to-fail*) pour faire faillite, le problème est le même : le coût d'une faillite pour le système bancaire serait trop élevé, ce qui ne laisse d'autre choix aux autorités que d'intervenir.

Le problème posé par les banques d'importance systémique est, d'une certaine manière, endogène : il s'apparente à un cercle vicieux dans le développement du secteur financier. Dans la mesure où les institutions financières sont perçues comme bénéficiant de la garantie implicite des États, elles empruntent à des taux relativement faibles et peuvent s'engager dans des activités, certes risquées, mais qui peuvent se révéler très profitables (du moins, tant que la crise ne ruine pas tout l'édifice). Les profits accumulés par les institutions financières leur permettent de croître ; qui plus est, en suivant peu ou prou les mêmes stratégies, elles deviennent de plus en plus interconnectées les unes aux autres. Tout cela renforce l'idée selon laquelle l'État ne pourra faire autrement que de venir à leur secours en cas de faillite. En conséquence, elles obtiennent alors des taux encore plus bas, réalisent des profits encore plus élevés, etc. L'aléa moral ne fait qu'augmenter, tout comme la fragilité du secteur financier.

Les économistes sont, par conséquent, de plus en plus favorables à des mesures visant à contenir la taille des établissements financiers, quitte éventuellement à sacrifier aux rendements d'échelle (qui en pratique peuvent être croissants). L'ancien président de la réserve fédérale américaine, Alan Greenspan, a une façon bien à lui de résumer ce problème : « si les banques sont trop grandes pour faire faillite, c'est qu'elles sont tout simplement trop grandes ».

Comme on le verra, l'aléa moral est un élément central pour comprendre les raisons de la crise financière de 2007-2009, ainsi que les mesures qui ont été proposées pour éviter qu'une telle crise ne se reproduise. Toutefois, un autre élément essentiel tient à la nature globale du secteur bancaire.

3.2 Les difficultés liées à la régulation de l'activité bancaire internationale

Les réglementations nationales sont souvent inefficaces, car inadaptées à la globalisation des activités bancaires et financières.

- Il n'existe pas d'assurance dépôt au niveau international. Les systèmes d'assurance dépôt protègent les déposants nationaux et étrangers, mais ces assurances ne sont pas en mesure d'assurer des dépôts de la taille de ceux requis dans le cadre des transactions bancaires internationales. En particulier, les dépôts interbancaires ne sont pas protégés.
- Certains pays profitent des différences de réglementations pour attirer les banques internationales. On a vu, notamment, que les différences de réserves obligatoires entre les pays avaient favorisé les eurodevises. Aucun pays ne peut seul résoudre ce problème, et une coordination internationale est nécessaire. Les tentatives d'accord sur la base d'un socle commun de règles internationales sont toutefois bloquées. Certains gouvernements rechignent en effet à imposer des règles plus sévères, de crainte que les institutions financières étrangères décident de quitter leur pays.
- La supervision des banques se complique avec l'internationalisation des marchés. Les autorités contrôlent généralement les banques nationales ainsi que les succursales étrangères sur la base de comptes consolidés. Mais les autorités sont toujours moins regardantes sur les comptes des filiales étrangères. Cela incite parfois les banques à transmettre les opérations les plus risquées à leurs filiales étrangères, implantées dans des pays où la législation est plus souple. De même, se pose le problème de savoir si les filiales doivent être contrôlées par le pays où est implantée la banque mère ou bien par le pays d'accueil. Ce problème est particulièrement vif en Europe où le marché des capitaux et les systèmes financiers sont très intégrés. Avec la crise, la consolidation des autorités de supervision et de contrôle à l'échelle européenne s'est accélérée avec la création de trois agences supranationales : l'Autorité bancaire européenne (ABE), l'Autorité européenne des marchés financiers (AEMF) et l'Autorité européenne de surveillance des assurances et pensions professionnelles (AEAPP). Ces agences, qui composent le nouveau Système européen de surveillance financière (SESF), ont pour mission essentielle de coordonner l'action des autorités nationales.
- Il y a toujours une incertitude quant à la banque centrale qui doit intervenir en tant que PDR pour apporter des liquidités à une eurobanque en difficulté : s'agit-il de la banque centrale du pays d'accueil, de celle du pays où la banque mère est implantée ou bien de la Fed si les dépôts sont en dollars ? Il s'agit d'un problème majeur puisque la banque centrale qui intervient est contrainte par ses objectifs macroéconomiques internes. Les banques centrales sont donc plutôt réticentes à assumer cette responsabilité.
- De même, lorsqu'un établissement est au bord de la faillite et que son sauvetage nécessite une intervention des autorités publiques, les choses sont naturellement plus compliquées s'il s'agit d'une banque implantée dans de nombreux pays. La faillite de la banque franco-belge Dexia en 2011 illustre bien ces difficultés et montre que la coordination entre les autorités est cruciale, d'autant que les décisions doivent souvent, dans pareil cas, être prises dans l'urgence.

Encadré 21.1

Quand l'aléa moral conduit à une prise de risque excessive

L'aléa moral, qui découle à la fois de la garantie implicite des États et d'une insuffisance de la réglementation financière, a largement contribué à nourrir la croissance excessive du secteur financier dans les pays développés. Pour bien comprendre les mécanismes en jeu, considérons un exemple simple.

Imaginons une opportunité d'investissement – le développement d'un vaste complexe immobilier par exemple – pour un montant total de 70 millions d'euros. Si tout va bien, ce projet permettra de dégager un bénéfice de 100 millions d'euros (en valeur actuelle, c'est-à-dire en tenant compte de la valeur temps de l'argent). Il n'existe toutefois qu'une chance sur trois pour qu'il en soit ainsi. Autrement, avec une probabilité donc égale à deux tiers, ce projet ne rapportera que 25 millions d'euros. Le profit espéré de cet investissement est de 50 ($100 \times 1/3 + 25 \times 2/3$) millions d'euros, soit une perte nette de 25 millions d'euros. Normalement, un tel projet (dont la valeur actuelle nette est négative) doit être abandonné*.

Le fait que l'État accorde (implicitement) aux banques sa garantie peut toutefois changer la donne. Supposons que le promoteur immobilier réussisse à emprunter les 70 millions d'euros nécessaires auprès d'une banque qui compte sur l'État pour venir à sa rescousse si le projet échoue et que le prometteur n'honore pas ses obligations. L'investisseur a toujours une chance sur trois de réaliser un bénéfice de 30 millions d'euros mais, compte tenu de la garantie, si le projet ne rapporte que 25 millions (alors qu'il en a coûté 70), il se retire sans perte. Du point de vue du prometteur (comme de celui du banquier), l'espérance de gain nette est donc cette fois de 30 millions d'euros ($100 \times 1/3 + 0 \times 2/3 - 70$).

L'exemple précédent peut paraître extrême, mais c'est ce genre de mécanismes qui a conduit à la crise financière de 2007-2009. Ce n'est d'ailleurs pas le seul exemple. La faillite des caisses d'épargne américaines dans les années 1980 répondait à une logique similaire ; tout comme la quasi-faillite du Crédit Lyonnais au début des années 1990 en France en raison d'investissements beaucoup trop hasardeux (la garantie de l'État était même perçue comme plus importante dans ce cas, puisqu'il s'agissait d'une banque publique).

---

* Pour plus de détails sur les méthodes de choix d'investissement, en particulier le calcul de la valeur actuelle nette (VAN), voir J. Berk, P. DeMarzo, G. Capelle-Blancard, N. Couderc et N. Nalpas, *Finance d'entreprise*, 2e éd., Pearson Education, 2011.

3.3 La coopération réglementaire internationale

L'internationalisation de l'activité bancaire réduit l'efficacité de la supervision et des réglementations nationales, et rend absolument nécessaire la mise en place de nouvelles mesures de sauvegarde. Aujourd'hui, un problème affectant une banque peut très vite se répercuter au niveau mondial.

Pour répondre à cette menace, dès 1974, les banques centrales de 11 pays industrialisés ont mis en place le **Comité de Bâle sur le contrôle bancaire**, sous l'égide de la Banque des règlements internationaux. Son rôle est d'obtenir « une meilleure coordination de la surveillance exercée par les autorités nationales sur le système bancaire international ». Le premier accord, connu sous le nom de Concordat et conclu en 1975 (révisé en 1983), prône un partage des responsabilités et des tâches entre le pays d'origine et le pays d'accueil, et appelle à des échanges d'informations relatives aux banques. En 1988, le Comité de Bâle propose que toutes les banques respectent un ratio minimum de capital (ou ratio de solvabilité). Ce ratio, le ratio Cooke, prévoit que les banques détiennent sous forme de fonds propres et de quasi-fonds propres un montant équivalent à 8 % de leurs engagements pondérés selon la nature de l'emprunteur[16]. Le ratio Cooke représente une avancée majeure en matière de réglementation prudentielle internationale. Le système de pondération initial a toutefois fait l'objet de nombreuses critiques : il ne portait, par exemple, que sur le risque de crédit. Une nouvelle réforme a donc été engagée. Après de longues années d'âpres discussions, le nouvel accord, connu sous le nom d'accords de Bâle II a été conclu le 26 juin 2004 (pour une mise en œuvre progressive à partir de 2006 – au 1er juillet 2008 pour les banques européennes par exemple). Cet accord prévoit un dispositif plus élaboré de couverture du risque crédit, du risque de marché et du risque opérationnel. Le ratio Cooke est ainsi remplacé par le ratio McDonough. Une nouveauté importante consiste, en outre, à autoriser les banques à utiliser leurs systèmes de notation internes (soumis préalablement à l'aval du régulateur) – ou à défaut les notes des agences de *rating* – pour fixer les pondérations qui interviennent dans le calcul des exigences en capital.

Un autre chantier majeur pour le Comité de Bâle concerne les économies émergentes. Ces pays (Brésil, Mexique, Indonésie, Thaïlande…) ont rapidement libéralisé leur secteur financier et reçu des flux d'investissement très importants à partir des années 1990. Ils se sont toutefois révélés fragiles (voir chapitre 22), car ils manquent d'expérience en termes de réglementation bancaire et de développement des normes comptables. En 1997, le Comité de Bâle a édicté, en coordination avec les représentants de nombreux pays en développement, 25 principes essentiels concernant l'agrément des banques, les méthodes de supervision, les obligations de rapportage qui doivent être imposées aux banques, ainsi que l'activité bancaire transfrontière (*Core Principles for Effective Banking Supervision*).

Dès le début de la crise en 2007, toute cette architecture – qu'il s'agisse des principes de base (révisés en 2006), comme des accords de Bâle II – a montré de sérieuses limites. En conséquence, de nouvelles règles, les accords de Bâle III, ont été proposées fin 2010, pour une mise en application d'ici 2018. Ces accords prévoient notamment de rehausser le ratio de fonds propres (le ratio Tier 1 notamment), de mettre en place des ratios de liquidité et un ratio dit « de levier » (autrement dit, un ratio de fonds propres non pondérés), ainsi que des mesures contracycliques.

---

16. Les règles prescrites par le Comité de Bâle n'ont aucune portée réglementaire et doivent être explicitement adoptées par les États qui le désirent. L'Union européenne a adapté le ratio Cooke en promulguant en 1989 la directive 89/299/CEE, relative au minimum de fonds propres, et la directive 89/647/CEE, relative au ratio de solvabilité des banques.

Le développement des institutions financières non bancaires, de la **titrisation** ou des marchés dérivés constituent autant de défis supplémentaires pour les autorités de supervision[17]. Il devient toujours plus difficile de suivre les flux financiers internationaux, de collecter des données sur les porteurs ultimes de risque, etc. La quasi-faillite du fonds spéculatif *Long Term Capital Management* (LTCM) en 1998 illustre bien ces difficultés. Aussi symptomatique que soit cet « accident », rien toutefois de comparable avec la crise financière qui a débuté en 2007 et qui a plongé le monde entier dans la pire crise économique depuis la grande dépression.

Encadré 21.2

La quasi-faillite du hedge fund LTCM

Fondé en 1994, LTCM est un fonds spéculatif, un *hedge fund*, spécialisé dans l'arbitrage. Cette activité, qui consiste à tirer parti de faibles différences de prix entre des actifs similaires, est en théorie peu risquée si ce n'est que les gains sur chaque opération sont faibles et que les volumes de transactions doivent, par compensation, être très importants. Compte tenu de sa réputation, LTCM n'a pas de difficultés à lever des capitaux. Ce fonds a en effet pignon sur rue, ce qui n'est guère étonnant puisqu'il compte parmi ses fondateurs deux prix Nobel d'économie (Robert C. Merton et Myron Scholes) et un ancien vice-président de la Fed. Début 1998, le capital de LTCM représente 4,8 milliards de dollars, mais le fonds est engagé à hauteur de 1 300 milliards de dollars !

En août et septembre 1998, la Russie fait défaut sur sa dette (voir chapitre 22). La valeur des actifs de LTCM chute alors, tandis que ses dettes s'envolent. Après le choc, le capital de LTCM tombe à 600 millions de dollars et la Réserve fédérale de New York sollicite 14 institutions financières américaines et européennes (dont trois françaises) pour un plan de sauvetage exceptionnel. Ces institutions prêtent 3,6 milliards de dollars à LTCM. Elles reçoivent en contrepartie 90 % du fonds et obtiennent la création d'un comité de surveillance.

L'intervention de la Fed s'explique par le fait qu'elle redoute une panique financière à grande échelle au moment même où les économies asiatiques et latino-américaines sont dans une phase de ralentissement. La plupart des institutions qui participent au sauvetage auraient d'ailleurs subi des pertes considérables en cas de faillite. La Fed estime qu'elle n'a pas agi en tant que prêteur en dernier ressort dans l'affaire LTCM, puisqu'elle n'a pas investi de fonds publics dans ce sauvetage. Elle a au contraire incité les créanciers à prendre part au capital de LTCM (organisation d'une solidarité de place). La Fed estime également que les détenteurs du capital de LTCM ayant perdu une grande part de leur pouvoir de contrôle sur le fonds à la suite du sauvetage, son intervention ne constituerait pas une incitation à la prise de risque. Néanmoins, de nombreux économistes ont appelé à opérer à l'avenir un contrôle plus poussé des fonds spéculatifs, ces fameux *hedge funds*. Mais rien n'a été véritablement entrepris en ce sens et l'industrie des *hedge funds* a continué à se développer rapidement.

17. Pour plus de détails sur la régulation financière internationale, voir Markus K. Brunnermeier, Andrew Crockett, Charles A.E. Goodhart, Avinash Persaud et Hyun Song Shin, *The Fundamental Principles of Financial Regulation*, Londres, Centre for Economic Policy Research, 2009 ; Barry Eichengreen, *International Financial Regulation After the Crisis*, Daedalusi, 2010, p. 107-114.

Encadré 21.3

La crise des *subprimes* et la faillite de Lehman Brothers

En septembre 2008, Lehman Brothers, l'une des plus prestigieuses banques d'investissement au monde, se déclare en faillite. Son cours de Bourse est alors de 13 cents, contre plus de 80 dollars un an et demi plus tôt. Cette chute vertigineuse tient évidemment à la crise des prêts *subprimes**.

Les prêts *subprimes* désignent aux États-Unis les prêts hypothécaires accordés aux emprunteurs les plus risqués. Durant la première moitié des années 2000, la Réserve fédérale américaine mène une politique monétaire très accommodante (voir chapitre 19). Les taux d'intérêt aux États-Unis sont très bas, les ménages s'endettent massivement pour devenir propriétaires de leur logement et, progressivement, une bulle se forme sur le marché immobilier. De nombreux investisseurs acquièrent des biens immobiliers dans l'unique but de les revendre un peu plus tard et d'enregistrer une plus-value. Par ailleurs, les banques proposent aux emprunteurs, même les plus modestes, des modalités de financement très attractives : il est ainsi possible de fixer un taux d'intérêt très faible en début de période (de l'ordre de 2 % par exemple les deux premières années), sachant que ce taux augmentera par la suite ; certains emprunts prévoient également la possibilité de rembourser le capital en toute fin de période (prêts « ballons »). À partir de 2004, l'inflation menace et la Réserve fédérale augmente progressivement ses taux directeurs. De plus en plus de ménages font alors défaut et, en 2007, le marché de l'immobilier se retourne.

Le marché des prêts *subprimes* aux États-Unis est relativement restreint. Mais il s'avère que les banques qui ont accordé ces prêts les ont titrisés puis revendus à d'autres banques – le plus souvent *via* des structures plus ou moins opaques – ou à des *hedge funds*, aux États-Unis, en Europe ou ailleurs. Aussi, quand le marché se retourne, il est très difficile de connaître l'exposition au risque de chacun. Les banques ignorent très souvent jusqu'à leur propre exposition au risque. Les produits structurés composés à partir de produits dérivés complexes (CDO, CDO^2, etc.) – que l'on qualifiera plus tard d'actifs « toxiques » – n'ont pas permis, comme on l'espérait, une meilleure répartition des risques.

La crise éclate au cours de l'été 2007. Plusieurs fonds exposés aux prêts *subprimes* sont contraints de liquider leurs actifs et procèdent à des ventes en détresse ; nombre de *hedge funds* seront d'ailleurs amener à fermer. Début août, les banques centrales interviennent sur le marché interbancaire en injectant massivement des liquidités. Les banques se refusent, en effet, à se prêter les unes aux autres. Elles préfèrent toutes conserver précautionneusement leurs liquidités et se tournent vers les autorités monétaires. La BCE puis la Fed se déclarent prêtes à accepter des titres adossés à des prêts hypothécaires en collatéral des prêts qu'elles accordent aux banques. Les interventions des autorités monétaires évitent une crise systémique, mais ne réussissent pas à rétablir la confiance. Le marché interbancaire est comme sous perfusion.

---

* Voir Markus Brunnermeier, « Deciphering the Liquidity and Credit Crunch of 2007-2008 », *Journal of Economic Perspectives*, 23, 2009, p. 77-100 ; Gary B. Gorton, *Slapped in the Face by the Invisible Hand: The Panic of 2007*, New York, Oxford University Press, 2010. Pour un exposé en français, voir P. Artus, J.-P. Bétbèze, Ch. de Boissieu et G. Capelle-Blancard, « La crise des subprimes », *Rapport du CAE*, n° 78, La Documentation française, 2008 (disponible en ligne). Pour une version actualisée voir, des mêmes auteurs, *De la crise des subprimes à la crise mondiale*, La Documentation française, 2009, 168 pages.

Les marchés boursiers, partout dans le monde, plongent.

La première banque victime de la crise est Northern Rock, en Grande-Bretagne. La Banque d'Angleterre a d'abord été plutôt réticente à intervenir sur le marché interbancaire, invoquant le problème de l'aléa moral. Le système d'assurance dépôt était, en outre, assez limité outre-Manche. Quand les déposants britanniques ont eu vent de rumeurs concernant la solvabilité de Northern Rock, ils se sont donc (rationnellement) précipités aux guichets de leur banque pour retirer leur fonds. C'était la première fois, depuis 1866, qu'on assistait à une ruée aux guichets en Grande-Bretagne. Après quelques hésitations, le gouvernement britannique n'a eu d'autre choix que d'étendre l'assurance dépôt pour endiguer la panique. Sous la pression de la City, la Banque d'Angleterre doit faire fi de ses scrupules et, à l'instar de la Fed et de la BCE, alimenter massivement le marché en liquidités. Début 2008, Northern Rock sera même nationalisée.

Contre toute attente, et malgré les interventions continues des banques centrales partout dans le monde, la crise ne cesse d'empirer au cours de l'année 2008. La crise des *subprimes* se mue en crise financière généralisée. Au mois de janvier, la Société Générale annonce une perte de 5 milliards d'euros en raison de prises de position spéculatives de l'un de ses *traders*. En mars, la banque d'investissement Bear Stearns, au bord de la faillite, est rachetée par J.P. Morgan Chase, avec l'aide de la Réserve fédérale qui se propose de garantir les pertes sur les fameux actifs « toxiques » pour un montant de 30 milliards de dollars. Les marchés boursiers se détendent un peu, mais on reproche alors à la Fed d'avoir favorisé l'aléa moral. L'accalmie est de courte durée. Les prix de l'immobilier aux États-Unis continuent de baisser et les saisies immobilières se font de plus en plus nombreuses. Les intermédiaires financiers (banques, assureurs, SPV, *hedge funds*) n'y voient guère plus clair dans leurs bilans, qui continuent d'être plombés par des actifs toxiques dont nul ne peut dire quelle est leur valeur.

Début septembre, Fanny Mae et Freddy Mac, les deux principaux organismes de refinancement hypothécaire sont placés sous la tutelle du Trésor américain. Naturellement, là encore le débat s'installe : faut-il ou non sauver tous ces établissements ? En fait, à chaque fois, les autorités doivent arbitrer entre la stabilité du système à court terme et l'aléa moral à long terme.

Le 15 septembre 2008, les autorités américaines laissent Lehman Brothers aller à la faillite. Bank of America s'était pourtant proposée au rachat, mais renonce finalement car elle n'obtient pas le soutien des autorités fédérales américaines ; ces dernières refusent d'alimenter une nouvelle fois l'aléa moral. *A posteriori*, cette décision s'avère dramatique, car elle déclenche un véritable krach boursier mondial à l'automne 2008. La crise atteint alors son paroxysme.

Le lendemain de la faillite de Lehman Brothers, le géant américain de l'assurance, AIG, dont l'actif s'élève à plus d'un millier de milliards de dollars, ne doit son salut qu'à l'intervention de la Fed et du gouvernement américain. Les traders d'AIG – apparemment sans avoir l'accord explicite de leurs supérieurs hiérarchiques – avaient vendu pour 400 milliards de dollars de *Credit Default Swaps* (CDS), qui sont des assurances contre le risque de défaut. Avec la crise, ces assurances risquent d'être exercées à tout moment, mais AIG n'a pas les moyens de couvrir tous ces engagements.

Encadré 21.3 (suite)

Les plans de sauvetage du secteur bancaire vont se succéder pendant plusieurs mois : pour enrayer la crise systémique, tous les gouvernements annoncent des programmes de recapitalisation, voire de nationalisation, et de garanties des prêts interbancaires ; il est aussi question de mettre en place des structures de défaisance dotées de plusieurs centaines de milliards de dollars pour délester les banques de leurs actifs « toxiques ». C'est le cas notamment aux États-Unis avec le plan TARP (*Troubled Asset Relief Program*) doté initialement de 700 milliards de dollars.

Au total, en 2008, les marchés boursiers perdent la moitié de leur valeur. Fin 2008, la crise économique s'installe dans tous les pays occidentaux. Celle-ci est, sans conteste, la plus grave depuis la crise de 1929 qui avait engendré la grande dépression des années 1930[**]. Par analogie, les économistes qualifient d'ailleurs la période 2008-2010 de « grande récession ».

Il est impossible de présenter toutes les mesures prises par les gouvernements pour enrayer la crise, ni celles mises en œuvre par les autorités monétaires dans le cadre de ce qu'on l'appelle la politique monétaire non conventionnelle (un des aspects est toutefois abordé dans l'encadré 21.4). Brièvement, les grands principes de la nouvelle régulation financière ont été posés en avril 2009 lors du sommet du G20 de Londres[***]. Leur mise en pratique connaît un succès inégal selon les dossiers.

Aux États-Unis, après d'intenses débats et de multiples amendements, le Congrès adopte en 2010 la loi Dodd-Frank sur la régulation financière. Cette loi prévoit de rétablir la distinction qui existait dans le *Glass-Steagall Act* (mise en place en 1933, mais abrogée en 1999) entre les banques de dépôts et les banques d'affaires. La loi Dodd-Frank crée également un Conseil de stabilité financière (*Financial Stability Oversight Council*) chargé d'identifier les risques systémiques. La loi exige aussi que toutes les institutions financières d'importance systémique soumettent à leur superviseur des plans de liquidation (qualifiés de « testaments ») au cas où elles seraient amenées à faire défaut. La loi crée enfin un Bureau de protection financière des consommateurs.

En Europe, les réformes sont discutées une par une, de sorte que le résultat est moins spectaculaire, malgré les nombreuses initiatives adoptées ou en discussion (voir tableau ci-après). Par ailleurs, les priorités sont différentes. Elles ont jusqu'à présent surtout porté sur l'organisation de la surveillance prudentielle : réorganisation des comités de régulateurs européens en autorités indépendantes dotées de pouvoirs propres dans chacun des trois champs de la supervision (banques, marchés, assurances), création d'un Conseil européen du risque systémique, présidé par le président de la Banque centrale européenne. Par ailleurs, plusieurs directives ont été adoptées ou sont en discussion concernant la réglementation des *hedge funds* ou des ventes à découvert, ainsi que la mise en place d'une chambre de compensation pour les transactions sur produits dérivés. L'Europe a, comme les États-Unis, encadré l'activité des agences de notation.

[**] Voir Carmen Reinhart et Kenneth Rogoff. *Cette fois, c'est différent : huit siècles de folie financière*, Pearson, 2010.

[***] Pour un aperçu, voir A. Bénassy-Quéré et G. Capelle-Blancard, « Régulation financière : arbitrage entre stabilité et croissance », *L'Économie mondiale 2011*, CEPII, La Documentation française, 2010.

De manière générale, les banques ont vivement protesté, prétendant que ces mesures nuiraient considérablement à la reprise, les exigences supplémentaires ne pouvant se traduire que par un renchérissement des conditions de financement. Manifestement, ce discours (le même qu'il s'agisse des réformes prudentielles, de la réforme des marchés ou des projets de taxe sur les activités financières…) est exagérément pessimiste. Ainsi les banques oublient-elles de mentionner les bénéfices en termes de stabilité que l'on peut attendre des réformes !

Programme d'action de la Commission européenne en réponse à la crise financière

	Banques et assurances	Marchés financiers	Protection des consommateurs
Propositions adoptées par l'UE	Directive CRD3 : nouvelles règles de rémunération, règles prudentielles sur les risques de marchés	Régulation des *hedge funds* et du *private equity*	
	Mise en place du Conseil du risque systémique et des autorités européennes de supervision des banques, des marchés et des assurances		
	Réforme des agences de notation (volet 2)		
Propositions faites par la Commission en discussion au Parlement ou au Conseil	Révision de la directive sur les exigences en fonds propres des banques (CRD4)	Régulation des produits dérivés de gré à gré	Révision de la directive sur le système de garantie des dépôts
	Réforme de la gouvernance des entreprises financières (banques)	Règlement sur les ventes à découvert et les CDS	Révision de la directive sur les systèmes de garantie des investisseurs
			Règlement sur le SEPA (espace unique de paiement en euros)
			Directive sur le crédit hypothécaire
			Recommandation sur l'accès au compte bancaire de base
Propositions de la Commission à venir	Proposition sur le cadre de prévention et de gestion des crises (banques)	Révision de la directive sur les marchés d'instruments financiers	
	Mesures d'exécution de la directive « Solvabilité II »	Révision de la directive « Abus de marché »	
	Révision de la directive sur l'intermédiation en assurance	Directive sur les produits d'investissement de détail (PRIPS)	
	Révision de la directive « Transparence »	Révision de la directive OPCVM (dépositaire, rémunération)	

Source : Commission européenne (état au 1er juin 2011).

4 Les performances du marché international des capitaux en question

Dans la section précédente, nous avons insisté sur l'importance de la supervision et de la réglementation du marché international de capitaux, ainsi que sur un certain nombre de difficultés. En même temps, ces difficultés sont la preuve du dynamisme des institutions financières. En s'attachant à contourner les règles qui leur sont imposées, les institutions financières font continuellement des efforts pour innover, ce qui doit profiter, *a priori*, aux consommateurs. Comme nous l'avons vu au début de ce chapitre, grâce au marché international des capitaux, des résidents de différents pays peuvent échanger des actifs risqués et ainsi diversifier leurs portefeuilles. De plus, le marché international des capitaux permet d'allouer l'épargne mondiale vers les projets les plus productifs. La question est dès lors de savoir dans quelle mesure le marché international des capitaux remplit efficacement ces objectifs[18].

4.1 La diversification internationale de portefeuille

Il est difficile de mesurer l'ampleur de la diversification internationale de portefeuille. Le cas des États-Unis nous donne toutefois une idée de l'évolution de la diversification ces dernières années. En 1970, la valeur des actifs étrangers détenus par des résidents américains était égale à 6,2 % du stock de capital américain. Dans le même temps, les actifs américains détenus par des étrangers représentaient 4 % du stock de capital du pays. En 2008, ces mêmes indicateurs s'élevaient respectivement à 56 % et à 66 %.

Ces quelques chiffres montrent l'essor des échanges internationaux d'actifs financiers : les pays ont supprimé un certain nombre de barrières restreignant les transactions réalisées par des étrangers, les marchés boursiers du monde entier développent davantage de liens, les grandes entreprises émettent davantage de titres sur les marchés étrangers, etc. Il reste toutefois des obstacles aux mouvements internationaux de capitaux. En effet, si les portefeuilles des investisseurs étaient parfaitement diversifiés, ils seraient en mesure de refléter le poids de chaque pays : les États-Unis devraient, par exemple, investir à hauteur de 80 % dans des actifs étrangers, et les actifs américains devraient être détenus à 80 % par des non-résidents (à noter que les chiffres du paragraphe précédent portent sur la totalité des actifs étrangers, pas seulement sur les actions). Ce manque de diversification est d'autant plus étonnant que la plupart des économistes insistent sur les gains potentiels qui en résultent. Une étude très influente, réalisée par Bruno Solnik en 1974, montre qu'un investisseur américain qui ne détient que des actions américaines pourrait réduire son risque de moitié en investissant dans des actions européennes[19].

Le tableau 21.1 montre, pour quelques pays industrialisés, l'évolution des avoirs et engagements bruts à l'égard de l'étranger en pourcentage de leur PIB sur deux décennies. Fin 2009,

18. Pour un état des lieux sur les fonctions du marché international des capitaux et ses implications sur la souveraineté nationale, voir M. Obstfeld, « The Global Capital Market: Benefactor or Menace? », *Journal of Economic Perspectives*, 12, fin 1998, p. 9-30. On pourra également consulter les rapports 14 et 50 du Conseil d'analyse économique (disponibles sur Internet), qui réunissent de nombreuses contributions relatives à l'instabilité financière internationale.

19. Bruno Solnik, « Why not Diversify Internationally rather than Domestically? », *Financial Analysts Journal*, juillet-août 1974, p. 48-54.

aux États-Unis, les avoirs américains concernant l'étranger représentaient 131 % du PIB, et les avoirs étrangers concernant les résidents américains, 148 % du PIB (voir figure 13.3). La Grande-Bretagne est, traditionnellement, une place financière importante : en 1983, les avoirs (respectivement les engagements) britanniques à l'égard de l'étranger représentaient déjà 152 % (respectivement 136 %) du PIB, et la progression a quasiment été la même que pour les États-Unis, puisqu'ils s'élèvent, fin 2009, à 456 % (respectivement 476 %) du PIB. Notons que les pays de la zone euro ont connu un essor important des flux financiers internationaux à partir de 1993. Même les pays émergents connaissent aujourd'hui un tel phénomène (voir chapitre 22).

Tableau 21.1 : Valeur des avoirs et des engagements bruts à l'égard du reste du monde pour une sélection de pays industrialisés (en pourcentage du PIB)

		1983	1993	2007
Australie	Avoirs	133	33	96
	Engagements	52	89	162
France	Avoirs	40	69	296
	Engagements	45	78	285
Allemagne	Avoirs	38	66	219
	Engagements	31	55	193
Italie	Avoirs	23	43	130
	Engagements	27	54	151
Pays-Bas	Avoirs	94	150	486
	Engagements	73	134	486
Royaume-Uni	Avoirs	152	208	456
	Engagements	136	203	476
États-Unis	Avoirs	29	45	131
	Engagements	25	49	148

Source : Ph. R. Lane et G. M. Milesi-Ferretti, « The External Wealth of Nations, Mark II: Revised and Extended Estimates of Foreign Assets and Liabilities, 1970-2004 », *Journal of International Economics*, vol. 73, novembre 2007, p. 223-250. Les données actualisées pour 2007 sont disponibles sur le site de Ph. Lane : **www.philiplane.org/EWN.html**.

Les conséquences de ces évolutions, en termes de bien-être, sont loin d'être claires. Si ces chiffres traduisent une meilleure diversification des risques, il devrait en résulter une plus grande stabilité de l'économie mondiale. Cependant, il est également possible que ces transactions financières internationales augmentent le niveau de risque : c'est le cas par exemple quand une banque britannique emprunte à court terme pour investir dans des titres étrangers illiquides et risqués. En conséquence, même si ces chiffres témoignent sans conteste d'une augmentation des opérations financières internationales au cours des dernières décennies, il n'en demeure pas moins qu'il n'existe pas de mesure infaillible des gains en termes de bien-être liés aux investissements étrangers.

4.2 Le commerce intertemporel

Une manière alternative d'évaluer le marché international des capitaux consiste à étudier sa capacité à allouer les investissements aux projets les plus rentables, indépendamment de leur localisation géographique. Martin Feldstein et Charles Horioka proposent, à cet effet, le test suivant : si le marché international des capitaux fonctionne correctement, alors les taux d'investissement et d'épargne nationaux doivent diverger[20]. Or, comme on peut le constater à la figure 21.1, tel n'est pas le cas : le taux d'investissement et le taux d'épargne sont très proches pour de nombreux pays. Cette corrélation positive semble indiquer que la mobilité internationale du capital est faible. Le marché international des capitaux ne permettrait donc pas aux pays de profiter pleinement des gains liés au commerce intertemporel.

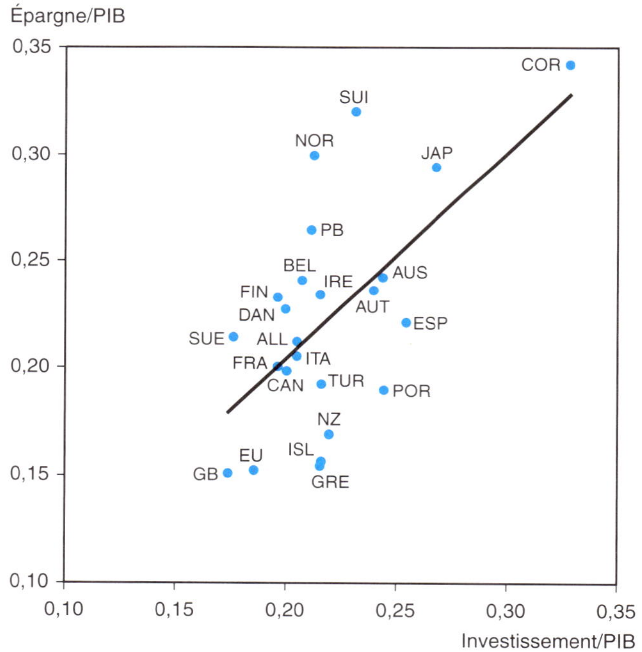

Figure 21.1 – Taux d'épargne et d'investissement moyens pour 24 pays entre 1990 et 2007.

Les taux d'épargne et d'investissement sont positivement corrélés. La ligne noire représente la droite des moindres carrés ordinaires, à savoir celle qui illustre le mieux la relation entre le taux d'épargne et le taux d'investissement sur notre échantillon.

Source : Banque mondiale, *World Development Indicators*.

Le résultat précédent est néanmoins à nuancer. On peut d'abord avancer que les tests menés jusque-là reflètent mal la situation actuelle, marquée par de forts déséquilibres externes

20. Voir Martin Feldstein et Charles Horioka, « Domestic Savings and International Capital Flows », *Economic Journal*, 90, juin 1980, p. 314-329.

observés aux États-Unis, au Japon, en Suisse et dans certains pays de la zone euro. Ensuite, le principal problème lié à l'argument de Feldstein et Horioka est qu'il est impossible de déterminer l'ampleur des gains à l'échange non encore exploités. On peut, en outre, objecter que des facteurs communs (la croissance économique par exemple) influent sur l'épargne et l'investissement, ce qui expliquerait la forte corrélation observée entre les deux. Dernière critique : les gouvernements peuvent orienter la politique macroéconomique de manière à éviter les déficits trop importants du compte courant, ce qui se traduit par une corrélation positive entre le taux d'épargne et le taux d'investissement.

4.3 Les différentiels de taux d'intérêt intérieur et hors frontières

Un autre baromètre du bon fonctionnement du marché international des capitaux consiste à examiner la relation entre le taux d'intérêt intérieur et le taux d'intérêt hors frontières, pour des actifs identiques évalués dans la même monnaie. Si le marché international des capitaux véhicule correctement les informations relatives aux opportunités d'investissement dans le monde, ces taux d'intérêt devraient être proches.

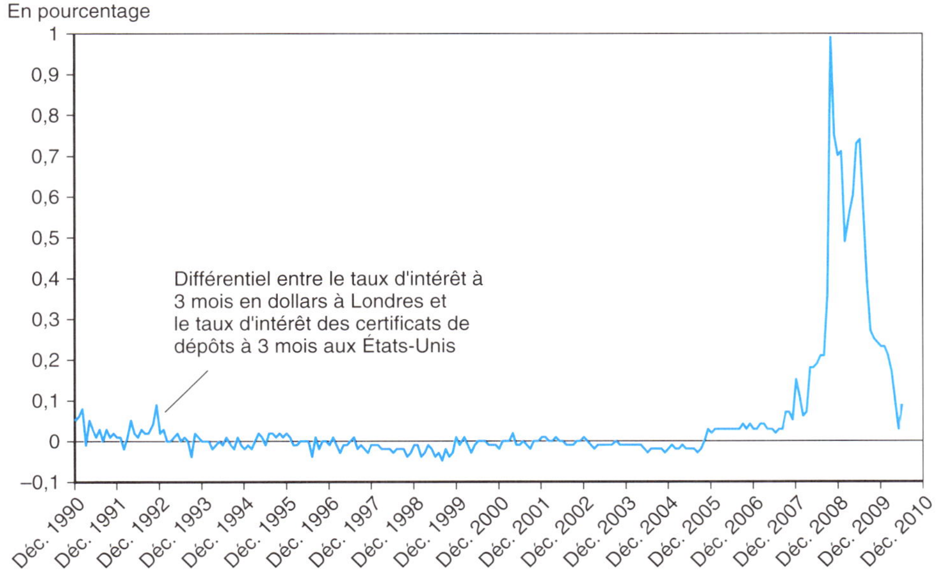

Figure 21.2 – Comparaison entre les taux d'intérêt à 3 mois en dollars à Londres et aux États-Unis.

La différence entre les taux d'intérêt en dollars à Londres et aux États-Unis est normalement très proche de zéro, mais les taux ont divergé très fortement au plus fort de la crise, après la faillite de Lehman Brothers.

Source : Réserve fédérale, *Données mensuelles.*

La figure 21.2 décrit l'évolution, depuis 1990, du différentiel de taux entre deux actifs comparables : le taux sur les dépôts en dollars à 3 mois à Londres et celui sur les certificats de dépôts à 3 mois aux États-Unis. La comparaison n'est pas absolument parfaite car les données ne sont pas tout à fait synchrones. La figure montre néanmoins que les écarts, en temps normal, sont insuffisants pour être exploités. Le constat est identique pour la plupart des pays industrialisés.

On observe qu'au plus fort de la crise, en octobre 2008, les taux d'intérêt divergent très fortement. À l'évidence, les investisseurs percevaient alors que les dépôts en dollars des banques américaines bénéficiaient de la garantie de la Réserve fédérale et du Trésor américain, ce qui n'était pas le cas des dépôts en dollars à Londres.

4.4 L'efficience du marché des changes

Le marché des changes est un élément central du marché international des capitaux. C'est sur ce marché que se fixent les taux de change. Si l'évolution des taux de change ne reflète pas toute l'information disponible, il peut en résulter une mauvaise allocation des ressources. Il est possible d'évaluer dans quelle mesure les signaux véhiculés par les marchés reflètent toute l'information disponible au travers de trois tests fondés : 1) sur la parité des taux d'intérêt ; 2) sur la modélisation de la prime de risque ; 3) sur la volatilité excessive des marchés financiers[21]. Dans les trois cas, on teste l'*efficience informationnelle* du marché (par opposition à l'*efficience allocative*, considérée dans la section précédente).

La parité des taux d'intérêt

En s'appuyant sur la parité des taux d'intérêt (PTI), étudiée au chapitre 14, on peut déterminer dans quelle mesure l'évolution du taux de change reflète l'ensemble des informations disponibles. Cette relation de parité est vérifiée lorsque la différence entre deux taux d'intérêt sur des dépôts, dans deux monnaies différentes, permet d'évaluer quelle sera la variation de taux de change sur la période. Formellement, si on note R_t le taux d'intérêt sur les dépôts en monnaie domestique, R^*_t le taux d'intérêt sur les dépôts en monnaie étrangère, E_t le taux de change à l'incertain et E^e_{t+1} l'anticipation de taux de change, la condition de PTI s'écrit :

$$R_t - R^*_t = (E^e_{t+1} - E_t)/E_t \quad (21.1)$$

Puisque le différentiel de taux d'intérêt représente notre anticipation de variation du taux de change, la comparaison de cette prévision avec la variation réellement observée doit nous renseigner sur la capacité du marché à utiliser l'information disponible[22]. Dans l'ensemble, les études montrent que le différentiel de taux d'intérêt est un mauvais prédicteur des variations du taux de change. On a déjà évoqué ce problème, au chapitre 14, en analysant les stratégies de *carry trade*. Non seulement il ne permet pas de prévoir *l'ampleur* des variations de taux de change à venir mais, pire encore, il échoue à prévoir *le sens* de ces variations.

La PTI nous fournit également un second test afin de déterminer si le marché des changes utilise toute l'information disponible. Notons E_{t+1} la réalisation future du taux de change

21. Pour une discussion claire et non technique sur l'efficience du marché des changes, voir Kenneth A. Froot et Richard H. Thaler, « Anomalies: Foreign Exchange », *Journal of Economic Perspectives*, 4, 1990, p. 179-192.

22. La plupart des études utilisent en fait le prix des contrats à terme (voir l'annexe du chapitre 14). Comme on l'a noté au chapitre 14, il y a de fortes chances pour que la parité couverte des taux d'intérêt soit vérifiée si les taux d'intérêt utilisés sont cotés sur une même place financière, par exemple des taux sur des dépôts en eurodevises à Londres.

que les individus cherchent à anticiper ; l'erreur de prévision u_{t+1} correspond donc à l'écart entre la variation de taux de change réalisée et sa prévision :

$$u_{t+1} = (E_{t+1} - E_t)/E_t - (E^e{}_{t+1} - E_t)/E_t \quad (21.2)$$

ce qui peut être réécrit de la manière suivante :

$$u_{t+1} = (E_{t+1} - E_t)/E_t - (R_t - R^*{}_t) \quad (21.3)$$

Si le marché utilise toute l'information disponible, l'erreur de prévision ne devrait pas être corrélée avec les informations disponibles au moment où la prévision est effectuée (autrement, le marché pourrait utiliser ces informations pour réduire l'erreur de prévision). La plupart des études économétriques indiquent que l'erreur de prévision est en fait prévisible ; en particulier, les erreurs de prévision passées permettent de prévoir les erreurs de prévision futures[23].

Le rôle des primes de risque

Sur la base des résultats précédents, on serait tenté de penser que les marchés de capitaux ignorent un certain nombre d'informations publiques. Cette conclusion doit toutefois être nuancée dans la mesure où l'on ne tient pas compte des primes de risque. Si les agents manifestent de l'aversion au risque, deux actifs identiques mais émis dans des monnaies différentes sont des substituts imparfaits. Le différentiel de taux d'intérêt doit alors refléter l'anticipation de variation du taux de change, augmentée de la prime de risque ρt :

$$R_t - R^*{}_t = (E^e{}_{t+1} - E_t)/E_t + \rho_t \quad (21.4)$$

Dans ce cas, le différentiel d'intérêt ne reflète pas nécessairement le consensus du marché quant au taux de dépréciation à venir. Par conséquent, sous l'hypothèse d'imparfaite substituabilité des capitaux, on ne peut s'appuyer rigoureusement sur les études empiriques présentées précédemment pour conclure à l'inefficience du marché des changes.

Dans la mesure où les anticipations des agents sont, par nature, inobservables, il n'y a pas de moyen de trancher entre l'équation (21.4) et la relation de parité des taux d'intérêt, qui est un cas particulier où $\rho t = 0$. Certaines études économétriques ont tenté d'intégrer cette prime de risque à la PTI, mais les résultats ne sont pas probants[24].

Compte tenu des résultats empiriques, de deux choses l'une : soit la prime de risque importe vraiment dans la détermination des taux de change, soit les marchés ignorent un certain nombre d'informations qui leur permettrait de réaliser aisément des profits. La seconde hypothèse semble peu probable, tant les agents sont incités à profiter des informations disponibles. La première explication n'est, cependant, pas évidente non plus. En tout cas,

23. Voir Robert E. Cumby et Maurice Obstfeld, « International Interest Rate and Price Level Linkages under Flexible Exchange Rates: A Review of Recent Evidence », dans J.F.O. Bilson et R.C. Marston (dir.), *Exchange Rate Theory and Practice*, Chicago, University of Chicago Press, 1984, p. 121-151. Voir aussi Lars Peter Hansen et Robert J. Hodrick, « Forward Exchange Rates as Optimal Predictors of Future Spot Rates: An Econometric Analysis », *Journal of Political Economy*, 88, octobre 1980, p. 829-853.

24. Pour une synthèse, voir Charles Engel, « The Forward Discount Anomaly and the Risk Premium », *Journal of Empirical Finance*, 3, 1996, p. 123-192 ; Karen Lewis, « Puzzles in International Finance », dans Gene M. Grossman et Kenneth Rogoff, *Handbook of International Economics*, vol. 3, North-Holland, 1996.

elle n'est certainement pas étayée par les résultats empiriques examinés au chapitre 18, qui suggèrent que les interventions de change stérilisées n'ont pas été un outil efficace de gestion des parités. Des modèles théoriques sophistiqués montrent cependant que les interventions stérilisées peuvent être impuissantes, même sous l'hypothèse d'imparfaite substituabilité des actifs. En conséquence, le fait que les interventions stérilisées soient inefficaces n'implique pas nécessairement que les primes de risque soient absentes. Enfin, une autre possibilité, évoquée dans l'étude de cas du chapitre 14 sur le *carry trade*, tient à l'existence d'événements rares que les techniques statistiques standard ont du mal à prendre en compte lorsqu'il s'agit d'apprécier les primes de risque.

La volatilité excessive

Les modèles de prévision du taux de change qui s'appuient sur des variables « fondamentales », comme l'offre de monnaie, les déficits publics ou le PIB, conduisent à des prévisions erronées. Ce résultat reste valable lorsque les vraies valeurs futures de ces fondamentaux sont utilisées, c'est-à-dire lorsqu'on suppose que les agents anticipent parfaitement l'évolution de ces agrégats ! Dans un article célèbre, Richard A. Meese et Kenneth Rogoff, par exemple, ont montré qu'une simple *marche aléatoire*, fondée sur le taux de change d'aujourd'hui pour prévoir celui de la période à venir, aboutit à de meilleurs résultats. Ce résultat peut éventuellement s'interpréter comme le signe que l'évolution du taux de change est indépendante de celle des fondamentaux macroéconomiques[25]. À noter que si le résultat de Meese et Rogoff est relativement robuste à court terme, il semble que le pouvoir explicatif des modèles avec marche aléatoire soit faible pour des horizons supérieurs à un an[26].

D'autres études ont cherché à connaître les raisons de la trop forte volatilité des taux de change en se fondant sur un possible phénomène de surréaction. L'idée est que les taux de change réagissent de manière excessive à des modifications de l'offre de monnaie, de la production. Autrement dit, le marché des changes transmettrait des informations confuses aux investisseurs. Le problème posé par ce type de test est de savoir à partir de quel niveau la volatilité des taux de change devient excessive. Nous avons vu au chapitre 14 que les taux de change doivent être un minimum volatils pour s'adapter aux « *news* » macroéconomiques. On peut aussi remarquer que le marché des changes est généralement moins volatil que les marchés boursiers. Il n'en reste pas moins que les taux de change sont plus volatils que les variables sous-jacentes – comme l'offre de monnaie, le produit intérieur, les variables budgétaires, etc. Il est, par ailleurs, difficile de prendre en compte toutes les variables susceptibles d'influencer la situation économique future. Par exemple, faut-il envisager les tentatives d'attaques terroristes, les assassinats politiques, les faillites bancaires ? Au final, les études qui ont tenté de faire le lien entre la volatilité du taux de change et celle de ses fondamentaux ne sont pas encore vraiment concluantes[27].

---

25. Voir Richard A. Meese et Kenneth Rogoff, « Empirical Exchange Rate Models of the Seventies: Do They Fit out of Sample? », *Journal of International Economics*, 14, février 1983, p. 3-24.
26. Voir, par exemple, Menzie Chinn et Richard Meese, « Banking on Currency Forecasts: How Predictable is Change in Money? », *Journal of International Economics*, 38, février 1995, p. 161-178 ; Nelson C. Mark, « Exchange Rates and Fundamentals: Evidence on Long-Horizon Predictibility », *American Economic Review*, 85, mars 1995, p. 201-218.
27. Voir par exemple Richard A. Meese, « Testing for Bubbles in Exchange Markets: A Case of Sparkling Rates? », *Journal of Political Economy*, 94, avril 1986, p. 345-373.

Quel constat ?

Il n'est donc pas simple de conclure quant au bon fonctionnement du marché international des capitaux. Les résultats contradictoires que nous avons évoqués, tout comme les difficultés que les études empiriques soulèvent, militent pour une attitude prudente. D'autant que les enjeux sont importants. Si on considère le marché efficient, rien ne s'oppose à adopter une attitude de laisser-faire. Au contraire, on sera plus enclin à intervenir, voire à revenir sur la libéralisation des mouvements de capitaux, si l'on considère le marché inefficient. En l'état des connaissances, aucune conclusion définitive ne peut être établie.

Encadré 21.4

Instabilité des taux de change et échanges réciproques de devises par les banques centrales

Traditionnellement, le prêteur en dernier ressort fournit des liquidités dans sa propre monnaie, qu'il peut imprimer librement. La crise de 2007-2009 a cependant mis en évidence qu'aujourd'hui, avec la mondialisation financière, les banques peuvent avoir besoin de liquidités en devises, autrement dit, dans une monnaie autre que celle émise par la banque centrale dont elles dépendent. Durant la crise, les banques centrales ont donc dû innover. Ainsi, la Réserve fédérale américaine, est-elle devenue le PDR mondial pour la fourniture de dollars.

Pourquoi était-ce nécessaire ? Dans les années qui ont précédé la crise, les banques européennes ont massivement acheté des titres adossés à des créances hypothécaires (*Mortgage-Backed Securities*, MBS). Ces titres étaient alors considérés – à tort – comme très peu risqués ; ils étaient d'ailleurs notés AAA par les agences de notation. En parfait accord avec les règles de Bâle, les banques n'avaient donc pas à détenir de fonds propres supplémentaires. Et ces titres offraient une rentabilité (légèrement) supérieure aux titres de dette publics. On comprend aisément les raisons de leur succès. Les banques européennes ont, en outre, fort logiquement, souhaité se couvrir contre le risque de change inhérent à la détention de ces actifs libellés en dollars. Il leur fallait pour ce faire avoir des financements en dollars (rappelons que le passif des banques européennes est structurellement composé, pour l'essentiel, de dépôts en euros) : les banques européennes ont donc massivement emprunté à court terme en dollars sur les marchés.

La crise a éclaté quand il est apparu clairement que les actifs issus de la titrisation des prêts hypothécaires étaient beaucoup plus sensibles à la conjoncture immobilière qu'on ne le pensait. Dans un premier temps, les banques européennes n'ont pas voulu vendre leurs actifs – devenus entre-temps des actifs « toxiques » – à perte (même si elles étaient encore en mesure de le faire). Mais pour maintenir couvertes leurs positions en dollars, il leur fallait renouveler leurs emprunts à court terme en dollars.

Certaines banques européennes ont pu emprunter à la Fed par le biais de filiales américaines. D'autres ont emprunté des euros (notamment auprès de la BCE qui, si elle ne peut imprimer des dollars, peut créer des euros et les prêter aux banques) et ont cherché à les échanger contre des dollars. La stratégie consistait, simultanément, à vendre au comptant les euros contre des dollars et à les racheter à terme.

Encadré 21.4 (suite)

Si la parité des taux d'intérêt couverte est respectée, cette opération complexe n'est pas plus coûteuse qu'un simple prêt en dollars (au chapitre 14, on a vu que le différentiel d'intérêt était normalement égal à l'écart entre les taux de change à terme et au comptant). Mais, durant la crise, la parité des taux d'intérêt couverte n'était justement pas vérifiée car les banques étaient particulièrement réticentes à se prêter mutuellement des dollars. Il y avait ainsi une pénurie de dollars au comptant, dont on redoutait qu'elle ne provoque l'appréciation du dollar.

Pour remédier à ce problème de liquidité et pour prévenir les désordres sur le marché de changes, dès décembre 2007, la Fed a conclu des accords d'échanges réciproques de devises – aussi appelés lignes de *swaps* – avec la BCE et la Banque nationale suisse (BNS). Ces accords permettaient à la BCE et la BNS d'emprunter directement des dollars auprès de la Fed et de les prêter aux banques domestiques qui en faisaient la demande, tout comme elles le faisaient dans le cadre de leurs opérations de prêts en euros ou en francs suisses.

Figure 21.3 – Taux de change effectif nominal du dollar, janvier 2004-juin 2010.
Le dollar s'est apprécié de façon spectaculaire après la faillite de Lehman Brothers en septembre 2008.
Source : Réserve fédérale.

La pénurie de dollars est devenue beaucoup plus sévère après l'effondrement de la banque Lehman Brothers en septembre 2008. La figure 21.3 montre d'ailleurs la forte appréciation du dollar durant cette période, ce qui reflète aussi le comportement des investisseurs internationaux qui considèrent généralement les bons du Trésor américains comme des titres « refuge » (on parle aussi parfois de phénomène de fuite vers la qualité, *flight-to-quality*). La Fed a donc étendu ses lignes de *swaps* à un ensemble plus large de banques centrales, y compris dans les pays émergents (Brésil, Mexique, Corée du Sud et Singapour). La Fed a, en outre, annoncé que les lignes de *swaps* avec les principales banques centrales des pays industrialisés étaient valables pour des montants illimités.

Elle a ainsi véritablement externalisé sa fonction de prêteur en dernier ressort en dollars. Au final, la Fed a prêté de la sorte des centaines de milliards de dollars*.

Les autres banques centrales ont également ouvert des lignes de *swaps* entre elles, bien que généralement de portée plus limitée que celle de la Fed. La figure 21.4 illustre le remarquable réseau de lignes de *swaps* ainsi créé.

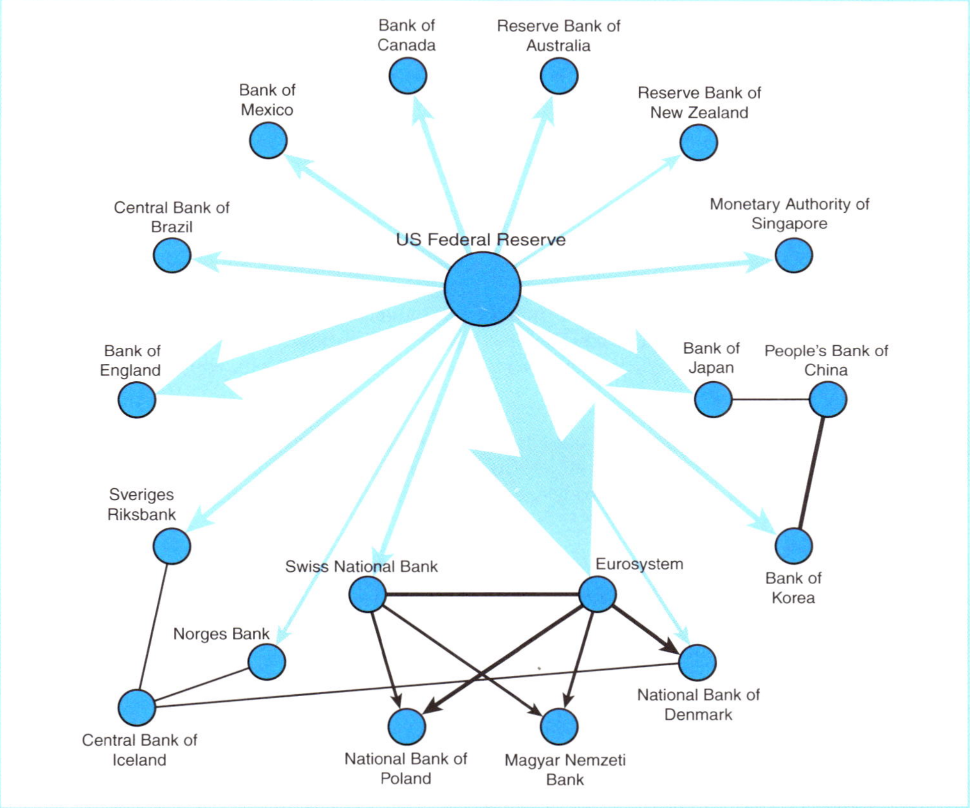

Figure 21.4 – Réseau des lignes de *swaps* des banques centrales lors de la crise de 2007-2009.

Les flèches claires représentent les prêts de dollars, les flèches sombres les prêts dans d'autres monnaies. Le sens de la flèche indique la direction des prêts, lorsqu'il est connu. L'épaisseur des flèches est proportionnelle à la taille de la ligne de *swaps* ou, lorsque la ligne est illimitée, aux montants effectivement prêtés.

Source : McGuire et von Peter, *ibid.*

* Voir M. Obstfeld, J. C. Shambaugh et A. M. Taylor, « Financial Instability, Reserves, and Central Bank Swap Lines in the Panic of 2008 », *American Economic Review*, 99, 2009, p. 480-486 ; P. McGuire et G. von Peter, « The US Dollar Shortage in Global Banking and How Well Has the International Policy Response », *BIS Working Papers*, n° 291, 2009 ; L. S. Goldberg, C. Kennedy et J. Miu, « Central Bank Dollar Swap Lines and Overseas Dollar Funding Costs », *National Bureau of Economic Research Working Paper*, 15763, 2010.

Encadré 21.4 (suite)

La Fed a diminué ses lignes de *swaps* en février 2010, mais a dû en réactiver certaines quand la crise de la dette grecque a éclaté (voir chapitre 20).

L'expérience récente montre clairement la nécessité d'un prêteur international en dernier ressort qui puisse intervenir dans différentes monnaies. Si le système des lignes de *swaps* a bien fonctionné pendant la crise, il est peu probable que les banques centrales jouent ce rôle de manière permanente. Une possibilité serait d'attribuer cette fonction au FMI qui a vu, lors du sommet du G20 de Londres en avril 2009, sa capacité de prêts tripler et donc portée à 750 milliards de dollars.

Résumé

Lorsque les individus manifestent de l'aversion au risque, ils gagnent à échanger leurs actifs. Cette *diversification de portefeuille* peut être atteinte par l'échange d'*instruments de dette* ou *de fonds propres*.

Le marché international des capitaux est un marché sur lequel les résidents de chaque pays échangent des actifs ; il comprend notamment le marché des changes. Les banques sont au cœur de ce marché et nombre d'entre elles ont des agences hors frontières, c'est-à-dire en dehors du territoire économique où est implantée la maison mère.

Des facteurs politiques et réglementaires ont encouragé l'activité bancaire hors frontières et les eurodevises, c'est-à-dire les dépôts dans des monnaies différentes de celle employée dans la zone géographique où la banque est installée. L'échange d'eurodevises a notamment été stimulé par les différences réglementaires concernant les réserves obligatoires.

Les eurodevises ne sont pas une menace pour les banques centrales dans la conduite de la politique monétaire, et les craintes que des eurodollars reviennent un jour se placer massivement aux États-Unis ne sont pas fondées. En revanche, les banques hors frontières ne sont pas soumises aux mêmes règles que les banques nationales, ce qui réduit l'efficacité du contrôle bancaire et peut déstabiliser le système financier international.

Le filet de sécurité imposé par les autorités monétaires s'organise autour des réserves obligatoires, de la réglementation prudentielle, de la supervision, de l'assurance dépôt et du prêteur en dernier ressort.

La banque centrale garde un rôle ambigu en tant que prêteur en dernier ressort, compte tenu des problèmes d'aléa moral. Paradoxalement, en garantissant la protection des déposants, on incite les institutions financières à prendre davantage de risques.

Depuis 1974, le Comité de Bâle, qui réunit les organismes de supervision bancaire des pays industrialisés, tente d'améliorer la coopération à l'échelle internationale. Le Comité de Bâle a notamment joué un rôle majeur dans la mise en application des ratios de solvabilité (ratios Cooke et McDonough). En tout cas, force est de reconnaître que ces efforts n'ont pas permis d'éviter la crise financière qui débute en 2007 et qui est, sans conteste, la crise la plus grave depuis celle de 1929. Aujourd'hui, les défis majeurs de la régulation financière internationale concernent l'implication des pays émergents et la prise en compte des institutions financières non bancaires (en particulier, les *hedge funds*) que l'on regroupe parfois sous le vocable de *shadow banking system*.

Les pertes subies lors des crises financières doivent être appréciées eu égard aux gains que peut offrir le marché international des capitaux.

Le marché des capitaux a permis une plus grande diversification des portefeuilles depuis les années 1970, mais celle-ci semble insuffisante au regard de la théorie. De même, il semble que le commerce intertemporel, mesuré par le compte courant, soit trop faible. Il est toutefois difficile de conclure sur ce point compte tenu du manque de données. À l'inverse, le fait que les taux d'intérêt sur des actifs similaires, libellés dans la même monnaie, soient très proches (sauf en période de crises) témoigne d'un bon fonctionnement des marchés.

La question de l'efficience informationnelle du marché des changes, autrement dit sa capacité à transmettre les informations, n'offre pas non plus de résultats très concluants. Les études sur la relation de parité des taux d'intérêt indiquent que le marché ne prend pas en compte toute l'information disponible, mais dans la mesure où la relation de parité ignore l'aversion au risque et donc l'existence de primes de risque, le problème vient peut-être de la théorie elle-même qui serait trop simplificatrice. Les tentatives pour modéliser empiriquement les facteurs de risque ne se révèlent, toutefois, guère concluants. De même, les tests sur la volatilité excessive des changes ne plaident pas vraiment en faveur de l'efficience des marchés.

Activités

1. Soit deux portefeuilles d'actifs : le premier comprend une action d'une entreprise de fournitures dentaires et une action d'une entreprise qui fabrique des sucreries ; le second comprend une action de la même entreprise de fournitures dentaires et une action d'une entreprise de produits laitiers. Lequel de ces deux portefeuilles est le mieux diversifié ?
2. Imaginons un monde avec deux pays où les fluctuations du prix des actions ne peuvent découler que de modifications inattendues de la politique monétaire. Sous quel régime de change, fixe ou flottant, les gains liés à l'échange international d'actifs sont-ils les plus importants ?
3. La parité des taux d'intérêt couverte est vérifiée pour des dépôts dans des monnaies différentes, mais émis sur une même place financière. Pourquoi cette relation peut-elle ne pas se vérifier si l'on compare des dépôts placés sur des places financières différentes ?
4. Lorsqu'une banque américaine accepte un dépôt d'une de ses filiales étrangères, ce dépôt est soumis aux réserves obligatoires établies par la Fed. De même, tout prêt par une filiale étrangère de la banque à un résident américain ou tout achat d'actif de la filiale à sa maison mère aux États-Unis imposent des réserves obligatoires. Ces règles sont-elles cohérentes ?
5. Alexander Swoboda[28] estime que le développement initial du marché des eurodevises était lié au désir des banques situées en dehors des États-Unis de s'approprier une partie des revenus que les États-Unis collectaient en tant qu'émetteur de la principale monnaie de réserve. Que pensez-vous de cette analyse ?
6. Après le début de la crise de la dette en 1982 (voir chapitre 22), les autorités américaines ont imposé des restrictions plus strictes sur les prêts réalisés par les banques résidentes et leurs filiales. Au cours des années 1980, la part des banques américaines dans l'activité bancaire londonienne a diminué. Comment expliquez-vous ce phénomène ?
7. Pourquoi l'essor de la titrisation rend-il la supervision du système financier plus difficile ?

28. Alexander Swoboda, « The Euro-Dollar Market: An Interpretation », *Princeton Essays in International Finance*, 64, Princeton University, février 1968.

8. Reprenons l'exemple des deux pays producteurs de kiwis. Supposons que ces deux pays produisent également des framboises qui ne peuvent pas être échangées. Comment le ratio actifs échangés/PIB va-t-il être affecté ?
9. On dit parfois que l'égalité internationale des taux d'intérêt réels est le meilleur baromètre de l'intégration financière internationale. Qu'en pensez-vous ?
10. Entre 2003 et 2007, la dette nette étrangère des États-Unis a beaucoup moins augmenté que le cumul de ses déficits du compte courant. En même temps, le dollar s'est déprécié. Quel est le lien entre ces deux phénomènes ? Souvenez-vous que les États-Unis empruntent principalement en dollars, mais qu'ils détiennent aussi un montant significatif d'actifs en devises.
11. Supposons qu'un Français investisse dans un fonds américain et que ce fonds achète des actifs français, comment évoluent les avoirs et engagements étrangers des deux pays ? Peut-on parler de diversification ?

Chapitre 22

Les pays en développement : croissance, crises et réformes

Objectifs pédagogiques :

- Analyser la distribution inégale de la richesse mondiale et ses causes.
- Identifier les principales caractéristiques économiques des pays en développement.
- Expliquer la place qu'occupent les pays en développement sur le marché international des capitaux et les problèmes de défaut sur la dette qu'ils rencontrent.
- Comprendre les crises de change et les crises financières des pays en développement.
- Discuter des mesures qui pourraient éventuellement accroître les gains que les pays en développement tirent de leur participation au marché international des capitaux.

Jusqu'à présent, nous avons étudié les relations économiques entre les pays industrialisés tels que les États-Unis, les pays d'Europe occidentales, l'Australie ou le Japon. Ces pays sont politiquement stables, richement dotés en capital et en travail qualifié, et génèrent des niveaux élevés de PIB par habitant. Leurs marchés, par rapport à ceux des pays pauvres, sont depuis longtemps dégagés du contrôle direct de l'État.

Les *pays en développement* (PED) connaissent, depuis le début des années 1980, des problèmes récurrents d'instabilité macroéconomique qui sont passés au premier rang des préoccupations concernant le système monétaire international. Le commerce entre les pays industrialisés et les PED s'est par ailleurs considérablement développé depuis la Seconde Guerre mondiale, de même que les mouvements de capitaux. Il en résulte une forte interdépendance : les événements qui affectent les pays du Nord ont de plus en plus d'impact sur les pays du Sud, et réciproquement. Certains pays du Sud ont profité de la mondialisation pour accroître le niveau de vie de leurs habitants. Malheureusement, ce rattrapage ne s'observe pas pour tous les pays. Les expériences de développement économique des PED sont très contrastées, et il est possible d'en tirer de nombreuses leçons en termes de politique économique.

Ce chapitre s'intéresse aux problèmes macroéconomiques des PED, ainsi qu'à leurs répercussions sur l'économie mondiale. Les principes que nous avons étudiés jusque-là s'appliquent aux PED, et les chapitres précédents sont nécessaires pour comprendre les gains que ces pays peuvent retirer des échanges internationaux de biens, de services et de capitaux. Mais les crises qu'ils ont subies, qui peuvent avoir d'importantes conséquences en termes de stabilité économique et politique, méritent une analyse spécifique.

1 Revenu, richesse et croissance

La lutte contre la pauvreté est le principal défi auquel les PED doivent faire face. Par rapport aux pays industrialisés, les PED sont faiblement dotés en capital et en main-d'œuvre qualifiée. La rareté relative de ces facteurs de production contribue à un faible niveau de revenu par habitant, empêchant ces pays de tirer partie des économies d'échelle dont bénéficient les pays riches. Et souvent, cette insuffisance des facteurs de production n'est qu'un symptôme et cache des maux plus profonds. L'instabilité politique, la faible protection des droits de propriété et les politiques économiques inadaptées découragent l'investissement en capital et en connaissances, ce qui réduit l'efficacité du système économique.

1.1 L'écart entre pays riches et pays pauvres

Sur la base du niveau de PIB par habitant, il est possible de répartir les économies en quatre catégories (il s'agit ici du classement au 1er juillet 2011).

- Les pays à revenu faible (35 pays) : l'Afghanistan, le Bangladesh, le Cambodge, Haïti, Madagascar notamment, ainsi que de nombreux pays d'Afrique subsaharienne (le Mali, le Rwanda, la Somalie...).
- Les pays à revenu intermédiaire-faible (56) : plusieurs grands pays du Sud et du Sud-Est asiatique (l'Inde, l'Indonésie, le Pakistan, les Philippines, le Vietnam), de nombreux pays d'Amérique latine et des Caraïbes, les grands pays d'Afrique du Nord non exportateurs d'hydrocarbures (l'Égypte, le Maroc), la plupart des ex-républiques soviétiques (l'Ouzbékistan, l'Ukraine...), et l'essentiel des pays d'Afrique subsaharienne qui ne font pas partie de la catégorie précédente (le Cameroun, la Côte d'Ivoire, le Sénégal...).
- Les pays à revenu intermédiaire-élevé (54) : quatre des cinq BRICS (le Brésil, la Russie, la Chine, l'Afrique du Sud), d'autres grands pays d'Amérique latine (l'Argentine, le Mexique), plusieurs pays exportateurs d'hydrocarbures (l'Algérie, le Venezuela), de nombreux pays d'Europe centrale (la Bulgarie, la Roumanie, la Lituanie...), ainsi que, entre autres, la Malaisie, la Thaïlande ou la Tunisie.
- Les pays à revenu élevé (70) : les pays industrialisés à économie de marché, quelques anciens pays « en développement » au succès fulgurant tels qu'Israël, la Corée du Sud ou Singapour, d'anciens pays en transition (l'Estonie, la Hongrie, la Pologne, les Républiques tchèque et slovaque...) et plusieurs pays fortement dotés en pétrole (le Koweït, l'Arabie Saoudite...).

Le tableau 22.1 indique les niveaux de revenu par habitant annuels pour ces quatre catégories, ainsi que l'espérance de vie moyenne à la naissance en 2008. Ce tableau illustre les grandes disparités de revenus par habitant qui existent au niveau international. Le revenu moyen par habitant dans les pays les plus riches est 76 fois plus élevé que celui observé dans les pays pauvres ! Même les pays de la catégorie revenu intermédiaire-élevé n'atteignent qu'un cinquième du revenu par habitant des pays industrialisés. Les différences internationales d'espérance de vie reflètent bien également cette distribution inégale[1].

Tableau 22.1 : Indicateurs économiques pour quatre groupes de pays en 2008

Niveau de revenu	Revenu par habitant (en dollars de 2008)	Espérance de vie (en années) *
Revenu faible	523	60
Revenu intermédiaire-faible	2 073	70
Revenu intermédiaire-élevé	7 852	75
Revenu élevé	39 688	83

* Moyenne simple entre l'espérance de vie des hommes et celle des femmes

Source : Banque mondiale.

1.2 La distribution inégale des revenus s'est-elle réduite au cours du temps ?

Expliquer les différences de revenus entre les pays est l'un des premiers objectifs que se sont fixés les économistes. Ce n'est pas un hasard si Adam Smith, en 1776, a intitulé son ouvrage *La Richesse des nations* ! La question est non seulement de savoir pourquoi les pays ont des revenus par habitant différents, mais aussi pourquoi certains prospèrent pendant que d'autres stagnent. Les recherches sur ce sujet ont bien sûr conduit à des débats intenses concernant les politiques à adopter afin de promouvoir la croissance économique, comme nous le verrons dans ce chapitre.

Le tableau 22.2 indique les taux de croissance du revenu par habitant, pour plusieurs pays, entre 1960 et 2009 (les données sont corrigées pour tenir compte des disparités de pouvoir d'achat). Sur cette période, les pays industrialisés les plus riches (les États-Unis, la France, le Royaume-Uni, etc.) ont connu une croissance du revenu par habitant d'environ 2 % à 2,5 %. Ce taux correspond, pour de nombreux économistes, au taux maximal à long terme pour une économie à maturité. Les pays qui faisaient partie du groupe des pays industrialisés, mais figuraient parmi les moins riches en 1960, ont connu une croissance plus soutenue sur la période, ce qui s'est traduit par un rattrapage en termes de revenu par habitant. C'est le cas par exemple du Japon, qui avait un revenu par habitant 60 % plus faible que celui des États-Unis en 1960, mais qui a réduit cet écart à environ 20 % en 2009. De même, l'Espagne, dont le revenu par habitant en 1960 était inférieur de 40 % environ à celui de la France, avec un taux de croissance annuel de 3 % en moyenne, a pratiquement comblé cet écart puisque la différence n'est plus que de 10 % en 2009.

1. Nous avons vu, au chapitre 16 notamment, que les comparaisons réalisées sur la base des taux de change nominaux, comme c'est le cas ici, peuvent déformer la réalité. Le fait d'ajuster le revenu national pour tenir compte des déviations par rapport à la parité de pouvoir d'achat (PPA) réduit de manière importante, sans pour autant les éliminer, les différences de revenu par habitant reportées dans le tableau 22.1. Pour des données de revenu par habitant en PPA, voir le tableau 22.2.

Tableau 22.2 : Revenu par habitant, pour une sélection de pays, sur la période 1960-2009 (en dollars de 2009)

Pays	1960	2009	Taux de croissance annuel moyen sur la période
Pays industrialisés en 1960			
Canada	13 029	36 234	2,1 %
Espagne	6 305	27 647	3,0 %
France	10 082	30 837	2,3 %
Irlande	7 014	33 406	3,2 %
Italie	8 829	27 709	2,3 %
Japon	6 101	31 980	3,4 %
Suède	13 313	35 246	2,0 %
Royaume-Uni	12 860	33 410	1,9 %
États-Unis	15 458	41 147	2,0 %
Afrique			
Kenya	1 017	1 205	0,3 %
Nigeria	1 528	2 034	0,6 %
Sénégal	1 427	1 492	0,1 %
Zimbabwe	176	143	–0,4 %
Amérique latine			
Argentine	6 252	11 960	1,3 %
Brésil	2 866	9 356	2,4 %
Chili	3 789	12 007	2,3 %
Colombie	2 485	7 528	2,2 %
Mexique	4 602	11 634	1,9 %
Paraguay	1 852	3 702	1,4 %
Pérou	3 742	7 279	1,3 %
Venezuela	6 631	9 123	0,6 %
Pays asiatiques en cours d'industrialisation			
Chine	846	7 431	4,4 %
Corée du Sud	1 804	25 048	5,4 %
Hong Kong	3 346	36 293	4,9 %
Inde	714	3 238	3,1 %
Malaisie	1 489	11 309	4,1 %
Singapour	4 307	47 313	4,9 %
Taïwan	1 836	28 716	5,7 %
Thaïlande	974	7 799	4,2 %

Note : Les comparaisons s'établissent sur la base de la PPA.

Source : *Penn World Tables*, version 7.0, Center for International Comparisons, University of Pennsylvania, 2011.

Le rattrapage opéré par le Japon ou l'Espagne depuis les années 1960 illustre la tendance des pays industrialisés à **converger** en termes de PIB par habitant durant la seconde moitié du XXe siècle. Ce phénomène s'explique *a priori* simplement : si les biens et les services s'échangent librement, si les capitaux peuvent circuler et être investis là où ils génèrent les gains les plus élevés, et si les idées elles-mêmes circulent sans entraves, il n'y a alors pas de raison pour que les différences de revenu par habitant persistent à long terme entre les pays. En pratique, il existe bien des différences entre les pays industrialisés, car chacun mène des politiques distinctes, mais les forces de convergence sont suffisamment fortes pour maintenir ces pays dans un même ensemble.

L'idée d'une convergence naturelle entre les pays est certes séduisante, mais elle s'applique mal aux PED. Le tableau 22.2 montre qu'il n'y a pas de tendance globale à la convergence dans le monde. La disparité des taux de croissance à long terme des différents groupes de pays est grande, mais, dans l'ensemble, les pays les plus pauvres ne croissent pas plus vite. Certains pays d'Afrique subsaharienne ont même des taux de croissance beaucoup plus faibles que les pays industrialisés[2]. Il en est de même en Amérique latine, où seuls quelques pays (le Brésil et le Chili notamment) ont atteint le rythme de croissance des pays industrialisés, malgré des niveaux de revenus initiaux beaucoup plus faibles.

Les économies du Sud-Est asiatique ont en revanche eu tendance à croître à un rythme supérieur à celui des autres pays, vérifiant ainsi la théorie de la convergence. Par exemple, la Corée du Sud, qui avait un niveau de revenu par habitant à peu près comparable à celui du Sénégal en 1960 (1 804 contre 1 427 dollars PPA) affiche aujourd'hui un revenu 25 fois supérieur ! La Corée du Sud a en effet connu un rythme de croissance annuelle de 5,4 % sur la période 1960-2009 et se retrouve classée par la Banque mondiale dans la catégorie des PED à revenu élevé depuis 1997. Le scénario est identique pour Singapour. À titre d'illustration, un pays dont le taux de croissance est de 3 % double son revenu par habitant à chaque génération. Les taux de croissance qu'ont connus les pays d'Asie du Sud-Est, tels que Hong Kong, Singapour, la Corée du Sud ou Taïwan, leur ont permis de multiplier par cinq le revenu réel par habitant en une génération ! Sur une période plus courte, on constate un phénomène de rattrapage tout aussi spectaculaire pour certains pays d'Europe de l'Est depuis la chute du mur de Berlin en 1989.

Qu'est-ce qui explique les divergences de performances des PED (pas seulement en termes de croissance, mais aussi d'inflation, de chômage et de stabilité financière) ? La raison tient essentiellement à leurs caractéristiques politiques et économiques, ainsi qu'à la manière dont ils ont réagi face aux différents chocs, nationaux ou internationaux.

2 Caractéristiques structurelles des PED

Il est difficile d'identifier des caractéristiques communes aux PED tant leurs économies diffèrent. Au début des années 1960, leurs politiques commerciales et macroéconomiques sont relativement proches les unes des autres, beaucoup plus que par la suite en tout cas.

2. Il existe toutefois des exceptions. Le Botswana a, par exemple, connu un taux de croissance annuel moyen de 5 % entre 1960 et 1990, et est désormais classé par la Banque mondiale dans la catégorie des pays à revenu intermédiaire-élevé. Pour une étude sur les causes du sous-développement et de l'instabilité en Afrique, voir Paul Collier et Jan Willem Gunning, « Explaining African Economic Performance », *Journal of Economic Literature*, 37, mars 1999, p. 69-111.

Dès les années 1960, les pays asiatiques abandonnent la politique d'industrialisation par substitution aux importations (voir chapitre 11) et s'orientent vers la promotion des exportations, stratégie qui se révèle fructueuse. Ce succès inspire alors d'autres pays, notamment en Amérique latine, qui à leur tour s'engagent à réduire les barrières commerciales, à limiter les interventions de l'État dans l'économie, à lutter contre l'inflation et à s'ouvrir aux capitaux étrangers. Le résultat initial est globalement mitigé, mais progressivement commence à porter ses fruits.

Beaucoup de PED ont réorganisé leurs économies pour se rapprocher des structures mises en place dans les pays industrialisés. Mais ce processus est inachevé et les PED réunissent toujours certaines des caractéristiques suivantes :

- Les autorités publiques exercent traditionnellement un contrôle direct et étendu sur l'économie, avec des restrictions sur le commerce international, un contrôle direct des grandes industries et des transactions financières, un niveau élevé de dépenses publiques par rapport au PIB, etc. Ce contrôle est globalement moins strict que par le passé, même si le degré de libéralisation diverge aujourd'hui largement selon les pays.
- La plupart de ces pays ont connu des périodes de forte inflation. Dans de nombreuses économies en développement, les impôts ne permettent de couvrir ni les importantes dépenses publiques, ni les pertes des entreprises publiques. Compte tenu des problèmes d'évasion fiscale et de la place importante occupée par le secteur informel (c'est-à-dire le travail « au noir »), il est souvent plus simple pour les autorités de faire « fonctionner la planche à billets ». Les économistes qualifient cette pratique de **seigneuriage**[3]. L'offre excessive de monnaie peut engendrer des épisodes de forte inflation, voire d'hyperinflation. Le seigneuriage revient, en fait, à taxer les agents (on parle parfois de « taxe inflationniste »), car les encaisses monétaires détenues par les agents privés perdent de leur valeur suite à l'augmentation de l'offre de monnaie (voir chapitre 15).
- Dans les pays où les marchés financiers ont été libéralisés, les institutions financières sont fragiles. Les projets risqués financés par emprunt sont nombreux et les prêts sont parfois accordés davantage en fonction des relations personnelles de l'emprunteur que sur la base de la rentabilité attendue. La supervision bancaire (voir chapitre 21) est, compte tenu du manque de moyens, de l'inexpérience et des problèmes de fraude, plutôt inefficace. L'essor des marchés boursiers et obligataires dans les économies émergentes ne s'est pas accompagné d'un développement comparable de l'information communiquée aux actionnaires et aux créanciers. Le respect des droits de propriété est moins bien assuré. La manière dont les entreprises sont gérées est opaque, et il est plus difficile d'exercer un contrôle sur les dirigeants. Le cadre juridique est globalement déficient et le problème du règlement des créances est difficile à résoudre en cas de faillite. De manière générale, nonobstant l'instabilité financière dans les pays développés ces dernières années, les systèmes financiers des PED restent moins efficaces que ceux des pays industrialisés. Les économies s'en trouvent donc fragilisées.
- Lorsque le taux de changes n'est pas fixe (comme en Chine), il est dans la plupart des PED largement administré. Les autorités monétaires espèrent ainsi limiter l'inflation et la volatilité du taux de change. Les PED ont une longue expérience du *contrôle des*

---

3. Le terme vient de ce que le privilège de battre monnaie était initialement réservé aux seigneurs.

changes, et certains maintiennent toujours des contrôles stricts, ce qui permet notamment de réduire les mouvements de capitaux. La plupart des économies émergentes se sont toutefois ouvertes aux capitaux étrangers ces dernières années.

- Les ressources naturelles et les produits agricoles représentent une part importante des exportations des pays émergents : le pétrole en Russie, le bois en Malaisie, l'or en Afrique du Sud ou le café en Colombie.
- Les tentatives pour contourner les règles et les taxes mises en place par les autorités ont favorisé le développement de la corruption dans la plupart des PED. Le développement des activités économiques informelles a parfois contribué à accroître l'efficacité économique en introduisant une dimension marchande dans l'allocation des ressources, mais les études empiriques montrent que, globalement, corruption et pauvreté vont de pair.

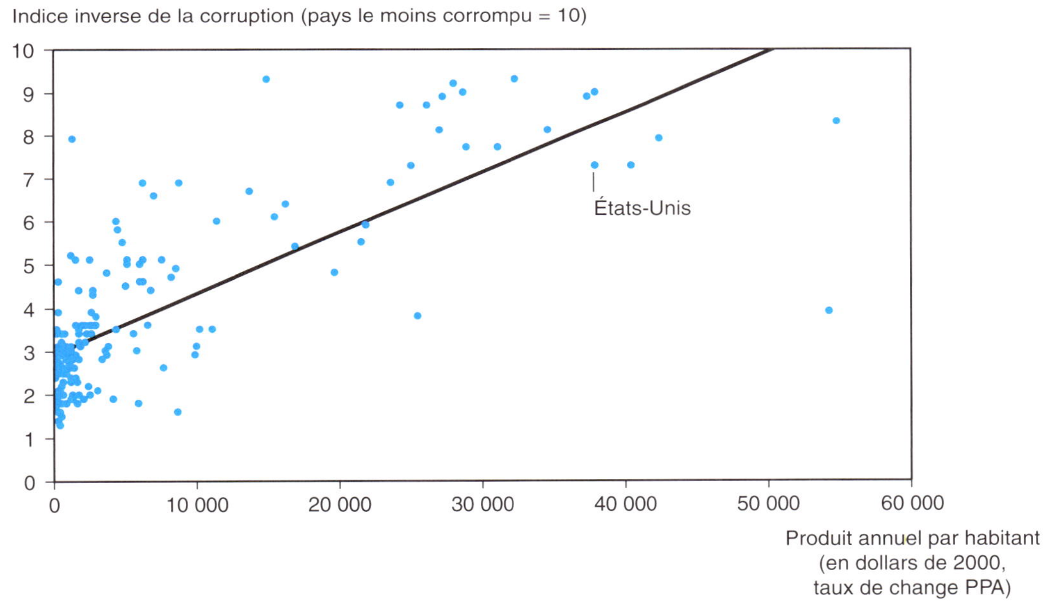

Figure 22.1 – Corruption et revenu par habitant.

La corruption tend à diminuer lorsque le revenu par habitant augmente.

Les données valent pour 2008. Le revenu par habitant est exprimé en PPA. Le trait noir correspond à la droite des moindres carrés et représente le meilleur ajustement entre le niveau de corruption et le revenu par habitant.

Sources : « Transparency International », *Global Corruption Report* ; Banque mondiale, *World Development Indicators*.

La figure 22.1 illustre, pour un échantillon de PED et de pays industrialisés, la forte corrélation positive entre le PIB par habitant et un indice inverse de la corruption, publié par l'organisation *Transparency International*[4]. Plusieurs facteurs permettent d'expliquer cette corrélation positive : la corruption elle-même a un effet négatif sur l'efficacité économique et la croissance ; des réglementations excessivement contraignantes favorisent les comportements de contournements et réduisent la prospérité économique ; les pays pauvres manquent de ressources pour lutter contre la corruption de manière efficace ; enfin, la pauvreté elle-même constitue une forte incitation à transgresser les règles.

Un grand nombre des caractéristiques qui marquent, encore aujourd'hui, les PED ont pour origine la grande dépression des années 1930 (voir chapitre 19). Face à la crise, la plupart des pays ont choisi d'exercer un contrôle direct sur le commerce et les paiements internationaux pour tenter de conserver leurs réserves de change et de préserver l'emploi. L'État a alors pris une place croissante dans la sphère économique (réorganisation du marché du travail, contrôle des prix, nationalisations, etc.). Ce renforcement du poids de l'État s'est observé dans les pays industrialisés comme dans les PED. En revanche, pour ces derniers, la tendance a été beaucoup plus forte et persistante. On peut également observer que les institutions politiques ont permis, dans les PED, aux quelques personnes qui profitaient du système, de le perpétuer.

Privés de leurs fournisseurs traditionnels de biens manufacturiers durant la Seconde Guerre mondiale, les PED ont favorisé le développement de leur propre industrie. On qualifie ces politiques *d'industrialisation par substitution aux importations*. Les anciennes colonies, au moment de leur indépendance, ont également souhaité développer leurs industries nationales en s'appuyant sur le soutien de l'État. Les responsables politiques des PED croyaient en outre que le fait de rester spécialisé dans la production de matières premières ne leur permettrait pas de réduire le niveau de pauvreté. Cette approche a pour origine les travaux d'économistes influents dans les années 1950, qui estimaient que les PED allaient pâtir d'un déclin de leurs termes de l'échange, à moins qu'ils ne mobilisent leurs ressources vers le secteur industriel. Ces prévisions se sont finalement révélées fausses, mais elles ont fortement influé sur leurs politiques économiques.

3 Emprunt et dette des pays en développement

Une dernière caractéristique des PED, essentielle pour comprendre leurs problèmes macroéconomiques, tient à l'utilisation massive de capitaux étrangers pour le financement des investissements. Avant la Première Guerre mondiale et au cours des années qui ont précédé la Grande Dépression, les pays émergents (y compris les États-Unis au XIXe siècle) ont reçu d'importants flux de capitaux en provenance de l'étranger. De même, après la Seconde Guerre mondiale, les PED ont attiré l'épargne des pays industrialisés et contracté ainsi une dette à l'égard du reste du monde. Cette dette, qui atteint environ 5 000 milliards de dollars fin 2010 (en termes bruts), est à l'origine de plusieurs crises financières internationales qui ont éclaté depuis le début des années 1980.

4. D'après l'indice *Transparency International* (sur une échelle de 1 à 10), en 2008, les pays où la corruption est la plus faible sont le Danemark, la Nouvelle-Zélande, la Suède (9,3) suivie par Singapour (9,2) ; le pays le plus corrompu est la Somalie (1). Le Royaume-Uni obtient la note de 7,7, l'Allemagne 7,9, la Belgique 7,3, les États-Unis 7,3, la France 6,9 et l'Italie 4,8. Pour plus de détails, voir Vito Tanzi, « Corruption Around the World », *IMF Staff Papers*, 45, décembre 1998, p. 559-594. Voir également le site de la section française : www.transparence-France.org.

3.1 Flux de capitaux vers les économies en développement

Comme on l'a indiqué précédemment, de nombreux PED ont reçu des montants très élevés de capitaux étrangers, conduisant à l'accumulation d'une dette colossale envers le reste du monde. Le tableau 22.3 reproduit la tendance à l'endettement extérieur des PED. Qu'est-ce qui explique ces flux de capitaux ?

Tableau 22.3 : Solde de la balance courante pour les pays exportateurs de pétrole, les autres PED et les pays industrialisés, en milliards de dollars, 1973-2009

	Principaux pays exportateurs de pétrole	Autres PED	Pays industrialisés
1973-1981	363,8	–410,0	7,3
1982-1989	–135,3	–159,2	–361,1
1990-1998	–106,1	–684,2	51,1
1999-2009	2 647,9	984,7	–3 134,7

Source : Fonds monétaire international, *World Economic Outlook*. En théorie, si l'on fait la somme de la balance courante de tous les pays, on devrait avoir un résultat nul. En pratique, ce n'est pas le cas du fait des problèmes d'erreurs et d'omissions (voir chapitre 13). Les chiffres pour 1999-2009 sont des estimations.

Au chapitre 13, nous avons vu l'identité suivante entre le solde du compte courant et l'écart entre épargne et investissement intérieurs : $CC = S - I$. Compte tenu de la pauvreté et de la fragilité des institutions financières, l'épargne dans les PED est souvent faible. Toutefois, même si le pays est pauvre en capital – voire, justement, parce qu'il est pauvre en capital –, les opportunités d'investissements profitables sont nombreuses et justifient des montants importants. Un pays avec un faible niveau d'épargne peut donc faire appel à l'épargne étrangère pour financer ses projets économiques. Il en résulte alors un déficit courant. Cette situation permet aux PED d'importer aujourd'hui davantage qu'ils n'exportent. Ils devront, en contrepartie, soit payer les intérêts et rembourser les prêts qui leur ont été accordés, soit verser des dividendes aux actionnaires non résidents à qui ils ont vendu des parts.

L'utilisation de l'épargne étrangère par les PED correspond donc à un *commerce intertemporel* (voir chapitre 6). Les pays à bas revenu ne génèrent pas suffisamment d'épargne pour profiter eux-mêmes de leurs opportunités d'investissement, ce qui les conduit à emprunter auprès du reste du monde. Au contraire, les pays riches ont exploité la plupart de leurs opportunités d'investissement et disposent d'une épargne importante ; ils gagnent ainsi à investir dans des projets plus rentables dans les PED.

Notons que lorsque les PED utilisent l'épargne étrangère pour financer l'investissement local, cela est mutuellement profitable : les emprunteurs mobilisent une épargne qui n'était pas disponible au niveau domestique, alors que les prêteurs financent des projets plus rentables.

Les remarques précédentes justifient donc le niveau élevé du déficit et de la dette des PED. Il ne faut pas en conclure pour autant que les prêts des pays industrialisés aux PED sont toujours justifiés. Ceux destinés à financer des investissements non productifs (la construction, par exemple, de grands centres commerciaux désespérément vides) ou l'achat de biens de consommation importés peuvent conduire à une accumulation excessive de dettes à l'égard du reste du monde que l'emprunteur ne sera pas en mesure de rembourser. De même, des politiques économiques qui découragent l'épargne peuvent amener à une situation de surendettement. Les cycles que l'on peut observer dans le tableau 22.3 sont en partie liés aux difficultés des PED à rembourser leurs emprunts.

Un peu à la surprise générale, au début des années 2000, les PED ont commencé à dégager d'importants excédents commerciaux. Ces derniers sont, bien sûr, la contrepartie des déficits des pays industrialisés, principalement des États-Unis. Ces déséquilibres macroéconomiques mondiaux sont détaillés au chapitre 19. Ces surplus sont aussi motivés par le désir d'accumuler des réserves officielles (voir à ce propos l'encadré 22.1).

3.2 Risque de défaut

Les gains potentiels liés aux échanges intertemporels de capitaux ne se réalisent que si les prêteurs sont confiants quant aux possibilités de remboursement. On parle de **défaut** lorsque l'emprunteur renonce, sans l'accord du prêteur, à honorer les termes du contrat (soit qu'il ne puisse payer les intérêts, soit qu'il ne puisse rembourser le principal du prêt). L'instabilité économique et politique des PED ainsi que la fragilité de leur système bancaire et financier font qu'il est plus risqué d'y investir que dans les pays industrialisés. L'histoire des flux de capitaux internationaux est d'ailleurs ponctuée d'épisodes de défaut et de crises financières.

- Au début du XIXe siècle, plusieurs États américains ont fait défaut sur des prêts qu'ils avaient contractés auprès d'investisseurs européens pour la construction de canaux.
- Au XIXe siècle, les pays d'Amérique latine connaissent des problèmes de remboursement de leur dette. C'est le cas notamment de l'Argentine en 1890 (crise de la Baring).
- En 1917, le régime communiste de l'ancienne URSS répudie la dette étrangère émise par le pouvoir en place avant la révolution. Les communistes isolent l'économie soviétique du reste du monde et s'engagent dans un vaste programme de planification, mené avec force et rigueur.
- Au moment de la grande dépression des années 1930, les PED subissent les mesures protectionnistes adoptées par les pays industrialisés (voir chapitre 19). La quasi-totalité d'entre eux font alors défaut et se retrouvent exclus du marché international des capitaux pour environ 40 ans. Notons que certains pays industrialisés font également défaut, l'Allemagne par exemple.
- Ces dernières années, de nombreux PED n'ont pu faire face à leur dette. En 2005, par exemple, la plupart des créanciers privés de l'Argentine se sont mis d'accord pour que le remboursement ne représente qu'un tiers environ de la valeur contractuelle de leurs avoirs.

En cas de crise, le pays perd soudainement accès aux sources de financement étranger, ce qui conduit à une forte contraction du produit intérieur, de l'emploi et du solde courant ; cet arrêt brutal des flux de capitaux entrants est d'ailleurs souvent qualifié de *sudden stop* (voir chapitre 19). Pour bien comprendre, reprenons l'identité comptable $CC = S - I$.

Imaginons qu'un pays ait initialement un déficit courant à hauteur de 5 % de son PIB. Si les prêteurs redoutent un défaut et décident de ne plus octroyer de nouveaux prêts, cela se traduit nécessairement par un solde du comptant courant au minimum nul. La différence entre l'épargne et l'investissement doit alors au moins augmenter de cinq points de PIB. La conséquence est alors une forte baisse de la demande intérieure et de la production. Même dans le cas (extrême) où le défaut était à l'origine peu probable (on peut imaginer un mouvement de panique irrationnel des prêteurs), l'arrêt des prêts par les non-résidents suffit à provoquer la crise.

En pratique, les prêteurs vont non seulement refuser d'accorder de nouveaux prêts, mais vont aussi demander le remboursement des anciens, et rapatrier rapidement leurs placements les plus liquides, en particulier les dépôts bancaires. Le remboursement des prêts correspond à une augmentation de la richesse étrangère nette. La crise est encore plus grave que dans le cas envisagé précédemment : le pays, en effet, n'est pas seulement contraint d'avoir un solde de balance courante nul, car aucun nouveau prêt ne peut plus être contracté. Il va également devoir dégager, d'une manière ou d'une autre, un solde excédentaire, et donc accroître ses exportations nettes afin de permettre le remboursement des prêts contractés précédemment. En conséquence, plus le pays détient une part importante de sa dette sous forme de prêts à court terme, plus il va devoir réduire son investissement et accroître son épargne ($CC > 0 \Leftrightarrow S > I$), donc réduire sa demande interne, pour éviter le défaut.

Les *sudden stop* mettent en jeu des mécanismes autoréalisateurs identiques à ceux présents dans les crises de balance des paiements (voir chapitre 18) et de course aux dépôts (voir chapitre 21). La logique sous-jacente est bien la même. Il est d'ailleurs probable qu'une crise de la dette soit accompagnée d'une crise de la balance des paiements (lorsque la parité du change est fixe) *et* d'une course aux dépôts (crise bancaire). La crise de la balance des paiements survient si le pays utilise ses réserves de change pour rembourser les prêts à court terme. Ceci lui permet, en effet, de diminuer le niveau d'excédent courant nécessaire au remboursement des prêts (voir chapitre 13)[5]. Mais la perte des réserves de change l'empêche de pouvoir maintenir la parité fixe de sa monnaie. Dans le même temps, les banques peuvent être fragilisées si les agents qui détiennent des avoirs en monnaie domestique décident de les convertir en monnaie étrangère, par crainte d'une dépréciation. Ces retraits à grande échelle sont alors susceptibles de provoquer une crise bancaire, d'autant que le système bancaire et financier des PED est souvent fragile.

Ces trois types de crise sont intimement liés, et il est probable qu'ils se renforcent mutuellement (effet « boule de neige »). Ceci explique aussi pourquoi les crises dans les PED peuvent être aussi profondes. À l'origine, la crise peut être une crise de la dette, une crise de change ou une crise bancaire.

Lorsqu'un État fait défaut, on parle de *crise de la dette souveraine*. La situation est conceptuellement différente lorsque ce sont les agents privés qui sont dans l'incapacité d'honorer leurs engagements. Toutefois, en pratique, les deux types de défaut vont de pair. L'État peut

---

5. Pour une analyse statistique des liens entre les crises de change et les crises bancaires, voir G. L. Kaminsky et C. M. Reinhart, « The Twin Crises: The Causes of Banking and Balance of Payments Problems », *American Economic Review*, vol. 89, juin 1999, p. 473-500. Sur les effets de contagion, voir aussi G. L. Kaminsky, C. M. Reinhart et C. A. Vegh, « The Unholy Trinity of Financial Contagion », *Journal of Economic Perspectives*, vol. 17, hiver 2003, p. 51-74.

garantir la dette contractée par le secteur privé afin d'éviter une crise trop profonde. Il peut aussi avoir une part de responsabilité dans la crise lorsqu'il limite l'accès aux réserves de change des résidents, les empêchant de rembourser leur dette en monnaie étrangère. Dans tous les cas, les autorités publiques sont impliquées dans les négociations avec les créanciers étrangers.

Les crises de la dette ont été rares entre la Seconde Guerre mondiale et les années 1970. Les émissions de titres de dette des PED étaient limitées et les prêteurs étaient en majorité des États ou des organisations internationales, telles que le FMI et la Banque mondiale. La libéralisation progressive des mouvements de capitaux au début des années 1970 a cependant contribué à la répétition des crises financières et, comme nous allons le voir, à accroître l'instabilité du marché international des capitaux[6].

3.3 Les différentes formes d'entrées de capitaux

Lorsqu'un PED a un déficit courant, il vend des actifs à des non-résidents afin de financer la différence entre ses revenus et ses dépenses. Nous avons essentiellement évoqué les dettes, mais les entrées de capitaux peuvent prendre diverses formes, conduisant à différents types d'engagements à l'égard des investisseurs. Il est aussi important d'analyser les cinq canaux par lesquels les PED peuvent financer leur déficit extérieur :

- *Les obligations.* La vente d'obligations par les PED à des agents privés non résidents était la forme dominante de financement des déficits avant 1914 et dans la période de l'entre-deux-guerres. Ces financements sont redevenus très courants après 1990, au moment où de nombreux PED ont libéralisé et modernisé leurs marchés financiers.
- *Les prêts bancaires.* Entre les années 1970 et 1980, les PED ont beaucoup emprunté auprès des banques commerciales des pays industrialisés. En 1970, environ le quart de leur financement extérieur est assuré par les banques. En 1981, le financement bancaire est à peu près égal au déficit courant agrégé des PED non exportateurs de pétrole. Les banques prêtent encore aujourd'hui aux PED, mais ce mode de financement a fortement diminué depuis le début des années 1990.
- *Les prêts officiels.* Les PED empruntent parfois auprès d'organismes officiels internationaux comme la Banque mondiale, la Banque interaméricaine de développement, ou la Banque européenne pour la reconstruction et le développement[7]. Ces prêts sont réalisés sur une base « conditionnelle », c'est-à-dire à des taux d'intérêt inférieurs à ceux du marché, mais avec, en contrepartie, l'engagement de l'emprunteur de procéder à un certain nombre de réformes. La part de ces financements a fortement diminué depuis la fin de la Seconde Guerre mondiale, mais reste prédominante pour quelques pays, en particulier ceux d'Afrique subsaharienne.
- *Les investissements directs étrangers (IDE).* Les IDE correspondent à la création ou à l'acquisition, par une entreprise non résidente d'une entreprise localisée sur le territoire

---

6. Pour une analyse historique des crises financières, voir Carmen Reinhart et Kenneth Rogoff, *Cette fois, c'est différent : huit siècles de folie financière*, Pearson Education, 2010.
7. La BERD a été créée en 1991 pour soutenir financièrement la transition des pays d'Europe centrale et orientale ainsi que de ceux de l'ex-URSS vers un système à économie de marché.

national (voir chapitre 8). Par exemple, un prêt d'une entreprise française à sa filiale roumaine peut être considéré comme un IDE (et se traduit par un flux financier sortant dans la balance des paiements de la zone euro). Depuis la Seconde Guerre mondiale, il s'agit d'une source de financement importante pour les PED.

- *Les investissements de portefeuille.* Depuis le début des années 1990, les investisseurs dans les pays industrialisés ont fortement accru leur demande pour les actions, et plus généralement les titres de propriété émis par les entreprises localisées dans les PED. Cette tendance a été renforcée par les politiques de **privatisation**. De nombreux fonds d'investissement sont même spécialisés sur les marchés émergents.

Les cinq types de financements que nous venons de décrire peuvent être classés en deux catégories : les financements par *emprunts* ou ceux en *fonds propres* (voir chapitre 21). Les obligations, les emprunts bancaires et les financements par les organismes officiels internationaux sont des financements par emprunt. Les investissements directs étrangers et les investissements de portefeuille sont au contraire des financements en fonds propres. Cette distinction est particulièrement importante dans la mesure où les risques ne sont pas répartis de la même manière.

Quand les financements sont sous forme de titres de dette, l'emprunteur est tenu de rembourser son prêt et de payer des intérêts, quelles que soient les circonstances économiques. Lors de chocs imprévus, l'emprunteur peut assez facilement être amené à faire défaut. En revanche, les choses sont d'une certaine manière plus simples quand le financement est sous forme de fonds propres. En cas de difficultés économiques, les dividendes versés sont plus faibles, voir nuls, sans pour autant que le droit des actionnaires ne soit violé. Les marges de manœuvre pour les PED sont donc plus grandes dans ce dernier cas. L'inconvénient est qu'en vendant des titres de propriété, on dilue le pouvoir de décision dans l'entreprise[8].

3.4 Le « péché originel »

Lorsqu'un PED contracte des dettes auprès de non-résidents, ces dettes sont généralement libellées dans l'une des principales monnaies utilisées dans le monde pour les paiements internationaux : le dollar américain, l'euro ou le yen. En général, les emprunteurs étrangers, échaudés par les dévaluations et les épisodes de forte inflation qui sont survenus dans le passé, insistent pour choisir la monnaie dans laquelle l'emprunt est contracté.

Les pays industrialisés peuvent, au contraire, emprunter dans leur propre monnaie. Ainsi, les États-Unis empruntent-ils en dollars, le Japon en yens et la France en euros. Pour ces pays, pouvoir emprunter dans leur propre monnaie, alors même qu'ils détiennent des actifs en monnaie étrangère, représente un avantage considérable. Prenons l'exemple des États-Unis : supposons qu'une forte baisse de la demande étrangère pour les biens produits aux États-Unis conduise à une dépréciation du dollar. Une dépréciation permet d'amortir le ralentissement du produit intérieur et ses conséquences négatives sur l'emploi (voir chapitre

8. Sur l'effet de la libéralisation des marchés financiers dans les pays émergents, voir M. Obstfeld, « International Finance and Growth in Developing Countries: What Have we Learned », *NBER Working Paper* n° 14691, 2008.

19). Au moment de la dépréciation, les actifs détenus par les Américains en monnaie étrangère offrent une rentabilité en dollars supérieure, alors que la valeur des dettes américaines – qui sont majoritairement libellées en dollars (environ 95 %) – augmente très peu. Une réduction de la demande étrangère pour les produits américains conduit donc à un transfert de richesse du reste du monde vers les États-Unis, ce qui constitue une sorte d'assurance.

Dans les PED, qui sont contraints d'emprunter en monnaie étrangère, une diminution des exportations a un effet contraire. Puisque ces pays sont débiteurs nets en monnaie étrangère, la dépréciation a pour conséquence une hausse du montant des remboursements en monnaie domestique.

Un pays qui peut emprunter à l'étranger dans sa propre monnaie peut réduire la valeur réelle de sa dette sans déclencher un défaut, simplement en dépréciant sa monnaie. Un pays en développement contraint d'emprunter en devises ne dispose pas de cette option et ne peut réduire sa dette qu'en la restructurant ou en faisant défaut[9].

Barry Eichengreen et Ricardo Hausmann qualifient de **péché originel** l'incapacité des PED à emprunter dans leur propre monnaie[10]. Pour ces économistes, ce problème est structurel ; il tient principalement au fait que les monnaies des PED offrent un potentiel de diversification limité aux créanciers internationaux qui détiennent déjà les principales monnaies dans leurs portefeuilles. D'autres estiment au contraire que ce « péché » n'a rien d'« originel », mais qu'il résulte plutôt d'une longue série de mauvais conseils en termes de politique économique. Le débat sur les motifs du péché originel est loin d'être clos, mais une chose est sûre : emprunter sur les marchés internationaux est bien plus problématique pour les PED que pour les pays industrialisés.

Un phénomène connexe, mais distinct, apparaît lorsque, entre résidents d'un même pays, une part significative des prêts est libellée en devises – principalement en dollars ou en euros. Dans ce cas, les débiteurs en monnaies étrangères peuvent faire face à des difficultés considérables si la monnaie nationale se déprécie[11].

4 L'Amérique latine : des crises à répétition

Malgré d'énormes ressources naturelles, une large partie de la population en Amérique latine est engluée dans la pauvreté. Certains, comme l'Argentine, figuraient pourtant parmi les pays les plus riches à la fin du XIXe siècle. Globalement, ces pays se sont appauvris relativement à ceux d'Amérique du Nord, de l'Europe et de l'Asie de l'Est. Ils atteignent certes des taux de croissance plutôt élevés dans les années 1950 et 1960, mais pas si élevés que

9. La crise financière de 2007-2010 rappelle que même un pays à revenu élevé – on pense notamment à la Grèce – peut faire défaut (voir chapitre 20). Les pays de la zone euro font d'ailleurs face à une contrainte unique par rapport aux autres pays développés, dans la mesure où la politique monétaire est contrôlée par la BCE et que le gouvernement ne peut donc choisir de déprécier sa monnaie pour réduire le fardeau de sa dette.

10. Barry Eichengreen et Ricardo Hausmann, « Exchange Rates and Financial Fragility », dans *New Challenges for Monetary Policy*, Kansas City, MO, Federal Bank of Kansas City, 1999, p. 329-368. Barry Eichengreen et Ricardo Hausmann, dir., *Other People's Money : Debt Denomination and Financial Instability in Emerging Market Economies*, Chicago, University of Chicago Press, 2005.

11. Pour une étude détaillée de ce phénomène, voir Raghuram G. Rajan et Ioannis Tokatlidis, « Dollar Shortages and Crises », *International Journal of Central Banking*, vol. 1, septembre 2005, p. 177-220.

cela compte tenu du contexte économique favorable. Dans les années 1970, l'abandon du système de Bretton Woods, les chocs pétroliers et le ralentissement de l'économie mondiale mettent à mal ces pays et révèlent leur fragilité. Ils connaissent alors une longue période inflationniste et sont l'objet d'une crise de la dette dans les années 1980. Malgré de sérieuses réformes dans les années 1990, plusieurs pays d'Amérique latine sont à nouveau victime de crises à la fin de la décennie.

4.1 Crise de la dette des années 1980

Entre 1981 et 1983, l'économie mondiale subit une forte récession. Comme au moment de la grande dépression des années 1930, les PED ont beaucoup de difficultés à rembourser leurs emprunts, ce qui entraîne de nombreux défauts et une crise de la dette.

La Réserve fédérale américaine adopte, en 1979, une politique de lutte contre l'inflation qui entraîne une hausse des taux d'intérêt sur le dollar et contribue à la récession mondiale à partir de 1981 (voir chapitre 19). La baisse de la demande dans les pays industrialisés a bien sûr des conséquences négatives directes sur les PED, mais trois autres mécanismes entrent également en jeu. Comme la plupart de leurs emprunts sont à taux variables et, qui plus est, libellés en dollars (c'est le problème du péché originel), le service de la dette des PED s'accroît fortement. La forte appréciation du dollar participe également à la hausse du montant de la dette exprimé dans la monnaie de l'emprunteur. Enfin, la forte baisse du prix des matières premières détériore fortement les termes de l'échange pour les PED.

La crise commence en 1982, au moment où le Mexique annonce que la banque centrale ne dispose plus de réserves de change et que le pays ne peut plus assurer le remboursement de sa dette étrangère. Les banques des pays industrialisés anticipent des défauts similaires en Argentine, au Brésil ou au Chili et décident de ne pas renouveler leurs crédits, demandant le remboursement des anciens prêts, afin de réduire leurs risques.

Les pays d'Amérique latine sont les plus touchés, de même que certains pays de l'ex-bloc soviétique, comme la Pologne, qui ont emprunté auprès de banques européennes. Les pays africains, qui pour la plupart avaient contracté des dettes auprès d'organismes officiels internationaux, comme le FMI ou la Banque mondiale, connaissent des problèmes similaires. Les pays d'Asie du Sud-Est réussissent à maintenir une croissance économique forte et ne rééchelonnent pas leur dette, c'est-à-dire qu'ils ne proposent pas de rembourser plus tard à un taux d'intérêt plus élevé. Fin 1986, plus de 40 pays sont dans une situation de défaut, avec une croissance très faible (voire même négative) dans la plupart des PED. Les montants empruntés par les PED diminuent alors fortement.

Les pays industrialisés, avec l'appui du FMI, tentent d'abord de persuader les grandes banques de continuer à prêter aux PED, arguant qu'une reprise coordonnée des prêts assurerait le remboursement des anciennes dettes. Les responsables politiques craignent notamment que celles qui ont beaucoup prêté aux pays d'Amérique latine ne fassent elles-mêmes faillite en cas de défaut généralisé, ce qui conduirait à une crise majeure du système financier mondial (rétrospectivement, avec l'expérience de la crise de 2007-2009, on se dit qu'en pareil cas de telles craintes sont loin d'être infondées). Ce n'est qu'en 1989 qu'une première issue à la crise est trouvée, lorsque les États-Unis, qui redoutent une trop forte instabilité politique dans les pays du Sud, insistent pour que les banques américaines accordent un allègement de dettes aux PED. En 1990, la dette du Mexique est réduite de 12 % ; la même année, des allègements de dettes sont également accordés aux Philippines, au Costa Rica, au Venezuela, à l'Uruguay et au Niger. On peut dire que la crise de la dette est résolue en 1992, quand l'Argentine et le Brésil signent des accords avec leurs créanciers.

4.2 Réformes, entrées de capitaux et retour de la crise

Les flux de capitaux vers les PED reprennent au début des années 1990, même pour les pays d'Amérique latine très endettés, comme le montre le tableau 22.3. Ce mouvement est probablement lié au faible niveau des taux d'intérêt américains au début de la décennie. Mais, surtout, les pays bénéficiaires de ces entrées de capitaux font des efforts pour stabiliser leur inflation, limiter les interventions publiques, lutter contre l'évasion fiscale, réduire les barrières commerciales, libéraliser les marchés (y compris le marché du travail) et accroître l'efficacité des marchés financiers. Les privatisations permettent en particulier d'améliorer la gouvernance des entreprises, de renforcer la concurrence et de réduire les dépenses publiques.

La crise de la dette des années 1980, qualifiée parfois de « décennie perdue » pour les pays d'Amérique latine, est en partie à l'origine des réformes entreprises par la suite dans ces pays. De nombreux responsables politiques qui arrivent au pouvoir à cette époque, de jeunes économistes formés dans les universités américaines, estiment que la crise est essentiellement due à des politiques économiques inadaptées et à une mauvaise gestion des institutions. L'exemple des pays d'Asie du Sud-Est, qui sont sortis indemnes de la crise des années 1980, vient d'ailleurs renforcer ce sentiment. Alors que ces pays étaient plus pauvres que les pays d'Amérique latine en 1960, la situation s'est inversée.

Les réformes économiques engagées en Amérique latine ont pris différentes formes, dont on peut comparer les mérites en étudiant le cas de quatre grands pays.

L'Argentine. L'Argentine a vécu entre 1976 et 1983 sous un régime militaire, et le retour de la démocratie ne s'est pas immédiatement traduit par une véritable embellie économique. Après une décennie marquée par des crises bancaires, une forte instabilité fiscale et des périodes d'hyperinflation, l'Argentine entreprend dans les années 1990 des réformes institutionnelles radicales. Les droits de douane sur les biens importés sont réduits, l'État diminue ses dépenses, de nombreuses entreprises publiques sont privatisées, et une réforme fiscale permet d'accroître les recettes budgétaires.

L'élément central de la réforme économique concerne la loi de convertibilité d'avril 1991, qui fixe la convertibilité du peso argentin à un taux d'un peso pour un dollar américain. La loi de convertibilité impose également que la base monétaire s'appuie entièrement sur les réserves d'or et de devises, interdisant donc un financement du déficit budgétaire par la création monétaire. Il s'agit là d'une version extrême de politique de réduction de l'inflation par le change. Cette approche avait été tentée à plusieurs reprises, mais s'était toujours soldée par une crise.

La politique argentine fonctionne pendant une dizaine d'années. Les réformes permettent de réduire fortement l'inflation, qui passe de 800 % en 1990 à moins de 5 % en 1995.

Toutefois, le niveau élevé de l'inflation au début des années 1990, malgré la fixité du taux de change, a pour conséquence une appréciation réelle du peso de 30 % entre 1990 et 1995, qui induit un fort taux de chômage et un déficit croissant du compte courant.

L'appréciation réelle se termine au milieu des années 1990, mais le chômage reste élevé compte tenu des rigidités sur le marché de l'emploi. En 1997, le pays connaît une croissance rapide, mais elle se réduit par la suite et le déficit public augmente rapidement. Au moment de la récession mondiale en 2001, les prêts étrangers se tarissent et, en décembre 2001, le pays fait à nouveau défaut sur sa dette en devises. Puis, en janvier 2002, il abandonne la parité peso-dollar. Le peso se déprécie alors rapidement tandis que l'inflation remonte. Le produit intérieur argentin chute de 11 % en 2002, mais la croissance est de retour dès 2003 avec la baisse de l'inflation. L'Argentine est, aujourd'hui encore, en train de négocier un règlement de sa dette qui convienne aux derniers créanciers étrangers et qui lui permettrait de réintégrer le marché international des capitaux en tant qu'emprunteur.

Le Brésil. Tout comme l'Argentine, le Brésil des années 1980 fait face à une inflation galopante que les nombreuses tentatives de stabilisation et les réformes monétaires ne parviennent pas à juguler. Le Brésil mettra plus de temps que l'Argentine à contrôler son inflation[12].

En 1994, le pays introduit une nouvelle monnaie, le real, avec une parité fixe à l'égard du dollar américain. En 1995, le Brésil réussit à défendre la nouvelle parité de sa monnaie au prix de nombreuses faillites bancaires, puis adopte un régime de *crawling peg* qui autorise le real à s'apprécier modérément en termes nominaux. Parce que cette appréciation est inférieure au différentiel d'inflation entre les deux pays, la monnaie brésilienne s'apprécie en termes réels, ce qui contribue à l'affaiblissement de la compétitivité du pays sur les marchés internationaux. Cette politique (qui s'accompagne de taux d'intérêt élevés et d'une augmentation du chômage) permet de réduire fortement l'inflation, qui passe d'un rythme annuel de plus de 2 500 % en 1994 à moins de 10 % en 1997.

La croissance économique reste faible cependant : les réformes sont beaucoup plus lentes qu'en Argentine, malgré la réduction des droits de douane, les privatisations et la réforme fiscale. Le déficit public se maintient à un niveau dangereusement élevé. Un des problèmes vient du très fort taux d'intérêt que l'État paye sur sa dette, ce qui reflète le scepticisme du marché quant à la capacité de la banque centrale à maintenir l'appréciation nominale constante du real à l'égard du dollar.

Considérant qu'une crise au Brésil déstabiliserait les pays voisins, le FMI lui accorde une aide de 40 milliards de dollars. Malgré cela, les marchés restent pessimistes et le plan échoue. Le real est finalement dévalué de 8 % en janvier 1999 et le Brésil adopte un régime de changes flottants. Très rapidement, le real perd 40 % de sa valeur face au dollar. Les autorités monétaires tentent d'éviter une trop forte dépréciation de la monnaie, et le pays entre dans une phase de récession. Mais cette récession ne dure pas et l'inflation reste faible (les institutions financières brésiliennes avaient évité d'emprunter trop en dollars) ; l'effondrement du secteur financier est évité. En octobre 2002, Ignacio « Lula » da Silva, du parti des

12. Voir Rudiger Dornbusch, « Brazil's Incomplete Stabilization and Reform », *Brookings Papers on Economic Activity*, 1, 1997, p. 367-404.

travailleurs, est élu président. Le Brésil réussit à maintenir son accès au marché du crédit grâce à des politiques économiques qui restent (un peu à la surprise générale) assez favorables au marché. La situation économique s'améliore et le Brésil s'impose comme une des puissances majeures parmi les pays en développement. Un des facteurs clés dans le succès brésilien tient à ses exportations massives de matières premières, notamment à destination de la Chine.

Le Chili. Le Chili, qui a dû faire face à un chômage élevé et à un effondrement financier au début des années 1980, réalise des réformes profondes à la fin de la décennie. Le cadre réglementaire des institutions financières, notamment, est fortement renforcé et la garantie implicite de l'État, qui avait contribué à approfondir la crise de la dette, est supprimée. Le Chili adopte également un régime de *crawling peg*, qui permet de réduire l'inflation de manière graduelle, mais l'utilise de manière suffisamment flexible pour empêcher une appréciation réelle. La banque centrale du Chili est déclarée indépendante en 1990 (l'année même où le régime militaire du Général Pinochet est remplacé par un gouvernement démocratique), ce qui empêche toute monétisation du déficit public[13].

Le Chili met également en place une politique de contrôle des flux de capitaux entrants, qui impose à tout nouvel investissement (autre que des investissements en fonds propres) un dépôt d'un an non rémunéré et d'un montant égal à 30 % de la valeur de la transaction. Compte tenu de la durée limitée du dépôt obligatoire, cette mesure pénalise les flux de capitaux de court terme, autrement dit ceux qui sont susceptibles d'être retirés rapidement en cas de crise. Cette mesure vise également à limiter l'appréciation réelle de la monnaie. Cette politique a suscité de nombreux débats parmi les économistes[14].

La politique menée par le Chili a plutôt porté ses fruits. Entre 1991 et 1997, la croissance du PIB est en moyenne de plus de 8 % par an et l'inflation passe de 26 % en 1990 à 6 % en 1997. Le Chili est considéré comme le pays non seulement le moins corrompu d'Amérique latine, mais aussi moins corrompu que les États-Unis ou la France.

Le Mexique. Le Mexique met en place en 1987 un large programme de stabilisation et de réformes, combinant une forte réduction du déficit et de la dette publics, une politique de ciblage du taux de change et des accords sur les salaires négociés entre industriels et syndicats[15]. La même année, le pays s'engage concrètement sur la voie de la libéralisation commerciale en adhérant au GATT. Le Mexique rejoint ensuite l'OCDE et signe, en 1994, *l'accord de libre échange nord-américain* (ALENA).

Le Mexique fixe son taux de change à l'égard du dollar en 1987, adopte un régime de *crawling peg* en 1989, puis un régime de *crawling peg* avec bande de fluctuation en 1991. Dès lors, le Mexique annonce chaque année un niveau maximal d'appréciation, tout en diminuant

---

13. Pour une description des réformes économiques au Chili, voir Barry P. Bosworth, Rudiger Dornbusch et Raul Laban, dir., *The Chilean Economy: Policy Lessons and Challenges*, Washington D.C., Brookings Institution, 1994.
14. Voir Peter B. Kenen. *The International Financial Architecture : What's New ? What's Missing ?*, chapitre 5, Washington, D.C., Institute for International Economics, 2001.
15. Voir Pedro Aspe Armella, *Economic Transformation the Mexican Way*, Cambridge, MA, MIT Press, 1993. L'auteur est un économiste, formé au MIT, et fut ministre des Finances du Mexique entre 1988 et 1994. Voir aussi Nora Lustig, *Mexico : The Remaking of an Economy*, Washington D.C., Brookings Institution, 1992.

progressivement le niveau maximal de dépréciation du peso par rapport au dollar, ce qui permet d'accroître les fluctuations possibles du peso au cours du temps.

En dépit de cette flexibilité, les autorités mexicaines conservent un niveau de taux de change proche de son seuil maximal d'appréciation. La devise s'apprécie en termes réels ce qui conduit à un fort déficit courant. En 1994, les réserves de change de la banque centrale s'épuisent, compte tenu des troubles politiques et des anticipations de dévaluation. Cet épuisement vient également des aides publiques attribuées aux banques qui enregistrent des pertes sur les prêts qu'elles ont concédés. Le Mexique a en effet rapidement privatisé ses banques sans établir de normes prudentielles suffisantes : les banques sont à peu près certaines qu'elles recevront des aides publiques en cas de risque de faillite ; il s'agit là d'un cas classique d'aléa moral (voir chapitre 21).

En décembre 1994, le peso mexicain est dévalué de 15 %, au-delà de sa limite de dépréciation maximale, et le déficit courant atteint 8 % du PIB. La monnaie mexicaine est alors attaquée par les spéculateurs et les autorités décident de laisser le peso flotter. La panique des investisseurs étrangers accroît la dépréciation et le Mexique ne peut plus désormais emprunter, sauf à des taux d'intérêt très élevés. Le défaut est alors évité grâce à une aide sous forme de prêts d'urgence de 50 milliards de dollars, orchestrée par le Trésor américain et le FMI.

La forte dépréciation du peso a pour conséquence un retour de l'inflation, qui était pourtant passée de 159 % en 1987 à seulement 7 % en 1994. La crise se traduit aussi par un doublement du taux de chômage, une réduction très importante des dépenses publiques, des taux d'intérêt extraordinairement élevés et une crise bancaire généralisée. Mais la contraction ne dure qu'un an : à partir de 1996, l'inflation diminue à nouveau et l'économie amorce une phase de rattrapage. Le Mexique retrouve également accès au marché international des capitaux et rembourse même le Trésor américain avant la date prévue. Un des plus grands succès pour le Mexique est certainement d'ordre politique avec l'instauration depuis plusieurs années d'une véritable démocratie, mettant ainsi fin à des années de domination du parti unique.

Encadré 22.1

Pourquoi les pays émergents accumulent-ils autant de réserves officielles ?

Les pays émergents en proie à des crises de change se retrouvent toujours à cours de réserves officielles. Un pays qui a pourtant décidé de fixer son taux de change n'a, en effet, d'autre choix que de laisser sa monnaie se déprécier lorsque ses réserves officielles viennent à s'épuiser. Ces réserves officielles sont indispensables pour honorer les prêts internationaux.

Tout comme les paniques bancaires, les craintes quant à la solvabilité d'un pays ou à la dépréciation de sa monnaie sont autoréalisatrices. Il suffit que la défiance s'installe pour que les réserves officielles s'épuisent rapidement et que les investisseurs étrangers refusent d'accorder de nouveaux prêts. Cela conduit alors à une crise de liquidité, qui finit souvent par déboucher sur une crise d'insolvabilité. Ce fut le cas, notamment, pour la crise asiatique en 1997-1998.

Encadré 22.1 (suite)

Suite à cette crise, qui a touché de nombreux pays partout dans le monde, plusieurs économistes ont suggéré que les pays émergents prennent définitivement les choses en main : puisque les financements étrangers ont tendance à manquer précisément quand les pays émergents en ont le plus besoin, ces derniers ont intérêt à accumuler des actifs étrangers en vue de se constituer un véritable trésor de guerre.

Tant que la mobilité internationale des capitaux était faible (autrement dit dans les années 1950 et 1960), le montant optimal des réserves officielles était essentiellement fixé en référence aux imports et aux exports. Mais aujourd'hui, avec la mondialisation des marchés, le problème se pose en des termes bien différents. Pour Martin Feldstein, professeur à Harvard, les gouvernements ne doivent pas juger du caractère adéquat des réserves officielles en se basant sur la valeur des importations*. L'objectif habituel, qui consiste à détenir sous forme de réserves officielles l'équivalent de six mois d'importations, ignore complètement le fait que les crises ont à voir avec les flux de capitaux, et non les flux commerciaux. Ce qui compte dans la définition du montant optimal des réserves, c'est le montant des actifs domestiques que pourraient potentiellement vendre les spéculateurs, alors même que la situation économique du pays ne justifie pas une détérioration de la situation monétaire.

Nous avons vu au chapitre 18 que, depuis l'abandon du système de Bretton Woods, les réserves officielles avaient augmenté dans tous les pays, en particulier dans les pays émergents depuis la crise de la dette des années 1980. Et cette croissance s'est même accélérée à la fin des années 1990. L'accumulation de réserves par les pays émergents a ainsi largement financé le déficit du compte courant américain qui croît depuis 1999 (voir aussi la discussion sur les déséquilibres macroéconomiques mondiaux au chapitre 19).

La figure 22.2 représente le montant des réserves officielles en pourcentage du produit intérieur pour l'ensemble des pays développés ainsi que pour les principaux pays émergents : les BRICS – Brésil, Russie, Inde et Chine (il manque l'Afrique du Sud). Dans tous les cas, ce ratio a au moins doublé entre 1999 et 2009 ; il a plus que triplé dans le cas de la Chine et a été multiplié par huit pour la Russie**.

Dans de nombreux pays émergents, le niveau des réserves est tel qu'il dépasse le montant total des prêts en devises à court terme accordés par les non-résidents. L'accumulation de ces réserves offre, dans ce cas, une protection efficace en cas d'arrêt soudain des entrées de capitaux. Ces réserves ont d'ailleurs permis aux pays émergents de surmonter le resserrement du crédit (*credit crunch*) consécutif à la crise de 2007-2009 (voir chapitre 21).

* M. Feldstein, 1999, « A Self-Help Guide for Emerging Markets », *Foreign Affairs*, vol. 78, mars-avril, p. 93-109. Plus récemment, voir aussi O. Jeanne, 2007, « International Reserves in Emerging Market Countries: Too Much of a Good Thing? », *Brookings Papers on Economic Activity*, vol. 1, p. 1-79.

** Les PED détiennent environ 60 % de leurs réserves officielles en bons du Trésor américain ; le reste est essentiellement en euros et, quoique dans une bien moindre mesure, en yens, en livres steeling et en francs suisses.

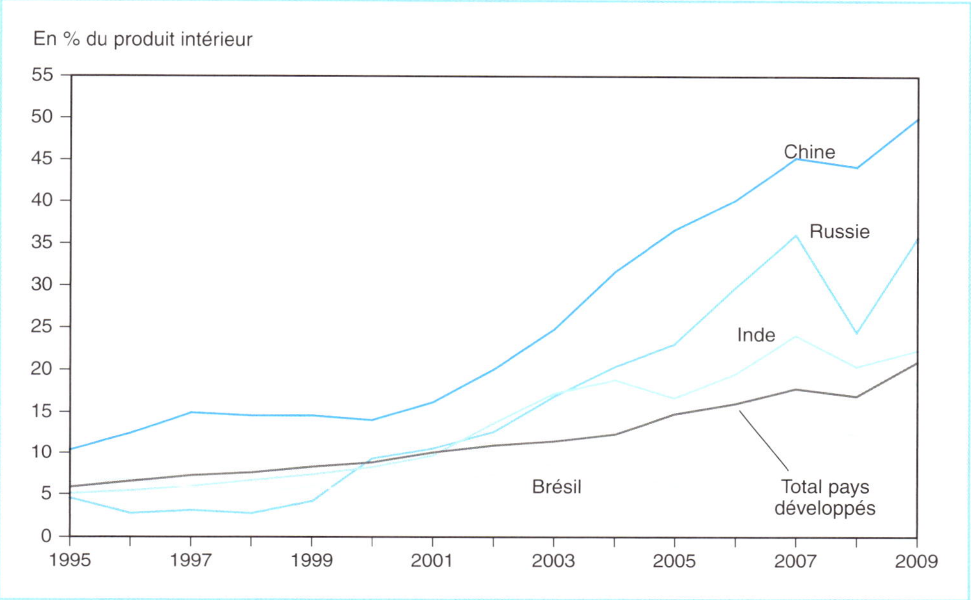

Figure 22.2 – L'évolution des réserves officielles des pays émergents.

Depuis 1999, les pays émergents ont considérablement augmenté le niveau de leurs réserves officielles. Ces dernières sont essentiellement détenues sous la forme de bons du Trésor américains.

Source : Fonds monétaire international, *Perspectives économiques mondiales*.

Relativement aux pays industrialisés, les pays émergents ont, en effet, été plutôt épargnés par la crise financière. Certes, les réserves ont diminué au plus fort de la crise, mais elles se sont reconstituées très vite. Si la crise avait eu lieu quelques années plus tôt, il y a fort à parier que la contagion aurait été beaucoup plus forte.

Le motif de précaution ne suffit toutefois pas, à lui seul, à expliquer la forte augmentation des réserves officielles par les pays émergents. Pour certains pays, l'accumulation des réserves peut être considérée comme un effet secondaire d'une politique de change visant à limiter délibérément l'appréciation de sa monnaie. C'est le cas, en particulier, de la Chine. En effet, la stratégie de développement de la Chine repose essentiellement sur la croissance des exportations de biens manufacturés intensifs en main-d'œuvre. Or l'appréciation du renminbi aurait pour effet de renchérir le coût du travail des ouvriers chinois pour les pays importateurs. La Chine a donc fortement limité l'appréciation de sa monnaie en achetant massivement des actifs en dollars. Le gouvernement chinois a progressivement assoupli son contrôle sur les flux de capitaux en espérant ainsi réduire le montant des réserves officielles en proportion des achats d'actifs étrangers par les résidents. Cela n'a toutefois pas vraiment suffi. Fin 2010, les réserves de change de la Chine s'élèvent à 50 % du produit intérieur. Nous discutons plus en détail de la politique économique de la Chine dans l'encadré 22.3 à la fin de ce chapitre.

5 L'Asie du Sud-Est : succès et crise

Jusqu'en 1997, les pays d'Asie du Sud-Est font figure d'exemples. Ils connaissent une forte croissance qui leur permet de rattraper le niveau de développement économique des pays industrialisés. Mais, en 1997, ils sont victimes d'une crise financière désastreuse. La vitesse à laquelle ces pays sont passés de la prospérité au chaos économique a surpris la plupart des observateurs. Cette crise financière a été particulièrement forte, mais elle a aussi été de courte durée. Elle a toutefois largement contribué au déclenchement des crises en Russie et au Brésil. Dans cette partie, nous revenons sur l'expérience des pays du Sud-Est asiatique et sur ses répercussions.

5.1 Le miracle économique asiatique

Comme nous pouvons le voir dans le tableau 22.2, la Corée du Sud est un pays très pauvre en 1960, avec une industrie très peu développée et de faibles perspectives économiques. En 1963, le pays lance une série de réformes qui consistent à passer d'une stratégie d'industrialisation par substitution aux importations à une stratégie de promotion des exportations. Le pays entame alors une grande période de croissance et, en l'espace de 50 ans, multiplie son PIB par habitant par 10, soit un taux plus élevé que celui observé, par exemple, pour les États-Unis sur le siècle passé !

La forte croissance économique en Corée du Sud s'observe également dans les autres économies d'Asie du Sud-Est. On peut distinguer un premier groupe de pays, avec Hong Kong, Taïwan et Singapour, qui commence à croître rapidement au début des années 1960. Le cercle s'élargit ensuite au cours des années 1970 et 1980 à la Malaisie, la Thaïlande, l'Indonésie et aussi la Chine. C'est la première fois, depuis l'émergence du Japon en tant que puissance industrielle à la fin du XIXe siècle, que des pays entrent dans une phase de transition qui leur permet de sortir du sous-développement. Comment expliquer un tel succès ?

Comme nous l'avons vu au chapitre 11, il existe un vif débat quant aux raisons de ce « miracle » économique. Au début des années 1990, la plupart des observateurs considèrent les pays asiatiques comme un ensemble homogène et attribuent la croissance en Asie à la politique industrielle et à la coopération étroite entre l'État et les entreprises. Il est en réalité difficile d'identifier une « recette » commune : en Corée du Sud, l'État a par exemple joué un rôle très important dans l'allocation du capital entre industries, alors que Hong Kong ou Taïwan n'ont pas mené une politique industrielle aussi volontariste. Autre exemple, Taïwan et Singapour ont largement bénéficié de l'implantation de firmes multinationales, alors que la Corée du Sud et Hong Kong se sont largement reposés sur les entrepreneurs nationaux.

Les économies asiatiques à forte croissance ont toutefois en commun un taux d'épargne élevé (il atteint 34 % du PIB en 1990, deux fois plus élevé qu'en Amérique latine) et un fort taux d'investissement. L'éducation a également joué un rôle essentiel dans tous les pays asiatiques. Le taux de scolarisation est déjà très élevé en 1965 : même un pays très pauvre comme l'Indonésie a un taux de scolarisation de 70 %. Enfin, deux autres éléments ont contribué à la réussite des économies d'Asie du Sud-Est : d'une part, un environnement macroéconomique stable avec une faible inflation et une croissance régulière ; d'autre part, un degré d'ouverture élevé. Le contraste avec l'Amérique latine est saisissant : le taux d'inflation est inférieur à 15 % par an en moyenne sur la période 1961-1991 pour les pays du Sud-Est asiatique (12 % en Corée du Sud, 6 % à Taïwan, 3,6 % à Singapour), contre près de 200 % pour les pays d'Amérique latine. Le ratio exportations/PIB est de 347 % en Malaise, 282 % à Hong Kong, 66 % en Corée du Sud, contre 23 % pour les pays d'Amérique latine. C'est d'ailleurs ce contraste qui est à l'origine d'une volonté de réformes chez certains responsables politiques en Amérique latine, à la fois en termes d'ouverture et de stabilité.

De manière un peu surprenante, jusqu'à la fin des années 1980, ces économies ont financé une grande part de leurs investissements en s'appuyant sur l'épargne nationale. Ce n'est que dans les années 1990 que la popularité grandissante des « économies émergentes » convainc les investisseurs internationaux d'investir dans les pays d'Asie du Sud-Est. Le tableau 22.4 montre que ces entrées de capitaux se sont accompagnées de déficits courants très importants. Quelques économistes s'inquiètent alors des possibilités de crise comme celle qui a touché le Mexique en 1994. Mais beaucoup considèrent que les entrées massives de capitaux sont justifiées par la stabilité macroéconomique des pays du Sud-Est asiatique, ainsi que par l'ampleur des opportunités d'investissements profitables.

Tableau 22.4 : Solde du compte courant/PIB pour les économies d'Asie du Sud-Est (moyennes annuelles, en pourcentage)

Pays	1990-1997	1998-2000	2001-2009
Chine	1,5	2,4	6,5
Corée du Sud	–1,6	6,5	1,6
Hong Kong	0,6	4,1	10,1
Indonésie	–2,5	4,6	2,0
Malaisie	–5,6	12,8	13,3
Taïwan	4,0	2,3	7,4
Thaïlande	–6,3	10,2	1,8

Sources : Fonds monétaire international, Banque centrale de Chine, Deutsche Bank.

5.2 Les faiblesses asiatiques

La crise qui touche durement l'Asie du Sud-Est en 1997 a mis en lumière un certain nombre de faiblesses structurelles. En particulier, avec le bénéfice du recul, trois grands problèmes peuvent être soulevés.

La productivité. Certaines études soulignent que la croissance des pays d'Asie du Sud-Est s'explique davantage par une augmentation des facteurs de production (capital et travail) que par des gains de productivité. Le rattrapage économique de la Corée du Sud, par exemple, est dû principalement à un déplacement de la main-d'œuvre du secteur agricole vers le secteur industriel, à une forte hausse du niveau d'éducation et à une augmentation du ratio capital/travail dans le secteur non agricole. De manière surprenante, l'écart technologique avec les pays industrialisés ne semble pas s'être réduit. Ainsi, pour certains, les entrées massives de capitaux dans le pays asiatique n'étaient en fait pas vraiment justifiées.

La fragilité du système bancaire. De manière plus évidente, les pays d'Asie du Sud-Est souffrent, avant la crise, d'une réglementation du secteur bancaire trop laxiste. Les déposants, résidents et non résidents, considèrent alors que les banques locales sont sûres, en particulier parce qu'ils sont persuadés que l'État jouera le rôle de prêteur en dernier ressort en cas de difficultés. Mais aucun contrôle ne vient limiter les risques pris par les banques : on retrouve là le problème d'aléa moral. De surcroît, les réformes du système financier au début des années 1990 facilitent les emprunts en monnaie étrangère : c'est le problème du péché originel. Dans plusieurs pays asiatiques, les liens étroits entre le milieu des affaires et l'État renforcent le problème d'aléa moral.

En Thaïlande, les dirigeants des « compagnies financières » ont des relations privilégiées avec les responsables politiques et accordent facilement des prêts pour des projets d'investissement hautement spéculatifs dans l'immobilier. En Indonésie, les prêteurs sont moins regardants lorsque les projets à financer ont la faveur de la famille présidentielle. Ceci permet d'expliquer en partie pourquoi, en dépit d'un fort taux d'épargne, les incitations à l'investissement sont si fortes en Asie du Sud-Est, au point que les pays ont accumulé des déficits courants avant la crise. Pour certains analystes, le volume excessif des prêts contribue aussi, avant la crise, à la formation d'une bulle dans le secteur de l'immobilier. L'éclatement de cette bulle s'est inévitablement traduit par une spirale déflationniste et des faillites bancaires. Quoi qu'il en soit, le problème de l'aléa moral a sans conteste joué un rôle dans le déclenchement de la crise, mais son importance reste sujette à débats.

Le cadre législatif. Avec la crise, la faiblesse du cadre législatif sur les faillites devient évidente. Aux États-Unis par exemple, la loi sur les faillites (procédure *chapter 11*) permet de régler le problème du paiement des dettes des entreprises en difficulté : les tribunaux peuvent prendre possession de l'entreprise sur demande des créanciers, afin de satisfaire au mieux leurs droits sur les dettes impayées. Souvent, la procédure permet de maintenir l'activité de l'entreprise en convertissant ses dettes en droits de propriété. En Asie, les lois sur les faillites ne sont pas suffisamment développées en 1997, notamment parce que les faillites ont été peu nombreuses durant la période antérieure caractérisée par une forte croissance. En l'absence de procédures claires de traitement des faillites, ces dernières peuvent conduire à une impasse : les entreprises en difficultés ne paient plus leurs dettes, elles ne peuvent plus emprunter, mais les créanciers n'ont aucun moyen de récupérer leurs fonds, ni de saisir les entreprises.

Chaque économie a, certes, ses faiblesses, mais la fragilité des pays d'Asie du Sud-Est est largement passée inaperçue du fait des performances économiques impressionnantes affichées au début des années 1990. Même ceux qui étaient conscients de ces problèmes n'anticipaient pas la catastrophe qui est intervenue en 1997.

5.3 La crise financière asiatique

On considère généralement que la crise asiatique commence le 2 juillet 1997, avec la dévaluation du baht thaïlandais. Depuis 1996, le pays a montré des signes d'instabilité financière. Il devient notamment évident que de trop nombreuses tours de bureaux ont été construites alors que le marché immobilier puis le marché boursier entrent dans une période de déclin. Les spéculations sur une possible dévaluation du baht entraînent un épuisement des réserves de change, et, le 2 juillet, le pays tente une dévaluation contrôlée de 15 %. Comme au Mexique en 1994, cette tentative de dévaluation modérée est un échec. Une vague de spéculation massive provoque alors une dépréciation du baht bien plus importante.

La spéculation s'étend dans un premier temps aux monnaies des pays voisins de la Thaïlande, la Malaisie et l'Indonésie, puis la Corée du Sud, qui est pourtant de taille beaucoup plus importante que la Thaïlande. Les spéculateurs estiment que toutes ces économies partagent les mêmes faiblesses. Tous ces pays sont en outre frappés, en cette année 1997, par la récession du voisin japonais, avec qui ils entretiennent d'importantes relations commerciales.

Dans chaque pays, les autorités doivent faire face à un dilemme. D'une part, une forte dépréciation peut avoir des conséquences très négatives sur l'économie, la hausse du prix des importations étant susceptible d'accroître les coûts de production et de favoriser l'inflation. L'augmentation de la valeur en monnaie nationale des dettes libellées en dollars peut ainsi fragiliser les banques et les entreprises. D'autre part, la défense de la parité nécessite une très forte hausse des taux d'intérêt afin de persuader les investisseurs de ne pas retirer leurs fonds. Or, cette politique peut, elle aussi, avoir des conséquences négatives sur l'activité économique et provoquer des faillites bancaires.

Tous les pays touchés par la crise, sauf la Malaisie, demandent l'assistance du FMI. Ils obtiennent des prêts et s'engagent à appliquer un plan visant à limiter l'ampleur de la crise : taux d'intérêt élevés pour soutenir la monnaie, réduction du déficit budgétaire et réformes structurelles. Malgré ce plan de réforme, tous ces pays subissent une contraction sévère de l'activité en 1998, alors que la croissance atteignait 6 % en 1996. En Asie, seule la Chine évite alors la récession.

Le pays le plus durement touché est l'Indonésie, où la crise financière se conjugue à une crise politique, le tout amplifié par la perte de confiance des résidents dans les banques. Au cours de l'été 1998, la roupie indonésienne perd 85 % de sa valeur, et très peu de grandes entreprises restent solvables. La population affronte alors un chômage massif et les violences ethniques se développent en même temps que la pauvreté.

La crise a pour conséquence un renversement très rapide des soldes des comptes courants (voir le tableau 22.4) : alors qu'elle est déficitaire avant la crise, la balance courante devient fortement excédentaire après, principalement en raison d'une baisse des importations consécutive à la baisse de la demande.

Les taux de change se stabilisent et les taux d'intérêt diminuent, mais la crise provoque un ralentissement des économies voisines, notamment à Hong Kong, Singapour et en Nouvelle-Zélande. Les effets de la crise se font même sentir au Japon, dans les pays d'Amérique latine et en Europe. Après la crise, la plupart des pays touchés poursuivent les plans administrés par le FMI, tandis que la Malaisie, qui n'avait pas accepté ses recommandations, impose des contrôles sur les mouvements de capitaux afin d'alléger la contrainte sur les politiques monétaire et budgétaire. Notons que la Chine et Taïwan, qui disposaient de systèmes de contrôle sur les mouvements de capitaux avant la crise, ont été relativement épargnés.

La récession qui suit la crise ne dure pas, et la croissance est de retour dès 1999 grâce à une hausse des exportations qui profitent de taux de change relativement bas. Mais toutes les économies ne se redressent pas de manière identique, et l'expérience malaise de contrôle des capitaux suscite de nombreuses controverses. En général, les taux d'investissement restent plus faibles qu'avant la crise et les comptes courants sont toujours excédentaires.

5.4 Les conséquences de la crise asiatique sur la Russie

En réaction à la crise asiatique, les capitaux fuient les économies émergentes, ce qui exerce une forte pression sur les politiques économiques de pays pourtant éloignés géographiquement. La Russie, en particulier, est rapidement touchée.

Après l'effondrement du bloc soviétique en 1989, les pays à économie planifiée s'engagent dans une phase de transition rapide vers l'économie de marché. Ces réformes ont d'abord pour conséquence une forte inflation, une baisse du produit intérieur ainsi qu'une forte hausse du taux de chômage, phénomène alors inconnu dans les économies planifiées. Le processus de transition implique que les entreprises soient privatisées, mais les marchés financiers et les pratiques bancaires ne sont pas encore suffisamment bien rodés. Il n'existe pas de cadre réglementaire qui encadre les relations économiques, la gouvernance d'entreprise est peu développée et les droits de propriété ne sont pas clairement définis. Les États manquent aussi d'un appareil fiscal efficace et, compte tenu de la prudence des investisseurs internationaux à l'égard des marchés financiers locaux, les dépenses publiques sont financées par création monétaire.

Dans les années 1990, quelques économies d'Europe de l'Est comme la Pologne, la Hongrie et la République tchèque réussissent leur transition vers un système économique de marché. Il faut souligner que ces pays sont proches de l'Union européenne et avaient (avant l'occupation par l'Union soviétique à partir des années 1940) une tradition de capitalisme industriel, incluant un système contractuel et de droits de propriétés bien établis. De nombreux pays qui obtiennent leur indépendance au moment de l'effondrement du bloc soviétique, comme la Russie, connaissent, en revanche, une transition plus difficile. Le tableau 22.5 compare les performances économiques entre 1991 et 2003 de la Russie et de la Pologne, un des pays qui a le mieux réussi sa transition et qui a rejoint l'UE en 2004.

Tableau 22.5 : Croissance du produit réel et inflation : Russie et Pologne, 1991-2003 (pourcentages annuels

	1991	1922	1993	1994	1995	1996	1997	1998	1999	2000-2003
Croissance du produit réel										
Russie	−9,0	−14,5	−8,7	−12,7	−4,1	−3,4	1,4	−5,3	6,3	6,8
Pologne	−7,0	2,0	4,3	5,2	6,8	6,0	6,8	4,8	4,1	2,6
Taux d'inflation										
Russie	92,7	1 734,7	878,8	307,5	198,0	47,7	14,8	27,7	85,7	18,0
Pologne	70,3	43,0	35,3	32,2	27,9	19,9	14,9	11,8	7,3	4,6

Source : Fonds monétaire international, *World Economic Outlook*.

Au cours des années 1990, les autorités russes sont affaiblies et incapables de collecter les impôts ou d'imposer les règles juridiques élémentaires. Le produit intérieur diminue sensiblement et les autorités monétaires sont incapables de contrôler l'inflation. Pour la plupart des Russes, la qualité du niveau de vie dans ces premières années de transition est moindre que sous le régime soviétique. En 1997, l'État parvient à stabiliser le rouble et à réduire l'inflation grâce à des crédits du FMI, et la Russie enregistre un taux de croissance positif. Les autorités parviennent à réduire l'inflation en substituant l'emprunt au seigneuriage, mais ne réussissent ni à diminuer les dépenses publiques ni à collecter davantage d'impôts, alors que la dette extérieure augmente fortement. Dans le même temps, la crise asiatique contribue à faire baisser le prix des matières premières, notamment du pétrole. Les investisseurs anticipent par conséquent une dévaluation du rouble. Les taux d'intérêt sur la dette russe augmentent alors, ce qui accroît le déficit budgétaire du pays.

En dépit de l'échec des précédents programmes de stabilisation, le FMI signe un nouvel accord avec la Russie pour un prêt de plusieurs milliards de dollars, afin de soutenir le rouble. Le FMI craint en effet qu'un effondrement économique russe ne déstabilise davantage les PED (il craint également que le pays ne décide de vendre son arsenal nucléaire – certains parleront à ce propos de pays « trop nucléarisé pour faire faillite »). À la mi-août cependant, la Russie dévalue, fait défaut sur sa dette et gèle ses paiements internationaux. Au même moment, les autorités monétaires décident d'accentuer la création monétaire afin de payer les dettes, et le rouble perd la moitié de sa valeur en un mois. Le tableau 22.5 montre aussi que l'inflation s'envole et que le produit intérieur baisse fortement. Bien que la crise en Russie ait, en pratique, un faible impact sur la richesse des investisseurs internationaux, elle crée un mouvement de panique et les investisseurs préfèrent se débarrasser de leurs titres sur les marchés émergents[16]. La Réserve fédérale américaine décide alors de baisser ses taux, évitant peut-être (on ne saura jamais vraiment !) une crise financière au niveau mondial. La Russie retrouve une croissance positive après 1999, en partie grâce à des prix du pétrole plus élevés, mais l'inflation reste élevée.

6 Les leçons à tirer des crises dans les pays en développement

Au lendemain de la crise asiatique de 1997, les critiques fusent de toutes parts : certains observateurs occidentaux condamnent le « capitalisme de complaisance », autrement dit les liens étroits, en vigueur dans les pays asiatiques, entre les hommes d'affaires et les politiques. Dans les pays les plus touchés par la crise, les critiques concernent surtout les investisseurs occidentaux (à Hong Kong par exemple, des voix se sont élevées pour dénoncer un complot des spéculateurs visant à réduire la valeur du marché boursier et de la monnaie). Le seul point sur lequel les uns et les autres s'accordent, c'est sur la responsabilité du FMI : mais alors que pour certains, celui-ci ne doit pas essayer de limiter la dépréciation des monnaies asiatiques, pour les autres il aurait dû tout faire pour maintenir les parités !

Au-delà de ces critiques partisanes, il est possible de tirer des enseignements clairs des crises qui sont intervenues dans les économies émergentes, à la fois en Asie, en Amérique latine et en Russie.

---

16. Voir la quasi-faillite du fonds LTCM, au chapitre 21.

Choisir le bon régime de change

Il est dangereux pour un PED de fixer son taux de change, à moins qu'il n'ait vraiment les moyens de le faire. En Asie du Sud-Est par exemple, la confiance dans les régimes de changes fixes a contribué à développer l'emprunt en monnaie étrangère. Cela a conduit à de nombreuses faillites au moment de la dévaluation, du fait de l'alourdissement en monnaie nationale du poids des dettes. Les pays qui ont réussi à maîtriser l'inflation avec succès sont ceux qui ont adopté des régimes de changes plus flexibles ou qui sont passés à des changes flexibles après être parvenus à réduire les anticipations d'inflation. Ceux qui ont conservé des changes fixes ont en revanche subi une appréciation réelle de leur monnaie et une détérioration de leur solde courant, les rendant plus vulnérables aux attaques spéculatives. En Argentine, alors même que les autorités étaient vraiment déterminées à lutter contre l'inflation (les précédents épisodes d'hyperinflation avaient fortement marqué les esprits), le régime de changes fixes s'est révélé intenable à long terme (voir l'encadré). À l'inverse, l'expérience mexicaine, depuis 1995, nous enseigne qu'il est possible pour un grand pays d'adopter avec succès un régime de changes flexibles. Il est même difficile de croire que le pays serait sorti indemne de l'onde de choc provoquée par la crise asiatique en 1998, s'il avait maintenu un taux de change fixe[17].

Encadré 22.2

Les caisses d'émission rendent-elles les taux de change fixes crédibles ?

La loi monétaire argentine de 1991, qui exige que la base monétaire soit couverte par des réserves de change à hauteur de 100 %, est un bon exemple de **caisse d'émission** (*currency board* en anglais). La banque centrale ne détient que des actifs étrangers et pas d'actifs domestiques (voir chapitre 18)*. L'avantage principal des caisses d'émission, malgré les contraintes qui pèsent sur la politique budgétaire, est que la banque centrale ne peut se retrouver à court de réserves de change en cas d'attaque spéculative sur sa monnaie. C'est la raison pour laquelle on conseille parfois aux PED d'adopter un tel régime. Dans un régime de caisse d'émission, les autorités responsables de l'émission de la monnaie choisissent un taux de change fixe auquel seront réalisées toutes les transactions monétaires entre résidents et non-résidents. La loi monétaire implique que chaque unité monétaire émise corresponde à une réserve équivalente d'unités monétaires étrangères. La politique monétaire perd toute autonomie et la banque centrale n'est plus qu'un institut d'émission.

Les caisses d'émission ont été utilisées pour la première fois dans les territoires coloniaux des puissances européennes. Ce système permettait au pays colonisateur d'être responsable de la politique monétaire et lui laissait tout le pouvoir de seigneuriage.

* La version argentine du *currency board* est en fait un peu plus souple ; une part limitée de la base monétaire peut avoir pour contrepartie des titres de dette de l'État argentin libellés en dollars.

17. Voir aussi Guillermo A. Calvo et Frederic S. Mishkin, « The Mirage of Exchange Rate Regimes for Emerging Market Countries », *Journal of Economic Perspectives*, 17, 2003, p. 99-118. Les auteurs prétendent que le choix du régime de change est moins important que les différences institutionnelles pour expliquer les performances économiques des PED.

Encadré 22.2 (suite)

C'est de là, par exemple, que date le régime de caisse d'émission de Hong Kong (avant que le territoire ne soit rétrocédé à la Chine le 1er juillet 1997), dont le taux de change était d'abord ancré sur la livre sterling, puis sur le dollar après l'abandon du système de Bretton Woods.

Plus récemment, la caisse d'émission est apparue comme un moyen d'importer de la désinflation depuis le pays dont la monnaie sert de référence. L'Argentine a ainsi utilisé ce mécanisme, au moment de la loi de convertibilité de 1991, pour crédibiliser sa politique anti-inflationniste. De la même façon, l'Estonie et la Lettonie ont opté pour un régime de caisse d'émission après leur indépendance, afin d'acquérir rapidement la réputation de pays à faible inflation. L'Estonie est d'ailleurs devenue membre de la zone euro le 1er janvier 2011.

La caisse d'émission empêche la manipulation à des fins politiciennes de l'offre de monnaie, mais, en contrepartie, elle est moins avantageuse qu'un régime de changes fixes traditionnel. Puisque les autorités monétaires ne peuvent émettre de monnaie qu'en contrepartie des réserves de change, elles ne peuvent pas secourir des banques en difficulté en cas de panique financière (c'est le problème qu'a notamment rencontré l'Argentine). L'État peut certes assurer les dépôts, mais la possibilité de jouer le rôle de prêteur en dernier ressort (c'est-à-dire la possibilité d'augmenter l'offre de monnaie si les déposants souhaitent retirer leurs dépôts) est une option dont se privent les autorités qui appliquent un régime de caisse d'émission.

Les changes fixes traditionnels ont également des avantages en termes de politiques de stabilisation. Si le pays est totalement ouvert aux flux de capitaux internationaux, la politique monétaire n'est pas efficace. Mais les PED qui conservent un contrôle sur le compte de capital maintiennent aussi une certaine autonomie monétaire. Pour eux, une politique monétaire peut être efficace en changes fixes, puisque les taux d'intérêt intérieurs ne sont pas étroitement liés aux taux d'intérêt internationaux. De plus, comme nous l'avons vu au chapitre 18, une dévaluation surprise peut contribuer à réduire le chômage, même lorsque les capitaux circulent librement (ce n'est toutefois pas le cas si la dévaluation est anticipée : la possibilité de dévaluation conduit alors à une hausse des taux d'intérêt réels, et par conséquent à un ralentissement de l'économie). Les pays qui adoptent une caisse d'émission abandonnent toute possibilité de dévaluation surprise et espèrent que les gains à long terme, en matière de stabilisation des anticipations, l'emportent.

Lors de la crise mexicaine de 1994-1995, puis lors de la crise asiatique, beaucoup de critiques ont été formulées à l'encontre des politiques des pays touchés. Ces critiques ont notamment suggéré l'adoption de caisses d'émission, en particulier pour l'Indonésie, le Brésil, et même la Russie. La caisse d'émission peut-elle vraiment renforcer la crédibilité des régimes de changes fixes et des politiques de désinflation ?

Puisque, dans un régime de caisse d'émission, la banque centrale ne peut pas acquérir d'actifs domestiques, et notamment des titres de dette publique, ce type de régime de change réduit considérablement les risques d'inflation liés au déficit budgétaire, et donc les risques de dévaluation.

Encadré 22.2 (suite)

De même, le niveau élevé des réserves de change en proportion de la base monétaire accroît la crédibilité du régime de changes fixes. En contrepartie, la fragilité accrue du secteur bancaire accroît la pression exercée sur l'État qui peut décider d'abandonner le régime de caisse d'émission.

De même, si les marchés anticipent une dévaluation, les bénéfices potentiels de la caisse d'émission sont perdus comme le montre l'expérience argentine. C'est d'ailleurs la raison pour laquelle certains responsables politiques argentins étaient plutôt favorables à la dollarisation, qui consiste à abandonner l'usage de la monnaie nationale pour le dollar américain. L'inconvénient majeur vient du transfert du pouvoir de seigneuriage aux États-Unis. En revanche, toute possibilité de dévaluation est écartée, ce qui permet une forte baisse des taux d'intérêt. La dollarisation a été adoptée par l'Équateur en 1999 et le Salvador en 2001.

Pour un pays qui a une tradition de forte inflation, l'adoption de la caisse d'émission ne permet pas de s'immuniser parfaitement contre la spéculation. Hong Kong a par exemple connu une forte récession, combinée à une forte hausse des taux d'intérêt pendant la crise asiatique, malgré sa parité ancienne avec le dollar américain. Le régime de caisse d'émission n'est vraiment crédible qu'à partir du moment où les pays s'engagent à régler les faiblesses de leur économie, qui peuvent donner lieu à des attaques spéculatives, en particulier les trop fortes rigidités sur le marché du travail, un système bancaire fragile ou un déficit public trop important. Sur la base de ces critères, il est certain que l'Indonésie, le Brésil et surtout la Russie n'auraient pas été en mesure de maintenir un système de caisse d'émission. L'Argentine a, de son côté, échoué en raison des trop fortes rigidités sur le marché du travail et des dérives des dépenses publiques. L'adoption d'une caisse d'émission ne permet donc pas d'empêcher les crises, surtout si le pays est initialement très instable. Il peut donc être plus sûr d'adopter une monnaie étrangère. Même dans ce cas, le risque de crise de la dette n'est pas complètement écarté**.

** Pour une discussion sur les avantages et les inconvénients des régimes de caisse d'émission et de la dollarisation, voir le numéro spécial de la *Revue d'économie financière*, 75, 2004. Sur la dollarisation, voir également Gaetano Antinolfi et Todd Keister, « Dollarization as a Monetary Arrangement for Emerging Market Economies », *Federal Reserve Bank of Saint Louis Review*, 83, 6, 29-40, novembre-décembre 2001. Traduit en français sous le titre « Dollarisation : que nous enseigne la théorie ? », *Problèmes économiques*, n° 2748, 2002, p. 13-19.

Le rôle crucial de l'activité bancaire

Si la crise asiatique a été à ce point profonde, c'est que la crise de change s'est accompagnée d'une crise financière et d'une crise bancaire. Les banques centrales ont été confrontées au dilemme qui consistait d'une part à réduire l'offre de monnaie pour soutenir le taux de change, et, d'autre part, à refinancer les banques afin d'éviter une course aux dépôts. La faillite de nombreuses banques a eu pour conséquence un affaiblissement du canal du crédit, réduisant l'activité des entreprises, même les plus profitables. La fragilité bancaire a aussi eu un rôle important au cours des années 1980 dans les crises argentine, chilienne, uruguayenne, ou mexicaine (de 1994-1995), ainsi que suédoise (de 1992), lors des attaques spéculatives sur le SME (voir chapitre 20). Les très bonnes performances en termes de croissance des économies asiatiques au début des années 1990 ont contribué à masquer les faiblesses structurelles de ces économies.

Le calendrier des réformes

Les responsables politiques des PED ont compris que le cadre dans lequel s'effectue la libéralisation économique compte pour beaucoup dans son succès. Le principe du *second best* nous apprend que, lorsqu'une économie souffre de nombreuses distorsions, en supprimer quelques-unes peut paradoxalement conduire à aggraver la situation. Il est par exemple dangereux de libéraliser les flux financiers avant d'avoir mis en place les mesures nécessaires à la supervision des activités bancaires. Autrement, la possibilité d'emprunter à l'étranger peut inciter les banques à accroître leur volume de prêts non performants. En cas de ralentissement économique et de fuite des capitaux étrangers, les banques ont alors de grandes chances de faire faillite. Les PED ne devraient donc s'ouvrir aux flux internationaux de capitaux qu'à partir du moment où le système bancaire et financier domestique est suffisamment solide. Les économistes estiment également que l'ouverture commerciale devrait précéder l'ouverture financière, car cette dernière peut conduire à accroître la volatilité du taux de change réel, et donc empêcher les mouvements de facteurs du secteur des biens non échangeables vers le secteur des biens échangeables.

Les risques de contagion

Il faut enfin ne pas sous-estimer les risques de **contagion**. Mêmes des économies apparemment saines peuvent subir des attaques spéculatives et faire face à une crise de confiance généralisée provoquée par des événements qui interviennent pourtant à l'autre bout du monde : c'est « l'effet domino ». La crise en Thaïlande s'est ainsi propagée à la Corée du Sud, pays éloigné de plus de 11 000 km et de taille bien plus importante. Plus surprenant encore, la crise russe de 1998 a conduit à des attaques spéculatives sur le real brésilien. Ce problème de contagion, que même des politiques économiques appropriées ne peuvent empêcher, est au cœur des discussions actuelles sur les réformes du système financier international.

7 Réformer l'architecture financière mondiale

Les crises économiques suscitent immanquablement des propositions de réformes. La crise financière qui a touché les pays asiatiques n'a pas échappé à la règle. L'ampleur de la crise, le fait qu'elle touche des pays dont on a largement vanté les mérites, ainsi que ses répercussions ont convaincu beaucoup de monde quant à la nécessité d'une transformation du système monétaire et financier international, au moins pour ce qui est des PED. Les nombreuses propositions qui ont été formulées visent, de manière générale, à mettre en place une nouvelle « architecture » financière[18].

---

18. Voir notamment Joseph E. Stiglitz *et al.*, *The Stiglitz Report: Reforming the International Monetary and Financial Systems in the Wake of the Global Crisis*. New York, The New Press, 2010. Le lecteur peut aussi consulter les (nombreux) rapports du CAE sur la question : n° 14, n° 18, n° 43 et n° 99, La Documentation française. Disponibles gratuitement sur Internet.

Les PED ont connu à plusieurs reprises des crises depuis les années 1980, mais la raison pour laquelle c'est la crise asiatique qui a déclenché cette volonté de réformes tient au poids relativement important des économies d'Asie du Sud-Est sur le marché international des capitaux. Cette crise a aussi montré qu'une économie, saine en apparence, peut cacher des faiblesses. Les économies asiatiques n'avaient ni un déficit budgétaire insoutenable, ni un taux d'expansion monétaire trop élevé, ni un niveau d'inflation excessif, ni un quelconque problème susceptible de signaler qu'une économie est vulnérable. Seule la fragilité du système bancaire aurait pu alerter les investisseurs, mais on n'a découvert cette fragilité qu'au moment des crises de change.

Une seconde raison qui conduit à repenser l'architecture financière internationale est liée au problème de contagion. En effet, la rapidité et l'intensité avec lesquelles les crises se sont transmises entre des pays pourtant éloignés suggèrent que les mesures de prévention prises par chaque pays individuellement ne suffisent pas. Les préoccupations liées à l'interdépendance des économies avaient déjà inspiré les accords de Bretton Woods en 1944. Plus d'un demi-siècle plus tard, la réforme du système financier international est de nouveau à l'agenda des dirigeants des grandes puissances économiques.

Les PED ont, en règle générale, moins souffert de la crise financière de 2007-2009 que les pays riches (voir chapitre 19). Jusque-là, c'était plutôt le contraire qui se produisait. Il est toutefois difficile de savoir si la résilience des PED est due aux réformes adoptées après la crise asiatique, à l'accumulation des réserves officielles, à la hausse du prix des matières premières, à une plus grande flexibilité des taux de change ou aux taux d'intérêt historiquement bas appliqués par les banques centrales dans les pays industrialisés. Quoi qu'il en soit, étant donné la fulgurance avec laquelle la crise de 2007-2009 s'est propagée à travers le monde, le sentiment selon lequel la finance internationale a besoin d'être revue en profondeur reste évidemment très fort. Nous examinons dans la section suivante quelques-uns des principaux débats actuels.

7.1 Mobilité des capitaux et trilemme du régime de change

La crise asiatique a dissipé bon nombre d'illusions sur l'existence de solutions faciles aux problèmes de macroéconomie et de finance internationale. Cette crise a également rappelé les contraintes qui pèsent sur les économies ouvertes.

Comme on l'a vu au chapitre 19, les politiques macroéconomiques en économie ouverte font face à un *trilemme* : sur les trois objectifs que sont l'autonomie de la politique monétaire, la stabilité du taux de change et la liberté des mouvements de capitaux deux seulement peuvent être remplis simultanément.

Notons que la stabilité du taux de change est plus importante pour les PED que pour les pays industrialisés. En effet, les PED n'ont pas les moyens d'influer sur les termes de l'échange. En outre, la stabilité du change peut être un bon moyen pour eux pour réduire l'inflation. Enfin, dans la mesure où la plupart des PED empruntent en devises (auprès des investisseurs internationaux et même parfois auprès des investisseurs résidents), une dépréciation de la monnaie domestique augmenterait fortement le fardeau réel de la dette.

Jusqu'à la fin des années 1970, la plupart des PED maintenaient des contrôles de change et des restrictions sur les mouvements de capitaux (c'est d'ailleurs toujours le cas en Chine ou en Inde). Il était certes possible de contourner les contrôles alors mis en place, mais ils permettaient tout de même de stabiliser les taux de change, tout en gardant une certaine autonomie de la politique monétaire. Le problème est que ces mesures étaient coûteuses, réduisaient l'efficacité du système financier et favorisaient la corruption.

Dans les années 1980 et 1990, les capitaux étaient plus mobiles, grâce au relâchement des contrôles et au développement des nouvelles technologies de communication. Les régimes de changes fixes ajustables étaient alors vulnérables, car les investisseurs pouvaient facilement rapatrier leurs capitaux au moindre signe de dévaluation (c'est aussi ce qui s'était passé pour les pays industrialisés dans les années 1960, voir chapitre 19). Dans ces conditions, les PED ont été amenés à choisir l'un des deux autres côtés du triangle (voir figure 19.1) : soit un régime de changes fixes avec une forte dépendance de la politique monétaire (caisse d'émission, voire dollarisation), soit un régime de changes flexibles éventuellement administrés, avec une autonomie plus importante de la politique monétaire.

En dépit des risques que font peser les positions intermédiaires, les PED ont été peu enclins à choisir des positions extrêmes. Alors qu'une grande économie, comme les États-Unis ou la zone euro, peut supporter d'importantes fluctuations du change, ce n'est pas le cas des petits PED, d'une part parce que ces pays ont un degré d'ouverture plus important, et d'autre part parce qu'ils souffrent souvent du problème du péché originel. De nombreux pays ont adopté par conséquent des régimes de changes « pseudo-flottants » afin de limiter les fluctuations de leur monnaie sur une longue période[19]. Dans le même temps, nous avons vu qu'un régime de caisse d'émission peut priver un pays de la flexibilité dont il pourrait avoir besoin, notamment en cas de crise financière, afin d'agir en tant que prêteur en dernier ressort.

Certains économistes influents, parmi lesquels Jagdish Bhagwati, Dani Rodrick et Joseph Stiglitz, sont favorables à ce que les PED exercent des restrictions sur la mobilité des flux de capitaux, afin de pouvoir bénéficier d'un minimum d'autonomie dans la conduite de la politique monétaire et d'un taux de change stable[20]. Au moment de la crise asiatique, certains pays (la Chine ou l'Inde par exemple) ont mis un frein à leur projet de libéralisation de leur compte financier ; ceux qui avaient déjà libéralisé leur compte financier ont envisagé de réintégrer des contrôles de capitaux (comme la Malaisie l'a d'ailleurs fait) ; d'autres enfin ont mis en place des dispositifs de contrôle des capitaux pour prévenir les entrées massives de capitaux et éviter une appréciation de leur monnaie. Néanmoins, la plupart des responsables politiques, dans les pays industrialisés comme dans les PED, continuent de penser que les contrôles de capitaux sont difficiles à appliquer et néfastes aux relations commerciales (en plus d'être une source importante de corruption).

---

19. Voir Guillermo A. Calvo et Carmen M. Reinhart, « Fear of Floting », *Quarterly Journal of Economics*, 117, mai 2002, p. 379-408. Voir aussi Stanley Fischer, « Exchange Rate Regimes : Is the Bipolar View Correct ? », *Journal of Economic Perspectives*, 15, 2001, p. 3-24.
20. Voir Jagdish N. Bhagwati, « The Capital Myth », *Foreign Affairs*, 77, mai-juin 1998. Voir aussi Dani Rodrik, « Who Needs Capital-Account Convertibility ? », dans Stanley Fischer *et al.*, *Should the IMF Pursue Capital-Account Convertibility ?*, Princeton Essays in International Finance, 207, mai 1998.

Les discussions sur l'architecture financière internationale ne portent, au final, pas vraiment sur des réformes visant à améliorer le système, mais plutôt sur les moyens de faire en sorte que les choix soient les moins douloureux possibles.

7.2 Les mesures préventives

Le risque de crise financière est l'élément qui, de fait, conditionne le choix du régime de change. Nous présentons donc plusieurs propositions de réformes du système monétaire international qui visent à renforcer les mesures préventives.

Plus de transparence. Une partie du problème, au moment de la crise asiatique, vient du fait que les investisseurs étrangers ont accordé des prêts sans bien évaluer les risques de défaut, et ont aussi aveuglément rapatrié leurs capitaux quand il est apparu que les risques étaient beaucoup plus importants qu'ils ne l'imaginaient. Depuis, de nombreuses propositions ont donc été faites afin d'améliorer la transparence, en garantissant notamment une meilleure information financière sur les entreprises et les banques, *via* la diffusion de rapports publics, comme le font les sociétés dans les pays industrialisés. L'objectif est double : modérer les entrées massives de capitaux au moment où le pays connaît une forte expansion et éviter des sorties tout aussi massives de capitaux quand les investisseurs réévaluent leur risque à la hausse.

Un renforcement de la supervision bancaire. Comme nous l'avons vu, la crise de change en Asie s'est conjuguée à une crise bancaire et à une course aux dépôts, ce qui ne serait probablement pas arrivé si le secteur bancaire avait été moins fragile. De nombreuses propositions sont donc allées dans le sens d'une plus grande réglementation des institutions financières et d'un respect de normes minimales en termes de fonds propres.

La crise de 2007-2009 a évidemment montré que les systèmes financiers des pays développés eux-mêmes étaient bien moins robustes qu'il n'y paraissait. C'est bien la preuve que le besoin de réformes du système financier est universel et ne concerne pas que les PED.

Une augmentation des lignes de crédit. Certains réformateurs souhaitent également établir des lignes de crédit spéciales que les pays puissent utiliser en cas de crise financière, en complément des réserves de change. L'idée est que l'existence même de ces lignes de crédit les rend en fait inutiles : tant que les spéculateurs estiment que le pays a des réserves suffisantes pour faire face à des sorties massives de capitaux, ils n'ont aucune raison d'espérer ou de craindre que leur action provoque une dévaluation. De telles lignes de crédit pourraient être proposées par des banques privées ou par le FMI. Là encore, cela s'applique aussi aux pays riches (voir l'encadré du chapitre 21 sur les lignes de *swaps*).

Des fonds propres plutôt que des dettes. Si les flux de capitaux étrangers vers les PED prennent plus la forme d'investissements de portefeuille ou d'investissements directs étrangers et moins celle de titres de dette, alors la probabilité de défaut serait plus faible. Les paiements seraient davantage liés à l'évolution de la situation économique. Leur valeur diminuerait en cas de ralentissement économique.

L'efficacité de ces mesures est sujette à de vifs débats. Les plus cyniques insistent sur le fait que des signaux négatifs sur la situation économique des pays d'Asie du Sud-Est étaient disponibles avant la crise, mais que les investisseurs n'ont simplement pas souhaité en tenir compte. Les sorties de capitaux au moment de la crise ont par ailleurs été si importantes que toute mesure visant à instaurer un ratio minimal de fonds propres pour les banques ou toute possibilité d'utilisation d'une ligne de crédit auraient été inutiles, comme on a pu le voir lors de la crise argentine en 2001-2002. Quoi qu'il en soit, des efforts ont tout de même été entrepris afin de mettre une partie de ces mesures en application.

Ajoutons que la communauté internationale reconnaît aujourd'hui pleinement le rôle de plus en plus important joué par les PED, non seulement en tant qu'emprunteurs mais aussi en tant que prêteurs sur le marché international des capitaux. Les réformes en cours, au sein du Comité de Bâle ou ailleurs, sur la régulation financière sont désormais discutées avec les principaux pays émergents.

7.3 La gestion des crises

Même si les mesures précédentes étaient toutes appliquées, le risque zéro n'existe pas et une crise est toujours possible. Des propositions ont donc également été faites afin de réduire la gravité des crises en modifiant la façon dont les investisseurs réagissent lorsqu'elles surviennent.

La plupart de ces propositions font référence au rôle et aux politiques du FMI. Certains souhaitent que le ce dernier soit supprimé, car le simple fait qu'il puisse intervenir en cas de crise encouragerait les prêts irresponsables, compte tenu du problème d'aléa moral. D'autres estiment que le FMI est nécessaire, mais qu'il n'est pas dans son rôle d'imposer des réformes structurelles, et qu'il devrait plutôt s'en tenir aux seules questions financières. Un certain nombre de pays asiatiques ont d'ailleurs gardé une certaine amertume vis-à-vis du FMI pour son intransigeance au moment de la crise à la fin des années 1990. C'est aussi une des raisons pour lesquelles ces pays ont décidé d'accumuler des réserves, afin d'éviter à l'avenir de devoir emprunter des dollars au FMI et d'avoir à accepter ses conditions. Pour d'autres enfin, la capitalisation du FMI est insuffisante, eu égard à la forte mobilité internationale des capitaux. Le FMI devrait être capable de prêter des sommes bien plus importantes et dans des délais plus brefs. À l'issue du sommet du G20 de Londres, en 2009, il a été décidé de tripler la capacité de prêt du FMI. Deux ans plus tard, à Paris, il a aussi été question d'augmenter les ressources du FMI, mais les modalités restent à discuter. Pour renforcer la légitimé du FMI, il a également été décidé, sous les auspices du G20, de réformer les quotes-parts au profit d'une meilleure représentation des pays émergents.

Certains observateurs estiment par ailleurs que lorsqu'un pays n'a tout simplement plus les moyens de s'acquitter de sa dette, les contrats internationaux de prêts devraient être restructurés afin d'accélérer et de diminuer le coût de la renégociation entre créanciers et emprunteurs. Mais de telles mesures pourraient se révéler contre-productives en incitant les pays à emprunter dans de trop grandes proportions, sachant que leur dette peut être aisément renégociée. Encore une fois, nous sommes confrontés à un problème d'aléa moral.

Encadré 22.3

La sous-évaluation de la monnaie chinoise

Depuis le début des années 2000, la Chine enregistre chaque année un surplus important de son compte courant et accumule les excédents commerciaux vis-à-vis des États-Unis. En 2006, l'excédent du compte courant a atteint 239 milliards de dollars, soit 9,1 % du produit intérieur chinois, tandis que l'excédent commercial vis-à-vis des États-Unis s'élevait à 233 milliards de dollars. Une grande part des exportations chinoises est constituée de biens manufacturés. La Chine importe de nombreux composants en provenance d'autres pays asiatiques, les assemble et les exporte. Depuis plusieurs années, la part des petits pays d'Asie dans les importations américaines diminue donc, au profit de la Chine. En même temps, les contentieux d'ordre économique entre ces deux grandes puissances sont récurrents : en particulier, les États-Unis reprochent à la Chine son refus de réévaluer substantiellement le renminbi, alors même que les excédents chinois battent des records.

La figure 22.3 montre que le taux de change du renminbi est resté fixe à 8,28 yuans par dollar entre 1998 et 2005. En juillet 2005, la Chine a réévalué sa monnaie de 2,1 %, le Congrès américain menaçant, sinon, de voter des sanctions commerciales. Cette réévaluation s'est poursuivie ensuite à un rythme, certes faible, mais régulier pendant trois ans. En juillet 2008, un dollar valait 6,84 yuans, soit une réévaluation totale de 20 %.

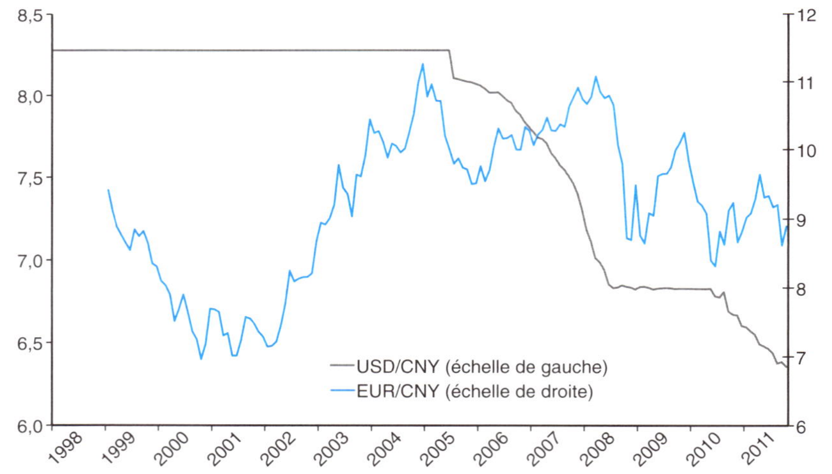

Figure 22.3 – Le yuan face au dollar et à l'euro.

Le taux de change renminbi contre dollar est resté fixe de 1998 à juillet 2005, puis a été réévalué progressivement (avec une pause entre juillet 2008 et juillet 2010). Le taux de change renminbi contre euro a subi les mouvements erratiques du taux euro contre dollar, mais est resté stable globalement sur longue période.

Source : Banque de France.

La crise financière qui a débuté un an plus tôt aux États-Unis commence alors à faire sentir ses effets, même dans les pays émergents jusque-là relativement épargnés. Aussi, la Chine décide-t-elle de suspendre la réévaluation de sa monnaie. En juillet 2010, sous la pression internationale, la Chine annonce qu'elle adopte de nouveau un régime de flottement administré. Depuis, l'appréciation nominale du yuan vis-à-vis du dollar a repris.

Notons également que sur la période 1998-2011, globalement, l'euro ne s'est guère déprécié par rapport au yuan malgré les déficits commerciaux de l'Europe vis-à-vis de la Chine ; l'appréciation de l'euro face au dollar a, en effet, compensé la réévaluation du renminbi.

Si les autorités chinoises se refusent autant à réévaluer leur monnaie, c'est par crainte des effets négatifs sur la compétitivité des exports et des conséquences sur l'emploi et la cohésion sociale en Chine. Pour autant, la plupart des économistes considèrent qu'une réévaluation substantielle du renminbi serait une bonne chose, y compris pour la Chine elle-même. L'accumulation des réserves officielles conduit, en effet, à des tensions inflationnistes. En outre, les réserves croissent non seulement du fait des excédents commerciaux, mais aussi en raison des entrées de capitaux spéculatifs qui parient sur l'appréciation de la monnaie chinoise. Le contrôle des capitaux exercé par la Chine est relativement « poreux » et, par conséquent, pour éviter d'attirer encore plus de capitaux, les autorités ne peuvent augmenter autant qu'elles le souhaiteraient les taux d'intérêt afin de stopper l'inflation. L'inflation a pourtant été la source de troubles sociaux par le passé.

La figure 22.4 illustre la position de l'économie chinoise. Cette figure est analogue à la figure 19.2, à l'exception de l'axe des abscisses qui mesure la demande intérieure et non le produit intérieur. La demande intérieure (ou absorption) se calcule comme la somme de la consommation, des dépenses d'investissement et des dépenses publiques ; c'est ce que les résidents consomment en biens et services, d'où qu'ils viennent. Par ailleurs, rappelons qu'une appréciation réelle de la monnaie diminue le prix des biens et services étrangers et conduit à une hausse des importations ; elle conduit aussi à une diminution de la demande de biens chinois par les non-résidents.

La situation économique de la Chine à partir du milieu des années 2000 est représentée par le point 1, caractérisé par de forts excédents commerciaux et des tensions inflationnistes. Les autorités chinoises sont par ailleurs très réticentes à l'idée de laisser augmenter le chômage. Outre les conséquences économiques et sociales, les autorités redoutent les conséquences politiques qui en résulteraient : si les migrants chinois, qui ont quitté les campagnes pour travailler dans les usines qui bordent les villes, venaient à perdre leur emploi, le régime serait gravement menacé. Il serait néanmoins possible d'atteindre à la fois l'équilibre interne et l'équilibre externe (le point 2) en réévaluant la monnaie tout en augmentant la demande intérieure. La réévaluation du renminbi augmenterait les importations et limiterait les tensions inflationnistes. Les exportations chinoises perdraient, certes, en compétitivité, mais cette perte serait compensée par la hausse de l'activité liée à la demande intérieure.

Encadré 22.3 (suite)

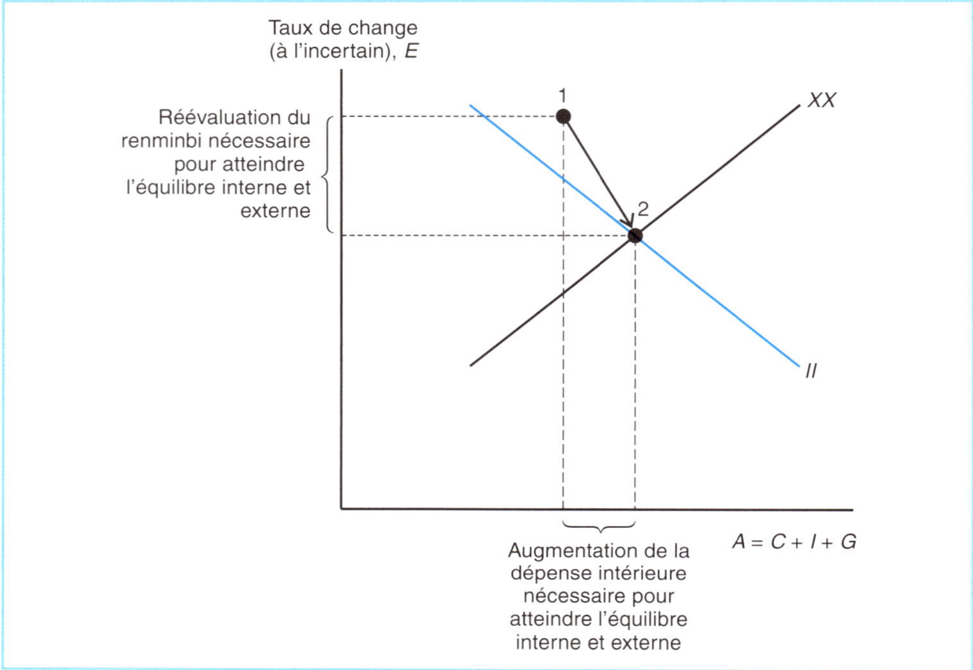

Figure 22.4 – Comment rééquilibrer l'économie chinoise.

La Chine fait face à d'importants excédents commerciaux et à des tensions inflationnistes. L'équilibre interne et externe peut toutefois être atteint simultanément, sans augmentation du chômage, par une réévaluation de la monnaie et une augmentation des dépenses intérieures.

Les économistes soulignent également le besoin pour la Chine d'augmenter la consommation, publique et privée. Le taux d'épargne y est, en effet, de 45 % ! Si l'épargne est aujourd'hui si élevée en Chine, c'est en grande partie en raison de la réduction des dépenses dans le secteur des services publics, comme la santé. En cela incite les ménages à réduire leurs propres dépenses pour se constituer une épargne de précaution. Aussi, en augmentant les dépenses publiques, les autorités chinoises pourraient-elles faire d'une pierre deux coups. Ajoutons à cela que la Chine manque encore d'infrastructures et de lourds investissements publics sont aujourd'hui nécessaires pour assurer la protection de l'environnement ou le développement d'énergies propres.

La plupart des responsables politiques chinois sont parfaitement conscients de la nécessité d'augmenter les dépenses intérieures et de réévaluer le renminbi ; certains l'admettent même publiquement. Toutefois, jusque-là, les autorités ont avancé de manière extrêmement prudente. Beaucoup de réformes n'ont été prises que sous la pression internationale, avec à la clé la menace de sanctions commerciales. Ces réformes serontelles suffisantes pour calmer les injonctions des pays industrialisés qui, depuis 2008, s'enfoncent dans la récession et sont tentés par le protectionnisme ? Seront-elles suffisamment efficaces pour étouffer encore les revendications du peuple chinois ? Seul l'avenir nous le dira.

8 Peut-on parler de déterminisme géographique ?

Comme nous l'avons souligné au début de ce chapitre, il existe une dispersion importante des revenus entre les pays. En outre, en contradiction avec le principe de convergence, il n'y a pas de tendance systématique au rattrapage des pays riches par les pays pauvres[21]. Dans les modèles de croissance traditionnels, le revenu par habitant dépend des stocks de capital physique et de capital humain, dont les rendements marginaux sont plus importants lorsque la proportion est faible en comparaison du stock de travailleurs non qualifiés. Parce qu'une forte rémunération doit favoriser l'accumulation de capital, y compris par des entrées de capitaux en provenance du reste du monde, la théorie standard prédit que les économies les plus pauvres devraient croître plus rapidement que les économies riches. Au bout du compte, si les pays pauvres ont accès aux technologies utilisées dans les pays riches, les premiers devraient devenir riches à leur tour.

Toutefois, en pratique, le rattrapage par les pays pauvres est loin d'être général et fait plutôt figure d'exception. Les flux de capitaux vers les PED sont plutôt faibles, alors que la rareté du capital, et donc un rendement marginal plus élevé, devrait attirer les investissements. Les flux de capitaux se font davantage entre pays riches. Les flux vers les PED ont même diminué depuis la fin des années 1990 car les États-Unis ont « aspiré » la plupart des surplus de compte courant dans le monde.

Les risques liés aux investissements dans de nombreux PED limitent l'attractivité pour les investisseurs, résidents ou non résidents, et sont aussi en partie responsables des mauvaises performances économiques[22]. Par exemple, lorsqu'un État est incapable de faire respecter les droits de propriété, les investisseurs sont réticents à réaliser des investissements en capital physique ou en capital humain, et la croissance reste faible.

Dès lors, pourquoi certains pays connaissent-ils une croissance importante et ont-ils vu leur niveau de vie augmenter alors que d'autres n'attirent que très peu d'investissements étrangers et restent très pauvres ? Deux écoles de pensée se sont penchées alternativement sur le rôle des *caractéristiques géographiques* et des *institutions*.

L'un des instigateurs de la théorie géographique est Jared Diamond.[23] Cette approche s'intéresse notamment aux caractéristiques physiques du pays (comme le climat, le type de sols, les maladies et l'enclavement) comme déterminant de la croissance de long terme. C'est ainsi que les conditions climatiques difficiles, l'absence d'un large contingent d'espèces animales facilement domesticables, la présence de malaria et de fièvre jaune ont handicapé les zones tropicales, alors que le climat tempéré en Europe a permis de développer une agriculture innovante. Selon Diamond, ce sont ces raisons qui expliquent que les habitants d'Europe aient conquis le Nouveau Monde, et non l'inverse.

---

21. Cette remarque est valable au niveau des pays, mais elle l'est moins au niveau individuel. Les populations les plus pauvres dans les années 1960 se situaient en Chine et en Inde, deux pays qui ont connu une croissance rapide ces dernières années. Notons que cette croissance est en grande partie due à des réformes favorables à l'économie de marché. Voir Stanley Fischer, « Globalization and Its Challenges », *American Economic Review*, 93, mai 2003, p. 1-30.

22. Voir Robert E. Lucas, Jr., « Why Doesn't Capital Flow from Rich to Poor Countries ? », *American Economic Review*, 80, mai 1990, p. 92-96. Pour le lien entre productivité du capital et investissement international, voir Pierre-Olivier Gourinchas et Olivier D. Jeanne, « The Elusive Gains from International Financial Integration », *Review of Economic Studies*, 73, juillet 2006, p. 715-741.

23. Voir Jared Diamond, *Guns, Germs and Steel : The Fates of Human Societies*, New York, Norton, 1997.

Cette approche insiste également sur la question de l'accès au commerce international. Ainsi, les pays enclavés et montagneux commercent moins que les pays dotés d'accès faciles aux voies maritimes, de bonnes infrastructures portuaires et d'un réseau routier de qualité.

L'école institutionnelle étudie plutôt dans quelle mesure les États parviennent à faire respecter les droits de propriété et encouragent, par conséquent, la création d'entreprises, l'investissement, l'innovation et, *in fine*, la croissance économique. Un pays qui, par exemple, ne parvient pas à faire respecter les droits de propriété et à limiter la corruption, est un pays où les incitations à accumuler des richesses seront plus faibles[24]. C'est aussi ce qui expliquerait la corrélation entre le degré de corruption et le revenu par habitant (voir figure 22.1). Comme nous le faisions déjà remarquer, cette corrélation ne suffit pas à prouver le lien positif entre la qualité des institutions et le niveau de revenu. Elle peut, par exemple, s'expliquer par le fait que les pays riches ont davantage de ressources pour lutter contre la corruption. Dans ce cas, on peut en outre avancer le raisonnement suivant : la géographie a bien une influence significative sur le niveau de revenu et influe indirectement sur la qualité des institutions. Mais il apparaît alors difficile pour les responsables politiques de réaliser les réformes nécessaires au renforcement de la croissance économique[25].

Comment détermine-t-on le sens de causalité dans la relation que nous venons d'évoquer ? Pour répondre à cette épineuse question, une stratégie consiste à chercher une variable qui agit sur la qualité des institutions, et donc le respect des droits de propriété, mais qui n'est pas directement liée au niveau de revenu par habitant. C'est ce que l'on appelle une *variable instrumentale*, ou plus simplement un *instrument*. Si l'on trouve une telle variable, il est alors possible de déterminer le sens de causalité entre la qualité des institutions et le revenu par habitant. Le problème est qu'en général il est difficile de trouver un bon instrument du fait des relations complexes entre les variables économiques.

Daron Acemoglu, Simon Johnson et James Robinson proposent une approche originale en instrumentant la qualité des institutions par le taux de mortalité des premiers colons européens dans les anciennes colonies[26]. Les auteurs utilisent cet instrument pour deux raisons.

Ils considèrent d'abord que le taux de mortalité des colons est déterminant dans la qualité des droits de propriété tels qu'ils ont été définis initialement (il s'agit là d'un exemple dans lequel la géographie influe sur le revenu à travers les institutions).

---

24. Voir par exemple Douglass C. North, *Institutions, Institutional Change, and Economic Performance*, Cambridge, Cambridge University Press, 1990.

25. Dans les pays qui sont d'anciennes colonies européennes, la géographie elle-même a eu des conséquences sur le type d'institutions mises en place par les anciennes puissances coloniales. Ainsi, l'hypothèse institutionnelle ne s'oppose pas à l'idée selon laquelle la géographie a un effet sur le revenu, mais suggère plutôt que la géographie affecte le revenu par le biais des institutions. En Inde et en Amérique latine, le climat et les sols étaient favorables à l'établissement d'une agriculture fondée sur l'esclavage et des technologies à rendements croissants qui permettaient l'exploitation de larges propriétés et conduisaient à une distribution inégale des revenus. Les institutions mises en place par le colonisateur dans ces pays étaient donc plutôt hostiles aux idéaux politiques qui prônent l'égalité ou le respect des droits de propriété. L'inégalité des richesses et, dans la plupart des cas, l'autoperpétuation du pouvoir ont donc eu un impact négatif sur la croissance de long terme. Voir Stanley L. Engerman et Kenneth D. Sokoloff, « Factor Endowments, Institutions, and Differential Paths of Growth among New World Economies : A View from Economic Historians of the United States », dans Stephen Haber, dir., *How Latin America Fell Behind*, Stanford, CA, Stanford University Press, 1997.

26. Voir Daron Acemoglu, Simon Johnson et James Robinson, « The Colonial Origins of Comparative Development : An Empirical Investigation », *American Economic Review*, 91, décembre 2001, p. 1369-1401.

Dans les zones caractérisées par un taux de mortalité important (comme dans l'ancien Congo belge), les Européens ne pouvaient pas s'installer durablement. Leur unique objectif était alors d'accaparer les richesses et de les rapatrier rapidement. Les institutions mises en place dans ces pays n'avaient donc pas pour but de protéger les droits de propriété. Ce sont elles, néanmoins, qui ont été reprises par les nouveaux dirigeants au moment de l'indépendance.

Les régions où le taux de mortalité était faible, comme en Amérique du Nord et en Australie, ont vu au contraire les colons s'installer durablement. Dans ces régions, les Européens ont mis en place des institutions garantissant les droits économiques et politiques, interdisant par exemple des saisies arbitraires. On observe aujourd'hui dans ces pays un niveau de revenu par habitant plus important.

Pour qu'un instrument soit valide, il ne doit pas jouer directement sur le niveau actuel de revenu. Selon Acemoglu, Johnson et Robinson, cette seconde condition est vérifiée : « La grande majorité des décès d'Européens dans les colonies était due à la malaria et à la fièvre jaune. Bien que ces infections fussent fatales aux Européens, elles avaient un impact limité sur la population adulte indigène qui était immunisée. Il est donc peu probable que ces maladies soient la raison pour laquelle de nombreux pays d'Afrique et d'Asie sont pauvres aujourd'hui [...]. Cette hypothèse est vérifiée par des taux de mortalité plus faibles de la population locale sur la période. »

Acemoglu, Johnson et Robinson montrent empiriquement que la qualité des institutions, mesurée par le taux de mortalité des premiers colons, a un impact important sur le revenu par habitant actuel. Ils estiment également qu'une fois cet effet pris en compte, les variables géographiques comme la distance à l'équateur et les taux d'infection dus à la malaria n'ont pas véritablement d'influence sur le niveau de revenu actuel. Leurs conclusions sont donc plutôt en faveur de l'approche institutionnelle aux dépens de l'approche géographique, mais le débat reste ouvert.

Pour certains, les mesures de qualité institutionnelle utilisées par Acemoglu, Johnson et Robinson sont inadéquates, d'autres suggérant que les mesures de mortalité des colons ne sont pas de bons instruments ou sont liées à la productivité observée aujourd'hui. Edward L. Glaeser, Rafael La Porta, Florencio Lopez-de-Silanes et Andrei Shleifer montrent, quant à eux, que la qualité des institutions est principalement fonction du capital humain, c'est-à-dire de l'accumulation de compétences et de connaissances. Ces auteurs prennent l'exemple de la Corée du Sud, qui, jusqu'au milieu des années 1980, était un régime autoritaire, puis a progressivement amorcé sa démocratisation à mesure que la population était de plus en plus éduquée. Selon eux, les colons européens n'ont peut-être pas, après tout, transplanté des institutions, mais du capital humain, favorisant ainsi la croissance[27]. D'ailleurs, comme

27. Voir Edward L. Glaeser, Rafael La Porta, Florencio Lopez-de-Silanes et Andrei Shleifer, « Do Institutions Cause Growth ? », *document de travail*, n° 10568, National Bureau of Economic Research, juin 2004. Pour une vision institutionnelle plutôt que géographique, voir Dani Rodrik, Arvind Subramanian et Francesco Trebbi, « Institutions Rule : The Primacy of Institutions over Geography and Integration in Economic Development », *document de travail*, n° 9305, National Bureau of Economic Research, octobre 2002. Pour une vision opposée, voir Jeffrey D. Sachs, « Institutions Don't Rule : Direct Effects of Geography on Per Capita Income », *document de travail*, n° 9490, National Bureau of Economic Research, février 2003. Le rôle du commerce international dans la croissance est également un sujet de recherche récent. Pour Dani Rodrik et ses coauteurs, l'ouverture au commerce n'est pas un déterminant direct du revenu par habitant ; l'ouverture au commerce international contribue plutôt à l'établissement de meilleures institutions, et donc seulement indirectement à un niveau plus élevé de revenu par habitant.

nous l'avons montré plus tôt, l'une des sources de la forte croissance asiatique a été un investissement élevé dans l'éducation, alors même que ces pays étaient gouvernés de manière autoritaire.

L'Inde, ancienne colonie britannique, avec une population majoritairement indigène, est un autre exemple qui va à l'encontre du raisonnement d'Acemoglu, de Johnson et de Robinson. La forte croissance de ces dernières années, obtenue grâce à un vaste programme de réformes économiques débuté en 1991, a effectivement permis à ce pays de sortir du groupe des nations les plus pauvres.

Résumé

Il existe des écarts très importants de niveau de revenu par habitant entre les pays. Il n'y a, en outre, pas de tendance uniforme à la convergence vers le niveau de revenu par habitant des pays industrialisés. Certaines économies, comme celles des pays du Sud-Est asiatique, ont connu une hausse considérable de leur niveau de vie depuis les années 1960. Expliquer pourquoi certains restent dramatiquement pauvres et identifier quelles sont les politiques susceptibles de promouvoir la croissance demeurent un des défis majeurs posés à la science économique.

Les pays en développement (PED) forment un groupe très hétérogène, d'autant qu'ils ont opté ces dernières années pour des politiques économiques très différentes. La plupart conservent toutefois des caractéristiques communes : un État très impliqué dans l'économie, avec notamment une proportion importante de dépenses publiques dans le PIB ; un niveau élevé d'inflation, dû souvent au *seigneuriage* ; des institutions financières fragiles et un marché des capitaux peu développé ; un régime de changes fixes et des contrôles sur les échanges de capitaux internationaux ; une économie très dépendante des exportations de matières premières. L'ampleur de la corruption augmente, par ailleurs, avec le niveau de pauvreté du pays. La plupart de ces caractéristiques trouvent leurs origines dans la grande dépression des années 1930, avec les mesures protectionnistes mises en œuvre dans les pays industrialisés.

Puisque les PED offrent de nombreuses opportunités d'investissement, il est naturel qu'ils dégagent un déficit du compte courant et empruntent auprès des pays industrialisés. En principe, les flux de capitaux transfrontaliers sont mutuellement avantageux pour les prêteurs et les emprunteurs. Cependant, en pratique, les emprunts internationaux se sont souvent soldés par des défauts, combinés à des crises de change et des crises bancaires. Tout comme ces dernières, les crises de la dette ont une dimension autoréalisatrice. Elles commencent souvent par un arrêt brutal des entrées de capitaux (*sudden stop*).

Dans les années 1970, au moment de l'effondrement du système de Bretton Woods, les pays d'Amérique latine entrent dans une période de mauvaises performances macroéconomiques, à la fois en termes d'inflation et de croissance. L'emprunt extérieur excessif se traduit, au début des années 1980, par une crise généralisée de la dette des PED, qui touche particulièrement les pays d'Amérique du Sud et d'Afrique. Les économies latino-américaines, à commencer par le Chili, entament alors des réformes économiques profondes pour juguler l'inflation, limiter les dépenses publiques, privatiser les grandes entreprises, déréglementer les marchés, réformer les politiques commerciales. L'Argentine adopte un régime de change sous forme de caisse d'émission (*currency board*) en 1991. Mais toutes les économies d'Amérique latine ne réussissent pas à renforcer leurs banques et nombre d'entre elles font faillites. La caisse d'émission argentine tient 10 ans avant que le pays ne soit obligé de dévaluer.

En dépit de leurs bonnes performances macroéconomiques, avec une faible inflation, un déficit budgétaire contrôlé et surtout un rythme de croissance élevé, les économies du Sud-Est asiatique ont été touchées par une crise profonde en 1997. Rétrospectivement, il apparaît que leur système bancaire était fragile, soumis au problème d'aléa moral et au « péché originel » (les dettes étaient libellées en monnaie étrangère). L'extension de la crise à des économies aussi lointaines que la Russie et le Brésil illustre l'importance du phénomène de *contagion* dans les crises financières récentes. Ce dernier aspect, ainsi que le fait que les économies asiatiques étaient en apparence saines, a relancé le débat sur la construction d'une nouvelle « architecture » financière internationale. La crise mondiale de 2007-2009 a évidemment renforcé ce point.

Les propositions avancées afin de réformer l'architecture financière internationale peuvent être classées en mesures préventives (*ex ante*) et mesures curatives (*ex post*). Les dernières servent à limiter l'ampleur de la crise lorsque les premières échouent. La prévention des crises passe par une plus grande transparence, un renforcement de la réglementation et de la supervision bancaire, des lignes de crédit étendues et financées à la fois par des fonds privés et par le FMI. Les mesures curatives incluent une extension des prêts du FMI, couplée avec une plus grande flexibilité. Certains proposent d'étendre les contrôles de capitaux, à la fois pour prévenir et pour gérer les crises, mais peu de pays ont adopté de telles mesures, même s'ils devraient être de plus en plus nombreux dans les années à venir. Il est aussi probable que certains pays soit abandonnent l'usage de leur monnaie nationale pour le dollar américain (*dollarisation*) ou l'euro (*euroisation*), soit adoptent des taux de change flottants. Pour le moment, il est impossible de savoir à quoi ressemblera le système financier international dans les prochaines années.

Les travaux récents sur les déterminants de la croissance économique des PED se sont penchés sur les caractéristiques géographiques (l'enclavement, l'importance des maladies infectieuses), les caractéristiques institutionnelles (la protection des droits de propriété) et les dotations en capital humain. Les flux de capitaux des pays industrialisés vers ces pays sont également fonction de ces facteurs. Les économistes s'accordent pour dire que tous ces éléments sont importants, mais il est difficile de déterminer un ordre de priorité dans les réformes. Si, par exemple, l'accumulation du capital humain dépend de la protection des droits de propriété et de la sécurité des individus, il faut accorder la priorité aux réformes institutionnelles. Dans le même temps, il semble difficile de créer un environnement institutionnel favorable si le niveau de capital humain est faible. Dans ces conditions, l'éducation devrait être la priorité. Au final, il paraît raisonnable d'agir sur tous les fronts de manière équilibrée, d'autant que les études empiriques (qui sont confrontées à de nombreux obstacles méthodologiques) ne permettent pas vraiment d'aboutir à des résultats tranchés.

Activités

1. Suffit-il de laisser l'offre de monnaie croître plus rapidement pour bénéficier toujours plus du seigneuriage ? Détaillez votre réponse.

2. Supposons que le taux d'inflation annuel soit de 100 % en 1990 et en 2000, mais que ce taux d'inflation diminuait dans le premier cas et augmentait dans le second. Nous faisons également l'hypothèse que les détenteurs d'actifs anticipent parfaitement les variations d'inflation. Toutes choses étant égales par ailleurs, quelle année le revenu du seigneuriage est-il le plus important ?

3. Au début des années 1980, l'État brésilien, avec une inflation annuelle moyenne de 147 %, obtient du seigneuriage à peine l'équivalent de 1 % du PIB. L'État de Sierra Leone a obtenu la même année une recette de seigneuriage équivalente à 2,4 % du PIB avec un taux d'inflation trois fois plus faible. Dans quelle mesure les différences de structure financière peuvent-elles expliquer ce contraste ? Remarque : en Sierra Leone, le ratio masse monétaire sur PIB était en moyenne de 7,7 %, contre seulement 1,4 % pour le Brésil.

4. Imaginons une économie ouverte aux flux de capitaux internationaux qui adopte un régime de *crawling peg* avec un taux dépréciation constant de 10 % par an. Comment le

taux d'intérêt nominal domestique est-il lié au taux d'intérêt nominal étranger ? Que se passe-t-il si le régime de *crawling peg* n'est pas complètement crédible ?

5. L'accumulation de la dette extérieure dans certains PED au cours des années 1970, y compris en Argentine, est en partie due à des sorties de capitaux (légales ou non) liées aux anticipations de dévaluation. Les États et les banques centrales empruntaient en monnaie étrangère pour soutenir leur taux de change, mais ces fonds se retrouvaient entre les mains d'agents privés et placés sur des comptes bancaires à l'étranger. Puisque les fuites de capitaux laissent l'État très endetté, mais créent en même temps un mouvement de compensation au moment où les citoyens acquièrent des actifs étrangers, alors la dette consolidée du pays ne change pas. Cela signifie-t-il que les pays dont la dette publique extérieure est largement liée aux sorties de capitaux n'ont pas de problèmes de dettes ?

6. Une part importante des emprunts des PED au cours des années 1970 était réalisée par les entreprises publiques. Depuis, bon nombre de ces entreprises ont été privatisées. Les PED auraient-ils pu emprunter davantage si les entreprises avaient été privatisées plus tôt ?

7. Dans quelle mesure les restrictions au commerce, comme les droits de douane, influent-ils sur la capacité des PED à emprunter sur le marché international des capitaux ?

8. Pour un niveau de produit intérieur donné, un pays peut améliorer le solde de son compte courant en réduisant soit l'investissement, soit la consommation (privée ou publique). À la suite de la crise de la dette des années 1980, de nombreux PED ont amélioré le solde de leur compte courant en réduisant l'investissement. Cette stratégie vous semble-t-elle appropriée ?

9. Pourquoi l'Argentine devrait-elle abandonner tout pouvoir de seigneuriage au profit des États-Unis, si le pays adoptait le peso au profit du dollar ? Comment mesurer le sacrifice de l'Argentine en termes de seigneuriage ? Pensez aux étapes que le pays devrait suivre pour dollariser son économie. Vous pouvez supposer que les actifs de la banque centrale d'Argentine sont composés à 100 % de bons du Trésor américains.

10. Les premières études sur la convergence économique se sont intéressées à des groupes de pays qui sont aujourd'hui considérés comme industrialisés. Ces études trouvent que les pays qui étaient plus pauvres il y a cent ans ont connu une croissance plus rapide. Peut-on en conclure que l'hypothèse de convergence est valide ?

11. Certains estiment que l'adoption d'un régime de changes fixes par les PED favorise le développement de l'aléa moral. Êtes-vous d'accord ? Les emprunteurs se comporteraient-ils différemment si le taux de change était flottant ?

12. Dans certaines économies émergentes, les dettes extérieures sont le plus souvent libellées en dollars, mais les dettes entre résidents et contractées au sein du pays le sont tout autant. Ce phénomène est parfois qualifié de *dollarisation des dettes*. Comment cette dollarisation des dettes peut-elle aggraver la crise financière au moment d'une très forte dépréciation de la monnaie domestique par rapport au dollar ?

Index des notions

B

C

G

H

I

J

L

P

Q

R

U

V

Z

Index des noms propres

IMPRIMÉ EN ESPAGNE

Imprimé par **GraphyCems**
31132 Villatuerta (Espagne)

Suivant sa politique de développement,
amélioration continue, qualité et gestion de l'environnement,
GraphyCems possède les certifications **ISO 9001**,
ISO 14001 et **FSC** (Forecast Stewardship Council).